中華民國史檔案資料滙編

第五輯 第二編

文化（一）

中國第二歷史檔案館編

鳳凰出版傳媒集團 鳳凰出版社

图书在版编目（CIP）数据

中华民国史档案资料汇编. 第5辑. 第2编. 文化 / 中国第二历史档案馆编. -- 南京 : 凤凰出版社, 1998.4 (2020.12重印)
ISBN 978-7-80519-972-6

Ⅰ. ①中… Ⅱ. ①中… Ⅲ. ①档案资料－汇编－中国－民国②文化－档案资料－汇编－中国－民国 Ⅳ. ①K258.063

中国版本图书馆CIP数据核字(2010)第085917号

书　　名	中华民国史档案资料汇编 第五辑　第二编　文化（共二册）
编　　者	中国第二历史档案馆
责任编辑	陈晓清
出版发行	凤凰出版社(原江苏古籍出版社) 发行部电话025-83223462
出版社地址	江苏省南京市中央路165号,邮编:210009
出版社网址	http://www.fhcbs.com
印　　刷	上海世纪嘉晋数字信息技术有限公司 上海市汇金路899号,邮编:201700
开　　本	850毫米×1168毫米　1/32
印　　张	62.25
字　　数	1562千字
版　　次	1998年4月第1版
印　　次	2020年12月第4次印刷
标准书号	ISBN 978-7-80519-972-6
定　　价	436.00元

(本书凡印装错误可向承印厂调换,电话:021-69214197)

编辑说明

《中华民国史档案资料汇编》(1912—1949)，是为了适应中国近现代史的科学研究与教学需要，就馆藏历史档案中具有一定史料价值的资料编辑而成的一套综合性资料汇编。

这套档案资料汇编，系以前副馆长王可风生前主持编辑的《中国现代政治史资料汇编》(1912—1949)初稿为基础，进行修订补充的，全书扩编为五辑：第一辑《辛亥革命》(1911)；第二辑《南京临时政府》(1912)；第三辑《北洋政府》(1912—1927)；第四辑《从广州军政府至武汉国民政府》(1917—1927)；第五辑《南京国民政府》(1927—1949)。

本汇编为第五辑《南京国民政府》，由施宣岑、方庆秋主编。

本辑分为三编：第一编为《南京国民政府的建立与十年内战》(1927.4—1937.7)；第二编为《第二次国共合作与八年抗战》(1937.7—1945.8)；第三编为《蒋介石发动全面内战与南京国民政府的覆灭》(1945.8—1949.9)。以上每编各按政治、军事、外交、财政经济、文化教育等分为若干分册。

本分册为第五辑第二编的文化分册。全书分为七个部分：〔一〕战时国民党的基本文化政策与措施；〔二〕抗战文化宣传运动的兴起(包括抗战文艺运动概况；战地抗敌文化宣传措施；军委会政治部文化宣传团队；文艺界抗敌救亡团体等项)；〔三〕战时的文化出版事业(包括新闻统制；图书杂志审查；戏剧电影审查等项)；〔四〕文化学术团体；〔五〕民俗、尊孔与战时文物古籍损失；〔六〕国民体育；〔七〕战时宗教。这些资料，虽由于馆藏档案文件不全，有的仅一鳞半爪，但基本上从不同侧面反映了抗日战争期间的文化概貌，对于研究抗战文化有一定的参考价值。

本分册档案资料，由王少胜选辑校对(其中有些文件为胡震亚选校)；方庆秋修订补充统编；施宣岑审阅定稿。但由于本档案资料汇编涉及的面广量大，加以档案资料等条件的种种限制，以编者有限的水平，在史料的选编等方面，难免有遗漏、不当和错误之处，谨希读者批评指正。

编者　　1993年5月24日

编 例

一、本汇编所选资料，为保持档案文件原貌，凡原文中对中国共产党及革命人民的诬蔑不实之词，均未加改动，全文照录。少数文件因内容重复及与主题无关者，则酌予删节。资料出处，于文件篇后注明之。

二、本汇编所选资料，按问题分类排列，并以文件形成时间先后为序。但属综合性或追述性的资料，则按其内容酌加调整。

三、本汇编所选资料，一般以一篇为一题。但同属一事，彼此间又有直接联系者，则以一事为一题。文件标题、标点，均为编者所加，沿用原标题、原标点者，则予篇目之后加注说明之。

四、本汇编所选资料，一般均用简体字，但遇有可能引起文义歧异者，则保留原来繁体字。

五、本汇编所选资料，排印格式一律采用横排，凡竖排原件文中有"如左""如右"者，横排后应为如下，如上，例如"命令如左(下)"，"右(上)令"等，文中不再一一注明。

六、本汇编所选资料，凡有破损缺漏或字迹不清者，以□号代之；错字、别字和衍文的校勘以及简单注释，均加在正文之后，以〔 〕号标明之；较长的注释，在正文之后以①②等号标明之；增补的字，以【 】号标明之；文件内容删节者，以……符号标明之；待考的字，以〔？〕符号标明存疑。

南京国民政府时期

第 二 编

文　　化

目　录

〔一〕战时国民党的基本文化政策与措施

(四)文艺界的抗敌救亡团体

〔三〕战时的文化出版事业

(一)国民党的统制政策与措施

（三）图书杂志审查

一、战时国民党的图书杂志审查制度

〔一〕战时国民党的基本文化政策与措施

1．国民党临时全国代表会议通过陈果夫等关于确定文化建设原则纲领的提案

（1938年3月31日）

文化建设之于建国工作，与国防建设、经济建设同其重要。抗战为建国必经之过程，建国为抗战最终之目的，故建国之文化政策，即所以策进抗战之力量。我国文化工作之总目标，为三民主义文化之建设，而现阶段之中心设施，则尤应以民族国家为本位。所谓民族国家本位之文化，有三方面之意义，一为发扬我固有之文化，一为文化工作应为民族国家而努力，一为抵御不适合国情之文化侵略。爰依据已往经验及当前需要，订定原则纲领，以为今后共同努力之守则。

（甲）原则

一、根据总理“保持吾民族独立地位，发扬我固有文化，并吸收世界文化而光大之”之遗训，以建设中华民族之新文化。

二、以文化力量，发扬民族精神，恢复民族自信，加强全国民众之精神国防，以达民族复兴之目的。

三、对于一切文化事业，尽保育扶持之责，以督促、指导、奖励及取缔方法，促成全国协同一致之发展。

（乙）纲领

一、遵奉总理伦理哲学之遗教，为国民精神教育之总纲，以忠孝仁爱信义和平为国民道德之项目，礼义廉耻为国民生活之规律。

二、表彰先贤先烈民族英雄之言行事迹，以发扬民族正气，策励社会人心。

三、厘订文武合一之国民生活规条，以达生活军事化、集体化、生产化、劳动化、艺术化之目的，实践为国家社会服务之人生观。

四、以民族至上、国家至上为准则，重新估定各地风俗习惯，订颁国民生活历，以齐一全国之习俗。

五、订颁与国家、社会、家族、个人现代生活相应，繁简适中，文质合度之礼制。

六、创制发扬民族精神与国家社会公共生活相应、庄敬正大、刚健和平之乐章。

七、本“迎头赶上”之精神，采取世界各国科学生产之方法，以增进国力、发展民生。

八、加紧推行全国标准语，以推进语言之统一。

九、确定汉文正楷为正规字体，并就文字源流及结构，研究其沿革变迁，订定简易正确之文字教育法。

十、取缔拉丁化汉字，及任意变化之不正规花纹立体字。

十一、本国人相互间不得使用外国语言文字。

十二、切实整理我国原有文献及历代发明，以发扬固有文化。

十三、提倡科学研究，普及科学常识，并以国家民族之需要为分别先后缓急之准则。

十四、关于人文学科之教学，应以中国社会现象为中心。

十五、建立三民主义的哲学、文艺及社会科学之理论体系。

十六、实施总理纪念奖金办法，以策励文艺、社会科学、自然科学、教育及社会服务之进步。

十七、励行以民族国家为本位之教育，力求国民教育之普及，成人教育之推广，并发展女子教育，以培养仁慈博爱、体力智识两俱健全之母性。

十八、明定奖励出版办法，保障著作人之权益，以提高出版道德，文化水准，并取缔违反国家民族利益或妨害民族意识之言论文字。

十九、推广新闻、广播、电影，戏剧等事业，以发扬民族意识为主旨。

二十、设立国家学会、选拔文学、艺术、科学等积学之专家，以奖进学术研究之深造。

二十一、各宗教之文化事业，有利于民族国家者，应扶助其发展。

二十二、宣扬吾国文化于世界，以促进人类文化之向上，生活之淑善。

决议：交中央执行委员会分别采择施行。

〔国民党中央执行委员会秘书处档案〕

2. 国民党五届中央五次会议通过的《改进国际宣传实施方案》与《切实推进沦陷区域宣传工作》等决议案

（1939年1月27日）

（1）改进国际宣传实施方案案

决议：修正通过如下：

一　国际宣传应由中央宣传部领导，以专权责。

二　中央宣传部、中央海外部、外交部、军事委员会政治部、军令部应合组国际宣传委员会，通盘筹划国际宣传事宜。

三　派往海外担任宣传工作人员，应由国际宣传委员会选派并指挥，每月呈送工作及经费报告，以凭考核。其他机关如由某种需要有派员出国宣传之必要时，应先通知中央宣传部及国际宣传委员会，并切实联络。

四　中央宣传部应参酌需要，在驻外各使馆选荐专员，从事文化宣传事宜，一方面承中央宣传部之命令，指挥当地宣传工作人员之活动，一方面与我外交人员之活动作密切之配合。

五　国内任何团体，以国际宣传为其任务者，应先在中央宣传部立案。

六　中央宣传部应促令中央通讯社，先在英美两国设置特派员，以早日树立国外通讯网之基础。

（2）切实推进沦陷区域宣传工作并确定其经费案

要点：本部迭奉总裁指示，对沦陷区域宣传工作应特加注意，过去因限于经费，未及作全盘规划，故未能为大规模之进展，今后拟：

一、酌量划区　如一为冀鲁晋区域，一为苏浙皖区域，一为闽粤沿海区域，一为豫鄂皖区域等，东北各省如有可能时，亦应特列一区。

二、专员负责　每区应设特派委员一人，主持一切，并可酌量选定天津、上海、香港、汉口各地为各该区域之中心，以便策动工作。

三、工作概要　训练冒险犯难之大量青年同志，或追随最前线作战部队工作，或参加游击队工作，或深入敌后方工作，务必利用一切时机环境，从事一切文字宣传和口头宣传，并与中央所派一切特务机关取得密切联系。

四、确定经费　此项秘密工作，需费较巨。兹拟以每区月支万元计，应先确定每月划拨五万元。

决议：交战地党政委员会及中央训练委员会参考，并通过要点五项如下：

一、同一性质的工作应由各有关机构密切联系，例如党部、政治部等宣传工作，除本身独有的固定工作外，应力谋联络。

二、战区内宣传工作，除对原有之机构人才加以充实外，应尽量利用该区内之教育机构及人才。

三、战区内宣传政策方针，应适应实际环境需要，由中央有关机关共同商定，随时指示。

四、战区内宣传工作区域之划分，除相当的与战区划分范围相配合外，于特殊地方如香港、上海、天津等，应由中央派员主持。

五、战区内宣传工具应多准备，宣传经费并应宽筹。

〔国民党中央执行委员会秘书处档案〕

3. 国民党中央宣传部奉发蒋介石手定《现阶段之军事、外交宣传要点》

（1939年4月14日）

机密。委座手定“现阶段之军事外交宣传要点”：

甲　军事

（一）　徐州及开封等处之退却，我方军队及军实损失极微，敌人企图在该地区毁灭我方主力之预计完全失败。

（二）　我方军略，系一面在广大战区内消耗敌人力量，一面诱迫敌人入我自动选择之地区，以便歼灭其主力，不拘于一城一地之得丧，而作过大的牺牲。

（三）　今后战争将成为广阔的山地战与河川战，地理上于我有利。

（四）　敌人深入腹地，其后方交通及给养之维持愈难。因此，我方在东西北各战场袭击敌人后方之部队，应依整个计划，加紧推动。

（五）　无论从消耗敌人实力或击破敌人主力着眼，武汉必须坚守到底，并应疏散武汉人口，以期减少因敌机轰炸而发生之损失。

（六）　战区及接近敌区之地域，务须加紧训练民众，使能协助军队抗敌自卫。

乙　外交

（一）　对于德义方面，除因发生特殊重大变化，经中央认为必须有积极表示者外，暂以不作任何期望或不必要之刺激与攻击为原则。

（二）　对于英法方面，应不断的表示好感，并不断的促其执行国联援助中国之决议案。

（三）　对于苏联方面，应一致表示友好的态度，但不必公开表示特殊期望。

（四）　对于美国，应竭力表示好感，并对于美政治家同情于我之言论，随时予以赞扬；对于美国朝野同情于我之行为（如救济难民、继续白银协定及捐助中国红十字会医药等）随时予以广泛之宣传。

（五）　对于国联应继续表示维护，不可因其目前权威减低而附和反对国联者之论调。

（六）　对于国际形势及外交动态，应为理智之深讨与阐述，凡有损吾国立场及足以惹起国交上恶感之字句均应避免。

〔军委会政治部档案〕

4．国民党中央宣传部拟定的《特种宣传纲要》①

（1941年　月　日）

一、特种宣传纲要拟包括关于对敌伪及中共之宣传而置，其重点于后一项，关于对敌伪之宣传原则，已定材料甚多，故不在本原则中提出讨论。

二、揭露中共之流寇面目及汉奸本性，其证明方法如下：

---

① 本件未标明年月日，但据原档有关文件时间推断，似是1941年形成的文件。

1 中共之肇始为一学术团体(马克思主义研究会)而非革命团体，即在现在，其领导人犹十九为支配欲极强之小资产阶级而非现代式之无产大众。

2 中共之主义为马克思主义之抄袭，而非基于本国之需要，故不适合国情。

3 中共之成长完全靠第三国际之支持，其后台老板为外国人，而非中国人，故难望其始终为祖国之利益而奋斗。

三、揭发中共在抗战阵营中违背国家民族利益，妨碍抗战之行为。

1 不实践团结抗战之诺言，制造磨擦；

2 不守战区范围，自由行动；

3 不遵编制数量，自由扩充；

4 不服从中央命令，破坏行政系统；

5 不打敌人，专事吞并友军。

四、揭露中共之伪装：

1 以抗日口号号召群众；

2 以民主口号夺取各地政权；

3 以进步口号争取全国青年；

4 以团结口号巩固自己地位；

5 以恐怖手段排斥异己；

6 以统一战线并吞弱小；

7 以各个击破摧毁国民党力量；

8 以汪派托派汉奸妥协投降等头衔，任意罚款捐粮缴枪拘押残杀；

9 制造高调，炫惑人心；

10 捏造谣言，破坏人民对政府及领袖之信仰。

五、说明中共非法行动之必然结果：

1 造成分裂割据局面，破坏统一；

2 扩大磨擦，甚至促成内乱，妨碍抗战；

3 屠杀暴动，残民害国，重演江西苏区之惨剧；

4 中国赤化结果，英美援助势必停止；

5 中国内乱之结果，将诱致苏联之干涉。

六、叙述中央对中共问题之政策及处理经过（拟抄录七月十六日之提示案)。

七、叙述中共抗命之经过及中央之态度。

1 朱彭等佳电及何白之齐电；

2 图穷匕现，新四军实行叛变，中央明令解散新四军，中共否认中央命令，自委新四军军长；

3 根据总裁训辞，说明中央关于新四军事件之态度。

八、根据总裁训词，驳斥中共对我之诬蔑。

1 磨擦与破坏团结之责任纯在中共；

2 降日剿共或妥协剿共之荒谬；

3 所谓内战；

4 对苏邦交问题；

5 解决新四军妨碍国际援助否；

6 参加帝国主义战争之谬论。

九、指示若干原则及方法：

1 批评中共与反日本及汪精卫同时进行；

2 避免人的攻击，并须善用分化政策，各个击破；

3 不攻击苏联，即对第三国际亦以少提为宜；

4 于列举中共之罪恶时，须强调其破坏抗战之罪案，于宣示中央之对策时，须强调“维持法纪，贯彻抗战”，中共如翻然悔悟，服从政令军令，中央仍可予以自新之路；

5 以战地通讯及其他新闻方式揭露中共之罪恶，但须避免过大字面，并须利用时机，善为发表，故此项宣传应有“间歇性”；

6 宣传不应限于运用自己之力量，应同时运用一切力量；

7 对迷信及同情中共之分子，应派人与其直接谈话，以促其觉悟，但对中共之"啦啦队"则应予以无情之打击；

8 充分利用纪念周及月会作口头宣传；

9 发动本党文化工作同志在各级民众团体及大中院校举行时局座谈会，或政治讨论会，进行理论斗争；

10 宣传对象于一般民众外，注重大中学校学生、各种团体之领导人士，及对本党同志之"党内教育"亦应重视；

11 海外宣传应特别重视，并须力求迅速敏捷；

12 加强图书杂志审查工作，并注意壁报；

13 加紧封锁敌伪及中共之'

十、口号标语：

国家能统一方能独立。

军队有纪律才有生命。

军令如山，法律尊严，任何人不许破坏。

叛变是内战的原因，防止内战要根绝叛变的种子。

解散新四军是为维持军纪，防止内战，贯彻抗建。

曲解三民主义就是违反三民主义。

损害国家利益的都是汉奸。

反抗中央政府的都是汉奸。

割据地方，拥兵自重的就是军阀。

中国共产党不要做汪精卫第二。

〔国民党中央执行委员会秘书处档案〕

5. 国民党中央宣传部文化运动委员会组织大纲(附委员名单)①

(1941年1月6日)

第一条 中央宣传部文化运动委员会(以下简称本会)根据中

① 本大纲经国民党第五届中央常务委员会第166次会议通过。

央宣传部组织条例第五条之规定组织之。

第二条　本会设委员若干人，由中央宣传部部长聘任之。

第三条　本会设主任委员一人，副主任委员二人，常务委员十一人至十九人，由中央宣传部部长就委员中分别指定之。

第四条　本会设秘书一人，由主任委员提请中央宣传部部长任用之，承主任委员、副主任委员暨常务委员之命，办理日常事务。

第五条　本会设设计委员七人至九人，由中央宣传部部长聘任之，组织设计委员会。

第六条　本会为适应事实之需要，得分设文艺、新闻、出版、音乐、美术、戏剧、电影、宗教等组，每组设组长、副组长各一人，委员若干人，由主任委员聘任之。

第七条　本会设总干事一人，干事、助理干事、录事各若干人，由主任委员任用之，受秘书之指导，办理事务。

第八条　本会经全体会议之通过，得聘请文化界先进为顾问。

第九条　本会之任务如下：

一、规划全国文化运动之各种方案；

二、协助主管部策进各地文化事业；

三、其他有关文化运动之调查设计等事项。

第十条　本会每月开全体会议一次，必要时得开临时会议。

第十一条　本会开会时，由主任委员担任主席，主任委员因事不能出席时，得指定副主任委员一人担任主席。

第十二条　本会委员为无给职，设计委员、秘书、总干事、助理干事、录事得支薪金。

第十三条　本会办事细则另定之。

第十四条　本大纲经中央执行委员会核准施行。

〔附录〕中央宣传部文化运动委员会委员名单

主 任 委 员：张道藩

副主任委员：潘公展　洪兰友

常 务 委 员：梁寒操　程沧波　萧同兹　吴大钧　何浩若　张廷休　陶百川　许孝炎　刘百闵　李中襄　彭革陈　罗学濂　王冠青

委　　员：罗家伦　蒋梦麟　程天放　张百苓　胡庶华　梅贻琦　杭立武　黄季陆　叶素中　王星拱　徐思曾　吴保丰　吴俊升　吴南轩　叶元龙　贺衷寒　于　斌　胡建中　邓文仪　顾树森　余上沅　王云五　谢寿康　滕　固　郑用之　张九如　华　林　叶　青　杨公达　郭斌佳　毛庆祥　林风眠　徐悲鸿　李抱忱　熊佛西　曹　禺　曹谷冰　梁实秋　太　虚　王启江　唐学詠　陈石孚　徐辅德　谢仁钊　洪　深　汪日章　李惟果　陆晶清　李俊龙　何汉水　鲁觉吾　张慧剑　萨孟武　艾　沙　蒋复聪　沙孟海　陈博生　王平陵　王泊生　顾执中　寿景伟　洪瑞钊　黄　强　张德流

〔国民党中央执行委员会秘书处档案〕

6．国民党中央宣传部文化运动委员会工作纲领

（1942年　月　日）

抗战以还，文化运动的各部门均有自发的进展，惟是全盘方案尚乏整个的规划，而各自为战，尤需全体的互助。基于此项需要，以前曾有各种文化团体之产生，如文化界各种抗敌协会、国际间各种文化协会及各种学术团体等，均曾各尽相当的责任，而综合各部门的文化工作，集中各部门的文化人才，并由中央主管文化事业各机关一致参加，共同领导，以全力谋克服各种文化事业的困难，充实各种文化工作的内容，并统一全国文化运动的步骤与方针者，则迄今尚乏此项策动的机构。本委员会创设伊始，实效未著，初未敢以此重大的使命自许，然就其组织之内容及任务

之性质而论，固至为繁重。兹举其工作目标及进行事项如下：

甲　工作目标

一、以文化力量增加民族力量　敌人于发动其侵略战争之前，即以其文化侵略为前驱，迨七七以后，更一面以其飞机大炮摧毁我各文化及教育机关，一面在其占领区内发动其奴化宣传及教育，我人于抗战以前即经尽力提倡民族本位文化及民族文艺，其要旨即在抵抗侵略文化，唤醒民族自觉。抗战以后，复本国家至上、民族至上之精神极力扶植各种抗敌文化团体及刊物，保卫民族之神圣抗战已入第五年代，而国民作战精神愈战愈奋，历久不挠者固由于总理三民主义之感召，而历年民族文化之提倡，使民族主义之精神普遍深植于国民心理者亦具有潜移默化之伟大效能。当兹敌人汉奸之奴化政策尚在积极横施各种分歧错杂之思想尚未完全廓清之际，吾人尤宜以文化力量达成国民意志之集中，则文化战争之效果必能策动民族战争，以促最后胜利之早临。

二、以文化建设促进国家建设　抗战建国同时并行之义早已确立为国策，而国家建设实以文化建设为其基础及前驱。至于文化建设之要领，则在于一面必须以迎头赶上之精神，从事于现代科学之研究与发明，一面必须抱从根救起之决心，就道德智能各方面发扬中国固有之文化。此义早经总理恳切指示，而在抗战建国之中尤感两者之急切需要，是以二十七年本党临全大会宣言及总裁历次训示中莫不谆谆以此为言，本会尤宜本此目标，切实规划倡导，庶能以文化建设之猛进，以促国家建设之完成。

乙　进行事项

一　规划文化运动之方案　全国文化运动的最高方针即为三民主义文化的建设，而根据此最高方针，同时因地因事因人以制为各种具体可行的办法，则有待于各种文化运动方案的规划，故各种方案之规定必有其共同一致的最高方针，亦必有其内容各殊的具体办法方针，必求其正确，必求切实。宜即根据本会组织大纲分设文艺、新闻、出版、音乐、美术、戏剧、电影、科学、哲学、宗教……等组，分别研究规划，一面另宜指定人员，分别研究，发扬国粹及奖进科学之方案，择要举办。

二　扶植文化团体之组织　仅有良好之方案而无健全的组织负责实施，则方案将成为具文，故于制定方案之时即须注意实际推行方案组织之健全。

（1）对于现在已成立之各种文化团体，尤其学术团体，首须调查成绩，加以扶植充实，俾能发挥其功用。

（2）对于将来新设的各种文化团体，则宜就其性质内容分别赋以推行各种方案之使命。

（3）对于过去一部分文化团体，其或有机构未臻健全，工作未见成效者更宜建议主管机关或主办人员，随时加以改进与调整。

三　充实文化工作之内容　关于文化运动之方针与组织，固有赖于一般之策动与联系，而关于各种文化事业之推广与充实，各种文艺作品内容之提高与策进，仍有待于各个之努力。故文化运动不可仅求表面之开展，尤须注意基层之充实，对于各种文化事业以及各个文化工作者，积极方面如何予以工作之便利与鼓励，消极方面如何解除其困难与徬徨，均宜实事求是，分途进行，举其当务之急则有。

（1）联络有关机关协力推进关于文化活动及文化界人士集体生活之设施；

（2）协助教育行政机关及有关团体加紧科学之通俗化运动，同时奖励科学研究工作，造成重视科学之普遍风气。

（3）举办抗战以来文艺作品总评选或年度评选，以鼓励作家之兴趣，提高作品之内容。

（4）凡关于文化之资料，除普通图书之设备外，更宜提供各种珍秘情报资料，以为写作之取材及立论之参考。

(5) 举办各种学术讲座及各种有关文化事业之座谈会、讨论会等，以资切磋而利研究。

(6) 酌量举办关于文化之服务，如作品之推销、稿件之介绍、书籍之征求、问题之答复及各种文化运动上事务之承办等，均属服务之必要项目。

(7) 文化方针之指示，为文化界动向正当与否之所系，故凡遇有国内国际各种重大问题发生，应请党国先进或主管人员报告国策，指示方针，以一文化界之动向。

四　把握文化工作之对象　文化工作必有其明确之对象，而后工作之效果方易切实。今日需要文化食粮最切者殆莫如前方之战士，而受大时代的震荡，徬徨无主，无时无地不需要正确知识与思想之指导者，则莫如前后方广大的青年，在青年群众之中又以学校青年为其中心。至于农人、工人、商人之通俗读物，妇女之特种读物亦属必要，故今后文化作品宜有计划的向下列目标进行：

(1) 士兵读物之编辑

(2) 青年读物之编行

(3) 通俗读物之编辑

(4) 妇女读物之充实

五　检讨文化运动之得失　抗战以来，文化各方面固有可贵之进展，而文化上之病态与弱点则仍然到处可以发现。故办理各种文化事业之调查与统计、搜集文化史料、编辑文化年鉴，以检讨文化工作之成绩而改正补救其缺点亦为基本工作之一。

〔国民党中央宣传部档案〕

7. 军委会关于实施当前之文化政策与宣传原则致教育部密代电

(1942年5月1日)

国民政府军事委员会代电　侍秘二字第159号

教育部陈部长勋鉴：密。兹抄发《当前之文化政策与宣传》一件。查所拟不为无见，其中第四项乙、丙、丁、戊、己各款均可采行。除分交中央宣传部及三民主义青年团中央团部外，希就该职掌范围内，本此原则查照实施为盼。中正。辰东。侍秘二。
中华民国卅一年五月一日。

当前之文化政策与宣传

本党九中全会宣言有云："五千年之古国正在复兴，二十世纪之新世界正在改建"。此二语指出今日时代之特征。故今日本党宜策动宣传，使国人彻底认识世界改造之机缘，彻底觉悟中国之三民主义与固有文化对于世界改造可以有重大之贡献。此种宣传足以激发国人对本国之信心，尤是以激发思想界对于中国固有文化之景仰，而一变百年来积渐而成之信外媚外倾向，以此种宣传策动今日必需之文化运动，必能提振国民与青年之精神而一新其观感，由此产生健全之民族文化也。

一　文化运动过去之回溯

甲　百年来西欧文化，随其经济政治之潮流侵入中国，在经济方面造成社会中心之大都市，而散在于海口，海口之大都市则以外国之资本及企业与商品为其骨干。在政治方面，则民初以来地方割据之势力，又依附于各大都市而受外国之操持，于是西洋文化由海口向内地发展，影响所及，即为一种媚外心里所乘，以为凡来自西洋者为新，凡新者皆是，而无复判断之能力，且更以为凡我固有者为旧，凡旧者皆非，亦无复审择之意向。

乙　五四运动乃欧战时期，中国民族工业与民族醒觉所激成，然而相随发展者非民族主义，而为自由主义与社会主义之两大潮流。质言之，即英美与苏俄之两派。

子、英美派在当时倡导者为实验主义与科学方法，实验主义名为哲学，实为反哲学之科学方法论。中国固有之哲学主要者为伦理哲学，在五四运动之当时，其精髓已趋沦没而仅存糟粕。此种糟粕，无力抗御西洋文化思潮以自存，其存在亦足以障碍科学之发育，故五四之文化运动，在以现代科学打击固有之哲学，一方面诚不无裨益于科学之进步，而民族之自信心则受其斲丧。

丑、五四以后，英美派未能建立哲学之系统，彼对于哲学只有单纯之破坏，而并无新建设机会，随此马克思主义乘兹罅隙，乃挟其另一系统而来，一时遂风靡于思想界，而尤能占据青年之心理。

寅、马克思主义传播，流弊如下：

（一）马克思主义并非哲学，而为一种带有宗教热情之煽动性的信条，借哲学的方式而表现为理论，其热情即所谓“无产阶级感”，其信条即依存于社会革命必至必成之推理与判断。其斗争之热情足以鼓动一般青年，而其信条则阻碍青年之科学思想。

（二）马克思主义一方面打击科学潮流，一方面更故意张大五四以来之“反固有哲学”之运动，对我民族精神加以普遍之破坏。

丙　中国之固有哲学受实验主义之打击，而实验主义及科学运动又受马克思主义之障碍，故五四运动以来，对于固有文化之破坏为多，而科学运动与哲学的建立，均无盛大之成绩。

二　文化运动之现在机缘

甲　抗战军兴，本有强烈之民族意识相随而起，足以启发我民族独立自主之文化运动，但以下列原因，民族的文化尚未能充分发展。

子、由于共产党及其外围强调民主斗争，使民族运动之精神为之分散。

丑、由于一般对英美苏外援之强烈期望，使民族的自信未能建立。

寅、由于文化中心都市之失陷，一时文化水准为之低落，使民族主义之哲学思潮未能及早传播。

乙　现在文化运动之机缘有空前之成就——欧战发生以来之世界演变，尤其太平洋战争发动后，使中国获得发展民族文化之机缘。

子、苏俄外交政策之巨大的动摇，使中国共产党之宣传无从立足。

丑、英美文化之危机日益暴露，使求之者自然反省。

寅、后方之稳定与知识分子之集中，使哲学思想重获研求与建立之环境。

丙　现在之缺点有三：

子、一般人对于中国之前途，因同盟军之失败，陷于迷罔惶惑之心理状态。

丑、一般人不能看出中国之地位之何在，以为仍惟有追随英美，简言之：亚洲民族斗争在民主集团中之重要性，尚未经明白指出，而中国抗战为亚洲民族斗争与英美集团之连锁，尤尚未明白阐扬。

寅、一般人对于世界改造之危机未能认识，其原因在于吾人对于划时代之巨变，尚未能以积极之宣传，尽警觉之责，一新国人之耳目，而刺激文化界对中国之地位与前途发生空前之信心，从而使之对中国固有之文化发生真切的认识与景仰。

三　文化运动之特质

甲　文化运动之特质有二：

（一）　文化之发展与改造，乃历久而有成，非一蹴可几；

（二）　文化之发展与改造，须遇客观环境之变动始可成就。

由前之说，一种思想之构成，必有十年百年之蕴蓄长养，由后之说，此蕴蓄长养之思想，一旦得遇客观之变化，即可以一跃而为时代之主潮。

乙　一种思想之成为时代主潮，又必有如下之景象：

（一）　于过去有渊源；

（二） 受当前之激发；

（三） 对未来能启迪。

此种过程乃一个有生命的斗争过程。过去之思想多端，然而某一思想独能发展而为主潮者，虽待客观之机缘，亦恃主观之努力，其间必与别种思想相激相荡，相反相成，剥落渣滓，洗炼菁华，始有盛大之成就。

丙 故文化潮流常为群众之业绩，惟能把握群众之共同业绩，汲众长，去众短，创造系统，充实内容而发皇之始为能领导之者耳。

四 如何策动今日之文化运动

甲 文化运动有两个成分：（一）宣传，（二）研究，两者实不可偏废，而前者常为之先导。

乙 今日本党之任务，在以有组织的宣传，作下列之工作：

（一） 以世界改造之危机，警觉国人及一般文化界。

（二） 指出今日各民族，正以其精神的物质的力量，在世界改造过程中，作生死之斗争，中国自亦在于生死关头。

（三） 指出今日非复各个国家纵横捭阖之时代，亚洲民族斗争，惟有与英美苏民主集团共同努力，始可成就。

（四） 指出中国抗战为亚洲民族斗争与民主集团共同作战两者之连锁。

以上为启迪国人使明瞭中国之地位及前途，而增加自信之信心与自责之抱负。

丙 本党应以各种便利，介绍民主国家学者指点西洋文化危机之论著，使文化界认识西洋文化之短处与流弊，且恰为中国文化之所长，以启迪其对于中国文化之信心。

丁 提倡科学教育，使青年之思想受精密的、有条理的、有方法的训练，而抑制马克思主义教条之发展。

戊 就既成之哲学论著，能有下列之贡献而提倡之：

子、对中国固有之哲学思想，忠实剖析，而能令读者分辨明白，不致治丝益棼者。

丑、对西洋之哲学思想精密介绍者。

寅、能汲取两者之长而构成系统者。

己 在不违背三民主义与抗战国策之下，放任文化论战，使各种思想各以其真面目并陈于世，互相激荡，以成就中西文化综合之收获。

五 对固有文化应有分析及别择

在中国固有哲学思想中，本有多派。此诸派别虽各有所长，然亦有宜扬宜抑之辨。其抑其扬最好任文化界先行忠实阐发，俾并陈于社会而听其抉择。兹略述此中的一二点：

（一） 中国之思想历来以社会哲学为主潮，其自然科学方面未能发育，且每为社会哲学所障碍。

（二） 中国之社会哲学可分为两大流派：

第一为伦理学——经学

第二为政策学——权学

在古代之权学，如纵横家、兵家，其后每当乱世必有一度之发展，而治世则经学兴焉。

然治世非无政策论者，如宋代之苏洵、苏轼是，至南宋而永嘉学派合经权为一体，如陈傅良、叶适、明代之宋濂、张居正，以及明末清初之顾亭林等，皆于此有伟大之贡献。

（三） 伦理哲学之中，在汉晋则有形象（如礼之颂礼、易之京焦）义理（如礼之戴氏，易之王氏）两派。在宋明则同为性理而有烦琐与简易之分，陆王之学实最近于意志自由之说，而决少障碍科学与政策学之流弊，张居正氏之学，乃体近陆王而用承叶宋者也。于此而性理与“经济”（经世济民之学）乃合为一系，由此以降，迄于清初，康熙乾隆以异族宰治中原，乃借朱子之糟粕，以打击陆王黄顾之实学，考据一派更开一雕虫之技，以回避现实，中国之完美哲学因而沈滞三百年，而有待于总理始贯通伦理与政策之两支，且汲取西洋之科学思想，以成就于□礼。

（四） 外来文化之流播于中国社会，往往有利亦有害，即如佛教之影响于我中国社会者：

（甲） 其利在使中国哲学之条理明晰，思考丰富，系统谨严，论辩精密，以至于艺术之优美，文学之活泼，莫不受其影响。

（乙） 其害在于使中国之文士流于颓废，而民众流于萎靡，且有时泯却华夷之辨，是分之分，此断不可因其利而不见其害。

（五） 故固有文化在今日宜加分析，俾社会有抉择有取舍。

综括上述，本党今日之文化政策两原则：

（一） 以正确之宣传，指出中国之地位与前途，增进国人对固有文化之信心，以策动文化界之研究兴趣；

（二） 使中西文化之内容，并以明白之面目，并陈而相激，以备社会抉择，而本党则辅助其抉择，以收挈长补短之效。

〔国民政府教育部档案〕

8. 国民党中央宣传部检送“各省市县党部三十一年度通俗宣传实施纲要”致社会部公函

（1942年5月15日）

中国国民党中央执行委员会宣传部公函　谕美宣字第26201号

查本部为推动各省市县通俗宣传起见，特制定“各省市县党部三十一年度推进通俗宣传实施纲要”一种，除颁发各省市党部切实遵照施行外，为特检送该项纲要一份，函请查照转饬所属一致协助推行为荷。此致

社会部

附各省市县党部三十一年度推进通俗宣传实施纲要一份

部　长　王世杰

中华民国卅一年五月十五日

各省市县党部三十一年度推进通俗宣传实施纲要

查县市通俗宣传关系于抗战建国者至巨，总裁曾颁手令督饬加紧实施，最近并指示各地党部务各指定专人办理此事，中央宣传部为加强此项宣传起见，曾于二十八年七月间拟定县市宣传组织及工作纲领通令颁行，最近复于党务三年计划大纲及三十一年度工作计划中列通俗宣传为中心项目之一，加以详明之规划，同时在所颁各省市党部三十一年度宣传工作计划要点中亦规定以设立民众讲堂、充实县市通俗宣传队、创办小型简报及推行戏剧运动等项为本年各省市党部之中心工作，以求通俗宣传普遍策进。但各省市县党部经费有限，恐难达成预期之任务。故中央宣传部特提请中央执行委员会第一九八次常会议决：县市通俗宣传经费自三十一年度七月份起，每月各县暂以五百元至一千五百元为度，由行政院在三十年度中央补助各县市行政经费项下开支，其详细补助办法由各省市党部与各省市政府商洽办理，并经中央秘书处通饬各省市党部遵照在案。经费既已确定，工作自应积极展开。兹特制定各省市县党部三十一年度推进通俗宣传实施纲要，务望根据纲要规定各点参照当地情形，妥订实施办法，努力推行，以期无负中央督促实施通俗宣传之殷望。

第一　原　则

一、三十年度各省市县宣传应以推进通俗宣传为中心工作。

二、充实并加强县市宣传队以为通俗宣传之主要干部。

三、运用并训练民间旧有游艺人员（以下简称民间卖艺人）以辅助通俗宣传之推进。

四、各县市设民众讲堂，以为推进通俗宣传之固定机构。

五、编审通俗书刊，以为通俗文字宣传之工具。

第二　建立通俗宣传机构

一、各省市之通俗宣传应由各该省市党部宣传科负责，并指定专人主管。

二、各县市之通俗宣传，应由各该县市党部督导县市宣传委员会负责主持，并会同各该县市政府教育科办理之，其主要任务如下：

(1) 充实并加强县市宣传队，使能负荷通俗宣传之主要责任。

(2) 利用保甲组织与县市宣传队配合，以加强通俗宣传之效力。

(3) 以中心小学、国民学校及民众教育馆为通俗宣传之基本机构。

(4) 规划各县市设立民众讲堂之详细办法。

三、县市宣传队：

(1) 各县市党部应联合县市宣传委员会发动当地党员及知识分子参加县市宣传队，务使每保至少有一人担任通俗宣传工作。

(2) 每一中心小学及国民学校必须组织一宣传队，与当地民众教育机关协作，而以每一保为基本活动范围。

(3) 县市宣传队得依宣传方式之不同，分别编组为讲演队、歌咏队、戏剧宣传队、电影宣传队等。

四、中山室。中山室为中央组织部所规划设置者，一切自应依照该部之规定，惟就通俗宣传之立场有当相互配合者。

(1) 中山室陈列之书籍中，应大量征购通俗宣传书刊；

(2) 在地域狭小之县城，民众讲堂得与中山室合并设立，但须由县市党部呈由省市党部转报中央组织部及中央宣传部备案。

五、民众讲堂：

(1) 民众讲堂为口头宣传之固定机构，三十一年度每县市至少应各设一所，三十二年以后，各乡镇亦应分别设立。

(2) 民众讲堂之地址，可利用当地茶馆、戏园、庙宇、祠堂、学校或其他公共场所，或租用相当民房。

(3) 民众讲堂之布置：

(一)讲堂内之陈设，应以整齐清洁为原则。

(二)讲堂内应设置国旗、党旗及国父遗像、林主席及蒋委员长肖像。

(三)讲堂内应设下列图表：

1. 三民主义图表；

2. 抗战建国纲领图表；

3. 国家总动员法令文及其图表；

4. 革命纪念日一览表；

5. 国民精神总动员及国民公约之标语及图画；

6. 新生活运动之标语及图画；

7. 新县制实施纲要图表；

8. 兵役、防空、除奸、劝储、粮政、驿运各项宣传之标语及图画；

9. 各该省市施政纲要表。

(四)讲堂内应设置下列书籍：

1. 总理遗教及总裁言论；

2. 普通宣传小册；

3. 中央日报及当地党报；

4. 中央周刊、三民主义周刊及其他本党刊物；

5. 经审查合格之通俗小说、歌曲、戏剧等刊物。

(五)可能时讲堂内设置收音机一具。

(六)上项布置，由县市宣传委员会会同民教馆、新运会派员指导布置，并得视各县市经费之盈绌、规模之大小，日常听众之多少而为增减布置之标准。

(七)上项布置之图表标语，除中央颁发者外，各省市党部并应自动制发或翻印，并于每半年更换一次。

(4) 民众讲堂之宣传工作：

(一)民众讲堂之宣传工作，其方式包括：(1) 讲演，(2)歌咏，

(3) 电影,(4) 戏剧,(5) 其他各种民间游艺等。

(二) 县市宣传队为民众讲堂之主要宣传人员,民间卖艺人为民众讲堂之辅助宣传人员,必要时并得聘请当地士绅及各机关团体主持人轮流讲演。

(三)宣传内容略分:(1)三民主义浅识,(2)本党政纲政策,(3)国父及蒋委员长之言行,(4)党政军各种重要法令之传达与解释,(5)公民常识,(6)国防知识,(7)抗战英雄事迹,(8)历代护国、贤豪事迹,(9)抗战形势等。

(四)凡中央党政机关下达有关全国性之法令计划及政策及当地政府颁布重要法令时,各通俗机构应尽先划出充裕时间,利用各种宣传方法切实宣传。

(五)宣传材料及宣传技术由各省市党部依照中央宣传部所颁发之宣传指示、通报、通讯暨纲要,随时制定颁发应用。

(六)宣传工作于晚间举行,责成当地保甲长劝导所辖域内之男女民众,每周轮流前往听讲,每户至少须有一人前往,对于热心听讲者得酌予奖励。其他时间亦得举行,但以不妨碍民众本身工作为原则。

(七)各县市党部应相机策动学校当局在民众讲堂内举行学生歌咏合唱及化装宣传。

(八)各县市宣传委员会应于民众讲堂举行宣传时尽可能利用宣传工具,如收音机、留声机及乐器等,以提高听众之兴趣。

第三　改良并运用民间旧有游艺

一、民间旧有游艺之改良与运用为通俗宣传重要工作之一,除此项游艺材料(即民间通俗书刊)之编审与供给另行规定外,各省市党部应于本年度将各该党部所在地之民间卖艺人予以调查登记,并督导其组织艺员公会,在经费许可范围之内,并予以相当训练,一俟办有成效,下年度再行推及各县市。

二、本纲要所称之民间旧有游艺包括下列各项:

（1）地方戏，如平、川、陕、楚、粤、徽、湘等剧均属之。

（2）弹词，如北方之大鼓、苏浙之滩簧，广东之粤讴、四川之金钱板、洋琴、竹琴、湖南之渔鼓词、唱道琴、莲花落等均属之。

（3）说书，如说大书小书，讲劝世文及讲佛回圣谕等均属之。

（4）宣扬镜(即俗称西洋镜)。

（5）其他含有社会教育意味之民间游艺。

三、各省市党部所在地民间卖艺人之调查登记，组织训练，其实施程序由各省市党部会商当地主管或有关机关如社会科、警察局等按照地方情形拟定，并呈报中央宣传部备案。

第四　编审通俗宣传书刊

一、各省市县党部应尽量搜购当地各大书店及坊间流动书贩可经售之民间通俗书刊予以审查，并各检一份送中央宣传部参考。

二、上项通俗书刊审查之后，分别决定下列办法：

（1）合于审查标准者，任其流行或代为仿印；

（2）文字欠佳，音韵失调或一部份内容不合审查标准者予以修改；

（3）诲谣诲盗，神怪荒诞，毫无社会教育之意义，或强调贫富悬绝之情形，有煽动阶级斗争之嫌疑者，函请当地图书杂志审查机关予以取缔。

审查标准另行制定颁发。

三、通俗读物之编刊，中央宣传部正在作有计划之进行，各省市党部在人力财力许可范围内亦须自行编印通俗书刊，除应依法送由当地图书杂志审查处审查外，并须各检一份送中央宣传部备查。

第五　考核与奖惩

一、各省市党部之各区党务督导员，应切实视察督导各县市党部推动通俗宣传情形，以为该县工作考绩之标准。

二、各县市党部应将设立民众讲堂及推动通俗宣传工作情形，按月报告各该省市党部。

三、各省市党部应将各县市党部所送上项报告加以审核，汇编总报告可采用简要之表式，于填送前颁县市宣传月表时，一并送由中央宣传部考核。

四、各县市党部得在当地民众讲堂内举行县市宣传队讲演比赛及歌咏比赛等，并即当众评定甲乙成绩最优者颁给奖状或奖金，藉以鼓励其工作兴趣。

五、各县市党部得在当地民众讲堂内举行民间卖艺人之宣传比赛，当众评定甲、乙成绩最优者，颁给奖状或奖金，藉以考核其工作能力。

第六　经　费

一、遵照中央执行委员会第一九八次常会之决议各县市通俗宣传经费由行政院在三十一年度中央补助各省市行政经费项下开支，自三十一年度七月份起，每月各县市暂以五百元至一千五百元为度，其详细补助办法由各省市党部负责与各省市政府洽定，如有不足可更就地酌量筹募。

二、上项经费之支配包括下列各项：(1)设立民众讲堂，(2)充实县市宣传队，(3)组织并训练民间卖艺人，(4)编审通俗书刊，(5)创办小型简报，(6)推行戏剧运动。

三、凡有关全省(市)性质之通俗宣传业务，如编审通俗书刊、训练民间卖艺人等，各省市党部得在县市通俗宣传经费项下酌提若干成办理，但不得超过百分之二十。

四、县市通俗宣传经费之开支，由各县市党部按月造报，呈由各省市党部审核，并汇报中央宣传部备查。

〔国民政府社会部档案〕

9．国民党第五届中央执行委员会第十一次会议通过的《文化运动纲领案》

（1943年9月8月）

一　文化的意义

芸芸众生，莫不以求生存为目的。人为万物之灵，其求生存的意义与生活的目的，尤为重大。他不仅能适应自然，并且能利用自然，控制自然；他不仅求一己的生存、一个民族的生存和一个时代的生存，并且求他人的共存、人类的并存和历史的永存；他不仅求物质欲望的满足，并且求精神生活的美满与充实。人类为实现其生存意义与生活的目的起见，才有语言、文字、道德、法律、哲学、宗教、科学、艺术以及衣食住行等日常生活的工具和享用方式的创造与发明，这些创造与发明，就是文化。

人类之所以能够创造与发明，固由于他后天的培植，也由于他具有先天的智慧与能力，所以文化蕴藏在内的是人类的智慧与能力，表现在外的就是生活形态与方式。简单的说："文化是人类为了适应生活要求和生活需要所产生的一切生活方式的总合和他的表现。"

二　中华民族文化的哲学基础

各个民族的文化都各有他的哲学基础，这种哲学基础于文化开始时即以存在，但不一定为当时的人所发现或认识清楚，直至数百年甚或数千年之后，方为后人加以整理发扬，得到明确体认。即以中华民族文化而论，虽已累积达五千年之久，但他的哲学原理直到总理民生主义发明以后，后世才有更深切的认识，更伟大的发扬。总理为民生二字，下了一个切实的定义说："民生就是人民的生活，社会的生存，国民的生计，群众的生命。"总裁又给"生活"与"生命"以明确意义说："生活的目的在增进人类全体的生活，生命的意义在创造宇宙继起的生命。"生命为宇宙的主宰，民生为历史的中心，其出发点则为仁爱，是以民生为宇宙大德的表现，仁爱即民生哲学的基础，民生哲学就是中华民族文化的哲学基础。文化与民生实为一体。“民生之外无文化，文化之外亦无民生。”（引总裁语）合乎民生哲学的文化，才是中华民族的文化，才是中华民族所需要的文化，反乎民生哲学，有害于促进“人民的生活”，保障“社会的生存”，发展国民的生计，繁衍“群众的生命”的文化，皆非中华民族文化，亦非中华民族所需要的文化。

三　中华民族文化的建立

中华民族文化的建立，已有五千年的历史，经无数次对外战争的考验，受两度异族统治的威胁，还能够巍然独存。尤其自七七事变以来，抵抗暴敌达六年之久，而始终不屈，更可以证明中国文化有极可珍贵的优点。只以近百年来，一误于腐败的满清政治，对当时外来文化不知善为选择与吸收，二拙于国际的政治侵略，对我固有的优良的民族德性，施以无情的打击，以致“这一百年间国家民族在政治、经济、社会、伦理与心理各方面，无不颓风外暴，危机内伏，几将毁灭我再生的基础，杜绝我复兴的根源”，“若非由我国父倡导三民主义，领导国民革命，则中华民族五千年的命脉，必已在日寇蚕食鲸吞之下，为朝鲜之续。”（引总裁语）到了今天，吾人为发扬中华民族固有的德性，挽救近百年来的颓风起见，必须建立一种新的中华民族文化，这种文化一方面要保存中华民族固有文化的优点，一方面要吸收西洋文化的精髓。这就是本着总理“保持吾民族独立地位，发扬吾固有文化，吸收世界文化，融会贯通而光大之”的遗训。至于怎样建立这种新文化理想实现，并且使他继续不断发扬进展，必须由推进文化建设运动开始。

四　民族文化的五大建设

本总理遗教，用文化的力量，发扬我民族精神，恢复我民族自信，增进我民族地位，以完成国民革命，建立自由平等之国家，为民族文化建立的目的。这个目的的完成，必须以心理、伦理、社会、政治及经济等五大建设为基础。

第一，心理建设。

心理建设，就是"革命的人生观"的建设。它的消极目的在"改革国人苟且偷生，冷酷自私的恶习"，积极目的在改变国民的气质，提起积极精神，确立自信，力行革命"。（引总裁语）心理建设之要项如下：

（1）启发国民独立自主的思想与精神，以改正其舍己耘人、重外轻内、依赖盲从的风气。

（2）革除国民卑怯骄矜与畏难苟安心理，树起淬厉奋发与践履笃实的精神。

（2）服膺总理"知难行易"的学说与总裁"力行"的道理。

（4）讲求科学，笃行真理，彻底扫除往日懒散、空疏、愚昧、浮夸等积习。

第二，伦理建设。

伦理建设的目的，消极的在"打倒自私自利的个人主义，以扫除革命建设的障碍。"积极的在"改进人民的行为，恢复民族固有的道德，从而发扬光大，养成国民高尚健全的人格，使我们四万万五千万同胞，人人能够牺牲小我，舍己利群，尽忠国家，尽孝民族，崇信重义，仁民爱物，和平互助，如手足兄弟一样御侮建国，合力共赴"。（引总裁语）伦理建设的要项如下：

（1）坚定三民主义为救国救世界的主义的信仰。

（2）认清国家至上与民族至上为建国的基本目标。

（3）确认忠孝仁爱信义和平八德与礼义廉耻四维为律定群己关系的共同标准。

（4）发扬中华民族以诚为本、以公为极的智仁勇的精神。

第三，社会建设。

社会建设最主要的目的在使社会上一切分子的生活行动都能遵循一定的规律，使社会上一切有关人民福利的基本事业都有程序的兴举起来。(引总裁语)社会建设的要项如下：

(1) 厘订文武合一之国民生活规条，以达生活军事化、生产化、劳动化与艺术化的目的。

(2) 颁订与国家、社会、家族、个人现代生活相应，繁简适中、文质合度的礼制。

(3) 创制各种公私生活规范的礼制，相应之庄敬、正大、刚健、和平的乐章。

(4) 提倡服劳互助、整洁有序之习惯，务期养成普遍自然之风尚，以立克己合群之始基。

(5) 实施集体训练，以培养国民之组织能力，建立民国巩固之基础。

第四，政治建设。

政治建设以奋发国民自主自动的精神为基础，加强行使四权的能力，促使全民政治的实现为目的。其要项如下：

(1) 利用各种活动组织，训练全国国民，培养其自治与法治的观念，树立其民治与守法的精神。

(2) 训练人民行使四权，实施五权宪法，以树立民主政治之楷模。

(3) 健全国防体制，以保障国家民族之长治久安。

(4) 本自立自强的精神，力图中华民国的自由平等，以期实现世界大同。

第五，经济建设。

经济建设"本人尽其才，地尽其利，物尽其用，货畅其流"之遗教，以充实国防、裕厚民生为目的，而以促进国家经济工业化、国民生活标准化为工作目标，第一步维持人民最低生活水准，第二步提高人民生活水准，俾民生主义能逐步为有计划的实行。其要项如下：

(1) 确立治水行政制度，集中事权，实施治水工程，以防国民百世之灾，兴国家万年之利。

（2）发展交通，便利运输，务期时间迅速，运价低廉，以适应国防及民生需要。

（3）开发各地之资源，以建立大规模的国防工业，发展一般国民日常生活所需之民生工业。

（4）确定土地行政制度，完成丈量，规定地价，调整土地分配，促进土地之改良利用，以增加农业生产，提高农民生活。

（5）实施移民垦殖，奖励造林、畜牧、渔业，因天时地利人事之宜，别本末先后轻重缓急之道，以期利及全民，功垂百世。

（6）健全金融组织与货币制度，以扶助民力，充实国用，畅遂货物之流通，培养国家之元气。

（7）推广各类合作事业，尤应以发展农村合作事业与建立全国合作经济之体系为中心工作，以培养国民生活互助之风尚，建立社会经济健全之基础。

五　中心工作的实施

为达成五大建设之目的，民族文化建设运动以新生活运动为用，而发扬民族精神，以国民经济建设运动为体，而发展民生乐利。其各种中心工作，就国内国外两方面，分述如下：

对内实施要项：

一、建立三民主义的哲学、社会科学及文艺的理论体系，整理我国旧有文献与历代发明，以发扬固有的文化精神。

二、推行全国语言文字的统一运动。

三、实施以民族为本位之文武合一、德智兼全之社会教育及学校教育。

四、制定适合国家民族及时代需要之礼乐服制。

五、奖励科学研究与发明。

六、推广与提倡文艺、戏剧、电影、广播及新闻事业。

七、应用宗教、经济、社会等固有之组织，促进其适应时代进化的发展，以助成民族文化之统一运动。

对外实施要项：

一、研究各国文化，介绍各国重大精深之哲学、科学及文学艺术，择其适合我国家民族与时代需要者，吸收而消化之，以充实我民族文化之内容，而增进其对于全世界贡献之力量。

二、编印阐扬本党主义、政纲、政策、我国哲学、文学、历史、地理与艺术等书刊，大量输送国外，使各国对我国文化有正确之了解，并资助我国学者专家赴各国从事于文化之研究与弘扬工作。

三、加强对外广播、电影及其他艺术宣传，联络各种国际性之文化团体，并经常将我国之古物、图画、雕刻及其他艺术品运往国外展览。

四、加强与海外宣传有关之各种机构，如海外党部、使领馆、通讯社、华侨团体、留学生等之联系，并促其在可能范围内，联络当地各种团体，俾各国人士对我固有文化得正确之认识。

六　文化运动之指导执行及考核机构

一、文化运动之指导，在中央由宣传部文化运动委员会负责，在各省市县由各省县市党部或所属之文化运动委员会负责。

二、文化运动中心工作之推进执行，在中央及地方均由各该主管机关分别负责。

三、各级文化运动机关之工作，由各该机关所隶属之上级机关考核之，中央党政考核委员会负最后考核之责。

〔国民党中央宣传部档案〕

10. 国民党中央宣传部拟定的文化运动纲领宣传及实施办法

（1944年1月9日）

甲　总　　则

一、本办法依据《文化运动纲领》四五两项订定之，以完成民族文化五大建设为主旨。

二、《文化运动纲领》宣传及实施，依本办法行之。

三、文化运动之实施，应与新生活运动、国民经济建设运动相配合。

乙 宣　传

一、全国党(包括团)办报纸，对《文化运动纲领》应随时著论发挥，并约专家撰文阐扬。

二、全国党(包括团)办杂志，对《文化运动纲领》分别拟定题目，约请专家撰文，并得刊行特辑，以资宣扬。

三、中央文化运动委员会须就《文化运动纲领》分类，拟定书目，编印《民族文化丛书》。

四、中央文化运动委员会及各省党部或所属文化运动委员会所主办之文化讲座、文化界国民月会、联谊会等各种集会，均须与文化运动纲领宣传配合。

五、中央通讯社及各地分社应注意采访有关文化运动纲领宣传实施资料，随时报导。

六、中央及各地广播电台，应注意搜集有关文化运动纲领宣传实施资料，随时广播。

七、中央及各地党(包括团)办电影戏剧团体，应注意编制及演出有关文化运动纲领宣传与实施之电影戏剧。

八、中央及各地文化宣传机关，应就文化运动纲领拟定题目，分别举办写作竞赛与讲演竞赛。

九、策动中央及各地文化团体及文化事业团体，对《文化运动纲领》随时加以宣传。

丙 实　施

1. 执行机构

一、建立三民主义之哲学社会科学理论体系事项，由三民主义丛书编纂委员会负责主持，由中央宣传部等有关机关辅助之。

二、建立三民主义之文艺理论体系事项，由中央文化运动委员会负责主持，由三民主义丛书编纂委员会等有关机关辅助之。

三、整理我国旧有文献与历代发明事项，由中央研究院负责主持，由教育部、国立编译馆及各大学研究部、国学研究所等有关机关辅助之。

四、推行全国语言文字统一运动事项，由教育部国语统一委员会负责主持，由有关机关辅助之。

五、实施以民族为本位之文武合一、德智兼全之社会教育及学校教育事项，由教育部负责主持，由有关机关辅助之。

六、奖励科学研究与发明事项，由经济部负责主持，由教育部等有关机关辅助之。

七、推广与提倡文艺戏剧事项，由中央文化运动委员会负责主持，由政治部、教育部等有关机关辅助之。

八、推广与提倡电影、广播及新闻事业事项，由宣传部主持，由政治部、教育部等有关机关辅助之。

九、促进宗教、社会、经济等固有组织之适应时代发展事项，由社会部负责主持，由中央文化运动委员会等有关机关辅助之。（以上为对内实施事项）

十、研究各国文化、介绍各国哲学科学及文学艺术事项，由教育部国立编译馆负责主持，由中央研究院及各大学研究院等辅助之。

十一、编印阐扬本党主义政策政纲书籍，大量输送国外事项，由宣传部负责主持，由党史编纂委员会及三民主义丛书编纂委员会等有关机关辅助之。

十二、编印阐扬我国哲学、文学、历史、地理与艺术等书籍，大量输送国外事项，由教育部负责主持，由中央研究院等有关机关辅助之。

十三、加强对外广播、电影及其他艺术宣传事项，由宣传部负责主持，由政治部等有关机关辅助之。

十四、联络各种国际性之文化机关团体，并经常将我国之古物图书雕刻及其他艺术品运往外国展览事项，由中央文化运动委员会负责主持，由教育部等有关机关辅助之。

十五、加强与海外有关之各种机构如海外部、华侨团体、留学生等之联系事项，由海外部负责主持，由外交部、侨务委员会、教育部等有关机关辅助之。（以上为对外实施事项）

2．工作联系

十六、负责实施文化宣传之机关，应经常与有关机关及文化社团取得密切联系。

十七、中央文化运动委员会应经常发动有关各文化社团，对负责实施机关尽力予以协助。

十八、中央文化运动委员会与各省党部或所属文化运动委员会应随时配合实施，需要联络各种文化社团，主办文化界联谊会，以沟通负责实施机关与文化社团间之意志情感。

十九、在实施期中，中央文化运动委员会与各省党部或所属文化运动委员会应积极发动或主办各种座谈会或文字讨论，并将所得结论分送各该实施机关参考。

二十、中央文化运动委员会应分期举办各种特定宣传运动（本年应先举办守法、转移风气、尊师重道、国防科学及青年从军等运动），以转移社会旧风气，确立民族文化新动向。

廿一、为加强负责实施机关工作之进行及技术之设计，得组织“文化运动设计委员会”，由中央文化运动委员会负责组织之。

廿二、为检讨负责实施机关工作之进行，得每月举行联合工作会报，由中央文化运动委员会负责召集之。

廿三、为辅导各地实施工作之进行，得组织“文化运动辅导团”，由中央文化运动委员会负责组织之。

丁　考　　核

一、各级文化运动主持机关之工作，由各该机关所隶属之上级机关考核之。

二、负责实施文化宣传之各机关，由各该机关所隶属之上级机关考核之。

三、辅助实施文化宣传之各机关，由各该机关所隶属之上级机关将文化宣传工作列为重要考绩。

四、协助实施文化宣传之各种文化社团，由负责管制之社会部将文化宣传工作列为主要考绩。

五、中央党政工作考核委员会负最后考核之责。

戊　附　　记

一、负责实施文化运动纲领各机关之工作计划，应参照本办法订定之。

二、文化运动设计委员会及文化运动辅导团之组织规程另订之。

三、本办法由中央颁布施行。

〔中央研究院档案〕

11．国民党中央宣传部奉发《文化运动纲领实施办法》的训令

（1945年4月23日）

中国国民党中央执行委员会宣传部训令　渝(34)明普字第2425号

令三民主义丛书编纂委员会

文化运动纲领实施办法案，经中央常会第二七九次会议通过，除分令外，合行检附该项办法一份，令仰遵照办理具报为要。此令。

附文化运动纲领实施办法一份

部　长　王世杰

中华民国三十四年四月二十三日

文化运动纲领实施办法

甲 总 则

一、为实施文化运动纲领规定，其工作分配及联系起见，特制订本办法。

二、文化运动之实施应与新生活运动、国民经济建设运动相配合。

乙 实 施

1. 工作分配

一 建设三民主义之哲学、社会科学理论体系事项，由中央宣传部三民主义丛书编纂委员会负责主持，与中山文化教育馆等机关协同办理之。

二 建立三民主义之文艺理论体系事项，由中央文化运动委员会负责主持，由三民主义丛书编纂委员会、中山文化教育馆等机关协同办理之。

三 整理我国旧有文献与历史发明事项，由中央研究院负责主持，由教育部国立编译馆及各大学研究部国学研究所等机关协同办理之。

四 推行全国语言文字统一运动事项，由教育部国语统一委员会负责主持，由有关机关协同办理之。

五 实施以民族为本位之文武合一、德智兼全之社会教育及学校教育等项，由教育部负责主持，有关机关协同办理之。

六 奖励科学研究与发明事项，由经济部、教育部负责主持，由中央文化运动委员会及各种全国性学术团体协同办理之。

七 推广与提倡文艺事项，由中央文化运动委员会负责主持，由政治部及各种全国性文艺团体等机关协同办理之。

八 推广与提倡戏剧电影事项，由宣传部负责主持，由中央文化运动委员会、政治部、中国制片厂、教育部、教育电影制片厂等机关协同办理之。

九　推广与提倡广播及新闻事业事项，由宣传部主持，由教育部、政治部有关机关协同办理之。

十　促进民众固有组织（宗教、社会、经济）之适应时代发展事项，由社会部负责主持，由中央文化运动委员会、教育部、经济部、内政部等机关协同办理之（以上为对内实施事项）。

十一　研究各国文化，介绍各国哲学、科学、及文学艺术事项，由教育部国立编译馆负责主持，由中央研究院及各大学研究院部等协同办理之。

十二　编印阐扬本党主义政纲政策书籍，大量输送国外事项，由宣传部负责主持，由党史资料编纂委员会、海外部、外交部、侨务委员会等机关协同办理之。

十三　编印阐扬我国哲学、文学、历史、地理与艺术等书籍大量输送国外事项，由教育部负责主持，由中央研究院、海外部、外交部、侨务委员会等机关协同办理之。

十四　联络各种国际性之文化机关团体，并经常将我国之古物、图画、雕刻及其他艺术品运往外国展览事项，由教育部负责主持，由外交部国际文化团体、中央文化运动委员会协同办理之。

十五　各种特定宣传运动，应由中央文化运动委员会分期举办（如学生转移风气、尊师重道、国防科学及青年从军等运动）以转移社会旧风气，确立民族文化新动向。

2、工作联系

十六　中央文化运动委员会与各省党部或所属文化运动委员会应随时配合实际需要，联络各种文化社团间主办文化界各种集会，以沟通负责实施机关与文化社团间之意志情感。

十七　中央文化运动委员会与各省党部或所属文化运动委员

会应积极发动或主办各种座谈或文字讨论，并将所得结论分送各该实施机关参考。

十八　为检讨各有关机关实施工作之进行，应举行联合工作会报，由中央及各省文化运动委员会负责召集之。

十九　为加强工作之进行及技术之设计，以辅导各地工作之实施，应由中央文化运动委员会负责统筹办理之。

丙　宣　传

一、凡属本党(团)在中央及各地所主办之杂志报纸应根据文化运动纲领所提示之精神与五大建设所列举之要项，分别撰写论文，以宏宣传。

二、中央通讯社应根据文化运动纲领所提示之各项目，采访有关资料，随时报导。

三、中央及各地广播电台，应根据文化运动纲领所提示之各项目，搜集有关题材，随时广播。

四、凡本党(团)党员(团员)所经营领导之剧团电影，应选择与文化运动纲领相配合之题材，编摄演映。

五、中央及各地文化宣传机关，应就文化运动纲领所提示之范围，分别举办写作竞赛与演讲竞赛。

六、中央文化运动委员会及各省党部或所属文化运动委员会所主办之文化讲座、文化界国民月会等各种集会，均须与文化运动纲领相配合。

丁　考　核

一、各级文化运动主持机关之工作，由各该机关所隶属之上级机关考核之。

二、负责实施文化宣传之各机关，由各该机关所隶属之上级机关考核之。

三、辅助实施文化宣传之各机关，由各机关所隶属之上级机关，将文化宣传工作列为重要考绩。

四、协助实施文化宣传之各种文化社团，由负责主管之社会部将文化宣传工作列为主要考绩。

五、中央党政工作考核委员会负最后考核之责。

戊 附 则

一 负责实施文化运动纲领各机关之工作计划，应参照本办法订定之。

二 本办法由中央颁布施行。

〔国民党中央宣传部档案〕

〔二〕抗战文化宣传运动的兴起

(一)抗战文艺运动概况

1. 军委会政治部第三厅报送成立以来工作报告呈

(1938年5月19日)

国民政府军事委员会政治部第三厅呈

案奉钧部治机字第三三八号训令尾开："以往工作报告，不论已否编送，均着遵照上列办法，重行补编呈复，并着于一周内汇送前来。"等因。奉此，自应遵照办理。查职厅每周工作报告，均已按期编送在案。兹遵将以往工作报告重行补编，理合检同工作报告一种，备文呈送，伏希鉴核备案，实为公便！谨呈

秘书长　张　转呈

部　长　陈

副部长　黄

　　　　周

附呈工作报告一份

第三厅厅长　郭沫若

中华民国二十七年五月十九日

第三厅工作报告(五月十二日止)

一、雪耻与兵役扩大宣传周之举行

(甲) 筹备概况。筹备会设总务、宣传、指导、警卫四处。宣传处以本厅与中央宣传部、中央通讯社、汉口市党部、湖北省教

育厅组织之，由本厅召集。会址设本部第二厅，另设汉口办事处于汉口市党部。本厅派第五处科长前往出席会议，并率同科员司书办理宣传处及汉口办事处一切事宜。

（乙） 开幕典礼。五月三日在汉口市商会举行。

（丙） 宣传概况：

1、宣传队 除混合队外，共发动各团体每日出发宣传队八百余队，在武昌、汉口、汉阳一带宣传，尤侧重附近乡间。至五月九日，并有干部训练团一百队入乡宣传。此外，尚有抗战西洋镜宣传队在武昌及乡间表演宣传。

2、文字宣传 （A）宣传大纲、告同胞书、标语、口号……等数十种，合约二十万份（详见附表），（B）由筹备会征集稿件，分别在扫荡报、武汉日报、大公报、新华日报刊发《雪耻与兵役宣传特刊》。

3、戏剧宣传

（A） 五月五日各团体赴伤兵医院表演，该日共赴八处。谌家矶伤兵最多，从事宣传工作之团体为：（一）剧业剧人劳军公演团（包括平剧、汉剧、楚剧、杂耍、文明戏），（二）工人抗敌宣传队，（三）浙江青年流动宣传团，（四）上海救亡演剧队，（五）青年救国团剧团。

（B） 戏剧广播 五月四日至九日，每晚八时至八时半，均在汉口市中央广播电台广播戏剧。

（C） 混合宣传队 共八十六队，于六、七、八三日乘船分赴离武汉数十里外之乡村宣传，并每队参加负伤士兵二名或四名演讲。

（D） 化装宣传队六队，于五月九日自晨抵暮在武昌、汉口街上巡回表演。

4、电影宣传

（A） 在各电影院放映抗战影片，如《台儿庄歼灭暴敌》、《四二九空军大捷》、《精忠报国》、《抗战电影新闻》、《热血忠魂》、《台儿庄战绩》、《淞沪前线》、《东战场》、《活跃的西线》、《空军战绩》、《抗战特辑三集》等。

（B） 街头放映电影　五月六日在武昌，其余诸日，或因天雨，或因无汽车，或因与经常排定之放映工作冲突，故未举行。

（C） 为抗敌照片展览会，原拟随电影流动放映车往农村流动展览，因电影未出动，亦随之止，五月三、四、五三日，即在中央储蓄会展览。

（D） 为放映标语及漫画幻灯片，五月三、四、五三天在“上海”、“世界”、“光明”、“明星“、“新市场”放映。

5、美术宣传

（A） 壁报：共印四种，为“五一”、“五三”、“五四”、“五九”之壁报，系连环画性质，张贴都市及农村之街头，此为前次宣传周所无。

（B） 招贴及地图：用彩色印招贴二种，及抗战地图一种。

（C） 连环图画小册子二种：（1）王老五当兵打鬼子，（2）从军乐。尤以第一种通俗易解，颇得各方面赞许。

（D） 布画及布标语：各数十幅，或交八十六队混合宣传队携往各乡村张贴散发，或悬挂武阳汉三镇之街头，并布置五月歌咏大会之会场，因有前次之经验，此次工作较为切实，并收效亦较宏。

6、歌咏宣传

（A） 制作新歌十余首，计有“五一”、“五四”、“五五”、“五九”各纪念歌及“壮丁好”、“当兵去”、“民族精神”、“胡阿毛”、“青年劳动歌”、“工人抗敌歌”、“战时儿童教育歌”、“印刷工人进行曲”、“战士哀歌”等歌，合旧有歌曲“灭汉奸”、“保家乡”等共六十余首，并将壮丁好、难民救亡曲、五五纪念歌（为阐扬抗战建国纲领作）、保家乡、农民救亡曲、灭汉奸等六曲，分发于都市及农村中。

（B） 都市宣传，为在宣传周期内，由各歌咏团体，各自至电台、轮渡码头、伤兵医院、难民收容所等处工作。

（C） 数十歌咏团体，被编入混合宣传队，于六、七、八三日，分赴各农村作歌咏宣传，各歌咏团体参加赴农村工作者，共三百余人，并已接到各歌咏团工作报告多份（已汇集成卷备考），成绩甚佳。

（D） 歌咏大会：五月四日发动汉口海员业余等歌咏团，参加“五四”筹备会，在武昌公共体育场举行之，“五四歌咏大会”又于五月九日下午七时假汉口光明影戏院举行，“五四歌咏大会”表演节目，共六十余项，到来宾听众及各歌咏团人员共一千五百余人，会场情绪极为热烈，至深夜十一时许始散会，并将收入券资一百五十八元二角，分助难民及伤兵（已连同票根呈送筹备会）。

7、播音宣传 五月四日起至九日止，请郭厅长、冯副委员长、康厅长、周代部长佛海、何主席成浚、贾参谋长伯涛（张秘书长因要公未到）播音讲话。

8、公开讲演 五月四日，请陈特派员伴岭在汉口市党部讲演，六日请贾参谋长伯涛在武昌民教馆讲演。

（丁） 闭幕式。五月九日，分别在湖北省党部、汉口市党部、汉阳县党部举行闭幕式，系与各党部五九纪念会同时举行。

二、对敌宣传品之编印与颁发

甲 本厅编印之对敌宣传品，其种类及数量如下表：

宣传品名称	编制者	印刷数量	交印日期	交货限期	主持印刷者	备考
对敌官兵宣传标语（十五种）	秘书处	7,500,000			总务厅	已经散发完竣
敬告日本国民书	同	500,000			同	同
告日本国民书	同	10,000,000			同	同
对敌国民宣传标语（三十种）	同	15,000,000			同	已送航空委员会尚有大量存积未散发
一个真实	鹿地亘	1,000,000	二七.四.一三	四.三〇	同	正散发中
与日本士兵书	池田幸子	100,000	四.二二	四.二八	同	同
与日本人民	鹿地亘	500,000	四.二七	五.三	同	同
通行证（五种）	七处一科	5,000,000	四.二七	五.一〇	同	同
漫画（一种）	同	500,000	四.二七	五.一〇	同	同
敌士兵反战同盟传单（两种）	七处一科搜集	6,000,000	四.三〇	五.一〇	同	同
中国被侵略民众告日本军人书	七处一科译	1,000,000	五.二	五.六	总务厅	正散发中
日文标语（十七种）	七处一科	8,500,000	五.四	五.一〇	同	同

对东北伪兵标语(九种)	同	1,800,000	五。四	五。一〇	同	同
告东北同胞书	同	500,000	五。四	五。一〇	同	同
告日本政党人士	鹿地亘	1,000,000	五。七	五。一〇	同	同
告日本农民大众	同	1,000,000	五。七	五。一〇	同	同
告日本工商业者	同	1,000,000	五。七	五。一〇	同	同
告日本劳动者阶级	同	1,000,000	五。七	五。一〇	同	同
告日本文化界	同	1,000,000	五。七	五。一〇	同	未印
告日本国民	同	1,000,000	五。七	五。一〇	同	未印

（乙） 对敌宣传品之颁发单位如下表：

数量 种类	分发单位							
	航委会	第一战区	第二战区	第三战区	第五战区	第五战区游击队	第六师政训处	备考
一个真实	250,000	1,000,000	1,000,000	2,000,000	3,000,000	1,000	500	一、二、三、五战区游击队已发，航委会正在包扎待发中

与日本士兵书		10,000	10,000	20,000	30,000	10,000	300	同上
与日本人民	250,000	—	—	—	—	—	—	包扎中
漫　画	100,000	50,000	50,000	100,000	100,000	1,000	500	航委会包扎待发中
敌士兵反战同盟传单二种	1,000,000	每　种 200,000	每　种 200,000	每　种 350,000	每　种 650,000	—	每种500 共1,000	
告日本军人书	250,000	100,000	—	200,000	400,000	—	500	已发
日文标语十七种	每　种 10,000	每　种 50,000	每　种 50,000	每　种 100,000	每种 150,000	每种1,000 共17,000	每种1,000 共17,000	一、二、三、五战区游击队、六师已发，航委会包扎待发中
对东北伪军标语九种	—	每　种 30,000	每　种 30,000	种　种 40,000	每　种 50,000	每种1,000 共9,000	每种1,000 共11,000	已　发
告东北同胞书	—	100,000	100,000	100,000	150,000	2,000	500	已　发
告日本农民大众	500,000							包扎中
告日本工商业者	500,000							同
告日本劳动者阶级	500,000							同
告日本政党人士	500,000							同

三、禁映《血战大南京》影片之经过

查《血战大南京》影片，系南京电影新闻社出品，于四月二十七日在汉口光明大戏院正式公映，内容荒谬百出，当经本厅签呈部长，予以查禁。并饬该院将该片全部拷贝及中央电影检查会驻粤办事处对于该片检查通过之临时证明书一纸送厅。五月七日，饬作再度之检查后，愈觉内容技巧均恶劣异常，佥认该片不仅无利于抗战宣传，甚且适得其反，易使一般观众对于抗战真相发生隔阂，国际人士对我国抗战情形发生误会。并据调查：（一）该片虽由中央电影检查委员会驻粤办事处检查通过，然仅限其在两广及南洋各地放映，汉口未在其列；（二）该片于中央电影检查委员会检查时，全部共计一二〇〇公尺，但在汉口放映时，竟有一二八五公尺，此八五公尺当为片商私自添接者。似此目无法纪，实应从严科处，因再度签呈部长，拟请对于该院科以二百元之罚金，以儆效尤。

四、主持王故师长铭章追悼会之宣传工作

（甲）本厅于五月五日派简泰梁同志出席王故师长铭章追悼会筹备会议，（由军委会交际处召集）当建议发动武汉各界代表迎梓、送梓、公祭、路祭，并利用报纸及广播电台等扩大宣传，藉以激励士气，并鼓励川军从速全部出川等办法，经全体一致议决，特设宣传组主其事，宣传组负责人为本厅及省市党部记者公会等，并推定本厅代表简泰梁同志为组长，本厅复派王罗主同志帮同简同志工作。

（乙）宣传组之发动工作

（1）迎梓　五月七日在汉口大智门车站迎梓，到党政军机关及各界代表六千余人，每人均手执小旗，每团体均备用一布质大横旗，旗上所书标语，完全依照本部所拟定。

（2）移灵行列　二百余团体学校，六千余人，全体恭送遗像至市总商会追悼会灵堂，本部代表及歌咏队均参加行列，行列所经街市，市民均纷纷脱帽致敬。

（3）公祭　五月十一日至十四日为党政军机关及民众团体学校等公祭日期，武汉各校及各机关各团体无不热烈参加，党政军首长，自蒋委员长以下，率皆亲往致祭。

（4）送梓　五月十五日，各界代表（规定民众团体及学校，每单位派代表三十人，党政军机关酌派）参加送梓者三万余人，由循礼门车站至江边民生公司码头，送榇行列，蜿蜒不绝。每个团体及个人，均仍照本部所拟定之标语自备旗帜。

（5）路祭　市民及机关团体，特备香花、水果、爆竹等项沿途路祭者，在一万台以上，各商店并自动下半旗志哀。

（丙）宣传组之一般工作

（1）请陈部长在各报发表悼王故师长论文（十二日揭载于武汉各报），（2）请郭厅长为悼王故师长广播讲演（七日晚六时三刻至七时），（3）函各报及各通讯社尽量披露追悼会消息，并多著激励士气及鼓励川军出川杀敌论文，（4）请中央社每日将追悼会消息广播全国，每日广播消息，均由简同志撰发，（5）制定宣传标语多种，悬挂或张贴于武昌、汉阳及汉口全市，（6）帮助四十一军办事处为王故师长编印特刊。

（丁）本部特别参加之工作

（1）标语文字及宣传方针，完全由本部撰定；（2）本部特为赶作挽歌，并由本部歌咏队前往歌唱；（3）供给抗战布质大漫画三十余张，布置追悼会会场；（4）先后绘赠王故师长遗像三帧，作为悬挂灵堂、迎送灵榇行列及携带入川之用；（5）本部电影制片厂按日前往拍摄影片；（6）用本部经费及名义，添置蓝布白字大横标语十余幅。

五、协助军官训练团之宣传工作

（甲）本厅简泰梁同志，于四月十三日奉部派协助军事委员会军官训练团宣传工作，赓即前往该团与机要科科长陈震及编纂股长陈健夫诸同志接洽，十四日约同本厅田处长及第六处一、二、三科同志各一人，前往训练团为该团设计团本部及礼堂操场等处之一切美术布置，均以富有抗敌意识之美术作品为标准。

（乙）与励志社派驻该团之钱同志共同设计训练团之俱乐部、游泳池及体育设备等事宜。

（丙）协助该团编纂股设计该团标语及出版物等事宜。

（丁）由本部代该团绘制大幅壁画及漫画等三十余幅，并由本部电影制片厂派摄影师常驻该团为该团拍摄影片及照片。

（戊）由本部电影制片厂先后派员在该团放映抗战影片三次，孩子剧团赴该团歌咏并演剧一次。

六、主持武汉各界第二期抗战扩大宣传周

（一）期间：武汉各界第二期抗战扩大宣传周系由本厅主持，于四月七日至十三日举行。一周内每日均有特别注重之一种宣传，计四月七日为文字日，八日为宣讲日，九日为歌咏日，十日为美术日，十一日为戏剧日，十二日为电影日，十三日为游行日。

（二）开幕典礼：四月七日举行开幕典礼。

（三）文字宣传：四月七日为文字日。

甲、本部编制印发下列各项宣传品：

（1）宣传大纲

（2）告全国同胞书

（3）标语

（4）口号单

（5）第二期抗战鼓词

（6）第二期抗战扩大宣传特辑

乙、另以筹备会名义制发下列各项宣传品：

（1）告同胞书

（2）告负伤将士书

（3）告难民书

(4) 告东北伪军书

(5) 连索信

(6) 告世界人士书(英文)

(7) 国际连索信(英文)

丙、在扫荡、武汉、新华、时代四报出特刊，大公报载部长及郭厅长文。

丁、晚间举行火炬游行，庆祝台儿庄胜利。

(四)宣讲：四月八日为宣讲日。

甲、宣传队：于八日开始出发宣传，以后四日，每日约继续出发。各团体参加，均甚踊跃。

乙、公开演讲：请于院长鹿地亘先生等十二人分别在武阳汉三镇于同日(八日)讲演。其中有因事未到者四人，仍由另约在同一会场讲演之人单独讲演。

丙、播音讲演：自七日起至十三日止，每晚请本部陈部长、郭厅长、汪副总裁、陈部长立夫、本部周副部长、张秘书长及邵部长力子轮流广播。

(五)歌咏：四月九日为歌咏日。

甲、歌咏队每日出发宣传。

乙、九日在中山公园举行广场歌咏大会。

丙、十日晚在黄鹤楼开会，举行美术歌咏联合火炬游行。

丁、当晚并分乘小轮，举行水面游行。

(六)美术宣传：四月十日为美术日。

甲、一周内有：(1) 街头漫画展览，(2) 抗战连环图画展览，(3) 抗战漫画标语印刷品展览，(4) 正气歌图像展览，(5) 大幅布画展览，(6) 抗战摄影展览。

乙、出版：(1) 抗战漫画第八期内全美术界动员特辑，(2) 阵中画报特刊，(3) 扫荡、大公、新华、申报附加美术特刊。

丙、张贴大幅图画壁报。

丁、美术日晚间，开美术歌咏游行大会，举行火炬游行及水面游行。

（七）戏剧：四月十一日为戏剧日。

甲、九日在汉口新市场及大舞台举行平剧抗敌联合公演。

乙、十日动员武汉三镇三十余戏剧团体分别在青年会、民教馆等处及露天公演。

丙、扫荡、武汉、大公、新华四大报，均于十日出戏剧特刊。

（八）电影：四月十二日为电影日。

甲、巡回放映车两队，于一周内，在武汉各冲要地段放映抗战影片，并播送抗战歌曲。

乙、汉口各影戏院于十二日放映抗战影片。

（九）游行：在武阳汉三镇分别开游行大会，虽因空袭警报关系，只汉阳一处开会，然三镇到会及出动街面之民众，估计约有四、五十万人之多。

（十）详细报告：本宣传周之详细报告，前已呈部，合并附及。

七、制发慰劳前线将士书

武汉各界第二期抗战扩大宣传周结束之后，即制印《慰劳前线将士书》，分发前方各部队。

八、发动庆祝台儿庄大捷火炬游行

四月七日下午为庆祝台儿庄大捷，发动武阳汉三镇民众火炬大游行。

九、筹办欢送苏联空军人员返国游艺会

本会于四月十日晚间在青年会举行，有歌咏、话剧、平剧各节目，均含抗战意义，甚得苏联空军人员之赞美。

〔军委会政治部档案〕

2. 郭沫若撰：抗战一年来的文化运动①

（1938年7月7日）

在一年来的英勇抗战中，我们中国的文化工作者——作家、艺术家、歌咏家、学校讲师、舞台剧人，……和多种不同的文化人，都先先后后地或多多少少地显示出了他们为民族争生存、为世界谋和平、为人类求解放的努力的姿态。

抗战使各种的文化工作者坚强起来，团结起来了。在抗战中，我们底文化工作者有人到了前线，去参加实际流血的斗争，有人到了乡村，去从事救亡图存的宣传，有人到了后方，去制造万人精神的粮食，教育抗战人员的干部。在抗战中，各种文化集团有历史意义地成立起来了，像全国文艺界抗敌协会，全国戏剧电影界抗敌协会等等。各种不能合作的人也都合作起来了，团结得兄弟般地站在一条阵线上，去应付当前惟一的敌人——日本帝国主义。

中国的文化工作者，对于抗战我敢说是有相当的贡献的。不管是在前线，在乡村，或在后方，他们大都能忍受所有的困苦而从事于艰巨的奋斗。“八一三”的炮火，把上海书店的老板们吓慌了，将《光明》、《文学》、《中流》、《译文》、《东方》等等一般人所爱读的杂志相率停刊。然而代替了这些杂志的是更多的小册子。《光明》自行复刊了，《文学》、《中流》、《译文》诸社合组的《烽火》也相继出版了。《救亡日报》的刊行，更增加了文化阵营以相当的威力。这时候，在上海首先组织成了文化界救亡协会，进行着各种宣传、组织、救护和慰劳的事情。同时戏剧工作者也组织了救亡演剧队，一批批地到战区或者到乡村去做发动下层的工作。另外更有些作家们，到了内地和边区，去教育抗战干部。有人是分散到各地去了，然而他们底力量却形成为抗战中最为坚韧的一环，颠扑不破的随着抗战的历程而与日俱进。

① 此件选自国民政府军事委员会政治部档案中的剪报资料。

抗战已经一年了。虽然敌人用飞机大炮轰毁了我们无数有名的文化机关，像南开大学、中央大学、湖南大学、中山大学……以及有名的图书馆，和无数的私人藏书。然而由我们文化工作者底努力，在沦陷区域中，在战区中，在后方，都已建筑起新的更为坚固的文化堡垒。

抗战团结了全国的文化工作者，抗战建设了全国新文化底基础。无数的刊物、小册子，在全国各地流行起来了。抗战电影的摄制风起云涌，那种影片的放映已由戏场移到都会或农村的广场，使一般的人都能够接触了。歌咏音乐普遍地发达了起来，充分地发挥了它的发扬蹈厉的作用。街头剧和简单的舞台剧也都可以在战区、乡村和城镇演出了，而且为抗战将士和民众所欢迎、所接受，此外更有无数的抗敌战士也由各地的文化人教育出来了。

目前有人提出“文章下乡”“文章入伍”的口号，也是值得注意的事情。而且最近又有“战地文化服务处”的设立，通过了这个机构，可以为大批的文化读物流到前线战士的手里，和一切需要文化食粮的地方。

在一年的历程中，我们有了这些颇可满意的成就，对于文化人的努力，是应当表示谢意的。但是为了争取最后的胜利，为了争取国际间更大的同情，建设出新中国底新文化，在文化工作的各个部门里面，还期待着我们文化工作者更大的努力。

新中国的文化在抗战中生长着，在抗战中繁荣着，抗战胜利的一日，便是新文化建设成功的一天。

〔国防部史政局档案〕

3. 汉口市各抗战文艺宣传团体向军委会政治部三厅报告工作概况并请支助经费呈

（1938年8—11月）

（1）汉口市各界抗敌后援会宣传队呈（8月9日）

窃本队为汉口市各界抗敌后援会直接组织之宣传团体，队员均经考试录取，内部分设编撰、绘画、讲演、歌咏、戏剧各组。成立以来将近一年，近为推进工作，复将平汉流动宣传队队员并入队内。该队前曾在平汉路沿线从事宣传工作，颇具成绩。现本队队员数近百人，皆愿为抗敌宣传工作而牺牲若干，顷因战局开展，武汉将逼近战区，本队拟即深入内地，赴湘黔公路沿线工作俾唤起后方民众参加抗战。惟本队经费向感支绌，如由汉赴湘，经湘赴黔，以百人之团体行千里之长途，所费必巨，筹措维艰。此闻钧部为扶植抗敌宣传团体，曾有发给疏散费之规定，为此呈请鉴核，援例拨发疏散费四百元，以便成行，继续宣传。谨呈

军事委员会政治部第三厅厅长郭

汉口市各界抗敌后援会宣传队范永炎

中华民国二十七年八月九日

〔拟办意见〕 职处第一科拟请其照补工作计划及队员履历表，发疏散费三百元。

田 汉

八·一四

〔批示〕 发疏散费三百元，并仰随时将工作情形报告。

郭沫若

九·一

(2) 汉口向艺楚剧团流动宣传队呈(10月9日)

若愚、俗文等愤敌寇之猖狂，感宣传之重要，于本年七月间组织"向艺楚剧团流动宣传队"，自备帆船一艘，拟于必要时率领团员五十人，溯江西上，致力宣传。蒙钧部于七月十日颁发军用证明书一纸，准许出发，并予保障。属队本在汉市工作，关于劳军公演、扩大宣传等等，无不竭力以赴。因时局未到紧张阶段，武汉工作至为重要七月迄今均在钧厅指导之下，由留汉基本队

员从事各种活动，并因购置船只，所费千元以上，弃置无用未免可惜，乃由队员徐俗文、涂慧云、高月楼、高月樵、姚如胜、唐兆麟、陈剑秋、尹剑萍、张婉华、罗玉华、王砚云、况且、高少楼等二十余人乘自备船只“楚剧宣传号”，东赴黄陂农村，西至汉阳、沔阳各乡。从事宣传，所费三百余元，均由向艺楚剧团现在出演队员负担。于九月间将船只开回汉口，因证明书限期届满，时局已达紧张阶段，队员等不愿将来为敌人歌舞昇平，均抱决心，出发湘西、鄂西一带。船泊汉口，日有被徵可能，若一旦被徵，非五十余人生计无着，更无异留置此间受敌人蹂躏。除工作报告附呈鉴核外，并恳将护照转发，以资应用，实为公德两便。谨呈
军事委员会政治部第三厅厅长郭

附呈工作报告一份

向艺楚剧团流动宣传队　王若愚
徐俗文

中华民国二十七年十月九日

〔拟办〕　拟照发并加奖评。洪深　十、十

〔批示〕　可。郭沫若　十、十一

抄呈工作报告

时间与地点：七月二十五日，黄陂县属五湖。

工作情形：当船只行至“救命寺”附近，波浪险恶，有帆船一艘在湖中倾复。本队队员唐兆麟、陈剑秋等均善游泳，当即奋不顾身，跃入水中救起六人，名徐汉卿、王大起、陈大福、[illegible]春喜、湛元发、任智伢。事后，徐汉卿邀本队赴该地演剧。

* * *

时间与地点：七月二十七日，黄陂县城城隍庙。

工作情形：演街头剧《放下你的鞭子》《有力出力》，并歌咏演讲、张贴壁报等，听众达一千余人，因该地时有宣传队前往，

乃转赴西乡。

*　　*　　*

时间与地点：七月二日至八月九日，黄陂县西乡第一区。

工作情形：当访该区区长吴注东，沿湾表演，计有《农家乐》《有力出力》《潼关血泪》等，极力宣传，破坏敌人后方，并散发《阵中画报》百余份，民众尤所欢迎。由此感觉，多用图画，较之文法，收效尤大。

*　　*　　*

时间与地点：八月十二日，黄陂北乡第三区。

工作情形：联保主任杜梅生，作为响导，沿村宣传，经过长兴岭、方家潭一带，表演乡村风俗。每至一湾，演戏至少一夜，所谓一本是也。自十二日起，计演六夜，日间多作“演讲”，乡人亦甚欢迎。

*　　*　　*

时间与地点：八月二十日，黄陂北乡第十六保。

工作情形：保长徐有寿，所演之剧本多为《有力出力》等等。本队无绘画人材，“壁报”图画皆剪自《战时画报》等，张贴之时，均由队员逐一详加解释，颇受乡人欢迎；“歌咏”则不如楚腔调感动力大。每晚演旧戏出，如《描客》《蔡明凤》《白扇记》等，一唱一和，台下观众帮腔，打成一片，情绪至为热烈。计在第十六保共演五日。

*　　*　　*

时间与地点：八月二十六日，黄陂北乡第十七保。

工作情形：保长徐有禄，情形大概如上。所演地点“下石港”“中石港”“王家河”“椤山”“罗汉寺”等地，计演五日。

*　　*　　*

时间与地点：九月四日，汉阳圈口。

工作情形：保长刘明生，是日夜在该镇演《有力出力》《农家乐》《安安送米》等，观众达千余人。

* * *

时间与地点：九月六日，汉阳新滩口。

工作情形：是地为朱河之港口，商业尚好，本队在该地演出两日，张贴壁报甚多。

* * *

时间与地点：九月九日，汉阳宋家湾。

工作情形：保长曾同文响导演戏三天。再由曾君介绍，至坪房等地演剧共五日，是地多为渔民，生活极为清苦，对于抗战毫无认识，经属队宣传，均感奇异，对中日战争始有认识。(坪房镇为汉沔交界境地)

* * *

时间与地点：九月十七日，汉口。

工作情形：乘船返汉，参加“九一八”在云仙戏院宣传，演《有力出力》。

(以上各地演出均不售票)

(3) 汉口业余歌咏团呈(9月29日)

敬启者：敝团自成立以来，即抱定以实干苦干之精神，推进救亡歌咏及抗战话剧运动，以期激励民气而增抗敌情绪。一年余来，于党政军各界领导之下，幸得略尽绵力，惟向以经费困难，工作上迄未能有如何开展，揆于《有力出力》之义务，犹相去綦远，实深怅愧，良以敝团经费收入仅持团员有限之缴费，虽时有热情团员乐捐济助，然杯水车薪，极感入不敷出之苦，以致时在困蹙之中，坚苦工作，每忆抗战情势日益严重，武汉已入危急状态，保卫大武汉，亦即所以保卫中华民族。此重大之责任已负于吾人之两肩，敝团乃复决定今后工作，要求歌咏与话剧并重，以期愈能呼起民众参加抗战。一部团友业已组成话剧队，向鄂北进行宣传工作，并成立分团。此间之工作与任务，并益趋繁重，而因经费困难，更以动受掣肘为憾。素仰钧厅热心推动民运，对于各民众团体爱护扶植不遗余力，而对于敝团尤为关怀，用特敢肃函恳请津贴经费若干，藉资弥补，庶工作易于进行，不仅敝团得贡献其全力于保卫大武汉运动，于抗战前途不无小助，而民族解放斗争之胜利实利赖之。伏乞俞允，并请示复为幸！谨上
军事委员会政治部第三厅厅长郭

汉口业余歌咏团谨启

九月廿九日

（4）洪深为汉口市剧业剧人劳军公演团请嘉奖的签呈（10月12日）

查汉口市剧业剧人劳军公演团热心抗战工作，一年来领导武汉剧人剧院，发动劳军公演，参加抗战宣传，卓有成绩。此次演剧献金，出于自动，集成巨数，允为难得，极堪嘉许，拟请钧长批令嘉奖，以勉将来，理合连同附件，签请鉴核！谨呈

处　长　田　转呈

厅　长　郭
副厅长　范　转呈

部　长　陈

副部长　周
　　　　张

职　洪　深　谨呈

十一、十二

汉口市剧业剧人劳军公演团献金表

剧场牌名	献金数目	日期	备考
世界影剧场	93440	七月六日	
	92930	七月八日	
光明影戏院	26920	七月六日	光明两天共扣除电费三〇元
	24040	七月八日	
新市场	83510	七月八日	
明记大舞台	54940	七月八日	
美成戏院	42270	七月八日	
天声舞台	34550	七月八日	
凌霄游艺场	20480	七月八日	
长乐戏院	24300	七月八日	
共和戏院	14390	七月八日	
汉兴戏院	10380	七月八日	
天仙戏院	9517	七月八日	
满春戏院	6120	七月八日	
宁汉戏院	5000	七月八日	
明园	1965	七月八日	
新市场董事会职工	14755	七月八日	
上海剧团节食	320	七月八日	
合计	559627		

（5）汉剧流动宣传队二队呈（11月7日）

窃敝队前离汉来湘宣传，曾蒙钧部发给别字第九四九号军用证明书一纸，现届三月期满，理应缴呈核销，惟敝队现已出发沅江，十日后即绕道益阳、湘潭、安化、新化、洪江等处，宣传抗敌汉剧，唤起民众，共同御侮。除将拟演剧目开单呈阅并缴呈原军用证明书外，理合呈请钧部恳予续发军用证明书，俾免沿途阻隔，妨碍宣传工作，不胜待命之至。谨呈

军事委员会政治部部长陈

附开剧目单一纸

汉剧流动宣传队第二队队长　闵翼斌

中华民国二十七年十一月七日

批示：照准。

郭沫若　十一、九

谨将拟演抗敌剧目，开列如后，呈请鉴核。

梁红玉	抗战鸳鸯
卧薪尝胆	陈圆圆
文天祥	斩天使
盘肠大战	何腾蛟
杀鞑子	平倭传
大破金兵	夫人城
岳母刺字	抗金兵
岳家庄	杀宫刺虎
新投军别窑	新天河配
血印和尚	忠孝全
血海鸳鸯	血战忻口
穆桂英	征台湾
香妃恨	虞允文大破瓜州
河山再造	摩天岭

〔军委会政治部档案〕

1. 军委会政治部第三厅关于抗敌宣传工作概况的报告

（1939年7月）

军事委员会第三厅工作报告（自廿七年四月一日至廿八年七月十五日止）

（甲）概述

本厅于二十七年四月一日奉令成立，至今年七月，为期恰十五个月。因抗战形势之变展，本厅工作可大要分为四个时期：（一）武汉工作时期（二十七年四月至八月）；（二）汉、长、衡三地工作时期（二十七年八月至十一月）；（三）转移中工作时期（二十七年十一月至二十八年一月）；（四）重庆工作时期（二十八年一月至最近）。兹分述如下：

（一） 武汉工作时期（二十七年四月至八月）

此时期之初步工作为人材之搜罗，编制之组成，工作计划之制拟，宣传方针之检讨确立等。时值南京退出，徐州会战、武汉居全国领导中心，各种宣传团体刊物风起云涌，本厅工作极为紧张。大要者有如下列各项：

一、统一推进全国各种抗战宣传，指导各级政治部及其他宣传机关之宣传工作。

一、调查各种民众团体，先从武汉三镇入手。

一、以“保卫徐州”为中心，号召全国军民捍卫国土。

一、宣扬抗战建国纲领的真谛。

一、设计并推动各项扩大宣传运动。

一、注重对敌宣传，搜集敌情研究资料。

一、暴露敌人暴行，搜辑暴行实证。

一、发起七七献金运动，全国及海外闻风继起。

八月初，本厅每月六万元之事业费预算，得见实施。

（二） 汉、长、衡三地工作时期（二十七年八月至十一月）

八月初旬，武汉疏散人口，本部亦有一部迁移。本厅于八月中旬调一部人员赴衡山，九月初，又调一部分人员赴长沙。斯时本厅工作分为汉长衡之地，居平汉线之中心。三地之工作尚能取得联系，彼此呼应。斯时工作中心大要为：

（1）汉口

一、举行“纪念八一三保卫大武汉”宣传运动。

一、号召前方服务，参加追悼阵亡将士。

一、参加前线慰劳及后方征募工作。

一、组织并训练演剧队、歌咏队及宣传队，分派各战地工作。

一、每周由鹿地亘、青山和夫、缘川关子等作日语广播。

一、发起慰问武汉难民及伤兵运动。

（2）长沙

一、举行九一八纪念会，并双十节扩大宣传。

一、举行战利品展览及抗战美术巡回展览。

一、发起救护伤病兵工作运动。

一、分发日寇暴行实录。

一、开办电影放映人员训练班。

武汉撤退时，本厅留汉人员最后退出，并于事前散发日文传单及涂〔书〕写日文标语。长沙大火前夕，本厅奉令移徙，沿途经湘潭、衡阳、桂林、贵阳而至重庆。在移徙期中，沿途之宣传工作着重于：

一、阐明武汉退出为有计划之转移阵地，我方保存主力，以达消耗战之成果。

一、反复申述“抗战到底”国策，遵守委座抗战言论，粉碎和平妥协之谰言。

一、指出抗战形势进入新的时期，敌人的“政治进攻”将日益加厉，以提高军民警觉性。

一、特别注重后方难民伤兵的宣传工作。

一、召集长沙各宣传团体作联谊谈话，加强并统一其工作活动。

（3）衡山

一、派员赴战区及沦陷区视察，并计划沦陷区宣传工作。

一、派员慰问并感化俘虏。

一、加强国际宣传，如外国语播音，国际航空通讯，寄发宣传画等。

一、将随部工作之孩子剧团加以训练。

一、调查并指导当地宣传团体，深入附近乡村宣传。

一、编译委座言论集。

（三） 转移中工作时期（二十七年十一月至二十八年一月）

（四） 重庆工作时期（二十八年一月至最近）

在移徙期中，本厅奉令调整编制，计有一部人员调往桂林行营政治部工作。抵渝以后，至目前为止，本厅工作有如下之开展：

一、制定第二期抗战各种宣传纲要（如战地宣传纲要、兵役宣传纲要、民众宣传纲要等），并各种宣传计划（如西北边民宣传工作计划、敌后宣传工作计划等）。

一、编印委座暨各院部长官讲演录及中央重要文件、抗战小丛书等。

一、推动申讨汪逆之宣传工作。

一、参加并推展精神总动员运动。

一、加紧对敌宣传，协助筹办简易日文日语训练班，并设敌情研究资料库。

一、草订优待俘虏办法，拟定日本反战义勇队计划草案。

一、扩大慰劳将士工作。（前线将士、负伤将士、入营壮丁之慰劳，派员分送食品、药物、宣传品等）

（乙）业务报告

本厅宣传业务原分为：一、一般宣传，二、艺术宣传，三、对敌宣传，四、印刷发行四部门。自成立至今，人事迭有更动，编制亦有变改。然此四部门之业务迄无停止间断，兹分段详述如下：

一、一般宣传

一、拟定各种纪念节日或特殊运动之宣传大纲与方案。

一、编制传单、标语、小册、专册等宣传品。

一、印发《前敌》《士兵》二周刊散发前方，《民众》三日刊散发后方。

一、设计并推动各种扩大宣传运动。

(1) 第二阶段抗战扩大宣传周（四月七日—十二日）；

(2) 雪耻与兵役扩大宣传周（五月三日—九日）；

(3) 抗战建国周年纪念扩大宣传（七月七日—九日）；

(4) 节约运动扩大宣传；

(5) 纪念八一三保卫武汉扩大宣传（八月十三日—十五日）；

(6) 九一八纪念扩大宣传（九月十八日—二十日）；

(7) 国庆日纪念扩大宣传（十月十日—十二日）；

(8) 第二期抗战第一次暨第二次扩大宣传周；

(9) 国民精神总动员青年运动周。

一、组织并训练抗敌宣传队五队派赴战区工作。

一、参加征募慰劳运动及征募慰劳工作。

一、调查全国宣传机关及民众团体。

一、拟制并拍发每周宣传要点。

一、请名人广播演讲，并拟制新闻稿送中央社发表。

一、其他临时工作。

二、艺术宣传

A. 戏剧工作

一、编辑抗战剧本与改订剧本，撰印戏剧新闻。

一、召集临时话剧队赴乡村工作，并改良旧戏剧本交各剧班上演，同时训练旧剧演员。

一、组织并训练抗战演剧队十队，派赴战区工作，孩子剧团二队，随部工作。

一、担任各种训练团体戏剧工作，派员前往讲授。

一、担任各项纪念节日之戏剧宣传工作。

一、担任戏剧广播，每隔晚一次。

一、筹办国立剧场（会同中宣部、社会部、教育部进行）。

一、经常对于戏剧运动之指导。

B。电影工作

一、拟具电影指导计划。

一、指导文化战地摄影队之摄制工作。

一、拟定战时电影检查条例，与中宣部会商电影检查办法。

一、中外电影片之审查（与中宣部合办）。

一、中外电影公司摄制影片之指导与监督（与中宣部会办）。

一、计划并指导各种纪念节日影片之摄制工作。

一、组织并训练电影放映队三队，派赴战区工作。

一、参加各种纪念节日之电影流动放映工作。

一、摄制抗战影片及幻灯片。

一、供给各种来华代表团体以我国抗战建国之照片及影片。

C。美术工作

一、适应需要及时绘制总理遗像、委座肖像，并经常绘制大幅布画、壁画，以及连环画、标语图画、木版画、抗战地图等。

一、主办各种绘画展览会（如抗战建国漫画展览会、露天大布画展览会、街头展览会、劳军展览会等）。

一、经常供应国内外展览之美术宣传品。

一、组织漫画宣传队，赴各地巡回工作。

一、担任各种训练团体之美术指导。

一、组成中华全国美术界抗敌协会。

一、设计并布置各宣传团体训练机关之美术配备。

一、拟定图画人员训练班之训练计划(呈核中)。

D．歌咏工作

一、各种纪念节日与特殊运动之歌词之拟制与印发。

一、各种民歌俗谣调谱之翻制与搜集。

一、审阅各项抗战歌咏作品。

一、担任各项歌咏团体之指导工作。

一、联合歌咏界作星期歌咏会，并主持各种集体游行歌唱。

一、参加并主持各项欢迎来华代表团体之音乐会。

一、举办武汉歌咏界联合干部训练班。

一、召集各歌咏团体于宣传周内作街头歌咏，轮渡歌咏，慰劳伤兵与难民等工作。

一、歌咏广播。

一、拟定音乐人员训练班之训练计划。

一、经常对歌咏运动之指导。

三、对敌宣传

一、对各级政治部、各部队长官及政工人员随时作对敌宣传之指导。

一、颁发"对敌宣传工作要点"。

一、颁发"日文标语集""日语口号""日语歌曲"等，使各级政工人员随时写制、印发或教授士兵喊叫、歌唱。

一、颁发日文传单、小册及漫画、通行证等。

一、针对日寇之欺骗宣传，经常作日语广播(由鹿地亘、青山和夫等担任)，并作英、俄、法语及朝鲜语、台湾语广播。

一、经常搜集并审核整理日文书报、俘虏文件及敌人散发之荒谬宣传品等。

一、印发"敌情研究"一种，每周一次（因印刷关系，现改为旬刊)。

一、编制对敌研究之单行本，如《伪满的真相》《十年来朝鲜的反日运动》等多种。又第二期对敌宣传述要一种，新式日语短期讲义一种。

一、派员访视并慰问俘虏，草订《优待俘虏办法》。

一、协助筹办简易日文日语训练班。

一、拟定日本反战义勇队计划草案。

一、设立敌情研究资料库。

四、印刷发行

本厅成立至今，为应宣传需要，各项宣传品（传单、宣传大纲、小册子、专册、特辑、标语、画幅、画册、歌谱、歌集、壁报、画报、地图、剧本等），在质方面不上(　　)种，在量方面不下(　　)之数。间有交由航空委员会用飞机散发沦陷区敌后及战地者，交各演剧队、宣传队带往前方散发张贴者，交战地文化服务处输送者，由本厅第四科直接邮寄者，由各宣传团体来厅领用者，而由本厅工作人员就街头墙壁涂写绘制者不计在内。只以交通困难，输递阻隔，各项宣传品实未能普遍深入。

兹就统计所及，列表如次：

附表：本部文化发行各总分站一览表

站别	负责人姓名	各站工作人员姓名	地点	划归管辖机关
洛阳总站	李香九	徐景周 吕森 周光纯	洛阳建安街三号	第一战区
郑州分站	韩佐才	院荣庆	郑州中山东街二三八号	同上
渑池分站	何耀然	张廷[illegible]	渑池民众教育馆	同上
南阳分站	王绍宗	王光荣	南阳西门里豫光小学	同上

西安总站	唐学俊	董一帆 李怀敏	西安通济中坊十四号	第十战区
米脂分站	营尔斌		米脂米脂中学校	同上
韩城分站	吴靖北		韩城民众教育馆	同上
宝鸡分站	冯武璩		宝鸡东关五洲旅店内	同上
兰州总站	何全信	陈　谭 曹昇云	兰州市中山街石巷八号	第八战区
西宁分站	康　润		青海西宁	同上
宁夏分站	韦谷魂		宁夏南门外庆太隆	第八战区
宜昌总站	金鸣籁	萧志锋	宜昌中山路古佛寺内	第五战区
沙市分站	杜光耀	吴炽昌	沙市中山路一六一号	同上
沙洋分站	应文彦	刘　豪	荆门石港石港小学	同上
老河口分站	郑静明		老河口吉庆街四十七号	樊城分站改组
汉阳分站	谢学文		汉阳侏儒山	同上
上饶总站	李俊龙	叶庆松 吴　敏	江西上饶汪家园	第三战区
金华分站	王矢忠	郑　纮	金华酒坊巷二十五号	同上
屯溪分站	黄文衡	宋烈文	安徽屯溪隆阜隆和保第九十三号	同上
于潜分站	黄　英	何　泉	浙江于潜水沟巷六号	同上
永嘉分站	余之任	张一鹏	浙江永嘉中山公园内	同上
南平分站	陈海亮	郑雪青	福建南平圣恩坊第十二号	同上
赣州分站	周夷之	陈仁俭	江西赣州道署前女师附小内	同上
吉安分站	吴仁达	徐考瑞	江西吉安西门口第四十号	同上
绩溪分站		欧阳瑋	安徽绩溪县政府转	同上

长沙总站	毛诚明	章濂生 何小平	长沙兴国路三七号	第九战区
株州分站	五钟敏	雷经芝	株州樟树下十三号	同上
衡阳分站	张景仁	陈书兰	衡阳淘沙巷二十三号	同上
邵阳分站	张迈群		邵阳驿傅街十九号	同上
桂林总站	王骥光		桂林五美路五十二号	桂林行营
宾阳分站		周国栋	宾阳新市坊仁爱公所	同上
梧州分站		陈家桂	梧州大中下街六十五号	同上
兴宁分站	张伟东		广东兴宁西河背圣亭学校	同上 （潮州分站改组）
曲江分站	甄　陶	高均有	曲江苍头九号县立女小	同上

中国电影制片厂二十八年度摄制影片及放映状况一览表

类别	片名	编剧	导演	剪辑人	本数	拷贝数目	完成时间	放映次数	观众数	备注
剧情片	保家乡	何非光	何非光		七本	十一套	六月	四十一次	70700	
	好丈夫	史东山	史东山		七本	三套	十二月			
	孤岛天堂	蔡楚生	蔡楚生		七本	八套	十月	二九次	13268	香港分厂（即大地公司摄制）
特辑	抗战特辑第六集			罗静予	八本	九套	三月	四三次	90200	
	保卫大四邑			司徒慧敏	六本	三套				售国外尚未得报告
	潮汕战事			罗静予	一本	三套				
新闻片	第四八号			汪中西	一本	九套	三月			配战时新闻六集放映
	第四九号			应云卫	二本	十一套	六月			1.重庆大轰炸专集 2.配合保家乡放映
	第五十号			汪中西	一本	三套	十二月			配好丈夫放映
歌集	抗战歌集第五集			万超尘 盛家伦	一本	九套	三月			配战时特辑六集放映
	抗战歌集第六集			万超尘 盛家伦	一本	十一套	六月			配保家乡放映
	抗战歌集第七集			万超尘 盛家伦	一本	三套	十二月			配保家乡放映
教育影片	防御战车	袁丛美	袁丛美		四本	二套				

〔军委会政治部档案〕

5.国民党中央社会部等单位关于组织文艺奖助金管理委员会函件及该会工作报告

（1940年7月——1941年2月）

（1）中央社会部致各省市党部函（1940年7月　日）

中国国民党中央执行委员会社会部公函　利运字第5379号

事由：关于组织文艺奖助金管理委员会，办理文艺界奖助事由一案，函达查照。

本部深以文艺工作人员，对于抗战宣传及思想领导关系甚切。自抗战以来，文艺界人士从事各种宣传工作，颇称努力，际此物价高涨，一般作家生活不安，本党如不予以扶植，殊有乖培养作家、发展文艺之至意。爰经呈准中央组织文艺奖助金管理委员会，并拨款拾万元作为文艺奖助金，各项章则亦经陈奉中央核准备案。该会已于本年四月组织成立，现该会各项工作正积极推进中。除分函各省市党部外，相应检同该会组织大纲、办事细则、文艺作品奖励条例、文艺界贷金暂行办法、文艺界补助金暂行办法、及贷金申请表、补助金申请表、职员表各一份，函达查照。并盼将当地文艺界情形先行函报，以备参考为荷！此致

省执行委员会

附件如文

中华民国二十九年七月　日

文艺奖助金管理委员会组织大纲

第一条　文艺奖助金管理委员会（以下简称本会）由中央社会部、中央宣传部、教育部、军事委员会政治部、振济委员会、三民主义青年团中央团部各派代表一人组织之。

本会得聘文艺界人士十一人至十五人为委员，任期一年。

第二条　本会之任务如下：

一、办理文艺界奖励金及补助金之审查、支配及保管事宜；

二、办理其他有关文艺界之奖助事宜。

第三条　本会设常务委员三人，由委员互推之，组织常务委员会，处理日常事务。

第四条　本会设经费保管委员三人，由委员互推之，组织经费保管委员会，负责保管本会经费。

第五条　本会设秘书一人，由常务委员会任用之，承常务委员之命，办理本会一切事务。

第六条　本会得因事务上之需要，酌用干事书记若干人，由关系机关调用之，承常务委员之命，秘书之指导，分任本会一切事务。

第七条　本会得因事务上之需要，分设各组，每组设组长一人，委员若干人，其人选由本会决定聘任之，任期一年。

第八条　本会委员会议每月至少开会一次，常务委员会每周开会一次，均由常务委员轮流主席，必要时得召开临时会议。

第九条　本会之奖助办法及办事细则另订之。

第十条　本大纲呈中央执行委员会备案施行。

文艺作品奖励条例

第一条　文艺奖励金管理委员会（以下简称本会）为鼓励文艺作家从事文艺工作起见，特制定文艺作品奖励条例。

第二条　文艺作品合于下列各项标准之一，其内容技巧优良者，得依本条例之规定，经本会审核后奖励之。

一、发扬中华民族精神，鼓励抗战建国事业者；

二、表扬中国历史上之伟大事迹者；

三、激励民族意识者；

四、描写抗战建国史实者；

五、描写被压迫民族之痛苦，并暗示奋斗途径而其思想正确者；

六、描写社会恶势力之流毒，并暗示改革途径而其思想正确者；

七、开发人生之奥义而其见解正确者。

第三条　文艺作品奖励办法分下列三种，其详细实施办法另定之。

一、以现金公开征求作品，并评定等级；

二、介绍出版优秀作品，并提高其稿费；

三、在每年度已发表之各部门文艺作品中，征选优秀作品，组织评选委员会审定等级后由本会酌给奖金。

第四条　各地党与政府及文化机关团体对于当地作家之文艺作品认为合于本条例第二条之规定者，得将该项文艺作品介绍至本会审核，予以奖励。

第五条　凡文艺作家，其作品合于本条例第二条之规定者，得自备申请书，连同作品呈请本会审核，予以奖励。

第六条　凡经本会奖励之文艺创作，得将受奖事实刊登广告。

第七条　凡由本会征求中选之文艺作品，版权仍为作者所有，但本会有优先发表权，另致发表费。

第八条　本条例经本会通过后施行，并呈请中央执行委员会备案。

文艺界贷金暂行办法

第一条　文艺奖助金管理委员会（以下简称本会）为保障以写作为生之作家生活，俾能安心从事文艺工作起见，特订定文艺界贷金暂行办法。

第二条　本办法所称作家系指从事文学、戏剧、音乐、美术、电影等创作或译述之文艺作家，其思想行动不违反三民主义及抗战建国国策者。

第三条　作家如欲于一定期内完成文艺某一部门之作品而有贷款需要者，经所属文艺团体或文艺界人士二人以上之介绍，得向本会申请贷金。但计划写作之文艺作品，必须于一定期内完成之。

已领补助金之作家，不得申请贷金。

第四条　作家申请贷金必须将写作计划或制作图样连同申请表呈送本会审查，贷金数额及偿还日期（分一次偿还及分期偿还两种）亦由作者自定，但本会得斟酌情形变更之。

第五条　申请贷金之作家应将其通过之作品三件连同申请表呈送本会。

第六条　贷金数额不得超过一千元，偿还日期不得超过一年，贷金不收取利息。

第七条　借款人到期不能清偿时，应于十日前用书面向本会申述请求延期理由及期间。

第八条　已领贷金之作家应经常与本会保持密切联络，将工作情形随时函告本会，其住址或通讯处如有变动亦须随时函告。

第九条　本办法经本会通过后施行，并呈报中央执行委员会备案。

文艺界补助金暂行办法

第一条　文艺奖助金管理委员会（以下简称本会）为补助作家之生活，俾能安心从事文艺工作起见，特订定文艺界补助金暂行办法。

第二条　本办法所称作家系指从事文学、戏剧、音乐、美术、电影等创作或译述之文艺作家，其思想行动不违反三民主义及抗战建国国策者。

第三条　作家从事文艺某一部门工作而因生活恐慌、疾病或其他原因不能安心工作者，经所属文艺团体或文艺界人士二人以上之证明，得向本会申请补助。

已领贷金之作家不得申请补助金。

第四条　作家申请补助必须将过去工作情形、现定工作计划及申请补助原因、连同申请表呈送本会审查，补助金之数额，由本会斟酌情形决定之。

第五条　申请补助之作家应将其过去之作品三件，连同申请表呈送本会。

第六条　补助金之数额，每人每年不得超过五百元。

第七条　已领补助金之作家应经常与本会保持密切联络，将生活及工作情形随时函告本会，其住址或通讯处如有变动亦随时函告。

第八条　本办法经本会通过后施行，并呈报中央执行委员会备案。

征求抗战文艺作品办法

第一条　文艺奖助金管理委员会(以下简称本会)为发扬民族意识，提高抗战精神，并鼓励文艺创作起见，特制定征求抗战文艺作品办法。

第二条　本会征求文艺作品定为小说、戏剧、诗歌、音乐、绘画、雕塑、电影剧本、报告文学、民众读物等九类，分三期征求之，每期种类照下列之规定：

第一期：音乐、绘画、雕塑。

第二期：电影剧本、报告文学、民众读物。

第三期：小说、戏剧、诗歌。

第三条　征求期限每三月为一期，第一期定三十年三月截止收稿，第二期定三十年六月截止收稿，第三期定三十年九月截止收稿，其揭晓期间另行规定。

第四条　征求范围照下列之规定：

一、表现前方军民英勇抗战事迹者；

二、记述沦陷区内我方奋斗情形者；

三、描写后方生产动态者；

四、其他与抗战有关者。

第五条　本会征求作品概限于未发表之新近作品。

第六条　为手续严密计，应征者不得在稿上书写姓名及作其记号，但须将作者姓名、作品题名、全文字数、原稿页数及通讯地址等，自行密封，连同应征作品挂号径寄或自送本会，以便揭晓前核对。

第七条　应征作品不得交由本会任何人员代收转交，以杜流弊。

第八条　本会于征求期截止后，即将收到之应征作品交审查委员会审查。

审查委员会之组织及办法另定之。

第九条　应征作品中选后，本会即给予下列之奖金：

1. 首奖自一千元至二千元。

2. 二奖自六百元至一千元。

3. 三奖自一百元至五百元。

第十条　中奖作品其版权仍为作者所有，但本会有优先印行之权。

第十一条　如经审查委员会过半数之决议无适当作品时，本会得保留奖金或重行征求。

第十二条　本办法经本会通过，并分呈各有关机关备案后施行。

文艺奖助金管理委员会委员职员表

一、委员

谷正纲　中央社会部代表

陈礼江　教育部代表

郭斌佳　中央宣传部代表

洪　深　政治部代表

何浩若　三民主义青年团中央团部代表

黄伯度　振济委员会代表

张道藩　中华全国文艺界、戏剧界、电影界、美术界、音乐界协会常务理事

郭沫若　中华全国文艺界抗敌协会常务理事

舒舍予　中华全国文艺界抗敌协会常务理事

程沧波　中央日报社长

王芸生　大公报主笔

林风眠　中华全国美术界抗敌协会常务理事，前西湖国立艺术院院长

王平陵　中华全国文艺界抗敌协会组织部主任，《文艺月刊》主编

姚蓬子　中华全国文艺界抗敌协会出版部主任，《抗战文艺》主编

华　林　中国文艺社秘书

李抱忱　教育部音乐教育委员会委员，中华全国音乐界抗敌协会常务理事

胡　风　中华全国文艺界抗敌协会研究部主任，《七月》主编

阳翰笙　政治部第三厅秘书，中华全国戏剧界抗敌协会理事

孙　瑜　中央电影摄影场导演

徐悲鸿　前任中央大学图画系主任

卢　前　国民参政会参政员，民族诗坛主编

二　常务委员

谷正纲　张道藩　舒舍予

三　经费保管委员

何浩若　三民主义青年团中央团部代表

黄伯度　振济委员会代表

华　林

四　文艺组长　舒舍予

五　戏剧组长　张道藩

六　音乐组长　李抱忱

七　美术组长　林　风

八　电影组长　洪　深　政治部代表，第八次会议改推阳翰笙

九　秘书　吴云峰

十　各组委员

（1）文艺组：孙师毅　徐霞村　马宗融　宋之的　张恨水　胡小石　陆晶清　张慧剑

（2）戏剧组：洪　深　谢寿康　阳翰笙　顾一樵　万家宝　吴漱予　余上沅　徐仲年

（3）音乐组：金律声　吴伯超　马思聪　贺绿汀　张洪岛　陈振铎　王宗虞　梁在平

（4）美术组：吕斯百　吴作人　宗白华　李毅士　郎鲁逊　王子云　李汝骅　汪日章　赵望云　黄显之

（2）国民党中央秘书处致社会部公函（7月12日）

中国国民党中央执行委员会秘书处公函　渝（29）

机字第一〇四九七号

案准利运字第四六〇一号公函为"文艺奖助金管理委员会已正式成立，拟请将该会组织大纲第一条第二项修改为'本会得聘文艺界人士十一人至十五人为委员，任期一年'，并拟定办事细则、文艺作品奖励条例、文艺界贷金暂行办法及文艺界补助金暂行办法各一件，请转陈备案"等由。经陈报中央常务委员会第一五二次

会议备案在案。相应函复，即希查照为荷。此致

中央社会部

中华民国二十九年七月十二日

〔国民政府社会部档案〕

(3) 文艺奖助金管理委员会廿九年七月至十二月工作概况报告(1941年2月)

一　本会之发起

民国二十九年春间，渝市物价高涨，文艺作者均感生活压迫，而我国出版商人对于作家版税及稿费等每有措扣及滞付情事，文艺界人士乃纷纷吁请政府及社会予以援助救济，颇得各方同情。前中央社会部认此为抗战期间之一大社会问题，倘不设法救济，对于国民精神营养固有影响，而于抗战宣传亦将减低其效率。爰于三月十九日，由谷部长正纲、洪副部长兰友、王副部长秉钧具名，邀请教育部陈部长立夫、振济委员会许代委员长世英、政治部张副部长励生、贺秘书长衷寒、中宣部潘副部长公展及张道藩、黄伯度、王冠青诸先生暨该部主管人员李中襄、李俊龙、吴云峰等商讨救济办法，当决定由中央各有关机关代表及文艺界人士若干人，组织文艺奖助金管理委员会，负责办理全国文艺界贷金及补助金事宜，并经呈奉中央常务委员会第一四三次会议决议，函请国防最高委员会在教育文化费项下拨款拾万元，以为奖助基金。此本会发起之经过也。

二　本会之组织

本会自呈奉中央核准拨付基金后即积极进行，乃于七月二十四日下午三时在中央社会部正式成立，按照组织大纲，本会系由有关机关各派代表一人(计六人)及文艺界人士十一人至十五人组织之，第一届委员名单如下：

中央社会部代表谷正纲

中央宣传部代表郭斌佳

教育部代表陈礼江

政治部代表洪深(现改派林栋)

青年团中央团部代表何浩若

振济委员会代表黄伯度

文艺界人士张道藩、郭沫若、舒舍予、程沧波、王芸生、林风眠、王平陵、姚蓬子、华　林、胡　风、李抱忱、阳翰笙、徐悲鸿、孙　瑜、卢　前

常务委员三人：谷正纲、张道藩、舒舍予

经费保管委员三人：黄伯度、华　林、何浩若。

常务委员之下分设五组，计文艺组、戏剧组、音乐组、电影组、美术组(各组委员名单从略)。

秘书一人，由中央社会部派科长吴云峰兼任，此本会组织之概况也。

三　本会之经费

本会之经费，除奖助基金十万元系由中央就教育文化费项下拨付外，其开办费八百元，系由社会部垫拨，经常费规定每月一千二百元，由参加本会之六机关每机关担负二百元，按月发给，不在奖助金十万元之内。

至二十九年度办公费之收支概况，另有详细报告，在编制中。

四　本会之工作

本会于七月成立后，在二十九年度内，计开会八次，其初期工作侧重于补助作家之生活，故每次会议均以贷款及补助为重要议案，截至第八次会议止，计决议支付贷金为六千八百元，补助金八千六百元。

又，前国立中山大学代理文学院长王独清氏在沪逝世，决议补助治丧费一千元；故青年作家叶紫，身后萧条，并恤助遗孤五百元；青年作者王锐，因病住中央医院内，由本会按月补助医药

费肆拾元。

以上为本会二十九年度内之经常工作，至其他重要工作，并择其显著者，略举于下：

1. 筹备文艺新村。本会以渝市自经敌机狂炸后，公共场所几全告烧毁，故决筹设文艺新村一所，为文化界人士及社会公共集合之用。建筑费定为十万元，业已筹有的款，现正在勘测地址中。

2. 征求抗战文艺作品。本会为发扬民族意识，提高抗战精神，并鼓励文艺创作起见，特公开征求抗战文艺作品，定为音乐、绘画、雕塑（以上为第一期，定三十年三月截止）、电影剧本、报告文学、民众读物（以上为第二期六月截止）、小说、戏剧、诗歌（以上为第三期九月截止），经制定征求办法，积极进行。

3. 提高稿费运动。本会初期工作，偏重于作家个人生活之补助，嗣以该项工作，虽属重要，亦多窒碍，而于文艺运动之本身言，似以置其重点于文艺作品之奖励较为适当，故几经缜密讨论。并制定详细办法，乃于十一月起，先择中华全国文艺界抗敌协会主办之抗战文艺、中国文艺社主办之文艺月刊、乐风月刊社出版之乐风试行提高稿费，计在二十九年度内支出是项稿费，计一千六百六十五元。

4. 举办抗战文艺展览会。本会为发扬抗战建国之伟大民族精神，鼓励文艺创作起见，特决定举办抗战文艺展览会，业已制定办法及筹备委员会组织大纲，分呈各有关机关备案，经核准后即积极进行。

5. 救济沦陷区域作家。国军西撤后，文艺作家之流落于沦陷区内者为数不少。本会除决定每月提拨国币叁千元作为上海文艺作家之稿费补助外，对于港沪平津之文艺作家之移居内地者，将予以种种之便利，并资助其各项费用。

以上为本会成立以来工作概况，至每次会议记录，均已分呈各参加机关备案。又，为使本会工作能与本党文化运动密切配合起见，经决定与中央宣传部文化运动委员会切取联系，并已拟订本会三十年度工作计划纲要，分呈各有关机关鉴核备案施行。

附录：本会编订之单行法规

1. 文艺奖助金管理委员会组织大纲
2. 文艺奖助金管理委员会办事细则
3. 文艺作品奖励条例
4. 文艺界贷金暂行办法
5. 文艺界补助金暂行办法
6. 试行提高文艺刊物稿费办法
7. 举办抗战文艺展览会办法
8. 抗战文艺展览会筹备委员会组织大纲
9. 征求抗战文艺作品办法

（注）四、五两项，业已于第七次委员会议中决议废止，并呈准各有关机关备案。

〔国民党中央社会部档案〕

6. 国民党中央文化运动委员会等召开推广戏剧教育运动办法的会议记录

（1945年1月14日）

推广戏剧教育运动第一次筹备会议记录（1月14日）

时　间：三十四年元月十四日下午二时

地　点：文化会堂

出席者：马彦祥（中华全国戏剧界抗敌协会）、邢昉（教育部）、陈北鸥（国立编译馆）、鲁觉吾（陈福鸥代、中央图书杂志审查委员会）、于四民（社会部）、伏笑雨（政治部）、董世高（中央团部文化运动委员会）、王光乃（中央青年剧社）、余克稷（怒吼剧社）、李畏（胜利剧社）、李思杰（中电剧团）、李辰冬与丁伯骝（中央文化运动委员会）

主席：胡一贯　　　　记录：张惠良

主席报告（略）

讨论事项：

（一）推广戏剧教育运动办法是否可行请公决案。

决议：修正通过（办法附后）。

（二）推广戏剧教育运动筹备委员会组织简章是否可行请公决案。

决议：修正通过（简章附后）。

（三）筹备委员会主任委员宜由何人担任案。

决议：请张道藩先生担任。

（四）各组工作如何分配案。

决议：推中央文化运动委员会为总务组负责人，推中央图书杂志审查委员会、戏剧界抗敌协会、中电剧团及中国万岁剧团为推行组负责人，由戏剧界抗敌协会为召集人，推中央团部文化建设运动委员会、胜利剧社、中央青年剧社为宣传组负责人，由中央团部文化建设运动委员会为召集人，推国立编译馆、夏声戏剧学校、国立戏剧学校及中国万岁剧团为展览组负责人，由国立编译馆为召集人。

（五）各组工作除依组织简章进行外，为分工精细起见，应如何就工作项目确定负责单位案。

决议：（1）剧本之征募由推行组，计划由总务组保管；（2）函请各大中学于运动期间演剧事，由中央文化运动委员会办理；（3）由中央文化运动委员会主办戏剧节庆祝会；（4）由中央文化运动委员会筹办推广戏剧教育运动座谈会；（5）由重庆市文化运动委员会主持壁报宣传事宜；（6）由中央文化运动委员会组织推广戏剧教育辅导机构。

（六）经费如何筹措案

决议：由各组造具预算，送总务组汇编统筹。

〔附件一〕 推广戏剧教育运动筹备委员会组织简章

一、本简章依据推广戏剧教育运动办法第三条订定之。

二、本会设委员二十三人，由中央宣传部、政治部、教育部、社会部、中央文化运动委员会、国立编译馆、中央图审会、重庆市文化运动委员会、中央团部文化运动建设委员会、戏剧界抗敌协会、中国制片厂、中万剧团、中电剧团、中央青年剧社、中国业余剧社、胜利剧社、中央青年平剧社、戏剧工作社、夏声剧校、中国艺术剧社、怒吼剧社、重庆市电影戏剧商业同业公会、民间艺术促进会、国立歌剧学校等单位担任之。

三、本会设主任委员一人，综理本会一切事务

四、本会设置总务、推行、宣传、展览四组，各组负责人由各委员推任之。

五、各组之职掌如下：

1。总务组掌理本会文书、庶务、经费之筹拨、收支及其他不属各组事务。

2。展览组掌理有关展览之规划，□□、□□、□□、展览品之征集、运输、保管等事务。

3。推行组掌理发动演出及征集分配戏剧书刊事宜。

4。宣传组掌理标语、传单、刊物、报纸及其他宣传品之编印以及学术讲演。

六、本会会议由主任委员斟酌情形临时召集之。

七、本会各组订于元月二十日起。

八、本会会址设中央文化运动委员会。

九、本简则如有未尽事宜，得随时提请修正之。

十、本简则经委员大会通过后施行。

〔附件二〕 推广戏剧教育运动办法

一、本运动系根据文化运动纲领对内实施要项第六条之规定

而举办者。

二、举办日期：自本年戏剧节前夕——二月十四日至十六日止，惟时间性较长之工作除外。

三、由中央文化运动委员会邀集有关文化机关团体（名单列后）组织推广戏剧教育运动筹备委员会，组织办法另订之。

四、本运动之活动项目如下：

（1）公开征募剧本，分赠各地方民众教育馆阅览室及各地方图书馆及各学校图书馆，其分配办法另订之。

（2）在陪都举办戏剧展览会。

（3）由中央文化运动委员会分函各大中学转报其学校剧团于运动期间在各校所在地演剧免费，约请当地民众观剧，或出演街头剧，收教育民众之效（所用剧本内容，须先经各校负责审核后呈报戏剧审查机关）。

（4）发动各剧团及各剧场于运动期间，公演教育意义最强之剧目。

（5）举行戏剧节庆祝会。

（6）函请各报章杂志编印特刊。

（7）壁报宣传。

（8）举办推广戏剧教育座谈会。

（9）举办戏剧讲座。

（10）函请社会局转函图书出版业，于运动期间廉价出售戏剧书籍及刊物。

（11）于发动此次运动后，由中央文化运动委员会聘请专家，设一戏剧辅导机构，经常协助学校及剧团，开展剧运工作。

〔国民政府教育部档案〕

（二）战地抗敌文化宣传措施

1．军委会政治部关于组建随军抗敌剧团的训令

（1938年4月21日）

国民政府军事委员会政治部训令

令各战区行营政训分处

案据政工会议决议案内有每一师处应组织随军抗敌剧团一案，理由甚为充分，办法亦属妥善，亟应通令遵照办理，以增强宣传工作效能。除分行外，合亟抄发原提案，令仰该处遵照。并转饬所属遵照办理具报为要！此令。

附发原案一件〔缺〕

部　长　陈〇〇

中华民国二十七年四月二十一日

〔军委会政治部档案

2．郭沫若关于各师旅政训处设立随军抗敌剧团办法的签呈

（1938年6月6日）

查戏剧宣传，效力极为宏大，既可提高部队战斗精神，更能组织民众，增强抗战力量，故本年三月全国政工会议时，有成立各师旅政训处随军抗敌剧团之议决。兹查各师处有已成立者，有因驻扎后方，停发事业费不克组织者，亦有函请介绍人才及索取剧本者，本厅职司宣传，拟请部令各军师旅政训处将各该师抗敌剧团组织工作情形及不克成立原因详细呈报，以便统筹策划，庶

该各剧团工作得有改进。其未成立之各师旅处，亦应设法由各关系厅处研究办法，务求普遍成立。是否有当，敬祈鉴核批示。谨呈

秘书长　张　转呈

部　长　陈

副部长　黄
　　　　周

职　郭沫若呈　六月六日

〔批示〕 如拟，会同关系各厅核议办理。

黄　六、九

〔军委会政治部档案〕

3. 国民党汉口市党部关于组织汉口市戏剧编修委员会致军委会政治部公函及审批文件

（1938年7月13—26日）

（1）汉口市党部军委会政治部公函（7月13日）

中国国民党汉口特别市党部公函　宙字第1743号

查戏剧为抗战宣传之重要工具，对于社会教育亦关系綦重。近年以来，从事戏剧运动者似嫌偏重话剧，而拥有广大观众之各种旧剧及地方剧尚少改革，致国内现行各剧，迷信者有之，不合时代需要者有之，不惟无裨宣传，抑且贻害风化。本部有见及此，经令饬汉口市戏剧审查委员会扩大组织汉口市戏剧编修委员会，重行编修各项新旧剧本，以资运用。惟兹事体大，需费亦多，必赖大部指导赞助，始克有济。用特抄同汉口市戏剧编修委员会组织简章、预算及编修委员列席人名单各一纸，函请审核，派定指导员一人并自本年八月起十一月止，按月拨助经费国币叁百元，俾利进行，并希示复为荷！谨致

军事委员会政治部

附汉口市戏剧编修委员会组织简章、办事细则各一份，委员名单一纸、预算一纸、列席人名单一纸〔预算及列席人名单略〕

特派委员　陈泮岭

中华民国二十七年七月十三日

汉口市戏剧编修委员会组织简章

一、本会定名为汉口市戏剧编修委员会，办理编撰审定剧本事宜，隶属汉口特别市党部(以下简称市党部)。

二、本会设委员十一人至十九人，除汉口市戏剧审查委员会(以下简称戏审会)委员为当然委员外，由市党部遴聘富有新旧戏剧经验学识者充任，并互推主席委员一人，主持日常事宜。

三、本会设干事二人，承主席委员之命，办理文书、庶务、会计事宜，由戏审会干事兼任。

四、本会为集思广益，得呈请市党部指定本市各戏剧团体及各剧场推派代表列席本会，以备谘询。

五、本市现行出演之平汉楚杂话各剧，除经戏审会呈准禁演者外，其余均得重行审定。

六、前条所列各项戏剧，经本会审查确为违反法令规定或不合时代需要者，得分别删除修正其一部或全部。

七、本会为加紧抗敌宣传，推进社会教育，征集富于民族意识及有关教育之剧本。此项剧本经审定后有著作权，或由本会酌给稿费。

八、本市各戏剧团体、各剧场或个人新编之剧本，经送交本会审定认为合格者，得呈请市党部保障其著作权。

九、本会审定之剧本，须提经全体委员会议决定通过后，呈请市党部核交戏审会执行。

十、本会审定之剧本，得由戏审会发交本市戏剧团体印行。

十一、本会委员干事均为无给职，但因公得酌支交通费。

十二、本会每月开会二次，由主席委员召集。

十三、本会工作暂定四个月完成，遇必要时得延长之。

十四、本会工作完竣，应将工作经过详细情形具报市党部备查。

十五、本会经费呈由主管机关拨助，其预算另定之。

十六、本简章自呈准市党部备案之日施行。

汉口市戏剧编修委员会办事细则

一、本会为推进工作起见，订定本办事细则，俾资遵守。

二、本会日常事务由主席委员、副主席委员会同负责处理。

三、本会设下列各组：

1. 平剧组——掌理平剧编修事宜；
2. 汉剧组——掌理汉剧编修事宜；
3. 话剧组——掌理话剧编修事宜；
4. 楚剧组——掌理楚剧编修事宜；
5. 杂剧组——掌理杂剧编修事宜。

四、凡应行修改之剧本，除由本会自行搜集外，得函请汉口市戏剧审查委员会(以下简称戏审会)转知各剧业公会及各场院限期抄送转交本会修改，或由本会各委员指定戏目，函请戏审会转令各场院表演，以便亲往视察而凭修改。

五、本会收到征集剧本，由主席委员分交各组修改，每一剧本修改时间至多不得过一星期。

六、各组修改之剧本，须详细签注意见，送由主席委员提交全体会议审查通过施行。

七、各委员本人新编之剧本及征集之新编剧本，亦得随时提交全体会议审定通过。

八、本会经费支付七元以下者，由各组组长负责，十元以上者须经主席委员、副主席委员核定，并将收支总数于每月终报告全体会议。

九、本会会址暂设汉口特别市党部。

十、本细则经全体会议通过施行，并呈报汉口特别市党部备案，如有未尽事宜，得随时修改之。

汉口市戏剧编修委员会委员名单及略历

姓　名	略　　历	备　考
林荣葵	汉口特别市党部科长前评书训练班主任	
章小山	平汉铁路局职员前编审会委员	
杨闻泉	汉口统税局副局长前编审会委员	
唐性天	良友书局经理前楚训班主任	
李少仁	省二中教授前楚训班教授	
易雪泥	壮报编辑前楚训班教授	
杨子玉	前内政部主事前编审会委员	
王研农	市民众教育馆长前编审会委员	
蒋君稼	财政部签事前编审会委员	
洪　深	军委会政治部第三厅科长	
田　汉	军委会政治部第三厅处长	
龚啸岚	各场院编辑	
张建忠	陆园管理员新剧作家	
朱双云	全国戏剧协会理事	
王忠祁	汉口市戏剧审查委员会委员	
傅瑞华	汉口市戏剧审查委员会委员	
易葆均	汉口市戏剧审查委员会委员	

张　宽	汉口市戏剧审查委员会委员	
赵鲸飞	汉口市戏剧审查委员会委员	

(2) 洪深、田汉签呈及郭沫若批(7月23—26日)

一、查编修剧本本为全国性的工作，属科工作计划亦曾包含此项工作。惟以预算未蒙核定，一时尚难着手。

二、今汉口市党部先在武汉范围内发动此项工作，其委员名单以剧审会五人为当然委员，该剧审会原由市党部、市政府会同组织者，办法甚善。以在军事时期，本部应参加办理。至指导员人选及补助经费数目，请核定。

职　洪　深

七、廿三

如拟。呈厅长

职　田　汉

批示：　一、补助费似可核减为月二百元。

二、拟请派本厅上校秘书、设计委员阳翰笙为指导员，参加该会。

郭沫若　七、廿六

(3) 军委会政治部训令稿(7月26日)

国民政府军事委员会政治部训令　治艺字第827号

令本部设计委员兼第三厅上校秘书阳翰笙

案准汉口特别市党部宙字第一七四三号函开：查戏剧为抗战宣传之重要工具，云云(叙至)并希示复为荷。等因。附组织简章、预算书、委员及列席人名单。准此。查该项组织，甚为妥善，除函复派该员为指导员并按月拨助经费二百元外，合行抄发组织简章、预算书、委员及列席人名单各一纸，令仰该会知照。此令。

附抄发组织简章一份、预算书一份、委员及列席人员名单一纸〔略〕

中华民国二十七年七月二十六日

〔军委会政治部档案〕

4．军委会政治部与中宣部等单位合组的战地文化服务处组织章程

（1938年7月　日）

第一条　中央宣传部、国际宣传处、军事委员会政治部、中央通讯社、军令部、外交部、交通部、后方勤务部、航空委员会、武汉卫戍总司令部、湖北省民众抗敌后援会及汉口市各界抗敌后援会为统筹分发书报杂志及慰劳物品于各战地起见，特合组设立战地文化服务处。

第二条　本处组织采委员制，由下列各机关单位各派代表一人为出席委员，其会议由政治部第三厅召集之。

中宣部

国际宣传处

政治部第三厅

政治部设计委员会

中央通讯社

军令部第二厅

外交部情报司

交通部

后方勤务部

航空委员会（政治部）

武汉卫戍总司令部

湖北省民众抗敌后援会

汉口市各界抗敌后援会

第三条　本处为处理事务起见，于委员会下设总务、审查、编配、储发四股。

一、总务股　掌理文书、会计、庶务、征集及关于开会等事宜，由政治部三厅及卫戍总司令部负责担任之。

二、审查股　掌理书报物品之审查事宜，由中宣部国际宣传处、中央通讯社、军令部第二厅、外交部情报司、政治部第三厅、政治部设计委员会及湖北省民众抗敌后援会负责担任之。

三、编配股　掌理书报物品之编配包装等事宜，由军令部第二厅、后方勤务部、卫戍总司令部、政治部第三厅及汉口市各界抗敌后援会负责担任之。

四、储发股　掌理书报物品之储藏保管及运送等事宜，由航空委员会、交通部、后方勤务部及卫戍总司令部负责担任之。

第四条　各机关单位对于各股所任事务由各该机关单位代表协商决定之。

第五条　本处各股为办理事务得各设干事、服务员及司书、差役等各若干人，并得就干事中指定一人为总干事，但均以调用为原则。

第六条　本处分发之书报、杂志，除公开征求外，应由中宣部、国际宣传处、政治部第三厅、军令部第二厅及外交部情报司按月负责编印之。

第七条　本处经常开支及各机关单位因分担编印宣传物品等而增加之支出，应造具预算案提交本处委员会审议后呈请委员长核发之。

第八条　本处办事细则另定之。

〔军委会政治部档案〕

5. 何公敢关于宣传站各总分站筹备经过及工作概况报告书

（1938年11月）

甲　洛阳总站

（一）总站之筹备经过及工作概况

洛阳总站以第一战区及河南一部与河北沦陷地为工作区域，于八月中旬派本处干事曹楚、祝祷二员前往筹备。时值第一战区政治部在洛阳召开各级政治部会议，得与各级政治部人员建立联系，即将带洛之宣传品百余包配赠一部交各政治部主任转发各部队，自是与各级政治部联络日益密切，文化食粮得以源源供应者，计部队方面有第一军、第四七军、第四十师、第十八师、第三十四师、第三十九师、第七十八师、第八十七师、第一〇六师、第一〇九师、第一六六师、第一九六师、预八师、新八师、华北游击队、别动总队华北第廿一支队、豫东游击队、冀察游击队、河南保安队等，其中华北各游击队并运往大批对敌及对沦陷地民众之宣传品。此外，对于洛阳一带，各民众团体、各机关、各学校等，亦时有配给宣传品，并与共同推进宣传工作。该总站为开展河北沦陷地工作，并与别动总队第廿一支队李英臣、王继武两司令接洽在鲁晋边境共同建立沦陷区之文化根据地，并计划在内乡县设立宣传品堆栈，现该项工作进行已有端绪，即将派人渡河工作。军民图书阅览室设有两所：一在西工和平村，以该地系军事中心；一在洛阳城厢东鼓楼，并商妥由驻在洛阳车站头二等候车室内军委会战地服务团第四服务队兼办车站代收宣传品事宜。至于基站，已设者有陕县及嵩县县党部等基站，其他均在筹设。宣传品之需要，根据该站报告，以下列六种为各方一致需求：（一）代表中央意旨之刊物，如领袖言论集，（二）油布漫画，（三）附有描写日军暴行照片之宣传品，（四）政工人员本身参考书籍，（五）

剧本歌曲，(六)通俗刊物画册，如故事及连环图画等。以上五种为政工人员、部队长官及民众团体所共同需要，第六种为一般民众及士兵大众所迫切需求，工作人员除曹楚、祝祷二员外，并有部派战团毕业生、现充见习干事之周光纯、章鹤鸣二人。

(二)所属之分站

1. 郑州分站

继洛阳总站最先设立者为郑州分站，以该地位于平汉、陇海两铁路之交点，与河北各游击部队及山东省政府联络，均以此为中心点，始由曹楚前往筹备，现派陈则光为筹备干事。

2 许昌分站

次郑州分站而成立者为许昌分站，派马皓主持，担任平汉线郑州至信阳以东之工作，将来似与郑州分站合并，藉节开支。

3. 渑池分站

渑池为军事中心地点，第二战区南路部队之宣传品输送由此转发，宜于设立分站，已派黄一修为该分站筹备主任。

4. 南阳分站

该处为洛阳、郑州各站之后方根据地，运至北方各战区之宣传品，现经改由沙市樊城经此地分送各站，其重要性质实不亚于郑州，该分站暂派洪涛主持。

乙 西安总站

(一)总站之筹备经过及工作概况

西安总站以第二战区为工作区域，前派留日学生训练班毕业学员调处服务之吴从征与本处干事陈仲武二员前往筹设，以第二战区司令长官部及西安行营政治部之热烈援助，得于短期内与当地各机关各部队、西安办事处各级政治部、抗敌后援会及其他各民众团体密切联络。该员等复往洛川、吉县各处调查部队，沿途散发宣传品后谒阎司令长官，承其允于每团指定一员与宣传站联络收发书报。现该区宣传品之散发分为五部：(一)阎司令长官直辖之河东部队计有四个军、十四个师、三十三个旅、百十八个团；(二)南路部队计有十九个师；(三)北路部队约九个师、三个旅；(四)各机关及民众团体。部队方面宣传品之运输办法分为三种：(一)河东部队由兵站总监部转送吉县，由行营政治部转发；(二)南路部队由南路办事处转发；(三)北路部队由北路办事处转发。以上各部队均以团为单位散发，颇能周尽。惟所需宣传品之数量，则与预计者相较当增至十倍以上，尤以晋北敌军多为蒙人部队，晋南则多系直鲁同胞被迫作战，故蒙汉文之对敌宣传极形需要，业将此种情形报告，并请大量印制是项宣传品在案。至于该总站工作人员，除上述吴从征、陈仲武二员外，尚增派有董一帆一员协助进行，并由部调派战团毕业生、现充见习干事之李凤岐、陈范二人。

(二)所属之分站

1。榆林分站

榆林为陕北重镇，通绥要道，附近所驻部队甚多，已派胡磊为该分站筹备主任。

2。宝鸡分站

宝鸡为陇海铁路之终点，且为南通汉中、成都、重庆，西通甘肃之要道，故宜设立分站，现已在筹备中。

3。吉县分站

吉县为晋省军事中心，第二战区司令长官部所在地，现已筹设分站，藉以散发晋南各部队宣传品。

4。汉中分站

汉中为陕省通蜀孔道，将来拟设分站，以利宣传品之输送，与后方之联络。

丙　金华总站

(一)总站之筹备经过及工作概况

金华总站以第三战区为工作区域，前派留日学生训练班毕业学员覃子豪与本厅五处职员王启祥、本处干事刘杜醒三员前往筹设，先后分赴屯溪、青阳、石埭、浮梁、桐庐、诸暨、萧山、兰谿、宁国、太平、泾县、南陵及第三战区所属各地，调查部队，散发宣传品，可以经常配赠之部队计有第六十七师、七十九师、九十八师、一〇八师、一四四师、一四五师、一四六师、一四七师、一四八师、新七师、炮一二三各旅、新四军、第一二三四各支队、第八团、江南挺进军、保安团及各县人民抗日自卫军等各部。输送路线：先沿浙赣路至金华，然后由金分运屯溪、桐庐及萧山等处。运萧山、诸暨者沿铁道，运桐庐及屯溪者，则大部经由水道，驻在南昌之第三战区所属兵站，经交涉结果，亦允每周由南昌代运少数周报至屯。基站已设立者，有绩溪基站，由绩溪县党部汪静波兼办；旌德基站，由旌德凫山小学汪礼先等代办；祁门总基站，由县党部汪亦俊代办；祁门崇善坊小学基站，由汪洛符代办；祁门青云小学基站由章君阮代办；祁门文化界抗敌协会基站，由洪甫生代办；石执基站，由崇实中学孙伟福代办；泾县基站，在泾县民众教育馆内，由卫梦燕、王栋廷、胡尊三代办；南陵基站，由南陵基站动委会王邦、程连芳、汪济川三人代办，该总站与各机关学校及民众团体在宣传工作上多有联络，最近并承第三战区政治部派员协助。至于工作人员，上述三员，覃子豪暂派为总站筹备主任，刘杜醒为屯溪分站筹备主任，王启祥因病现已回厅工作。此外，并由部调留日学生训练班毕业学员朱剑侬，并派战团毕业生陈仁俭、何泉、江秉忠三见习干事前往协助工作。

（二）所属之分站

1. 屯溪分站

屯溪为第三战区司令长官部及兵站总监部所在地，西通祁门，北达青阳、宁国，附近部队众多，交通便利，形成第三战区之军事政治中心，前派刘杜醒为该分站筹备主任，工作颇为努力。

2. 桐庐分站

桐庐为钱塘江西部要点，配赠浙西部队之宣传品，均以此为集散地，该处已设立分站，暂派何泉前往。

3．温州及宁波分站

温州、宁波均为浙东重镇，公路可西达金华及萧山，拟于该两地各设分站，藉以经常供应浙东各部队之文化食粮，并与桐庐、屯溪、金华各站构成一有机之宣传网。

丁　广州总站

（一）总站之筹备经过及工作概况

广州总站原设广州，以第四战区广东方面为工作区域，前派本处干事李德光前往筹设，与第四战区及第四路军政治部暨各部队办事处、救亡日报社、广东民众抗敌自卫团、广东文化界抗敌协会、国民军训处、广州抗敌后援会、省党部、市党部、广东文化会等机关团体于工作上均有密切联络。救亡日报社先后并代征集书报一万余册，配赠部队之宣传品均由第四战区政治部及各师后方办事处负责代运。此外，复与广东省民众抗敌自卫团统率委员会负责人李敏商妥，由该会所属各区县统率委员会代办基站事宜。该会系组训民众之机关，分全省为二十二区，各设区统委会、区之下为县，设县统委会百另，有干部教导队二十二队，集训队三十八大队又七中队，团员已有四十余万人，分布全省，区县统委会均有巡回宣传队一大队，并设有政训员指导政治工作，收发宣传品，即由各区县统委会政训员兼办，县兼基站、区兼总基站，每周均与总站通信一次，报告宣传品收发情形，士兵与民众需要宣传品之种类数量，宣传品所予士兵民众之影响如何，及一般宣传工作之情形。无时间之宣传品交由总委会发各区统委会，转各县统委会散发；有时间性质，则由总站径发各县统委会政训员，所有邮运费亦由该会自行负担。此种利用原有之地方组织代办基站，既能发展全面宣传工作，又可节省经费。惜广州不守，各机关团体星散，总站暂移乐昌办事，筹备主任李德光又因病剧辞职，一时与统委会联络顿失，现在设法联系，期能恢复原有关系。工作人员现有甄陶、蔡荇洲二人，并有部派战团毕业生张伟东、陈家贵、高均有三见习干事，现由甄陶暂代筹备主任，并令其前往曲江及连县工作，陈家贵、高均有于广州未失陷前，即派往梅菉、电白、高州、化县、斗门、江门一带散发宣传品，并筹备代发处。

（二）所属之分站

1. 北海分站

北海为粤省西部滨海要地，驻军颇多，宜于设立分站，已派当地人钟俊生前往设立。

2. 潮州分站

潮州分站，前派留日学生训练班郭化刚前往筹设，讵该员于抵粤后，因事请假，前往澳门，顿告失踪，迄今仍未有消息，业将前后经过，另文报告，现已另派见习干事张伟东（梅县人）前往筹设。

3. 梧州及连县分站

梧州可作为粤省西江宣传基点，连县为粤省政府及各机关所在地，并为西北通湘孔道，均为军事上要地，拟各设分站。

戊　横店总站

（一）总站之筹备经过及工作概况

横店总站以第五战区为工作区域，前曾派留日学生训练班毕业学员彭克明及本处干事马皓二员，前往浠水、广济一带散发各部队宣传品，承广西学生军派定四员协助工作，因即设立浠水、广济分站，后浠水分站派战团毕业学生由厅调处服务之杜光耀前往主持，广济分站由马皓主持，彭克明改派宋埠筹设总站。嗣因交通关系，总站移信阳，宋埠仅立分站，未几又以战事影响，迁移横店，信阳改为分站，留战团毕业学生由厅调处服务之何凌浥，及见习干事一员在信主持。现横店又告沦陷，撤至应城，以沙市既设有总站，则应城只设分站已足，业令将横店总站予以撤废，并调彭克明回处服务。该总站及所属分站工作，以战事紧张，旋设旋废，未能按照原定之步骤进行，祗于供应部队文化食粮一节，散发颇周尽，如第一师、第二师、第三师、第二七师、第三〇师、第三一师、第三二师、第三六师、第四一师、第四八师、第四九师、第六一师、第八七师、第八八师、第一〇三师、第一一九师、一二四师、一二五师、一二七师、第一三三师、一三四师、一三五师、一四三师、一四五师、一四六师、一六七师、一七一师、一七九师、一八八师。一九八师、二〇〇师、及第五战区政治部政工大队、二十七军团、四十二军、八十七军、七十一军炮团、独立第二四旅、二九旅、四四旅、关中师管区司令部、汽车兵团一一团、汽车队、战时乡村服务队等，均有供应其宣传品。军民图书阅览室、前于浠水、宋埠各地均有设立。工作人员除上述者外，并由部派战团毕业生周国栋、陈基成二人为见习干事，陈基成前据该总站报告，擅自离职，业将经过情形转行报部，周国栋则改派沙市总站服务。

(二)所属之分站

总站设宋埠时，所辖有浠水、广济、叶家集之分站，后移信阳时，广济、叶家集二站均因战事关系而撤废，浠水分站改设黄陂，宋埠则设分站，均归信阳总站所辖，迨总站移横店时，信阳改为分站，未几信阳分站亦因战事关系撤废，移原有经费改设南阳，横店总站所辖只余黄陂一分站而已。现横店总站撤废，黄陂分站已移应城，仍派杜光耀为该分站筹备主任，归沙市总站管理。至南阳分站，前亦归横店站分辖，现已改属洛阳总站。总计第五战区所属分站，先后计有广济、浠水、叶家集、宋埠、信阳、黄陂、南阳等七分站，因战线转平汉路以西，均已撤废或改归其他总站管辖矣。

己　兰州总站

(一)总站之筹备经过及工作概况

兰州总站，以第八战区之甘宁青为工作区域，前派本处干事王复生、高原筹设，随带大批宣传品前往，运至西安时，未能前进，经多方向西兰公路运输管理局交涉，并由部电请准运始允装载宣传品前往。业于十月九日到达兰州，沿途调查部队，并散发九十七师、第三预备师、第九补充兵训练处所属各团等宣传品，复经与公路管理局商妥，每次运兰宣传品由西安办事处代运。现该总站承甘肃省府朱主席之援助，正与当地各部队及机关团体从事联络，期能开展宣传工作。现有人员，除王复生、高原二人以外，并由部派战团毕业生徐英俊（平凉人）为见习干事。

（二）所属之分站

1．西宁及宁夏分站

西宁为青海重镇，宁夏为甘肃通绥要道，该两处均在筹设分站中。

庚　南昌总站

（一）　总站筹备经过及工作概况

南昌总站以江西及第九战区之一部为工作区域，前派本处干事董德明与本厅科员钱远铎二人前往筹备，末旬日间，与南昌各机关团体如第九战区政治部、第一兵站分监部、战时服务团及江西省党部、抗敌后援会、保安司令部政训处、江西游击总指挥部政训处、江西青年服务团、省教育厅民众教育馆、乡村抗战工作团等，于工作上均有密切联系，经常散发宣传品之部队计有第十师、第五十一师、第九十师、第一四一师、第一六〇师、第一六一师、第九、第十九、第二十集团军所属各部队、新四军、江西伤兵管理处、军事教育团、荣誉团、工兵补充团、青年服务团、战地工作队、青年会军人服务部、一一〇兵站医院、军政治部、第十五卫生汽车组等各单位。该总站并办一战讯壁报，每日清晨，由中央通讯社送电讯一份，于七时前抄录张贴，以时间较速，颇博路人赞许。军民图书阅览室设有二所，一在南昌中正桥头工人俱乐部内，一在青芝堂难民收容所内，前者多伤兵阅览，后者多难民阅览，所需宣传品，根据调查及报告本处结果：(一)各将领及政工人员多需要杂志报纸及各种理论书籍；(二)民众团体多需要各种小册及剧本等；(三)士兵大众及一般民众则需要画报及各种通俗浅显之小册。工作人员除董德明外，尚有缪祥麟一人，并部派战团毕业生徐觉、熊明远、徐考瑞、董克俊、郑信等五见习干事。

(二)所属分站

1．吉安分站

吉安为目下江西省政治文化之中心，业派钱泽弘前往设立吉安分站，并筹设军民图书阅览室。

2．安义分站

安义为赣北前线要地，交通枢纽，前派黄英前往设立，并已附设有军民图书阅览室一所。

3．浮梁分站

浮梁为鄱阳湖东军事重镇，已派周夷之前往设立分站，工作日有开展。

4．江山分站

江山处于浙赣铁路中心点，为通闽要道，宜于设立分站，已派员在筹设中。

辛　长沙总站

(一)总站之筹备经过及工作概况

长沙总站以湖南省为工作区域，前经呈部许可，商请技术委员彭维基率同本厅服务员汪仲琼前往筹设，初步调查工作业已完成，长沙以及湖南各地之部队均有定期散发宣传品，此外并与各抗战宣传事宜有关之公私团体机关取得联络，以期共同推进湖南省全面宣传工作。基站已筹设者有郴县、桂阳、嘉禾、临武、蓝山、汝城、资兴、桂东、永兴、宜章等处，工作人员已派毛诚朋为该总站筹备主任，章涤生、张迈群、李应乾为筹备干事，并由部派雷德芝为见习干事。

(二)所属之分站

1. 衡阳分站

衡阳分站派贾希一为筹备主任，王家琳为筹备干事，尚有部派见习干事陈书兰一人，亦在该分站服务，如附近部队之调查、各军师办事处及机关团体之联络等，均在积极进行中。

2. 株州分站

株州为粤汉浙赣两铁路之交点，目下萍醴及湘潭方面工作颇为重要，已派王钟敏并部派见习干事杨芳芝前往设立分站，现已开始工作。

3. 沅陵及常德分站

沅陵为湘西重镇，常德为通鄂要地，均拟设立分站。

壬　沙市总站

(一)总站筹备经过

沙市总站以鄂西为工作区域，于十月中旬派本厅科员刘明凡为该站筹备主任，萧志锋、董鸣九、高皑明为筹备干事，周国栋为见习干事，以甫经成立，一切均在部署。

(二) 所属分站及派出所

1. 应城分站

应城分站系自黄陂迁来，该分站之任务在于散发应城以东前线部队之宣传品，工作人员仍派前由厅调处之战团毕业生杜光跃为筹备主任，程济为见习干事。现该分站以应城失陷撤至江陵，业令移设宜昌。

2. 沙洋分站

沙洋扼汉水要冲，目下轮船航行抵达到此地，自此赴老河口，须改搭木船，为水路运输北行宣传品之要地，且公路可通荆门、应城与第五战区后方联络，已由沙市总站派应文彦前往筹设分站。

3. 樊城分站

自平汉线隔断后，输送北方一、二、五、八各战区宣传品，不能不改道经由沙市转运南阳，然后分途输送洛阳、郑州、西安各地，惟是沛市与南阳之间，匪特距离过长，联络不易，且中隔汉水，宣传品不能直接送达，故于樊城设立分站，划段输送，沟通沙市与南阳之连络，并开展鄂北之宣传工作。现该分站派本处干事郑靖民为筹备主任(原汉口分站干事)，周鲁为筹备干事，前由慰劳会拨用之汽车一辆，即拟放置此地，以任樊城与南阳间之输送。该二员并襄阳派出所干事周公正，于十月二十晚搭运载宣传品卡车，取道黄陂、花园前往，迄今尚无到达报告，已续派本处干事陈近蕃驰往查探矣。

4. 沙市对岸派出所

宣传品北运路线，略如上述，第一段由长沙至沙市，须渡长江，故南岸势须觅一屯积地点，并派员专司接运宣传品渡江工作。兹为节省经费起见，以分站经费之一半，设沙市对岸派出所，归沙市总站直接管辖，置一员一丁，藉以经营接运宣传品渡江。现已派吴炽昌前往筹设(预算上以二派出所作为一分站计)。

5. 襄阳派出所

第二段之输送，起于沙市，迄于樊城，惟中隔汉水，不能直达，故于襄阳亦设一派出所，藉以接运宣传品，并担任襄阳方面宣传工作，归樊城分站兼辖。现已派原充汉口分站干事周公正前往筹设。

癸 直属之分站及派出所

1. 九二分站

九二分站始设阳新，继迁大冶，后徙金牛，现又移设平江。以分站设于第九战区第二兵团站分监部内，故名九二分站。初以阳新一带部队所有给养弹药，均由第二兵站分监部输送接济，以分站自身既不易与散在各处驻地时迁之部队直接联络，又无交通工具以资输送，故商得该兵站分监部同意，分站设于该部内，每次于发给各部队给养及弹药时，均配以一部文化食粮，并利用兵站之交通工具与各部队取得联络。第二兵团张总司令曾通令所属各部队向本分站领取书报在案。前在阳新之第九战区司令长官部政工大队、第二兵团政治部及政工大队均代该分站散发大量宣传品，战事紧张，交通工具缺乏时，并曾利用辎重大队及铁肩大队代为散发。嗣以阳新不守，当随兵站分监部一再迁移大冶、金牛，以至于咸宁、平江。该分站系派由厅调处服务之战团毕业生张景仁为筹备主任，本处干事林中、施济为筹备干事；十月中旬因战线转移，特派林中驰往蒲圻、通山一带散发书报，并在蒲昇筹设派出所。

2。重庆分站

重庆分站于七月中旬派宗君仁、卢广声二人前往筹设，除发动宣传站固有之工作外，并负有征募宣传品之责。据十月三十一日电称，工作已逐次开展矣。

3。武昌、汉阳汉口三分站

武阳汉三分站前由本厅五处经办，于十月十九日始移交本处，兼办武昌分站负责人为王水、汉阳分站之负责人为郑珍如、汉口分站经改为派出所，派本处干事王硕然负责。武昌所属之基站，原有汉阳门、保安门、五星桥、七字岑、湖泗桥、油坊岭、青山、保福祠、豹子澥等四十四基站，由王根山、成培忠、潘斌、朱凤武、倪作之、周作轩、胡传经、葛达、王健民等负责，汉阳所属之基站，有大集乡、鹦鹉洲、蔡甸、侏儒山、先东乡、沌口等二十四基站，由萧永恩、胡绍衢、陈济川、萧秀耀、萧利三、雷继东等负责，汉口所属基站有罗家墩、王家巷等八基站由林礼仪、张炜等负责。以上各分站及所属基站人员，其不愿于沦陷后留在武汉者，均已迁散或另调派工作，其余均自愿留武昌汉阳担任沦陷区宣传工作，故未移设或撤废。

4．汉口派出所

汉口前设分站，移交后以所辖基站较少，为节省经费起见改设派出所，派王硕然负责，现仍寄寓租界工作。

5．蒲圻派出所

蒲圻派出所，经派本处干事林中前往筹设，以道途阻梗，尚未据报成立。

今后工作计划之意见

以上现有之总站，计有洛阳、西安、金华、广州、兰州、南昌、长沙、鄂西等八，拟再行增设福州总站，以开展闽省宣传工作，又重庆为国都及文化中心，且将来南北各站之联络，亦须经由此地，故拟改重庆分站为总站，连前共有十总站。

至于分站，现存者计有郑州、许昌、渑池、南阳、榆林、屯溪、桐庐、北海、应城、吉安、安义、浮梁、衡阳、株州、沙洋、樊城、九二、重庆、武昌、汉阳等二十分站，正在筹设者有宝鸡、吉县、潮州、西宁、宁夏、江山等六分站，连同前述拟设之汉中、宁波、温州、梧州、连县、沅陵、常德等七分站，共有三十三分站，加之已设之襄阳、汉口、蒲圻、沙市对岸等四派出所作为二分站计算，则有三十五分站，今拟将许昌分站并入郑州，重庆分站改为总站，下设成都、秀山二分站，于福州总站下拟设建阳、永安、适中三分站，并拟增设贵阳、桂林二直属分站，计减二增七，总共有分站四十（赣州为江西南部要点，且为通粤要道，将来亦有设立分站之必要）。

上述各总分站正在筹设者应限期成立，拟设者应积极筹设，以完成十总站，四十分站之初步计划，此为目前亟应进行者一。基站为宣传站之细胞组织，其重要性无庸赘述。惟目前全部宣传站经费，仅有六千四百五十元，现有之总站八，每总站月支三百六十元，八站计二千八百八十元，现有之分站二十六，派出所四，作二十八分站计，每分站月支一百十元，计三千〇八十元，加之已设之武阳汉基站，月共支三百七十二元，郴桂十县基站，月支五十元，总共月支六千三百八十二元，所余仅有六十八元，如每总分站平均以十基站计算，就中五分之四不给基站津贴费（即每总分站只给二基站津贴费，每基站五元，共十元）则三十二总分站（武昌、汉阳两分站以已设有基站，故不计算在内，又两派出所亦不给基站津贴费，故只有三十二总分站）每月所须基站津贴费已有三百二十元，与所余六十八元相较，尚短二百五十二元，故应从速增加基站津贴费，俾能多设基站，展开农村宣传工作，此为目前亟应进行者二。各总分站工作人员，工作尚称努力，惟战区工作，变迁不〔异〕常，加之战团毕业生等，多因初出校门，缺乏工作经验，不特于整个宣传站工作不能单独推动，即从事工作应有之手续程序，亦少有处置完善者，如宣传品之收发报告及会计报告，本处根据三个月来之经验，已编制收发表格八种，会计表格十种，分发各总处站使用，并规定缮送工作日记及工作月报等，惟至今仍多遗漏不周，故一面应充实工作人员，一面并应巡回视导，从事考察与训练，然后始能纳入正轨，此为目前亟应进行者三。宣传站自身，未有交通工具，如宣传品之输送，工作人员之联络，在在均感困难，尤以最近平汉线隔断、公路之交通益居主要，应即购置或增拨汽车，以资各干路之输送；他如自行车等交通工具，亦有置备之必要，此为目前亟应推进者四。宣传站原计划草案，暨原预算中各总分站均规定有开办费，以为购置收音机、油印机等宣传工具之用，该项开办费应请早日拨发，以充实宣传站之设备，此为目前亟应进行者五。窃维宣传工作，匪特为激发士气之良剂，抑亦唤起民众之要图，总理领袖言之历历，际兹抗战已达最高阶段，民族存亡之秋，敌人仅凭其武力侵我土地，而我广大民众犹散在农村，使民族之意识不死，则复兴之日正可立待也。

战地文化服务处总干事　何公敢　印

中华民国二十七年十一月　日

〔军委会政治部档案〕

6．军委会战地党政委员会为制定《文化食粮供应计划大纲》与《战地书报供应办法》致教育部函件

（1939年11月30日）

国民政府军事委员会战地党政委员会公函　战政渝字第1975号

查本会于第四次战地文教会报提出“战地书报供应办法草案”一案，经决议：“原草案大体通过，仍由各代表将原草案带回，送呈主管长官核阅后，再用书面将意见送达战地党政委员会汇总”记录在卷。顷又据本会视察员简贯三报告：在战地晤见教育界人士，均深感缺乏文化食粮问题之严重，特根据视察战地实际经验，拟订“文化食粮供应计划大纲”一件呈核。查该员所拟计划大纲，与本会原拟“战地书报供应办法草案”颇相接近，亦有甚可采纳之点，如各文化团体及书业公会得派代表参加文化总站、分站、支站，协助文化食粮调查运输事宜，似尚有见地。相应检同该员所拟“文化食粮供应计划大纲”一份，随函奉达，烦请贵部作为对本会原拟“战地书报供应办法草案”提出意见时之参考。并请将意见用书面从速送达本会，以便汇总整理为荷。此致

教育部

附“文化食粮供应计划大纲”一件

主任委员　蒋中正

副主任委员　李济深

中华民国二十八年十一月三十日

文化食粮供应计划大纲

一、为增进前后方精神联系，普及精神总动员起见，特拟定本计划大纲。

二、由中央党部、行政院、教育部、交通部、内政部会同军事委员会政治部及党政委员会共同组织文化食粮供应总站（简称文化总站），筹办全国文化食粮调查运输事宜。

三、由各战区司令长官部、省党部、省政府组织文化食粮供应分站（以战区次第代表该文化分站名称，如第一战区文化食粮供应分站即名为第一文化分站）。

四、各战区重要据点，得设文化支站，其组织由该区文化分站斟酌地方情形，自行规定之。

五、各文化团体及书业公会，得派代表参加文化总站、分站、支站，协助文化食粮调查运输事宜。

六、前方报纸杂志等刊物，如成绩优越者，政府得予以经费补助，藉资鼓励。

七、中央及地方党政机关派员在游击区域建立文化食粮供应网，以发挥文化游击之效力。

八、游击区域应分区发行小型报纸，刊载抗建新闻及言论，赠送人民传阅。

九、战时新闻及党国要人言论，每数月应编印成册，设法在沦陷区域广为散布。

十、后方报纸杂志，如能在沦陷区域普遍销售，政府应特予奖励。

十一、每一战区由司令长官部、省党部、省政府共同筹设新式印刷工厂，办理战时文化刊物编印事宜。

十二、各级学校教科书，如因运输困难而需用迫切者，得由各校联合翻印，其翻印时间、册数、内容应呈报直属教育行政机关备查。

十三、战区偏远地域，应提倡木刻，以资补救。

十四、各战区应按期筹办文化食粮展览会，陈列前后方报纸杂志图书及国外刊物，任人阅览。

十五、本计划自呈准之日施行。

战地书报供应办法

一　组　　织

一、战地书报之供应，由中央文化驿站总管理处统筹办理。

二、中央文化驿站总管理处于每一战区内设立一分站，负责办理该战区内书报供应事宜，分站组织另定之。

三、中央文化驿站总管理处于每一游击区内设立一支站，负责办理该游击区域内书报供应事宜，其未成立游击区地域，得酌量地方情形，于二至三个行政督察专员区内设立一支站，支站组织另定之。

四、中央文化驿站总管理处于战地每县设立一办事处，负责办理该县内书报供应事宜，办事处组织另定之。

五、县以下每县各乡镇中心小学负责兼办该乡镇内文化食粮供应事宜。

六、乡镇以下每保国民学校（包括乡村学校、民众学校、短期小学流动施教团、中山民众学校、秘密流动施教团等）负责兼办该保内文化食粮供应事宜。

七、上述各级组织须与该地党部、教育行政机关、文化团体、政治工作人员在工作上取得密切之联系。

八、上述分站、支站由中央文化驿站总管理处直接派员办理。

九、县办事处由县政府主持，县党部协助，其工作人员以兼任为原则。

十、乡镇中心小学、保国民学校由校长主持，教员兼办。

十一、上述各级组织，其系统表如另纸。

二　征　　集

一、在中央

1．由中央文化驿站总管理处、教育部、中宣部及政治部等机关商定经常供给书报数量(或由文教会报决定亦可)。

2. 由中央文化驿站总管理处登报或他种方法向各文化团体及私人征求。

二、在地方

1. 由中央文化驿站总管理处、各分站及支站,与当地各教育及文化机关,商定经常供给书报数量。

2. 由中央文化驿站各分站及支站登报或他种方法向各文化团体或私人征募。

三 印 刷

一、书报供应应以翻印为主,征集为副,且为减少运输不便起见,印刷仍应重在战地及战区。

二、尽量利用战区印刷机关。

三、在战地各处分设印刷所十一所,暂拟设置地点如下:

(1) 江南(包括浙西皖南),(2)苏北(包括鲁南),(3)皖北,(4)鄂东(包括豫南),(5)湘鄂赣边区,(6) 河北鲁西,(7)河北西北部,(8)鲁东北,(9)晋东南,(10)晋西。

四、印刷所工作如下:

1. 翻印各种必需之教科书及补充教材;

2. 印刷一般读物;

3. 印刷报纸及其他宣传品。

五、印刷所由中央文化驿站总管理处主办,但属于营业性质。

六、每印刷所开办费暂定为国币十万元,由中央另筹之。

七、印刷机及第一批油墨纸张,由中央就战地各区附近之处购买送达,各该地区内之中央文化驿站支站负责办理。

四 运 输

运输由各级负责,中央文化驿站总管理处负责运输至战区分站,分站负责运输至支站,支站负责运输至办事处,办事处负责分发至乡镇中心小学,乡镇中心小学负责分发至保国民学校,保国民学校负责分发给民众，其运输可采取下列种种方式：

甲、专车，乙、兵车，丙、航空，丁、邮寄，戊、军邮，己、客车，庚、舟轮等。

供应战地书报组织系统表

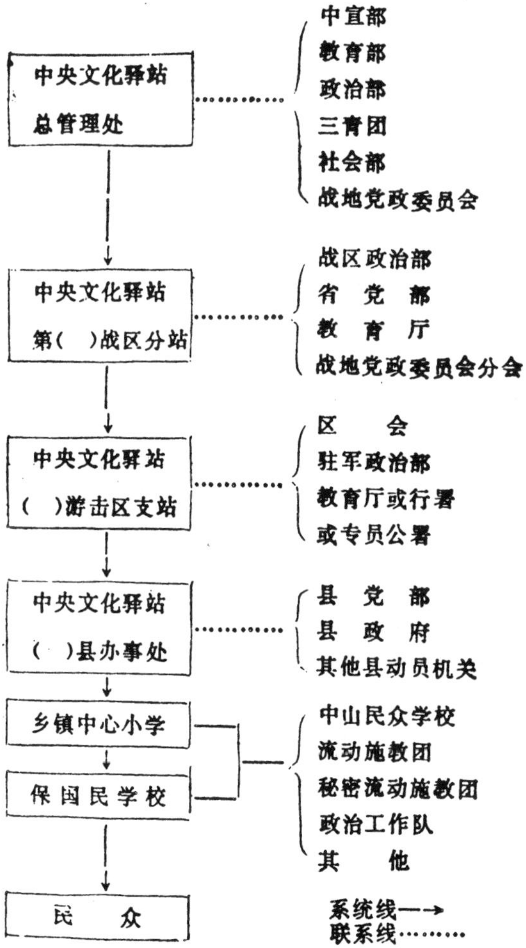

〔国民政府教育部档案〕

（三）军委会政治部的抗敌文艺宣传团队

一、抗敌文艺宣传团队的编建

1. 军委会政治部所属宣传工作团队服务规则与管理规程

（1938年9月——1941年1月）

（1）抗敌宣传队服务规则（1938年9月15日）

（一）总　　则

第一条　抗敌宣传队队员除遵守政工人员服务规程外，遵守本规则之规定。

第二条　抗敌宣传队之工作，由本部第三厅指导及监督之，工作纲要由本部颁发。

（二）组　　织

第三条　抗敌宣传队每队人数为十五人至二十人。

第四条　抗敌宣传队每队设队长一人，主持本队工作，其职权如下：

甲、负责制定本队工作计划；

乙、对外代表本部，接洽各项事件；

丙、支配各队员工作；

丁、指导队员之自我教育及生活；

戊、核准队员请假及其他考核事项；

己、负经费出纳及会计之责。

第五条　抗敌宣传队每队设书记一人，辅助队长处理本队事务，其职权如下：

甲、掌理印信，保管文件等项；

乙、办理文书、报告、通讯等项；

丙、队长请假或公出时代理队长职务。

第六条　抗敌宣传队之工作，得分下列各组计划进行之，每组推定队员一人或二人负责：

甲、戏剧组

乙、歌咏组

丙、美术组

丁、文字组

戊、调查组

第七条　抗敌宣传队之事务，得分下列各组计划进行之，每组推队员一人或二人负责：

甲、生活组

乙、研究组

丙、会计组

丁、事务组

（三）工　　作

第八条　抗敌宣传队除承本部之命、受主管厅之指导监督外，并受所在地各级政治部之指导。

第九条　各队队员之进退及工作区域之变更，均由主管厅呈报本部核定之。

第十条　各队依据工作纲要及其他指示，制定各时期之工作计划，呈报本部备案。

第十一条　各队每周举行队员会议至少一次，队员会议以队长为主席，讨论下列各项事项：

甲、工作计划

乙、检讨工作成绩

丙、推举各组负责人

丁、决定队员公私生活之辅导管理事宜

戊、其他上级交议及临时事项

第十二条　为增进队员之修养、应举行议论上及工作上之研究，及其他必要之修养工作。

第十三条　每周须举行自我批判一次，检查各队员之工作情形及生活状况。

第十四条　各队每周须填写报告，寄呈本部，在迁移工作地点时，应作迁移报告。

第十五条　队长每月应将队员之工作成绩及所受之处分报告本部，必要时本部得调阅各种工作记录及各种会议记录。

（四）队员守则

第十六条　队员入队后须服从本部命令，遵守各种规定，不得自由行动。

第十七条　队员在工作上应受队长之指挥，生活上应受队长之指导。

第十八条　队员在工作时期内，不得请求离队。

第十九条　队员除有特别事故或疾病，确不能工作者外不得请假。

第二十条　队员请假须经队长核准，如请假在一星期以上，须报告本部核准。

第二十一条　队员如有不服从指挥，不努力工作，不遵守队内生活纪律或其他足以损害本队信誉之行为者，得由队长呈请本部处分之。

第二十二条　队员如有重大过失不宜继续工作者，得由队长报部开除之，其必须予以紧急处分者，得由队长先予扣押，呈部核定。

（五）附　　则

第二十三条　本规则呈报部长核准施行。

第二十四条　本规则有未尽事宜，得由主管厅随时呈请部长核准修正之。

（2）抗敌演剧队管理规程（1941年1月21日）

第一条　凡本部直属抗敌演剧队之管理与监督，均依照本规则实施之。

第二条　凡本部直属抗敌演剧队均应接受本部主管科（第三厅第二科）之管理与监督。

第三条　本部对于各演剧队之管理，以保留并利用各该演剧队已往在组织上、工作上与生活上之优点与特点为原则，必要时并得帮助各该演剧队发展其优点与特点。

第四条　各演剧队之工作地区及主要工作对象，得由本部适应抗敌需要酌量派定，并得随时调遣之。但该演剧队得就已往工作经验签呈意见，提供参考。

第五条　各演剧队外出工作时，每周应将工作情形呈报本部主管科，每月应将经费开支情形呈报本部主管科，以备查核。

第六条　本部主管科得随时派员视察并指导各演剧队之工作，视察时特别注意下列各点：（一）对于三民主义及抗战建国纲领研究及奉行之情形；（二）宣传效果及新的工作方式之创造与应用的情形；（三）生活是否严肃及执行集体生活与自我教育之情形；（四）经费开支之情形。

第七条　每三个月得由本部主管科对各演剧队工作情形举行总检讨一次，根据检讨结果予以指示外，对工作努力之演剧队或个别队员得酌量予以奖励，对于工作不努力甚或错误之演剧队或队员得分别予以惩罚。

第八条　凡本部直属演剧队工作不努力、不接受本部之领导与监督，或竟造成重大过失者，得随时由主管科查明情形，呈报厅长转呈部长撤销其队号，停发其经费，并酌量情节之轻重，予以相当之惩处。

第九条　各直属演剧队除举行劳军或慈善救济之公演，应将全部募捐或售券所得，不扣开支，移作正用外，不得售票募捐或接受外界伙食。

第十条　各直属演剧队不得中途开除队员或增加新队员，有特别情形时得呈报主管科核准后施行。

第十一条　各直属演剧队队长及队员除公差外，不得擅自离队，如有特别事故，队员应向队长请假，队长应向主管请假，并觅定代理人，经核准后始得离队。

第十二条　本规则如有未尽事宜，得由主管科签具意见，呈请处长转呈厅长批准，得增补或修改之。

（卅年元月廿一日）

〔军委会政治部档案〕

2. 军委会政治部所属宣传团队一览表

（1938年　月　日）

军事委员会政治部所属工作团队一览表

团队名称	主官姓名	所属厅处	工作地点	全队人数	派遣时间	应受当地最高政治机关指挥监督考核
本部抗敌宣传队第一队	队长吴荻舟	第三厅第五处	随第三厅行动	连队长共二十人	九月一日	
本部抗敌宣传队第二队	队长何　惧	第三厅第五处	在第三战区内工作	连队长共二十人	九月一日	第三战区司令长官部政治部
本部抗敌宣传队第三队	队长郑含华	第三厅第五处	在第五战区内工作	连队长共二十人	九月一日	第五战区司令长官部政治部
本部抗敌宣传队第四队	队长卢明德	第三厅第五处	在第八战区内工作	连队长共二十人	九月一日	西安行营政治部
本部特约新安旅行团	团长徐志实	第三厅第五处	在西北各省工作	连团长共四十七人	十一月一日	
抗敌演剧队第一队	徐　韬	第三厅第六处	暂留长沙，后赴平江	二十五人	二十七年十月	第四战区司令长官部
抗敌演剧队第二队	吕　复	第三厅第六处	长　沙	三十人	二十七年十一月	第十八集团军总司令部
抗敌演剧队第三队	徐世津	第三厅第六处	西　安	二十八人	二十七年九月	第二战区司令长官部政治部

抗敌演剧队第四队	侯　枫	第三厅第六处	襄阳、宜昌	二十八人	二十七年十月	第五战区司令长官部政治部
抗敌演剧队第五队	王梦生	第三厅第六处	金华	二十八人	二十七年九月	第三战区司令长官部政治部
抗敌演剧队第六队	陆万美	第三厅第六处	黄安	二十六人	二十七年九月	安徽省政府廖主席
抗敌演剧队第七队	冼　群	第三厅第六处	休宁、上饶	二十三人	二十七年九月	第三战区司令长官部政治部
抗敌演剧队第八队	刘斐章	第三厅第六处	长沙、衡阳	三十人	二十七年八月	暂由本部直辖指挥
抗敌演剧队第九队	徐桑楚	第三厅第六处	桂林	二十五人	二十七年十一月	西南行营政治部
抗敌演剧队第十队	姚肇平	第三厅第六处	洛阳	二十九人	二十七年九月	第一战区长官部政治部
孩子剧团	吴新稼	第三厅第六处	桂林	三十六人	二十七年十一月	

〔军委会政治部档案〕

3. 陈诚令统一整编所属宣传团队手令

（1938年11月23日）

查本部派至各处宣传服务救护之团队，系统紊乱，且无人指导监督，并有性近招摇者，应即行统一，并分别电令本部所派各处之最高政治部主任指挥监督考核具报为要。

陈　诚

十一月廿三日

〔军委会政治部档案〕

4. 郭沫若、洪深为部属宣传团队奉令改编事致各抗敌演剧队电

（1939年 3 月　日）

（1）洪深致抗敌演剧队第十队电（3 月18日）

洛阳。第一战区司令长官部政治部转抗敌演剧第十队姚队长肇平：本部附属团队有单位八百余，现经奉令统一编建，此为整军建军计划之一部，各队无例外，在指挥上及经费上均有此必要，剧队之编制及指挥考绩均属战区政治部，但人事之最后考核及任免仍归本部，此事绝无恶意，万勿误会而致影响工作热情。治三艺。洪深。巧。印。（廿八、三、十八）

（2）郭沫若致抗敌演剧队电（3 月29日）

衡阳成章中学。抗敌演剧第八队刘裴章转一队、二队、八队、九队队长同鉴：骰密。感电由洪科长呈悉。刻本厅正在制定工作进度表，经费人事均待决定，洪科长暂不能离渝，各队编并目的在求指挥统一，增进效率，管理考绩属各战区政治部。至最后考核及任免仍归本部，望向队员委婉说明，顾全大局，安心工作，听

候改编，是为至要。郭沫若。艳。印。（廿八、三、廿九）

〔军委会政治部档案〕

5. 陈诚关于部属演剧队配属各战区政治部管理问题电及郭沫若签呈

（1939年4—9月）

（1）陈诚致郭沫若等电（4月22日）

本部第三厅郭厅长、范副厅长：本部所属抗敌演剧队第一队着暂拨归第四区政治部接收管理，第二队与第八队拨归第九战区政治部接收管理，第三队拨归第二战区政治部接收管理，第四队拨归第五战区政治部接收管理，第六队、第十队拨归第一战区政治部接收管理，第九队拨归桂林行营政治部接收管理。嗣后所有各该队经费应即汇由各该接管政治部转发，除分电各该政治部遵照外，希查照办理为要。陈诚。渝。养卯。治机。印。

（2）郭沫若签呈（9月5日）

案据本厅第一科科长杜国庠、第二科科长洪深八月二十八日签称：查本部抗敌演剧队及抗敌宣传队等早经电饬各行营、各战区政治部接收管理在案。惟关于接收后本部与行营或战区政治部对于各该队之权限划分与接收办法迄未规定饬遵，致各行营、各战区政治部于接收时所呈报之办法极不一致。兹特拟具"本部抗演队、抗宣队拨归各行营战区政治部接收管理实施办法草案八条，随文呈请鉴核，如属可行，恳准予转呈本部核准，以便令饬施行，实为恳祷"等情。附本部抗演队、抗宣队拨归各行营战区政治部接收管理实施办法草案一件。据此，查本部各直属抗演队、抗宣队自按照本部政工会议议决拨归各行营战区政治部接收后，因未颁发接收实施办法，致各政治部对于接收各该队之办法极不一致，且有将各该队番号名称更改之事件发生。目前本部总务厅拟办理将各队编制呈会备案手续之际，若此种办法不迅即颁发，诚恐影响将来编制系统及报销手续。是否有当，理合据情随同附件呈请鉴核示遵！谨呈

代秘书长　张　转呈

部　长　陈

副部长　张
　　　　周

附呈本部抗演队、抗宣队拨归各行营战区政治部接收管理实施办法草案一件〔略〕

职　郭沫若

中华民国二十八年九月五日

附录：军委会政治部所属宣传团队划归各战区政治部管理一览表

团队名称	主官姓名	工作地点	全体人数	派遣时间	划归管理指挥机构	备考
抗敌演剧队第一队	徐 韬	曲江	二五	廿七年十月	第四战区政治部	
抗敌演剧队第二队	吕 复	南昌	二八	廿七年十一月	第九战区政治部	
抗敌演剧队第三队	徐世津	西安	二八	廿七年九月	第二战区政治部	
抗敌演剧队第四队	侯 枫	荆门	二八	廿七年十月	第五战区政治部	
抗敌演剧队第五队	王梦生	屯溪	二八	廿七年九月	第三战区政治部	
抗敌演剧队第六队	陆万美	立煌	二六	廿七年九月	第一战区政治部	
抗敌演剧队第七队	冼 群	上饶	二三	廿七年九月	第三战区政治部	
抗敌演剧队第八队	刘斐章	衡阳	三〇	廿七年八月十日	第九战区政治部	

抗敌演剧队第九队	徐桑楚	桂林	二五	廿七年十一月	桂林行营政治部	
抗敌演剧队第十队	姚肇年	洛阳	二九	廿七年九月	第一战区政治部	
抗敌演剧队预备队	朱　逊	桂林	二五			即将调渝训练，随西北巡回教育团工作
抗敌宣传队第一队	吴获舟	桂林	二〇	廿七年九月一日	桂林行营政治部	
抗敌宣传队第二队	何　惧	浙江	二〇	廿七年九月一日	第三战区政治部	
抗敌宣传队第三队	郑含华	鄂西北	二〇	廿七年九月一日	第五战区政治部	
抗敌宣传队第四队	卢明德	陕西	二〇	廿七年九月一日	第十战区政治部	
电影放映队第一队	林　斐	衡阳	三二			
电影放映队第二队	欧阳济修	桂林	三二			待命来渝
电影放映队第三队	彭介人	桂林	一二			待命来渝
新安旅行团	汪达之	桂林	四五		西南行营政治部	已派定赴第八战区工作
孩子剧团	吴新稼	重庆	六〇	廿七年十一月	暂由第三厅指挥	

〔军委会政治部档案〕

6. 军委会政治部组织戏剧指导委员会有关文件

(1941年2月)

(1) 政治部第三厅签呈(2月11日)

查改进本部戏剧事业一案，迭经签具意见方案呈核，兹谨遵照钧座面示各点，复加以综合研究，拟具办法如后：

一、拟设立戏剧指导委员会，专司部属戏剧事业指导设计之责。至人事行政经费各部分，仍由本部直接处理。该会设立主任委员一人，副主任委员二人，委员若干人，不另开支经费。

二、拟设立部立戏剧学院，以孩子剧团并入该院(班)受训，由田汉负责主持，每月经费七千元。除孩子剧团原有经费三千四百七十八元(三十年度新预算)全部移作该院(班)经费外，其余三千五百二十二元由本部文化团体补助费项下补足。

三、拟设立活剧实验剧团，以卫戍总部政治部抗敌剧团与青年团中央剧社中央宣传队合并组成，由熊佛西负责主持，每月经费七千元。除抗敌剧团原有经费一千元，中央宣传队原有经费四千元，全部移作该团经费外，其余二千元由本部文化团体补助费项下补足。

四、中国万岁剧团俟郑厂长用之查复后再行核签。

以上所拟，是否有当，仍候鉴核示遵。谨呈

部　长　张

副部长　梁
　　　　王

职　何浩若

如拟。治中　二、十一

(2) 政治部训令(2月25日)

军事委员会政治部训令

令本部所属戏剧各单位

本部为指导部属各戏剧团队业务并推进一般剧运起见，特设立戏剧指导委员会，并拟定组织规程，主任委员由本部长自兼，并派何厅长浩若、郭主任委员沫若兼任副主任委员，田汉、洪深、郑用之、熊佛西、马彦祥、王瑞麟、应云卫、鲁觉吾为常务委员，除令派暨分令外，合行检发上项规程一份，令仰该△知照。

中华民国三十年二月二十五日

戏剧指导委员会组织规程草案

第一条　本部为指导部属各戏剧团队业务，并推进一般剧运起见，设立戏剧指导委员会(以下简称本会)。

第二条　本会承部长、副部长之命，担任下列各项任务：

一、剧本歌曲之编纂征审事项；

二、摄制演出之设计指导事项；

三、从业人员之训练设计事项；

四、一般剧运之促进奖掖事项。

第三条　本会设委员若干人，由部长派任，并就中指定主任委员一人，副主任委员二人，常务委员七人至九人。主任委员综理本会一切事务、副主任委员襄助主任委员，处理本会事务。

第四条　本会设秘书一人，由本部第三厅调派，办理本会会议记录及文书事务。

第五条　本会委员秘书均系义务职。

第六条　本会每月开常会一次，必要时得由主任委员召集临时会议，常会、临时会得采用分组研究办法，由各委员分别担任各种设计指导事宜。

第七条　本会设计指导各项戏剧事业，应制成方案，呈请部长交由主管厅参酌实施。

第八条　本规程如有未尽事宜，得由本会呈准修改之。

第九条　本规程呈奉部长核准后施行。

〔军委会政治部档案〕

7．军委会政治部关于设立戏剧学院及话剧实验剧团的令函

（1941年2月19日）

（1）军委会政治部给田汉训令（2月19日）军事委员会政治部训令　治智一字第一八三一号

令田汉

本部为培养战时戏剧人才起见，特设立部立戏剧学院，以孩子剧团并入该院，每月经费七千元，即由该员负责筹备，限三月一日成立，除令派并令卫戍总部政治部转饬遵照外，仰即遵照。

中华民国三十年二月十九日

（2）军委会政治部致三青团中央团部公函（2月19日）

军事委员会政治部公函

本部为推广话剧业务起见，拟设立话剧实验剧团，以贵部中央剧社与卫戍总部政治部抗敌剧团合并组成，每月经费七千元，除拟请中央剧社担任经费四千元，并将抗敌剧团原有经费一千元，全部移作该团经费外，其余二千元由本部文化团体补助费项下补足，并似由贵部中央剧社社长熊佛西负责筹备，于三月一日成立，如荷同意，即希转饬中央剧社遵办，并赐复为荷。此致

三民主义青年团中央团部

中华民国三十年二月十九日

（3）军委会政治部给卫戍总部政治部训令（2月25日）

军事委员会政治部训令　治智一字第一八三三号

令卫戍总部政治部

本部为培养战时戏剧人才并推广话剧业务起见，特设立部立

戏剧学院及话剧实验剧团。部立戏剧学院以孩子剧团并入该院，每月经费七千元，由田汉负责筹备；话剧实验剧团以青年团中央剧社与该部抗敌剧团合并组成，每月经费七千元，由青年团中央剧社社长熊佛西负责筹备，均限在三月一日成立。嗣后孩子剧团及抗敌剧团经费，即全部移作各该院团经费，除分别函令外，合行令仰该部遵照，并转饬遵照。

部长　张〇〇

中华民国三十年二月二十五日

〔军委会政治部档案〕

8. 军委会政治部第三厅关于筹设戏剧教导团的文件

(1941年3月　日)

(1) 洪深签呈(3月1日)

前奉钧长面谕：本部亟应组织一教导性质之剧团，以训练人才供应各战区需要，并随部工作，专演抗敌戏剧，谨拟定教导剧团组织计划草案乞核。谨呈

厅　长　郭
副厅长　范　转呈

秘书长　贺　转呈

部　长　陈

副部长　周
　　　　张

职　洪　深　三、一、

此事既奉部座面谕速办，请洪科长从速着手，款由歌咏队余款项下照拨，日后一并报销，并编入新预算，再行呈部。

范　三、四

军事委员会政治部教导剧团组织计划草案

一、本部为培植戏剧宣传人员，以应各战区之需要，并随部队工作，加强抗战宣传起见，特组织本部直属之教导剧团。

二、本剧团招考富有艺术天才及经验之优秀青年三十名，加以戏剧、音乐、绘画等技术及理论之实践训练，期养成其指挥艺术宣传工作之能力（在蓉渝等地，不断作大规模之演出，应为训练方式之一）。

三、本剧团因系教导性质，技术之外，并应着重政治及军事之训练。

四、本剧团专试排新编抗敌剧本，每星期实习演出至少一次，藉作一般农村宣传，每月举行大公演一次，以作特殊宣传。

五、本剧团团员经过相当时期之训练，经认为已有独当一面之工作能力者，可照各战区之需要，随时酌予委派或介绍。

六、本剧团团员每次派出若干名时即招考新人补充，或轮流抽调各演剧队队员来团受训。

七、本剧团经费，除每人每月发给生活费二十元，每月合计六百元外，每月另支事业费六百元，实报实销。

八、本团设团长一人，由职科科长兼任之。教官若干人，由职科人员兼任之，概为无级职。

（2）军委会政治部教导剧团编制表

职别	阶级	员额	名额	备考
团长	上校	一		三厅二科科长兼，不另支薪给
教务主任	中校	一		经常住团，三厅二科科员兼，不另支薪给
副教务主任	中校	一		三厅二科科员兼，不另支薪给
事务主任	上尉	一		经常住团，三厅二科科员兼，不另支薪给

军事主任教官	上尉	一		经常住团
军事教官	中尉	一		经常住团
政治教官		一		三厅一科科员兼，不另支薪给
音乐教官		二		三厅二科科员兼，不另支薪给
图画教官		一		三厅二科科员兼，不另支薪给
戏剧教官		四		
学　　员			三〇	
工　　役			四	
总　　计		一四	三四	

（3）军委会政治部教导剧团训练纲要

一、本剧团为养成戏剧全才，期于短期内训练若干能独当一面之戏剧工作者，故采用实验训练法，即一切舞台工作，从一个剧本的写作、经过舞台设计及实施之过程，以至完成演出，均须团员实际经验练习，而由教官从旁监督指导。

二、剧本：第一步选读抗战名剧，分析其内容，研究其中心，使明瞭剧本结构及中心问题之表现；第二步团员分头搜集抗战轶事，练习写作短小精粹之故事，每星期每人起码两篇；第三步练习集体创作，实行写作剧本。

三、排演：1．任何新剧本，均可利用不同方法排演，于排演之中无形训练其表演术、导演术及一切戏剧常识与理论；2．团员须研究人生，采集某种典型，加以政治之分析与剧中人之运用，俾养成其多方面之演技；3．轮流演习导演，训练其单独设计与指导之能力。

四、舞台装置：1．每排一剧，轮流练习舞台面之设计；2．每剧硬景，从木工、绘制以迄装置，均须团员练习制作，软景、布条之缝制装置亦如之；3．灯光之制造、配置、运用，皆须团员练习处理；4．服装、道具、化装品、效果器具，以及提示司幕等工作，无一不须团员自行设计制造处理。

五、小组会：由全体团员自由分配为三组，每组自选主席一人。讨论事项：1．读书心得，2．工作检讨，3．自我批判，4．政治报告，5．军事报告，6．人生研究。小组会每星期举行两次，由值日官或团长到场指导。

六、军事训练：请军事教官教练之。

七、讲演会：1．请政治教官经常有系统的讲演三民主义及政治常识；2．请国内名流讲演国际形势；3．团员讲演竞赛。

军事委员会政治部教导剧团管理规程

一、本剧团实行军事管理，团长之下，分设三班，男团员两班，女团员一班，每班暂定十人，班长由全班团员公选三人，由团长指定一人担任之。

二、每日由教官一人担任值日官，秉承团长意旨，处理全团事务及监督执行军风纪。

三、每日由班长一人担任团值日员，传达团长及值日官之命令，办理行军驻留及一切事宜。

四、每日各班由团员一人担任值日员，协助班长负责各该班内务清洁及一切军风纪。

五、各班班长秉承团长及值日官之命，负各该班行政及监督之责。

六、全团团员每日轮流派两人为给养值日，负责监视采买及给养卫生。

七、本团团员须服膺三民主义，坚持抗战到底之信念，并具工作之热情与有上前线工作之决心。

八、本团团员在本团受训及服务期间，绝对不许恋爱。

九、本团团员须绝对服从上级命令及遵守军风纪。

十、本团团员除演戏另着指定之服装外，概须全副军服（军服军帽绑腿横皮带黑袜黑皮鞋）。

十一、每日由团值日员陪同值日官检查内务一次，评定分数。

十二、每星期日由值日官陪同团长检阅一次，评定分数。

十三、每月由团长评定功过一次，优良者酌予奖励，不及格者予以甄别或处罚。

十四、团员违犯军风纪时，得临时酌量情节轻重，予以开除、记过、警告等处分。

十五、团员勇于任事，严守纪律，成绩优良者分别予以嘉奖、奖金或保送各战区委用。

十六、本团各级值日规则及团员应遵守之特殊规则另订之。

十七、本团团员不得无故中途退出，违者以逃亡论。

〔军委会政治部档案〕

9. 军委会政治部第三厅何浩若关于将所属抗敌歌咏队改编为新中国合唱团的签呈

（1941年4月15日）

事由：拟将抗敌歌咏队改编为新中国合唱团，并准由文化团体补助费项下月拨新中国音乐月刊社补助费一千五百元，可否？呈核。

说明：奉王副部长交下胡然同志拟订之“新中国合唱团组织计划书”及“音乐月刊及丛书出版计划书”各一件，经核尚属可行，谨拟订办法七项如次。

办法：

一、将本部抗敌歌咏队改编为本部新中国合唱团，另订编制（编制附）；

二、新中国合唱团经费，即就原抗敌歌咏队经费原数四千三百四十元内另编概算；

三、委胡然同志兼任新中国合唱团团长，并责成胡然同志就本部抗敌歌咏队队员及中央训练团音乐干部训练班高级组学员中选拔最优秀分子，充任团员，限五月一日成立。

四、抗敌歌咏队队员未经改委团员者，准由部保送音干班高级组受训；

五、请准发新中国合唱团开办费二万元，作为购置钢琴器乐各项设备及置办团员制服费用，在二十九年十月至三十年四月各月，抗敌歌咏各队节余经费项下开支，不足之数由第三厅事业费节余经费项下补充；

六、新中国音乐月刊社，准由本部文化补助费项下月给补助费一千五百元；

七、歌曲丛书俟编成后准由本部出版。

以上七项，是否可行，理合附同本部新中国合唱团编制预算，并胡然同志所拟计划签呈鉴核示遵！谨呈

部　长　张

副部长　梁
　　　　王

附呈新中国合唱团编制一份、预算一份、原计划一份、音乐月刊及丛书出版计划书一份。

职　何浩若

四月十五日于第三厅

可。□　四、十六

新中国合唱团组织计划书

一　组织目的

a．建立一理想的、标准的、建全的歌咏队，为全国模楷；

b．代表新中国的呼声，从事国际宣传；

c．充分发挥歌乐的战斗力量，与政治军事配合，以求达到抗建的任务；

d．集中优秀人才，创造新歌剧之试验。

二　组织办法

a．调集音干班第一期毕业优秀学员（该班高级组在内）为基干，加集其他可用专才，集中力量，建立一尽善尽美之合唱团。

b．组织系统

- 团长兼指挥
  - 特约指挥及指导各二人
  - 领队一人——团员三十人
    - 女
      - 高音九人
      - 低音七人
    - 男
      - 高音六人
      - 低音八人
  - 总干事一人——干事四人
    - 文书二人
    - 出纳一人
    - 事务一人

三　工作大纲

a．训练工作：成立后二个月，定为组织训练时期，作种种工作上之准备，以后仍本一面学习、一面工作之旨，使本身不断进步，庶几工作可得到无尽的开展。

b．宣传工作：

一　定期音乐会

二　露天音乐会

三　国内外宣传广播

四　社会歌咏运动之推进工作

五　电影上之音乐配制工作

六　灌制留声机片

七　……

c．巡回工作：各战区及后方之宣传表演工作；

d．建设工作：从事新歌剧之创造与试验。

四　团员待遇

团员均系优秀专才，待遇自应提高，俾能安心工作，除津贴外，不因阶级，视程度高低，每月薪金自一百元起至一百五十元止。

军委会政治部新中国合唱团编制表

职别	人数		备注
	官佐	士兵	
团长	1		兼指挥
团员	24		月各支薪一百元至一百五十元，其中以二人分兼领队及总干事
干事	4		干事月支薪八十元者二人，月支的六十元者两人
公役		6	月各支二十元
炊事员		2	月各支二十元
合计	29	8	

说明：本团设指挥及指导各二人，不在编制之列，

〔军委会政治部档案〕

二、漫画电影等宣传团队的组织活动

1．军委会政治部漫画宣传队关于组织沿革与赴战区开展宣传活动情形呈

（1939年5月）

谨呈者：奉谕呈报职队组织沿革，八月来工作经过，经费支配及队员履历表。现已缮就呈报，仰祈鉴核。谨呈

厅长　郭

附：各项呈报十八纸〔选录三件，余略〕

漫画宣传队谨呈

中华民国二十八年五月三十一日

漫画宣传队组织沿革

本队设队长及副队长各一人，分展览、出版、供应、文书、保管、会计、庶务等七股，由队长及队员兼任或专任之。

二十六年八月组织成立，全队七人如下：叶浅予、张乐平、胡考、盛特伟、陶今也、梁白波、席与群，由沪西站出发。

抵京后，京张停即加入本队，九月间，陆志庠、宣文傑相继由苏州及上海赶京加入工作，队中乃增至十人。

十二月中旬，盛特伟离队，由汉去广州，二十七年一月上旬，胡考离队，入新华日报，张停、陶今也亦离队往西安，发动该地漫画宣传工作。

至是时队员骤少，工作遂觉忙迫，适陶谋基来汉，乃于是月中旬相邀加入。廖冰兄自广东来汉，亦入队协同工作，此三月下旬事也。

漫画宣传队八月来工作经过

去年八月卅日由沪西站出发至首都，即先后在首都各界抗敌后援会及政训处宣传委员会指导之下开展工作。

首先将南京各路口广告牌改绘抗战漫画，并准备抗敌漫画展览会作品，乃于九一八起在新街口大华戏院举行五天，夫子庙展览三天，十月二日应镇江文艺协会邀，在省立图书馆展览一周，十三日于下关兴中门展览四天，十八日往卸甲甸永利化学厂展览。

除在京续绘制大批布画、招贴、小帧漫画供应前方后方，对外同时并派员至汉，在文化界、出版界服务及作其他宣传工作。

在战利品展览内参加抗敌漫画展览，十一月六日于汉口中山公园开幕，参观民众在十万以上。

汉口展览完毕后，并在南昌抗敌后援会合作下，于十一月十九日起，在南昌百花洲图书馆展览一周。

十一月十八日全队奉命离京来汉，以便继续工作，并筹划出版《抗战漫画》半月刊，及绘制标语卡通及大布画，以便举行展览。

十二月十六日《抗战漫画》第一期出版。

十二月十八日起，在汉口青年会举行漫画展览会后，二十三日即携至武昌展出，并出版连环画小册，绘制对敌、国际等招贴及出版战争图画丛书，二十八日起应湖北省民教馆之邀，绘制大批布画，因该馆在二十七年一月中作流动展览也。

一月十四日由本队召集留武汉漫画作家，通过并修正拟就之全国漫画作家协会战时工作大纲，并选出战时工作委员十五人，以期发动全国漫画作家参加抗战宣传工作。

一月三十一日会同抗敌剧团携作品，往黄石港、大冶煤矿展览及绘制壁报并访问工友，二月一日本队为宣传委员会绘制之彩色标语画三十种，印就满贴街头，五日绘制国际漫画，以备参加国民外交协会宣传周展览，十日为国际宣传处作对敌宣传画及炮兵十团作布画，十七日为河南省党部战时剧团作布画。

二月二十八日政训处宣传委员会奉令结束，本队即自力工作。

三月七日商决参加苏联主办之《中国抗战漫画展》内容及纲要，并即日开始工作，期大量生产出品，至二十一日完成布画四十幅，交国际宣传处寄往展览。并绘制内地漫画作品。

三月二十七迁入昙花林，此后归入政治部第三厅工作。

四月份，为第二期抗战扩大宣传周绘制壁报，供给各报宣传特刊，绘制版画，武昌、汉阳举行街头大布画展览，为七处三科作对敌宣传画，为二十一军团作大布画，为大冶煤矿作布画，特派队员二人会同抗敌剧团往鲁南作劳军宣传，绘制五四运动壁报。

依据抗战建国纲领，绘制布画，五月二十二日于汉口江汉路举行街市展览一周。

漫画宣传队在第三战区工作两个半月工作报告

甲 展览方面

一 城市展览

A．第三战区政治部第一工作团，本队派队员一人随同工作，带《中国愈打愈强、日本愈打愈弱》连环布画一百十幅，往浙、皖、赣边境展览，并负责出版，供应各团体宣传画及绘制时间性之画件，沿途计有歙县、淳安、遂安、开化、常山、衢县、江山、玉山等八县，展出共五十余次，均配合歌咏及讲解，收效极大。因边境消息隔膜，宣传工作极沉寂而不切实际，故此次给予民众对抗战现状以较有系统之认识。

B．战区政治部第二工作团随带本队之“中国愈打愈强，日本愈打愈弱”连环画（副稿）沿途展出，计有威坪、界口、淳安、茶园、寿昌、兰溪、金华、汤溪、龙游等地。

C．战区政治部第三工作团随带本队之旧有单幅及连环布画九十幅，往赣北等地展览，计有祁门、浮梁、乐平、万年、东乡、鹰潭、贵溪、戈阳等地。

D．由桂林带出关于第二期抗战政治重心为主题之连环布画计八十幅，已展出处有上饶、玉山、江山、衢县，所收效果除一般民众外，知识青年及各宣传团体为更大，如衢县之展，延续五日，观众有增无减，县长亦亲临为民众讲解，绘画青年均踊跃临摹，放大成壁画。

二 乡村展览

A．第三战区各工作团于浙皖赣边境巡回展览三月，均系步行，除少数县城外，大多于各乡镇中展出。视当地情况，展出方式分室内、广场及街头。

B．游行展览。上饶纪念第二期抗战扩大宣传周之漫画日，本队赶制布画四十幅，队员及帮同宣传之剧团，均化装于上午下乡，并配合当地学校学生作方言讲解。先由化装之演员分析敌我之对比，及日本兵、日本领章服装、日本旗与中国兵、中国领章服装、中国旗之分别，以纠正过去农民之模糊，然后根据画意指示种种，期以抗战对敌人之认识及激发民众自动参加兵役，农民极兴奋，且大都能接受和了解。尤其妇女更切齿痛骂敌人之暴行，此已较过去麻木之乡民大为进步，即晚于上饶城中举行火炬游行，民众情绪空前热烈。

乙 供应

一、供给兰溪、浙江美术工作者协会分会布画十幅。

二、经常供给金华定期漫画刊物《战画》画稿。

三、经常供给福建泉州《歼敌漫画》三日刊画稿。

四、供给衢县各宣传团体宣传画样稿。

五、供给上饶后援会宣慰团乡村工作队布画四十幅。

六、供给浔饶师管区官兵同乐会布画副稿四十幅（该会专负责教育士兵工作）。

丙 出版

一、油印旬报——已出版两期。

A．形式——整张报纸大小，分八张油印，印后加色；

B．内容——（1）一旬间国内外大事记，（2）游击区壮烈故事之叙述，（3）一般教育民众之工作，（4）长篇兵役故事画。

C．数量——四百份。

D．发行——分发三战区各省各地民教馆张贴。

E．困难——因战区印刷条件较差，并限于经济能力，故不得已采用油印，油印最大之困难是加色太费时，份数有限，故虽各县民众教育馆纷纷来函要求增加分发，俾利普遍张贴乡间，限于印刷及时间困难，都成遗憾。

二、特刊

A．改良年俗石印特刊——因浙赣一带，年俗依旧，极浪费，故短期赶出特刊，分发各户，贴入室内（此系本队队员随战区政治部第一工作团漫画出版之一种）。

B．上饶纪念“三二九”扩大宣传周漫画日，除发动广大之漫画下乡游行外，并出版《纪念三二九漫画特刊》（油印）一整张，报纸大小，内容系简要叙述革命历史，并指示民众现在比满清更阴谋之敌人。

三、前线日报漫画周刊。

四、前线日报之战地写生及长篇兵役故事画连载。

五、前线日报副刊之《漫画讲座》，系应战区各团体绘画同志之要求特设，研究《抗战漫画》之技术与理论。

丁　美术工作者之座谈会及工作研究

一、兰溪浙江美术工作者协会分会，曾与个别讨论今后宣传画之形式及内容问题。

二、曾与金华浙江战时美术工作者协会详细检讨过去之工作及今后应如何改进等问题，以后亦经常通信，作种种工作上之联系及讨论。

三、衢县之文化运动较金华尤为蓬勃，工作团体极多，本队曾发动绘画工作者之座谈会，讨论如何依据环境作实际需要之工作及二期抗战政治战中绘画工作者本身之特殊任务和创作题材之具体性。

四、与上饶各文化团体经常研究技巧与形式之问题等等。

戊　工作经验所得较具体之认识

一、抗战中的绘画工作者，不但内地没有，即较次要之城市也缺少，现在的情形为战区工作贫乏，绘画者没有。但相反的，需要较少的后方大都市却成过剩现象，新工作干部的培植，应该列入今后主要的工作之一。

二、民众对于漫画的兴趣不比戏剧差，因为知识的渐被提高，对于漫画有了了解力与评判力。

三、接近了农民，知道了农民并不难教育，而且容易，问题在切实做与不切实做。

四、城市的民众比较冷静，乡村农民的感情却异常的热烈。

五、切实的工作联系可以帮助收到较好的效果。

己　为战区政治部绘制对敌宣传标语三十种，每种石印十万张。

附件：油印壁画报两份、第二期抗战宣传周扩大漫画下乡游行展览工作照片二十七张、对敌宣传标语十种（其余二十种未印完）〔均略〕

漫画宣传队

漫画宣传队队员履历表

姓　名	性别	年龄	籍　贯	略　　　　历
叶浅予	男	三二	浙江桐庐	福建厦门大学毕业，时代画报主编，南京朝报图画部主任
张乐平	男	二六	浙江海盐	上海艺文大学毕业
梁白波	女	二四	广东中山	中华艺专毕业，菲列滨华侨第一女学教员，决澜社社员
席与群	男	二六	上海	上海艺大毕业，良友画报摄影记者
陆志庠	男	二九	江苏川沙	苏州美专毕业
宣文杰	男	二三	浙江杭县	上海民立中学毕业，时代漫画助理编辑
陶谋基	男	二六	江苏吴县	上海美专西画系毕业

廖冰兄	男	二四	广西武宣	广州勷勤大学高中师范科毕业，现象报绘事主任
叶纶纲	男	二〇	浙江桐庐	中大高中肄业

〔军委会政治部档案〕

2. 军委会政治部抗敌宣传队第三队第一分队鄂北会战前线工作报告书

（1939年4月）

鄂北会战转紧后，枣阳襄阳相继沦陷，河口民众纷纷西撤，汉奸乘此动荡之际，大肆活动，一时民心惶惶，谣言百出，河口遂呈恐怖状态。

本队因感此时稳定民心之重要，特派队员六人，组织第一分队，由均县轻装驰赴河口工作，经月余之奔波，工作稍有成效（详情见本队半年工作报告书第二节，半年来工作的概述第四段"鄂北转紧期的工作"）。

六月四日枣阳襄阳皆告克复，造成鄂北第二次大胜利，捷报传来，军民欢腾，一时向前方将士致敬，慰劳前方军民之呼声，传遍各地，为后方民众迫切要求，部队当即派第一分队继续前进，至劫后樊襄工作，一分队奉命后，唯恐时间耽搁，即于《反正》演出后之次日，（该次公演为欢迎南洋华侨返国慰劳团）苍促准备，星夜驰赴襄阳樊城。六月廿日于细雨蒙蒙中抵达目的地。

襄樊停留数日后，即随第二集团军总部开赴双沟，作较深入之工作。

工作结束后，本预向随枣推进，但突接河口队部来电，促回河口参加"七七"三周年纪念及本队成立二周年纪念工作，一分队接电后即暂于前方告别，迅速返队。

总结此次襄樊工作，虽因时间限制，未能完成较满意之功效，但此行收获尚大。兹将半月余工作，分项报告于后：

一、安慰劫后民众

此次鄂北会战，襄樊双沟均遭受空前浩劫，樊城房屋被毁烧一半，襄阳双沟悉数焚毁，民众返里者，皆栖息露天，饱尝风雨，其凄凉悲惨之状，实令人目不忍睹。本队有鉴于此，当即协同各地区保，加紧赶造草棚，以作难民临时住址，并以口头宣传，向难胞慰问，分析此次敌寇失败之原因及我胜利之到来。难胞闻讯后，均极感激李司令长官暨各军事首长此次歼敌伟功。

二、慰劳将士，鼓励士气

此次乘第二集团军转进前方之机会，并借过去之工作关系，作数日之停留，向其官长士兵作亲切慰问。并对此次该军在豫南歼敌，作极大鼓励，预祝其造成更大胜利。

三、采访英勇故事

因时间条件之限制，故此次工作多偏重采访英勇事迹，以文字及图画之通讯，作扩大宣传，发表于后方报章杂志，计有报告文学一篇，通讯两件，速写四十余幅，寄至重庆、桂林各大都市，（河口阵中日报因当时尚未复刊，故未投稿。）因时间关系，尚未见其发表，故无附件。

四、搜集敌人遗物

据当地行政机关报告：此次敌寇撤退，因我军施以压迫，敌行动极为狼狈，并因交通不便，故遗物甚多。本队闻讯后，唯恐敌之重要文件，有被民众发现者，当即协同联保处迅速办理搜集，由保长邀往上峰，效果尚佳。

五、调查敌军情形

本队又分三组，个别向四乡调查此次敌军情形，归来后作总汇报。调查结果如下：

（1）此次进犯鄂北敌军，以伪军占多数，朝鲜人次之，日人最少。

(2)敌军压战空气极为浓厚，伪军更不愿残杀祖国同胞。

(3)敌之装备较我为强，其主力部队集中于双沟附近时，携带轻炮甚多，战车、坦克车数十辆，并有轻便汽艇甚多，故渡河极为便利。

(4)敌行军时，因人数寥寥，队形散漫，故大批征发民伕，并入形列，虚张声势，此为民众目睹者语之。

(5)敌夜晚行军，所经过之大小村庄，均焚烧民房。据民众推测，此为敌军联络之用，敌之住扎处亦通宵燃火云。

六、我军战况

A. 此次襄樊守军，因人数太少，待敌在欧家庙登陆后，我派部队赶到时，已属太迟，终因众寡不敌，忍痛放弃。

B. 双沟为我五十六师二百三十二团防地，该团极为英勇，敌军攻至双沟后，曾往返冲杀数次，皆被其沉着击退，激战约五六小时，敌坦克车赶到，我因损失过重，不得不忍痛退出双沟，渡唐白河北退。该团田团长，此次亦作壮烈牺牲，双沟民众对该师极为赞誉，正准备建碑追念之。

七、加强军民合作

襄樊、双沟民众遭此蹂躏后，更感我军可敬可爱，对军队之帮助，大有增进，本队为加强其组织起见，特往访各地行政首长，对军民合作问题，作具体建议，希望能有组织帮助军队，加强合作。

八、宣传民众，加紧生产

劫后农民因月余之离家逃亡，田园荒芜，无人耕种，所有谷物新麦，亦因藏避不及，被敌运去。民众返里后，生活极为难苦，但民众不知近日战况若何，敌军是否击退，故不敢播种耕地，唯恐再为敌寇所毁。本队抵达后，民众前往询问者，络绎不绝，并诉诸此种困难，本队当即大加宣传，对战局作详细分析，并鼓励其加紧生产，以免秋收无着，民众闻听后，均欣喜异常。

以上各项工作，皆系较具体者也。其他如帮助负伤将士，调解军民小纠纷，设立失散官兵问讯处，收效亦称巨大。

此次前方工作，缺点虽甚不少，但优点亦为甚多，唯时间仓促，工作刚刚展开，即因事折返，此甚为遗憾者，但望今后再赴前方工作矣。

〔军委会政治部档案〕

3. 郑用之关于电影放映队从艰苦奋斗中争取胜利的报告①

（1941年12月5日）

放映队在政治部放映总队领导下，工作整整三年了，虽然在中国光明的电影史上，放映队有过悠久的历史。然而放映队有今天坚强的阵营（十个队）还是在二十七年十二月放映总队部成立以后。

三年来，我们的放映队，走遍了黄河、长江及青海、蒙古、康藏南北，中国所有的边疆，征服了无量数的懦弱者和奸党、叛徒……为电影艺术界开辟了一条崭新的大路，使中国抗战力量更加坚强团结。抗战精神更加发扬，这种功迹，在中国革命的艺术部队里，是无可媲美的。

三年了，放映队的同志们跟着时间的进展，餐沙饮风，确实吃了不少的苦头！这是我们负领导工作责任的同志们深深感到的；也是我们引为极云欣慰的事。有这一百多位真正为革命电影事业而吃苦的干部，我敢大声疾呼："中国电影万岁"！

由于艰苦奋斗的结果，放映队在三年的磨练中找到了他伟大任务——推行社会教育，深入农村、兵营，鼓励士气，宣扬主义，

---

① 此件选自《放映月报》创刊号（油印），原标题为《从艰苦奋斗中争取胜利》。

打击敌奸，加强团结，潜移默化，发展新中国的文化。凡是抗战建国所付予的任务，他都综合有着完成不可推移的使命。

当第四年工作开始，检讨的愿望和以往成绩，仅仅做到十之一二，尚有十之八九亟待我们去继续努力，所以我觉得过去所吃的苦，实在不够苦，过去所表现的战斗精神，也不够紧张，认清了这点，放映队的同志们处在第四年工作开始的今天，应该紧紧抓住机会，更进一步的努力，更进一步的奋斗，忍受任何的痛苦，克服一切的艰难，来换取祖国的新生和中国电影事业胜利的发展。

中国的电影事业，是寄寓在我们这一代肩上的，我们有过坚苦的奋斗，才有现在的社会地位，更要有今后光荣的牺牲，才会有将来光明胜利和荣誉的战果。

放映队，是电影行政业务部门，放映队的同志，是中国电影行政业务中坚强的干部，不久的将来在中国每一省市县镇乡村，我们的几百几千几万个放映站和电影院的计划实现时，放映队的同志便是这中间的中坚领导者。

放映队的前途，永远是光明的，最有希望的，只要我们能忍耐一时的辛酸痛苦，要知道："今天的光荣，是由昨天的痛苦换得的。"要有明天的幸福，就得牺牲今天的安乐，作胜利幸福明天的准备。

趁着放映月报出刊的机会，我用极平淡而诚挚的话，告诉亲爱的同志们，只要我们能忍受今天的痛苦，明天绝对是胜利、幸福、光荣的，努力吧，前进吧！

注一：中国电影制片厂的前身，便是一个坚强的放映队和摄影队行营电影股。

〔军委会政治部档案〕

4. 杨郁人关于军委会政治部电影放映队三年来工作情况的报告①

（1941年12月）

电影放映队是机械化、电气化的宣传队伍，可称为机械化宣传部队。这一个机械化宣传部队自我国对日抗战以来，在战地、在后方担负起宣传军民、教育军民坚强勇毅地为抗战建国与努力奋斗的使命，历尽艰险困苦、百折不挠地工作着，忽忽亦已经到了她的成立三周年了。

提起历史，民二十七年军委会政治部成立以后，前委员长行营政训处电影股设有放映队一队，政治部以电影宣传的重要，开办电影放映人员训练班，招致战地流亡的高中程度学生为学员，予以政治的、军事的、技术的训练，因武汉的撤退，长沙的大火，这一般的学员，由武汉而来长沙，由长沙而衡阳，一面上课，一面工作，一面行军，一面受训，到了衡阳训练毕业。十二月一日分设放映队三队，那时第一、二队中，男女队员计有三十余人，除放映电影之外，还努力于话剧的上演，以及一般大众的口实的宣传工作。第三队未派女队员，话剧工作虽未进行，但却远派至塞外甘肃、青海，努力于西北荒漠之地。二十八年七月，总队部成立，第一、二队遵照新编制度改编，遣散女队员，设第四队。编余人员至重庆后，又继续编成第五、第六、第七、第八、第九、第十等队。这十个机械化宣传部队，分派在前方后方巡回工作，计达湘、鄂、赣、浙、皖、粤、桂、黔、川、豫、晋、陕、甘肃、青海、绥远、西康等省的都市、小镇、农村、战场，以及边区山野、塞北沙漠都曾留下他们的足迹，在军民的心坎上，更深刻地留下

---

① 此件选自《放映月报》创刊号（油印），原标题为《机械化宣传部队之三周年》。

抗战电影的活动印象。

电影是现代工业的产物，山野农村的民众，对于这一机械化电气化的有声影片的享受，简直是梦想不到的幸福，因之电影的在山野农村放映，是一种传播现代文明的福音。加之放映队放映的是抗战影片，不只收宣传的效果，而且在军民的教育上，增进他的知识，胜读万卷书。千千万万的民众，亲眼看到、亲耳听到最高领袖蒋委员长的仪容和训话，认为是毕生至高至上的光荣幸福。放映队在这一点上，所收的国民教育的效果，尤其是意想不到的事。

至于伤兵看了放映队的抗战电影，兴奋地并即请求回到前线，民众看了放映队电影，踊跃地请求充当志愿兵，事实上告诉我们，这一机械化宣传部队在战地、在后方所收的宣传效果，有时出乎意料之外。

关于军事教育片"防御战车"等电影的放映，在部队中所收的效果，据一位前方将领对我们说：他的士兵有一万人观看了政治部影片以后，在某地战斗中遇到了敌人的战车，心理盘算着战车的优点与缺点，不但战斗精神十分奋发，机智亦特别发扬，战斗结果估计那次战役应有五千人的伤亡，但事实上仅有五百人的损失。军事教育影片的放映，对于士兵所收的效果亦是并非意料所及。

放映队成立三年以来，我们引为兴奋的是：我们已经将现代文明的种子，播送到了文化落后的荒野、山村、漠北、西康，增进民众的知识，提高农村的文化，为建国工作奠定了一种优良教育的基础。我们认为值得慰安的是，千千万万的民众，看了我们各队放映的影片，对于抗战更有认识，更有热情，更加努力，更加勇敢的种种表现，与可观可泣、可敬可爱的种种行动，使我们的同志的艰苦工作获得光荣的代价。

在工作成绩上，我们感觉到兴奋与获得慰安，然而在我们的工作同志的遭遇及其日常生活上亦有许多值得纪念的事。

这一个机械化宣传部队的任务在于宣传抗战，教育军民，而且必须巡回于战地以及敌后，而战地及敌后的交通最为不便，为了工作，我们的同志有时必须自己背着机器、影片，推拉发电机，走上征途。为了爱护机器，逢下雨时还得舍弃身上的温暖，将衣服遮盖着机器。至于在风雪中，在烈日下，徒步赶路的日子更是家常便饭。然而，我们的同志的薪饷，有的月支十八元，有的至多亦仅月支六十六元，必须养活妻子儿女的同志，还得让妻子儿女忍寒挨饿，一切为了抗战，我们的同志并没有怨言。不过三年来的工作生活，已经使有的同志患了肺痨之疾，有的同志身体衰弱不堪了。

然而，今后影片与汽油的来源困难，这一个机械化宣传部队的遭遇，更将使我们辛劳不辞的同志，更加过着艰苦焦急的日子！应如何解决困难问题，继续过去奋斗的精神，这些都是我们每一个同志心脑中不能忘却的课题。因之，过去的值得我们纪念，未来的有待我们努力。

据统计来说，这一个机械化宣传部队，在这三年来的工作成绩，计放映三千五百次以上，吸收观众在一千八百万人之多，而全总队活动经费每月支一万二千元，每一队仅月支九百五十元至一千二百余元，（三十年八月以后，才每队增加事业费二百元）这在国家的宣传及教育经费上，开支算是最少，而所收的效能却是最大的了。

我们希望着，今后这一个机械化宣传部队的经费必须增加，俾使在物价日益高涨之下的业务得以展开，及工作人员可得维持其最低的生活。

机械化宣传队的工作到了三周年，过去已有显著的效能，将来更加要造成优秀的成绩，我们如此希望着，我们亦如此相信着。

（三十年十二月作于陪都）

〔军委会政治部档案〕

三、新安旅行团的组织活动

1. 郭沫若关于收编新安旅行团办法的签呈

（1939年1月6日）

签呈　元月六日于第三厅

事由：

（壹）

案遵部务报第九十八次记录决定事项第十九条“新安旅行团以编入本部工作团队为原则，由第三厅拟具办法呈核”等记录在案。兹谨拟具收编办法如下：

一、收编后之名称拟饬其改为：“军事委员会政治部新安儿童宣传团”。

说明：

（一）该团原为江苏淮安新安小学员生所组织，成立于民国二十四年双十节，决定以旅行全国宣传总理遗教，并以旅行生活为教育中心，迹遍东西南北十三省，行程三万余里，曾得中宣部之补助及教育部之赞许。七七抗战时，适在绥远，遂参加抗战宣传工作，旋入宁夏、甘肃而至武汉。二十七年十一月本部开始予以补助，变为纯粹之宣传团体。惟其过去历史颇长，对于社会影响亦大，拟准予保留“新安”二字，以资纪念。

（二）该团团员多系学龄儿童，现家乡沦陷，成为无家可归之难童，故拟加以“儿童”二字，藉以为儿童参加抗战工作之表率。

（三）拟用“宣传”二字，以标明其工作性质。

（四）本部已有儿童组成团体孩子剧团，此外成人所组织者，均称为队，兹新安儿童团体，亦拟采用“团”字，以资识别。

上拟名称是否适当？敬乞核示！

二、组织：

兹按照该团原有人数及一切既成事实，草拟该团组织条例及编制表各一份（附件之一、二）附呈鉴核！

三、人事调整：

甲、该团负责人员如原有之干事长，改编后拟改为团长，原有顾问改编后拟改为指导员，原有辅导三人，改编后拟减为二人，分置二队。改编后之队长人选，因使工作行动便利计，拟饬其就团员中甄造，其原任干事长、顾问、辅导员人员，拟准予分调上述各职，继续服务，由本部予以委任，以资负责。

乙、该团现有团员七十人，拟请准予全部留团工作，其详细办法，已于该团组织条例上另订之。

四、经费：

该团原受本部每月津贴费壹千零肆拾伍元，此外其他方面尚有津贴，拟予收编之后，其经费全部由本部按照预算发给，一切津贴应即停止。兹拟具预算表一份，附案呈核。其经费拟请准自收编确定之月份起，照表发给，原有本部津贴于同月份起停止发给。

五、隶属系统：

该团将来隶属系统谨遵照副部长张指示：仿照孩子剧团成例，直隶本部。其工作之指导考核，归由本厅承办，不划归各行营或战区政治部管辖。

六、工作地点：

根据儿童之性能，并与孩子剧团配备起见，拟饬其分担大后方川黔滇三省之宣传任务。

七、收编步骤：

收编蒙准后拟：

甲、饬其按照组织条例呈报人员名册及履历表、相片各二份，分存第一厅与本厅备核。

乙、饬其按照编制开列负责人姓名，并附同履历表呈报，以便审核加委。

丙、饬其按照编制分成二队。

丁、本部收到上述各件并将委任颁发钤记等手续办竣后，则将各该队名册寄交桂林行营政治部，饬其代为点验据实呈报。

戊、遵照副部长指示，拟请于点验后饬交通处即拨卡车二辆，将该团接运来渝，加以训练。

己、该团原有财产准其列报带团应用，其不足或需补充部份，准其开具品名、价格，呈部核准。

庚、团员服装准按照团员人数，照政工人员服装津贴条例每名发给十元，自行添置。

八、嗣后工作报告：

饬其按照本部核定之格式按月填报。

以上所拟未见完备之处，容本厅于收编确定后随时根据实际情形拟具呈核，是否有当，统乞核示祗遵。

（贰）

查本部孩子剧团其编制虽已呈准有案，惟斟酌目前需要，拟稍予变更，适用新安儿童宣传团之编制及组织条例，以资划一。当否？谨请核示！谨呈

秘书长　贺　转呈

部　长　陈

副部长　张

　　　　周

附呈新安儿童宣传团编制表草案一份、新安儿童宣传团组织条例草案一份、新安儿童宣传团预算草案一份

职　郭沫若印

军委会政治部新安儿童宣传团编制草案

职别	人数		备考
	团员	夫役	
团长	一		综理全团对内对外之一切事宜
指导员	一		协助团长指导全团对内对外之一切事宜，并备团长咨询
队长	二		办理各该队内一切之工作计划
辅导员	二		受指导员之指导，协助队长处理队内之一切事务，及铺导队员之生活与进修
队员	七〇		受团长之命，指导员之指导，在队长之下从事一切宣传工作
伙夫		六	
公役		六	
合计	七六	一二	

附注：孩子剧团之组织条例编制草案迄未呈核，除组织条例已将其列入共同适用外，编制表大体相同，惟队员人数定为六十名，拟呈请一并批示，准其适用本编制。

军委会政治部 孩子剧团 新安儿童宣传团 组织条例草案

第一条 本部为实现动员全民参加抗战建国之任务起见，特组织孩子剧团、新安儿童宣传团各一团，从事宣传工作以为表率，而促进全国儿童参加抗建工作。

第二条 孩子剧团、新安儿童宣传团均直辖于本部，其工作之指导考核、归本部第三厅办理之。

第三条　孩子剧团、新安儿童宣传团各置团长一人，综理各该团对外对内一切事宜。

第四条　孩子剧团、新安儿童宣传团各设指导员一人，协助团长处理各该团一切事宜，并备团长咨询。

第五条　孩子剧团、新安儿童宣传团每团均分为两队，每队设队长一人，掌理各该队出发工作期间之工作设计及负队内团员生活教育之责。

第六条　每队设辅导员一人，协助队长处理队内之一切事务，及辅导团员之生活与进修。上述第三条至第六条之人员，由本部第三厅甄选，会同本部第一厅呈请部长任命之。

第七条　团长指导员在该团分队出发工作时，应分别随同出发，担任指导咨询之责。

第八条　孩子剧团、新安儿童宣传团团员之人数，均以七十人为最高限度，其入团、退团规则另定之。

第九条　孩子剧团、新安儿童宣传团之编制表及服务规程另定之。

第十条　本条例经呈奉部长核准施行。

军委会政治部新安儿童宣传团经常费预算草案

项　　目	金　额	备　　考
第一项　生活费	2,119,00	
第一目　团长队长队员生活费	1,825.00	团长一人、队长二人、团员七十人，共七十三人，每人月发生活费二十五元，合计如上数.
第二目　指导员辅导员生活费	150.00	指导员一人，月支六十元，辅导员二人，月各支四十五元．合计如上数。

第三目　夫役生活费	144.00	伙夫六人，公役六人，分配两队，每月各支十二元，合计如上数。
第二项　工作费	800.00	每团分为二队，每队月支工作费四百元，合计如上数，按月实报实销。
第三项　特别办公费	35.00	（仿孩子剧团成例）团长一员，月支十五元，队长二员，每员月支各十二元，合计如上数。
第一目　团长特别办公费	15.00	团长一人，月支十五元。
第二目　队长特别办公费	20.000	队长二人，每人月支十元，合计如上数。

〔军委会政治部档案〕

2. 新安旅行团从长沙到桂林的工作报告

（1939年11月）

前言

本团是民国廿四年从淮安新安小学组织出发，得中央及社会人士的帮助，经过江、浙、皖、冀、绥、宁、甘、陕，历时两年十个月，今年七月抵武汉，参加保卫大武汉的工作；一部份于八月初随后勤部、政治部往长沙协助进行伤兵工作及一般宣传工作一部份留武汉工作，直至十月廿一日始，随同政治部最后一批工作同志退出武汉，抵长沙会合，十一月初得钧部帮助与领导。

十一月份工作报告

甲　宣传工作

A　从长沙到桂林的工作日记

在这一个月里面，从一日起至九日止，主要的是进行和部里建立联系关系及调整团员，一面和孩子剧团共同领导长沙儿童星期座谈会，进行伤兵工作。

十日得着后勤部政治部的帮助，下午即乘汽车从长沙往衡阳，十一日上午二时到衡阳，当天的下午即进行第七重伤医院的慰劳活动，和做标语、贴标语，上剧院宣传总理诞辰纪念的意义，十二日除出席衡阳各界总理诞辰纪念会外，仍继续做标语及上车站做慰问伤兵工作。

十三日上午由衡阳乘车来桂林，沿途进行车厢宣传及自我教育。在进行问题讨论的时候，起先只是自己的团员发表意见，最后车厢的乘客都注意起来了，有的竟参加讨论，有一位军官和一位教员并且都发表了许多意见，当时全车的精神完全融化起来了，获得了极大的宣传作用。

十四日抵桂林，当时住在公共体育场，不久就迁住在东腰街国民基础学校，在桂林的工作是和孩子剧团联合起来进行，并且成立两个团体联合干事会，专门负责工作联系问题。

B．从十五日起至三十日止我们做了有以下的工作：

(一)参加孩子剧团话剧公演两次及各剧团联合公演一次，演出抗日昇平舞、两兄弟、并有歌咏、杂技、舞蹈等表演。

(二)做标语十五条，贴标语(政治部印的)三百多张，并推动了其他各团体的标语工作。标语词如下：

(1) 加紧团防肃清汉奸(三条)

(2) 到敌人后方去发动游击战(二条)

(3) 齐心协力驱逐日寇(一条)

(4) 发扬八一三以来广西军民合作的精神(二条)

(5) 军人不离民，民不离军，军民合作打胜仗(二条)

(6) 不让敌人踏进广西一寸土(三条)

(7) 坚持持久战驱逐日寇(二条)

(三)联合各儿童团体反轰炸街头宣传一次，我们分成两队，共有八个据点，被宣传的民众一千多人。

(四)和孩子剧团共同协助桂林儿童战时服务团成立。

(五)试做壁报一次，及计划流动壁报的制做。

(六)和中山纪念学校、汉民中学师生联欢各一次。

(七)出席成达师范的讲演，又参加回民救国协会广西分会成立大会。因为我们的参加，当即影响该会通过儿童也可参加为会员的章程。

乙 服务工作

(一)进行警报时间协助老弱妇孺躲避的工作五次。

(二)协助进行空袭后救火一次。

(三)空袭时侦察汉奸工作。几次空袭竟捉到六个汉奸（送交宪兵司令部），推动了其他团体在空袭时的侦察汉奸的活动。

丙 内部生活

整个的说起来，这一个月主要的还是内部调整及教育工作加强。

A．小组

现在的团员共分两部，八岁至十二岁为儿童部，十二以上为少年部，儿童部有一、二两小组，少年部有三、四、五三组，每组七人一辅导员，少年部与儿童部之间的生活都有相互的差别。除了正式的编组还有一个特别组，专门给愿意过我们这种生活的小朋友一个暂时机会而设的。

B．自我教育

学习的机构除小组以外，还有杂技〔志〕、写作等学习会的设立。

我们学习的原则以工作为中心，就是：一切为了工作，从工作中学习。加强艺友制的运用，严格的执行自我批评、问题的讨论、时事的研究、基本知识及工作技术的学习。一个月来：

(一)请人讲自然科学八次，政治问题五次。

(二)讨论会四次。

(三)工作技术的学习有：话剧、歌咏、绘画、标语、写作、舞蹈、杂技等。

(四)各组有单独的问题讨论、集体读书及时事讨论。

C. 日常生活

(一)生活检讨会四次。

(二)工作会每次工作时进行。

(三)严格进行有规律的生活。

〔军委会政治部档案〕

3. 新安旅行团总干事徐志贯造报组织系统表等备案呈

(1939年12月20日)

窃本团团员迭有变动，最近编制亦因适应工作起见，略有更改。兹特造具最近团员清册一份，组织系统表一份，呈请鉴核，恳即准予备案为祷！谨呈

科长　杜　转呈

厅长　郭　转呈

部长　陈

新安旅行团总干事徐志贯　谨呈

附：本团最近团员清册〔缺〕、组织系统表各一份

中华民国二十八年十二月二十日

新安旅行团组织系统表

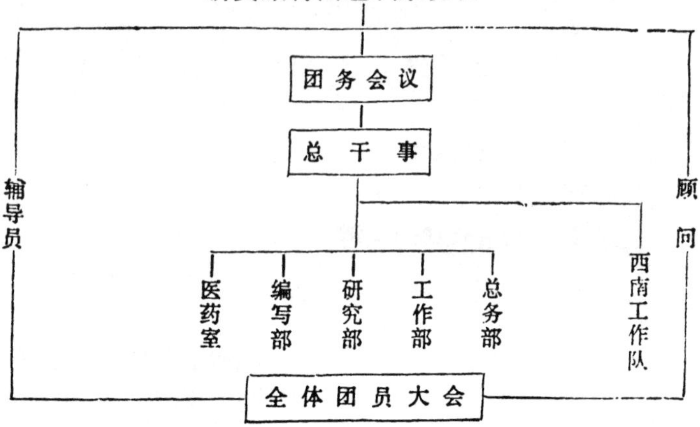

附录(1) 新安旅行团名单

顾　　问：汪达之

辅导员：徐志贯　稽　钰　童　常

总干事：张　平

团　　员：王德盛　方南君　郝　杰　方鲲仙　王德乾　何定勋　黄健芬　范　政　张衡七　张承海　屠传猷　徐恩赐　黄正刚　郭贵华　郑康源　徐沙伯　程仁强　黄叔宽　谷友华　任先哲　赵文和　黄志义　徐　玮　金毓堃　蒋先基　刘式均　吴淑静　曾兆寿　许醒亚　张　杰　靖秉铨　张俊鑫　曾维东　张均六　左义华　张敬茂　任　干　徐畹华　陆　蒨　褚济辟

附注：抗宣各队及新安旅行团，均有勤务两人。

附录（2） 新安旅行团团歌

洛宾 曲 塞克 词

——新安进行曲

G调 $\frac{2}{4}$

勇敢 活泼

〔军委会政治部档案〕

4. 新安旅行团到桂林后的工作报告

（1940年3月27日）

虽然我们有好久没有互相通讯了，但在我们之间是互相关怀着的，因为我们大家都在不同的地方做着抗战救国的工作，所以我们无形中总是联系着的。

我们到桂林来已经一年多了，这一年多的工作，过去我们已向诸位报告过了，现在我们来说一说从廿九年元旦到现在的情形。

（一）西南工作队到南路前线去

西南工作队，是在去年（廿八年）"九一八"就出发到湘桂线工作，在三个多月中，和机械化兵团、伤兵、难民、军队、民众建立了很好的关系，大家都争先恐后的豫约到他们那块工作去。十二月敌人开始在广西南路进攻了，因为西南是抗战的支柱，前线迫切的需要去工作，于是星夜从湘桂线赶回来，一刻也不曾休息，就参加桂林行营政治部特别党部南路前线工作队到前线去。

类别	次数	内容	人数
		（一）集体慰问	
伤兵	廿三	集体慰问	五千二百人
抗属	四	个别谈话	二百人
部队	五	服务讲演表演节目	二千六百人
总结	卅二		八千余人
		（二）演出	
	廿六	话剧、杂技、歌舞	一万五千余人

上面是西工队在湘桂线工作的一个统计表。

起先一个月内，西工队是在柳州迁江一带做军民合作站的工作，及慰劳伤病战士的工作，后来又到宾阳前线去工作，和前线士兵的感情弄得非常的好，除了常常在部队周转工作外，有一次到前线，离敌人只有十五里路远的地方公演话剧，给兵士们士气鼓励很大，战士们都说：小朋友都不怕死，到前线来工作，那我们还怕什么？

正当工作做得起劲和收效大的时候，敌人开始大规模的迂回了，在二月一日夜里，西工队十八个同学们做完了工作，睡得正甜蜜的时候，机械化兵团的战士们跑来叫他们了，报告了一个可惊的消息，“敌人已经包围了宾阳，并且敌人的先头部队离宾阳只有十五里了”。同学们并不因此惊慌，镇静的在五分钟之内把行李打好，一齐搬到一里路外的机械化兵团去，因为前线战况紧急，汽车一起调往搬运军火去了，所以连汽车也没有了。机械化兵团的长官是非常的爱护小朋友们的，他晓得十几岁的小朋友，还有那么多行李是跑不过敌人的骑兵的，所以特地留下一辆军米车来装载他们撤退，二日清晨，敌机就开始狂炸宾阳了，战事一分钟一分钟的紧急起来，汽车冒着敌机冲出了宾阳城外，在城外，敌机六架又追来了，炸弹在离他们五十米的地方爆炸了，马上烟土游天，响声把耳朵都震聋了，正在这时机枪弹像雨般从天扫射下来，眼见着汽车又中了枪弹和炸弹片，他们真危险极了，许多人紧紧的拥抱着，已经作了最后的告别。但幸运得很，事后一看，人人都活着，没有一个遭难，终于在二月八日安抵桂林了。

(二)成立了一个城市工作组

西工队到前线去了，那么城里的工作谁来做呢？同时在现在战事紧急时，城市上的号召和动员工作是很重要的，所以在廿九年元旦，又把城里的团员十几个人成立了一个城市工作组，它的任务是：一、号召大家来保卫西南，二、团结儿童团体，开展城市工作。

城工组成立后，就联合了在桂的各团体，有计划的做宣传工作，所以就忙着街头宣传呀，公演呀，出壁报呀，发动募捐与写慰劳信呀等，给上前线的战士很大的鼓励，同时也给民众打了安心针。

(三)难民工作

庆丰乡的难民集体垦殖工艺场的工作，我们从去年五月就做起了，现在在这里工作的只有四个团员，这是一个比较深入、同时也较难做的工作，在这个时期里，工作也有了一些进步。在儿童工作方面，除了组织了“孩子劳动服务团”外，并且培养出了他们的干部，元旦公演及经常帮助大人耕种中，都显出了极大的力量，垦友们都很称赞。

成人工作也有了很好的收获，得到了全场垦友的信仰和热爱，在青年方面组织了读书会，每天晚上上课分成好几班，高级的第一班，研究中国人穷苦的道理，低级班上广西教育厅编的“民众如何抗战”。大家热烈得很，天一晚就唱着歌来上课了，有一位木工组的组长葛洪山，已有四十岁了，他本不识字，到读书会不到一个月就能签名了，他每天来学，回去还要叫他的一个十二岁的小儿子，给他温习，读书会还讨论时事、交谊等事情。

妇女方面，组织了一个“姐妹会”，每天午饭后上课，妇女更喜欢唱歌，大凡是家事不重的妇女，学习的成绩都很好，有一个姓刘的女垦友，她在一个半月以内就认了好多字，他的丈夫在山西的中央军里打游击，她亲笔写了一封半通不通的信去，后来她的丈夫寄来一封航空信，把她大大的夸奖了一番，她高兴极了，就更努力的求学。

(四)教养难童工作

八省联立难童教养院有八十多个难童，这些儿童虽然是每天上课，但是生活上总是过不好，不和气，学习也不起劲，更谈不上对外宣传了，于是负责人就约我们派一个工作组去工作。这三个月来，除了建立他们的集体生活，如开生活会、批评会、按时工作学习外，并且在学习上也起了很大的作用，启发了他们自发的学习和小组讨论会。

现在难童不光是在生活和学习方面有了进步，并且在宣传技术上也有了很好的成绩，一月份到过永福慰劳伤兵，二月份又到桂林募捐公演，社会人士均感难得。

(五)集中生活，加强教育

西工队自南路前线回来后，同时我们又把各个工作组调回来，在这个时期可以说是团圆了，因为环境的需要，于是作了一个工作与人事上的调整，有些团员因为身体不好和别的原因，就回家休养，或到学校去上学，有好几个儿童团体、妇女团体、演剧队和文化服务机关，请求我们派人去帮助工作，所以就派了一部份人去。

因为这个时期工作比较少，正是集中生活、加强教育的时候，所以把城工组和西工队合并成立新的西南工作队，现在生活和学习上都做得相当好，每天有五个多钟头来学习，少年部的上三民主义、中国近代史、抗战地理、代数、外国语等，儿童部的上社会、自然、算术、抗战地理、美术等，我们上课不是呆板的上课，用很多方法来上，每人都能自动的学，所以大家的进步很快。

(六)新安学校，迁桂复校

我们的母亲——新安学校——在江苏淮安被敌人毁灭了，我们非常痛心，新安学校是实施生活教育的学校，它曾经教育了不少的儿童和少年，产生了淮安旅行团。

新安旅行团本来是一个"实验生活即教育，社会即学校"的团体，抗战后因为时事的需要，我们便把工作提高到第一位，这样在教育的进行上，就有很大的妨碍（虽然比起普通学校是有许多优点之处），我们为了能跟新安学校的校旨与发扬新安旅行团的〔精神〕，就计划着要把新安学校恢复起来。

我们到广西来已经有一年多了，广西的国民基础教育办法非常好，我们想我们应该切切实实的帮助政府做事，所以我们这个新安学校要针对三民主义的国民基础教育的目标，用生活教育的道理，研究合理有效的课程方法，培养健全有为的国民，增强健国的基础力量。

现在汪顾问还在重庆，等他回来，我们马上就要开始发动了，此刻我们正在积极的筹备着。

最近的情形，大概就是这样。我们想了又想，总觉得自己是“人少事多，心小愿大”，恐怕做不好，但是我们又觉得事情是人做出来的，世界上就没有无难的事。当初新安旅行团只有十几个人，只带了五十块钱，就能旅行了半个中国，一直维持到今天（已经四年半了），这都是自己的努力与社会的帮助，我们时时想到总理的这句名诏：“有志者事竟成”。我们应该在能力所到的范围内努力的干，同时要诚恳的请求诸位长者与朋友指导帮助。敬祝

工作胜利，身体健康！

新安旅行团　谨启

三月廿七日

来信请寄：桂林观音山新安旅行团

〔军委会政治部档案〕

5．新安旅行团为请求缓办改编及经费问题致张治中函及有关文电

（1940年10月　日）

（1）新安旅行团致张治中函（10月10日）

敬爱的张部长：

九月二十二日给您写了一封航快信，报告我们与部的关系，又报告我们的补助费部已八个月没有发下了，已发的二、三、四月份补助费至今又未汇到，所以我们在经费困难的情形下痛苦得很，

但忍耐着痛苦，加紧工作，加紧学习，这是我们团体的作风，同时也是忍耐着痛苦，在等候您的慈爱的援助。

经费的问题，尚未得着合理的解决的时候又有一件问题来了。接着第四战区政治部九月个日电说：总部限我们七日内到柳州，听候改编。我们尊重电令，特派人驰赴柳州面呈一切，并询明改编的意思和办法。

改编具体的意思和办法是这样的：

意思说，该团系江苏淮安新安学校学生所组织，旅行全国，实验新教育和宣传总理遗教，二十七年十一月由本部每月补助一千零四十五元。兹据桂林行营政治部报告，该团仅有三十余人，原由新安出发之学生已不多，其余多系沿途参加，已无存在必要，着令改编。

办法

（一）年龄较大，具有工作能力者，编入政治队充队员；

（二）年龄较小者，视其志愿，或编为工作队员，或送入公立学校升学，及儿童保育院。

（三）该团领导人员，据报思想尚嫌幼稚，可酌派工作，或送入训练机关受训。

敬爱的张部长，部的命令我们是尊重的，但我们有以下几点理由要请您代我们想一下，只要有利于抗战建国，赴汤蹈火，我们都情愿的。

（一）我们是一个实验教育的团体，五年来宗旨一贯，虽然困难重重，但从没有放松这个任务，在儿童教育上已有了很大的影响，我们正要整理五年来的经验与教训，好作更有效的贡献，如果五年心血一旦毁弃，实在可惜。

（二）我们这五年来，无论在国内国外，都发生了很好的影响。这两年在广西，白健生先生好几次在大庭广众的面前奖赞我们，把我们提出说明中国的进步。今年四月桂林中山纪念学校三周年纪念，他还在纪念大会上说：我们希望中国儿童，要学习新安旅行团小朋友们那样活泼刻苦，又能热忱工作。这次菲律滨华侨儿童，听说我们要恢复母校，便自动的募款赞助；苏联记者卡尔曼先生过桂时，特为我们摄影了很多影片回去，在莫斯科放映的时候，轰动一时；美国有几种杂志，也时常介绍我们的消息，世界学生代表来华，英国柯乐满先生特别搜集了我们很多材料回去，作为同情中国抗战宣传资料。至于我们对伤兵、难民、儿童、士兵和民众直接间接的宣传工作，比较更普遍和深入，这些都是血与汗凝结起来的成绩，也是党政军文化界先进和各地父老指教与帮助的功劳，一旦取消了，也是很可惜的！

（三）我们团结在一起，就和一部完整的汽车一样，有很大的工作能力，如果硬要拆开，变成零件，便失掉他的效能了。

（四）我们现在还经常的保持四十人，经费决定了我们人数，时常有增减，这是想做事业的最痛苦的地方。我们年龄稍大、能力较好的大半都派出去工作了，如北培的育才、贵阳的履三、桂林的新安学校、金华的台少团、女青年会服务团妇女工作队。旧的有能力的派出去了，新的又在生长出来，这是合乎抗战建国的要求的，只可惜经费太困难了，许多有才能的小朋友要加入，我们无法容纳他。

（五）政府补助经费的团体，是否可以任意存废。

（六）前部长陈辞修先生要特约我们担任宣传工作，补助我们的经费，意思是在扶持我们，也就是扶持新中国的力量。他在桂林的时候，好几次讲话，特别提到我们怎样热忱工作，怎样刻苦耐劳，我们得到他的奖励，很高兴，正加紧工作，加紧学习，力求能有进步，好不负厚望。今骤有此与愿望相反的事出来，我们想辞修先生的贤明，而且工作又忙，这些事他不会注意到，而我们知道这件事的具体情况也太迟了，来不及直接向他陈明，诚恐此中另有误会。

敬爱的张部长，我们要抗战，要生活，也要合理的教育，团体是我们的学校，也是我们的家。我们都是有良心的孩子，希望爱护我们的长者，来扶持我们，我们团体存废，您一定有贤明的办法来处理，并请您给四战区政治部去电，撤回总部直接办理，我们迫切的等候着给回信。

我们已另外给四战区政治部寄去一个报告，说明这些理由，请他转呈总部。

我们全体为五周年，并为母校迁桂筹募基金，公演一个四幕的舞剧，这是中国剧坛上新的创作，已经准备了两个月，在学习上实在是难得的机会。十月廿一、廿二、廿三三天在桂上演。这次五周年纪念，各地长官和各界父老，纷纷来信慰勉，这给我们小孩子很大的鼓励和安慰。我们也另有信给部长请给我们训示，并请题辞以作纪念，不知收到没有？寒天快到，秋风里已经有寒意了，我们已帮桂林各界进行征募寒衣的工作了，但我们的寒衣，旧的已经破了，新的无钱去办，请部长火速发给八个月补助费，以救我们的饥寒，时间很迫促，心里也很徬徨，匆匆致敬礼！并祝健康

新安旅行团全体小朋友　谨上

十月十日

桂林观音山32号

(2) 政治部第二厅徐会之签呈(10月16日)

前饬据桂林行营政治部呈复称：新安旅行团领导人员思想左倾，无存在必要，经令四战区政治部依照下列原则改编：

一、年龄较大、有工作能力者，编入政治队，充队员；

二、年龄幼小者，送入公立学校求学，或保育院教养；

三、领导人员送训。

复据呈请暂缓改编前来，经令复仍应迅予改编在案。此件拟

婉复，不能再宽时日。

政治部二厅　徐会之

十月十六日

（3）政治部复新安旅行团代电稿（10月　日）

桂林。新安旅行团：十月十日函悉。查该团改编一节，已成定案，碍难变更，即前赴第四战区政治部听候改编。至八月份以前补助费已饬清发。部长张〇〇。治智一亥。印。

〔军委会政治部档案〕

6. 陶行知为请缓予改编新安旅行团与张治中往来函电

（1940年10—11月）

（1）陶行知致张治中函（10月2日）

文白先生勋鉴：昨日接到新安旅行团二十九日由桂林来电，述及第四战区政治部限他们五日内赴柳州改编入政工队，并说到匆促改编，困难多端，嘱弟代为面陈。弟因疟疾初愈，不堪奔走，只得函陈管见，以供采择：（一）该团现正为恢复新安学校，准备公演，藉筹基金，倘匆促赴柳，则全功尽弃；（二）该团有三万四千里长途为国服务之历史，政治部指挥监督其工作，增加效能，最为适宜，倘若扫数改编，令此具有光荣历史之团体消灭于无形，则不但予工作者以精神上致命之打击，而且从整个民族文化上着想，亦未免可惜。区区之意，是否有当，尚希卓裁。至前信代请发给八个月来之补助费，深望俯予照准，以鼓励其为国效劳之热忱。专此奉商。敬颂

勋安。

弟陶行知　拜启

二九、十、二

（2）陶行知致张治中电（10月5日）

重庆曾家岩桂园。张文白先生勋鉴：新安旅行团属代请缓予改编，恳电四战区政治部电，宽以时间，函详。陶行知。

廿九年十月五日

（3）张治中复陶行知函（11月29日）

国民政府军事委员会政治部函　治智一字第918号

行知先生道右：违教积时，至深企慕。顷奉惠缄敬悉。一是新安旅行团改编事，前在辞修兄任内，因该团分子递变，原有新安学生已廖廖无几，为爱护青年，综核名实计，曾令饬改编在卷。既成定案，歉难遽改，尚乞鉴谅。再，该团员生，年均稚幼，藉此机缘，得以深造，亦属善事。卓见以为如何？至八月份以前补助费，已饬清发，承询并复。耑此。敬颂

教祉！

张〇〇　再拜

十一、廿九

〔军委会政治部档案〕

四、孩子剧团的组织活动

1. 军委会政治部孩子剧团为请求赴四川农村工作致郭沫若函

（1939年11月4日）

爱护和关心我们的郭先生：

好久没有给您信了，您忙吗？自从那天在厅里见过您后，我们时时刻刻在想着您，所以写这封信来问候您好。

我们回团本部已有两个月了，在这一段时间中，我们主要的是加紧自己每人的学习，学习宣传技术的同时，在附近做了一点

工作。

我们在第二次团务会议决定在十一月半两队出发川北、川西工作。后来，蔡指导员说："郭先生为了爱护我们，怕我们冷，叫我们过了冬出发。"我们听了都不高兴，大家叫着："我们不怕冷"，"我们要出发工作"，"写信给郭先生去"。

亲爱的郭先生：的确，我们不怕冷，我们要出发工作，因为在四川地带，并不挺冷，而且我们都做了新大衣，在比较冷的几个月中可以少布置一点工作，着重自己教育方面，您说好不好？

所以，今天写信来，请郭先生允许我们十二月初出发工作，我们相信郭先生一定不会使我们失望的。敬致

允许的敬礼！

军事委员会政治部孩子剧团的孩子们　谨呈

廿八年十一月四日　于陈家坝

〔郭沫若批〕：大家都不怕冷，可在十二月初出发工作。交蔡家桂同志。

郭沫若

十一月十五日

〔军委会政治部档案〕

2．郭沫若签报孩子剧团川东川南工作报告呈

（1939年11月16日）

查孩子剧团于本年三月，奉令分发川东、川南工作，于八月间工作完毕先后回渝。兹将各队工作报告摘要签请鉴核。谨呈

代秘书长　张　转呈

部　　长　陈

副 部 长　张

周

职　郭沫若

十一月十六日于第三厅

抄孩子剧团川东工作队报告摘要

时　　间：二十八年三月三十日至八月一日

地　　点：川东长寿、涪陵、丰都、忠县、万县、云阳。

工作人员：二十四人

领　　队：林犁田、许立明

（一）　在长寿（三月三十日至四月十六日）

（甲）　儿童工作：

1. 参加庆祝儿童节，举行各界联欢大会；

2. 刊出《儿童节专号》告小朋友书，标语五十余张；

3. 发动献金三十余元，写慰劳信八百余封；

4. 参加“儿童抗战演讲比赛会”，本队获优胜第一，各界赠奖品。

（乙）　慰劳工作

1. 慰问第十一陆军医院，代写家信，并个别慰问，开展讲演，题目“负伤光荣”、“军民合作”等；

2. 参加医院同乐会，公演剧目“死里求生”、“捉汉奸”、“舞蹈”等剧，并出荣誉壁报一幅。

（丙）　一般工作

1. 举行街头宣传、讲演、歌咏、标语等；

2. 参加军民联合大会公演，出席长寿“儿童救亡协会筹备会”，提供组织意见。

（二）　在涪陵（四月十七日至五月二日）

（甲）　儿童工作

1. 召集各学校开座谈会，进行为灾童收容所募捐；

2. 招待各界公演话剧，并发动为灾童募捐，共募得一百元，并举办儿童歌咏大会。

（乙） 慰劳工作

1. 慰问一二一后方医院第八休养所，公演话剧“死里求生”、“捉汉奸”、“梨膏糖”等。

（丙） 一般工作

1. 街头宣传、标语、演讲、歌咏等；

2. 参加县立女中“妈妈会”，报告孩子剧团之经过，并公演话剧；

3. 招待各界联欢大会，公演话剧、歌咏等；

4. 接受各界赠旗十三面。

（三） 在丰都（五月三日至五月十五日）

（甲） 儿童工作

1. 召集各学校开茶话会，提出举行儿童抗战演讲比赛，儿童露天歌咏会，慰劳负伤将士等；

2. 参加儿童抗战讲演会，本队获得甲、乙两组优胜；

3. 参加儿童露天歌咏会，本队负总指挥职，并举行火炬游行，情绪非常紧张。

（乙） 慰劳工作

号召各学校赴一二〇医院慰问负伤将士，代写家信、缝补等工作，并公演话剧歌咏。

（丙） 一般工作

1. 举行街头讲演、歌咏、贴标语等；

2. 参加中央军校特别训练班音乐会，公演歌咏舞蹈等；

3. 接收抗敌后援会、一二〇医院、中小学校等赠旗六面。

（四） 〔忠县以下均略〕

抄孩子剧团川南工作队报告摘要

时间：二十八年三月三十日至八月二十三日

地　　点：川南泸县、合江、江津、江安

工作人员：二十五人

领　　队：吴新稼、张　莺

（一）　在泸县（三月三十日至五月一日）

（甲）　儿童工作

1．参加儿童节演讲比赛，本队瞿文静得低级第一名，并获奖品及优胜旗一面；

2．参加儿童节联合公演，节目《帮助咱们游击队》、《捉汉奸》，并主持舞台上一切指挥责任，观众两千余人；

3．参加儿童节庆祝大会，本会徐晴任总主席，发动献金一千余元，并参加火炬游行，儿童队列一万余人，情绪非常热烈，深夜始散。

4．本队孙杰同志被请至儿童第七保育院讲授"灯火布置"，并赴爱智小学及第七保育院教唱抗战歌曲。

5．招待各小学公演，节目"复仇"、"团结起来"、"壮丁"等剧。

（乙）　慰劳工作

1．招待十八师及动员委员会，公演节目"复仇"等剧；

2．招待第五教养院全体残废官兵八百余人，演出"捉汉奸"等剧；

3．至纳谿县安府镇参加军民大会（招待十四补训处第七团及赴石硼场十四补训处第八团公演。）

丙　一般工作

1．在江津、合江等地船停息时，全体登岸贴标语，口头宣传、访问、歌咏等，并向民船上乘客讲演题为"为什么能得到最后胜利"。

2．在泸县帮助夜校、教兵工厂工友开展讲演会及歌咏；

3．组织街头宣讲，张贴标语，开展演讲、歌咏等工作；

4. 招待各界及各小学公演二次；

5. 参加追吊十八师副师长送葬，并于临时特别刊出《临别纪念刊》二幅；

6. 收十八师政治部、教养院、师管区司令部等赠旗六面。

（二） 在合江（五月二日至二十七日）

（甲） 儿童工作

1. 招待各小学公演话剧，并联合各小学举行抗敌书画展会五天。

2. 在赤水县招待各小学公演话剧，举行戏剧座谈会，并至各小学及保育院教歌二十余次。

（乙） 慰劳工作

分别慰劳负伤将士、第五陆军医院及第五补训处第二、四团，公演话剧、歌咏等，并个别谈话。

（丙） 一般工作

1. 参加合江各界举行"五五""五九"纪念会，并发动献金；

2. 在合江招待党政军长官、军人家属、各小学等，公演话剧歌咏；

3. 在赤水招待党政军长官及赤水中学，公演话剧歌咏；

4. 街头歌咏、贴标语、壁报、展览图书等工作多次；

5. 接收第五陆军医院、宪兵队等赠旗十四面。

（三） 在江津（五月二十八日至七月二十三日）

（甲） 儿童工作

1. 参加"七七"儿童露天歌咏大会，并歌咏游街一小时；

2. 招待江津小学公演，并发动各小学写慰劳信二千余封；

3. 在世德小学开座谈会，讨论组织儿童团体及演剧等工作之困难问题，并赴各小学指导歌咏。

（乙） 慰劳工作

1. 欢迎壮丁入伍，公演话剧、歌咏二次；

2．慰问负伤将士公演，并举行个别慰问；

3．发动写慰劳信一千七百余封。

（丙） 一般工作

1．主持联合各小学为重庆轰炸被难同胞募捐公演，并举行招待各界公演；

2．至刀家举行招待各界公演，并慰问出征家属；

3．街头贴标语、歌咏、演讲等工作六次；

4．接收抗敌后援会、联保主任及世德小学赠旗三面。

（四） 在江安〔下略〕

〔军委会政治部档案〕

3．郭沫若关于将长沙儿童剧团改编并入孩子剧团呈

（1939年12月16日）

径呈者：职厅所属孩子剧团工作素称努力，唯自武汉迁移以来，沿途所收纳之小朋友已有十人以上。前月疏散人口时，复有长沙儿童剧团十余人，曾经职厅援例发给疏散费，业已到达衡阳，因经费无着，将不免流离失所。因此，职拟将长沙儿童剧团收编，与孩子剧团合并。唯仍用孩子剧团之名，分为二队，将其年长者为第二队，年幼者为第一队。原有孩子剧团之经费可作为幼年队之经费。其第一队之经费，则请准许将职厅拟办而迄未办之歌剧队一队经费移充。所拟是否可行，敬乞鉴核示遵。谨呈

秘书长　贺　转呈

部　长　陈

副部长　周

　　　　张

职　郭沫若

十二月十六日于桂林

照办。厉生　十二月十六日

〔军委会政治部档案〕

4. 黄少谷为孩子剧团人员思想“欠纯正”建议加强指导并重订编制的签呈

（1940年9月26日）

查孩子剧团，过去组织不健全，人员思想欠纯正，致工作未能达到要求，本部亟须加强对该团之指导与掌握，爰重订该团编制，于七月十三日奉准在案。惟因主任指导员及指导员人选未定，一时不易物色，致延未施行。兹已遴定堪任主任指导员及指导员者三员，谨签注意见如后，请准予照委，以便从速改组该团，推展团务。当否？敬乞签核示遵！

一、主任指导员一　查李清灿一员，系武昌中华大学及中训团青干班毕业，历任党部、学校及宣传团队、剧社职务，对于剧艺、学识、经验均颇丰富，且感兴趣，拟请委派为主任指导员。（附呈详历表三份，毕业证书及委令照片各一张）。

二、指导员二　查方守谦一员，系国立戏剧专科学校及中央军校毕业，历任刊物编辑，干事，班队组长、主任、队长等职，对于戏剧、学识、阅历均优。（附呈详历表三份，训令委令等共六件）；又严玉文一员，系干训一团一期女生队及陕西省立高中毕业，曾奉派抗宣队工作，意趣亦近戏剧。（附呈详历表三份，证明书、登记证各一纸）。该两员经先后呈派工作，并经约谈，一切尚佳，拟请委派为指导员。

黄少谷　九、廿六

拟即照派定呈部长亲核。操　九、廿七

如拟。治中　九、廿八

附：政治部孩子剧团指导员服务规则草案

第一条　军事委员会政治部为加强孩子剧团组织，充实工作内容，提高团员教育程度，特设立指导员。

第二条　依事实需要，暂设主任指导员一人，指导员二人。

第三条　主任指导员经常驻凶本部工作，指导员二人分别派驻各分团工作。

第四条　主任指导员秉承本部第三厅厅长之命，综理全团一切训练及指导事宜。

第五条　指导员商承主任指导员、襄理并执行所担任之分团一切训练及指导事宜。

第六条　主任指导员、指导员之经常工作如下：

（甲）指导工作：（1）生活指导，（2）学术指导，（3）业务指导；

（乙）考核工作：（1）生活考核，（2）学术考核，（3）业务考核；

（丙）训练工作：（1）全体训练，（2）分组训练，（3）个别训练。

第七条　主任指导员、指导员对于本身学术修养应随时进修，行动修养应参照各军事学校政治指导员守则，切实奉行。

第八条　主任指导员、指导员应于每月月终分别填具工作月报，每年年终分别填具工作总报告，汇呈考核，其报告格式另订之。

第九条　本规则先试行三个月，经修正后再行呈会，正式备案施行。

政治部孩子剧团艺术、学术与生活训练规则

艺术训练

时期：定第一期为三个月

目的：第一期目的在使团员能获得戏剧音乐初步常识及基础技术

内容：

戏剧方面——国语发音、戏剧常识、演技基本训练、化装术、舞台装置、舞台管理、排演；

音乐方面——音乐常识（普通乐学和声学基础常识）视唱练耳、独唱及合唱、乐器演奏(二胡、风琴、小提琴)；

方法：分课堂讲授，专题讲演、实习。

时间分配：艺术训练原定为每星期十二时，三个月共计一五六小时。戏剧方面占三分之二，为一〇四小时；国语发音十二小时。戏剧常识十小时，演技基本训练二十四小时，化装术六小时，舞台装置六小时，舞台管理六小时，排演四十小时。

音乐方面占三分之一，为五二小时。音乐常识八小时，视唱练耳十八小时，独唱及合唱二十四小时，乐器二小时。

舞蹈方面利用余暇时间排练。

学术训练

时间：第一期定为三月

目的：臻第一期训练完毕，使团员获有普通学识之基础，养成自习能力与自学精神

内容：

A．国语——由汪志瑶担任，每周四小时，注重国语读音，第一周授国音字母，以傅东华编著复兴初中国语第一册为教本，共四十课，每小时授一课，每两周作文一次，并使课外阅读缴阅读报告。

B．英文——每周四小时，由孙观华担任，由字母授起，第一、二周为授字母读写及基本发音、拼音，第三周起按北新书局张友松编初中英语读本第一册，每小时授一课，共五十二课，于三月内将第一册授完。

C．算术——每周三小时，由孙观华担任，根据商务印书馆复兴初中算术教科书为篮本，上下二册，共二百六十页，每小时授七页，三月内授完。

D。公民——每周二小时，由张剑尘担任，按照中华书局修正课程标准，适用高小公民课本第三、四册，每小时讲授一课，共十四课，于三个月内授完。

E。史地——每周三小时，由张剑尘担任，根据中华书局修正课程标准、适用高小地理及历史教科书第三、四册，二者均共四十课，每小时授二课，于三个月内将高小二年级一年课程授完。

F。自然——每周二小时，由张四维担任，以高小复兴自然教科书第三、四册为教本，一共四十课，每小时授一至二课，三个月内授完。

G。美术——每周一次二小时，由林痟如担任，每周使学生作画一张。

生活训练

（甲）原则：1。养成自治能力，2。锻炼健全体魄，3。启发自动精神，4。注意集体活动，5。强调负责制度，6。培养公民基础。

（乙）方式：

（1）军事管理——内务整理，作息定时，礼节周到，行动一致。

（2）每周以一点为中心，定出周训十个如后：亲爱、礼仪、清洁、守时、劳作、运动、负责、娱乐、阅读、言行总检讨。

（3）劳动服务——洗衣、种菜、其他（如编草垫等类之技术训练）。

（4）组织自治会——本团为加强团员自治能力，培养儿童干部，特依民权初步规定组织团员自治会，下设生活小组，伙食委员会，康乐、研究、卫生等股合组之股长会议。

自治会组织系统表列后〔略〕

本团团员遇有天资较差或生性懒惰者，则予以特别训练，主要方式有个别谈话，讲述正确的人生观、讲述含有教育意义的故事，多给工作机会等。

（丙）目的：

1．使团员与职员必须打成一片；

2．使职员在生活中了解团员；

3．使职员以身作则，影响团员；

4．使团员每人尽量发挥创造能力。

〔军委会政治部档案〕

5．军委会政治部孩子剧团报告组织经过情形呈

（1941年1月14日）

国民政府军事委员会政治部孩子剧团呈　治孩四字第一六二号

亲爱的张部长：

承部长面谕，将我们的整个组织经过的情形报告于下：

一、怎样组织的：我们许多的同学原来是在上海杨树浦一带读书的，在"八一三"战争爆发了之后，我们的学校、我们的家都被毁了，我们家的人都跑散了，那时，我们有些同学就自己跑到租界上的难民收容所里。大家觉得在难民收容所里光吃饭、睡觉，是不对的。现在是抗战的时候，是我们中华民族反抗日本鬼子侵略、求自由独立的时候，许多的大先生们都起来做抗战的工作，我们小朋友也是国民的一份子，我们不愿意做亡国奴，我们也应该起来参加抗战工作，把我们自己小小的力量，贡献给民族国家。大家想到这里，心里觉得很愤恨，决定分头去找同学们来组织团体，参加抗战工作。起先组织只有八、九个人，后来参加的有十几个，在九月三日就正式组织了"孩子剧团"。以戏剧歌咏作为我们宣传动员群众的工具，于是我们就在上海的周围，各个难民所、街头做起了工作，这是我们开始组织"孩子剧团"的情形。

上海沦陷了，我们决定到内地来工作，在十一月十八日我们分成五批离开上海到南通，小的弟弟妹妹就作为人家的儿女，大一点的就作为兄弟姊妹，扮成小贩、小伙计，十一月二十三日才

全部安全的脱离吴淞口敌人兵舰的封锁线抵达南通。在沿途，我们经过如皋、江堰、海岸、泰县、扬州、仙女庙、邵伯……徐州、郑州，一直到武汉，沿途我们得到许多先生的帮助，做了许多的工作，二十七年三月二十七日政治部成立，就把我们收编成为“政治部孩子剧团”，直属政治部管辖与领导。

二、关于我们的组织情形，请部长参看我们的组织系统表。

三、工作方面：我们作的工作有儿童工作、慰劳伤兵、荣誉军人、壮丁、新兵、难民、抗属、街头宣传，但是主要的还是站在自己儿童的岗位，发动组织儿童起来参加抗战工作，帮助儿童团体排戏、教歌，在宣传方式方面，是以戏剧宣传为主，另外还有出壁报、写标语、歌咏大会、书画木刻展览等。

四、学习方面：部长和许多长官很关心我们的学习问题，我们自己也同样的关心我们的学习问题，我们要求长进，我们随时随地不放弃学习问题，我们学习的原则是分基本的（如国文、算术、自然、历史、地理）专门技术的（如音乐、戏剧、美术、文学等）。我们六十个人里面共分成甲、乙、丙三班，甲班的是初中二、三程度，乙班的是高小毕业的程度，丙班的是高小的程度，每天的上午是我们学习的时间，下午是工作时间，我们的工作同学习是并重的。

我们学习的形式是有好多种，丙班的小同志是由“助理员”及一部份大同志负责，每天上课，他们的课程是分国语、算术、自然、历史、地理、习字、美术、音乐等，甲、乙班的除了上课，是采取集体讨论的方式。乙班的课程是国文、算术、自然、历史，甲班的课程是国文、算术、自然、三民主义，每天都定有一定的课程表执行上课，另外还组织了戏剧组、音乐组、美术组、文学组、自然组，以各人自己的兴趣自由参加。每个星期我们还开小组会，举行工作学习的检讨，自我批评，还开检讨会、演讲会、辩论会，在我们每到一地就请当地的党、政、军当局的先生给我们上课，讲解当地的风俗人情等问题。同时，我们还参观各种生产机关、工厂，增加同丰富我们的知识，这是我们学习的情形。

五、生活方面：我们有个经常的生活秩序表，规定从早上起床、练音、早操、上课到下午工作、运动、晚上自修、睡觉整个的生活时间。每天生活秩序的执行是由生活部督促值日生负责管理，每星期还举行各小组的清洁竞赛，到野外旅行，开同乐会等来调剂我们的生活。

这三年多来，我们走过江苏、河南、湖北、湖南、广西、贵州、四川七省，工作了有四十三个县，二十三个小镇，演出了三百七十次，宣传了六十多万人。去年我们出发川北、川西工作，九月初才返部，到现在已休息了四五个月，我们现在准备在部长领导下，以更大的努力来开展新的工作，帮助抗战，争取最后胜利。

现在把我们工作的一些照片二十三张，及我们的创作九张，呈送给部长，我们要求爱护同关心我们的张部长多多的帮助同领导我们。

敬祝部长健康，并问张夫人

安好！

国民政府军委会政治部孩子剧团谨上

民国卅年一月十四日

孩子剧团组织系统表

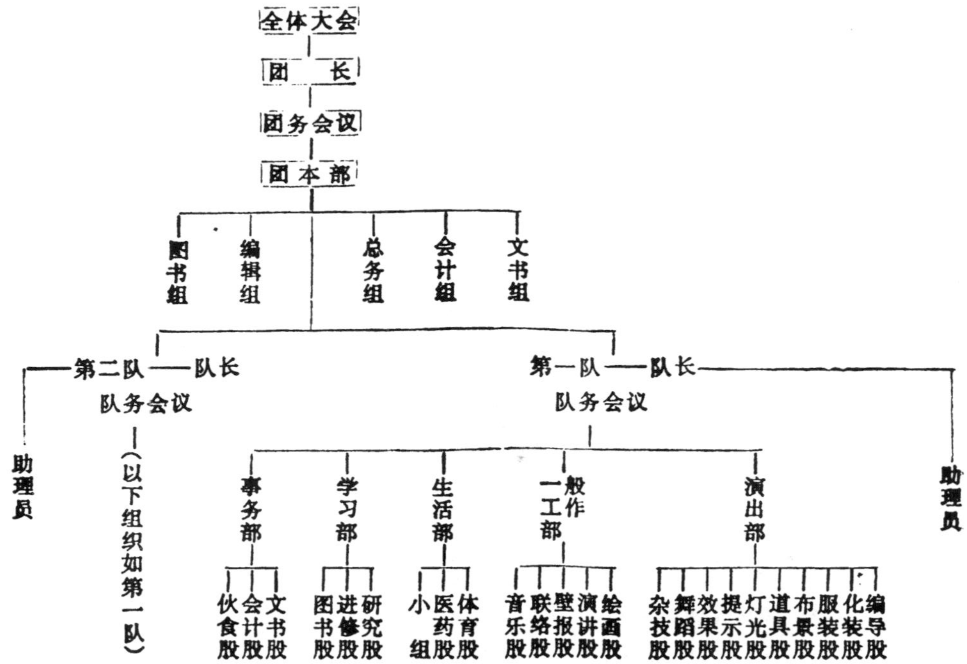
全体大会
团长
团务会议
团本部
图书组
编辑组
总务组
会计组
文书组
第二队
队长
队务会议
助理员
(以下组织如第一队)
第一队
队长
队务会议
助理员
事务部
学习部
生活部
一般工作部
演出部
伙食股
会计股
文书股
图书股
进修股
研究股
小组
医药股
体育股
音乐股
联络股
壁报股
演讲股
绘画股
杂技股
舞蹈股
效果股
提示股
灯光股
道具股
布景股
服装股
化装股
编导股

军委会政治部孩子剧团编制表

职别	名额	备注
团长	1	
队长	2	
助理员	2	每队一名，担任各该队团员教育、生活管理等事项
团员	57	第一队二十八名，连团长、连长共三十名，第二队二十九名，连队长共三十名
工役	6	每队炊事工役各二名，杂务工役各一名
总计	68	

〔军委会政治部档案〕

6. 孩子剧团主任指导员李清灿关于该团内部情形及改进团务意见呈

（1942年3月31日）

窃职奉派迄今，凡四阅月，以才识浅陋，使工作毫无进展，午夜捫心，惶愧万状。指导员严玉文，奉委后未到职即请长假；方守歉虽到职，但迄未到团办公，团内情形既复杂万分，工作又乏人协同推进，凡此情形，曾数度向陶科长陈述，并函改进团务意见。承示：一方面促方守谦即到团工作，一方面积极物色人才，以递补严玉文位置。旋闻以本团机构尚欠灵活，有计划改订编制之说，领悉之下，欣喜無已，以是除待命外，并于学识及技术方面不时与本团团员研讨，以使工作不呈松懈之象，时间不致虚度，然大部工作则侧重在团员生活行动之考核方面。兹将团内及团员的情形，并改进团务意见，沥陈于后：

甲　团内情形

一、团内无一定组织，团长、分团长均由团员选举，其选举方法及当选人员任期，均未依据任何法令，由是团内情形极散漫。

二、团长、分团长总揽一切团务，会报可以决定一切，指导员在团，除学识技术及剧本审核外，在团员中实未能起若何作用，指导员身份在团内无足轻重。

三、来往及上下行文，均未予指导员以签署之权，以是许多事务指导员皆无由得知。

四、团体经费原极拮据，复加渠等不善支配，故每月均有不敷之象。

乙　团员方面

一、团员均年幼，意志未坚，且因与文委会历史关系甚深，思想大半左倾，凌鹤等人已成为团员崇拜的偶像。

二、较大团员一部已离团，仍业文化部门工作，一部在团者起有领导作用，公演准备时在外团员均返团工作。

三、儿童月刊社现设石凌鹤家中，团员张宗元、许之明、林梨田、张莺、关立德均为该刊筹备人，该刊部分经费由本团演出之“农村曲”募集而来。

四、团员衣履不整，面色清瘦，营养不足故也；牢骚满腹，怒骂无常，生活苦闷故也；认识不清，趋向歧途，学术肤浅故也。

丙　改进意见

一、改善团员生活，除生活费外，可予以煤贴及冬夏季服装津贴，使能温饱。

二、予较大团员（十六岁以上者）以深造机会，依其志趣，保送至各训练机关或学校，一面可使渠等得以至新机关，一面可使与文化委员会杜绝往来。

三、充实指导员之职掌范围，或竟至改指导员制为团长制，另设干事若干人，以成人管理事务，团员可耑于戏剧之工作，务使团内组织凌乱之象改观。

四、团长、分团长以及男女干事，均须遴选富有舞台经验者担任之，就全体职员组织表证剧团，由是除向团员讲述书面知识外，并由表证剧团上演，以作示范，使获观摩机会，必要时表证剧团亦可担任一部分对外宣传工作。

五、予团长、分团长、干事等以陆军官阶，使其本人及家属均可获温饱，俾便安心工作。至成立之表证剧团，则不另支给薪奉。

丁　工作意见

一、一年中(如不作流动宣传时)以自五月至十月为训练团员及实验戏剧演出期间，此时期以住乡间为宜。

二、借三圣宫本部第四厅新建舞台为实验剧场，一切演出物质条件均以三圣宫环境为标准，以作将来赴各地乡镇宣传准备。

三、实验演出至少每三星期举行一次，表证剧团每次演出时期当在实验演出先两星期，举行地点亦在实验剧场。

四、表证剧团上演时，舞台工作完全由团员担任，使除学习演剧外，亦能明瞭舞台各部门技术。

五、必要时，以实验较优演员赴三圣宫附近各乡镇作小规模移动实验演出，作将来移动公演准备。

六、实验演出时，由部酌给予临时费，以补事业费之不足。

以上就管见所及，详细列出如何之处，尚祈鉴核示遵。谨呈

科　长　方　转呈

厅　长　黄　转呈

部　长　张

副部长　王
梁

职　李清灿　谨呈

中华民国三十一年三月三十一日

〔军委会政治部档案〕

(四)文艺界的抗敌救亡团体

一、中华全国文艺界抗敌协会

1. 中华全国文艺界抗敌协会补报组织章程及会员名册工作计划等备案呈及社会部批答

（1938年9—10月）

（1）中华全国文艺界抗敌协会呈（9月21日）

案奉大部第四四三号批答内开：呈件均悉。仰即补呈组织章程、会员名册、职员名单及略历与工作计划再核。此批。等因奉此。遵即将本会简章、会员一览表、职员履历表及工作计划，缮具完竣，分订成册，理合备文，并检同上项表册共四份，呈送鉴核。

又：本会印鉴容有未尽合法度之处，兹即按照法规另造，俟刻造完竭，再行呈核启用。

谨呈

中央执行委员会社会部

中华全国文艺界抗敌协会总务部主任　舒舍予

代副主任　肖伯青

中华民国二十七年九月二十一日

中华全国文艺界抗敌协会简章

第一章　总　　则

第一条　本会定名为中华全国文艺界抗敌协会。

第二条　本会以联合全国文艺作家共同反对日本帝国主义的

侵略，完成中华民族自由解放，建设中华民族革命的文艺，并保障作家权益为宗旨。

第三条　本会总会会址暂设于重庆市。

第二章　任　　务

第四条　本会得设置编辑委员会及印刷所，编印文艺刊物、图书，并办理作家之权益保障事宜。

第五条　本会对下列事项应指导会员或协助政府，切实进行。

(一)关于宣传文字之撰制；

(二)关于文艺问题之研究；

(三)关于通俗读物之改善与创作；

(四)关于推广文字宣传计划之拟定；

(五)关于青年学习文艺之指导；

(六)关于文艺作家之联络；

(七)关于欧美文艺之翻译及介绍；

(八)关于中国新文艺基础之整理及建设。

第六条　本会应答复党政机关之咨询并接受其委托。

第七条　本会就有关于文艺运动及作家权益保障等计划，得建议于党政机关。

第三章　会　　员

第八条　凡同意本会宗旨，具有下列资格之一者，可请求入会。

(一)文艺作者；

(二)文艺理论及文艺批评者；

(三)文艺翻译者。

第九条　请求入会时，须由本会会员二人以上之介绍，经常务理事会通过，并发给会员证，得为本会会员。

第十条　本会会员年纳会费一元至五元。

第十一条　会员出会应具声请书申述理由，并经常务理事会核准。

第十二条　会员有违反本会章程、决议或有其他不法情事，致妨碍本会名誉信用者，得经理事会议决，将其除名。

第十三条　会员出会或除名时，须交还一切会员凭证。如有欠费，应一律交清。

第四章　组　　织

第十四条　本会以全体会员大会为最高机关。

第十五条　本会设理事四十五人，候补理事十五人，由会员大会选举之。

第十六条　理事组织理事会，其职权如下：

(一)处理本会事务；

(二)召集会员大会；

(三)对外代表本会；

(四)接纳及采行会员之建议。

第十七条　本会理事系义务职，任期一年，得连选连任。

第十八条　本会设常务理事十五人，由理事互推任之。

第十九条　常务理事组织常务理事会。其职权如下：

(一)处理本会日常事务；

(二)执行大会、理事会之决议案；

(三)召集理事会；

(四)召集其它各项会议。

第二十条　常务理事会设总务、组织、研究、出版四部，每部设正副主任各一人，由常务理事□任，每部设干事若干人，由常务理事会就会员中聘任之，其工作分配如下：

(一)总务部：掌理文书、会计、庶务、交际等事宜；

(二)组织部：掌理调查联络事宜；

(三)研究部：掌理文艺出版物之搜集及整理研究报告等事宜；

(四)出版部：掌理丛书、小册子、会刊等编辑及出版事宜。

第二十一条　本会理事因故解任时，由候补理事依次递补之，其任期以补足原任任期为限，常务理事因故解任时，由理事会改推之。

第二十二条　本会得聘任社会上热心文化事业之人士，为名誉理事，其名单由理事会规定之。

第二十三条　本会设基金委员会，管理本会经费之募集及监察事宜。

第二十四条　基金委员会委员，经理事会规定名单，由理事中聘任之；唯常务理事不得充任。

第二十五条　必要时由理事会决议设立特种委员会，担任特殊工作。

第二十六条　各地会员如有十人以上，经由总会核准，得成立分会。

第五章　会　　议

第二十七条　本会会员大会每年举行一次，必要时得由理事会召开临时大会。

第二十八条　会员大会主席由理事推任之。

第二十九条　本会理事会每三个月开会一次，必要时得由常务理事会召开临时会。

第三十条　常务理事会每半月开会一次，必要时得召开临时会。

第三十一条　本会理事于常务理事会开会时得列席。

第三十二条　必要时得由常务理事会分别召集会员及会外人士开座谈会，研究文艺上特殊问题。

第六章　经　　费

第三十三条　本会经费来源有下列五项：

（一）会员常年会费；

（二）公私补助费；

(三)特别捐助;

(四)出版部售出丛书会刊等收入;

(五)会员著作经本会介绍出版者,抽取版费或稿费百分之五。

第三十四条　本会收支状况每两月向发给补助费机关呈报一次,每半年总报一次,并由会刊公布之。

第三十五条　本会账目得由基金委员会随时审核。

第七章　附　　则

第三十六条　本会办事细则另订之。

第三十七条　本会章如有未妥之处,经会员五人以上之建议得理事会同意,或经会员三分之一以上之建议,由会员大会决议或会员三分之二以上之书面同意修正之。

第三十八条　本会章经会员大会通过,并呈经中央执行委员会社会部核准备案施行。

中华民国二十七年九月二十一日

中华全国文艺界抗敌协会会员名册

华　林:男,江苏,中国文艺社职员。

方　浩:男,安徽,中国文艺社职员。

沙　雁:男,江苏,中国文艺社职员。

王平陵:男,江苏,中国文艺社职员。

吴漱予:男,湖南,中国文艺社职员。

舒　群:男,吉林,作家。

王　莹:女,安徽,电影演员。

徐　步:男,浙江,政治部第三厅职员。

叶籁士:男,江苏,全民周刊编辑。

胡　绳:男,江苏,全民周刊编辑。

宋　洁:男,云南,武汉日报编辑。

杨虔州:男,汉口,武汉日报编辑。

赵石龙：男，广东，武汉日报编辑。
王亚明：男，贵州，武汉日报编辑。
彭革陈：男，四川，武汉日报编辑。
罗梦石：男，湖北，正报编辑。
郭沫若：男，四川，政治部第三厅厅长。
田　汉：男，湖南，政治部第三厅处长。
倪贻德：男，浙江，政治部第三厅处长。
林适存：男，湖南，政治部第三厅职员。
段平右：男，湖南，政治部第三厅职员。
叶君健：男，湖北，政治部第三厅职员。
冯乃超：男，广东，政治部第三厅职员。
马彦祥：男，浙江，政治部第三厅职员。
阳翰笙：男，政治部第三厅职员。
孙　陵：男，山东，政治部第三厅职员。
邢桐华：男，河北，政治部第三厅职员。
洪　深：男，政治部第三厅职员。
光未然：男，政治部第三厅职员。
徐旭生：男，河南，政治部设计委员。
郁达夫：男，浙江，政治部设计委员。
鹿地亘：男，日本，政治部设计委员。
池田幸子：女，日本，政治部设计委员。
郎鲁逊：男，浙江，国际宣传处职员。
胡卓英：女，广东，国际宣传处职员。
孙福熙：男，浙江，国际宣传处职员。
盛　成：男，江苏，国际宣传处职员。
曾虚白：男，国际宣传处职员。
崔万秋：男，山东，国际宣传处职员。
潘梓年：男，新华日报编辑。

何　云：男，浙江，新华日报编辑。

戈宝权：男，江苏，新华日报编辑。

袁　勃：男，河北，新华日报编辑。

孔罗荪：男，江苏，汉口邮局职员。

曾省吾：男，湖北，汉口邮局职员。

秦涤清：男，江苏，汉口新生活俱乐部职员。

孙素琤：女，吉林。

楼适夷：男，浙江，著作家。

蒋锡金：男，江苏，著作家。

关吉罡：男，吉林，著作家。

孔右明：男，上海，著作家。

陈铭枢：男，广东。

安　娥：女，河北，著作家。

卜道明：男，中苏文化协会职员。

姚蓬子：男，浙江，中苏文化协会职员。

张西曼：男，湖南，中苏文化协会职员。

程晓华：男，湖南，扫荡日报编辑。

钟期森：男，湖南，扫荡日报编辑。

吕其昌：男，云南，留法比瑞同学会职员。

臧云运：男，山东，自由中国编辑。

陈北鸥：男，福建，自由中国编辑。

稽文甫：男，河南，河南大学教授。

吴俊升：男，江苏，教育部司长。

张道藩：男，教育部次长。

顾一樵：男，教育部次长。

王向厚：男，河北，通俗读物编辑副主任。

郭有守：男，教育部秘书。

卢冀野：男，南京，参政员。

方秋苇：男，四川，参政员。
黛丽莎：女，作家。
邵力子：男，中央委员。
徐蔚南，男，江苏。
王冠青：男，广西，中央宣传部职员。
程朱溪：男，安徽，中央宣传部职员。
张九如：男，江苏，中央宣传部职员。
陈纪滢：男，河北，大公报编辑。
邱　域：男，四川，第十八集团军办事处职员。
吴奚如：男，湖北，第十八集团军办事处职员。
赵清阁：女，河南，国立编译馆编辑。
蒋碧薇：女，江苏，国立编译馆编辑。
孙师毅：男，江西，政治部第三厅职员。
刘念渠：男，天津，电影厂职员。
白　岫：女，北平，联欢社职员。
胡秋原：男，湖北，著作家。
陈西滢：男，江苏，武汉大学文学院院长。
苏雪林：女，武大教授。
马文珍：男，湖北，武大职员。
沈起予：男，新民报编辑。
孟十还：男，大时代编辑。
张　周：男，山东，二十七师战地服务团。
朱辉英：男，吉林，二十七师战地服务团。
徐鉴泉：男，浙江，湖北民政厅职员。
周仕珊：男，湖北，湖北省党部职员。
廖温音：男，福建，湖北省党部职员。
夏学周：男，湖北，湖北省党部职员。
马鸣廛：男，广东，湖北省党部职员，

魏孟克：男，著作家。
包鹭宾：男，江西，华中大学教授。
林之棠：男，福建，华中大学教授。
游国恩：男，江西，华中大学教授。
张铁弦：男，吉林，政治部第三厅职员。
常任侠：男，安徽，政治部第三厅职员。
季　平：男，政治部第三厅职员。
田风章：男，吉林。
黄碧野：男，广东，战地服务。
田　涛：男，战地服务。
端木蕻宗：男，著作者。
宋之的：男，河北，著作家。
葛一虹：男，著作家。
张梅林：男，著作家。
李华飞：男，四川，春云月刊编辑。
廖翔农：男，春云月刊编辑。
朱芝菲：男，春云月刊编辑。
李斯琪：男，四川，春云月刊编辑。
冯冷弦：女，贵州，春云月刊编辑。
施蛰存：男，教员。
穆木天：男，吉林，著作家。
梁宗岱：男，国立西南大学教授。
魏建功：男，江苏，国立西南大学教授。
罗莘田：男，北平，国立西南大学教授。
朱自清：男，国立南西大学教授。
许地山：男，香港大学教授。
曹　禺：男，国立戏剧学校教授。
方令孺：女，安徽，国立戏剧学校教授。

余上沅：男，国立戏剧学校教授。
沈维持：男，湖北，国立戏剧学校教授。
张瘦竹：男，江苏。
姜公伟：男，河北，国民公报编辑。
肖蔓若：男，四川。
杨云慧：女，湖南。
刘鹤鸣：女，浙江。
徐中玉：男，江苏，学生。
梁实秋：男，教育部编辑。
张善子：男，四川，国画家。
黄天鹏：男，广东，时事新报编辑。
钟宪民：男，中国文艺社职员。
张恨水：男，江西，新民报编辑。
陈璧如：女，四川，著作家。
潘子农：男，浙江，中国摄影社职员。
潘文珍：女，浙江。
叶圣陶：男，江苏，巴蜀中学教员。
冯玉祥：男，安徽，军委会副委员长。
吴组湘：男，安徽，副委员室办公处职员。
李景合：男，河南，副委员室办公处职员。
宋斐如：男，福建，日本研究编辑。
胡绍轩：男，湖北，文学月刊编辑。
路易士：男，陕西，文学月刊编辑。
戴白桃：男，战时教育研究社职员。
舒舍予：男，北平，著作家。
何　容：男，河北，抗到底编辑。
肖伯青：男，山东，教员。
胡　风：男，湖北，七月编辑。

蒋弼：男，湖南，战地半月编辑。

王鲁彦：男，湖南，著作家。

吕一舟：男，浙江，战地服务。

余仁善：男，江苏。

邵森棣：女，浙江，民意编辑。

谢红石：男，浙江。

吴慕风：男，湖北，教员。

姚宝贤：男，江苏。

刘刚甫：男，四川。

陶涤亚：男，湖北。

刘宛萍：男，湖北。

徐咏平：男，浙江，民意编辑。

宋云彬：男，浙江，政治部第三厅职员。

叶以群：男，安徽，作家。

罗烽：男，吉林，作家。

白朗：女，吉林，作家。

林明志：男，河南，作家。

游仪声：男，贵州，中山学社职员。

邓公玄：男，湖南，中山学社职员。

邹民初：男，贵州，中山学社职员。

董咸亨：男，四川，中山学社职员。

阎宗临：男，山西，益华报编辑。

蒋山青：男，南京，作家。

文治平：男，湖北，作家。

甘运衡：男，湖北，作家。

肖红：女，作家。

彭慧：女，湖南，作家。

熊务民：男，湖北，教员。

夏特伦：男，江苏。

何家槐：男，中央军校南湖分校干训团学员。

王亚平：男，山东，中央军校南湖分校干训团学员。

柳　倩：男，中央军校南湖分校干训团学员。

茅　盾：男，浙江，立报编辑。

殷作桢：男，浙江，作家。

胡春冰：男，浙江，作家。

黎觉奔：男，广东，国家银行职员。

曾洁孺：男，广东，广东文化界战时服务团职员。

缪志芸：女，广东，作家。

阮　琪：女，广东，作家。

孔凤仪：男，广东，作家。

钟　美：女，广东。

张文清：女，广东。

于　逢：男，广东。

白　嘉：男，广东。

陈祖彦：男，广东。

张　村：男，广东，作家。

吕廷璋：男，广东，作家。

王　培：男，广东，作家。

许　介：男，广东，作家。

罗　提：男，广东，作家。

龙　韵：女，江西，作家。

虞　迅：女，广东，作家。

陈采鹅：女，广东，作家。

胡　沥：男，广东，作家。

草　明：女，广东，作家。

欧阳山：男，广东，作家。

林照明：男，广东，作家。

何　[illegible]：男，广东，作家。

李增援：男，山东，战地服务。

丘东平：男，广东，战地服务。

梁立言：男，广西，军人。

王文仪：女，江苏，教员。

董秋芳：男，浙江，省府编辑。

杨　骚：男，福建，省府编辑。

曹靖华：男，河北，临时大学教授。

胡兰畦：女，四川，前十九集团军总司

谢冰莹：女，湖南，国立编译馆编辑。

姚雪垠：男，河南，作家。

郑伯奇：男，省府秘书。

成仿吾：男，教员。

夏　衍：男，救亡日报编辑。

钟天心：男，省党部委员。

张天翼：男，湖南，作家。

黎烈文：男，抗战日报编辑。

苏筠仙：男，河南，教员。

陈桐崖：男，山东，战地服务。

巴　金：男，作家。

丰子恺：男，浙江，作家。

刘思慕：男，广东，作家。

孙友端：男，河北，战地服务。

葛　琴：女，江苏，教育科职员。

许　杰：男，浙江，教员。

陈静波：男，民教馆职员。

林守正：男，湖北，战地服务。

谢六逸：男，贵州，大夏大学教授。
颜　歆：男。
方　殷：男，河北，中央日报编辑。
宗白华：男，大学教授。
叶　謇：男，四川。
何其芳：男，四川，教员。
毛一波：男，四川，编辑。
张履谦：男，四川，编辑。
周　文：男，编辑。
马宗融：男，四川，川大教授。
王志元：男，四川，教员。
邓成均：男，四川，编辑。
赵其文：男，四川，编辑。
吴先忧：男，四川，教员。
周辅成：男，四川。
周太定：男。
王民锋：男，四川。
叶菲洛：男，四川。
王影质：男。
朱光潜：男，江苏，川大教授。
卞之琳：男，江苏，川大教授。
顾绶昌：男，江苏，川大教授。
谢文炳：男，湖北，川大教授。
罗念生：男，四川，川大教授。
陈翔鹤：男，四川，川大教授。
李劼人：男，四川，川大教授。
任　钧：男，广东，作家。
沙　汀：男，四川，教员。

方白非：男，四川，编辑。

曹葆华：男，四川，教员。

何　鹏：男，湖南，难民运送站服务。

金克木：作家。

肖亦五：男，湖北，受伤军官。

封禾子：女，广西，作家。

孙毓棠：男，江苏，作家。

朱　雯：女，江苏，教员。

姚罗洪：男，江苏，教员。

汪锡鹏：男，江苏。

熊绍宗：男，广西，编辑。

黄　源：男，作家。

曹聚仁：男，作家。

丁　玲：女，湖南，作家。

周　扬：男，作家。

王坚伯：男，云南，作家。

徐霞村：男，作家。

关守成：男，辽宁，作家。

胡伊凡：男，安徽，编辑。

谢守恒：男，江苏，作家。

马丝白：男，湖北，作家。

彭　玲：女，湖南，作家。

文治平：男，湖北，编辑。

严振开：男，湖北，教员。

倪文木：男，作家。

王延杰：男，湖北，作家。

王淑明：男，安徽，作家。

沙　蕾：男，江苏，作家。

梅利华：女，湖北，教员。
李崟清：男，江苏，教员。
倪　平：男，安徽，作家。
李石锋：男，作家。
严立扬：男，江苏。
聂绀弩：男，作家。
林　路：男，作家。
洪素野：男，浙江。
王承曾：男，湖北，教员。
胡德辉：男，教员。
周立波：男，作家。
路翁如：男，江苏，教员。
田寄实：男，湖北。
张仲实：男，作家。
徐怨宇：男，湖北，中央通讯社职员。
邵鹤亭：男，江苏。
陈逸云：女，广东，作家。
徐延年：男，辽宁，作家。
曾仲鸣：男，福建。
杨家麟：男，云南。
王龙章：男，江苏。
张惠良：男，湖北。
严文井：男，湖北。
刘盛亚：男。
邵冠华：男，江苏，作家。
黄震遐：男，广东。
戴世英：男，江苏。
高　明：男，江苏。

林伯修：男，河北。
于立群：男，广西。
宋　元：女，湖南，作家。
李清灿：男，湖北，军委会战干团学员。
王西彦：男，江苏。
臧克家：男，山东，战地服务。
黎系业：男，湖北。
蒋牧良：男，湖南，作家。
刘　骥：男，作家。
尚　钺：男，河南，作家。
张葆真：湖北，战地服务。
邹荻帆：男，湖北。
范正桐：男，湖北，政训人员。
邓葆光：男，江西。
崔伯诗：男，吉林。
王家齐：男，江苏。
邱有珍：男，江苏。
张玉麟：女，上海。
吴大闲：男，江苏。
严汉民：男，江苏。
汤桂英：男，江苏。
方仲杰：男，安徽。
王镜清：男，湖北。
李任子：男，江苏。
叶平林：男，湖北。
胡寿华：男，湖北。

中华民国二十七年九月二十一日

中华全国文艺界抗敌协会工作计划

工作计划

甲、关于出版事项者

（一）出会刊一种，为本会机关报，讨论文艺问题，介绍创作及翻译，登载国内外文艺界动向及作家消息，并报告会务。

（二）设编辑委员会，编辑文艺丛书。

（三）设立印刷所，承印本会及本会会员之图书，以期定价低廉，裨益读者，并使会员得有随时出版著作之便利。

（四）设立编译会，对国外名著作有系统的翻译。

乙、关于组织事项者

（一）各地设立分会，使文艺界同人到处获得联络，分办各地文艺工作，并可刊行分会会刊，使文艺宣传收得普遍推广之效。

（二）总会所在地，应设会员宿舍，招待本会会员。

（三）调查全国文艺工作者之状况，以谋作家利益之保障。

（四）设全国文艺作者通信网，以取得密切的联络。

（五）总会应随时派员至各分会视察，以便切实指导。

丙、关于研究事项者

（一）开座谈会，讨论各项文艺问题。

（二）讨论通俗文艺之写作，并协助政府拟定推行计划。

（三）开讲演会，讨论文艺理论及实际问题，以引起社会对文艺之注意，并指导青年以写作之方法。

（四）整理文学遗产，介绍国外文艺新说。

（五）拟具学校中教学国文及文学之意见书，建议于政府。

（六）调查民间通行之读物，审其利病，以便改善。

（七）搜集文艺作品及有关于文艺运动之文献，设立图书馆。

丁、关于经费者

（一）设基金委员会筹募基金，以便建立印刷所及图书馆等。

（二）总会及分会得分向中央及地方政府，请求补助，以利会务之推动。

半年来对上项工作计划已执行者列下：

甲、关于出版事项者

(一)会刊已出至第十六期，定名为抗战文艺，每周出版一次，暂定为十六页，字数约三万。

(二)文艺丛书已有筹备，惜以印刷困难，尚未出书。

乙、关于组织事项者

(一)各地分会已在筹备，一俟政府予以许可证，即可成立。

(二)积极调查散在各地本会会员之通信处，以便取得联络。

丙、关于研究事项者

(一)已开座谈会三次，讨论通俗读物问题。

(二)已代政治部撰制宣传文字十数万字，并代中宣部作通俗读物五种。

丁、关于经费者

(一)已请求教育部、中宣部、政治部发给补助费，均蒙批准。

(二)已成立基金委员会。

中华民国二十七年九月二十一日

(2) 社会部批答稿(10月14日)

批答　字第　号

具呈人中华全国文艺界抗敌协□

呈一件：为遵令补呈简章会员一览职员□历表工作计划各一份，又本会印鉴俟刻造完□再行呈核由。

呈件均悉。查该会组织，尚无不合，惟简章二字应改为章程。章程第二条：……并保障作家权益七字删去；章程第四条：并办理作家□权益保障事宜删去，并在本条图书二字之下加等宣传品四字，修正后准予备案。又该会图记应速照法定式样另刊，并呈报启用日期。人民团体组织方除□报中央并分函外，仰即遵照指示各点，并依照案，将章册等件分向教育、内政各部呈报备案。人民团体组织许可证书正印制中，印就后即予颁发。此批。

（3）中华全国文艺界抗敌协会呈（10月25日）

案奉大部渝字第七四八号批答：指示应行改正各点，奉此。遵即将本会简章，简章二字改为章程二字；第二条有关保障作家权益等字样七字及第四条十二字，均予删去；第四条图书二字之下，加等宣传品四字。兹业经修正完竣。又本会图记，已行照法定式样刊妥，并已另文呈报启用日期。敬恳大部迅予备案，并发给成立各地分会许可证，俾积极展开抗战文艺宣传工作，不胜待命之至。谨呈

中央社会部部长陈

中华全国文艺界抗敌协会

中华民国二十七年十月二十五日

〔国民党中央社会部档案〕

2. 中华全国文艺界抗敌协会报送会务状况报告书备案呈

（1938年9月12日）

兹依据中央所颁布文化团体组织大纲施行细则第十二条暨大部八月间通告，将本会会务状况编造报告书。现已缮具完竣，理合备文，检同该项报告书一份，呈送大部，仰祈鉴核备案。谨呈

中央执行委员会社会部

附会务状况报告书一份

中华全国文艺界抗敌协会总务部主任　舒舍予

代副主任　肖伯青

中华民国二十七年九月十二日

会务状况报告书

名称：中华全国文艺界抗敌协会

地址：暂在本市公园路青年会104号办公(俟觅妥固定会址即行呈报)

立案日期：本年三月二十六日奉中央执行委员会武汉办事处中武字第三七四号指令

过去沿革：本年三月二十七日在汉口市商会开成立大会，选出理事四十五人。四月四日开第一次理事会，选出常务理事十五人，负责进行会务。常务理事会分总务部、组织部、研究部、出版部，各部设正副主任各一人，聘干事四、五人。特种会有基金委员会、通俗文艺工作委员会、宣传委员会、编辑委员会。此外在成都、昆明、桂林、贵阳等地筹备成立分会，各指派筹备委员若干人。

现在负责人：

(一)各部正副主任

总务部主任：舒舍予　　副主任：华林

组织部主任：王平陵　　副主任：楼适夷(在广州)

研究部主任：郁达夫(在汉口)　副主任：胡风(在汉口)

出版部主任：王向辰　　副主任：姚蓬子

(二)各委员会负责召集会议人

基金委员会：邵力子

通俗文艺工作委员会：冯玉祥

宣传委员会：盛成

编辑委员会：舒舍予．姚蓬子

半年来工作报告：自成立以来，在汉口之工作约可分下列数项：

(一)征集会员，现已有会员三百五十余人。

（二）会务会议：成立大会后由总会召集之，会议计理事会二次，临时理事会二次，常务理事会五次，会员茶会二次。

（三）文艺问题研究：开士兵通俗文艺读物座谈会一次，编辑委员会一次，星期六晚会三次。

（四）刊发会报：出版抗战文艺周刊，内容包括抗战期间各种文艺作品、文艺界简报及会务报告，现已出至第十七期。

（五）宣传文字：政治部第三厅举行扩大宣传周，本会担任文字方面宣传工作，并曾作致世界文学家书，致日本文化人书，告战区人民书，致伦敦国际作家保障文化自由协会贺电，为敌人轰炸广州告世界友人书，为时局告同胞书及交世界学联代表团之抗战来之中国文艺小册子。

（六）编制通俗读物：除已编呈中宣部五种外，陆续在刊物上发表者亦有多种。

（七）慰劳空军：四二九空军大胜，本会派代表献旗。

（八）前方慰劳：台儿庄胜利后，本会派代表赴徐州慰劳，携有旗帜及宣传品。

（九）参加各项会议：参加各机关召集之会议，有关宣传工作者，本会即分担工作。

（十）设立分会：成都、昆明、桂林、贵阳等地分会已在筹备中。

（十一）国外宣传：外籍团体、代表、记者及作家来华，本会或开会申述，或作成小册，报告我忠勇抗战情形及敌人残暴凶淫之行为，供给彼等报告于国外之资料。

现在工作状况：总会遵照第二次临时理事会决议，于八日中由汉移渝。现在渝已开理事会一次及在渝会员大会一次，计列之工作已着手办理：（一）留汉办事处出版会刊抗战文艺至第十八期为止，第十九期即在渝继续出版；（二）与前方文艺作家取得联络；（三）研究抗战期间文艺上诸问题；（四）指导有志写作之青年，先举行文艺讲演，以后拟联络大学生成立研究班，研讨文艺作法；（五）编辑中宣部及教育部委编之通俗宣传读物；（六）筹备成立成都、昆明、桂林、贵阳等地分会；（七）会刊移渝后即由武汉办事处刊出不定期特刊。

会员情形：本会会员几遍全国，以武汉为最多，重庆、成都次之，余分布于浙、闽、粤、赣、桂、湘、黔、鄂、豫、陕、川、滇各省。以职业计，多著作家、新闻记者、教育家、学生及在党政军各界服务者，皆热心写作，以襄抗战。

现在困难之点：本会所感困难之点：（一）每月经费仅有中宣部、教育部之补助费，稍感支绌，以致会务不克充分发展；（二）渝地印刷及发行皆多困难；（三）在渝不易觅得合适会址；（四）与前方联络上不及汉口方便。

以后工作计划：（一）俟觅定会址，即恢复会员星期六晚会，俾得研讨文艺上诸问题。（二）俟各地分会成立后，由各该分会负责计划当地工作，经总会核准，立即施行。（三）拟由各分会出定期刊物，并撰制民众及士兵通俗读物。（四）拟组织全国文艺界通信网，由总会及各分会代各地作家沟通消息。

〔国民党中央社会部档案〕

3. 国民党中央社会部关于中华全国文艺界抗敌协会今后工作要点指令

（1938年10月21日）

指令

令中华全国文艺界抗敌协会

呈件均悉。查该会成立以来，对于号召全国文艺界从事抗敌救亡工作，尚称努力，殊堪嘉勉。仍希：（一）从速发动各省分会组织，使各地文艺界人士均能有组织、有计划参加抗敌文化工作；（二）指导并鼓励文化作家从事民族文艺基础之建立及抗战文艺作品之写作；（三）发动并鼓励文艺界人士往战区及敌人后方工作，扩大抗敌宣传，建立文艺通讯网；（匹）特别注意发展重庆市文艺界抗敌工作。希参照上述各点，按步实施。嗣后并将该会工作情形按月呈报本部备查，遇有集会，亦须先期呈报，以便派员参加。仰即知照。此令。

〔国民党中央社会部档案〕

4．中华全国文艺界抗敌协会报送会务报告及第二届理事名册备案呈

（1939年6月　日）

为呈报事：谨将本会第二届理事及候补理事名单奉上，并呈报最近会中工作，伏希鉴核备案。谨呈

社会部部长陈

附：理事名单一份

会务报告一份

中华全国文艺界抗敌协会

中华民国二十八年六月

中华全国文艺界抗敌协会会务报告

（一）前线增刊：本年四月份起，本会增印前线增刊壹万份，先后交由中国文化服务处、三民主义青年团、慰劳总会及本会战地访问团携往前线分发给抗敌将士。

（二）编辑国外宣传小册子：本会代国际宣传处编辑国际宣传小册子共有四种，计诗歌、小说、戏剧、报告等，除诗歌项已完成外，其他不日可编写就绪。

（三）访问团：本会所组织之作家战地访问团第一团一行共十四人，已于十八日出发陕、晋、绥、察、豫、鄂战地及敌后方工作。现拟组织第二团往东南战地，正向各机关接洽中。

（三）慰劳团：本会派代表参加慰劳总会前线慰劳团赴南北战

地慰劳，所派代表为舒舍予、胡风、姚蓬子、陆晶清等四人。

(五)分会：最近各地成立分会者，计有成都、昆明、香港、襄樊等处。

(六)经费：本会经费向由中央宣传部、政治部、教育部发给补助、近因会务扩展，需款较多，颇感拮据，拟请各机关酌予增加补助，以利会务进行。

中华全国文艺界抗敌协会

中华民国二十八年六月二十二日

中华全国文艺界抗敌协会第二届理事名单

冯玉祥：男，安徽巢县，副委员长。

叶楚伧：男，中央宣传部部长。

邵力子：男，战地党政委员会秘书长。

张道藩：男，教育部次长。

郭沫若：男，四川，政治部第三厅厅长。

舒舍予：男，河北北平，作家。

王平陵：男，江苏溧阳，中宣部指导员。

胡　风：男，湖北武昌，作家。

华　林：男，湖州，中国文艺社总干事。

郑伯奇：男，陕西西安，作家。

阳翰笙：男，政治部第三厅职员。

王向辰：男，河北，教育部编译馆。

安　娥：女，河北，作家。

孙罗荪：男，江苏，作家。

宋之的：男，河北，作家。

姚蓬子：男，浙江，作家。

洪　深：男，政治部第三厅第二科科长。

田　汉：男，作家。

沈起予：男，四川，作家。
戈宝权：男，新华日报。
曹　禺：男，国立剧校教授。
潘梓年：男，新华日报。
冯乃超：男，广东，作家。
王礼锡：男，江西，作家。
靳　以：男，作家。
宗白华：男，中央大学教授。
曹靖华：男，作家。
谢冰莹：女，作家。
吴组缃：男，作家。
茅　盾：男，作家。
郁达夫：男，南洋星洲日报编辑。
丁　玲：女，作家。
巴　金：男，作家。
张天翼：男，作家。
黎烈文：男，作家。
叶圣陶：男，武汉大学教授。
周　文：男，西康，作家。
许地山：男，作家。
郑振铎：男，作家。
穆木天：男，作家。
楼适夷：男，作家。
谢六逸：男，作家。
成仿吾：男，军政大学校长。
朱自清：男，西南联合大学教授。

中华全国文艺界抗敌协会第二届候补理事名单

端木蕻良：男，作家。

何　容：男，河北，作家。

台静农：作家。

陈纪滢：男，大公报编辑。

罗　烽：男，辽宁沈阳，作家。

余上沅：男，国立戏剧学校校长。

欧阳山：男，广东，作家。

梁宗岱：男，复旦大学教授。

徐　盈：男，大公报。

孟十还：男，作家。

沙　雁：男，中国文艺社编辑。

曾虚白：男，国际宣传处职员。

杨　骚：男，福建漳州，作家。

徐仲年：男，江苏无锡，中央大学教授。

陈子展：男，复旦大学教授。

〔国民党中央社会部档案〕

5. 作家战地访问团筹组经过及其出发情形有关文件

(1939年2—6月)

(1)社会部吴云峰签呈(2月22日)

奉派赴军委会政治部第三厅会商筹办"文化界战地访问团"事宜，到政治部代表何浩若、林栋，中宣部代表魏绍征，三民主义青年团中央团部代表鲁觉吾，及本部代表等五人。何浩若主席。经决定：

(一)由军委会政治部、中宣部、社会部、青年团中央团部、教育部、战地党政委员会等六机关发起组织"文化界战地访问团"，推由中宣部领导。

(二)团员人选须绝对慎重，由六机关会商讨。

(三)进行办法，由六机关主管长官初步商定后再行筹备。

政治部所拟办法草案未予讨论。

云　峰　二、廿二

阅。正纲　三、七

附：组设全国文化界战地访问团办法草案

1　宗旨：(一)鼓励士气，提高战斗精神，灌输民族意识。(二)使前后方文化交流，达成全国民众士卒意志集中、力量集中之目的。(三)使文化界人士实际明瞭战地情况，发挥战时文化之写作与创造。

2　名称：拟定名为全国文化界战地访问团。

3　组织：由本部会同中央宣传部、青年团中央团部、社会部联合发起，分南北两路，每路暂定十五人，由曾在中宣部、内政部、教育部呈准备案之文化团体选派人员，或由本部聘请其他文化界名流参加。

每路设团长一人，副团长一人，由本部选聘，团员工作由团长指定之。

4　任务：

(一)宣扬主义国策，报道后方民众抗战建国情形。

(二)调查战地情况及士兵生活，搜集抗战史料。

(三)对前方民众慰问，尽量宣传敌人暴行，使其同仇敌忾，自动参加作战。

(四)对前方将士致敬，并以访问团名义制就锦旗若干面，献赠战区司令长官及前线集团军司令以上高级长官。

5　地区，分南北二路，包括全部战区，其路线由本部函请参谋本部指定之。

6　日期：访问期间暂定三月，五月中旬由渝出发，八月中旬回渝。

7　经费：暂定经费(　　)万元，由本部补助二万元，其余由发起机关会同呈请关系方面指拨，团员伙食旅费概由本团供给。

8　交通：以访问团名义函请关系方面及地方当局予以舟车便利。

9　团员：团员除由各文化团体选派或由本部聘请名流参加外，欢迎其他各文化界共同参加，但须自备旅费。

（2）李中襄报告（6月14日）

最速件　社密358号

奉派出席作家战地访问团，于本月十四日上午九时在生生花园举行出发仪式，遵即按时前往参加。计到邵力子先生（战地党政委员会）、周恩来先生(政治部)、郭沫若先生及王礼锡(作家访问团团长)、宋之的(副团长)、叶以群、罗锋、杨骚、杨朔、方殷、袁勃、李辉英、张周、陈晓南、安娥、白朗、葛一虹与中襄等。由郭沫若先生主席，行礼如仪，中襄代表本部致词，继由邵力子先生授旗，情绪紧张严肃。查此次中华全国文艺界抗敌协会组织作家战地访问团，事前原由本部派员暗中策动，团员全体本部似可酌赠礼物，藉资纪念。似由文化事业科代赠自来铅笔十八支，分赠全体团员(该团共计团员十四人，又文艺界另有代表四人参加全国慰劳代表团，每人亦赠一枝)，用示以笔杀敌之意。是否可行，请核示！

李中襄　六．十四

因活动铅笔价格过高，且不易购得，奉谕改赠纪念册十八本，共计国币五十元三角八分。

云峰　六月二十一日

附：中华全国文艺界抗敌协会作家战地访问团团员表

姓　名	笔　名	籍　贯	性别	年龄	通讯处	主要著作
罗　锋	罗　锋	辽宁沈阳	男	30	重庆邮箱235号	今昔集、总动员、国旗飘扬等
白　朗	白　朗	辽宁沈阳	女	26	重庆邮箱235号	亚行散记、依瓦鲁河畔等
方　殷	方　殷	河　北	男	27	重庆信箱64号	
杨　骚	杨　骚	福建漳州	男	37	重庆信箱235号	受害者的短曲、春的感伤等
陈晓南		江苏溧阳	男	30	观音岩中国文艺社	战地写生画集等
李辉英		吉林永吉	男	29	民革社33号陈家花园	人间集、北方集、再生集等
王礼锡	博　今	江　西	男	39	重庆立法院	战地日记、海外二年、南北朝诗论等
张　周		山　东	女	20	重庆信箱235号	中华女儿等
袁楚才	袁　勃	河北静海	男	27	重庆信箱235号	真理的船等
宋之的		河北半涧	男	26	重庆信箱235号	赐儿集、草、自卫队等
杨　朔	杨　朔	哈尔滨	男	28	重庆信箱235号	潼关之夜等
叶以群	以　群	安　徽	男	30	重庆信箱235号	新文学□□等
葛一虹	葛一虹	江苏嘉定	男	27	重庆信箱235号	战时演剧政策、苏联艺术、战时演剧论

（3）作家战地访问团告别词

我们十三个文艺工作者之赴战地，不是新奇，也不是什么值得特殊夸张的事。

不用远溯到拜伦……为希腊独立而战，满江红作者岳飞，正气歌作者文天祥之为保障中华民族而殉难，最近几年来，世界作家为反侵略而效命欧亚各战场的，真是不可胜数。英国散文家狐克斯及在武汉大学教过书的英国诗人贝尔，都为了保障西班牙的民主而战死在沙场。法国名小说家马鲁在西班牙指挥过国际义勇空军。何况是为了自己的民族、民主、正义等和平而斗争？这是份内事，本不新奇，更不值得特殊的夸张。

并且，今天中国的士兵，工人、农民、技术家，一切慈善团体，一切宗教，一切党派，在打仗，在开路，在生产，在宣传，组织救护，在流着血，流着汗，在整个反对日本帝国主义侵略的机构中，各人尽他一部份力量。我们到敌人后方去，不过是和一切中国人一样，来做一点我们所应做的工作而已，本不新奇，更不值得特殊的夸张。

就在文艺工作者方面说起来，我们也不是先驱者。自抗战开始以来，多少作家在南北各战地各前线使用他们的武器——笔去抗敌，也有许多作家，在放下笔，拿起枪，在战场上和他们的伙伴用血肉去保卫祖国，还有许多士兵、农民、工人等在壕沟中，在田庄上，在工厂里用他们的笔去写他们亲身经历或目见耳闻的惨痛的或壮烈的经验，枪在今天不是士兵所专用的，笔也不是作家所专有的。在这无数的笔中，加上十三枝，更不新奇，更不值得夸张。

不过我们十三个人是中华全国文艺界抗敌协会第一次派出的笔部队——或者因为目的在敌后方，即叫着笔游击队——所以我们感到自己责任的重大，希望不辜负文协的重托。因此，在出发之前简单地说明此行的目的，这是对大家的诺言，也是我们自己对自己的约束。

第一，我们最重要的责任当然是写。我们当尽我们的能力把敌后方一切可歌可泣的壮烈英雄事实，用我们的钝的可是纯真的热情的笔把他们写出来，用诗歌的形式，用小说的形式，用戏剧、散文、图画种种形式去写，我们的枪已经够使敌人发抖，我们还要用笔去暴露敌人的残暴，去消灭侵略者的灵魂。

第二，我们十三个人的力量是不够的，这一部惨痛的英勇的无前例的巨大历史，是要全国的作家来撰写，要千秋万世的作家继续地来完成。所以我们的责任不仅在写，而且在搜集材料，供给无数的现在及未来诗人，小说、戏剧、散文家，让他们去歌咏，去表演，去记叙。

第三，我们之去敌后方，并不是因为要我们才能写敌后方，主要是我们不甚明了敌后方作家的活动，我们是要使敌后方的作家和我们的联系密切起来。我们还要去发现士兵中、工人中、农人中，一般市民中的写作的天才，并且沟通他们和我们的关系。同时，他们也不容易明了我们的工作情形，我们也有向他们传达我们在后方的情形的义务。所以，我们负有沟通他们和我们的关系。同时，他们也不容易明了我们的工作情形，我们也有向他们传达我们在后方的情形的义务。所以，我们负有沟通战地和后方的责任。

第四，我们还要沟通敌后方和国际作家的联系。国际上作家对于我们抗战的关切，不下于我们自己。就象我所历举的几位，狐克斯是在巴黎世界作家会上极力帮助中国代表的；中国的抗战如爆发在西班牙之前，贝尔当然用不着驰赴西班牙而就近为中国的抗战效命。把中国的消息，尤其是战地的直接消息向国际作家宣布，把国际作家对中国抗战的同情告诉我们的战士，也是我们不敢忽略的责任。

不用说，我们要将后方人民在蒋委员长领导之下对抗战的坚决与团结的巩固，以及各线最近胜利的情形，敌方之狼狈，传达给战地的士兵与民众，使他们能够更好的和整个局面配合起来。

自然，还有许多工作要做，譬如提高民众的文化水准，也是我们愿意随处和文化界的朋友共同来做的工作。西班牙的口号是：知识是反法西斯的最锋利的武器。我们更要认识：文化是反侵略的最锋利的武器。

我们不仅希望我们的工作在战地——就是在敌后方的我们统治下的领土，还希望能够用各种方法渗入真正的沦陷区。譬如南京、北平等等地方去。

我们不敢有更多的诺言，以上的诺言已经够多了。我们不敢希望它们的完全实现，只是尽我们的力量做去。我们除笔以外没有什么，有的只是和全国人民所有的一样，一片热诚的牺牲决心。这是我们用来做向文协向战地委员会，及一切爱护我们、帮助我们的朋友的保证，也就是我们带着赴战地的礼品。

我们要走了，留守在后方的朋友替我们耽心，我们也为留守后方的朋友耽心。后方重于前方，大本营重于先锋队，你们有更多更重要的工作要做，辛苦地撑持，开展计划指挥的工作，只有留下给你们了。

中华文艺界抗敌协会作家战地访问团

〔国民党中央社会部档案〕

6．中华全国文艺界抗敌协会呈报送作家战地访问团工作概要呈

（1940年3月18日）

呈为呈报作家战地访问团工作概要事：本会于去岁夏间，组织作家战地访问团，指派理事及会员十四人赴北方访问作战将士，搜集写作资料，并慰问战地民众。赖战地党政委员会之资助及政府各机关之辅导，得于元月十八日由重庆出发，不幸王礼锡团长

病逝于洛阳，加以经费无多，未便依照原定计划遍访华北各战区，乃于十二月十二日返抵行都。访问所获，由团员分头著述，编为丛书，以彰将士英勇赴战之精神，并期增高军民抵抗之情绪。谨将访问经过及意见扼要报告，其详细情形，均见丛书内容，于出版后奉呈乞教。除将报告附呈外，理合具文呈报。谨呈
中央社会部部长谷

全国文艺界抗敌协会

中华民国二十九年三月十八日

作家战地访问团活动情况的报告

作家战地访问团自二十八年六月十八日自重庆出发，费时六月，于二十八年十二月十二日返抵行都。兹将经过路线、访问过程、对战区工作意见及访问后之工作概述于后，以供参考。

访问的路线及工作概况

关于我们访问的路线及工作概况列表于后：

月/日	地点	所在机关	工作说明	备考
6/18—19	重庆出发	途中		
6/19—20		途中		视察被灾区域
6/21—7/3		途中		
7/4	宝鸡	中国工业合作社西北区办事处	参观工业合作事业	
7/5	西安	第十战区司令部省政府	调查敌机轰炸及政府救济情形	
7/7	西安	委员长行营及省党部	听取关于陕北问题之报告	
7/12—22	洛阳	第一战区司令部	慰问伤兵、访问俘虏、访问干部等	
7/24	垣曲上硙板	第九军五十四师	访问忻口战役之材料，并慰问战地民众	
7/27	垣曲下涧	第十五军军部	与负责人谈话，调查临汾退出后地方之情形	
7/28	绛县	第十五军六十四师	未停留	

7/29—31	绛县东官村	我军第一线外	参观我方前进阵地、召集地方政务人员聆取情形、访问中条山战役	召集东官庄民众世界反侵略会并组织农民反侵略支会
8/1	绛县西桑池	第六十五师师部	访问围攻候马战役	
8/2	垣曲	第十七军军部	未停留	
8/3	横岑关阵地	第十七军防守	参观横岑关阵地	
8/5—6	垣曲	第五集团军总司令部	访问娘子关阵地	
8/7—13	平陆	军委会基督教华北督导团	交换工作意见及工作情形	
8/14—17	平陆	第四集团军总司令部	访问河北战役	
8/18—21	夏县洞阳镇	第七区专员公署	访问七区所署各县之民众抗敌情形，参加74A干训班毕业典礼	
8/22—24	平陆岳家庄	第三十八军军部	访问血花山战役、娘子关战役	王礼锡团长因病由团员五人护送过河赴洛医治
8/25	平陆	第九十六军军部	访问七次围攻中条山战役	
8/26	平陆	第一七七师师部		王礼锡团长在洛逝世
8/27—9/5	洛阳	未工作		为王礼锡团长治丧

9/5—7	渑池	阻于雨		
9/8—9	垣曲	第一战区司令长官部办事处	慰问在前方督战之卫立煌将军，并搜集晋东南作战史料	
9/10	垣曲同善镇	未停留		
9/11	阳城西哄哄	未停留		
9/12	阳城西疙疸	候马		
9/13—16	阳城萱封镇	第十四军军部	访问忻口战役、晋城战役	
9/17—19	阳城	第十四军八十三师师部	访问忻口翼城诸战役	
9/20	阳城	县政府	访问当地情形	
9/21	晋城	县政府	未停留	
9/22	晋城	第四十军军部	访问临沂会战情形	
9/23—25	晋城	过路性质		
9/26	高平	过路性质		
9/27	高平寺庄	过路性质		

9/28	长子下阳庄	第二十七师、四十八师师部	访问长子战事	
9/29	沁　水	第二十七军军部	访问长子战事	
9/29	长　子	第二十七军四十六师师部	赴长子前线观研战事	
9/30	下阳庄	第四十五师	赴长子前线观研战事	
10/1—2	壶　关	骑兵第四旅	访问壶关战事	
10/3—7	壶关阴城	第四十军三十九师	赴壶关前线观研战事	
10/7	长　治	过路性质		
10/8—11	平　顺	第五区专署第十八集团军三纵队	访问第五区专署所署各县抗敌故事、参加三纵队开学典礼	
10/12	陵　川	县政府	访问陵川县民众	
10/13	晋　城	第九十七军军部	访问九十七军士兵	
10/15—16	晋　城	过路性质		
10/17	济　源	第九军五十四师师部	过路性质	

10/18	同　上	过路性质		
10/19	同　上	第九十七军一九六师师部	过路性质	
10/20—11/4	洛　阳		为王礼锡团长安葬于龙门	
11/5—6	普　县	过路性质		
11/6—15	叶县舞阳	第二集团军司令部、第三十军军部，第27、30、31各师师部	访问永定河娘关、台儿庄会战、大别山会战	
11/16—23	南　阳	第三十一集团军总司令部	访问南口、徐州、武汉、随枣诸战役	
11/24	邓　县	过路性质		
11/25—28	老河口	第五战区司令长官部	访问随枣会战情形	
11/29—30	襄　樊	第十一集团军司令部	访问随枣会战情形	
12/1	宜　城	过路性质		
12/2	宜　昌	过路性质		
12/12	重　庆	由宜昌搭轮至重庆		

访问后的意见

一　关于文化宣传工作者：

甲、各部队各地方政府内文化宣传团体工作虽极勤苦，但技术之基础甚为薄弱，因之工作常不能收优良效果。为补救此种缺陷，政府应有计划的充实前方文化干部，或调前方文化工作同志于一适宜地域，予以短期之训练。

乙、部队中之文化教育工作，关于士兵抗战情绪者极重，士兵赖文化教育，方可理解战争的意义，并能增强民族意识，但一般部队中之文化教育均不充足，即偶尔有之，（如印小型刊物、出壁报、演剧、歌咏等）除极少部份（如演剧等）外，亦多不能下达士兵，此固由于一般士兵文化水准太低之故，然亦非绝对不能补救者，倘能于各部队中附一文化宣传团，专门负责士兵之教育工作，抗战之裨助，定非浅鲜。

丙、据六个月之观察，知敌人今日政策及战略之主要方面，为在沦陷区之争取民众战。其在我方倘能使沦陷区之民众，人人均充满抗战信心，充满对政府之信任，充满自觉的民族意识，则人人均可予敌寇以打击，使之无法稳固其伪统治，不能顺利完全诸种税收，不能利用铁路交通线，不能开发沦陷区之资源，则最后胜利定属于我。但在敌方倘能争取落后民众，使之降服，则情形全殊。敌人盖深明此要点，故年来在沦陷区之伪文化宣传，变本加厉。诸如修改历史、地方志、县志、教科书，以期我民众忘却其光荣的祖先；伪造各种形式之文化宣传品，以宣传并推行各种政策，对民众屈躬卑礼，以消解民众之憎恶心理，组织各种联谊会、观览团，以宣传其文化建设，术精计险，无所不用其极。此种政策之推行，已收到几何效果，固尚未可知；然其设计毒辣，务期奴役我同胞则可断言。我国农村经济本甚凋弊，农民生活原感窘迫，曾闻农民言：“我不知道就是日本人来了，老百姓还会苦到那里去。”此种宿命论之观念，恐不止于一人一地。敌人略施以小惠，加以毒恶宣传，其前途实使人不寒而栗。因之，加强对沦陷区之文化宣传，乃极为重要。对沦陷区之民众予以精神动员，为今日我政府所极宜注意的问题，亦为惟一可与敌伪对抗之办法。此种敌后民众宣传之实施，各部队各敌后地方政府倘能以巨款设一专门组织，则极易实施。

二　关于战区生产问题者：

甲、战区内敌货充斥，敌后（山西）更甚，此实我国经济之大害。此种敌货多为日用品，因日用品需，故消极的杜绝，绝无可能。欲求实效，必须积极的抵制，抵制办法，可于战区内觅适宜地点，实行生产合作事业。此种生产合作事业，在人力方面可利用战区内之难民，经济方面即可移用各战役后之难民赈款，此种难民赈款为数甚巨，然摊派结果，不过杯水车薪，无济于事。倘能用于生产，则既不违背救济原则，更能奏自力生产之效。组织方法即可仿中国工业合作社办法，或径委托办理之。

乙、生产之主要方面应针对敌货之倾销情形，以日用品为主。此种日用品如鞋靴、火柴、肥皂、手巾、牙刷、布匹等，本均为农村之副业，倘稍加训练，一、二月之间即可造就不少熟练之手工业工人。其次，更应注重开发地下资源，如煤铁石膏铅等。

访问归来后的工作

此次访问，因着重于军民抗敌事迹，故归来后，拟就访问结果，写作各种艺术形式的小册，编辑作家访问团丛书。此种丛书，先出十二种，由中宣部资助，中国文化服务处发行，全国文艺界抗敌协会主编。丛书性质、开列于后：

一、笔游击（访问团团体日记）　十四人执笔

二、笔征（日记）　王礼锡遗著

三、红缨枪（四幕剧）　葛一虹著

四、凯歌（报告文学）　宋之的著

五、老夫妻（中篇小说）　白　朗

六、短篇小说集　　　　　　　　　罗　锋作
七、独幕剧集　　　　　　　　　　杨　骚作
八、报告文学集　　　　　　　　　以　群作
九、长诗　　　　　　　　　　　　方　殷作
十、短篇小说集　　　　　　　　　李辉英作
十一、战地文艺(论文)　　　　　　集体写作
十二、战地写生集(画册)　　　　　陈晓南作

上列各书拟于六个月内即本年八月中出齐。

〔国民党中央社会部档案〕

7. 国民党中央社会部为作家战地访问团建议加强战区文化宣传工作事与河南省党部往来函件
(1940年4—5月)

(1) 国民党中央社会部公函(4月2日)

中国国民党中央执行委员会社会部公函　密　利运字第2895号

案据中华全国文艺界抗敌协会转呈作家战地访问团报告书略称:"据六个月之观察，知敌人今日政略及战略之主要方面为在沦陷区之争取民众战，其在我方倘能使沦陷区之民众，人人均充满抗战信心，充满对政府之信任，充满自觉的民族意识，则人人均可予敌寇以打击，使之无法稳固其伪统治，不能顺利完成诸种税收，不能利用铁路交通线，不能开发沦陷区之资源，则最后胜利定属于我。但在敌方倘能争取落后民众使之降服，则情形全殊，敌人盖深明此要点，故年来在沦陷区之伪文化宣传变本加厉，诸如修改历史、地方志、县志、教科书，以期我民众忘却其光荣的祖先，伪造各种形式之文化宣传品以宣传，并推行各种政策，对民众屈躬卑礼，以消解民众之増恶心理，组织各种联谊会、观览团，以宣传其文化建设。术精计险，无所不用其极。此种政策之推行，已收到几何效果，固尚未可知，然其设计毒辣，务期奴役我同胞，

则可断言。我国农村经济本甚凋弊，农民生活原感窘迫，曾闻农民言：‘我不知道就是日本人来老百姓还会苦到那里去。’此种宿命论之观念，恐怕不止于一人一地，敌人倘略施小惠，加以毒恶宣传，其前途实使人不寒而栗，因之加强对沦陷区之文化宣传乃极重要，对沦陷区民众予以精神动员为今日我政府所极宜注意的问题，亦为唯一可与敌伪对抗之办法。”等因。据此，相应函达查照，迅筹对策，加强战区及游击区之文化宣传工作，以粉碎敌伪之反宣传，仍希办理情形随时见复为荷。此致

〇〇省(市)党部

中华民国二十九年四月二日

(2) 国民党河南省党部呈(5月1日)

中国国民党河南省执行委员会公函　省社字第7064号

案准贵部二十九年四月二日利运字第二八九五号公函略开：“据中华全国文艺界抗敌协会转报作家战地访问团六个月间之观察，嘱迅筹对策，加强战区及游击区之文化宣传工作，并希将办理情形随时见复”等由。准此。除由本会拟定“对策”，通饬各县切实推行外，相应检同原拟在沦陷区争取民众推行文化宣传工作，对于敌伪政略上工作对策办法一份，先行函送查照为荷。此致

中央社会部

附拟定沦陷区争取民众抗战推行文化宣传工作对于敌伪政略上之工作对策办法一份

主任委员　李敬斋

中华民国二十九年五月一日

拟定沦陷区争取民众抗战推行文化宣传工作对于敌伪政略上之工作对策办法

兹为在沦陷区争取民众抗战推行文化宣传工作，特制定对于

敌伪政略工作对策办法如下：

一、严密检查邮电书报，防止敌伪宣传。

二、运用各种剧团及唱大鼓、说评书者，演歌历史上之忠勇节义事绩，以启发人民之爱国心。

三、编印忠勇录，广为散发，使人人均知成功成仁之荣誉。

四、宣传敌人暴行，并公布我方有利抗战消息，以坚定人民抗战信念。

五、运用帮会组织施以训练，使其崇尚我先贤先烈之光荣历史，唤醒其民族意识。

六、宣传敌人之屈躬卑礼，实非善意，揭破其隐〔阴〕谋，继即占产奸侮之伎俩。

七、提倡节气，励行精神总动员，宣传人人不得向敌伪纳税，不用伪钞，加强人民对于政府之信心。

八、密饬特工人员实行反宣传，空造敌伪惨杀虐待等事，使人民不敢与敌伪接近。

九、组织特务队，专对其"联谊会""观览团"，使以破坏工作。

十、派员深入伪组织中，向其宣传激发其天良，使其自首，或为我利用。

十一、印发惩治汉奸条例，汉奸自首条例，及其反正官兵奖励办法，以动摇其人。

〔国民党中央社会部档案〕

二、中华全国戏剧界抗敌协会

1. 中华全国戏剧界抗敌协会为组织成立申报备案呈

（1938年3月16日）

案查本会于二十六年十二月间，经旅汉戏剧界人士发起组织，经积极筹备，即于同年十二月三十一日假光明大戏院正式成立，通过会章，并推举张道藩、方治、田汉等九十七人为理事，同日复举行第一次理事会议，互选张道藩、洪深、朱双云等二十五人为常务理事。历经呈奉军事委员会第六部武汉办事处二十六年十二月三十日伍字第二七五号令准备案。军事委员会宣传部二十六年十二月三十日武字第二〇七号令准备案，汉口特别市党部二十七年元月十八日宙字第一三〇四(一)号令准备案各在案。惟按照人民团体组织方案，须有高级党部发给之许可证。但本会呈奉高级党部令准备案，均未奉发许可证，似应呈请补发，以资完备。理合检同会章、理事、常务理事及各部职员名单各一份，呈请鉴核备案。并祈核发许可证，实为公便。谨呈

中央党部民众训练部

附呈中华全国戏剧界抗敌协会会章、理事、常务理事及各部职员名单各一份

中华全国戏剧界抗敌协会主任常务理事　张道藩

中华民国二十七年三月十六日

中华全国戏剧界抗敌协会会章

第一条　本会定名为中华全国戏剧界抗敌协会。

第二条　本会以团结全国戏剧人士，发展戏剧艺术，推动抗敌工作为宗旨。

第三条　凡中华民国国民从事戏剧工作并赞助本会宗旨者，经会员二人之介绍，常务理事会之认可，得为本会会员。

第四条　本会会员有遵守本会各种规章及决议案之义务。

第五条　本会会址设于国民政府所在地。

第六条　本会得因事实之需要，在国内各大都市设立分会。

第七条　本会设理事会，主持本会一切重要事务，以理事七十九人至九十九人组织之；并由各理事互推常务理事二十一人至

三十一人，组织常务理事会，处理木会日常事务。

理事会及常务理事会办事细则另订之。

第八条　本会常务理事会之下分设总务、话剧、歌剧、杂剧、编译五部。各部设正副主任各一人，各部以下得按事实之需要分设各组，每组设组长一人，干事若干人。总务部分设事务、文书、剧业、会计、交际各组，掌理各该组一切事宜。

话剧部分设话剧、新剧，各组掌理各该组一切事宜。

歌剧部分设新歌剧、昆剧、汉剧、平剧、徽剧、川剧、秦剧、楚剧、湘剧、桂剧、粤剧、评剧及其他各地方戏组，掌理各该组一切事宜。

杂剧部分设大鼓、双簧、相声、滑稽戏、评书各组，掌理各该组一切事宜。

编译部分设编译、出版、征集各组，掌理各该组一切事宜。

各部及各组办事细则另订之。

第九条　本会理事由年会推选之，各部正副主任及各组组长干事由常务理事会聘任之，任期均以一年为限。

第十条　本会年会定每年双十节举行，由理事会召集之。

第十一条　本会全体理事会每三个月举行一次，由常务理事会召集之。

第十二条　本会常务理事会每月举行一次。

第十三条　本会经费由理事会设法筹集之。

第十四条　本会章如有未尽事宜，由年会提议修改之。

第十五条　本会章自呈经核准之日施行。

中华全国戏剧界抗敌协会理事名单

张道藩	方　治	张百闵	郑用之	王亚明	王平陵
田　汉	阳翰笙	吴漱予	陈礼江	朱双云	谢寿康
洪　深	唐槐秋	袁牧之	陈履福	孙师毅	光未然

王瑞麟	陈波儿	马彦祥	冼　群	安　娥	袁昌英
金　山	王　莹	王家齐	应云卫	赵　丹	郑君里
赵铭彝	孙怒潮	陈白尘	宋之的	熊佛西	潘孑农
黄天佐	陈豫源	余上沅	万家宝	向培良	赵太侔
陈治策	谷剑尘	罗海沙	胡春冰	赵如琳	钟启南
万籁天	章　泯	陈明中	郑伯奇	戴　涯	周伯勋
朱　光	姚时晓	张季纯	崔　嵬	萧　萧	凌　鹤
保　罗	李朴园	辛汉文	熊式一	夏　衍	欧阳予倩
阿　英	胡　平	尤　兢	顾仲彝	李健吾	梁实秋
张彭春	顾无为	王泊生	白云生	梅兰芳	程砚秋
周信芳	高万岁	赵小楼	王若愚	李百川	傅心一
吴天保	易健全	封至模	王天民	盖天红	赵焕臣
安冠英	蒋寿世	白凤奎	富少舫	马立元	

中华全国戏剧界抗敌协会常务理事名单

张道藩	方　治	洪　深	朱双云	田　汉	阳翰笙
傅心一	应云卫	王泊生	万籁天	郑用之	王平陵
光未然	陈履福	宋之的	王家齐	唐槐秋	赵　丹
熊佛西	王若愚	顾无为	富少舫	吴漱予	赵小楼
余上沅					

中华全国戏剧界抗敌协会各部职员名单

主任常务理事	张道藩
秘书	吴漱予
总务部主　任	朱双云
副主任	傅心一
事务组组长	傅心一
文书组组长	吴漱予

剧业组组长	朱双云
会计组组长	陈立夫
交际组组长	王平陵
话剧部主　任	田　汉
副主任	应云卫
话剧组组长	王瑞麟
新剧组组长	顾无为
歌剧部主　任	洪　深
副主任	王泊生
新歌剧组组长	王泊生
平剧组组长	赵小楼
汉剧组组长	傅心一
楚剧组组长	王若愚
杂剧部主　任	陈立夫
副主任	富少舫
编译部主　任	阳翰笙
副主任	王平陵
编译组组长	光未然
出版组组长	刘念渠
征集组组长	舒蔚青

〔国民党中央社会部档案〕

2．中华全国戏剧界抗敌协会关于武汉第二期抗战扩大宣传周戏剧日公演活动情形呈

（1938年4月22日）

窃查本月七日至十三日军事委员会政治部领导武汉各界举行第二期抗日扩大宣传周，十一日为戏剧日，曾由武汉各界第二期抗战扩大宣传周筹委会推派本会为戏剧组主任在案。当经本会于

期前加以筹划，谨将办理经过报告如下：

（一）查现留武汉各抗敌剧团甚多，为期扩大宣传起见，均经函请一体参加，除支配于武阳汉三镇各热闹地点分别公演街头剧暨室内剧免费欢迎市民参加外，其附近乡间，亦经分派前往作竟日公演宣传。

（二）所有武汉各戏院共十二家，亦经通饬全体总动员，于是日排演抗敌戏剧。兹据各戏院呈送该日排演抗敌剧目前来。查尚含有抗敌宣传意义。理合检同本会支配各抗敌剧团担任公演地点清单暨各戏院排演抗敌剧目清单各乙份，备文呈请鉴核备案。谨呈

教育部

附呈清单二份

中华全国戏剧界抗敌协会主任常务理事　张道藩

中华民国二十七年四月二十二日

武汉各界第二期抗战扩大宣传周戏剧日

各抗敌剧团担任公演地点清单

武　昌

队别	公演地点	担任团体
第一队	第八重伤医院（三道街） 三十六后方医院（小朝街）	湖北学生抗敌工作联合会
第二队	五十一后方医院工程营 第一收容所大东门街大堂 第二收容所大东门长春观 第五收容所大东门兹生堂	青年妇女行动队
第三队	第三收容所宾阳门府经厂 又黄鹤楼胡林翼路至小东门止	青年铁血抗敌剧社

第四队	由平湖门江边起经武当红十字会收容所再向右寿巷至阅马厂止	汉市抗敌后援会宣传大队
第五队	司门口至鲢鱼套止	湖北民众抗敌后援会
第六队	白沙州	江浙青年流动宣传剧团
第七队	复兴纱厂	怒吼剧社
第八队	徐家棚	孩子剧团
第九队	省党部	湖北民众抗敌后援会 怒吼剧社
第十队	复兴第一纱厂操场	复兴第一纱厂员工战时服务剧团

汉口：(一)舞台剧

	1.青年会	湖北省学生抗敌工作联合会 青年妇女行动队 中国旅行剧团 抗敌剧团 （以上共演日夜两场）
	2.中华电影院	中国工人抗敌总会筹备委员会 上海救亡演剧队第二队 中国青年铁血抗敌剧社 （以上共演四场）
	3.民教馆	首都平津学生救国宣传团 上海剧团 青年救国团 首都抗敌剧团 中国青年救亡协会 （以上共演三场）

汉口：（二）街头剧

1.江岸	青年抗敌剧社儿童组
2.大智门景象台	湖北学生抗敌工作联合会
3.特三区（江边）	湖北学生抗敌工作联合会
4.龙王庙	青年救国团
5.桥口	青年救国团
6.慈善会难民收容所 伤兵医院	上海怒吼剧社
7.总理铜像	青年妇女行动组
8.旧日租界	救亡演剧队第二队
9.街头巡回演剧	怒吼剧社

汉　阳

黑山	新剧公会
东门	新运剧团
东门	中国青年急进救亡协会

〔国民政府教育部档案〕

3. 国民党重庆市党部为中华全国戏剧界抗敌协会积极进行抗敌戏剧宣传演出请予嘉奖呈

（1939年2月15日）

中国国民党中央直属重庆市执行委员会呈　宣字第十号

窃查"一二八"纪念，大部领导重庆市各界举行纪念，暨响应国际反侵略运动。关于戏剧宣传，推由本会负责进行，当经召集戏剧界同人积极筹划，分配工作。话剧方面，计分舞台剧及街头剧二种。舞台剧除怒吼剧社、政治部孩子剧团、三民主义青年团战时服务队分别在国泰、一园、大新明等戏院演出外，并于中央公园网球场临时舞台举行免费公演。街头剧则支配于各热闹地区演出，舞台剧观众达万余人，街头剧所到之处，无不途为之塞。歌剧方面，所有重庆市各戏剧场院，亦经通饬全体排演抗敌戏剧，以唤起民众，作深刻印象。兹将当日工作经过报告如下：

（一）舞台剧参加剧团及公演剧目如下：

国立戏剧学校——反侵略

怒吼剧社——壮丁、化子拾金、亲兄弟

吼声剧团——四平街

七七宣传队——太阳旗下

青白剧社——东北一角

中苏文化读书会——秋阳

（二）街头剧参加剧团及公演地点如下：

戈兴剧社——模范市场

政治部孩子剧团——校场口

七七宣传队——朝天门

中央电影摄影场、怒吼剧社、抗敌后援会南岸分会——南岸各处

（三）各戏剧场院所演抗敌剧目如下：

章华大戏院——梁红玉、明末遗恨

国民大剧院——时代青年（系抗敌救亡悲壮歌剧）

又新大舞台——卧薪尝胆、精忠报国

唯一电影院——捐寒衣、新寰球、一二八

得胜舞台——忠烈图、打日本鬼子

昇平书馆——鲁南大捷、国际和平大会　芦沟桥抗日、飞将军炸台湾、武汉秋、南京浩劫、八百壮丁、牯岭孤军、抗战建国

大华大戏院——我们当兵去、哭秦庭

所有"一二八"纪念戏剧宣传经过情形理合备文呈报，伏乞鉴核备案。再，经费部分，计共支出二百一十元零七角五分七厘，除由大部补助一百五十元外，下差六十元七角五分七厘，已由本会垫支，清单附呈，合并陈明。谨呈。等情。暨附一二八纪念戏剧宣传费清单一纸。据此，查该会于"一二八"纪念暨响应国际反侵略运动大会期间，领导本市各抗敌戏剧宣传团体，分配各场所，排演抗敌戏剧，极为努力。该会既为钧部直接指导之文化团体，似此热心工作情形，理合报请钧部予以嘉奖，可否之处，仰祈鉴核！

谨呈

中央社会部

附该会"一二八"纪念戏剧宣传费清单一纸

中国国民党中央直属重庆市

执行委员会主任委员　　洪兰友

中华民国二十八年二月十五日

"一二八"纪念戏剧宣传费用清单

一　舞台剧补助费

国立戏剧学校	拾元
七七宣传队	拾元
青白剧社	拾元
儿童演剧队	拾元
怒吼剧社	拾元
中苏文化杂志社读书会	拾元

以上共陆拾元正

二　街头剧补助费

七七宣传队	拾元
政治部孩子剧团	拾元

南岸分会　　　　　　拾元
戈兴剧社　　　　　　拾元
吼声剧团　　　　　　拾元
移动演剧队　　　　　拾元
中央电影摄影场　　　拾元

以上共柒拾元正

三　舞台布置费

修理舞台安装电灯等共肆拾元陆角贰分

四　杂支共叁拾捌元壹角叁分

总计共支贰百壹十元零柒角五分

〔国民政府社会部档案〕

4. 中华全国戏剧界抗敌协会报告举行第二届年会并改选理监事情况呈

(1939年3—4月)

(1) 致国民党中央社会部呈(3月26日)

窃查本会昨于本月二十二日假座新寰球戏院举行年会，并改选理事监事，业经呈报并蒙派员监选在案。兹查是日改选结果，计当选理事张道藩等三十五人，候补理事赵铭彝等十五人，监事欧阳予倩等二十一人，候补监事光未然等十一人。除通知各该理监事定于三月三十日下午八时在本会会所(售珠市三十六号)宣誓就职外，理合检同理监事名单及是日修正会章各一份，呈请鉴核备案，并祈派员莅会监督，实为公便。谨呈

中央社会部

附呈名单及会章各一份〔均略〕

中华全国戏剧界抗敌协会主任常务理事　张道藩

中华民国二十八年三月二十六日

（2）致国民党中央社会部呈（4月10日）

窃查本会第二届理监事定于三月三十日在本会会所举行宣誓就职，业经呈报并蒙派郭处长登敖莅会监选在案。兹查是日到会在渝理事洪深、监事顾一樵等三十余人，宣誓完毕即举行第一次理事监事会议，理事会互选张道藩等十一人为常务理事，监事会现在通函票选中。并依照会章推选各部份职员，俾资推行会务。除未在渝理监事宣誓词俟寄到再续呈外，理合先将在渝各理监事宣誓词三十六纸，并检同常务理事会名单，职员名单各一份，呈请鉴核备案。谨呈

中央社会部

计呈宣誓词三十六纸，常务理事会名单、职员名单各一份

中华全国戏剧界抗敌协会主任常务理事　张道藩

中华民国二十八年四月十日

中华全国戏剧界抗敌协会第二届常务理事名单

主任常务理事　张道藩

常务理事：阳翰笙　郑用之　朱双云　应云卫　宋之的

洪　深　余上沅　吴漱予　余克稷　傅心一

中华全国戏剧界抗敌协会第二届职员名单

秘书处秘书：吴漱予（兼）

总务组组长：朱双云（兼）

文书组组长：姜公伟

组织组组长：余克稷（兼）

话剧委员会主任委员：宋之的（兼）

副主任委员：章　泯

歌剧委员会主任委员：洪　深（兼）

副主任委员：傅心一

杂剧委员会主任委员：萧崇素

副主任委员：富少舫

中华全国戏剧界抗敌协会第二届理事名单

张道藩	田　汉	洪　深	熊佛西	阳翰笙	朱双云
王泊生	应云卫	余上沅	郑用之	吴漱予	金　山
赵　丹	宋之的	郑君里	袁牧之	唐槐秋	马彦祥
梅兰芳	万家宝	方　治	王平陵	傅心一	王　莹
丁　玲	万籁天	王亚明	陈白尘	章　泯	潘孑农
周伯勋	沈西岑	陈礼江	余克稷	姜公伟	

候补理事名单

赵铭彝	陈治策	富少舫	尤　兢	周天栋	天　籁
鲍东生	张德成	安　娥	辛汉文	赵太侔	李一非
厉彦芝	魏香庭	顾无为			

中华全国戏剧界抗敌协会第二届监事名单

欧阳予倩		周信芳	顾一樵	向培良	凌　鹤
孙师毅	阿　英	王为一	郑用之	沈　群	顾仲彝
黄作霖	阎哲吾	吴天保	孙怒潮	熊式一	李朴园
萧宗素	马君武	葛一虹	吴祖光		

候补监事名单

光未然	张彭春	舒蔚青	谷钊尘	李健吾	张季纯
袁昌英	唐庸三	王瑞麟	姚时晓	罗海沙	

（3）国民党中央社会部孟健民签呈（3月28日）

据中华全国戏剧界抗敌协会呈：为呈报成立经过，并蒙派员视察，认为合格。兹检同会章等件，请求核发许可证书等情。查该会于去年五月间在武汉时曾呈送章册，请鉴核备查，并发许可证。本部派职前往视察，该会确系业经前军事委员会第六部及前军事委员会宣传部核准备案，组织尚属健全，认为合格。回部报告，拟准予备案，并发许可证，呈经主任秘书骆批示："如拟"。嗣以该会系全国性质，应归政治部管理。复经秘书李批："存查"各在案。现该会已迁渝办公，再行呈请鉴核备案，并发许可证书前来。查本部迁渝后，对于全国性之人民团体的组织与活动，一律管理，该会所呈拟准予所请，惟附件尚缺，会员名册及工作计划应饬补呈，图记核与规定式样不符，拟发式样另刊，当否？请核！

孟健民　谨签

三月廿八日

〔国民党中央社会部档案〕

5．中华全国戏剧界抗敌协会关于举办第二届戏剧节办法呈及国民党中央社会部批

(1939年9—10月)

(1) 致教育部呈(9月26日)

本会在汉创立时，曾决定以每年十月十日为中华民国戏剧节，自去岁在渝首次举行后，本年十月十日适值第二届戏剧节举行之期，本会为加紧筹办，并谋各地举行步调之齐一起见，爰经九月三日第二次理监事联席会议通过中华民国第二届戏剧节举行办法十条，分电各地，以资共守。重庆方面并经推定道藩等二十三人组设演出委员会，积极筹办一切。除分别呈报外，理合检同《中华民国第二届戏剧节举行办法》、《中华民国第二届戏剧节演出委员会组织大纲》暨《中华民国第二届戏剧节演出委员会一览》，呈请鉴核备案，实为公便。谨呈

教育部

中华全国戏剧界抗敌协会主任常务理事　张道藩

中华民国二十八年九月二十六日

中华民国第二届戏剧节举行办法

一、关于中华民国第二届戏剧节（本年十月十日）之举行，概依本办法之规定办理。

二、各地筹办举行第二届戏剧节时，得依下列规定组设“中华民国第二届戏剧节××市（县）演出委员会”负责办理。

（一）本会所在地由本会负责筹组，定名为“中华民国第二届戏剧节演出委员会”，不必注明地区字样。

（二）有分会组织之地区，由分会负责筹组，但本会理监事如有居留该地者，亦得参与该会工作。

（三）无分会组织之地区而仅有本会理监事留居该地者，由本会推请会同当地戏剧界人士筹办。

（四）无分会组织亦无本会理监事居留之地区，由本会斟酌情形，设法办理。

（五）上项演出委员会之详细组织办法及委员名额，依各地实际情形另订之。

三、各地戏剧节演出委员会应于戏剧节当日（双十节）召集各该地戏剧工作者举行纪念会及戏剧宣传公演，至公演时间之久暂及公演戏剧之种类，由当地斟酌各该地之实际情形决定之。

四、本届戏剧节公演各剧本之主要内容如下：

（一）劝募寒衣；

（二）讨逆除奸；

（三）服行兵役；

（四）加强生产建设运动；

（五）表扬抗战英勇事迹。

五、各地举行戏剧节时之纪念集会及公演，应书明“中华民国第二届戏剧节”及“本会××分会主办”或“××市县戏剧界联合主办”字样。

六、各地举行戏剧节时，应设法与当地党政机关取得密切联络，遇必要时得由本会分电该地党政机关请予协助。

七、各地演出委员会所需之经费开支及收入之分配使用，由各该地自行筹措决定。

八、各地演出委员会组织成立后，应将成立详细情形、工作计划与举办经过(包括参加人员详细名单及各种照片)随时报会，以便查考，并与各地演出委员会交换报告，以资联络。

九、各地演出委员会于演出终了后两星期内结束，所有未了事务移交本会分会办理。但无分会组织之地区，得展期至一月。

十、本办法经中华全国戏剧界抗敌协会理监事联席会议通过后施行。

中华民国第二届戏剧节演出委员会组织大纲

第一条　中华民国第二届戏剧节演出委员会(以下简称本会)依据中华民国第二届戏剧节举行办法第二条第一项之规定组织之。

第二条　本会秉承中华全国戏剧界抗敌协会（以下简称本协会)之指导,负责办理中华民国第二届戏剧节之筹办及公演事宜。

第三条　本会设委员十五人至廿九人，以本协会主任、常务理事及留渝常务理事为当然委员，其余由本协会推选之。并由委员互推主任委员、副主任委员各一人，综理本会一切事宜。

第四条　本会设秘书一人，承主任委员、副主任委员之命，办理本会一切事务。

第五条　本会设总务、剧务、编审三部，其职权如下：

一、总务部　办理文书、宣传、交际、会计、庶务、剧场等事项，及不属于其他各股之工作，公演时为当然之前台负责者。

二、剧务部　办理演剧工作之规划、分配、排演及其他一切剧务工作，公演时为当然之后台负责者。

三、编审部　办理上演剧本之编译、审查与剧目之编排等事宜，公演时为特刊之当然编辑者。

第六条　本会各部设主任一人，副主任两人，各组设组长一人，干事若干人，办理各该组一切事宜。

第七条　本会秘书及各部主任、副主任由本会推选之，各组组长、干事由各部主任提请本会聘请之。

第八条　本会每周举行会议一次，必要时得召开临时会议。

第九条　本会经费由本会拟具预算书，提请本协会核定筹措之。

第十条　本会办事细则及工作计划大纲另定之。

第十一条　本大纲经本协会常务理事会通过后施行。

中华民国第二届戏剧节演出委员会一览

主任委员　张道藩

副主任委员　阳翰笙

委员　郑用之　应云卫　吴漱予　余克稷　罗宾濂　魏香庭　潘子农　富少舫　徐之弼　姜公伟　马彦祥　周伯勋　王泊生　王瑞麟　顾而已　王若愚　安　娥　赵铭彝　沈西岑　鲁觉吾　李群生

秘书　吴漱予

总务部主任　余克稷

副主任　周伯勋　王若愚

文书组组长　唐鹤生

交际组组长　高步霄

宣传组组长　　周伯勋(兼)
会计组组长　　裘永书
庶务组组长　　梅锦泉
票务组组长　　郑眠秋
剧务部主任　　郑用之
　　副主任　　王泊生　应云卫
歌剧组组长　　徐之弼
话剧组组长　　顾而已
杂剧组组长　　富少舫
街头剧组组长　　余克稷(兼)
编审部主任　　马彦祥
　　副主任　　姜公伟　鲁觉吾
编译组组长　　姜公伟(兼)
审查组组长　　鲁觉吾(兼)

(2) 国民党中央社会部批(10月2日)

中央社会部指令　渝字第6631号

令中华全国戏剧界抗敌协会

二十八年九月二十六日呈一件，为呈报备案第二届戏剧节情形，检同举行办法，演出委员会组织大纲暨演出委员会一览，请鉴核备案由。

呈暨附件均悉。准予备案，仍仰将该会及各地举办第二届戏剧节工作情形汇报备核为要。此令。

部长　陈〇〇

十、二

〔国民政府教育部档案〕

三、中华全国电影界抗敌协会

1. 中华全国电影界抗敌协会为恢复工作报送会章等备案呈

（1940年3月15日）

窃查本会自二十七年春在汉成立后，会务进行尚称顺利。旋以武汉撤退，本会会员散居各地，会务无形停顿。前经在渝理事议决即日在渝恢复工作，以中一路三二八号为办事地点，期谋抗战电影事业之展开。除分呈中央宣传部备案外，理合检同本会会章及第一届理事职员名单各一份，备文赍呈钧部鉴核，准予备案，并乞指令祗遵。谨呈

社会部

中华全国电影界抗敌协会主任常务理事　郑用之

中华民国二十九年三月十五日

中华全国电影界抗敌协会会章

第一条　本会定名为中华全国电影界抗敌协会。

第二条　本会以团结全国电影界人士，发展电影文化，从事抗战工作为宗旨。

第三条　凡中华民国国民从事电影事业而赞助本会宗旨者，经会员二人之介绍，常务理事会之认可，得为本会会员。

第四条　本会会员有遵守本会各种规章及决议案之义务。

第五条　本会总会暂设于汉口（迁渝后改重庆中一路三二八号）。

第六条　本会得因事实之需要，在国内各大都市设立分会。

第七条　本会设理事会主持本会一切重要事务，以理事五十一人至七十一人组织之，并由各理事互选常务理事十五人至二十五人，组织常务理事会，处理本会日常事务。

常务理事会办事细则另订之。

第八条　本会常务理事会推主任常务理事一人至三人，常务理事会下设总务、组织、宣传、研究、编译五部，各部设正副主任各一人，部以下得按工作之需要分设各组，设组长一人，干事若干人。

总务部分设文书、会计、事务各组，掌理各该组一切事宜。

组织部分设人事、登记、统计各组，掌理各该组一切事宜。

宣传部分设影院、推广各组，掌理各该组一切事宜。

研究部分设设计、技术、编导各组，掌理各该组一切事宜。

编译部分设编译、出版、征集各组，掌理各该组一切事宜。

各部及各组办事细则另订之。

第九条　本会理事由年会推选之，各部正副主任及各组组长干事由常务理事会推选之，任期均以一年为限。

第十条　本会年会定每年双十节举行，由理事会召集之。

第十一条　本会全体理事会每三个月举行一次，由常务理事会召集之，遇有特别事故，得由常务理事会临时召集之。

第十二条　本会常务理事会每月举行一次，遇有特别事故，得由主任常务理事临时召集之。

第十三条　本会经费由理事会设法筹集之。

第十四条　本会章如有未尽事宜，由年会提议修改之。

第十五条　本会章自呈经核准之日施行。

中华全国电影界抗敌协会理事及职员名单

一　理事会

张道藩	方　治	罗　刚	郑用之	万籁鸣	阳翰笙
唐　纳	应云卫	吴佑人	万籁天	姚苏凤	史东山
袁牧之	尹伯休	孙师毅	陈波儿	陈立夫	王瑞麟
袁丛美	郑君里	罗静予	刘念渠	徐正道	甘雨耕
沙　梅	刘雪厂	崔万秋	马彦祥	金擎宇	周剑云

吴邦藩　张石川　张若琨　黎民伟　许幸之

欧阳予倩　金　餤　卜万苍　陶伯逊　严幼祥

罗学谦　黄天佐　程步高　刘呐鸥　沈西岑　赴　丹

孙　瑜　周　克　余仲英　徐苏灵　潘孑农　洪　深

金　山　赵树燊　李　化　徐　浩　邵醉翁　竺清贤

罗明佑　费　穆　蔡楚之　苏　怡　司徒慧敏

吴永刚　高黎痕　夏　衍　阿　英　舒　湮　白　克

温　涛　田　汉

二　常务理事会

阳翰笙　史东山　应云卫　郑用之　罗静予　吴佑人

陈波宪　严伯休　罗　刚　袁牧之　王瑞麟　甘雨耕

田　汉　周剑云　张道藩　刘念渠　罗明佑　蔡楚生

金擎宇　唐　纳　郑君里　张善琨　费　穆　沈西岑

罗学谦

三　主任常务理事

张道藩　阳翰笙　郑用之

四　常务理事会秘书

尹伯休

五　各部正副主任及各组组长

1. 总务部　正主任：金擎宇　副主任：刘念渠　文书组组长：彭受百　会计组组长：沈正道　事务组组长：张星南

2. 组织部　正主任：史东山　副主任：应云卫　人事组组长：郑君里　登记组组长：伊明　统计组组长：陈波宪

3. 宣传部　正主任：唐　纳　副主任：姚苏凤　影院组组长：陈立夫　推广组组长：缪悟生

4. 研究部　正主任：罗静予　副主任：甘雨耕　设计组组长：罗静予(兼)　技术组组长：杨齐明　编导组组长：袁牧之

5. 编译部　正主任：孙师毅　副主任：吴佑人　编译组组

长：崔万秋　出版组组长：张常人　征集组组长：舒蔚青

廿九年三月

〔国民党中央社会部档案〕

2．国民党中央社会部孟健民关于奉派视察中华全国电影界抗敌协会情形的签呈

（1940年4月9日）

奉派视察中华全国电影界抗敌协会，遵即前往，经与各关系方面接洽，并参加该会第二次会员大会筹备会议。兹谨将各种情形分别签呈如后：

一、该会于民国二十七年春在汉口组织成立，斯时本部尚未成立，嗣武汉撤退，该会会员散处各地，无形停止活动，致迄未办理备案手续。

二、该会第一届理事，现多已来渝，经数度会商，拟在渝恢复活动，以配合抗战宣传之需要，故依法呈请本部备案。

三、该会以第一届理事系在汉成立时选出，于兹两载有余，人事环境多有变动，为健全组织开展工作起见，故拟于最近召开第二次会员大会，改选职员，并决定今后工作之进行。

四、该会会员散处各地，武汉撤退后联系中断，且两年来电影事业之从业员，颇多新进份子，故决定重新举行会员登记，其现已登记者计中央宣传部十六人，中央电影摄影场四十人，中国电影制片厂一百七十人，西北电影公司五人，共计贰百叁拾壹人。政治部之电影放映队尚有数十人，登记表现未送到。

五、该会第二次会员大会之召集，经由常务理事会推定筹备员七人，组织筹备会负责办理，其人选如下：甘雨耕（中宣部）、潘孑农（中央摄影场）、沈西岑（同上）、孙师毅（政治部）、金擎宇、刘念渠、孟君谋（中国制片厂）。

六、所谓该会之人事纠纷，系少数人虑及第二次会员大会改

选时，新职员之产出不得其平，职已针对此点与各关系方面开诚商洽，结果颇为圆满。昨日该会第二次大会筹备会举行第三次会议，职被请列席，当时各筹备员均能开诚讨论，除决定章程之修正，第二次大会根据中央颁发之宣传要点展开讨汪运动外，对于第二届职员之分配，亦曾作初步之商定，将主任常务理事制改为理事长制，拟请张道藩先生担任理事长，郑用之、罗学谦为副理事长，现正继续分别征求意见中。

以上系该会过去及现在之各种情形，兹根据上述情形拟具意见如后：

一、该会章程应予修正，惟该会第二次会员大会召开在迩（本月二十日），拟先行准许其备案，并补发许可证，其章程由职指导其修正。

二、该会此次虽系第二次大会，但事实上系从新做起，等于重新组织。职此次视察与各方商谈，对于人事上颇为融洽，拟继续指导其筹备会，以期举行大会，改选职员能获圆满结果，今后工作能以顺利推进。

以上意见，当否？呈核！

孟健民　谨签

四、九

〔谷正纲批〕　如拟。

正纲印　四、九

〔国民党中央社会部档案〕

3. 国民党中央社会部关于中华全国电影界抗敌协会备案事致教育部公函稿

（1940年4月12日）

中央社会部公函　利组字第3169号

据中华全国电影界抗敌协会呈：为呈报在汉组织经过，嗣因武汉退守，会员散处各地，会务无形停顿。兹拟在渝恢复工作，造具组织章册，请予备案等情。附章册等件到部。经核准予备案，补发忠字第四四号人民团体组织许可证书一纸，并派本部孟健民同志指导该会筹开第二次会员大会及修正该会章程。除分函并令饬该会依法呈报贵部备案外，相应函达查照为荷。此致

内政
教育部（分缮）

中华民国二十九年四月十二日

〔国民党中央社会部档案〕

4. 中华全国电影界抗敌协会为活动经费困难申请津贴呈

（1940年10月9日）

窃本会于二十七年春在汉口市正式成立，曾经检具会章，分别呈请中央宣传部暨军委会政治部备案在案。同年十月，武汉沦陷，同志分散，会务停滞，除多数会员已先后参加“中央”“中国”“西北”各制片厂工作外，其余因环境关系，留住港沪各埠者亦复不少。迩者敌寇黔驴技穷，于军事失败之余，竟图收买我文化分子，供其麻醉宣传之用。我影界同志，拥护抗战，素具热忱，所虑少数缺乏毅力，苟意志稍或动摇，斯堕落之可立致。本会有鉴于此，决即日恢复工作，并订本年四月二十日在渝召集港、沪、蓉各地代表及留渝全体影界同志，在渝举行年会，加强团结之方，用防未然之患，俾全国影界同志，得在我中央领导之下，共同从事抗战电影之制作。惟本会并无厘定经费，而各地代表往返舟车膳宿津贴及大会开支所需约计三千之谱，势非本会所能担任，故特具文呈请钧部俯赐察核，津贴若干，以利进行，是否有当，仍祈核示祗遵！谨呈

中央社会部

中华全国电影界抗敌协会主任常务理事　郑用之

张道藩

阳翰笙

中华民国二十九年十月九日

每月补助贰百元(自十月份起)。

正　纲　十月二十二日

〔国民政府社会部档案〕

四、中华全国木刻界抗敌协会

1. 中华全国木刻界抗敌协会申请立案呈

(1938年8月8日)

呈为呈请立案事：窃查木刻为新兴艺术之一，年来我国努力于此道者颇不乏人，木刻作品散见报章杂志，已引起国人研究之趣。惟因木刻作者散处各方，既无组织上之联络，尤少切嗟研究之机会，以致创作力量较之欧美作家殊感贫乏。值兹抗战期间，全国各界莫不团结一致，竭尽智力为祖国之独立自由而奋斗。木刻作者站在研究艺术岗位，以笔刀为工具，刻尽我军作战之英勇，暴露敌人残酷之兽行，以激发民气，鼓励军心，实为国民应尽之天职。马达等有鉴于斯，特联合同志，筹组中华全国木刻界抗敌协会，以期集中力量，服务国家，业经本年六月十二日在汉口成立，理合检同简章及会员名册各一份，备文呈请钧部核准立案，以利工作，实为公便。谨呈

中央党部

附章程、会员名册各一份

具呈人　马　达

力　群

卢鸿基

建　港

陈　九

中华民国二十七年八月八日

会址：汉口民生路大蔡家巷民新小学主楼

中华全国木刻界抗敌协会章程

一、定名：中华全国木刻界抗敌协会。

二、宗旨：以组织全国木刻作者，发挥集体力量，争取中华民族的自由解放，并巩固中国木刻运动的基础为宗旨。

三、会址：总会暂设武汉。

四、会员：凡木刻工作者，赞同本会宗旨，志愿参加本会工作，皆得为本会会员。

五、入会：有本会会员之介绍，经常务理事会认可。

六、组织：全体会员大会(或代表大会)为最高权力机关，每年开会一次，理事会为最高执行机关，由大会选举二十人组织之，任期为一年，每月开会一次。

常务理事会由理事互推五人组织之，任期为一年，每星期开会一次。

理事会下设总务、供应、研究、出版、展览五部，每部设主任一人，由常务理事担任之。

于必要时理事会得设各种工作委员会。

各地会员如有五人以上者，得设立分会，分会名称为“中华全国木刻界抗敌协会××省××县(或××市)分会”，其组织得依照本会章程拟定之。

七、工作：

总务部——文书、会计、交际、组织、保管；

供应部——供应木刻工具、材料及参考书籍，供应各出版机关及救亡团体的木刻稿件；

研究部——木刻研究会、木刻座谈会；

出版部——出版会刊，编印木刻集，编印木刻理论，出版连环木刻，发行木刻卡片，介绍世界木刻；

展览部——全国展览会、各地展览会、乡村流动展览会，国外展览会。

八、经费：会员每年一元(经济困难者酌量减免)，会员自由捐，公私补助费，会员作品经本会介绍发表者，抽稿费百分之十。

九、附则：本会章如有未妥之处，经会员三分之一以上的建议，得由全体会员大会(或代表大会)决定修改之。

本会章于会员大会通过之日起施行。

中华全国木刻界抗敌协会理事、常务理事名单

职　　务	姓　名	性别	年龄	籍贯	通　讯　处
常务理事	力　群	男	25	山西	本会
理　　事	文云龙	男	22	江苏	本会
理　　事	李海流	男	24	江西	南昌保安司令部政训处
理　　事	李　桦	男	27	广东	南昌国货路筷子巷38号转
理　　事	沙清泉	男	21	江苏	本会
理　　事	林蔚文	男	23	福建	本会
常务理事	马　达	男	32	广东	本会
常务理事	陈　九	男	23	江苏	本会
理　　事	珂　田	男	24	浙江	本会
常务理事	罗清桢	男	29	广东	广东大埔百候中学
理　　事	罗工柳	男	21	广东	陕西延安鲁迅艺术学院

常务委员	卢鸿基	男	27	广东	本会
理　　事	野　夫	男	21	浙江	温州乐清县新美和
理　　事	陈烟桥	男	20	广东	香港立报馆转
理　　事	新　波	男	22	广东	香港深水涉荔枝角道64号
理　　事	沃　渣	男	26	浙江	香港深水涉荔枝角道64号
理　　事	刘　岘				
理　　事	丰中铁				
理　　事	赖少其				

〔军委会政治部档案〕

2. 中华全国木刻界抗敌协会会务状况报告表

（1938年10月3日）

中华全国木刻界抗敌协会会务状况表

团体名称：中华全国木刻界抗敌协会。

地址：总会设汉口大蔡家巷一一三号，重庆办事处中营街五十八号。

立案日期：廿七年六月呈请军事委员会政治部立案。

过去沿革：本会原系武汉木刻人联谊会，因应全国各地木刻作者之要求，改为中华木刻作者协会，在筹备时，经政治部第三厅田汉先生之指导，旋即更为今名，受政治部之领导。

现在负责人姓名：总会常务理事计五人，郝力郡、马达、刘建庵、卢鸿基、陈九，重庆办事处干事计三人：丰中铁、文云龙、刘鸣寂。

现在会员情形：现有浙赣豫鄂皖湘粤桂川陕滇黔各地会员计一百一十四人。

现在有无困难：本会经费困难，除收会员会费外，所有开支均由会员自由助捐，故限于财力，会务无大进展。

以后工作计划：因限于财力，故无一定计划，仅希望以后能充分供给每一会员以木刻工具。

中华全国木刻界抗敌协会重庆办事处

中华民国二十七年十月三日

〔军委会政治部档案〕

3. 军委会政治部准予中华全国木刻界抗敌协会备案批

（1938年10月11日）

国民政府军事委员会政治部批

具呈人中华全国木刻界抗敌协会马达等二十七年八月八日呈一件，为组织中华全国木刻抗敌协会，呈请准予备案由。

呈暨附件均悉。准予备案，仍仰将会内工作情形按月报部备查为要。此批。件存。

部长　陈○

中华民国二十七年十月十一日

〔军委会政治部档案〕

五、中华全国美术界抗敌协会

1. 中华全国美术界抗敌协会报送会章及理事名册等备案呈

（1939年3月8日）

为呈请准予备案事：窃自“七七”事变以后，各界为开展抗战宣传工作，均先后成立抗敌协会，美术界同人，当聚集武汉时，亦曾有中华全国美术界抗敌协会之组织，当时本会会章、名誉理事、理事暨各部正副主任干事名单，均经议定经大会通过在案。并曾于去年五六两月间在武汉青年会举行全国美术展览会二次，观众日达数千人，在宣传上颇收功效。惟当时以时局关系，人员纷散，致未即呈请备案。目前抗战已入新阶段，为增强宣传工作起见，本会爰于一月二十二日及一月二十九日召集在渝理事及美术家举行座谈会二次，经议决艺术宣传工作计划数项，积极推进。兹将本会简章、理事名册以及工作计划各附一份，呈请鉴核，敬祈准予备案，实为公便。除分呈教育部外，谨呈

中国国民党中央执行委员会社会部

中华全国美术界抗敌协会主任理事　汪日章

中华民国二十八年三月八日

中华全国美术界抗敌协会简章

一、定名　本会定名为中华全国美术界抗敌协会。

二、宗旨　本会以团结全国美术作家，推动抗战工作，发展民族革命美术为宗旨。

三、会员　凡研究造型美术而同意本会宗旨，经会员二人以上之介绍，常务理事会之通过，得为本会会员。

四、权利　本会会员有建议、表决、选举及被选举之权，并得享受本会精神上及物质上之援助。

五、义务　本会会员有遵守本会各种规章及决议案之义务。

六、分会　本会得因事实之需要，在国内各大都市设立分会(分会会章另定之)。

七、组织　本会组织如下：

甲、全体大会：本会以全体会员大会为最高权力机关，全体会员大会每一年举行一次，必要时得由理事会召集临时大会。

乙、理事会：由全体大会选举理事四十一人，候补理事十一人，组织理事会，执行本会一切事宜；理事任期一年，但得连选连任，理事会每月开会一次。

丙、常务理事：理事会互推常务理事十一人，组织常务理事

会，执行一切事务，常务理事会每月开会一次，必要时得召集临时会；常务理事会设总务、组织、研究、宣传、出版五部，每部设正副主任各一人，得按照事实之需要，分设各组，每组设干事若干人，干事由理事会聘请之。

丁、名誉理事：凡对于美术界有特殊贡献及以精神物力直接援助本会者，由理事会聘为名誉理事。

戊、特别委员会：本会因事实之需要，得组织特别委员会。

八、各部组织如左：

甲、总务部：设干事五人，分掌文书、会计、庶务、交际等事宜；

乙、组织部：设干事五人，分掌调查、登记等事宜；

丙、研究部：设干事十七人，分掌国画、西画、漫画、雕塑、版画、书法、摄影、篆刻、实用美术、民俗美术、儿童美术、美术教育等部门之调查、整理及研究、报告等事宜；

丁、宣传部：设干事五人，分掌各项宣传事宜；

戊、出版部：设干事五人，分掌丛书、小册子、招贴壁报、会刊等编辑事宜。

九、会址　本会会址暂设于龙王庙街七十三号留法比瑞同学会内。

十、经费来源：

甲、会员每年纳费一元；

乙、特别捐及公私补助费。

十一、本会章经全体会员大会通过，呈请主管机关核准施行。

十二、本会章如有未妥之处，得在全体会员大会中提议修改之。

中华全国美术界抗敌协会名誉理事、理事暨各部干事名单

一、名誉理事

蔡孑民先生　冯玉祥先生　张道藩先生　郭沫若先生
田　汉先生　陈树人先生　高剑父先生　叶恭绰先生
何香凝先生　滕　固先生

二、理　事

张善孖　熊松泉　赵望云　高龙生　林风眠　王霞宙
沈逸千　唐义精　张肇铭　吴作人　徐悲鸿　唐一禾
蒋兰圃　汪日章　黄显之　倪贻德　段平右　庄子曼
吴恒勤　吕霞光　谌亚逵　戴秉心　孙福熙　蔡任远
陈之佛　万籁鸣　王道平　伍千里　力　群　马　达
李　桦　盛了庵　马绍文　罗寄梅　鲁少飞　梁鼎铭
叶浅予　丰子恺　韩树功　王临乙　刘开渠　郎鲁逊周
圭

三、常务理事

汪日章(主任理事)　张善孖　唐义精　唐一禾　吴作人
倪贻德　赵望云　林风眠　伍千里　郎鲁逊　马　达　叶浅予
高龙生　陈之佛　徐悲鸿

四、各部正副主任及干事

一、总务部——主任倪贻德　副主任周圭　干事吴恒勤、郎鲁逊、段平右、潘韵、陈晓南

二、组织部——主任唐义精　副主任黄显之 干事唐一禾、张书旂、李毅士、王道平、谌亚逵

三、研究部——主任张善孖　副主任唐一禾 干事吴作人、叶浅予、高龙生、力群、马达、周圭、郎鲁逊、戴秉心、罗寄梅、万籁鸣、孙福熙、马绍文、张聿光、陆传文、杨化光、吕斯百、吕霞光

四、宣传部——主任郎鲁逊　副主任段平右 干事黄显之、倪贻德、王衡芷、杨茬甫、张善孖

五、出版部——主任叶浅予　副主任沈逸千 干事梁中铭、张

善子、赵望云、薛珍、庄子曼

中华全国美术界抗敌协会目前工作计划

一、筹备美术展览会

本会曾于去夏在武汉举行美展二次，对于抗敌宣传颇著成效，兹值抗战转入第二阶段，急应举行第三次美展，以提高国民之抗敌情绪。(展览会征集作品简则另定之)

二、筹备开办训练班，培养美术宣传人材

目前政府机关或民众团体均感美术宣传人材之缺乏，爰拟于短期内，集本会美术专家，开办训练班，授以战时美术宣传技术，俾于训练完毕之后为国家效劳。(训练班实施办法另订之)

三、编辑美术刊物

抗战以来，市上小刊物种类颇多，惟关于美术宣传者尚付缺如，以致全国美术家当中，尚有多数作家取观望态度，未即参加抗战工作，力量未免纷散，本会现拟编辑美术刊物一种，专登载有关抗战美术宣传方面之作品及文字，务使全国作家集中力量，一致参加抗战。

四、编印抗战连环画册，分发民众团体，以广宣传。目前宣传工作务求深入与普遍，美术方面尤应准此以行，拟即着手绘制抗战连环画册多种，出版之后分发各战区及各乡村，以资宣传。

五、举行街头展览会。在抗战期间，美术界不时举行室内展览会固属必要，但选城市中重要通衢举行街头展览，尤为不可忽视之工作，盖在宣传功效上，前者远不及后者之宏大，同时在城市展览会之后，即设法携往各乡村巡回展览。

〔国民党中央社会部档案〕

2. 国民党中央社会部孟健民关于中华全国美术界抗敌协会备案事的签呈

（1939年4月22日）

据中华全国美术界抗敌协会主任理事汪日章呈送该会简章、理事名册及工作计划，请鉴核备案等情。查所呈仅称："……美术界同人聚集武汉时，亦曾有中华全国美术界抗敌协会之组织……"，其组织经过、成立情形以及是否呈请党政机关派员指导监选，均未陈明。且未附呈会员名册及未刊用图记，章程亦欠妥善。经职前往该会视察，以无人住会乃留条告知应行陈明各项及补呈各件，顷由该会主任理事将该会成立大会记录及抄报该会组织及成立经过情形，并补呈会员名册等件。据称该会发起人多系政治部职员，在汉经月余之筹备，于二十七年六月六日假汉口青年会开成立大会，当时有本部副部长及政治部处长田汉到会致词，比选出理事及常务理事等语。查该会之呈多系美术界同人，际兹抗战时期，以团结全国美术作家，推动抗战工作为宗旨而组织抗敌协会，尚属必要，拟沿基督教负伤将士服务协会例，先行准予备案，附发图记式样，饬依照刊用。至其章程欠妥之处，饬派员秉承本部指示修正，当否？请核！

孟健民

廿八、四、廿二

〔国民政府社会部档案〕

六、中华全国漫画作家抗敌协会(筹)

1. 鲁少飞等为筹组中华全国漫画作家协会致国民党中央宣传部呈

（1939年3月）

窃以此次抗战，为我国家民族生死存亡之所系，凡我国民，莫不各献所长，各输所能，贡献国家，以争取抗战必胜，建国必成之最终目的。少飞等以服务漫画界多年，深感漫画一项，在宣传工作上为最有力之工具，爰集合同志，组织中华全国漫画作家协会，藉以统一意志，群策群力。兹经在渝同志会议议决，公推少飞等负责筹备，限期成立，拟恳钧部发给许可证一纸，俾便正式成立，实为公便。敬呈

中国国民党中央执行委员会

宣传部部长　叶

　　副部长　潘

中华民国二十八年三月　日

中华全国漫画作家协会筹备会谨呈

通讯处：武库街九十七号宣文杰转

筹备委员十五人

鲁少飞　香港星岛日报
叶浅予　桂林中北路一九二号
张光宇　香港星岛日报
沈逸千　成都航空委员会
高龙生　重庆时事新报
宣文杰　重庆武库街九七号
张文元　重庆走马街三号
戴　廉　重庆磁器街二二号
黄苗子　重庆中四路九五号桂园
张乐平　桂林中北路一九二号
陆志庠　桂林中北路一九二号
张　停　榆林蒙绥指导公署
张执中　汉中联立中学校
刘铁均　西安东北同乡会

王敦庆　上海大美画报

〔国民党中央社会部档案〕

2. 国民党中央社会部关于改定鲁少飞等筹组中华全国漫画作家抗敌协会事致内政教育两部函稿

（1939年5月4日）

中央社会部公函　渝字第3500号

案准中央宣传部转送鲁少飞等呈：为筹备组织中华全国漫画作家协会，请鉴核等情。附该会章程名册各一份到部。兹经本部改定该会名称为"中华全国漫画作家抗敌协会"，令即进行筹备事宜。并另行拟具章程草案呈核。除饬员指令复遵依法具呈贵部备案并分函外，相应函请查照为荷。此致

内政部

教育部

中华民国二十八年五月四日

中华全国漫画作家协会会章

一、名称：本会定名为"中华全国漫画作家抗敌协会"。

二、宗旨：研究漫画学术，促进中国漫画艺术之发展，求取漫画从业员之合理保障，以致力于中华民族之解放与建设为宗旨。

三、会员：凡思想纯正，信仰三民主义，并具有下列条件之一，得为本会会员。

（1）对漫画艺术有积极兴趣，在国内外各刊物曾有作品发表者；

（2）曾对漫画艺术有深切研究，而愿终身为漫画艺术尽力者；

（3）在中国工作之外籍漫画家而赞同本会宗旨者。

四、入会：(1)本会以发起人为基本会员；(2)普通会员之取得须由本会会员二人以上之介绍，得所在地干事会之认可；(3) 入会会员须缴纳入会费国币一元(如所在地情形特殊，得酌量增减)。

五、义务：(1) 本会会员须遵守本会一切议决案，并尽力于本会一切事业；(2) 须经常报告工作经验及学术心得；(3) 介绍新会员。

六、组织：

(甲)总会：(1) 本会设总会于首都所在地(如因工作关系得临时移动)；(2) 总会设理事十五人至二十一人，组织干事会——由全国代表大会选举十五人，余由各地分会理事会推定常务理事一人，为总会当然理事，执行全国会员代表大会交付之任务及会员建议事项。常务理事会设总务组、组织组、学术组三处，其组织大纲另订之；(3) 理事会得聘请国内热心漫画事业之党国先进。

(乙)分会：(1) 凡有本会会员十人以上之地域，经总会理事会之认可，得设立分会，其名称为“中华全国漫画作家协会××分会”；(2) 分会设理事三人至九人，组织理事会，由全体会员大会产生之，执行总会及会员大会交付之任务，并担任总会与会员间联络事宜；(3) 分会理事会组织大纲另订之。

(丙)通讯处：(1) 凡会员不满十人之地域，经总会理事会之认可，得设立通讯处，其名称为“中华全国漫画作家协会××通讯处”；(2) 通讯处设主任一人，其人选由会员互推，或由总会理事会指定之；(3) 担任会员联络及通讯事宜，并执行总会交办事项。

七、会议：

(甲)全国会员代表大会。全国会员代表大会每年举行一次，由总会理事会召集之，探讨该年度漫画工作情况及总分会工作，决定本会工作方针，通过及修改会章，改选常务理事等，大会开会地点及会期，由总会理事会决定之。

（乙）理事会。（1）总会理事会每月举行一次，讨论一切会务进行事宜；（2）分会理事会每月举行一次，讨论分会会务进行事宜，并向总会建议会务进行上之一切意见。

（丙）常务理事会。总会常务理事会每两周举行一次，讨论本会一切决议案之推动方法，及策划会务进行事宜。

（丁）会员大会。（1）总会理事会得于事实之需要，并审察环境之可能，得召集全体大会；（2）各地分会及通讯处至少每半年举行会员大会一次，改选分会理事或通讯处主任，并讨论当地会务进行事宜，及向总会建议会务进行上之一切意见。分会及通讯处举行会员大会时，须先期报告总会，派人出席参加。

八、经费：本会经费来源：（1）会员入会费，（2）会员经常会费，（3）会员特别捐助，（4）其他。

九、退会：凡有背叛党国行为及违反本会宗旨，破坏本会事业，经会员二人以上之提出，得总会理事会之通过，即通知其退会，会员如有特别事故请求退会者，须声明正当理由，经由理事会通过方得退出。

十、附则：本简章由全国会员代表大会通过施行，如有未尽善处，得由会员三分之一以上之提议，由总会理事会通过修正之。

中华全国漫画作家协会会员名册

姓　名	年龄	籍贯	是否入党	出　　身
鲁少飞	34	江苏		上海申报馆记者，时代漫画主编，现任职香港星岛日报
张光宇	34	江苏		上海美术专门学校教授，现任香港星岛日报编辑
沈逸千	29	江苏	入	上海美专毕业，曾任良友画报记者，现任职航空委员会政治部

高龙生	32	河北		天津美术学校毕业，曾任职南京朝报记者，现任职时事新报记者
张文元	28	江苏		太仓师范毕业，曾任国画教授，现任胜利画报主笔
戴　廉	31	浙江	入	苏州美术专门学校毕业，现交通部电政司任职
黄苗子	23	广东		香港英文学校毕业，曾任大众画报编辑，现任时事新报记者
张乐平	27	浙江		上海艺大毕业，曾任中国化学社广告部主任
叶浅予	33	浙江		厦门大学毕业，现任职军委会政治部
特　伟	26	广东		救亡日报图画编辑
黄　茅	23	广东		广州市立美术专门学校毕业，现漫画宣传队队员
廖冰兄	24	广东		广州市立美术专门学校毕业，现漫画宣传队队员
陆志庠	30	江苏		苏州美专毕业，现任漫画宣传队队员
宣文杰	24	浙江		曾任时代漫画助编，现漫画队队员
张　停	24	沈阳		北平师大肄业，现任□□□□□
陈执中	29	河北		北平师大毕业，现任汉中联立中学校教员
刘铁均	24	陕西		天津省中毕业，现任西安东北旅陕同乡会干事
王敦庆	33	浙江		上海圣约翰大学毕业，上海清心中学教务主任，现任上海大美画报编辑
席兴群	26	江苏		
钱东生	34	浙江	入	上海美专毕业，现任社会教育工作团职员
胡　考	28	江苏		上海民立中学肄业

华君武	24	江苏		上海大同大学毕业
夏　光	28	江苏		现任蒙藏学院教员
刘　元	25	江苏		上海美专毕业，现任阵中画报编辑
汪子美	27	河北		上海美专毕业，现任阵中画报编辑
陈振龙	24	浙江		上海美专毕业，温州抗敌后援会干事
李尧天	21	河北		天津市立美专毕业，现任甘肃保安处科员
黄　尧	23	江苏		曾任上海新闻报馆记者，现任赈济委员会指导员
丁　聪	23	江苏		上海美专毕业，现任香港良友画报编辑
宣相权	23	浙江		上海民立中学毕业，现任中央日报筑新记者

〔国民政府社会部档案〕

〔三〕战时的文化出版事业

(一)国民党的统制政策与措施

一、行政管理法规

1. 国民政府公布的修正出版法

(1937年7月8日)

第一章　总则

第一条　本法称出版法者，谓用机械印版或化学之办法所印刷而供出售或散布之文书图画。

第二条　出版品分下列三种：

一　新闻纸　指用一定名称，其刊期每日或隔六日以下之期间继续发行者而言。

二　杂志　指用一定名称，其刊期每星期或隔三月以下之期间继续发行者而言。但其内容以登载时事为主要者，仍视为新闻纸。

三　书籍及其他出版品　凡前二款以外之一切出版品属之。

新闻纸或杂志之号外或增刊副刊等视为新闻纸或杂志。

第三条　本法称发行人者谓主办出版品之人。

第四条　本法称著作人者谓著作文书图画之人。

笔记他人之演述登载于出版品或令人登载之者，其笔记之人视为著作人，但演述人予以承诺者，应同负著作人之责任。

关于著作物之编纂，其编纂人视为著作人，但原著人予以承诺者，应负著作人之责任。

关于著作物之翻译，其翻译人视为著作人。

关于专用学校、公司、会所或其他团体名义著作之出版品，其学校、公司、会所或其他团体之代表人视为著作人。

新闻纸所登载广告、启事，以委托登载人为著作人，如委托登载人不明或无负民事责任之能力者，以发行人为著作人。

第五条　本法称编辑人者谓掌管编辑新闻纸或杂志之人。

第六条　本法称印刷人者谓主管印刷事业之人。

第七条　本法称地方主管官署者，在省为县政府或市政府，在直隶于行政院之市为社会局。

第八条　出版品于发行时，应由发行人分别呈缴下列机关各一份：

一、内政部

二、中央宣传部

三、地方主管官署

四、国立图书馆及立法院图书馆

改订增删原有之出版品而为发行者亦同。

党政机关之出版品，应依照前二项规定分别寄送。

第二章　新闻纸及杂志

第九条　为新闻纸或杂志之发行者，应由发行人于首次发行前填具登记声请书，呈由发行所所在地之地方主管官署于十五日内转呈省政府或直隶于行政院之市政府核准后始得发行；省政府或直隶于行政院之市政府接到前项登记声请书后，除特别情形外，应于二十八日内核定之，并转请内政部发给登记证。

内政部于发给登记证后，应将登记声请书抄送中央宣传部登记，声请书应载明之事项如下：

一、新闻纸或杂志之名称；

二、社务组织；

三、资本数目及经济状况；

四、刊期发行新闻纸者，并应载明其版数；

五、发行所及印刷所之名称及所在地；

六、发行人及编辑人之姓名、年龄、经历及住所。

第十条　第九条所定应声请登记之事项有变更者，其发行人应于变更后七日内按照登记时之程序，声请变更登记。

前项变更登记之声请，如系变更新闻纸或杂志之名称或发行人者，应附缴原领登记证，按照第九条之规定重行登记。

第十一条　第九条及第十条之登记，不收费用。

第十二条　新闻纸中专以发行通讯稿为业者，地方主管官署于必要时得派员检查其社务组织及发行状况。

第十三条　有下列情形之一者，不得为新闻纸或杂志之发行人或编辑人：

一、国内无住所者

二、禁治产者

三、被处徒刑或一月以上之拘役在执行中者

四、褫夺公权者

第十四条　有下列情形之一者，得禁止其为新闻纸或杂志之发行人或编辑人：

一、因违反第二十一条之规定受刑事处分者；

一、因贪污或诈欺行为受刑事处分者。

第十五条　新闻纸或杂志废止发行者，原发行人应按照登记之程序声请注销。登记新闻纸逾所定刊期已满三个月，杂志逾所定刊期已满六个月尚未发行者，视为废止发行。

第十六条　新闻纸或杂志应记者发行人之姓名、登记证号数、发行年月日、发行所印刷所之名称及所在地。

第十七条　新闻纸或杂志登载之事项，本人或直接关系人请求更正或登载辩驳书者，在日刊之新闻纸，应于接到请求后三日内更正或登载辩驳书；在其他新闻纸或杂志应予接到请求后第二次发行前为之。但其更正或辩驳之内容显违法令，或未记明请求人之姓名、住所或自原登载之日起逾六个月而始行请求者不在此限。

更正或辩驳书之登载，其地位应与原文所登载者相当。

第三章　书籍及其他出版品

第十八条　书籍或其他出版品，应于其末幅记载著作人、发行人之姓名、住所、发行年月日、发行所、印刷所之名称及所在地。

第十九条　通知书、章程、营业报告书、目录、传单、广告、戏单、秩序单、各种表格、证书、证券及照片不适用第八条之规定。

第二十条　有关政治之传单或标语，非经地方主管官署许可，不得印刷发行。

第四章　出版品登载事项之限制

第二十一条　出版品不得为下列各款言论或宣传之记载：

一、意图破坏中国国民党或违反三民主义者；

二、意图颠覆国民政府或损害中华民国利益者；

三、意图破坏公共秩序者。

第二十二条　出版品不得为妨害善良风俗之记载。

第二十三条　出版品不得登载禁止公开诉讼事件之辩论。

第二十四条　战时或遇有变乱及其他特殊必要时，得依国民政府命令之所定，禁止或限制出版品关于政治军事外交或地方治安事项之登载。

第二十五条　以广告、启事等方式登载于出版品者，应受前条所规定之限制。

第五章　行政处分

第二十六条　不为第九条之声请登记或应登记之事项为不实

之陈述而发行新闻纸或杂志者，得停止该新闻纸或杂志之发行。

不为第十条之声请变更登记而发行新闻纸或杂志者，得于其为合法之声请登记前停止该新闻纸或杂志之发行。

第二十七条　前条所定之处分，其出品在县政府或市政府所在地发行者，应同时由该县政府或市政府呈请省政府核准；在省政府或直隶于行政院之市政府所在地发行者，应同时由该省政府或市政府咨请内政部核准方得执行；省政府核准执行者，应咨报内政部备案。

第二十八条　内政部认为出版品载有第二十一条所列事项之一或违背第二十四条所定禁止或限制事项者，得指明该事项禁止出版品之出售及散布，并得于必要时扣押之。

依前项规定扣押之出版品，如经发行人之请求，得于删除该事项之记载或禁令解除时返还之。

第一项所定，其情节轻微者，得由地方主管官署呈准该管省政府或市政府予以警告，并由该省政府或市政府转报内政部。

第二十九条　地方主管官署查有前条第一项之出版品，如认为必要时，得暂行禁止该出版品之出售散布或暂行扣押，同时呈省政府或直隶于行政院之市政府转报内政部核办。

第三十条　前条所定处分其出版品，如为新闻纸或杂志在县政府或市政府所在地发行者，应由该县政府或市政府呈请省政府核办；在省政府或直隶于行政院之市政府所在地发行者，应由该省政府或市政府咨请内政部核办。

第三十一条　国外发行之出版品有应受第二十八条第一项或第三十四条第一项处分之情形者，内政部得禁止其进口。

依前项规定禁止进口之出版品，省政府或市政府得于其进口时扣押之。

第三十二条　因新闻纸或杂志所载事项依第二十八条第一项所定之处分，而其情节重大者，内政部得定期或永久停止其新闻纸或杂志之发行，违背前项禁止而发行之新闻纸或杂志，地方主管官署应扣押之。

第三十三条　扣押书籍或其他出版品，于必要时并扣押其底版。

依前项规定扣押之底版，准用第二十八条第二项之规定。

第三十四条　出版品之记载，除有触犯刑法规定应依法办理外，其有违反第二十二条之规定情形较为重要者，内政部或地方主管官署呈经内政部核准得禁止其出售散布，并得于必要时扣押之。

前项出版品如为新闻纸或杂志，并得定期停止其发行。

第三十五条　发行人违反第八条第一项或第二项之规定不呈缴出版品者，处三十元以下罚锾。

第三十六条　发行人不为第九条或第十条之声请登记而发行新闻纸或杂志者，处一百元以下罚锾。

第三十七条　第十三条各款所列之人或因第十四条各款情形之一而受禁止之人，发行或编辑新闻纸或杂志者，处一百元以下罚锾。

第三十八条　发行人违反第十五条第一项之规定者，处二十元以下罚锾。

第三十九条　出版品不为第十六条或第十八条所定之记载或记载不实者，处发行人一百元以下罚锾。

第四十条　编辑人违反第十七条之规定者，处一百元以下罚锾。

第四十一条　新闻纸因受本章所定之行政处分，向处分机关之上级官署诉愿时，该官署应于接受诉愿后十日内予以决定。

第六章　罚则

第四十二条　发行人或印刷人违反第二十条之规定者，处一百元以下罚金。

第四十三条　违反第二十一条之规定者，处发行人、编辑人、著作人及印刷人一年以下有期徒刑拘役，或一千元以下罚金，但其他法律规定有较重之处罚者，依其规定。

第四十四条　违反第二十二条或第二十三条之规定者，处编辑人或著作人拘役或一百元以下罚金。

第四十五条　违反第二十四条所定之禁止或限制者，处发行人、编辑人、著作人及印刷人一年以下有期徒刑拘役或一千元以下罚金。

第四十六条　出版品为新闻纸或杂志时，著作人受第四十三条处罚者，以对于其事项之登载具名负责者为限，受四十五条处罚之著作人亦同。

第四十七条　违反第二十六条所定之停止发行命令发行新闻纸或杂志者，处二百元以下罚金。

第四十八条　妨碍第二十九条所定扣押处分之执行者，处二百元以下罚金。

第四十九条　发行人违背第二十八条第一项所定之禁止者，处一年以下有期徒刑拘役，或一千元以下罚金，其知情而出售或散布该项出版品者，处六月以下有期徒刑拘役，或五百元以下罚金。

违反第三十一条第一项所定之禁止及知情而输入出售或散布该项出版品者，准用前项规定分别处罚。

第五十条　妨害第二十八条第一项、第三十一条第二项、第三十二条第二项、第三十三条所定扣押处分之执行者，处六个月以下有期徒刑拘役、或五百元以下罚金。

第五十一条　发行人违背第三十二条第一项之禁止者，处一年以下有期徒刑拘，役或一千元以下罚金，其知情而出售或散布该项新闻纸或杂志者，处六月以下有期徒刑拘役或五百元以下罚金。

第五十二条　本法所定各罪之追诉权逾一年而不行使者，因时效而消灭；第四十三条、第四十五条之情形，其追诉权之时效期间自发行日起算。

第七章　附则

第五十三条　本法施行细则由内政部定之。

第五十四条　本法自公布日施行。

〔国民党中央宣传部档案〕

2．内政部公布的修正出版法施行细则

（1937年7月28日）

第一条　本细则依出版法第五十三条之规定订定之。

第二条　出版法及本细则关于地方主管官署之规定，于特区行政公署或设治局准用之。

第三条　出版品审核标准，除依出版法第四章各条规定者外，并适用中央关于出版品之各项决议。

第四条　出版法第二条第一项第二款所称视为新闻纸者，以通常登载时事新闻地位在全部篇幅三分之二以上为标准。

依前项标准计算时，应将登载之广告除去。

第五条　同一新闻纸或杂志，另在他地出版发行者，视为独立新闻纸或杂志。

第六条　出版法第九条第二项第三款所定登记声请书应载明之资本数目，如系刊行新闻纸者，得依照下列规定定其额数：

一、在人口一百万以上之省政府或市政府所在地，刊行报纸者一万元以上，刊行通讯稿者三千元以上。

二、在人口未满百万之省政府或市政府所在地，刊行报纸者六千元以上，刊行通讯稿者一千元以上。

三、在特区行政公署县政府或设治局所在地，刊行报纸者一千元以上，刊行通讯稿者二百元以上。但该地向无报社或通讯社之设立而创刊报纸者，得减低至五百元以上，创刊通讯稿者得减低至一百元以上；新闻纸在前项第一款至第三款所定区域以外之

地方刊行者，其资本额数得由省市政府或特区行政公署酌定，分别咨呈内政部查核备案。

第七条 出版法修正施行前已登记之新闻纸，应于出版法修正施行后六个月内，依照前条规定补行资本额数登记之声请。

不依前项规定限期补行资本额数登记之声请者，得依出版法第二十六条之规定，停止该新闻纸之发行。

第八条 出版法第九条第二项第六款所定登记声请书，应载明之经历，如为新闻纸之发行人时，以具有下列资格之一者为合格。

一、在教育部认可之国内外大学或专科学校毕业，得有证书者；

二、在教育部认可之高级中学毕业，并服务新闻事业三年以上，有证明书者；

三、在新闻事业之主管机关服务三年以上，有证明文件者；

四、服务新闻事业五年以上，有相当证明者。

第九条 新闻纸或杂志之发行人，依出版法第九条声请登记时，应照规定格式填具登记声请书四份为之。

第十条 地方主管官署于依出版法第九条第一项呈请新闻纸或杂志之登记声请时，应遵当地同级党部审查，同意后于登记声请书内加具意见，以一份存查，三份呈送省政府或直隶于行政院之市政府。

第十一条 省政府或直隶于行政院之市政府，于依出版法第九条第二款核定新闻纸或杂志之登记声请时，应送当地同级党部审查同意后，除不予核转登记者，得径行饬知，并咨报内政部外，其准予核转登记者，于登记声请书内加具意见，以一份存查，二份咨送内政部。

第十二条 内政部接到前条登记文件，应送中央宣传部审查同意后发给登记证。

第十三条　前四条规定于新闻纸或杂志，变更登记或注销登记时准用之。

第十四条　新闻纸或杂志，因转让发行而声请变更登记者，应由前发行人、新发行人共同具名声请之。

第十五条　地方主管官署于已核准登记之新闻纸或杂志，应将登记声请书抄送该管警察机关，其变更登记或注销登记时亦同。

第十六条　地方主管官署于依出版法第十二条检查通讯社之社务组织及发行状况时，应将检查结果呈报省政府或直隶于行政院之市政府转报内政部，并由内政部函达中央宣传部。

第十七条　新闻纸或杂志，依出版法第十六条应记载之登记证号数，在声请核准后未领到登记证前，应记载声请核准之年月日。

不为前项所定之记载或记载不实者，准用出版法第三十九条之规定处罚之。

第十八条　登记证因故遗失或损坏时，其发行人应即登报声明作废，并检同所登声明报纸，呈请地方主管官署转请补发之。

违反前项规定者，准用出版法第三十八条之规定处罚之。

第十九条　出版法第八条第一项第四款所称国立图书馆，以国立中央图书馆及国立北平图书馆为限。

第二十条　发行人依出版法第八条第一项或第二项呈缴出版品时，应制备出品呈缴簿，盖用邮政机关或呈缴机关之递寄或收戳记，以备查考。

第二十一条　中央宣传部如发现出版品有应受出版法处分之情形，得函请内政部办理之。

第二十二条　出版法第二十六条所定陈述不实之停止处分，地方主管官署或省市政府于依出版法第二十七条规定程序办理前，应令该发行人呈复，并派员查明之。

第二十三条　地方主管官署依出版法第二十八条第三项得予

警告之出版品，以新闻纸及杂志为限。

前项警告应以书面行之。

第二十四条　新闻纸及杂志因事暂行停刊时，其发行人应呈报地方主管官署转报内政部，并由内政部函达中央宣传部。

前项停刊日数，每年积计在新闻纸不得逾三个月，在杂志不得逾六个月，违者得注销其登记。

发行人违反第一项规定者，准用出版社第三十八条之规定处罚之。

第二十五条　有关政治之传单或标语，由党政机关发行者，得免除出版法第二十条规定之手续。

第二十六条　出版法及本细则所规定之声请书、登记证等格式另订之。

第二十七条　本细则如有未尽事宜，由内政部修正之。

第二十八条　本细则自出版法施行之日施行。

声请书式〔略〕

〔国民党中央宣传部档案〕

3．国民党中央出版事业管理委员会工作计划大纲

（1939年11月10日）

甲　关于业务方面者

一　指导各书店（正中书局、拔提书店、青年书店、中国文化服务社、独立出版社、国民出版社）设立分支店。

（一）设立目标

1．现时中等以上学校荟萃之地；

2．省政府及专员公署所在地；

3．边区要冲及前方军队集中之区；

4．异党文化活动剧烈之处；

5．交通便捷、商务繁盛之区。

（二）地点分配

1．正中书局：内江、卢县、安顺、大理、南宁、梅县、福州、平凉、康定、宁夏等十处。

2．青年书店：遵义、独山、柳州、百色、潼关等五处。

3．拔提书店：广元、蒙自、梧州、延平、茶陵等五处。

4．中国文化服务社：绵阳、南充、镇远、宜山、郁林、肇庆、立煌、吉安、郧县、芷江、浙川、洛川、城固、榆林、岢岚、长治、肃州、雅安等十余处。

5．独立出版社：会理、汕头、南阳、庆阳、西宁等五处。

6．国民出版社：兴化、丽水、永嘉、鄞县、屯溪、宁都、上饶等七处。

以上共五十处为第一期，于二十八年年底应由本会协助各书店成立各该地分支店。此外，青年书店在九个战区，并由政治部负责设立书店十三家。

其他地点如下：洛阳、吉县、曲江、襄阳、兰州、天水、长沙、西安、成都、西昌、桂林、翼县、××（鲁）。

二　指导及训练各书店业务人员

（一）目的

1．坚定业务人员之思想信仰；

2．增进业务人员应有之知能与道德。

（二）方法

1．开办短期训练班；

2．指导各书店工作人员业务进修之设施；

3．函售训练各书店工作人员；

4．运用征文竞赛办法寓训练于奖励之中。

（三）内容

1．关于业务上各项技术知能；

2．关于思想上之指导启发。

三　指导各书店业务上之联络合作

(一)订定各书店互惠批销办法。

(二)订定各书店联合优待读者办法。

(三)订定各书店出版新书定价标准。

(四)办理各书店联合广告事宜。

四　考核各书店业务推广之成绩

(一)考查各书店业务推广之主要对象及区域范围。

(二)考核各书店对于指导书刊之推广成绩。

乙　关于编辑方面者

一　审核各书店编辑计划。

二　厘订各书店统一编辑计划。

三　编印联合图书目录。

丙　关于书刊供应者

一　书刊之印刷

(一)必要时购备纸张及印刷器材，以供调济之需；

(二)于金华、桂林、重庆、西安、兰州、香港等处办理各书店委托印刷事宜。

二　书刊之运输

(一)向中央文化驿站联络接洽运输各书店之书刊；

(二)利用文化用品联合运输委员会之车辆，尽先运输各书店之书刊。

丁　关于监察方面者

一　监察各书店之业务计划。

二　监察各书店之会计账目。

三　监察各书店之营业盈亏。

戊　关于调查事项

一　调查各地文化界动态。

二　调查各地异党文化活动情形。

三　调查各地书店营业情况。

四　调查各地书店推广成绩。

己　其他事项

一　厘订各地书店奖励办法。

二　规划联合书目及宣传品之分配流通。

三　拟订各书店意外遭遇之救济办法。

附各书店分布一览表

各书店分布一览表(见287页)

分布地点	正中书店	青年书店	拔提书店	中国文化服务社	独立出版社	国民出版社
四　川	重庆* 沙坪坝* 万县* 内江 泸县	重庆* 小龙坎* 成都*	重庆* 成都* 广元*	重庆* 北培* 宜宾* 绵阳* 南充 江津	会理	
贵　州	贵阳 安顺	遵义 独山	贵阳*	镇远*		
云　南	大　理	昆明*	蒙自			
广　西	桂林* 南宁	桂林* 柳州 百色	桂林* 梧州	宜山 郁林		
广　东	梅县 香港*	曲江*		肇庆	汕头	
福　建	福州		延平			
浙　江						丽水 永嘉 鄞县
安　徽				立煌		屯溪
江　西			赣州*	吉安		宁都 上饶
湖　南	沅陵* 零陵*	衡阳* 南狱* 长沙*	茶陵	芷江		
湖　北	恩施* 巴东*	巴东* 襄阳*		宜昌* 郧县		

河南		洛阳×	洛阳•	淅川		南阳
陕西	西安• 汉中•	西安• 潼关	西安• 扶风•	洛川 城固 榆林		
甘肃	兰州• 平凉	兰州× 天水×		肃州(即酒泉)	庆阳	
西康	康定	西昌×		雅安		
宁夏	宁夏					
青海					西宁	
山西		吉县×		长治 岢岚		
山东		某地×				
河北		冀县×				
江苏	上海•					兴化

说明：画•者已成立，有×者由政治部负责设立。

〔军委会政治部档案〕

4. 中央文化驿站设置办法与组织分布状况表

（1940年1月11日）

（1）中央文化驿站设置办法

一、中央为宣传本党主义，向全国各地传递并散发有利抗战建国之书刊起见，特设置中央文化驿站，隶属于中央执行委员会出版事业管理委员会，在业务上受宣传部之指导。

二、中央文化驿站设总管理处，总理驿站一切事宜，并于全国交通重要地点设分支站，办理书刊传递、散发、翻印事宜，其组织规程另定之。

三、中央文化驿站运输路线应与现有交通路线及军邮路线密切联系。

四、中央文化驿站得视环境需要，请军事委员会指拨车辆或租置交通工具，并利用全国各地公私交通工具，附运本党宣传书刊及有利文化教育之图书，其办法另订之。

五、各地党政军宪、交通机关及军邮，均有充分协助中央文化驿站传递、散发本党宣传书刊之义务。

六、各地军邮及交通机关，对于传递本党宣传书刊及有利文化教育之图书，应迅速确实，不得无故压置，且应于递到时妥为保管及通知当地文化驿站提领。

七、中央文化驿站总管理处为便利管理分支站起见，得于适当地点分设办事处。

八、中央出版事业管理委员会为推进文化驿站工作起见，得随时邀请中央宣传部、三民主义青年团中央团部、交通部、教育部、军事委员会政治部、军令部、后方勤务部、运输会议秘书处、军邮督察处等有关机关会商协助进行。

九、本办法经中央执行委员会议决施行。

(2) 中央文化驿站总管理处组织规程

第一条　中央文化驿站总管理处(以下简称本处)依据中央文化驿站设置办法第二条之规定组织之。

第二条　本处设处长一人，综理本处一切事宜，副处长一人襄理之。

第三条　本处设秘书一人或二人，承处长之命，办理本处一切事宜。

第四条　本处分指导、运输、总务三科，其任务如下：

一、指导科　主管分支站及办事处工作之设计、考核及传递书刊之审查、分配等事宜。

二、运输科　主管书刊之运输、散布及运输工具之调查、接洽、管理等事宜。

三、总务科　主管文书、庶务、会计及书刊之保管统计包装等事宜。

第五条　本处各科各设科长一人，承处长之命及秘书之指导，处理各科主管事宜。

第六条　本处视事务之繁间，酌设总干事、干事、服务员若干人。

第七条　本处处长、副处长由中央执行委员会派任之，秘书、科长、总干事、干事、服务员由处长呈请中央委任之。

第八条　本处在全国交通重要地点分别设置中央文化驿站分站，每一分站下设若干支站，各分支站之设置地点，本部得斟酌环境情况，随时决定增设、迁移或撤废之。

第九条　分站设主任一人，由本处呈请中央任用之，承本处之命办理书刊之传递、转运、散布事宜，主任之下酌设服务员一人或二人；各支站设干事一人，服务员一人或二人，承本处之命，并分站之指挥，办理书刊之传递、转运、散布事宜，干事、服务员由本处任用之。

分站主任——支站干事得以省党部委员或宣传科长兼充之。

第十条 本处为便利运输与分支站之管理起见，得于适当地点分设办事处，接洽翻印本党书刊，并就近指挥各分支站。

第十一条 本处每周举行会报一次，处长、副处长、秘书、科长均须出席。

第十二条 本规程经中央执行委员会议决施行。

（3）中央文化驿站分站支站地域表

第一分站：重庆；支站：万县、宜昌、恩施、綦江、泸州。

第二分站：成都；支站：雅安、康定、广元、汉中。

第三分站：兰州；支站：天水、西宁、猩猩峡、宁夏、五原。

第四分站：西安；支站：洛川、吉县、南阳、襄阳、宝鸡。

第五分站：洛阳；支站：郑县、周家口、黄川。

第六分站：立煌；支站：英山、庐江、阜阳、定远。

第七分站：长治；支站：泌县、五台、晋城、路罗镇。

第八分站：绥德；支站：榆林、柳林镇、兴县。

第九分站、贵阳；支站：昆明、沅陵、柳州。

第十分站：南宁；支站：贵县、廉江、梧州、灵山、龙州。

第十一分站：衡阳；支站：桂林、长沙、吉安、赣县。

第十二分站：曲江；支站：英德、翁源、惠阳、梅县。

第十三分站：上饶；支站：金华、屯溪、祈门、南城、宁都、福州。

第十四分站：香港；支站：汕头、海防、上海、连云港、天津、温州。

〔国民政府档案〕

5. 孔祥熙等在国民党五届中央八次会议提出的组织中央出版管理局以加强出版扩大宣传案

（1941年4月1日）

理　　由

总理毕生致力革命，特重宣传，其遗教一则曰主义胜过武力，再则曰主义胜过教育，三则曰国民党奋斗之法，宜兼注重宣传。总裁在第二期抗战之初，尤有"宣传重于作战"之指示，可见抗战建国之伟大革命工作，宣传之任务，非常重要。领袖昭示，亦先后一揆。惟自抗战以还，某党尝假抗战美名，乘机窃起，肆意挑拨离间，曲解三民主义，迷惑青年群众，数年之间，其出版书籍，多如汗牛充栋。尝于书肆及邮检时查获该党书籍刊物，印刷之精良，装璜之美丽，价格之低贱，数量之众多，即普通之各大书局所出版者，亦有望尘莫及之叹。故该党每出一书刊，甚至穷乡僻壤，亦可发现其踪迹。度其原因，不外该党出版事业，为其主要宣传工作，绝不计及盈亏，其党中所开支之经费，直同作战之军费。故一书之编印发行，只问其是否合乎青年群众之需要，而不问其成本与售价之是否相合，抑且大量印刷，广为推行，宜其无微不至，无孔不入。反观本党书籍刊物坊间出售者固亦不少，但往往纸质粗劣，印刷欠佳，不堪入目，而定价又较昂，自不能引起读者之欢迎。一般青年民众，知识薄弱，不能善自选择，且有贪其价廉悦目，率意购阅，果使被其迷惑，则始终殊非浅尠。现在各处均感缺乏精神食粮，本党书籍刊物，实属不敷供给，而某党竟不惜亏本，大量贱价放售。本党虽有图书杂志审查机关之设置，严厉执行查禁，但此只为消极之防范，而非积极之领导。况严格查禁以后，大小书店一时间竟有无书可买之叹。如正中书局、中国文化服务社、青年书店、拔提书店及独立出版社等之书籍杂志，每期分寄至各省会或大城市者，只数十本至一、二百本。数日之间，即销售一空，其余各县均属无法分销。为补救计，本党对于文化宣传出版事业，自不能不急起直追，以军队作战之精神，从事于出版宣传之斗争，以军队作战之经费，移助于出版宣传之事业。盖今日多收一份主义宣传之成果，即他日少一个国家民族之叛徒。即就经费而论，亦决不虚耗也。何况印刷工业为总理生前所注意，视为与衣食住行之工业价值相等，其手定之实业计划，且欲以国际之力量助我发展印刷工业乎？今当抗战期间，交通阻滞，设备难周，固不能如总理所期望："一切大城乡中设立大印刷所，印刷一切日报纸以至百科全书。……廉价售出，以应中国公众之所需，一切书市，由一公设机关管理。"但究不能不就本党能力可及之范围，针对当前之急切需要，为本党出版宣传事业，作一通盘筹划之设计，俾可急起直追，促进抗战建国之早日胜利与成功。爰谨提议组设中央出版联营公司或中央出版管理局以负起此项重大之任务。办法：

一、由中央设立中央出版联营公司或中央出版管理局，指派董事若干人，组织董事会，为指导管理及监督本党一切出版事业之总机构。该公司或该局直辖于中央执行委员会。

二、本党现有之各出版机关，例如正中书局，青年书店，拔提书店，中国文化服务社，独立出版社，国民出版社，中央文化驿站，……等均应受中央出版联营公司（以下简称公司）或中央出版管理局（以下简称该局）之节制，绝对接受其指导及管理，以收统一指挥之效。

三、该公司（局）之组织法，可斟酌中央信托局或各国联营公司成例拟订，由中央常会通过施行。

四、该公司（局）之董事会除中央党部秘书长、青年团书记长、中央宣传部部长、海外部部长、教育部部长、财政部部长、军事委员会政治部部长、国民政府主计长为常务董事外，其余董事由中央常会推定中央委员若干人专任之，并指定一人为董事长。

五、该公司(局)除将本党现有之各出版机关资本，作为该公司(局)之资本外，另由中央核拨固定资本五百万元，充实各地印刷出版之资金，并与四联总办事处特约来往放款之流通资金以五百万元为限度，俾可灵活运用，发挥效能。

六、该公司(局)董事会之下应设立总管理处，并设总稽核，负管理及考核各出版机关之日常任务。

七、该公司(局)除本党现有各出版机构之印刷厂印刷所外，应即在下列各地筹设规模较大之直辖印刷所，为出版及翻印本党各书刊之工场，重庆、衡阳、泰和(或赣县)、桂林、贵阳、曲江、屯溪、阜阳、金华、永安、西安、兰州、洛阳、恩施、康定、星加坡、爪哇、马尼拉、三藩市等处，以平均每所印刷器材二十万元计，即需三百八十万元。在所拨固定资本中开支。其余固定资本之部份，即作为总管理处及各地印刷所之营运资本，如有迫切需要，再向四联总处透支往来借款。

八、该公司(局)之经营方法，应采取商业方式，严格管理，其有必须不顾成本廉价倾销之书刊，如亏耗数额过巨，非该公司(局)之力所能胜任者，可经董事会之决议，呈请中常会核拨特种宣传费抵押之。俾本党之出版事业，一方得顾及营业，一方仍不废宣传。

党务组审核意见：

(一) 充实现有之中央出版事业管理委员会以收统一指导管理之效，不必另设公司或局。

(二) 原案规定所需之费数，尚嫌太少，不足以作扩充本党各出版事业机关及添设印刷机关之用，应另宽筹流动资金，以应需要。

(三) 本案其余办法，交常会核交中央出版事业管理委员会办理。

决议：照审查意见通过。

〔国民党中央执行委员会秘书处档案〕

6. 国民党中央秘书处为组织中央出版事业管理委员会并检附该会组织条例致行政院公函

（1942年7月14日）

中国国民党中央执行委员会秘书处公函　渝(31)机字第一〇五五〇号

案准中央出版事业管理委员会函：查本会委员人选依照组织条例规定，由中央执行委员会指定有关机关代表充任之。兹查行政院与内政部两机关与本会工作关系密切，为增进联系起见，拟请指定行政院与内政部各派负责代表一人参加，请转陈等由。除分函外，相应检附出版事业管理委员会组织条例乙份函达，即希查照，派定负责代表见复，俾便提会核派为荷。

此致

行政院

附条例一份

中华民国三十一年七月十四日

中央出版事业管理委员会组织条例

第一条　中国国民党中央执行委员会为统一管理本党出版事业，实施本党出版政策，以促进文化工作，增加宣传效能，特设中央出版事业管理委员会（以下简称本会）。

第二条　本会设委员十五人，由中央执行委员会指定中央秘书处、中央宣传部、中央组织部、中央海外部、中央训练委员会、中央财务委员会、三民主义青年团中央团部、教育部、战地党政委员会、政治部代表及其他人员充任之，并由中央执行委员会指定主任委员一人、副主任委员二人。

第三条　本会职权如下：

一、出版事业之扩充与指导事项；

二、出版机构之调整及管理事项；

三、出版经费之筹划支配及审核事项；

四、出版机关从业人员之任免、考核及训练事项；

五、出版品运输之统筹事项。

第四条　本会设秘书一人，秉承主任委员及副主任委员之命掌理会务。

第五条　本会设编审、指导、稽核、总务四科及人事室，其职务如下：

甲　编审科

1. 审核本党出版机构各项计划，并复审书刊内容事宜；

2. 征审书刊编印总目，并调整全国书刊供求事宜；

3. 编辑出版书刊及不属于其他出版机构范围内之印刷品事宜。

乙　指导科

1. 办理本党出版事业之调整，并协助其推广改进事宜；

2. 审核并指导本党出版业务及出版界之调整统筹事宜；

3. 督导各省本党出版机构之工作，并考核其成绩事宜；

4. 关于出版品之印刷、运输、散布之指导事宜。

丙　稽核科

1. 统筹本党出版经费及支配运用事宜；

2. 稽核各出版机构概算决算事宜；

3. 审查本党各出版机关营业及报告事宜。

丁　总务科

1. 撰拟缮核各项文电、保管印信档案及收发文件事宜；

2. 编撰本会工作计划、报告及整理记录事宜；

3. 办理会计出纳及庶务事宜；

4. 办理其他不属于各科事宜。

戊　人事室

1．办理本会及本党各出版机关工作人员之任免迁调事宜；

2．办理出版机关工作人员之登记、调查、考核事宜；

3．办理出版人才之训练、储备事宜。

第六条　本会各科各设科长一人，室主任一人，总干事、干事、助理干事、录事各若干人，承命办理各科室事务。

第七条　本会得设专员、视察若干人，必要时并设立委员会，设委员若干人，聘请本党出版机关负责人或专家充任之。

第八条　本会委员会议每月举行一次，由主任委员召集之，并以主任委员为主席，主任委员缺席时，由副主任委员代理之。

第九条　本会决议事项，交由有关各机关执行。

第十条　各机关应向本会提出有关出版业务之报告。

第十一条　本会办事细则另定之。

第十二条　本条例如有未尽事宜，得由本会呈请中央执行委员会修正之。

第十三条　本条例由中央执行委员会决议施行。

〔行政院档案〕

7．国民党中央宣传部试办管理出版事业计划纲要

（1943年7月6日）

总理生前重视印刷工业，谓：人类非此无由进步"，于专设机关管理，提示綦详。总裁尤有"宣传重于作战"之明训，足见出版事业必须善加运用，庶可达成宣传任务。抗战以还，出版业日呈活跃，但以出版物之数量与质量言，均感未能适应精神动员之需要。本党固已有编审供应之机关，亦终以联系不周，难著分工合作之实效，而如何扶助出版事业之发展，加强管理之效能，胥有待于通盘之筹划。本会创立伊始，职责繁重，爰审察已往事实，参酌目前环境，确定与出版事业计划纲要如下：

甲　工作原则

一、对于本党主办之出版事业，须作精密经营扩充与改进之计划，以巩固党办文化事业之基础，而于一般出版事业则须切实负起联系扶助之责任，以奖励之方法，促成协同一致之发展。

二、对于本党出版品之内容，应分经常审查及随时抽查之工作，以期出版品内容之充实，而收质量并重之效；其余一般出版品，于必要时亦应负最后复审之责任。

三、对于本党之出版机关，应以调整方式逐渐达到划分事权，各有专责，以免重复纷歧，人力物力两不经济，而收分工合作之效。

四、对于本党出版经费，须统一筹划，并为适当之分配，而于各机关之经临预算，以营业计划尤须作精密之检讨与审核，以达自给自足、进展繁荣之目的。

五、对于出版从业人员，应逐渐推行登记及训练，以储备本党出版事业之人才，而充实党出版事业之业务。

六、对于出版之供应，须本“印刷精良”、“运输迅速”、“散布普遍”之原则，积极改进，而尤其重要者，须审视各地实际环境，确定若干印刷发行与纸厂之据点，就地供应，以增强文化宣传之效力。

乙　计划要点

一、关于指导者

（一）调查本党及一般出版事业之现况，并检讨得失，拟订今后本党出版事业计划，并随时注意其进行。

（二）根据调查实际情形，调整本党出版机构，并加强其业务，凡事权冲突或组织重复者，得予以适当之整理。

（三）厘定本党出版机构之个别业务计划，应就其独具性质，分别课以不同之任务。

（四）关于出版品之供应，须拟定设置或运用印刷站制纸厂及发行网之计划，并随时指导之，俾能普遍分配，以充实供给前方大众之精神食粮。

二　关于编审者

（一）　编印有关出版事业之研究通讯指导等书刊（如出年鉴、出版通讯、出版界手册等）以确立并阐扬本党之出版政策。

（二）　审核本党出版机构各项计划，并复审本党出版书刊之内容，提供之编辑、印刷、发行等问题之意见，建议主管机关之俾资改进。

（三）　征集中外书刊编印总目，并调整全国书刊之供求与流通，对青年读物尤须多方注意监督奖励。

（四）　编发出版情报，报导关于各地出版之动态及倾向，分送有关机关作为指示时事宣传及防制奸伪活动之参考。

三　关于稽核者

（一）　筹划本党出版经费，并力求支配之合理与运用之灵活

（二）　审查各出版机关之营业及印刷报告，必要时得公布其业务成绩或举办工作竞赛，藉资鼓励。

（三）　稽查各出版机构之概要，并确立统一之会计制度。

四　关于人事者

（一）举办出版事业人员之调查、登记、训练，并灌输关于党团活动之知能，以培养本党从事文化事业之干部。

（二）逐渐推行各出版机关之人事编制及人事管理，严定考绩奖惩之办法。

〔国民政府档案〕

8．国民党中央宣传部制定的各省市出版事业管理暂行办法①

（1943年10月）

第一条　各省市出版事业之指导管理，除法令别有规定外，各

① 此办法经国民党五届中央常会第二四五次会议备案。

省市党部应依照本办法行之。

第二条　各省市党部对于各该省出版事业之指导，应酌设机构或派员负责办理之(但不增加人员及经费为原则)。

第三条　各省市党部应将主办出版事业管理人员姓名、简历呈报中央出版事业管理委员会备案。

第四条　各省市党部主管出版事业部门之职掌如下：

一、省市党部所属出版机构之调整扩充事项；

二、省市党部出版经费之筹划事项；

三、省市党部所属出版机构出版书刊之指导及复审事项；

四、出版品的印刷、运输、发行指导事项；

五、出版机构工作人员之调查事项；

六、一般民营出版事业状况之扶助指导事项；

七、各该省市出版事业状况之调查事项；

八、当地出版界之联络事项；

九、其他有关出版事业之指导管理及建议兴革事项。

第五条　各省市党部推进前条工作时应与当地有关机关密切联络。

第六条　各省市党部每月应将各该省市出版事业状况列表(表式另订)，报告中央出版事业管理委员会核备，必要时得举行总调查。

第七条　各省市党部于接得当地主管官署汇送各书店印刷所应送之各项季报后，加具意见，送中央出版事业管理委员会备核。

第八条　各省市党部每月应召集当地出版界举行谈话会一次，并将会议记录呈报中央出版事业管理委员会核备。

第九条　本办法呈奉中央常会核准施行。

〔国民政府档案〕

9. 国民政府抄发《著作权法》致国史馆筹备委员会的训令

（1944年4月27日）

国民政府训令　渝文字二五一号

令国史馆筹备委员会

查著作权法，前经明令公布，并通饬施行在案。兹将该法酌予修正，应再通饬施行。除分令外，合行抄发著作权法，令仰知照，并转饬所属一体知照。此令

计抄发著作权法一份

国民政府主席　蒋中正

立法院院长　孙　科

中华民国三十三年四月二十七日

著作权法

第一章　总　　则

第一条　就下列著作物，依本法注册专有重制之利益者，为有著作权。

一、文字之著译

二、美术之制作

三、乐谱剧本

四、发音片、照片或电影片

就乐谱剧本、发音片、或电影片有著作权者，并得专有公开演奏或上演之权。

第二条　著作物之注册，由内政部掌管之。

内政部对于依法令应受审查之著作物，在未经决定审查机关审查前，不予注册。

第三条　著作权不得转让于他人。

第二章　著作权之所属及限制

第四条　著作权归著作人终身享有之，并得于著作人死亡后由继承人继续享有三十年。但另有规定者，不在此限。

第五条　著作物系由数人合作者，其著作权归各著作人共同終身享有之，著作人中有死亡者，由其继承人继续享有其应有之权利。

前项继承人得继续享有其权利，迄于著作人中最后死亡者之死亡后三十年。

第六条　著作物于著作人死亡后始发行者，其著作权之年限为三十年。

第七条　著作物用官署学校公司会所或其他法人或团体名义者，其著作权之年限为三十年。

第八条　凡用笔名或别号之著作物，于声请注册时，必须呈报真实姓名，其享有著作权之年限与第四条规定者同。

第九条　照片、发音片得由著作人享有著作权十年，但系受他人报酬而著作者，不在此限。

刊入学术或文艺著作物中之照片，如系特为该著作物而著作者，其著作权归该著作物之著作人享有之。

前项照片著作权，在该学术或文艺著作物之著作权未消灭前继续存在。

电影片得由著作人享有著作权十年，但以依法令准演者为限。

第十条　从一种文字著作以他种文字翻译成书者，得享有著作权二十年。但不得禁止他人就原著另译。

第十一条　著作权之年限，自最初发行之日起算。

第十二条　著作物逐次发行或分数次发行者，应于每次发行时分别声请注册。

第十三条　著作权人死亡后无继承人者，其著作权消灭。

第十四条　著作权之移转及继承，非经注册，不得对抗第三人。

第十五条　著作物系由数人合作，而有少数人或一人不愿注册者，如性质上可以分割，应将其所作部分除外，其不能分割者，应由余人酬以相当之利益，其著作权则归余人所享有。

第十六条　出资聘人所成之著作物，其著作权归出资人享有之，但当事人间有特约者，从其特约。

第十七条　讲义演述虽经他人笔述，或由官署学校印刷，其著作权仍归讲演人享有之，但别有约定或经讲演人之允许者，不在此限。

第十八条　揭载于新闻纸杂志之事项，得注明不许转载，其未经注明不许转载者，转载人应注明其原载之新闻纸或杂志。

第三章　著作权之侵害

第十九条　著作物经注册后，其权利人得对于他人之翻印仿制或以其他方法侵害利益，提起诉讼。

著作物在声请注册尚未核发执照前，受有前项侵害时，该著作物所有人得提出注册声请有关证件，提起诉讼。但其注册声请经核定驳回者，不适用之。

前二项规定，于出版人就该著作物享有出版权者亦适用之。

第二十条　受让或继承他人之著作权者，不得将原著作物改窜割裂变匿姓名或更换名目发行之。但得原著作人同意或受有遗嘱者，不在此限。

第二十一条　著作权年限已满之著作物，视为公共之物，但不问何人不得将其改窜割裂变匿姓名更换名目发行之。

第二十二条　冒用他人姓名发行自己之著作物者，以侵害他人著作权论。

第二十三条　未发行著作之原本及其著作权，不得因债务之执行而受强制处分。但已经本人允诺者，不在此限。

第二十四条　下列各款情形，经注明原著作之出处者，不以侵害他人著作权论。

一、节选他人著作成书，以供普通教科书及参考之用者。

二、节录引用他人著作，以供自己著作之参证注释者。

第二十五条　就已经注册之著作物，为下列各款之行为者，应得原著作人之同意，但著作权已消灭者，不在此限。

一、用原著作物名称继续著作者；

二、选辑他人著作或录原著作加以评注索引增补或附录者；

三、用文字图画摄影发音或其他方法重制或演奏他人之著作物者。

第二十六条　著作权之侵害，经著作权人提起诉讼时，除依本法处罚外，被害人所受之损失，应由侵害人赔偿。

第二十七条　著作物由数人合作者，其著作权受侵害时，得不俟余人之同意，提起诉讼，请求赔偿其所受之损失。

第二十八条　因著作权之侵害，提起民事或刑事诉讼时，得由原告诉人或自诉人请求法院将涉于假冒之著作暂行停止其发行。

于有前项处分后，经法院审明并非假冒，其判决确定者，被告人因停止发行所受之损失应由原告告诉人或自诉人赔偿之。

第二十九条　著作权之侵害，经法院审明并非有意假冒者，得免处罚。但被告应将所得利益偿还原告。

第四章　罚　　则

第三十条　翻印仿制或以其他方法侵害他人之著作权者，处五千元以下罚金，其知情代为出售者亦同。

以犯前项之罪为常业者，处一年以下有期徒刑拘役，得并课五千元以下罚金。

第三十一条　违反第二十条之规定者，处三千元以下罚金。

第三十二条　违反第二十一条之规定者，处一千元以下罚金。

第三十三条　注册时呈报不实者处一千元以下罚金，并得注销其注册。

第三十四条　未经注册之著作物，于其末幅假填某年月日业经注册字样者，处二千元以下罚金。

第三十五条　依第三十条至第三十二条处罚者，其著作物没收之。

第三十六条　第三十条、第三十一条之罪，须告诉乃论。但犯第三十一条之罪，而著作人死亡者，不在此限。

第五章　附　　则

第三十七条　本法自公布日施行。

〔国史馆档案〕

10．国民政府通饬施行《著作权法施行细则》的训令

（1944年9月5日）

国民政府训令　渝文字第五三一号

令国史馆筹备委员会

查著作权法施行细则，前经制定公布施行在案。兹将该施行细则酌加修正，应再通饬施行。除公布并分行外，合行抄发该施行细则修正条文，令仰知照，并转饬所属一体知照。此令。

计抄发著作权法施行细则一份

国民政府主席
行政院院长　蒋中正

中华民国三十三年九月五日

著作权法施行细则

第一条　凡著作物未经注册而已通行二十年以上者，不得依本法声请注册。

第二条　依本法以著作物声请注册者，应备样本二份，并附具声请书，载明下列各款事项：

一、著作物之名称及件数；

二、著作人之姓名、年龄、籍贯、住址；

三、发行人姓名、年龄、籍贯、住址；

四、著作权所有人姓名、年龄、籍贯、住址；

五、最初发行年月日；

六、依法令应受审查之著作物，其审查机关名称及发给证照字号与年月日。

著作物确实不能备具样本者，得以著作物详细说明书或图画代替之。

继承著作权声请注册者，毋庸备具样本。

第三条　著作物之所有人，以著作物委托他人声请注册，或在注册前将著作物转让由受让人声请注册者，应附具委托书或转让证明书声请之。

第四条　著作物用官署学校公司会所或其他法人或团体名义者，声请注册时应记明该法人或团体之名称及事务所所在地与代表人之姓名住址。

第五条　著作物之注册，由内政部将应登记之各事项登记于著作物注册簿上。

著作物经注册后，应由内政部发给执照，并刊登政府公报公告之。

第六条　凡已注册之著作物，应于其末幅标明某年月日经内政部注册字样，并注明执照号数。

第七条　本细则第五条第一项之注册簿，不问何人均得请求准其查阅或抄录之。

第八条　声请注册及请求查阅或抄录注册簿等项，公费每件定额如下：

一、著作物注册费，照该著作物定价之二十五倍缴纳，有二种以上之定价者，以其最高者为准。

二、承继受让著作权注册费与第一款同。

三、执照遗失补领费十元。

四、查阅注册费五元。

五、抄录注册簿费每百字五元，未满百字者以百字计算。

电影片注册费每五百公尺一百元，不满五百公尺者以五百公尺计算。

雕刻模型注册费照该著作物最高定价百分之十缴纳。

第九条　著作物之定价过高者，内政部得令发行人酌减之。

前项定价之酌减，如系教科书，内政部应会商教育部办理之。

第十条　外国人有专供中国人应用之著作物时，得依本法声请注册。

前项外国人，以其本国承认中国人民得在该国享有著作权者为限。

第十一条　未经注册而刊载“有著作权，翻印必究”等字样之著作物，应于本法施行后一年内补行注册或删去各该字样，否则依本法第三十四条之规定处罚之。

第十二条　电影片在本法修正施行前已发行，于本法修正施行后一年内声请注册者，其注册之日视为最初发行之日。

第十三条　本细则自著作权法施行之日施行。

声请书式〔略〕

〔国史馆档案〕

11. 军委会政治部转发修正出版法第四章第二十二条的训令

（1944年11月6日）

国民政府军事委员会政治部训令　字第573号

令第二厅

案准中央宣传部本年九月二十六日未列字第七二七二号函，检送修正出版法第四章第二十二条“出版品不得为妨害善良风俗之记载”之解释，共十三项，函请查照。等由。附抄送条文十三项一份。准此，除分令外，合行检附该项条文一份，令仰知照，并

转饬所属知照为要。此令

附抄发条文十三项一份

部　长　张治中

中华民国三十三年十一月六日

修正出版法第四章第二十二条“出版品不得为妨害善良风俗之记载”之解释事项：

1. 描写淫秽及不贞操之形态者；

2. 描写对异性施行引诱或强暴手段以达奸淫目的之情形者；

3. 描写或暗示乱伦之情景者；

4. 描写嫖妓、赌博及吸食鸦片烟等毒物之情景者；

5. 描写堕胎之行为者；

6. 描写偷窃抢劫之行为而有诲盗之意识者；

7. 描写贪污行为而结论无道德教训之意识者；

8. 描写儿童犯罪情形而无教育意义者；

9. 描写重犯及屡犯行为者；

10. 描写虐待人类及动物或其他残忍行为而无教训或反省意义者；

11. 描写械斗行为或极残忍之决斗而结论不予以教训者；

12. 描写自杀行为而无道德上之积极意义者；

13. 描写怪异之传说，有提倡迷信邪说之企图者。

〔军委会政治部档案〕

二、报刊书店登记

1. 重庆市报纸、通讯社及杂志社登记一览表

（1939年10月——1941年3月）

（1）重庆市报纸一览（1939年10月）

名　　称	负责人	登记证号	刊　　期	地　　　址	备　　注
中央日报	程沧波	警字第6959号	日　刊	重庆新街口7号	
时事新报	崔唯吾	警字第6844号	日　刊	重庆新街口39号	
大公报	曹谷冰	警字第6859号	日　刊	重庆中一路132号	
新蜀报	袁丞武	中字第1940号	日　刊	重庆白象街45号	
扫荡报	何联奎	警字第6559号	日　刊	重庆上清寺71号	
新华日报	潘梓年	警字第6576号	日　刊	重庆四三街2号	
国民公报	李澄波	中字第2698号	日　刊	重庆售珠市街31号	
西南日报	汪观之	警字第6692号	日　刊	重庆武库街78号	准备发行晚刊
新民报	陈铭德	警字第6818号	日　刊	重庆中一路49号	
济川公报	邓□锡	中字第2966号	日　刊	重庆公园路	
大江日报	李星枢	中字第2897号	日　刊	重庆公园路19号	

商务日报	彭琴谱	中字第1597号	日　刊	重庆商业场中大街第13号	
武汉时报	戴　膺	警字第6804号	日　刊	重庆第一模范市场30号	
群　报	冯石竹	警字第682号	日　刊	重庆朝阳街16号	
崇实报	范纶廷	中字第2584号	周　刊	重庆曾家岩圣家书局	
南京晚报	张友鹤	警字第6905号	日　刊	重庆苍坪街58号	
大陆晚报	李琢仁	警字第6673号	日　刊	重庆百子巷102号	
四川晚报	叶楚材	中字第1594号	日　刊	重庆劝工局街106号	
大汉晚报	黄祖炎	警字第6523号	日　刊	重庆武库街9号	
新蜀夜报	杨丙初	警字第6899号	日　刊	重庆白象街45号	

（2）重庆市通讯社一览（1939年10月）

名　称	负责人	登记证字号	刊　期	地　址	备　注
中央通讯社	萧同兹	中字第829号	日　刊	重庆两路口	
群力新闻社	赖向农	中字第6676号	日　刊	重庆瞿家沟69号	
励商新闻社	周　文	中字第1592号	日　刊	重庆三牌坊12号	

新生命通讯社	邵天真	警字第6898号	日　刊	重庆戴家巷6号	
中国新闻摄影通讯社	马伯超	警字第6629号	日　刊	重庆白象街96号	
建国通讯社	金长佑	警字第6831号	五日刊	重庆米亭子16号	

（3）重庆市杂志社登记一览（1941年3月）

名　称	负责人	登记证字号	刊　期	地　址	备　考
内江周刊	公孙长子	文字第505号	周　刊	重庆下陕西街礼和二楼	
长途周刊	朱群□	文字第539号	周　刊	重庆杨柳街37号	
重庆业余生活周刊	江昌绪	文字第628号	周　刊	重庆公园路青年会	
现代读物	饶克忍	文字第700号	半月刊	重庆大梁子	
七月文艺	唐性天	警字第6548号	月　刊	重庆该刊社	原名七月杂志由汉迁渝
生力军	顾升骤	警字第6519号	周　刊	重庆公园路19号	已停刊
战时青年	何仲觉	警字第6531号	半月刊	重庆枣子岚垭犹庄15号	由鄂迁渝变更登记
反攻半月刊	王卓然	警字第6574号	半月刊	重庆领事巷8号	由鄂迁渝变更登记

战胜文粹周刊	许国	警字第6589号	周刊	重庆美专校对面	
全民抗战	邹韬奋	警字第6633号	五日刊	重庆武库街生活书店	
新民族	杨希震	警字第6658号	周刊	重庆柴家巷54号	
进展	吴励生	警字第6662号	旬刊	重庆苍坪街59号	已停刊
民力周刊	曹书田	警字第6664号	周刊	重庆机房街111号	
四川航务周报	许进	警字第6669号	周刊	重庆接圣街	已停刊
四川文化国际月刊	芮沐	警字第6685号	月刊	重庆通远门四德里31号	已停刊
中央警官学校警声周刊	中央警官学校	警字第6741号	周刊	重庆南岸中央警官学校	由京迁渝
青年响导	袁宇仁	警字第6761号	周刊	重庆公园路16号	
现代警察	刘尧	警字第6771号	季刊	重庆中一路38号	已停刊
文化周刊	彭芳草	警字第6782号	周刊	重庆下石板街40号	已停刊
翻译与评论	陈斯英	警字第6791号	月刊	重庆武库街97号	已停刊
抗战建国	吕超	警字第6802号	旬刊	重庆公园路	已停刊
新经济	吕景超	警字第6819号	半月刊	重庆戴家巷12号	

新政治月刊	刘振东	警字第6820号	月刊	重庆长安寺半边街10号	中央政校研究部主办
中央周刊	刘炳黎	警字第6821号	周刊	重庆中一路194号	
建国教育	郭有守	警字第6823号	月刊	重庆中四路112号	中国教育学术团体联合会主办
维吾耳青年社乡月社	穆维斯	警字第6824号	月刊	重庆骡马店105号	
中山半月刊	梁寒操	警字第6830号	半月刊	重庆大阳沟30号中山学社	由汉迁渝变更登记
血战半月刊	邓建中	警字第6845号	半月刊	重庆柴家巷46号	
海潮音	释太虚	警字第6848号	月刊	重庆长安寺重庆佛学社	
国是公论	张汇文	警字第6856号	旬刊	重庆中大梁子66号	
安徽教育	方 治	警字第6861号	半月刊	重庆长安寺半边街11号	已停刊
外论周刊	吴报锦	警字第6862号	周刊	重庆小校场31号	已停刊
重庆半月刊	何中极	警字第6863号	半月刊	重庆下陕西街灯龙巷77号	
读书月报	徐伯昕	警字第6864号	月刊	重庆武库街生活书店	28.1.16 变更登记仍用原证
群众周刊	潘梓年	警字第6865号	周刊	重庆西三街2号	由汉迁渝变更登记仍用原证
半月文摘	唐性天	警字第6866号	半月刊	重庆武库街华中图书公司	29.4.4变更登记仍用原证

服务月刊	余井	警字第6867号		小温泉中央政校指导部	
国医月刊	邓炳	警字第6882号	月刊	重庆机房街104号	
战歌月刊	刘雪	警字第68962号	月刊	重庆中一路328号章顺村	已停刊
祖国周刊	龙取直	警字第6902号	周刊	重庆字水街67号	现改为半月刊
抗战行动旬刊	美朝枢	警字第6903号	旬刊	重庆下罗家湾14号	由汉迁渝变更登记
东北论坛	吴焕章	警字第6904号	半月刊	重庆中一路274号	
南京文艺月刊	罗寄梅	警字第6906号	月刊	重庆中一路384号	28.4.18 变更登记
外交研究	沈重宇	警字第6908号	双月刊	重庆公园路侨务委员会	
工程月刊	顾毓瑔	警字第6909号	月刊	重庆上南区马路199-4号	
教育与农业	高显鉴	警字第6910号	月刊	重庆磁口四川省立教育学院	已停刊
社交会堂月刊	刘智光	警字第6911号	月刊	重庆演武厅社交会堂内	29.5.3变更登记
中国警察	汪弼	警字第6912号	季刊	重庆左营街11号中国警察学会	已停刊
学林月刊	汪东	警字第6913号	月刊	重庆中央大学内	
河溯评论	张君晖	警字第6925号	月刊	重庆桂花街56号	已停刊
现代读物	高咏修	警字第6931号	月刊	重庆半角沱生生花园	28.5.4换发今证

中华农学会报	梁 希	警字第6936号	季 刊	重庆中华农学会	28.4.17 变更登记
工业合作	刘广沛	警字第6949号	半月刊	重庆临江门	
回民言论	孙绳武	警字第6950号	半月刊	重庆聚新村 4 号	现已变更登记、改名回教论坛
理论与现实	徐伯昕	警字第6951号	季 刊	重庆冉家巷16号	
工合之友	刘广沛	警字第6952号	半月刊	重庆吴师爷巷 1 号	
国论周刊	左舜生	警字第6963号	周 刊	重庆来龙巷 7 号	
四川省营业税局月报	四川省营业税局	警字第6964号	月 刊	重庆石灰市	
新快报周刊	万克哉	警字第6965号	周 刊	重庆中一路96路	
新生新闻	郭沫若	警字第6966号	半周刊	重庆演武厅17号	
戏剧岗位	唐性天	警字第6967号	月 刊	重庆武库街华中图书公司	
战斗美术	卢鸿基	警字第6968号	月 刊	重庆上清寺 215 号	
蒙藏旬刊	黄奋生	警字第6975号	旬 刊	重庆玄坛庙	29.6.19 变更登记
反侵略	冯菊坡	警字第6976号	周 刊	重庆枣子岚垭漱国	改为半月刊
南华月刊	李继渊	警字第6977号	月 刊	重庆下新丰街28号	

抗战军人	田湘藩	警字第7037号	月　　刊	重庆李子坝扫荡报社内	
阵中文艺	沙　雁	警字第7038号	月　　刊	重庆中一路 384 号	
中国青年	吴克刚	警字第7056号	月　　刊	重庆中一路 206 号	
西南导报	张国瑞	警字第7060号	半 日 刊	重庆上南区马路12号	28.9.11.换发今证
国际导报	陶涤亚	警字第7070号	旬　　刊	重庆大溪沟学田□衡舍	
明日青年	唐国棵	警字第7073号	半 月 刊	重庆张家花园巴蜀新村 5 号	
星期文摘	陶涤亚	警字第7092号	周　　刊	重庆民族路会仙桥	30.5.10.变更登记仍用原证
中国青年记者学会重庆分会学会	田玉振	警字第7093号	月　　刊	重庆罗家湾37号	
慰劳半月刊	简泰梁	警字第7107号	半 月 刊	重庆市党部内	
现代农民	董时进	警字第7116号	旬　　刊	重庆小龙坎	
外交季刊	温宗彝	警字第7125号	季　　刊	重庆中三路 4 号	
中国侨声	甘　沄	警字第7134号	月　　刊	重庆下罗家湾35号	
计政季刊	余成源	警字第7135号	季　　刊	重庆武库街83号	
南开会社经济季刊	南开经济研究部	警字第7136号	季　　刊	重庆沙坪坝南开大学内	

弹花月刊	赵清阁	月刊	警字第7157号	重庆中一路280号	
时代精神	叶溯中	月刊	警字第7158号	重庆江北报国寺上首	
力行月刊	桂永清	月刊	警字第7159号	重庆售珠市	
青年中国	何联奎	季刊	警字第7160号	重庆售珠市	
新意识	曾子铭	半月刊	警字第7175号	重庆张家花园36号	
中苏文化	梁寒操	月刊	警字第7185号	重庆李子坝扫荡报社内	
文学月报	黄洛峰	月刊	警字第7187号	重庆武库街100号	
乐风	胡彦人	双月刊	警字第7188号		
战地知识	夏石农	旬刊	警字第7189号	重庆学田湾生活书店	
行政评论	孙椎迦	月刊	警字第7190号	重庆上南区马路10号	
民族公论	田树滋	月刊	警字第7197号	重庆骡马店街91号后门	
国魂	陈石泉	旬刊	警字第7198号	重庆磁器□中国文化服务社	
新建设	阎云溪	月刊	警字第7201号	重庆张家花园36号	由晋迁渝变更登记
中国教育	唐性天	月刊	警字第7202号	重庆中二路	29.5.22 变更登记
群力月刊	王正鸿	月刊	警字第7203号	重庆川师校中央调查统计局	

文摘战时旬刊	吴道存	旬刊	警字第7204号	重庆复旦大学	由沪迁渝变更登记
难童教养月刊	潘　仁	月刊	警字第7213号	重庆曾家岩明诚中学	
医育季刊	汪元臣	季刊	警字第7214号	重庆青木关教育部	
战时医政	胡定安	月刊	警字第7215号	北碚江苏医学院	
贸易半月刊	杨开道	半月刊	警字第7216号	重庆南岸海棠溪向家坡	
新闻学	沈　锜	季刊	警字第7217号	南泉中正校	
政治建设	田雨时	月刊	警字第7245号	重庆四德里17号	
上海国讯旬刊	薛明剑	旬刊	警字第7250号	重庆张园中华职业教育社内	由沪迁渝变更登记
时代思潮	叶　青	旬刊	警字第7260号	重庆浮图关邮局	
工人读物	吴闻天	半月刊	警字第7261号	重庆新街口11号	
再生旬刊	牟宗三(?)	旬刊	警字第7262号	重庆□家□5号	
经理月刊	周骏彦	月刊	警字第7263号	重庆龙隐镇军需训练班	
陇铎	刘润贤	月刊	警字第7264号	重庆沙坪坝中央大学	
欧亚文化	宋选铨	月刊	警字第7286号	重庆临江顺城街	

边事研究	邱怀鄞	月刊	警字第7287号	重庆商业场西三街1号	由宁迁渝变更登记
学习生活	黄洛宗	半月刊	警字第7289号	重庆武库街100号	
军人魂	魏震华	半月刊	警字第7290号	重庆中四路31号	
抗战□刊	唐性天	月刊	警字第7291号	重庆武库街7号	由鄂迁渝变更登记
经济□报	中央银行经济研究处	半月刊	警字第7313号	重庆中央银行	
儿童月报	林慧卿	月刊	警字第7315号	重庆中一路正中书局	
韩民	严大卫	月刊	警字第7317号	重庆下石板街25号	
英文世界文摘	温广彝	月刊	警字第7313号	重庆青年会9号	
广播周刊	中央广播事业管理处	周刊	警字第7319号	重庆聚兴村5号	
英文半月刊	温广彝	半月刊	警字第7320号	重庆青年会9号	
新认识	莫萱元	月刊	警字第7321号	重庆武库街	
业余无线电	徐恩曾	二月刊	警字第7326号	政治部业余无线电人员战时服务团团部	
民意周刊	叶溯中	周刊	警字第7327号	重庆江北相国寺上首	由汉迁渝变更登记

东北月刊	齐世英	月　刊	警字第7333号	重庆沙坪坝新村4号	
中农月刊	叶琢堂	月　刊	警字第7334号	重庆炮台街6号	
新评论半月刊	周子亚	半月刊	警字第7335号	重庆来龙巷35号	
中国女青年月刊	蒲立德	月　刊	警字第7336号	重庆中央大学	
轮机月刊	陈祺寿	月　刊	警字第7337号	重庆小校场同仁里2号	
中国回教救国协会会刊	王农村	半月刊	警字第7343号	重庆张家园62号	
进步英华周刊	蒋凤征	周　刊	警字第7347号	重庆市	由沪迁渝变更登记
教育短波	何草全	旬　刊	警字第7349号	重庆莱园坝范家花园	由沪迁渝变更登记
社交会堂两月通讯	梅福霖	双月刊	警字第7350号	重庆演武厅社交会堂	29.5.3变更登记换新证
时代妇女月刊	任淑贞	月　刊	警字第7353号	重庆张家花园50号	
世界政治	杨公达	半月刊	警字第7358号	重庆中三路67号	
青年教育月刊	许心武	月　刊	警字第7359号	重庆磁器街47号	
县乡自治月刊	李炳卫	月　刊	警字第7372号	重庆临江路韭菜园2号	由平迁渝变更登记
西南实业通讯	张　群	月　刊	警字第7379号	重庆曾家岩求精中学	

时代论文	蒋凤徵	月　刊	警字第7380号	重庆民生路69号	
时代英文	蒋凤徵	半月刊	警字第7381号	重庆民生路69号	
维鸡画报	李　杰	月　刊	警字第7382号	重庆张家花园12号	
新闻记者月刊	范长江	月　刊	警字第7383号	重庆张家花园65号	
交通月刊	蒋中正	月　刊	警字第7392号	重庆朝天门小河顺城街8号	
文化新闻	鲁觉吾	周　刊	警字第7393号	重庆两浮支路83号	
战工生活	杨卫玉	周　刊	警字第7394号	重庆张家花园56号	
抗战戏剧	沈骏声	月　刊	警字第7425号	重庆民生路147号	
学生之友	许心武	月　刊	警字第7426号	重庆磁器街47号	
战时劳工月刊	朱学范	月　刊	警字第7427号	重庆中一路	
精神动员	国民精神动员委员会	季　刊	警字第7482号	重庆中一路280号	
现代华侨	余俊贤	月　刊	警字第7483号	重庆公园路3号	
读书通讯	刘百闵	半月刊	警字第7484号	重庆磁器口47号	
交通建讯	薛光前	季　刊	警字第7490号	重庆上清寺聚兴村1号	

春季月刊	刘玄一	月刊	警字第7491号	重庆中正路286号	
训练月刊	中央训练团	不定期	警字第7519号	重庆中央训练团训委会	
妇女生活月刊	胡耐秋	月刊	警字第7568号	重庆枣子岚垭优庄26号	
捍卫月刊	郭一予	月刊	警字第7636号	重庆中一路集成印刷所	
中国电影月刊	郑用之	月刊	警字第7646号	重庆中一路244号	
边疆季刊	卜宗孟	季刊	警字第7654号	重庆江北任家花园8号	
航空季刊	陈百屏	季刊	警字第7670号	重庆沙坪坝中央大学	
文艺工作月刊	沈骏声	月刊	警字第7684号	重庆民生路147号	30.5.20 注销
上海童子军教育	赵懋祖	月刊	警字第7697号	重庆张家花园14号	
政治季刊	中政校研究部	季刊	警字第7698号	重庆南温泉白鹤村	30.2.28 由浙迁渝
市政评论	殷□扬	月刊	警字第7719号	重庆	
乐风月刊	熊乐忱	月刊	警字第7720号	教育部音乐教育委员会	
合作评论	尹树生	月刊	警字第7721号	重庆大河顺城街17号	
四川省银行行务月报	罗承烈	月刊	警字第7722号	重庆新桥	

教育与服务	顾开轩	月　刊	警字第7723号	重庆南岸黄角垭	
中国红十字总会会务通讯	中国红十字会总会	月　刊	警字第7724号	小龙坎梅园新村3号	
抗战月刊	司徒德	月　刊	警字第7725号	重庆江家巷9号	
三民主义周刊	林桂圃	周　刊	警字第7726号	重庆体心堂12号	
中国航业月刊	魏文翰	月　刊	警字第7727号	重庆陕西路中国航业学会	
立信会计月报	潘序伦	月　刊	警字第7741号	重庆林森路16号	
陆军经理杂志	陈　良	月　刊	警字第7742号	重庆镇守使署街三号	
驿运月刊	章　勃	月　刊	警字第7743号	重庆交通部驿运总管理处	
人与地半月刊	萧　铮	半月刊	警字第7816号	重庆磁器街34号	
边疆青年月刊	李发涵	月　刊	警字第7817号	重庆磁器街	
军事与政治月刊	向理润	月　刊	警字第7818号	重庆两路口28号	
军需通讯月刊	吴达成	月　刊	警字第7819号	重庆林森路342号	

〔国民党中央执行委员会秘书处档案〕

2. 四川省报纸、通讯社及杂志社登记一览表

（1939年10月——1941年3月）

(1) 四川省报纸一览(1939年10月)

名称	负责人	登记证字号	刊期	地址	备注
中央日报成都分社	张明炜	警字第7059号	日刊	四川成都五世同堂街	
成都新民报	吴景伯	中字第3031号	日刊	四川成都春熙东路	
华西日报	邓汉祥	中字第2659号	日刊	四川成都总府街16号	
成都复兴日报	丁少斋	中字第2666号	日刊	四川成都昌复馆	
成都快报	彭序东	中字第2348号	日刊	四川成都华兴正街83号	
成都新新新闻报	马秀峰	中字第2034号	日刊	四川成都春熙东路中段32号	
捷报	陈济光	警字第6570号	日刊	四川成都熙南路州 6-5 号	
四川日报	陈远光	警字第6548号	日刊	四川成都华兴正街49号	
成都民声报	汤次华	警字第6591号	日刊	四川成都华兴东街56号	
兴中日报	朱彦林	警字第6540号	日刊	四川成都中北打铜街	
时事新刊	张雪崖	警字第6577号	日刊	四川成都南打金街77号	
前锋日报	甘明蜀	警字第7032号	日刊	四川成都西丁字街55号	

人　报	孙翔风	警字第7055号	日　刊	四川成都东玉沙街39号	
南京早报	王若曦	警字第6947号	日　刊	四川成都	
新中国日报	李幼椿	警字第6946号	日　刊	四川成都北新街51号	
飞　报	简　朴	警字第7041号	日　刊	四川成都南纱帽街	
成都新川日报	文劲涛	警字第6777号	日　刊	四川成都中东大街36号	
建国日报	朱彦林	警字第6797号	日　刊	四川成都总府街132号	
党军日报	张国和	警字第6958号	日　刊	四川成都西东大街6号	
成都新闻夜报	冷曝冬	中字第2769号	日　刊	四川成都悦来场40号	
抗建晚报	杨鹭栖	警字第6893号	晚　刊	四川成都青石桥北街	
国难三日刊	刘东父	警字第6571号	三日刊	四川成都王家坝20号	
成都衰报	江剑飞	警字第6606号	五日刊	四川成都春熙路北段2号	
民气周报	蔺大常	警字第7016号	周　刊	四川成都卧龙桥26号	
大声日报	闵剑梅	中字第2675号	日　刊	四川合川县城塔耳门内	
合川日报	刘叔瑜	警字第6892号	日　刊	四川合川柏树街	
合阳晚报	潘树秾	中字第2832号	日　刊	四川合川塔耳门秦家公□	

商　报	萧鲁瞻	中字第2558号	周　刊	四川合川县丁市街	
梁山复兴时报	李心白	警字第6996号	日　刊	四川梁山县东正街20号	
力人日报	程亚夫	中字第3091号	日　刊	四川泸县三牌坊 3 号	
谈言夜报	余礼齐	中字第3109号	日　刊	四川泸县治平路白塔寺	
泸县日报	罗进修	中字第2434号	日　刊	四川泸县南门内忠孝祠	
正雄日报	王级升		日　刊	四川泸县仓街口忠孝路76号	
金岷日报	陈范可	警字第6626号	日　刊	四川宜宾县宜宾公园内	
大　雄　报	张本立	中字第 996 号	日　刊	四川宜宾县石灰街 743 号	
拓　荒　报	万季和	警字第6672号	日　刊	四川宜宾县上巷北街 7 号	
仁寿日报	秦齐三	警字第6682号	日　刊	四川仁寿县城	
正确日报	王幼梆	警字第6496号	日　刊	四川自流井米行街23号	
自贡民报	曾也鲁	警字第6719号	日　刊	四川自贡市石塔上街47号	
新运日报	董仙洲	警字第6945号	日　刊	四川自流井正街兴华书局	
乐至日报	余衔泽	警字第6907号	日　刊	四川乐至民众教育馆	
川南建设报	王　権	中字第3906号	日　刊	四川乐山县上土桥街 8 号	

嘉陵江日报	卢子英	中字第2666号	日刊	四川巴县北碚乡	
南充民众日报	吴 □	警字第6723号	日刊	四川南充县清江楼	
隆昌日报	陈永怡	警字第6720号	日刊	四川隆昌县老街32号	
川东晚报	王作用	中字第3040号	晚报	四川万县环城路	

（2）四川省通讯社一览（1939年10月）

名称	负责人	登记证字号	刊期	地址	备注
中央通讯社成都分社	冯志翔	警字第7018号	日刊	四川成都春熙路17号	
民国通讯社	周开庆	中字第2199号	日刊	四川成都	
成都民智新闻社	米砚田	中字第1956号	日刊	四川成都东华南街54号	
蜀光通讯社	郑祥兰	中字第2165号	日刊	四川成都上北打金街48号	
成都民生通讯社	叶恕沧	中字第2442号	日刊	四川成都北署袜街旧交涉署	
四川通讯社	黄伯君	中字第2770号	日刊	四川成都青石桥北街7号	
成都新闻编译社	王白兴	中字第3039号	日刊	四川成都总府街民亨里3号	
川康通讯社	刘墨荀	警字第7031号	日刊	四川成都兴华正街20号	

阆中县民智通讯社	王泊九	警字第6705号	日刊	四川成都将军街46号	
神州通讯社	陈炳麟	警字第6970号	三日刊	四川成都将军街46号	
星芒通讯社	蒋慕岳	中字第3124号	六日刊	四川成都盐道街41号	
远东新闻通讯社南京总社	许　超	警字第7097号	日刊	四川江北县塘头镇	
大足通讯社	沈受之	中字第2380号	日刊	四川大足县党部	
中国西部边疆新闻编译社	周素董	中字第3123号	日刊	四川中山中街佳宾公园事务所	
川陕鄂边区通讯社	赵星洲	警字第6997号	日刊	四川阆中	
南京通讯社	葛润斋	中字第3836号	日刊	四川江北县	由京迁此
叙永护国通讯社	戴微枝	警字第6693号	日刊	四川叙永县砖城街	
蜀西通讯社	张开元	警字第6610号	三日刊	四川温江县正街	
雒声通讯社	华绍元	中字第2987号	三日刊	四川广汉县党部内	

（3）四川省杂志社登记一览（1941年3月）

名称	负责人	刊期	登记证字号	地址	备考
射洪党务旬刊	邓泽民	旬刊	文字第262号	四川省太和镇	
知行杂志	曾椎松	半月刊	文字第653号	成都春熙路东段33号	
雅江周刊	曾笨民	周刊	文字第654号	洪雅县财政委员会内	
民众周刊	包伯阳	周刊	文字第655号	邻水县县立民教馆	
统一评论	叶道信	周刊	警字第4979号	成都祠堂街189号	29.4.12注销
政声	洪图炳	半月刊	警字第6530号	成都署袜化北街39号	同上
前进	杨群	周刊	警字第6535号	成都北纱帽街11号	28.12.14注销
国难三日刊	刘东父	三日刊	警字第6571号	成都王家坝20号	29.1.5注销
前导旬刊	刘健符	旬刊	警字第6579号	成都奎星楼街2号	28.12.14注销
蓬安县党务旬刊	张立卿	旬刊	警字第6624号	蓬安县县党部	
防空季刊	黄云鹏	季刊	警字第6627号	成都四川省防空协会	29.1.5注销
战时文化杂志	陈文治	旬刊	警字第6655号	成都春熙西段17号	
叱咤文艺社	李化栋	半月刊	警字第6663号	合川南津街	

流火文艺月刊	张之农	半月刊	警字第6742号	荣县花巷子憩磬宅	
学生新闻	谭庶潜	周刊	警字第6743号	成都内姜街63号	28.12.14注销
抗战评论	陈旭辉	旬刊	警字第6749号	成都中西顺城街127号	29.1.5注销
四川市政研究	邱致中	半月刊	警字第6750号	成都市民众教育馆	23.12.14注销
妇女正谊周刊	何知言	周刊	警字第6760号	成都四川省党部内市妇女会	
民教旬刊	杨若堃	旬刊	警字第6762号	平民教育促进会四川分会	
杂说月刊	朱思桢	月刊	警字第6763号	成都新街后巷子号	29.1.5注销
大江半月刊	田自远	月刊	警字第6774号	成都蜀华中学校	29.1.5注销
抗敌周刊	王淳	周刊	警字第6792号	四川五通桥	
建国旬刊	朱彦林	旬刊	警字第6793号	成都下中东大街崇德里三号	28.12.14注销
大邑县旬刊	汪入岐	旬刊	警字第6801号	大邑县正东街县党部	
达县商业周刊	李海梁	周刊	警字第6822号	达县布市街达县商会	
战教周刊	张绍尹	周刊	警字第6894号	成都宁夏街35号	
新教育旬刊	四川省教育厅	旬刊	警字第6895号	成都督院街教育厅	29.1.5注销

精诚旬刊	严　肃	旬　刊	警字第6940号	成都署袜北街58号	29.1.5注销
成都战时学生旬刊	萧　愉	旬　刊	警字第6941号	成都祠堂街96号	
中央畜牧兽医季刊	陈之长	季　刊	警字第6942号	成都南门外农业改进所血清制品厂内	
倡导周报	杨培君	周　刊	警字第6943号	成都商业街12号	29.5.5注销
三民主义旬刊	许群立	旬　刊	警字第6944号	成都东胜街34号	
时代知识	赵哲矩	周　刊	警字第6969号	成都新集商场8号	29.1.5注销
笔阵周刊	刘盛亚	周　刊	警字第6988号	成都泡桐街15号	
更生旬刊	刘　雄	旬　刊	警字第7012号	成都岳府街23号	
国际与中国	张维城	月　刊	警字第7087号	成都大红土地庙61号	
农林新报	汪冠群		警字第7090号	成都华西坝金大农科院	28.10.7.变更登记
万县民众旬刊	史秉铃	旬　刊	警字第7091号	万县一马路文庙	
建国画报	董家骥	旬　刊	警字第7106号	成都祠堂街西南经济社	
齐鲁大学校刊	张子圣	月　刊	警字第7114号	成都齐鲁大学内	原名齐鲁大学通讯
温江乡村建设	王国璠	月　刊	警字第7142号	温江县乡村建设委员会	

佛化新闻	许了一	周　刊	警字第7172号	成都桂花街40号	
学术月刊	蔡玉彬	月　刊	警字第7173号	成都厅署街32号	
四川教育视导月刊	章柳泉	月　刊	警字第7174号	成都老玉沙街	
通俗文艺	周　文	五日刊	警字第7177号	成都布后街	
西部文艺月刊	杨斯因	月　刊	警字第7194号	成都光华街89号	
田家半月报	孙天锡	半月刊	警字第7242号	成都四圣祠华英书局	由鲁迁川重新登记
先锋半月刊	郑克敉	半月刊	警字第7366号	成都上南大街72号	
布道杂志	陈崇桂	月　刊	警字第7372号	万县枇杷坪福音堂	
电信界月刊	邱关瑾	月　刊	警字第7465号	成都文庙前街71号	
郫县党务月报	李适如	月　刊	警字第7472号	郫县县党部	
郫县地方教育季刊	聂德风	季　刊	警字第7504号	郫县县政府左侧	
荣县民众周刊	杨雪池	周　刊	警字第7505号	荣县民众教育馆	
华西文艺月刊	王佩玱	月　刊	警字第7510号	成都青莲巷48号	
野马文艺月刊	熊西蒙	月　刊	警字第7511号	成都联升巷12号	

地方自治半月刊	邓文仪	半月刊	警字第7522号	成都祠堂街33号	
西南研究	闻在宥	季刊	警字第7546号	成都华西大学	
责善半月刊	顾颉刚	半月刊	警字第7563号	成都华西坝	
大众航空	简朴		警字第7564号	成都东城根街23号	
宪政半月刊	熊子骏	半月刊	警字第7565号	成都老玉纱街52号	
政衡半月刊	胡乃文	半月刊	警字第7575号	成都斌升街2号	
希望月刊	郑子良	月刊	警字第7576号	成都四圣祠堂街20号	
防空季刊	黄国昌	季刊	警字第6627号	成都奎星楼街1号	30.2.15 重行登记
忠勇月刊	蔡玉彬	月刊	警字第7751号	成都八宝街73号	
文化导报旬刊	屠兆祥	旬刊	警字第7755号	成都祠堂街	
政教旬刊	四川民教两厅	旬刊	警字第7757号	茶店子120号	
畜牧兽医月刊	陈之长	月刊	警字第7759号	成都血清制造厂	
抗战科学月刊	叶衍鑫	月刊	警字第7760号	成都上桑里1号	
燕风月刊	梁德端	月刊	警字第7761号	成都北门北巷子31号	

〔国民党中央执行委员会秘书处档案〕

3. 云南省报纸、通讯社及杂志社登记一览表

（1939年10月——1941年3月）

（1）云南省报纸一览（1939年10月）

名称	负责人	登记证字号	刊期	地址	备注
云南民国日报	汪颂鲁	中字第1011号	日刊	云南昆明市华山南路157号	
民生日报	李光西	中字第1779号	日刊	云南昆明市二靡街60号	
云南新报	邓质彬	中字第1404号	日刊	云南昆明市东寺街	
云南新商报	王谱仙	中字第1406号	日刊	云南昆明市福照街市商会内	
云南均报	殷奇僧	中字第1405号	日刊	云南昆明省城护国路281号	
云南义声报	李钜栽	中字第1447号	日刊	云南昆明财政厅印刷局	
云南社会新报	龙子敏	中字第2379号	日刊	云南昆明劝学巷41号	
云南复旦日报	杨宝昌	中字第2334号	日刊	云南昆明昇平波永历帝碑侧	
大无畏报	李仁辅	中字第2378号	日刊	云南昆明市土主庙巷3号	

云南西南日报	沈圣安	中字第2377号	日　刊	云南昆明市武庙街90号	
中央日报昆明分社	袁业裕		日　刊	云南昆明市华山南路38号	
新滇报	殷　钟	中字第2464号	日　刊	云南昆明府东街40号	
云南日报	陈王科	警字第6915号	日　刊	云南昆明文庙横街东口	
朝　报	王公韬	警字第6914号	日　刊	云南昆明华山南路	
益世报	牛若望	警字第7015号	日　刊	云南昆明圆通街67号	
益世晚报	牛若望	警字第6916号	日　刊	云南昆明圆通街67号	
宣威周报	李顺棋	警字第7054号	周　刊	云南宣威县党部	
个旧曙光报	苏继尹	中字第2007号	三日刊	云南省个旧县党部 709 号	
开远国民日报	孙秉权	中字第2219号	周　刊	云南开远县党务指导委员会	
墨江周报	许恒之	中字第2402号	周　刊	云南墨江县指导委员会印刷	
东声间日报	冷惠然	警字第6840号	间日刊	云南昭通县南城内新民街	

(2) 云南省通讯社一览(1939年10月)

名　称	负责人	登记证字号	刊　期	地　址	备　注
中央通讯社昆明分社	潘仲鲁	警字第6954号	日　刊	云南昆明市武成路67号	
益世海外通讯社	牛若望	警字第6917号	周　刊	云南昆明市圆通街□7号	

(3) 云南省杂志社登记一览(1941年3月)

名　称	负责人	刊　期	登记证字号	地　址	备　考
民众公论	林　铮	周　刊	中字第1793号	昆明大东城门脚8号	
云南民众外交后援会周刊	卢迪身	周　刊	文字第286号	云南省党务指委会	
南声半月刊	贺瑞章	半月刊	文字第302号	昆明马市口元良书报社	
南蒙周刊	周振民	周　刊	文字第312号	蒙自县旧镇署内	
昆明县民周报	李鉴三	周　刊	文字第320号	昆明县平正0115号	
女　光	孙文删	不定期	文字第321号	云南省党务指导委员会	

洱训导周刊	王家虞	周刊	文字第349号	洱县城抚州会馆	
文艺季刊	李寒毅	季刊	警字第6580号	昆明城隍庙街新书局	
民众周刊	李世昌	周刊	警字第6581号	景东县城内民众教育馆	
民意周刊社昆明发行社	叶溯中	周刊	警字第6623号	该刊在重庆出版，特制纸版寄滇翻印	
新动向半月刊	陈玉科	半月刊	警字第6713号	昆明文庙横街第108号	
西南边疆月刊	凌纯声	月刊	警字第6798号	昆明昆华民众教育馆	
墨江半月刊	邬齐德	半月刊	警字第6817号	墨江县	
时衡半月刊	喻　兖	半月刊	警字第6869号	昆明青云路0246号	
青年公论	刘志襄	半月刊	警字第6891号	昆明甘公祠粟宽仁巷	
今日评论	钱瑞升	周刊	警字第6907号	昆明青云路169号	
航空译刊	周至柔	月刊	警字第6926号	昆明市该刊社	
联合通讯月报	毛吟槎	月刊	警字第7035号	昆明市刊	
气□月报	陈秉仁	月刊	警字第7036号	昆明测候所	联合通讯发行处
北平图书季刊	袁同礼	季刊	警字第7089号	昆明市该刊社	由平迁滇变更登记

新工程月刊	沈立孙	月　刊	警字第7149号	昆明小东门外青门巷20号	
教育与科学	张　缘	月　刊	警字第7265号	昆明教育会内	
云南实业通讯	龙志舟	月　刊	警字第7316号	昆明中国国货公司转	
贵州学生	黄德椿	月　刊	警字第7340号	昆明青龙巷贵州会馆	
建水县生活周刊	李长年	周　刊	警字第7415号	建水县县党部	
华侨生活月刊	庄铭渊	月　刊	警字第7416号	昆明北门街2号	
诗与艺文	杨绍廷	月　刊	警字第7530号	昆明正义路646号	
商友周刊	严燮臣	周　刊	警字第7557号	昆明福照街	
警钟季刊	邱振声	季　刊	警字第7627号	缅宁南大街	
大众画报	甘汝棠	旬　刊	警字第7756号	昆明华山南路185号	
电影旬刊	苏兆润	旬　刊	警字第7764号	昆明华山南路35号	
戏友旬刊	陈豫源	旬　刊	警字第7765号	昆明华山南路96号	
民族思潮	李思齐	月　刊	警字第7776号	昆明青云街	
建国学述	袁丕佑	月　刊	警字第7811号	昆明中国学术研究会	

〔国民党中央执行委员会秘书处档案〕

4. 贵州省报纸、通讯社及杂志社登记一览表

（1939年10月——1941年3月）

（1）贵州省报纸一览（1939年10月）

名　　称	负责人	登记证记号	刊　　期	地　　　　址	备　注
贵阳中央日报	王亚明	警字第6816号	日　　刊	贵州贵阳六广门外高家园	
革命日报	王力航	中字第2481号	日　　刊	贵州贵阳中华北路23号	
贵阳商务日报	张畲龄	中字第2842号	日　　刊	贵州贵阳中华路17号	
新清镇报	罗叔进	警字第6722号	三 日 刊	贵州清镇县县政府内	

（2）贵州省通讯社一览

名　　称	负责人	登记证字号	刊　　期	地　　　　址	备　注
平民通讯社	李超然	警字第7050号	日　　刊	贵州贵阳福德街67号	
贵阳黔光通讯社	蓝克安	中字第2994号	日　　刊	贵州贵阳南华路贯珠桥	
中央贵阳分社	萧蔚民	警字第7048号		贵州贵阳南京路永乐里9号	
贵西通讯社	戴朗星	中字第3085号	日　　刊	贵州安顺□学坝孔庙内	

(3) 贵州省杂志社登记一览(1941年3月)

名称	负责人	刊期	登记证字号	地址	备考
新大夏月刊	王裕凯	月刊	警字第6775号	广阳大夏大学	
中华评论	祝昌钟	半月刊	警字第6853号	贵阳文化路25号	
农村建设	杨徽年	双月刊	警字第685[illegible]号	贵阳飞山街公字83号	
建国评论	罗志渊	半月刊	警字第6857号	贵阳尚京路永乐里	
现代邮政	龙达夫	月刊	警字第7049号	贵阳□门路42号	
抗建半月刊	张定华	半月刊	警字第7110号	贵阳元通寺41号	
黔邮月刊	邬清芬	月刊	警字第7196号	贵阳中华北路23号	
防空军人	程式	半月刊	警字第7247号	贵阳防空学校	
精忠月刊	孙剑逸	月刊	警字第7452号	贵州都匀	
卫育月报	李章赓	月刊	警字第7470号	贵阳西门外新村路	
通校月刊	通信兵学校	月刊	警字第7518号	贵州麻江通信兵学校	
战士月刊	韩汉英	月刊	警字第7559号	贵州独山邮局转	

〔国民党中央执行委员会秘书处档案〕

5. 国民党中央宣传部与各地党部直属的报社、通讯社分布地点及负责人名单

(1940年？)①

(1) 中央通讯社总分社主管人员名册

名　称	所在地	职别	姓名	备　注
中央通讯社总社	重庆	社长	萧桐兹	
重庆分社	重庆	主任	何树元	
成都分社	成都	主任	崔心一	
贵阳分社	贵阳	主任	萧蔚民	
昆明分社	昆明	主任	翁　平	
桂林分社	桂林	主任	徐纯粹	
广州分社	曲江	主任	梁乃贤	
长沙分社	长沙	主任	唐继清	
南昌分社	赣州	主任	陈熙范	
西安分社	西安	主任	丁履进	
兰州分社	兰州	主任	陈万里	
迪化分社	迪化	筹备员	陈万里	（在筹备中）
上海分社	屯溪	主任	汤有真	
恩施分社	恩施	主任	徐恕宇	
洛阳分社	洛阳	主任	黎友民	
永安分社	永安	主任	袁振宇	

① 此件时间未标明，似是1940年前后形成的文件。

天津分社	界首	特派员	沈琢吾	随军组组织
宁夏分社	宁夏	主任	丁继昶	
沅陵分社	沅陵	主任	黄一新	
美洲分社	纽约	主任	汤德吕	
伦敦分社		主任	任玲逊	
印度分社	新德里	主任	佘捷元	
华盛顿办事处		特派员	卢祺新	
伦敦办事处		特派员	林咸让	
日内瓦通讯处		特派员	王冷檐	
莫斯科办事处		特派员	吴倚泉	
衡阳通讯处	衡阳	特派员	萧宏宇	
长沙随军通讯组		特派员	胡定芬	
老河口随军通讯组		特派员	范世勤	
叶县随军通讯组		特派员	李筱梅	
上饶随军通讯组		特派员	张明烈	
云和随军通讯组		特派员	盛维荣	
吉县随军通讯组		特派员	李足月	
文山随军通讯组		特派员	范式之	
歙县随军通讯组		特派员	陆永喜	
绥西随军通讯组		特派员	王华灼	
立煌随军通讯组		特派员	张元尘	
大理随军通讯组		特派员	彭河清	

贵阳准备总台	贵　阳	工程师	黄履中	

（2）中央宣传部直辖报社主管人员名册

报社名称	所在地	职别	姓名	备注
中央日报	重　庆	社　长	陶百川①	
成都中央日报	成　都	社　长	张明炜	
贵阳中央日报	贵　阳	社　长	王亚明	
贵阳中央日报芷江书社	芷　江	主　任	房沧浪	
昆明中央日报	昆　明	社　长	钱沧硕	
福建中央日报	永　安	社　长	林炳康	
福建中央日报福州书社	福　州	主　任	翁礼维	
广西中央日报	苍　梧	社　长	徐咏平	
中央日报湖南分社	邵　阳	主　任	段梦晖	
安徽中央日报	屯　溪	社　长	冯有真	
武汉日报	恩　施	社　长	宋漱石	
中山日报	韶　关	社　长	吴公九	
中山日报梅县分社	梅　县	主　任	陈燮勋	
西京日报	西　安	社　长	胡天册	
西京日报南郑分社	南　郑	主　任	何凤地	
西康国民日报	康　定	社　长	段公爽	
青海民国日报	西　宁	社　长	尹尚谦	
宁夏民国日报	宁　夏	社　长	张荣绶	

① 直辖党报名单为胡健中。

（3）直辖实验简报一览表

所在地	名称	负责人
四川白沙	白沙实验简报社	张仲衡
四川南川	南川实验简报社	李震涛
湖北崇阳	崇阳实验简报社	陈　鹏
湖北襄阳	襄阳实验简报社	郑嘉烈
湖北黄冈	黄冈实验简报社	向近侯
陕西黄龙山	黄龙山实验简报社	宋寿彭
陕西宁陕	宁陕实验简报社	李培棠
陕西朝邑	朝邑实验简报社	董正宇
江西铜陂	铜鼓实验简报社	帅　健
江西奉新	奉新实验简报社	熊在墀
江西都昌	都昌实验简报社	曹　钟
江西乐安	乐安实验简报社	詹光寰
广西兴业	兴业实验简报社	庞家赋
广西田东	田东实验简报社	黄赓南
广西平乐	平乐实验简报社	黄允平
贵州遵义	遵义实验简报社	杨治亚
贵州铜人	铜仁实验简报社	曾宪文
贵州安顺	安顺实验简报社	胡星柏
浙江于潜	浙西日报	吴一飞
西康甘孜	甘孜实验简报社	孙悦岩

西康巴安	巴安实验简报社	蒋永和
绥远东胜	东胜实验简报社	高存仁
河北阜平	阜平实验简报社	胡仁奎
宁夏阿拉善旗	阿拉善旗实验报社	薛恭五
宁夏黄渠桥	黄渠桥实验简报社	边振芳
甘肃酒泉	酒泉实验简报社	李上林
甘肃拉卜楞	拉卜楞实验简报社	绳景信
甘肃安西	安西实验简报社	曹金文
河南淮阳	淮阳实验简报社	陈克定
河南西华	西华实验简报社	高照临
河南临汝	临汝实验简报社	李孝慈
河南唐河	唐河实验简报社	徐耀宇
山西吉县	吉县实验简报社	许　斌
福建连城	连城实验简报社	郭骥飞
福建宁化	宁化实验简报社	伊爵言
福建浦城	浦城实验简报社	章复心
广东广宁	广宁实验简报社	李家驹

（4）省市党报名单

所在地	名称	负责人
南平画锦坊	东南日报	胡健中
建瓯	大成日报民主报联合社	朱宛邻

立煌	皖报	杨馆荪
衮溪	皖报	萧继宗
泰和	江西民国日报	刘已达
泰和	大众日报	程宗宣
赣县	赣南民国日报	聂仲元
宜春	赣西民国日报	李中定
景德镇	赣北民国日报	周沛馥
新会	四邑民国日报	赵仲铭
揭阳	赣东民国日报	陈特向
阳江	两阳民国日报	陈应槐
茂名	高州民国日报	赖　汉
惠阳	惠州民国日报	黄湘涛
雷州	雷州民国日报	苏六民
桂林	广西日报	黎　蒙
柳州	柳州日报	董成熙
南宁	民国日报	黄　楚
梧州	梧州日报	陈　炎
天保	天保日报	□□□
怀集	怀集日报	邓耀琦
昆明	云南民国日报	聂克雷
鲁山	河南民国日报	吕奥义
龙州	甘肃民国日报	杨德翘

榆林	陕北日报	荆宪生
西安	西北文化日报	李贻燕
西安	西安晚报	郭紫峻
伊盟扎萨旗	民众日报	刘锡骥

(5) 各地重要报社名单

所　在　地	名　　　称	负 责 人
上饶	前线日报	马树礼
昆明	云南日报	张克诚
昆明	朝　报	王公弢
昆明	扫 荡 报	李诚毅
昆明	正 义 报	彭大伯
桂林	扫 荡 报	易健吾
衡阳	大 刚 报	毛健涟
长沙	阵中日报	彭国栋
恩施	新湖北日报	谢然之
黄冈项泉庙	新湖北日报	谢然之
西昌	宁 远 报	张敩品
鲁山	河洛日报	史梅岑
洛阳	前 锋 报	刘冠儒
甘肃西峰镇	新陇东报	钟竟成
西安	西北文化日报	李贻燕

西安	西京平报	李芝亭
西安	华北新闻社	
云河	正　　报	吴望伋
永康碧湖赵村	浙江日报	严北溟
赣县	正气日报	蒋经国
绥远陕坝	奋斗日报	傅作义
桂林	大 公 报	□文彬
迪化	新疆日报	宋念慈
成都	新中国日报	

〔国民党中央宣传部档案〕

6. 重庆市书店概况登记表

（1942年　月　日）

省县别	书名名称	地　址	设立年月	资金总额	政治背景	主持人	去年出书数量	自备印机　否	最难及最易销售书刊	职工总数	分支店数
重庆	现代图书公司	林森路35号	28.9.3	34,000		毛介仁					
重庆	中国图书杂志公司	林森路37号	28.	31,000		朱养路					
重庆	独立出版社	江北香国寺	27.3.16	15,000		潘公展	51种			32	无
重庆	重庆钟山书店	林森路132号	30.1	20,000		徐兰卿					
重庆	益新书店	林森路144号	30.5	1,200		江粱灏					
重庆	振华书店	道门口	29.1	4,000		诸掀之					
重庆	善成堂书店	陕西街151号				傅用平					
重庆	民智书店	陕西街194号	30.11	13,000		钱云轩					
重庆	新亚图书社	信义街80号	26.	400		趣怀聚					
重庆	天晴书摊	信义街52号	26.	800		刘清泉					

重庆	新生图书文具公司	民族路216号		10,000		戴仁遥					
重庆	欣欣书店	上清寺95号	29.11	2,000		庄世信					
重庆	知识服务社	上清寺58号	30.11	15,000		蒋一前					
重庆	国讯书店	□家花园56号				孙在康					
重庆	大时代书店	川盐三里10号	28.	100,000		许性初					
重庆	经纬出版社	林森路334号	30.			毛庆祥					
重庆	大陆图书公司	柴家巷口	31.3	56,000		陈汝言					
重庆	南京商场书报部	中一路63号	31.3	2,000		孙淑卿					
重庆	中国文化服务总社	磁器街	27.	5,000,000		刘伯闵	49	无		523	
重庆	文林出版社	冉家巷13号	31.2	5,000		方学武				7	
重庆	正中书局	北碚金刚坪	22.8	4,000,000	本党	吴秉常	100种			17	
重庆	军学编译社	弹子石大佛段59号	28.7	150,000	本党	齐　廉			设印机工厂	97	西安、成都、贵阳等设分店

重庆	正大文具社	民族路1329号		100,000		陈啸沧					
重庆	文学书店	新生市场	30.11	20,000		任必成					
重庆	文风书局	新生市场		20,000		刑逸梅					
重庆	五十年代出版社	新生路40号	32.3	16,300		郑美修					
重庆	会文堂书店	保安路217号		2,000		乐俊夫					
重庆	上海书店	保安路217号		2,000		祝左纯					
重庆	秀鹤书店	夫子池模范区105号		5,000		沈成才					
重庆	大同书店	天主堂街1号	27.	1,500		周余桢					
重庆	东方书店	民生路24号	26.	1,800		王可庄					
重庆	读书生活出版社	民生路188号	29.11	3,000		吴毅潮					
重庆	建华图书出版社	林森路26号三楼				陈隆璋					
重庆	德记书店	民生路93号	20	6,000		刘千卿					
重庆	拔堤书店	民生路101号	18.11	400,000		萧赞育				15	

重庆	华中图书公司	民生路101号	20.1	100,000		唐性天					北碚设支店
重庆	振亚书店	民生路108号	30.10	2,000		陈振羽					
重庆	新民书店	民生路110号	30.1	10,000		王　玉					
重庆	新知书店	民生路	28.11	2,000		徐　伟					
重庆	新生命书局	民生路									
重庆	新华日报营业部	民生路108号									
重庆	北新书局	民生路170号	15.	20,000		罗□朴					
重庆	五洲书店	中一路184号	27.8	1,000		吴东平					
重庆	三友书店	中二路128号	29.	1,000		庄□庵					
重庆	文华书店	民生路128号	31.2	50,000		潘序怀					
重庆	双江书屋	民生路66号	31.4	400		颜乐宇					
重庆	万有书店	米亭街18号	28.	400		彭时忠					
重庆	世江书摊	米亭街26号	28.	200		周世江					
重庆	丛林书店	米亭街43号	21.	3,000		彭金华					

重庆	丛 书 社	米亭街40号	21.	2,000		尹茂山					
重庆	怀志书店	米亭街48号		400		彭炳城					
重庆	增庆书摊	米亭街44号		100		李增庆					
重庆	信义书店	米亭街42号	30.8	250		刘忠信					
重庆	匡文书店	米亭街46号	27.3	600		柯仲安					
重庆	互生书店	沙坪坝正街77号	28.	300		柳 静					
重庆	华西书店	沙坪坝	26.	30,000		庄世荣					
重庆	青年书店	小龙坎	27.12.20	437,401		雷□尚				274	
重庆	自力书店	北碚广州路13号		30,000		刘为屏					
重庆	建国书店	北碚南京路24号	28.1	20,000		杜召棠					
重庆	新新书店	北碚中山路86号	27.	10,000		尚高津					
重庆	北新书局	北碚中山路70号				罗文辉					
重庆	正华书局	北碚	30.9	30,000		马先亭					

重庆	黎明书店	南温泉		集股		谢允庄					
重庆	文化商店	南温泉	29.1			毛受益					
重庆	鼎新贸易行		29.1			王贵颖					
重庆	中国编译出版社	新生路特5号	31.1	5,000		温广□					
重庆	新民旧书店	民族路新川门口	30.12	800		徐方谷					
重庆	建华园书局	林森路566号	30.	300		李建华					
重庆	民国书店	民生路304号	30.12	3,000		祝左纯					
重庆	进文书店	民权路新生市场内	31.1	1000,000		贺　君					
重庆	兄递书店	连花街1号	30.12	10,000		陈　森					
重庆	南方印书馆	民权路37号	31.								
重庆	建国书店	林森路寨家巷口	30.1	50,000		唐秉彝					
重庆	罗办臣琴行书报部	第一模范市场		4,000		张宝森					
重庆	文友书社	临江路108号		2,000		黄兰亭					

重庆	志英书店	米亭街38号	27.	300		蔡子英				
重庆	受古书店	米亭街32号	25.	300		柯品海				
重庆	大中华书店	米亭街35号	18.	3,600		彭君衡				
重庆	ABCD图书社		30.12	3,000		冯忆之				
重庆	时兴潮书局	沙坪坝正街	30.1	50,000		陶成宽				
重庆	文正书店	歌乐山成渝公路20号		1,200		萧志愃 朱阴恩				
重庆	全记书店	鼎新街29号		500		全人则				
重庆	藏文书斋	新生路特15号		200		周方□				
重庆	公平文具社	新桥街42号		10,000		江礼定				
重庆	武学书店	中正路								
重庆	文信书局	保安路107号								
重庆	旧书摊	钱房街87号		100		王占云				
重庆	旧书摊	信义街29号		600		许充全				
重庆	旧书摊	米亭街52号		300		彭择沛				

重庆	旧书摊	民生路67号				彭士玉				
重庆	旧书摊	龙门浩尤驱路 179 号		200		张金泉				
重庆	旧书摊	弹子石桥街42号		200		周光明				
重庆	旧书摊	弹子石正街7 号		200		中熙堂				
重庆	上海杂志公司无限公司	民生路 136 号	27.4	140,000		张静庐				

省县别	书店名称	地　　址	设立年月	资金总额	政治背景	主持人	去年出书数量	职工总数	备　注
重庆	商务印书馆重庆分馆	白象街		5,000,000		王诚彭			
重庆	中华书局重庆分局	民族路41号	10.	15,000		朱复初			
重庆	中国文化服务社重庆分社	民生路 109 号	27.11	50,000		龚　亚			
重庆	青年书店民生路门市部	民生路 133 号							

重庆	上海杂志公司重庆支店	民生路136号	27.4	140,000		张静庐			
重庆	大东书局重庆分局	民生路147号		上海总店供给		朱子佳			
重庆	正中书局重庆分局	民生路52号	27.2	14,000		钱云舟			
重庆	正中书局重庆中一路支局	中一路201号	28.1	14,000		王天放			
重庆	上海龙门联合书局重庆分局	张家花园6号	27.9	20,000		张锦洪			
重庆	中国文化服务社林森路供应站	林森路101号	31.4	由总站供给					
重庆	上海杂志公司沙坪坝分店	沙坪坝	27.11	6,000		陈汝言			
重庆	中国文化服务社沙坪坝支社	沙坪坝	29.	100,000		查著刚			
重庆	商务印书馆沙坪坝支馆	沙坪坝正街44号	28.4	10,000		张芝恒			
重庆	青年书店小龙坎分店	小龙坎	27.12	400,000		严国君			

重庆	欣欣书店沙坪坝支店	沙坪坝正街147号	29.	80,000		刘为屏			
重庆	中国文化服务社北碚支社	北碚南京路12号	30.2	20,000		卢德安			
重庆	华中图书公司北碚支店	北碚南京路11号	30.2	20,000		唐性文			
重庆	中国文化服务社黄□桠支社	北碚南正街	29.6			蒋惠泉			
重庆	二二五童子军书报用品社	民生路鲁祖庙4号	27.	4,000	教育	范赓鉴			
重庆	读书生活出版社重庆分社	民生路188号	27.	3,000		刘沙卿		14	
重庆	新亚书店重庆分店	天主堂街	27.	5,000		高从云			
重庆	开明书店	保安路	27.	上海总店供给		黄祥麟			总店上海
重庆	生活书店	民生路73号	27.5	150,000		薛迪锡		18	总店上海
重庆	世界书局	民生路71号	10.	6,000		朱梦楼			
重庆	复兴图书社	临江路		1,000		徐变辉			

重庆	湖南中华书笔庄	上清寺	31.4	800		彭勉之			收买旧书
重庆	秋水书屋	中三路 198 号	31.5	3,000		黄季虬			
重庆	礼华书店	中三路 269 号		2,000		郭筱勤			
重庆	晓小书店	中三路 240 号		3,000		彭玉波			
重庆	中央文化驿站门市部	中三路 218 号		15,000		沈岚初			
重庆	黄山书店	沙坪坝14号							
重庆	秋星书店	沙坪坝	26.	3,000		孙思明			
重庆	中正书店	歌乐山成渝公路20号							
重庆	作家书屋	白象街88号				姚蓬子			
重庆	勤益图书文具社	林森路特16号	31.4	10,000		陈南渔			
重庆	自生书店	中央公园							
重庆	前衣书斋	新生路特 5 号		5,000		容尉生			
重庆	胜利出版社	保安路 170 号				印维廉			

重庆	正谊书店	民生路79号	31.7	30,000		方萃亭			
重庆	七七书店	民生路80号							
重庆	新生书店	民生路98号							
重庆	军用图书社	民生路169号							
重庆	军学书局	鲁祖庙新6号							
重庆	陪都书店	大同路1号							
重庆	文化生活出版社	民族路新生市场27号	31.5	10,000		田一文			
重庆	立信合计图书用品社	林森路16号							
重庆	文摘出版社	临江路川盐三里10号							

〔国民党中央宣传部档案〕

7. 成都市书店概况登记表

（1942年）

省县别	书店名称	地　　址	设立年月	资金总额	政治背景	主持人	去年出书总数	职工总数	备　注

四川成都市	开正书店	春熙东路34号	29.6.20	10,000		黄子璞		2	
四川成都市	开明书店	祠堂街64号	15.10	29,180		冯月樵	高初中教科书	28	于用西乐山等四十县设代销处
四川成都市	国魂书店	祠堂街	28.7.7	10,000		左宏禹	青年党之书刊	7	
四川成都市	成城出版社	石马巷19号	28.9.15	32,000		姜　信		102	
四川成都市	众志书店	四维巷	29.1	50,000		黄大白		5	
四川成都市	路明书店	半边桥街	31.2.21	5,000		林稚巢			
四川成都市	青年读书社	东城根街41号	28.3	1,200		李汝樵		2	
四川成都市	读者书店	东城根街 167号	31.3.8	2,000		皮考怀		2	
四川成都市	阙文书店	东城根街	31.1	3,000		刘述林		4	
四川成都市	草原书店	东城根街	31.1.20	3,000		胡振平		3	

四川成都市	中国文化研究站书报流通线	东城根街	31.2.22	50,000		李载华		4	
四川成都市	知生书店	同　上	31.11	6,000		张留仁		2	
四川成都市	远光书店	同　上	30年下季度	15,000		李贞观			
四川成都市	文中书店	同　上	30.10.9	4,000		姚文享		3	
四川成都市	菁华书店	祠堂街	19.	5,000		傅寿民		16	
四川成都市	新明书店	玉带桥街51号	2.	1,000		薛新民		1	
四川成都市	荆关拾遗斋	玉带桥街22号	25.	200		吴钧可		1	
四川成都市	正兴山房	白丝街38号	27.	300		廖正扬		1	
四川成都市	协心山房	玉带桥街8号	27.1	10,000		傅少辉		2	
四川成都市	新新书社	玉带桥街50号	28.6	1,000		吴志成		2	

四川成都市	西维书店	玉带桥街12号	24.	1,000		阮云株		3	
四川成都市	聚华堂	白丝街17号	12.	200		马江泉		1	
四川成都市	学众书店	横陕西街	25.1	300		陆治铭		1	
四川成都市	华西书店	外南小天竺街	31.1	1,000		蒋正伦		3	
四川成都市	农民书店	建国南街	30.8	300		阎若雨		3	
四川成都市	旭民书店	半边桥街36号	31.3	3,300		徐景灵		4	
四川成都市	蔡益所	白丝街59号	8.	200		蔡泽臣		1	
四川成都市	维新书店	玉带桥街28号	28.	300		赵明德		1	
四川成都市	友生书店	东城根街77号	25.	5,000		许鸿德		5	
四川成都市	紫　村	东城根街 205号	31.3	1,000		冷钟广		3	
四川成都市	微微书店	东城根街28号	30.10	5,000		孙建业		2	
四川成都市	明达书店	玉带桥街44号	30.8	1,000		严明道		1	

四川成都市	成纪书店	西玉龙街 210 号	25.1	4,000		苏成纪		1	
四川成都市	文中书店	东城根街 130 号	30.11	550		姚文亭		3	
四川成都市	文龙书店	玉带桥街29号	28.	1,000		阚文龙			
四川成都市	利文书局	春熙路北段51号	27.5	8,000		王立勋		6	
四川成都市	同盟书局	祠堂街	31.7	2,000		张钟方		4	
四川成都市	启文书局	春熙路北段57号	31.9.12	30,000		李树屏		5	
四川成都市	华星书局	祠堂街	31.1.2	8,000		陈期鉴		5	
四川成都市	新群书店	祠堂街	29.8.13	5,000		孙成斌		2	
四川成都市	大新书店	祠堂街	30.1	7,000		田野萍		7	
四川成都市	智源书店	同上	31.8	14,000		皮乃安		6	
四川成都市	戴记道德书店	祠堂街	31.2.1	8,400		戴子明		4	
四川成都市	铁风出版社	祠堂街 100 号	29.8.14	由航空委员会拨		浦家麟	空军书籍	50	
四川成都市	莽原出版社	祠堂街 125 号	31.4	20,000		姚树南	文艺书籍	9	

四川成都市	乐群图书局	春熙路北段56号	16.	2,000		钱北岷		5	
四川成都市	合计新智书店	祠堂街31号	31.1.1	70,000		杨钜卿		12	
四川成都市	大东书局	春熙路北段	9.	4,000		薛乐三		5	
四川成都市	蓝新书局	青石桥	15.	8,000		张光霞		5	
四川成都市	大同文化社	祠堂街	31.3.6	90,000		曾少书		5	
四川成都市	大地书店	祠堂街	31.9	30,000		田野萍		4	
四川成都市	四达书店	祠堂街	31.3	25,000		穆纯耀		8	
四川成都市	仰风书局	中山路103号	30.2	4,000		王骏成			
四川成都市	兴中书店	中山路22号	27.5	8,000		姜伯猷			
四川成都市	建国书局	中山路	31.2	10,000		葛宗兰			
四川成都市	学习园地		31.6	1,000		杨仕富		2	
四川成都市	锦章书局	青石桥北街	3.	10,000		徐子霖		7	
四川成都市	明德书庄	学道街71号	元年	900		巫子宪			
四川成都市	至诚书局	走马街15号	20.	1,500		王元甫			

四川成都市	蜀秀山房	学道街3号	光绪初年	900		荀沛青			
四川成都市	未名书铺	祠堂街201号	30.5	2,000		时有恒			
四川成都市	中央军学图书馆	春熙东路	23	1,000		袁　亮			
四川成都市	亚光文化社	春熙东路17号	1.	1,000		张光衍			
四川成都市	文贵书店	西大街153号	3.	1,000		张文贵			
四川成都市	永森书店	西御西街15号	6.	3,000		段永森			
四川成都市	仲记书店	长顺中街11号	30.	2,000		闵文仲			
四川成都市	云亭书店	指挥街29号	元年	5,000		钟云亭			
四川成都市	菇古书局	学道街85号	20.3	10,000		黄致祥			
四川成都市	博文堂	学道街23号	光绪末年	1,000		钟为祥			
四川成都市	尚古堂	青石桥北街24号	15.	2,000		钟兆源			
四川成都市	源记书庄	卧龙桥街13号	20.	2,000		魏文学			
四川成都市	成文斋	卧龙桥街43号	15.	2,000		王成文			

四川成都市	天禄书斋	青石桥南街73号	30.	1,000		刘远航			
四川成都市	福泽书屋	西玉龙街24号	25.	1,000		罗福泽			
四川成都市	温记书店	西玉龙街 192号	16.	2,000		温开祥			
四川成都市	和记书庄	卧龙桥街35号	28.	1,000		李海云			
四川成都市	公记守经堂书林	纯化街	26.	8,000		严仁斋			
四川成都市	用斋书店	状元街 110 号		8,000		叶用之			
四川成都市	集古书局	西玉龙街217号		3,000		傅全榜			
四川成都市	绵青书店	东城根中街86号	15.5	1,000		唐义廷			
四川成都市	大有书店		19.5	1,000		张森廷			
四川成都市	华文书庄	卧龙街32号	20.	1,000		冯诚明			
四川成都市	三元堂	卧龙桥59号	元年	900		汪德九			
四川成都市	广益书局	春熙路	22.	5,000		陈韶春			
四川成都市	志诚书屋	中纱帽街30号	25.3	2,000		吴道祥			

四川成都市	钦託斋	西玉龙48号	26.	1,000		王德鹏			
四川成都市	学儒堂	学道街65号	28.	700		郭学儒			
四川成都市	聚宝斋	东打铜街58号	3.	1,000		谭申铨			
四川成都市	文渊堂古书店	东城根街203号		180		孙文渊			
四川成都市	横渠书社	青石桥北街150号		3,000		张海鹏			
四川成都市	保山书店	东城根下街165号	10.	300		钟保山			
四川成都市	涪中书店	东城根下街100号	28.	300		黄宪璋			
四川成都市	文林书店	东城根96号	28.	600		吴泽民			
四川成都市	志古堂	学道街24号		5,000		王新培			
四川成都市	华利书店	总府街34号	3.	3,000		陈煦初			
四川成都市	华兴书店	城守东大街34号	3.	2,000		陈德兴			
四川成都市	洪源书店	东城根街200号	25.	300		麦玉冰			

四川成都市	鹤龄书屋	东城根中街16号	3.	1,000		陈鹤龄			
四川成都市	集古斋	青石桥南街95号	28.	2,000		刘鉴廷			
四川成都市	文益堂	学道街94号	设立已80余年	2,000		郑伯彬			
四川成都市	沛然书屋	西御西街5号	23.	2,000		王沛然			
四川成都市	四部堂	西玉龙街228号	15.	1,000		陈海云			
四川成都市	肇经堂	学道街128号	设立已百年老店	4,000		裘肇经			
四川成都市	复真堂	忠烈祠东街25号		5,000		唐赞先			
四川成都市	评古山房	西玉龙街31号	20.	1,000		郭汉勋			
四川成都市	正古堂	卧龙桥街34号	20.	3,000		吴少康			
四川成都市	知见堂	西玉龙街129号	25.	2,000		严百川			
四川成都市	闲存斋	棉花街42号	光绪元年	2,900		陈希尧			
四川成都市	松廷书庄	西玉龙桥	15.	1,500		杨松生			

四川成都市	理放纷斋	西玉龙桥22号	25。	1,000		白玉峰			
四川成都市	荣生书店	丝棉街68号	30。	1,000		许德根			
四川成都市	聚粹斋	西玉龙街84号	28。	600		赖祥云			
四川成都市	文集书林	青石桥北街3号	20。	900		吴益森			
四川成都市	学古斋	半边桥北街22号	15。	1,900		黄春富			
四川成都市	鸿宝书社	东城根东街95号	20。	2,000		吴鸿宝			
四川成都市	荷马书社	春熙南路46号	30。	1,000		罗静波			
四川成都市	守正书斋	督院街70号	30。	3,900		宋惠黎			
四川成都市	鸿发书店	西御东街77号	15。	500		李鸿发			
四川成都市	祥记书庄	西御西街19号	30。	2,000		廖祥裕			
四川成都市	清雅斋	白丝街19号	16。	2,000		王位中			
四川成都市	崇古山房书斋	青石桥南街73号	元年	1,000		刘远航			
四川成都市	渊雅堂	羊市街195号	10。	1,000		张渊雅			

四川成都市	仁昌书屋	卧龙桥17号	25.	2,000		刁仁昌			
四川成都市	复兴书店	丝棉街56号	30.	1,500		刘凤笙			
四川成都市	清古书屋	西玉龙街64号	8.	900		宋德辉			
四川成都市	二二五童年书报用品社成都分社	祠堂街64号	27.	2,000		严志豪			
四川成都市	新亚特约经理处	祠堂街		1,000		马幼华			
四川成都市	中华书局祠堂街经售处	祠堂街		1,000		袁少玉			
四川成都市	东方书社	祠堂街17号	27.	800		王畹芗			
四川成都市	自治书画社	南御街125号	10.			王心如			
四川成都市	群力文化社	祠堂街		4,000		蒋显廷			

〔国民党中央宣传部档案〕

8. 桂林市书店概况登记表

(1942年　月　日)

省县别	书店名称	地　　址	设立年月	资金总数	政治背景	主持人	去年出书总数	职工人数	备　　注

桂林市	军民书店	桂西路56号	30.4	100,000		冯岗南	8	6	长沙、衡阳设分店
桂林市	武学书馆	桂西路	30.9			王鑫铭			渝、蓉、衡、兰四处设分店
桂林市	科学书店	桂西路74号	30.2	50,000		宋乃公		16	
桂林市	建设书店	桂西路7号	28.4	30,000		钟星云		6	南宁设分店
桂林市	新生书店	中北路148号	28.	10,000		李科荣	2	3	
桂林市	文化供应社	桂西路	28.11	10,000		陈劭先	2		
桂林市	白虹书店	中南路75号	30.	20,000		杨铁如	4	7	与生活书店有关
桂林市	前导书局	中南路171号	27.6	10,000		赵淑君	2		
桂林市	唐文南书局	中南路143号	18.8	15,000		唐敬轩		3	
桂林市	国防书店	中南路107号	30.4	50,000		黄兴平	7	13	
桂林市	万有书店	太平路23号	30.11	10,000		贺季润	10		
桂林市	强记书店	依仁路	30.3	1,000		朱少安			
桂林市	实学书局	榕荫路27号	20.4	10,000		蒋亦北			
桂林市	学友书店	中北路164号	30.10	2,000		陈明诚		2	
桂林市	群益书店	中北路184号		700		颜树声			

桂林市	大地图书公司	中北路 119 号	30.7	20,000		颜铁输	1		
桂林市	良友图书社	中北路 125 号	30.6	4000		严雄涛			与生活书店有关
桂林市	二酉书店	中北路 192 号	30.12	15,000		俞逸仙			
桂林市	三户图书社	中北路	29.3	16,000		（贺尚华）张德萱	1	11	与生活书店有关
桂林市	大公书店	中北路93-3	30.11	15,000		沈盛天		6	
桂林市	生路书店	中南路 182 号	27.2	20,000		陈　卓	5	4	
桂林市	东方图书公司	桂西路20号	28.11	30,000		张鸿钧			
桂林市	时代书局	桂西路22号	27.	2,900		张文庭		3	
桂林市	春秋书店	桂西路48号	21.7	2,000		凌度年		3	
桂林市	中国书店	中北路91-8号	20.5	10,000		孙　陵		5	
桂林市	南国书店	桂东路	30.9	10,000		徐晓云			
桂林市	供应书店	中北路	29.10	400		曹厚础			
桂林市	军用图书社	桂西路	27.9			何慕蔺			
桂林市	供应书社	中北路	29.10	800		俞逸仙			

桂林市	桂林大时代书局	中南路179号	28.4	100,000		丁镜心			
桂林市	会文堂新记书局	太平路	16.	不定		王根林	1		总店上海
桂林市	新亚书店桂林分店	棠梓巷10号	30.1			黄云飞	3		总店上海
桂林市	开明书店桂林办事处	环湖北路17号	27.3			陆联棠			总店上海
桂林市	强华书店	西华路	30.2			杨保福		3	总店南宁
桂林市	新知书店	太平路20号	27.11	2,800		（许静）华应中	20		总店上海
桂林市	正兴公司大路出版公司	太平路23号	30.			五忍庵	4		总店上海
桂林市	上海杂志公司	桂西路8号	27.11	25,000		张斐然（张鸿志）	3	11	总店上海
桂林市	北新书局	桂西路26号	27.11			王金声		12	总店上海
桂林市	中华书局	桂西路25号	28.8	5,000		樊振秋		12	总店上海

桂林市	文化生活出版社桂林分社	江东路福隆街32-6号	30.	20,000		李尧棠			
桂林市	世界书局	桂西路46号	30.5			桃钜堂		10	总店上海
桂林市	康健书店办事处	太平路23号	30.7	3,000		陈振名			
桂林市	光明书店桂林办事处		28.4			周润波	4		总店上海
桂林市	龙门联合书局桂林分局	桂西路87号	30.6	50,000		严中华			总店上海
桂林市	商务印书馆支馆	桂西路	27.			徐礼川			总店上海
桂林市	大时代书局	中南路179号	28.4	10,000		丁镜心			总店上海
桂林市	文献出版社			70,000		夏长贵		7	
桂林市	大华图书公司	桂西路24号	28.	70,000		邵伯祥		7	
桂林市	西风分社					罗允希			
桂林市	联合书店	桂西路33号	31.			章仲珊		7	总店广州湾

桂林市	中华书局	大中路	元年	由总公司供给		魏克孚		5	全售学校教科书
桂林市	商务印书馆	大中路	7.			奚慎修		12	
桂林市	青年书店桂林分店	中南路 165 号	28.	61,000		王菊犹		15	
桂林市	拔提书店	桂西路29号	27.11	10,000		萧躬生		5	
桂林市	正中书局桂林分局	桂西路68号	27.3			周洸正		10	
桂林市	中国文化服务社广西分社	桂西路17号	30.4	50,000		符　浩		5	

〔国民党中央宣传部档案〕

(二)新　闻　统　制

一、新闻统制法规

1. 行政院公布之《随军记者及摄影人员暂行规则》

（1937年12月13日）

第一章　总　　则

第一条　新闻记者及摄影人员欲随军工作，须由报馆或通讯社填具姓名、履历，并附二寸半身照片三份，呈由中央宣传部审查合格，转请军事委员会发给随军证。

第二条　凡经军事委员会派遣之随军记者或摄影人员，不受第一条之限制，但须由该记者呈报中央宣传部备查。

第三条　远离军事委员会地域，如临时发生战事，当地记者或摄影人员欲随军工作，得由各该地军事当局酌发临时随军证，并须将此项随军记者及摄影人员姓名、履历及有关事项呈报军事委员会备案。

第二章　随军记者及摄影人员之纪律

第四条　随军记者及摄影人员须严守纪律，服从军令，并受战地军事长官之监督指挥。

非经军事委员会或战区司令长官署核准之时机或地区，不得前往采访。

第五条　各地军事长官对于违背纪律之随军记者及摄影人员，得按情节之轻重，依法惩处，并须将办理经过呈报军事委员会备案。

第三章　新闻与影片之检查

第六条　随军记者及摄影人员采访之新闻与拍取之影片，须受检查。

第七条　随军记者及摄影人员进入或离去战区时，其所携物品须受检查。

第四章　待　　遇

第八条　各地军事当局对于在最前线之随军记者及摄影人员，得给予军粮。

第九条　各地随军记者及摄影人员工作上及输送情报上所须之便利，得予以协助。

第十条　各运输机关，如有随军记者及摄影人员请求附乘军用车船时，得予以免费。

第五章　外籍随军记者及摄影人员

第十一条　外籍记者及摄影人员（敌国国籍除外）如欲取得随军地位时，须先经各该国使领馆或军事代表之正式介绍，再由外交部核准，并须依照第一条之规定办理。

第十二条　凡经核准之外籍记者及摄影人员，须遵守本规则各项之规定。

第六章　附　　则

第十三条　本规则有未尽事宜，由军事委员会修正之。

第十四条　本规则自公布之日施行。

〔国民政府档案〕

2. 国民党中央宣传部拟定之《中外新闻记者战地采访管理办法》草案

（1938年）

甲　总　　则

一、管理中外新闻记者战地采访一切事宜，适用本办法之规定。

二、审定中外战地记者应分审查、签约、给证三项步骤。业经审定之战地记者，其行动应有适当限制，并应予以应享之权利及应有之奖惩。

乙 审 查

一、本国新闻记者须得其代表报社正式证明其为确实在该报社工作人员，并有一年以上战地采访经验者，始得申请为战地记者。外国新闻记者除须得其代表报社同样证明外，应在外交部正式登记后，始得申请为战地记者。

二、申请手续，由申请记者填具申请书一式贰份，连同其代表报社之证件，送呈中央宣传部审查。

三、中央宣传部审定中外记者申请，合格后应即将原申请书一份及其代表报社之证件存查，另一份转送军政部战地宣传办事处，一面通知申请记者，办理签约及给证手续。

四、如审查不合格，即将原申请书及证件退回申请记者。

丙 签 约

一、申请记者接到中央宣传部通知后，应即持同原通知函亲至军政部战地宣传办事处签订约定书。

二、此项约定书应填具一式三份，分由中央宣传部、军政部战地宣传办事处及申请记者保存。

丁 给 证

一、签订约定书后，即由军政部战地宣传办事处签发军事委员证明书，证明为审定战地记者，并通电全国各战区司令长官部登记。

二、审定战地记者出发战地，应事先持同证明书至军政部战地宣传办事处申请签注。其申请签注时，应声明所拟出发日期，前往地点，经过路线，拟留战地期间，是否携带照相机等。该办事处如考虑其请往地点可准予前往，即在原证明书空页上一一将其声明各项签注交执。

三、到达战地时，记者应将证明书向该战区司令长官部缴验。

四、一次出发只应作一次用途，记者如欲作第二次出发时，应另行申请军政部战地宣传处签注。

五、记者如在前线签注期满，得由战区司令长官部延续其逗留期间，在其证明书空页上注明之。

六、此项证明书如于途次遗失时，应由该记者立即报告该战区司令长官部及重庆军政部战地宣传办事处，并登报声明。

七、此项证明书有效期间定为一年，期满时应由该记者缴送军政部战地宣传办事处申请展期或注销。外国记者离华以前亦应将证明书缴销。

戊 限 制

一、审定战地记者一律给予名誉军职，并隶属军政部战地宣传办事处受其指挥。出发战地时，应穿着军队制服，并佩带颁给之特种符号，以资识别。（外国记者已得同盟国驻华军部审定穿着该国军服者，亦须另颁此项特种符号佩带之。）

二、凡女记者不得前往在作战之前线，并不得参加空袭采访。

己 权 利

一、审定战地记者出发战地时，得请求军政部战地宣传办事处给以交通上之便利。军政部战地宣传办事处于接受请求筹妥交通工具后，应即通知申请记者前往指定出发地点，并规定其准许携带行李之重量。

二、战地各司令部应供给战地记者膳宿及交通工具。

三、审定战地记者得随时向军政部战地宣传办事处采询及证实军事消息，并参加特别新闻会议。

四、战地司令部应准许战地记者利用军用电话、电报及军邮等传递电讯。

五、上项电讯得请求军政部战地宣传办事处收受后转送该记者代表报社之驻渝分社，或于通过检查后转发国外。其电费偿付办法，可于各该记者出发前妥定之。

六、外国记者得请求军政部战地宣传办事处酌派翻译人员陪导前赴战地，以每记者二人派翻译一人为限。

七、战地记者在战地患病时，由司令部军医予以免费医护。

庚　奖　惩

一、战地记者所发电讯如有歪曲事实或用暗语传达消息，藉以欺朦检查人员获得放行等情事发生时，应即取消其一切应享权利。倘情节严重，得加逮捕，交军事法庭裁判。

二、中外记者如配合作战报道而有贡献者应予奖励之，其奖励办法另订之。

辛　附　则

一、本办法应呈请中央常务委员会及国民政府军事委员会分别备案。

二、本办法自颁布之日起实行。

〔国民党中央宣传部档案〕

3．军委会政治部为施行《新闻检查规程及违检惩罚暂行办法》致国民党中央宣传部公函

（1938年9月8日）

国民政府军事委员会政治部公函　治办机字第六十一号

查最近各地新闻言论异常庞杂，往往破坏宣传统一，妨害抗战国建，故际兹非常时期统制新闻亟关重要。兹为加强效率起见，特拟订《非常时期新闻检查规程及违检惩罚暂行办法》一份，拟请贵部审酌通令施行。相应抄同该办法一份，函达查照，办理见复为荷！此致

中央宣传部

附非常时期新闻检查规程及违检惩罚暂行办法一份

部　长　陈　诚

中华民国二十七年九月八日

非常时期新闻检查规程及违检惩罚暂行办法

甲　检查规程

一、各省市新闻检查所检查新闻之范围依照二十六年修正新闻检查标准、二十七年修正战时新闻禁载标准及宣传品审查标准之规定，并遵照各该省市主管军政长官临时指示办理之。

二、凡在各省市印行之日报、晚报、小报、通讯社稿及其增刊、特刊、号外等于发行前均须将全部稿件无论社评、专论、专电、通讯、特讯、特写、专访、信件及其他一切副刊文字并广告等一律送由各该新闻检查所检查。

三、中央社之稿件除交发者外，余均一律送由新闻检查所检查。

四、外埠驻各省市记者所发消息，应一律将原稿送由各该新闻检查所检查后方允拍发（由各新闻检查所通知各地电检所照办）。

五、凡经各新闻检查所检查之稿件，除准予刊载者加盖检查讫章发还外，其不妥者照下列办法分别处理之：

1。一部份不妥者予以删改，并加盖删改章发还之；

2。全部不妥者予以免登，原稿不发还；

3。凡未至发表时期之消息予以缓登，并将稿件留所存查，俟至可予发表时期始行发还，或通知发表之。

六、各报社每次送检稿件须将同样稿缮送两份，以一份留所存查，其发还之件须保留十日，以备稽考。

乙　违检惩罚暂行办法

一、各报社不遵照检查规程送检，但尚无登载违背禁令之消息者，按其日数之多寡，予以下列之惩罚：

1. 初次不送检者，予以书面警告；

2. 警告后仍不送检者，按其不送检之次数，予以加重处罚；

3. 加重处罚后仍不送检者，予以永久停刊。

二、各报社不遵照检查规程送检而有登载违背禁令之消息者，得视情节之轻重，予以上款之处分。

三、各报社、通讯社新闻及言论如有泄露特种机密及妨害抗战建国者，以危害国家论罪，不适用本办法。

四、本办法所定各种惩罚，除上条外，其余各种惩罚均由各该新检所报请当地主管机关执行。

〔国民党中央宣传部档案〕

4. 吴国桢为检送《外籍新闻记者注册证规则》事致董显光函

（1938年12月1日）

显光副部长吾兄勋鉴：兹奉上本部外籍新闻记者注册证规则一份，至祈詧收备用为荷。专泐。并颂

时祉

附外籍记者注册证规则一份

弟　吴国桢上

十二、一

外交部颁发外籍新闻记者注册证规则（1938年8月18日）

第一条　凡外籍新闻记者，如欲在中国境内执行记者职务，应呈请本部情报司发给注册证。

第二条　请领注册证者，应先填具请领注册证事项表，附缴本人最近二寸相片三张，并缴该国领事馆所发之身份证明书。代表一个以上之新闻报社之记者应分别请领注册证，但每一注册证

得适用于事项表内所填明之该报社任何收报地点。

第三条　请领注册证者，应每证随缴注册手续费国币二元。

第四条　本部情报司对于请求发给注册证者，如查有违反我国出版法令行为或对我国有恶意宣传之行为时应予拒绝，其已领之注册证应予取消。

第五条　注册证有效时期自发给之日起以两年为限，期满重新请领。

第六条　领有注册证者，得径向交通部请领新闻电报凭照。

第七条　本规则对于非外籍而系代表外国新闻报社之记者，除第二条关于身份证明之规定外，亦一律适用之。

第八条　本规则如有未尽事宜，得随时修改之。

第九条　本规则自公布之日起施行。

〔国民党中央宣传部档案〕

5. 抗战时期检查外国记者新闻电报准则

（1939年）

一、我国新闻记者拍发新闻电讯，有下列各项之一者，一律删改或扣留之，但已经政府当局公开发表者不在此限。

甲、军事方面

1. 有关国防计划者；

2. 有关军事秘密者；

3. 部队之番号、驻防地点及长官姓名；

4. 部队之调动情形；

5. 敌军实力及战略之判断；

6. 敌机轰炸之结果。

乙、财政方面

1. 凡国际借款易货及其他一切与对外贷款有关者；

2. 内外债务之处理；

3. 币制及金融上之措施；

4. 金银之运送；

5. 国外捐输情形。

丙、交通方面

1. 决定而未经实施或正在进行尚未完成之一切交通建设计划；

2. 有关国防及国际交通要道之设施情形。

丁、实业方面

1. 有关国防之工业设施情形；

2. 后方新兴工业之设施情形。

二、凡本准则未经规定事项及临时特殊事项，无法适用本准则时，检查员应随时向主管长官请示决定之。

三、本检查工作，取公开方式，凡遇应予删改或扣留之电文，检查员应先以最迅速方法通知原发电记者，说明删扣理由。

四、凡应删改之电文，应将原电及其存底之应删字句，明确划明，然后盖戳送发。

五、各记者发电应缮成一式四份，一份存中宣部国际宣传处，一份存新闻邮电检查所，一份由电报局拍发后存查，一份由原记者存查。

〔国民党中央宣传部档案〕

6. 国民党中央秘书处检送《战时新闻检查局组织大纲》及《新闻检查办法》致各省市党部代电

（1939年6月17日）

中国国民党中央执行委员会秘书处代电

各省市党部钧鉴：案准军事委员会电：为奉令设立战时新闻检查局，集中管理全国新闻检查事宜，检附该局组织大纲及新闻检查办法请查照。并转知各省市党部等由。除报告中央常会并电复外，特检同原附各件电达查照。中央执行委员会秘书处。

附战时新闻检查局组织大纲及战时新闻检查办法各一份。

中华民国二十八年六月十七日

战时新闻检查局组织大纲

第一条　战时新闻检查局（以下简称本局）隶属于军事委员会，并受中央宣传部之指导，办理抗战期间全国新闻检查事宜。

第二条　本局设局长一人，综理局务，副局长一人，襄理局务。

第三条　本局设置设计委员会，由局长聘请各关系机关主管人员五人至七人为委员，负计划改进新闻检查之责。

设计委员会每周开会一次，由本局局长或副局长主席。

第四条　本局设主任秘书一人，副主任秘书一人，秘书二人，承局长、副局长之命，办理机要文书之撰拟、稿件之综核及其他局长、副局长交办事项。

第五条　本局设指导、情报、事务三科，每科设科长一人，干事、书记、司书若干人，其各科职掌如下：

甲、指导科——掌理关于法规之撰拟，各地新闻检查工作之指导及考核，中外报纸之审查与违检之处分等事项；

乙、情报科——掌理关于情报之搜集与编纂、报社之调查统计及与各机关情报交换事项；

丙、事务科——掌理关于总务及不属于各科文书事项。

第六条　本局视各省市事实之需要，设立新闻检查所，统承本局之命，办理各该地新闻检查事项，其组织条例另订之。

第七条　本局服务规程及办事细则另订之。

第八条　本大纲如有未尽事宜，得由局呈请修正之。

第九条　本大纲自核准之日施行。

战时新闻检查办法①

一、遵照蒋委员长手令，将现有军事委员会新闻检查机构改组设立战时新闻检查局，集中管理战时全国新闻检查事宜。

二、为期新闻检查业务在战时推行顺利计，战时新闻检查局隶属于军事委员会，至组织训练及技术上之责任由中央宣传部负之。

三、战时新闻检查局局长由中央宣传部、军事委员会派员分任之。

四、战时新闻检查局之经费，以原有中央检查新闻经费为基础，其不敷之数由军事委员会核拨之。

五、各地新闻检查所人事与经费，悉由战时新闻检查局统筹办理，并应注意提高检查员之素质。

六、新闻检查应依据中央核定之"新闻检查标准"、"战时新闻禁载标准"及中央宣传部与战时新闻检查局临时之指示办理，至于两项标准之运用与内容应如何更使具体化，由战时新闻检查局与各关系机关商办之。

七、战时新闻检查局之职员，以调用为原则，必要时得遴选适当人才专任之。〔国民政府社会部档案〕

7. 国民党中央执行委员会检发《未设邮电检查所地方党政军机关临时检查邮电暂行办法》的通告

（1939年6月20日）

中国国民党中央执行委员会通告

案准军事委员会函：兹由本会制定未设邮电检查所地方党政军机关临时检查邮电暂行办法，除分别函令外，检同该暂行办法函请查照，并转饬遵照等由。准此，除分行外，特检发该项暂行

---

① 于民国二十八年六月一日经国民党第五届中央常务委员会第一二二次会议备案。

办法一份，仰即遵照，并转饬所属一体遵照为要。

上通告

各省市党部

附发未设邮电检查所地方党政军机关临时检查邮电暂行办法一份

中华民国二十八年六月二十日

未设邮电检查所地方党政军机关

临时检查邮电修正暂行办法

一　军事委员会办公厅特检处未设邮电检查所地方党政军机关，得依照本办法临时检查邮电。

二　党政军机关临时检查邮电，须先呈准军事委员会，并将核准文件抄送邮电局。如情形紧急，亦须将业经呈报向当地邮电局声明，方可准其检查。

三　党政军机关临时检查邮电，均应使用明戳。惟在游击区域或战区附近，得可使用暗戳。前项戳记使用及更换时，均应将印模呈报军事委员会备查。

四　党政军机关临时检查邮电，须于每月底将本月份检扣及抄录之件，列表呈报军事委员会查核，如查有性质重要而有时间性之邮电，须立送本会办公厅特检处核办。

五　党政军机关所派临时检查邮电人员，须开具详细履历，送军事委员会办公厅特检处备查，并受该处之指挥。

六　党政军机关临时检查邮电，于军事委员会派员设所或设办事处时即须停止，但仍可派员参加检查工作。

七　当地邮电局于党政军机关开始及终止检查工作时，均须报由交通部转函军事委员会备案。

八　本办法于民国二十八年六月修正施行。

〔国民政府社会部档案〕

7. 行政院抄发《邮电检查施行规则》致侨务委员会训令

（1939年7月10日）

行政院训令

令侨务委员会

案准军事委员会本年六月二十九日办制渝字第五八八号公函开："兹由本会制定邮电施行规则暨组织规程应即通饬施行，除分别函令外，相应检同该规则规程函请贵院查照，并饬所属一体遵照"等由。准此，除函复并分令外，合行抄发原件令仰遵照，并转饬所属一体遵照。此令。

计抄发邮电检查施行规则暨组织规程各一份〔组织规程略〕

院长　孔祥熙

中华民国二十八年七月十日

〔侨务委员会档案〕

8. 国民党中央宣传部检送书店印刷店登记办法意见书的函

（1939年11月30日）

顷准内政部警政司函开："查此次会商取缔书店印刷店发售违禁书刊并籍书店印刷店为开会接洽之掩护机关一案，当经讨论结果，由中央图书杂志审查委员会先行拟具书店印刷店登记办法草案，再行开会商讨，并嘱本部提供意见。兹经拟具意见一份，相应函送查核发交该会参考办理为荷"。等因。相应检附原意见书一份，函达查照为荷！此致

中央图书杂志审查委员会

附意见书一份

中央宣传部宣传指导处启

中华民国二十八年十一月三十日

对于拟订书店印刷店登记办法之意见

一、办法标题似应称为“书店印刷店管理办法”。

二、凡为书店或印刷店之营业者，无论专业或兼业，均应依本法呈请登记后方准营业，其在本办法施行前已为营业者，应规定限期依本办法补请登记。

三、书店之定义应明白规定，对于书贩书摊似可除外。

四、书店印刷店资本均应分别为相当额数之限制。

五、书店应将经售出版书刊目录每一个月送请检查一次，印刷店承受委托印刷物时应开印刷物目录，送请检查。

六、书店及印刷店内之开会接洽，应有特别限制。

七、登记及取缔，由当地主管行政机关办理，转报内政、经济两部，并由内政部函达中央宣传部。

八、违反本办法之处分，除出版法已有规定可通用者外，应规定停业(定期停业)、歇业(永久停业)或其他相当处分。

九、现行“检查书店发售违禁出版品办法”及“印刷店承印未送审图书杂志原稿取缔办法”规定事项，均应归于本办法之中，以免法令繁复。

〔中央图书杂志审查委员会档案〕

10.国民党中央秘书处抄送《邮电检查施行规则》与《电报检查所组织规程》致社会部公函

(1939年7月18日)

中国国民党中央执行委员会秘书处公函　渝(28)机密第9261号

案准军事委员会函，为制定邮电检查施行规则暨邮件检查所组织规程，电报检查所组织规程送请查照，并转饬遵照等由。经报告中央第一二五次常会备案，除分行各党部知照外，特检同各该项条文函达，即希查照为荷。此致

中央社会部

附邮电检查施行规则、暨邮件检查所、电报检查所组织规程各一件

中华民国二十八年七月十八日

邮电检查施行规则

第一条　国民政府军事委员会为镇压一切反动、监视敌方间谍，并防止危害国家，扰乱治安，破坏国防外交之一切阴谋起见，对全国国营邮电局邮件电报及专用无线电台，均得施行检查。

第二条　邮件电报检查，应检举者如次：

甲、关于敌方间谍谍报之件；

乙、关于汉奸活动之件；

丙、关于宣传与三民主义不相容之主义者；

丁、关于挑拨离间、希图分裂抗战建国力量及破坏本党设施者；

戊、关于危害民国、破坏国防及外交者；

己、关于造谣惑众、希图扰乱地方治安者；

庚、关于泄漏党务、军事、政治应守之秘密者；

辛、关于奸人盗匪及有可疑之点者；

壬、可供军事、政治、外交等之参考而应搜集之件。

第三条　为集中事权，所有各地国营邮电局、邮件电报及专用无线电台检查事宜，由军事委员会办公厅秉承委员长之命，统筹办理。

第四条　办公厅为实施全国邮电检查，设立特检处，承主任

之命，主管全国邮电检查事项。但关于党务、国防、外交、治安方面有关事项，应与中央宣传部、中央社会部、及军令、军政、外交、政治各部主管处切取联系，于必要时，并受各该部之指导。

特检处之组织及办法细则另定之。

第五条　办公厅特检处为实施邮电检查，应于全国各重要城市设立邮件电报检查所，其组织规程另定之。

第六条　办公厅特检处为实施专用无线电台之检查，应于全国各重要城市，择要于各检查所内附设无线电侦察台及无线电检查人员，其实施办法另定之。

第七条　办公厅特检处对于次要城市，或临时警备地区，认为有施行邮电检查必要时，亦得参照第五条邮电检查所组织，并于所内酌设电报检查员一——二人，以分别检查之。

第八条　凡办公厅特检处未设所地方，该地党政军机关，如有检查邮电必要时，应先呈请军事委员会核准后方得施行，其办法另定之。

第九条　本规则于民国二十八年六月再行修正施行。

邮件检查所组织规程

第一条　本规程依据邮电检查施行规则第五条规定之。

第二条　凡重要城市均应设立邮电检查所（以下简称本所），负各该地邮件检查之责，其组织分一、二、三等，视邮区之情况分别设立之。

关于次要城市之邮电有检查必要时，得参照本条前项规定之各等组织，增设电报检查员一——二人，设所合并办理，由办公厅特检处酌情规定之。

第三条　本会直隶于军事委员会办公厅特检处，但关于紧急事项得商承当地高级党政军机关处理之。

第四条　本所设置下列各职员：

所　长

审查员

技术员

检查员

办事员

司　书

第五条　各职员之职掌如下：

所长承办公厅特检处处长之命，综理全所事宜；审查员承所长之命，承办检获邮件之审查事宜；技术员承所长之命，承办邮件检查之技术事宜；检查员承长官之命，分掌指定地段之邮件检查事宜；办事员承所长之命，掌理所内文书、会计、庶务事宜；司书承长官之命，办理缮写事项。

第六条　所长及审查员、技术员、检查员由特检处呈请任用之，其余人员由所长呈请委派，各当地机关参加人员须呈请军事委员会核准。

第七条　本所各等组织之编制如附件。

第八条　本所之服务细则，由办公厅特检处订定之。

第九条　本规程于民国二十八年六月再行修正施行。

电报检查所组织规程

第一条　本规程依据邮电检查施行规则第五、第六两条规定之。

第二条　凡重要城市均应设立电报检查所（以下简称本所），负各该地电报检查之责，依当地事实需要，于所内附设无线电侦察台与无线电检查人员

第三条　本所直隶军事委员会办公厅特检处，但遇紧急事件，得商承当地高级党政军机关处理之。

第四条　本所设置下列各职员：

所　长

技术员

检查员

办事员

司　书

第五条　各职员之职掌如下：

所长承办公厅特检处处长之命，综理全所事宜；

技术员承所长之命，办理侦察无线电及研究密码事宜；

检查员承所长之命，分掌指定地段之有无线电报检查事宜；

办事员承所长之命，掌所内文书、会计、庶务事宜；

司书承长官之命，办理缮写事项

第六条　所长、技术员、检查员由特检处呈请任用之，其余人员由所长呈请委派，各当地机关参加人员须呈请军事委员会核准。

第七条　本所之编制如附表。

第八条　本所之服务细则，由办公厅特检处订定之。

第九条　本规程于民国二十八年六月再行修正施行。

〔国民政府社会部档案〕

11. 国民党中央秘书处抄送“各省市新闻检查所组织条例暨编制表”致中央宣传部公函

（1939年7月20日）

中国国民党中央执行委员会秘书处公函　渝（28）　机字第一〇一八四号

案准军事委员会抄送各省市新闻检查所组织条例暨编制表过处，除存查外，相应抄送一份，即希查照为荷！此致

中央宣传部

附抄各省市新闻检查所组织条例暨编制表各一件

中华民国二十八年七月二十日

新闻检查所甲级编制表

职别	阶级	官佐（名额）	士兵（名额）	备考
主任	上校	一		
副主任	中校	一		兼负总检查之责
检查员	中校 少尉 上尉	一 二 一		
事务员	少校	一		办理会计、庶务
	上尉	一		办理文书
传达	下士 二等兵		一 一	
公役	三等兵 四等兵		一 一	
炊事兵			一	
合计		八	五	

新闻检查所乙级编制表

职别	阶级	官佐（名额）	士兵（名额）	备考
主任	上(中)校	一		
副主任	中校	一		兼负总检查之责

检查员	少校 上尉	一 二		
事务员	上尉	一		办理会计、庶务
	中尉	一		办理文书
传达	下士 二等兵		一 一	
公役	四等		二	
炊事兵	上等兵		一	
合计		七	五	

新闻检查所丙级编制表

职别	阶级	官佐（名额）	士兵（名额）	备考
主任	中校	一		
副主任	少(中)校	一		兼负总检查之责
检查员	少校 上尉 中尉	一 一 一		
事务员	上尉	一		办理会计、庶务
	中(少)尉	一		办理文书
传达	上等兵		一	
公役	四(五)等		二	
炊事兵	上等兵		一	
合计		七	四	

各省市新闻检查所组织条例

第一条　本条例依战时新闻检查局组织大纲第六条之规定订定之。

第二条　各省市新闻检查所删去秉承战时新闻检查局之命办理当地新闻检查事宜。

第三条　各省市新闻检查所依其所在地范围之大小及事务之繁简分甲乙丙三级。

第四条　甲级新闻检查所由下列人员组织之：

上校主任一人，中校副主任一人，中校检查员一人，少校检查员二人，上尉检查员一人，上尉事务员一人，少尉或准尉司书一人。

第五条　乙级新闻检查所，由下列人员组织之：上校或中校主任一人，中校副主任一人，删去少校检查员一人，上尉检查员二人，上尉事务员一人，中尉事务员一人，少尉或准尉司书一人。

第六条　丙级新闻检查所由下列人员组织之：

中校主任一人，少校或中校副主任一人，上尉检查员一人，中尉检查员一人，上尉事务员一人，中尉或少尉事务员一人。

第七条　各省市新闻检查所服务规则另订之。

第八条　各级新闻检查所编制另订之。

第九条　本条例自呈奉军事委员会核准之日起施行。

〔国民党中央宣传部档案〕

12．军委会战时新闻检查局检送《战时新闻违检惩罚办法》致国民党中央宣传部函

（1939年12月18日）

查各省市新闻检查所新闻检查违检惩罚暂行办法施行已久，亟待修改之处甚多，本局现应战时需要，拟具战时新闻违检惩罚

办法，并经呈奉军事委员批准施行，自即日起，前颁之违检惩罚暂行办法已予作废。除令饬各新检所遵照外，相应检同办法一份，函请查照为荷！

此致

中央宣传部

附件如文

军事委员会战时新闻检查局启

十二月十八日

战时新闻违检惩罚办法

第一条　军事委员会战时新闻检查局（以下简称本局）所属各省市新闻检查所检查新闻，如遇有违检情事时，除出版法另有规定外，悉依本办法规定办理之。

第二条　各报社通讯社违检惩罚办法分下列五种：

一、忠告

二、警告

三、严重警告

四、定期停刊

五、永久停刊

第三条　有下列情事之一者，均属违检：

一、各报社通讯社稿件未经审查先行发表者；

二、各报社通讯社稿件不遵照删改刊载者；

三、各报社通讯社对缓登稿件或免登之稿件仍行披露者；

四、各报社对删免稿件之地位不设法补足，于稿件文字内故留空白或另作标记，易致猜疑者。

第四条　各新闻检查所如发现报社通讯社违检情事，应按其情节之轻重，分别予以第二条所规定之各项惩罚。

第五条　定期停刊之时期以一日至一月为限，视其情节之轻重而为日数之规定。

第六条 各新闻检查所执行第二条所规定之各项惩罚时，除得径予忠告及警告处分外，其余严重警告、定期停刊及永久停刊等处分均应呈报本局核定后执行之。

第七条 各报社通讯社因违检须受惩罚者，如认为必要时，各新闻检查所在未执行惩罚前得施行紧急处分，扣押其违检部份之报纸或通讯稿。

前项紧急处分，各新闻检查所如事实上来不及向本局请示时，得先径予执行，补行呈报。

第八条 各报社或通讯社如有披露特种重要机密稿件，因而引起国家重大问题者，其惩罚不限于适用本办法。各报社或通讯社遇有违检情事，如其他法律规定有较重之处罚者，得依其规定处罚之。

第九条 本办法呈奉军事委员会核准施行，并报请中央宣传部转呈中央常会备案。

〔国民党中央秘书处档案〕

13. 军委会战时新闻检查局《修正战时新闻禁载标准》

（1940年1月）

本规则呈奉军事委员会核准施行，并报请中央宣传部转呈中央常委会备案。

第一节 军事禁载事项

下列各条，除军事委员会准予公布或报告外，禁止发表文字或图画。

第一条 海陆空军机关名称及其所属作战部队之组织系统与配备。

第二条 海陆空军之动员计划、作战程序、驻在地点及部队与辎重之运输。

第三条　海陆空军之行动、兵种(包括舰种机种)、兵额(包括兵舰吨数)、番号及高级长官或指挥官之姓名。

第四条　下动员令之日时、部队及其完结日期。

第五条　军械、辎重、给养暨一切军用品之实况及其制作购买输送之状况与地点。

第六条　要塞、堡垒、军港、军舰、军营、仓库、飞行场港、兵工厂、造船厂、测量局及其他军事建筑物，或封锁及防御工事之所在地点及设备情况。

第七条　军事机关及有关国防事业机关之设置日期及地点。

第八条　军事教育训练(包括军警部队学校及各种班所等)实施上之一切内容。

第九条　我国军备与友邦之关系。

第十条　军事长官之行动。

第十一条　军事长官有关军事之谈话。

第十二条　海陆空军之作战损失及补充情形。

第十三条　海陆空军伤亡及被俘长官之姓名及士兵之实额。

第十四条　海陆空军防御工事，交通线及情报网被敌奸破坏之详情。

第十五条　敌军之部队番号、兵力、编制及其长官之姓名。

第十六条　敌奸扰乱我后方之详情。

第十七条　敌机空袭之详情(包括敌机所投弹种弹量)及我方所受军事上之损失。

第十八条　我方所得之机密情报及敌军之企图。

第十九条　俘虏含有秘密性之重要口供。

第二十条　军事上足资敌人利用之报告或文件。

第二十一条　征募兵役及军事工役之计划与实施内容有碍兵役、工役之记载。

第二十二条　我军在敌后方之组织训练及一切活动情形。

第二十三条　邻近战区之重要地理及与后方联络之交通状况。

第二十四条　我敌两军战术上优点与弱点之批判。

第二十五条　其他一切不利于我方军事之记载。

第二节　党政禁载事项

下列各条，绝对禁止发表文字或图画。

第二十六条　危害民国，诋毁当局，破坏统一及诬蔑中央者。

第二十七条　违背或曲解三民主义及本党政纲、政策者。

第二十八条　违背抗战建国纲领及国民公约者。

第二十九条　挑拨离间，分化国族间各部分者。

第三十条　党政重要人员(包括一切负有对外使命之人员)之行动及其更调，未经主管机关核准发表者。

第三十一条　重要党政文化教育机关之设置及移动状况，未经主管机关核准公布者。

第三十二条　中央及地方各种新建设之实况，未经主管机关公布者。

第三十三条　地方匪患消息，未经主管机关核准发表者。

第三十四条　其他一切足以损害政府信誉之记载。

第三节　外交禁载事项

下列各条，绝对禁止发表文字或图画。

第三十五条　我国外交政策与行动以及我国当局与外国使节之谈话，未经主管机关核准发表者。

第三十六条　公务员在国内外所发表有关外交之谈话、演辞或论著，未经中央宣传部或外交部核准发表者。

第三十七条　对我国外交有不利影响之消息，尚未证实或已证明不确者。

第三十八条　国际新闻足以影响我友邦之信誉者。

第三十九条　违背国家民族立场之言论记载，足以妨碍我国与友邦之睦谊者。

第四十条　诋毁友邦元首，足以妨害邦交者。

第四十一条　其他一切不利于我国外交之记载。

第四节　财政经济禁载事项

下列各条，绝对禁止发表文字或图画。

第四十二条　金融上之措施，如币制改革、汇兑管理及运送金银等等，未经主管机关公布者。

第四十四条　付还外债及处置内债之办法，未经主管机关公布者。

第四十五条　重工业工厂之地点及其内部设备情形。

第四十六条　有关军用资源之估计及统计。

第四十七条　有关国际交通线之计划及设施，未经主管机关公布者。

第四十八条　我国重要经济建设计划，未经主管机关公布者。

第四十九条　中外特约免税事项，未经主管机关公布者。

第五十条　其他一切不利于我国财政经济之记载。

第五节　社会禁载事项

下列各条，绝对禁止发表文字或图画。

第五十一条　故作危言，摇动人心，足以妨害治安秩序，影响抗战，甚或引起暴动，致危害人民之生命财产者。

第五十二条　思想怪僻，或提倡迷信，足以影响社会者。

第五十三条　恶意诋毁国家法令所认可之宗教者。

第五十四条　描写淫秽，有伤风化者。

第五十五条　其他一切足以妨害善良风俗之记载。

〔行政院档案〕

14. 国民政府公布《新闻记者法》的训令

（1943年2月15日）

国民政府训令　渝文字第112号

令文官处

查新闻记者法，业经制定，明令公布，应即通行饬知。除分令外，合行抄发该法，令仰知照，并转饬所属一体知照。此令。

计抄发新闻记者法一份

国民政府主席　林　森

立法院院长　孙　科

中华民国三十二年二月十五日

新闻记者法

第一条　本法所称新闻记者，谓在日报社或通讯社担任发行人，撰述编辑采访或主办发行及广告之人。

第二条　依本法声请核准领有新闻记者证书者，得在日报社、通讯社执行新闻记者之职务。

第三条　具有下列各款资格之一者，得声请给予新闻记者证书：

一、在教育部认可之国内外大学或独立学院之新闻学系或新闻专科学校毕业，得有证书者；

二、除前款外，在教育部认可之国内外大学、独立学院或专门学校修习文学、教育、社会、政治、经济或法律各学科毕业，得有证书者；

三、曾在公立或经立案之大学、独立学院、专门学校任前二款各学科教授一年以上者；

四、在教育部认可之高级中学或旧制中学毕业，并曾执行新闻记者职务二年以上，有证明文件者；

五、曾执行新闻记者职务三年以上，有证明文件者。

第四条　有下列情事之一者，不得给予新闻记者证书，其已领有新闻记者证书者，撤销其证书：

一、背叛中华民国，证据确实者；

二、因违反出版法第二十一条之规定，或因贪污或诈欺行为，被处徒刑者；

三、禁治产者；

四、褫夺公权者；

五、受新闻记者公会之会员除名处分者；

六、国内无住所者。

第五条　声请给予新闻记者，应于声请书载明下列各款事项，向内政部为之。

一、姓名、性别、年龄、籍贯、现在住址及永久通讯处；

二、学历经历；

三、曾执行新闻记者职务者，其所服务报社或通讯社之名称、地址、及开始执行职务之年月与其服务期间。

第六条　本法施行前，在日报社或通讯社执行新闻记者职务者，应于本法施行后三个月内申请给予证书，在其申请未被驳回前，得照常执行职务。

第七条　新闻记者应加入其执行职务之新闻记者公会或联合公会，其地无公会者，应加入其邻近市县之新闻记者公会。

第八条　市县新闻记者公会，以在该管区域内执行职务之新闻记者十五人以上之发起组织之，其不满十五人者，应联合二以上之县或与市共同发起组织之。

第九条　省新闻记者公会得由该省内县市公会或其他联合公会五个以上之发起及全体过半数之同意组织之，其县市公会及其联合公会不满五单位者，得联合二以上之省共同组织之。

第十条　全国新闻记者公会联合会，得由省或其联合公会或院辖市公会十一个以上之发起及全体过半数之同意组织之。

第十一条　在同一区域内同级之新闻记者公会以一个为限；新闻记者公会之会员，以领有证书而现执行职务之新闻记者为限。

第十二条　新闻记者公会之任务如下：

一、关于新闻学术及新闻事业之研究与发展事项；

二、关于三民主义之阐发与国策之推进事项；

三、关于宣扬政令与协助政府之宣传事项；

四、关于社会文化之促进与地方风习之改良事项；

五、关于新闻记者品德之砥砺与风纪之整饬事项；

六、关于新闻记者共同利益之维护增进事项。

第十三条　新闻记者公会之主管官署为各级社会行政机关，其目的事业并受有关机关之指挥监督。

第十四条　新闻记者公会设理事、监事，其名额如下：

一、县市公会或其联合公会，理事三人至九人，监事一人至三人；

二、省公会或其联合公会或院辖市公会，理事九人至十七人，监事三人至五人；

三、全国公会联合会理事十一人至二十一人，监事五人至九人。

前项各款理事监事之任期，不得逾三年，连选得连任一次。

第十五条　市县新闻记者公会或其联合公会每年开会员大会一次，省以上新闻记者公会每年开会员代表大会一次，必要时得因理事会之决议或经全体会员三分之一以上之请求，召开临时大会。

第十六条　新闻记者公会得向会员征收入会金及常年会费，有必要时，并得经主管官署之核准，筹集事业用费。

新闻记者公会每年度终，应将财产状况报告主管官署，并刊布之。

第十七条　新闻记者公会应订立章程，连同会员名册及职员简明履历册各一份，呈请主管官署立案。

第十八条　市县新闻记者公会或其联合公会之章程，应载明下列各款事项：

一、名称、区域及会所所在地；

二、宗旨、组织、任务或事业；

三、会员之入会及出会；

四、理监事名额、权限、任期及其选任解任；

五、会员大会及理事会、监事会会议之规定；

六、会员应遵守之公约；

七、经费及会计；

八、章程之修改。

省以上新闻记者公会之章程，除准用前项规定外，并应记载会员代表产生之方法。

第十九条　新闻记者公会会员大会或会员代表大会或理事会监事会之决议，有违反法令者，得由主管官署撤销之。

第二十条　新闻记者于职务上或风纪上有重大之不正行为，得由所属公会全体会员三分二以上之出席，出席会员四分三以上之同意，于会员大会议决，将其除名。

第二十一条　新闻记者于法律认许之范围内，得自由发表其言论。

第二十二条　新闻记者不得有违反国策、不利于国家或民族之言论。

第二十三条　新闻记者不得利用其职务为诈欺或恐吓之行为。

第二十四条　新闻记者于其职务解除前，不得兼任官吏。

第二十五条　新闻记者应于开始执行职务后十日内，将证书及所加入之新闻记者公会会员证，缴由所服务之日报社或通讯社报请市县政府查验后转请登记。其变更所服务之日报社或通讯社或解除职务后而复执行者亦同。

第二十六条　新闻记者执行职务，于受有查验证书之命令时，非有正当理由，不得拒绝。

第二十七条　未经领有证书而执行新闻记者职务者，除停止其职务外，处二百元以下罚锾，但第六条所定情形，不在此限。

第二十八条　新闻记者违反第二十二条至二十四条之规定者，撤销其证书。

第二十九条　新闻记者违反第二十五条之规定者，处五十元以下罚锾。

第三十条　本法施行细则，由内政部会同社会部定之。

第三十一条　本法施行日期，以命令定之。

〔国民政府档案〕

15．行政院颁布《非常时期报社通讯社杂志社登记管制暂行办法》

（1943年4月）

第一条　凡报社、通讯社、杂志社之声请登记或迁地出版声请变更登记者，非经内政部会同中央宣传部核准，由内政部发给登记证后不得发行。

违反前项规定者，由地方主管官署或当地新闻检查机关、图书杂志审查机关，通知地方主管官署会同同级党部，依法严加取缔，并分别转报内政部及中央宣传部。

第二条　地方主管官署于依法核转报社、通讯社、杂志社之登记或变更登记声请时，应于十日内会同同级党部加具考查意见，转呈省政府或直隶于行政院之市政府。

省政府或直隶于行政院之市政府接到前项核转登记或变更登

记之声请时，应于十五日内会同同级党部加具复核意见，并加盖印信，转送内政部。其声请者系报社或杂志社时，并得由省政府或直隶于行政院之市政府送交当地新闻检查机关或图书杂志审查机关签注意见后，仍依复核限期及程序办理之。

内政部接到第二项登记文件，应会同中央宣传部审查，并与中央图书杂志审查委员会、军事委员会战时新闻检查局取得密切之联系。

第三条　报社、通讯社、杂志社之资本，暂依下列规定定其额数，并得由地方主管官署于考查时令其呈验证件。

一、在人口百万以上之省政府或市政府所在地刊行报纸者五万元以上，刊行通讯稿者五千元以上，刊行杂志者一万元以上；

二、在人口未满百万之省政府或市政府所在地刊行报纸者三万元以上，刊行通讯稿者五千元以上，刊行杂志者一万元以上；

三、在县政府或设治局所在地刊行报纸者五千元以上，刊行通讯稿者一千元以上，刊行杂志者二千元以上。

第四条　报社、通讯社、杂志社之名称，如与已登记之他社名称完成相同，或怪异不经及不适合时地者，得令更改其名称。

第五条　报社、通讯社之设立分布，依下列规定调整之：

一、在人口五十万以上之省政府或市政府所在地及其近郊地区，以报社五家、通讯社三家为原则，逾额得限制增设。

二、在人口未满五十万之省政府或市政府所在地及其近郊地区，以报社三家、通讯社二家为原则，逾额得限制增设。

三、在前二款以外之重要城市，以报社二家、通讯社一家为原则，逾额得限制增设。

四、在县政府或设治局所在地，以有报社一家为原则。

第六条　杂志社得由中央宣传部、内政部，参酌前条关于报社之规定，调整其分布。

第七条　杂志社经核准登记后，其出版内容与声请登记时所填之发行旨趣不符者，内政部得于中央宣传部审定后，停止其发行，并注销登记。

第八条　报纸、通讯稿、杂志之内容，如不合于抗战建国之需要，并足贻社会以不良之影响者，内政部得于中央宣传部审定后，停止其发行，并注销登记。

中央图书杂志审查委员会或军事委员会战时新闻检查局如遇有前条或本条所定情形，除依审检法规办理外，得报请中央宣传部审定，转函内政部办理之。

第九条　内政部于必要时，得会同中央宣传部指定一区域之报社全部或一部，发行联合版，或限制其篇幅。

第十条　本办法施行前已设立之报社、通讯社、杂志社，应由各省市政府于本办法施行后二个月内，督饬地方主管官署会同同级党部举行登记证总查验，凡未领登记证者，一律停止发行，并分别转报内政部及中央宣传部备查。

本办法施行前已核准登记、发给登记证之报社、通讯社、杂志社，其停刊已逾《修正出版法》第十五条规定之限制，或情形不明者，应由各省市政府于本办法施行后三个月内，督饬地方主管官署会同同级党部查明，分别转报内政部及中央宣传部，注销其登记。

依第二项规定，因情形不明应予注销登记之报社、通讯社、杂志社，内政部得委托省市政府公告之。

第十一条　报社、通讯社、杂志社之呈缴样本，应切实遵照《修正出版法施行细则》第二十条之规定，制备呈缴簿，如呈缴样本未经收到而不能提出呈缴簿证明确已呈缴，或呈缴间断日数，报社、通讯社已逾三个月，杂志社已逾六个月者，以停刊逾期论。内政部得会商中央宣传部，注销其登记。前项呈缴间断日数，每年积计，在报社、通讯社不得逾三个月，杂志社不得逾六个月，违者注销其登记。

第十二条　报社、通讯社未送新闻稿检查，杂志社未送原稿检查，或每年积计送检送审间断日数已逾前条规定之限期者，当地新闻检查机关或图书杂志审查机关，应报由军事委员会战时新闻检查局或中央图书杂志审查委员会转函内政部查明注销其登记，并由内政部函达中央宣传部。

第十三条　报社、通讯社、杂志社之径由内政部或中央宣传部转函内政部注销其登记者，内政部应分别通知军事委员会战时新闻检查局或中央图书杂志审查委员会。

第十四条　凡未持有内政部发给登记证之报社、杂志社，或已经内政部注销其登记者，各地新闻检查机关或图书杂志审查机关，除不予接受检查或审查外，应通知地方主管机关取缔，并转报备案。

第十五条　军事机关、部队、学校主办之报社、通讯社、杂志社，其登记办法另定之。

第十六条　本办法自公布日施行。

〔国民党中央宣传部档案〕

16．国民党中央宣传部颁行修正《战时新闻禁载标准》

（1943年10月4日）

战时新闻禁载标准　卅二年十月四日修正
卅三年一月一日施行

甲　总　　则

下列各项禁止发表文字、图画、照片或广播：

一、危害民国，破坏统一，或诋毁领袖者。

二、违背或曲解三民主义及本党政纲政策者。

三、违背抗战建国纲领或国家总动员法令者。

四、恶意抨击政府施政方针及现行法律者。

五、凡有资敌利用损害国家民族之利益者。

六、挑拨离间中央与地方之感情或分化国族间各部分之关系者。

乙　军事禁载事项

下列各项除军事委员会核准公布或报告者外，禁止发表文字、图画、照片或广播：

七、陆海空军及地方团队组织编制、装备及机关名称、部队番号、驻地。

八、陆海空军之动员计划、战斗序列与动员令下达时日、部队集结日期地点。

九、陆海空军兵种（包括舰种机种）、兵额（包括兵舰吨数）、兵器制式、作战配备。

十、陆海空军高级官长或指挥官之行动。

十一、陆海空军军需品实况及制造、购置、运输、补给状况。

十二、要塞堡垒军港军舰军营仓库飞机场港、兵工厂、造船厂、测量局及其他军事建筑物，或封锁及防御工事所在地点及设备情况。

十三、军事机关及有关国防事业机关之设置日期及地点。

十四、军事教育训练实施上之计划、纲领、时间、地点以及有关人财物之实数。

十五、陆海空军在战役中重大损失及补充情形。

十六、陆海空军伤亡及被俘长官及士兵实额。

十七、陆海空军防御工事、交通线及情报网被敌破坏之情形。

十八、敌军之部队番号、兵力及编制。

十九、敌机空袭之详情（包括敌机所投弹种弹量）及我方所受军事上之损失。

二十、我方所得之机密情报及敌军之企图。

二十一、俘虏含有秘密性之重要口供。

二十二、关于兵役与军事工役之计划及有碍其实施者。

二十三、我军在敌后方之组织训练及一切活动情形。

二十四、足以资敌利用之兵要地理及战区与后方联络之交通状况。

二十五、我敌两军战术上优点及弱点之批判。

二十六、各种会战战果之统计数字。

二十七、军事机关聘用之外籍军事人员之国籍、姓名、任务、人数及其行动。

二十八、军事演习校阅与各种有关军事集训之日期、地点及参加之部队。

二十九、军事机关部队之政治工作计划含有机密性者。

三十、有损军誉及有碍军民合作者。

三十一　违反战时空军新闻限制者。

丙　党政禁载事项

下列各项，除主管机关核准者外，禁止发表文字、图画、照片或广播：

三十二　党政重要负责人更调。

三十三　党政重要机关之设置或移动情形及其地点。

三十四　战地党政殉职人员或被敌伪逮捕人员之姓名。

三十五　地方匪患未经剿灭足以动摇人心者。

三十六　敌寇对沦陷区之设施及其结果，但足以暴露其罪恶者不在此限。

丁　外交禁载事项

下列各项，除主管机关核准发表者外，禁止发表文字、图画、照片或广播：

三十七　凡对外交涉谈判声明及缔约等事项。

三十八　中外使节之交换及任免之消息。

三十九　我国与友邦相互颁赠勋章之消息。

四十　足以影响友邦之信誉及妨碍我国与友邦之和睦谊者，或妨碍同盟国间之团结者。

戊　财政经济禁载事项

下列各项，除主管机关核准发表者外，禁止发表文字、图画、照片或广播：

四十一　下列措施尚未公布者：

子　税率税则之变更；

丑　币制之改革；

寅　专卖政策之实施；

卯　公债之筹募；

辰　汇兑之管理；

已　金融市场之管理；

午　金银法币及有价证券之输送；

未　内外债务之处理；

申　其他有关财政金融法令规章之变更事项。

四十二　国家岁出岁入之预算决算数字及其有关之统计数字。

四十三　国外贷款接洽情形、协定内容、贷款数量及其用途。

四十四　对外签订之商务协定、贸易协定或特约。

四十五　国防工业之工矿厂址、设备、仓库及其生产情形。

四十六　军用资源之估计及其购买、输送之状况。

四十七　友邦向我输入之物资种类、数量及其输入路线。

四十八　重要外销物资之产量及其输出路线。

四十九　沦陷区物资之抢购及其种类与运输路线。

五十　重要经济建设计划及物价管制之实施消息。

五十一　粮食之征实征购征借运输储藏与军公民粮之配发及

各地粮价暴涨与粮荒之严重情形。

五十二　食盐、棉花、纱布及其他重要物资之征集与供应状况。

己　交通运输禁载事项

下列各项，除主管机关核准发表者外，禁止发表文字、图画、照片或广播：

五十三　国防交通建设及国际交通路线之计划与设施。

五十四　运输工具暨器材、燃料之储备数量及停置地点。

五十五　军用物品及重要物资之装卸地点及其运输日程。

五十六　水陆交通路线之运输能力及其重要基地之设备详情。

五十七　制造修理运输及通信工具之重要厂址及其设备情形。

五十八　电话、电报、广播电台之设置情形及其重要机件之设置地点。

庚　社会禁载事项

下列各项禁止发表文字、图画、照片或广播：

五十九　强调或暗示阶级对立或煽动劳资纠纷者。

六十　战地战区内我方策动之民众组织情形。

六十一　鼓动学校风潮之记载。

六十二　足以动播人心、妨害抗建信念及治安秩序者。

六十三　提倡迷信，足以影响社会者。

六十四　诋毁国家法令所认可之宗教者。

六十五　诲淫诲盗有伤善良风俗者。

六十六　刑法上妨害他人名誉及信用之记载

〔国民党中央宣传部档案〕

17. 各省市新闻检查规则①

（1943年12月24日）

一　各省市新闻检查处室检查新闻手续，除有特殊情形，由各处室自行拟订呈核外，一般办法，适用本规则。

二　各省市新闻检查处室检扣新闻，依照《战时新闻禁载标准》之规定办理之。

三　各省市新闻检查处室检扣新闻之标准，除依照前条办理外，得参酌各该省市主管军政机关之意见办理之。

四　各省市新闻检查处室检查新闻时间，每日自上午十一时至翌晨三时止，必要时得酌量提前或延长之。

五　凡在各省市发行之日报、晚报、小报、通讯社稿及增刊、特刊、号外等，于发行前均须将全部稿件包含广告、启事，一次或分次送各该检查处室检查，其送检手续，分别规定如次：

甲　各通讯社须将原稿送检后始得付印。

乙　各日报、晚报社除采用业经检查之本埠通讯社稿外，其自行采访之新闻及所得外埠电讯等，均须将原稿或小样二份送检。

丙　非日刊之小型报纸，须以小样二份送检。

六　外埠各报驻各地记者所发电讯，除采用业经检查之稿件外，其自行采访所得之任何消息，均应将原稿送当地检查处室检查之。

七　各种稿件经检查后，除准予刊载者逐条加盖检查讫图章发还外，以下列办法分别处理之：

甲　部分不妥者，予以删改，并加删改章发还之。

乙　全部不妥者，予以免登，并加盖免登章，发还小样一份。

---

① 此规则于1943年12月24日经军委会“办制渝字第6048号令准施行”。

如系原稿送检，则留存各该处室报局审核。

丙　与检查标准不违背但尚未至发表时期者，予以缓登，并加盖缓登章，发还小样一份。如系原稿送检，则留存各该处室备查，或请示俟至发表时期再发还原稿，或通知报社、通讯社发表之。

八　凡经检查之原稿或小样，各报社、通讯社须保存十日，以备查考。

九　各报社或通讯社稿出版后，须尽先以二份送各该处室审查。

十　本规则如有未尽事宜，得由战时新闻检查局随时修正之。

〔军委会战时新闻检查局档案〕

二、新闻检查概况

1. 武汉新闻检查所半年工作报告

（1938年9月）

甲　组　　织

一　沿革

武汉新闻检查所工作，于民国十九年初，其时由讨逆军第二路总指挥部派员临时检查，同年三月武汉警备司令部成立，始正式设立武汉新闻检查所，十一月停办，二十年七月再行设立，惟将名义改为武汉警备司令部新闻审查室。二十五年一月，遵照中央检查新闻处之规定，扩充组织，定名为武汉警备司令部新闻检查所，同年九月复改称武汉新闻检查所，仍由武汉警备司令部主持。本年五月中旬，中央宣传部拟改归直辖，旋以际此非常时期，仍以由军事机关主持为便利，故迄未变更。

二　编制

本所编制设主任、副主任各一人，主任由武汉警备司令部委派，副主任由中央宣传部委派，其下设检查员五人至七人，文书一人，事务员一人，司书二人至三人。除由中央宣传部调派检查员一人外，余均由武汉警备司令部委派。又军令部派遣参谋二人，参加检查军事新闻，宪兵司令部及市党部各派一人参加工作。

三　人事

本所现主任钟贡勋，系本年（廿七年）三月十二日由武汉警备司令部委派，副主任张辅隅于八月卅日去职，缺悬未补，检查员六人，除赵毅、陈轶、姜亮钧为原有人员外，英文检查员阎实及检查员周景暾、事务员韩侠卿，均于四月间先后由武汉警备司令部委派。至军令部委派来本所参加工作之参谋，时有变动，现在所工作者为何参谋畏、包参谋烈二人，宪兵司令部为石课员磊，市党部为孟干事宪璋。

四　经费〔略〕

乙　工作检讨

京沪陷失后，武汉已成为事实上之首都，国内各主要报纸及中外新闻记者，均麕集此间，海内外视线，亦均集中武汉，因此武汉新闻检查工作，顿形繁重。本所过去，组织简单，工作颇嫌松懈，各报社亦视若赘疣，置检查法规于不顾。当时情形似不足以应付此非常之局势。自贡勋三月间接任后，深觉此项工作关系重大，不容稍有懈弛，乃力为整理，首在调整人事，充实内部，继乃与各报社接洽，晓以大义，令其将所有刊登之新闻稿件，全部送检，切实遵守法令，不得藉词违误，并与各有关机关，如国际宣传处及政治部，招待新闻记者谈话会等，取得联络，复屡向警备部及中宣部呈述改进检查意见，一时所中工作顿形紧张，向之无声无息、被人漠视之机关，今已渐渐得社会一般人士之重视，而于统制宣传、辅助抗战之成效，亦不无表现。惟是各报社以骤受限制，甚感不便，颇多不满。贡勋则切实奉守法令，执行职务，以诚相见，不敢稍有偏徇。嗣八月间，新华日报先后登载不妥社论文字，致层峰震怒，除处罚该报外，复由武汉警备司令部通知各报社，须将一切社评言论副刊并广告等全部送检，切实予以统制。本所亦多方督促各报社始均能遵办，惟新华日报曾以社论一项，申请须待请示后再行决定，现亦已于九月十日起，开始将社论送检，此实开全国新检工作破天荒之新纪录，亦本所工作进行中之一种良好现象也。贡勋自接任以来，于兹六阅月，虽系继人旧业，而筚路篮缕，几费斩荆披棘之力，始具今日之规模，此际工作益繁，责任愈重，本所同人，莫不竞业自持，不敢稍懈，以冀于抗战前途稍有裨益，尚望各方多予指示，俾资遵循而免陨越。

丙　工作改进计划

关于本所一切工作之改进，六月来已具有相当成效（见工作检讨栏），本所并已拟具非常时期新闻检查规程及违检惩罚暂行办法等条文（附后），呈请层峰核示颁发，现尚在审核中。目前仍嫌工作上不能收到完全统制效果者，即有一部分新闻直接由邮电走漏，尤以邮件为多，本所未能全部予以统制，此其一；又外国通讯社及本埠洋文报纸不受检查，最易泄漏机密，影响宣传，此其二；关于前者，已有本所与邮件检查所取得相当联络，将所有寄发外地之新闻邮件送所审查，近日来成绩颇佳，惟仍嫌联络不甚切，尚在继续进行中。关于后者，非本所力量所能及，尚待上峰之指示。

附本所拟具非常时期新闻检查规程及违检惩罚暂行办法

一　检查规程

（一）各省市新闻检查所检查新闻之范围，依照廿六年修正新闻检查标准，廿七年修正战时新闻禁载标准及宣传品审查标准之规定，并遵照各该省市主管军政长官临时指示办理之。

（二）凡在各省市印行之日报、晚报、小报、通讯社稿及其增刊、特刊、号外等，于发行前均须将全部稿件，无论社论、专论、专电、通讯、特讯、特写、专访、信件及其他一切副刊文字并广告等，一律送由各该新闻检查所检查。

（三）中央社社稿除交发者外，余均一律送由新闻检查所检查。

（四）外埠驻各省市记者所发消息，应一律将原稿送由各该新检所检查后方允拍发。（由各新检所通知各地电检所照办）

（五）凡经各新检所检查之稿件，除准予刊者加盖检查讫章发还外，其不妥者，照下列办法，分别处理之。

1. 一部分不妥者，予以删改，并加盖删改章发还之。

2. 全部不妥者，予以免登，原稿不发还。

3. 凡未至发表时期之消息，予以缓登，俟至可予发表时始行发还，或通知发表之。

（六）各报社每次送检稿件，须将同样稿缮送两份，以一份留所存查。其发还之件，须保留十日，以备稽考。

二　违检惩罚暂行办法

（一）各报社不遵照检查规程送检，而无登载违背禁令之消息者，按日数之多寡，予以下列之惩罚：

1. 一日有不送检查，书面警告；

2. 二日有不送检者，罚停刊三日；

3. 三日有不送检者，罚停刊一星期；

4. 经处以(3)款之惩罚仍不送检者，罚半月以上之停刊。

（二）各报社不遵照检查规程送检，而有登载违背禁令之消息或送检而不遵照本检查规程第五条之规定办理者，视情节之轻重，予以停刊一日或一日以上，及永久停刊之处分。

（三）各报社通讯社如有泄露特种机密及阻碍抗战者，以危害国家论罪，不适用本办法。

（四）本办法所定各种惩罚，除第（三）条外，其余均由各该新检所报请当地主管机关执行。

丁　工作概况

一、时间支配

本所自上午八时起即开始检查发往外埠之晚报电讯及本埠晚报稿件与审查报纸，而各日报最后一批电讯稿件送检则在翌晨六时左右，六时后须将一日夜来之全部稿件加以整理，故整个二十四小时不停工作。除事务员外，检查员及司书，约分三班，昼夜轮流负责，每班时间十小时，仅夜班七小时（接班时须早到一小时），近以各报全部送检工作繁忙，非值班之职员亦常自动协助，精神甚为紧张振作。

二、实施概况

本所于检查各项稿件时，除分别填重处理外，并将其各款项内容详细登记，所有删扣消息之重要者，逐日编印，分送各主管及有关机关，以资参考。又，每日对当地各报纸详加审查，如有违检及不妥之处，分别予以剪贴备查，并填表呈送武汉警备司令部审核，月终则造制各报社检审统计表、违检报告表及各报社动态表，呈送中宣部，俾资考核。

三、联络情形

本所除与各有关机关取得密切联系外，平时对各报社通讯社亦不断联络，以考察其负责人之态度及社中一切状况。

四、承办事项

各机关发表新闻稿件，如警备司令部、防空司令部及其他机关各种新闻稿件，为统一起见，多交由本所代印转发各报社，每月平均有五十件左右。

附表三份

钟贡勋

廿七年九月

〔附表一〕 武汉报社一览表①

报社名称	负责人姓名		备考
武汉日报	王亚明	宋洁	
扫荡报	丁文安		
新华日报	潘梓年	吴克坚	
大公报	谷冰	王芸生	
汉报	刘静	蒋嘉祥	
新民报	谢茂	周均	
农民报	蔡□	蔡达九	

〔下略〕

〔附表二〕 驻汉外埠记者一览表

姓名	报社名称及所在地	备考
傅守常	成都新新新闻报	
谢方问	巴县国民公报	即孔照恺
李大为	贵阳革命日报	即赵思源
钟景平	万县川东晚报	同上
许懋樟	重庆新民报	张庭棵代
曹耿光	重庆新蜀报	
陈云阁	成都新新晚报	
金华亭	香港中报	
王慎武	重庆时事新报	
许崇义	香港中国晚报	

① 原件字迹模糊，难以辨认，略去了二十一种报社。

沈士彦	上海新闻报	
孙仰山	浙江东南日报	即张庭樑
程晓华	长沙中央日报	即周瑞生
杨庆洲	香港星岛日报	
李成之	成都新民报	
张常人	重庆大陆晚报	
张炳南	香港申报	
李福林	香港大公报	
王研石	香港星岛日报	战地特派员

〔附表三〕 驻汉外国记者一览表①

D. N. B

Mr. Karl Laverenae　　C10 German Coneubate

Mr. Peler Riarg

Havas Newe Ageney

Mr. Jacones E Marcase　　Franch Embassy

Mr. Shao-on pan　　92 Hwa shan kai

Reaterts News Agency

Mr. Graham Barrow　　C. C. past blag

Mr. Thomas Ehao

Tass New Agemcy

Mr. V. N. Rogoff　　C. C. post blag

① 原件字迹模糊，难以辨认，略去了十四种外国报社驻汉记者。

United press	
Mr. Fisher	Lutheran mission blag
Mr. J bebdon	Mr. Hegg
Mr. George R. Wang	
Mr. hagg	
Associatea press	
Mr. Y Moddned	Wagons lits Terminas
Mr. Donaut H Davie:	
Mrss Agnes gmodley	
Chicago Tribune	Fiene's Hotol
Mr. Ti. C. Tang	San Chao riai NO.33
Boobachter	
Mr. W. Sohorhe	C10 Mr. hobies
	Gormansehool
Me lbenrme Heraha	Lutheran Mission Blag
Mr. R Warme	
New yerk Times	
Mr. F J Durdim	Lutheran Mission Blag
Jnauukas Lines Rigo	Iatavia
Mr. Goorge Timmska	Iodge Hotel
Mr. Capa	
New York Tribume	Clo Mr. Fiffithe
Mr. Victor Keen	N.C.R.Bbsg

〔下略〕

〔国防部史政局及战史编纂会档案〕

2. 叶楚伧关于新闻检查与接办《译报》事与董显光往来函

(1939年5—7月)

(1) 叶楚伧致董显光函(5月2日)

显光先生勋鉴：

新闻检查局事，弟再三思维，实有由先生担任之必要，此中情形，昨晚已具体谈及。至国内政情如何，系检查认识问题，与局的行政无关。先生如慨然受命，弟必共同负责，在每晚十二小时以前，关于临时请示之件，弟决与先生同商共济也。专上。祗颂勋绥

弟　叶楚伧手上

五、二

(2) 董显光致叶楚伧函稿

楚公部长赐鉴：

谨启者：新闻检查局事，昨承谆谕，今又惠书，吾公斡旋求平，苦心可感，尤为心折。国难严重，如今日畏难卸责，光所痛疾，曷敢身犯。惟才量力，任职效率之衡，与其失职于事后，不如让贤于未然，此中衷曲有不得为吾公言者。窃光从事西文新闻事业二十余年，自幸于英美新闻界中粗具基础，故抗战军兴，愿竭驽骀以求细流之益，不图抗战延续，国际宣传之重要与日俱增，自量菲才，肩此重任，昕夕惶虑，时虑陨越，倘大错偶成，即粉身，何以谢党国。凡此惶悚之情，□公定荷洞察。今国际宣传明效未见，复蒙重注，令兼新检，二者繁重之性质相等，挂名尸位，心所不甘，兼顾双方，力所不逮，承嘱专任行政部分工作，窃以任何机构效率之窳败，以行政措施之当否为衡，则行政工作之繁重可知，况光鄙陋，不习政治，一旦任此，其栗六周旋之时间与精力将更甚于常人，以是踌躇，有方雅命。知光如吾公深望能谅此苦衷，曲

加宥原，则幸甚矣！耑此布复。敬颂
勋绥

董〇〇　敬启

(3) 叶楚伧致董显光函（7月14日）

显光吾兄勋鉴：

据报："共党对上海译报已由赵邦荣等积极活动，设法复刊，并请密勒氏评论报鲍惠尔为发行人。惟鲍对此条件甚苛：（一）每月酬金须在千元以上；（二）编辑经理两项由彼派员管理与监督。现双方尚在磋商中"等语。除电沪方负责人员迅即查明真相，如有复刊可能，应从速接洽由我方接办外，用特函达，即请迅予密电鲍惠尔君询问有无其事，并请渠为我方接办译报。又，前托代觅外人代表文汇报事，不悉已进行否。统希见复为荷！顺颂
勋祺

叶楚伧　敬启

廿八、七、十四

要字第194号

〔国民党中央宣传部档案〕

3. 军委会战时新闻检查局编报民国二十八年度工作报告书的函件

（1940年4月20日）

军事委员会战时新闻检查局公函

检秘　0949

中华民国廿九年四月廿日发出

案奉军事委员会办四渝字第二五八三号训令略开：为国防最高委员会秘书厅函请造送二十八年度工作报告，送中央秘书处汇转一案，令饬遵照造送，并附二十八年度行政计划径送本会办公

厅汇转。等因。奉此，遵经造具本局二十八年度（六月——十二月）工作报告连同同年工作计划各一份，相应送请查照汇转为荷。此致

本会办公厅

附送二十八年度工作报告一份

局　长　陈

中华民国二十九年四月二十日

军事委员会战时新闻检查局二十八年度工作报告

民国廿八年六月——十二月

总述

本局之设立，为统制新闻，集中意志，以协助抗战建国大业之任务。成立半年，规模粗具，各种重要法则之修订业经完成，各级编制预算已初步确定，各省新闻检查所亦择要设立或调整。至于干部训练之筹划、检查机构之普设、指导技术之改造、情报调查之充实、均在次第施行，惟视察制度与情报网之实施则尚有待于来年。兹将二十八年度自六月成立以来至十二月本局工作，分实施概况分项报告于后。

甲　一般工作

一　调整人事　本局人员除设计委员会由中央宣传部、军令部、军委会办公厅、政治部、内政部、外交部、中央通讯社七机关推派代表组成，及一部份由中宣传部与军令部调用外，其余工作人员多系专任，至于所属各新闻检查所之人事于调整机构时，每征询当地军政当局之意见及考查成绩之优劣而入选，则要求其对于军事或新闻事业上有相当之学识与经验，而后能恪遵中央之意志者。

二　确定系统与厘订等级　名称不一，权责易混，系统不明，指挥难灵，而等级之分别则有关于统一收支者。本局对此三者，均有严格之规定，各省新闻检查所已经本局核定等级者计有重庆、四

川、云南、广西、山西、绥远、浙江等甲级八所，湖南、贵州、江西、福建、河南、广东等乙级六所，其名称与系统亦随之确立矣。

三　调整新闻检查所　本局对于各省市新闻检查所经订调整办法，考核决定去取成绩较佳者即由本局加委，颁发钤记，令其依法改组；其成绩稍逊，则更动其一部份人事或令全部改组，并由本局调派长于检查工作人员前往服务，现已遵照编制改组成立者计有重庆、四川、贵州、湖南、云南五所；已发钤记，只须调整人事后核发经费者为江西、福建二所，已定等级正待调整人事者为河南、浙江、陕西三所，等级已定，正待组织成立者为广东、山西、绥远三所，正呈会请准设所者为河北一所。

四　增设新闻检查室　新闻统制之要旨在使全国新闻纸之刊载标准彼此一致，若仅在省市级新闻检查所以统治新闻，无论非省市之要地每有报社与通讯社之设立，或有因省会与特别市已经沦陷而报社与通讯社之疏散于各县者，亦为数颇多，为求新闻统制严密起见，斟酌报社与通讯社较多之县，自有设立新闻检查室之必要，且目前西康之西昌，福建之南平、普江，湖南之阮陵，江西之赣县、南城等县之新闻检查室均已令准设立，其余如浙川苏鄂皖桂赣粤等省之重要县市亦正在增设或调整。

五　干部训练　本局对于干部之选拔与训练视为当务之急，一方面选派富有学识之优秀分子分赴各地工作，以为引导，一方面就各原有人员抽调前往中央政治学校新闻事业专修班受训，以求深造。现除已调整之各新闻检查所业经分别派员参加工作外，其已保送入学者计有本局内职员二名，贵州、西安二所各一名，以应扩充业务上之急切需要。

乙　指导工作

一　拟撰法规

关于新闻检查之基本法规，前中央新闻检查处本已订有多种可以应用，惟本局责务在新闻之战时统制，为适应战时需要，对于一部分法规自有着手修正增订之必要。兹业经改订者计有：

1. 经军事委员会批准，并经中央常会委备案者：

一、修正战时新闻禁载标准；

二、战时新闻检查惩罚办法；

2. 经军委会核准施行者：

一、战时新闻检查局组织大纲，服务规则，办事细则；

二、战时新闻检查局设计委员会组织条例，会议规则；

三、各省市新闻检查所组织条例、服务规则及编制表；

四、各重要县市新闻检查室组织规程、服务规则。

3. 由本局编订发交各新闻检查所施行或参考者：

一、各新检所每日每月工作报告表；

二、抗战时期宣传名词正误表。

二　检查中央社稿

中央通讯社为国家设立唯一之通讯社，其发表之稿件有关于全国及国际之视听者极为重大，本局为求各地新闻刊载中央通讯社稿之一致起见，关于战讯本局已商请军令部派参谋前往检查，其他电讯由本局随时接洽检查，至各地地方新闻，由各地新闻检查所负责检查。

三　审查各地报纸

各地报纸所登稿件虽已由各新闻检查所施行检查，但本局为求明瞭各地检查是否周密合理，经令饬各所将各地刊行之报纸随时送局审核，并指定干事数人专负审查之责。

四　处分违检案件

各地出版报纸有刊布违检稿件者，如其情节较轻，由各地新闻检查所引用违检惩罚办法径予以忠告或警告处分，报局备案，如其违检情节较为重大，则报请本局核定，予以严重警告，或定期停刊、永久停刊之处分，有时亦采用扣押其违检之当日报纸，以杜流传。

五　复核工作报告

各所对于经办工作状况每日或每月应呈送工作报告，惟因过去报告表式不一，以致考核统计诸感困难，另订日月工作报告式样，令饬切实遵照呈报，并严考核。

六　编刊新检通讯

为使新检人员了解新检意义及运用起见，本局原拟编辑新检丛书与指示文电，以前者准备需时印刷不易，因与后者合并，分期刊行《新检通讯》。兹已出版二期，分发各省新检所及各县市新检室参考，同时各所同人如有意见贡献，亦得在该刊发表，以收集思广益之效。

丙　情报工作

一、搜集情报：以为各地检查机关检查上之参考。

二、编发情报：以为我中央各省首脑机关之参考。

三、调查全国中外报社、通讯社及新闻记者，以为查考。

四、统计全国中外报社、通讯社及新闻记者之概况，制订卡片，以为查考。

以上四者，本年度均已着手进行，但其完成，则尚有待于来年度。

丁　工作之检讨

本局半年来工作之进行已略如前述。兹再作一自我检讨，以明了过去之缺点何在？本局成立以后，侧重于内部事务之整理，而各部门实际工作仍继续开展，惟自认在工作实施上之缺点与亟待改进之事项尚多，如各省新闻检查所及各县市新闻检查室筹设调整与检工人员之训练，虽已逐步实施，但尚未能普遍，对于检查业务之效能亦欠充分发挥。至关于检查对象之报纸报社、通讯社以及新闻记者之一般状况，因交通阻碍，调整需时，亦未全部完成。当此百倍艰辛之第二期抗战时期，本局欲完成抗战建国之伟大任务，对于上述本身工作之缺点，自应深切注意，力求改进。

〔军委会战时新闻检查局档案〕

4. 军委会新闻检查局关于民国三十年十二月至三十一年九月的工作报告

（1942年9月）

案奉钧会办四(二)政字第三一六四七号训令略以国民参政会第三届第一次大会已定期举行，所有施政报告及交议案件，限期编报到会，以便汇编等因。查本局为统制言论机关，所有主管业务有未便向国民参政会公开报告之处，故历届开会均未奉令编制工作报告。兹奉前因，遵经拟具简单工作报告一份，备文呈请鉴核。谨呈

委员长 蒋

附呈本局工作报告一份

中华民国三十一年九月　　日

军事委员会战时新闻检查局工作报告

（自卅年十二月起卅一年九月止）

本局工作报告，可分六点，分述于后：

（一） 调整并增设各省市县新闻检查机构

本局为加强各省市县新闻检查机构之机能，以适应战时需要起见，业经依照卅一年度工作计划将各级新闻检查所自本年一月份起一律改称为新闻检查处，成都、桂林、贵阳等地以报社、通讯社数量增多，新检业务较繁，经呈准本会将四川、广西两处升为特级编制，贵州处改为甲级，安徽立煌以省府所在地，报社仅仅两家，已先成立直属立煌新检室，西康省新闻报纸日增，该省省党部函请设处，正呈请本会核示中，即宁夏、新疆等省亦将应时势之需要，分别筹设各该省新检处。至各重要县市之直属新检室，除原有合川、宜宾、长沙、沅陵、梅县、柳州、梧州、赣县、上饶等九室，本年度复增设台山、西昌、立煌、常德、鲁山、秦

和、遂溪等室。又自贡、邕宁、邵阳、晋江等县亦分别在积极筹设中。普通新检室各省已先后组织成立者，计四川有泸县、万县、自贡、达县，广西有邕宁、郁林、龙州、宜山，广东有南雄、罗定、鹤山、开平、合浦、高要、连县、揭阳、海丰、隆川、阳江、普宁、遂溪、兴宁、大浦、新会、澄海，湖南有邵阳、益阳、零陵、沅江、芷江、常德、湘乡、洪江、新化、武冈、衡山、郴县、津市、桂东、保靖、辰谿、溆浦，湖北有老河口，江西有浮梁、南城、萍乡、临川，浙江有永康、永嘉、温岭、衢县、于潜、江山、龙游、开化、常山、缙云、仙居、遂昌、淳安、遂安、孝丰、临海、天台、黄岩、宁海、瑞安、寿昌、松阳、浦江、宣平、玉环、龙泉，福建有南平、永安、建瓯、晋江、蒲田、仙游、龙溪、上杭、长汀、连城、尤溪、邵武、龙岩、南安、惠安、同安、松溪，河南有许昌、叶县、郑县、潢川、南阳，陕西有榆林、南郑、宝鸡，甘肃有天水、平凉、武威、岷县等室，总计本局现辖新检单位有十五处，十五直属室，一百零二普通室，对于未设置新检机构之各地报纸，为防止其刊载不妥消息，淆乱听闻起见，特饬各省新检处负责审查指导，以期改进。

（二） 统一新闻扣放标准

各新闻检查处室检查新闻，对于同一或类似稿件，时有此扣彼放或彼扣此放情事，影响检政前途，实非浅鲜，特拟定统一实施原则五项：为(一)加强法的运用，以减少人为的流弊；(二)改善各处室工作日报处理办法，以加强指示效能；(三)改进本局指导技术，以便争取时间；(四)与中央各部会切取联系，以配合政府方针，推行业务；(五)改进各处室间之通讯方式，以便切取联系，并经与中央图书杂志审查会、国际宣传处、中央广播电台、中央通讯社等机关取得联系，协同步调，以求新闻统制之统一。

（三） 分区审查新闻报纸

全国新闻报纸约百数十种，以本局所属单位划分为东南区、西南区、华中区、四川区、西北区五区，每一区中各处室之工作由审查员一人或二人担任审查，并将各处室重要检扣稿件及处理不妥稿件摘录，每半月编印一次，分发各单位参考，藉以提高新检技术。又以所检扣之稿件，按其内容，编辑全国各地报纸言论动向一种，分发各有关机关参考。

（四） 编发检扣资料

各报社送检被扣之稿件，或为泄露军事、外交机密，或暴露政治、社会弱点，或动摇人心，或伤风败俗，不一而足，自不能任其披露报端，妨害国家，但其中亦间有翔实之报道与积极之建议，不无堪供参改之处。新闻检查乃以积极的维护抗战建国为目的，而非以消极的统制言论为能事，因此，本局特将检扣稿件加以决择，经常编为新检消息，新检资料、特种资料，以供各方参考也。

（五） 维护敦睦邦交之国策

溯自太平洋战争爆发，倭寇本其预谋，施行袭击，致一举而下香港、菲律宾，继陷马来西亚、新加坡、荷印缅甸等地，小胜一时，震动全世界。国内舆论界颇多凭一时直觉，深责英国无能者有之，讥其殖民地政策之果报者有之，谓美不顾南太平洋利益者有之，讥苏国势阽危、不遑东顾者有之，议论纷纷，颇足中伤友国邦谊，及秋季，英印问题发生，尤多痛诋英国殖民政策未变，不合时势，对华特殊权益也。未声明放弃对美国军火接济不够应我事实需要、亦多指摘等等。每值国际局势变动所发表言论陪都之外国记者当执此以为官方公布或在野要人意见，拍电其本国、一经揭露流传，诚足以引起外人顾虑及不良印象，日积月累，则妨碍邦交至深且巨，本局以职责重大，对此有碍邦交而违国策之消息评论，无不审慎检扣，期能巩固英美苏同盟国之友谊，以获取未来胜利之果。

（六） 淬励新检精神

本局业务遍及全国，检工同仁总数未逾三百，多属曾受高等教育，日夜工作，颇为劳苦，而限于军事编制，薪津甚薄，较诸美国新检局乙万数千人，每年开支达一千余万美元，实不啻天壤之别，而我同仁除此抗战时会，均以服务军役为荣，莫不精神淬励，夙夜不懈。

〔军委会战时新闻检查局档案〕

5. 全国各新闻检查处室分布及其业务范围概况报告表①

（1942年10月）

重庆处

主官姓名：邓　骥　方自强

等　　级：特等

全年经费：五五九六．〇〇

所 在 地：重庆市

设立日期：二十九年二月

直辖报社、通讯社：中央扫荡联合报，大公报，时事新报，新华日报，新民报，益世报，商务日报，新蜀报，国民公报，新民晚刊，南京晚报，中国论坛报，自由西报，中央社，盟刊社，远东社，工商新闻社，新闻摄影通讯社。

四川处

主官姓名：周意彪　高其邈

等　　级：特等

全年经费：五五九六．〇〇

所 在 地：成都

设立时期：三十年十一月

① 此报告表原为表格形式，编印时改现式，文字内容保持原状。

直辖报社、通讯社：新新新闻，成都快报，新中国日报，华西日报，中央日报，党军日报，华西晚报，南京夜报，成都英文报，中央分社，川康社，先声社，建军社，今日社，展边社，国民社，华联社，青年社，神州社，自强社。

复审各县报纸：江津日报，江津旬报，诚报，梁山日报，内河日报，达县日报，今报，民众周报，新边区日报，忠报，抗建周报，乐至日刊，富顺三日刊，大竹三日刊，西阳旬刊，党政公报，民众旬刊，平武导报，简阳公报，渠江报，广安民报，宴江新闻，垫江通讯社，锦屏通讯社，自流井通讯社。

后准设立之普通新闻检查室：泸县、万县、达县等三室。

广西处

主官姓名：谭声丙　朱造坦

等　　级：特等

全年经费：五五九六．〇〇

所 在 地：桂林

设立日期：三十年十一月

直辖报社、通讯社：大公报，力报，广西日报，大公晚报，扫荡报，自由晚报。

复审外县报纸：百色日报，浔州日报，博白日报，陆川日报，怀集人报，融县三日刊，品报，甦报，建国日报，桂平日报，民众周报，昭平周报，平南日报，南宁民国日报，曙光报，扫荡简报，天保日报，郁林日报，田东民众壁报，宾阳民众壁报，镇结民众壁报，平乐周报，吉乐周报。

后准设立之普通新闻检查室：邕宁、郁林、龙州、宜山等四室。

广东处

主官姓名：李赞华　萧湘南

等　　级：甲等

全年经费：二八三六.〇〇

所 在 地：曲江

设立日期：三十年十一月

直辖报社、通讯社：建国日报、大光日报、中山日报、中国日报、星报、新报、先报、朝报、建国晚报、大光晚报、工商消息、明星报、前锋日报、博爱通讯社、大公报驻韶记者、扫荡报驻韶记者风采楼、粤华报、文化新闻、广东通讯社、侨风通讯社、远东通讯社、战讯通讯社、国民通讯社、平凡通讯社、觉悟通讯社、南风通讯社。

复审外县报纸：兴华日报、时事日报、天下报、南阳建国日报、阳江公报、南雄民国日报、华锋报、云浮周报、鹤山民国日报、普□动员日报、从化三日刊、五华日报、陆丰民国日报、高明旬刊、连山动员日报、时代报、力行周报、蕉岭公报、惠州民国日报、新丰周报、前锋报、揭阳民国日报、潮安民国日报、中山龙□民国日报、佛冈周报、四会周报、连山民国周报。

后准设立之普通新闻检查室：南雄、罗定、鹤山、开平、合浦、高要、连县、揭阳、海丰、龙川、阳江、普宁、大埔、新会、澄海等十六室。

云南处

主官姓名：邓鸿涛　叶明辉

等　　级：甲等

全年经费：二八三六.〇〇

所 在 地：昆明

设立日期：二十九年四月

直辖报社、通讯社：云南日报、民国日报、朝报、中央日报、

云南通讯社中央分社

复审外县报纸：滇东日报、曙光日报、保山日报、腾越日报、滇西日报。

贵州处

主官姓名：谢绍竑　何家骏

等　　级：甲等

全年经费：二八三六.〇〇

所 在 地：贵阳

设立日期：二十八年十月

直辖报社、通讯社：时事导报、中央日报、贵州日报、商报、民报晚刊、中央分社。

复审外县报纸：新军旭报、黔声日报、修文简报、宣报、铜仁日报、江口旬刊、松桃旬报、榕江半月刊、□□□□、□□□□、新铜□报、金沙□报、兴仁周刊、兴义旬刊、新册亨新兴旬刊、新余庆泸山旬刊、正安旬刊、长顺旬刊、新修文周刊、思南旬刊、新军日报、新独山周刊、逸文周刊。

湖南处

主官姓名：陈煦　黄莫民

等　　级：甲等

全年经费：二八三六.〇〇

所 在 地：衡阳

设立日期：二十九年四月

直辖报社、通讯社：大刚报、力报、正中日报、通俗日报、大中晚报、大刚晚报。

复审外县报纸：耒阳国民日报、芷江中央日报、邵阳中央日报、西南日报、党军日报、敢报、益阳民报、耒阳民报、湘乡日报、湘潭民报、邵阳民报、汉寿民报、醴陵民报、安乡民报、津市日报、攸县青年报、桂阳民报、浏阳民报、湘阴民报、黔阳民报、蓝山民报、资兴民报、桂东民报、嘉禾民报、平江民报、永顺民报、道县民报、晃县民报、南县青年报、宁远民报、永明民报、桑植民报、汝城民报、华容民报、保靖民报、辰谿民报、永绥民报、永兴民报、新田民报、龙山民报、临澧民报、岳阳民报、慈利民报、凤凰民报、新潮报、麻阳民报、城步民报、东山民报、□通民报、大庸民报、常宁民报、滤华溪民报、江华民报、靖县民报、祁阳民报、宜章民报。

后准设立之普通新闻检查室：邵阳、益阳、零陵、沅江、芷江、湘乡、洪江、新化、武岗、衡山、民彬县、潭市、桂东、保靖、辰谿、溆浦等十六室。

江西处

主官姓名：章益修　章善继

等　　级：甲等

全年经费：二，八三六.〇〇

所 在 地：吉安

设立日期：三十年九月

直辖报社、通讯社：民国日报、前方日报、明耻日报、大众日报、大江日报、新夜报、新商报、新民报、捷报、中央分社、当代社、江西声报社、复性通讯社、民力通讯社、文光通讯社、广播通讯社。

复审外县报纸：万安民报、琴声报、定南日报、宜黄周报、修水扫荡简报、莲花民报、大庾日报、赣北民国日报、宁都联合日报、上犹日报、雩都新闻报、万年抗敌周报、德兴晨报、乐平民报、江喻动员周报、东乡周报、奉新周报、贵谿民报、南康日报、虔南周刊、饶州民报、余江政报、黎川民国日报、自强日报、江西民报、婺源联合日报、赣西国民日报、高安民报、会昌三日刊、余江快报、信丰日报、寻邬日报、光泽日报、安远抗敌周报、江西建报、崇仁周报、瑞金动员周报、遂川日报、开平日报、广丰日报、余干日报、崇义周刊、南昌动员周报、群报、万载周报。

后准设立之普通新闻检查室：浮梁、南城、萍乡、临川等四室。

浙江处

主官姓名：周永澧　娄子伦

等　　级：甲等

全年经费：二,八三六.〇〇

所 在 地：福建南平

设立日期：二十九年四月

直辖报社、通讯社：东南日报、正报、儿童时报、天行周报、今日晚报、国民通讯社、亚细亚通讯社。

复审外县报纸：浙江日报、宁绍日报、衢州日报、新民报、龙游民报、开化周报、常山新报、江声报、新寿昌报、温州日报、浙瓯报、瑞安新报、仙居新报、澄江报、台州民报、浦江日报、上虞报、□侨商报、黄岩商报、浙西日报、民族日报、遂昌民报、天北日报、宣平新报、松阳民报、温岭日报、缙云日报、龙泉日报。

后准设立之普通新闻检查室：永康、永嘉、温岭、衢县、于潜、江山、龙游、开化、常山、缙云、仙居、遂昌、遂安、孝丰、□□、天台、黄岩、宁海、瑞安、寿昌、松阳、浦江、宣平、云和、龙泉、兰溪、嵊县、上虞等二十八室。

福建处

主官姓名：周永洋(兼)　郑永清

等　　级：乙等

全年经费：二，八三六.〇〇

所 在 地：闽侯

成立日期：二十九年四月

直辖报社、通讯社：中央日报、南方日报、青年晚报、国民通讯社。

复审外县报纸：永安中央日报、大成日报、闽南日报、南平南方日报、上杭日报、松溪导报、融报、泉州日报、福建日报、闽中新报、闽西日报、南光日报、兴奋报、民主报、新邵武报、同安日报、大刀报、尤溪日报、惠光日报、永安中央通讯社、连城国民通讯社、南平民强新闻社、晋江南侨通讯社、建瓯闽北通讯社、中南日报。

后准设立之普通新闻检查室：南平、永安、建瓯、晋江、莆田、仙游、龙溪、上杭、长门、连城、尤溪、龙岩、南安、惠安、同安、松溪、东山、武平、古田、闽清、将乐、永定、清流、大田、政和、屏南、长泰、建阳、邵武等二十九室。

河南处

主官姓名：石　鼎黄运昌

等　　级：甲等

全年经费：二，八五六.〇〇

所 在 地：洛阳

成立日期：二十九年四月

直辖报社、通讯社：民国日报、河洛日报、河南民报、阵中日报、中原日报、行都日报、农民导报、中央分社、华北通讯社。

复审外县报纸：豫中民报、华北日报、新民报、正义报、许昌日报、抗建旬刊、华中报、通俗报、前锋报、周口中原日报、豫南日报、西荷报、育函日报、抗敌报、正阳报、沁阳民报、漯河日报、三民日报、河南日报、民中日报、新声日报、禹县日报、息县抗敌日报、自卫日报、汜水日报、新襄城报、偃师新报、广武旬刊、隆虑报、醒灵三日刊、孟县实报、豫东小报、登封报、唐河日报、醒武报、郏陵报、民众旬刊、锦屏报、黄舍报、三干报、潮县报、新郑周报、来复周报、民众日报、济原民众周报、商城周报、战时日报、北原战事报、新河南报。

后准设立之普通新闻检查室：许南、叶县、阳昌、潢川、郑州等五室。

陕西处

主官姓名：李仁杰　辛文思

等　　级：甲等

全年经费：二，八三六.〇〇

所 在 地：西安

成立日期：二十九年四月

直辖报社、通讯社：西京日报、西北文化日报、青年日报、新秦日报、西京平报、国风日报、西安晚报、工商日报、秦风日报、中央分社。

复审外县报纸：汉中西京日报、宝鸡通俗日报、边疆通讯、朝邑村报、革命导报。

后准设立之普通新闻检查室：榆林、南郑、宝鸡三室。

山西处

主官姓名：吴鸿宾　范　钧

等　　级、甲等

全年经费：二，八三六.〇〇

所 在 地：陕西兴集

成立日期：二十九年四月

直辖报纸、通讯社；阵中日报、中央分社、民革社。

复审外县报纸：前进、革命生活（三种）、村本政治（四种）、飞进、革命导报、乡宁青年、整体周刊、政锋。

甘肃处

主官姓名：张亚雄　张建东

等　　级：甲等

全年经费：二，八三六.〇〇

所 在 地：兰州

成立日期：二十九年四月

直辖报社、通讯社：西北日报、民国日报、中央分社、西北社、民间社。

复审外县报纸：陇东日报、陇南日报、甘南日报、河西日报、临夏日报、成县周报、清水周报、武都青年周报、正宁周刊、民勤周报、陇西民报、峪关周报、甘州民报、渭源通讯。

后准设立之普通新闻检查所：天水、平凉、武威、岷县等四室。

湖北处

主官姓名：晏尚志

等　　级：乙等

全年经费：二，二八八.〇〇

所 在 地：恩施

成立日期：二十九年四月

直辖报纸、通讯社：新湖北日报、武汉日报、中央分社。

复审外县报纸：阵中日报、宜昌日报、枣阳日报、江陵日报、新□归日报、志城报、民声报、建声报、川报、蕲春三日刊、来鸣周报、五峰周报、长阳周报、兴山周报、新石首周报、中山周报、青年周报、松声周报、鄂西新闻报、青年导报、怒吼旬刊。

后准设立之普通新闻检查室：老河口室。

西康处

主官姓名：姜希辉

等　　级：乙等

全年经费：二，二八八.〇〇

所 在 地：康定

成立日期：于三十一年十月十七日奉军委会办制渝字第四三〇六号指令准予设立，现在筹组中。

直辖报纸、通讯社：国民日报、西康新闻、西陲党声、康导月刊。

梅县室

主官姓名：王鉴萍

等　　级：甲等

全年经费：一，一八三.〇〇

所 在 地：梅县

成立日期：二十九年七月

直辖报社、通讯社：中山日报、汕报、劲报、新闻报、义报、民锋报、真干社。

台山室

主官姓名：刘复英

等　　级：甲等

全年经费：一，一八三.〇〇

所 在 地：台山

成立日期：三十年二月

直辖报社、通讯社：南华日报、大同日报、民国日报、西线周报、扫荡简报、执中通讯社、台声通讯社、大千通讯社、新台通讯社。

遂溪室

主官姓名：汪公纪

等　　级：甲等

全年经费：一，一八三.〇〇

所 在 地：遂溪

成立日期：三十一年九月

直辖报社、通讯社：遂溪日报、南商报、大周光报、粤南报。

梧州室

主官姓名：朱康平

等　　级：甲等

全年经费：一，一八三.〇〇

所 在 地：梧州

成立日期：二十九年七月

直辖报社、通讯社：中山日报、梧州日报

长沙室

主官姓名：曹孟闻

等　　级：甲等

全年经费：一，一八三.〇〇

所 在 地：长沙

成立日期：三十年二月

直辖报社、通讯社：国民日报、□中日报、大公报、长沙民报、潭声社、兰心社、□予社、时代社、长沙通讯社、环球社、大道社、日新社、少年社、航空社、和平社、力行社、正道社、大公社、华中社、公道社、湘闻社、模范社、前进社、光明社、麦通社、湖南新闻社、湘光社、湖南通讯社、多闻社、长沙编译社、新湘社、商事社、自治社、达闻社、中央分社、日闻社、求是社、毅文社、劳工社、自立社、醒民社、兴中社。

沅陵室

主官姓名：周幼襄

等　　级：甲等

全年经费：一，一八三.〇〇

所 在 地：沅陵

成立时间：二十九年七月

直辖报社、通讯社：沅陵民报、中国国民日报。

常德室

主官姓名：龚玉冈

等　　级：甲等

全年经费：一，一八三.〇〇

所 在 地：常德

成立日期：三十一年九月

直辖报社、通讯社：常德民报。

泰和室

主官姓名：钟焕远

等级：甲等

全年经费：一，一八三.〇〇

所 在 地：泰和

成立日期：三十一年七月

直辖报社、通讯社：江西国民日报、泰和新民报、大路通讯社

赣县室

主官姓名：刘兆龙

等　　级：甲等

全年经费：一,一八三.〇〇

所 在 地：赣县

成立日期：二十九年七月

直辖报社、通讯社：正气日报、赣南民国日报。

上饶室

主官姓名：罗时兴

等　　级：甲等

全年经费：一,一八三.〇〇

所 在 地：上饶

成立日期：三十年二月

直辖报社、通讯社：前线日报、赣东民国日报。

立煌室

主官姓名：宋家麟

等　　级：甲等

全年经费：一,一八三.〇〇

所 在 地：立煌

成立日期：三十一年五月

直辖报社、通讯社：皖报、立报、战地周报、大别山新闻社。

鲁山室

主官姓名：赵培五

等　　级：甲等

全年经费：一，一八三.〇〇
所 在 地：鲁山
成立日期：三十一年九月
直辖报社、通讯社：河南民报、民国日报、复兴通讯社。

西昌室
主官姓名、刁永言
等　　级：甲等
全年经费：一，一三八.〇〇
所 在 地：西昌
成立日期：二十九年七月
直辖报社、通讯社：新康报、宁远报、康藏通讯社、宁远通讯社。

宜宾室
主官姓名：史继良
等　　级：乙等
全年经费：九一八.〇〇
所 在 地：宜宾
成立日期：二十九年七月
直辖报社、通讯社：金岷日报。

合川室
主官姓名：张文鸷
等　　级：乙等
全年经费：九一八.〇〇
所 在 地：合川
成立日期：三十年二月

直辖报社、通讯社：合川日报、合阳民舆商报、联合版周报。

柳州室

主官姓名：赖振家

等　　级：乙等

全年经费：九一八.〇〇

所 在 地：柳州

成立日期：三十年二月

直辖报社、通讯社：柳州日报、正中日报、阵中日报、立鱼峰三日刊。

自贡室

主官姓名：程国卫

等　　级：乙等

全年经费：九一八.〇〇

所 在 地：自贡

成立日期：奉军委会办四二政指九〇第一五九号文指令筹备成立。

直辖报社、通讯社：新报、自流井通讯社。

〔国民政府档案〕

6.广西省新闻检查处成立三年来的工作总报告书

（1942年11月21日）

军事委员会战时新闻检查局广西新闻检查处代电　检字第九一八号

军事委员会战时新闻检查局。重庆局长商、副局长李钧鉴：戍灰电寒日始奉到，遵即按照指示各项，编拟本处成立三年来工作总报告一册，只以时间仓卒，不免遗漏，理合检附原册，电请鉴核令遵，职谭声丙、朱造坦叩。戌马。印。附呈本处成立三年来工作总报告一册。

中华民国三十一年十一月二十一日

广西省新闻检查处成立三年来工作总报告

一　沿　　革

广西新闻事业，在抗战军兴以前未甚发达，向无新闻检查机构之设立，二十八年军事委员会战时新闻局改组成立后，统筹调整新闻检查机构，规定各省会设新闻检查所，广西应设甲级所一所，遂于二十九年五月委周永□为广西新闻检查所主任，周主任于二十九年六月率同检查员朱造坦、陈纶言、吴君若等三人由渝抵桂，当与地方党政军各机关商洽请予拨借公舍为所址、以便筹备成立。无如桂林自军兴以后，已为后方重镇，公舍祠宇早无空隙，不得已乃权借广西日报余屋数间，于二十九年七月一日开始工作，是为本处成立之纪念日也。时各检工同人均寄寓旅舍，昼夜值公，极感不便，周主任因呈准租用民房以为所址，是年九月赁定。乐群路四号楼上，全部大小七间，分配办公处所及宿舍，勉可敷用，乃于十月迁入现址，只以开办无固定经费，一切设备遂亟简陋，是年七月局委胡世董为副主任，胡副主任到职不及一月即因病请准长假，是年十月，造坦奉令升任副主任，三十年二月周主任奉令调主浙所，遗缺由声丙继任。声丙于是年三月七日到所接事，是年九月军事委员会桂林办公厅李主任，鉴于桂林新检事业日趋繁重，所内员额实感不敷，电请局晋为特级编制，是年十一月奉令改为特级所，仍由声丙造坦分任正副主任，并晋升检查员陈纶言代理总检查员，陆续增派检查员数人，事业进展悉依照呈奉核准之工作计划纲要，循次设施，是年十二月奉令改所为处，更名为广西新闻检查处，另颁关防，声丙、造坦亦同时奉令分任正副处长，遵于本年元旦敬谨启用新关房，改所设处。

二　业务之推进

桂林为西南各省中心，军兴而后，人文萃集，来者颙颙，新闻事业突飞猛进。本处当成立时，在桂报社除广西日报为旧报纸外，其余则有自汉迁桂之扫荡报，自湘迁桂之力报及自沪迁桂之救亡日报，通讯社则有中央社桂林分社，国防新闻社，西南通讯社及战时通讯社，大都皆新组织者。各新闻从业人员来自各省熟谙战时法令及中央新闻政策者固多，而思想复杂、不明国策者亦不无少数，本处一面加强联系，对地方各机关则情报互通、对新闻文化界则严密考察，一面加紧工作，轮值则昼夜排班、检扣则详加诠译，以此检政推行、融洽无间。迨三十年度开始，报社新增，已于二十八年冬发刊者则有自由报晚刊，未经核准登记，请求送检者则有民众报，依法登记陆续发刊者则有桂林大公报、工商新闻通讯、戏剧日报等等。此一年间，桂市新闻文化界既以来者日众而愈感芜杂，更以同业日多而竞争愈烈，本处执行检政煞费经营，消极方面则每两月必召集各报全体编辑记者到处茶会一次，或有专题讨论，则加开临时会一次，政令之有未明者则详晰之，问题之待研究者则商榷之，要以国策宜扬统一意志为前提，因此直接可解决许多疑难，间接亦易树立检政威信，此则行之而有效者。此外，如协助力报、自由报调整其人事，如与广播电台、航空检查所、邮电检查所等之密切联系，有裨于检政之推行者，均次第予以实施。三十年秋，长沙三次会战，桂市谣诼频烦，战讯宣传每多失实，本处更与军事委员会桂林办公厅第二次密切合作，各报直接所得战讯，在昼间则一律送办公厅审放，在夜间则由本处正副处长与办公厅第二处舒樊两处长直通电话，随时商榷，随时解决，既不使各报对新检处消息有落后之虞，亦不使各报有不正确之战讯披露，及秋冬之交，太平洋之烽火频惊，留港之文化人纷纷内徙，于是桂市社会愈繁杂，而本处之任务亦愈艰，航空检查所及邮电检查所遂商请本处常川派员协助检查，航邮，报纸、广播电台亦商请本处每晚派员莅台检视，广播时，广西省党部与广西省政府亦迭嘱本处对于外县报纸及本市壁报严行审查，多予注意，无如本处检工员额仅只五人，即昼夜不辍，亦有顾此失彼之叹，局中虽曾增派少校干事一人来处服务，仍尚不敷分配，军事委员会办公厅李主任济深，以本处任重员少为念，因电局请晋本处为特级，本处旋于十月中旬奉令自十一月起改照特级编制，因是人员渐增，本处遂亦拟订三十一年度工作计划纲要，呈准核定施行，其大要如下：

甲、统一报人意志：

（原则）积极督导各报发扬国策，肃清文化军之壁垒，以达宣传抗战胜利为目的。

1。赓续上年度未竟工作，以积极指导为重，消极删扣为轻。

2。间月召集各报举行谈话会，以讨论如何遵循新闻政策，以达成统一宣传使命。

3。严防外来报人轨外活动。

4。辅助各报严整人事，并实际考察其公私生活。

5。加强各报有裨抗战的宣传。

6。控制各报寄外稿件。

乙、扩展新检机能：

（原则）对于新闻消息来源及传达之机关，悉予严密统制，以防奸伪利用。

1。实施检查壁报。

2。按时派员前往桂林广播电台检查广播内容，并监视其广播。

3。派员赴邮电检查所协助检查新闻纸类之进口及新闻稿发出。

4。指派检查员一人专责检查由航空输进之各地报纸。

丙、严密检纲组织：

(原则)于重要县市设立新闻检查室，厘定其统属，以便指挥监督，更利用电台或长途电话，以利所室间之通讯，并派员巡回督导，以严密检纲，提高效率。

1. 筹设南宁、郁林、龙州、宜山各新检室。

2. 指挥监督省内各检查室。

3. 所室检查员酌予调换职务，俾资联系。

4. 常川派员分赴各县市巡回督导各报社，指示宣传要点，并严密注意其□□。

5. 遇有紧急情事，利用电台或长途电话通知邻省各所及省内各室，以期检所之严密。

丁、齐一检政壁垒：

(原则)设立电台或利用长途电话，以期指示之迅速，而求全国全省新检步骤一致。

1. 设立专用电台或利用长途电话，规定通话时间，俾便与渝局取得密切联系，与各省处保持密切联系。

2. 随时将本处检查意见及特殊地方新闻检放标准通知各省处及省各室。

3. 将检放之战讯新闻电讯立即通知各省处及新检室，以作检扣标准。

4. 实行复审全省各地新闻纸，并予指示。

5. 实行复审外省在桂运销之各种新闻纸。

6. 赓续上年度工作办法，力求对桂林各报删扣标准一致。

戊、充实检工素质

(原则)积极指导并鼓励检工同志之进修，以期克尽新检之伟大任务。

1. 设立参考资料室及中山室。

2. 请拨专款定购国内外各种杂志、图书及必需之参考资料。

3. 指定专员负责剪贴报纸资料。

4. 购置各种棋类及室内运动器具。

本处本年度业务推进大纲均依上列纲要执行，只以物价激涨，官兵生活时苦不能安定，而经费所限不特无线电台收音机等设备无可实现，即图书杂志资料之补充亦苦支应无计，以故工作效率时受影响，此乃不能不据实以陈者也。

三　重大违检之处理

处理违禁所以明法端纪，原系不得已之措施，本处深感事前检查制度旨在完密无间，防范未然，必使报章一字一句均能遵令送检，且均能遵检刊登，故除执行检查时应力求严密正确外，对报社可能发生违检时无不缜密考虑，预谋杜防之术，凡遇国内外有重大事件发生，本处辄召开会议，明定言论方针，通知报社或一再重申钧令，指示范围，俾报人遵循有度，不致临时周章。如三十年一月，新四军事件发生时，消息来□夜间，当时桂林报界情形颇为复杂，深恐报纸有不当言论，违检刊出，本处同人乃分头停立郊外，守候报纸(因报社工场均在乡间)，俾经见违检时可以处置迅速，虽冬夜严寒，不以为苦。两年以来，本处秉承钧局指示，兼以同人效力，各报社亦多能明理，恪守法令，故尚鲜玩法不羁故意违检情事，惟桂市报社众多，相距遥远，联系难期周到，百密不免一疏，尤以同业竞争，日趋激烈，新闻报道常互争一日之先后，或标新立异，超越禁载范围，本处既感预防之未逮者，事后亦不得不厉行处分，以事补救。其情节重大者，因恐辗转流传，滋害殊甚，故多依照违检惩罚办法第七条之规定，执行紧急处分，扣押违检报纸，如时间迟晚，不及执行者，亦必呈报钧局，分别予以定期停刊，或严重警告，其情节轻微者，亦按情处分，俾知警惕。兹将三年来各报重大违检事件列表如次：

报社	日期	标题	内容	检查决定	违检类别	处理办法	处理经过
自由报	二十九年八月十二日	最近敌方军事动向(社论)	对敌人攻略重庆路线妄加推断，且谓湘桂有首先被攻可能	故作危言，摇惑人心，免登	未遵免	紧急处理，扣押报纸	率同宪兵执行
自由报	二十九年九月二十二日	米(专访)	据非正式统计，桂市每日食供求相差八分之七	消息不确，刺激人心，助涨米价，免登	未遵免	呈准钧局停刊三天	该报自动执行
扫荡报	三十年二月十一日	我组英缅军事访问团(专电)	披露访问团之组织及人选	与禁载标准抵触，免登	未遵免	呈准钧局严重警告	
民众报	三十年六月三日	劝募公债(社论)	讥评募债办法，并讥刺政府	有损政府威信，应免	未送检	口头严重警告	该报自动处分停刊二天

大公报	三十年十月三日	湘北敌军死伤八万(电话)	安口会战战果,谓毙敌八万,俘敌六千	夸大战果、记载不实,缓登	未遵缓	呈准钧局严重警告	
自由报	三十年三月二十三日	美日谈判决裂(号外)	号外全张不足三十字	消息不确应免登	未送检	紧急处置,扣押号外	率同警察执行
自由报	三十一年一月二十六日	罗斯福演说与潜艇袭美(辟栏)	讥刺罗斯福言大而口惠,不实	伤害邦交,免登	免登后全栏空白	扣留外寄报纸	通知邮检所执行
大公晚报	三十一年四月十三日	委座夫妇赴缅返渝(专电)	如题	未经官方宣布缓登	未遵缓	呈准钧局严重警告	
扫荡报	三十一年七月十四日	逸中三教员自杀(市闻)	如题	案情重大,党部函请检扣	未送检	紧急处置,扣押报纸	自动停发,重行改印。

本处对地方政府宪警机关及邮电航空各所平素联系甚为密切，故执行违检处分均能协同一致，尚无阻滞，各报社亦能依法奉行，如二十九年九月间自由报遵奉定期停刊处分，三十一年扫荡报扣发违检报纸，均能自动奉行，三十年六月民众报社评违检，该社庞社长且自动请求停刊三天，以示悔悟守法，精神极为可佩。其他各报偶有违检过失，经本处处分后辄来处解释或因电话误传，或为时间限制，亦多在情理之中，前救亡日报国新社稿件内容，虽间有不妥，但遵奉检查，始终未懈，广西日报、力报对送检手续恪遵谨守，迄无重大违检情事，尤为难得。总计各报违检稿件以大公、自由两晚报较多，缘晚报率为时间限制，常有一面送检，一面发排，而稿件亦无正当来源，要闻、副刊多赖临时杂凑，饥不择食，在所难免。本处前呈钧局，请转咨中央总社每日上午加播要闻一次，如获采纳，不独晚报内容得以充实，即违检情形亦可以因而减少也。

四　当地报社通讯社之动态

甲、通讯社

1. 中央社桂林分社　社址设六合路园背村，分社主任陈纯粹、江西人，该社业务以转发总社电讯稿为主，原有编辑三人，采访二人，近以经费困难，各裁减一人，以沈九香、徐鋆任编辑，廖济航任采访，该社每日发稿三次，稿费自七月起增至千元一月，各报曾因此发生误会，各报联合会竟有自收外电、不明中央社稿之主张，后经本处调解，始告寝息，除力报稍有减少，其他各报均已照数缴费矣。

2. 国际新闻社　该社在武汉成立，初与国际宣传处合作，武汉弃守后，经长沙迁来桂林，乃脱离国际宣传处成为一文化企业，该社组织颇为庞大，除渝港两地设有分社外，有国内通讯站四百处，国外通讯站百五十处，社员一百三十余人，分布各地，社长范长江，经理孟秋江，编辑张铁生，言论方面对内标榜民主，强调团结，对外反对英美德日等一切帝国主义，主张联苏，与救亡日报如出一辙，同为两左倾文化机关。该社业务共有国际新闻通讯、特约通讯、市闻三种，国通多根据外报材料编写，每周出版一次，编印成册，特约通讯多系国内各通讯员撰写，复写寄发各报，市闻稿乃专为新进人员练习采访而设，供给本市各报。该社经费来源，据说范长江表示全靠稿费维持，惟按其发行实际情形，国通稿亦销百数十份，收入仅有千元，至于特约通讯，稿费甚少，绝对不足自给，究由何处津贴，虽未可推断，而接收津贴则为必然之事，此该社当时大概情形。

三十年一月新四军事件发生，范长江、张铁生、孟秋江均先后赴港，该社遂收缩范围，停发市闻，撤销通讯站，仅发国际新闻一种，六月该社奉令撤销登记人员，亦星散矣。

当时桂市各报曾奉有明令，不准采用国新社稿件，但间因稿件不敷采用，该社国通稿者仍属不少，其他各地报纸稿件缺乏，更多采用国新社，所以能以稿费为主要收入，而深入各报发挥作用者，一则因资料较多，而报纸对于通讯稿件之需要，实为客观的基本原因。本处深感桂市已形成西南文化中心，而本党党报尚付缺如，通讯社虽有中央分社，但只以电讯为主，对一般通稿件（如国际社所倚为生命线之国通与地方通讯稿）未能兼顾，国新社既已解体，而客观需要依然存在。当时呈请钧局建议中央在桂设一规模较大之通讯社，以应需要而广宣传，惜迟迟未能实现。

3. 战时新闻社　桂市各报负责人为培植新闻人才，于二十八年假青年会办新闻讲习班，卒业后为经常取得联络，乃成立该社，由省政府参议汪茳豪任社长，该社徒有名义，每日只发市闻二三则，分送本市各报采用，月由各报支给五十元，作为稿费，实际系捐助性质，二十九年十二月因经费困难，自动停刊。

4. 救亡通讯社　该社并无独立组织，附设救亡日报，为该报对外发稿，假藉名义之空头机构，所发稿件多为该报选剩之地方通讯稿件。

5. 西南社　与救亡通讯社性质相似，附设广西日报，由该报总编辑莫宝坚编辑，韩北履(？)负责每日向本市各报发稿，内容多为本省外县之通讯稿，惟各报甚少采用，自该报添设地方版后，该社已久未对外，发稿盖亦无形停刊矣。

6. 工商新闻社　社长张常人，亦自由报创办人之一，后任该报总编，三十年四月因经济问题，与自由报宗社长棋仁发生龃龉，愤而拆伙，拟筹资另办工商日报，登记未准，乃改设通讯社，于六月十五日发刊，定名工商新闻，每日通讯内容有市场动态、各地行情、桂市各货价格、工商大事等等，在商店中行销颇广，月达三百份，收入甚丰，本年四月，因张常人赴渝，停刊甚久，闻最近可望复刊。

乙、报社

1. 广西日报　该报名义上隶属省党部，实际上代表广西地方，南宁民国日报为其前身，省府迁桂后乃成立。该报已有五年历史，组织采社长制，初由韦永成为社长（韦现任安徽省民政厅长），韦离后，以韦赞唐继任，莫宝坚任总编辑，陈雪涛任经理，均广西人，韦赞唐当时兼任广西绥靖公署政治部副主任，实际工作多由莫、陈二人分负编辑经理两部责任，本年夏季，该报遵省令改组，韦、莫均先后辞职，改由黎蒙任社长。黎亦广西人，法国留学，曾在香港主办珠江日报。

该报成立较早，且系官办性质，故设备尚称完全，社址设城内环湖北路五号，工场设西郊牯牛山，有对开平版机六架(闻原有卷筒机，因无纸，遂废弃不用)，经费方面每月由省党部有固定经费，现已增至五千元。营业方面得地方政府之支持，故收入足敷维持。闻省府过去曾有通令，有关法律之启事、声明、广告，必须刊载。该报方为有效，各级地方政府、机关学校及乡村公所、国民学校均须订阅该报(报费在行政费内预扣)，故销路遍及省境，销数恒在一万五千左右，编辑方面过去偏于保守，办理欠佳，近因报社增加，竞争甚烈，相形之下，殊鲜表现。本年改组，黎蒙社长到任后聘姚苏凤为总编、王德馨为编辑主任（姚、王均江苏人，前在香港辛报工作），应硕华为主笔，秦柳万、谭思文为撰述委员，该报社论近多出此五人之手(姚于上月底辞职赴渝，由俞兼总编)，另添设收音室，录用各盟国广播，并将工场迁入城内，以提早出版时间，该报自十一月起每星期加"星期增刊"半张，为国际时事的综合刊物，在桂尚系独创。

2．扫荡报　隶属政治部，原称扫荡报桂林分社，自重庆扫荡报与中央日报联合出版，遂未见再用"分社"字样。该报于武汉弃守后迁桂，当时桂林只广西日报一家，且办理较差，该报历史悠久，且为军委会隶属报纸，党政军机关及学校部队均勇于订阅，故能行销湖南、广东、广西数省，不数月间销数即达万份以上，分社主任易幼琏，副主任卜绍周(兼任经理)，总编辑钟期森，撰述许任飞、湖南人，社论即由此四人分担。社址原设四义村，距城十公里，三十年二月始迁入簸箕岩新址，该报有对开机四架，连开铸字机排字房均设于岩洞以内，空袭可保无虞，至消息来源，因设有专用电台，直接可与重庆总社联络，并利用政治部关系，可向各战区各军政治部收取消息，因此便利，故该报实开桂市各报专电竞争风气之先河，但近自大公报迁桂与广西报添设收音室后，已不能专美矣。该报迁桂四年，内部情形最为稳定，人事业务均鲜变动，除卜副主任辞职就无锡国专训导长及副刊编刊萧铁离职，由凌珊如继任外，其他均无更动，报纸销数亦仍在万份左右。

3．救亡日报　该报原设上海，为"全国救亡总会"之机关报，抗战后，由港迁粤，二十八年迁桂林，社长郭沫若为名誉职，实际上全由总编辑夏衍主持，该报过去言论在军事上为八路军宣传胜利，在政治上强调民主，强调团结，在外交上主张联苏，与国际新闻社同为桂林两大左倾文化机关，该报虽一四开小型报，惟与一般小型报纸不同，不登广告，不登无聊的社会新闻，不登低级趣味的文字，内容偏重地方通讯与副刊杂志，意味甚重，至工作人员待遇最苦，除伙食外，几无薪水可拿，该报对新闻检查绝对遵奉，故一年中尚无重大不妥之文字刊登。

该报虽系四开篇幅，因不收广告，故容量亦与大报相等，销路颇广，闻有万份以上，其发展计划颇为严密，自本处设立后，因欲避免检查，曾一度计划迁往宜山，后因种种限制，未能实行。二十九年十二月，该报拟增设晚刊，定名建国晚报，以伍建德为发起人，即由该报代印，当时已得地方政府允许，本处不予受检乃作罢论。该报尚附设有救亡通讯社，供给外地报纸稿件，后因邮寄文稿，亦须经过检查，故亦无若何表现。

三十年一月，新四军事件发生后，该报自知难以立足，乃急谋收束。夏衍于一月二十二日先行飞港，该报遂亦于月底自动停刊，所有人员亦先后离桂赴港。

4. 力报　该报前身为湖南长沙力报，当时雷锡龄任社长，康德任总编，张稚琴任经理，同为该报三大股东长沙大火后迁邵阳出版，张雷遂析股脱离，分徙衡阳、桂林两地自谋发展，乃有邵阳、衡阳、桂林三家力报，名义虽同，但彼此各自独立，并无组织关系(邵阳力报于二十九年因故查封)。桂林力报于二十九年三月成立，社址设社公岩。据该报经理张稚琴、谈渠初来桂时，仅有资金五千余元，三年以来，该报无背景、无津贴，惨淡经营而能维持于不坠，奋斗精神颇为难得。自大公报迁桂后，该报销路最受影响，由六千份减至四千，再减至三千以下，每月亏欠六千元，全赖印刷营业维持。前香港国民日报有在桂复刊之议，曾愿出资订购，后因奉令从缓，遂作罢议。该报言论过去甚为庞杂，副刊文字尤多过激色彩，外界迭有非议。三十年二月，扫荡报及第四战区政治部均先后奉到命令，调查该报背景与立场情形，可见一班，经理张稚琴，本党党员，思想可无疑问，惟当时延用人员良莠不齐，由部组织庞大而无系统，分工而不合作，同日报纸副刊与社论、社论与短评、新闻标题与社论竟常意见相左，各有主张，报界传为笑谈。

三十年二月，该报改组一次，总编龚钦揄、撰述杨承芳相率离职，改聘欧阳敏讷为主笔，邵荃麟为主编，葛琴为编辑，邵葛系夫妇，均浙江人，前在金华分编东南战线与浙江潮杂志，欧阳敏讷系力报旧人，后主编开平日报，经张重邀来桂，惟易人以后，内容仍鲜改进，乃又有七月间之二次改组：采访主任冯英子，主编邵荃麟，编辑张先畴、罗高、蒋莱，记者李文、副刊编辑聂绀弩先后离去，聘前中国日报编辑余络秋及前天文台编辑胡希明，分主编采两部调葛琴编副刊，在今年五月间又有第三次人事调整，改聘胡熙如、梁裕民、郑时学为编辑，沈业儒为采访，范寄病编副刊。该报三年来编采人员三经调整，倾向似可统一，惟报纸内容与营业状况仍无若何起色，盖因经费困难，设备不全，与桂市其他各报相比，自不免落后之感。该报读者以青年学生较多，故省党部调查统计室一度拟在该报辟设青年园地副刊，发动思想论争，期收入穴擒虎之效，后经本处劝止，因恐反有流弊也。其离职人员除一部离桂外，邵荃麟、葛琴、聂绀弩、杨承芳现均参加此间文化供应社编辑部工作。

5．阵中日报　隶属第四战区政治部，社址设柳州，二十九年十月在桂设发行部，当时该报系一四开之三日刊，原稿在柳州编竣，送来桂林，检查付印，再分发本战区各部队。该报所有新闻均系剪裁桂林各报已登之消息，社论有时亦转载他报，故各方均不重视。三十年四月，该报经过改组，由战区政治部主任梁华盛自兼社长，改为日报，并停刊两月加以整顿。七月十五日复刊后，因编辑部亦迁来桂林，印刷困难，于十一月二十二日又迁回柳州，现已改为中正日报，以王傧朔为社长，日出对开一张。

6、民众通俗日报　社长庞敦志，系省府教厅编审，因感各地民众读物缺乏，发起创办民众白话报一种，于三十年一月编写计划书呈请教厅采行。但民教经费无此专款，无法实施，乃以私人名义多方捐募，于三月三十日开始出版，社址设三多路，庞君虽有办报热忱，但无办报经验，所延人员均系省府职员，公余兼办，且多为门外汉，翻译新闻(由文言翻白话)，不但未能通俗，而且笑话百出，当时所筹基金仅有千元左右，而每月支出约须四千余元，故仅维持二十四天，即停刊整理，并陆续向各方捐募，五月二十五日复刊，并专聘编辑一人，惟报纸内容仍无起色，六月十五日又因印刷费纠纷，宣告停刊后该报曾扩大捐募，一次收入数千元，并于东江镇自建社址，购置印刷机件，定八月间再度复刊，旋奉中宣部命令，因桂林报社已有限制，不准登记，现该报已改出杂志矣。

7．大公报　该报二十九年即有添设桂林版计划，总经理胡政之氏于是年十月来桂觅定星子岩为社址，积极筹备，原拟元旦日成立，后因内迁机件途中被敌机炸毁，延至三月十五日始正式出版，桂版经理王文彬即前该报驻桂办事处特派员总编辑蒋荫恩，采访主任张蓬舟，编辑马廷林、刘鹤年等均由香港调来，该报设备方面设有专用电台，直接与渝社及香港联络，有收音室，收取各盟国电台广播，据闻且可直接收录路透社电稿，故国际重要消息恒较中央社早得一天。当初发刊时，社论多由渝供给，以电报拍发来桂、副刊文艺版则采用香港稿件，由香港以纸型直接航寄。桂板成立未久，适逢该报荣获美国密苏大学新闻学院奖章，此间文化界曾为召开庆祝晚会，推崇备至，营业发展甚速，出版不久，即行销万份以上，该报言论以无党无派纯粹代表民族利益、民众利益自诩，三十年六月十七日刊载”行政效率的重要性”社论批评政府，未遵删登，经予警告处分，嗣由该总编到处解释，谓“该报目前发表一“为晋东南战事呼吁”一文，中共面积反响甚大，周恩来曾在新华日报一再著文辩解，足见已收到呼吁之效果，故现对政府方面亦不得不有所批评，亦正为表示不偏不倚完全站在民众立场说公道话”。其言论态度由此可以想见。

该报成立后，同业竞争日趋激烈，各报对消息来源与报纸内容均力求改进，力报两次人事调整及广西日报之改组整顿，均受其直接影响，竞争为进步之母，此亦桂市新闻界之佳象也。

香港沦陷后，该报港版员工均先后来桂，遂有人满之患，乃呈准中央增出晚报，于四月五日始刊，由何毓昌、杨历樵二人负责；日报方面，亦略有更动，以金诚夫为经理，徐铸成为总编，王文彬为副经理，蒋荫恩应燕大新闻系之聘，于八月间离桂赴蓉，该报社论现每周采用渝报两篇，其余由金城夫，徐铸成、杨历樵、李侠文四人分担，销路方面，闻仍在两万份左右。

8. 自由报晚刊　该报社长宗祺仁，原在徐州日报工作，徐州弃守后，任时事新报战地记者，二十九年来桂向地方政府申请出版对开日报，兼发晚刊，且表示某长官某司令官均为股东，经省府批准，于八月一日始刊该报，实际上并无固定资金，所谓长官股东、司令股东，亦无其人，大概捐款或有之，并无股东关系也。故经费情形甚见拮据。当时仅在佛灵庵（城外一破庙）设一社址，借前导书店为门市部，因陋就简，报纸由青年印刷所代印，日销五百份，宗任社长兼采访，聘贵阳中央日报驻桂记者张常人为总编，黄序陇为经理，全部职员不足十人，编辑方面其消息来源全靠教厅电化处收录之盟邦广播记录与我中央电台，广播时间迟缓且多为国际消息，不过敷衍版面而已。国内要闻几乎没有，其全部精神偏重于社会新闻，趣味低级，文字无聊，人多讥为“海派”作风，且常有危言耸听，鼓吹米荒之文字刊载，地方当局，甚表不满。三十年二月，省府奉到中宣部命令，以该报未准登记，应即停刊，后由西大教授丁作韶氏赴渝，代为请求，始获继续出版，而言论态度亦较为就范。该报三年来，营业尚佳，现已在观音山自设工场，社址设太平路，行销份数最高时为去年夏季达三千份，自大公晚报出版后颇受影响，现不足两千份。该报总编辑张十方，粤人，曾在文摘社担任编译，去年十一月，由前任编译方奈何介绍，参加该报。

9。戏剧日报　该报社长钟墨侬，原开设金诚戏院，当时桂市戏院营业甚见发达，收入颇丰，苦无宣传工具，乃异想天开地发起集资办报，俾为各戏院鼓吹，当时营旧戏者均表同意，且有相当捐集，乃申请登记，组织成立，于三十年十一月六日开始出版，但经营方面毫无计划，终因稿件困难，毫无销路，虽经两度整理，仍无法维持，于十二月七日正式休刊。

五、本省各地报纸之审查与调查

本处自成立后，迭经函请省政府民政厅通令各县政府将现有报社通讯社函处备案，并饬按日将各报送审，本年二月，各县报纸始续送处审查计先后送审者有二十七县，其余各县均以暂无报社函复在案。本处审查工作由是亦渐见烦剧。加以各地报非按日邮寄，往往积至十日半月一齐付邮，甲地如此，乙地亦莫不如此。遂至积累过多，审查需时，不得不由检查员中指定专员，专任审查工作。查桂省新闻事业不甚发达，报纸水准亦较低，现除少数规模较大、材料稍多、能逐日出版者外，其余大都皆属该县县党部或县政府发行之简单壁报，间日出版，或十日出版，主干人物已乏办报经验，取材与编排亦紊乱异常。至其他较大之日报亦因主编人员对于禁载标准多不明了，其言论与报导遂亦时有不妥之处，半年以来，经本处不断之纠正与指导，不特内容改观，材料增进，即对于检政要旨亦渐能自行辨别其重要性，如刊登恭颂德政启事或类似之广告，能影响其报社本身经济之收入者，尚能自动拒绝刊载，亦足征各县报社逐渐对新检之认识与重视矣。至乃调查工作，本处本年度计划纲要原拟增设视导一人，专司其事，乃为编制与经费关系，不克见诸实施。遑将各县所报现有报社，列表于下：

广西各县现有报社一览表

报社名称	发行人姓名	社址	送审日期	附注
平乐周报	张掄	平乐县大中街六八十号	三一、四、二〇	
融县三日报	唐炳洗	融县县党部	三一、四、一一	
万冈民众壁报	林培基	万冈县党部	三一、二、一	
恭城晶报	朱蕴章	恭城县党部	三一、三、二九	
百寿民众壁报	蒋宗柳	百寿县党部	三一、二、一八	
龙茗民众壁报	党部执委会	龙茗县党部	三一、三、六	
百色日报	陈孔刚	百色崇德镇中山街一〇〇号	三一、二、二九	
桂平日报	刘玉恒	桂平第五区行政督察专员公署	三一、三、四	
岑溪日报	黄葆芳	岑溪县党部	三一、三、四	四月十七日暂停刊
甦报	李毅	全县西门外镇江祠	三一、三、九	
横县小报	杨立潮	横县县政府	三一、三、二〇	
民众壁报	县党部	乐业县党部	三一、三、一	
怀集日报			三一、四、二七	
搏白日报	陈栋方	搏白县党部	三一、四、九	
陆川日报	张熙绪	陆川县党部	三一、四、一	
镇结民众壁报	龙益民	县党部筹备处	三一、三、一二	
建国日报	张徽禄	三一、四、一一		

宾阳民众壁报	韦春元	宾阳县党部	三一、七、七	
平南日报	凌志云	平南县党部	三一、五、一五	
民国日报	黄　楚	南宁共和路七十六号	三一、五、一五	
武鸣民众壁报	苏润深	民族街	三一、五、十一	
龙州日报	莫蕴奇	仁义街八十五号	三一、六、一八	
田东民众壁报	韦季华	平马镇中山街	三一、六、一八	
扫荡简报	刘鹤朋	青云街图书馆	三一、六、一〇	
曙光报	郑邑藩	古城口	三一、六、二二	
郁林日报		高中街	三一、六、一七	
雷声报	刘鸿翥	雷平县临时参议会	三一、五、三〇	

六　机构之推设暨普通室工作之推行

本处自成立后，即开始注意于全省新检网之建立。因感梧柳两地为交通要衡，人民稠密，有即速组设新检室之必要，当经呈报钧局，业蒙采纳各成立直属室一所，关于普通室之推设当时因桂南数县仍在敌寇盘据之下，其他各县或地点偏僻、或报纸不值重视，无设室检查之必要，且地方报纸例由县府或党部主办，立场自无问题。其消息来源，除少数可以径收中央社电讯外，余多收录桂林广播电台之新闻广播。故本处对检查广播甚为注意，每晚指派专人负责，实即无形中执行省境各报之检查工作矣。至于各县报纸之审查指导，亦由省党部宣传科移交本处接管。二十九年冬，桂南收复，邕宁、龙津之报纸始次第恢复，继而广州湾渐成货运孔道，商贾辐辏，桂平、玉林亦成为交通要地，港九沦陷后，报人纷纷内迁，份子复杂，各地新检网之建立，刻不容缓。当经择定邕宁、龙津、宜山、玉林尽先设立普通室四处，三十二年度再推设全县、桂平、怀集、百色等四处，业经呈准钧局，并函请省府照办。嗣准省府函复以普通检查室之职员，既须当地机关调员兼任，自以当地县政府社会科职员为宜，惟各县社会科尚未普遍成立，已令邕龙两县先行筹设等由。因此，邕宁普通室乃于六月一日组织成立，龙津县则以社会科尚未成立，故迟迟未能组设；邕宁检查室成立后迄已四月，一切工作尚能遵照规定，切实执行。前奉钧局令改该处为直属室，现因该室成立未久，拟请准自下月起再行改组。三十一年度拟推设之全县、怀集、百色、桂平、四普通室与已奉准设立之邕宁、龙津、宜山、玉林四室，业经函请省府于明年度经费预算内照普通新检室八处编列预算，并准函复已照办在案。

七　与地方机关之联系

本处成立之始，地方政府热诚匡助，不遗余力，近两年来与各有关机关联系益密，有裨于工作效率，良非浅鲜，其详情略述于下：

1. 军事委员会桂林办公厅第二处主管情报，其第三组编印之倭寇播音记录，按日送给本处一份，本处据此以参证各报送检之电讯，深资得力，本处送厅审查之战讯，亦由该处审定，必要时随时电话商洽，极称便利。

2. 省政府教育厅电话〔化〕教育处每日所收各友邦及敌伪广播编印成册，各报采用电讯，每多以此为据。本处曾商请先将原稿送处审查，再行编印，该处亦照办，本年度以经费紧缩，已不外发，但仍送本处一份，两晚报送检专电稿件颇多参证，本处对于地方政闻以及普通室之增设，均随时与省府各厅处商洽，各厅处亦时以应行缓登之件，先期电话或专函送处，本处总期于法令舆情均能兼顾，铨衡缓急，斟酌删放，各方尚称满意。

3. 省党部宣传科对于本市及外县各报亦随时负责审查，与本处随时交换意见，调查统计室对于各新闻从业人员如有怀疑之处，本处必负责为之详细澈查，其思想不纯者，随时亦据以转达各报，加以调整，以故左倾文化人在桂林新闻界颇难立足。

4. 香港未沦陷前，航行旅客时以在禁报纸携入内地，而邮寄新闻稿件亦时发现敌伪宣传品，航检邮检两所时以真伪莫辨为惧，因与本处联系尤密，通力合作，收效益閎。

5. 桂市文化界向称复杂，文艺刊物有数十种之多，广西图书审查处成立之后，即与本处积极联系。该处每月已扣稿件，均函送本处题目一份，本处对各报副刊，有思想不纯之稿件，亦随时通知该处，近半年来，奉令两处每月举行会报一次，已遵办数月，该处杨处长于上次会报时曾提出两处于必要时可随时交换工作同志，盖工作愈接近亦愈融洽，此则尤堪告慰钧局者也。

以上所述，为本处与各有关机关取得密切联系之大概情形。至于广播电台广播稿件之送检，各电影院、幻灯广告之检查以及军粮局军需局与地方各治安机关之接洽莫不随时洽办、毫无隔阂，本处亦深感各机关匡导之热忱，凡所接洽之处，尤以谨慎从事，其余事业迈进之处，似亦不无裨益也。

八　三年来处务之检讨与今后改进之展望

本处开办之始，事属草创，内部一切因陋就简，三十年春新检工作无论机构上或技术上幸赖钧局督导，更迈向健全和合理的坦途，本处亦以“新检事业化”、“政行科学化”标为口号，业务进展莫不从大处着眼，小处着手，两年以来，举行处务会议四十余次，研究会议亦二十余次，举凡办事细则之厘订，检工技术之改进以及同人之进修与日常生活之改善，无不悉心研讨，力事改进，顾自香港沦陷以后，桂市社会益趋复杂，近且有小香港、小上海之称，宣传资料在足资敌伪利用，各方责望于本处业务之进展者愈大而愈切，本处执行检政之工作自亦愈重而愈艰，事烦任巨，用绌言庞，检讨行政上之困难，实有不能已于言者，谨再缕晰以闻：

1. 本处依特级编制，检查员员额虽已增多，然而外勤内业仅敷分配，就其阶级而论，则自上尉以至中校，今日中校之待遇，远不如生产机关雇员之待遇，桂市一年以来，生活指数之激涨，辄在十倍以上，官校薪津之所入，无论如何节约，实不足以维持二人之衣食，以故检工同人之不能久于其位，委实生活压迫使然，此一年间。本处人事之纷更，诚有不能不影响于工作效率者，此其一。

2. 桂市三年来物价比率有如附表，本处办公费虽年有增加，然衡以物价指数，则尚不及其三分之一，况官兵增额，一切消耗之数量随之增加，近更与各机关加强联系，每月之聚餐或茶会恒在三四次以上，以言经费，则月有定数，以言支出，则按月增多，东支西捂，此顾彼失，是则办公费之拮据，亦有不能不影响于业务之推进者，此其二。

3. 本处职掌。全省新检事业对于广西全省新闻事业调查与审检，自应从事统筹。此一年间关于各县普通新检室之陆续增设，则与地方党政机关妥筹协议，循次成立，关于各县报纸之按期送审，则派定专员负责，详加批复，近更拟按月编印全省言论动向，以为地方党政之参考，且促进全省新检网之组成，然而各直属室所在地之报纸，与其工作情形，则本处一无报告，无可索解。本年七月，广西省党部曾以柳州更生报社之请登记事，函送本处加具意见，本处无可置答，只得转送柳州室，签注公文往返，徒事周折，此则行政系之未明，联系之不足，有不能不影响于业务者，此其三。

4. 本处每奉钧局指示文电，辄多以严行检扣或应予免登为示，重庆处交换日报表内，亦多载奉令免登字句，究其真相及理由，本处时有知其然、不知其所以然之感，各级偶以为询，殊难置签，且亦间有短时间之免登者，然而时效如何，则指示文电中亦从未奉明言本处关于类此事件之发生，悉依中央社发表为根据无如中央社对外广播之新闻，每后于盟邦之广播，各报既争先恐后，本处实怀疑难决，此虽小节，亦有不能不影响于检政威信者，此其四。

上述四端，仅举其荦荦大者言之，其琐琐困难之处不再赘言。然而检讨既往所以策励方来，则今后改进之点，虽刍荛之见，亦有不得不贡献于钧局者，谨再条列于后：

1. 检工同人之待遇拟请钧局设法改善，最低限度似亦可仿照军事技术人员加薪待遇办法，以期安定各人生活。

2. 检工人员之铨审拟请以学历为重，以达检工专业化之旨。

3. 省处与同省境内直属室之行政系统，请明确规定最小限度室对处每月应函送工作报告一次，并应将室所在地之报纸按日寄处一份。

4. 本处应工作之需要，明年度拟请增设中(少)校秘书一员、中校督察一员。

5. 明年度预算拟请将本处房租列为专项，并请增列视察旅费若干元、参考资料专款若干元，又临时费若干元。

6. 拟请转咨中央总社每日上午广播要闻一次，以充实各地晚报内容。

7. 拟请局转对中央总社及分社各派驻社干事一员，以便与所在处室加速情报。

8. 拟请规定各省处与邻省处工作联系办法。

9. 拟请局专函交通建设主管机关，对于所属机关如有招待新闻记者参观情形，应先商得所在地省新检处同意。

10. 局情报科编印之刊物，应请颁发各省处一份。

11. 拟请建议中央在桂设一大规模之通讯社或扩大中央社桂林分社之组织，增加其国际新闻通讯及各地通讯稿之业务，以应需要，而广宣传。

计附表五纸〔略〕

广西新闻检查处处长　覃声丙
副处长　朱造坦　编报

〔军委会战时新闻检查局档案〕

7. 军委会战时新闻检查局重庆处关于成立以来的工作报告书

（1942年11月28日）

军事委员会战时新闻检查局重庆新闻检查处呈　渝新检字第五二九号

案奉钧局三十一年十一月九日督字第一二九六四号训令略开："本局为谋检讨各地新闻检查工作实施成绩，并确立今后检查工作之推行方针起见，拟分区举行新闻检查会议，特检发该项会议规程、议事细则暨各处室参加新闻检查会议须知等件，令仰遵照准备提案，编送工作报告"。等因。附发新闻检查会议规程、议事细则、各处室参加新闻检查会议须知各一件。奉此，自当遵令照办。兹依照各新闻检查处室参加新闻检查会议须知之规定，将本处成立以来之工作报告汇编成册，呈请鉴核备查。谨呈

局　长　商

副局长　李

附本处成立以来之工作报告书一份

处　长　邓　骥

副处长　方自强

中华民国三十一年十一月二十八日

军事委员会战时新闻检查局重庆新闻检查处三十一年度工作报告书

一　本处沿革

本处原为新闻检查所，最初由钟贡勋负责主持，邮电新闻检查不分，组织又嫌过小，殊不足以适应当时需要，迨本局成立、于二十九年一月予以改组，将邮电新闻划分为二，各设机构。掌理之邮电检查，由特检处邮电检查所办理，新闻检查则由本处担任，

而隶属于本局。当时主任宫其光，同年十月宫主任辞职照准，由现任广西新检处谭处长继任，因谭调往桂处，继任者为孙义慈，三十年十一月，孙辞职照准，局派柴副主任秘书祖荫兼代。本年一月一日，改所为处，骥奉派任处长，屈指承乏瞬将一年，戒慎恐惧，黾勉以赴，然时虞陨越，殊多惶悚自惭。

二　检查工作之改进

（一）提高素质

新闻检查范围包罗甚广，所有政治、经济、军事、文化乃至各种自然科学无所不包，无所不备，欲求检查尽当，首重检查人员素质精良。骥承乏以来，首先注意此点，现在所有本处检工同志，资历学识均相当优异，其程度较低而于时代精神、世界潮流不甚娴熟者，已日渐调整，总期人称其职，以达成新检之使命。至于如何安定工作人员之生活及养成检工专门人才，则有待于此次大会之缜密商讨也。

（二）增进修养

新闻检查固须有丰富常识，尤贵有系统研究，譬如某种国际问题或某种专门问题，其过去之历史、中间之演变、未来之发展、解决之途径，以及中外人士对该问题之见解、我政府采取之政策，凡此种种，从事检查工作人员必须全盘明了，深刻研究，则临事之际，方能了如指掌，处置裕如，以是本处对每一从事检查工作人员于工作之余极力注意其知识修养，除报章杂志，时代论著，网罗搜集，随时阅读外，每日并举行座谈会一次，每周举行学术讨论会一次，交换见解，互相切嗟，同提高同人之兴趣，亦寓工作于学术之意也。

三　关于业务之推行

重庆为战时首都，报社林立，新检工作偶有疏忽，影响殊大，故本处对业务之推行极为注意，并不仅求每一文稿扣放之得当，尤贵在各报之能完全遵检，以是本处除着重内部检查工作外，经常与各报负责人保持密切联络，力求每扣一稿，必使各报完全明了其原因，或事先说明，或临时用书函电话通知，务求各报完全遵检而后已。至万一各报仍有抗不遵检者，则惟有报局请示，采取严厉办法，此节容于第四项“关于重大违检之处理”一项中加以说明。兹将本处所辖各报社、通讯社本年度之放行、删登、缓登、免登、未送检、逾期刊登统计表附呈如下：

重庆新闻检查处三十一年重庆各报社、通讯社新闻稿件放行、删登、缓登、免登、未送检、逾期刊登统计表(见473页)

报社通讯社名称	检查项目					
	放行稿	删登稿	缓登稿	免登稿	未送审稿	逾期刊登稿
中央日报	五三六四	二五六	七〇	一二〇	四三	二八
大公报	二九六〇	三〇三	二四	一一二	五	
新民报	三三八二	一九八	一二	九四		一二
新蜀报	三四五二	三二六	二七	二四三		一
益世报	三二一三	四〇六	三二	一八五	一八	
时事新报	二四〇八	九六	八	二二		二
国民公报	二〇七三	二五三	一八	九一	一六	

商务日报	四一二六	三〇五	三三	一八九	二六	一三
新华日报	三九六〇	五二一	八四	二六〇	二二	三九
新民晚报	九五二〇	三七三	一〇八	二〇四	八三	
南京晚报	八六三三	二七七	九六	一七二	二四	三
论 坛 报	四二〇	五二	一二	二一		
工商新闻	二七五三	一三		一		
远 东 社	九〇四	二九	三	一六		
塔 斯 社	二〇三三			二		
盟 利 社	二〇四	二	一	一二	二	
总　　计	四六八四五	三四〇九	五二二	一七五五	二三八	九八

四　关于重大违检之处理

重庆共有报社、通讯社二十余家，言论一有不妥，是以妨害抗战，影响邦交，以是对于各报重大违检事项，视其情节轻重，或予以严重警告，或监视铲版，或扣押其寄发外埠报纸，或全部不准其发行，务必达到检查目的，以利国家而维检政，计在此一年中对各报惩处情形有如下列表统计：

重庆新闻检查处三十一年重庆各报社、通讯社违检处理统计比较表

报社、通讯社名称	处理办法					
	函促注意	忠告	警告	严重警告	扣邮	全部没收
中央日报	36	4	1			
大公报	45	10	8	2		
新民报	50	21	12	8		
新蜀报	14		2			
益世报	52	17	12	15	3	1
时事新报	3		1			
国民公报	10	5			1	
商务日报	38	19	21	28		
新华日报	25	16	23	7		
新民晚报	30	24	6	12		
南京晚报	36	5	8	13		
论坛报	2	1	2			
自由西报	1					

工商新闻	3					
远东社	1					
盟利社						
总计	643	122	96	85	4	1

五　关于本市报社、通讯社之动态事项

本市本年度成立之通讯社有盟利通讯社，为中宣部三民主义研究会所办；本年六月一日中央日报与扫荡报合刊，社长为原任中央日报社长陈博生，副社长为原任扫荡报副社长刘威凤，迄今已六个月，近闻该两报社又将重新分离，各自出刊，又原任中央日报社长陈博生业经辞职，遗职有由陶百川继任之说；又桂林工商新闻于本年七月一日在重庆设分社，发行日刊，社长为张常人；又江北论坛报于本年八月二十八日在江北县发行，社长为王乃昌，因江北县尚未设立新检机构，本处奉令暂行代为受检。兹将各报社通讯社之动态列表如下：

重庆各报社、通讯社动态一览表(见477页)

报社、通讯社名称	社长或发行人	总编辑	发行数额	备　　考
中央扫荡联合版	陈博生 刘威凤	詹辱生	120000	该报即将改组由陶百川继任社长
大公报	曹谷冰	王芸生	50000	
益世报	杨慕时	戚长诚	5000	
时事新报	张万里	盛世强	12000	
国民公报	曾通一	杜协民	4500	该报前发行人为康心之
新华日报	潘梓年	吴克坚	3500	
新蜀报	周钦岳	杨炳初	7000	
新民报	陈铭德	赵纯继	10000	

商务日报	高允斌	刘光炎	2500	前任总编辑綦斌已离该报
新民晚报	陈铭德	崔心一	15000	
南京晚报	张友鹤	陆 铿	7000	
自由西报	邹毓华	陈钦仁	2000	
论 坛 报	王乃昌	章苍萍	1500	该报本年八月廿八日创刊
工商新闻	张常人	张常人		
远 东 社	许 超			
盟 利 社	中宣部三民主义研究会			

六　与有关方面之联系

重庆新检工作之繁重既如上述，本处为求工作能产生实效，故通常必须与新检有关各机关密取联系，藉得交换意见，而免有挂一漏万之失。故本处发现与某重要主管部分有关之新闻内容非常重要者，恒先用电话商询后再行决定扣放，又设有各报违检刊登不妥消息时，一经发见立即通知与检查工作有关各机关协助检扣，如军令部战讯发布组、中宣部国际宣传处、中央广播电台、行政院图书杂志审查委员会及重庆邮电检查所等机关，本处经常与之保持密切联络，一年以来，颇收成效。此外亦间有本市各机关要求与本处切取联络，或委嘱代为检扣某类稿件者，本处仍依禁载标准，斟酌取舍，初不能徇单面请求而影响检政，尤不愿利用新检权威而予言论界之不便也。

〔军委会战时新闻检查局档案〕

8．军委会新闻检查局民国三十一年十月至三十二年十月工作报告

（1943年12月）

前　　言

我国新闻检查制度创设于十年以前，隶属系统虽迭有变更，然中央及各主要地方先后已有检查机构之设置，检务推行，渐具规模，迨至廿八年六月本局成立后，重行配合战时需要，增订审检法规，加强组织机能，新检机构逐渐增设，法令规章日益完备，新检制度至是已确立基础，历年本局人事虽有更迭，业务进行仍能一贯推进，而审检技术则研求精进，业务范围则力求充实，固未敢故步自封也。

三十一年春，政府颁布国家总动员法，明定新闻统制为战时政府动员必要之措施；而太平洋战事亦于三十年冬爆发，由我国单独抗战演变为同盟国与轴心国之战争，本局业务自应及时重订

方针，以期与本党政策、政府动员暨军事设施等得以配合推进，因于三十一年十二月、三十二年一月分区召集全国新闻检查会议，切实检讨已往业务之实施成绩，重行确定今后工作之推行方针，并与副局长视察黔、桂、湘、鄂、赣各省区新检业务，召集各地新闻记者谈话，广行征集改进检查意见。本年四月，综合各区新闻检查会议结果及副局长视察所得，拟具今后改进业务办法，经于五月间奉总长何批准施行，故本年新检业务改进较多，组织机能固已加强，检查效率亦见增进，尚能收及时改进之效。

本局职司全国新闻检查之管理，所属各检查处室分布各省市县计共三十七单位，职员三百一十三人，管制报社、通讯社达六百余种，本局职员六十三名，故检查处室之检工人员，平均一人负检查二报之责，而本局职员则平均二人负办理一直属机构之人事经理与审查业务之指示暨新检资料之研究与编审，而工作效率尚能适应战时之原则。

本局业务虽属单纯任务，实为艰巨，本年度实施改进工作益见繁重。一年来，中心工作概括言之：一为普设新检机构，调整各级组织，以加强管制机能；二为修订检查标准，改进审检技术，以增进统制效率；三为增加通讯设备，加强业务联系，以统一扣放标准；四为运用检扣稿件，调查报界实况，以恢宏管制功用；五为改善检工素质，增进服务精神，以提高工作效能，而各项改进工作，由召开新检会议开其始，以竞赛方式奖励推行完成实施。兹再分别事项性质，一一陈述于后。

甲　组织事项

一、建立全国新闻检查网

本局为谋管理全国新闻，自上年度起即经积极推设新闻检查机构，以期组成全国新闻检查网，本年度继续推行，办理情形如下：

（一）　增设省市新闻检查处——查省市新闻检查处截至上年

度止，已成立者计有重庆、四川、贵州、云南、广西、广东、湖南、湖北、江西、福建、浙江、河南、陕西、甘肃、山西等十五处，本年度经积极筹设战区及边疆各省检查机构，计已派员组织者有西康处，经呈准设立，正遴员筹设者有江苏、安徽二处，至新疆、宁夏、青海三省检查机构，亦经呈准设立，现已代电各该省党政机关洽商办理。

（二） 增设直属新闻检查室——本年度经呈准增设之直属新闻检查室，计有南□室，于本年二月成立，邕宁室于本年六月成立，耒阳室于本年八月成立，晋江室、高要室于本年十月成立，于潜室于本年九月派员筹设，并于广东台山县属三埠镇增设直属台山新闻检查室办事处，连同已经设立之合川、宜宾、西昌、自贡、鲁山、柳州、梧州、台山、梅县、阮陵、常德、长沙、赣县、上饶、泰和、立煌等直属新闻检查室，合计共二十二室、一办事处。

（三） 增设县市新闻检查室——本年度经核准增设之县市新闻检查室，计有福建之建瓯、福安，湖南之澧县、辰谿，河南之偃师、正阳，广东之从化、合浦等室，连同已往设立者计达一百十三所，其分布如下：

1. 广东——南雄、罗定、鹤山、开平、合浦、连县、揭阳、海丰、龙川、普宁、兴宁、大浦、新会、澄海、从化。

2. 广西——郁林、龙州、宜山。

3. 湖南——邵阳、益阳、零陵、沅江、芷江、湘乡、洪江、新化、武岗、衡山、郴县、津市、桂东、保靖、辰谿、溆浦、澧县。

4. 江西——浮梁、南城、临川、萍乡。

5. 浙江——永康、永嘉、温岭、衢县、江山、龙游、开化、常山、缙云、仙居、遂昌、遂安、孝丰、临海、天台、黄岩、宁海、瑞安、寿昌、松阳、浦江、宣平、云和、龙泉、兰溪、屏县、上虞。

6。福建——永安、建瓯、莆田、仙游、龙溪、上杭、长汀、连城、尤溪、邵武、龙岩、南安、同安、松溪、东山、武平、古田、闽清、将乐、永定、清流、大田、致和、潢南、长泰、建阳、福安。

7。河南——许昌、叶县、潢川、郑县、南阳、偃师、正阳。

8。四川——泸县、万县、达县。

9。陕西——榆林、南郑、宝鸡。

10。湖北——老河口。

11。甘肃——天水、平凉、武威、岷县。

二、调整各级检查机构

（一） 修订本局组织法规——查本局组织大纲订定于二十八年本局成立之始，历年业务迭有扩展，至上年度底，直辖机构已由五单位增至三十一单位，自非原有组织所可肆，应爰经呈准充实人事，健全组织。关于组织方面除指导、事务两科照旧设置外，将原设情报科撤销，改设编审科，审查室撤销，原有业务归并指导科办理，并增设秘书室、人事室、经修订组织规程，业经呈报备案；关于编制方面，计增设校尉官十七员额，已于本年七月起，奉准施行。

（二） 修订省市新闻检查处编制

1。修订重庆新闻检查处编制——查重庆为战时陪都，国府所在地，新闻报导有关国际视听，且报社、通讯社设立之数量较多。新闻检查业务特为繁重，原有重庆新闻检查处之组织不足肆应，自应及时扩充其编制，以加强战时新闻管制效能，爰经呈准将该处处长官阶改升为少将待遇，并增设秘书及检查人员等校尉官十名，经饬自本年七月份起，遵照施行。

2。增设各省新闻检查处行政员额——查各省新闻检查处初为检查所在地之新闻而设置，其组织编制亦系本此规定。自上年度，本局推设全国新闻检查网后，各处业务已扩大，及于推行全省，检政自应及时增设办理，行政员额，以适应业务需要，爰拟呈准于各处各增设中校视导员中(少)校、审查员及上(中)尉、书记三员，经饬自本年度一月起，遵照施行，并经修订省新闻检查处组织规程，业经呈报备案。

（三） 修订直属新闻检查室编制——查直属新闻检查室组织编制订行已久，检查长为少校，检查员为上、中尉，而员额仅二人或三人，实未能适应业务上之需要，爰经呈准将各室检查长官阶一律提升为中校待遇，并增设少校检查员一人，经饬自本年七月起，遵照施行。

（四） 改订各新闻检查处室等级——查各新闻检查处室编制等级，初系按照各处室业务繁简予以划分，施行已久，现行情况已多变更，自应参酌实际情形，重行厘订，以便肆应。除重庆新闻检查处以情形特殊，适用特种编制外，其他各处室参酌业务需要，依照原订等级酌予提升先后呈准将陕西新闻检查处升特级编制，福建、甘肃、湖北等新闻检查处改升甲级编制，直属柳州新闻检查室改升甲级编制。兹将各处室现行编制等级开呈于下：

甲、特级新闻检查处——四川、广西、陕西；

乙、甲级新闻检查处——贵州、云南、广东、湖南、湖北、江西、浙江、福建、河南、山西、甘肃；

丙、乙级新闻检查处——西康；

丁、甲级直属新闻检查室——长沙、沅陵、常德、梧州、高要(遂溪改设)、台山、梅县、泰和、赣县、上饶、立煌、鲁山、西昌、柳州、晋江、南平、邕宁、耒阳；

戊、乙级直属新闻检查室——宜宾、合川、自贡、于潜。

（五） 修订本局设计委员会组织规程——查本局设计委员会委员人选，原订由各联系机关主管人员担任，兹为加强设计机能，以贯彻实施行政三联制起见，经修订该会组织规程重行厘订，其职掌并增列专家委员一项，业经报请备案。

乙　审查事项

一、修订战时新闻禁载标准

查“修正战时新闻禁载标准”系二十八年本局初成立时所修订，颁行已久，现战事范围暨政治情形已有变更，该项禁载标准自应及时重行修订，以适应实际需要，为求战时新检工作与本党政策、政府施政方针暨军事设施等均可配合推进，以加强抗战效能起见，经于修订该项禁载标准前，函准中央党政军各主管机关分别提供修订意见，并经参酌该项意见及实际需要拟具修正草案，呈奉钧会指令核准施行，并分报中央宣传部转呈中央常会备案。

该项禁载标准原分军事禁载事项、党政禁载事项、外交禁载事项、财政济经禁载事项、社会禁载事项等五章五十五条，修订后增列总则及交通运输禁载事项等两章十一条，合为七章六十六条，其主旨仍在配合军事、政治及国家总动员之需要，以弼成抗战建国之伟业！

二、临时指示事项

战时新检工作与军事、政治、经济、文化、交通须力求配合，尤须适应时机，禁载标准虽甚完备，亦无法网罗无遗，于是临时之指示为不可少。本局对各种时事重大问题，除系遵照中央宣传方针决定检查原则、通饬遵行外，其他各种偶发事件或为法规所未及备载者，均以临时指示规定之。兹将本年度重大指示事项开陈于下：

(一)一般指示事项

1．各报凡以国旗为商业性质之广告者，应予检扣；

2．各报对限价实施情形及物价变动之报道以不妨碍限价推行及刺激物价为准，其有建设性之评论文字可酌放行，但徒恃消极指摘者应予检扣。

3．各报报道灾情文字不得过分渲染，尤不得恶意暴露政府救灾弱点，至募款赈济一类消息，应予放行。

4. 各报报道破获匪案或惩办匪徒消息，且对过去抢劫情形并未过分描绘者，可予放行。

5. 各报关于破获走私案件之报道，除涉及军政人员应予删扣外，如系奸商或汉奸所为应予放行。

6. 各报登载颂扬启事，如被颂扬者之所为非其本职范围以内应行之事务，且有利社会人群者，如驻军协助救火、保甲人员急公好义等均可放行。

7. 关于越南革命党人在华活动消息应予检扣。

8. 关于英军在缅北伊洛瓦底江流域之游击行动，未经盟军司令部正式公布者，应予检扣。

9. 禁止各报刊载利用"中国之命运"书名为任何商业性质之广告。

10. 禁止各报讨论"爱与恨"问题。

11. 禁止各报刊载利用领袖官衔及语录为任何商业性之广告。

12. 关于审查取缔不合规定之国父遗像、总裁肖像一项，应予检扣。

13. 关于反对新兵役法之文字及妨碍兵役推行之文字，应一律检扣。

14. 关于赌徒罚充兵役及缉捕乞丐滥充壮丁之消息，应予检扣。

15. 关于假道伊苏输入物资一项消息，应从严检扣。

(二)特殊指示事项

1. 对自首奸伪份子脱党宣言，应一律放行。

2. 关于攻击奸党罪行或其阴谋之特种宣传文字及盟利通讯社所发特种宣传稿件，应一律放行。

3. 禁止新华日报刊用"陕甘宁边区"字样。

4. 对战时青年训导团及所属分团一切消息概予检扣，以免引起奸党注意。

三、改进审检技术

(一)订颁统一新闻扣放实施办法——查各新闻检查处室检查新闻,以缺乏通讯设备彼此联络不便,致时发生此扣彼放或此放彼扣情事;不仅无以统一战时新闻报道,且免淆乱社会听闻,迭据各处室呈请设法改进前来,爰经斟酌实际情形,订定统一新闻扣放实施办法,于本年一月颁行,各新闻检查处室遵照施行,并分报本会及中央宣传部备案,施行以来,尚称顺利,颇收及时改进之效。

(二)订颁初检复检联系办法——本局为加强各新闻检查处室工作联系,以增进检查效能起见,经依据统一新闻扣放实施办法之规定,本分层负责之原则,订定初检复检联系通则,于本年二月颁饬遵行。

(三)转发在华美军战讯检查联系办法——关于在华美军战讯之检查,经本会与中印缅美军总司令部商订检查联系办法颁行到局,经转发各新闻检查处室,切实遵行。

(四)改善各新闻检查处室报告表式——查各新闻检查处室各项报告表式,订行已久,现行情况已多变更,该项表式未能尽合实际需要,为加强今后考核效能、厉行战时节约起见,经参酌实际情形,分别予以修订或废止,其实施事项如下:

1. 改订各处室工作日报表式及其处理办法。

2. 废止各处室违检周报表。

3. 重订各处室工作月报表式,并废止旧有工作月报书格式。

4. 订颁各处复审外埠报纸报告表式。

(五)规定壁报送检办法——查各地壁报多不依法送检,且时有揭载不妥消息情事,自应一体统制,以免淆乱社会听闻。爰经规定壁报送检办法,通饬施行。

(六)规定各地检查机关联系办法——本局为加强各地检查机

关工作，以增进工作效率起见，经规定各地检查机关联系办法通饬施行。至设于同一省境之新闻检查处室，并经规定须按日相互交换工作表报。

（七）禁止各报故留空白——查各报对检扣稿件，时有故留空白或刊载其标题情事，易起社会猜疑，殊属重大不妥，经饬各新闻检查处室切实查禁，违者则以违检从严处罚。

（八）规定各报译载中央社外电检查办法——查各报译载中央社、路透、合众等社英文稿及其国外专电等项稿件多不送检，极易发生流弊，经规定该项稿件仍须依法送经当地检查处室检查放行，方得刊载。

四、修订战时新闻违检惩罚办法

本局以战时新闻违检惩罚办法，内容空泛，无力约束报社，致各报时有违检情事发生，不仅淆乱社会听闻，抑且影响检政威信，爰经参酌实际需要修订，该项惩罚办法奉准施行，现在分报中央宣传部转呈中央常会备案中。

该项办法，原订惩罚方式为忠告、警告、严重警告、定期停刊、永久停刊五项，修正后改订为警告、严重警告、没收报纸通讯稿或其底版，勒令更换编辑人员、定期停刊或永久停刊等项，并规定连续违检及同一违检事件之再犯，得加重处罚，其主旨在加强各级检查机关管制效能，以达成战时新闻检查之任务。

五、重大违检处理事项

查报社之背景不一，编辑人员智识水准亦有高低，违检势所难免，欲求管制发生实效，则违检惩罚为不可少。本局对各报违检之处理，而本“指导重于惩罚”之原则，非情节重大者均仅以忠告、警告，至万不得已时方始执行停刊处分，并迭经令饬新闻检查处室加强对报告之联系，以期指导其逐渐改进，历年违检案件日见减少，足征此项政策已收贯彻施行之效。兹将本年度重大违检案件处理情形呈报于下：

(一)永久停刊者

1. 昆明朝报晚刊——该晚刊未经登记领证，违法擅自发行. 又违检刊载英议会访华团抵昆消息，经呈准勒令停刊。

(二)定期停刊

1. 曲江先报——该报违检刊载未经公布之战讯，动摇人心，经呈准予以停刊一月处分。

2. 衡阳大刚报——该报捏造盟机再度轰炸东京消息，擅发号外，淆乱听闻，经呈准予以停刊三日处分。

3. 洛阳中原报、行都报——该两报同时违检刊载过于渲染灾情之文字，并诋毁政府救灾不力，影响政府威信，经呈准各予以停刊三日处分。

4. 重庆大公报——该报违检刊载"看重庆念中原"一项社评，暴露政府救灾弱点，并抨击政府限价政策，经奉令予以停刊三日处分。

5. 西安工商日报——该报国民外交副刊违检刊载"希魔"一文，违背政府外交政策，经呈准予以停刊三日处分。

6. 韶关建国日报——该报违检刊载战讯，泄露军机，经呈准予以停刊。

7. 梅县中山报——该报全日全部稿件擅不送审，并迭载违禁消息，经呈准予以停刊三日处分。

8. 福州青年晚报——该报违检刊载不妥消息，并违法擅自发行两种不同版本，藉图欺骗，经呈准予以停刊三日处分。

9. 成都新中国日报——该报迭载违反本党政策之言论，且违法擅自发行两种不同版本，经呈准予以停刊三日处分。

10. 台山大同报、南华报——该两报均屡不依法送检，且迭载违禁稿件，经呈准各予以停刊三日处分。

11. 重庆新民晚报——该报违检刊载空袭消息，淆乱听闻，经呈准予以停刊一日处分。

12．西安青年晚报——该报特为青年团新办，报纸蔑视检令，迭次违检，刊载重大违禁稿件，经呈准予以停刊一日处分。

13．重庆国民公报——该报连续全部稿件不送检查，经呈准予以停刊一日处分。

六、修订检查法规

（一）修订各省市新闻检查规程——该项规程颁行已久，现行情况已多变更，自应重行修订，以适应实际需要。经拟具修正草案，并经报请备案。

（二）修订各新闻检查处室检查办法——该项办法亦以与现行情况不合，经参酌实际情形，予以修订，业已呈请备案。

七、业务联系事项

战时新闻检查业务，错综复杂，与军令部、内政部、外交部、中央图书杂志审查委员会、国际宣传处、本会办公厅特检处等机关均有密切之关系，本局除经常与之密切联系外，本年度并商同各联系机关，举办下列各项：

（一）关于新闻纸登记管制事项——查未经登记领证之报社、通讯社，依法应予以取缔。本局为协助政府执行起见，经通饬各新闻检查处室对此类报社、通讯社不予受检，本局并将此类事件处理情形随时与内政部切取联系。

（二）转发非常时期报社、通讯社、杂志社登记管制暂行办法——该项办法系内政部商同本局订定，呈经行政院核准后颁行到局，经转发各新闻检查处室一体遵照。其中规定应由检查机关协助推行之事项甚多，并经转饬切实遵行。

（三）转发非常时期军办报社、通讯社、杂志社登记管制暂行办法——该项办法系政治部、内政部商同本局订定，呈经行政院核准后颁行到局，经转发各新闻检查处室一体遵照。关于军办报社、通讯社之检查，并经遵照该项办法所定办理。

（四）关于战讯检查事项——查关于各地报纸所载自行采访之

战讯检查问题，除重庆各报战讯稿件早经商由军令部战讯发布组负责办理外，其他各地关于此类稿件之审检，并经商准军令部转电各地行营行辕暨各战区长官部遴员派驻各新闻检查处室从事检查。

（五）关于空军新闻检查事项——查空军新闻向由航空委员会发交中央社统一发布，各地报纸每以发布迟缓，有关时效，多自行采访刊登，管制颇感困难。迭据各新闻检查处室呈请设法改进前来，经与航空委员会洽商结果，凡偏僻地区无中央分社者，得由新检机关依照战时空军新闻限制事项之规定，酌定扣放。

再，铁风社系航空委员会所主办之刊物，该社所发表之各项有关空军事项稿件，事前送经航空委员会审查核准后方始发表，爰经通饬各新闻检查处室，嗣后对该社稿件，勿予检扣。

（六）关于盟军战讯之处理事项——关于盟军在华作战消息之发布与检查，经与中央宣传部国际宣传处暨中央通讯社等有关机关，根据在华美军战讯检查联系办法，商订补充联系办法十一条，通饬施行。

（七）关于违检报纸之紧急处置事项——查各地报纸时有不送检查，擅自刊行不妥稿件或不遵删扣，擅印两种版本发行情事，经与本会办公厅特检处洽商结果，关于上项违检报纸之紧急处置，得随时函请各地邮检机关协助扣邮，业已分饬所属一体遵照。

（八）关于军办、团办报纸之管制事项——查各地军办团办报纸，常自恃特殊地位，不依法送检或不遵检查刊行违禁稿件，自应设法加强管制，以利检政，经函准政治部及三民主义青年团中央团部，分别转令各地军办或团办报纸，嗣后务须切实依法送检，不得违误。

（九）关于改善寄发宣传指示事项——关于中央宣传部所发宣传指示之寄发，各级检查机关遵行问题，前经商准，由中央宣传部直接寄发，以免转折而速时效。嗣据各处室先后呈报，多谓此项指示，率多未能按时收到，经再函商重行决定下列补充办法三项，通饬知照。

1. 重要而有时间性者，由局电转遵照；

2. 次要而有参考价值者，由局代电转发参考；

3. 不重要亦无参考必要者，不予转行。

丙 编审事项

一、编发检扣资料

本局以各新闻检查处室所检扣之稿件中，不乏翔实之报道或有建设性之批评，可供政府施政之参考。爰经加以抉择编印各种专册，分送有关各机关或专案，抄送主管机关供其参考，期于统制新闻之中收博采周咨之效。兹将本年度编发情形分述于下：

（1）新检消息——择取有消息价值之短篇稿件，汇编而成，现已编至第九十三期，平均每期发出六十八份。

（2）新检资料——择取有关党务、军事、政治、经济、外交、社会之记载言论稿件，汇编而成，现已编至第九十六期，平均每期发出七十五份。

（3）特种资料——择取有关奸伪之行动言论计划等稿件汇编而成，现已编至第三十三期，平均每期发出五十份。

（4）专题特辑——择取有关军事、政治、社会之各种重要事项暨时事重大问题，所有一切言论记载稿件分别汇编而成，计编有限价特辑及四川匪情统计，中国经济建设、敌伪文化侵略、讽刺时政、各国共党动态、共党影射文字等专辑三十余种，平均每期发出四十份。

（5）专案抄送稿件——系将有关政治设施之建设与批评稿件专案，单独抄送主管机关参考，计已抄送八十余件，其由各地新闻检查处室迳行抄送者，尚未计入。

二、编印各报言论动态

本局为使全国舆论能上达于政府，以供施政之参考起见，特根据各报已发表之言论，并参照所检扣之稿件，按期编印“全国各报言论动态”一种，分送中央各机关参考。自上年度起开始编印，并本年四月以印刷费无着，暂行停止，现以是项工作颇具价值，仍拟赓续办理。

三、编印异党报纸言论动向

本局以新华日报为共党之主要刊物，自卅年度起即根据所检扣之稿件，并参照其已发表之言论加以统计研究，分析其言论动向，并按期编印专册，分送党政有关各机关参考。本年度赓续办理，并拟扩大研究其他有特殊政治背景之报纸之言论动向云。

四、编印新检旬报与新检月报

本局为加强各级检查机关间之联系，以增新检工作效能起见，自二十九年度起，编印“新检通讯”，至三十年五月，复改称“新检旬报”，内分指示、文电、检扣举例、各地检讯、局务要闻等栏，本年度赓续编印，已出至第六十九期，惟以物力维艰与印刷困难之故，每不能按期出刊，为实事求是计，经自本年十月份起，改出月刊，易名为“新检月报”，并充实其内容，除旬报原有各栏外，增辟各处室，处理不妥稿件，摘要与检扣一览等栏，现第一期业已出版。

丁　调查统计事项

一、调查全国报界

本局为明瞭各报内容起见，三年来不断举行各报调查，分报社调查与报人调查两种，经制定报社、通讯社动态月报表、报社调查表及新闻记者调查表等项表式，分布各新闻检查处室按月查报，并根据调查所得，编印全国报社、通讯社一览及全国新闻从业人员统计等项专册，分送各机关参考，本年度赓续办理，现该项报社、通讯社一览第三次修正本及新闻从业人员统计第二次修正本均经修正竣事，在印刷中。

二、举行业务统计

本局以举办各项业务统计为改进事业之张本，经将主管各项业务、实施成绩及其有关事项，分别统计，制成表或编印专册，以为改进事业之参考，本年度已制成该项统计表册二十余种。

戊　人事管理事项

一、成立人事室

查本局人事，过去系由秘书室兼办，本年度以附属机构增设甚多，人事管理日趋繁重，自应及时增设专管机构，以期逐渐树立新检人事制度，爰经呈准增设人事室，于本年八月正式组织成立。

二、调整本局人事

本局自奉准扩大编制后，经参酌各工作人员之能力兴趣，重行分配其工作，作适当之调整，现已调整就绪。

三、规定新检人员任用程序

查军用文职人员任用程序，法无明文规定，致各级检查机关任用职员，多稽延不报，无法请委，不仅考核不便，抑且影响检工人员铨叙资历，爰经规定新任人员，均先试用一月，期满由各该主管长官考核成绩，填具考核表，并由人事主管人员审核其资历，签注意见，递呈局长复核，决定后方可正式任用。

四、举办军文登记

查新检工作人员均系军用文职人员，关于军文登记之举办，有关各工作人员之铨叙资历至为重要。爰经递饬各级检工人员从速办理军文登记手续，以凭转呈核定，其有因战事影响证件遗失、登记困难者，并经协助设法予以适当之解决，现各级检工人员多数已明瞭是项登记之重要，遵令办理登记手续。

五、训练新检人员

（一）调训——本局为谋训练新检工作人员，本年度曾拟举办新检人员训练班，嗣以经费无着未能实现，乃商准中央训练委员会分期抽调各单位主官、副主官及中校以上人员，保送中央训练团党政班受训，现先后已调训二十余人。

（二）技术训练——本局为实施各级检工人员技术训练，以增进工作效能起见，除于各新闻检查处室设立中山室，购置各种书报，以备检工人员阅览外，并经配合党的组织，举办读书会、小组讨论会、工作竞赛、各项卫生体育运动竞赛等，以期逐渐养成“机关学校化”之精神，并设立社会服务处，举办壁报、问字、代笔及其他各项文化服务、人事服务事项，经常分配各工作人员轮值，服务社会，以提高其服务精神，奉行国父“人生以服务为目的”之遗训。

己　特殊事项

一、分区举行全国新闻检查会议

（一）会议缘起——查本局成立于二十八年六月，已历四年，在此四载期间，国内政治情况历有演变，战事范围亦由中日战争扩大成为世界战争，三十一年政府复有国家总动员法之颁布，明定新闻统制为政府必要措施之一，今后新闻检查工作亟应重行确定推行方针，以期与本党政策、政府动员军事设施等均可配合进行。且自三十一年度起，本局推设全国新闻检查网后，新闻检查机构已分布各省市县。关于各地检查工作已往实施成绩，亦应详加检讨，以为今后推行业务、健全组织之张本。凡此均非集思广益，集合各省市县主持新闻检查工作人员详加研讨不为功。爰于三十一年春，即有召集全国新闻检查会议之议，嗣因避免敌机轰炸，且一切准备均感不及，延至是年秋季方始订期举行，又以战时交通不便，该项会议如集中一地举行，殊多困难，为撙节人力物力计，决定分中央、东南、西北三区举行，经于是年十月，本此拟就本局分区召集新闻检查会议计划暨新闻检查会议规程等件，呈准施行，此会议起因之概略也。

（二）筹备经过——全国新闻检查会议筹备情况，可分为下列三个阶段：

第一期　为确定召开全国新闻检查会议计划时期。该项会议计划系于三十一年九月拟就草案，于同年十月奉准施行。

第二期　为组织筹备机构时期。经根据计划组织全国新闻检查会议筹备委员会，于三十一年十一月十日正式成立，该会先后举行委员会议四次，确定各区会议日期，会议地点，编印大会中一切印刷品，并订定会议各项章则。

本局复以东南区会议地点经确定在江西泰和举行，关于该区会议筹备工作非筹备委员会所可兼顾，乃复组织东南区新闻检查会议筹备处，负责办理关于该区会议一切筹备事宜，于同年十二月一日组织成立。

第三期　为成立各区会议秘书处时期。中央区会议秘书处于三十一年十二月一日组织成立，东南区会议秘书处于本年元月一日组织成立，专办各该区会议期间大会一切事务，西北区会议以呈准从缓召集，故无筹备机构及秘书处之组织。

（三）会议经过——全国新闻检查会议除西北区会议经呈准从缓召开外，所有中央、东南、西区会议情形，谨略述概况如下：

1．中央区会议——本区会议于三十一年十二月八日开幕，为期三日，计共举行大会四次，审查会议一次，通过议案二十六件，到四川、西康、贵州、云南、湖北、重庆等省市新闻检查处处长，直属合川、宜宾、自贡等新闻检查室检查长，暨中央有关各机关代表八十余人，济济一堂，洵为盛事。

委座对大会特颁训话，在各次大会中，中央有关各部会首长多参加训话，启示颇多。

2．东南区会议——本区会议于本年元月十一日开幕，十三日闭幕，为期三日，计共举行大会五次，审查会一次，通过议案二十四件，到浙江、福建、广东、广西、湖南、江西等省新闻检查处处长，直属泰和、柳州、长沙、梧州、赣县、梅县、上饶等新闻检查室检查长，暨当地党政军各机关代表、新闻界代表、专家会员等百余人，盛况空前。

委座及参谋总长何均对大会特颁训词，在历次会议中，地方党政首长及各机关负责人员莅临参加，颇见重视。

（四）议案处置——查各区会议提案，除本局交议案六件外，计中央区会议共收提案三十七件，东南区会议共收提案四十五件，合共八十八件，其中除合并或保留各案外，经大会决议者计中央区会议二十六件、东南区会议二十四件，合共五十件。本局对大会决议各案经交各主管科室拟具处理办法，提交设计委员会审议通过后，分别采择施行。并经综合会议结果暨参酌副局长赴江西泰和主持东南区会议时沿途视察所得，拟订本局会后改进业务办法，于本年四月奉准施行在案。至会议总报告书亦经编就，在印刷中。

二、增加各处室通讯设备

查本局与各新闻检查处室以缺乏通讯设备，所有指示或请示文件，概由普通邮电传达，每难争取时效，以致检查标准难趋一致。前经全国新闻检查会议决议，请予增加专用电台或收音机，以利业务进行在案。本局以战时各项通讯器材购办不易，增设专用电台势难办到，爰呈准于各新闻检查处室设置收音机，利用广播传达各项指示，以争取时效，经商准外，交部饬由驻印度加尔各答总领事馆代购收音机十五架，现已交由军用机运至昆明。本局并已派员前往验收转运，一俟运到即先行分发各重要处室应用，至尚未装设电灯电话之处室，亦经呈准拨借专款分发，限期分别装置备用矣。

三、取缔非法报纸

本局以各地未经登记领证之报纸为数甚多，此类报纸依法既不能接受检查，自应积极予以取缔，以免擅自刊载不妥消息，淆乱听闻，惟各地政府以环境所限，多徇情不加处理，流弊兹多。迭据各新闻检查处室呈请核示办法前来。经依据非常时期报社、通讯社、杂志社登记管制暂行办法之规定，通饬除不予受检外，并积极会同当地党政军各机关加以取缔，禁止发行，计已取缔者有下列各报：

（一）湖北老百姓报——该报系奸党所发行，时载荒谬言论，且未经登记领证，业予取缔。

（二）安徽大江报——该报亦系奸党所发行，时载违禁言论，且未经登记领证，业予取缔。

（三）成都经济快稿——该稿系国民、川康二通讯社所联合发行，时载妨碍物价管制消息与言论，且未经登记领证，业予取缔。

（四）肇庆雄风报——该报迭载重大违禁稿件，且未经登记领证，业予取缔。

（五）曲江先报晚刊——该刊未经登记领证，擅自发行，业予取缔。

（六）昆明大国民报——该报迭载违检消息，且未经登记领证，业予取缔。

四、举办工作竞赛

查战时新闻检查工作之实施，旨在统制言论，集中意志，故各新闻检查处室推行检务，必须依法扣放，力求确实，方可树立威信，贯彻检查任务。至处理事务，尤贵迅速敏捷，以争取时间，提高工作效率，爰拟参酌实际情形，举办战时新闻检查工作竞赛，奖励推行，以达成战时新闻统制之任务，经于上年底拟具推行办法，提经全国新闻检查会议讨论，通过后于本年度施行，竞赛单位计分局内各科室暨同级之各新闻检查处室两种，实施成绩在分别考核统计中。

〔军委会战时新闻检查局档案〕

9. 国民党中央宣传部国际宣传处曾虚白关于国际宣传工作检讨报告书

（1944年　月　日）

一　业务现状

甲、发展之经过

在太平洋战争未发动前，英美诚惧参战国家之宣传活动，故我国际宣传之中心工作在运用掩护手腕，发动各国人士数百人，自动组织，为我宣传，其较著者如下：

1. 在美先创立不参加日本侵略委员会，继发动联合对华救济委员会。

2. 在英组织援华委员会。

3. 在国内，以成都编辑委员会为中心，发动在英美耶苏教信徒之宣传，以海外通讯社为中心，发动在英美天主教信徒之宣传（此为在美打击中共宣传之中心组织）。

乙、当前现状

太平洋战争发动之后，英既成立情报部，美亦成立情报局，我国在同盟国之宣传，自可公开活动，经二年之经营，所得效果如下：

1. 国外办事处，在美成立五处，墨西哥一处，加拿大一处，英国一处，澳洲一处，印度二处，国内办事处昆桂二处，计国内外宣传据点十三处。

2. 宣传资料的递送，经多方设法，在美聘得一业余无线电专家，在梵多拉设立收音台，收录我以广播送美之宣传文字，每日一、二万字，再以电报打字方法拍送纽约、芝加哥、旧金山三办事处，计在二小时内皆可全文送达。

3. 聘请东吴大学校长杨永清先生在美主持中国问题演讲服务处，服务处凡愿作中国问题演讲者及愿约请演讲中国问题者，皆可在该处登记，由该处供给资料或代撰演讲稿，并排定日程，目前在该处登记者已超过十人。

4. 经美国务院代聘专家合作协助之结果，本处所撰宣传文字及照片陆续为美国重要报纸杂志及画刊大量采用登载，我电力微弱，在美不能吸引听众之国际广播电台，经与美国全国十电台之联播，使中国之声不断闻于全美。

二　检讨与改善

本部国际宣传部分之业务，在抗战发动之时未具规模，经□年余之努力，幸为本党树立此足资运用之机构，其尤可欣幸者，以党的机构而国际间已一致公认为唯一代表吾国政府发言之喉舌，此后似应把握此点，使本党精神发扬于世界。兹谨检讨过去缺点，并拟改善方策如下：

甲、国策与宣传之配合　发动宣传应努力主动争取，有种种技术上之考虑，而此种技术上之考虑，必于商决国策时同时决定之，始可收出奇制胜之效果。因是主持宣传之首长，似应有参予□要国策会议之机会，而主持国际宣传者亦应予以同等机会。

乙、国内宣传与国际宣传之一致　过去一般观念每有某某事件可对国内宣传，不必对外发表，或某某事件专供对外发表，不必登载国内报纸，此实足使外人对我乏信任之心，盖载于国内报纸而不准外记者发电，有蒙蔽外人之嫌，而专供外记者发电，不见载于国内报纸，更将引起别有作用之猜疑，皆失宣传之效用。

丙、加紧训练国际宣传人才　足以胜任国际宣传业务者必备具下列条件：

1. 深知党义，洞明国策者；

2. 明瞭世界大势，尤应深切研究驻在国之政治内幕者；

3. 熟谙驻在国之语言文字者；

4. 有熟练之新闻训练者。

此种人才，目前中国不易多得，此实为先天之缺陷。为补救计，目前用人标准应取精兵主义，重质不重量，宁缺毋滥，盖一人不得当其造成之恶影响或可一扫整个机构数年之努力而去之，危险实大。目前借美国专家之协助，加紧训练，于一、二年内，此项专才渐多，始可逐渐扩大其机构。

丁、与外交机构之合作　宣传与外交为厘然两个系统，苟不予划清工作上之重复，必引起不必要之磨擦。英国情报部驻渝代表与其大使馆新闻参赞之水火，足为殷鉴，妥善办法莫若按照军令部设置陆军参赞例，在驻外大使公使馆设置新闻参赞，对外为大使、公使馆之人员，对内则一切人事支配、业务指导以及经费支给统由宣传部主持之，重要国家本部代表之素孚重望者，广予以公使参赞等比较相称之地位，以便其执行业务。

戊、严加甄别出国宣传人员　最近政府各机关每有派遣人员出国兼任宣传职务而未与本部取得联系者，此项人员能作准确言论，发生宣传良效者固不乏人，惟仍有若干名流，因欲保持其无政治色采之风度，借批评政府，以自见其清高者，其所生恶影响甚大，改善办法似应于出国前严加甄别，出国后由各使领馆及宣传部代表随时注意，纠正并报告中央。

己、放宽检查外电　美记者大半以贩卖新闻为职业，初无政治成见可言，我宣传技术如能把握彼等此项心理，正可尽量利用其弱点，以为我所用，不必斤斤于检扣其电讯。查加紧检扣外电，实不啻掩耳盗铃，难求实效，盖外记者不能由正式电局拍发其电讯，仍能用托人带至国外拍发等非法手续达其目的也。惟检查放宽之后，主持宣传者应随时注意有不利我之消息，发现时立即发布针对反驳或纠正之，以打消其作用。

三　对奸党宣传之检讨

甲、奸党宣传之效果

奸党在美已失其立足据点，其机关报《新群众》《每日工人报》及同情共党之左倾之刊物如《美亚杂志》《亚洲杂志》《新共和报》

等，读者寥寥，故其中伤我党之宣传，就直接效果言，影响尚小。惟因此波动而发生之间接效果则甚可虑。所谓间接效果来源有二：一为来华稍驻旋即返国之美国军人，一为我方派赴美国之宣传人员，前者摭拾谣传，返美诉述，自炫其深知我国国情，后者自居名流而批评政府。

乙、本党宣传之弱点

本党应付奸党之宣传，以国家民族的利益为前题，故素持隐恶扬善之态度，一如家长之与子弟，期望其自新，因是而国际宣传方面常感无从着手之痛苦，盖国内宣传既无所表露，不能单独于国际方面发动任何有效果之宣传也。

丙、应加改善之点

奸党每乘我上述之宣传弱点发动攻势，其结果彼攻我守，彼陈诉我辩护，彼为主动我为被动，永远落后，永无反击可能，此后似应积极争取主动，乘延安派代表来渝之机，不妨随时宣布谈判内容及其结果，假令谈判破裂，此责任应由奸党负之，然后于必要时公布其罪状，博取同盟国一致之同情。

丁、外记者赴延安之考虑

外记者请赴延安，如不能设法婉拒，其应付办法如下：

1. 在其启行前，由中央首长约其长谈，指明奸党伪装之真相，促其警戒；

2. 同行之人应事前商定，点破奸党作伪之方策，一部分人应先至西安，等待作为招待员临时参加。

3. 外记者未入延安前，各地长官应准备资料供其参考，出延安后各地长官应准备资料以打销奸党宣传。

4. 各地应布置深受奸党痛苦之党政界人员以及平民百姓设法使与外记者接触，述其身亲之经验，尤应注意青年劳动营之训练成熟人员。

5. 最后而最重要者，外国记者注意之点恐不在观察奸党之是否不民主，是否破坏纲纪，因为各点为中国内政问题，彼等未必发生兴趣，彼等所深切欲求明瞭者，为下列诸问题：

一、奸党实力是否为抗战中之一重要因素；

二、如为重要因素是否为我党所牵制，而不能参加抗战；

三、如何可以利用此种未用之实力；

四、抗战胜利后此项实力是否可以促成中国内战；

五、抗战胜利后此项实力能把握若干中国政权及地区。

本党准备资料似应注意以上各点。

国际宣传处处长　曾虚白具

三月十一日

〔国民党中央宣传部档案〕

10. 军委会战时新闻检查局向国民党六全大会提出的工作报告稿

（1945年4月19日）

军事委员会代理参谋总长程钧鉴：奉钧会办四二政字第五七三二二号代电，以本党第六次全国代表大会即将举行，饬准备报告材料。等因。谨遵照规定编就本局工作报告，先行电呈，请鉴核。职贺〇〇、李〇〇叩。卯皓。计呈工作报告一份。

战时新闻检查工作报告

本局于民国二十八年六月间成立，职司管理全国新闻检查事宜，直隶于本会，并受中央宣传部之指导，所属之新闻处室计三十六单位，检查之报社、通讯社曾达九百余家，工作方面以本党新闻政策为最高原则，以国民参政会战时新闻政策为重要参证，以禁载标准为实施法规，法令与民意兼顾，检查与指导并重。近两年来，循此鹄的，期巩固战时政府之军政措施，而不窒息战时人民之正当舆论。

一、新闻检查标准之修改

新闻检查所依据之标准须能配合战局之发展，适应环境之要求，自本局成立以来，凡经三易，最初施行者为修正战时新闻禁载标准，至三十二年修订为战时新闻禁载标准，该次修订事前分别征询中央党政军各机关之意见，期使新检工作能与本党政策、军政设施配合推进。迨至去年，本党寻求民治之心日益殷切，放宽新闻检查尺度之声甚嚣尘上，本局对此问题悉心研讨，提供意见，分别呈函本会与中央宣传部核夺，是年六月，奉颁战时出版品审查办法及禁载标准，通令所属遵行实施此项标准，以数量言，由六十六项减至十二项，以性质言，完全着重于军机之防护计有七项之多，政治与外交各二项，财政经济仅一项。此外不复加以拘束，盖新检尺度至此已大为放宽矣。

二、检查技术之改进

（一）关于联系与指导者　各地新检机关经常与报社切取联系，并随时约集编辑记者参加谈话，以行事先指导，每奉到中央之宣传指示，则将其有关报社之部分提出通知之，此外尽量予报社以便利，稿件随到随审，不使其付印时间稍有影响。

（二）关于统一扣放者　各地新检机构以缺乏通讯设备，此扣彼放或此放彼扣之事殊难避免，乃订颁统一新闻扣放实施办法，并购置收音机，发交各处室应用，施行以来，收效颇宏。

（三）关于战讯检查者　战讯向由各报自行采访，检查甚感困难，乃先后商准军令部将重庆各报战讯稿件归战讯发布组检查，其他各地则由该部转电各地行营暨各战区长官部遴员派驻各新闻检查室从事检查。空军新闻方面，则与航空委员会商订空军新闻协检办法，由本局与航空委员会分别通饬所属密切洽办。至在华美军战讯之检查尤须特别审慎，乃先后与有关机关商订发布及检查之联系办法，通令所属施行。

三、邦交国策之维护

每当国际局势发生变动，我舆论界所发言论，驻在陪都之外国记者每加以曲解，电请其本国或谓为官方所公布，或谓为在野要人之意见，日积月累，难保不影响邦交，例如太平洋开战之初，我舆论界责英无能者有之，讥其殖民政策之果报者有之，谓美不顾南太平洋政策者有之，讽其输日军火自招其祸者有之。英印问题发生，颇多痛诋英国之言论，苏波纠纷事起，希腊内战军兴，国人亦有左右袒之批评，对于美国输华军火之微少尤多愤愤不平之辞。本局对于此种稿件，无不审慎检扣，以免有伤友邦之感情，甚或抗战胜利而损及胜利之果。

四、特殊报纸检查之情形

现行管制之报社，其最感困难者首为重庆之新华日报，次为成都之新中国日报，以及一、二地方报纸，如昆明之云南日报，成都之华西日报，常多不遵检查，不受指导。

(一)新华日报　为中共机关报，罔顾国家民族之利益，惟为篡夺政权而宣传。其一贯之宣传伎俩在悉力企图引起国人对我中央之恶感，争取国人对彼党之同情，其所报道所发言论每多诋毁政府措施，中伤军政当局，暴露我之缺陷弱点，夸张彼之政绩战功，此种稿件平均每日百余件，其中不遵检或不送检者约占五分之一，而每遇有关重大事件者，必不惜违检或不送检，以求刊出，遇有扣报处分，则不顾一切，不择手段，甚至印两种版，以图发行。最近一年以来，彼党阴谋日趋积极，跳梁情形亦益加甚。本局秉承上峰之意旨，于维护抗建与顾全大局两重任务，兼筹并顾之下，缜密检查，审慎将事，务使重大不妥之稿件，不再刊布流传。

(二)成都新中国日报　为中国青年党所主办，言论亦甚不妥，暴露政治弱点、鼓动学校风潮，曾指摘本党为绅士革命，对于宪政问题诋毁尤烈，时有不遵检查情事，对于中共行为，不公开指责，亦不予以支持，最近态度稍有改变，遵检情形亦较良好。

五、检查稿件之运用

各报社送检被扣之稿件，其中亦间有翔实之报道与建设性之批评，不无可供参考之处，新闻检查乃以积极之维护抗战建国为目的，而非以消极的统制言论为能事，以自闭听塞明。本局因于检扣之余，复加抉择，经常编为特种资料、新检资料与新检消息印送有关机关，或分别抄送主管机关，期以新闻管制之中收博采周咨之效，总计此项业经运用之稿件共三三〇四件。

〔军委会战时新闻检查局档案〕

三、压制《新华日报》

1. 潘梓年为《新华日报》屡遭破坏请求依法保护事与国民党中央宣传部往来文件

（1938年1月——1941年3月）

（1）新华日报社长潘梓年致中央宣传部呈

呈为新华日报馆遭受汉奸匪徒捣毁，据实具报，恳求澈查严办，并予保护事：窃具呈人在汉刊行新华日报，旨在巩固团结，抗日救国，立言纪事，一本此旨，不图因此触忌汉奸匪徒于一月十六日得报谓将有人冒充伤兵来馆打毁。具呈人因事属无稽，未遽置信。除派本报经理面陈汉口市警察局第十二分局外，毫未作何防备。讵于一月十七日下午六时半，突有匪徒二、三十人，身着便衣，手持短斧，行动健捷，蜂拥闯入本馆营业部，首将电话割断，肆行捣毁，并高呼“先打机器要紧”，即有多数人冲入机器房乱打机器，推翻排字架一座，直至宪兵队，警察队闻警驰至，始行散去。当有匪徒二人，因在排字房捣毁，脱逃稍迟，当场捕获，由宪兵带走，所有捣乱情形已蒙武汉警备司令部宪兵第七团第三营第八连、汉口市警察局第十二分局派员查明，并由本报办事人员据实具报备案。窃惟抗战，为汉奸所深忌，原无足怪，但在光天化日之下，匪徒竟胆敢横行不法，对后方治安实属可虑，捣毁报馆尤为难恕。钧部对于后方治安素所注意，于抗战言论尤所保护，而本馆抗战初衷，今后更当力求贯彻，用特开具损失清单具呈，请予彻查严办，并对今后本报特予保护，庶汉奸匪徒不再横行，抗战幸甚！本报幸甚！谨呈

中国国民党中央党部宣传部部长　邵

具呈人　新华日报发行人潘梓年

住　址：汉口府西一路一四九号

附损失清单一纸

中华民国二十七年一月　日

抄损失清单

谨将被毁器物开具清单恭呈

钧鉴：

计开：

捣毁玻璃门	六扇	菜匙	八只
钟	一只	脚踏车	一辆
门	一扇	写字台	两只
菜碗	四只	大菜台	一只
大衣	一件	椅子	三只
文具	四副	机器板	一块
柜台	二只	饭碗	八只
电灯	一只	棉袍	两件
机油	一听	玻璃板	两块

营业部单据等均被捣乱

被抢去电话听筒一只

又捣毁字架一副(在楼上亭子间)

（2）国民党中央宣传部致新华日报函(1月23日)

来呈已悉。贵报此次遭受捣损，事出意外，至为系念。关于今后之保护，既据报明，各军警机关、武汉警备司令部必能负责，本部亦当随时予以注意，贵报既能即日出版，无碍工作。兹强敌压境，宜使国民目光一致对倭，对于此种枝节，当望处以镇静为要。此致

新华日报社

中华民国二十七年一月二十三日

（3）新华日报致中央宣传部呈（1941年2月3日）

案查本报发行三年以来，各省县市时有禁阅、禁贩、邮扣等事，本社已屡提抗议，而今则发行地之陪都宪兵警察拘禁殴辱报贩报差，没收报纸，日有所闻，近更变本加厉，竟有奸徒假借名义，责难派报业职工会，不应推销本报，此其一。本月一日深夜之间，便衣三五，在本报社址附近，检查本报交通，百端留难，使中央社稿件过份延迟到达时间，以阻碍编排，此其二。本报工作人员出入时，遭不三不四人追踪，而最奇者，追随本报报差送达报纸登记订户住址。并勒令交出订户姓名，百端骚扰，使报差麻烦，读者愤怒，此其三。窃陪都为抗战首都，本报乃合法报纸，青天白日之下竟有此宵小鬼蜮之辈蔑视法律，罔知廉耻，施行各种奸计，以图破坏本报之发行，倘令此种不法行为长此滋长，则首都庄严之地必为城狐社鼠之场，岂独本报身受其害，实国家纲纪受其摧残，是以未能默尔不言。除分呈外，理合备文呈请大部察核，准予明令分别制止，并乞依法保护，以维法纪而保首都之庄严。谨呈

中国国民党中央执行委员会宣传部

新华日报社社长　潘梓年

中华民国三十年二月三日

（4）国民党中央宣传部批复意见（2月4日）

新闻事业处：

拟批复：据呈为陪都宪兵警察拘禁殴辱报贩报差，没收报纸、请准予明令分别制止，并乞依法保护，以维法纪等情到部。查该报所呈述各节，本部尚未据报告。除分函宪兵、警察机关查明核办外，仍仰该报检举确定证据，分别呈请各主管机关核办。

（宪警机关不必用函，可用口头通知也）

絜 塘 二、六

据市党部陈科长振纲来称：该报亦有同样公文送达市党部，并已决定不予批复，仅约该报负责人一谈，亦希本部采取同样之方法。

查此件事实上实难措辞批复。日前该报总编辑吴克坚曾来部请会部长、副部长，可否即用部名义，函约吴克坚先生来部一谈，或即置之不理亦无不可。究竟如何，请核示？

约其来部一谈，由彭处长酌量面告可也。

（5）新华日报致国民党中宣部呈（2月5日）

案查本报发行不独为出版法及一般法令所允许，而实因两党团结抗战为政治所保障。惟三年以来，本报所遭受编排发行之障碍，均非法律政治所能容忍，但以抗战第一，团结第一，本报每于无可容忍之时，除依法呈请制止和保护外，莫不委曲求全，以维大局。乃我欲求全而人则亟图破坏，言论方面检扣删改，超出检政，日必数起；发行方面，不独各地党政暗地阻难，而宪兵警察亦公开压迫，近复愈出愈奇，流氓奸徒受人唆使，散布荒谬传单，诬蔑本报为汉奸报纸；查缉奸宄之宪兵，不独不予制止，而且同声一气，到处撕毁本报、到处逮捕卖报人员。本月四日，本报报丁汪碧先送报南岸，在储奇门竟为宪兵拘捕，先送押林森路宪兵队部，后改押陕西街宪兵第三团团本部，拘禁四小时，没收报袋以及报纸四百份；本报报丁戴宗夔、高定邦、胡雨琴三人则在民生路一带先后被着便服者捕去，押至会府街卫戍司令部特务队辱殴之，余复行捆绑拘禁达十二小时；本部民生路二〇八号营业部橱窗突被流氓乘警报之隙加以捣毁，该部门前所贴本报，一日之间一再被宪兵撕毁，与之交涉，据称奉宪兵第三团命令。当此国内外正关心我国团结抗战之时，而此种破坏之非法行动竟横行于我观瞻所系之陪都，熟视无睹，若不予以制止，则何以慰我四万万五千万同胞，何以答世界友邦及正义之人士。本报除对此种暴行表示严重抗议外，谨缕前情呈部察核，对于上述非法各情予以澈查严惩，对于本报今后之发行予以法律有效之保障，则抗战幸甚！团结幸甚！谨呈

中国国民党中央执行委员会宣传部

新华日报社社长　潘梓年

中华民国三十年二月五日

（6）新华日报社致中央宣传部呈（2月10日）

窃查本报在抗战首都发行有年，近来屡遭各种摧残，本月五日以前，事实业已呈报在案。但星火未戢，势已燎原，本月六日拘捕情形及于发报人员，没收报纸及于邮寄全部执行人员，不独宪兵与便衣，且有治安警察队，是日本报发报员徐君曼在七星岗被该处车站宪兵捕去历一小时始行释放，发报员胡金标在两路口被警察拘捕，先押警察第七分局，后押该处车站宪兵队，约历四小时始行释放，没收报纸二百份；报差牟光远在上清寺被宪兵捕去，带至曾家岩宪兵队，没收报纸一〇八份，给有收据；送报交通何亮，在林森路被警察诬称本报为汉奸报纸，将其捕去，押入警察第一分局，历二小时始行释放；报差石云青在城内贴报处贴报，被便衣特务殴打，宪兵从旁邦凶；报车夫李海山等三人，运

报寄邮，行至两路口被宪兵挡阻，诬称为大汉奸报纸，不许寄运，搁至该处宪兵队，历四五小时始将人车放回，报纸全部没收，本报派员交涉，拒不接见。本报董事周恩来同志会同张冲先生前往交涉，亦拒不延见。窃连日以来，市面散布侮辱传单，招贴侮辱标语，均诬蔑本报为汉奸报纸，名义虽诿称民众，实际则全为宪兵警察以及便衣特务人员之所为，而宪兵警察又表示系奉命令，此不独本报工作人员遭受者所周知，全市市民亦莫不耳闻目睹，此种不幸事件，不仅妨碍抗战舆论，亦将动摇抗战人心，乃至友邦痛惜于外，敌伪快意于旁，言念前途，何堪设想，用特忍痛陈词，敬恳依法制止，以固团结，而利抗战，不胜迫切待命之至。谨呈
中国国民党中央执行委员会宣传部

新华日报社社长　潘梓年

中华民国三十年二月　日

闻党政军联席会报有新决定，此件究应如何处理，请核示。□□八日。

卫戍司令部已有批示保护矣。潘公展　二、十

(7) 中央宣传部致新华日报社复函(2月12日)

迭据该报三十年二月三日、五日、六日、九日四呈，均已阅悉。查此案经本部查询卫戍总司令部云：已批复予以保护矣。特复。查照。此致
新华日报社潘社长梓年
中华民国三十年二月十二日

〔国民党中央宣传部档案〕

2. 西安行营政训处关于拒绝《新华日报》社设立分社事致陈诚代电

（1938年8—9月）

（1）西安行营政训处致军委会政治部代电（8月15日）

武昌。军事委员会政治部长陈钧鉴：新华日报决定在西安设立分馆，已派人前来行营接洽，并一面着手筹备。窃查该报言论不当，影响统一，早为国人所反对，倘任其向西北发展，必将引起纷扰，加重文化工作之困难，恳祈顾念陕省环境特殊，迅予制止，俾杜妄谬言论之流播为祷。职周士晃、任觉五叩。八、十五。

（2）蒋鼎文致陈诚代电（8月13日）

武昌。政治部陈部长辞修兄：7185密。新华日报顷派代表吴敏、何云谒请准许汉报在陕出版。查该报言论时多背谬，西北环境特殊，如果在陕刊行，定将益增磨擦而动摇人心，影响社会，为害尤大。且此间各报基础均极脆弱，难与该报竞争，亦须顾及，故对该代表等请求，除答以应俟中央发给许可证后再行酌办。并电委座鉴核暨分电政治部外，如该报请求发给许可证，敬请勿予批准，免增困难，并请电复为荷。弟蒋鼎文。元。行政秘。印。

（3）蒋鼎文致陈诚代电（9月3日）

武昌。军委会政治部陈部长辞修兄：0523密。关于新华日报在西安设立分馆事。现据林祖涵函称：只系发行汉口新华日报。查汉口新华日报曾经呈准中央备案，如果该分馆只系派销性质，此间自未便拒绝，惟料该分馆将来定有超越派销范围，进行刊印或代售反动书籍情事。现已饬主管机关对于该分馆严格限制，拟饬改为分销处，只准派销，绝对不准出版，并派员严密监视，如将来发生有超越范围事，定将予以断然封闭。除电陈委座，并分电宣传部长外，特电请查照为荷！弟蒋鼎文。江。襘政秘印。

〔军委会政治部档案〕

3．蒋介石关于注意查扣《新华日报》“违禁”新闻稿的电令及有关文件

（1939年1月——1945年8月）

（1）蒋介石致中宣部代电（1939年1月9日）

侍秘　渝字第3944号

中央宣传部：查抗战以来，关于军事新闻及言论之发布，不得轻将部队番号标出，与各部队将领，非经核准，不得擅自发表公开谈话，均早经军委会通令传知在案。乃近数月以来，各地报章刊物，时有违背上项规定，尤以《新华日报》更复累见不鲜。常将八路军等番号及作战地名，明白揭露，甚并制印照片，特载军事负责将领关于战略之言论，实属故违禁令。查现时抗战局势进入新的阶段，一切部队行动与作战经过，尤应绝对严守机密，不得任意揭载。即关于国策战略之宣传，亦应恪循统制约束之规律，而期严整内外之观听。为特重申严令，除另由本会通饬各部队及第八路军等驻渝办事处一体遵照外，即希转令各地报章刊物及《新华日报》，一体切实注意，毋得故违，否则，嗣后如再发现此类记载，应即严加处分。特电达遵照转知新闻检查机关遵照为要。中正，佳。侍秘。渝。

（2）蒋介石致中宣部代电（1940年1月31日）

中央宣传部王部长：查《新华日报》今日对于重庆联中学潮事，竟发表社论，措词多不妥当，应警告该报，以后对于学潮，不得作煽动鼓惑之论文，应由宣传部特别注意为要。中正手启。世。侍秘。渝。

(3) 蒋介石致新闻检查局代电 (10月19日)

侍秘　渝字第4261号

战时新闻检查局陈局长：查近来报上常有记载“百团大战”字样，如十九日《新华日报》所载晋西通讯即载此事。此项名词及有关之新闻，以后应绝对禁止登载，希即遵照为要。中正。酉酷。侍秘。渝。

(4) 蒋介石致中宣部等密电(19月28日)

侍秘　渝字第4433号

中央宣传部王部长、战时新闻检查局陈局长：密。今日《新华日报》登载蓉市教师请增加米贴薪给新闻一则，甚属不妥。以后关于此类新闻，无论为机关、学校、工厂等，凡属请愿加薪一类之消息，应绝对检扣，禁止登载，希即遵照并通饬遵照为要。中正。酉俭。侍秘。渝。

(5) 蒋介石致新闻检查局代电(11月10日)

战时新闻检查局商兼局长勋鉴：据报，本市《新华日报》近来滥用某地特讯及某地专电等字样，揭载不正确之消息。如上月十二日，该报竟以显著地位，公开宣传共党占领区绥德、吴堡、米脂、清涧等县所谓新政治之如何优良，如果进步。对于政府命官，如该区前任专员何绍南，则制造谣言，肆意攻讦。又如该报国庆日之社论，竟指本党领导之辛亥革命为资产阶级民主革命，企图惑乱人心，以遂其扩大政治影响之阴谋。等情。查该报近来言论如此悖谬，殊属不合。嗣后对于该报之消息及言论，务希特别注意检查，严予检扣，无令诐词邪说任意披露为要。中正。蒸川。侍六。

(6) 蒋介石致中宣部等代电(1943年4月29日)

侍秘渝字第1718号

中央宣传部张部长、战时新闻检查局商兼局长、李副局长钧鉴：查本月二十八日《新华日报》第三版“读者园地”栏，载有《援救张天翼先生》之函件及捐款报告等。此种记载，应予取缔。又同版左下角有《陕甘宁边区学生电英学生联合会》之大字标题新闻，亦属不合。以后不许有陕甘宁边区字样登载，希即切实注意为要。中正手启。卯艳。侍秘。
中华民国三十二年四月二十九日

(7) 蒋介石致新闻检查局代电(12月31日)

侍二字第2806号

战时新闻检查局商局长、李副局长钧鉴：十二月三十日《新华日报》所载《开办十二年的陕西省银行》及“西安短简”栏《怪汽车飞驰过市消息》两则，此项新闻，该报曾否送检，何以该局仍不予检扣？以后对于西安消息，应切实遵照俭秘二字第2805号代电办理，凡无属实据足证者，一概不得登载，勿再疏忽宽纵为要。中正。世。侍秘二。
中华民国三十二年十二月三十一日

(8) 蒋介石致新闻检查局代电(1944年7月15日)

侍秘二字第2944号

新闻检查局贺局长、李副局长钧鉴：本日《新华日报》第三栏登载《谈中原战事血的教训》及《河南大学员生的遭遇》，如何此种通讯任其登载？尤其第一篇所云“在河南战场上，我机械化部队和炮兵等实力，对敌人都占绝对优势”等语。此种报导，完全造谣。究竟曾否检查？是否该报有意违检刊登？以后对于此类故意损害我军誉之新闻，务须彻底负责检扣，如报纸违检刊登，并应切实执行处分，切勿玩纵为要。中正。午删。侍秘二。
中华民国三十三年七月十五日

附抄战时新闻检查局呈复(7月16日)

案奉钧座侍秘二字第二九四四号午删电令：为本月十五日重庆《新华日报》登载《谈中原战事血的教训》及《河南大学员生的遭遇》等通讯不妥，电饬知照。等因。遵查《谈中原战事血的教训》一文，曾经重庆新闻检查处删节“最近新四军也常到黄泛区西边来，”“据我知道的，豫中各县县长在敌人未到以前就逃去了。最近又听说葛和、新郑县长以弃职罪枪决”及“据我的一位朋友某营长说，在河南战场上，我机械化部队和炮兵等实力，对敌人都占绝对优势……(照录原文)这个遗憾一定可以填补起来的。”等三段。至《河南大学员生的遭遇》一文送检时，标题原为《伏牛山里》，全文亦经重庆新闻检查处删略甚多。该《新华日报》非但不全遵删，且于事后分节擅加刺目小标题，殊属不合，业已依法予以处分。奉电前因，除饬重庆新闻检查处今后更加注意外，理合将本案经过详情备文呈复，仰祈鉴核。谨呈

委员长　蒋

(9)蒋介石致新闻检查局代电(1945年8月20日)

侍秘二字第3040号

战时新闻检查局李副局长：八月十九日报告暨附件均悉。嗣后《新华日报》无论日报或号外，凡有揭载荒谬词句，一律予以扣报处分为要。中正。侍秘二〇智。

附抄李中襄八月十九日报告

本(十九)日午后四时，有报贩在市区及南岸发售《新华日报》号外，内容系揭载毛泽东电委座文件暨所谓《延安总部命令》，其尤为荒谬绝伦者，且由朱德名义径敌酋冈村宁次，并致说谍与英美苏三国驻华大使。除已饬属暨知照有关机关分头予以没收外，理合报请鉴核示遵。谨呈

委员长　蒋

职　李〇〇谨呈

中华民国三十四年八月十九日

〔战时新闻检查局档案〕

4．潘梓年为《新华日报》宜昌分销处被查封及负责人被捕事致国民党中宣部呈及有关文件

（1939年6－8月）

（1）新华日报社致国民党中央宣传部呈（6月25日）

顷接本报宜昌分销处来电称："宜昌分销处铣（十六）日被查禁，负责人被捕"，不胜诧异。查本报之出版，前经呈请钧部准予备案，并经内政部发给登记证在案。各地之发行推销，于法未有不合。钧部允对新华日报群众周刊依法保障，渝美宣字第四九九四号之函示方于五月二十四颁到，而宜昌当局遽对本报之发行加以查禁，并逮捕本报分销处负责人，实属藐视国家法令，罔顾精诚团结之真义，为特呈报钧部鉴核，并请令饬湖北省当局迅即纠正宜昌当局之谬误处置，并恢复本报宜昌分销处营业常态，即日释放其负责人，保障本报今后之发行，实为公便。谨呈

中国国民党中央执行委员会宣传部部长　叶

新华日报社社长潘梓年

中华民国二十八年六月二十五日

（2）内政部致中央宣传部函（7月5日）

内政部公函　渝警字第〇〇二一八五号

案据新华日报社社长潘梓年呈："顷接本报宜昌分销处来电称：宜昌分销处铣（十六）日被查禁，负责人被捕，不胜诧异。查本报之发行推销于法未有不合，而宜昌当局遽加查禁，并逮捕分

销处负责人，实属藐视国家法令，罔顾精诚团结之真义，请转行湖北省政府转饬宜昌当司迅予恢复该分销处营业常态，释放负责人，并切实保障本报在各地之发行”等情。查该报前曾呈请保障发行，经转准贵部函复，即予批示，通行在案。惟该报业于上月奉令暂行停刊，与在渝各报合出联合版，在此时期内自无发行与分销可言。该报宜昌分销处被查禁及其负责人被捕，似与该报发行推销无关，据呈前情，究因何种原由，并曾否分呈贵部有案，相应函请查明核复，以凭办理为荷。此致
中央宣传部
中华民国二十八年七月五日

(3) 湖北省政府致内政部咨(8月22日)

湖北省政府咨　省秘一施三一四〇号

案查前准贵部二十八年七月二十五日渝警字第二四五八号咨，为新华日报宜昌分销处负责人被拘，请查明见复等由。查此案前据该新华日报社呈请到府，当经令饬本省第六区行政督察专员公署查明据复在卷。兹据呈复略称：“经令饬宜昌警察局遵照查明在案。兹据呈复略称：查奉令饬查新华日报宜昌分销处停闭情形一案，遵派本局户籍主任林坤隆查明报核，旋据该员报称：查新华日报宜昌分销处原设本市福绥路六十六号，嗣因与二马路生活书店联合活动，并代为销售查禁书刊，乃于本年六月十六日晚，由湖北省党部派代表王维时会同省动员委员会、宜昌警备司令部及本局前往协同检查，当经检出禁售书刊多种，为该部代表王维时悉数携去，并将该处负责人曹择一并带案！闻未久即释，曹择早已自行离宜。该分处既无人负责，因亦随之停闭，谨将调查情形报请核夺等情。据此，查此案为省党部所主办，当时本局仅出于协助行为，究竟真像如何，未便忆断，奉令前因，理合将该案查明情形呈复鉴核等情。据此，理合备文呈请鉴核”。等情。据此，

除指令外，相应咨请查照，并转饬该社知照为荷。此咨
内政部

主　　席　陈　诚
代理主席　严立三

中华民国二十八年八月二十二日

〔国民政府档案〕

5. 军委会办公厅关于执行《新华日报》违检案件处理步骤方案与战时新闻检查局往来文电

(1940年2月)

(1) 军委办公厅致新闻检查局代电(2月9日)

国民政府军事委员会办公厅快邮代电　办四渝字第1512号

本会战时新闻检查局陈局长空如勋鉴：极密。兹奉谕抄送《新华日报违检案件处理步骤方案》，请查照办理见复为荷。军事委员会办公厅。办四(三)佳。印。附《新华日报违检案件处理步骤方案》乙件。

中华民国二十九年二月九日

《新华日报》违检案件处理步骤方案

一　该报违检，近已严重警告一次，如再违检，即再予严重警告，连续二次(并前一次共三次)即予以一日至七日之定期停刊处分；

二　该报过去不遵检扣，常将检扣消息刊出，今后似应常派宪兵监视，如将检扣消息刊出，即将印出之报纸全部扣押。

三　复刊后(即执行定期停刊处分后)如再违检，仍再予严重警告，连续至三次，即斟酌当时情形，予以再停刊或永久停刊处分。如处以永久停刊处分，由战新检局呈请宣传部注销其登记，并缴销登记证。

四　为顾虑对苏外交及予中共以过甚之刺激，该报永久停刊后，得准许其另行办一报纸，但须另换名称，依法声请登记。

附注：

甲　处理步骤(一)、(二)两项，可继续循环执行，至必要时始将第三项之永久停刊处分呈准执行。

乙　查《战时新闻违检惩罚办法》规定：(一)忠告、(二)警告、(三)严重警告、(四)定期停刊、(五)永久停刊五种。本可视其情节之轻重，分别予以各项惩罚。兹拟用渐进步骤，一以示郑重，一以冀其改革，不作违检之记载。

丙　本办法如奉准采用，即由军委会新闻局召集有关机关，商讨检查技术之改进与增强航空邮政之检查。(因该报近将版纸分寄成都、桂林、西安，翻印至数万份，迄未查出其寄递之方法也。)

(2) 战时新闻检查局复电(2月11日)

本会办公厅熊代主任赐鉴：办四渝字第一五一二号佳代电及附件均奉悉。《新华日报》在上年间违检情事颇多，本局除按照每次案情之轻重，科以应得之处分外，关于九月二十八日为求取得时效起见，曾援用方案内第二项，派宪兵监视，遇有检扣消息刊出，即将印出之报纸全部扣押。本年来，该报又屡违检，经予警告、严重警告各一次。嗣后该报如续有重大违检案情发生，自当采用渐进步骤之原则，实施方案第一项所规定初步办法处理。至附注(丙)项检查技术之改进与增强航邮之检查一节，前者如检工人员素质之提高，检查之力求简速正确等，本局正着手计划实行中。至后者虽非本局管辖，亦遵召集有关机关开会商讨。敬电奉复，并附奉《新华日报违检处理统计表》一份，统祈转呈鉴核为荷。战时新闻检查局局长陈焯叩。真。印。

抄附《新华日报》违检处理统计表

年	月	日	违检情形	处理办法
二十八	七	十	继续发行七七特刊，多次且不遵删改	严重警告
	八	廿一	不遵缓登、免登、删改，且常不将稿件送检	警告
	九	十三	八月份内迭有违检情事，奉令予以警告	严重警告
	九	廿八	刊载陈绍禹《目前国内外形势与参政会第四次大会的成绩》一文不妥	扣押报纸
	十	二十	刊载《中国共产党领袖毛泽东同中央社等记者谈话》一文未遵缓登	停刊一日
	十一	九	所登稿件，标题未妥	警告
	十一	十三	关于六中全会之短评，内容不妥	警告
	十一	十四	被删字句，均留空白	通知注意
	十二	十三	军事新闻之标题未遵军委新闻组删改	警告
二十九	一	十一	登载朱彭总副司令电慰白求恩家属	警告
	二	一	一月二十七日记载不妥，三十一日社论不妥，二月一日标题不妥，且沿用谬误名词	严重警告
	二	四	标题欠妥	令知渝检所注意检扣，并转知该报改正
	二	八	擅改标题	
	二	十三	刊登不妥稿件	
	二	十三	标题错误	

〔军委会战时新闻检查局档案〕

6.《新华日报》社为各地方当局阻挠破坏发行事致国民党中央宣传部函件

（1940年3月4日）

敬启者：窃敝报前径呈请层峰通令所属，保障合法发行，当蒙分别批准各在案。乃查各地方在民国政令范围之下，仍不顾国家威信，擅作威福，滥用职权，非法妨害合法发行权利。谨将妨害发行事件，列表呈送大部，请为彻查，主持公道。国家纪纲，政府威信，实利赖之。敬致

中宣部

《新华日报》

中华民国二十九年三月四日

抄附各地非法妨害发行表（见522页）

年月	日期	省区	地方	妨害情形	妨害者	所持理由
二八年	十一月十日	湖南	沅陵	邮电检查员擅行没收十月报纸共二十天	邮电检查员	不予解释
二八年	十二月十日	福建	江镜	十一月份报只到两天，余全被扣留	邮电检查员	不予解释
二八年	十一月十二日	湖北	罗田	从九月份起订户所订新华日报及群众皆被扣留共三个月	邮电检查员	不予解释
二八年	十二月一日	湖北	恩施	报纸被没收	邮电检查员	不明
二九年	一月一日	贵州	安顺	报纸被没收	邮电检查员	不明
二九年	一月四日	贵州	遵义	自上年十一月起两个月报纸俱被没收	邮电检查员	不明
二九年	一年十一日	贵州	正安	报纸全月被扣留	邮电检查员	不明
二九年	二月二月	贵州	遵义	报纸全部被扣留	邮电检查员	不明
二九年	一月三日	陕西	西安	报纸全部扣留	新闻检查所	不明
二八年	十二月二日	陕西	洋县	报纸全部被扣	邮电检查所	不明
二八年	九月十日	陕西	咸林	报纸被没收	地方党部扣留	不明
二八年	十二月十六日	云南	昆明	报纸被没收	邮电检查员	不明
二九年	一月四日	云南	昆明	报纸全被没收	邮电检查员	不明

二八年	十一月五日	云南	昆明	报纸被扣	邮电检查员	不明
二九年	一月七日	四川	涪陵	报纸被扣留	邮电检查员	不明
二九年	一月八日	四川	开县	报纸被没收	邮电检查员	不明
二九年	一月十四日	四川	万县	报纸、群众被没收	邮电检查员	不明
二九年	一月廿四日	四川	蒲江	地方党政逮捕本报订户非刑逼供	地方党政机关	不明
二九年	一月廿四日	四川	松坎	没收报纸、群众	邮电检查员	不明
二九年	二月九日	四川	阆中	没收报纸	邮电检查员	不明
二九年	二月十日	四川	宜山	没收报纸	邮电检查员	不明
二八年	十一月七日	四川	资中	哲学选辑及报纸皆被没收	邮电检查员	不明
二八年	十二月八日	四川	云阳	没收报纸	邮电检查员	不明
二八年	十二月廿五日	四川	宜宾	没收报纸	邮电检查员	不明
二八年	十二月廿七日	四川	江北	没收报纸	重庆邮电检查员	不明
二八年	十二月一日	四川	巴东	没有报纸	地方邮电检查机关	不明
二八年	十二月卅日	四川	綦江	没有报纸	邮电检查员	不明
二九年	二月一日	四川	达县	没有报纸	邮电检查员	不明

党〔国民中央宣传部档案〕

7. 内政部关于查禁《新华日报》华北版事与中央宣传部等往来函电

（1940年5—6月）

(1) 内政部致中央宣传部密函（5月24日）

内政部密函　渝警字2650号

案查前准贵二十九年四月十日渝羙宣字第一二零五号密函，请查明《新华日报》华北版何以仍在违法发行一案，经转行查复并函覆在卷。兹准山西省政府寒电，以该报华北版，前因持论荒谬，并未依法声请登记，迭经分电三、五两专署严饬停止发行在案。惟以该报发行所系在第三行政区沁县一带，处于逆党势力控制之下，前项命令，未能彻底实行。现已通饬本省各区县严行查禁，以杜流传。等由。准此。相应函达查照。此致

中央宣传部

中华民国二十九年五月二十四日

(2) 中央宣传部致第二战区司令长官部代电（5月25日）

第二战区司令长官部公鉴：×密。案准山西省党部函为转据第七区办事处呈送《新华日报》及《新中华报》各一份，请鉴核备查。等由到部。准此。查该两报前经本部密令查禁在案，兹仍发行，殊有未合。除电请军事委员会办公厅特检处及军事委员会战时新闻检查局严饬所属查扣外，相应电请贵部饬令该二报克日停止出版。再，该《新华日报》华北版，报头下有“第三区行政专员公署发给数字九号临时登记证”等字样，依照出版法之规定，地方政府根本无权发给，应请令饬该专员公署迅速即予以吊销。至希查照办理，并请见复为荷。中央宣传部。×。印。

（3）战时新闻检查局致中央宣传部电（5月31日）

检指字第1374号

中央宣传部公鉴：×密。辰回电敬悉。查山西《新华日报》华北版及《新中华报》现复在禁区流行，自属不合。惟本局职司审检新闻纸之稿件，是项违禁报纸，既不送检，无凭检扣。应请大部分函军委会特检处转饬当地邮电检查所及函山西军政当局转饬警察机关认真扣留，以维禁令。如何之处，仍乞卓载，准电前由，敬此布复。军事委员会战时新闻局。世。印。

（4）中宣部致重庆市政府函（6月28日）

查《新华日报》华北版，未据声请登记，擅自发行。核与《修正出版法》及《抗战时期报社声请登记及变更登记暂行办法》均有不合。业经本部函内政部转咨山西省政府停止其发行在案。兹查渝市尚有该报华北版发行发售，应即予以查禁。除函重庆市政府、重庆市党部、内政部、并军委会办公厅、重庆卫戍总司令部、重庆市党部、内政部、并军委会办公厅外，相应函请查照，切实禁止发行发售，并见复为荷。此致

重庆卫戍总司令部

重庆市政府

〔国民党中央宣传部档案〕

8. 国民党中央宣传部关于处分《新华日报》"违反"宣传要点与战时新闻检查局往来函

（1940年6月）

（1）中央宣传部致战时新闻检查局函（6月15日）

中央宣传部公函　渝美宣字第13390号

查六月二日《新华日报》社论《稳定法币的一些问题》文中"先由发横财的大官征发"一语，易引起民众对政府之恶感，记载如《联

军昼夜溃退》、《英在印募大军驱印人作牺牲》及《美报力主参加抢夺殖民地》等不利于同盟国之标题。又六月三日该报社论《粉碎敌伪为和平攻势》文中，措词多有不妥之处，而记载方面亦多不利于同盟国之标题，违反本部宣传要点之指示，殊属不合，相应函请查核，并予该报以严重处分，并将办理经过情形见复为荷。此致

军事委员会战时新闻检查局

中央宣传部

中华民国二十九年六月十五日

（2）战时新闻检查局致中央宣传部复函

笺函：

案准六月十五日大函，以《新华日报》社论，每有不妥，其记载亦违反宣传要点之指示，殊属不合，请予该报严重处分，并将办理经过情形见复。等由。准此。查该报六月二、三两日社论不妥，并违反宣传要点，业于六月五日令饬重庆检查所予以严重警告处分在案。复以该报近日言论，时有违检，当于本月十五日召集该负责人潘梓年等来局谈话，剀切劝导。嗣后对于国际问题，务须遵照国策，审慎登载，切勿再涉偏私，其余指桑骂槐之文字，更变删削，最后并警告以作风如不悛改，定当依法执行停刊之处分各语。当均表示负责接受。准函前由，用将办理经过情形函复查照。此致

中央宣传部

军委会战时新闻局

六月　日

〔军委会战时新闻检查局档案〕

9. 战时新闻检查局关于《新华日报》重大"违检"与查处情况呈

（1940年12月18日）

事由：为报告《新华日报》最近重大违检案件暨本局处分经过，请鉴核由。

查《新华日报》近来违检案件，层见迭出，而避免检查方法，亦别具心裁。除情节较轻者由重庆新闻检查所分别予以忠告或通知注意外，其重大者由所报局处理。最近经本局令准予以严重警告之处分者，已达四次之多。该报似此率意孤行，殊与检政前途大有妨碍。除仍督饬渝所严密检查外，理合造表报请鉴核备查。谨呈

军事委员会委员长　蒋

附呈表一份，又《新华日报》四份〔报略〕

职　商　〇

李〇〇

中华民国二十九年十二月十八日

《新华日报》最近违检案件与处分情况一览表

案别	日期	标题	违检情形	处理办法	备考
第一案	十月十日	今年双十节应有的认识	指本党领导之辛亥革命为资产阶级民主革命	并第二案予以严重警告	查本案于十一月十四日以检指字第四三〇三号代电呈复有案，不另附报
第二案	十月十二日	绥德通讯	以显著地位公开宣传共党占领区绥德、吴堡、米脂、清涧等县，所谓新政如何优良，如何进步，对于政府命官，如该区前任专员何绍南则制造谣言，肆意攻讦	并前案予以严重警告	查本案于十一月十四日以检指字第四三〇三号代电呈复有案，不另附报
第三案	十一月十一日	日寇和平攻势失败以后	滥用“诱降”、“诱和”名词	严重警告	查本案于十二月十一日以检指字第四八一七号呈报有案，不另附报
第四案	十二月四日	读蒋委员长对时局谈话	“来挑拨中国内争”、“挑拨中国之内战”、“国内团结”(未遵删)	并第五案予以严重警告	附报
第五案	十二月五日	日汪伪约的国际反响	“有人说日汪伪约中所说的共同防共……这是我们须得认清的”(未遵删)	并前案予以严重警告	附报

第六案	十二月十三日	为谁战争	当此抗战期间，以此项标题刺激读者，显系别有用心(未送检)	并第七案予以严重警告	附　报
第七案	十二月十六日	粮食无办法不必奢谈长期作战	当此国内粮食问题紧张之际，特标此题，殊属不妥(未送检)	并前案予以严重警告	附　报

〔军委会战时新闻检查局档案〕

10. 军委会办公厅关于抵制《新华日报》发行量猛增办法与国民党中央宣传部往来函电

（1941年2—3月）

（1）军委会办公厅致中央宣传部代电（2月11日）

军事委员会办公厅快邮代电　办四渝礼字第560号

中央宣传部鉴：密。据报：《新华日报》目前之销数，日达一万五千份，已与《大公报》之销数成相等数字。查其原因：(一)各报报业联合会自三十年起决议报费加价，该报切并遵行，仍暗地贬价倾销；(二)发价低廉，派报处乐于代销，尤其对工友、学生、订价尤廉；(三)公营工厂工人因直接订阅该报为厂方取缔，乃变相以工人宿舍为送报地点，订户更多。等语。除分电社会部外，请查照注意为荷。军事委员会办公厅。渝。办四(尤)礼汇。

收文日期30/2/12

（2）社会部办公厅笺呈

请第二科商洽工运督导团签注意见，除防止工友订阅该报外，同时会商中宣部决定对策，务使该报销数量逐渐减少，党报及同情于本党之销数量逐渐增加，以利宣传。

原件务送工运督导室办后即送还本科。

代　印

二、十二

（3）中央宣传部致军委会办公厅函（3月5日）

准贵厅三十年二月十一日办四渝礼字第五六〇号代电，为《新华日报》推销情形，函请查照注意。等由。准此。查关于本案事件，经本部策动，重庆市党部于元月六日邀请本部及青年团中央团部与《中央日报》、《扫荡报》等共同研讨协助党报发行，抵制《新华日报》办法，记录在卷。查该谈话会记录讨论决定事项，计：(一)对于各报贩，施以精神训练及个别谈话，由市党部及青年团渝支团部负责拟订办法施行；(二)由《中央》、《扫荡》两报制发号外，其数量由各报自行酌定；(三)《中央》、《扫荡》两报主管发行人员，对各报贩之态度须和平，并经常予以感情上之联络；(四)《中央》、《扫荡》两报，每晨提前赶印快报一千份，尽先交本市派报工会发售；(五)限令《新华日报》提高报价，每份零售一角五分，以与本市篇幅相等之报纸价格相同；(六)《中央》、《扫荡》两报允给派报工会之救济费(《中央》三百元、《扫荡》二百元)即予拨给；(七)报贩之福利事业，由渝市党部商承主管，即日统筹，分别举办；(八)由市党部制发介绍证，凡党员及工人持证向《中央》、《扫荡》两报订阅报纸者，予以特别折扣。以上讨论决定事项八项，除由本部嘱渝市党部切实督导实施，并将实施情形随时报部备查，并令饬《中央日报》对记录中之(二)、(三)、(四)、(六)、(八)等项，务须依照办理，并将办理情形随时报部备查，并由本部及中央秘书处帮助市党部办理报贩福利事业费各五百元外，相应录案密为函复，即希查照为荷。

此致

军委会办公厅

中华民国三十年三月五日

〔国民政府社会部档案〕

11. 战时新闻检查局李中襄关于《新华日报》言论动态及查处措施等问题致蒋介石签呈

(1941年6月9日)

窃查本市报纸，由本局所属重庆新闻检查所直接负检查之责。本日之报，例于前晚将原稿送检(标题例不送检)，由该所视其内容，分别予以放行，或免登，或删登，或缓登。次日出版后，复由该所加以审查，是否全部违检，抑系部分违检，再由该所视其情节之轻重，酌予处分，此为检查新闻之三阶段。实行以来，尚称顺利，各报送检情形，大体亦属良好。惟间有狡黠者，宁愿事后接受处分，故意留一、二条新闻或其他稿件不送检，或若不遵检，使彼报能以消息灵通见称，故报纸每日所载，其中尽有若干系已检扣，或未送检而刊出者。特不明检查内容者每易发生误会，以为凡属报纸所载，悉系检查机关所放行者，致易引起对本局及重庆所之不满。实则本市报纸十三种，无一报无违检查，大多数皆由于疏忽，间亦有为报纸之本身争取社会地位者。独《新华日报》则有时不惜故违禁例，以达其特种宣传目的，统计最近六阅月违检情形，计有一百五十四次之多。揆厥原因，由该报立场背景不同，故应付比较困难。兹谨就该报之态度与言论之动向，以及本局之对付方式与控制标准，为钧座缕陈之。

一、《新华日报》之态度。该报自出版以来，态度本甚积极，有社论，有塔斯社电讯，有共产主义理论文字，有所谓边区政府施政报告，铺张渲染，极尽宣传之能事。只因本局检查綦严，该报无法达成其任务，乃自本年一月份起，不作社论，二月份起缩小篇幅，态度转消极，处处表示弱者被压迫状态。虽于一月十八日及三月六日突然违检，发表周恩来为前新四军事件之题字，及中共参政员不出席参政会之全部文献，意欲使政府封闭其报馆，获取社会同情。然一因受军纪之制裁，再则受民意之诘责，已处于被动之劣势。本局为防患未然，始终审慎应付，不使其诡计得售。惟最近该报态度又转趋积极，于星期日又加发增刊，并每登载周恩来论文，此或另有阴谋企图，本局自当严密注意。

二、本局之对付方式。该报为中共机关报，有其一贯之策略，故违检特多。本局一面严密执行检查制度，对于该报每日送检各稿，其有外交、经济或其他重要论文稿件，每多由职亲自复检（各报重要论文均如此），其他一般新闻及报导，或文艺通讯等，则由重庆所检查员负责审检。如遇重要时机，逆揣该报将有重大违检情事发生时，则于午夜四时许，派员前往化龙桥该报社监视排印。如发现有不妥之处，或于事先铲版，或于事后扣报。一面则于间隔若干时日，即召集该报发行编辑之负责人员谈话，剀切晓谕，何类文稿与国策不符，何种文稿与抗战无益，徒费笔墨，既无补实际，亦不容刊载，不如不写之为愈。渠等亦常语塞，无词以对。似此刚柔并用，宽猛相济，颇能收相当效果。但千虑难免一失，稍为疏于防范，即易发生不妥言论，有时上劳廑注，惶悚无已。

三、该报言论之动向。该报言论动向，分对内对外两方面，对内一贯高呼团结、抗战、民主、进步。最近因晋南战局变化，大受舆论之指摘，故竭力宣传十八集团军在作战、要作战。其对于我国抗战之看法，认为我国与英美帝国主义联合，成为欧战中之一环，以形容我之抗战变质。对外则一贯反英反美、袒苏，尤以国际情势好转，该报必肆意造谣，冀图离间。故自日苏订立中立条约后，美国援我更趋积极，该报之反美亦日甚。其对于欧战看法，认为英德之胜，均非苏联之利，最好莫如长期争持，逐渐使战争变质，由各该国之工人起而发动社会革命。故于各地工潮之记载，皆用大字标题，极尽煽惑之能事，盖为达到最终目的之一策略也。

四、本局控制之标准。本局对于该报对内之各种言论，如与抗战有害，国策有背，一律皆予以删扣，不使其摇惑人心，影响国家前途。至对于反美袒苏言论，则规定其最低界限，逾此界限，则检扣或删改，使反美言论不致刺激过甚，袒苏言论不致夸张过甚。然仍保留其本来面目，显示其异党色彩，俾中外人士对中共易起厌恶之念，即为本党宣传政策之胜利。盖吾人固不必使《新华日报》变为类似之《中央日报》，且亦不可能也。

以上粗陈崖略。至本局对付方针，仍当随机应变，惟因顾及政治关系，该报违检，虽层出不穷，而处罚办法，仅有忠告、警告、严重警告，及翌日扣报四种。然有限之办法，应不穷之违检，易启其漠视法令之念。来日方长，变幻莫测，目下既不取封闭该报办法，则拟择相当时机，相当题目，酌予停刊一日之处分。是否可行？谨将六月来《新华日报》情形，造具统计表，签请鉴核示遵。谨呈

部　长　王　转呈

委员长　蒋

战时新闻检查局副局长　李中襄

中华民国三十年六月九日

六个月来《新华日报》违检处罚情形统计表

月　　份	免登次数	删登次数	违检次数	备　注
二十九年十二月	五十五	四十七	十八	
三十年一月	七十	五十	四十六	
三十年二月	四十七	十二	二十九	
三十年三月	二十五	十八	二十三	
三十年四月	十六	十六	十六	
三十年五月	五十一	十三	二十二	
合　　计	二百六十四	一百五十六	一百五十四	

〔国民党中央执行委员会秘书处档案〕

12. 战时新闻检查局一九四三年检扣《新华日报》稿件统计图表

（1944年1月）

（最机密）

《新华日报》三十二年检扣稿件统计图表及说明：

《新华日报》为中共机关报，其发言论，大都别具用心。自民国三十年以来，关于该报遵检、违检情形，本局于年度终了后即将全年检扣资料分别其性质，综合研究，藉明中共之宣传动向，俾便本党宣传政策采取适宜之应付。兹将三十二年度所检扣该报不妥稿件，研究统计绘具图表，并与三十一年度之研究结果，加以比较，附具说明如后：

一、每月检扣稿件分类表中，标题前括弧内之数字为检扣日期；标题后括弧内有(删)字者为内容不妥而被删改之稿件，其无(删)字者，即为全文不妥之稿件，标题后括弧A、B、C、D、E等项，为不妥稿件性质之分类。

二、每月违检情形表中，不妥文句类别栏内：(A)表示指摘或攻击本党及军政当局者；(B)表示中共自我宣传，如理论、政绩、战功之夸张，或国际间发生重大事件作偏袒之论断者；(C)表示暴露我前后方弱点，如经济、政治、社会、教育及文化各方面，(D)表示违反中央外交政策及有碍盟邦交者；(E)表示其他内容不妥，如代敌张目等或临时奉谕检扣，以及不属A、B、C、D各项者。

三、就本年度该报送检之不妥稿件，其数量以性质分类所得，以E项文字最多，C项文字次之，B项文字又次之，A项文字更次之，D项文字最少。

四、就本年度所检扣之不妥稿件总数为五百七十件，遵检稿件为五百零三件，违检稿件为六十七件。分析内容，以十一月份为最多，大抵因受国际局势演变之所致也。

五、在本年度内，该报言论动向大致如下：

甲、关于内政方面

(一)对于中央所施行新政策，大都抱责难或怀疑态度，如限政、粮政、役政等，均加以诘责或攻击。利用各种文字（如文艺作品、短评、通讯等）极力鼓吹“宪政”、“民主”、“科学”、“自由"、"团结"等口号，表面似是正面写作，而暗中影射政府为不民主、不科学、不自由及不团结，实施宪政缺乏诚意，类于逊清之筹备立宪。对新闻检查、图书审查制度，抨击不遗余力。(二)极力代一般公教人员、工人、妇女职业问题呼吁，过分描写公教人员生活困难情形，主张调整工人生活和待遇，强调妇女职业问题之严重，推其用心，乃在以其巧好之口，争取公教人员、工人及妇女对中共之同情。(三)报导各地灾情，惨重过甚，如豫灾、皖灾，要求政府设法救济，极尽挑拨政府与人民之情感。(四)标榜中共伪组织"精兵简政"政策及其盘据地"民选"情形优异。

乙、关于军事方面

(一)制造通讯稿件夸张其军事成就。(二)否认其所豢养军队违法乱纪，袭击国军，杀害人民，并反唇相讥政府为"诬陷"，系有意"破坏团结"。

丙、关于外交方面

(一)对于国际动态，不一定及时评论，惟中共对其"祖国苏联"之态度，常作过分之推崇。如最近德黑兰之罗、邱、史三领袖会议，彼则认为重于开罗之蒋、罗、邱三领袖会议，歪曲事实，莫此为甚，自外生存，昭然若揭。(二)该报认为欧洲战场重于远东战场，故国内及太平洋战事远不如苏德战争之重要。(三)对苏联解散第三国际一事，该报认为各国共产党均已培养成熟，能独立战斗，无须第三国际加以扶植，故尔解散。(四)苏波纠纷之内幕，该报认为系英美在后面煽动，曾作专文叙述，言词偏激。

六、遵检违检稿件统计图中第一线，表示检扣稿件总数，第二线表示遵检稿件数，第三线表示违检稿件数。吾人之新检之理想境界，为第一与第二线相结合，则第三线自不存在，但因该报既代表中共发言，亦必保其相当限度之要求，故检查权力所及，只能使第三线降低而不能使其完全消灭。

七、就三十一年度及三十二年遵检违检稿件比较图研究之，其中违检稿件与检扣稿件总数之比，三十一年度为25.2%，而三十二年度则为11.8%，可见该报违检情形，已因本局检扣之权力与特予注意，渐见减少。三十二年度似较三十一年度略为进步矣。

三十二年度《新华日报》遵检违检稿件统计表

月　份	检扣稿件总数	遵检稿件数	违检稿件数
一月份	36	29	7
二月份	47	33	14
三月份	60	57	3
四月份	39	31	8
五月份	29	26	3
六月份	34	33	1
七月份	67	67	0
八月份	51	50	1
九月份	53	53	0
十月份	37	37	0
十一月份	87	62	25
十二月份	30	25	5
总　计	570	503	67

三十二年度《新华日报》遵检违检稿件分类统计表

稿件种类	A	B	C	D	E	备　考
遵检稿件	96	105	117	30	119	
违检稿件	15	2	13	9	24	本项未送检而内容无碍之稿件四篇尚未计入

说明：(A)表示指摘或攻击本党及军政当局者。

(B)表示奸党自我宣传，如理论、政绩及战功等的夸张。

(C)表示暴露我前后方弱点者(包括经济、政治、社会、教育及文化等)。

(D)表示反中央外交政策及有碍邦交者。

(E)表示其他内容不妥者，如临时奉谕检扣和代敌人张目者，以及不属于A、B、C、D各项之稿件

三十一年及三十二年度《新华日报》遵检违检稿件数目比较表

年份	A 不妥稿件总数	B 遵检稿件数	C 违检稿件数	B占A之百分比	C占A之百分比
三十一年	501	375	126	74.8%	25.2%
三十二年	570	503	67	88.2%	11.8%

三十二年一月份《新华日报》违检情形表

星期	日期	标题	不妥文句类别 A	B	C	D	E	违检种类	处分	备考
	3	新年琐语(报道舞会)					√	未遵删	函促注意	
	4	本报华北通讯					√	未遵删	函促注意	
	4	沙磁点滴					√	未遵删	函促注意	
	8	以血还血，以牙还牙				√		未遵删	函促注意	
	10	本报特译(评美孤立派)				√		未遵删	函促注意	
	29	成都近闻(舞场情形)			√			未遵删	函促注意	
	30	张维先来渝代表请愿反对修筑洞庭湖内院					√	未遵免	函促注意	
总计		7			1	2	4			

本月不妥稿件计三十六篇：1.遵检者二十九篇；2.违检者七篇。

三十二年一月份本局检扣而未能刊出之《新华日报》不妥稿件分类表

A 指摘或攻击本党及军政当局者	B 奸党自我宣传者（理论、战绩、战功）	C 暴露我前后方弱点者（经济、教育、社会、文化）	D 违背中央外交政策及有碍邦交者	E 其他（临时奉谕检扣和代敌人张目及不属A、B、C、D各项者）
（8）姑息和情面（删） （指出贪污太多） （9）太行区粉碎敌扫荡的主要经验（删） （指责国军准备不足） （15）请制止军车撞人 （指责军人蛮横） （18）限价第三日（删） （指责限价缺点） （22）限价零讯 （暴露限政弱点） （28）谈古书问题 （攻击教育当局）		（7）论大后方农民生活 （8）我的公务员生活 （11）东南西北（删） （暴露行政弱点） （19）武□近讯 （暴露教育弱点） （22）上沱之武剧 （工人与学生冲突） （23）一个工人的生活 （暴露工人生活困苦） （25）劳动者的呼声 （暴露工人生活困苦） （29）饥饿的土地 （暴露豫灾惨重）	（12）中英美关系的新纪元（删） （挑拨我友感情） （13）美驻华大使有调换说 （14）新约与新人（删） （对新约不满） （20）收复东北锦绣山河（删）	（2）熊式辉返国 （3）美国的责任（与我国先肃清太平洋再及欧洲之旨趣不合） （4）梁寒操即赴新主持中训团 新疆分团 （6）我们要见太阳 （挑拨阶级感情） （8）开发西康的先决条件（删） （22）法人在越北构筑坚强防线 （22）敌在滇边蠢动 （22）熊式辉将返国（以上四则均中央社参考消息） （24）荣誉军人服装破旧 （28）要求改善荣誉军人的待遇
共六篇		共八篇	共四篇	共十一篇

〔军委会战时新闻检查局档案〕

13. 战时新闻检查局一九四四年一至六月检扣《新华日报》稿件报告书

（1944年7月）

说　明　　　　　　　　　　　　　（机密）

《新华日报》为中共机关报，其所报道，所发言论，大都别具用心。过去三年中，本局对该报检扣情形，每年度终了后，综合研究，编为专册，藉明中共之宣传动向，为我应付之参考。而为恢宏参考价值起见，自本年度起，复缩短时间，改为每半年办理一次。兹将本年一至六月份该报扣稿内容与违检情形，分目别类，制成报告，并附具说明如下：

一、分类表中标题之前、记要表中标题之上之数字，为检扣日期，分类表标题后括弧内有“删”字者，为内容不妥而被删改之稿件，其无“删”字者，即为全文不妥之稿件。各表中甲、乙、丙、丁、戊等项为不妥稿件之分类：甲、表示其指摘或攻击本党及军政当局者；乙、表示其自我宣传者；丙、表示其暴露我前后方弱点者；丁、表示其违背外交国策及有碍邦交者；戊、表示临时奉谕检扣者。

二、此半年内该报送检之不妥稿件，以性质言，甲、丙两类为最多，各约占百分之四十，乙类次之，约占百分之十二，戊类又次之，约占百分之六，丁类最少，约占百分之二。于以见彼党之一贯的宣传伎俩，在悉力企图引起国人对中央之恶感，争取国人对彼党之同情。以时日言，五、六两月份为最多，各约占百分之三十至四十，一月份为最少，仅约占百分之八，不妥稿件，大有与时俱增之势。

三、就此半年违检情形观之，所扣稿件总数为五百零四件，其中遵检者三百七十六件，约占百分之七十五，违检者一百二十八件，约占百分之二十五。再回溯去年情形，去年一年中，不妥稿件只五百七十件，其中遵检者达五百零三件，约占百分之八十九，违检者仅六十七件，约占百分之十一。两者相较，足见彼党企图遂行阴谋之日趋积极。其所如此者，殆外而见少数友邦人士有注视我内政之趋向，内而见一部分国人发出民主自由之呼声，遂有恃而不恐耳。

四、此半年内该报言论动向大致如下：

(一)内政方面

(1)对我中央一切措施，由影射讥刺进而为公开抨击，而尤并力于民主、宪政等问题之渲染与中伤，谓吏治不清，团结不固，士气不扬，动员不力，均由不民主之过。甚至谓工业萧条，商人痛苦，亦由不民主所致，而诬本党欺骗国人，无实行民主之诚心。(2)对役政、粮政、教育及基层政治之弱点，与公务人员、壮丁、农工之疾苦，均作过份之宣传，以挑拨官民之间、劳资之间之恶感。(3)对其"边区"，则捏造种种事实，如农业如何发达，生活如何富裕，军队如何爱民，战果如何辉煌，欲以争取国人之赞同与拥戴。

(二)军事方面

(1)一面夸张彼军战功，一面指摘国军作战之不力，并藉豫湘战局，诬我政府无真准备反攻之诚意，无阻止敌寇进攻之决心，甚至大呼"快从滇西出击"，欲以引起英人之不快；(2)对陕、甘国军之调动，作不实之报道，诬指国军有包围"边区"之意。

(三)外交方面

(1)完全以苏联之立场为立场，以苏联之意志为意志，附和推崇，无所不至。虽损害本国主权如"蒙古人民共和国"等，亦不惜报道揄扬以媚之。(2)对苏波问题，则极力指摘波兰，并挑拨波与英美间感情。

《新华日报》检扣稿件及违检稿件统计表(1944年1—6月)

月份	检扣稿件		违检稿件		违检百分率
	分类件数	小计数	分类件数	小计数	
一月	甲类15 乙类2 丙类18 丁类2 戊类5	42	甲类3 乙类 丙类 丁类1 戊类	4	9.5%
二月	甲类38 乙类12 丙类26 丁类2 戊类7	86	甲类7 乙类2 丙类1 丁类4 戊类3	17	19.8%
三月	甲类24 乙类8 丙类21 丁类2 戊类4	59	甲类4 乙类5 丙类 丁类1 戊类	10	16.9%
四月	甲类25 乙类7 丙类40 丁类2 戊类10	84	甲类12 乙类6 丙类10 丁类4 戊类5	37	44%
五月	甲类45 乙类19 丙类54 丁类 戊类1	119	甲类9 乙类7 丙类7 丁类1 戊类3	27	23.4%

六 月	甲类55 乙类10 丙类42 丁类 2 戊类 5	114	甲类14 乙类 8 丙类 7 丁类 2 戊类 2	33	28.9%
合　计		504		128	注：违检百分率系按检扣稿件件数列计

〔军委会战时新闻检查局档案〕

14. 重庆新闻检查处检扣《新华日报》刊发应放弃一党专政与组织联合政府等稿件的有关文件

（1944年10月）

（1）重庆新闻检查处呈文（10月3日）

军事委员会战时新闻检查局重庆检查处　容字第四四三三号

查新华日报连日均有不妥消息违检刊出，昨晚（二日）送检稿件内又有“外国记者眼中的重庆”一文，公然鼓吹“应放弃一党专政，组织联合政府”，实属荒谬之至。当将此稿检扣，深恐该报阳奉阴违，复经派检查员裘槐堂同志前往该报馆监视排印，讵该报先时将该项文稿排竣，裘同志当请其换版另排，该报竖予拒绝，并故作铲版痕迹，照常出报，显系故违狡滑，别具用心。裘同志于此不得不作紧急处置，当即会同该报馆附近宪警机关将该报（三日）日出版之报纸扣留二千余份，携返报告。职仍恐该报印刷份数不止此数，为防止流布各地，淆惑听闻，经分别函电各有关机关，迅将本日新华日报没收及扣邮，以杜流传，而遏乱萌，所有扣留该报经过，理合检同该报一份，具文呈报，仰祈鉴核备查。谨

呈

局　长　贺

副局长　李

附呈十月三日新华日报一份〔略〕

重庆新闻检查处兼代处长　黄香山

副处长　吴鲸波

中华民国三十三年十月三日

(2) 军委会新检局致国民党中央党部代电(10月14日)

中央党部秘书处长吴钧鉴：顷据重庆新闻检查处本年酉江呈以新华日报最近屡有不妥稿件违检刊出，昨(二日)晚又以“外国记者眼中的重庆”一文送检，经核该文内容公开要求本党放弃一党专政，组织联合政府，立论荒谬，且经美国报载，如再转为刊布，至足眩惑人心，当经决定予以检扣，惟恐该报仍然违检刊出；又军事委员会发言人对英首相演辞之解释，亦恐该报颠倒是非，擅加不利之标题，遂派检查员前往该报，监视排印。讵知该报已将爱金声译文预先排就，仅略事铲版，照常付印，令其撤除另换，坚不允诺，而军委会发言人之新闻则仅刊邱吉尔之言辞。本处据报后经用电话指示采行紧急措施。通知化龙桥宪警机关于该报出口处扣留该项违检报纸二千余份，继虑该报当日发行份数不止此数，复经分电各宪警机关及邮电检查所协助扣发，以杜留传，理合检同被扣新华日报一份，报请核示祗遵等情。附呈报纸一份。据此。查新华日报最近数月，一再违检刊登重大不妥稿件，中襄初为顾全大局，除书面报告或令主编人员来局面予告诫外，未予以定期停刊之处分，乃自上月三十日以后，该报迭作召开国事会议及成立各党派联合政府之荒谬主张，迹其用心实系阴谋颠覆政府，以遂其私。故经严饬重庆新闻检查处对于此项稿件，从严检扣。兹据前情，除分别呈电各有关机关外，理合检同本月三日被扣之新华日报一份，电请察照。李〇〇叩。酉。
中华民国三十三年十月　日

（3）军委会新检局致蒋介石呈（10月6日）

案据重庆新闻检查处本年十月三日呈　以新华日报最近屡有不妥稿件违检刊出，昨（二日）晚又以《外国记者眼中的重庆》一文送检，经核该文内容公然要求本党放弃一党专政，组织联合政府，立论荒谬，至足眩惑人心，当经决定予以检扣。惟恐该报仍然违检刊出，遂于深夜派员前往该报监视排印，讵知该报已将该文排就，又仅略事铲版，照常付印，虽经勒令撤除，另换稿件，亦概抗不遵命。同时该报对我军事发言人就英相邱吉尔战局报告涉及中国部份所发表之声明，竟予删略不载，转为仍刊邱吉尔原词。本处据报上项种种情节，乃不得不采行紧急措施，一面会同化龙桥宪警于该社出口各路线截留该项违检报纸二千余份，继虑该报当日发行份数不止此数，复经分电各宪警机关及邮电检查所一律协助扣发，以杜流传，是否有当，理合检同三日被扣之新华日报一份，呈请核示祗遵等情。附呈报纸一份。据此，查新华日报最近数月一再违检刊登重大不妥稿件，本局初为顾全大局，尊重该报立场，除予以书面警告或面诫编辑人员外，不愿轻予停刊处分。乃自上月二十日以后，该报迭作召开国事会议及成立各党派联合政府之荒谬主张，迹其用心，实系阴谋颠覆政府，以遂其私，故经严饬重庆新闻检查处对于此类稿件，从严检扣。据呈前情，除增调本局高级职员加强该处工作以期遏制奸党阴谋外，理合检同本月三日被扣之新华日报一份，呈请鉴核。谨呈
委员长　蒋
　附呈十月三日新华日报一份〔缺〕
中华民国三十三年十月六日

（4）军委会新检局致重庆宪兵司令部函（10月7日）

查奸党阴谋颠覆政府，一再利用新华日报，鼓吹召开“国事会议”及成立“各党派联合政府”等荒谬主张，虽迭经本局所属重庆新闻检查处予以检扣，无如该报狡猾成性，对于稿件删扣部份，初略事铲版，以示遵检，近直不顾法令，违检刊登，淆乱听闻，莫此为甚。本局为贯彻检政，取缔该项荒谬言论起见，已饬重庆新闻检查处每晨三时左右派员（同上校平祖源、同中校朱啸云、上尉裘槐堂三人轮值）携带证明文件，前往该报监视排版，即请贵部/局查照转饬化龙桥宪兵/警察分队/局于该处监版人员到队/局请求协助时，随时派兵/警协助，并予保护，至纫公谊，并请惠复为荷！此致

宪兵司令部

重庆市警察局

军事委员会战时新闻检查局

中华民国三十三年十月七日

〔军事委员会战时新闻检查局档案〕

15．李中襄为对《新华日报》采取派员监版印刷事致蒋介石呈

（1945年2月13日）

据重庆新闻检查处本日（十三日）报告称：本市《新华日报》于今晨六时，以《陪都妇女界发表对时局的主张》一稿送检，内容纯系捏词攻击政府，响应奸党荒谬主张。本处当以该报送检太迟，恐其故态复萌，于送检之时提前出版，除将原稿检扣免登外，并立即派员赶往该报，监视排版。比行至中途，即见该报两自行车报纸急驶前来，经予扣阅，始悉该报已将前项扣稿用大字标题刊发首栏显著地位。当将该两车报纸全数扣存本处，并分别通知各有

关机关予以扣报、扣邮各在案。复查昨日本市《大公报》、《新蜀报》亦曾送检此稿件，均能遵免，乃该报竟故意违检，自应依法予以处分。惟是此稿来源，系由妇女界春节联欢会会后所发表，列名者有冯夫人及参政员刘王立明，暨各报著名女记者，如《大公报》彭子冈、《新民报》浦熙修、《国民公报》黄彬、《商务日报》梁柯平等多人。何以治安机关对此荒谬主张竟不制止？若谓任何集会均可公开发表攻击政府之宣言，而独禁止报纸公开刊载，似亦不免矛盾。长期分歧，不独本处执行业务倍感困难，即检政威信亦将扫地以尽。再，上月二十五及二十六日该报连续违检后，本处遵谕叠次派员到该报监版，均被拒绝。似此无法无理，本处实已无法应付，究竟如何处理？敬乞核示。等情。据此，查该报叠次故意违检，情节重大，前曾专案报告，奉代参谋总长、钧座批示：每晚派人监印。等因。经转令重庆新闻检查处切实遵照办理有案。兹据报告前情，除指复仍应切实地管制，如感必要，仍应派员监版外，理合具文转呈监核。谨呈

委员长蒋

附呈《新华日报》一份〔略〕　　　　　　职　李中襄谨呈

中华民国三十四年二月十三日

〔军委会战时新闻检查局档案〕

16．军统局关于派员参加压制《新华日报》函

（1945年3月12日）

国民政府军委员会调查统计局笺函　斗计组渝〇一六〇号

案奉本会渝办一会字第三五一〇〇号电令开：“本会调查统计局勋鉴：战时新闻检查局二月二十二日报告，以中共包藏祸心，其机关报新华日报一再刊发反动稿件，亟待加强管理，以杜反动宣

传，拟由重庆新闻检查处联合本市军警、中统局、军统局各派干员二人参加等情。除电复准予照办并分行外，特电仰遵照办理为要。军委会丑（俭）渝办一会印”等因。奉此，兹遵遴派赵震华、徐云龙两同志参加担任此项工作，除呈复外，相应函介前来报到，即请查照办理并见复为荷！此致
战时新闻检查局

军事委员会调查统计局启
三月十二日
〔军委会战时新闻检查局档案〕

(三)图书杂志审查

一、战时国民党的图书杂志审查制度

1. 国民党战时图书杂志原稿审查办法①

（1938年7月　日）

一、在抗战期间，中央为适应战时需要，齐一国民思想起见，特组织中央图书杂志审查委员会（以下简称中央审查机关），采取原稿审查办法处理一切关于图书杂志之审查事宜。

二、中央审查机关由中央执行委员会宣传部、军事委员会政治部、行政院、内政部、教育部及中央社会部会同组织之，为全国最高之图书杂志审查机关，其组织大纲另定之。

三、中央审查机关对于图书杂志之审查意见如有不同时，应以中央宣传部代表之意见为主。

四、为便利各地图书杂志之迅速出版起见，各大都市（或省会）之党政军警机关得在中央审查机关指导之下成立地方图书杂志审查委员会（以下简称地方审查机关），办理各该地方之图书杂志审查事宜，如当地书店及出版机关不多者不得成立，各地方审查机关之组织通则另定之。

五、各地方审查机关审查各种图书杂志时，如发现重大谬误应予停止印行，或内容复杂不能自行决定者，应检同原稿并签注意见呈请中央审查机关核准后方可执行。至于应修改或删削之书刊

---

① 此办法于1938年7月21日由国民党第五届中央常务委员会第86次会议通过；同年12月22日该会第106次会议修正。

得由地方审查机关自行处理，惟须迅即呈报中央审查机关备案。

六、各地书店及出版机关印行图书杂志除自然科学、应用科学之无关国防者及大中小学与民众学校教科书之应送教育部审查者外，均须一律呈送所在地审查机关审查，许可后方准发行，如所在地无地方审查机关，得径呈中央审查机关办理。至纯粹学术著述不涉及时事问题及政治社会思想者得不送审原稿，但出版时须先送审查机关审核后方准发行。

七、本党及各军事机关之公报得免除原稿审查手续，但出版后须检二份送中央审查机关备查。

八、各地书店及出版机关呈送图书杂志请求审查时，须检送原稿一份或清样二份径呈地方审查机关审查，审毕后如内容无不合之处者，即以原稿或清样加盖“审讫”图章发还送审者。

九、送审之图书杂志原稿其言论完全谬误者，停止印行，一部份不妥者应遵照指示之点，修改或删削后方准出版。

十、凡经审查机关审核之图书杂志于出版时，应先检送二份由各该审查机关复核后方准发行。

十一、凡未经审查机关许可出版之图书杂志，除六、七两条已规定者外，或审查机关不准发行，不遵照指示修改删削而擅自出版者，一律予以查禁处分，其言论反动者并得依照修正出版法处罚其编辑人印刷人与发行人。

十二、送审之图书杂志其态度纯正内容优良有益于抗战者，得分别予以奖励，其奖励办法另定之。

十三、审查机关许可出版之图书杂志一律发给审查证，各国图书杂志于出版时应将审查证号码用五号铅字排列底封面上角，以备查考，其有并无审查证而冒印者，应依照第十一条之规定加重处罚。

十四、图书杂志之审查时间，图书在十万字以内者不得过五日；十万字以上者不得过十日；杂志、季刊不得过五日；半月刊及月刊不得过二日；三日刊、周刊及旬刊不得过一日，如有内容不妥应呈请核示者，不在此限。

十五、中央审查机关如认为地方审查机关处理不当时，得随时令饬改正。

十六、送审之书店或出版机关如认为各地方审查机关处理失当时，得申述理由请求复审，并可要求转呈中央审查机关核办。

十七、图书、杂志之审查标准依照"修正抗战期间图书、杂志审查标准"办理。

十八、在本办法未施行前所出版之图书、杂志仍采取事后审查办法依照"检查书店发售违禁出版品办法"及"书籍、杂志查禁、解禁暂行办法"办理。

十九、本办法如有未尽事宜得由宣传部、社会部、政治部、内政部及教育部会商后修正之。

二十、本办法由宣传部、社会部、政治部、内政部及教育部会商决定呈请中央执行委员会常务委员会通过后施行，并分别呈请军事委员会及行政院备案。

〔国民党中央图书杂志审查委员会档案〕

2. 国民党中央图书杂志审查委员会组织大纲

（1938年7月21日）

第一条　中央图书杂志审查委员会（以下简称本会），依照"战时图书杂志原稿审查办法"第二条之规定组织之。

第二条　本会承中央执行委员会宣传部、军事委员会政治部、行政院、内政部、教育部及中央社会部之指导，掌理全国图书杂志原稿审查及各地方图书杂志审查委员会之指导与考核事宜。

第三条　本会设审查委员五人，组织审查委员会，由宣传部、政治部、内政部、教育部及社会部所派代表充任之，主持本会一切事务。

第四条　本会设秘书一人，承委员会之命办理本会日常事务。

第五条　本会设第一、第二两组，第一组办理图书原稿审查事宜；第二组办理杂志原稿审查事宜。

第六条　各组设组长、副组长各一人，承委员会之命及秘书之指导，主管各组事务，秘书、组长、副组长下设干事、助理、录事若干人。

第七条　秘书、组长、副组长由委员会聘任之，干事、录事由委员会派充之。

第八条　本会每周举行委员会一次。

第九条　本会于必要时得聘请专门委员及审查专员，襄助审查事宜。

第十一条　本大纲如有未尽事宜，得由本会分别呈请宣传部、政治部、内政部、教育部、及社会部核定修正。

第十二条　本大纲呈由宣传部、政治部、内政部、教育部及社会部核定施行，并分别呈报中央执行委员会、军事委员会及行政院备案。

〔中央图书杂志审查委员会档案〕

3. 国民党修正抗战期间图书杂志审查标准①

（1938年7月21日）

（甲）　谬误言论

一、曲解误解割裂本党主义及历来宣言政纲政策与决议案者。

二、记载革命史迹、叙述中央设施诸多失实，足以淆惑听闻

① 此"标准"于1938年7月21日由国民党第五届中央常务委员会第86次会议通过。

者。

三、立论态度完全以派系私利为立场，足以妨碍民族利益高于一切之前提者。

四、其鼓吹之主张不合抗战要求，实以阻碍抗战情绪，影响抗战前途者。

五、故作悲观消极论调，或夸大敌人，足以削减抗战必胜之信念者。

六、妨碍善良风俗及其他之颓废言论，足以懈怠抗敌情绪，贻社会不良影响者。

七、言论偏激狭隘，足以引起友邦反感，妨碍国防外交者。

（乙） 反动言论

一、恶意诋毁及违反三民主义与中央历来宣言政纲政策者。

二、恶意抨击本党，诋毁政府，诬蔑领袖与中央一切现行设施者。

三、披露军事、外交秘密消息，或关系国防计划而未经许可发表者。

四、为敌人及傀儡伪组织或汉奸宣传者。

五、鼓吹偏激思想，强调阶级对立，足以破坏集中力量抗战建国之神圣使命者。

六、鼓吹在中国境内实现国民政府以外之任何伪组织、国民革命军以外之任何伪匪军及其他一切割裂整个国家民族之反动行为者。

七、挑拨中央与地方感情或离间党政军民各方面之关系，以遂其破坏全国统一之阴谋者。

八、妄造谣言，颠倒事实，足以动摇人心、淆乱视听者。

〔国民政府社会部档案〕

4. 国民党中央宣传部颁布的通俗书刊审查标准

（1938年7月　日）

（甲）　合格之标准　除法令别有规定外，通俗书刊合于下列标准之一者，准其照常发行或代为印销：

（一）　阐扬固有道德，如忠孝仁爱信义和平诸德目者；

（二）　阐扬礼义廉耻诸德目者；

（三）　阐扬牺牲小我、完成国家利益之精神者；

（四）　描写忠勇壮烈之事绩，足以激励民族思想，发扬御侮精神者；

（五）　描写任侠尚义、济困扶危之事绩者；

（六）　其他不违反本党主义、政策及我国善良民俗者。

（乙）　修改之标准

（一）　书中内容合于甲项各款之标准而文字欠佳、音韵失调者，应修改其文字与音韵；

（二）　书中内容大部分合于甲项各款之标准而小部分不合者，应修改其小部分；

（三）　书中描写之恶人无显著之恶报足以动摇民众之道德信念者，应斟酌修改之；

（四）　书中描写之善人临到生死危急关头，应以慷慨激昂成仁取义之态度出之，虽牺牲生命，亦所不惜，庶足以树立民族正气，挽救贪生怕死、见利忘义、无骨气、无节操之颓风。但我国民间小说或故事，对于书中重要之善人当无可奈何之际，往往假借神道或其他方法以求免于死，此种不合事理之庸俗见解，应斟酌修改之。

（丙）　取缔之标准

（一）　男女爱情为通俗书刊以引群众不能避免之因素"儿女英雄"之事绩尤多，可歌可泣，足以激发人类正义及热情之处，审查时对于此种情节固应予以保存，但描写两性猥亵之行为含有"诲淫"之意味者，应取缔之。

（二） 我国通俗书刊之内容多带侠义性质，或"官逼民反"之革命意味，此点固应保存，单纯描写造乱作祸之行为，含有"诲盗"之性质，毫无侠义动机或革命意味者，应取缔之。

（三） 描写荒诞神怪之事绩，毫无劝善惩恶之意味者，应取缔之。

（四） 强调贫富悬绝之情形，有鼓吹阶级斗争意味者，应取缔之。

依照上列标准应行取缔之通俗书刊，由本部函请中央图书杂志审查委员会通令取缔之。

〔国民政府档案〕

5. 国民党中央图书杂志审查委员会报送《防范沦陷区及敌国反动书刊流入内地办法》致教育部呈

（1939年2月23日）

中央图书杂志审查委员会呈 图尚字第132号

查本会第十一次委员会议通过防范沦陷区及敌国反动书刊流入内地办法一案，并决定分呈上级机关备案，并呈军事委员会政治部转饬各战区军师政治部暨分函浙、闽、云、桂各审查委员会遵照办理，记录在卷。除分别呈函外，理合检同本办法一份，呈请鉴核备查，并予指示。谨呈

教育部

附防范沦陷区及敌国反动书刊流入内地办法一份

中央图书杂志审查委员会

中华民国二十八年二月二十三日

防范沦陷区及敌国反动书刊流入内地办法

一、浙江、福建、云南、广西各地审查会，应于国外及沦陷区入口处特设入口检查处，检查一切由平津沪港及敌国流入内地之书刊。

二、凡由平津沪港以及敌国流入内地之书刊，无论为邮寄、航寄或私运，均应由入口检查处查讫后，方准放行。

三、各入口检查处如检获汉奸及敌人宣传书刊，除检寄二份呈省审委会及中央审委会核查外，均应一律没收焚毁，以杜流传。如发觉有触犯审查标准嫌疑之书刊应先行扣押，检呈省审委会核夺。

四、各入口检查处之组织办法，由上列各省审委会自行规定，呈请中央军委会备案。

五、为防范反动书刊流入战区起见，请军委会政治部通令各战区军师政治部指定人员负书刊审查处理之专责。

六、各种查禁书刊一览及各项有关书刊审查之法规方案，应寄发战区各级政治部者，由本会呈请军委会政治部转发。

〔国民政府教育部档案〕

6. 国民党修正印刷所承印未送审图书杂志原稿取缔办法①

（1939年4月20日）

一　为取缔各地印刷所承印未送审图书杂志原稿起见，订定本办法处理之。

二　各地印刷所对于未取有中央或地方图书杂志审查委员会审查证之图书杂志或原稿及清样未盖有当地审查机关签盖之“审讫”图记者，不得印刷，但下列图书杂志不在此限。

1. 自然科学及应用科学之无关国防者；

2. 大中小学与民众学校教科书，其应送教育部审定者；

① 此办法由国民党五届中央119次会议通过。

3. 纯粹学术著述，其内容不涉时事的问题及政治社会思想者；

4. 中国国民党各级党部、各级军政机关之公报及具有公报性质者。

三、各地印刷所如有违反前项规定时，分别予以处分，其办法如：

1. 警告；

2. 没收承印该项图书杂志印刷费之一部或全部；

3. 除没收全部印刷费外，再处罚该印刷所五十元以上三百元以下之罚锾；

4. 封闭。

四　凡印刷所经发觉违反本办法第二项规定者，依第三项第一款之规定办理。

五　凡曾受警告而又违反本办法第二项规定者，依第三项第二款之规定办理。

六　凡曾受没收印刷费处分而又违反本办法第二项规定者，得依第三项第三款之规定办理。

七　各地图书杂志审查委员会依法决定处分后，送当地市县政府或警察局执行。

八　各地图书杂志审查委员会得随时派员检查各印刷所，但检查人员执行职务时，须出示证明文件。

九　检查人员如发觉有违反规定之印刷物，得出具收据，取回样品一、二份，并得于必要时由该印刷所主管人员出具确曾承印该项图书杂志之证明文件。

十　各地图书杂志审查委员会处分违反规定案件情形，须随时呈报中央图书杂志审查委员会审核。

十一　本办法未定事项依其他有关之法令办理之。

〔行政院档案〕

7. 国民党修正检查书店发售违禁出版品办法草案

（1939年4月20日）

一、各地方图书杂志审查委员会（以下简称地方审委会）应随时派员检查各该地书店、书摊（以下简称书店）。其未设地方审委会之省市县由当地最高党部办理。

二、凡经通行查禁之出版品由中央图书杂志审查委员会（以下简称中央审委会）每半月印制不准发售书刊一览表，颁发各地方审委会通知各书店不得发行或出售，其未设地方审委会之省市县，由当地最高党部通知之。

三、各书店接得前项不准发售书刊一览表或临时通知之禁售书目后，如仍发行或出售者，由当地地方审委会会同当地政府予以取缔。其未设地方审委会之省市县应由当地最高党部会同当地政府依法取缔，并将取缔经过分别报告中央审委会备案。

四、取缔办法如下：

甲　警告并没收该项禁售出版品（有底版者并予扣押）

乙　处发行人或主管发售出版之店主或经理以三十元以上二百元以下之罚锾，并得于必要时处以拘役。

丙　封闭。

五、凡发行或出售经中央查禁并经通知不准发售之出版品者，得按本办法第四条甲项办理。

六、凡曾受本办法第四条甲项处分一次，复经发觉发行或出售同前之违禁出版品者，得按照本办法第四条丙项之规定办理。

七、凡曾受本办法第四条乙项处分一次，仍发行或出售同前之违禁出版品者，得按照本办法第四条丙项之规定办理。

八、各项取缔办法之执行概由当地地方审委会会同主管行政机关依法办理。

九、检查时如遇有二十八年四月一日以后出版未经原稿审查之书刊，如系在本地或其他设有图书杂志审查委员会之地方出版者应一律查扣，如系在国外或沦陷区域及未设审查机关地方出版者，应即检送当地审查机关或党部审查，依法办理，并呈报中央审委会备案。

十、检查书店时如遇有发行或出售未经中央通行查禁而有反动嫌疑或有其他不妥言论之出版品，其出版时期又在二十八年四月一日以前者，应即检送当地审委会审查，其内容复杂不能决定之书刊应送中央审委会核办。

十一、凡派人检查或执行取缔时，须出示主管机关之证明文件，以昭郑重。否则各该书店得拒绝检查。如有冒充检查者，各该书店负责人得扭送警察机关依法办理。

十二、本办法由中央核准施行。

〔行政院档案〕

8. 国民党中央图书杂志审查委员会报送《图书杂志查禁解禁暂行办法》致教育部呈

(1939年6月2日)

中央图书杂志审查委员会呈

案奉中央宣传部函开："查书籍杂志查禁解禁暂行办法施行已久，已失时效，业经修正，并经呈奉中央常务委员会第一二〇次会议修正在案，为特印送一份，即希查照"。等因。奉此，除依照录印，分呈各上级机关备查暨通函各地方审查委员会查照办理外，理合具呈检同办法一份，仰祈鉴阅备查。谨呈

教育部

附录呈奉颁图书杂志查禁解禁暂行办法一份

中央图书杂志审查委员会

中华民国二十八年六月二日

图书杂志查禁解禁暂行办法

一、各地图书杂志审查委员会(以下简称各地审委会)发现有反动嫌疑之书籍，应详加审查，将不妥之处加以标识，检附原书，拟具审查意见，转请中央图书杂志审查委员会（以下简称中央审委会）核办，如认为有紧急处分之必要时，得由当地审委会请当地政府予以暂行扣押之处分。

二、各地审查会发现有反动嫌疑之杂志，除以未经依法声请登记得由该会依出版法第二十六条之规定请当地政府予以停止发行处分并呈报中央审查委员会备案外，应详加审查，并将不妥之处加以标识，检付原刊，拟具审查意见，转请中央审委会核办，如认为有紧急处分之必要时，得由当地审委会请当地政府予以暂行扣押之处分。

三、中央审委会通令查禁之书籍，如其发行人将不妥之处切实删改，得检同修正本二份分别向当地审委会及中央审委会呈请解禁，当地审委会接到此项呈请，应即拟具初审意见，转请中央审委会核办，其查禁本应由发行人悉数呈解当地审委会销毁，并具立永不再版切结。

四、中央审委会通令查禁之杂志，如能证明其查禁之原因已经消灭，得由其发行人向当地审查会及中央审委会申述理由，呈请解禁，当地审委会接到此项呈请，应即拟具初审意见，转请中央审委会核办。

〔国民政府社会部档案〕

9. 国民政府公布的战时图书杂志原稿审查办法(修正)

(1940年9月6日)

一　国民政府行政院为适应战时需要起见，特组织中央图书杂志审查委员会(以下简称中央审查委员会）采取原稿审查办法，处理一切关于图书杂志之审查事宜，其组织条例另定之。

二　各省市政府应成立各省市图书杂志审查处（以下简称各省市审查处），隶属于中央审查委员会，办理各该省市之图书杂志审查事宜。各省文化发达之县市政府，于必要时得在各省市审查处指导之下，酌设各县市图书杂志审查分处，其组织通则另定之。

三　各省市审查处之处长，应由中央审查委员会会议通过任用。

四　图书杂志审查标准，依照修正抗战期间图书杂志审查标准办理。

五　各地书店及出版机关印行图书杂志，除自然科学、应用科学之无关国防者及各种教科书之应送教育部审查者外，均须一律送请所在地审查机关许可后方准发行，如所在地无审查机关，得径请中央或邻近地方之审查机关办理；纯粹学术著述，不涉及时事问题及政治、经济、社会、思想者，得不审原稿。但出版时须先送审查机关审核后方准发行。

六　各级党政军机关之公报，得免除原稿审查手续。但出版后，须检二份送中央审查委员会备查。

七　各地书店及出版机关之图书杂志送请审查时，须将原稿一份或清样二份，径送各该省市县审查机关审查。如无不合者，即以原稿或清样加盖“审讫”图章发还。

八　图书杂志之审查时间，图书在十万字以内者不得过五日，十万字以上者不得过十日；杂志季刊不得过五日，半月刊及月刊不得过两日，三日刊、周刊及旬刊不得过一日，如其内容谬误，应呈请核示者不在此限。

九　审查机关许可出版之图书杂志，一律发给审查证。各图书杂志于出版时，应将审查证号码用五号铅字排列封面上角，以备查考；其并无审查证号码而冒印者，应依照第十二条之规定，加重处罪。

十　凡经审查机关审核之图书杂志，于出版时应先检送两份由各该审查机关复核。

十一　送审之图书杂志原稿，其言论根本谬误者，停止印行；一部分谬误者，应遵照指示之点删改。

十二　凡未经审查机关许可出版之图书杂志，除五六两条已规定者外，凡审查机关不准发行及不遵照指示删改而擅自出版者，一律予以查禁处分，其言论反动者，并得依法处罚其编辑人、印刷人与发行人。

十三　送审之图书杂志，其思想纯正、内容优良、有益抗战建国者，得分别予以奖励，其奖励办法另定之。

十四　各省市县审查机关审查各种图书杂志时，如发现重大谬误应予停止印行或内容复杂不能自行决定者，应检同原稿并附注意见，呈请中央审查委员会核准后方可执行。至于应删改之书刊，得由各省市县审查机关自行处理，惟须按月将处理情形详细呈报中央审查委员会备案。

十五　中央审查委员会如认为各省市审查机关处理不当时，得随时饬令改正之。

十六　省市县审查机关审查之图书杂志审查原稿，以当地及邻近地方书店与出版机关之送审者为限。凡由外埠运入者，须印有中央或其他省市县审查机关之审查证号码方准发售，其有在本办法未施行前出版之图书杂志，须经审查许可后始得发售。

十七　在本办法未施行前及未设审查机关地方出版之图书杂志，除前条已有规定者外，仍应依照《检查书店发售违禁出版品办法》及《修正图书杂志查禁解禁暂行办法》办理。此外，关于印刷发行方面并得依照《战时书店及印刷所督导办法》及《印刷所承印未经送审图书杂志原稿取缔办法》办理。

十八　送审之书店或出版机关如认为各省市县审查机关处理

失当时，得申述理由，请求复审，并可径呈中央审查委员会核办。

十九　本办法自公布日施行

〔国民政府档案〕

10．行政院修正公布的省市图书杂志审查处与县市图书杂志审查分处组织通则

（1941年3月）

（1）省市图书杂志审查处组织通则①

第一条　各省市政府应依照战时图书杂志原稿审查办法第二条之规定，成立各省市图书杂志审查处（以下简称省市审查处），受中央图书杂志审查委员会之指挥监督，办理各省市之图书杂志审查事宜。

第二条　省市审查处应冠以该省市之名称，

第三条　省市审查处之职掌如下：

一、关于该省市及邻近未设审查处地方出版图书杂志原稿之审查处理事宜。

二、关于该省市及邻近未设审查处地方已出版图书杂志之审查处理事宜。

三、关于制发图书杂志之审查证及许可证事宜。

四、关于各该省市书店印刷所之检查督导事宜。

五、关于所属各县市审查分处工作之指导考核事宜。

六、关于各该省市出版机关之调查统计及联系事宜。

七、关于当地文化界言论动态之研究分析报告事宜。

八、关于图书杂志之征集保管及统计事宜。

第四条　省市审查处得分组办事，以分设两组为原则。

第一组掌理审查图书杂志及制发审查证、许可证事宜。

---

① 此通则于1941年3月经行政院第504次会议修正公布。

第二组掌理调查、检查、指导、考核文书事务及其他不属于第一组事宜。

第五条　省市审查处设处长一人，综理处务，由中央图书杂志审查委员会呈请行政院简派或荐派之。

第六条　省市审查处设秘书一人，承处长之命办理处务，由处长呈请荐派或委派之。

第七条　省市审查处设组主任，由处长呈请荐派或委派之，组员、办事员由处长委派之，其名额均由中央图书杂志审查委员会察酌各该处事务需要，分别核定，并得酌用雇员。

第八条　省市审查处得就当地有关机关及专门人才中聘用设计委员五人至十一人，担任设计暨专门书刊之审查检讨事宜。

前项设计委员为无给职。

第九条　省市审查处经费由省市政府酌定，列入省市预算内支给。

第十条　本通则由中央图书杂志审查委员会呈请行政院核准施行。

（2）县市图书杂志审查分处组织通则①

第一条　各省文化发达之县市政府应依照战时图书杂志原稿审查办法第二条之规定，必要时得酌设各县市图书杂志审查分处（以下简称县市分处），受各该省图书杂志审查处之指挥监督，办理各该县市之图书杂志审查事宜。

第二条　县市审查分处应冠以各该省及县市名称。

第三条　县市审查分处之职掌如下：

一、关于当地及邻近地方出版之图书杂志或其原稿之审查事宜。

---

① 此通则于1941年3月经行政院第504次会议修正公布。

二、关于当地及邻近地方书店、印刷所之检查事宜。

三、关于转发省审查处之审查证、许可证事宜。

四、关于当地及邻近地方出版机关之调查联系事宜。

五、关于图书杂志之征集、保管及统计事宜。

第四条　县市审查分处设主任一人，综理事务，由省图书杂志审查处委派之；处员一人至三人，承主任之命，办理处务，由主任委派之。

第五条　县市审查分处经费由县市政府酌定，列入县市预算内支给。

第六条　本通则由中央图书杂志审查委员会呈请行政院核准施行。

（行政院档案）

11．国民党中央图书杂志审查委员会奖励优良书刊剧本办法

（1943年2月16日）

第一条　本办法根据战时图书杂志原稿审查办法第十三条之规定订定之。

第二条　业经原稿审查之图书杂志或剧本合于下列之一项或数项者得奖励之。

一、对三民主义、国父遗教或总裁言行，确有阐扬理论之特殊贡献者；

二、对中国国民党政纲政策或史实，确有精当之解释或特殊之贡献者；

三、对本国历史文化学术思想为精密纯正之阐扬而有益抗战建国者；

四、表彰抗战事迹、宣扬革命精神，足以激发国人忠党爱国之热忱者；

五、依据国策，驳斥谬误言论，指导青年思想，有助于抗战建国者；

六、其他有利抗战建国之社会科学、哲学、文艺或剧本。

第三条　奖励方法得为下列之一种或数种：

一、荣誉奖励　由本会发给荣誉奖状。

二、现金奖励　第一等二千元，第二等一千元，第三等五百元。

三、转请有关机关予以介绍出版、上演或酌予奖励。

上列奖状奖金，由著作人具领奖状，并可刊登图书杂志或剧本之封面。

各省市图书杂志审查处经审图书杂志剧本，如认为内容优良、符合奖励标准者，应俟其审定后迅予检送二部呈会审查议奖。

第五条　著作人如自认为其所编著之图书杂志剧本内容优良，有益抗战建国，符合奖励标准者，得检送二部径呈本会审核决定。

第六条　本办法由本会委员会议通过施行，并呈报行政院备案。

〔国民政府档案〕

12．国民政府公布修正《中央图书杂志审查委员会组织条例》的训令

（1944年7月3日）

国民政府训令

令国民政府政务官惩戒委员会

查中央图书杂志审查委员会组织条例，现经修正明令公布，应即通饬施行。除分行外，合行抄发该修正条例，令仰知照。并转饬所属一体知照。

此令

计抄发中央图书杂志审查委员会组织条例一份

中华民国三十三年七月三日

国民政府主席　蒋中正

立法院院长　孙　科

中央图书杂志审查委员会组织条例

第一条　中央图书杂志审查委员会隶属于行政院，掌理全国图书杂志戏剧电影审查事宜。

第二条　中央图书杂志设下列二处：

第一处

第二处

第三条　第一处之职掌如下：

（一）关于审查标准之解释事项；

（二）关于图书杂志原稿审查复核事项；

（三）关于已出版图书杂志审查复核事项；

（四）关于各省市图书杂志审查处之指导考核事项；

（五）关于图书杂志审查业务之调查设计事项。

第四条　第二处之职掌如下：

（一）关于各种言论之分析研究及编纂事项；

（二）关于书店印刷店之督导检查事项；

（三）关于各种图书杂志之征集整理保管事项；

（四）关于典守印信及会议记录事项；

（五）关于收发撰拟保管缮校文件事项；

（六）关于庶务出纳事项；

（七）不属于其他各处所主管事项。

第五条　中央图书杂志审查委员会设戏剧电影审查所，其组织规程由行政院定之。

第六条　中央图书杂志审查委员会置主任委员一人，副主任委员一人，委员九人至十一人。

第七条　中央图书杂志审查委员会每月举行委员会议一次，必要时得召集临时会议。

第八条　中央图书杂志审查委员会主任委员，综理本会事务，监督所属职员及机关。

第九条　中央图书杂志审查委员会副主任委员，襄助主任委员，处理会务。

第十条　中央图书杂志审查委员会置秘书三人，承主任委员之命，处理机要文件，并分掌日常事务。

第十一条　中央图书杂志审查委员会置处长二人，承主任委员之命，分掌各处事务。

第十二条　中央图书杂志审查委员会置科长四人或五人，科员十八人至二十二人，办事员十八人至二十二人，均承长官之命，分办各科事务。

第十三条　中央图书杂志审查委员会置编审十人至二十人，分配于各处科，办理各种研究编撰审核各种专门书刊及视导审查业务事宜。

第十四条　中央图书杂志审查委员会主任委员特派，副主任委员委任，处长、秘书一人简派，其余秘书科长及编审十人均荐派，科员办事员委派，其余编审聘充之。

第十五条　中央图书杂志审查委员会因事务上之必要，得酌用雇员。

第十六条　中央图书杂志审查委员会于必要时，得延聘学术文化戏剧电影出版各界人士组织各种委员会，研讨特定事务，并得于呈准行政院后设置印刷及出版机构。

前项委员会委员为无给职。

第十七条　中央图书杂志审查委员会视各省市之需要及业务繁简，得于省市政府主管厅局内设立省市图书杂志审查处或审查专员办事处，办理各该省市图书杂志审查事宜，其组织规程由行政院定之。

第十八条中央图书杂志审查委员会会议规程，由行政院定之。

第十九条　本条例自公布日施行。

〔国民政府内政部档案〕

13．军委会政治部奉发《战时出版品审查办法及禁载标准》、《战时书刊审查规则》的训令

（1944年7月　日）

国民政府军事委员会政治部训令　宣普（卅三）字第0329号

令第二厅

案奉军事委员会本年六月二十六日办四二政字第五〇三三八号训令抄发国府公布战时出版品审查办法及禁载标准暨战时书刊审查规则令，仰遵照等因。奉此。除分令外，合行检发该项办法暨规则各一份，令仰遵照，并饬属遵照。此令。

附：一、战时出版品审查办法及禁载标准一份

二、战时书刊审查规则一份

部　长　张治中

中华民国三十三年七月　日

战时出版品审查办法及禁载标准

第一条　国民政府为防护国防机密、维持社会秩序起见，对于战时出版品实施审查，并订定禁载标准十二项，以为实施审查之依据。

第二条　本办法所称之战时出版品为下列各项：

一、新闻报纸

二、图书

三、杂志

四、电影片

五、戏剧剧本

第三条　审查方式采用事前审查与事后审查两种，前者为原稿审查，后者为印成品审查。

第四条　凡在国内出版之新闻报纸，应依照本办法第十条所规定之禁载标准，施行事前审查。

第五条　凡在国内放映之外国电影片或国产电影片及在国内出版之戏剧剧本，一律施行事前审查。

第六条　凡图书及不以论述军事、政治、外交为目的之杂志，由著作人或发行人自行审查。

第七条　著作人或发行人于自行审查时如有疑义，得自动将原稿送请审查机关审查之，经审查放行之件，著作人或发行人不负法律上之责任。

第八条　凡未自动送审或自动送审而不遵检之出版品，如有违反现行法令时，著作人或发行人应负法律上之责任。

第九条　凡未经事前审查之出版品，应由著作人或发行人将印成之出版品送审查机关为事后之审查。

第十条　战时出版品之审查，除依据修正出版法第四章之规定外，其有下列各项情形之一者，应行禁止刊载。

(一)违背我国立国之最高原则者；

(二)危害国家利益、破坏公共秩序者；

(三)泄露国际间未至发表时期之会议、谈判、缔约及其他有关外交之机密者；

(四)妨碍我国与友邦之睦谊或同盟国间之团结者；

(五)泄露国军之编制、番号、装备、驻防地点、调动、补充整训情形及作战计划者；

(六)泄露兵工厂、军需工业与重要国防工业场厂之地点、设备、制造、生产量、供应及运输状况者；

（七）泄露飞机场、要塞、测量局、重要电台、军营、仓库、军训机关及防御工事所在地及内容者；

（八）泄露战役及与作战有关之机密事项者；

（九）泄露敌后我党政军教工作人员之姓名及活动情形者；

（十）有碍粮政役政与军事工役之推行者；

（十一）泄露战时财政经济情况，足资敌人利用影响抗战者。

（十二）泄露未经主管机关发表之各种会议、演习、校阅、集训之日期、地点及参加人员者。

第十一条　前条各项禁载标准，得由中央审查机关适应情势变迁，随时规定解释事项，呈准公告施行；凡在施行日期以前者，不受新解释之拘束。

第十二条　对于解释事项，送审人与审查机关意见如有不同时，得呈请上级机关裁定后再定检放。

第十三条　中央及各地方审查机关之组织另定之。

第十四条　本办法自公布之日施行。

战时书刊审查规则

第一条　战时书刊之审查，除法令别有规定外，依本规则之规定。

第二条　本规则所称战时书刊，包括图书杂志及戏剧电影之剧本。

第三条　战时书刊之审查，由中央图书杂志审查委员会（以下简称中央审查委员会）及其所属各省市图书杂志审查处（以下简称审查处）依本规则之规定办理之，中央图书杂志审查委员会之组织条例另定之。

第四条　战时书刊之审查，除依据修正出版法第四章所规定之限制登载事项外，应依照国民政府公布之战时出版品审查办法及禁载标准办理。

第五条　前条所称禁载标准之解释，由中央审查委员会随时通知各种书刊之发行人。

第六条　凡图书杂志戏剧电影内容确实优良者，中央审查委员会得分别予以奖励，其办法另订之。

第七条　发行人或著作人印行图书杂志，除各种教科书应依法径送教育部审定，各种地图应依法径送内政部审定外，其余概应送请所在地审查处审查。

发行人或著作人印行戏剧电影之剧本及摄制发行电影片，概应径呈中央审查委员会审查。

第八条　战时书刊之审查程序，分为两类如下：

一、原稿送审。凡以论述军事、政治及外交为目的之及杂志暨单篇文字，均应在出版前一律以原稿送所在地审查处审查，其未送审者不得印行。

凡剧本及电影片未经呈送中央审查委员会审准者，不得印行、上演或公演。

二、自愿送审。凡图书暨不以论述军事、政治及外交为目的之杂志，得不以原稿送审，由发行人著作人依据战时出版品审查办法及禁载标准自行负责审查，但如发行人著作人自愿先以原稿送所在地审查处审查者，审查处仍应接受审查。

第九条　凡图书杂志及剧本不论为原稿送审或自愿送审，其发行人印刷人及著作人均应于印就后发行前四日，一律以两份呈送所在地审查处，其未呈送者一律不得发行。

前项图书杂志及剧本，如可先将原稿送审者，发行人印刷人或著作人于呈送书刊时应并送业经审查之原稿，以便审查处核对。

第十条　凡以原稿送审之图书杂志，其原稿如有抵触禁载标准之处，审查处得指示删改修正后出版，必要时并得禁止印行。凡剧本及电影片如有抵触禁载标准者，中央审查委员会得指示删改修正后出版发行，必要时并得禁止印行、上演或公映。

第十一条　凡以原稿送审之书刊，依审查机关之决定而发行者，中央审查委员会不再课发行人著作人以责任，但如发现违背审查机关之决定者，得依法取缔之。

第十二条　依本规则第八条第二款之规定，得不以原稿送审之书刊出版后，如发现其内容抵触禁载标准者，中央审查委员会得禁止其发行，并应视情节轻重，分别课发行人著作人以责任，必要时审查处并得依出版法先行扣押该项书刊。

第十三条　凡未设审查处地方或国外运入之书刊，均应由发行人依本规则第七条至第九条之规定呈送审查，其未依法送审者取缔之。

第十四条　凡经取缔之书刊，如其发行人或著作人已将不妥之处删改或取缔，原因已经消灭时，得撤消其取缔之处分。

第十五条　凡战时书刊之发行人或著作人，如认为审查处处理失当时，得申述理由，请求复审，并得径呈中央审查委员会核办。

中央审查委员会对所属各省市审查处之决定，于必要时得变更或撤消之。

第十六条　本规则施行细则另定之。

第十七条　本规则自公布日施行。

〔军委会政治部档案〕

二、查禁图书杂志概况

(1)审查书刊指引

1. 国民党中央图书杂志审查委员会关于订定各地审委会初步工作纲要致教育部呈

(1938年11月30日)

案查各地方图书杂志审查委员会，近已成立多处，属会为齐一工作，共同孟晋起见，兹特订定各地审委会初步工作纲要，印

发各地审委会遵照办理，以资循守，而便考核。除分别呈函外，理合检同初步工作纲要一份，具文呈请鉴核备查。谨呈
教育部

附各地图书杂志审查委员会初步工作纲要一份

中央图书杂志审查委员会

中华民国二十七年十一月三十日

各地图书杂志审查委员会初步工作纲要

一 调 查

甲 调查之范围

1. 书店

(一) 书店名称及地址

(二) 营业现状

(三) 推销书刊范围

(四) 推销书刊中心

(五) 资本数额及来源

(六) 负责人或代表者姓名及其详细履历

(七) 抗战后新出书刊目录

(八) 其他

2. 杂志社

(一)名称及地址(电话号码)

(二)创刊日期

(三)刊期类别及已出版期数

(四)每期页数或字数

(五)创刊宗旨及言论中心

(六)经费来源及数目

(七)每月用途及数目

(八)发行人姓名及详细履历

（九）编辑人姓名及详细履历

（十）该刊之主要读者

（十一）社会批评

（十二）主要撰稿者姓名及其履历

（十三）推销数目

（十四）其他

3。新属区域内其他有关出版宣传事项

乙　调查之方法

1。间接调查

制就调查表格后，函托各该书店杂志社等自行填送。

2。直接调查

非间接调查所能办到者，应直接派员调查之。

3。秘密调查

非公开调查所能办到者，得派员秘密调查之。

丙　调查工作应注意事项

1。对某一事件之调查，务使达到"最详细""最准确"之地步；

2。调查某一事件前后所用表格须划一，以便整理保存；

3。派员直接调查时，无论其为公开或不便公开者，均须态度温和而诚恳；

4。带秘密性之调查，在未得十分明确了解时须严守秘密；

5。其他。

二　统　　计

经调查后须分门别类的加以整理，整理后则须进一步加以统计，统计后并当制成各种表格，随时注意研究之。

统计时须注意如下数点：

甲　书店的

1。营业目的；

2。推销书刊范围；

3. 推销书刊中心；

4. 资本数额及来源；

5. 社会地位。

乙 杂志社的

1. 销行数目；

2. 经费来源及数目；

3. 言论倾向；

4. 主要读者；

5. 其他。

三 审 查

甲 审查之对象

根据战时图书杂志原稿审查办法之规定，除自然科学应用科学之无关国防者，及大中小学与民众学校教科书外，均须一律审查。

乙 审查之方法

1. 内容撮要

（一）各书刊重要论文之中心理论要简明扼要的撮录下来；

（二）无关国防、军事、外交、政治者不撮录。

2. 签注意见

（一） 违反审查标准之论文，应签注意见，令其修正；

（二） 如不违反审查标准而仅有学理的不同，文字的拙劣，尽可不必深究；

（三） 签注意见，说理须清晰扼要，以防被指示者有所反驳的藉口；

（四） 签注意见，不要做书评式的批判。

3. 审查工作应注意之点

（一） 应设审查表格，将审查结果分别整理并装订成册，以备查考；

（二） 送审原稿如非一日内所能审查完毕者，应庋藏妥当，严防散失；

（三） 审查时间须绝对遵守规定期限，不得稍有逾越；

（四） 审查时，当尽可能的给予送审者以便利；

（五） 每月审查结果，须与工作报告一并呈报，以便考核。

四 工作报告

甲 经常的

1．报告之范围：

（一） 审查书刊工作情形；

（二） 对各书刊指示意见；

（三） 各书刊内容撮要；

（四） 各刊物书店是否接受指示意见；

（五） 不接受纠正意见书刊处置经过；

（六） 奖惩情形；

（七） 有无困难或其他情形；

（八） 审查方法；

（九） 本月内调查所得情形；

（十） 其他。

2．报告应注意之点：

（一） 要详细；

（二） 要确实；

（三） 要守时；

（四） 前后格式要划一；

（五） 字体要端正；

（六） 每月必须报告一次。

乙 特殊的

凡临时所发生特殊事项或其非经常的均属之。

五 其　　他

甲　工作态度

1．要温和；

2．要遵守时间；

3．不吹毛求疵，亦不敷衍。

乙　在工作开始时应召集各书刊负责者，以诚恳态度告以审查书刊目的及方法，并将审查标准、审查办法等各分送一份，俾资查阅。

丙　各书刊如有未能依法送审者，应函催之。

丁　如有特别守法、按期送审或延不送审、催促不理者，应呈请中央审查机关分别奖惩之。

戊　与邮电检查人员要取得密切联系。

己　对执行人员（如警察宪兵）要施以相当训练，尤须注意下列两点：

1．做法要敏捷；

2．态度要温和。

〔下缺〕

〔国民政府教育部档案〕

2．国民党中央图书杂志审查委员会书刊查禁理由提要

（1938年12月——1939年1月）

（1）书刊查禁理由提要　第二辑（1938年12月）

秘密

书刊查禁理由提要目录

甲．查禁部分

一、十年来的中国共产党

二、抗战总动员

三、世界与中国的青年运动之路

四、怎样争取最后胜利

五、党国要人缪斌最近言论集

六、武德论

七、苏俄政治内幕的黑暗

八、蒋政权的崩溃与中国前途

九、中日时局言论辑要

十、沈鸿烈祸青罪恶录

十一、朱德传

十二、毛泽东言论集

十三、游击线上

十四、一颗未出镗的枪弹

十五、抗战中的军事动员

十六、统一战线与抗战前途

十七、抗战中的陕北

十八、敌人的狂论

十九、海潮音月刊第十九卷第十期

乙。暂停发行部分

一、陕北纪实

二、怎样实行三民主义肃清贪污团结救国

三、论政党

四、告青年

书刊查禁理由提要

本月查禁书刊共计十九种，暂行停止发行者四种，其查禁及停止发行之理由如下：

甲。查禁部分：

一、十年来的中国共产党

毛泽东等著——西北书店出版（无发行地点）

该书立论态度完全以派系私利为立场，并于行文间多方恶意的抨击本党，诋毁政府与诬蔑领袖，兹择要引证如下：一、“从一九二七年‘四·一二’起……中国民族资产阶级中国国民党叛变了革命，把孙中山先生的民族解放的旗帜染上了中国共产党与中国人民鲜红的血”(见原书第六页)。二、从“武汉国民政府开始叛变之日起，中国共产党即召集了‘八七紧急会议’，决定了推翻反动国民党政权的武装暴动总方针(见原书第七页)。三、所谓十大政纲中有“四、推翻军阀×××政府，五、建立工农兵代表会议(苏维埃)政府，七、没收一切地主阶级土地归耕农”等(见原书第九页)。四、“乙、推翻出卖民族污辱民族的×××政府，推翻×××是反帝国民族革命的先决条件。丙、只有苏维埃中国与中国红军才能够保证中国民族独立解放及统一中国”(见原书第十三页)。此外，反动词句极多，不胜枚举。基上所引各点，足证该书内容实属触犯审查标准甲项第三条及乙项第二条之规定，故查禁。

二、抗战总动员

民族革命通讯社编——新知书店经售(无发行地点)

查该书系牺牲救国同盟宣传品之一，内分论坛与附录两部，前者鼓吹其政治主张，后者则为其各种宣言文电及工作报告等，惟行文中颇多诋毁政府处，兹举例如次：

一、原书第三十三页第七行至第十一行间称：“现在我们的政治机构是一架官僚的政治机构……，营私舞弊，不负责……这如何能担得起民族革命的伟大任务来？”二、原书第四十四页第一行至第五行间称：“为什么我们的抗战力量还不如阿比西尼亚抵抗力量大呢？我们认为主要的还没有一个全民族的总动员，最使我们痛心的是……许多的爱国民众尚在水深火热中，没有爱国的民主自由，没有水平线上的生活改善”。三、原书第五十页第三行称“五年来我们国内的战争没有停止过，政府与人民没有合作过，中央与地方没有协调过”。四、原书第五十九页第五行至第十行间称政府还没有抗战决心，反而集中兵力在陕北进行内战……，如果有人敢说抗战，就是死罪，就是坐牢”。基上所引各点，可知该书实恶意诋毁政府，与审查标准乙项第二条之规定相抵触，故查禁。

三、世界与中国的青年运动之路

民族解放青年出版社编辑出版——（无出版地点）

该书系共产党关于青年运动之文件，其关于中国部分仍不放弃其宣传赤化与篡窃政权之阴谋，如第六十二页谓：“要善于采取一切适合于青年心理的方法来提高青年群众的觉悟程度，引导他们走向共产主义的道路”。又谓：“必须大批吸收过去的青年团团员加入共产党，特别在国民党区域内”。第六十三页又谓：“国民党区域内的青年群众组织中的共产党员，应该清楚了解公开工作与秘密工作的分别与联系”。此外，其所鼓吹之组织与行动不独与政府现行法令设施相抵触，且与中国共产党共赴国难宣言之表示相刺谬，实触犯审查标准甲项三、四两条，及乙项第六条之规定，故查禁。

四、怎样争取最后胜利

刘天四编——星星出版社出版（无发行地点）

该书内容对于本党及政府备极诋毁，如第九十一页谓：“国民党……要取信于人民，就应当以自己光明正大的政治主张，与大公无私的行动表现来建立自己的威信。如果玩弄阴谋，耍小把戏，打小算盘，讨小便宜，而丧大信于天下，那么就只有自陷于灭亡”。十五页又谓：“如果我们的政府仍然让亲日分子作大官，负重责，仍然是少数人把持与人民隔离，甚至成为压抑人民的工具”。此外，又反对征兵、军训，如第三页谓：“在城市里的‘社会军训’……他们在没有日本帝国主义蹂躏之前，已感受了自己身上的受难”。又在第七十六页中诬蔑我最高当局为代表民族资产阶级，实触犯审查标准乙项第二条及第五条之规定，故查禁。

五、党国要人缪斌最近言论集

上海大东书局出版上海大东书店出版

六、武德论

缪斌著——开明书店代售(无出版处及出版地点)

以上二书均系汉奸缪斌所发表之言论及著述，前者书名即有侮辱党国意味，内容复多挑拨离间之词，况汉奸之言论决不能任其流行于国内，以淆惑人心，该二书均予以查禁。

七、苏俄政治内幕的黑暗

谭清虚编——东京远东月报社发行

八、蒋政权的崩溃与中国前途

谭清虚编——东京远东月报社发行

九、中日时局言论辑要

谭清虚编——东京远东月报社发行

以上三书均出版于东京，内容荒谬，为极明显之汉奸宣传品。苏俄政治内幕的黑暗一书，于丑诋苏俄之外，复亟端离间中苏友谊。蒋政权的崩溃与中国前途一书，恶意抨击及诬蔑本党领袖。中日时局言论辑要一书，鼓吹中日提携之谬论，散布抗战失败谣言，以淆惑人心，实触犯修正抗战期间图书杂志审查标准乙项第二、四、八各条，故查禁。

十、沈鸿烈祸青罪恶录

朱民则编——沈案查办委员会刊印(无出版地点)

该书亦系汉奸宣传品，内容虚构事实，挑拨中央与地方感情，离间党政军民各方面之关系，且颇多抨击本党、诋毁政府、诬蔑领袖之谬论，实触犯抗战期间图书杂志审查标准乙项第二、四八各条，故查禁。

十一、朱德传

王唯廉等著——汉口华中图书公司总经售

该书立论完全以派系私利为立场，且多有挑拨中央与地方感情及离间党政军民各方面之关系之处，如该书第九十二页谓："咱们中国事、山西事，只有交八路军来办才有望。××军、××军天天只见他们打〔大〕退却，怎么会把事办得好；这种陈腐军队应该把他……”。九十三页又谓：“如果听说是八路军他们就立刻转愁为笑，欢迎你进去驻扎，否则的话，他就硬板着面孔，老实给你不客气”。九十四正页又谓：某长官责备其部队说“到处光听些人说八路军怎么都好，你们个个都无用”等语。实触犯修正抗战期间图书杂志审查标准甲项第三条与乙项第七条，故查禁。

十二、毛泽东言论集

天行编——汉口华中图书公司发行

该书立论系以派系私利为立场，且有诋毁本党之处，如该书第一篇第三节谓：“谁也明白‘统制’、‘镇压’是与唤起民众的原则相违背的，占领茅坑不享用，全国人民急得肚子发胀又没有茅坑的矛盾的事情莫过于此”。又谓：共产党十年来所实行的一切政策根本上都是符合三民主义与三大政策，如其标榜反帝为民族主义，苏维埃为民权主义，土地革命为民生主义，而结论则谓“现在的问题不是共产党信仰不信仰、实行不实行三民主义的问题，反而是国民党信不信仰、实不实行三民主义的问题”。诸如此类曲解诋毁之言论举不胜举，实触犯抗战期间图书杂志审查标准甲项第三条与乙项第二条，故查禁。

十三、游击线上

韦白洪著——星星出版社出版

该书叙述诸多不实，如第六十一页谓：“中央及各地方长官未能给予人民以抗敌后援的民主权力”。六十八页又谓：“中央政府对于各地方武装部队未能一视同仁，公平待遇，在器械供给、经费支出、救护设备各方面均未能给予地方部队以同等援助”。第七十七页又谓：“过去政府在民族政策上的错误，对国内少数民族在政治上、文化上、军事上的种种压迫，所以我们反对过去政府对少数民族问题的处理”。等语，实触犯抗战期间图书杂志审查标准甲项第二、三条与乙项第七条，故查禁。

十四、一颗未出镗的枪弹

丁玲——生活书店总经售

该书系文艺作品，《一颗未出镗的枪弹》一文以派系为立场，夸大宣传。又有“东村事件”一文，则更鼓动阶级斗争，全部意识均甚偏激，实触犯修正抗战期间图书杂志审查标准甲项第三、四条与乙项第五条，故查禁。

十五、抗战中的军事动员

任淘著——汉口读书生活出版社发行

该书记述失实，观察谬误，如第三页称“政府错打算盘，虽有准备计划，而未促成团结，所谓准备是内战的准备”，同页第八行又称：“我国军队战斗力越来越弱，补充亦感到没有来源”。第二十页谓：“彻底废除过去那种尊长式的军队统治……，军队生活如地狱，官兵相见如仇仇”等语，或恶意诋毁政府，或故作悲观论调，或妄造谣言淆乱视听，实触犯修正抗战期间图书杂志审查标准甲项第五条与乙项第二条、第八条各条，故查禁。

十六、统一战线与抗战前途

毛泽东著——自治出版社刊行

该书内容除第三章抗日战争与外交政策一章外，余与大行编华中图书公司发行之《毛泽东言论集》一书完全相同。查《毛泽东言论集》既经查禁，该书自应一律取缔。

十七、抗战中的陕北

马骏著——扬子江出版社出版

该书立论极为不妥，如第五页称：“当局扑灭救亡烽火，禁止慰劳伤兵、救济难民”。又如第三十七页谓：“在国共合作时，曾订有国共合作纲领四十二条，不过国民党没有完全答应，这四十二条主要的已包括在共产党十大救国纲领中”。等语，实触犯修正抗战期间图书杂志审查标准乙项第二、八条，故查禁。

十八、敌人的狂论

韦弦选译——建国书店出版(无出版地点)

该书系选译敌人所发表之言论而成,内容皆为恶意诋毁我国,诬蔑最高领袖之谬论,如第五页谓:"蒋氏之不肯舍长期抗战者,因以现在实力为前提,故不能舍,只拿长期抗战来做招牌是最安全的"。又如第十七页谓:"日本并无进攻中国全部领土之意……,但中国自己受膺惩而仍不明白日本的意旨,这可说是低能的,不是膺惩不善,而是中国的头脑顽钝"。等语,实属荒谬绝论。敌人谬论吾人故可研究,但取舍之间应有分寸,尤应加以驳斥,以正视听,如本书之编法以及所选文字徒足为敌人宣传,殊不能任其流传,该书实触犯修正抗战期间图书杂志审查标准乙项第二条及第四条,故查禁。

十九、海潮音月刊第十九卷第十期

重庆佛学社发行

该期所载"战后佛教的假想"一文谓:"中国抗战无论胜败必将淘汰僧尼,提取寺产,并勒令全国僧尼娶嫁。"甚且谓:战后佛教将有全部取消之危险,因此,鼓动全国佛门弟子群策群力,团结起来,共救"教难"。实属虚构事实,危词耸听,触犯审查标准乙项第八条之规定,故该期予以查禁。

乙.暂停发行部分:

一、陕行纪实

楚云著——汉口读书生活出版社总经售

该书第二十八页所载施政纲领与第三十二页所载边区政府颁发土地所有权证条例,均触犯抗战期间图书杂志审查标准乙项第六条,故暂停发行,俟删改后送核。

二、怎样实行三民主义肃清贪污团结救国

李钟汉著——南宁建设书店经售

该书"行易知难与知行合一"上下两篇对总理心理建设学说妄

加批评，且作者自称为本党党员、民团教官，尤不应如此妄加主张，故先停止发行，俟修改后送核。

三、论政党

无著作人——汉口中国出版社出版

该书虽名为论政党，但内容纯系派系为立场，强调阶级对立，且主张以无产阶级的力量消灭各阶级，殊属偏激，不合抗战要求，触犯修正抗战期间图书杂志审查标准甲项第三、第四条与乙项第五条，故先停止发行，俟修改后再送核。

四、告青年

克鲁泡特金著，巴金译——平明书店出版（无发行地点）

该书本是世界名著，内容分告资产阶级知识分子及劳动阶级青年两部分，旨在反复诱导青年从事阶级斗争，完成社会革命，为鼓动阶级斗争中最富有煽动性之宣传小册，实犯审查标准甲项四条、乙项五条之规定，故暂予停止发行。

（2）国民党编《书刊查禁理由提要》第三辑（1939年1月）

秘密

中央图书馆杂志审查委员会印

书刊查禁理由提要目录

甲．查禁部分

一、抗日民族统一战线教程

二、抗日民族统一战线教程

三、西北的新区

四、游击战在河北

五、战时乡村问题

六、从旧世界到新世界的外蒙

七、东村事件

八、新的战略与新的战术

九、三民主义概论
十、在统一战线观点上去理解中国共产党真正的态度
十一、红区时论特辑
十二、抗战中的中国民族问题
十三、阳明堡底火线
十四、老百姓穷苦的原因
十五、蒋先生的言论与民族解放前途
十六、社会主义入门
十七、新中国论
十八、晋北游击战争纪实
十九、今日之苏联青年
二十、哲学与生活
廿一、苏联青年的奋斗和生活
廿二、斯大林言论选集
廿三、国共合作的未来

乙。暂行停止发行部分

一、驱逐日本强盗出中国
二、抗战中的政治问题
三、抗战歌曲集(二集)
四、陕北集影
五、民族革命论
六、十月革命与世界
七、战时乡村工作
八、征兵制度的理论与实施

书刊查禁理由提要第三辑

本月查禁书刊共计二十三种，暂时停止发行者八种，其查禁及停止发行之理由如下：

甲．查禁部分

一、抗日民族统一战线教程

凯丰著——生活书店总经售

二、抗日民族统一战线教程

未列著者姓名——解放社出版

查上列二书名称相同，内容亦完全相同，不过出版处及版本装璜不同而已。

该书立论态度完全以派系为立场，强调阶级意识，鼓吹土地革命及苏维埃制度，并分散民族之团结，举例证之：如该书第八十三页（以解放社版本为标准）谓："正如列宁所说，马克思毫无疑义的认为：与工人运动比较起来，民族问题只有附属的意义"。又第九十五页谓："如果在中国革命的第二阶段上不能完完全全的完成土地革命……移交于苏维埃的阶段，这是没有什么希望的"。又第八十二页："什么是民族自决呢？'民族自决'就是民族在国家关系上'脱离''民族的集体'，就是组织'独立的民族国家'（列宁）"。又第七十三页'中国共产党在这一条路上还会遇着内部的困难……这些分子（指本党）预备牺牲党与'红军'政治上与组织上的'独立性'……他（指共产党）不愿意盲目的相信同盟军（指全国抗战军队）"。诸如此类，不胜枚举，即就所证引而言已与国家至上、抗战第一之要求，以及共产党取消苏维埃，停止土地革命，改组红军之诺言相违背，实触犯修正抗战期间图书杂志审查标准甲项第三，乙项第五、第六各条，故查禁。

三、西北的新区

辛白著——新生图书公司总经售

该书立论以派系为立场，颠倒史实，诬蔑本党及全国国民，并于行文间多方挑起阶级思想及人民对政府之恶感。如该书第二十七页谓："红军是替穷人打天下的……为什么一个人不应当红军呢？"。又第二十九页谓："他们的家已经完全为他们所称为□〔系白字〕军的毁灭了，父母兄弟姊妹都被杀得一个也没有了”。又第六十一页“在过去的十年中，中国曾有两个世界：一个是荒淫靡烂，一天天朝坠落灭亡的路上走去；另一个新的世界却在炮火的围墙里慢慢的产生，慢慢的壮大了新的制度、新的经济建设，新的军队一天天的稳固，而新的人格、伟大的个性的典型也产生出来了〔略〕，因为在共产党正确的领导之下”。基上引证，实触犯修正抗战期间图书杂志审查标准甲项第二、第三条，乙项第二条，故查禁。

四、游击战在河北

杨博民、刘清扬等著——全民出版社发行

该书言论偏激，对于中央现行设施恶意加以评击，更多方离间党政军民各方面之关系，而所鼓吹之主张亦不合抗战要求。如：该书第四十二页：“中央政府对于各地方武装部队未能一视同仁，公平待遇，在器械供给、经费支出、救护方面，均未能给予地方部队以同等援助”。第四十四页：“中央及地方军政长官均不肯给人民以应有的各种民主权利，对人民生活亦未能有切实办法付诸执行”。第四十六页：“必须彻底”开放民众运动，给予人民以“组织自由”与“武装自由”……，实触犯抗战期间图书杂志审查标准甲项第三，乙项第三、第四各条，故查禁。

五、战时乡村问题

薛暮桥著——新知书店出版

该书立论对于中央之设施及下层政治机构恶意加以抨击，并挑起人民对于政府之恶感，而所鼓吹之主张尤不合抗战之要求。如：第九页：“……尤其是现在保甲组织的阻挠救亡工作，破坏抗战法令”。第十页：“现在乡村政治机构所以不能动员农民反而压迫农民去当土匪、汉奸”。又第三十六页：“……过去的壮丁训练形式上是团体生活，实质上是不要他们团结，甚至不许他们团结”。又第三十三页：“实施以农民为傀儡的教育，而不实施以农民为本位的教育……我们要使农民起来协助抗战……决不能把他们做鹿猪或盗匪那样看待”。又该书并主张农民协会有组织“农民之武装自由”(第四十五页)，在抗战期间农民应直接选举及罢免官吏，直接创制及复决法律(第四十六页)。实触犯修正抗战期间图书杂志审查标准甲项第四条，乙项第二、第七条，故查禁。

六、从旧世界到新世界的外蒙

傅于琛著——生活书店出版

该书叙述外蒙之政治、经济、军事、外交、教育、文化等，其主旨在表明“蒙古人民共和国”即国民政府以外之组织成立后之种种努力与进步，按，外蒙为我国领土之一部，其组织另一政府，内政外交完全独立，殊不合法，而该书竟复为其宣扬，并强调其独立后之进步，殊无异分化整个民族之团结，实触犯抗战期间图书杂志审查标准乙项第六条，故查禁。

七、东村事件

丁玲作——上海绿叶书店

该书共包括短篇小说二篇、序文及戏剧各一篇。其短篇小说二篇曾另有单行本发行，名为“一颗没有出镗的枪弹”，查“一颗没有出镗的枪弹”与“东村事件”及“序文”，全以派系为立场，强调阶级对立，宣扬“红军”之如何可爱并恶意诋毁政府，称国军为白军，违反修正抗战期间图书杂志审查标准甲项第三条，乙项第二、第五各条。“一颗没有出镗的枪弹”一书，业已查禁在案，本书内容与之完全相同，故查禁。

八、新的战略与新的战术

汉夫编——新兴出版社印行

该书叙述完全以派系为立场，抨击政府并对于全国作战部队加以诬蔑。如：该书第二十一页：“咱们中国事、山西事只有这样(第八路军)办才有希望，××军、××军天天只见他们打退，却怎么会把事办得好，这种陈腐的军队应该把它……”。第九页：“为什么许多友军在过去遭到很严重的失败呢？……没有去唤起民众来参加抗战，甚至还压迫、限制群众抗日运动”。实触犯抗战期间图书杂志审查标准甲项第三条，乙项第二、第七各条，故查禁。

九、三民主义概论

陈伯达著——生活书店总经售

该书编制虽搜集本党总理与总裁一部分言论，然系断章取义，并故意曲解，且于行文间诬蔑领袖，离间各方之关系。如：该书第七页："汉族与满蒙回藏苗各族的矛盾在辛亥革命后特别显著”。又第九十六页："总理以为现在的中国除了共产党主张彻底革命，还可以同国民党合作之外，再没有第三个党派能够和我们合作的了”。又第七十页："列宁对于中山先生关于‘经济革命’的内容……即采用亨利乔治那种单一税制，实行土地国有，在孙逸仙所提出和宣传的‘经济革命’里面别的实在的东西是绝对没有”。又第一一九页："中国共产党员是我国一切固有传统和文化中，一切优秀的和有价值的东西的真正继承者，同时共产党并能创造新的、更高尚和更美丽的文化和道德……孙中山革命思想和革命传统中最好的一部分遗产，是由我们共产党员继承了。”足证该书触犯修正抗战期间图书杂志审查标准甲项第三条，乙项第二、第七各条，故查禁。

十、在统一战线观点上去理解中国共产党真正的态度

毛泽东等著——陕北书店发行

该书系与共产党问题有关文字之汇编，其中立论纯系以派系私利为立场，恶意抨击本党，诋毁政府，并鼓吹不合抗战要求之主张。如：该书第一三四页："中共不能同意任何人来‘改组红军’，因为把红军和南京军队混合，就是在政治上和组织上消灭中国人民反日武装斗争中‘最可靠的’武装力量”。第一〇〇页："只有苏维埃政权和社会主义能够把中国人民从被压迫和被剥削之下真正完全解放出来”。第三十九页："这种全国全民族的绝大危险，完全由

于贵党（指本党）及贵党政府的错误政策所招来的”。此类文句不一而足，实触犯修正抗战期间图书杂志审查标准甲项第三、第四条，乙项第二各条，故查禁。

十一、红区时论特辑

浩然编——生活出版社发行

该书立论离间中央与各方面之关系，鼓吹在中国境内实现国民政府以外之组织，以破坏全国之统一，并于行文间妄造谣言，淆乱视听。如该书第二十九页：“各地民众运动之热烈与机（想系敌字之误）人后方游击运动之发展，撤换了部分亲日分子（如蒋作宾、吴鼎昌等）惩处了消极怠工、动摇畏缩的将领与官吏（如杨虎、陈立夫等）”。又第二十三页：“……并于五台上〔山〕一带已成立反日政府，发行纸币，基础巩固”。又第六十四页：“据称现在中国军队武装很好的有两百万，一百万是蒋介石指挥之下，另一百万在各省军事领袖统率之下，不应忘记的还有在毛泽东、朱德指挥之下的作战能力与斗争精神均为世界所公认的中国红军。”其他类此者尚多，实触犯修正抗战期间图书杂志审查标准乙项第六、七、八各条，故查禁。

十二、抗战中的中国民族问题

陈廉贞、黄操良著——黎明书店

该书立论以激烈文字挑拨各民族间之恶感，鼓吹民族之分裂。如：该书第十八页至二十五页谓：“中国民族政策是在不诚意的‘威德’二字上来对付其他民族的，它之所谓‘威’无非是军力来征服其他民族，它之所谓‘德’亦无非是用政治来消灭其他民族。这种民族政策的内容不出下面几点：（一）征服和屠杀……，（二）要求纳贡和剥削……，（三）挑拨离间和以‘夷制夷’……，（四）移民殖边和消灭土著……，（五）实行民族隔离和歧视……，（六）迁徙和奴化……，（七）麻醉和同化……，（八）羁縻和欺骗”。又第六十五页：“中国境内一切被压迫民族（满蒙回藏苗蛮）的兄弟们团结起来”。又第二十七页：“所谓民族自决的真意到底是什么呢？民族自决便是‘被压迫民族’，又以从心所愿的组织起来，它有权按自主的原则组织自己的生活……，民族是‘完全分立’开来的”。基上引证，该书实犯抗战期间图书杂志审查标准乙项第七条，故查禁。

十三、阳明堡底火线

奚如著——上海杂志公司刊行

该书立论态度完全以派系私利为立场，鼓吹偏激思想，强调阶级对立。如：该书第四十页至四十一页略谓：“五角赤星的帽子，他用手抚摸着帽花，这该是多么有意思呀！……，我的爸为了它……在兴国牺牲了！……我也为它拼了五年命！……现在说是要取消换上另一种仇人带的帽子，这该死……”。又第四十四页：“把我们……鲜红的旗帜……插遍全中国……”。又第七十九页：“普天下都传遍了一个童谣说是朱毛将来一定要得天下的”。又第七九及八十页：“他才唱歌，一般的念出了那首童谣——一牛神腿子两边蹬（影射朱字），王子宝刀向右横（影射毛字），西方怪人来辅佐（指红军中工作的一个欧洲医生），千军万马下南京”。总上所举，该书实触犯抗战期间图书杂志审查标准甲项第三条，乙项第五、六各条，故查禁。

十四、老百姓穷苦的原因

陈逸园著——新知书店出版

该书立论意在指明“老百姓穷苦的原因”为帝国主义及封建势力，其理论已非完全正确，而行文间每发出颓废言论，尤不免贻社会以不良影响。如：第二十及二十一页：“……集合一大群失业者，到处打家劫舍，有些地方居然把这种土匪做一条阶官、发财的道路。从前陕北地方对于这种办法……叫做挣功名，他们认为子弟读书没有出路……纠合同志去做绿林豪杰，等到势力扩大之后，政府无法剿灭，只好去招安……，这样土匪一变而成正式军队了。中国的大好老中有许多是从这种挣功名出身的”。此种引证殊属不当，其他颓废论证甚多，不胜枚举，该书实触犯抗战期间图书杂志审查标准甲项第六条，故查禁。

十五、蒋先生的言论与民族解放前途

易白羊著——汉口大众出版社刊行

该书以分析研究领袖言论与思想为由，对于领袖之言论断章取义，故意曲解并于行文间迭致其怀疑与不信之意，甚至加以诬蔑和潮弄。如：该书第三十三页："蒋先生这些思想是在过去十年所谓'内忧外患'的现实中发生的，所以是'尚未发展'的或者'未得健全发展'而'发展到另外一个方向'——'没有日光的方向'——去了"。又第五十五页："他看不起'理论'二字，但处处讲'道理'二字。又第五十一页："至于蒋先生将实践其声明到什么程度？这个问题仍须蒋先生'对自己要负责任'，拿自己的实践来证明作者实在无权用思想来证明实践"。又第二页："我们可以说以前蒋先生的思想虽内含有各种程度的积极性，但大多仅有了消极的表现"。实触犯修正抗战期间图书杂志审查标准乙项第二条，故查禁。

又查下列八种书籍业由本会遵奉军委会政治部命令，予以查禁。兹并附表于次，以备参考：

十六	社会主义入门	马克斯恩格斯	延安民族解放青年社	鼓吹阶级斗争，宣传共产主义。	奉军委会政治部查禁。
十七	新中国论	王明	中国出版社	内容与中宣部通令查禁之“论反帝统一战线问题”同。	奉军委会政治部及内政部查禁。
十八	晋北游击战争纪实	林彪	战时出版社	沿用破坏国家统一之名词、论调。	以下均奉军委会政治部查禁。
十九	今日之苏联青年		民族解放青年出版社	鼓吹阶级斗争，宣传共产主义。	
二十	哲学与生活	艾思奇	读书生活出版社	主张唯物，反对唯生论。	
二十一	苏联青年生活和斗争	科萨列夫	前进出版社	鼓吹阶级斗争，宣传共产主义。	
二十二	斯大林言论选集	斯大林	中国出版社	鼓吹阶级斗争，宣传共产主义。	
二十三	国共合作的未来	杜远	上海国难研究社	立论纯以共党派系私利为立场。	

乙．暂行停止发行部分

一、驱逐日本强盗出中国

鲁杰编——汉口大时代书店出版

该书系时论汇集，其中或故作悲观消极论调，削弱抗战信念或鼓吹另组政府，或妄造谣言，颠倒事实，以淆乱视听。如：该书第三部第四十页："……就是一些人所依为'避难所'的堪察加，恐怕在不远的将来也不保而沦落于敌人手里的吧"。又第十七页："……抗什么战？日本人来了至多也不过这样痛苦"，"……如果有了国防政府民意机关……决不会闹到这样糟糕"。又第四页："对于发动全国人民参加抗战，南京政府还表示惧怕"。实触犯修正抗战期间图书杂志审查标准甲项第三、第四，乙项第二、第八各条，故暂行停止其发行，俟修改后送核。

二、抗战中的政治问题

徐特立著——新知书店总经售

该书中："国共合作的前途"一文（见原书第五一至第五三页），立论诸多谬误，如谓："国民党是个资产阶级的政党，它的成分复杂，民族资产阶级是国民党的主导力量，但是中国的民族工业薄弱，因而影响到国民党的力量也是薄弱的。中国劳动者的力量比民族资产阶级的力量大……，资产阶级中尚有买办阶级，而买办阶级又各代表着居于某一个帝国主义的各自利害……更影响到国民党内部的复杂。在这种客观的条件之下，国民党担负中国解放的整个责任自然是不行的……，同时中国民族资产阶级是两重性的，一是革命性，一是反革命性……"。显然恶意诋毁本党，实触犯抗战期间图书杂志审查标准乙项第二条，故暂行停其发行，俟修改后送核。

三、抗战歌曲集（二集）

受名编——生活书店发行

该集所辑之各歌曲，其中若工人歌（见原书二十四页）、在绿星旗下（见原书七十六页）、国共合作进行曲（见原书八十一页）等首，或鼓吹阶级思想，或其所鼓吹之主张，不合抗战要求，触犯修正抗战期间图书杂志审查标准甲项第四条，乙项第五条，故暂停发行，俟修改后送核。

四、陕北集影

李蘅编——播种社出版

该书为一影集，所收影片计有七十余幅，其中如：特区政府主席抗日红军，特区教育部长，特区财政部长、红军前敌总指政部，农友送他的两个儿子当红军，红军烈士纪念塔，红军干部，红军会师，赤区邮票等等。不特宣扬赤化，且表现中国为分裂的国家——有不同的政治机构，不同的军队编制，不同的文字与文化，而国共合作的表现一帧将蒋委员长照置于毛泽东氏之右，亦见其对于民族领袖之轻视。实触犯修正抗战期间图书杂志审查标准乙项第二、第六各条，故暂停其发行，俟修改后送核。

五、民族革命论

俞希平著——天马书店发行

该书立论偏激，其第四章中颇多鼓吹中国民族分裂之处。如：原书第六十三页："……为求各民族真正自愿的、真正自由的结合起来，对于诸'民族分立'自由的权利，亦不当反对"。又第六十六页至六十七页："如果不顾事实，只偏面主张外蒙应该将他们三五万的兵力立刻与日本法西斯作正面的武装冲突，那么试问，对外蒙将酿起何种结果呢……。如果有人认为非拿着"宗主国'的权益，将境内诸少数民族的这种权利剥夺了不可，那末结果不但与事实无补，而且会越发增加诸民间的隔膜……"。实触犯抗战期间图书杂志审查标准乙项第六条，故暂停其发行，俟修改后送核。

六、十月革命与世界

叶文雄编译——全民出版社发行

该书主旨在夸耀苏联十月革命之成功与社会主义之伟大，使全世界工人在苏联领导之下，组织起来、统一起来，并于行文间鼓吹无产阶级专政，要全世界工人以苏联为其祖国，斯大林为其领袖。如：第三十二页："千百万的劳动人民把社会主义已获胜利的国家看成自己的祖国，看成一切劳动者的祖国；把斯大林看成自己的领袖，看成一切劳动人类的领袖"。又第二十四页："地球上几百万人类被苏维埃国家力量日益强大的事实的说服，一天天转向到社会主义方面来，社会主义在苏联的胜利……激发了他们(指工人)反对剥削阶级的斗争……"。实触犯修正抗战期间图书杂志审查标准甲项第三条，乙项第五条，故暂行停止其发行。

七、战时乡村工作

薛暮桥著——新知书店发行

该书立论对于下级政治机构——保甲制度恶意加以抨击，认为保甲制度是与民众对立之组织，并说保甲长、乡长为土劣，其所组织之会议为土劣会议。而关于征兵制度之流弊亦形容过甚，足以引起民众不良印象。如：该书第二十八页："用官僚化的方式强制农民去服兵役……不但会引起农村骚扰不安，而且会有一天弄得无丁可征"，"……甚至用军警捉捕壮丁，农民越捉越逃，政府越逃越捉，因而汉奸便可利用机会煽惑农民反抗征兵"。实触犯修正抗战期间图书杂志审查标准乙项第二、第七各条，故暂行停止其发行，俟修改后送核。

八、征兵制度的理论与实施

张佐华著——生活书店出版

该书在第五章："现在征兵进行中的严重问题"中，对于现行役政指摘过甚，足以动摇人心，淆乱视听。如：原书第四十页："抽派而有困难就索性用武力去捕捉……于是接二连三的捕捉。人民方面是越捉越怕，越怕越逃。而官府方面就越逃越捉，不论白天夜晚、田间街头，只要是无钱无势的壮丁，就一概被捉了去"。又第四十四页："对于壮丁训练以及应征入营的新兵训练……依然固龄着过去为了镇压民众，为了‘思想统一’的奴化教育……”。实触犯抗战期间图书杂志审查标准乙项第二条、第八条，故暂时停止其发行，俟修改后送核。

〔国民党政府社会部档案〕

3. 国民党中央图书杂志审查委员会审查工作指示录

（1939年4月 日）

中央图书杂志审查委员会辑

审查工作指示录 第一辑 （最密件）

民国二十九年四月

一年以来，中央及本会颁发之工作指示几百余则，此种指示均系针对当时情况，晓谕审查工作之准绳，但战时交通阻碍，难免散佚之虞，且先后颁发时间不同，亦恐稽考为艰。兹择其性质最重要而不受时间范围之限制者，选十二篇辑录成册，密发各地，仅供审查工作同仁参考之助，望我同仁详加研究，善为运用，以期贯彻使命。至其范围偏于一地、时间限于一时，时过境迁即失去重要性者则概不列入。

审查工作指示录目录

一、总裁传记未经核准不得发行（中宣部渝美宣字一〇〇六三号函）。

二、对实施宪政问题之指示（中宣部渝美宣字一〇七五八号代电）。

三、有关国防军事机密之文稿、书刊应严加取缔（本会代电国字四八四号）。

四、审查稿件应注意国民精神总动员纲领（本会训令总力字八四八号）。

五、纠正曲解国民精神总动员之指示（中宣字四四四四号）。

六、对于边疆民族称谓之指示(教育部二十八年一月二十九日函)。

七、嗣后有关新建设事项一律不得任意发表(内政部训令渝警字三〇六九号)。

八、公务人员不得对外发表评判国际情势文字或谈话(中宣部渝美宣字八三一三号函)。

九、列宁史太林本人著述可不处置(本会对广西审委会指示八三一三号函)。

十、对于“陕甘宁”及“晋冀察”不得加边区或边区政府字样(本会代电总力字一七八号)。

十一、各地粮食缺乏及物价高价消息应禁止登载(本会通令国字四号)。

十二、纠正日汪密约揭破后歪曲宣传之指示(本会通令国字一七三号)。

一、总裁传记未经核准不得发行

中央宣传部　渝美宣字一〇〇六三号函

案准军事委员会委员长侍从室第二处函开：准贵部渝美宣字第9755号笺函转据中央图书杂志审查委员会转呈广西省图书、杂志审查委员会呈送《中国最高领袖蒋介石》一书，附抄审查意见，嘱为转呈示复等由。准此。查该书未经呈准，遽尔译布其附录《战斗中之蒋委员长》一篇，更为原书所无，内容不妥之处甚多。广西省图书杂志审查委员会之意见甚属确当，应遵照委员长迭谕，“未经核准不得发行传记”之训示，停止发售。即请查照办理。等由。查此案前据该会转呈到部，经函转侍从室转陈核示，兹准函复前由，特函达查照，转知原译人可也。

二、对实施宪政问题之指示

中央宣传部二十九年二月十五日　渝美宣字一〇七五八号代电

甲、实施宪政之意义

（一）实施宪政为本党之一贯主张　总理毕生努力，总裁历年奋斗，胥以实现宪政为主要方针，五十年来抱定民主立宪之主张始终不渝者惟有本党，故本党此次决定召集国民大会，实为实现本党数十年来一贯之主张，我全党同志以及全国上下均应以至忠至慎之心临之。

（二）宪政与训政之关系　军政、训政、宪政三时期之划分虽含有循序渐进之意，但政府为应时代的要求，促进政治的进步，自可于训政工作未完成以前施行宪政，仍将训政工作于宪政开始后继续完成，这是从总理遗教与总裁去年九月在国民参政会演说词中大家都能体会出来的。所以我们一方面要求实施宪政，一方面要求宪政实施后继续进行训政未完成的工作。

乙、国民大会之选举与职权

（一）选举　《国民大会组织法》与《国民代表选举法》既经国民政府依立法手续郑重颁布，并已由国民政府遵照实施，其依选举法选出之代表，除附逆有据应由政府依法办理外，自应一律有效。

（二）职权　此次国民大会之任务，依组织法第一条之规定，为制定宪法并决定宪法施行日期，其性质纯为一制宪机关，至执行宪法上所赋予之权限，则尚有待于将来依照宪法规定所选出之。国民大会组织法所以不规定以次国民大会执行宪法所赋予之权限者，系依宪法由何项机关执行自应由宪法规定，如以组织法规制宪的国民大会行使宪法所赋予之权限，便无异以组织法决定宪法上所应决定之问题，以组织法限制制宪机关之权力，预定宪法之内容而提前赋予之于制宪机关，于法理均有未合。

丙、宪法草案问题

（一）宪法草案之合法性　国民政府明令宣布之宪法草案，系立法院集合全国公法学者，根据《建国大纲》及训政时期之施政成绩，竭两年之努力起草而成。初稿完成后，又在六个月之内公开征求全国人民之批评，然后由本党中央执行委员会详加研讨，尽量容纳全国人民意见，定为草案，送国民政府宣布，故草案之颁布，实已完成一切手续，其合法自无疑问。国民政府依据《建国大纲》必须提出该草案于国民大会。

（二）国民大会之决定权　国民大会对于宪法草案当然有决定之权，本党同志对于宪法草案之意见，可于一定期内向中央贡献，由中央核定汇提国民大会、国民参政会、宪政期成会，对宪法草案之主张，经国民参政会通过后，将来自亦可送政府转提国民大会以备采纳。其他合法团体，对宪法草案之意见，将来自亦不难依国民大会代表之介绍或其他法定方式，提供国民大会考虑。

丁、宪政问题之讨论

（一）集会　关于讨论宪政问题之集会，如座谈会、讨论会、演讲会等，在各省市由各省市党部政府会同所在地参议会召集，以期博采民意，并即以之为宪政宣传之助。

（二）组织团体　在此战事未结束前，政府对于为研究宪政而组织团体之举自亦不能不设定必要之限制以防流弊。在重庆方面，国民参政会之宪政期成会，为研究宪政向政府贡献意见之合法机关，为集中意见起见，不必另有其他组织。其他各省市，如有组织之必要，亦只须由各省市党部、政府会同参议会组织宪政研究团体，领导各该地关于宪政问题之研讨。

（三）言论范围　凡反对宪政及违反三民主义而曲解宪政之言论，自应在取缔之列。本党党员今后尤不可违背本党既定政策，发表反对宪政之言论。

三、有关国防军事机密之文稿书刊应严加取缔

本会代电　国字四八四号

查原稿审查工作之主要任务，在适应战时需要，齐一国民思想，所有思想庞杂，淆乱人心之谬论，固应严加取缔，以杜流传。有关国防军事机密之文件，如作战计划、军队番号、军事教育、军事地理、空军设施、兵役工役与夫国际贷款、交通路线、后方有

关国防经济之建设、重要机关及工厂地点设备等等，无论送审原稿或已出版书刊，其内容有涉及上述情事者，除政府正式公布者外，悉应依照图书杂志审查标准及战时新闻禁载标准之规定，严加取缔。如有涉及国防军事机密之文稿书刊，该会不能自行决定者，应迅即陈报本会核转军事最高机关核示。

四、审查稿件应注意国民精神总动员纲领

本会训令总力字八四八号

案准国民精神总动员会函开：据本会设计委员会编纂组函呈第二次会议记录请签核并分别采择施行等情。查该记录内决议部分第五项有："请本会函请中央图书杂志审查委员会，于审查出版稿件注意精神总动员纲领以纠正分歧错杂之思想"等语。查核是项建议确属切要，应准照办，相应函达贵会查照办理见复为荷。等由。准此。除分令外，令仰该会遵照办理。此令。

五、纠正曲解国民精神总动员之指示

中央宣传部　宣字四四四四号

××均鉴：兹颁发临时宣传要点如下：(一)总裁提倡精神总动员，原为根据三民主义最高信仰与中华民族固有之美德，以振发国民抗战建国之精神。乃近竟有人以其他主义之立场，多方曲解精神总动员之意义，甚至欲藉精神总动员之名义，以实现其党派私利之企图，吾人对此亟应加以纠正。(二)民族至上、国家至上，为精神总动员之第一重要目标。总理民族主义中力斥超越民族而谈世界主义之非是，吾人所谓大同主义，乃以民族为本位，然后推己及人，以达到世界各民族之互助共存。曲解者竟欲藉大同主义之美名，以宣传其超越民族之幻想，亦即图以侧面之说法，以中伤民族至上国家至上之观念。对此，宜随时加以驳正。(三)军事第一，胜利第一，意志集中，力量集中，并为精神总动员之重要目标。曲解者乃有第一并非唯一，集中并非合并之谬解。此种不从正面阐扬，而从侧面规避之立论，其用心在于回护本身违反精神动员之私行，灼然可见。殊不知同时决不能有两个第一之存在，是第一之本身，同时必为唯一，而意志集中，力量集中之极致，必成为举国如一，内外一致之现象。此时尚欲分立自外于整个意志力量之外者，其非违反共同之目标而何。对于此种谬论，吾人应以严密分析之方法，破其朦混。（四）精神总动员中各种改造精神具体事项之实施，有如自私自利企图之打破，纷歧错误思想之纠正等，乃系对一切不正企图与思想而言。近时有人仅举其中一二点，夸张其词，而于其他各端概加抹煞，大有举一漏万之弊。对此，吾人应加以补充。如云不鼓吹超越民族之理想，则汉奸之理论自在必斥，而其他不适国情之国际思想，亦所当摒。又如不破坏军政行政之统一，则一切私人的行动或党派的行动，均应绝对服膺此项原则，而不容有例外之存在，否则宜与国人共弃之。（五）总之，现值精神总动员推行伊始，曲解者已呈其端，此后各地月会举行，尤宜预防谬说之流行，致害精神总动员之真义。故凡立论旨趣含有他国高于本国或其主义高于三民主义之倾向者，即为违反精神总动员之明证，应一致鸣鼓而攻，勿任贻害于国民之精神。希即查照办理。中央宣传部。哿。印。

六、对于边疆民族称谓之指示

教育部二十九年一月二十九日函

本部奉行政院二十八年八月二十日吕字第九八四一号训令开：奉国民政府二十八年八月二十一日谕字四七〇号训令开：为令饬事：案据该院二十八年八月十五日吕字第九二二二号呈称：据教育部呈称：查我国民族文化血流混合已久，不能强为分析，历史记载，班班可考后因辗转迁移，环境悬殊，交通隔绝，语言风习，遂生歧异。在专制时代，对于边疆同胞视为附庸化外，实行其割裂封锁之政策；民国以来，国人复受敌伪恶意宣传，在心理上已遗留本国内有若干不同民族之错误观念。于是相沿成习，往往仍妄用含有侮辱性质之蛮、番、夷猺、猓、獞、之称谓，加诸边疆同胞。在呼之者固易起藐视之心，而听之者尤易起愧恧之感，是无异自行分散我整个之民族，殊与总理倡导民族主义之本旨相背谬。国民政府前据蒙藏委员会委员格桑泽仁提议，曾通令禁止用番蛮等称谓，加诸西藏人民，矫正陋习，昭示平等，时逾十载，不独积习未除，益以近来国内人士逐渐注意边疆问题之故，不妥名词之使用，有日趋扩大之势。即以西南边地同胞而论，竟有二百余种不同之名称，广西省政府，虽曾将猺、猓、獞等字改为傜倮僮等以示平等，但不同民族之痕迹，仍未见泯除。窃意若专为历史及科学研究便利起见，固不妨照广西省前例，将含有侮辱之名词一律予以改订，而普通文告及著作品宣传品等，对于边疆同胞之称谓，似应以地域为区分，如内地人所称某某省县人等，如此则原籍蒙古地方者可称为蒙古人，原籍西藏地方者可称为西藏人，其他杂居于各省边僻地方文化差异之同胞，似亦不妨照内地人分为城市人、乡村人之习惯称为某某省边地或边县人民，以尽量减少分化民族之称谓。本部召集之第三次全国教育会议，对于边疆教育问题，认为应以恢复中华整个民族之信念，泯除界限为目的，凡足以妨害民族团结者，均应设法避免，以期矫正过去之错误观念。经大会决议，请本部转呈中央通令全国，以后对于苗、夷、蛮、猺、猓、獞以及少数民族等名称，禁止滥用记录在卷，理合备文呈请察核转呈采纳施行，实为公便。等情。理合呈请鉴核通令查禁等情。据此，应准照办，除指令并分令外，合行令仰该院查照转饬所属一体查禁为要。此令。等因。除分令外，合行令仰遵照，并转饬所属一体遵照。此令。等因。除由部分令外，奉谕函达，即希查为荷。

附教育部抄送商讨修正西南少数民族虫兽偏旁命名谈话会纪录节略。

商讨事项

(一)关于少数民族之一般称谓，应遵照二十八年八月国民政府谕字第四七〇号训令，概以其生长所在地人称呼之。

（二）为学术上研究便利起见，拟请中央秘书处转函中央研究院依据下列原则详订改正西南少数民族命名表，原则如下：

1. 凡属虫兽鸟偏旁之命名，一律去虫兽鸟偏旁，改从亻旁；

2. 凡不适用于第1项原则者，则改用同音假借字，如蛋、蛮、狑、獞等是。

（三）少数民族称谓，其根据生活习惯，而加之不良形容词应概予废止。如：猪屎犵、狗头猺之猪屎、狗头等形容词。

七、嗣后有关新建设事项，一律不得任意发表

内政部训令　渝警字三〇六九号（二十八年九月十六日）

案奉行政院训令：案奉委员长代电：查此次东北被敌机滥炸，公私房舍，精华街市，炸毁甚多，人民伤亡亦重。揆其原因，中央地方各机关，平日对于各种新建设好为夸大宣传，致引敌寇注意，认成目标，未始不无关系。嗣后，凡中央与地方各级机关，无论何地有何事业进行建设或建设完成，均应力戒登报宣传，以保机密。除分令外，即希转饬各部会及各省市政府，嗣后凡有关于新建设事项，一律不得任意发表新闻，以期谨慎为要。等因。嗣后，各该机关无论何种事业进行或建设，均应力戒登报宣传，以保机密。除电覆并分令外，合亟令仰遵照等因。奉此。自应遵办，除呈复外，合亟令仰知照。于审查各种刊物时，应予切实注意，并转饬各地图书杂志审查委员会遵照为要。

八、公务人员不得对外发表评判国际情势文字或谈话

中央宣传部　渝美宣字第八三一三号函

案准中央秘书处函开：案准国防最高委员会函称：案据外交部长王宠惠、中央宣传部长叶楚伧，本年九月二十八日会呈称：案准中央国际宣传委员会函开：本月十九日本会第二十五次会议，以近来国际局势变幻不定，在未进入正常轨范以前，其演变情形

根据个人理解本难预测得中，近查国内报纸常有公务人员作文评论国际情形，更因德苏、倭苏外交之动向而表其对于中日问题之意见，每因其地位关系，易使外间人士对于中央根本立场引起无稽之猜疑，影响听闻，实非有利。爰经一致决议，函请宣传部长外交部长会衔签请总裁通令各级公务人员，除经特许者外，一律不得对外发表评判国际情事之文字或谈话，以杜流弊等语。相应函达，即希查核酌定办理等由。准此。查际兹国际局势动荡之时，公务人员私人意见确属不宜公开发表，致启弊端，谨联名呈请鉴核，可否通令取缔，敬候批示祗遵等情。经本会第十七次常务会议决议，准如所拟办理，除函国民政府外，函请查照通令饬遵。等由到会。自应照办，除由会分令各级党部并分函外，相应函达，即希查照等由。除分函外，特函达查照。

九、列宁史太林本人著述可不处置

本会对广西审委会之指示

据呈为马恩学说书刊日多应否限制一节，兹指示如下：查马克思、恩格斯本人著述，多为共产主义之理论，对于此书籍可视为理论读物，审查标准，不妨稍宽。列宁史太林为友邦元首，对我抗战甚表同情，如系译述其本人著述，内容虽间有不妥亦可不予处置。至于其他公然鼓吹阶级斗争，强调阶级对立之书刊，则显然触犯审查标准，自应分别情节轻重，予以删削检扣或暂行检扣，报请本会核办。以上所述马恩列史各人著述，其出版地点如有审查委员会而出版时间又在民国二十八年四月一日以后者，自应依法送审原稿后方可发行。

十、对于“陕甘宁”及“晋冀察”不得加边区或边区政府字样。

本会代电总力字一七八号

奉中央宣传部俭代电开：我国行政组织并无边区名称之规定，嗣后对于“陕甘宁”及“晋冀察”不得加以边区或边区政府字样为要。

十一、各地粮食缺乏及物价高涨消息应禁止登载。

本会通令国字四号

(上略)案准福建省党部代电称：查近来各地物价腾贵，尤其食粮燃料两项之价格日涨不已，厥故虽多，而奸商囤积操纵实为重要原因之一。近来本省各报对于粮食燃料之缺乏及价格高涨之消息，每详为登载，是不啻教猱升木，是使物价较低县份之奸商有所藉口，而益肆其投机操纵之手段；而且此类消息，亦易为敌宣传我国内粮食恐慌物价高涨之资料。为此，除分电本省各报社通讯社，嗣后对于各地粮食缺乏及物价高涨消息一律禁止登载外，理合电请钧部察核，迅赐通饬全国，一律禁止各报社、通讯社登载此类消息，并乞示遵等语。准此除分行外，特此电达查照办理为要。

十二、纠正日汪密约揭破后，歪曲宣传之指示

本会通知　令国字第一七三号

(上略)查自日汪密约揭破后，少数别有用心者利用机会作有计划之歪曲宣传，综其阴谋为：(一)影射诬蔑中央内部有所谓“汪派分子”之存在；(二)强调“防共即准备投降”之口号，并要求制止一切防共反共分子。(三)暗指本党为“民族资产阶级”，具有动摇妥协之危险性。兹为针对此种恶意宣传，特颁宣传要点如下：(1) 阐扬本党抗战到底以求胜利之决心与抗战过程中之壮烈牺牲伟大成就，证明本党对于民族国家之无上忠诚，一切投降妥协之企图在本党领导下决无实现可能；(2) 坚决反对汪逆卖国言行，但不得毫无根据任意目人为“汉奸”“汪派”或“妥协投降分子”，自堕日寇离间分化之毒计；(3) 汪逆降敌后，供寇驱使，无异行尸走肉，已丧失一切政治地位，不应目为一派，尤不可夸大其作用或渲染我阵营内尚有所谓“汪派”之存在，致反为敌伪张目；(4) 日寇为欲达奴化我民族，灭亡我国家之目的，无时不利用汪逆及其他汉奸挑拨离间，冀我内部互相诬陷倾轧，分化我抗建力量。现汪逆等正大肆宣传，诬我内部有何裂痕及某党内有何企图。故

为粉碎敌奸无耻造谣，全国人士更应集中意志，加紧团结，拥护中央，巩固统一。希即遵照，切实宣传，并对违反此意之任何宣传文字图画等等，严予取缔为要。

〔国民政府社会部档案〕

(2)查禁书刊举要

1. 国民党中宣部查禁宋庆龄著《中国不亡论》公函

（1938年10月25日）

中国国民党中央执行委员会宣传部公函

宣字第1862号

查有生活书店发行宋庆龄著之"中国不亡论"一书，内有诋毁本党之处，应予查禁。除分函取缔外，即希查照为荷。

此致

军事委员会政治部

代理部长　周佛海

中华民国二十七年十月二十五日

〔国民政府军令部战史编纂委员会档案〕

2. 国民党宪兵司令部查禁《社会主义入门》等书籍的函件

（1938年10月——1939年1月）

(1) 宪兵司令部密函(1938年10月2日)

宪兵司令部密函　发警政字第1237号

查有《社会主义入门》等书籍十三种，立论反动，言词荒谬，鼓吹阶级斗争，宣传共产主义，依《修正抗战期间图书杂志审查标准》之(甲)三、四两项及(乙)一、二、五、三项之规定，应予查禁，相应检送该书每种一册计十三本，如附表，请即查照，并希通饬查禁见复为荷！

此致

军事委员会政治部

附反动书籍一览表一份，社会主义入门等书籍十三本

中华民国二十七年十月二日

宪兵司令部送请查禁反动书籍一览表

书籍名称	著作编辑人	出版发行书局	内容概要	备考
社会主义入门	马克斯 恩格斯	延安民族解放青年社	鼓吹阶级斗争，宣传共产主义。	
晋北游击战争纪实	林彪等著、刘雯编	战时出版社	仍沿用“红军”“南京政府”“抗日民族统一战线”等破坏国家统一之名词论调。	
新中国论	王明	中国出版社	内容与本年四月经中宣部通令查禁之“论反帝统一战线问题”完全相同。	
今日之苏联青年		民族解放青年出版社	鼓吹阶级斗争，宣传共产主义。	
大众哲学	李公仆主编 艾思奇作	读书生活出版社	系阐扬马克思之“辨证法唯物论”。	
世界经济地理讲话	思慕	上海生活书店	内容与廿年中宣部通令查禁之“世界经济地理纲要”相同，完全站在共产主义立场	
罗辑与罗辑学	潘梓年	生活书局	系阐扬马克思之“辨正法唯物论”。	
思想方法论	艾思奇	上海生活书店	系阐扬马克思之“辨正法唯物论”。	
哲学与生活	艾思奇	读书生活出版社	主张唯物论反对唯生论。	
苏联青年的奋斗和生活	科萨列夫	前进出版社	鼓吹阶级斗争宣传共产主义。	

毛泽东奋斗史	光　　人	战时出版社	内容与本年四月中宣部通令查禁之"毛泽东传"完全相同，系以私党利益为立场。
斯大林言论选集	斯大林	中国出版社	鼓吹阶级斗争，宣传共产主义。
国共合作的未来	杜　　远	上海国难研究社	坚持国共对立之名词，故作偏袒共党之论调。

（2）中央图书杂志审查委员会呈（1939年1月23日）

案据重庆市图书杂志审查委员会呈报"准军事委员会委员长行营政训处函为：奉军事委员会政治部训令以'准宪兵司令部函为社会主义入门等书十三种触犯抗战期间图书杂志审查标准之规定检送原书请通饬查禁，等由。抄发原表仰遵照查禁'等因。转请查照"并附宪兵司令部送请查禁反动书籍一览表一份到会。查本案现尚未奉钧部饬知，兹准行营政训处转函，前由自当遵照办理。至属会本为中央宣传部、社会部、内政部、教育部与钧部共同组织处理一切关于图书杂志之审查事宜！嗣后如有各方面拟请查禁书刊，拟请钧部发交属会复审执行，以资齐一，是否有当，理合具呈仰祈核示只遵。谨呈

军事委员会政治部

中央图书杂志审查委员会

中华民国二十八年一月二十三日

〔军委会军令部战史编纂委员会档案〕

5．国民党中宣部等关于查禁《海外青年》的函件

（1939年7—8月）

（1）宣传部函　7月28日

准中央调查统计局函开：据密报，香港发现异党刊物《海外

青年》半月刊一种，业于五月三十日发行创刊号，经审查结果其中乖谬之记载归纳约有八点之多：(一)窃取革命历史价值和地位；(2)藉总理三大政策，曲解为统一阵线，以作政治斗争的理论基础；(三)夸传八路军、新四军成绩，及苏俄富强；(四)故意曲解三民主义；(五)挑拨青年对政府之信仰；(六)向青年灌输赤化思想；(七)煽动青年参加所谓抗日政权；(八)宣传拉丁文化等。该刊专推销海外各地，如星洲、美洲、加拿大等均有经销处。等语。查该刊物故作曲解谬论，淆乱是非，影响海外青年思想不浅，应请予以取缔等由。准此，为特函达，务希查照注意为要。此致
中央图书杂志审查委员会

中央宣传部

(2) 图书杂志审委会函(8月14日)

案奉中央宣传部函转，准中央调查统计局函，请取缔海外青年刊物一案，已函请贵部予以注意，并函复中央调查统计局调借该刊审查，并准函送到会。当经审查内容殊多不妥，应否查禁之处，相应检同原刊并录审查意见，函请贵部查核见复，俾凭处理。再，该刊系向中央调查统计局调借，即须送还归档，并希阅毕检还为荷。此致
中央海外部

附：海外青年一册，审查意见一份。

中央会名

审　查　意　见

查海外青年创刊号，内容颇有不妥之处如：

一、"学生群众怎样发扬五卅运动中的伟大精神"一文中，认为中国革命的胜利道路是中国工农大众的团结、组织和斗争的发

展——一面加倍努力于深入工农群众中，去唤起工农组织工农，增强抗日民族统一战线；一面加倍努力宣传中山先生坚决主张而遗嘱其党人认真实施的拯救中国的三大政策——彻底实现联俄联共与保护农工三大政策——主论欠妥，引证牵强。

二、“瞭望哨”一栏中，对于苏联的庶政建设与第八路军、新四军的战绩备致颂扬，过分夸张。

三、“抗战文艺的现阶段”一文中，指出抗战后的中国产生着新的人民欺骗者、新的抗战官僚、新的发国难财的主战派、新的卖狗皮膏药的宣传家——对于从事战时工作人员予以刻毒的诬蔑。

四、“中国新文字教程”该稿纯粹系宣传拉丁化新文字，并指示其学习的方法。

按：该刊言论种种，显系共党刊物，其不妥之处，约如上述。

〔国民党图书杂志审查委员会档案〕

4. 教育内政两部关于查禁哈洛德爱撒克斯的《中国革命之悲剧》会呈

（1940年3月20日）

教育内政部会呈 □□1976号

案奉钧院二十九年三月十四日阳字第四九四二号训令，以准国防最高委员会秘书厅函准川省府代电，查有中国革命之悲剧一书，内容荒谬，应予查禁等因。检发原件令仰会同遵照办理。等因。奉此。除会同分行查禁外，理合备文呈复，祇请鉴核。谨呈

行政院

附原书内容报告一份

教育部部长　陈〇〇

内政部部长　周〇〇

中华民国二十九年三月二十日

抄原书内容报告一份

（游永康：我最近读过的一本书。第三次小组会议报告）

书名：中国革命之悲剧(The Tragedy of The Chinese Rovolution)

作者：哈洛得爱撒克斯（Harola及gnaacs）其身世与国籍未详，犹太人多姓gsaacs，本书自序作于纽约，俄国犹太人革命后多流寓美国，其人或系流寓美国之俄国犹太人，托洛斯基序称其人曾居中国五年，任新闻记者，并研究中国生活。就本书思想言，当系托氏之信徒。

发行：发行人徐任吾，发行所尤门书局成都西御西街，有该局办事处。

内容：一、自序，二、托洛斯基序，三、本文，四、注释，五、索隐〔引〕。

本文二十章，其目次如下：

一、革命的种子。满清推倒后，中国情形愈劣，农村破产，剩余劳力无所容纳；欧战发生，中国工业较活跃，工人遂与中外之雇佣者有冲突矣。

二、中国革命问题。中国要与广大农村群众以解除其负担之希望，始能激起群众反抗帝国主义，争取自由。

三、新觉悟五四运动。

四、广州的争霸、蒋汪争权。

五、一九二六年三月二十日广州之变。蒋欲得中产阶级与帝国主义之扶助，捕杀共产党。

六、从广州到长江，北伐军一面宣传群众运动，一面压迫群众运动。

七、上海暴动。上海工人误以为北伐军将协助无产阶级，纷纷罢工，响应北伐军，声势甚大。

八、浪子还乡，北伐军入上海。

九、缄默的同谋。若共产党与上海民众以领导，必可反抗北伐军，使不得入上海，而共产党领袖无明白表示，致有四月十二日之变。

十、一九二七年四月十二日之变，上海之屠杀共产党。

十一、革命中心之武汉，斯丹林信，武汉将与南京对抗。

十二、革命中心的活跃，武汉之国民党左派，因欲结欢于帝国主义及中产阶级，又不能脱离共产党，故以口惠实不至之手段，欺骗群众。

十三、土地运动。群众运动以征用地主田产最为中产阶级所不满，武汉之国民党亦反对此等行动。

十四、莫斯科与武汉。托洛斯基主张中国无产阶级苏维埃，斯丹林必令中国共产党服从国民党左派。

十五、武汉之崩溃。汪精卫欲联冯，以要蒋听冯指使，逐鲍罗廷，摧残共产党。

十六、秋收暴动。莫斯科以国民党左派已失民众信仰，令中国共产党暴动。群众无响应者此次□□暴动，共产党谓之秋收暴动。

十七、广州市。广州共产党以薄弱武力暴动，终归失败。

十八、退却的结果，中国共产党实力大减。

十九、中国苏维埃的兴衰，共产党在瑞金。

二十、新全国联合阵线，西安事变至全国一致团结抗日。

大意：作者主意在指摘共产国际当局，愚昧顽固，指导无方，致陷中国民众运动于失败。初信任蒋介石，蒋在广州欲与汪精卫争权，捕杀共产党，以结中产阶级之欢，莫斯科方面讳疾忌医，对此事变，不准披露，仍助蒋出师北伐，蒋汪分道扬镳，皆以民众之口号搏得胜利。上海工人闻蒋将到上海，群起罢工响应，中国共产党不乘此令共产党群众独立革命，争取自身利益，静待蒋入上海，大杀共产党，为极惨之流血。蒋既定都南京，汪亦入武汉，共产国际至此始知蒋不足恃，一意信任武汉国民党左派。蒋得中产阶级之欢，其势日盛，汪大受威协，欲取得北平，以战胜之声威与蒋抗。是时两湖群众运动极活跃，其尤著者为对于地主田产之没收，汪对此等运动虽不明予禁止，然用种种口惠而实不至之命令，实际予以箝制。托洛斯基主张此时组织各地苏维埃，赋以武力，俾脱离国民党，独立革命，共产国际当局不然其说，初以武汉为共产主义之中心，继见汪之不可恃也，仍以国民党左派已得群众信仰，共产党与之脱离，是自绝于群众不可，既渐失望于汪。如是共产国际转而扶植基督将军冯玉祥，汪与张学良战于河南，两败俱伤，汪欲取北平，不得不藉冯之力，冯乘此时机，要挟汪，逐鲍罗廷，扫除共产党，遂成共产党之大崩溃。逮中国共产党之实力摧毁殆尽，莫斯科方面乃曰国民党左派既失民众信仰，中国共产党可独立起事矣。于是有南昌等地及广州之暴动，群众寂然无响应者，盖在历次屠杀之恐怖下，群众对共产党已久失信仰矣。共产国际见各地之暴动失败，仍令中国共产党组织苏维埃，朱毛等勉强成立苏维埃于瑞金，为国民党之武力四面封锁，必须之品如火柴者亦不可得，必仰商人之转运，而所谓苏维埃者，乃不得不与中产阶级妥协。蒋既倾其全力，驱共产党武力于陕北，西安事变，周恩来见蒋，蒋亦自分必死矣。殊出人意料，在日本侵略之下又形成所谓全国联合阵线，斯亦共产国际之重蹈复辙而已。

本书叙事大意如此，其描写共产国际之当局，重在形容其昧于时势，坐失机宜。其描写国民党之领袖，重在形容其反复无常，唯利是视，对中国国民党重要人物，多极尽诋毁之能事。其五章之首有云："蒋介石守护大阶级利益，犹冥府门首之(Cerberus Cerberus三头怪物）其在右之一头，有戴季陶，在左之一头肖已形也，居中之一头则有汪精卫"，其他谩骂诋毁之类，是作者为托洛斯基信徒，托氏主张共产党独立革命，国民党为中产阶级之政党，中产阶级与无产阶级冲突，故共产党必为国民党所卖，本书所叙事实皆所以证明其此种理论也。

批评：本书为富于煽动性之作品，其作用端在离间共产党与国民党，破坏中国之统一，且其文字不深，可供多数青年阅读，传播反动思想，危险尤大。

附言：本书奉组长指定阅读，并摘要翻译，除将该书作者自述、托洛斯基序、第一章、评论三民主义及第四章叙述总裁历史之一段，依文译出外，谨撮述其内容报告如下〔下略〕。

〔国民政府教育部档案〕

5．国民党中央图书杂志审查委员会录送邹韬奋著的《萍踪忆语》一书审查意见致生活书店函

（1940年6月　日）

据该书店送审《萍踪忆语》一书到会，经审该书内三六一——三六二、三六七——三六八等页皆被撕去，无从审查。希即速送完本来会，再行审核，相应函达，即希查照办理。此致

生活书店

附审查意见一份、原书一本

渝审委会　印

中华民国二十九年六月　日

《萍踪忆语》审查意见：

《萍踪忆语》著者邹韬奋，生活书店出版。

本书以马列主义立场，描写美国金融资本家的罪行，劳农阶级的痛苦，阶级形势较任何国家为恶劣。作者并认为旧社会制度若不毁灭，政权不拿到劳动阶级手里，所谓劳动问题根本无解决

可能。罗斯福所谓有益劳工计划，只是纸上空谈，十足的骗局。并以苏联为改造的途径。

本书虽取材于美国，然字里行间亦不乏影响本国之处，兹略举数则以示例：

一、共和、民主两党是华尔街的走狗——“吃党饭的共和党员和民主党员，原是为官职的分赃而勾心斗角……金融资本家利用来作为他们的更大的‘牟利游戏’”，所以“无论那一党登台……乖乖地替他们的主子——华尔街的统治者——定下合于他们需要的各种法律”“美国的德谟克拉西的政府是华尔街资本专政的假面具”。（见原书四五——四六页）

二、资本主义社会下的欺骗政策东西一样——“在资本主义社会……不但大学一般学校都被统治阶级作为麻醉青年的机关，在学校里‘公民科’是必修科，但对于政治社会的现实都不许说，对于各本地的腐化统治更不许评论……这和在一味投降屈服的现实中大唱‘礼义廉耻’的调调儿，可谓殊途而同归。”（见原书一九七——一九八页）

三、劳动问题的解决，只有把政权拿到工人手里——“你很羡慕美国的讲究效率吗？你们可以想象在这个好名词下面有着整千整万的工农奴隶正作着英勇的解放斗争，要去掉他们的锁链”，“美国的劳工运动对于美国现在合理化的坚强反抗……是反对资本家利用合理化来加紧剥削劳工，增加他们的利润，工人的死活不是他们所顾到的……而对于苏联所积极进行的合理化，却洋洋乐道，因为在苏联的合理化能使工人缩短工作时间，增加工资，改善工人和农民的生活环境。”（见原书一四八——一四九页）“使人愈感觉到劳工问题只有在工人的国家，即政权完全拿到工人阶级自己的手里的国家，才有根本解决的可能。”（见原书一八五页）

四、中国大众也只有组织起来，才能反抗压迫——“美国有着那样厉害的劳工侦探制度，但是绝对无法阻止劳工运动的猛进，这是因为劳工方面的组织和集体的斗争力量能击破他们的锁链。我们中国在此国难严重的时期，有人慨叹于汉奸和准汉奸的压迫捣乱，其实这不是中国的特产，要点在乎我们能把大众组织起来，用集体的力量来制裁乃至消灭这些民族的敌人”。(见原书一三二页)

五、在叙述中华公所章程也有这样一段话：“在只求安居乐业的华侨群众是用不着奋斗的，不需要奋斗的，但是因为组织为少数人所操纵……好象国内的老百姓用不着内战，不要内战，而军阀们却用内战来为少数人争权夺利一样。”(见原书三三四页)

以上所举为偏重于有关国内事件之点，至于暴露美国政治的丑恶，多不胜举，从略。此外，原书撕去三六一——三六二、三六七——三六八等页究应如何处理，理合呈请鉴核！

胡文郁

五月二十五日

〔国民党中央图书杂志审查委员会档案〕

6．教育部查禁《东方大众丛书》的有关函件

(1940年10—12月)

(1) 国民党中统局致教育部函(10月　日)

中国国民党中央执行委员会调查统计局公函　(密)渝情字　第二四五二号

兹有关于共党发行东方大众丛书报告一件，相应抄同原报告，函请查照参考为荷。此致

教育部

附抄原报告一件

局　长　朱家骅

副局长　徐恩曾

中华民国二十九年十月　日

沪共党发行东方大众丛书

上海十一月五日电：共党近在沪发行大批小册，系由香港东方出版社出版，名为东方大众丛书，现正委托各书店代卖，惟出版及编辑人之姓名，均用化名。兹将现已出版者，分列如下：

中国历史	李　通著
中国工人运动史	张瑞人著
什么是社会主义	万瑞莲著
什么是资本主义	朱德华著
什么是帝国主义	陆　明著
什么是三民主义	朱德华著
什么是阶级	蒋　仁著
什么是统一战线	施有为著

将出版者

哲学初级读本	王全福著
经济学初级读本	朱德华著

查以上各书，内容皆极通俗，除宣传社会主义、鼓动阶级斗争外，对本党亦极尽讥讽之能事云。

（2）教育部魏心签呈(10月30日)

敬签呈者：奉谕：拟查禁东方大众丛书办法，遵即拟定办法六项，是否有当，签请鉴核示遵。谨呈

部
次长

魏　心　谨签

十、三〇

照办。立　十一、十二、

查禁东方大众丛书办法

一、电驻沪专员会同市党部设法劝阻上海各书局代售。

二、令国立各院校及中等学校查禁学生阅读。

三、令各省市教育厅局转饬所属各院校及中等学校查禁学生阅读，并转饬所属各图书馆、民众教育馆不得采购。

四、令中央图书杂志审查委员会转饬所属各分会查禁所在地各书店代售。

五、咨交通部请饬邮政管理局转饬各地邮局，如有该项丛书投寄，应予没收。

六、令中等教育视察团各团员注意密查。

(3) 教育部致公私立专科学校训令(12月11日)

教育部训令　普字第42185号

令 公私立专科以上学校
　 国立各中等学校
　 各省教育厅
　 重庆市社会局

案据报告：共党编辑《东方大众丛书》，由香港东方出版社出版，委托上海各书店代售，唯出版及编辑人均用化名。查已出各册内容皆极通俗，除宣传社会主义、鼓动阶级斗争外，对本党亦极尽讥讽之能事。等情。据此，查该丛书内容既极荒谬，应予严禁。除禁止各书坊代售外，应禁止学生购阅。合行钞发书目一纸，

令仰该大学、学院、专科以上学校
厅(局)转饬所属中等以上各学校遵照，并仰转饬所属各图
遵照
书馆及民众教育馆不得采购为要。此令

计抄发《东方大众丛书》目录一纸

中华民国二十九年十二月十一日

〔国民政府教育部档案〕

7. 国民党中央图书杂志审查委员会查禁毛泽东著《新民主主义论》等著作有关文电

(1940年——1944年)

（1）中央图审会致新闻检查局代电(1940年6月13日)

重庆新闻检查局公鉴：奉中央宣传部渝美宣字13183号笺函开：为某党发表之《新民主主义论》一文违背抗战建国策，应予查禁。函达查照等因。奉此。遵查该文内容异常荒谬，某党于此抗战形势更于我有利之时，提出此种荒谬之名词，显系别有作用，而其必发动党内及同情该党之报章、杂志作普遍之宣传亦为意料中事，除分电所属各级审查机关于审查原稿时应切实注意，凡遇有宣传此类名词之文字应一律予以检扣或删削，务使此种名词不能再现于出版界以免积非成是，淆惑人心，并将该文随后补送外，用特电请查照饬属切实注意办理为荷。中央图书杂志审查委员会元印。

中华民国二十九年六月十三日

〔国民政府军事委员会新闻检查局档案〕

（2）广东图书杂志审查处呈(1940年6月15日)

查毛泽东著解放社出版之《相持阶段中的形势与任务》一书，内容谬误失实，足以淆乱听闻，应予查禁，除分令所属各县会及各书店遵照查禁外，理合检同原书一本呈缴察核，通令全国查禁并乞指令只遵。谨呈

中央图书杂志审查委员会

附：原书一本〔略〕

孙治公

常务委员　高　信

何凯治

（3）中央图书杂志审委会代电（12月14日）

广东省图书杂志审查委员会览：书字第125号呈件均悉。查《相持阶段中的形势与任务》一书内容荒谬，业经本会于本年六月廿七日予以查禁在案，特电仰该会遵照为要。中央图书杂志审查委员会。印。

（4）重庆邮电检查所致重庆图书杂志审查处公函（1942年6月13日）

径启者：查五月二十九日由陕西肤施解放日报社寄渝民生路一八七号马健行转陈克收挂刷一包，内系《论持久战》六本、《季米特洛夫文选》十一本。查该书内容偏激，系奸党出品，似应查扣，以杜流传。为此，检同各该书一本，函请查照审核，并迅予见复为荷。

此致

重庆市图书杂志审查处

所　长　罗杏芳

（5）重庆市图书杂志审查处公函（7月27日）

准贵所卅一年六月十三日坚字第二七七二号函，为检送由陕寄渝之《论持久战》等书各一册，请审查见复等由，经呈奉中央图书杂志审查委员会核示："《论持久战》一书系奸党宣传品，业于于本年五月廿六日查禁在案；《季米特洛夫文选》一书，故不送审原稿，应予停止发行"。等因到处。准函前由，相应函复查照为荷。

此致

重庆邮电检查所

（6）中央图书杂志审查委员会关于《陕甘宁边区的经济问题与财政问题》审查表（1944年8月）

此稿为“中共”抗战以来在“边区”所施行之财政政策与经济方案之工作报告，及其自我检讨，共计十章分别论述“边区”农业、畜牧业、手工业、合作社、制盐业、军队生产事业、机关学校生产事业，以及粮食工作等。

查本稿二页三行“××把我们困死”，三页十三、四行“……诛求无己，这是×××的思想”，九九页二——三行“……国民党颁布限制异动办法，国共间的关系不如从前了”，一〇四页七行谓“边区”经济是新民主主义的……国家经济，一〇五页四行“……边区经济开始被封锁”，一七〇页末行亦有边区被封锁之字句，二〇〇页二行使用“八路军”一词，九八页六——八行亦有攻击中央政府当局之嫌。

综查本稿所用“×××”等处符号，意图破坏国民党，恶意抨击政府，故作煽惑言论，不用中央军令颁布之十八集团军名义，仍然以“八路军”自称，违反中央政令，触犯出版法廿一条一、二项及禁载标准二条第三、五项，且本稿所称之陕甘宁边区政府乃未经国民政府承认之合法组织，今该稿竟公开报导“边区政府”之施政报告，并夸大宣传异党政绩，实属破坏国家统一，意图颠覆国民政府，故拟不准印行。

复查本稿既以清样送审，按照共党惯技，纸型当已打就，为免中奸党鬼计，拟由本会派遣得力人员，协同渝处前往本书印刷处所，将排版拆除，原稿及纸型全部提回，并函请邮检处密切注意该书之偷印邮寄出口。

（7）中央图书杂志审查委员会训令稿（8月30日）

训令：

令〇〇省图书杂志审查处

案据重庆市图书杂志审查处转呈新华日报社本年八月九日送审毛泽东著《陕甘宁边区的经济问题与财政问题》原稿清样一种，暨该处审查意见一纸，祈予复核示遵等情。经核该稿内容触犯出版法第廿一条第一、二款及禁载标准第二项第三、五两款之规定，应不准印行，原件扣存，除指饬渝审处转知遵照并函请军事委员会特检处转饬所属严密注意该稿之私印邮寄，以防流传外，合行令仰该处严密注意为要。此令

主任委员　潘公展

〔国民党图书杂志审查委员会档案〕

8. 国民党中央图书杂志审查委员会查禁周恩来著《国际形势与中国抗战》等书的有关文电

（1941年2—7月）

（1）湖南省图书杂志审查处签呈（2月　日）

国际形势与中国抗战　周恩来著

新华日报馆出版　　民国廿九年十月出版

查该书言论偏激狭隘，足以引起友邦反感，妨碍国防外交，如五页“英国有两个法宝：（一）扩大战争；（二）争取兴国。英美因为要争取兴国便实行牺牲小国，比如在太平洋方面便欲争取日本，牺牲中国”，三页“也许美国将是最后挣扎着的，但是无论如何，在这个帝国主义的体系中会发生极大的变化，许多革命会代替着消灭着战争”。鼓吹偏激思想，强调阶级对立，为社会主义张目，如二页“帝国主义国家内人民的反战的革命被压迫，民族的反侵略革命和社会主义国家的反帝国主义革命也是关联的配合着的”，三页“独立革命是在发展和扩大中，不但是中国的民族革命有着光明的前途，而且这个民族解放运动会扩展到非洲、澳洲、南洋以及印度，以亚细亚的民族。苏联社会主义的革命是与前两

种革命关联着的，而且有着领导、推动的力量”。且民国廿九年出版，未经申请审查，无许可证，拟请予以查禁，是否有当，伏祈核夺。

湖南省图书杂志审查委员会　谨签

（2）中央图书杂志审委会代电（2月13日）

湖南省图书杂志审查委员会鉴：据呈送《国际形势与中国抗战》一书，经审内容荒谬，且系二十九年十月出版，未将原稿送审，应予通行查禁。除列入查禁表外，合亟电仰该会遵照。中央图书杂志审查委员会。寒。印。

（3）中央图书杂志审委会指令（7月4日）

指令：

令陕西省图书杂志审查处

三十一年四月十八日检字第一九号代电一件，为呈送《周恩来、邓颖超最近言论》一书，拟查禁，请核示由。

代电暨附件均悉。查该书内容违反审查标准，应予查禁，除列入本会查禁表通行取缔外，仰即知照。此令。附件存。

主任委员　潘公展

〔国民党图书杂志审查委员会档案〕

9．国民党中央图书杂志审查委员会与内政部关于拒绝茅盾主编的《笔谈》等五种杂志登记的函电

（1941年12月——1942年2月）

（1）国民党中央图审会致中宣部代电（1941年11月14日）

中央宣传部钧鉴：据报，现在南进文化人在香港出版之刊

物，计有：邹韬奋主编《大众生活》，茅盾主编《笔谈》，张铁生主编《青年知识》、金仲华主编《世界知识》，沈兹久主编《妇女生活》等语。查上列各项刊物内容均待详加审查，拟请钧部于收到上列诸刊时，尽先发交来会，如有不妥，即当列入查禁表，以杜流传，可否之处，谨电请鉴标示遵。中央图书杂志审查委员会〇印。

（2）国民党中央图审会致内政部公函（1941年11月28日）

查《七月》文艺月刊自五月二日以后，即未送审，亦未据声明不能出版之原因，迄今已逾六个月，依照修正出版法第十五条及修正出版法施行细则第二十四条之规定，应视为废止发行，得注销其登记。兹将函达，即希查照，即将该刊登记证注销，以示限制。又现在香港出版刊物计有：（一）茅盾主编之《笔谈》；（二）邹韬奋主编之《大众生活》；（三）张铁生主编之《青年知识》；（四）金仲华主编之《世界知识》；（五）沈兹久主编之《妇女生活》，内容均属未妥，如该刊等申请登记时，至希注意设法拒绝，以杜邪说，并祈惠照为荷。

此致

内政部

（3）内政部致中央图书杂志审查委员会公函（1942年2月13日）

案准贵会三十年十一月二十八日公发（三）字第二九一九号函，请注销七月文艺月刊社登记及注意不予《笔谈》等五种刊物登记，等由到部，自应照办，除注销该《七月》文艺月刊登记，并注意不予《笔谈》等五种刊物登记外，相应函复查照。此致

中央图书杂志审查委员会

〔国民党图书杂志审查委员会档案〕

10．国民党中央图书杂志审查委员会查禁范文澜著《中国通史简编》有关函件

（1942年1—2月）

（1）军委会特检处公函（1月12日）

军事委员会办公厅特检处公函　渝检三审字第7455号

中华民国三十一年元月十二日

顷据检获新华书店印行之《中国通史简编》上册一书，内容似有阶级意识色彩，是否准其发行，相应检同原件，函请查照，赐予审查见复，并将原件发还以凭核办为荷。此致

中央图书杂志审查委员会

附原书一册〔原缺〕

代处长　李肖白

（2）图书杂志审委会审查表（1—2月）

中央图书杂志审查委员会图书审查表

图书名称	原名	中国通史简编上册	著作者	中国历史研究会	送审者	渝处	类别	册数一	送审时间	月日午时	备考	一、已出版图书 二、初审 三、审查证或许可证号码
	译名		翻译者		出版者	新华书店	出版地点	无 出版时间 卅年九月初版日	审毕时间	月日午时		
内容撮要	共分三编，为原始公社到中央集权的封建制度底成立(远古至秦)。第二编为中央集权的封建国家成立后，对外侵略到外族的内侵(秦汉至南北朝)。第三编为封建经济的发展到西洋资本主义的侵入(隋统一至鸦片战争)											
审查意见	细审该书内容立论态度完全以派系私利为立场，曲解史实，强调阶级意识，足以淆惑听闻，动摇青年之信念，实触犯审查标准甲项第三条，及乙项第五条之规定，拟予查禁之处分。											
处置办法	拟予查禁与世总字第〇一五〇号文，并案办理。 陈责 一、卅											
批示	拟批复知照 霞村 二、五 照复 子契 二、七											

(3) 国民党中央图审会公函(2月9日)

公函 世二字第0118号
三十一年二月九日

案准本年元月十二日渝检三审字第七四五五号大函，检附查获新华书店印行之《中国通史简编》上册书一本，嘱即审查见复，等由过会。经查该书内容曲解史实，强调阶级意识，足以淆惑听闻，动摇青年信念，触犯审查标准，应即予以查禁，除已列入本会二月上半月份查禁表通行取缔外，准函前由，相应检同原书随函送还，即希查照为荷。此致

军事委员会办公厅特检处

附还《中国通史简编》一册

主任委员 潘

〔国民党图书杂志审查委员会档案〕

11. 国民党中央图书杂志审查委员会查禁史沫特来著《国共合作后怎样发展统一战线》一书的令文

(1942年3—6月)

(1) 广东省图书杂志审查处呈文(3月25日)

查史沫特来女士著宋景桐译之史沫特来与毛泽东的谈话录《国共合作后怎样发展统一战线》一书，内容系以派系私利为立场，歪曲革命史实，曲解三民主义，诬蔑总理，诋毁本党，触犯审查标准甲项第一条、第三条及乙项第二条之规定，拟予查禁，除饬属及通告各书店先行禁售外，理合检同原书备文呈请察核示遵。

谨呈

中央图书杂志审查委员会

附呈《国共合作后怎样发展统一战线》一本 〔略〕

广东省图书杂志审查处处长 高 信

(2) 图书杂志审委会指令(6月5日)

指令:

令广东省图书杂志审查处

卅一年三月廿五日信一字第九〇号呈一件,为《国共合作后怎样发展统一战线》一书,内容欠妥,拟予查禁,谨将原书呈请核示由。

呈件均悉。经核,该书内容确属荒谬,触犯审查标准,应予查禁,除列入查禁表外,仰即知照。此令。书存。

主任委员 潘公展

〔国民党图书杂志审查委员会档案〕

12. 国民党中央图书杂志审查委员会查禁刘少奇、陈毅著《皖南事变后的新四军》一书的令文

(1942年6—7月)

(1) 广西图书杂志审查处呈(6月20日)

中央图书杂志审查委员会

案据本处博白县分处六月十日博审字第二六号代电呈称:"查县属沙河各处近来发现粤南日报(社址合浦县惠爱西路)夹寄有《皖南事变后的新四军》一书(著者刘少奇、陈毅等),内容系抨击政府,对于新四军之处置失当,诬蔑国军投降敌人,并设法吸收青年图谋不轨,殊属反动,影响抗战,业经扣取上项刊物,电呈察,核乞予分别咨饬,严密防范为祷,电呈察核"等情。据此,查核属实,除函请有关机关特别注意及饬属查扣外,合将该书附呈察核示遵。谨呈

附呈《皖南事变后的新四军》图书一册

广西省图书杂志审查处处长 杨 智

皖南事变后的新四军

刘少奇　陈毅著

卅总字第二二二八号

皖变后新四军近况

刘少奇
陈　毅 著

在皖南事变后，关于新四军的活动情形，外边是很少知道，甚至各地同志知道的亦不很清楚，因此我们有得〔将〕新四军最近活动的大概情形向同志们报告的必要，以便同志们对外宣传有必要的事实材料作根据，同时告诉有些愿意参加新四军的人来到新四军的办法。

甲、新四军的一般情形

1. 在皖南事变中，新四军在皖南的部队和军部所受损失的只有四、五千人，其余的已突围出来，到达江北及芜湖附近敌后地区，坚持游击。而新四军之其他部队，则在最近得很大发展，远远超过了在皖南的损失。

2. 新四军新成立之部队，设在苏北，他的规模比在皖南的部队还大些，在军部的附近抗大第五分校、鲁迅艺术学院华中分院、苏北行政学院、义士学校、民运干部学校等，有数千各地来的青年，在这些学校中受抗战的教育，并有江淮日报、江淮杂志、江淮文化、江淮艺术刊物，各部抗战理论书籍，均在陆续出版，生活书店、大众书店亦在苏北各地设立分店。

3. 新四军的正规部队已经编成七个师，各部队比中国其他二百个师中任何一个师都更加充实，人数及枪枝都更多，除开正规部队七个师以外，还有各地方部队、大独立师、独立团和营等兵有数万人。除此以外，还有不脱离生产或半脱离生产的广大抗日人民自卫军。

4. 在陇海路以南，大江南北，所有华中各敌后地区皆充满了新四军的部队，除开一部分汪精卫的伪军外，国民党的军队很少，其他抗日的军队也不很多。新四军在华中各敌后地区均建立了抗日民主根据地，在这根据地上建立了抗日民主政府，召集了各级政府的参议会，组织了很多的民众团体，初步实现了减租减息、增加工资等改善民生的办法，建立不少的中小学校、刊物及文化机关，广泛的武装了人民，组织人民自卫队，切实的实行三民主义。因此，一般的地主、资本家、士绅及各种名流学者，均乐于与新四军合作，参加政府的及其他各种抗日的工作，因为我们有华北抗战的经验。在根据地的建立工作中，一般可以避免华北的许多缺点，在各种形式上组织更完备的抗日民族统一战线，团结一切抗日人民共同抗日。所以新四军在粉碎敌人历次扫荡中，均得着各阶层人民的很大帮助，安定了敌后地区抗日秩序。所以上海、香港各地的有名学者、文化人、工商业家已有不少到各根据地，从事文化教育事业及工商业。

乙、新四军在华中各敌后抗日的根据地

1. 在南京、上海附近，京沪路西侧之敌占据区，如：无锡、常熟、江阴、太仓、宜兴、今〔金〕坛、句容等地，除县城和某些市镇被敌人占领外，乡村均在新四军所占领着，在那里建立了江南根据地。

2. 在苏北，从南通、如皋、靖江、秦兴、泰县、兴化以东，除县城及某些大市镇被敌人伪军占领外，离开敌据点五十里之广大的乡村，均是新四军及抗日民主政权管理的地区。在苏北、盐城、阜宁两个县城是没有敌人的，有一块广大的自由天地。

3. 在陇海路以南，东海××以西，涟水淮阴以北，泗阳、宿迁、睢宁以南县城，及公路上的市镇是敌人占领的。但乡村均为新四军占领着，洪泽湖及湖的四周地区，除盱眙县城外，均为新四军占领地区。

4. 在扬州以西，六合以北，天长以西，津浦路以东，除县城附近外，均为新四军之根据地，在那里建立了比较完满的各种抗日组织，并有抗大第八分校、鲁公皖东分院及其各种学校。

5. 在津浦路以西，县城全蕉〔椒〕以北，凤阳、定运以南，淮南路以东，亦为新四军活动地区。不过在淮县、全椒以南，及合肥以东地区，经常有桂系军队与新四军进行摩擦。

6. 在津浦路以西，陇海路以南，涡河以北（涡阳、蒙城以北），亦为新四军活动地区。涡县、宿县、永城、夏邑、亳县均为敌占领区，但乡村均为新四军控制。

7. 在淮南路西，巢湖以南及芦江至桐城沿江之敌占区均属新四军活动，并为全县除敌据点外，国民党军队完全区是在长江以南，铜陵、繁昌、×湖、南陵、宣城等县是敌占领区，亦有新四军活动。

8. 在汉口附近，沿平汉路北上到信阳以北，罗田、应山、安陆、云梦、应城、孝感、京山、钟祥至荆门、当阳、江陵及天门、汉川、礼山、黄陂、黄江、蕲州、黄梅、宿松等县敌人占领地区，除县城、铁路、公路外，均为新四军李先念部控制，或有新四军经常活动。

一般说来，在津浦以东，除公路、运河线及各县城某些市镇为敌人控制外，华中所有敌后地区均为新四军活动地区，敌寇在华中新四军地区与新四军作战部队，计四个正规师、团、独立旅团，共计十五万人，伪军约十万人，敌伪共计二十五万人。新四军担任牵制敌军侵华兵力六分之一，得利华中敌后地区的抗战绝大部分是新四军担任的。

丙、华中敌后的国民党军队

国民党军队，如韩德勤等在敌后，除开向新四军进行摩擦外，是不打敌人的，看见敌人来了，是逃避的，他们经常以一部分投降敌人，作汪精卫的伪军，他们并经过这些伪军去和敌人妥协，以避免和敌人作战，因此，他们亦已不能维持自己对官兵的信仰，而不断溃败着。韩德勤现在有一万人在淮安、宝应以东隘小的地区内苟延其残喘。国民党在上海附近忠义救国军已全部投降敌人，变成伪军了。李长江部亦全部投了敌人，编为伪军第一集团军。此外，李明扬、陈泰运在泰县以北，东台以西地区，现在与新四军合作抗战，没有摩擦，在徐州以东，睢宁县长刘天展部地方武装约三四千人，亦未与新四军摩擦。

重庆国民党当局在皖南事变后，虽曾命令汤恩伯、李品仙等数十万大军，向华中新四军进攻，然而冲突只在津浦路以西发生，国民党军队不敢到敌后地区来活动，他们虽曾化费了数十万元收买津浦路附近的伪军，要伪军帮助他们到敌后地区活动，想经过伪军去取得和敌人的妥协，以便到敌后来和新四军摩擦，但仍没有成功，因为日本帝国主义要他们公开投降，改编他们为伪军之后，才能允许他们到敌后来，而他们又不敢到敌后来与日本帝国主义作战。

总之新四军全体指战员及敌后地区的抗日人民是联系在一块的，我们没有理会当局及亲日派一解散新四军的命令，我们违反着他们的意志，在华中敌后广大地区内坚强的存在着、发展着和日寇及汉奸们顽强的战斗着。我们根据自己的意志，实现我们武装抗日的神圣权利，在政治上、经济上、文化上实行三民主义的权利，并将这种政权给予千万以上抗日的人民，我们相信新四军是会在抗战中，继续不断的发展、壮大，成为不可战胜的力量。皖南事变只总加强我们战斗的意志，增涨全国抗日人民对我们的同情，决不能限制新四军的发展。

丁、各地青年来新四军的办法

我们很盼望各地热心救国的人士，特别青年学生和技术人员、机关办事处员来参加新四军的工作，参加敌后抗日民主政权的建设工作，欢迎各地革命青年到苏北、皖东、皖北的抗大、鲁艺及其他学校学习，不要任何介绍，不须什么资格，只要是革命的青年来到新四军活动地区，一律保证入学，一切待遇、条件与延安抗大一样。

各地人士到新四军的办法，如果是经香港、上海、汉口等地起程，只要能到海门、南通、如皋、靖江、泰兴、泰县等地，即可向北东走过敌人据点以外的乡村十里、二十里，即可找到新四军或地方抗日政府，就可打听到新四军的活动地点。或者扬州、天长以西，六合以北，在津浦路的滁县、明光以东以西，无为县城附近，×湖附近，洪泽的四周地区及滁州、宿县以西，萧县、永成地区，均可找到或打听新四军。在汉口、信阳附近，沿平汉路南到乡村，也可以找到新四军。长江沿岸各港口与上海经常有小轮船、帆船来往津浦路，沪宁等〔？〕路经常有车来往，在上海市即可打听到海门、南通、如皋、靖江、泰兴、扬州、泰州、六合、滁县、光明、蚌埠、徐州、×湖、无为（均为敌占领城市）的办法。由这些城市到新四军活动的地区，虽然要经过敌人的检查，但只要应付得稍精一点，是没有危险的。如有伪政府的通行证，则更好，所以我们盼望各地愿意来本军的人士自动找办法来本军，不胜欢迎之至。完。

（2）中央图书杂志审委会指令（7月14日）

指令：

令广西省图书杂志审查处

本年六月二十日宇发字第一五二号呈一件，为呈报查扣反动书刊“新四军”一册，请鉴核由。呈书均悉，查该书经于卅年十月廿二日查禁在案，仰即知照。此令。书存。

主任委员　潘公展

〔国民党图书杂志审查委员会档案〕

13. 国民党中央图书杂志审查委员会关于删禁鲁迅著作的令文

(1942年6月——1943年7月)

(1) 中央图书杂志委员会签呈(1942年6月5日)

关于峨嵋出版社送审之《两地书》、《三间集》，(一)：该社前于卅一年七月廿一日送审《两地书》，经主任委员于九月廿六日批示“自序言P17起至P366止，刻已逐页由展看过，其应删改均用红笔划出，由第二科重列一表核对号误，然后重抄通知，稿候核判”。第二科列为廿二点，业于十月五日曾以渝处(二)0514号指令饬令遵照删改付排，并检清样送核。

该社前于卅一年八月十三日送审《三间集》，经吴熙祖先生于八月廿日审毕，签注十五点，复经徐前科长霞村先生于九月二日复核，签注十一点。曾奉主任委员于九月十八日批示“删改后即送清样复审，再候核发审查证”，十月十四日曾以渝处(二)0525号指令饬送各在案。

后该社于卅二年一月七日呈复，以《两地书》、《三间集》两稿已遵照删改付印，不使再行送核请发审查证等情。一月十六日曾以渝处(二)0648号指令饬迅送清稿候核去后，三月廿五日忽接该社来呈，以二月十六日将该二稿删改后呈送复核，迄今一周有余，未见示下，等情。其时正值接事之初，诸情未谙，当以“此件既系渝审处转来，何以渝审处并无来文，拟请令知渝审处补具来文，申述种切，以凭核办”。拟办旋奉李云秘书以“此件原系本会代办，毋须令补呈文，可调卷办”饬遵。随即调卷核阅，并无二月十六日呈送复核之卷，而接管卷内亦无该书等清样之移交后，秘书室以“已函渝审处查示，此间总收发并未收到之”签发到科，而该社又于五月廿九日以该书等送审已逾十个月，请迅复阅给证等情前来，究竟该社所谓二月十六日将该二稿删改处呈送复核者，系删改本抑系清本本？究竟该社二月十六日所送之件，系送本会抑送渝审处，有无收据可查，拟请饬令该社明白具复，以便核呈主任委员批示办理，当否，乞核。

（2）中央图审会第五科函（1943年1月9日）

中央图书杂志审查委员会科函　中审发〇〇八〇号
民国卅二年一月九日发

奉主任委员条谕：《鲁迅全集》在未重行审定前，所有局部翻印之书刊一律暂缓核准等因，相应录谕函达，即希查照为荷。

此致

第二科

秘书室

第五科启

（3）中央图审会指令（1943年6月）

中央图书杂志审查委员会指令　中审发一七八一号
民国卅二年六月廿二日发

令广西省图书杂志审查处

未列年月日暨字号呈一件，为呈送《祝福》等两稿，乞复核示遵由。呈件均悉，查《鲁迅全集》现在本会审查中所呈《祝福》、《狂人日记》两稿，均不准编入《模范小说选》，仰即知照，并转饬遵照办理为要。原稿发还。此令。

附：《祝福》、《狂人日记》原稿两篇

主任委员　潘〇〇

（4）中央图审会密函（7月10日）

中央图书杂志审查委员会密函　中审发二〇四一号
中华民国卅二年七月十日发

查关于鲁迅著作及有左倾思想之文章，应一律不准出版者任意列入所编各种文选乃国文教本之内，除分别函令外，相应函请贵厅查照办理为荷。

此致

湖南、浙江、安徽、湖北、贵州、西康各省教育厅

主任委员　潘〇〇

(5) 中央图书杂志审委会密令(7月10日)

中央图书杂志审查委员会密令　中审发二〇四二号
中华民国卅二年七月十日发

令〇〇省市图书杂志审查处

凡鲁迅著作及有左倾思想之文章一律不准出版者任意列入所编各种文选及国文教本之内，除分令外，仰即遵照。此令。

主任委员　潘〇〇

〔国民党图书杂志审查委员会档案〕

14. 国民党中宣部等关于查禁陈伯达著《评中国之命运》的文电

(1943年10月——1944年4月)

(1) 重庆图书杂志审查处(1943年10月30日)

案准重庆市警察局本年十月十二日行治字第一零六三号公函开："案据本局第二分局长王继何报告'案据本分局局员宣善玙报称：近来市面上发现有奸党陈伯达新著《评中国之命运》一书，内容荒谬，对总裁不敬，谨将在南京晚报所得该书一册，析转请核示等情前来。查该奸党所著是书自别有用心，不仅曲解本党主义，怪论百出，且以奸惑伎俩〔俩〕离间民族团结，除分令注意外，理合检附该书一册，送请鉴核，通令查禁，实为公便"等情。据此，查是项书籍既蓄意诋毁，立论荒谬，自不容其发售。除已先行密饬所属注意查察，如有发现即予悉数提存，报请核办外，相应函

达，即希查照为荷”等由。准此。查该书系由长沙印行，现正兜揽，预约于下月初运渝市发售，除饬属随时密查，予以没收外，理合备文呈请钧会鉴核，准予速电湖南省教育厅注意办理，实为公便。谨呈

中央图书杂志审查委员会

重庆市图书杂志审查(处)代理处长

职务　陆并谦

（2）国民党中宣部密函（10月30日）

中国国民党中央执行委员会宣传部密函　机字第1115号
中华民国卅二年十月三十日

案奉。交下“据报延安奸伪近将解放日报所载陈伯达著《评中国之命运》一文，以中国之命运原书字样及广益书局‘论说指南’书名装订封面，到处传送等，请希查禁，没收为要”等因，相应密达，即希查照办理，并见复为荷。此致

部　长　梁寒操

（3）国民党中宣部代电（11月9日）

中国国民党中央执行委员会宣传部快邮代电

中华民国卅二年十一月九日

中央图书杂志审查委员会公鉴：据西京日报社呈称：最近收到奸党投来油印小册两种，一名《评中国之命运》，一名《质问中国国民党》，内容荒谬，贻害匪浅，乞通令各地严密查扣，庶免邪说流行，影响国民信念等情，附油印小册二本。据此，自应严予查禁，以杜流传。除将小册存部参考并指复外，用特据情电达，即希查照办理为荷。中央宣传部。戌佳。印。

（4）国民党中央图审会训令稿（11月17日）

中央图书杂志审查委员会　字第3669号
中华民国卅二年十一月十七日

（训令）（陕渝两处不发）为“评《中国之命运》及《质问中国国民党》两书，内容荒谬应予查禁，令仰知照由。”

令〇〇省图书杂志审查处

案准中央宣传部本年十一月九日渝三十二设字第四七五号代电开：“抄原文”等由。准此。自应遵办，除通令各省市图书杂志审查处严密查禁，并函请军事委员会办公厅特检处、邮电检查所严密检扣外，合亟令仰知照，即予严密查禁为要。此令。

主任委员　潘公展

（5）国民党中央图审会代电（11月　日）

中央宣传部勋鉴：案奉大部本年十月三十日机字第三五号密函。为奸伪近将陈伯达著《评中国之命运》一书，以原书字样到处传送，嘱予查禁。等由。准此。正办理间，复奉大部本年十一月九日渝三十二设字第四七五号代电为《评中国之命运》及《质问中国国民党》两小册，内容荒谬，应予严密查扣，嘱为查照办理等由。准此，查奸党陈伯达所著《评中国之命运》一书，内容触犯审查标准，业经本会于本年十一月九日以中审发二字第三五八八号通令各省市图书杂志审查处严密查禁，并电请鉴照各在案。嗣据重庆市图书杂志审查处本年十月三十日市审一字第二五三五号呈称：“抄原文”等情。当经据情函请湖南省教育厅迅予检扣，以杜流传，奉电前由，除通令各省市图书杂志审查处即持《评中国之命运》及《质问中国国民党》等两书，予以严密查禁并函请军事委员会办公厅特检处，邮电检查所严密检扣，以杜流传外，谨特电请鉴照。中央图书杂志审查委员会。印。

（6）中央图审会训令（1944年4月6日）

中央图书杂志审查委员会　字第1787号
中华民国卅三年四月六日

（训令）

令〇〇省
重庆市图书杂志审查处

案准中央宣传部本年四月三日渝三十三设字第三七三八号函开："抄原文"等由。附件如文，准此。自应遵办，除电复暨分令外，合亟抄发原附件，令仰知照，即予严密查禁，以杜流传为要。此令

计抄发原附件一纸

主任委员　潘公展

（代电）

中央宣传部勋鉴：案奉大部本年四月三十三设字第三七三八号代电：以准军事委员会委员长侍从室第三处函，为据报：最近市上发现奸党印发之《评中国之命运》一书，内容荒谬，转嘱严予查禁。等由。附抄原附件一份。准此。自应遵办，除通令各省市图书杂志审查处即予严密查禁以杜流传外，谨特电请鉴照。中央图书杂志审查委员会　印。

抄件

顷发现奸党用铅印刊发之《评中国之命运》的小册子（共四十页），内分：（一）关于中华民族；（二）关于中国历史；（三）关于中国近代思潮；（四）关于国共关系；（五）为中国民族前途呼吁，为中国民众、中国青年们、孩子们呼吁等五节。在第一节之前还加了一段绪言，内容荒谬绝伦，稍有常识者即可辨其奸妄。该项小册子封面署："论说指南第一册　广益书局　民国三十二年"等十

六字，用线装订之，意在混人眼目，不使人注意也。共绪言里先蔑陶希圣先生“素日鼓吹法西斯，反对同盟国，而直到今天在思想上仍和汪精卫千丝万缕地纠合在一起”，以下各节皆属肆意攻击。《中国之命运》之言，如在绪言里有言“大家读到中国之命运”后，却不免大失所望，原因是那书中所提出的问题和人民所期望的都相反，而且关于抗战问题在全书二一三页当中只占了十二页半，全书中心是谈的内政问题。一言蔽之，反对自由主义与共产主义，实际上主张买办的、封建的法西斯主义，或新专制主义（虽然形势上仍戴着三民主义的帽子），因此使人们大失所望。又说：“今日决定中国之命运的是抗战而不是其他”，这就是说本党仅在注意党派之争的所谓内政问题，而不注重抗战。又如在第四节“关于国共关系”里说：中国共产党人……能够在伟大抗战中抵抗，在华敌寇百分之五十以上的兵力，支持了中国半壁河山，向使只有国民党的军队，没有共产党所锻炼的这支军队——八路军、新四军在敌后抗住那样大数目的敌人，能独立挡住敌人的进攻么？如果国民党军队不能独立挡住，则敌人不就早已长驱直入重庆、昆明、西安、兰州么？中国安得有今日中国，安得被列为四强之一？而国民党当局诸公安得仍然安安稳稳的坐在重庆”。其他如在“关于中华民族”及“关于中国历史”等节里，无不极力分划民族团结力量，掀起阶级斗争，以达其阴谋篡夺的奸计。

〔国民党图书杂志审查委员会档案〕

15．国民党中央图书杂志审查委员会查禁茅盾著《速写与随笔》及邹韬奋著《抗战总动员》二书的令文

（1943年12月——1944年2月）

（1）广西图书杂志审查处呈（1943年12月20日）

广西省图书杂志审查处呈　元审字第三一二号

中央图书杂志审查委员会

案据开明书店呈审矛盾著《速写与随笔》一书到处，核其内容多系以都市病态及农村痛苦为题材，不仅颓丧、失望之情溢于纸上，且暗示有再革命之必要。又检获战时出版社邹韬奋等著《抗战总动员》一书，其内容多幼稚、偏激之处，似应禁止流行。是否可行，理合连同该书等二册备文呈请复核，并候示遵。谨呈

附呈：《速写与随笔》、《抗战总动员》二书各一册

广西省图书杂志审查处处长　李　文

（2）国民党中央图审会指令（1944年2月9日）

中央图书杂志审查委员会指令　义发（二）〇五一六号

（指令）

令广西省图书杂志审查处

三十二年十二月四日元审字第三一二号呈一件，为呈送《速写与随笔》等书二种祈核示由。

呈件均悉。查《速写与随笔》及《抗战总动员》等二书，内容不妥，触犯审查标准，应予就地取缔，原件扣存。仰即知照。此令。

主任委员　潘〇〇

〔国民党图书杂志审查委员会档案〕

（3）禁毁书刊报告

1. 国民党中央宣传部审查书籍刊物总报告

（1938年3月　日）

自抗战以来，坊间所售之应时书籍及刊物，风起云涌，盛极一时，大有五花八门、目为之迷之概。然其内容，究竟如何，大有加以审查之必要，乃就芦沟桥事变后至二月底止，所有公开发行之书籍及定期刊物，尽量搜集，逐一予以审查。查目前出版界几

全数集中武汉，故此次搜集之范围，尚有不周，然以之反映全国出版界之全貌，当可窥得十之八九，审查结果，无论书籍与刊物，皆共党及左倾色彩占极大多数，类多诋毁本党之词，尤以书籍为最，计共审查二百五十八册，有关共党者一百十一册。若将左倾及人民阵线者加在一起，则有一百六十一册，已超过总出版量二分之一以上，影响所及，亦殊骇人。其详细情形，列表陈明。

再查有关共党之书籍，由中共当局负责发行者，仅延安解放社及中国出版社二处(附共党及八路军启事)其余类多一部分失业文人及投机书贾，希图渔利而辗转抄袭杂凑而成，且书上所注出版机关为欲卸脱责任，亦皆虚构名称，并无实址。故既不合出版法规定，且内容素质更不健全，若任其一再传播，实于民族思想之健康颇有毒害，是以对于今后出版界情形，有加以严密注视和统制之必要。

一、现所流行之书籍刊物，应由当地党部逐一加以审查，内容欠妥之处，应予禁止。

二、凡不负责发行之书籍刊物（如未注明负责人及确实地址者)，一律予以禁止。

三、嗣后出版书籍或刊物，应根据出版法先予审查或登记，方准出版。

四、各地方党部今后应加强对于出版界之注意，随时负责检查各该地之出版界情形，切实执行出版法。

所有以上处理意见，理合连同审查书籍刊物之各种统计表格，呈请鉴核。

附表八种

审查书籍刊物表册说明

1. 所审查之书籍刊物以自芦沟桥事变起迄本年二月底止至此期内所发行者为限。

2. 书籍以在汉口各书店所能搜集者为限。

3. 不带宣传性质之教科书不在审查之列。

4. 书籍审查表内凡能确定共党发行者则注明“共党”，无从证明者则归入“宣传共党”一类。

5. “投机刊物”系书贾抄袭翻印之有关共党书籍。

6. 所有各表内，凡不能判别其为共党或人民阵线者，则注明左倾”。

7. “其他”系包括胡秋原、宋庆龄等。

(一) 审查书籍一览表

书名	编著者	出版者	内容概要	有无背景	备考
统一战线下的中国共产党	国际时事研究会	国际时事研究会	述共党红军之优点及主张与要求	共党	
中共对于抗日民族统一战线的主张		解放社出版	宣传共党对于抗日民族统一战线主张	共党	
新中国的女战士	里夫著 叶舟译	光明书局	记载丁玲自学生至红军一段事实	共党	
大众抗战讲话	适夷	三一出版社	通俗解释中日抗战中一切问题	共党	
战时政治工作	静琴	时代史料保存社	宣传八路军政治工作批评政府过去设施	共党	
苏联的红军及其新战术	李守华	新民出版社	红军之沿革发展及新战术	共党	
抗日游击战争中各种基本政策问题	陶尚行		抗日游击战中的领导问题	共党刊物	
为和平而奋斗的苏联	季维诺夫	战时文化出版社	宣布苏联的态度	共党	
解放文选	解放社		选载国共合作后之共党重要言论	共党	选自解放周刊

毛泽东印象记	斯诺著 自华译	进步图书馆	记载毛之生平	共党	与毛之自传大略相同
毛泽东与延安新中华报记者其光生的谈话		远东出版社	拥护抗战政府主张两党并存	共党	新中华报系共党机关报
巩固国共合作争取抗战胜利	解放社	解放社	解释谣言说明不必要的怀疑与磨擦	共党	
北方游击战争的战略	张闻天	南华出版社	对山西阎主任批评	共党	
论反帝统一战线问题	王 明	中国出版社	叙述殖民地和半殖民地国家中共产党员重要的任务	共党	
抗日救国政策	陈绍禹	生活书店	叙述建立抗日救国统一战线及新政策产生的根据，又提出主要的抗日救国的提议和要求九项及共产党任务五个	共党	
在困难中前进		离骚出版社	摘录新华日报社评	共党	
毛泽东抗战言论集	张剑萍	战时读物编译社	决不放弃共产主义理想因国共合作才有一九二五年二七之胜利，分裂才致外患	共党	
周恩来论抗战诸问题	苏 生	群力书店	对本党有批评主张三民主义十大纲领同时实行改造政府与军队	共党	
为和平而奋斗的统一战线	季维洛夫 唯真译	中国出版社	宣传引导无产阶级和广大民众共同去反对具体排战者及五一宣传	共党	共党负责出版之刊物

日本侵略新阶段与中国斗争新时期	王明	青年出版社	宣传共党抗日主张攻击政府过去不抗战种种	共党	
苏区的文艺	丁玲	上海南华出版社	描写红军及打倒土豪抗敌工作	共党	
怎样争取最后的胜利	李天囚	星星出版社	咀咒政府主张改组政治机构开放党禁与共党合作	共党	
挽救时局的关键	陈绍禹	风玉社出版	宣传共党抗敌主张	共党	
法西斯蒂的新工具托洛斯基	树梁	大众出版社	站在共党斯大林派攻击托派	共党	
抗战独幕剧选	阿英	戏剧时代出版社	写抗日战争鼓励民气之文字	共党	阿英即左翼作家钱杏邨
日本人民的反战呼声	鹿地 陈绍禹	离骚社	写日本共党反对军阀侵华种种	共党	
军队论	崔尚新译	郭澂	反对资产阶级统制的职业化的军队主张人民自动武装组织	共党	
抗战中的陕北	马骏	扬子江出版社	记载陕北过去及现在情形	共党	
全民抗战的理论基础	孙冶方	黎明书局	述抗战的条件及意义惟结论欠妥	共党	
抗战文艺	向愚		集郭沫若、陈独秀、沙千里等言论	共党	

高粱红了	安　娥	上海杂志公司	以民族解放为背景，鼓励民众自发抗敌内容甚佳	共党	诗剧
救济难民	张劲夫	生活书店	述难民救济的根本方针及具体建议	共党	
游击队基本教程	尤　基	扬子江出版社	讲述苏联革命时期游击战争的经验	共党	
游击战术与游击队	陈稚令	大时代书店	除叙游击战外，并有攻击本党言论	极左	似应取缔
八路军的战争经验	朱德 项英等	全民出版社	讲解游击战并宣传人民拥护红军及被围剿经过	共党	
民族解放战争的战略和战术	凌　青	上海杂志公司	把各个人所有的一切供给战争广泛的总动员及战略战术研究	共党立场	
民族革命战争论	林克多	光明书局	联合苏俄抗日	共党立场	
抗战言论集	郭沫若 宋庆龄等	中国农村合作出版社	主张立即抗日绝交与苏联密切携手各党派合作改革政治机构实现民主政治	共党	上下两册
军队政治工作纲要	杨　实	扬子江出版社	主张必须恢复以三民主义为基础革命的三大政策为骨干	共党	
怎样争取最后的胜利	张佐华	上海杂志公司	改革现在政府与苏联密切结合	共党	

抗战军队中的政治工作	张佐华	张静庐	主张抗日民族统一战线的国防政府实行革命的三民主义与三大政策	共党	
新路线	田家谷	汉口明月出版社	指摘中央在抗战后发动民众组织成绩太差同时不信任他们去做	共党	
苏联军队中的政治工作	捷克加丁夫任裴文译	上海生活书店	叙述战时政治工作之重要任务	共党	
列宁略传	苏联列宁研究社原著	火炬出版社	述列宁家庭及生平事迹革命经过		
民族战争的经验与教训	列宁等	全民出版社	宣传与他国战争时之胜败教训		
列宁	金则人 黄 峰译	光明书局	叙述列宁一生事迹	共党	
列宁主义问题	斯大林	新时代	通俗解释列宁对俄国诸般政策	共党	
列宁主义初步	雅洛曼绥夫	新时代出版社	通俗解释列宁对布尔塞维克党的政策及一般国际情形		
革命文献	列宁著 陈文瑞译		论列宁俄国在一九一七年二月革命中诸般问题		
两个策略	列　宁	新时代	论无产阶级在资产阶级民主革命当中的策略问题	共党	

列宁主义研究	项英译	斗争出版社	宣传列宁主义给青年及共党党员研究之参考	共党	
左派幼稚病	列宁著 纪华译	中国出版社	批评当时共党盲干	共党	
列宁的故事	周真瑣	文化编译社	宣传列宁一生事迹	共党	
列宁家书集		生活书店		共党	
游击线上	韦白洪	星星出版社	一部宣传八路军作战情形	共党	
睁开眼睛看一看	陆　洛	全民出版社	颂扬苏联	共党	
民族革命战争的战略之研究	C A	大中出版社	宣传红军作战技术	共党	
抗战的新形势与策略	周恩来 王明等	天马书店		共党	与周陈之言论集略同
毛泽东论中日战争	袁西樵	人民出版社		共党	与毛之论文集同
十年来的中国的共产党	平　凡	南华出版社	述共党之经过及毛泽东等言论	共党	
长征时代	黄　峰	光明书店	叙述二万五千里长征故事及红军情形	共党	

抗日民族统一战线的新发展	陈绍禹	扬子江出版社		共党	见挽救时局的关键中
全国总抗战和保证抗战的胜利	王　明			共党	见抗日救国政策
陈绍禹抗战言论集	陈绍禹	民族解放社		共党	见陈“救国政策”中
朱德与彭德怀访问记	赵德华	抗战出版社	叙述访问朱彭的印象及八路军情形	共党	
陕北红军全貌	余　后	大众出版社	叙述红军状况	共党	与陕北影响记相同
陕北印象记	李黎初	解放社	有批评共党在赤区内之劣点亦有颂扬处	共党	此解放社恐系书贾假冒
十月革命与世界	叶文雄编译	全民出版社	宣传苏俄社会主义之胜利及人民阵线之运用	共党	巴黎救国时报转载
从东南到西北	廉　臣	明月出版社	叙述红军由江西到西北的精神勇敢并有咀咒政府地方之处	描写红军	
第八路军是怎样战胜敌人的	林岭南	怒吼出版社	林彪、周恩来、彭德怀等述作战经过	描写红军	
农村工作讲话	陈　毅	扬子江出版社	论述到农村活动方式	共党	

抗战与青年	具　叶	光明书局	指示青年在群众中工作活动的方式与争取政治目标及出路	共党宣传	
丁玲在西北	史天行	芒种书局	宣传共党主张抗日及红军优点与共产主义	共党	
活跃的肤施	任大马	上海杂志公司	宣传共党内部情形赞扬共党种种设施	共党	
宣传组织武装	李　实	扬子江出版社	完全站在共党方面说话	共党	
红军是怎样锻炼的	李　光	抗日旬刊社	描写共党红军生活情形攻击本党及军队	共党	
红旗下的中国	斯诺著 赵文华译	大众出版社	称赞共党讥讽本党及中央要人	共党	
抗战时代(2)	黄　峰	上海光明书局	宣传八路军作战胜利情形及特区状况	描写 共党	
平型关战斗记	小　风	上海中外编译社	写十八路军在平型关的战绩	共党	
共党与西北	肅　夫	大众出版社	抄史诺笔记不忘旧账	共党立场	应禁止
抗战言论集(2)	叶波澄	上海进化书局	论抗战与民主政治之重要和联系	共党及人民阵线	
街头剧创作集	光末然	扬子江出版社	论街头剧演出方法及写敌人侵略惨状	共党	作者即共党张口光化名

重逢	丁玲	抗战文艺小册子刊行社	抗战剧本	共党	
群英乱飞	阿英	戏剧时代出版社	写旧家庭罪恶致兄弟混乱情形	共党	
战时的农民运动	孙冶方	生活书店	站在民族统一战线立场主张全国总动员	共党	
丁玲传	陈彬荫	战时读物编译社	战时读物赞扬丁玲奋斗精神信仰坚定并赞美陕北苏区文艺	描写共党	
怎样做乡村工作	李振院	战时读物编译社	述乡村工作活动方法目的在充实民族统一阵线	共党	
国共合作抗日文献	译苓		内本党及共党人民阵线文电廿九件多未公布	共党	应予禁止
第八路军将领小史	史天行	上海一星书店	记共党朱毛等	共党	抄录社会新闻
二万五千里长征	史诺著 汪衡译	文摘社	叙红军入陕经过	共党	
朱德传	陈德真	战时读物编译社	写朱德生平	共党	
陕北的群众动员	杨实	扬子江出版社	描写特区群众工作	共党	
共党要人素描	吴明	民族解放社	记毛泽东等小传	共党	抄录社会新闻

抗战胜利的先决问题	彭德怀	焦土出版社	论战略战术游击战争动员民众	共党	
抗日救国指南	毛泽东 洛甫等	抗日战术研究社		共党	见民族革命之路
周恩来最近言论集	周恩来 邓颖超	离骚出版社		共党	见"论抗战诸问题"
论中日战争	毛泽东	高原出版社		共党	见"毛言论集"中
第八路军基本战术	红军抗大	西安少年先锋队	论战术组织任务行动	共党	
怎样进行持久抗战	周恩来 叶剑英	抗战知识社		共党	见"民族革命之路"中
毛泽东最近的抗战主张	向　愚	战时出版社		共党	与毛之言论集相同
毛泽东论文集		上海大众出版社		共党	与前同
毛泽东自传	斯诺记 黄峰译		叙述毛之生平	共党	译自亚细亚杂志卅卷九十四号
毛泽东自传	施诺记 韩白浪译	时代史料保存社	同前	共党	同前

第八路军		抗战出版社	记载红军长征及现在情形	描写共党	十分之七抄长江陕北印象及其他报
八路军将领列传	赵铁琳	群力出版社	宣传共党并讥讽政府	描写共党	
抗日的第八路军	张国平	华光出版社	宣传红军内部情形主张抗日及作战	描写共党	
二万五千里西行记	天　行	上海自由出版社	夸耀突破围剿西征胜利	描写共党	系各书抄来
西北的新区	辛　白	星星出版社	新区新政策实施已减少共党办法顾全地主及资本家之利益	描写共党	多系抄袭
中国的新西北	张剑萍	战时读物编译社	抄袭各种书报	宣传共党刊物	
日本进攻中国的近因及其前途	黎百强	上海南华出版社	论日本进攻中国之远因及近因及我国应取之政策	共党立场	
一网打尽	荷　子 裴　琴	抗战文艺小册子刊行社	站在左倾立场上反日运动	共党	
肃清汉奸	丁　乃	同前	于抗日工作下现汉奸于群众审判下肃清汉奸	左倾	
前夜	阳翰笙	唐性天	写爱国青年与汉奸奋斗	左倾	剧本

芦沟桥	田　汉	大众出版社	以芦沟桥事件写当地民众及廿九军抗战情形	左倾	剧本
皇军的伟绩	尤　兢	上海杂志公司汉口总店	写日本军人与民众抗日情形	左倾	剧本
大众剧选	尤　兢	上海杂志公司	抗日剧本	左倾	
在轰炸中来去	郭沫若	抗战出版社	写战地情况	左倾	
前线归来	郭沫若	星星出版社	写前线战况	左倾	与郭之在轰炸中来去相同
宣传组织与训练			论组织与训练之一般法则	近左倾	
保卫大广东	陈炳熙	诗歌出版社战时服务部	抗敌作战用以鼓励人民的诗歌	左倾刊物	
国防前线外蒙古	杨宝珠	战时读物编译社	叙述苏联的国防及外蒙古一切建设问题	左倾	
抗战三部曲	蒲　风	诗歌出版社	用诗歌写出“咱们前进曲慰问前方弟兄歌”等	左倾	
街头诗歌	蒲　风		通俗诗歌抗敌民谣	左倾	
前线巡礼	陆　诒	大路书店	陕北之行中对小八路军毛周等备致颂扬	接近共党	

游击战在河北	杨博民 刘清杨	全民出版社	述华北游击队的经过	近共党	
英日战争预测	彭超益	战时读物编译社	分析英日冲突原因及新加坡、香港之争夺	接近共党	译自真理报与文艺春秋等
抗战诗选	金重子	战时出版社	鼓吹抗战情绪	左倾	自报章中摘录
全民抗战的政治形势	史步金	上海杂志公司	自芦沟桥事变以迄十二月间，战争演进展开之情况	左倾言论	
游击战术讲话	张佐华	生活书店	游击战是被压迫弱小民族争取自由解放的战术，是中华民族争取最后胜利的战术	左倾	
抗战与外交	胡愈之	生活书店	抗战期间的外交形势	左倾	
苏联革命与中国抗战	胡愈之	生活书店	借苏联廿周年纪念来鼓励中国抗战	左倾	
战时乡村工作	薛暮桥	新知书店	述乡村工作的方式主张完全民主	人民阵线分子	
民主政治与救亡运动	傅于琛	光明书局	持反三民主义态度论片面的民主政治	人民阵线	
弄堂组织	杨弗根	黑白丛书社	述弄堂组织之重要与方法	人民阵线	

战时知识青年的修养与任务	满力涛	同上	指示青年在群众中活动的方法	人民阵线	
战时的妇女工作	罗琼 姜平	同上	论妇女在战时之宣传救护慰劳等	人民阵线	
战时的文化工作	张醴箬	黑白崇书社	注重民主政治之宣传，并讽刺过去许多人不抗日	人民阵线	
街头壁报	曹伯韩	同上	论壁报之效用方法	人民阵线分子	
汉奸的产生和扑灭	傅千琛	上海杂志公司	论扑灭汉奸的方法文字中多毒骂政府过去之措施	救国会份子	
民众基本论	章乃器	上海杂志公司	宣传民族阵线攻击政府过去设施	人民阵线	
救亡言论集	丁石民		攻击政府宣传民族统一战线	同上	集沈钧儒等言论
民众动员论	李公朴	上海生活书店	讥讽政府宣传民族统一阵线改变政治机构	同上	
出狱前后	章乃器	上海杂志公司	宣传民族统一阵线的救亡运动攻击中央	同上	
给救亡同志的公开信	钱俊瑞	生活书店	指出对抗战观念之错误提出救亡运动之中心任务，并提出救亡纲领	同上	

怎样争取最后的胜利	李公朴	生活书店	批评过去各方面的错误与缺点提出争取胜利的方法	人民阵线	
救亡工作中的干部问题	石　础	同上	说明干部之重要及训练	同上	
中日问题讲话	章乃器等	同上	主张全民团结一致抗战	同上	
内地工作的经验	柳乃夫	黑白丛书社	主张到民间去展开宣传工作	同上	
怎样清除汉奸	童振华	生活书店	述敌人的间谍网及汉奸来源应彻底肃清	同上	参照救亡日报等
战时的财政问题	骆耕漠	同上	主张抗日政府的民主化与发动民运	同上	
战时文艺通俗化运动	司马文森	同上	提出文艺通俗运动应作一个新的战斗任务	同上	
怎样做内地工作	石　础	同上	主张展开内地工作动员农民大众抗战	同上	
民主有害于抗战么?	章乃器等	全民出版社	叶青站在政府立场主张巩固政府力量反对者主张民主政治	同上	本书系人民阵线分子对叶青之总攻击
战时的金融问题	骆耕漠	黑白丛书社	建立新的金融中心及怎样破坏敌人的金融力量	人民阵线分子	文字讥评中央负责人

国民救亡政治知识	傅于琛		述国家兴亡人人有责及总动员世界和平运动	人民阵线	
中日战争的战略战术	金则人	黎明书店	备述中日三月来战争的经过战略的得失和批评	同上	
告大时代的青年	金则人	上海杂志公司	在这伟大时代中青年人应负起创造历史的责任	同上	
抗日战略论	平　心	光明书店	论抗日战略主张游击战与阵地战配合起来	同上	
中国不亡论	宋庆龄	生活书店	主张联合战线批评政府过去设施		
抗战建国之根本问题	胡秋原	祖国社	充实政治与武装民众确立国策	生产党	政治问题中多批评
飞将军	洪　深	上海杂志公司	描写空军之英勇		
工　友			谈苏俄和中国的邦交及工人组织问题	不详	
救国军歌集	太原政训部印	同上	汇集各种军歌	晋阎	
宋庆龄自传及其言论	宋庆龄	华光出版社	述宋氏三姊妹之个性及宋庆龄的言论		拥护领袖实行总理遗教
抵御外侮与复兴民族	蒋委员长	复兴出版社		本党	讲演材料

抗日游击战术问题	冯玉祥	生活书店	教育民众怎样作游击战	本党	
抗战到底	蒋委员长	同上	扬抗战决心与救国方针	本党	
蒋委员长抗战言论集	也　芙	民族解放社出版	发扬抗战决心	本党	
抗战言论集	吴铁城	良友图书公司	宣扬中央意志发扬抗战力量	本党	
抗战戏剧论	胡春冰	粤党政军联席会议宣传部	建立戏剧统一阵线民族戏剧的特性与方法	本党宣传丛书	
蒋先生的言论与民族解放前途	易白羊	大众出版社	提出战争时期中可能发生的问题对于政治改革确立新政策等愿望	本党	
国际现势与抗战外交	陈钟浩	武汉日报	主张联合英美法苏阻止德意外交为军事之辅力	本党	汇集武汉日报文章而成
集　合	赵如琳	粤党政军联席会议宣传部	写民众反日运动情形	本党宣传小册子	戏剧
怎样战胜敌人	蒋委员长	群力书店	论抗战期中应注意事项	本党	
战时县政方案	刘靖清	政声出版社	讨论战时县政改革事宜	本党	
全民抗战汇集	田体仁 谢汇东	上海民族书局	搜集本党政府及要人文电汇集而成	本党	

怎样办壁报	司马文森	粤党政军联席会议宣传部	壁报在抗战中的重要性并建立壁报站	本党刊物	
民族革命的游击战	赵　康	国民书店	述游击战之组织战斗及民族革命的游击战之前途	本党同志作	
抗战中军事外交的转变	甘介候	前进出版社	述日本侵略中国的缘因及抗战中军事外交进程与转变	本党	
抗战中的几个根本问题	蒋坚忍	中国空军出版社	中心信仰统一战线政治改革外交路线	本党	
日本是什么东西	张君俊	中山文化教育馆	述日本民族之起源及发展和目前之社会情形	本党	
焦土抗战论	梁豁蒙	大众文化出版社	民族复兴与焦土抗战	本党	
集体安全与国际新均势	陶希圣	战时文化出版社	叙述国际和平路线及集体安全的建立与破坏	本党	收集李宗仁在桂倡导之理论
抗战精神动员论	蓝渭滨	农村经济月刊社	主张以精神动员补助物质之不足	本党	
最后一计	张平群改译	战时丛刊社	写义勇军领袖被俘后不屈精神	无	剧本
三江妙	陈鲤庭译	战时丛刊社	写义军领袖感动伪警长，共同逃出做抗敌工作	无	剧本

为何而战	孙科 陈独秀	上海时事研究社	抗日战争之意义与为何而战	无	
日本能否爆发社会革命	孙文庭	战时读物编译社	分析日本社会政治经济矛盾坚持抗战持久日本爆发社会革命	无	
世界大战何时爆发	杨志中	全民出版社	叙述国际政治变动之危机	无	
抗战的知识	钱云阶	华中图书公司	站在民族立场，坚定抗战意志，博得最后胜利	无	
平汉前线	华之国	时代史料保存社	写平汉线战斗情形	无	
动荡中的故都	霍衣仙	抗战文学社	描写抗战后北平城内情形	无	
八百壮士	崔嵬 王震之	上海杂志公司	写谢晋元守四行仓库战况	无	
武士道	苏联鲁滨斯坦	未明	描写日本武士道与士兵作战情形	无	
战时的日本动态	余仲瑶	华中图书公司	论日本内部恐怖政治下的对华舆论及文化界劳动大众现状	无	
日本铁蹄下的东北	宋斐如	战时读物编译社	写日军在东北的残暴行为	无	
全国将领抗日谈	张出涛	华光出版社	系各将领访问记及演讲通电等文	无	
防空知识	金文浩	同上	介绍防空常识	无	

上海抗战全史	憾 卢	宇宙风社	描写中日战争经过及空军战绩	无	
中国与中国人	林语堂著 丁镜心译	战时读物编译社	论中国政治文学哲学妇女等问题	无	
壮烈的孤军	计志中	沪江图书公司	写闸北八百孤军之英勇	无	
淞沪火线上	长江编 胡兰畦等著	生活书店	写淞沪各将领的访问	无	
在火线上	叶 晴 谢冰莹等	民族解放社	前线将领及士兵访问记	无	
东战场上的火花	陈建人	抗战文艺刊行社	写东战场作战情形	无	
大众防空知识	马昌实	战时火力知识社	专述防空问题	无	
大众谍报知识	明 凡	战时大众知识社	说明谍报与间谍关系及活动上的注意民众间谍工作等	无	
闸北孤军记	郭沫若、 徐迟著	战时读物编译社	责备刘湘并写孤军奋斗之英勇	无	
战士的手记	喻营长 胡兰畦等	自强出版社	叙述抗战期中我士兵的英勇及敌军的暴行	无	
前线抗敌将领访问记	田汉、 冰莹、 郭沫若等	前进出版社	写战地实况	无	

东战场上	华之国	时代史料保存社	叙述东战场上作战情形	无	
平津流亡归来	黄继厚	华中图书公司	由平津脱险各地所得之实况宣传抗战将领的英勇	无	
上海血战记		上海抗战汇报社	叙上海血战经过	无	由报章汇集
显微镜下的日本	周　杰	星星出版社	述日本军事政治经济社会革命等问题	无	
铁血年代	陈翊凤	生活书店	时代文学的任务，蒋委员长西安事变的伟大	无	拥护国策与文化人所负的责任
倭寇残酷行为写实	匡幼衡	战争丛刊社	描写倭寇兽行	无	
津浦线抗战记	海　岸	华中图书公司	述津浦线抗战实况	无	
沦亡的平津	长江小方等	生活书店	记载沦亡后平津学生与人民所受的痛苦	无	与西北战云略同
西北战云	长江等	大众出版社	写西北战况并附录林彪平型关战斗的经验	无	散见各报
为煽动第二次世界大战而歌	路易士	诗人社	政治抒情诗三节	无	讽刺英美不敢制裁暴日
游击战术的实际应用	张昔方	生活书店	述游击战之目的任务组织训练战士等	无	

战时后方歌咏	周鸣钢		述歌咏的重要性及组织怎样唱怎样教	无	
战时初中国文	汪馥泉	救亡出版社	汇集描写战地的文字	无	
驱逐日本强盗出中国	鲁　述	大时代书店	汇集本党要人及共党人民阵线言论	无	散见报章
战时捐税	吴志刚编译	文化生活出版社	研究各国现时捐税问题	无	波加特原著
战时的宣传工作	刘　群	黑白丛书社	述宣传工作方法	无	搜集报纸
在火线上	田　丁	大时代书店	系东南线西北线之战地通讯	无	同上
沦陷前后的上海	张一望	战时读物编译社	片断的记载上海沦陷后的情况	无	
大众化学战争知识	钱保功	战时大众知识社	略述化学战争	无	
日本能持久么?	耿　亮	全民出版社	论日本军备生产力工业财政等状况	无	
英日由对立磨擦而将怎样	章元凤	战时国际关系研究社	论英日政治上冲突经济上斗争无法妥协与消灭结果将至武力冲突	无	
三一八的回忆和教训	吴履逊	光荣出版社	述一二八的作战情形要军民合作利用村落做堡垒不可迷信大刀队	无	

侦查汉奸的方法	蔡力行	生活书店	分汉奸的成分活动及侦查汉奸的要点		
怎样组织义勇军	张　桂	同上	述义勇军的效能任务战术等	无	
大众法令知识	陆维特	同上	辑录修正危害民国紧急治罪法等	无	
警卫知识	朱泽普	生活书店	述战时消防治安避难等	无	
对日本经济制裁与国际战争	刘耀燊	民族革命前卫社	分析日本经济资源及英美苏联之态度与我们应采之对策	无	
持久抗战与武装民众	郭沫若等著	救亡出版社	述抗战的必要条件及开展游击战与武装民众	无	
抗战下美国孤立政策及其矛盾	章元凤	战时国际关系研究社	述美国孤立政策形成之因素及其现实之矛盾性	无	
目前各地的抗日游击战	戚　霞	陈重人	汇集第八路及各地游击队战斗情况	无	
战争与间谍	路威著 胡愈之译	生活书店	叙述间谍历史及活动情况	无	
青年军事常识	林朝岚 胡希明	上海杂志公司	简述陆海空军及特种军事常识	无	
全面抗战的前夜	厉　吾	上海自立出版社	述暴日残酷及华北上海等地失陷事实		

六个月来的抗战	虞念蔓	全民出版社	论六个月来抗战期中的军事变动与理由	无	
日本进攻苏联	徐志凝	战时读物编译社	述日苏关系之恶化及日苏国力之对比	无	
近六十年来的中日关系	张建甫	生活书店	历述中国所受耻辱及日帝国主义侵略实情	无	
中苏合作抗日论	严继光	中山文化教育馆	述中苏合作抗日的可能性和国际形势	无	
中日抗战与国际	夏　衍	抗战出版社	搜集名人讲演求国际间援助	无	
解体期中的日本	古子坚	战时日本问题研究社	述一九三七年后的日本政治经济及日渐走向解体时期中	无	
战时农业生产	茹森之	战时丛刊社	述历年中国农业低落和目前农业之改革	无	
抗战必胜计划	李浴白	韬略出版社	主张长期抗日以武力抗日以外交取胜	无	
改良教育与学生救国	杨普稀		主张取消会考，利用学生作组织民众救亡工作	无	
后方民众的总动员	胡　绳	生活书店	把前方和后方打成一片把军事和政治打成一片	无	

李秀成之死	阳翰笙	华中图书公司	描写太平天国之剧本	无	
新武器与新战略		星星出版社	军事常识	无	

（二）审查书籍统计表

派别	数量
中国国民党	二二
中国共产党	四四
宣传共党	四六
宣传共党之投机刊物	二一
左倾	二二
人民阵线	二八
无色彩	七〇
其他	六
总数	二五八

（三）各党派书籍分类统计表

类别	派别								
	本党	共党	宣传共党	投机刊物	左倾	人民阵线	无色彩	其他	合计
理论		四	七						一一
言论集	八	一六	七	九	一	三	一	二	四七
传记	一	二	八	七		一	六	一	二六
游击战	二	三			二		二		九
战地记载			二	一	三		一六		二二
国际	二	五	三		二		一二		二四
外交	二	一			一				四
政治	二	一			一	五	一		一〇
民运	一	二	五	一	一	一〇	三		二三
军事		六	三	一		二	九		二一
剧本	一	二	三		六	一	三	二	一八
文艺		一			三	一	二		七
游记		一	五	二					八
其他	二		三		二	五	一五	一	二八
总计	二一	四四	四六	二一	二二	二八	七〇	六	二五八

（四）出版社一览表

出版书局名称	地址	有无背景	出版书数量							备考
			共党	人民阵线	左倾	本党	其他	无	总计	
上海生活书店	汉口交通路	人民阵线分子邹韬奋主办	六	九	三	二	一	十一	三二	
上海杂志公司	上海	张静庐主办，系营业性质	三	五	三			二	一五	
抗战知识社	汉口	未详	一						一	
华光出版社		营业性质	一				一	二	四	恐与光明书店有关
战时出版社	汉口民生路	系光明书店所办	一		一				二	
上海中外编译社	上海	未详	一						一	
战时大众知识社	上海	人民阵线分子						三	三	
大路书店	汉口	系开明书店之化名	一						一	
大时代书店	同上	营业性质						三	三	

黎明书店	汉口	上海各大学教授所合办，系营业性质	一	一					二	
诗人社	同上	未　详						一	一	
铁血出版社		未　详						一	一	
上海民族书店		营业性质				一			一	
政声出版社		朱家骅先生任主席时在浙所办，现未知已停办否				一			一	
离骚出版社	广州	左倾分子所办	三						三	
高原出版社		投机分子出版与共党书籍之化名	一						一	
文化生活出版社	未详							一	一	
西安少年先锋社		共党分子所办	一						一	
战时丛刊社	汉口	系军委会政训处所办，已停办						三	三	
救亡出版社	广州	人民阵线分子有关					一	二	三	
汉口大时代书店		即交通路之教育书店，以此名义出版书，无背景			一			一	二	
战时国际关系研究社		未　详	一					三	四	

光荣出版社	广州	无						一	一	
民族革命前卫社	汉口 上海	无						一	一	
良友图书公司	同	营业性质						一	一	
宇宙风社	上海	同						一	一	
沪江图书公司	同	同						一	一	
复兴出版社	汉口	本党同志所办				一			一	
自强出版社	汉口	系本市老书局锦章书局之化名						一	一	
前进出版社	上海北 新书局	无						二	二	
光明书店	汉口	系左倾分子所办	六	二					八	
群力书局	同	系黎明书店一部分负责人所办，因出版过激书籍，故设此店近与战时读物编译社发生关系	二			一			三	
抗战出版社	上海	未详	二		一			一	四	
新生图书公司	汉口	营业性质								
黑白读书社	上海	人民阵线分子所办		八				一	九	

武汉日报社		本党						一	一	
戏剧时代出版社		与大众出版社有关	二						二	
华中图书公司	汉口	营业性质，主办人唐性天，民十七年曾任中央民运会总干事						五	五	
抗日旬刊社	广州	共党	一						一	
上海自由出版社	上海	投机性质，无此社	一						一	
风雨社	开封	共党分子所办	一						一	
上海自立出版社	上海	无						一	一	
星星出版社	汉口	系上海开明书店逃难来汉之编辑所办，所出翻版书多	三	二				二	七	
陕西人民出版社		共党分子所办	一						一	
新知书店		系上海某书店逃难来汉之三四店员所办，与扬子江出版社有关		一					一	
全民出版社	汉口	恐系大众出版社之化名	五	一				三	九	
民族解放社	汉口	恐系大众出版社化名	二			一		一	四	
大众出版社	汉口 上海	系南京中央书店卢方所办，现为营业性质，近与左倾分子发生关系	六		一	一		一	九	

新民出版社		未详	一			一			二	
战时文化出版社		未详	一						一	
文化编译社	广州新知书店	未详	一						一	
中山文化教育馆	本党					一		一	二	
扬子江出版社	汉口	共党分子所办	八						八	
新时代出版社		共党分子所办（恐系中共中央出版机关）	三						三	专出版共党理论书籍
战时读物编译社	汉口	共党分子所办	六		一			六	一三	
一般书店	香港	无	一						一	
战时日本问题研究社	广州	无						一	一	
时代史料保存社	汉口 福州	未详	二					二	四	
明月出版社	汉口	未详	二						二	
怒吼出版社		投机性质无此社	一						一	

青年书报社		同上	一						一	
解放出版社		中共中央出版机关	四						四	
中国农村合作出版社		未详	一						一	
三一出版社	长沙	共党分子所办	一						一	
抗战文学社		未详						一	一	
上海南华出版社	上海	营业性质，恐与左倾分子有关	三						三	
斗争出版社		共党分子所办	一						一	
中国出版社		中共中央出版机关	三						三	
上海时事研究社	上海	投机性质，恐无此社						一	一	
上海一星书店	汉口	系本市老书店锦章书局之化名	一						一	
战时小册子刊行社	广州	左倾分子	二		一			一	四	
火炬出版社		共党分子	一						一	
韬略出版社		投机性质，恐无此社						一	一	
远东出版社		共党分子化名出版，恐无此社	一						一	

大众文化出版社	桂林	本党				一			一	
进步图书馆		营业性质	一						一	
抗日战术研究社		共党分子所办	一						一	
农村经济月刊社	广州	本党				一			一	
中国空军出版社	汉口	本党				一			一	
天马书店	同	传与共党有关	一						一	
上海进化书局		营业性质	一						一	
芒种书局	汉口	未详	一						一	
文摘社		营业性质	一						一	
焦土出版社		未详	一						一	
国民书店		投机营业，恐无此店				一			一	
祖国社		时代日报所办						一	一	
诗歌出版社		左倾分子			二				二	
不明			六	一	六	七			二〇	

（五）出版社统计表

背景	数目
中国国民党	八
中国共产党	十六
左倾	一〇
人民阵线	四
第三党	一
投机	七
无色彩	二六
未详	
总计	八八

（六）审查各种定期刊物一览表

刊物名称	刊期	主编人	发行者	发行地点	发行时间	态度与主张	有无背景	备考
西北	周刊	阎峰等	西北周刊社	西安	廿七年二月	共党态度，批评陕西政府措施不当	共党	
大团结	半月刊	沈志远 严信民	大团结社	西安	廿七年二月	宣传抗日民族统一战线	共党	
解放	周刊	洛甫 王明 任弼时等	解放社	延安	廿七年一月	代表共党中央态度	共党中央机关报	
前线	周刊	萧克 陆定一等	八路军总政前线周刊社	西安	廿七年二月	主张国共合作，反对托洛斯基派	共党	
抗战与文化	半月刊	柳宁 金如海		西安	廿七年二月	反对共党干部派	共党反干派	以上系西安共党刊物
铁血	半月刊	朱伯康 郭白水等	铁血出版社	广州	廿七年二月	主张抗日统一战线非动员群众不可	接近共党	
前线	周刊	黄希文 徐以杨等	前线社	广州	廿七年二月	论民族革命问题	共党	
民族生路	周刊	叶兆南 祝秀侠	该社	广州	廿七年一月	主张民主抗日，批评政府	共党	

游击队	不定刊	周恩来 金 锋等	生活书店	广州文明路中山大学唐君平转	廿七年一月	附载中共中央文告	共 党	
民族解放	旬刊	夏 衍 茅 盾	该社	广州西湖路	廿七年一月		接近左倾	主编林烽平
抗战大学	半月刊	成仿吾 蒲 风	不详	广东			同上	
抗敌阵线	不详	方家慧 谢风翔	该社	同上	廿七年二月	共党态度，论抗战问题	共 党	
前进	周刊	任真谟 王世匡	该社	同上	廿七年二月	以共党态度，鼓励青年去陕北	同 上	
狂潮	旬刊	胡危舟	总经售生活书店	广州海珠中路宋家巷八号	廿七年二月	主张思想自由	同 上	
抗战文艺	月刊	斐 琴	荒 草	广州惠福东路惠新西街九号	廿七年二月		同 上	
大路	旬刊	李 铭	华南大路社	中山大学李铭转	廿七年二月		同 上	受廖承志指挥
收获	半月刊	廖承志	不 详	广州	廿七年二月		同 上	

星芒周报	周刊	柳　湜	该　社	广州	廿七年二月		同　上	
大众生路	周刊	萧隽英	该　社	广州惠新东路五号	廿七年二月	主张各党派联合，不主张合并	同情共党	
抗日青年	半月刊	黄中廑	该　社	广州文明路一九九号	廿七年二月		本　党	
战时经济	月刊	秀　峰 沈中□等	该　社	长沙 汉口	廿七年一月		似本党同志主编	
中山周刊	周刊	邹明初	中山学社	汉口江汉路廿一号	二十七年二月	三民主义	本　党	
血路	同	龙　章	陶百川	汉口华中图书公司	廿七年二月	同	同	
学生战线	半月刊	克　峰 谢风翔	广州学生抗敌后援会	广州汉民公园转	同	同	同	
华侨战线	同	黄文山	华侨抗敌总会	广州文德东路三号	廿七年三月	正确	同	
华侨战士	同	周启刚	该社	广州	同	同	同	
民众动员	同	黄秉球 伍永准	该社	广州光复路华安楼五十三号	廿七年二月	同	同	
民意	周刊	叶溯中	该社	汉口	廿七年二月	三民主义	同	

黄光岗	旬刊	吴康 黄昌谷	该社	广州	同	提倡民族文化，正确	本党	
苦斗	旬刊	殷作桢	该社	广州泰康路华安楼五三号	二七年二月	三民主义	同	
战时民国大学讲座	月刊	实践学社 沈钱若	该社	广州	廿七年二月		同	
中国的空军	未详	蒋坚忍 纪　文等	未详	未详		主张统一的政治信仰与领导		
政治	半月刊	何前望	政论社	汉口	廿七年二月	精诚团结，拥护政府	同	
青年前线	周刊	彭文凯	张公甫	武昌民众教育馆	廿七年二月	尚佳	同	
战魂	旬刊	肖莫寒 梁丝思		惠州万石路七九号	廿七年二月	除谭承思关于民众运动一文立场偏颇外，余尚正确	似本党员主编	
救亡呼声	旬刊	谌小岑等执笔	该社	广州	廿七年二月	尚正确	本党	
新政周刊		吴铁城等执笔	该社	同	廿七年二月	正大	同	
青年前线	旬刊	彭文凯 江海东	武昌民众教育馆	该社	廿七年一月		同	

创导	半月刊	该社	汉口中街一四〇号				本党	
奋勉	周刊					中国的出路只有抗战到底	同	
益华报	周刊			武昌		营业性质，或中立者之刊物	无	
科学的中国	半月刊	张 瑛	唐性天	汉口科学化运动会	廿七年一月		无	
远东问题	同	印永发	张洁萍	西安			同	
汉口商业月刊	月刊		汉口市商会	汉口			同	
战友	两周刊	汝 堂	该社	汉口永庆里50号	廿六年九月		同	
中国儿童	三日刊		谢励	汉口元庆里	廿六年十一月	儿童刊物	同	
抗战戏剧	月刊	张道藩	华中图书公司	汉口	廿七年一月	戏剧	同	
抗战汇报	半月刊	不求闻达馆主	该社	长沙		集编各地杂志论文	同	

光明画报	特辑	邝勘铭 邝克仁	光明图书公司	广州	廿七年二月	图画	本党	
前线画报	旬刊	该　社	该　社	汉口	廿七年二月	同	同	
抗战画刊	画报	赵望云	黄秋农	武昌该社		同	同	
抗战漫画	半月刊	漫画宣传队	全国漫画作家协会	汉口	廿七年一月	同	同	
东北周刊	周刊	该　社	该　社	武昌张之洞路 157 号			同	
胜利的路		该　社		南昌书街工专	廿六年十二月		不详	
民族抗战	周刊	孟宪章	孔　庚	武昌三道街二号			无	
现代中国	月刊	华振中	该　社	广州	廿七年二月	要求彻底全民抗战	有同情共党文章	
新命	旬刊	况　松 陈独秀等	该　社	武昌		态度和平	无	
全面抗战	周刊	唐苏平等执笔	第五路军政处该社		廿七年二月	公正	本　党	
十日文摘	旬刊	吴浩宇			廿七年二月	营业性质	无	

半月文摘	半月刊		华中图书公司	汉口	廿七年二月	营业性质	无	
哨岗	同	龙启揸		汉口德润里40号	廿六年十月		同	
战地医政	旬刊	志明等	该　社	长沙姚家巷24号		不谈政治	同	
战地通讯		陈彬和		香港	廿七年二月	无确定主张	同	
抗战画报	五日刊		抗战三日刊社	上海	廿六年七月	营业性质	同	
文摘	旬刊	孙寒冰	上海黎明书局	同	廿七年二月	同	同	
集纳	周刊	不　详	五洲书报社	上海	廿七年一月		无	闻已被日寇查禁
战斗画报	周刊	宋一痕	该　社	汉口	廿六年九月	图画	同	
抗战经济	旬刊	邓沧玉	熊文略	汉口两仪街9号	廿六年九月		不详	
妇女文化	半月	吕晓道	该　社	汉口泰宁里16号			无	
业余青年	同	该　社	该　社	不明			不详	

新军	旬刊	该　社	该　社	长沙		正确	无	
辛报	半月刊	宓季芳 苏　风	唐性天	汉口华中 图书公司	廿六年十二月		同	
抗到底	同	老　向	君　文	武昌千家 街4号	廿七年一月	尚正确	同	
祖国	同	罗　烽 聂组弩	龙启鋆	汉口德 润里41号	廿六年十月	文艺	同	
天明	同	不　详	谢　励	武昌华 中大学	廿六年十月		不　详	
国魂		陈石泉					本　党	

（七）审查刊物统计表

派　　别	刊物数量	
中国国民党	三一	
中国共产党	四四	
左　　倾	一三	
人民阵线	九	

第三党	二	
其他	三六	无色彩或不详其背景者均包括在内
统计	一三五	

（八）应予查禁书籍一览表

书名	编者	出版者	出版日期	内容概要	政治背景	备考
国共合作抗日文献	谭芸	汉口天马书店	二十七年一月	“共党抗日救国通电”多指责本党，云“×××等卖国贼，以不抵抗政策出卖中国领土”，国民党第五次全国代表大会系×××分赃会议，×××只有依靠卖国，以维持其垂死的统治”。	共党	秘密文件不能公开
十年来的中国共产党	平凡	上海华南出版社	二十七年	“中国国民党叛变了革命，把孙中山先生的革命的民族解放旗帜染上了中国共产党与中国人民的鲜血”，“在民族资产阶级及其代理人叛变革命之后，中国大革命是遭了严重的失败，革命高潮向下低落了”。	共党	此篇系张闻天所作
民族革命之路	毛泽东、陈绍禹等	星星出版社	二十七年一月	除了不放弃其思想信仰和组织之外，尚不能蠲除成见，且多攻击政府之文字（词长不录）	共党	
共党与西北	庸夫	大众出版社	二十七年一月	内多污蔑本党，如云“一九二七为国民革命就此告终，并加新军阀反革命镇压反日运动”等背谬文字。	共党	

汉奸的产生和扑灭	傅于琛	上海杂志公司	二十六年十一月	有讥讽政府假装抗敌实行媚敌或玩弄救亡工作散发媚敌惧敌的主张，都是属于汉奸之文字。	人民阵线	
救亡言论集	丁石民		二十七年一月	由“爱国救国说到误国卖国”、“民族解放斗争中的几个最低要求”二篇，内有“存心卖国的人自己不能组织民众，领导民众，却不许别人组织民众，领导民众”，“拿出红帽子来消灭救国运动是官僚惯用的手段”，“目下许多官僚化的民众组织，目的就在消灭民众组织”等攻击文字。	人民阵线	章乃器作

〔军委会政治部档案〕

2. 军委会政治部第五处徐寿轩关于武汉检查出版品委员会查禁书刊等情况的报告

（1938年4—5月）

（1）徐寿轩报告（4月20日）

谨将本日派员参加武汉检查出版品委员会开会经过情形，摘要报告于下：

一、该会成立经过、简章及取缔规则，前经呈请中央党部、内政部、武汉行营、湖北省政府、汉口市政府及本部备案，现已奉到上述各机关指令，准予备案。

二、湖北省党部、汉口市党部按月各予该会津贴三十元。

三、省市及特区警察局没收查禁书籍，本周已达四百余册。

四、下列书名三十种，业经中央宣传部密令取缔。该会委员干事及负责军警机关人员，遇有此类书籍，得随时没收。

（查禁书名）

名　　　称	编译者
观察周刊	曹铁军
抗日军人读本	
毛泽东先生对延安新中华日报记者其光先生谈话	
为自由独立幸福的中国而奋斗	王　明
中共对于抗日民族统一战线的主张	
国共合作抗日文献	谭　苓
共党与西北	史诺著 庸夫译
陈诚将军持久抗战论	

抗日游击战争中各种基本政策问题	陶尚行
陕北的群众动员	杨　实
十年来的中国共产党	平　凡
二万五千里长征记	赵文华
又	朱笠夫
军队论	温采夫著 崔尚辛译
第八路军行军记(第一册)	黄　峰
论反帝统一战线问题	王　明
民族革命之路	毛泽东
十年来的中国共产党	洛甫(解放出版社)
中国的新西北	张剑萍
红军十年	赵君辉
统一战线下的中国共产党	国际时事研究会
第八路军	朱德等
长期抗战中的国防计划	葛扶南译
抗日救国政策	王　明
毛泽东论文集	毛泽东
全国总抗战和保障抗战的胜利	王　明
关于一党专政	毛泽东
统一〔战〕线下党派问题	时事新闻编译局
红旗下的中国	斯　诺著 赵文华译

所有已没收之出版品，统于周内秘密焚毁。

五处一科科长　徐寿轩谨呈

(2) 徐寿轩报告(5月5日)

武汉检查出版品委员会于本月四日午后三时在汉口市党部开第六次全体委员会，职科仍派由主任科员徐仲航前往参加，行前并承指示，以本部现正起草审查条例，不久即可公布施行，武汉检查委员会之局部查禁工作，在该条例尚未公布以前，希暂缓执行等语。该会开会时，仍由汉口市党部委员谢澄宇主席，各委员依次报告工作毕，在进行讨论以前，我出席人员即将指示之点向会提出，当由主席表示接受本部意见，嗣以省党部、汉口市警察局、特三区警察处及武汉行营等机关代表均主张继续维持原议，照旧进行工作，结果议决：接受本部之希望，惟须由本部与中央宣传部、武汉行营会衔来一正式公文，方能实行。

该会议程，本拟筹备在下星期内举行第一次之检查，因本部提出新意见，乃议决暂缓举行。

该会于三四两月中审查之书刊，认为应行密秘查禁者又有六十三种，仍由出席各军警机关密秘派遣特务人员前往各书店实行没收。谨将该项书单一并开列于后，呈请鉴核。谨呈

厅长　郭

职　徐寿轩谨呈

附书单

武汉检查出版品委员会第二批密禁书刊

书名	著译人	出版处所	查禁日期年月日
人是靠什么生活的	朱新华译	上海大陆书社	二六、七、十
救亡运动的理论与实践	建宇	春流书店	二六、七、十
帝国主义论	钟原昭	上海杂志公司	二六、七、十
斗争			二六、一、八
游击战			二六、十二、廿四
群众周刊七期			二七、三、九
陕北红军全貌		大众出版所	廿七、三、九
解放文选		解放社	廿七、三、九
抗日民族统一战线指南			廿七、三、十五
抗战言论集	陈绍禹	民族解放社	廿七、三、
群众周刊（反侵略运动专号）			廿七、三
抗日大学(一卷五期)			廿七、三
活跃的肤施	任天马	上海杂志公司	廿七、三
战时政治工作	静琴	时代史料保存社	廿七、三
抗战必胜论	毛泽东	华光出版社	廿七、三
抗日的新形势与新策略	周恩来 王明	天马	廿七、三
第八路军将领印象记	陈任	自强	廿七、三
日本进攻中国的近因及其前途	黎百强	南华	廿二、三
新战线(第八期)		广州新战线周刊社	廿七、三、廿九

苏区概观		延安新中国出版社	廿七、三
中国不亡论	宋庆龄	生活	廿七、四
抗战与救亡工作	钱俊瑞	同上	廿七、四
民众动员论	李公朴	同上	廿七、四
抗战与外交	胡愈之	同上	廿七、四
我们怎样打退敌人	朱　德	新华日报	廿七、四
抗日救国政策	王　明	陕西人民出版社	廿七、四
抗日民族统一战线新发展	王　明	扬子江出版社	廿七、四
毛泽东言论集	天　行	华中	廿七、四
游击线上	韦白洪		廿七、四
中国共产党英勇奋斗的十五年	米夫著		
联共党线(线为"史"之误)	拉夫斯基		廿七、四
朱德传	天　行	华中	廿七、四
第八路军在山西	高克甫	南华	廿七、四
左派幼稚病	列宁著 纪华译	中国	廿七、四
抗战中的陕北	马　骏	扬子江	廿七、四
毛泽东印象记	白　华	进步图书公司	廿七、四
群众(第十二期)	潘梓年		廿七、四
一束咖啡的情书	韦月侣	大达	廿七、四
大众文化	粟寄沧		廿七、四
农村工作讲话	陈　毅	扬子江	廿七、四

宣传组织武装	李　实	扬子江	廿七、四
中苏文化(一卷八期)		华中	廿七、四
经世(八期)			廿七、四
抗日救国指南	毛泽东	抗日战线研究社	廿七、四
第八路军战争经验	朱　德	全民出版社	廿七、四
通俗社会科学二十讲	曹伯韩	读书生活出版社	廿七、四
朱德、毛泽东合传	伊　兰	长沙上海书店	廿七、四
给救亡同志的公开信	钱俊瑞	生活	廿七、四
怎样争取最后胜利	刘天四	星星出版社	廿七、四
战时政治工作	静　琴	时代	廿七、四
西北的新区	辛　白	星星出版社	廿七、四
民族革命之路	毛泽东	星星出版社	廿七、四
全面抗战的政治形势	史步金	上海杂志公司	廿七、四
中国抗战的前途	毛泽东		廿七、四
游击战在河北	杨博民	全民	廿七、四
民族革命战争论	林克多	汉口光明书局	廿七、四
驱逐日本强盗出中国	鲁　杰	大时代	廿七、四
抗战歌曲论	冼星海	生活	廿七、四
红色文献		解放	廿七、四
八路军出马打胜仗	张宗麟	生活	廿七、四
统一战线与抗战前途	毛泽东	自强	廿七、四
抗战与青年	贝　叶	汉口光明书局	廿七、四

民族革命的战略之研究	CA	汉口光明书局	廿七、四

〔军事委员会政治部档案〕

8. 国民党中央图书杂志审查委员会民国二十七年查禁书刊一览

(1938年7月　日)

秘密

民国二十七年查禁书刊一览

上编：中央宣传部通行查禁者

书刊名称	著译人	出版者	查禁时间
观察周刊	曹铁军		廿七年三月
抗日军人读本			三月
毛泽东先生对延安新中华日报记者其光先生谈话		远东出版社	三月
中共对于共日民族统一战线的主张		解放出版社	三月
为自由独立幸福的中国而奋斗	王　明	大众出版社	三月
抗日民族统一战线指南		解放社	三月
国共合作抗日文献	谭　芩	汉口天马书店	三月
共党与西北	肃天译	大众出版社	三月
陈诚将军持久抗战论		上海战时生活社	三月

抗日游击战争中各种基本政策问题	陶尚行	解放社	三月
陕北的群众动员	杨　贾	扬子江出版社	三月
十年来的中国共产党	平　凡	上海南华出版社	三月
十年来的中国共产党	洛　甫等	解放出版社	三月
十年来的中国共产党	洛　甫等	扬子江出版社	三月
二万五千里长征记	赵文华	大众出版社	三月
二万五千里长征记	朱笠夫	上海抗战社	三月
军队论	崔尚辛译	天马书店	三月
第八路军行军记第一册	黄　峰	光明书局经售	三月
论反帝统一战线问题	王　明	中国出版社	三月
民族革命之路	毛泽东	星星出版社	三月
中国的新西北	张剑萍	战时读得编译社	三月
红军十年	赵君辉	新生出版社	三月
统一战线下的中国共产党	国际时事研究会	一般书店经售	三月
第八路军	朱　德等	抗战救亡出版社	三月
长期抗战中的国防计划	葛扶南	上海华南出版社	三月
抗战中的西北	徐　盈	生活书店	三月
抗日救国政策	王　明	陕西人民出版社	三月
全国总抗战和保障抗战的胜利	王　明	上海南华出版社	三月
关于一党专政	即毛泽东对新中华日报记者谈话	统一出版社	三月

统一战线下党派问题	同　上		三月
毛泽东论文集	毛泽东	上海大众出版社	三月
红旗下的中国	赵文华译	上海大众出版社	三月
中国共产党英勇奋斗的十五年	米　夫		四月
苏区概观		延安新中国出版社	四月
现阶段青年运动		晨光出版社	五月
总动员前后的中国外蒙与苏联	李慎行	新生出版社	六月
国共团结与中国前途	傅于琛	群力书店	六月
第八路军行军记第二册、第三册	黄　峰	光明书局经售	六月
如何确保抗战的全部胜利		合力出版社	六月
中国在胜利中	赵军辉	新生活出版社	六月
丽水动员周刊		丽水动员周刊社	六月
李宗仁将军传	赵铁琳	上海大时代书局	六月
为实现三民主义而奋斗	陈　钧	新国民书店	六月
群众周刊第廿二期			七月
解放周刊第卅、卅一期		新华书店	八月
第八路军的干部人物剪影	辛克莱等	战时出版社	九月
西北新社会红军四讲	史　诺等 佚　名译	战时出版社新生活出版社	九月
托洛斯基民对于中日战争的意见		国际形势研究会	九月
我们怎样打退敌人	朱　德等		九月

孙中山的思想与学说	艾思奇书〔著〕		九月

下编：本会通行查禁者

书刊名称	著译人	出版者	查禁理由
中国不亡论	宋庆龄	生活书店	诋毁中央
救亡手册	钱俊瑞等	生活书店	注重派系私利，诋毁中央。
毛泽东奋斗史	光　人	战时出版社	诋毁政府
八路军的战斗经验	杨　实	扬子江出版社	注重派系私利，夸张过去战绩，菲薄友军
游击队基本动作教程	尤　击	解放出版社	鼓吹阶级斗争
游击队群众工作	曾　震	上海杂志公司	诋毁政府
工友十一、十二期合刊			鼓吹主张，不合抗战要求。
大众"创刊号"			立论谬误，且无出版地址。
全国学联寒假战时工作大纲			立论不合抗战要求
民先队员须知			该队已解散，其主张不合
			实现，尤不合抗战要求。
山西民族革命先锋队政治主张与组织大纲			同上
全国学联情报			鼓吹与政府对立，言论谬误。
战时散文选	茅　盾等	战时出版社	鼓吹偏激思想

在天门	邓获帆	烽火社	阻碍抗战情绪
新语周刊一卷二期		新语周刊社	记载失实，诬灭〔蔑〕领袖。
毛泽东的生活与思想	史　山	一心书店	注重派系私利，诋毁国军。
给予者	东　平		诋毁国军并载猥亵歌曲。
毛泽东抗战言论集	张剑萍	战时读物编辑社	诋毁中央，鼓吹组织联邦政府。
从国际形势上观察中国抗战前途	陈独秀	广州亚东图书馆	立论偏激，怀疑政府，易招友邦反感。
准备战败后的对日抗战 北平青年和平会	陈独秀	同上	同上
告全国父老兄弟姐妹们书	传　单		诋毁政府与本党，妄冀动摇全民抗战情绪。
中国抗战的前途	毛泽东	民族复兴出版社	诋毁中央，鼓吹阶级对立。
救亡言论集	丁作民		攻击国策，诋毁政府及本党，不合抗战要求。
战时政治工作	李富春 莫文骅	新文化学社	注重派系私利，颠倒事实。
对时局意见	陈怀成等	传单	诋毁领袖，颠倒事实。
西北特区的战时总动员。	韩　涛	战时史料保存社	诬蔑国军，诋毁政府及本党。
怎样组织民众	张佐华	上海杂志公司	诋毁政府
全民抗战的理论基础	孙冶方	黎明书局	以阶级对立为理论基础，曲解三民主义。

望远镜与显微镜	冷观 徒然	生活书店	诋毁本党，抨击政府，并诬蔑领袖。
生活与思想	平心	光明书局	立论妨害民族利益，影响抗战前途。
全面抗战论	潘汉年	生活书店	诋毁政府影响抗战前途。
抗战名论集	毛泽东等	战时出版社	诋毁、失实且无出版地址，无法令其修改，故禁。
八路军七将领	刘白羽 王余杞	上海杂志公司	诋毁三民主义
三民主义读本	许涤新	生活书店	立论谬误，且曲解本党主义及政策。
中国的出路		战时出版社	除录载领袖言论外，中有数篇为毁误本党作品。
第八路军的干部人物剪影	辛克莱等	同上	注意派系、立场，诋毁领袖及政府。
抗战与新启蒙运动	陈唯实	扬子江出版社	言论不合抗战要求，且强调阶级对立。
真理的追求	陈伯达	上海新知书店	曲解本党主义，言论反动。
毛泽东印象记	白华	进步图书馆	诋毁本党及政府，鼓吹阶级斗争，不合抗战要求。
为和平而奋斗的统一战线	季米特洛夫 唯真译	中国出版社	鼓吹阶级斗争，不合抗战要求。
抗战建国论	侯外庐	生活书店	曲解本党政策，言论偏激，诋毁中央，破坏集中力量。
解放文选	黎百强等		诬蔑及诋毁政府

中国现代革命运动史	中国现代史研究委员会	新知书店	思想偏激，纪载与革命史续多失实。
战时政治工作	静　琴	时代史料社保存	诋毁中央
抗日救国指南	毛泽东等	抗日战术研究社	注重派系私利，攻击本党。
红色文献		解放社	以派系私利为立场，诋毁本党及政府。
抗战总动员	民族革命通讯社	新知书店经售	诋毁政策
十年来的中国共产党	毛泽东等	西北书店	以派系私利为立场，诋毁本党及政府，诬蔑领袖，妨碍民族利益。
怎样争取最后的胜利	刘天四	星星出版社	诋毁本党及政府，颠倒事实，煽惑民众
世界与中国的青年运动之路		民族解放青年出版社	以派系私利为立场，妨碍民众利益，不合抗战要求。
海潮音第十卷第十号	太　虚	海潮音社	虚揖事实，危词耸听，影响抗战人心甚大
党国要人缪斌最近言论集	缪　斌	大东书局	系汉奸发表之言论，书名更有辱本党尊严。
武德论	缪　斌	大东书局	汉奸著述
朱德传	王唯廉等	华中图书公司	以派系私利为立场，离间党政军民各方面之关系。
毛泽东言论集	天　行	华中图书公司	纯以派系私利为立场，攻击政府及本党
游击线上	韦白洪	星星出版社	以派系为立场，措词别有，不抱。
一颗未出膛的枪弹	丁　玲	生活书店总经售	以派系私利为立场，妨碍民族利益。

抗战中的军事动员	任　溯	读书生活出版社	言论谬误，阻碍抗战情绪。
中国时局言论辑要	谭清虚	远东月报社	汉奸言论
蒋政权的崩溃与中国的前途	谭清虚	远东月报社	汉奸言论
苏俄政治内幕的黑暗	谭清虚	远东月报社	汉奸言论
统一战线与抗战前途	毛泽东	自强出版社	纯以派系私利为立场，攻击政府与本党。
抗战中的陕北	马　俊	扬子江出版社	从派系私利为立场，攻击政府与领袖。
敌人的狂狂论	韦弦选译	教育书店经售	诋毁三民主义，诬蔑我国领袖。
"沈鸿烈祸青罪恶录"	朱民则	沈案查办委员会	汉奸著述

附：本会暂行停止发行者

书　　名	著译人	出版者	停止发行理由
中苏互助论	沈志远	上海杂志公司	叙述不符事实，有伤国体。
全面抗战中的外蒙	谭　勘等	战时出版社	割制〔裂〕了整个国家民族，立论欠要
街头讲话	柳　湜	生活书店	立论不合抗战要求。
告青年	克鲁泡特金著 巴金译	平明书店	本书虽系世界名著，但为煽动阶级斗争之宣传品，不合抗战要求。
陕行纪实	楚　云	读书生活出版社总经售	内中所提施政纲领不合抗战要求
怎样实行三民主义肃清贪污团结救国	李钟汉	南宁建设书店经售	对总理学说妄加批评

论政党		中国出版社	言论偏激，强调阶级对立。

〔国民党政府社会部档案〕

4．国民党中央图书杂志审查委员会关于成立三个月以来的工作报告

（1939年1月　日）

三个月来之中央图书杂志审查委员会

一　弁　　言

中央图书杂志审查委员会，系根据第五届中央第八十六次常会通过之《战时图书杂志原稿审查办法》及《中央图书杂志审查委员会组织大纲》而筹备，于去年十月一日正式成立，开始工作。十一月四日，第二届国民参政会议通过《撤销图书杂志原稿审查办法》一案，但此种议案，未经国防最高会议通过，故本会工作，仍继续进行。惟根据两月来实际工作之经验，原有之原稿审查办法，在办法上范围上手续上均有酌加修改之必要，爰经十二月二十二日中央第一〇六次常会决议，将该办法第六、七、八三条，加以增改，通令全国，自本年一月起，遵照施行。

查原稿审查办法，中央宣传部于民国二十三年曾在上海一度举办，但彼时之环境范围需要与今日均不相同；加以中央由宁移渝，往日成规，诸多散佚；故事实上本会成立，一切工作，均属新创。自去年十月一日至年底，可谓本会工作之第一期，即由草创而达于基础底定时期。自修正审查办法公布后，转入第二期，即由基础底定而进于迈进开展时期。兹当本会工作转入新阶段之时吾人为检讨过去，策励来兹起见，对于过去三个月之设施，加以简单之叙述，以作批评与改进之根据。

二　图审会筹备经过与内部组织

自去年七月二十一日第五届中央八十六次常会通过《战时图书杂志原稿审查办法》暨《修正抗战期间图书杂志审查标准》后，本会乃遵照中央指示，积极进行筹备工作，先后经由中宣部、社会部、内政部、教育部、政治部会同拟定《中央图书杂志审查委员会组织大纲》与《地方图书杂志审查委员会组织通则》。并根据此项办法大纲，由中央宣传部派刘处长百闵、中央社会部派杨科长玉清、内政部派黄参事家声、教育部派陈司长礼江、政治部派许设计委员宝驹为本会委员。经于九月十日举行第一次委员会议，决定经费预算暨内部组织；同年十二月举行第二次会议，决定本会与重庆市审委会工作联系办法，并通过图书杂志原稿审查程序及本会办事细则等件，同月二十四日复举行第三次会议，决定内部职员与开始办公时间。办公地址择定重庆市九道门药材业公会三楼，开始办公时间为去年十月一日。

关于本会之内部组织，在委员会下设秘书一人，正副组长各二人，专门委员六人，干事助理录事若干人。嗣以工作需要，另增设审查委员若干人襄助工作。本会第一次会议，决议聘请中央宣传部科长印维廉同志担任秘书，聘请内政部路锡祉同志担任第一组组长，政治部郭一予同志担任副组长，教育部罗刚同志担任任第二组组长，中宣部朱国定同志担任副组长。另请教育部介绍专门委员詹剑峰、曹贯一等员，此外，并由中宣部、教育部艺文研究会调派职员多人，襄助工作。

三　关于本会工作之推进

甲　会务进展

（一）　工作之步骤　本会在未成立前，工作之步骤有三：第一步为调查工作。本会设于重庆，故调查工作先自重庆着手。在杂志方面，重庆市各杂志社详细情形，由本会编制调查表，派员亲往调查。计先后调查之杂志共五十七家，举凡创刊历史、言论中心、经费情况、发行人与编辑人详细历略，均在详细调查之列。至一般杂志出版停刊以及移动情形，亦均随时注意登记，以备查考。同时亦将印就之调查表，颁发各地审委会，令其详细调查，迅予填报。在图书方面，先请中央宣传部分函全国各书店及出版机关，陈报今年九月以前出版书目，计先后具报者有商务印书馆、正中书局、艺文研究会等机关。除用公文手续请其正式具报外，并派员分赴重庆审各大书店及出版机关，搜罗□来详细书目，加以统计，以便将来执行审查图书工作时，有所查考与根据，并防范其倒填出版日期等种种流弊。第二为联络工作。查本会各种法规条例，虽均在全国各报公布，但为防各书店及杂志社仍未能周知，乃复印成单张，逐一寄发各书店及杂志社负责人，又在未开始以前，分别招待重庆市各杂志社、各书店负责人说明原稿审查之意义，并互相交换意见。故一切工作，均能推进。第三，正式工作开始，经过调查与联络二项工作之后，本会定于十月一日与重庆市图书杂志审查委员会同时成立，开始办公。

（二）工作方针　本会于开始工作之际，即先决定工作方针，其原则有四：一为尽量予出版以便利，根据战时图书杂志原稿审查办法第八条之规定，各书刊送审时，应检最后清样三份，一份存本会，一份存地方审委会，一份发还送审者。各种图书如必须检送三份，恐将贻作者以不便，故于本会第二次会议决定，图书准以手写稿送审，且每一期杂志之原稿，可分用三批送审，随到随审，立即发还，只求手续不乱，功效不减，无不以最大之努力，尽量予出版界以便利，以仰副中央维护出版界之至意。此项变通办法，亦经中央一〇六次常会予以正式通过。二为办事手续力求完备，在本会开始办公以前，先检同审查标准及办法，普遍通告各书店杂志社，嗣又登载通告，俾便周知。最后复招待各书店各杂志社负责人，互相交换意见。开始办公后，又一再分函各书店杂志社，催请送审。三为态度力求温和，送审书刊，内容如有错误者，本会均以诚恳友善之态度，详加指示；不独措词温和，说理亦力求明晰。送审者如对指导有所不满时，并得提出意见，互相讨论。本会同人均自认为出版界之协助者，而不以干涉者自居。以如此态度应付出版界。自可免除种种无畏之误解。四为工作力求认真，对于送审者之态度，虽力求温和，而对稿件内容，如有错误，则决不放松，务须详加列举，说明理由，令其改正。

（三）工作之范围　关于此点，可报告者计有两事：第一为本会与重庆市审委会工作之联系。本会既设立于重庆，所有重庆市内之图书杂志，由本会兼办，人力财力均较适当，但重庆市审委会已先期组成，故仍准其成立。所有市内图书杂志之审查处理事项，统由本会兼办。而各书店之检查工作，则由重庆市审委会负责对重庆市出版界一切公文，仍用该会名义，以昭划一。第二为审查书刊范围之扩大。本会为全国最高之图书杂志审查机关，但根据办法，仅负原稿审查之责。但对于已出版书刊之处理，为统一执行起见，亦划归本会办理，一以事权。以前中央宣传部、内政部等机关关于已出版书版书刊处理之责，均交本会。故本会目前工作范围，一方面为审查书刊原稿，另一方面又负有以前已出版书刊处理之责，其范围较审查办法中所规定者更为扩大。

（四）内部工作效率之增进　本会系中宣部、社会部、内政部、教育部、政治部会同组织之机关，内部职员除少数专任者外，多系调自各机关职员，为增进工作效率起见，特制定本会办事细则，举凡各组职权、办事程序、工作方式等项，均有详明之规定。又于本会第六次委员会通过服务规程，凡举本会工作人员之义务、请假手续、到退程序、与夫惩罚办法等均有详细之规定。此两项规程，对于本会内部工作效率，裨益甚大，同时第一、第二两组，又分别举行工作讨论会，互相交换工作上之意见。

（五）每周时论摘要之编印　本会直接审查处理之刊物，凡七十余种，其中每多特殊见解之文字。本会工作同仁，利用原稿审查之便，将各刊物关于时事问题之重要论文，摘录内容，油印成册，寄发本党负责人士，俾能于最短期间，明瞭出版界关于时事问题言论之趋势。此项小册编印三期后，以工作人员不敷分配，遂奉令暂停。

（六）查禁书刊内容提要之编印　本会在查禁书刊中，不乏有特殊见解之作，使之流传社会，固足动摇人民，但本党负责人员，则有参考之必要。故本会就查禁刊中择其见解特殊者，摘录内容，分呈本党负责人士参考。已编印者为陈独秀著之《准备战败后的对日抗战》及《从国际形势上观察中国抗战前途》二书。

（七）书刊查禁理由提要及查禁书刊一览之编印　本会自十月一日开始工作，迄十二月底为止，通行查禁之书刊，凡六十五种，每半月均油印成表，通知执行。兹为便利各地参考起见，将中央宣传部及本会在去年一年中查禁书刊，编成《民国二十七年查禁书刊一览》一册，颁发各地审查机关及出版机关参考。又凡经本会查禁之书刊，均拟有查禁理由，详细指出该书不妥或反动之点。此项《书刊查禁理由提要》，每月编印一次，颁发各地。

（八）国民参政会撤销“图书杂志原稿审查办法”议案之应付　十一月四日，国民参政会通过“撤消图书杂志原稿审查办法”一案后，本会以国民参政会仅有建议之权，此种建议，政府犹有考虑余地，在未奉到中央明令撤销以前，原稿审查工作自应继续积极进行，惟因外间不明真相，引起误会，以致影响工作，故特分别通知各地审委会及出版机关，一体知照。

乙　审查工作

（一）图书审查　（1）已出版图书之审查：本会成立之初，图书原稿送审者较少，故成立后之第一个月，以全力处理中央宣传部及内政部交审之图书，凡七十余种；第二个月起，本会即自行向各书店检举图书，购回审查。在过去三个月中，本会审查已出版之图书凡二百二十七种，准予放行者一百五十九种，通行查禁者六十五种，指示修改者三种。以上各书由中央交审及各地检送者九十六种，本会自行检查者一百三十一种。以上为审查已出版图书之大概情形。至详细书目，为节省篇幅起见，不必列举。(2)原稿审查：三个月来，重庆市各书店及出版机关送审之图书原稿，凡一四一种：其中经指示修改后付印者二十一种，内容无误者一二〇种。送审者以独立出版社为最多，正中书局次之。

(二)杂志审查　自本会开始工作后，重庆各杂志社均能踊跃以原稿送审。在重庆市发刊之杂志，截至去年底止，凡八十一种，除党政军机关发刊者得免原稿审查手续者外，应予送审者为七十三种。以上各种杂志，除时事类编外，凡继续发行之杂志、无不依法送审。总计三个月来，本会审查之杂志为二五六期，其中经指示修改者一〇六期，完全无误者一五〇种。

丙　工作之处理

(一)请求免审问题之处理　自本会开始工作以来，先后据文艺月刊、突崛月刊、时事类编、中央周刊、教育通讯周刊、新民族周刊及商务印书馆等处函请免予审查原稿，除中央周刊及教育通讯先后由中宣部及教育部来函证明系直接主办符合原稿审查办法第七条之规定应予以免审外，其他如文艺、突崛、时事、类编、新民周刊以及商务印书馆出版书刊，均已分别答复仍须依照规定，分别送审。

(二)不妥言论之纠正　送审书刊原稿中，内容如有不妥，而触犯“修正抗战期间图书杂志查审标准”者，均签注审查意见，指示修改。在过去审查纠正之文字中，以泄露国防军事秘密及过分暴露后方弱点者居多，分化整个民族团结者次之，自中央处分汪兆铭事件发生后，重庆市少数刊物论及此事，每多不明事态，或过分夸大。有主张用汪案作中心，扩大肃奸运动者；亦有谓汪系“封建地主和买办资产者之代表”，因而牵涉抗战中之阶级问题者；亦有谓汪之行动，系“代表一群主张妥协投降的没落分子的集体行动”者，更有字里行间表同情于汪者。关于此类不妥言论，本会均随时请示中央，加以纠正。

（三）手续不合及不遵照指示者之处理　本会创办之初，一般杂志送审时，每多手续不合或每次仅检送一部而不全部送审，或业经审讫而出版时又加变动，或于出版时不印审查证号码，或将本期审查号码沿用于下期，或出版后不检送复核，诸如此类情节，本会均随时通知纠正。此外又印就《各杂志送审须知》一种，关于送审手续，详细列举，俾共遵守。至于不遵用指示或不按期送审者，本会亦加以处理，在过去三个月中，因不遵照指示修改或不按期送审而受告诫处分者计有三家。

（四）内容优良之书刊请求奖励　根据原稿审查办法第十二条之规定，各书刊内容优良者应予奖励，在本会审查之书刊中，南宁建设书店编印之有关党义书籍小册二十七种，内容颇有益于抗战，故呈请中央宣传部予以奖励。

（五）“印刷所印刷不送审图书杂志原稿取缔办法”之拟定

查“战时图书杂志原稿审查办法”关于不送审查书刊原稿之取缔，仅限于书店及出版社之本身，其有秘密印刷者，虽欲加以取缔，而无法律根据。故根据事实要求，拟定“印刷所印刷不送审图书杂志原稿取缔办法”，使印刷所亦可负同样责任。而检查时则更可完密，不致有疏漏之虞，此项办法正呈请中央核议中。

（六）呈请解释审查标准乙项第一条之范围　修正抗战期间图书杂志审查标准乙项第一条规定“恶意诋毁及违反三民主义”等语，查“违反三民主义”一语，殊有广义狭义之分，就广义言，凡一切违反三民主义之理论书刊，如资本论、共产党宣言以及其他理论上违反三民主义之书刊均应取缔，此与过去处理标准又觉不同。其范围应如何规定，已呈请中央宣传部明令解释。现已奉到来文，关于理论书刊，仍照以前办法，从宽处理。

四　关于各地审委会工作之推进

甲　各地审委会组织概况

自本会成立后，各地审委会之先期成立者，均纷纷呈报组织经过及组织大纲与办事细则等件，请予备案，其未成立者，亦经本会催促迅予成立。计本会成立以来，除因在特殊状况下不能组织地方审查机关，如山西、青海、广州等省市外，其余如湖南、宁夏等十二处均已成立审委会。兹将各地审委会之组织概况，列表于后：

各地图书杂志审委会呈报组织概况表（以成立先后为序）

名　　称	参加单位	常务委员	成立日期	备　　考
湖南省图书杂志审委会	当地最高党政军警机关	王次富 张宝琴	八月九日	该会设委员七人
宁夏省图书杂志审委会	当地最高党政军警机关	海　涛 王含章	八月十三日	委员共九人
武汉图书杂志审委会	当地最高党政军警机关	谢登宇	八月十六日改组	委员共十一人
西安图书杂志审委会	当地最高党政警机关	皮一静 彭亚臣	九月一日	委员数未详
吉安图书杂志审委会	当地最高党政军警机关	胡　轨 程宗宜	九月一日	委员七人
江西省图书杂志审委会	当地最高党政军警机关	范年波 程时煃	九月十一日	委员七人
重庆市图书杂志审委会	当地最高党政军警机关	龙文治 袁家风	九月十三日	委员七人
桂林图书杂志审委会	当地最高党政军警机关	未　详	九月改组	委员九人
云南省图书杂志审委会	当地最高党政军警机关	甘汝棠 傅宅安	十月一日	委员七人
浙江省图书杂志审委会	当地最高党政军警机关	陈　烈 李　洁	十月十三日	设委员七人至十五人

兰州图书杂志审委会	当地最高党政军警机关	未　详	十月成立	未详
贵州省图书杂志审委会	当地最高党政军警机关	雷澄林 马培中 郑天建	十月成立	委员七人

乙　各地审委会工作之指导与考核〔略〕

丙　检查工作之推进〔略〕

〔国民政府教育部档案〕

5. 国民党中宣部关于图书杂志审查工作的报告

（1939年9月　日）

图书杂志审查工作

关于图书杂志审查工作，本部系根据抗战期间图书杂志审查标准，暨战时图书杂志原稿审查办法处理。去年9月，会同中央社会部、内政部、教育部及军事委员会、政治部等机关组织中央图书杂志审查委员会主持一切，兹将该会关于图书杂志审查工作之实施概况略述如次：

一、审查标准之执行：抗战以后，本部为适应战时需要特制定"抗战期间图书杂志审查标准"，厥后采取原稿审查办法乃加以修改，提经第五届中央八十六次常会通过。全国各地图书杂志无论已出版及未出版者，均根据此统一之标准加以审查。处理共产党宣传品，如有触犯审查标准者，一律依法予以取缔，不稍宽假？"关于异党问题处理办法"党政方面第六项中所规定之违反三民主义，危害抗战利益及破坏本党等项，均在审查标准明文规定之中，亦早在依法取缔之列。计自去年一月迄今年八月二十个月内，因触犯审查标准而由本部及中央图书杂志审查委员会通行查禁及停止发行之书刊总数为二百五十三种，其中百分之九十以上为共产党危害抗战利益之宣传品。至于查禁命令之执行，概由各地最高党政军警机关责成军警人员负责办理。

二、审查办法之确立：执行图书杂志审查工作之重要法规有下列数种：第一、“战时图书杂志原稿审查办法”系第五届中央第一〇六次常会修正通过，为图书杂志原稿审查之根本法规，举凡审查工作之组织范围、手续、时间等等，均有详细之规定。第二、“印刷所承印未送审图书杂志原稿取缔办法”系第五届中央一一九次常会通过，为与原稿审查办法比翼进行之重要法规，前者以图书杂志之发行人为范围，而本办法则以印刷人为范围，偏颇一方则有流弊，同时并进防范乃臻周密。第三、“检查书店发售违禁出版品办法” 系第五届中央五十次常会通过，为辅助原稿审查办法之重要法规，对于已出版书刊之检举及查禁书刊之检查，均有详细规定，“异党问题处理办法”Ⅰ一般取缔办法，二党政方面第七项中所规定之报章杂志、书店、印刷所等均应依法办理立案登记手续一节。查共产党公开发行之杂志一为群众周刊，在重庆出版，按期送审原稿；一为解放周刊，在延安出版，以言论反动业予通行查禁；公开创办之书店与印刷所则尚未发现。该党书刊之发售，则多在新知书店、读书生活社、生活书店等店，印刷则多在新华日报印刷所。中央图书杂志审查委员会对于上列书店与印刷所，均根据法规经常予以检查。

三、审查工作之推进：审查工作乃根据上述审查标准与办法而推进，兹将其荦荦大者撮述于次：

1. 各级审查机关之组织——现在全国各地已组成图书杂志审查委员会者，计有重庆市、四川省、云南省、贵州省、广西省、广东省、湖南省、湖北省、江西省、浙江省、福建省、陕西省、宁夏省等十四省市。甘肃原已组成审委会，嗣奉令并入动员委员会、故已取销，浙江、广西等省复成立各区审委会以期周密，至于中央图书杂志审查委员会则设于重庆，俾本部可随时加以指导。

2. 工作纲要之厘定——各级审查机关成立之初，中央审查委员会立即颁发"各地图书杂志审委会初步工作纲要"，作为初步工作方针，嗣复根据实际情形厘定详细周密之"图书杂志原稿审查工作纲要"，举凡工作目标、方略与夫审查者应有之态度与修养等，均详为规定。在工作方略中又详列调查、宣传、联络、审查、处理等项。

3．审查办法之执行——中央审查委员会根据既定方针执行审查办法，其重要者为：（一）规定自本年四月起，所有图书杂志，如未经原稿审查而擅自出版，除规定者外，一律根据审查办法第十一条规定，予以查禁。（二）为防范各书店忽视法令起见，特请内政部通令各出版机关，凡未经原稿审查、领有审查证号码之图书，一律拒绝注册。（三）对于各种不妥之检查、取缔，除由中央审委会通令各地审委会办理外，并由本部通函各省、市党部，内政部通函各省市政府，三民主义青年团中央团部通令各级团部，军委会特检处通令各地邮电检查所协助工作，以期群策群力，周密执行。（四）各地审查机关，除浙江、广西外，多仅以省、市为单位，盖各县以限于人才经费不能普遍成立，爰由中央审委会呈请本部函四川、云南等省党部，请规定以图书杂志检查工作为各县党部党务中心工作之一，以期全国各地普遍执行。

4．战区反动书刊之防范——查反动书刊每多流入战区，中央审委会特拟定"防范沦陷区及敌国反动书刊流入内地办法"，以资防范。除于国外及沦陷区入口处特设检查处予以检查外，其在战区则由军委会政治部通令各战区军师政治部，指定人员负书刊审查处理之专责，庶几前方、后方均采取同一步骤。

5．研究驳正工作之进行——原稿审查工作，除防止庞杂言论外，尤应致力于齐一国民思想，故中央审委会除消极取缔处理外，特邀同对各党派言论有研究兴趣之各同志，组织各党派言论研究会，分别研究，按期提出报告。其已出版者，为"抗日民族统一战线的真面目"、"驳中共'为开展国民精神总动员运动告全党同志书'"等。已撰成送核者为"民族自决问题在中国"、"抗战中的民主自由问题"等。在编选中者有"中国共产党的三民主义论"、"中国共产党向何处去"等六种。

四、今后工作要点：中央审委会根据既定方针及实际工作经验认为今后工作应侧重于下列两点：

1. 督导各地审委会切实执行工作——各地审委会多已组织完成，但均系当地各机关派员参加工作，在指挥上不无困难，且限于人才经费以及交通情况，是以全国各地除一、二省外，对于中央所规定之各种工作方针、计划均不能切实执行，今后应严加督导。其附近各省如：四川、云南、贵州、广西等地，拟派干员前往督导，并经常与当地文化界密切联系，以收宣传联络之效。

2. 继续研究异党言论谬误者严予驳斥——中央审委会各党派言论研究会第一期研究计划决定编选之报告小册十种，已出版者二种，已脱稿者二种，其余本月底可以全部脱稿。一俟完成之后，即赓继进行第二期研究计划，拟仍编选报告小册十种，预定本年十二月底完成。

以上所述系本部关于图书杂志审查工作之实施情况与进展计划，与"关于异党问题处理办法"尚能符合，且多有关系，故撮要报告，以便查考。

〔国民党图书杂志审查委员会档案〕

6. 国民党中央图书杂志审查委员会民国廿七年十月至廿九年十月查禁书刊目录一览表

（1940年10月　　日）

书刊名称	著译者	出版者	查禁或停售理由	查禁或停售日期	处置办法
一颗未出镗的枪弹	丁　玲	生活书店	触犯审查标准	二十七年	中宣部查禁
一个革命的女性	宁谟韦尔斯著	文化出版社	同　上	二十九年四月	通行查禁
一九一八年的列宁	陈原　译	言行出版社	同　上	二十九年五月下半月	同　上
一个去苏联工作者的自述	王文瑞		敌伪书刊	同　上	同　上
一年来的海宁县府	海宁县政府		同　上	同　上	同　上
一农夫	新民会		同　上	同　上	同　上
一把雨伞			同　上	同　上	同　上
一年间	夏　衍	生活书店	故不送审原稿	二十八年五月	同　上
一个青年忏悔录	拓　荒	国风书店	触犯审查标准	二十九年七月	同　上
十年来的中国共产党	平　凡	上海南华出版社	同　上	二十七年三月	同　上
十年来的中国共产党	洛甫等	解放出版社	同　上	二十七年三月	同　上

十年来的中国共产党	洛甫等	扬子江出版社	触犯审查标准	二十七年三月	通行查禁
十年来的中国共产党	毛泽东等	西北书店	同　上	二十七年	同　上
十月革命与世界	叶文雄译	全民出版社	同　上	二十八年一月	暂行停止发行
二万五千里长征记	赵文华	大众出版社	同　上	二十七年三月	中宣部查禁
二万五千里长征记	朱笠夫	上海抗战社	同　上	同　上	同　上
二七——血的纪念日（油印小册）	晋东商工救亡总会	同　上	同　上	二十九年五月下半月	通行查禁
八路军的战斗经验	杨　实	扬子江出版社	同　上	二十七年十月	同　上
八路军是怎样战胜敌人的	林岑南	怒吼出版社	同　上	二十八年二月上半月	同　上
八路军七将领	刘白羽　丁余杞	上海杂志公司	同　上	同　上	同　上
八路军抗战的经验与教训	朱德等	长江出版社	同　上	二十八年三月上半月	同　上
八路军怎样作战	贺明慧	新生出版社	同　上	二十八年九月下半月	同　上
八路军军政杂志		八路军军政杂志编译社	同　上	二十八年十月下半月	同　上

八月的乡村	萧　军	容光书局	同　上	二十九年二月下半月	通行查禁
七年来的国际	V·皮克	东方出版社	同　上	二十九年六月下半月	同　上
九一八以来的抗日战争	蓝天照	光明书局	同　上	二十八年八月	暂行停止发行
人的故事	依凡著	读书生活出版社	同　上	二十八年八月上半月	通行查禁
人口西迁与中国的前途	陈清晨	上海亚东图书馆	同　上	二十九年三月上半月	同　上
人　间	李公敢		敌伪汉奸书刊	二十九年七月	同　上
工友(十一、十二期合刊)			触犯审查标准	二十七年	中宣部查禁
工人呼声	上海工人呼声社	同　上	敌伪汉奸书刊	二十八年七月	通行查禁
大众(创刊号)		大众出版社	触犯审查标准	二十七年	中宣部查禁
大众(第八期五月专号)		大众出版社	同　上	二十八年六月下半月	通行查禁
大时代的人物	张寒青	大时代书店	同　上	同　上	同　上
大众文艺	文艺界抗敌协会延安分会		同　上	二十九年九月	同　上

大英帝国的动向	严可译	生活书店	触犯审查标准	二十八年十二月上半月	通行查禁
大日本青年致新兴中国青年书			敌伪汉奸书刊	二十八年九月	同　上
大东亚文化之建设	长　江	兴亚社	同　上	同　上	同　上
大民会宣言		大民会	同　上	同　上	同　上
大众言论	新同盟会		同　上	同　上	同　上
大阪每日		东京日日新闻	同　上	同　上	同　上
大众歌声第三集	孟　波	新知书店	故不送审原稿	二十八年四月	同　上
大众政治经济学	李洛夫译	同　上	同　上	二十八年五月	同　上
大家唱	曾昭正　李行夫	重庆教育书店	触犯审查标准	二十八年八月	暂行停止发行
大众政治经济学	吴大琨　庄纪尘译	新知书店	同　上	二十九年一月	同　上
大众政治学问答	卢宁夫	三户书店	同　上	二十九年四月	同　上
三民主义读本	许涤新	生活书店	同　上	二十七年	中宣部查禁
三民主义概论	陈伯达	生活书店	同　上	二十八年一月下半月	通行查禁

三十个月战争以来的日本(英文本)			触犯审查标准	二十九年八月	通行查禁
三民主义读本	民族革命青年训练班	民族革命青年训练班	同　上	二十九年五月下半月	同　上
三民主义再检讨(日文本)	内田英雄	东洋文化研究社	敌伪满奸书刊	二十八年六月	同　上
三　民	三民周刊社	三民周刊社	同　上	二十八年九月	同　上
上海周报	费　刊　特	上海独立出版公司	触犯审查标准	二十九年二月上半月	同　上
上海妇女(四卷一期)	蒋　逸　霄	上海妇女社	同　上	二十九年四月上半月	同　上
上海妇女(四卷四期)	蒋逸霄编	同　上	同　上	二十九年九月	暂行停止发行
女军医迪仙女士告白记	蒋　迪　仙	上海华兴书局	敌伪汉奸书刊	同　上	通行查禁
小革命家	白桃等编	生活书店	故不送审原稿	二十八年四月	同　上
毛泽东先生对延安新华日报记者其光先生谈话		远东出版社	触犯审查标准	二十七年三月	中宣部查禁
毛泽东论文集	毛　泽　东	上海大众出版社	同　上	同　上	同　上
毛泽东奋斗史	夫　人	战时出版社	同　上	二十七年	通行查禁

毛泽东生活与思想	史　山	一心书店	触犯审查标准	二十七年	通行查禁
毛泽东抗战言论集	张剑萍	战时读物编辑社	同　上	同　上	同　上
毛泽东印象记	白　华	进步图书馆	同　上	同　上	同　上
毛泽东言论集	天　行	华中图书公司	同　上	同　上	同　上
毛泽东同志在苏区党代表大会上的政治报告及结论	毛泽东	解放社	同　上	二十八年三月下半月	同　上
毛泽东抗战言论集	叶晴编辑	民族解放社	同　上	二十八年四月上半月	同　上
毛泽东救国言论集	毛泽东	新华日报社	同　上	二十八年七月下半月	同　上
毛泽东最近的抗战主张	向　愚	战时出版社	同　上	二十九年六月下半月	同　上
中共对于抗日民族统一战线的主张		解放出版社	同　上	二十七年三月	中宣部查禁
中国的新西北	张剑萍	战时读物编译社	同　上	同　上	同　上
中国在胜利中	赵军辉	新生出版社	同　上	二十七年六月	同　上
中国共产党英勇奋斗的十五年	未　夫		同　上	二十七年四月	同　上

中国抗战的前途	毛泽东	民族复兴出版社	触犯审查标准	二十七年	通行查禁
中国的出路		战时出版社	同上	同上	同上
中国现代革命运动史	中国现代史研究会	新知书店	同上	同上	同上
中国时局言论辑要	谭清虚	远东日报社	同上	同上	同上
中国抗日民族统一战线在目前阶段的任务	毛泽东		同上	二十八年二月上半月	同上
中国外蒙与苏联	李慎行	新生出版社	同上	二十八年四月上半月	同上
中国历史	敬之	读书生活出版社	同上	二十八年五月下半月	同上
中国现代革命史	中国现代史研究会	同上	同上	二十八年六月下半月	同上
中国大势	杨纪		同上	同上	同上
中国妇女(一卷一期)	中国妇女社	延安新华书店	同上	二十八年七月下半月	同上
中国唯一之出路	沈镘若	竟图书店	同上	二十八年八月下半月	同上
中国青年		延安中国青年社	同上	二十八年十月下半月	同上

中国妇女	中国妇女社	延安新华书店	触犯审查标准	二十八年十月下半月	通行查禁
中国抗战与苏联	羊枣	上海一般书店	同上	同上	同上
中国红军的生活	苏忠海	解放出版社	同上	二十八年十一月下半月	同上
中国文字拉丁化全程	拓牧	生活书店	同上	二十九年三月上半月	同上
中国革命之悲剧	哈洛得爱撒克斯	龙门书局	同上	同上	同上
中国青年	不明	不明	汉奸刊物	二十九年五月上半月	同上
中华民国伟人真像图			该图有汪逆精卫像在内	二十九年五月下半月	同上
中国农村社会性质论战	中国农村经济研究会编	新知书店	触犯审查标准	二十九年六月下半月	同上
中和经济论	戴锡琨		汉奸书刊	同上	同上
中国工人		中国工人刊社	触犯审查标准	二十九年六月下半月	同上
中苏月刊（第四卷一、二期）	中苏文化协会长沙分会编	同上	同上	同上	同上

中国近代史	李鼎声编	光明书店	触犯审查标准	二十九年八月	通行查禁
中国文化(一卷四期)	中国文化服务社	同　上	同　上	二十九年九月	同　上
中华民国军政领袖图		上海长春画片公司	同　上	同　上	同　上
中日时局言论辑要	谭清虚	远东日报社	敌伪汉奸书刊	二十九年五月	同　上
中日事变各要点详论	温宗尧		同　上	同　上	同　上
中国小学生的吼声			同　上	同　上	同　上
中日经济提携论	黄　鹤	兴亚社	同　上	同　上	同　上
中日亲善之步骤与世界之局势			同　上	同　上	同　上
中国公论		中国公论社	同　上	同　上	同　上
中国人民英勇抗战两周年	凯　丰	新华日报社	故不送审原稿	同　上	同　上
中国妇女第一次参加革命的经验与教训	李　实	新知书店	同　上	同　上	同　上
中国经济史讲话	钱亦石	生活书店	同　上	二十八年四月	同　上
中苏互助论	沈志远	上海杂志公司	触犯审查标准	二十七年	暂行停止发行

中国应何以自存	宋庆龄	前导书店	触犯审查标准	二十八年三月	暂行停止发行
中国外交史	钱亦石	生活书店	同　上	二十八年五月	同　上
中国社会经济结构	何干之	中国文化服务社	同　上	二十八年十月	同　上
中日关系小史	祖　澄	一般书店	同　上	二十九年一月	同　上
中国最高领袖蒋介石	蒋鼎黼　姜君衡译	文史研究社	未经呈奉委座核准	同　上	同　上
中学生活(二卷二期)	田仲严	上海五洲书报社	触犯审查标准	二十九年三月	同　上
中国及其未完的革命	蒋天佑	读书生活社	故不送审原稿	二十九年九月	同　上
日本侵略新阶段与中国斗争新时期	陈绍禹	青年书报社	触犯审查标准	二十八年二月上半月	通行查禁
日本帝国贯彻始终的对华精神			敌伪汉奸书刊	二十九年五月	同　上
日本发展之目标	河达相夫		同　上	同　上	同　上
日本语会话读本	宣抚班		同　上	同　上	同　上
日本军的真面目			同　上	同　上	同　上
日本文化情形一瞥			同　上	同　上	同　上
日本政治经济的崩溃	龙　潜	新知书局	故不送审原稿	同　上	同　上

反对战争拥护和平	爱尔科里等原著		触犯审查标准	二十八年三月下半月	通行查禁
反法西斯斗争的当前问题	季米特洛夫原著	中国出版社	同上	二十八年四月上半月	同上
反帝国主义大战	哈密译		同上	二十九年六月下半月	同上
反共救国讲话录	新民会		敌伪汉奸书刊	二十九年五月	同上
文丛五、六两期合刊	靳以主编	文化生活出版社	触犯审查标准	二十八年五月上半月	同上
文艺新潮(二卷五期)	钱君匋	上海万业书店	同上	二十九年五月	同上
文艺战线(一卷五号)	周扬	文艺战线社	同上	同上	同上
文艺新论	张资平译	现代书店	同上	二十九年六月下半月	同上
文心月刊	冯仲会主编	文心出版社	同上	二十九年六月上半月	同上
文艺阵地	茅盾主编	生活书店	同上	二十九年七月	同上
文艺新潮	钱君匋等主编	文艺新潮社	同上	二十九年八月	同上
文艺突击(一卷二期)	文艺突击社	边区文化协会	同上	二十九年九月	同上

文艺思想小史	徐懋庸	生活书店	故不送审原稿	二十八年十月	通行查禁
五月的延安	五月的延安编委会	陕甘宁边区文化界救亡协会	触犯审查标准	二十八年五月下半月	同　上
五台山下	刘白羽	生活书店	同　上	二十八年十二月上半月	同　上
五族解放	张　鸣		敌伪汉奸书刊	二十九年五月	同　上
五色旗下的新中国	新民会		同　上	同　上	同　上
什么是列宁主义(第二册)	凯　丰	中国出版社	触犯审查标准	二十八年十月上半月	同　上
什么是资本主义	朱德华	东方出版社	故不送审原稿	二十九年五月	暂行停止发行
什么是社会主义	万瑞莲	东方出版社	同　上	同　上	同　上
太平洋风景线	马宝星译	上海光明书店	触犯审查标准	二十九年五月下半月	通行查禁
支那事变画报			敌伪汉奸画报	二十九年五月	同　上
支那事变大胜纪念号		日本讲谈会	同　上	同　上	同　上
支那统计月报		支那问题研究所	同　上	同　上	同　上
支那经济旬报		同　上	同　上	同　上	同　上

内政公报		伪维新政府	敌伪汉奸画报	二十九年五月	通行查禁
少年抗战政治知识	杭 苇 生	全民出版社	触犯审查标准	二十九年四月	暂行停止发行
六年来的美国远东政策	邵 宗 汉	生活书店	无出版地点故不送审原稿	二十九年九月	同 上
今日之苏联青年		民族解放青年出版社	触犯审查标准	同 上	通行查禁
生活与思想	平 心	光明书局	同 上	二十七年	同 上
生活在延安	客 平	新华书社	同 上	二十八年九月	暂行停止发行
生物史观与唯物史观	常燕生等	国魂书店	故不送审原稿	二十九年八月	同 上
世界与中国的青年运动之路	民族解放青年出版社	同 上	触犯审查标准	二十七年	通行查禁
世界和平消遣图		上海长春画片公司	以赌赙玩视和平，复绘总裁像于其中，有失领袖尊严	二十九年九月	同 上
世界知识(日文本)	城之堂新光版	同 上	敌伪汉奸书刊	二十九年五月	同 上
世界周刊(日文本)		同 上	同 上	同 上	同 上

世界经济地理讲座	胡民译	开明书店	触犯审查标准	二十九年四月	通行查禁
世仇乎，朋友乎	无畏		同上	同上	同上
打回老家去	导报丛书编译社译	导报馆发行部	同上	二十八年八月	暂行停止发行
斥汪集	胡卓英	新意识社	同上	二十九年五月下半月	通行查禁
打倒共产党	伪新民会	伪新民会	敌伪汉奸书刊	二十九年五月	同上
打回老家去	张庚编	读书生活出版社	触犯审查标准	二十八年八月	暂行停止发行
民先队员须知			同上	二十七年	通行查禁
民族问题大纲	焦敬之	读书生活出版社	同上	二十八年二月上半月	同上
民众与抗战	漆淇生	战时出版社	同上	二十九年二月下半月	同上
民心	张一军编辑		汉奸言论	二十九年三月上半月	同上
民族革命统一战线的基本认识与应用			触犯审查标准	二十九年五月下半月	同上

民运概论	平陆民族革命训练班		触犯审查标准	二十九年五月下半月	通行查禁
民族革命哲学	陈准实	辰光书店	同　上	二十九年六月	同　上
民族革命战争中的土地政纲问题	陈传纲	民族革命出版社	同　上	二十九年七月	同　上
民治月刊		民治月刊社	敌伪汉奸书刊	二十九年五月	同　上
民德主义浅说		大民会	同　上	同　上	同　上
民意先锋			同　上	同　上	同　上
民众画报			同　上	同　上	同　上
民族革命论	俞希平	天马书店	触犯审查标准	二十八年一月	暂行停止发行
民族歌声	孟豪编	生活书店	故不送审原稿	二十九年八月	同　上
北京教育月刊		伪新民会教育分会	敌伪汉奸书刊	二十九年五月	通行查禁
北支文化便览			同　上	同　上	同　上
正　气	章君直		同　上	同　上	同　上
市政概要		伪上海市政府	同　上	同　上	同　上

由新民主义批评三民主义		伪新民会	敌伪汉奸书刊	二十九年五月	通行查禁
白红饼		东方书店	同　上	同　上	同　上
四　劝	通俗读物编刊社	生活书店	故不送审原稿	同　上	同　上
四月交响曲	姚雪垠	前线出版社	同　上	同　上	同　上
外蒙与抗日战争	冯思聪	新生出版社	触犯审查标准	二十八年十二月	暂行停止发行
目前形势与我们任务	毛泽东	时论编辑社	故不送审原稿	二十九年十月四日	通行查禁
列宁主义初步	雅洛漫斯夫著	生活书店	触犯审查标准	二十九年八月	暂行停止发行
列国对于远东果得以实力干涉乎			敌伪汉奸书刊	二十九年四月下半月	通行查禁
共党与西北	庸夫译	大众出版社	触犯审查标准	二十七年三月	中宣部查禁
共产党毒扰中国之阴谋		伪新民会	敌伪汉奸书刊	二十九年四月上半月	通行查禁
共产国际纲领		中国出版社	触犯审查标准	二十八年七月上半月	同　上
全国总抗战和保障抗战的胜利	王　明	上海南华出版社	同　上	二十七年三月	中宣部查禁

全国学联寒假战时工作大纲			触犯审查标准	二十七年三月	通行查禁
全国学联情报			同　上	同　上	同　上
全民抗敌的理论基础	孙冶方	黎明书局	同　上	同　上	同　上
全国抗战论	潘汉年	生活书店	同　上	同　上	同　上
全面抗战中的外蒙	谭勘等	战时出版社	同　上	同　上	暂行停止发行
全面抗战方略	李茂秋		同　上	二十八年十月	同　上
如何确保抗战的全部胜利		合力出版社	同　上	二十七年六月	中宣部查禁
西北新社会	史诺等	战时出版社	同　上	二十七年九月	同　上
西北特区的战时总动员	韩涛	时代史料保存社	同　上	二十七年	通行查禁
西北的新区	辛白	新生图书公司	同　上	同　上	同　上
西战场的主将朱德	张寒青	大时代书局	同　上	二十八年二月上半月	同　上
西线(第二期)	西线社	民族革命出版社	同　上	二十八年五月上半月	同　上
西行漫记	斯诺著王厂青译	复社	同　上	同　上	同　上

西行访问记	斯诺夫人著华保译	译社	触犯审查标准	二十八年七月上半月	通行查禁
西北特区抗战动员记	舒群	解放出版社	同上	二十八年八月下半月	同上
西北	西北解放社	同上		二十八年八月下半月	同上
西线生活	西北战地服务团	解放社	故不送审原稿	二十九年四月下半月	同上
托洛斯基氏对于中日战争的意见		国际形势研究会	触犯审查标准	二十七年九月	中宣部查禁
托派在中国	徐特立	新中国出版社	故不送审原稿	二十九年四月下半月	通行查禁
在天门	邹荻帆	烽火社	触犯审查标准	二十七年	同上
在统一战线观点上去理解中国共产党真正的态度	毛泽东等	陕北书店	同上	二十八年十月	同上
在游击队中	哲非编	言行出版社	同上	同上	同上
在文化阵线上	陈伯达	生活书店	同上	同上	同上
在抗战中跃进的第二战区(上下二册)	张显堂	民族革命出版社	同上	二十八年十二月	同上
朱德传	王唯廉等	华中图书公司	同上	二十七年	同上

老百姓穷苦的原因	陈逸冈	新知书店	触犯审查标准	二十八年一月下半月	通行查禁
光芒万丈的中国新战士(红军四杰)	斯诺著郭文彬译	一心书店	同　上	二十八年七月上半月	同　上
宇宙风(第八四期)		宇宙风编辑社	同　上	二十九年一月上半月	同　上
再续和战问题之讨论		南华日报社	敌伪汉奸书刊	同　上	同　上
再厉集	韬奋	生活书店	触犯审查标准	同　上	同　上
丢下枪杆去种田	孟一笑		敌伪汉奸书刊	二十九年四月下半月	同　上
合作月刊	伪丹阳县公署		敌伪汉奸书刊	二十九年四月下半月	同　上
自由评论		自由评论社	该刊近似托派刊物	同　上	同　上
自卫队	宋之的	上海杂志公司	未经许可擅印本会"审讫"字样	二十九年五月	暂行停止发行
色眼镜		东方书店	敌伪汉奸书刊	二十九年四月下半月	通行查禁
收获和教训	廖承志	救亡出版社	触犯审查标准	二十八年十二月	暂行停止发行

抗日军人读本			触犯审查标准	二十七年三月	中宣部查禁
抗日民族统一战线指南		解放社	同　上	同　上	同　上
抗日游击战争中各种基本政策问题	陶尚行	同　上	同　上	同　上	同　上
抗战中的西北	徐　盈	生活书店	同　上	同　上	同　上
抗日救国政策	王　明	陕西人民出版社	同　上	同　上	同　上
抗战名论集	毛泽东等	战时出版社	同　上	同　上	通行查禁
抗战与新启蒙运动	陈唯实	扬子江出版社	同　上	同　上	同　上
抗战建国论	侯外卢	生活书店	同　上	二十七年	同　上
抗日救国指南	毛泽东等	抗日战术研究社	同　上	同　上	同　上
抗战总动员	民族革命通讯社	新知书店	同　上	同　上	同　上
抗战中的军事动员	任　淘	读书生活出版社	同　上	同　上	同　上
抗战中的陕北	马　骏	扬子江出版社	同　上	同　上	同　上
抗日民族统一战线教程	凯　丰	生活书店	同　上	二十八年一月上半月	同　上
抗日民族统一战线教程	解放社	同　上	同　上	同　上	同　上

抗敌战略论	平　心	光明书店	触犯审查标准	二十八年一月上半月	通行查禁
抗战中的中国民族问题	陈廉真　黄操良	黎明书店	同　上	同　上	同　上
抗战中的政党和派别	张执一	读书生活出版社	同　上	二十八年二月上半月	同　上
抗战经验谈	金则人	自强出版社	同　上	二十八年二月下半月	同　上
抗日民族统一战线	侯外卢	生活书店	同　上	二十八年三月下半月	同　上
抗战歌声	塞克等	抗战歌声社	同　上	同　上	同　上
抗战歌曲集	冼星海	生活书店	同　上	二十八年三月下半月	同　上
抗战中的民生问题	莫　湮	光明书店	同　上	同　上	同　上
抗战与军队政治工作	李富春等	生活书店	同　上	同　上	同　上
抗日战士读本（第三、四册）	抗日战士读本编辑社	同　上	同　上	二十八年五月	同　上
抗日十大纲领	徐特立	新文化学社	同　上	二十八年六月上半月	同　上
抗日救国政策	陈绍禹		同　上	同　上	同　上

抗战与建国	民慰编	香港民社	触犯审查标准	二十八年七月上半月	通行查禁
抗战回忆录	朱德等	怒吼出版社	同　上	二十八年七月下半月	同　上
抗日民族统一战线指南(第五集)		解放社	同　上	二十八年八月上半月	同　上
抗日民族统一战线指南(第六集)		同　上	同　上	同　上	同　上
抗日军队中的政治工作	罗瑞卿	生活书店	同　上	二十八年八月下半月	同　上
抗日第八路军	张国平	抗战出版社	同　上	同　上	同　上
抗日战争的新阶段	毛泽东　王明	上海明明书店	同　上	二十八年十月上半月	同　上
抗战歌曲集(第二集)	受　铭	生活书店	同　上	二十八年一月	暂行停止发行删改后再予发行
抗日游击战术	周静国	上海杂志公司	同　上	二十九年三月下半月	通行查禁
抗战文选	向　愚	战时出版社	同　上	二十九年四月下半月	同　上

抗战中的军队与民众	俞希平	全民出版社	触犯审查标准	二十九年四月下半月	通行查禁
抗战期中怎样做农民工作	平陆民族革命训练班	同　上	同　上	二十九年五月下半月	同　上
抗日民族统一战线	同　上		同　上	同　上	同　上
抗战一周年	全民抗战创刊特辑	生活书店	同　上	二十九年六月下半月	同　上
抗战形势论	张友渔	民族革命出版社	同　上	同　上	同　上
抗战的前奏	李辉英	火线出版社	同　上	二十九年六月	同　上
抗　战	江镇南		敌伪汉奸书刊	二十九年三月	同　上
抗战根据地鲁西北区	姜克夫	生活书店	故不送审原稿	二十九年四月下半月	同　上
抗战中的中国农村动态	中国农村经济研究会	新知书店	同　上	同　上	同　上
抗日模范根据地晋冀察边区	聂荣臻	八路军军政杂志社	同　上	同　上	同　上
抗战模范作文	公达编	上海书店	同　上	同　上	同　上
抗战两周年	刘云编	五五书店	同　上	二十九年四月下半月	同　上

抗大动态	动员社集体作	动员社	故不送审原稿	二十九年四月下半月	通行查禁
抗战中的政治问题	徐特立	新知书店	触犯审查标准	二十八年一月	暂行停止发行
抗战歌曲集	受铭	生活书店	同上	同上	同上
抗战与乡村工作	薛暮桥	同上	同上	同上	同上
抗战歌声(第一集)	朱绛	会文图书社	同上	二十八年九月	同上
抗战胜利的展望		时代批评社	同上	二十九年四月下半月	同上
抗战青年		抗战青年社	同上	二十八年九月	同上
抗战与民众运动	沙千里	生活书店	同上	二十八年十二月	同上
我们怎样打退敌人	朱德等		同上	二十七年九月	中宣部查禁
我的丈夫郭沫若	佐藤富子	上海日新社	同上	二十九年二月	暂行停止发行
我们怎样为抗日复土而奋斗	赵僩	生活书店	同上	二十八年二月	同上
沈鸿烈祸青罪恶录	朱民则	沈案查办委员会	汉奸著述	二十七年	通行查禁
社会主义入门	马克思　恩克斯	延安民族解放青年社	触犯审查标准	二十八年一月上半月	同上

社会科学基础教程	陈伯达等	新知书店	触犯审查标准	二十八年三月下半月	通行查禁
社会读本	万瑞莲	东方出版社	同　上	二十九年五月下半月	同　上
社会科学概论	社会科学研究会		同　上	二十八年八月	同　上
社会主义概论	华汉光译	言行社	同　上	二十九年八月	同　上
社会主义讲话	徐懋庸	生活书店	故不送审原稿	二十九年四月下半月	同　上
李宗仁将军传	张公达	长沙上海书店	触犯审查标准	二十八年三月下半月	同　上
李宗仁将军传	赵铣琳	上海大时代书局	同　上	二十七年六月	同　上
汪精卫先生重要建设		香港南华日报社	汉奸言论	二十八年五月下半月	同　上
汪精卫重要声明	汪精卫	中华日报	敌伪汉奸言论	二十九年三月	同　上
初生期	孙钿等	新知书店	触犯审查标准	二十九年六月上半月	同　上
每月丛刊第二号	华风主编	毅力出版社	同　上	二十九年八月	同　上
走上胜利之路的山西	李公朴	黄河出版社	同　上	同　上	同　上

延安世界语者二三四合刊	中国世界语协会延安分会		触犯审查标准	二十九年九月	通行查禁
赤祸笔记			敌伪汉奸书刊	同　上	同　上
告中国民众书			同　上	同　上	同　上
告中国农民书			同　上	同　上	同　上
告中国士兵诸君			同　上	同　上	同　上
告党员同胞		中华救国会	同　上	同　上	同　上
告中国学生			同　上	同　上	同　上
告游击队员	日　军	同　上	同　上	同　上	同　上
告青年	包金译	平明书店	本书煽动阶级斗争，不合抗战要求	二十七年	暂行停止发行
何谓东亚新秩序	江　南	兴亚社	敌伪汉奸书刊	二十九年三月	通行查禁
更　生		更生周刊社	同　上	同　上	同　上
防共读本	宣抚班		同　上	同　上	同　上
吾国与吾民(上下册)	林语堂著郑陀译	世界新闻出版社	触犯审查标准	二十九年八月	暂行停止发行

长期抗战中的国防计划	葛扶南	上海华南出版社	泄露国防机密	二十七年三月	中宣部查禁
长征两面写	廉臣　史诺等	大文出版社	触犯审查标准	二十八年九月上半月	通行查禁
武德论	缪　斌	大东书局	汉奸著述	二十七年	同　上
东村事件	丁　玲	上海绿叶书店	触犯审查标准	二十八年一月上半月	同　上
东北抗日烈士传	王　亚	巴黎救国出版社	同　上	二十八年三月下半月	同　上
东亚协同体之理论	赵觉民	中国同盟会	敌伪汉奸书刊	二十八年六月下半月	同　上
东亚更生之新春呐喊	伪临时政府行政委员会		同　上	二十九年四月下半月	同　上
东亚协同体的建设与新民会	伪新民会	同　上	同　上	同　上	同　上
东洋经济统计月报（日文本）		支那问题研究会	同　上	同　上	同　上
东　惠	东惠杂志社		触犯审查标准	二十九年三月下半月	同　上
东洋经济新报（日文本）			同　上	二十九年四月	同　上

青年战线(第六号)	延安青年战线社		触犯审查标准	二十八年三月下半月	通行查禁
青年知识半月刊	青年知识社		同　上	二十九年八月	同　上
青年的歌声(第二集)	仲刚编	大时代歌声社	同　上	同　上	同　上
青　年		新民会宣传股	敌伪汉奸书刊	二十九年四月下半月	同　上
青年团月刊		内容反共青年团	同　上	同　上	同　上
知行诗歌集	陶行知		触犯审查标准	二十八年五月下半月	同　上
明朗华北一年之回顾	中华救国会		敌伪汉奸书刊	二十九年四月下半月	同　上
和　平	和平救国会		同　上	同　上	同　上
妹妹的胜利			同　上	同　上	同　上
取火者颂集	蒲　风	诗歌出版社	故不送审原稿	同　上	同　上
两年来托派罪行的总结	徵　沫	新知书店	触犯审查标准	二十九年二月	暂行停止发行
法西斯走狗托洛茨基匪徒	向　愚	战时出版社	同　上	二十八年六月上半月	通行查禁

近代中国经济史	钱亦石	生活书店	故不送原稿	二十九年三月上月半	通行查禁
近代世界革命史（第一二卷）	陈昌浩	解放社	同上	同上	同上
为自由独立幸福的中国而奋斗	王明	大众出版社	触犯审查标准	二十七年三月	中宣部查禁
为实现三民主义而奋斗	陈钧	新国民书店	同上	二十七年七月	同上
为和平而奋斗的统一战线	季米特洛夫著 唯真译	中国出版社	同上	二十七年	通行查禁
为什么召开剿共灭共党大会		伪新民会	敌伪汉奸书刊	二十九年三月	同上
为统一战线而奋斗	伊叶译	同上	故不送审原稿	同上	同上
为自由而战的中国	伍友仁	棠栖社	触犯审查标准	二十八年十二月	暂行停止发行
军队论	崔南辛译	天马书店	同上	二十七年三月	中宣部查禁
红军十年	赵君辉	新生出版社	同上	同上	同上
红旗下的中国	赵文华译	上海大众出版社	同上	同上	同上
红军四讲	佚名译	新生出版社	同上	同上	同上
红色文献		解放社	同上	二十七年	通行查禁

红区时论特辑	浩然	读书生活出版社	触犯审查标准	二十八年一月下半月	通行查禁
红军秘访	士毅	上海明明书店	同上	二十八年九月下半月	同上
红旗		上海大众书店	同上	二十八年三月下半月	同上
红色的延安	哲非	盲行出版社	同上	二十八年十月上半月	同上
红色新婚曲	芳信译	上海国民书店	同上	二十九年七月	同上
红军的抗战时代		汉口人民书店	同上	二十八年八月	暂行停止发行
怎样组织民众	张佐华	上海杂志公司	同上	二十七年	通行查禁
怎样争取最后的胜利	刘天囚	星星出版社	同上	同上	同上
怎样组织一个村的参政会		五区工农妇各救总会	同上	二十九年五月下半月	同上
怎样研究辩证法唯物论	艾思奇		无出版地址年月，又未经审查	二十九年八月	同上
怎样待人接物	洛甫	时论选辑社	触犯审查标准	同上	同上
怎样确立东亚和平		伪新民会	敌伪汉奸书刊	二十九年三月	同上

怎样做新中国的新女性		新中华女性联盟会	敌伪汉奸书刊	二十九年三月	通行查禁
怎样实行三民主义	李钟汉	南宁建设书店	触犯审查标准	二十七年	暂行停止发行
前驱(二卷四期)		龙岩前驱社	同　上	二十八年四月下半月	通行查禁
前驱(二卷五期)		同　上	同　上	二十八年六月上半月	同　上
前线通报	十八集团军政治部	同　上	同　上	二十九年九月	同　上
前　夜	雷　宁	言行出版社	故不送审原稿	二十九年三月	同　上
革命救国的三民主义	陈伯达	中国文化社	触犯审查标准	二十八年九月上半月	同　上
英文民众论坛	汤良礼	上海联华书报社	汉奸宣传品	二十九年一月上半月	同　上
英国对华政策之残酷		东洋文化研究会	敌伪汉奸书刊	二十九年三月	同　上
英国远东自灭政策之可怜		同　上	同　上	同　上	同　上
英国对华罪恶小史	钱会葛	中国经济协会	同　上	同　上	同　上
英人惨杀华人痛史	同　上	同　上	同　上	同　上	同　上

政治常识讲话	汉　夫	生活书店	触犯审查标准	二十九年二月上半月	通行查禁
政府公报(周刊)	伪临时政府		敌伪汉奸书刊	二十九年三月	同　上
政治经济学论丛	吴黎平	生活书店	故不送审原稿	同　上	同　上
政治经济学	列昂节夫	生活书店	触犯审查标准	二十九年一月	暂行停止发行
纪念列宁			同　上	二十九年五月	通行查禁
相持阶段中的形势和任务	毛泽东等	三友出版社	同　上	二十九年六月	同　上
要建立怎样的新中国	陈　钧	新民国书店	同　上	二十八年二月	同　上
科学的哲学	葛名中	生活书店	同　上	二十九年七月	同　上
科学历史观教程	吴黎平艾思奇	辰光书店	同　上	二十九年九月	同　上
帝国主义	伯韩编	读书生活出版社	同　上	二十九年八月	同　上
南路堡垒(第十期)	南路堡垒社	同　上	同　上	二十九年九月	同　上
南星　(月刊)	张　俊		敌伪汉奸书刊	二十九年三月	同　上
玲玲的梦		远东月报社	同　上	同　上	同　上

宣传宣抚参考手册		杉山部队报道部	敌伪汉奸书刊	二十九年三月	通行查禁
香港周报(周刊)	卫藤俊彦		同　上	同　上	同　上
首都画刊	伪新民会	同　上	同　上	同　上	同　上
保卫华北的游击战	刘清扬　陈北鸥	生活书店	触犯审查标准	二十八年八月	暂行停止发行
陕北的群众的动员	杨　贾	扬子江出版社	同　上	二十七年三月	中宣部查禁
陕北青年学生的生活	罗瑞卿　成仿吾	建国出版社	同　上	二十八年七月上半月	通行查禁
陕北生活	陕北同学编辑委员会		故不送审原稿	二十九年五月	同　上
陕行纪实	楚　云	读书生活出版社	触犯审查标准	二十七年	暂行停止发行
陕北剪影	李　衡	播种社	同　上	二十八年一月	同　上
陕甘宁边区的民众运动	鲁　芒	大众出版社	同　上	同　上	同　上
真理的追求	陈伯达	上海新知书店	同　上	二十七年	通行查禁
潮音(第十九卷第十期)	太　虚	海潮音社	同　上	同　上	同　上
海外青年(第一期)		海外青年半月刊社	同　上	二十八年九月上半月	同　上

哲学与生活	艾思奇	读书生活出版社	同　上	二十八年一月上半月	通行查禁
秘密的中国	立波译	天马书店	同　上	二十八年二月上半月	同　上
时代批评	周鲸文	香港时代批评社	同　上	二十八年三月下半月	同　上
时代文选(月刊)		时代文选社	敌伪汉奸书刊	二十九年五月	同　上
时论集锦	温宗尧等	兴亚社	同　上	二十九年三月	同　上
亚细亚联盟之必然性及其意义	松井石根	亚洲协会	敌伪汉奸书刊	同　上	通行查禁
孙中山先生的思想与学说	艾思奇		触犯审查标准	二十七年九月	中宣部查禁
亚细亚联盟论	松井石根	亚细亚协会	敌伪汉奸书刊	二十九年三月	同　上
砥柱月刊		北平砥柱出版社	同　上	同　上	同　上
现代中国杂志	唐思真主编	现代中国社	触犯审查标准	二十九年六月	同　上
现阶段青年运动		晨光出版社	同　上	二十七年五月	中宣部查禁
现代史常识	曹伯韩	新知书店	同　上	二十九年六月下半月	通行查禁

陈绍禹救国言论选集	陈绍禹	中国出版社	触犯审查标准	二十八年四月	暂行停止发行
陈诚将军持久抗战论		上海战时生活社	同上	二十七年三月	中宣部查禁
国共合作抗日文献	谭岑	汉口天马书店	同上	同上	同上
国共团结与中国前途	傅于琛	群力书店	同上	二十七年六月	同上
国共合作的未来	杜远	上海国难研究社	同上	二十八年一月上半月	同上
国共合作与抗战	张应时	应时出版社	同上	二十八年三月上半月	通行查禁
国府抗战能力之检讨	张聚英		汉奸言论	二十八年十二月	同上
国民公论(二卷七期)	国民公论社		触犯审查标准	同上	同上
国论创刊号			同上	二十九年五月	同上
国际问题研究法	平心	生活书店	同上	二十九年六月上半月	同上
国际常识	王象贤	抗敌复兴出版社	同上	二十九年一月	同上
国民党与国民政府祸国殃民之罪恶	伪新民会		敌伪汉奸言论	同上	同上

国际纵队从军记	叶启芳译	生活书店	故不送审原稿	同上	通行查禁
第八路军行军记（第一册）	黄峰	光明书局	同上	二十七年三月	中宣部查禁
第八路军	朱德等	抗敌救亡出版社	同上	同上	同上
第八路军行军记（第二、三册）	黄峰	光明书局	同上	二十七年六月	同上
第三党与民族革命		抗战行动社	同上	二十八年二月下半月	通行查禁
第二次世界帝国主义战争讲演提纲	毛泽东		同上	同上	同上
第二阶段抗战开始应建立新的军队论	林岑南	怒吼出版社	同上	二十七年九月	同上
第七七团在太行山一带	卞之林	明日出版社	触犯审查标准	二十九年八月	同上
第八路军抗战经验与教训	陆克	战时读物编辑社	同上	二十八年四月上半月	同上
救亡手册	钱俊瑞等	生活读书	同上	二十七年	同上
救亡言论集	丁作民	同上	同上	同上	同上
救亡工作技术	民族革命通讯社	汉口光明书店	同上	二十八年七月下半月	暂行停止发行

救亡无罪			触犯审查标准	二十七年七月	暂行停止发行
从国际形势上观察中国的抗战前途	陈独秀	广东亚东图书馆	同　上	二十七年	通行查禁
从旧世界到新世界的外蒙	傅子深	生活书店	同　上	二十八年一月上半月	同　上
从东南到西北	廉　臣	明日出版社	同　上	二十八年三月下半月	同　上
从战斗中壮大的晋察冀边区	大风　汉章等	民族革命出版社	同　上	二十八年十二月下半月	同　上
望远镜与显微镜	冷观　徒然	生活书店	同　上	二十七年	同　上
妇女问题	楚　云	读书生活出版社	同　上	二十八年五月上半月	同　上
妇女运动问题的理论与实践		新华日报社	同　上	二十九年四月下半月	同　上
通俗经济学讲话	狄超白		同　上	二十九年七月下半月	同　上
唯物史观讲话	永田广智著 阮君五　译	新知书店	同　上	同　上	同　上
访日归来	刘慧环	广东妇女运动访日团	汉奸言论	二十八年十二月下半月	同　上

教育学报	季　刊	伪教育总会	敌伪汉奸书刊	二十九年一月	通行查禁
钓　鱼			同　上	同　上	同　上
产业革命讲话	钱亦石	生活书店	故不送审原稿	同　上	同　上
项英将军言论集	项　英	新知书店	同　上	二十九年九月	查　禁
动员纲领与动员法令	陈传纲	同　上	触犯审查标准	二十八年二月	暂行停止发行
基层文化建设概论	李钟汉	广西民团干部学校	同　上	二十八年五月	同　上
统一战线的中国共产党	国际时事研究会	一般书店	同　上	二十七年三月	中宣部查禁
统一战线与抗战前途	毛泽东	自强出版社	同　上	二十七年	通行查禁
统一战线下党派问题	即毛泽东对新中华日报记者谈话	时事新闻编辑社	同　上	同　上	中宣部查禁
统计学与辩证法	郑　权译	读书生活出版社	故不送审原稿	二十九年九月	通行查禁
最后胜利图		无出版处	触犯审查标准	二十九年五月下半月	同　上
最新救国济世歌集	刘继光	上海华美出版公司	同　上	二十八年四月上半月	同　上
最新大家唱	王文度	一星书店	同　上	二十九年三月	同　上

最近四战迹概况	日本外交协会		敌伪汉奸书刊	二十九年一月	通行查禁
最初的胜利	孙 钿等	文艺生活社	故不送审原稿	二十九年八月	同 上
游击队群众工作	曾 霞	上海杂志公司	触犯审查标准	二十七年	同 上
游击队基本动作教程	尤 击	解放出版社	同 上	二十七年	同 上
游击线上	韦白洪	星星出版社	同 上	二十八年十二月下半月	同 上
游击战在河北	杨博民 刘清扬	全民出版社	同 上	二十八年一月上半月	同 上
游击战争的政策与战术	潘怡如	大时代书店	触犯审查标准	二十九年四月	暂行停止发行
黄河战旗	黄河战旗出版社	黄河书店	同 上	二十八年十二月下半月	通行查禁
给予者	东 平	同 上	同 上	同 上	同 上
晋北游击战争纪实	林彪等	战时出版社	同 上	二十八年一月上半月	同 上
晋绥军政民村级干部训练政治教材汇编	杜 鉴等	民族革命出版社	同 上	二十九年八月	同 上

斯大林言论集	斯 大 林	中国出版社	触犯审查标准	二十八年一月	奉政治部查禁
斯大林与红军	汪陆基译	解放出版社	故不送审原稿	二十九年一月	通行查禁
周　报	日本内阁情报部		敌伪汉奸书刊	二十九年一月	同　上
阳明堡的大战	奚　如	上海杂志公司	触犯审查标准	二十八年一月下半月	同　上
华美周刊	上海华美出版公司		同　上	二十八年二月	同　上
华北官僚群众		每日译报社	同　上	二十八年四月上半月	同　上
华侨季刊	赵 汉 一	华侨互助社	同　上	二十九年二月	同　上
华北前线	伍 叔 民	棠 棣 社	同　上	二十九年一月	同　上
华南公论(月刊)	谢 任 公		敌伪汉奸书刊	二十九年一月	同　上
华北合作(月刊)		新民会中央合作社	同　上	同　上	同　上
华南文化协会会报(月刊)	程 帝 祐		同　上	同　上	同　上
华南画报			同　上	二十九年一月	同　上

坚持河北抗战与巩固团结	彭德怀讲	新华日报社	触犯审查标准	二十八年七月上半月	通行查禁
短袴党	蒋光慈	新东书局	同　上	二十八年十月上半月	同　上
胜利报(石印报纸)		晋东南胜利报社	同　上	二十九年五月	同　上
曾仲鸣先生行状	汪精卫	南华日报	敌伪汉奸书刊	二十九年一月	同　上
街头讲话	柳　湜	生活书店	触犯审查标准	二十七年	暂行停止发行
伟大的鲁迅	萧　参	战时出版社	同　上	二十九年八月	同　上
准备战败后的对日抗战	陈独秀	广东亚东图书馆	同　上	二十七年	通行查禁
扬子战线		慧星书局	同　上	二十九年九月	暂行停止查禁
扬子江(日文本)	谭清虚		敌伪汉奸书刊	二十九年二月	通行查禁
群众周报(第二十二期)			触犯审查标准	二十七年七月	中宣部查禁
新语周刊(一卷二期)		新语周刊社	同　上	二十七年	通行查禁
新的战略与新的技术	汉　夫	新兴出版社	同　上	二十八年一月上半月	同　上

新中国论	王　明	中国出版社	触犯审查标准	同　上	通行查禁
新中国	大民会宣传部	上海大西路大民会	汉奸宣传品	二十八年五月上半月	同　上
新中国的诞生	林语堂著民华译	香港民社	触犯审查标准	二十八年六月下半月	同　上
新人生观与新启蒙运动	陈唯实	民族革命出版社	同　上	二十九年三月上半月	同　上
新华南(二卷二期)	石辟澜	生活书店	同　上	二十九年四月上半月	同　上
新社会学	马哲民	上海杂志公司	同　上	同　上	同　上
新生代	齐　同	生活书店	同　上	二十九年五月上半月	同　上
新政治学大纲	邓初民	同　上	同　上	二十九年七月	同　上
新民主主义的政治与新民主主义的文化	毛泽东	生活书店	同　上	同　上	同　上
新民主主义论	同　上	新民书店	同　上	二十九年八月	同　上
新民会是作什么团体	伪新民会		敌伪汉奸书刊	二十九年二月	同　上
新民会的联合协议会是什么	同　上		同　上	同　上	同　上

新民会与农民的关系	伪新民会		敌伪汉奸书刊	二十九年六月	通行查禁
新民防共手册	同　上		同　上	同　上	同　上
新东亚建设之晓钟	同　上		同　上	同　上	同　上
新民主义的哲学体系	同　上		同　上	同　上	同　上
新民会大纲说明	同　上		同　上	同　上	同　上
新民会职员录	同　上		同　上	同　上	同　上
新民主义论丛	同　上		同　上	同　上	同　上
新民会各级指导宣传要纲	同　上		同　上	同　上	同　上
新民歌曲集	同　上		同　上	同　上	同　上
新春联	同　上		同　上	同　上	同　上
新民主义	同　上	伪新民会	同　上	同　上	同　上
新时代下东亚新秩序建设步骤			同　上	同　上	同　上
新民报半月刊		新民报半月刊社	同　上	同　上	同　上
新良乡月刊		新民会良乡部	同　上	二十九年二月	同　上

新民周刊	伪新民会	伪新民会	敌伪汉奸书刊	二十九年二月	通行查禁
新青年		新青年社	同上	同上	同上
新中国(月刊)	大民会		同上	同上	同上
新生(半月刊)	张斌		同上	同上	同上
新东亚(半月刊)	孔宪铿		同上	同上	同上
新世界(半月刊)		新世纪社	同上	同上	同上
新秩序(月刊)		新中国印书馆	同上	同上	同上
新亚(月刊)	谢洪	作新社	同上	同上	同上
新民会报(月刊)	伪新民会	同上	同上	同上	同上
新中国画刊			同上	同上	同上
新秩序画刊			同上	同上	同上
新建设			同上	同上	同上
新哲学概论	吴大琨	生活书店	故不送审原稿	同上	同上
新华日报社论	新华日报社		同上	二十九年六月二十日	暂行停止发行

新四军漫记	陈　俊	远东画报社	触犯审查标准	二十八年九月	暂行停止发行
新歌选集	鲁艺编辑部编辑	辰光书店	同　上	二十九年八月	同　上
新哲学谈话	黄　特	新人出版社	故不送审原稿	二十九年九月	同　上
解放文选	黎百强等		触犯审查标准	二十七年	通行查禁
解放中国共产党真正的态度	毛泽东等	陕北书店	同　上	二十八年一月下半月	同　上
解放周刊		延安新华书店	同　上	二十八年三月下半月	同　上
经济学初级读本	胡　绳	新知书店	同　上	二十八年一月下半月	同　上
经济杂志(日文本)		东京日日新闻	敌伪汉奸书刊	二十九年二月	同　上
经济杂志(旬刊日文本)			同　上	同　上	同　上
农村组织讲话	陶陶然	生活书店	触犯审查标准	二十八年三月下半月	同　上
农家乐	伪新民会		敌伪汉奸书刊	二十九年二月	同　上
农民同胞须知	救国会		同　上	同　上	同　上

与山西共存亡	民族革命通讯社	新知书店	触犯审查标准	二十八年八月上半月	通行查禁
与蒋介石将军书(英文本)			同　上	二十九年三月	暂行停止发行
爱国者	赛珍珠	光社出版	同　上	二十九年五月	通行查禁
爱护铁路课本			敌伪汉奸书刊	二十九年二月	同　上
爱民救国的问题	救国会		同　上	同　上	同　上
路　(创刊号)		路创刊社	触犯审查标准	二十九年九月	同　上
灭共与建设东亚新秩序	申　诚	大陆社	敌伪汉奸书刊	二十九年二月	同　上
运河的血流	张天虚	读书生活出版社	故不送审原稿		同　上
鄂北会战	梁托夫	前线出版社	同　上	二十九年四月十九日	同　上
叶剑英抗战言论集	叶剑英	新华日报社	同　上	二十九年九月	同　上
当前的几个实际工作问题	柳乃夫	读书出版社	触犯审查标准	二十九年九月三十日	暂行停止发行
认清敌人		长江戏剧出版社	同　上	二十九年七月	通行查禁
实践与理论	艾思奇	读书生活出版社	同　上	二十九年九月	同　上

远东新形势	仲持等译	远东出版社	触犯审査标准	二十九年九月	通行査禁
远　东(月刊)			敌伪汉奸书刊	二十九年二月	同　上
远东汇报(月刊)			同　上	同　上	同　上
维新政府重要宣言	伪行政院		同　上	二十九年三月	同　上
维新政府对邮政警政之设施	孟一笑	民众读本社	同　上	同　上	同　上
维新政府对中小学教育之设施	同　上	同　上	同　上	同　上	同　上
满洲国读本(日文本)	中日尚义	铃木利贞	同　上	同　上	同　上
滚蛋出远东去吧(英文本)(一九三九年版)			汉奸言论	二十八年十一月上半月	同　上
驳所谓民族统一战线之谬论			敌伪汉奸刊物	二十九年三月	同　上
广州(月刊)英文本			同　上	同　上	同　上
赵老太太	白桃等编	生活书店	故不送审原稿	同　上	同　上
侨　声	敌华侨协会		敌伪汉奸书刊	二十九年二月	同　上
疑信行	卢剑波	今日出版社	故不送审原稿	二十九年三月	同　上

对日抗战的基本问题	邓初民	大众出版社	触犯审查标准	二十八年三月	暂行停止发行
团结(第二三期合刊)	高岗等	中共陕甘宁边区党委会	同　上	二十八年二月上半月	通行查禁
历史哲学教程	翦伯赞	新知书店	同　上	二十八年二月上半月	同　上
论反帝统一战线问题	王　明	中国出版社	同　上	二十八年八月下半月	同　上
论抗战中的文化运动	辛木著	生活书店	同　上	二十七年三月	中宣部查禁
论抗日救国统一战线	毛泽东		同　上	二十八年二月上半月	通行查禁
论妇女工作和农妇		中国出版社	同　上	二十八年六月下半月	同　上
论三民主义与中国问题	陈　钧		同　上	二十八年十月下半月	同　上
论阶级立场与民族立场的一致	洛　甫	新华日报社	同　上	二十八年十一月上半月	同　上
论民族革命与民族革命战争	杜任之	民族革命出版社	同　上	二十九年三月下半月	同　上

论目前国际形势与中国抗战	毛泽东	新华日报社	触犯审查标准	二十九年四月	通行查禁
论三民主义诸问题	陈伯达	同上	同上	二十九年六月	同上
论青年的休养	洛甫	东方出版社	同上	二十九年八月	同上
论抗战相持阶段的形势与任务	同上	大众出版社	同上	同上	同上
论民生主义诸问题	钱俊瑞	时论编辑社	故不送审原稿	二十九年九月	同上
论现代战争的性质	戈宝权	新华日报社	同上	同上	同上
论政党		中国出版社	触犯审查标准	二十七年	暂行停止发行
蒋政权的崩溃与中国的前途	谭清虚	远东日报社	汉奸言论	同上	同上
蒋先生的言论与民族解放前途	易白羊	大众出版社	触犯审查标准	二十八年一月下半月	同上
蒋委员长西安蒙难图		军事新闻社	同上	二十八年三月	暂行停止发行
敌人的狂论	韦弦选译	教育书店	同上	二十七年	通行查禁
欲魔	欧阳予倩	国民书店	同上	二十八年十二月下半月	同上
兴建月刊	新建月刊社	新建月刊社	敌伪汉奸书刊		同上

兴国论	伪新民会		敌伪汉奸书刊		通行查禁
兴亚建国论	严军先	兴建月刊社	同　上	二十九年九月	同　上
辉辉日本军			同　上	同　上	同　上
慰劳信集	卞之林	明白出版社	故不送审原稿	同　上	同　上
征兵制度的理论与实际	张佐华	生活书店	触犯审查标准	二十八年一月	暂行停止发行
模范抗日根据地的晋察冀边区		黑蚁出版社	同　上	二十八年九月	同　上
模范作文	蒋逸之		同　上	二十九年九月	同　上
战时散文选	茅盾等	战时出版社	同　上	二十七年	通行查禁
战时政治工作	李富春　莫文华	新文化学社	同　上	同　上	同　上
战时政治工作	静　琴	时代史料保存社	同　上	同　上	同　上
战略与策略	解放社	新华日报	同　上	二十八年五月下半月	同　上
战斗唯物论讲话	陈唯实		同　上	二十八年八月	同　上
战地青年(第十五期)	白　鸥等	战地青年社	同　上	二十九年九月	同　上
战时乡村问题	薛暮桥	新知书店	同　上	二十八年一月上半月	同　上

战斗	章泯	生活书店	故不送审原稿	二十八年六月	通行查禁
战时乡村工作	薛暮桥	新知书店	触犯审查标准	二十八年一月	暂行停止发行
战时宣传资料	战时问题研究所	同上	同上	二十八年七月	同上
战时的财政问题	骆新漠	生活书店	同上	二十九年三月	同上
战时国文教材	秦郜芳　俞庆堂	新知书店	同上	二十九年四月	同上
战时教育论集		生活教育社	同上	二十九年六月	同上
战时晋绥军	民族革命社	同上	同上	二十九年九月	同上
随军西征记	廉臣	生活书店	同上	二十八年十一月上半月	同上
随枣行	臧克家	前线出版社	故不送审原稿	二十八年六月	同上
宪政问题常识问答	张方等合编	青年自励社	触犯审查标准	二十九年四月下半月	同上
宪政问题读本	巴人等著	无名出版社	同上	二十九年五月	同上
宪政问题讨论集	无咎等	上海周报社	同上	二十九年八月	同上
学习(一卷十一期)	柳静	王方舟发行	同上	二十九年四月上半月	同上

学习半月刊	柳湜编辑	学习社	触犯审查标准	二十九年八月	通行查禁
县政研究(月刊)	伪内政部		敌伪汉奸书刊	二十九年二月	同　上
总动员前后的中国外蒙与苏联	李慎行	新生出版社	触犯审查标准	二十七年六月	中宣部查禁
检讨蒋政权之抗战力量	洪　明	世界书局	敌伪汉奸书刊	二十九年一月	通行查禁
济南事情	日商公会		同　上	同　上	同　上
关于宪政诸问题			触犯审查标准	二十九年十月六日	同　上
关于一党专政	毛泽东等	解放社	同　上	二十七年三月	中宣部查禁
关于团结救国问题	同　上	同　上	同　上	二十八年三月	通行查禁
关于目前我国宪政问题论文选集	同　上	同　上	同　上	二十九年一月	同　上
杂志半月刊(七卷)	吴诚之	杂志半月刊社	同　上	二十九年七月	同　上
转变期的中国	何干之	上海杂志公司	故不送审原稿	二十九年八月	同　上
烬余长沙记			敌伪汉奸书刊	二十九年一月	同　上
苏区概观		延安新中国出版社	触犯审查标准	二十七年四月	中宣部查禁
苏俄政治内幕的黑暗	谭清[illegible]	远东月报社	汉奸言论	二十七年	通行查禁

苏联概况	赵正克	新华日报社	故不送审原稿	二十九年四月	通行查禁
苏联青年的奋斗与生活	科萨列夫	前进出版社	触犯审查标准	二十八年一月上半月	同　上
苏联文学讲话	以群译	读书生活出版社	同　上	同　上	同　上
苏俄为什么不出兵	刘镜园	火焰出版社	同　上	同　上	同　上
苏联援助西班牙的真象	伍文瑞	求真书店	敌伪汉奸书店	二十九年四月	同　上
苏联社会主义胜利的报告	新华日报社	同　上	故不送审原稿		同　上
苏联共产党(布)党章的修改	凯丰译	新华日报社	同　上		同　上
苏联新青年		战地青年社翻印	同　上	二十九年八月	同　上
党国要人缪斌言论集	缪斌	大东书局	同　上	二十七年	同　上
译刊(卷四五期合刊)	译刊社编辑	译刊社	同　上	二十九年八月	同　上
丽水动员周刊		丽水动员周刊社	触犯审查标准	二十七年六月	中宣部查禁
牺牲救国			同　上	二十九年二月上半月	通行查禁
跃进满洲			敌伪汉奸书刊	二十九年四月	同　上

驱逐日本强盗出中国	鲁　杰	大时代书局	触犯审查标准	二十八年一月	暂行停止发行
辩证法唯物论	李仲融	石灰出版社	故不送审原稿	二十九年八月十八日	同　上
歼　灭	骞　克	生活书店	同　上	二十八年六月	查　禁
读书月报(二卷一期)	读书月报社	同　上	触犯审查标准	二十九年四月	通行查禁
观察周刊	曹铁军		同　上	二十七年三月	中宣部查禁

〔国民政府教育部档案〕

7. 国民党中央图书杂志审查委员会关于广西省宜山县图审会禁毁书刊情形呈

（1941年10月18日）

中央图书杂志审查委员会呈　公发(一)字第2338号

案据广西省图书杂志审查处本年六月梗代电略称："据宜山县图书杂志审查委员会六月江代电称：查前奉广西省图书杂志审查委员会四月审字第八四二号篠代电暨五月审字第九四九号寒代电，饬会同当地政府将查获全民书店宜山支店违禁书刊，点明册数，当众焚毁，并将未经奉令取缔之书刊各检二册送审等因。遵于五月二十四日函请广西第七区专员公署、保安司令部、宜山县党部、宜山县政府、庆远区政治工作组、三民主义青年团宜山分团及省立庆远初级中学等机关派员到会，点明册数，将已奉令取缔之书刊在宜山县党部当众焚毁，理合将焚毁经过连同焚毁书刊清册一件暨嫌疑书刊各二册，电呈察核备案示遵。等情。据此，除指复外，理合电呈核备。至未经奉令取缔之书刊，一俟审查完毕再行呈核"等情。附宜山县焚毁违禁书刊清册一份。据此，查宜山县图书杂志审查委员会查获全民书店宜山支店发售违禁书刊一案，事发于本年三月，缘该会于三月二十二日发现全民书店宜山支店公开陈列。上海博文书局一九四〇年初版之当代中国民族英雄传一书，该书内载有汪逆精卫、褚逆民谊、陈逆公博、周逆佛海等逆传，显系十足汉奸书籍，翌日该会以正式公函嘱该支店将该书送会审查。讵该店竟在原函之后加以"此书已奉令禁售，书已焚毁"等字样。追传该店经理王谷人到会，严加盘诘，始勉强缴出五册。同月二十八日，该会常委李耀东根据密报，在城内十字街头截获该支店偷运出境书籍一十六担，经提会检查，计有违禁书刊红军四讲等二十八种，嫌疑书刊西北散行记等三十七种，都一千四百五十二册，该店经理王谷人于会同登记书刊时复密派店员陈荣庆驰往宜山，对河北山背村该店秘密堆栈，用火油将另一部违禁书刊禁毁。李耀东得报，又偕同广西省党部驻县党务督导员唐干事、中央文化驿站宜山支站方干事、公路特别党部黄干事等前往该处察看，于熊熊烟火中抢出今日的红军与十年来中国共产党各一册，携回存案。次日晨该支店门首忽贴有本店出盘，停止营业之纸条，其畏罪及企图规避责任之情于此。更可想见，宜山县审委会为防范走漏起见，乃于该支店门首发出布告一张，声明在本案未宣布处分办法之前，任何商人不能承顶该店，以明责任，一面将本案发生经过情形呈由宜山县党部转报广西省党部察核，一面电呈广西省前图书杂志审查委员会请示处置办法。四月九日奉省图书杂志审查委员会代电，以本案除已奉广西省党部电饬宜山县党部会同当地县政府予该全民书店宜山支店以封闭处分，并转饬该部驻柳办事处切实密查该店总店书刊来源外，另指示两点，饬遵照办理：(一)所报查获全民书店嫌疑书刊西北散行记等三十七种，未经奉令取缔有案，应即经检二册附具初审意见，快邮呈会复核；(2) 经已奉令取缔有案各书可即邀同当地政府证明，点明数目，当众焚毁，并将办理情形详细呈报，此乃本案发生经过暨广西省党部与广西省图书杂志审查委员会处置该案之情形也。本年六月间，本会据广西省图书杂志审查委员会呈报上述情形前来，当以"该宜山县审查委员会此次破获全民书店汉奸及嫌疑书刊一案，该会指示办法，颇为适当，广西省党部饬令查封该书店，可令宜山审委会遵照办理。但此案应依法迅速办理结束，专案呈报，以便转呈备案"等词，指饬遵照在案。兹据前情，除电复将所缴嫌疑书刊予以详细审查处理外，理合抄同宜山县审委会焚毁该全民书店宜山支店违禁书刊清册一份，备文呈报钧院察核备案。谨呈

行政院院　长　蒋

　　　副院长　孔

计抄呈宜山县图书杂志审查委员会禁毁违禁书刊清册一份

中央图书杂志审查委员会主任委员　潘公展

中华民国三十年十月十八日

广西省宜山县图书杂志审查委员会焚毁查禁书刊表(见774页)

书刊名称	著作人	出版书局	出版年月	查禁年月	焚毁册数	备考
红军四讲	佚名译	新生社	一九三八年	二七年九月中宣部查禁	一九	
东村事件	丁玲	绿叶书店	一九三八年八月	二八年一月查禁	五	
苏区概观		新中国	一九三八年	二七年四月中宣部查禁	一九	
毛泽东抗战言论集	叶晴	民族解放书社	一九三八年一月	二八年四月查禁	七	
统一战线下的中国共产党		国际时事研究会	一九三八年一月	二七年三月中宣部查禁	四三	
红旗下的中国	赵文华译	大众社	一九三八年	二七年三月中宣部查禁	三	
毛泽东论文集	毛泽东	大众社	一九三七年	二七年三月中宣部查禁	三二	
八路军怎样作战	贺明慧	新生社	一九三七年	二七年三月中宣部查禁	九	
今日之苏联青年		民族解放青年社	一九三八年四月	二七年查禁	一二	
准备战败后之对日抗战	陈独秀	亚东图书馆	一九三八年一月	二七年查禁	一七六	
怎样争取最后胜利	刘天囚	星星社	一九三八年	二七年查禁	六	

我们怎样打退敌人	朱　德	新华社	一九三八年二月	二七年九月查禁	六	
十年来中国共产党	平　凡	南　华	一九三八年一月	二七年三月中宣部查禁	一七	
现阶段的青年运动		晨光社	一九三八年	二七年五月中宣部查禁	一七	
世界与中国的青年运动之路		民族书社	一九三八年三月	二七年查禁	一六	
陕北的群众动员	杨　实	扬子江	一九三八年三月	二七年三月中宣部查禁	二三	
为和平而奋斗的统一战线	唯真译	中　国	一九三六年	二七年查禁	二五	
中国在胜利中	赵君辉	新　生	一九三八年	二七年六月中宣部查禁	五	
国共合作抗日文献	谭　苓	天　马	一九三八年一月	二七年三月中宣部查禁	一九	
收获和训练	廖承志	救　亡	一九三八年	二八年十二月暂行停止发行	二	
抗战中的民主问题	莫　湮	光　明	一九三七年十二月	二六年三月查禁	四	
中国外蒙与苏联	李慎行	新　生	一九三八年	二六年四月查禁	一〇	
抗日救亡指南	毛泽东	抗日研究社	一九三七年	二七年查禁	四	
二万五千里长征记	赵文华	大　众	一九三七年十二月	二七年三月中宣部查禁	一	

国共团结与中国前途	傅于琛	汉口群力	一九三八年二月	二七年六月中宣部查禁	一五	
抗战中的陕北	马　骏	扬子江		二七年查禁	三〇	
全国总抗战和保证抗战的胜利	王　明	上海南华	一九三八年一月	二七年三月中宣部查禁	四三	
红军抗战时代		汉口人民		二八年八月暂行停止发行	四八	
合　　计				二十八种	六一六	

〔行政院档案〕

8．国民党中央图书杂志审查委员会民国三十年五月至十二月查禁书刊目录一览表

（1942年1月）

（1）图书

名　　称	著译人	出版者	送审者	查禁原因	查禁时间	备　　注
十二月当兵唱词	无	无	中宣部转来	内容荒谬、意图扰乱军心、为敌人作宣传	三十年五月下半月	
日苏关系论	阿平等	求知出版社	粤审处	评击本党，诋毁政府	三十年五月下半月	

恋爱新论	徐进等	求知出版社	粤审处	强调阶级斗争，不合抗敌要求	三十年五月下半月	
中学生模范日记	徐苏民编	上海新华图书公司	赣审处	诋毁政府，污蔑抗敌将士，挑拨青年情感	三十年五月下半月	
日寇侵略的新阶段与中国人民斗争的新时期	陈绍禹	无	渝检处	言论偏激，分歧青年思想，不利抗战要求	三十年五月下半月	
木头人	胡明	光明书局	渝检处	讽刺抗战，意图动播人心，且无出版地点	三十年五月下半月	
现代世界经济讲话	祝一	玩具商店	粤审处	全以派系私人为立场，宣扬奸党之经济政策	三十年五月下半月	
苏北问题之真象		抗敌社编	赣审处	内容荒谬、显系奸党宣传品	三十年五月下半月	赣审处呈请查禁
新红楼梦	秋帆	广益书局	赣审处	内容荒诞神奇，妨害善良风俗	三十年五月下半月	
三年后之中国	挽沉编	中美出版公司	赣审处	披露国际交通路线，有碍抗战进行	三十年五月下半月	停止发行
社会科学读本	无	文化出版社	渝检处	思想偏激，不合抗战要求	三十年五月下半月	停止发行
抗战中的世界大势	史校	新知书店	渝检处	以派系私利为立场，足以阻碍抗战情绪	三十年五月下半月	停止发行

中国大革命序曲	王凡西	金星书店	浙审处	曲解中国之史实，且有攻讦友邦之嫌	三十年五月下半月	停止发行
两个女性	华汉	亚东图书馆	赣审处	宣传共产主义，鼓吹阶级斗争	三十年六月上半月	
文摘		抗战文摘社出版	粤审处	泄露本党秘密文电，制造磨擦，妄发谬论	三十年六月上半月	
新妇女书信	裴小楚	世界	宪兵司令部	言论悖谬，记载失实	三十年六月上半月	
中国往那里去	冯今日	再生杂志社	赣审处	抨击本党，诋毁政府	三十年六月上半月	
抗战总动员	邹韬奋等	战时出版社	赣审处	抨击本党，诋毁政府	三十年六月上半月	
新中国经济地理教程	周太斋	一般书店	粤审处	曲解三民主义，破坏行政统一	三十年六月上半月	
突围会	庄涌	联华书店	粤审处	故意暴露陪都政治社会弱点，且无出版地点	三十年六月上半月	停止发行
战时模范作文	雷瑞英等	战时教育出版社	粤审处	颂扬红军，不合抗战要求	三十年六月上半月	停止发行
新哲学教程	张实圃	兄弟图书公司	粤审处	宣扬共产主义，鼓吹阶级斗争	三十年六月上半月	停止发行

中国在统一中	刘　群	新生出版社	渝审处	强调各党联合战线，诬蔑政府政策	三十年六月上半月	停止发行
中国社会性质问题论战	何干之	生活书店	特检处	鼓吹偏激思想，强调阶级斗争	三十年六月上半月	停止发行
军队里的政治工作	汪　仑	黑白丛书社	湘审处	忘造谣言，颠倒事实	三十年六月下半月	停止发行
怎样写抗战文艺	杨晋豪	战时出版社	湘审处	鼓吹阶级斗争，妨碍抗战情绪	三十年六月下半月	停止发行
近二十年中国文艺思潮	李何林	生　活	特检处	以派系利益为立场，鼓吹阶级对立	三十年六月下半月	停止发行
新青年书信	樊小楚	世　界	宪兵司令部	歪曲事实，对社会作恶意攻击	三十年六月下半月	停止发行
中国经济地位	焦敏之译	光明书局	粤审处	立论偏激，歪曲事实	三十年六月下半月	停止发行
社会科学教程	庸　代	勤干出版社	粤审处	宣传阶级意识，不合抗战要求	三十年六月下半月	停止发行
每月丛谈	华　风	毅力出版社	粤审处	诋毁国军	三十年六月下半月	
洗　炼	蓝　天	上海新地书局	粤审处	诋毁国军，暴露我军内部弱点	三十年六月下半月	

双谈妹		京城书局	渝审处	妨害善良风俗	三十年六月下半月	
穆圣像		上海新亚书局		侮辱宗教	三十年六月下半月	
亚洲内幕(上、下)	蒋学楷译	大时代书局	渝审处	记载失实，并有侮辱回教文字	三十年六月下半月	
最近敌人侵略军事形势	方秋苇	国民图书社	渝审处	泄漏军机，不合抗战要求	三十年六月下半月	
伟大的教育	任何	香港海燕书局	粤审处	鼓吹偏激思想，强调阶级对立	三十年六月上半月	
幽默文选	林语堂等	大厦书店	赣审处	诋毁政府，诬蔑领袖	三十年六月上半月	
世界大战形势	君宜等	求知书店	特检处	言论偏激，诋毁本党	三十年六月上半月	
在抗战时期能否实行民主	曹伯韩	生活	军委会战区风纪巡查团	为奸党作宣传，诋毁本党政策	三十年六月上半月	
亚洲内幕		时与潮社	渝审处	不按指示删改，擅自出版	三十年六月下半月	
作文与人生	高语罕	亚东图书馆	粤审处	立论偏激，强调阶级对立	三十年六月下半月	停止发行

抗战政治工作纲领	周恩来	明光书局	湘审处	夸大红军政治工作，强调统一战线	三十年六月下半月	停止发行
民族统一战线论	平心	战时出版社	湘审处	以派系私利为立场，强调阶级对立	三十年六月下半月	停止发行
社会学入门	姜君辰	文化供应社	粤审处	故不送审原稿		停止发行
我	卢任	上海国风书店	粤审处	思想幼稚，见解不正确	三十年六月下半月	中宣部函饬停止发行
中国哲学史之唯物研究		中国文化服务社	中宣部转来		三十年六月下半月	
论修养	无	国际出版社	赣审处	鼓吹阶级意识，诋毁本党	三十年七月上半月	
活的文学	林焕平	海燕出版社	军委特检处	鼓吹偏激思想，强调阶级对立	三十年七月上半月	
烽火归来	高语罕	华盛顿	军委特检处	抨击本党，诋毁政府	三十年七月上半月	
战地歌声	劫夫等	生活书店总経售	赣审处	以派系私利为立场，妨碍抗战情绪	三十年七月上半月	
生路	穆俊译	青年文化出版社	粤审处	鼓吹偏激思想，强调阶级对立	三十年七月上半月	

中日纠纷的国际形势	恽逸群	一般书店	粤审处	抨击本党，诋毁政府	三十年七月上半月	
巧巧	苏苏	青年文化出版社	粤审处	以派系私利为立场，妨碍民族利益	三十年七月上半月	
中国历史教程	刘惠之等	读书生活出版社	军委会特检处	鼓吹偏激思想，不合抗战要求	三十年七月上半月	
天才的悲运	司马文森	桂林南方出版社	桂审处	以派系利益为立场，暴露战时后方弱点	三十年七月上半月	
虹	茅盾	开明	粤审处	故不送审原稿	三十年七月上半月	
抗战教育的理论与实践	李公朴	读书生活出版社	卫戍部稽查处	以派系私利为立论，抨击教育制度	三十年七月上半月	
大破五行阵上下册	王其南	上海协成书店	粤审处	内容荒诞，有碍儿童思想	三十年八月上半月	
神鱼(上中下册)	许森林	上海龙兴书局	粤审处	内容荒诞，有碍儿童思想	三十年八月上半月	
红娘子(上册)	张竹影	上海华商书局	粤审处	内容荒诞，有碍儿童思想	三十年八月上半月	
广寒宫(一册)		上海大丰书局	粤审处	内容荒诞，有碍儿童思想	三十年八月上半月	

白马驼尸(上下册)		上海宏太书局	粤审处	内容荒诞，有碍儿童思想	三十年八月上半月	
什么是社会主义	俞光治	真理出版社	桂审处	鼓吹偏激思想，强调阶级斗争	三十年八月上半月	
陕北印象记	李藜初	解放社	赣审处	鼓吹偏激思想，强调阶级斗争	三十年八月上半月	
现时外交问题	无	中宣部转来		颠倒事实,有碍听闻	三十年八月上半月	
肃清投降派	应金久	宪兵司令部		诋毁政府，化分团结	三十年八月上半月	
神州小侠		上海大丰书局	粤审处	内容怪诞，有害儿童思想	三十年八月下半月	
蛙　儿	张少□画	张少华丛书上海东亚书局	粤审处	内容怪诞，有害儿童思想	三十年八月下半月	
小弥陀佛	王其南画	福记书局	粤审处	内容怪诞，有害儿童思想	三十年八月下半月	
笔　童	张竹影画	上海连环画图书公司	粤审处	内容怪诞，有害儿童思想	三十年八月下半月	
战时新闻读法	卢豫冬	无名出版	粤审处	鼓吹偏激思想，不合抗战要求	三十年八月下半月	

中学模范作文	恽 烈	博文书局	粤审处	强调联俄容共扶助农工三大政策	三十年八月下半月	
断章取义	陈汝惠	新流书店	粤审处	以派系私利为立场，恶意攻击政府	三十年八月下半月	
近代中国启蒙运动史	何干之	生活书店	粤审处	以派系私利为立场，妨碍民族利益	三十年九月上半月	
资本主义是什么	杨荣国	文化供应社	浙审处	鼓吹偏激思想，强调阶级对立	三十年九月上半月	
世界政治	张弼等	生活书店	粤审处	言论偏激狭隘，鼓吹无产阶级革命	三十年九月上半月	
天门阵	绍唐绘	上海东亚书局	粤审处	内容荒诞，有害儿童思想	三十年八月下半月	
金光丹		上海书店	粤审处	内容荒诞，有害儿童思想	三十年八月下半月	
铁道人		上海泰兴书局	粤审处	内容荒诞，有害儿童思想	三十年八月下半月	
万寿山		上海文华书局	粤审处	内容荒诞，有碍儿童思想	三十年八月下半月	
双胞胎		上海联华书局	粤审处	内容荒诞，有碍儿童思想	三十年八月下半月	

小观音		民众书局	粤审处	内容荒诞，有碍儿童思想	三十年八月下半月	
金戒指	漫云绘	上海文华书局	粤审处	内容荒诞，有碍儿童思想	三十年八月下半月	
德苏战争	时事社	时事研究会	赣审处	立论偏激，无出版地点，鼓吹无产阶级革命	三十年九月上半月	
德苏战争一个月	时事社	时事研究会	赣审处	立论偏激，无出版地点，鼓吹无产阶级革命	三十年九月上半月	
改善区村政权的理论与实际	边区行政委员会	中宣部转来		鼓吹偏激思想，强调阶级对立	三十年九月上半月	
大众社会科学讲话	公直编	世界书局	黔审处	鼓吹边区政府，破坏行政统一	三十年九月上半月	
民族革命战争的战略之研究		汉口大众研究社	浙审处	妄造谣言，颠倒事实	三十年九月上半月	
中国国防经济建设	钱俊瑞	上海黑白丛书社	粤审处	诋毁政府	三十年九月上半月	
光　明	创刊号	壶关研究部	山西	触犯审查标准（本期查禁）	三十年九月上半月	
社会进化史网	邓初民	言行出版社	浙审处	言论编缴，不合抗战要求	三十年九月上半月	

小学模范作文	无	中国文学书店	赣审处	故不送审原稿	三十年九月上半月	
楚霸王自杀	郭沫若等	新流书店	粤审处	故不送审原稿	三十年九月上半月	
大英帝国的两块基石	刘少严	亚东图书公司	赣审处	鼓吹偏激思想强调阶级对立	三十年十二月上半月	
军务政治工作纲要	杨　实	扬子江出版社	赣审处	诋毁本党及政府	三十年十二月上半月	
田野的风	华　汉	毅力出版社	陕审处	宣传谬误思想，鼓吹割裂国家	三十年十二月上半月	
中日问题讲话	章乃器等	生活书店	陕审处	言论偏激，诋毁政府	三十年十二月上半月	
周作人代表作选	周作人	全球书店	陕审处	著者附逆有据	三十年十二月上半月	
一个美国人的寨上行	史　诺	新生出版社	陕审处	恶意诋毁本党	三十年十二月上半月	
政治常识讲话	汉　夫	生活书店	陕审处	曲解三民主义、宣传谬误思想	三十年十二月上半月	
怎样作内地工作	石　楚	黑白丛刊社	粤审处	以派系利益为立场，不合抗战要求	三十年十二月上半月	停止发行

集团活动方法	裴小楚	世界书局	桂审处	歪曲事实，为反动思想张目	三十年十二月上半月	停止发行
叶山嘉树集	冯宪章	现代书局	陕审处	强调阶级对立，鼓吹阶级斗争	三十年十二月下半月	
南洋漫记	许　杰	晨钟书局	宪兵司令部	立论和态度完全以派系私利为立场	三十年十二月下半月	
知行诗歌续集	陶行知	上海儿童书局	渝审处	有歪曲事实，鼓吹阶级斗争	三十年十二月下半月	
春　蚕	韦月侣	希望出版社	陕审处	内容诲謡、有害善良风俗	三十年十二月下半月	
饥　殍	程碧水	希望出版社	陕审处	思想偏激，鼓吹阶级斗争	三十年十二月下半月	
封建、半封建和资本主义	薛暮桥	黑白丛刊社	陕审处	思想偏激，鼓吹阶级斗争	三十年十二月下半月	
中国边疆问题讲话	思　慕	生活书店	陕审处	思想悖谬，倡导割裂国家	三十年十二月下半月	
曙　光	巴　玲	天一出版社	陕审处	思想荒谬，鼓吹阶级斗争	三十年十二月下半月	
论共产党	解放社	新华书店	黔审处	立论偏激，鼓吹阶级斗争	三十年十二月下半月	

幸福圈外	时　光	海燕出版社	陕审处	思想偏激，鼓吹阶级斗争	三十年十二月下半月	
新上海名歌三百曲		国光书局	赣审处	内有软性歌曲，足使人麻木	三十年十二月下半月	
中国青年与抗日运动	徐　冰		陕审处	以派系私利为立场	三十年十二月下半月	
今日青年			粤审处	立论以派系私利为立场，不合抗战要求	三十年十二月下半月	不分期别，通行查刊
小夫妻	宋之的	香港群社	粤审处	立论纯以派系为立场	三十年十二月下半月	停止发行
马克思主义经济学大纲	河山肇		陕审处	该书无出版者和出版地点		停止发行
砰	村　萍		湘审处	内容偏激，鼓吹阶级斗争		停止发行
夜　工	蒋牧良	文化生活出版社	陕审处	暴露战争残酷，鼓吹阶级斗争	三十年十二月下半月	停止发行
欧洲大战的军事准备	萧剑青	时代文化社	陕审处	暴露战争残酷，鼓吹阶级斗争	三十年十二月下半月	停止发行
平型关战斗记	子　风		陕审处	攻击友军，不合抗敌要求	三十年十二月下半月	停止发行

人民之战	刘连	新人出版社	川审处	歪曲事实，攻讦政府	三十年十二月下半月	停止发行
抗战将领印象记	陈文杰	战时读物出版社	赣审处	具有派系宣传作用	三十年十二月下半月	停止发行
外蒙与抗日战争	冯恩瑙	新生活出版社	陕审处	有割裂国家的论调	三十年十二月下半月	停止发行
今日青年书信	红风	博文书店	黔审处	派系宣传作用	三十年十二月下半月	停止发行
唯物史观的改造	张文心	新生命书店	陕审处	思想偏激，鼓吹阶级斗争	三十年十二月下半月	停止发行
最活跃的抗战游击战	毛泽东等	战时出版社	赣审处	以派系私利为立场，妨碍民族利益	三十年八月上半月	停止发行
萌芽	巴金	新生出版社	赣审处	鼓吹劳资纠纷，不合抗战要求	三十年九月上半月	停止发行
挽救时局的关键	陈绍禹等	风雨社	赣审处	曲解三民主义	三十年九月上半月	停止发行
新哲学教程纲要	吴清文译	上海珠联书店	粤审处	鼓吹偏激思想	三十年九月上半月	停止发行
社会简明史教程	邓初民		川审处	初版放行，再版送审	三十二年十月	停止发售
艰民船	施若霖	新流书店	粤审处	不合抗战要求	三十年八月上半月	停止发售

马上日记	鲁迅		桂审处	不必选入中外作家日记	三十二年十月	不准再印
贤毅论	徐贤毅	徐贤毅		内容欠妥		暂缓付印
现代逸史	苏凤		桂审处	内容欠妥	三十二年十月	不准付印
天问	陈铨		渝审处	内容欠妥	三十二年七月	暂缓付印
玉黎魂	徐枕亚		川审处	内容欠妥	三十二年十月	不准付印

〔国民党中央宣传部档案〕

9. 国民党中央图书杂志审查委员会民国三十二年查禁的部分书刊目录一览表

（1943年1—10月）

名称	著译人	出版者	送审者	查禁理由	备注
用孙子兵法透视敌我战术之得失与第二期抗战之关系	李铁青	无	军训部	内容确多失实	三十二年一月十五日
抗战建国的常识手册	无	无	特检处	为派系私利作宣传	三十二年一月十五日

小学行政	郭　林	华北书局	军委特检处	以派系私利为立场，故不送审原稿	三十二年一月三十日
思想方法论	毛泽东	解放社	军委特检处	强调阶级对立，故不送审原稿	三十二年一月三十日
常州乡讯(第三期)			渝　市	违法出版	
显微镜下的日本	刘海生		赣审处	以派系私利为立场	三十二年一月三十日
人事作战	苍石编译	激流书店	渝　处	内容荒谬，不合抗战要求	三十二年二月十五日
中国近百年史读本	吕见平	无名出版社	粤　处	以派系私利为立场	三十二年二月十五日
大众歌声			桂　处	内容触犯审查标准	三十二年二月三十日停止发售
性爱研究及初次智识			桂　处	内容不妥	三十二年二月三十日就地取缔
中国边疆问题十讲	方秋苇	上海引擎出版社	粤　处	内容不妥	三十二年二月三十日就地取缔
民众剧曲集	马建铭	读书生活出版社	桂　处	内容欠妥	三十二年五月四日

文　　件	夏　　懿	生活书店	桂　　处	鼓吹阶级斗争	三十二年五月七日
新兴社会科学	柯　柏　年	上海尚强书店	陕　　处	内容欠妥	五月廿九日
中国近代名人小史		上海国民书店	闽　　处	内容欠妥	五月十二日就地取缔
自修英语百日通		成都新文化出版社	陕　　处	注音错误	五月十一日就地取缔
献给伟大时代的青年	平　　心			内容欠妥	五月十九日就地取缔
法兰西阶级斗争	马克思著柯柏年译	解　放　社	军委会特检处	内容谬误	三十二年二月十五日停止发售
普通新尺牍	熊　石　僧		赣　　处	冒印审查证	三十二年二月十五日取缔
实用商人新尺牍	王　静　仙		赣　　处	冒印审查证	三十二年二月十五日取缔
平剧研究院成立特刊			特　检　处	通行查禁	三十二年二月十五日
算术课本	陕北边区政府	华北书店	军委会特检处	内容谬误，违法出版	三十年二月三十日

民众课本	陕北边区政府	华北书店	军委会特检处	内容谬误，违法出版	三十年二月三十日
初级新课本	陕北边区政府	华北书店	军委会特检处	内容谬误，违法出版	三十年二月三十日
性的智识	鲁滨逊	开明书店	渝处	妨害善良风俗，不合抗战要求	三十年二月三十日
性的卫生学	医学改进社		川处	妨害善良风俗，不合抗战要求	三十年二月三十日
沸	上海本流文艺书刊社	开明书店	渝处	以派系私利为立场	三十年二月三十日
战时手册		商务印书馆	渝处	内容不符	五月廿六日停止发售
辩证唯物论与历史唯物基本动作	博古	解放社	陕处	鼓吹阶级斗争，不合抗战要求	六月十五日查禁
伪新民会会歌词			中宣部	内容荒谬	六月十五日查禁
波兰沦亡根			中宣部	内容欠妥	六月十五日查禁
所谓多田小册子之内容			桂处	内容荒谬	六月十五日查禁

入海红歌曲			湘省府	意识消沉，不合抗战精神	六月十五日查禁
苏德战争形势图			渝处	希图逃避审查	六月十五日查禁
哲学研究提纲			渝处	鼓吹唯物辩证法	六月十五日查禁
苏联音乐集			渝处	赞美苏联，有违我国家至上之原则	六月十五日查禁
战争经济学			湘省府	有鼓吹社会主义世界革命之嫌	六月十五日查禁
教育与妇女解放			闽处	意识不正确	六月十五日查禁
樊笼	西风社	西风社	渝处	内容欠妥	六月十五日查禁
中日问题与各家论见	储安平	新月书店	粤处	内容欠妥	六月十五日就地取缔
文化教育哲学	张伸府	生活书店	粤处	内容欠妥	六月十五日就地取缔
野火集	罗荪	一般文化出版社	渝处	内容欠妥	六月十五日停止发售

择偶与处世	桃宋赛克斯	地球出版社	桂处	内容欠妥	六月十五日令不得再版
思想方法论	胡绳	自学书店	桂处	初版放行不准再版	六月十五日
人心大变	□殊生		赣处	有害善良风俗	六月三十日查禁
名歌三十曲	学艺社	中兴书店	赣处	词意秽亵颓废	六月三十日查禁
性病之研究	医学研究社	又生书店	陕处	内容不妥	六月三十日查禁
中国的国际贸易	何炳贤	商务印书馆	渝处	汉奸著作	六月三十日查禁
性的知识	路育		桂处	触犯审查标准	六月三十日查禁
淮风月谈	鲁迅		渝处	无积极价值	六月三十日查禁
二心集	鲁迅		渝处	诋毁民族主义文学者	六月三十日查禁
三民主义问题一百条		军学编译社	中宣部	曲解主义	六月三十日查禁
国际春秋			渝处	内容欠妥	六月十五日查禁
爱国青年			渝处	内容欠妥	六月三十日查禁

中日战争论与远东新形势			军委会特检处	内容荒谬	六月三十日查禁
中国货币制度往那边去	章乃器等	新知书店	渝　处	内容欠妥	六月三十日查禁
大同月刊	创刊号	广东国石	国立中山大学训导处	内容触犯审查标准	六月三十日本期查禁
活跃的肤施	任天马	上海杂志公司	粤　处	内容欠妥	三十二年六月三十日
青年自学指导	平　心	上海杂志公司	粤　处	触犯审查标准	三十二年六月三十日
大家唱	曾晦正	重庆教育书店	桂　处	触犯审查标准	三十二年六月三十日
入海红			湘审处	意识消沉，不合抗战要求	七月三日
冷热集	任　钧	诗人俱乐部	渝　处	触犯审查标准	七月五日
抗战诗歌讲话	蒲　风	诗歌出版社	陕　处	触犯审查标准	七月十三日
中国抗战的前途	毛泽东	民族复兴出版社	陕　处	触犯审查标准	七月八日
抗战中的女战士	沈滋九等	战时出版社	陕　处	触犯审查标准	七月七日
款摆红绫带	吴肃生	香港春秋报社	粤　处	触犯审查标准	七月十四日
革命论集	邱韵泽		陕　处	触犯审查标准	七月七日

淮河大战之前后	长江	江声书店	甘肃	内容不妥	七月八日
三民主义问答一百条			中宣部	内容不妥	七月七日
西洋景			中宣部	描写封建情形传播专制毒素	七月八日
中先生算挂			中宣部	鬼怪荒诞，不合科学精神	七月八日
排王钻			中宣部	语句意义不伦不类	七月八日
柯公选婆			中宣部	雷殛迷信太深，不合科学精神	七月八日
青蛇探塔			中宣部	神怪荒诞	七月八日
哪吒下山			中宣部	神话满纸，毫无意义	七月八日
高平关			中宣部	内容杂乱无章	七月八日
摄王平贼匪			中宣部	叙宣统时事，为满清张目，违反革命精神	七月八日
活跃的西北	田影	自强出版社	赣处	触犯审查标准	七月十六日
蒋介石评传	吴古汉等译	南京往世半月刊	赣处	内容不妥	七月十六日
蒋介石全集	秦瘦鸥	三民图书公司	赣处	名为全集，实质不全	七月十六日

摩登少爷		上海春华书局	陕　　处	危害善良风俗	七月十七日
天南地北	陈霭麓	世界书局	赣　　处	暴露国人对外人屈服	七月十七日
恩格斯及其事业	王唯真译		赣　　处	鼓吹阶级斗争	七月十七日
大圣武公救劫经			赣　　处	内容荒谬	七月十七日
国共统一战线及其前途	汪复鼎	战时出版社	湘省府	触犯审查标准	七月十七日
六个月来的抗战	严念爱	全民出版社	陕　　处	有破坏军事统一之嫌	七月十九日
游击队中的政治工作	铁人等		湘教厅	以派系立场为立论，不合抗战要求	七月十九日
抢救华北	柳乃夫等	上海杂志公司	陕　　处	触犯审查标准	七月二十四日
绝代佳人	浅　　草	新艺书店	陕　　处	触犯审查标准	七月二十四日
集体座谈	陈　　恳	新人出版社	湘省府	触犯审查标准	七月二十四日
锦绣河山	生活书店	生活书店	甘　　处	触犯审查标准	七月二十二日
我们的战友	张庆嘉	上海杂志公司	陕　　甘	触犯审查标准	七月二十四日
苏联历史讲话	张冲实等	生活书店	赣　　处	以苏联民众为对象，不合我国国情	七月二十四日
游　　踪	生活书店编译社	生活书店	赣　　处	取缔有案	七月二十四日

古今妖怪大观		大达图书供应社	赣　处	内容荒谬	七月二十四日
我们的战友	张庆嘉	上海杂志公司	赣　处	鼓吹无产阶级革命，挑拨民众感情	七月二十四日
战地服务回忆录	凌　青	光明书店	湘教厅	暴露后方弱点	七月二十二日
朱长敬母			中宣部	反人道主义，不合现代精神	三十二年七月八日
大闹香国寺			中宣部	满纸妖言，毫无意义	三十二年七月八日
新编同胞起义真言			中宣部		三十二年七月八日
决　斗	奔流文艺丛刊社	奔流文艺丛刊社	赣　处	强调阶级斗争，宣传新民主义	三十二年八月六日
人海轮回	江蝶庐	广益书局	陕　处	内容触犯审查标准	八月五日
现阶段的中国文艺问题	杨晋豪	上海北新书局	甘　处	思想偏激，强调阶级	八月六日
和平劳动立国	唐旭之	桂林文化供应社	桂　处	不合抗战要求	八月七日
迷　羊	郁达夫	复兴书店		诲淫	八月十日
王员外休妻			中宣部	查禁	八月三日
抄本吵驴段			中宣部	查禁	八月三日

水漓金山			中宣部	查禁	八月三日
刘方舍子			中宣部	查禁	八月三日
秦琼诉功			中宣部	查禁	八月三日
处世要诀			桂　处	内容欠妥	七月十八日
论民族形式问题	胡　风	学术出版社	桂　处	触犯审查标准	七月十五日
恋爱之路	何岑泰	作新书店	陕　处	危害善良风俗	七月十五日
长夏城之战	东　平	一般书店	陕　处	内容不妥	七月十五日
辩证法唯物论提纲			渝　处	触犯审查标准	七月十五日
小阿兰	俞获译	文化图书公司	陕　处	触犯审查标准	七月十五日
现阶段的文化运动	李仲融等	文化供应社	赣　处	触犯审查标准	七月十六日
现阶段的青年运动	陈木樟著	建国书店	湘省府	以派系为立场，讥评政府	七月二十二日
抗日游击战争的战术问题	郭代若	解放社	粤　处	触犯审查标准	七月十五日停止发售
求生不得	厉厂樵	卿云图书公司	陕　处	触犯审查标准	七月二十四日就地取缔
民族问题讲话	吴清友	生活书店	陕　处	内容欠妥	七月二十二日不准再版

火　种	创刊号	前进社		触犯审查标准	不分期别，通行查禁
易嫁奇缘		广益书局	陕　处	触犯审查标准	八月二十六日
厚黑学	李宗吾	王渊默	渝　处	立论歪曲，诋毁政府	八月二十四日
海滨艳梦		广益书局	陕　处	触犯审查标准	八月二十六日
花落谁家	舍　郎	新艺书店	陕　处	触犯审查标准	八月二十六日
迷　汤	张恨夫	一心书店	陕　处	触犯审查标准	八月二十六日
新疆河西图	中央大学	中华书局	军令部	未遵删改	八月二十六日
李忠仁与白崇禧	罗飞鹏	建国书店	陕　处	以派系私利为立场	九月三日
战时妇女问题	于　思	全民出版社	渝　处	宣传苏联妇女革命，不合国情	九月三日
船家女			渝　处	内容荒淫	八月三十日
神秘夫人		广益书局	渝　处	内容触犯审查标准	八月三十日
巧连珠		广益书局	渝　处	内容触犯审查标准	八月三十日
三戏白牡丹		广益书局	渝　处	内容触犯审查标准	八月三十日
儿童新尺牍		广益书局	渝　处	该书绘有伪满旗帜，系敌伪文化教育	八月三十日

旧京风月传		上海鸿文书局	渝　处	内容荒淫	九月三日
桃花恨		广益书局	渝　处	触犯审查标准	九月一日
唐克姑娘		广益书局	渝　处	触犯审查标准	八月十八日
割　肝		广益书局	中宣部	迷信太深	九月九日
一块银币	欧阳山	生活书店	赣　处	奸党宣传，破坏抗战	九月七日
为奴隶的母亲	史诺译	远方书店	赣　处	以惨无人道典妻制，强调阶级意识	九月七日
瞬息京华	林诺 林国 译		桂　处	冒印审查证	九月十一日
好事多磨		广益书局	陕　处	触犯审查标准	九月一日
左宗棠评传	戴慕真			污蔑回胞，挑拨回族	十月六日停止发售
骚女郎秘传	叶石卿			内容荒谬，伤风败俗	十月四日查禁
大劝丈夫				迷信太深	十月八日查禁
中国通史简编	中国历史研究所			内容荒谬	十月十一日查禁

〔行政院档案〕

10. 国民党重庆、陕西、江西等图书杂志审查处呈报撕毁“禁书”情形有关文件

（1942年9月——1943年7月）

（1）重庆市图书杂志审查处呈（1942年9月22日）

重庆市图书杂志审查处呈　　煜字第1345号

中华民国卅一年九月廿二日

事由：为呈报撕毁禁书供给造纸厂作原料经过，伏祈核备由。

查本处检扣之查禁书刊依例每半年焚毁一次，兹为节约物力起见，拟撕毁后供给溥泉造纸厂作为造纸原料之用，业经呈奉市府派代表刘毓麟监视，于本月十九日下午二时撕毁，共计书刊一百二十七种，计一千二百四十二册，当场交予该厂运去。复查此次所毁禁书虽有一二七种，其中大部分钧会已存储，兹择重要者四十种连同撕毁书刊目录一份备文报请鉴核，指令只遵。谨呈中央图书杂志审查委员会

附呈目录一份，图书四十种计四十二册

重庆市图书杂志审查处处长　张　兆

撕毁禁书目录：

名　称	著译人	出版处	备　考
通俗社会科学二十讲	曹伯韩	读书生活	一、二、三、四册
新华日报社论		新华日报	一、二、三、四册
大众政治学问答	卢宁夫	三户书店	
社会主义讲话	徐懋庸	生　活	
中国政治史讲话	钱亦石	生　活	
通俗经济学讲话	狄超白	新　知	

资本论的大学构造	郑易里	读书生活	
三民主义读本	许涤新	生　活	
战时教育论集	同上	生活教育社	
近代世界革命史	陈昌浩	新　知	
打回老家去	张　庚	生活出版社	
抗战时代	黄　峰	生　活	
社会科学研究法	平　心	生　活	
怎样做乡村工作	李振院	战时读物编译社	
世界青年运动与中国抗战	陈裴琴	大众出版社	
抗战中的政党和派别	张执一	读书生活	
战歌月刊第二期	救亡诗歌社	文协云南分会	
抗战与外交	胡愈之	生　活	
战略与策略	解放者	新华日报	
抗战教育的理论与实践	李公朴	读书生活	
中国妇女第一次参加革命运动的经验与教训		新知书店	
红军的抗战时代		人民书店	
老百姓穷苦的原因	陈逸圃	新知书店	
第八路军是怎样战胜敌人的	林岭南	怒吼出版社	
从旧世界到新的外蒙	傅于琛	生活	
抗战与新启蒙运动	陈唯实	扬子江出版社	
抗战与救亡工作	钱俊瑞	生活	
怎样做内地工作	石　础	生活	

救亡手册		生活	
毛泽东言论集		救国时报	
毛泽东抗战言论集	张剑萍	战时读物编译社	
抗日的第八路军		抗战出版社	
宣传技术的读本	曹伯韩	生活	
抗战的新阶段	林语堂	战时出版社	
陕甘宁边区的民众运动	鲁　芒	大众出版社	
北线延回	方琼凤	生活	
苏联的红军及其新战术	李守华	新民出版社	
北战场的游击队报告	朱文央	怒吼出版社	
妇女运动的理论与实践		新华日报	
从东南到西北	廉　臣	明日出版社	
军队政治工作纲要	杨　实	扬子江出版社	
中国的新西北	思　三		
五台山下	刘白羽	生活	
中国农村经济常识	薛暮桥	新生书店	
全面抗战中的外蒙	谭　勒	战时出版社	
怎样争取最后的胜利	李公朴	生活	
前线巡礼	陆　诒	大路书局	
怎样争取最后胜利	陈　实	国民出版社	
抗战教育论	张佐平	生活	
行进在西线		大众出版社	
抗战总动员	邹韬奋	战时出版社	

抗战到底		生活	
全面抗战论	潘汉年	战时出版社	
当前的几个实际工作问题	柳乃夫	读书生活	
收获和教训	廖承志		
在祖国的原野上	须　旅	读书生活	
走在胜利之路的山西	李公朴		
大众集	韬　奋	生活	
活跃的新西北		自强出版社	
苏联青年生活和斗争	利萨列夫	中国出版社	
李宗仁将军传	赵铁琳	大时代书局	
毛泽东自传	韩　青 黄　峰		
宣传组织与训练	潘念之	光明书局	
新人生观与新启蒙运动	陈唯实	民族革命出版社	
关于因联共(波)历史简要读本出版决议		外国文出版社	
抗日民族统一战线指南			
为和平而奋斗的苏联	季维诺夫	战时文化出版处	
德国的革命与反革命	柯柏年	生活	
抗战必胜论	朱德等	今日出版社	
苏联概况	萧林等	中国出版社	
结婚初夜须知	张宛华	辉煌社	
怎样使骂人艺术化	舒亦樵	东方书店	
少女结婚课	狄　斯	激流书店	

敌兵阵中日记	夏　衍 田　汉		
论战争	钱俊瑞	新知书店	
解放文选	徐特立	解放社	
红旗下的中国	赵文华	大众出版社	
毛泽东救国言论选集		新华日报	
怎样争取最后胜利	毛泽东	战时出版社	
激变	韬　奋	生活	
抗战回忆录	朱　德	怒吼出版社	
民族统一战线论	平　心	战时出版社	
亚洲内幕(上册)	时与潮社	同上	
世界政治	杜德英	生活	
叶剑英抗战言论集	叶剑英	新华日报	
怎样才能发动民众	徐　行	长江	
八路军的战斗经验	杨　实	扬子江出版社	
游击战术讲话	张体华	生活	
新民主义的政治与新民主义的文化	毛泽东	新华书店	
救亡工作技术		光明书店	
战时文选		华中	
抗战的新形势与新策略	王　昭	天马	
在文化阵线上	陈伯达	生活	
一九一八年的列宁	陈　原	言行社	
转变期的中国	何干之	三友	

什么是列宁主义	凯　丰	中国出版社	
战斗	章　泯	生活	
为统一战线而斗争	伊　黎		
游击战讲话	朱　德	抗战出版社	
中国外交史	钱亦石	生活	
我们怎样打退敌人	朱　德	新华日报	
新中国的少年	苏　之	少年出版社	
十月革命的经验与中国抗战	凯　丰	新华日报	
新中国的诞生	林语堂	香港民社	
斯大林与红军		解放社	
铁流	曹靖华	生活	
抗日游击战的一般问题	毛泽东	生活	
抗日民运的原则	洛甫等	天马店	
抗日游击战争的战术问题		解放社	
抗日民族统一战线论	侯外庐	生活书店	
抗日军队中的政治工作			
抗战以来中华民族的新文化运动与今后的任务	洛　甫		
怎样动员农民大众	陈　毅	上海杂志公司	
民族革命之路	毛泽东等	星星出版社	
二万五千里长征记	朱笠夫	抗战出版社	
青年修养讲话	周榜加	光明书局	
世界民族解放战争的教训	吴德友	同上	

战士杜鲁底	巴　金译	平明书店	
抗敌将领印象记	陈文杰	战时读物编译社	
抗战将领访问记	郭沫若	战时出版社	
东北抗日义勇军	子　友等	同上	
市政评论九十四期		新建筑社	
茅盾自选集	茅盾	天马书店	
世界知识		该社	五册
V字月刊		同上	一册
太平洋风景线	马宝星	光明书店	

〔国民党图书杂志审查委员会档案〕

(2) 江西图书杂志审查委员会呈(1943年3月26日)

江西省图书杂志审查处呈　阳(二)字第三七〇〇号

中华民国卅二年三月廿六日

案查本年三月十一日准江西省社会处社民二字第一二六四号函,以层奉国民精神总动员会规定举行四周年纪念办法第三项,各机关查获禁品及反动书籍应搜集,于是日在公共场所当众焚毁一节与本处有关,嘱将上项禁书于十二日上午十二时前送处转送纪念大会当众焚毁。复于三月十三日准国立中央图书馆采征卅二发字第四一二八函,嘱检送呈准查禁暨查获违禁各书俾资密藏,各等。由经先后检送国民精神总动员四周年纪念大会,当众焚毁"文艺新潮"等书籍三十三种,共一百六十册,检寄国立中央图书馆密藏书籍"游击队与群众工作"等十一种,共十一册,理合将检送焚毁及密藏各书,分别造表报请钧会鉴核备查。谨呈

中央图书杂志审查委员会主任委员　潘

附呈:焚毁暨密藏禁书表各一份

江西省图书杂志审查处

处长　杨芳瑜

检送中央图书馆密藏违禁书刊表

书　　名	编辑人	出版处	查禁时间	册数
游击队与群众工作	曾　霞	上海杂志公司	廿七年	一
译刊	译刊社	译刊社	廿九年八月	一
中学生模范日记	徐苏民编	新华图书公司	卅年五月	一
欲魔	欧阳予倩	上海国民书局	廿九年十二月	一
不平等条约浅说	陈济成	中华书局	汉奸旧书	一
斥汪集	胡卓美	新意识杂志社	廿九年五月	一
民族革命论	俞希平	天马书局	廿八年一月	一
转变期的中国	何干之	上海杂志公司	廿九年八月	一
久心	冯仲会	久心月刊社	廿九年六月	一
学习	柳　静	学习社	廿九年八月	一
游击队在河北	杨博民等	全民出版社	廿八年一月	一

检送国民精神总动员四周年纪念大会焚毁违禁书刊表

名　　称	编辑人	出版处	查禁时间	册数	备考
家庭与妇女二卷五期		上海中国图书杂志公司	软性刊物	一	
新知四卷五期	新知半月刊社	上海新人出版社	廿九年九月	十二	
杂志七卷二期	吴诚之	杂志半月刊社	廿九年七月	二	

杂志七卷三期	吴诚之	杂志半月刊社	廿九年七月	一	
中苏月刊四卷一、二合期	中苏文化协会长沙分会	同上	廿九年七月	二	
时代批评合订本	周鲸文	香港时代批评社	廿八年三月	一	
新华南	石碎澜	生活书店	廿九年四月	一	
大陆一卷二期		上海出版	卅年二月	一	
大陆一卷三期		上海出版	卅年二月	一	
文心	冯仲会	文心出版社	廿九年六月	二	
译刊		译刊社	廿九年八月	二	
社会学入门	姜君辰	桂林文化供应社	廿年六月	一	
化石人类学	张资平	商务印书馆	汉奸旧书	一	
中国实业之过去与今后	陈公博	中华书局	汉奸旧著	二	
太平洋风景线	马宝星	克明书店	廿九年五月	一	
社会问题概况	周佛海	中华书局	汉奸旧著	一	
社会主义的理论与实际	周佛海	中华书局	汉奸旧著	一	
自卫队	宋之的	上海杂志公司	廿八年八月	一	
认清敌人		长虹戏剧出版社	廿九年七月	四	
江西风景	端木蕻良	大时代书局	卅年四月	一	
文艺新潮二卷五期	钱君匋		廿九年十月	一	
文艺新潮二卷七期	同		同	一	

文艺新潮	钱君匋		廿九年十月	二	
秘密的中国	立坡译	天马书店	廿八年二月	一	
处世与教育	华敬贤	上海一心书店	三十年	四	
杰克歼魔	樊仲云	中华书局	汉奸旧著	一	
斥汪集	胡卓美	新意识社	廿九年五月	一	
转变期的中国	何干之	上海杂志公司	廿九年四月	二	
学习二卷五期	柳静编	王方舟	廿九年八月	五	
学习二卷六期	同	同	同	三	
学习二卷七期	同	同	同	二	
世界知识十三卷一期	桂林出版	桂林出版	卅年十二月	一	
世界知识十二卷九期		同	同	二	
世界知识十二卷十一期		同	同	一	
世界知识十二卷十二期		同	同	一	
青年知识一卷五期	上海青年出版社		廿九年十月	二	
青年知识一卷七期	同		同	一	
欲魔	欧阳予倩	国民书店	廿七年	二	
每月丛刊	华　风	毅力出版社	廿九年十月	三	
上海妇女	蒋逸霄	上海妇女社	廿九年四月	一	
觉世警言		吉安永阳市先觉祠	卅年十一月	四十	

十八摸等		淫秽小曲，奉令取缔		三六	
中学生模范日记	上海市图书公司		卅年五月	一〇	

（3）陕西图书杂志审查处代电（4月22日）

中央图书杂志审查委员会钧鉴：案准陕西省社会处本年三月十一日社二指字第九八五号函。以三月十二日为国民精神总动员四周年纪念日，本市成立纪念大会筹备会，并议决 其第三项议决：焚毁军警各机关查获之禁品、毒品及烟毒 、反动书籍等，请查照办理等由。准此。当将属处查获之违禁书刊一批，计全面抗战的理论基础等书籍四十一种，计叁百贰拾贰册造具清册，派员于是日送至大会场所当众焚毁，除函复社会处外，理合缮就清册一份，敬祈备案为祷。陕西省图书杂志审查处卯养叩。

附：焚毁违禁书刊清册一份

中华民国三十二年四月

陕西省图书杂志审查处禁毁查禁书刊一览表

民国三十一年三月十二日禁毁

书　　名	著译者	册　数	查禁理由	备考
全面抗战的理论基础	孙冶方	二	触犯审查标准	
德国农民战争	钱亦石	八		
妇女问题	楚　之	四	触犯审查标准	
抗战前途与游击战争	郭代若等	一	同上	
抗战教育论		一	同上	

外国人眼中的中日战争	宾符等	一	触犯审查标准	
民权与革命	傅于琛	四	同上	
抗战中的民生问题	莫　湮	一二	同上	
动员纲领与动员法令	陈传纲	一	同上	
社会主义入门	马克思等	一		
陆[illegible]动员	杨　实	一		
[illegible]本	廖庶谦	三五		
为统一战线而斗争	伊　黎	一		
抗战与民生	许涤新	一	触犯审查标准	
今日之苏联青年		一	触犯审查标准	
战时的农民运动	孙冶方	二	触犯审查标准	
抗战与军队政治工作	李富春	一	触犯审查标准	
社会学教程	王伯伦	一	触犯审查标准	
军队论	崔尚辛	一	触犯审查标准	
游击战在河北	杨博民等	一	触犯审查标准	
给予者	东　平	一	触犯审查标准	
前线巡礼	陈　诒	一	触犯审查标准	
战斗	章　泯	九	触犯审查标准	
毛泽东先生与延安新中华记者其光先生谈话	毛泽东	二	触犯审查标准	
抗战中的中国民族问题	陈廉贞等	四	触犯审查标准	

饿殍	程碧水	一	宣传反动行为	
宪政实施的认识	政论编辑社	二一		
曙光	巴　玲	三	宣传阶级斗争	
西线战争	剑北等	一七	立论纯以派系私利为立场	
幸福圈外	时　光	二七	鼓吹阶级斗争	
资本轮下的分娩	李白英	一四	以派系私利为立场，鼓吹阶级斗争	
大众歌曲集		五	煽动阶级斗争	
一党专政还是联合阵线	谭公辅	二	鼓吹偏激思想，强调阶级对立	
抗战文选(一)	向　愚	四	触犯审查标准	
抗战文选(二)	向　愚	一	触犯审查标准	
抗战文选(三)	向　愚	五	触犯审查标准	
抗战文选(四)	向　愚	一	触犯审查标准	
西战场上	李　云	六七		
救亡歌曲集	救亡歌曲社	二九		
抗战军队中的政治工作	张佑华	一〇		
盐	洪　起	一七		
合　　计	四十一种	三二二册		

（4）重庆图书杂志审查处呈（7月2日）

重庆市图书杂志审查处呈　中华民国卅二年七月二日

事由：为呈送待焚书刊目录祈鉴核由。

查本处前订于上月十日下午三时焚毁禁书，业经呈奉钧会本年六月五日中审发(二)字第一五八一号指令饬即造具待焚书刊目录呈候核饬等因。奉此，查本处此次焚毁禁书原依向例先行派员莅场监视焚毁后，再造具目录检同存书报请备查。兹奉前因遵将该项待焚书刊造具目录一份。备文呈复，仰祈鉴核。谨呈
中央图书杂志审查委员会

附呈：待焚书刊目录一份

重庆市图书杂志审查处处长　张　兆

抄呈待焚书刊目录清册

书　　名	著译人	出版处	备　考
集团活动方法	裴小楚	世界书局	
伟大的蒋委员长	少年文艺丛刊社	少年出版社	
战时教育论集	生活教育社	生活书店	
大学生素描	王显恩	上海新民书局	
打回老家去	张　庚	戏剧出版社	
边区自卫军	柯仲平	读书生活出版社	
救亡手册	钱俊瑞	生活书店	
近代中国启蒙运动史	何干之	生活书店	
亚洲内幕　下册	蒋学楷	时代书店	
社会科学的基本问题	张仲实	生活书店	
大众政治经济学	吴大琨	新知书店	
笑一笑	周乐山	上海书店	
中国经济地理	焦敏之	上海光明书局	

中美、中英平等新约手册	实业印务公司	实业印务公司	
医学与哲学	汤尔和	商务印书馆	
中国政治史讲话	钱亦石	生活书店	
什么是列宁主义第二分册	凯　丰	中国出版社	第二分册
战斗	章　泯	生活书店	
世界往那里去	柳乃夫	上海杂志公司	
亚洲的混乱第三号	亚本特	盲行社	
战士杜鲁底	巴　金	平明书店	
新哲学概要	吴大琨	生活书店	
哲学与生活	艾思奇	读书生活出版社	
蒋介石伟人	日本石凡 藤太原	上海汗血书店	
坦白集	韬　奋	各大书店	
战时文选(下册)	吴　鼎	华中图书公司	
抗战教育的理论与实践	李公朴	读书生活出版社	
现阶段的青年运动	雷瑞英	建国书店	
抗战中的民生问题	莫　湮	汉口光明书店	
窄门集	巴　人	海燕书店	
大家唱	曾昭正	重庆教育书店	
抗日游击战争的一般问题	毛泽东	生活书店	
遭遇	金　魁	文化生活出版社	
苏联青年生活和斗争	科萨列夫	中国出版社	
一九一八年的列宁	陈　原	盲行社	翻译月刊

文字宣传手册	林逸民	众志书局	
德国农民战争	钱亦石	生活书店	
法西斯的政治赌博	陈占元	生活书店	
无名氏	巴　金	文化生活出版社	
新妇女书信	钮之铮	国风书店	
抗战与新启蒙运动	陈唯实	扬子江出版社	
大众法令知识	白　桃	生活书店	
在祖国的原野上	须　旅	读书生活出版社	
抗日游击战争	朱　德	新华日报馆	
后方民众的总动员	胡　绳	生活书店	
小言论	韬　奋	生活周刊社	
抗日游击战争中各种基本政策问题	陶尚行	解放出版社	
抗战以来中华民族的新文化运动与今后的任务	洛　甫		
大众集	韬　奋	各大书店	
一个美国人的塞上行	史　诺	新生出版社	
游击战教程	明　凡	读书生活出版社	
游击战争讲话	朱　德	抗战出版社	
全面抗战论	潘汉年	上海生活书店	
生活与思想	平　心	光明书局	
中国历史	敬　之	读书生活出版社	
歼灭	塞　克	生活书店	

世界知识读本	张　弼	生活书店	
马秀才训子	穆木夫	生活书店	
街头讲话	柳　湜	生活书店	
军队论	崔尚辛	天马书店	
斯大林与红军	伏罗希洛夫	新华日报馆	
中国地理基础教程	陈　原	文化供应社	
六年来的美国远东政策	邵宗汉	生活书店	
世界政治	张　弼	生活书店	
游击战术讲话	张佐华	上海生活书店	
怎样进行持久抗战	周恩来	读书生活出版社	
辩证法唯物论	李仲融	新知书店	
驱逐日本强盗出中国	鲁　杰	汉口大时代书店	
战略与策略	解放社	新华日报馆	
为统一战线而斗争	伊　黎	各大书店	
最近敌人侵华军事形势	方秋苇	国民图书出版社	
怎样才能发动民众	徐　行	长江出版社	
辩证法唯物论入门	胡　绳	新知书店	
十月革命的经验与中国抗战	林祖涵	新华日报馆	
毛泽东抗战言论集	张剑萍	战时读物编译出版社	
苏联国际生活	吴道存	黎明书店	
陕行纪实	楚　云	读书生活出版社	

抗日民运的原则	洛　甫	天马书店	
抗日军队中的政治工作	罗瑞卿	生活书店	
伏生国际论文集	伏　生	生活书店	
政治常识	苏联茵 古洛夫	远东出版社	
我们怎样为抗日复土而奋斗	赵　倜	生活书店	
国防总动员	章乃器	读书生活出版社	
秘密的中国	基　希	上海天马书店	
活跃的西线	汪　鉴等	战时出版社	
每日丛刊第二号	华　风	毅力出版社	
怎样使事业成功	徐　矶	纵横社	
怎样使骂人艺术化	舒亦樵	纵横社	
怎样创造你自己	张学忍	纵横社	
新白话书信问答	高语罕 张资平	协记书店	
历史的奥秘	绀　弩	文献出版社	
茅盾自选集	茅　盾	天马书店	
日本人口头题	朱梅隽	正中书局	
隐士的胡须	贺　宜	少年出版社	
大众哲学	艾思奇	读书生活出版社	
一个日本人的中国观	尤炳圻	开明书店	
晋察冀边区印象记	立　波	读书生活出版社	
抗战教育论	张佐华	生活书店	
盖世传	张资平	商务印书馆	

性的知识	方可翻	开明书店	
论新阶段	毛泽东	新华日报馆	
给姊妹们	叶　舟	光明书局	
八路军的战斗经验	杨　实	扬子江出版社	
回忆鲁迅及其他	郁达夫等	宇宙风出版社	
木头人	祝　一	玩具商店出版	
朱德传	天　行	华中图书公司	
新中国的诞生	林语堂	香港民社	
俄语自习下册	吴清友	上海珠林书店	
第八路军	朱德等	新生图书公司	
毛泽东自传	史　诺	文摘社	
民众基本论	章乃器	上海杂志公司	
五月的延安	五月的延安编辑委员会	读书生活出版社	
抗日游击战术	周静园	上海杂志公司	
大路画报	大路青年丛书社	大路出版公司	

〔国民党图书杂志审查委员会档案〕

11．国民党中央图书杂志审查委员会民国三十一年度工作考察报告

（1943年　月　日）

一、工作

（1）会议：该会于三十一年四月二十二日至二十五日在渝举

行会议，出席者有重庆、四川、云南、贵州、广西、江西等六处处长，及陕西、湖北、广东、湖南、浙江、福建等六处秘书，决议案共八十一件，已经该会分别处理。

（2）视察：已照预定计划分别派员赴川陕甘滇黔桂湘粤各审查处视察。

（3）考核：三十年度各省市处审查工作成绩已分别考核，并指出优劣各点分令改进，三十一年度各省处工作报告大部已送至十二月份，虽曾逐月分别予以指示，但尚未办理考核。

（4）编印丛书：原计划全年编印四种，现已编就六种，但因印费太巨，三十一年度仅油印一部分。

（5）增订法规：此为三十一年新增之工作计已颁行“出版指导委员会组织大纲”“图书杂志送审须知”“剧本出版与出演审查监督办法”与“奖励优良剧本办法”并呈准会同内政经济两部拟订并颁行“书店印刷店管理规则”，又拟定并呈奉颁行“统一书刊审检办法”，并执行中宣部新颁之通俗书刊审查标准。

（6）调整机构：此为三十一年新增之工作已呈请行政院将重庆、广西两审查处由甲级升为特级，福建、云南两审查处由乙级升为甲级，又呈请行政院拟于三十二年将湖北、安徽、西康三审查处裁撤。

（7）三十年度统计各省市书店、印刷店、杂志及出版社工作，计重庆、云南、甘肃等十五省、市、区现有书店一二三家，内新增六八家，印刷店一〇五家，内新增九六家，杂志八六八种，内新增二一八种，出版社共四九家，全年度经核处理各省市处已出版图书统计计准予发售二三八种，查禁一九六种，停止发售一二〇种，就地取缔三二种，不准再版一四种，准予备查四七二种，共计一〇七二种。

（8）全年度经核处理各省、市处图书原稿，计准予付印者五种，删改后付印者八种，删改后送核者二种，不准付印者三种，共计二十六种。

(9) 全年度经审核处理图书原稿共计一二七五种。

(10) 全年度代办渝审查处原稿审查件数计准予付印者一一〇四种，删改后付印者一一〇种，删改后送审者廿三种，不准付印者四十二种，共计一二七五种。

(11) 全年度经审已出版图书件数：计准予发售者二三八种，查禁者一九六种，停止发售者一二〇种，就地取缔三二种，不准再版者一四种，准予备查者四七二种，共计一〇七二种。

(12) 优良图书之奖励：三十一年内经核准奖励者有金陵大学美籍教授蒲克氏著之"中国农村经济研究"与中央大学教授孙本文著之"中国社会问题"，此外尚有广西审查处呈荐之"三民主义的科学研究法"及福建审查处呈荐之"总理遗教研究初稿""福建辛亥光复史料"与"敌情研究"等尚未审核完毕。

(13) 办理图书解禁情形：全年度经核准解禁者有"樊笼"、"生物史观与唯物史观"及"医学进步"等三种。

(14) 全年度审查杂志原稿数：计审查种数八一一种期数，一二〇二种。

(15) 全年度复核全国杂志情形：计许可杂志数七二五种，查禁杂志数四三种，核定免登杂志原稿一三七种，放行杂志原稿四八种，核定免审杂志二十六种，准予登记杂志七九种，注销登记一三种，核定杂志免登及删改稿件通告表五五件。

(16) 充实审查通讯：此为预定计划工作自十九期起改为铅印，篇幅较前增加五倍，现已出版至三十九期。

(17) 编撰思想斗争丛书：此为预定计划，工作丛书共四大类，一为真理丛书，现共编就十种，二为时代丛书，现共编就十二种，三为当代史料，现共编就十五种，四为故事新编，现共编就十二种，此外又编有唯物辩证法批判四种。

(18) 编撰抗建丛书：此亦为预定计划工作共分二辑，预计四十种，现已征得二十种，尚有二十种在催促中。

（19）印行工作.计思想斗争丛书四十八种，共印销四十一万七千册，抗建丛书四种及其他宣传新书四种，共印销一万七千册思想丛书，除一部分在渝印行外，并由江西、陕西、广东、广西等分社印行故在渝初版者仅二十种，江西初版者达十九种，陕西初版者五种，广西初版者五种，广东初版者？种。

(20)研究工作：关于图书方面各月份共研究三百七十九种，关于杂志方面各月份共研究四百四十七种。

二、经费(略)

三、人事(略)

〔国民党中央图书杂志审查委员会档案〕

1. 石啸冲：东北义勇军抗日斗争史话①

（1938年　月　日）

第三章　东北义勇军蓬勃扩大与衰微

（初期的东北义勇军运动之清算）

轰轰烈烈的东北军义勇军运动，足支持了二年，但终未完成它的伟大任务——驱逐日寇出东北和收复所有失地，而且被敌伪军击溃了，究竟是什么原因？这可分主观原因与客观原因来检讨：

〔甲〕主观原因

第一，缺乏强有力的领导阶层：东北资本主义的发展，虽有二十余年的历史，但在殖民地化的情势下，民族工业的发达，非常困难；有所谓“民族资本”，只不过是在日资卵翼之下的买办资本和官僚资本。而东北的民族资产阶级是在日资压迫的过程中间

① 此文系1938年国民党中央图书杂志审查委员会扣存的《反攻》半月刊第3卷第6期送审稿.稿件上注有“免登”二字。

生长出来的，它不是在独立的发展，而是被日本帝国主义所开拓的，是由半封建的和买办资产阶级蜕化出来的。正因为如此，在其发展过程中，它虽与日本帝国主义经济侵略发生冲突，与封建势力有着矛盾，但它却不能坚决的反日和反封建，这是什么原因呢？基本上，是因它的利益跟日本资本主义与封建的买办的阶层一致的原故。因此，在抗日斗争中，它是不抵抗的、投降的，也就不是领导抗日的阶层。

正因为东北民族工业发展困难的关系，劳动阶级的数量，非常的少，而阶级的年龄，也特别幼稚，大部分劳动者，还未脱离小农业的关系，——散漫而无组织，因此，就没有巨大的力量。所以在抗日斗争中，它也不是领导阶层。

第二，投机者的领导：由于领导阶层的缺乏，乃有旧东北军官，绿林首领和一些小资产阶级分子等起来领导。在抗日队伍中，以破产农民及士兵为主要骨干，其次则为劳动者与知识分子；他们缺乏有组织的集体的斗争力量，因而抗日运动的本身，也就处在散漫而无组织的状态中，这与历史上的农民革命，没有本质上的差别。恩格斯说："农民的涣散性，使他们合作发生困难"，这两句话对初期义勇军，是针对了它的弱点。

此外，还以这些领导义勇军的首领，没有明确的抗日斗争纲领，没有远大的政治目标，他们把抗日看成投机事业。当时既然没有建立各党派的抗日民族统一战线，在义勇军的斗争队伍中，也没有统一的军事的和政治的领导，其结果，抗日力量涣散，抗日行动缺乏一致。

而那些义勇军首领，既把抗日看为投机事业，便以抗日为招牌，吸收广大农民，竭力扩充自己的队伍，作为投降的政治资本。一九三三年，"塘沽协定"成立以后，一些首领们，便在日寇收买之下，投靠敌伪，出卖了抗日运动。

其次，那些小资产阶级分子的领导人物，他们把抗日斗争，当作为个人成功的机会，背弃了广大群众的利益，因此得不着农民的帮助，致形成孤立无援的局面，于是便产生了："日苏间爆发战争"、"美日开战"或中央大军出关等幻想．结果都被日寇各个击破了。

第三，缺乏互助合作精神：在这个时期，义勇军的抗敌方式，是各自为战，彼此间不但没有联络，而且互相对立，大部义勇军缴小部义勇军的械，甲游击队消灭乙游击队，这是初期义勇军的最大弱点。我们不妨在这举一两个例子：当马占山在嫩江抗战的时候，一再电请中东路护路军丁超援助，丁氏不但不援助，还把寇军让过，使它到江北攻打马部，以致一出悲壮的抗战剧落幕了。再，当李杜率部克服哈尔滨的时候，曾向马占山求援，他虽把一部援军开到，但大部却屯在江北观望。再如：朱霁青部义勇军曾把彭振国部缴除武器，以致发生流血惨剧。此外，还有许多类似这样事情。在当时，本来在许多区域中，一切客观环境，都具备着极有利的抗日斗争条件，可以给予日寇以极大打击，但以缺乏互助合作精神，义勇军的力量，便全分散了。

第四，没有与民众打成一片：义勇军首领们，忽视了民众的伟大力量——他们不了解民众是真正抗日的斗争基础。到处抢掠农民，烧杀奸淫，这种行径，与土匪无异，因此，农民对义勇军恨之刺骨。所以在抗日斗争过程中，义勇军无论在军事上物质上，都没有得着民众的援助，这是初期义勇军失败的主要因素之一。

第五，没有统一的健全的组织：义勇军的帮头纷杂，系统与派别尖锐对立，不相统率，各自为战。所有义勇军的队伍，都是"乌合之众"，在战斗上，也十分散漫。因此，日寇当时加这样的讥诮语："'土匪'和蚂蚁一样"。正因为义勇军队伍，散漫而无组织，所以在军事上无法统一；加以在交通不便的场合，欲求各部队间的密切联络，极其困难，这样，战斗便无法持久了。

第六，不会运用战略与战术：由于义勇军之散漫，没有总的指挥机构，也就无法运用灵活的战略与战术。只凭血肉之躯和现代化的日寇军队搏斗，蒙受的牺牲之大，可以想见，假使当时采用游击的战略与战术，以弥补武器的缺陷，对以落后的军事技术，作长期抗战的计划，至少在短期内不会被日寇完全打垮！

〔乙〕客观原因

东北义勇军由于没有扩大与深入的关系，使广大的东北人民，没有卷入反抗日寇斗争的烈火。初期，一部分东北的地主和富农，因慑于义勇军的声势，勉强加入，但当伪“满洲国”成立，他们便开始作顺民了。因此刻日寇还未对他们的财产，有所侵犯；而他们呢？还可照旧生活着。这样，他们便离开了抗日的队伍，帮助日寇进行“讨伐”义勇军了。

以上这些原因，可以说是初期的东北义勇军运动失败的基本原因。

〔国民党中央图书杂志审查委员会档案〕

2。邹韬奋：五月的最大教训①

（1939年5月　日）

在整个的五月间，除五一的国际劳动节和五五的一部份是纪念非常大总统就职以外，其余的没有一个不是记载着日本强盗在中国欠下的血债，没有一个不是要使我们痛心的。五三是济南惨案；五五是上海停战协定；五七是日寇向袁世凯提出最后通牒，强迫接受廿一条；五九是袁世凯照日寇的通牒全数答应下来；五二九是何梅协定；五卅是由上海日商残杀中国工人而起；五卅一是瑭沽协定。

从这一长串的由日本强盗写下的血债里，我们所得的最大的

---

① 此文系国民党中央图书杂志审查委员会扣存的《全民抗战》第66期送审稿，稿件左角批有“扣留”二字。

教训是：对日寇全退让是加紧他们的侵略，只有强硬抵抗才有生路。我们在上海协定作了很大的退让，在塘沽协定作了很大的退让，在何梅协定更作了很大的退让，但是铁一般的事实显现给我们看，继续忍痛的退让，是否能阻止了日本强盗侵略？这一教训应能使我们一扫苟且偷安的心理罢！

〔国民党中央图书杂志审查委员会档案〕

3. 张友渔：冀南的“扫荡”和“反扫荡”①

（1939年5月21日）

（一）

日本帝国主义侵略我国的最终目的，无疑地是在灭亡我整个国家，奴役我整个民族，像法西斯德国对捷克、奥地利一样。只要在事实上，还没有明确地证明了她决没有力量达到她的这一目的，她是不肯轻易放弃继续向我进攻的企图的。一直到最近为止，她仍抱着打通我们的平汉，粤汉，进攻我们的西北，西南，以谋进而包围四川，颠覆我中央的野心——像汉奸汪精卫们给她贡献的锦囊妙计一样。但是由于她的力量的逐渐削弱，我们的力量的逐渐增强，她的进攻失败，我们的反攻胜利：已使她不能不在战略上，把着重正面的进攻，转变到着重后方的“扫荡。”因为她如果不能巩固后方的统治，便不能保障前线的胜利，也就是说，为了树立沦陷区域内的地方伪政权，并巩固其统治，以期利用我们的人力物力和财力，而达到其继续并坚持对我侵略战争的目的，她自不能不采取所谓的“扫荡”这一手段。南昌陷落以来，她的这一战略的转变，更显著地，成为一个确定的事实了。

冀南的被“扫荡”，虽然已经不止一次，而“扫荡”的加紧，却

---

① 此稿系1940年5月国民党中央图书杂志审查委员会扣存的《反攻》杂志送审稿。

也是在她的战略转变的前后实现的。

（二）

日本帝国主义侵略我国的最终目的，如前所述，是在灭亡我整个国家，奴役我整个民族。但要达到这一目的，在她自身也会知道，决不是一朝一夕可以成功的。七七事变的直接目的，当为占领华北。为要征服全中国，必先征服华北，作为继续进攻的根据地；另一方面，假使暂时放弃了征服全中国的企图，也不能不巩固其在已经占领了的华北之统治尤其×路军在华北的活跃，更使她不能够高枕无忧。对于华北的“扫荡”，始终是敌军的主要任务之一。据说现在在华作战的敌军，实际上，有三十一个师团，而用以“扫荡”华北的，便有十六个师团之多。不过，这些力量，主要是用在山西；对于冀鲁方面的“扫荡”，敌军最初认为是不需要费多大的力量的。然而自×路军自晋东进以及其他中央军陆续开入冀鲁以来，敌军也不能不加紧其在冀鲁方面的“扫荡”。在这样的情势之下，成为冀省一重要部分的冀南，便和冀中、鲁西、鲁北等处，同时遭遇了敌军的加紧“扫荡”。

和我们的反“扫荡”相对抗，一直到现在，还没有停止的敌军最近一次“扫荡”冀南的行动，是开始于二月初旬。在我们正在闹着取消冀南行政主任公署问题，得不到一个合理解决的当儿，敌军挟其锐利的武器，——飞机、大炮，坦克车，以津浦线的德县，平汉线的邢台、平汉，正太二线交叉点的石家庄为根据，分“五路”乃至“八路”，采取四面包围的形式，向我开始了疾风骤雨般的“扫荡”。

在平原旷野的冀南，在田无青苗的季节，自然条件，有利于敌，不利于我，没有游击经验的正规军，地方部队乃至游击队，尤其是没有纪律、没有战斗力的劣质的部队，很难在敌军的猛烈的打击之下支撑。经过激烈的战斗，做了壮烈的牺牲，终于不能不放弃了若干城镇，让敌军去占据。为统筹全局起见，×××不能不离开危险区域，迁移其驻军地址。于是敌人便在广播里，报纸上，大吹大擂，说是击溃了我们的军队，摧毁了我们的政权，占领并统治了我们的全冀南。实际呢？我们的有游击经验、战斗能力、良好纪律并且和民众能打成一片的部队，依然以广大的乡村为根据，继续着打击敌军，驱逐敌军，由局部的反攻，进到全面的“反扫荡”的勇敢的战斗。且看今后的冀南，究是谁家的天下?!

我们曾经说到，本来敌人用在“扫荡”冀鲁的兵力，并不象山西那样雄厚。所谓“五路”乃至“八路”进攻，主要地是利用她的锐利武器，交通工具。每一路的人数，并不甚多，少者竟至仅有百数十人，多者亦不过一二千人。因其来势甚猛，我们不易在正面堵挡，故能取得一时的胜利；但胜利之后，除却占据几个据点，树立地方伪政权之外，再没有力量，足够分配在已经“扫荡”过的各地方，彻底维持和巩固其统治。即在所谓据点，也不过仅能配备着并不雄厚的相当力量而已，正如疾风骤雨一样，很快地便雨过天晴，阴霾盖释，魍魅不能与日月争光，我们便可积极做“反扫荡”的工作了。敌人这一次“扫荡”的作用，还不是要一下子彻底“肃清后方”，仅不过是象×路军×师长所说，是要在必要的地点多钉几个钉子，做为将来彻底“肃清后方”的根据。在我们，最好，当然是不让她把钉子钉上，事实上，如不可能，则只好在她钉上以后，我们再找机会，去拔。所谓“反扫荡”，便是拔钉子的工作。现在，我们已经收复了枣强宫、咸县、广宗等不少的县城。拔钉子的工作，得到了相当成功；今天以后，尤其在青纱帐起后，我们的这一工作，定会获得极大成功的。

（三）

就我们在冀鲁游击一年，所得到的经验，尤其在最近冀南的“扫荡”和“反扫荡”的斗争中，所得到的经验看来，在敌人还没有完全成功或放弃吞灭全中国的企图以前，即没有完全停止了正面进攻的行动以前，她在华北至少在冀南的"扫荡"，是不会彻底成功的，是不足畏的，只要我们自身能够在积极方面发挥力量，消极方面补救缺点。因为第一，如前所述，敌人虽把十六个师团之众，用在"扫荡"华北，但在冀鲁方面的兵力，并不雄厚，因而不能够维持和巩固其已经"扫荡"过的区域的统治。即敌军在量的方面是不够分配的。第二，不仅在量的方面而已，在质的方面，敌军依然是不足畏的。这表现在：（1）敌军经过多次的补充，包含着不少的预备役以上的老年兵和新征入伍的少年兵，这些人的战斗力是非常薄弱的，他们的射击，几乎没有一点瞄准力；（2）敌军内部的厌战情绪甚浓厚，甚至发展到反战活动，自然这不过仅有些部分的表现，我们不能太夸张了这一运动；（3）在敌军的"扫荡"工作中，驱使着所谓"皇协军"、"自治军"的伪军，而这些伪军，除了极少数人外，不论官和兵，都是没有战斗意志和战斗能力的；（4）在武器方面，也已不如前些的锐利和充足，尤其是伪军。第三，相反的，在我们的军队方面，则不仅中央军的开入，八路军的发展以及地方游击队和自卫队的普遍组织与不断扩大，有了量的增加，而且在质上，由于一年来的战斗，也促成了新的改造。有些军队，在抗战的初期，不仅没有作战的能力，而且没有作战的意志。现在呢？除了极少数军官外，每一个人，尤其是士兵都把"打仗"认为是光荣的、有兴趣的事情了。同时，他们对于"打游击"也或多或少地，在实际斗争中，学得了一些本领，克服了过去的恐日病的弱点，——自然，无组织，无训练，无纪律的恶质游击队，是例外。第四，在民众方面，同样地，经过一年来的抗战，也提高了他们的民族意识、政治认识、文化水准，因而加强了他们的抗战情绪与决心；另一方面，他们也有了组织和训练，也就是□□抗战的力量。甚至连所谓敌人□□□□的类似汉奸的人们，也时时刻刻在准备着和抗战的力量配合，驱逐那可憎恶的敌人。第五，在过去，我们的军队和民众，常是对立的，甚至军队可以杀戮民众，民众可以解决军队；现在，很少有这种现象了。民众对于军队，只要在他们的能力所能做到的范围之内，没有不帮助军队的。仅仅举出这几点，已可证明敌人的“扫荡”，将要失败，我们的“反扫荡”，终必成功了。

然而我们在军事上，政治上和经济上，还存在着许多缺点，最主要的是各种力量之间的摩擦。如果不能克服这些缺点，它会阻碍了我们的“反扫荡”的成功，而给予敌人的“扫荡”以成功的机会，尤其是在敌人停止了正面的进攻，而用更大的或全副的力量来彻底“肃清后方”的时候。所以克服这些缺点和打击敌人，同样是我们目前最重要的工作。（关于这些缺点的具体内容和克服它的办法，因为本文为篇幅所限，不及评述，只好留在异日讨论了。）

一九三九。五。二一重庆

〔国民党中央图书杂志审查委员会档案〕

4. 张友渔：以抗日反汪纪念“五卅”①

（1940年5月　日）

（一）

伟大的反帝、反封建的“五卅”运动，已经过十五个周年了。在十五周年的今日，纪念“五卅”，我们应该做些什么？我说，应该拿抗日、反汪，纪念“五卅”。日寇，是最凶恶的帝国主义；汪逆精卫是和封建军阀同样的帝国主义侵略中国的工具。在今天要完成“五卅运动”的反帝反封建的伟大任务，首先便要抗日和反汪。

“五卅运动”的爆发，虽以所谓“顾正红案”为直接原因，但它决不是单纯的争取工人阶层利益的斗争，而是解放全民族的斗争。

① 此文系1940年5月10日的国民党中央图书杂志审查委员会扣存的《中苏文化》第6卷第4期送审稿。稿面右侧批有“扣留”等字样。

中国是半殖民地的国家，全民族受着帝国主义的侵略、压迫和宰割，没有全民族的解放，便没有工人阶层的解放。中国工人阶层不象资本主义国家的工人阶层那样，受着资产阶级的压迫和榨取，他们所受的压迫和榨取，是帝国主义者。帝国主义为要维持它国内资产阶层的政治支配，缓和工人阶层的革命斗争，不得不极惨酷地榨取殖民地、半殖民地工人阶层的血汗，以获得超额利润而供其缓和国内工人阶层的革命之用。在过去执世界帝国主义牛耳的"大英帝国"，是老早便这样做，而且收到了预期的效果的。帝国主义又不仅是自己压迫和榨取殖民地、半殖民地的工人阶层，而且是支持封建残余对于工人阶层的压迫和榨取。因为封建残余是帝国主义的工具，封建残余的直接压迫和榨取，就是帝国主义的间接压迫和榨取，同时因此，殖民地、半殖民地的工人阶层为了解放自身必须解放全民族，也就是必须反帝、反封建，外而打倒帝国主义，内而打倒依赖帝国主义以生存的封建残余。半殖民地的中国的工人阶层所担负的历史任务，首先就是反帝、反封建。事实上，中国的工人运动也是一开始，便把他们的刀锋，准对着帝国主义和封建残余了。"五卅运动"正是在这种历史意义之下成熟了的，大规模的反帝、反封建的斗争。

（二）

孙中山先生毕生所努力的国民革命，本来就是反帝、反封建的革命。诚如列宁所说："孙逸仙纲领的字里行间，充满着战斗的真正的民主主义。他完全懂得种族革命之不够。他丝毫没有不问政治或者甚至于丝毫轻视政治自由的态度，甚至于完全没有认为中国专制政体可以与中国社会改良及立宪改革等同时并存。这是带有共和国要求的完整的民主主义。直接提出民众生活状况问题，群众斗争问题，对劳动者及被剥削者，表示热烈的同情，信赖他们的正确与他们的力量。我们看到真正伟大民族的真正伟大思想。该民族不仅善于因自己长期的奴隶状况而痛哭，不仅善于梦想自由平等，而且善于去向长期压迫中国的人作斗争。”中山先生的革命斗争，一方面，不仅是要“驱除鞑虏”，同时，还要“建立民国”。他方面，又不仅是要打倒封建军阀，同时还要“打倒军阀所赖以生存之帝国主义”，即它是反封建的民主革命，同时，也是反帝国主义的民族革命。这种革命运动，非建筑在群众的基础之上，依靠群众力量的拥护，不能获得真正的、彻底的成功。中山先生不仅“对劳动者及被剥削者，表示热烈的同情”，而且“信赖他们的正确与他们的力量。”列宁曾说：“孙逸仙所代表的民主派，认为在政治改良与土地改良事业上，尽量发展农民群众的自动性、坚决性以及勇敢性乃是谋中国革新的道路，这是正确的。”的确，中山先生一开始他的革命运动，便认为农民群众应该是革命的主力。他在中国革命史中说：“乙酉以后，余所持革命主义，能相喻者，不过亲友数人而已。士大夫方醉心功名利禄，唯所称下流社会，反有三合会之组织，寓反清复明之思想于其中。虽时代湮远，几于数典忘祖，然苟与之言，犹较缙绅为易入，故余先从联络会党入手。所谓下流社会就是农民、手工业工人以及都市贫民，而会党便是他们在当时的革命的组织。辛亥前的同盟会，所以能够成为有力的革命党，所以能够获得革命的效果，就是因它建筑在这群众基础之上。辛亥革命后，同盟会“一变而为国民党，自形式上言之，范围日见扩张，势力固征膨胀，而自精神上言之，面目全非，分子复杂，董莸同器，良莠不齐，腐败官僚，既朝秦而暮楚，龌龊败类，更覆雨翻云，发言盈庭，谁执其咎？操戈同室，人则何尤？是故欲免败群，须去害马，欲事更张，必贵改弦”（陈英士致黄克强书）。中山先生遂主张改组国民党为中华革命党。这不是要缩小群众的基础，却正是要巩固群众的基础。因为同盟会“一变而为国民党”后，“腐败官僚”、“龌龊败类”都混入党内，革命群众的力量，相对地削弱了。故欲巩固群众的基础，必须肃清这些“腐败官僚”、“龌龊败类”。

然而即就当时的群众基础而言，也还是不健全的。当时中国的民族资本还不够发达，中国的工人阶层还不够强大，而广大的农民，没有革命的工人阶层来领导，也还不能发挥伟大的力量。会党所包括的农民、手工业工人、都市贫民，虽然在帝国主义和封建制度的双重压迫和榨取之下，需要革命，但他们却没有坚持革命，贯彻革命，保障革命的力量。因此，一到革命成功，他们便为反对势力所打击，甚或为反动势力所利用了。并且同盟会时代对于会党的活动，对于会党的联络，还着重在经过会党，鼓动新军，没有能够真正组织和教育会党的群众，使成为不可摧毁的革命力量。因而群众基础还是不巩固的。只有强大的，有组织的，有革命意识的工人阶层，积极参加革命运动，成为革命力量的基础，革命阵营的中心，反帝、反封建的革命才有贯彻和完成的可能。“五卅运动”所以能够成为一九二五——二七年大革命的前哨战，就是因为工人阶层已参加了革命，立在革命斗争的前线。在十三年改组后的中国国民党，所以能够成为有力的革命党，就是因为它包括着工人、农民成分，组织了工人、农民群众。我们知道“五卅惨案”爆发后，不仅北京亲日政权，向帝国主义表示屈辱的让步，乃至无耻的合作，而且在封建军阀统治的各地方，特别是亲英的直系军阀萧耀南所统治的武汉，曾压迫响应“五卅惨案”的运动，屠杀参加这种运动的群众。只有广东的国民政府，保护这种运动，支援这种运动，以“经济绝交”、“封锁海口”，答复了帝国主义的压迫，使香港几变成荒岛，居民减少百分之四十，地价减少百分之七十，商号倒闭四百余家，损失不下四千万元。这证明中国国民党所领导的“五川运动”的关系是什么？同时，也说明国民革命军北阀成功的原因是什么。

（三）

“五卅运动”是反帝、反封建的革命运动，而在帝国主义者中，英、日同为这一运动的枪口所瞄准的主要目标。我们不能开脱日本帝国主义的罪名，而认为只有英国是造成惨案的凶手，我们不能抹杀"五卅运动"的反日的意义，而认为只有英国是被反对的敌人。首先，我们应该知道，帝国主义在中国境内开设工厂，直接榨取中国工人阶层，实由日本帝国主义作俑。甲午战争后，清庭在日本帝国主义者的压迫之下，签订了屈辱的马关条约，"允许日本臣民得在各通商口岸自由从事工艺制造，又得将机器运进口，只交所订进口税"，开空前未有的先例，其他帝国主义乃起而效尤。中国工人直接受帝国主义的剥削，实以马关条约为其厉阶。而且剥削工人最甚者，也首推日本帝国主义。日本资本主义的发展，原建筑在低廉工资的基础之上。日本国内的工资的低廉世界罕见其例。其对于中国工人剥削的惨酷，自不待说了。其次，当"五卅惨案"就要爆发的时候，日本帝国主义者已经在青岛指挥它的工具封建政权下的中国军警，屠杀过中国工人。"五卅惨案"不过是青岛惨案的延长。第三，就"五卅惨案"本身而言，最初也是以反对压迫工人的日本资本家为直接目的，而枪杀顾正红的日本帝国主义实为最初的祸首，这是人所周知，无待详述的。最后，在"五卅惨案"后，日本帝国主义始终是对于中华民族最凶恶的侵略者，对于中国工人最惨酷的剥削者，直至爆发为全中国人民起而自卫的这一次的抗日神圣战争。这些都说明"五卅运动"也是反对日本帝国主义的斗争，而目前的抗日战争正是"五卅运动"的延长。我们要完成"五卅运动"的反帝、反封建的伟大任务，必须打倒日本帝国主义和它的工具汪逆精卫等汉奸集团。我们要拿抗日反汪，来纪念"五卅"。

〔国民党中央图书杂志审查委员会档案〕

5.刘清扬："九一八"到"七七"①

（1940年6月15日）

引　言

"九一八"是屈辱的日子，这一天，日本帝国主义者开始了疯狂的武力侵略，中国则以"不抵抗"的精神忍受一切。

"七七"是壮烈的日子，这一天，中华民族开始了神圣的武装自卫，日本则以"飞蛾扑火"的愚蠢自陷泥沼。

从不抵抗到抵抗，从屈辱求降到奋起自救整整五年零十个月，这是一个过渡时期，是中国民族革命史上的转机。

把这过渡期的史实作一次较详尽的叙述，该不是没有意义的。下面便是笔者个人亲身所见闻所经历的回忆录，提供热心救亡人士的参考。

一、"九一八"事变之前

大革命时代，我党在反帝反封建的旗帜下兴师北伐，因得全国广大民众之热烈拥护，进行甚为顺利，由南而北势如破竹，但统一大业将要完成，御侮力量渐次增长之际，日寇乃本着它一贯的破坏我国内统一，打击我革命势力，扶植封建军阀的阴谋，出兵山东，以武力阻止我北伐军的前进。

但革命军卒能绕道北上，消灭封建残余，即便一向为倭寇所支持的张作霖，也感受到极大的威胁，不得不撤兵出关，以保存他的实力。日本帝国主义者对于张氏的退缩大为失望，对于张氏的"不忠"恨入骨髓，遂设法在皇姑屯炸死张作霖，继而又阻止张学良在奉天易帜，仍期作它利用的工具，幸张学良不为所动，且逐渐接近中央，这当然引起日寇的不安，因恐我统一团结日益巩固，侵略政策无由得逞，遂迫不急待直接以武力进攻，于是便暴发了"九一八"事变。

北伐如此顺利，进展如此迅速，是因为那时战斗的实力，是建筑在革命力量的团结上，改组后的新兴国民党，本着总理的三

---

① 此文系1940年6月21日国民党中央图书杂志审查委员会扣存的《中苏文化》"七七特刊"送审稿。稿面上批有"扣留"等字。

大政策发挥了积极的领导作用，吸收了广大前进的革命青年和工农大众，获得全国民众一致的拥护和协助。所以在政治上，能有飞跃的进步，在军事上，得到空前的成功。

不幸革命团结中途破裂，统一建国基础未能巩固，国民革命亦且功败垂成。领导民运工作者既不能埋头苦干深入下层，反而给前进者以打击，牺牲了无数大好青年，削弱了宝贵的民族实力。大革命时代的激扬奋发之民气因而消失，而形成长时间颓败沉默的革命低潮。这给予敌人以有隙可乘的机会，造成了“九一八”的空前惨祸，演出了“不抵抗”的屈辱丑剧。

二、“九一八”事变之后

在内忧外患煎逼下的中华人民，凡是有国家民族思想的，无不早在忧惧着恶运的将要到来。所以“九一八”东北的突然惨变，并不太出人们的意料之外。只是敌寇不费一枪一弹，便侵占了我东三省肥沃的领土，奴役了我三千万同胞，真叫人不寒而慄，就是一般矇矇无知之辈，也因而惊醒深感民族危机的严重，痛恨军阀“不抵抗”主义的误国。

因当时正值革命低潮，民气消沉，有志之士虽然义愤填胸，相顾焦虑，但始终缺乏领导的毅力，未能暴发出有组织有力量的反抗行动，仅仅是人人深藏隐忧，忍以待时，表现出黯然的抑郁。

三、“一二八”淞沪之战

因垂手获得东北的便宜，更涨大了倭寇的迷梦，竟怀着三小时便可占领上海的野心，进攻上海。“是可忍孰不可忍”，全国民众愤慨之情至此已无以复加，十九路军首先发出了反抗的怒吼，英勇的抵抗，给敌人以迎头的痛击，虽然我军的武装并不齐备，接济又欠充实，然而在我上海各界同胞热烈拥护与支持之下，加上全国民众一致的响应，我将士莫不感奋激励，英勇杀敌，前仆后继以血肉造成长城，不但打破了倭寇三小时占领上海的迷梦，且竟使敌寇三易主将，猛攻我阵地至月余之久，亦不得逞。但汪逆精卫等汉奸竟从中破坏，阻碍应援，敌人得以登陆，淞沪协定因而签订，写成了国耻史上另一新页。

汉奸出卖民族的惯技，便是扰乱后方，阻碍抗敌力量的发展，淞沪抗战之时，已暴露了无耻汉奸的阴谋，因而更激起民众的忿怒。至是民间反日反汉奸的情绪，遂渐高涨。

四、长城的血战

日寇在侵占我东三省之后，接着便进攻热河。沪战甫告结束，又复进逼关内，欲图囊括华北，蚕食灭我国之野心至此暴露无遗，这激愤了我热血军民，于是在长城又展开了一次光荣的血战。我华北健儿，挺身抗敌，在孙殿英将军领导之下，以残缺不全的武装，在冰天雪地之中，忍饥忍寒，在枪林弹雨之中与敌肉搏血战多日，喜峰口、古北口之役大获胜利，给敌人以意想不到的打击，民气因之一振，民族自信之心因之提高，而抗敌后援工作在各界民众中间，也随着广泛开展起来。

不甘心当亡国奴的同胞，蕴蓄着忿怒的情绪，虽得不到有组织有力量的领导，然也逐渐团结，相继发起慰劳将士的工作，以尽国民的天职。所以各界同胞，易能踊跃输将，各地妇女也群起缝制棉衣、棉被、棉袜、军鞋等，以备战士御寒。对于救护抚伤，也多自动奔赴前方，努力救济，不遗余力。在北平由协和医院以及女青年会的主持，竟普遍动员到家庭妇女，如各大中学教授眷属，均亲自出动，除征募款项外，并制作卫生药包及棉被衣物等甚形踊跃，足让民众拥护抗战卫国，纯系出于自动。但“巧妇难为无米之炊”，缺乏全国性的应援的抗战，在敌人炮火猛攻之中，总是难得支持下去的，长城血战亦复功败垂成，敌人愈逼愈深，平津危急，人心惶惶于是又一次订立城下之盟，签订了唐沽协定，枉费了万千健儿的热血与头颅。

五、辱国协定出卖了华北

（1）溏沽协定：协定的的第一条，断送了中国的军队在自己的国土内驻扎的自由。规定国军在河北境内须退至延庆、昌平、高丽营、顺义、通县、宝抵、香河、林亭口、宁河等县，凡此以西以南地区，我军不得前进，并不得有所谓一切挑战扰乱之举动。

第二条规定日军为确悉第一项实行之情形，可用飞机或其他方法视察，中国方面应行保护，并与以便利。

这无疑的完成了倭寇攫取华北权益的第一步。以如此丧权辱国的协定，彼时某专员竟与敌寇碰杯庆祝其成。真不知其是何居心，华北爱国民众隐泣吞声，敢怒而不敢言，惨哉痛哉！

（2）何梅协定：两年后，廿四年的五月廿九日，倭寇更进一步促使华北"特殊化"，竟干涉我行政，以磨拳擦掌，兵临城下的威胁，迫我订立何梅协定、逼我更换省主席，撤调津市长，取消河北全省国民党的党部，撤退驻平中央宪兵第三团，取消军分会政训处，并撤退河北省于学忠、关麟征等部队。更进一步树立冀察政委会的傀儡政府。鼓吹华北五省自治，敌寇贪得无厌的欲求，已使我华北同胞，忍无可忍，北平爱国青年便首先暴发了"一二九"的反抗运动。

六、"一二九"北平青年的怒吼

自民国廿年来东北沦陷后，华北同胞，无时不在"唇亡齿寒"的警惕中忧虑着本身的前途，更无时忘掉生活在水深火热中、敌人铁蹄蹂躏下的东北同胞。日寇的侵略是一步紧一步，在何梅协定之后，它一面树立冀察傀儡政权使华北特殊化，一面又接二连三的制造了所谓"察北事件"和"香河事件"。十一月又收买了津地痞流氓，以天津市民名义，鼓动起自治请愿的暴动。同时主使汉奸殷汝耕，在冀东成立所谓"防共自治政府"。更企图把这一自治运动，推广到华北五省，竟至风起云涌的造出：华北五省将有组织自治政府的消息。

在这样"风声鹤泪"的恐怖状态中，不但我华北同胞，深明大义，深知所谓华北自治即是脱离中央，即是论于异族。即我全国同胞，也无不震惊愤慨，而有"国亡无日"站在国防前线的北平爱国青年，便承袭着"五四"光荣的传统，以伟大的爱国爱民族的赤忱，发出了第一声怒吼，首先揭发起抗日救国，反对退让投降，反对妥协自杀的大示威。用热血和忠诚，写下了"一二九"学生运动的光荣历史。

继着"一二九"的请愿再而起的是"一二·一六"的示威。这一次的动员广泛，城内外的学生大多参加，组织亦较强，那天冀察政委会的军警已有所备，关闭城门，不准城外学生入内，但队伍竟冲入西便门绕道至宣武门外与外城学生汇合，城内的学生队伍亦赶来应援，于是城门外学生数万互相呼应要求开门，竟大遭军警痛打，以无情的暴力，摧残爱国青年。但水龙枪刀可以伤害爱国青年的身体，却不能销毁爱国青年的热情，反更坚定其斗争意志，增加其愤慨情绪，继续不断进行大大小小的战斗。反日反汉奸运动得在华北及全国各地各阶层中，广泛而深入的展开。

廿五年一月间，华北学生联合会，文化界救国会，妇女救国会，便相继成立，成为当时救国工作的领导机构，反日反汉奸的活动日益加强，而寇奸的压迫也日益严重，男女青年，不断的遭受打击，被捕入狱者，所在皆是。但各种救亡活动，迎接一切困难。延至二月下旬，傀儡的冀察政委会，便动员了大队的鹰犬警察，先后包围北京、清华、中国等大学校舍，遍搜爱国青年及领导者，于是大学教授，男女学生以及妇女领袖，大批被捕，造成"爱国有罪"的奇闻。有好几位文化爱国犯，几遭枪决，幸经全国各省明达军政首领的函电拯救，始得免于难。直到五六月间，才陆续被开释。恢复了自由的爱国犯，并未向汉奸屈服，并未忘掉祖国的危险，到更加倍的苦干与硬干。抗日救国运动，在汉奸和妥协分子的打击中，在全国各地高速地开展起来，上海同胞的救国工作，尤为努力，成为华中的中心力量。

廿五年夏，全国各界救国会在上海正式成立，民众救亡运动，进入统一坚强的阶段。

这一次的运动，就历史的意义来说，确是从“九一八”后，全国民众所蕴蓄的抗战救国情绪的总暴发，是从“不抵抗”到“抵抗”的关键。

七、抵抗的前奏——绥远之战

在汹涌澎湃的反日高潮中，日本帝国主义者的侵略，也更加紧急，廿五年冬，寇蹄竟踏入绥远。这次它可遭遇了顽强的抵抗，一方面是前线将士的奋勇杀敌，一方面是后方民众的热烈声援，华北民众组织了绥远抗敌后援会，对宣传、征募、慰劳、鼓励士气的工作，进行不遗余力。就在全国相继不断的热烈响应声中，传来了百灵庙的捷音，粉碎了敌人西掠内蒙的阴谋。

值得大书特书的是当时妇女界的觉醒和团结，绥战一起，北平的各妇女团体，以及热心的个别分子，立刻就成立了“北平妇女绥战救护慰劳会”。主要的工作是征募捐款，制作卫生包，及冻疮药(因正在冬令，绥远极冷，将士常会冻掉手足)并继续不断的训练救护人员，备输送前方，为负伤将士服务。半年之内，卫生药包做了两万，救护人员训练了五期，共一百五十余人。制做卫生包，动员了各界的家庭妇女，经常集中到一定处所工作。救护人员则由医师护士等热心专门人才负责训练。大家争着为国家尽力，绝无权利思想，工作的效果超乎寻常。甚至有几位国际妇女，尤为热心的常来协助。上海的女同胞也组织了“上海妇孺绥战慰劳团”，他们的北上，更激励了华北妇女的热情，兴奋地协助并参加慰劳团的工作，平津的妇女，也大批的组织起来！一同出发到绥远去，在冰天雪地之中，慰劳前线战士，真是地无分南北，人无分老少，亲密合作的精神，表现了大家一致对外的决心。给前方将士以极大的鼓慰，提高了战斗的力量，奠定了胜利的基础。

由“一二九”至绥远抗战整整一年，在此一年中，青年学生，文化界与妇女界，始终站在奋斗的最前线，而广大的人民大众在反日反汉奸的潮流中，日益觉醒，日益坚强，日益团结。先是有平津各界救国会的成立，后来又成立了河北、山东、河南、山西、陕西等五省的“华北各界救国联合会”，集中了五省所有民众救国团体的力量，成为全国各界救国会的一支主力军。廿五年冬，上海救国会的七君子入狱，华北救国会的责任乃更重大。华北各界救国会宣传与组训的工作，不仅限于城市，而且是普遍到乡村，深入各阶层。“七七”事变后华北广大民众纷起武装，实行抗日自卫，便是那时播种的成果。

由“一二九”一直到“七七”，华北各界热心救国的人士，是在极其困难情形之下奋斗，他们不仅要对付敌人御用的傀儡政府，更要防范文化败类如陶希圣之流的暗算，这些衣冠禽兽用造谣中伤、挑拨离间的鬼魅计魍给与赤忱为国者以无限的阻碍和打击，他诬为不忠实或反动，然而事实胜过雄辩，原来他却是忠实于敌人的汉奸败类。

八、抗战的揭幕——“七七”事变

隆隆的炮声，突然冲进了北平城郊，被敌人惊吓惯了的人们，并不觉得怎样的恐惧，但不免有些惊疑。究竟炮声何来？打听明白之后，乃知道又是倭寇在宛平县城桃衅，滋生事变，少数守城士兵，突然遭受袭击，不得不反抗自卫，因而受敌人的围攻，在兵力单薄，又无正式抵抗命令的局面下，自然不易支持很久，因而不得不撤兵城外，但是爱国诸将士不能甘心，依然隔河对峙，坚守芦沟桥严阵以待。

北宁路火车一度中断，但平市只有少数人慌恐欲逃，至于一般民众，却是异常镇定。北平的学联会、各界救国会、妇女爱国团体等，更是慷慨激昂，一致声援。各个团体以及热心爱国的机关学校，迅速的团结起来，组成了北平各界抗敌后援会，一面宣传动员民众，一面分别加紧组训，同时上书要求政府，坚决主持抗敌，并表明平市全体民众誓为后盾的决心。

各大中学的青年学生们，英勇的奔走呼吁愿在政府的指挥下，努力抗敌，各界妇女声请政府，愿为前线或后方的将士，尽力服务，各界抗敌后援会号召男女同胞，组织救护队，交通队，救火队，侦察队，及其他各种服务队，报名参加的人不计其数，都准备听凭调遣，援助抗战。尤其北平全城的洋车夫，亦都有武装守城的志愿，如政府稍有办法，立即便可组织起来。一方面民众态度坚决沉着愿意牺牲，一方面冀察政府始终犹疑不决，毫不准备，而敌人则不断增援加紧布置。不甘心当亡国奴的，焦虑万状，有如热锅上的蚂蚁，坐立不安，乃一再推举代表，向宋哲元传达民众要求坚决抗战，并愿与城共存亡的意向，然而民众的热诚并不被冀察政府所信任，民众的意见与策划，也始终不被其采纳。

七·廿八这天，敌人输运军火，布置兵力，已够充实雄厚，北平眼见被围，廿九军当局才不得不下令背城一战。上午丰台的捷报，使全城民众兴奋若狂，但不幸接着就传来黄村惨败、南苑损失奇重的消息。地方当局直到此时，才急急忙忙通知妇女界抗敌后援会，要求派救护队到前线去。救护队早已整装待发，一声令下便立即出发，过永定门便是火线，一班青年女子，在枪林炮火中，奋不顾身，抢救了大批折臂断腿，血肉模糊的战士。由男同学组织的担架队，运往城内。北京大学、法商学院及中国大学，都成为临时伤兵医院。草席衣被绷带等物在极短时内均已齐备，而且医护人员，一部分应热心青年的邀约，一部分自动热心投效，也毫不成问题。民众团体一面切实进行后援工作，一面更推举民众代表，晋见军事领袖，表示拥护抗战政策，并要求其坚持到底。所以当局表示甚为坚决，答复非常圆满，民众闻讯更为兴奋，加紧准备一切。

妇女界的救护工作，得到了政府的嘉奖与信任，因此晚间当局通知妇女抗敌后援会，要请在次早五时派人出发到全城的四门，携带茶水食物，绷带药物等，进行救护工作。这正是援助政府，效忠抗日的好机会，因此全体工作人员极为感奋，连夜调集人力，筹备物品，不意入晚抗敌炮声，逐渐疏稀，大家甚为惊诧，不知何故。直至夜半二时，廿九军张参谋长电告："廿九军在开始撤退，希望你们大家自作打算"。送来一个晴天霹雳，闻讯后均呆若木鸡，莫知所以。黎明枪炮声已经很远，似乎是恢复了和平的寂静，但是昨天还是自由的人们，今天却已经成为异族的奴隶了！

救亡工作者：文化人、学生、与妇女，完全都困处在陷阱里。但大家并不惊惧，只是有计划的准备出走，或留守少数坚毅沉着的人，决心隐留在敌后，继续播种与生根的工作，大部则在八月初北宁通车后，由天津顺海道，到烟台、青岛、济南等地，再转京沪武汉或华北晋豫等省。

但他们并不是去逃难，他们是要投在自由祖国的怀抱里，仍然为抗敌工作而努力，事实证明，这些热情而结实分子的散发各处，在抗战的阵营里，的确发生了极大酵素作用。值得敬佩的是北平学生联合会，在各处设立的流亡青年的服务站，在烟台、青岛、济南等处，为无数从平津流亡出来的文化人、妇女、青年学生们服务，解决他们的居住与交通问题。这表现出华北青年高度的工作能力，以及服务大众的传统精神。

东北救亡总会的工作同志，留居在北平，他们冒着极大的危险，在城郊艰苦地进行宣传和组织的工作，由于他们的努力，很快的便建立了一支抗敌游击队，逐渐庞大坚强起来，给予北平敌军，以严重的威胁。同时在天津也隐藏着一些愿意做敌后工作的朋友，如杨秀林教授及其夫人孙文淑女士，吴检齐先生，及笔者本人。

经过月余之布置与联络，工作稍有基础，征募工作也颇有成绩，杨秀林先生偕同夫人乃决心离津，绕道济南转达冀西，参加实际的组织工作，卒能建立并发展冀西南伟大的抗敌游击根据地。同时冀中冀东，民众亦纷起武装自卫，并由小而大，逐渐团结统一与扩大，三月后，成立华北人民抗日军政委员会，在军事方面，建立华北人民抗日联军五个军区，实力雄厚，声势浩大。惟始终是民众组织，未有中央政府之扶植与领导，实是极大的缺点。嗣经大会的公决，推笔者为代表，向中央转达河北民意，遂只身南下，经济南、南京，转武汉，晋谒中枢当局，报告一切，并取得联系。

抗战三年来，华北人民在民族革命史上用鲜血写下了光辉灿烂之页。他们建立了大小的抗日游击区，歼灭了无数的敌人，牵制了千万的鬼军。他们忍受着无以复加的艰苦和牺牲，树立起抗战到底的模范，功绩是不可磨灭的。

在奋斗过程中，就军事领袖方面说：冀东民众武装的领袖，华北人民抗日联军第三军区的总司令高志远，副司令洪麟阁陈其云，与军区政治部主任杨十三先生被诸民族英雄的壮烈牺牲，已足表扬我华北民众不甘屈服的伟大。就政治工作人员说：吴检齐老先生的遭敌惨害，山东辽城张郁光教授的壮烈牺牲，以及青年王春裕同志的因劳致死，一位是国学大师，一位是前进的教授，一位是不易多得的青年干部，却不能不说是民族的重大损失。但是他们的精神是不死的。他们以及千万无名英雄的血肉，筑成了一道万世不破的长城，中华民族解放自由的旗帜，在城头上将永远永远地飘扬！

结　　语

从“九一八”到“七七”的五年零十个月中，显然可以分做两个阶段，“九一八”到“一二九”是前一阶段；“一二九”到“七七”是后一阶段。

在前一阶段里：一方面是敌人的蚕食侵略，一步紧一步，一方面是我方的后退忍让日甚一日。虽然“一二八”之役，长城血战，曾获得相当的胜利，但恐日病普遍流行，不能战的败北主义，占着支配的地位，甚至有人提“友乎敌乎”认贼作父。同时国内未能统一，民气极为消沉，虽有不少忧时之士大声急呼，但黑夜茫茫，殊少光明。在后一阶段里：一方面敌人灭我种亡我国 的 阴 谋 暴露无遗，一方面妥协和亦无以苟存的真理大明，不战则亡、抗战则生的信念，由知识分子、青年学生深入民间，因而要求团结，要求抗战的反日运动日益澎湃，形成一股巨流，冲到百灵庙，冲到芦沟桥，将来还要冲到鸭绿江边。

从这些史实里，我们得到以下的教训：

第一、要抗战，要抗战到底，不能妥协，不能投降，投降便是灭亡。

第二、要团结，要团结坚固，不能自残，不能分裂，分裂便是灭亡。

让我们记着这血的教训来迎接七七抗战三周年的光荣纪念日！

廿九年六月十五日书于重庆。

〔国民党中央图书杂志审查委员会档案〕

6．木夫：记晋西文联成立①

（1940年6月17日）

一、准备工作

晋西自反顽固斗争胜利，克服了妥协投降的危机以后，一个严重的问题——如何在思想意识上配合军事、政治、经济以及群众运动上来巩固并扩大晋西抗日根据地的问题，提供在晋西文化工作者的面前。

晋西的文化工作者，鉴于晋西过去文化线战上的零乱，没有很好的与大后方及各邻近地区取得联系，更没有适当的与当前的政治任务配合并推动其向前发展，在目前这样一个崭新的进步的环境下，大家都觉得需要有一个总的领导机构来推动这一工作，于

---

① 此文系国民党中央图书杂志审查委员会扣存的《国讯》送审稿。稿面右侧批有"扣"字。送审时间不详。

是三月一日在兴县成立了晋西文化界救国联合筹备会，推定负责人住会工作。之后，即由新西北报等十四个文化机关及三十多个文化工作者领衔向晋西的全体文化工作者发出“为广泛开展抗日文化运动建立晋西文联”的号召书，要求文化工作者重新磨利生锈的笔，归队到文化战线上来。三月二十四日筹备会在兴县召集第一次文化工作座谈会，通过筹备会工作纲领，开始推动剧协、美协、文协、新闻记者学会等晋西分会的建立。随即发刊《文化报导》来反映筹备会的工作，并披露各方面对文化工作的意见。

当号召书发出后，不久就得到晋西各文化团体、政权机关、部队和散处在各地的文化工作者的热烈响应。同时，中国戏剧界抗敌协会晋西分会、中国青年记者学会晋西分会、中华全国文艺界抗敌协会晋西分会、全国美艺工作者抗敌协会晋西分会、晋西教育工作者协会等的筹备会亦先后宣布成立。为了采纳各方面的要求与实际的需要，文联筹备会并把原定在“五卅”召开成立大会的期间，提早到“五四”来开会。

由于大会筹备会同人的日夜奔忙，一切都在大会开幕之前准备好了。

二、大会开幕

五月四日，这是一个在中国文化开展史上有着划时代意义的日子。正当民族危机愈加深重，新文化备受摧残的今天，晋西文联成立大会选定在这一天来开幕，其意义是特别值得深省的。

参加大会的代表有一百多人，共代表五十三个文化团体。这里有剧人、音乐家、新闻记者、美术家、文艺工作者和教育工作者，他们大多数是自己背着行李，从几天以至十天以外的路程，翻山越岭的赶来，有的还要通过敌人的几道封锁线，但他们一个也没有迟到，全都带着愉悦兴奋的精神，在大会开幕之前赶到了。

来宾中有一二〇师师长贺龙将军与政委关向应、山西省第×游击区行署主任续范亭、新军领袖张文昂诸氏，此外还有新由延安兼程赶来出席大会的陕甘宁边区文协代表萧三、画家胡考、自然科学家陈康白、新中华报记者郁文及国际友人塔斯社记者莫德文先生。

这一天，蔚蓝的天空没有一点云影，鲜明的太阳照射在大地上，给人群增添无限喜色，虽然狂风有时也会卷来不少尘沙，但在这一群纯洁活跃的人心上，它是无法占一地位的。

大会会场设在兴县郭家沟一个古老的“四合头”房子的院落里。早上七点钟，在用柏枝扎成的牌坊上高悬着“晋西文联成立大会会场”的门牌下，一群群的年青人络绎不绝的从它的下面穿过去。

会场正面的屋壁上，挂着一幅高约丈余的伟大导师——鲁迅先生的遗像，（看着这一群纯朴的忠实于民族解放事业的学生，鲁迅先生也微微的笑了。）在左右箱壁上悬着的还有世界文学巨匠莎士比亚、高尔基、罗曼罗兰、绥拉菲摩维支等人的画像。

各方面送来的鲜明的锦旗，挂满了会场的周围。

在主席报告了开会大意以后，各方面送来的贺电，又从主席的口中一张张的朗诵过去。

来宾中首先被请上去讲话的是贺龙将军。在掌声停止以后，贺龙将军矫健地移动他那肥硕的身体，走上了主席台，在一撮浓黑的短须下面，他撕动了红黑而肥厚的嘴唇：

“同志们！”挂在主席台对面的一张画着持枪的与握笔的在一个道上向着同一的方向前进，上面写着“笔杆与枪杆联合起来”的漫画，作了他讲话的题材。“对面的那一幅漫画上指示着我们拿枪杆的拿笔杆的要联合起来，我敢保证，在晋西，在一切进步的地方是一定能够做得到的。今天你们在这里开会，我们在外面给你们站岗放哨，你们放心的开他几天几十天吧！在这里决没有人在你们嘴上来贴封皮和杀你们的头！……”掌声把他送下主席台。他又重新衔上了旱烟斗，微笑着坐在来宾席上。

第二个被请上去讲话的是山西省第×游击区行署主任续范亭先生，这一位晋西人民的妈妈，是一个优秀的国民党员，大家总还记得抗战前在京沪一带的报纸上曾以显著地位登载过一个忧国志士在南京中山陵前自杀获救的消息，那一位忧国的志士，便是现在为晋西老百姓所最爱戴的续范亭先生。

续先生已经是五十多岁的人了，但身体却非常健康。他走上了主席台以一双慈祥的眼睛紧盯着坐在海棠花下的一群青年人，他说：

“今天我们能得在这春光明媚的海棠花下来说我们要说的话，首先我们应该为我们自己庆幸。”接着他指出，“顽固分子好比是人们脚下的干茧，你要前进，它就会使你发疼！今天拿枪杆子的应该拿刺刀去削掉它，文人就应该用他的笔尖去消灭它。”最后他希望大家向鲁迅学习，学习他那最后搏斗与打落水狗的精神。

一百多个代表围坐在会场中央的海棠花下，默念着贴在墙上的“学习鲁迅风格”的好誓言，静听着来宾的致词，吸收着由海棠树上发出来的花香，与从叶缝里透下来的阳光的温存……。

三、慰劳晚会

为了慰劳从四面八方跋涉来此的代表，同时也为了文化阵容上部分的检阅，文联和剧协的筹备会特联合邀请住在兴县附近的战斗、吕梁、青工、前线、七月等五个剧团，从五月四日起至十四日止，联合组成六个戏剧晚会和一个音乐晚会来慰劳这一群风尘扑扑的代表们。

六个戏剧晚会共演出十二个剧，其中有利用旧形式装上新内容的四个梆子戏：有战斗剧社演出的“大王村”、“叛变之前”、“分离路上”、“一万元”（三幕剧），吕梁剧团演出的“鬼世界”，青工剧团演出的“敌人打退了”（儿童剧），前线剧团演出的“收复临县”等活报舞。

这些完全都是摄取敌后现实的题材，由每个演出的剧团自己创作的。

在战争过程中，敌人给我们打出了不少的戏剧工作者。

音乐晚会是由战斗吕梁前线三个剧团的歌咏队联合组成的，于五月七日的晚会上唱出，节目计有十多个。中有雄伟激昂的国际歌，有土色土香的小调，有琴声悠美的粤乐，有齐唱合唱，最后是二百多人的黄河大合唱。这在晋西还是第一次的创举。

沉痛激昂的歌声，震荡了每个听众的心弦，他们是更加兴奋了。

晋西的戏剧工作者和音乐工作者首先显示自己的力量在他们的文化战友之前。

四、两个展览

在大会开会期间，文联和美协的筹备会还共同布置了一个美术品展览和一个书报展览，于五月五日开幕。计美术作品千余件，书报二三百种。兹分述如下：

（一）美术展览——这里有木刻作品两百多张，相片三四百张，剪影、砖刻、大布画、油画、晋西人民生活的素描与速写等各十多幅或数十幅不等，特别值得在这里一提的是，那两百多张木刻和二百多张相片。

在两百多张木刻里，除开马达沃渣等名木刻家的作品外，许多新进的木刻工作者的作品也颇能引起观众的欣赏。比如，古元的连环木刻画“自由在苦难中生长”，施展的“年画”，铁耕的“总动员”，一川的“大会”，焦志鹤的“奴化”、“丰收”，石天的“不愿离开上海”，又罘的“行军”、“轰炸后”，王式郎的“开荒”等都能刻画入神，引人注意。

八路军总政治部电影摄影团所摄制的三百多张相片，完全是摄取我军民三年来在华北敌后与敌人艰苦奋斗的战绩：我军怎样的坚持了河北的平原游击战争，如何创造了敌后的抗日根据地，民众们又是怎样的来帮助我们的军队去打击敌人等等。他们三年来英勇的光辉史页，都完全被装进了镜头。

此外如战斗剧社的关于中共中央力争时局好转克服时局逆转的十大任务的漫画，力克的兴县儿童与妇女为争取自由解放结队向县政府请愿的毛笔写生，石天的大油布画等，亦博得观众很好的评语。

总之，在华北敌后我军民英勇斗争的雄姿，与各地人民的生活动态，文学家可用以写成百十万言的巨著，在这一千多件美术作品里也能同样的把它反映出来。

（二）书报展览——在书报展览室里陈列着有我们的各种报章杂志及宣传品三百多件，尤以晋西的报纸搜集得特别丰富，计有新西北报、五日时事、战斗五日、新前线报、黄河日报、战斗报、洪涛报、众声报、孝义人报等三十多种。在晋西的三十多县中差不多每县都有一种报纸。

这些报纸，不但编排好，就是刻和印都有长足的进步。据说五日时事和战斗报等油印报，每期竟能印上二千份之多。

将近三年来的敌后抗战，我们文化线上的力量正在生长着。

五、大会收获

因为大会是在“五四”开幕的，所以第二天便请一二〇师政治部主任甘泗淇先生报告“五四运动的历史意义”，第三天是南汉宸先生的政治报告。前者是以新的科学的观点，把“五四”前后的中国文化运动作了一个明确的划分，特别指出，“五四”文化运动与中国革命的重大关系。最后还给晋西的文化工作者提供了争取知识分子参加到革命阵营中来与文化的统一战线等问题的许多重要意见。后者是从第一次世界帝国主义战争说到各帝国主义国家危机的日趋严重，与社会主义国家苏联的日益壮大，指出此次帝国主义战争是各帝国主义国家的自取灭亡。对于国内的磨擦及文化线上的斗争方向诸问题，南氏也有详尽的阐述。

第四天是关向应先生的“敌后新民主主义文化的建设问题”的

报告，第五天是张稼夫先生的"文化政策"的报告，两个报告都是根据毛泽东先生的"新民主主义论"和洛甫先生的"抗战以来中华民族的新文化运动与今后任务"的两篇文章，更根据敌后的具体环境和敌后过去文化运动的经验来报告的。这里不但对新民主主义的文化运动的经验来报告的。这里不但对新民主主义的文化有了极详明的讲述，而且更给敌后的文化工作者指示了非常实际的斗争目标。

第六天是陕甘宁边区文协代表萧三先生的报告，萧三先生先把文化上的一般问题作了一个讲述，随着便很详细的介绍了陕甘宁边区文协的组织情形和工作状况，给晋西的文化工作者提供了很多的参考资料。

在听完了各个问题的报告之后，各协会即先后宣告成立。

首先宣告成立的是中国青年记者学会晋西分会。

十日剧协晋西分会和文协晋西分会的筹备会分别召开座谈会，对怎样开展晋西的戏剧工作和文艺运动，关于旧形式的利用与新形式的创造诸问题，都有热烈而深刻的讨论。

剧协晋西分会于十一日成立。

美协晋西分会和晋西教育工作者协会均于十二日上午宣告成立。在美协的成立大会上，并有名画家胡考亲临指导。

文协晋西分会成立于大会闭幕之日(十四日)。

十二日的下午大会开始进行提案讨论，大会收到的提案共六十多件，经大会秘书处合并为八大件，交由大会代表热烈详尽的讨论后，修正通过如下：

(一)设立文化奖金，第一期金额定为一百元，专作奖励通俗作品之用。

(二)建立敌区文化工作，争取敌区文化分子。

(三)转请政府增加文化教育经费，以利各地文化教育之开展。

（四）开展晋西民间戏剧运动，广泛组织乡村不脱离生产的娱乐组织，借以提高民众的文化政治水平。

（五）应用各种形式，大量编印各种通俗读物。

（六）成立流动文化工作团，推动与协助各地文化工作。

（七）培养大批文化干部。

（八）成立新文字研究会，推动新文字运动，扫除文盲。

十三日是文联正式宣布成立的日期，一百多个代表都振奋精神走进会场，由筹备人报告筹备经过后，当即通过简章和宣言，并通过晋西文联工作纲领：

（一）配合总的政治、军事、经济斗争任务，与日寇汉奸顽固派进行文化斗争，提高晋西群众政治文化水平，从思想意识上巩固晋西抗日民主根据地。

（二）组织开展各种文化团体，团结晋西文化工作者，扩大与巩固抗日文化统一战线，开展敌后新民主主义文化运动，建立晋西文化堡垒。

（三）与全国各地文化界取得密切联系，在沟通前后方新文化的过程中，不断提高自己，并推动全国新文化运动之开展。

（四）培养本区文化干部，建设文化基干部队与文化据点，吸收广大青年知识分子与工农群众参加文化战线。

（五）在敌占领区，建立新文化据点，高举新民主主义文化旗帜，与日寇汉奸殖民地奴役的文化展开猛烈的进攻。

在临时动议里，通过以大会名义致电全国文化界声讨周佛海、林柏生、李圣五等文奸，并分电蒋委员长、毛泽东先生、朱彭总副司令及晋西抗战领袖贺龙、关向应、续范亭、雷任民等致敬。

代表们愉快地走出会场。大会是顺利的成功了。

六、闭幕以后

募集文化基金——晋西自来就是一个文化落后的地区、加之过去顽固分子的摧残，这一部门的工作，更老是跟不上时代的前进。晋西文联现虽想积极的开展这一工作，但干部却异常缺乏。“干部决定一切”，根据文联成立大会“培养大批文化干部”的决议，晋西文联现计划开设一训练班来进行这一工作。然而这里的问题又来了，天下事非钱莫办，钱成了这一工作的致命伤。因此，文联又发出若干捐册，要求各界人士大量捐助。将来拟以募集所得，一部分用作文化奖金，大部分用作培养干部，开设训练班之用。

为沟通前后方文化而努力——由于交通的困难，在敌后方常常是整年整月的看不到大后方的书籍报章，而敌后方很多可歌可泣的宝贵资料亦无法向大后方反映，晋西文联鉴于这一工作的重要，业已通知前后方各文化机关，希望他们把自己出版的报章刊物和所搜集的参考资料大量寄来，再由这里交换的转寄到各地去，晋西文联在这一工作上，愿作沟通前后方文化的联络站。

出版“晋西文化”——“晋西文化”是代表晋西文联的刊物，现已在积极筹备中，这刊物将以一种综合性的面貌出现，每月出版一次，每期约三万字，在七月底创刊号即可问世。

音协成立——在文联开成立大会的时候，晋西的音乐工作者即提议成立音协晋西分会，在文联的指导下，已于六月二日在文联所在地召开成立大会，正式宣布成立了。

讲演文学在晋西北——在文联成立大会以后，晋西各文化团体又请讲演文学的创始者胡考先生于五月廿四日在兴县××村讲讲演文学。在胡考先生报告了讲演文学的创始经过及其发展前途以及怎样开展晋西的讲演文学运动之后，贺龙将军即提议组织讲演文学研究会的筹备会，在听众一致的赞同下，筹备会产生了。这将是突起在晋西文化线上的一支新军。

第二次联合大公演——为了纪念血的“五卅”，为了充实晋西各界“五卅”运动大会的内容，晋西剧协分会特组织第二次戏剧联合大会演，在由“五卅”起至六月八日为止的晚会中演出。计这次参加演出的剧团共有十多个，由于在文联成立大会时第一次联合大公演的经验和教训，这一次的准备是更较周详，所以，大家虽然是半饱着肚子，天天吃黑豆，但演出的效果却更比上一次好。

流动文化工作团已出发——根据文联成立大会所通过的“成立流动文化工作团，推动与协助各地文化工作”的提案，在大会闭幕以后，文联即与各协会协同进行流动工作团的组织，现第一批已出发，赴临县、方山、岚县一带工作。这一支产生在晋西文化线上的流动兵团，愿他们胜利归来。

〔国民党中央图书杂志审查委员会档案〕

7．张化南：冀南平原抗日根据地的创造和发展①

（1940年10月　日）

一、导言

冀南平原是一块具有战略意义的抗日根据地，它的创造是国军尤其八路军，配合无数不愿当亡国奴的人们用头颅鲜血从敌伪匪徒的手里夺来的，它的发展和巩固是由无数人的心血和生命铸成的，他们抗日国军和政民为了保证华北，保卫大西北，争取相持阶段的到来，停止敌人的进攻，准备我们的反攻，现在军政民密切配合着用艰苦英勇的姿态，和敌人搏斗着，将近五个月的残酷斗争，粉碎了和粉碎着敌人的“确实把握占领地”的企图，牵制了敌人大批兵力，叫它们象陷在泥潭一般的无法抽调和疲于奔命。

二、冀南平原抗日根据地客观环境

---

① 此文系1940年10月11日国民党中央图书杂志审查委员会扣存的《群众》第5卷9—10期送审稿，稿面上注有“免登”字样。

冀南东至大海西至太行山，它是一个土地肥沃的广大平原。平汉和津浦两铁路(敌人交通的两大动脉)一东一西的夹着它，它的创造发展和巩固，直接威胁了这两路的交通运输，影响了日寇的军事活动，对于全国抗战是有着重大意义的。

这块平原是前清的畿辅地，久为封建势力所盘据，到民国以来，又常为军阀和落后集团所统治，有意无意的作了不少的日寇清道夫的工作。过分夸大日寇的飞机大炮，过分夸大了日寇的凶焰残暴，铸成了多数民众的恐日病。当日寇铁蹄踏进冀南时，那时的老百姓，尤其壮丁像开〔?〕一般的向南逃跑。记得那时笔者由邢台返，民众大为惊骇，不约而同的说:“呀！怎么你不往南走呢?”像这样的惊慌溃乱，几乎普遍了冀南每个乡村。

三、七七事变后的冀南

——混乱时期——

由廿六年九月起半年多的时期，是冀南的混乱时期，溃兵、土匪、敌伪、汉奸把民众蹂躏的流离失所，困苦万状。廿六年九月间，国军南退，十月初日寇铁蹄已踏进了冀南，我们的官吏均闻风而逃，多数县的地方武装，和民间武器，均被我们的专员县长带着南下去了。经此整个冀南沦于敌手，日寇到处烧杀奸淫，汉奸伪组织普遍建立，敌酋清水司令盘据威县，操纵策划，土匪乘机蜂起，几乎遍地皆是，大者万余，小者亦数十，攻城陷镇，搜括抢掠，稍为富有之家，均罗掘俱穷，其中，尤以任县隆平一带为最惨，差不多村村像水洗一样的净光，当时社会秩序，完全破坏，广大群众得不到自己政府和军队的保护，老弱妇孺颠沛流离，栖栖遑遑如丧家之犬，整个冀南已变成“人间地狱”，呼吁无门，徒增浩叹，丧心之徒，投身附敌，热血青年，无处发泄，士绅名流，或则奔走呼号，挺身救国，或则明哲保身，埋首乡里，有的为保卫身家组织会门，消极防匪，有的高举义旗，组织抗日义勇军、游击队，但得不到正确的领导与有力部队的配合，而受到发展上的阻碍和群众的反对，使徒有抱负而无处发挥。那时冀南民众，南望中央，空洒热泪，西瞻晋省抗战，则又欣佩莫名。热望着中央，热望着蒋委员长，热望着国军北上领导抗战，真如大旱之望云霓。

四、国军开入后的冀南

——创造时期——

这时廿九军曾一度北上反攻，可惜不久，便南退了，多数民众惶恐万状，群疑中央不要我们了吗？国军不再来了吗？可是我们八路军在中央意志之下，突破了日寇的火线，大步的开入了冀南，兴奋了冀南的民众，安慰了冀南的民众，恢复了冀南的国土，奠定了冀南的秩序，加强了冀南民众对中央的信仰。

八路军初来时，是廿六年十二月，人数很少，先到任县隆平一带，对于土匪和冒牌的义勇军作深入的政治说服。接着一二九师东进纵队由陈再道、李菁玉带领着亦开来，先解了巨鹿之围，说退了土匪，争取了巨鹿的维持会，这工作是冒着枪林弹雨，耐心的往返磋商，才告成功。巨鹿粗定后便东开南宫，那时南宫亦被土匪包围蹂躏，东进纵队配合着冀南不愿做亡国奴的人们，配合着地方残军的少数武装，击走了清水司令，驱逐了威县、临清、平乡、广宗的日寇，粉碎了巨鹿南和任县、曲周、广平、肥乡、永年、成安等县的维持会，争取瓦解和消灭了土匪（任县一带土匪刘磨头、邱庆福大发财，南宫一带的土匪于得本、赵大山子）和冒牌的义勇军，恢复了冀南的秩序，普遍的建立了各县抗日政权，使青天白日旗重新飘扬于冀南每个角落。这个艰巨的工作，不是容易完成的，是用了差不多三个月的工夫，好些人的头颅鲜血换来的。他们为完成这件神圣的任务，冰天雪地里赤着脚，饿着肚皮，吃着平常猪狗不吃的东西，穿着单薄的棉衣，出生入死的英勇斗争。它们艰苦奋斗的精神和事实深印在每个冀南民众脑海里，无论妇女老幼都能道及。兹因篇幅所限，特摘述一二战斗事迹于后：

威县清水司令是不容易赶跑的，我们英勇八路军有一次夜间一连人爬进城内，因为汉奸所算，虽在城内与日寇搏斗了一日夜，终于全部殉国，民众掩埋时，看见他们的饭包内都是糠窝窝头，不禁涕泣，这件事冀南民众现在谈起来，没有不为之酸鼻的。隆平莲子镇久为大股土匪所盘踞，虽然用尽了说服的力量，而他们依然匪性不改，不得已乃调兵围剿，主力是八路军配合着少数地方武装。那时该村四周里许尽是流水，深可没人，只有南北一堤可通，并有土围碉堡。该股土匪有千余人，步枪七百余支，匣枪卅余支，轻机枪十四挺，迫击炮二门。既包围后，八路军日日派人不带任何武器，举着双手，衔着信件，往村内去说服和争取，经过这样艰苦英勇半月的努力，土匪内部瓦解了，争取过来一部，其余各部乃突围逃跑，及离水寨，乃聚而围剿之。这样悍匪，没有费一弹，便解决了，这不能不归功于八路军，坚持"中国人不打中国人"的耐心的英勇的冒险说服。

八路军用英勇斗争的精神，模范的纪律，本着互相发展，互相帮助的态度，去影响和帮助地方武装及不良部队（如那些义勇军），使他们战斗力量日益加强，军民关系日益改善，你看冀南成千成万的坚强抗日武装，在一年前不客气的说，有好些都是腐败不堪的。

他们用不断的斗争，打走了日寇，粉碎了伪组织，安定了民心兴奋了人心。他们又本"出入宣传"的规律，印发好些抗战读物，到处宣传和鼓动，扫除了冀南民众的恐日病，鼓起了他们的勇气，坚定了他们的抗日信心。又有计划的较大规模的开了不少的训练班，动员出和训练了数千百的青年。他们到处组织民众，组织战委会及各抗日团体，在这些领导之下，把散沙盘的民众逐渐的动员起来组织起来。

冀南民众就经过这样的影响组织训练，便象一个巨人站起来了。

八路军用这样坚持统一战线的态度配合民众，惨淡经营，冀南社会秩序渐次稳定，各县政权普遍建立。为了统一冀南军政民各方的工作，更加强抗日的力量，乃筹备与号召成立了“冀南军政委员会”，有计划的有步骤的推行一切抗日工作。以后由于徐州失守，保卫大武汉开始，而冀南抗日工作，益形加重与需要深入。广大人民要求统一领导，集中冀南数十县力量，更有力的打击敌人，所以在廿七年八月十四日军政委员会改选，八月二十日在各县长各救亡团体民主的选举了，成立了“冀南行政主任公署”，并选杨秀峰、宋任穷二先生为正副主任。

五、冀南行政主任公署成立后的冀南
——巩固时期——

冀南行政主任公署自成立后，即遵照国民党抗战建国纲领确定了八大施政方针，号召冀南全体民众，誓本国家民族期待之殷与五百万人民付托之重，发扬抗战建国之精神，与保卫家乡天职，努力奋斗，不畏任何牺牲与困难，八大施政方针是：

（一）动员冀南人力、物力、智力、财力，广泛发展游击战争，坚持华北抗战。

（二）拥护国民政府拥护蒋委员长，领导彻底施行国民党临时全国代表大会通过之抗战建国纲领。

（三）巩固扩大抗日民族统一战线，团结全体同胞，建立坚强的冀南抗日根据地，抗战到底。

（四）建立民主的廉洁的有工作能力的各级抗日政府，严惩贪官污吏。

（五）整理各县金融，发展农村经济，提倡土货生产，击破日寇破坏我华北金融之毒计。

（六）废除苛捐杂税，实行合理税收，优待抗战军人家属，并在有力出力、有钱出钱、改善人民生活的原则下，安定民生，发挥人民之抗战积极性。

（七）实施抗战教育，普遍组织民众于战委会、农会、妇女会、工会、学生会、商会、自卫队等抗日救国团体内。

（八）肃清汉奸敌探，实行抗日戒严。

六、省政府到后的冀南

全河北民众渴望领导北上抗战的河北省府和鹿主席终于去年十月初到了南宫，当时主任公署号召了将近万人的热烈欢迎大会，又召集三十余县长来南宫听训，从此，事事请示省府，如司法处之取消和银行是否成立均由省府所决定。觉得鹿主席来了有了靠山，可以更大胆的扰民害民莫敢谁何？贪污腐化官僚政客封建残余均弹冠相庆，以为鹿主席来了，旧日还梦（发财不做事）又可复活乘机活动，更加上省府内的顽固分子，如王承曾、张荫梧之流推波逐澜，弄得整个冀南乌烟瘴气。他们整日价过着花天酒地打麻将吃海参的生活，他们以为冀南从此太平了，用不着动员民众用不着站岗放哨，大倡什么安定人心，（即反动员）保存国粹（即反破城毁寨）。

冀南行政主任公署为了巩固冀南抗日根据地，虽然尽了最大的努力，有了伟大的功效，虽然为了粉粹敌人对冀南的初次"扫荡"（廿七年十一月间），很积极的很正确的领导民众配合军队，尽力搏斗，它在敌人离南宫（主任公署所在地）仅廿里时，杨主任犹亲自率领群众，加紧破路，当南宫快要失陷的前夜，它曾电请省府如何措置，可是那时省府已"不知去向"！它为了工作，为了更积极的更深入的展开工作，乃南移广宗。它正在号召群众与敌人作殊死斗争的当中，而省府用"不知去向"的理由，取消冀南行政主任公署的布告竟普遍了冀南，并派工作员分赴各县宣传主任公署"不知去向"。可是老百姓是明白的，他们知道谁没有抛弃他，他也认得领导他们坚持抗战的是谁，他更清楚谁在敌人面前惊慌溃乱"不知去向！"

冀南各县县长都演了双包案，但是冀南民众是有丰富的战斗经验，他们知道什么是保卫冀南正确的方法和道路，他们为了民族，为了国家，为了家乡，为了保卫自己由血肉头颅，从敌伪土匪手里夺来的冀南，不愿意变为别人升官发财的资源地，更惧怕付托非人，葬送他们艰苦奋斗的成绩（冀南抗日根据地），他们为了达到这目的，坚决的拥护冀南行政主任领导抗战，省府委派的隆平县长高仙洲（有吸食毒品嗜好，民众都知道），下车伊始，即召集各乡村长和民众宣称自己是正牌的，今后一切听他指挥，老百姓的回答是"我们得问问我们傅县长，他要不干，我们可以听你，他要干，我们还是听他！"这是冀南的真正民意的呼声。

七、艰苦奋斗中的冀南行政公署

敌人残酷的疯狂的第二次大规模的扫荡到来了，冀南起了净化作用，省府委任的县长和那些苍蝇式的人物统逃之夭夭不知去向了。有的跑得更远，居然到太行山的深山中、山西境内去坚持河北抗战。这时，距敌人仅三十里的广宗县件只镇开了盛大的冀南行政座谈会，各县代表、各军代表、士绅名流各界来宾，共约有二百人，在炮声隆隆下，热烈的讨论，圆满的闭会。二月初形势日益险恶，各城镇多陷落，主任公署乃疏散干部，配合干部学校和抗战学院的学生，编为二十四个工作队，二个视察团，深入各县工作，散布在冀南的每个角落。如柏乡如隆平都有他们的足迹，他们的工作是艰苦危险的，他们在敌人汽车、铁蹄横冲直撞下工作着，敌人来了便潜藏在民众家里，敌人走了，又重复出来工作。组织了若干个秘密交通站，纵横联络，从未间断，下级的反映，上级的指示，都能很快的到达。所有公署委任的县长，统能执行公署的命令和指示，不折不扣的完成自己的任务，从没有离开自己的岗位县境一步。县政府分为若干组游击，各区独立工作联系，当然很密切，敌人刚走，我们便来，县政府机关秘密，而县长和区长是到处公开。民众觉得遍地是县长，到处有县政府踪迹，神妙莫测，而敌人迷离更莫名其妙，县政府驻何处，县长在何村，敌人很难知道，公署本身轻装，他游击各县检查和指示工作，所到处均召集群众，团结士绅，苦心慰问和指示，维系了人心，安定了民生。它在这次疯狂中，工作是更积极更深入更普遍和更具体了。其显著功效有下列数种：

1．破路——冀南的道路在“扫荡”中彻底破坏了！公署工作队和县政府人员领导民众夜间破路，敌人计划完成冀南交通网，白天用武力强迫民众修路，民众迫于不得已勉强去修，不约而同的怠工。到夜间县政府到了率领民众破路，民众们倒积极的去破，所以数日数修之工，抵不住一夜破坏之力。这样，在军队和游击小组配合下，粉碎了敌人的修路计划。八路军某部在威县清河间伪装民众修路，在休息时，歼灭监工日寇三四十人；游击小组于民众修路时，放枪扰乱，民众一闻枪声，便有计划的四散；在威县某村民众正在白天里破路，不意敌人到来，不及四散，乃佯为修路以图掩饰，而万恶日寇竟开枪打击，群众怒吼，用破路器具与敌人格斗起来，结果击毙二十余名。就用这样英勇的有计划的斗争使敌人由南宫到威县到清河的汽车路，修了三四个月，没有修出县城十里外，敌人现已被迫放弃了修路计划。

2．缩小敌区——冀南各县除了冀县、衡水等县外（该数县是省政府驻在地，又是主任公署政令所不及之县份，它们伪组织建立之快，汉奸性之大，在冀南是手屈一指的）；其余各县由于主任公署平时正确的积极的领导有了相当的基础，又由于“扫荡”到来，主任公署及领导下的各级政权及群众团体，坚持抗战，作了广泛深入的正确积极的领导和指示，由于军政民的密切配合，由于五百万不愿意当亡国奴的人们坚决抗战，一般说来，敌人普遍的建立伪组织，用“以华制华”的毒计，以期达到他“确实把握占领地”的阴谋是粉碎了。各县伪组织不是建立不起来，就是建立起来也没有多大作用，多数是戴着汉奸的帽子，作着抗日的工作，有的县份内城维持会不待督催而自动的交纳抗日经费，敌人一出城便很快的报告抗日县政府。英勇的隆平县长傅充间，常便装潜进城内说服动摇分子，慰问民众，侦察敌情，主任公署发展了各县除奸队、游击小组。这些队员统是用了政治动员自动参加的，他们都是本地人，政治水平相当的高，又非常的坚定，他们有模范的铁的纪律，有英勇斗争的精神，一般老百姓都视他们为神明，不但掩护他们，而且自动的供给伙食。他们侦察汉奸，打击汉奸，根除毒品，净化了各乡村，把敌伪封锁在县城以内，这件工作威县做得最好，这主要的由于县长范若一正确而积极的领导。威县城周围一二里内密布了化装的武装除奸队和游击小组，扰乱敌人，禁止汉奸出入，城内商业完全停顿，周围近处村庄的集市，亦完全停止，把威县封锁为死城，敌伪给养也不能取给于各村，不得不武装由外县载运。这县的敌寇有大汉奸霍梦九作工具，但四五月来从没有召集成一次乡长会议。

主任公署注意瓦解和争取敌区的群众和汉奸，如威县优待霍梦九之弟霍锡爵，他曾数劝伊兄反正而无效而兄弟反目。城内难民经过相当手续证明确系不堪敌伪压迫而逃出者，则供给给养，分配工作，只威县一县，即有千余之多。就用这些艰苦正确作法把敌人“以华制华”的诡计粉碎了。

3. 坚持抗战坚持统一战线——主任公署和它领导下的各机关，从没有在敌人面前发过抖，从不肯为了自己的安全而跑到山岳地带或埋首家乡做顺民，他们誓与五百万民众共生死同甘苦，永没有脱离过民众。他们为了民族，为了国家，为了自己的神圣任务，是责无旁贷的艰苦的配合军民孤撑危局。他们团结巩固了整个冀南的农村统一战线，使五百万民众都积极的兴奋的为粉碎敌人进攻而努力。对于那些制造磨擦吃磨擦饭趁火打劫的人们，是抱着仁至义尽争取说服的态度，虽然他们已有不少的行动客观上是做了敌人的工具。

〔国民党中央图书杂志审查委员会档案〕

8. 张佐华：二年来战地文化工作的经验与教训①

（1940年10月　日）

一个战斗的战地文化工作团体

——二年来战地文化工作的经验教训之二

这里介绍一个战斗的战地文化工作团体，这个团体就是上节所提到的“第五战区文化工作委员会”。

那是在徐州退守以后，保卫大武汉的外围战斗刚刚在开始的时候，从战地不断的传来了要求供应文化食粮的呼吁，从战地归来的记者，特别是武汉文化界慰劳团从大江南北归来，详尽地报告了战地文化食粮的恐慌，战地文化工作的迫切需要，以及敌寇毒醉欺骗宣传的透入我战地等情形，引起了当时文化中心的武汉文化界的重视，并适时地提出了“到战地去开展战地文化工作”的口号，于是就由战时书报供应所的钱俊瑞，全民抗战社的胡绳，自由中国社的孙陵，反攻半月刊社的关梦觉，战时文化社的陈北鸥和作者等筹组一个战地文化工作团体，并且即开始和第五战区的当局接洽，同时进行征求文化工作者参加，这可说是文化界第一次较有计划较有组织地到战地从事战地文化工作的团体。

筹备工作是颇难进行的，一方面发起组织战地文化工作团体的人，在那时还不能放弃自己的岗位，另外，虽然大家能热心于从事战地文化工作，但在过去谁都没有这个经验，而尤其困难的便是怎样能得到战区当局的许可与赞助。在本身组织机构，工作布置和工作计划方面，差不多每天我们都有集会在研讨，和战区当局的接洽则由俊瑞、北鸥等进行，一直经过了两个来月的筹备与接洽，才在大体上告一段落，内部的组织相当充实了，工作布

---

① 此文系1940年10月4日国民党中央图书杂志审查委员会扣存的《国讯》第247期送审稿，稿面右上角批有“审查讫章作废”、“扣留”字样。

置和工作计划也都拟定差不多了，而战区当局经过我们几次接洽与争取也得到许可并允帮助了，于是，在二十七年的九月下旬，我们三十几个战地文化工作者，便以“第五战区文化工作委员会”的名义，到当时第五战区的军事中心的鄂东从事战地文化工作。

我们的组织机构和阵容是怎样呢？

“第五战区文化工作委员会”的组织是在主任委员之下，分设秘书处、研究设计部、军民文化部、出版部等。由钱俊瑞任主任委员，陈北鸥、孙陵、凌继云等在秘书处，夏石农、张白山、张文光、张文衡、章人钧和作者等在研究设计部，孟章、李伯徐、关梦觉、李相符、智濯清、朱信学、文洪、陆光、王友梅、夏平、彭涛、曹获秋等在军民文化部，胡绳、姚雪垠、郑楚云、陈楚樵等在出版部；在出版部之下，还有十几个印刷工友，并且购买了一套四开的铅印机和全套铅字。各处部的工作如下：

秘书处的主要工作是，掌总务、会计，庶务、交际、文书等工作，是我们这个团体的事务工作部门。我们重视着事务工作，没有事务工作，会使我们的工作没有方法很好的进行，但我们的事务工作者，却又不同于一般机关中的事务工作，而是有救国意识，以工作为前提的事务工作，因此，它不但没有象其他机关团体的事务工作妨害了本位工作的进行，反而是帮助了我们工作的开展。

研究设计部的主要工作是，掌本会工作及战地工作的研究设计事宜，下面分调查、征集、研究等三组，另外并附设一个资料室。调查组担负调查战地各种实际情况及在战斗中中国经济的变化等工作；征集组担负征集前后方的各种文化资料，各种调查研究料料，并和后方各文化机关团体等工作；研究组除于每周起草每周时事讨论大纲供本会各部及战区各机关团体讨论，及每月起草战地专门问题的报告而外，并负责研究设计本会及战地各种工作的设计等事宜；资料室是供本会参考研究的资料，我们在武汉征集了并且购买了大批的书籍杂志和报纸，并做剪报编索引等工作。

对内自我教育的进行，也归研究设计部负责，我们没有放松过自己的学习。

军民文化部的主要工作是，以战地军队民众为对象开展文化工作，是本会最切实际的工作。在军民文化部之下，我们在各地设立了文化站、军民俱乐部、识字班、补习学校、文化工作干部训练班、文化队等，至其具体工作下面各节有着详细的叙述。

出版部的主要工作是，编辑出版报纸、杂志、书籍，以供应战地文化食粮。因为我们认为真正解决战地文化食粮的供应问题，固然要靠着大后方文化界出版家的大量继续不断的供应，但是军单靠着这个还是不能很好的解决文化食粮恐慌的问题的，因为战区太大了，战地军民需要文化食粮太多了，而且由于交通的不便，还不能适时地供应，所以，还靠着战地编印工作的进行，以求文化食粮的自力更生，因此，我们重视出版部的工作。

这样一个战斗的战地文化工作团体，是以半官机关的形式出现在战地的，因为它每月从第五战区司令长官部领五千元的经费，并且为了易于在战地活动，在工作上得到许多便利，就不能不以一个机关的形式出现，如我们的团体，有着主任委员、委员、主任，副主任，干事，助理员等区分，但是在实质上，我们却完全采取民主集中制，在工作上，在生活上，大家没有什么分别，任何事情都经过大会的决议，才能去执行，但在执行上，却是任何人所必须遵守的。此外，对于地方的民众团体和文化团体我们同样也是以一种友谊的帮助的姿态出现，而绝对不以领导机关自居。对于战区政治部则完全采取帮助战区政治部做工作的态度，有一些工作，我们不出名义，而以政治部的名义，我们去做实际工作，这是统一团结作风的实际运用，靠着这个我们在内部团结得非常巩固，在外面各方面的关系也建立的相当好，这就便利了我们以后工作的开展。

因为是在战地工作，是在战斗的环境中工作，所以，我们的生活完全军事化，纪律化了，每天很早就起床，跑步、爬山，锻炼身体，在战地生活不久，每个人的身体都变得非常强壮了，因此，在转移的时候，每个人都可以徒步走上一百里路，不当一回事。

七月十六日在马营

我们在鄂东

——二年来战地文化工作的经验与教训之三

当我们"第五战区文化工作委员会"经过两个月的筹备时期，组织就绪，接洽妥当，以后除了出版部的工作同志，因印刷工友尚未聘妥及印刷机器尚未全备暂时留在武汉继续筹办，并和武汉文化界取得联系外，大部分工作同志便在二十七年九月下旬携带着简单的行装、大批的文化资料与征募来赠送前方战士的文化食粮，乘第五战区司令长官部的汽车，到当时战区的中心鄂东宋埠附近的一个小乡村岐亭去。大家带着紧张而兴奋的心情于当夜到了目的地，暂时住在司令长官部的招待所里。

第二天，我们就分组向长官部各部处和战地各团体接洽访问，一方面向他们说明我们来战地工作的目的和意义，另一方面请求他们协助。在那个时候，战地文化工作还不曾被人怎样重视着，所以，一般地说，真正了解我们，切实协助我们的还不太多，但那些在战地工作的文化团体如军委会政治部抗敌演剧第四队，和臧克家领导的第五战区文化工作团等，却给我们以极大的同情，而且，文化工作团的同志，为了集中力量起见，还愿意和我们合在一起工作，后来经过战区当局的许可和文化工作团的同意，就正式合并到文化工作委员会里来，作为我们的一个文化队。在这两个团体的合并过程中，我们完全是把握住统一团结的原则，在尊重对方的独立特性的条件之下合并的，而并不象另外一些地方所发生过的"大鱼吃小鱼"的强迫现象。

战区当局曾召集我们全体同志谈过话，对于我们不辞千辛万苦甘冒危险来战区工作，很表钦佩，并且希望我们很快的开展战地文化工作。于是，我们一方面筹备正式成立，另一方面就很快地开始了工作。秘书处的同志除忙着布置成立会的一切事宜，更要紧地是和战区当局及各机关取得密切的联系和良好的关系。研究设计部在开始调查岐亭附近的乡村经济，人民的抗日情绪，文化水准，军民关系及军队文化情形，资料室则忙于整理编目，并且把图书阅览室开放，以供附近各机关团体同志阅读参考，每周时事讨论大纲也开始拟草，不过，由于武汉的报纸到战地来已经过迟，所以还不能很快地反映事局情况，而我们自己又没有收音机，不能收听新闻，战所文化工作者也感到文化食粮的恐慌了。军民文化部的同志们则开始向附近驻军及兵站医院接洽或指导设立俱乐部，并吸收当地青年帮助他们筹设简单的文化站，在各要路口设置书报阅览处，并备茶水招待来往抗日战士及负伤战士。出版部的同志虽然还没有来，但我们却也出版了《抗敌新闻》的岐亭版，用油印印刷，三日出版一次，因为油印技术还不太好，每期仅印五百份，在战地散发。

岐亭附近的自然环境很好，有稻田，有莲花池，我们找到距离长官部二里许的一个周胜寺作为我们的会址，大家总动员来修葺会址，在门前的两面墙壁上我们写上了“供应文化食粮，武装战士头脑”的斗大字的标语，在门上面的墙壁上横写着“在抗战中建立新中国的新文化”标语，在里面的墙壁写着“用笔来完成枪所未完成的工作”等标语，从这些标语中，就指明了我们在战地从事文化工作的伟大任务。

经过两三天的布置，已经差不多了，战区司令长官部的周围，都知道有我们这群文化工作者出现，有的在兴奋，有的也在怀疑，但我们不管这些，我们紧紧地把握住“抗日高于一切”的原则和统一团结的工作作风，用我们的积极的紧张的工作来回答。我们决定在国庆日的前夕正式在战地开成立大会，并把这个会期通知给各机关团体，请派员参加指导。

武汉文化界的同志们，对于我们这批人有计划有组织地到战地来开展战地文化工作，非常重视，并予以极大的协助，在成立会的前两天，武汉的文化工作者郭沫若、胡愈之、沈兹九等来到岐亭，带给我们许多宝贵的意见，可惜因为时间的关系，不能久留在战地，还没有等我们开成立会便又回武汉去了。

成立大会是在十月九日下午五点钟在周胜寺召开的，到有战区最高当局李宗仁将军，司令长官部各处部的代表，各文化团体民众团体的代表，及中央社、扫荡报、全民社、新华日报的战地记者和文化工作委员会全体工作同志共八十余人。简单而庄重的开会仪式举行以后，便由钱俊瑞主席报告文工会的筹备经过，成立意义，和我们的工作作风等，要求各机关长官各团体工作同志予以协助，以开展战地文化工作等语。后由李宗仁将军致词，对战地文化工作极为重视，盼能自文工会成立后，第五战区的文化工作，有着飞跃的发展。其他各机关各团体的代表，也都有致词，共同的意见，是努力建立战地文化堡垒，树立新中国的新文化的基础。

从此，第五战区文化工作委员会，便在战区最高当局，各机关各团体的扶植与协助之下，开展了战地文化工作。不过，由于成立不久，工作还没有打下基础，军事上便转进了，而我们的工作也不得不随着军事中心而转移到鄂北的襄樊。

七月十六日在马营

转进到襄樊

——二年来战地文化工作的经验与教训之四

"第五战区文化工作委员会"在十月九日于鄂东岐亭附近一个小乡村里正式成立以后，全体工作同志以高度的热情在开展战地文化工作，因为急于有所表现，所以，还没有等内部组织工作建立好，便到军队中，到医院中，到乡村中去开展工作，同时，我们的工作还没有能够得到战区各机关充分的同情与支持，和各方面尤其是战区情报机构还没有更密切的联系，和当地老百姓的关系也刚刚在建立友好关系，而没有得到更大的信仰，而那时正是武汉会战最激烈的时候，敌寇已经打下了稀水和麻城，司令长官部的一部份机关，都在纷纷准备迁移到平汉路花园东三十华里的陈家店，敌寇的飞机，整个在我们的头上过来过去，军队转移也很频繁，所有这些现象都在暗示着军事情况的紧张，可是，我们都得不到一点儿真实的消息，我们不怕牺牲，但我们却不愿在闷葫芦里轻轻的牺牲掉，于是，我们除了照常加紧工作外，更要到各方面打听消息。又过了几天，情况的确有些紧张了，得到了长官部非正式的通知，当时留在岐亭的工作同志回到了武汉，但派到驻军中从事建立军队中的文化工作的同志们，却还随军行动。

这时的武汉已经充满了战时景气，一个江岸码头，便看见沿江的工事筑得很多，而且很好，走进法租界，自然还是歌舞升平，但里外的铁丝网却布置了好几道，巡捕们还在忙着建筑工事。到了特区和江汉路中山路一带，许多商店都关了门，墙壁上涂满了保卫大武汉和瓦解敌军的标语，街头上满布着铁丝网，和沙袋堆成的堡垒，为了免得人力资敌，武汉市内的洋车夫已经在有计划的疏散，街上除了几部自用车以外看不到洋车了，因此行人反比较以前显得多，政府已经明令市民在二十三号以前疏散，所以，搬家的特别多，我们一群人就在这样一种紧张的情况下，到了大武汉，会见了我们留在武汉的工作同志，他们已经把印刷机和铅字买好了，把印刷工友聘好了，于是我们一方面在这危城中更充分地作我们再到战地去的准备，另一方面则忙于接洽车子好再到战地去。

到战地去的交通车本来很困难，尤其是在武汉疏散期中，找车子就更不容易了，经过了很多次的交涉和接洽，得到长官部一个参议的帮助，才有一线的希望，但由于我们有一部印刷机，和铅字，又有许多文化资料，都是非常占地方的，没有四部车子装不走，于是，有一小部分文化队的同志先期徒步到陈家店去，留下研究设计部和出版部和秘书处的同志等着坐车子走。好容易等到二十二号的下午，才有开车的消息，大家忙着搬行装，到集中地点，因为印刷机铅字文化资料的重量太大，搭这部车子的人很多，挤来挤去，还有一部分人没有挤上去，车子就在二十三号的早晨告别了大武汉，留下七八个人只有徒步离开这个危城到战地去了。

顺着疏散的人的潮流走出武汉，没有走多远便遭遇敌机六架，向我们的汽车扫射大约有十分钟之久，幸无伤亡，但当汽车忙着开出去，却有掉下了两个同志，车开到距离陈家店约九十里路的夏店，因载量过多，不能前进，就把一部分文化资料和纸张留下，由两个工作同志和两个印刷工友看守，预备我们到陈家店后再接他们。谁想到当我们到陈家店以后，因为军事情况紧张，长官部即迁移襄樊，限所有机关团体立刻离开陈家店，这样，又没有车子去接留在夏店的同志和文化资料纸张了。

从陈家店到襄樊，仅有少数搭上汽车，又留下十几个人徒步冒着雨离开陈家店向襄樊出去。于是，我们这支文化军，就系被敌人打散了似的丢兵曳甲地退下来，一直有十几天的工夫，掉在鄂东，掉在武汉，掉在夏店的二十几个工作同志，才又都集中到襄樊来，他们有的从敌寇的炮火下跑出来，有的是在雨天的泥泞中翻过几个高山走来的，五六百里路的徒步，都把身体锻炼得非常健康，尤其是在退军中，他们见到了存在军队中存在农村中的许多问题，作为他们以后开展战地文化工作的参考材料。

再度地集拢来以后，大家有说不出的快乐，但不容讳言的，在开始这一个阶段，我们的工作是整个儿的失败了。我们没有隐讳我们的缺点，在欢迎从苦难中走出来的同志的大会上，我们对在鄂东那一段落的工作，做了一个坦白而详尽的检讨，认为初期工作的失败，首先由于我们急于表现工作成绩，没有在内部健全之后，就外面派人开展工作；其次是和战区各机关还没有取得更密切的联系．还没有得到他们更大的同情，以致军事情况稍一紧张，我们既没有打下工作基础，又不能得到战区各机关更大的帮助，本身方面也还缺乏健全的密切的联系，所以才有丢兵曳甲似的溃退下来。接受了这一个经验教训，我们来到襄樊，最主要是健全我们自己的组织，加强我们的内部团结与联系；其次是和战区各机关努力取得更密切的联系和更大的同情援助。这主要靠着我们踏实的工作和耐心的解释和争取。

那个时候，我们的武汉已经沦陷，襄樊成为第五战区的军事中心以后，敌机更番的前来轰炸，人心惶恐万分，对于武汉的退守，一般了解不够，以致襄樊在白天成了一座空城，为什么事情，买什么东西，都不方便。而那时连大部分战区机关的同志们，对于时局前途的估计，也都很悲观，认为在襄樊不能久留，蒋委员长的告全国国民书仅有少数人才能看到，因此，我们到襄樊的第一步工作，便是安定人心，坚强军民抗战到底的意旨和最后必获胜利的信心，解释武汉撤退，并不能决定中日战争的最后胜负。为此，我们召开了关于时局的座谈会，出版了壁报，油印小报，在襄樊四周举行了军民联迎会，号召老百姓回城，在防空时间之外(下午四时以后)开办夜市。这样，经过一个星期的努力，人心安定了，襄樊再不是一个死城了。

五月十七日在马营

举办战地文化工作干部训练班

——二年来战地文化工作的经验与教训之五

从武汉会战一直到岳阳退守，结束了我们抗战的第一个阶段，蒋委员长的告国民书已经普遍传在战地，敌寇的战略进攻不得不因其两年来侵略战争的疲惫和兵力不足、兵力分散弱点无法克服，而不得不结束战略进攻，使中日战局开始走上一个新的阶段，即向战略相持阶段过渡。敌寇占领我们武汉后，并不能够再往西进攻，当时战区中心的襄樊人心已趋于稳定，战地文化工作将配合战地民运工作而广泛的开展，但是由于我们自己的同志为数甚少，而需要我们开展的工作特别多，如文化站、文化队、军民俱乐部的成立，都需要大批的青年干部，这些干部必须在当地知识青年中训练与提拔。于是我们得到了当时襄樊仅存的一个民众团体湖北战时乡村工作促进会的帮助，吸收了许多当地知识青年，愿意参加战地文化工作，这样我们就在樊城的高庄成立了第一届的战地文化工作干部训练班，由军民文化部的关梦觉、曹获秋诸同志主持。

战地文化工作干部训练班，是一个仅仅三四个星期的短期训练班。我们完全采取了理论和实践打成一片，学与用知与行密切联系，互相帮助学习的集体主义自我教育的教育方法，来在这极短促的时间中，训练和培养战地文化工作干部。第一期就团聚了四十几个热情的襄樊知识青年参加受训，生活军事化、集体化，组织采民主集中制，每天上午讲授，下午讨论，讲授的科目大致分为：三民主义，抗战建国纲领，抗战形势，国际问题，战地文化教育工作，民众运动等，由文工会的同志们，分别担任讲师，讨论题目则注重理论和实际互相配合的许多实际的问题，也是由文工会的同志们出席参加指导。

在短短的四个星期的时期中，文化工作干部训练班修业期满，四十九个参加受训的襄樊知识青年，都在集体生活和集体学习中，相当地正确了解了抗战建国的许多问题，粗略地懂得了战地文化教育工作及一般民运工作的技术和方式。于是就把他们编为文化队，或是派作文化站及军民俱乐部的工作；另外则由文工会军民文化部派人去领导，以四个星期的学习所得指导文化工作的实践，并且在实践中不断地加紧学习，充实自己。这是我们补充干部的一个基本的方法。以后在襄樊又举办了一期，在老河口，在均县，我们也同样用这个方法团聚和吸收了当地知识青年参加我们的战地文化工作，补充了我们的干部，壮大了我们的队伍。

在战地教育工作方面，除了自己主办的战地文化工作干部训练班以外，我们还设计了第五战区干部训练团的组织教育方针、教育方法和教育计划，该团成立后，文工会便派夏石农、关梦觉、章人钧、张白山诸同志去担任政治教官。此外，战区政治部，也曾举办过战地政工人员集训班，（系抽调各军师政工队队员集中训练的）和政治部政工大队预备队员训练班（系招生当地知识青年训练后参加政工大队工作者），我们的同志系钱俊瑞、胡绳、曹荻秋、郑楚云和作者等，也都担任讲师。

战地文化工作是和战地教育工作分不开的。我们一部分同志是直接专门参加了战地教育工作，另一部分是在本身工作岗位之外，兼做了战地教育工作。从我们主办的以及我们参加的战地教育工作的经验，都深深地证明了战地工作干部训练的重要性。战地的许多原有的学校，差不多都停办了，而远在后方的联合中学又多是旧制度的学校，不适合于抗战的需要，自然也不能满足青年的要求，因此，在战地有大批的知识青年在家里闲散着，把这些青年集拢来从事训练使其参加战地文化教育以及民运等方面的工作，是非常必要的。此外，对于在战地工作的各种政工大队，也应该每隔一周时期集中训练一次，各部队中下级干部分批抽调集中训练都是非常必要的，第五战区都部份的做到了。在训练内容方面，我们的经验是政治课程重于军事课程，大致是七与三之比，特别是对于由前线各抗日部队中抽调来的中下级干部，更应该如此，因为不这样就不能适合于第二期抗战的“政治重于军事”的最高方针。训练方法则必须采取集体主义的自我教训方法，重视小组讨论会，重视理论和实践打成一片，不这样便不是活的教育，不这样便不能适合于抗战的需要，不这样更不能在很短的时期中，在战地环境中完成教育计划。

在自我教育方面，文工会本身给以极大的注意，自己从不曾间断自己的学习。这个工作是由研究设计部计划和推动的。同时，我们还继续拟定每周时事讨论大纲，分送战区各机关各团体讨论强调自我教育的重要性，推动各机关各团体都重视自我教育，这在许多政工团体民众团体方面，都有很好的成绩。

七月十八日在马营

接办鄂北日报
——二年来战地文化工作的经验与教训之六

襄樊虽有小武汉之称，但那还是一、二十年以前平汉路没有筑成，交通运输多靠着襄河那一个时期。以后，经过一九二五一二七年的大风暴以后，长时期陷于黑暗的苦难中，教育不发达，人民文化水准低落，当地的文化工作很少，报纸则多靠着武汉以及平津上海南京等外埠的大报供给消息，当地虽然也有一家地方报纸，但因为它是官办的，所以办得不怎太好，成为一种点缀品，而发生不了什么重大的作用，更不能充分地尽了地方报纸的责任。这个报纸又由于它是官办的，所以谁来治理襄樊，便被谁接收了去。没有一贯的编辑方针，自然编不出好报来。

武汉退守后，战区中心移到襄樊，文化食粮，首先是新闻食粮恐慌，威胁着每个抗战工作者。而那时外埠的报纸，从宜昌来虽然快，但只有一个《武汉日报》宜昌报〔版〕，不能满足广大战地工作者的要求。重庆方面的报纸来到襄樊，又得只少得在廿天以上，更何况那时候交通不便，各报馆还不能普遍在战地成立分销处。而当地的地方报纸《鄂北日报》，由襄阳县党部主办，人力财力都感不足，如编辑只一人，经费仅中央党部每月津贴二百元，消息来源完全靠无线电收音机，非常不丰富，编排技术当更谈不到，每天又仅能出版三百份，自然不能满足战区中心军政民各方面的要求了。为了补足这一个缺陷，我们先出版了一个《每日新闻》的油印小报，由出版部的同志，每天深夜到长官部参谋处去收录中央社的播音，每夜十二点钟回来编写印刷，直到第二天早晨出版，每天印刷三百份，发赠各机关团体，相当地解决了新闻恐慌，但这还不能根本解决我们在计划着出版铅印的三日刊，以期广泛供给战区军政民的需要。

正当我们计划筹备出版这个三日刊的时候，由县党部主办的《鄂北日报》负责人，因限于人力财力物力，几乎不能再支持出版，于是要求战区司令长官接受，战区当局就在帮助和充实地方报纸的原则下，《鄂北日报》遂由战区政治部、文化工作委员会和襄阳县党部三个机关共同来办理，由战区政治部每月补助经费二千元，而人力则由文化工作委员会的同志来参加。我们也非常重视这个报纸的编辑和出版，就此把出版部的主要工作，先放在《鄂北日报》上面，文工会派了胡绳、郑楚云、张文光、陈楚樵和作者等参加编辑部的工作，另外则请由武汉撤退到襄樊的文化工作者刘江凌、莫原等担任经理部的工作。经过极短期的筹备，《鄂北日报》便以一个大报的姿态在二十七年十一月十一日和鄂北的军政民见面了。

首先我们谈《鄂北日报》的编辑方针、形式和内容。

《鄂北日报》的编辑方针完全是根据“抗日第一”为最高原则的，并以加强团结，力求进步，教育军民，指导救国工作，争取抗日战争的最后胜利为目的。报纸的篇幅是一个四开的小型报纸，但却以一个大报的姿态出现，全报共分四版：第一版，大部分是战争消息和长一二百字的锐利的短评；第二版，大部分是政治、经济、文化、地方和本市的消息，每天还有一千字左右的社论；第三版是国际消息，战地通讯，初期登载钱俊瑞的“国际漫话”，后来登载胡绳的“一周国际”；第四版，是副刊《火线》，和很小地位的广告，每星期一改出中华全国文艺界抗敌协会第五战区分会编辑的《抗战文艺》。

报纸消息的来源，完全靠着从无线电报台上收中央社发出的电报，这个电台是司令长官部派来专收新闻电的，甲种电，每天下午三时至次日晨三时约收一万字左右。这样丰富的消息，怎样能在四开小报里面容纳得下呢？于是我们在经验中发现了中央社发报一点儿也没有加以编辑，就把各方面的消息原封不动的拍出来，所以，除了千篇一律般的战报，而且还时常重复，如同一个战区的消息，从好几个地方发出来，中央社也就原样的拍出去，特别是国际新闻，路透社已经发一个比较简单的消息了，过一会又发一个哈瓦斯社的来，也许还发一个合众社的来。我们就把收来的重重复复的新闻电报，加以改编，使其简单化，通俗化，系统化，可以使读者一目了然，不必一条一条的读去，而且也容易读得懂，文字不生硬，也不千篇一律公式化，使读者看到讨厌。此外，我们还在第一版头栏的前面把这一天的国内军事、政治、经济各方面的消息做一个简明通俗的一百来字的提要，在第三版的头栏前面，也同样做了一个国际消息的提要。至于标题，也尽量通俗，并没有按照过去一般报纸标题的习惯，但我们却也力求编排活泼美观，标题的简单动人。

副刊《火线》，我们也非常重视，把它当作战地军政民的一个知识宝库，里面不仅有散文诗歌短篇小说等反映火线上的热烈紧张的情况，描写了火线上各式各样的战斗的生活，而且也充分反映出战地军政民的意见和希望，讨论战地各方面的现实问题，救亡工作的作风和方式等。此外，它还负起来战地服务的工作，如登启事寻人通讯等。为了充分尽到报纸的教育上的责任，我们有计划地〔登〕抗战建国的理论与实践各方面的问题，如抗战形势，抗战小问题，读报常识，小词典等，以武装全鄂北战地军政民的头脑。我们报的投稿人，除了文工会的同志和战地文化工作者以外，更有前线上的士兵，电台收报员，救亡工作者，广西学生军，各政工大队队员，和国际盟友朝鲜义勇队的同志。

在这样一种编辑方针和编辑内容之下，我们的报，不但成为全鄂北的权威报纸，而且成为全鄂北军政民的喉舌，和全鄂北军政民的学校，它曾痛斥过竹谿的贪污县长，它曾提醒过鄂北地方当局去设法从速解决盐荒和救济春荒，因此，它获得了广大军政民的拥护，销数由三百份增至三千份。当然①，在另方面它却是土豪劣绅贪官污吏的眼中钉，如竹谿那个贪污县长曾在《大公报》登五六百□的广告来攻击我们，鄂北地方当局也曾几次上书战区当局诬陷我们的报纸另有作用，甚至说是某某方面的机关报。□知道我们报纸只有抗战建国的作用，我们的报纸只是中国人民的机关报。但毕竟由于战区当局的开明和广大读者群众拥护，而没有被这些别有作用的人攻击倒。

战地的物质条件都是非常困窘的，使令我们的报纸，不能更大的发展。报馆是设在襄阳西门外七八里路的一个小村庄，排字房在一所破旧的祠堂里，编辑部是在两间四面都透风的茅草房子里，下起雪来，雪花会飘到屋子里来，工友和编辑就冒着风雪，在寒冷的风雪中工作。印刷机则是一架对开的手摇机，印三千份报就要花费六七个钟头，因此，在白天还得留出还字的时间，所以我们的报还能有更好的销路，但却不能再多印了。因此，在发行方面，还不能够普及于全战区，还不能满足全战区的要求，这完全是因为物质条件的限制。

后来，我们把文工会的新五号字换到报馆里来，并想安置一架四开脚踏机，想能更多印一些报纸，但适逢二十八年五月间的鄂北大会战，报馆从襄阳搬到了均县，而没能实现，报纸的名称也改为阵中日报，人事方面也全体更换，我们就离开了报馆的工作。

七月十九日在马哲

文化站、文化队、和军民俱乐部

① 当然以下7行，原稿被用墨笔抹去，字迹依稀可认，故照录。

——二年来战地文化工作的经验教训之七

文化站、文化队和军民俱乐部，是我们第五战区文化工作委员会”的核心基层工作，我们曾以大部分的力量来从事这几部门的工作。军民文化部便负责主持这些工作，从文化工作干部训练班训练出来的当地知识青年，也是十之八九参加这些工作，同时，也靠着文化站，文化队和军民俱乐部，才活跃了战地文化工作，提高了战地军民的文化水准和政治认识，大大地帮助了动员民众援助和参加抗战的工作。

文化站是固定于交通要镇军事重心的文化工作细胞组织，它的工作中心是在于一般的文化教育宣传工作，虽然也兼顾到部队和民众的服务工作及娱乐工作，但中心工作还是战地文化工作，经常出版壁报和油印小报，设置书报阅览室，布置抗战环境，举办妇女儿童农工店员的识字班，举行军民联欢大会，对民众作时事报馆〔告〕等。但也有适应各地的特殊情形和特殊需要，随时举办各种事业的，如象谷城的军民茶园（里面设有抗敌讲座），石花街的保甲长讲习会，草店的乡绅座谈会，均县的青年补习班，青山港的码头工人休息室，樊城的码头工人识字班，张家湾双沟的伤兵招待处，双沟的运输队担架队，石花街、双沟的军民问事处等，总之是利用各种机会，去开展战地文化工作。文化站的组织有主任一人，干事三四人不等，在工作方面紧紧地把握住统一团结的工作作风，不但和当地的知识青年和积极分子取得密切的联系，尤其是要和当地政府驻军和乡绅们建立很好的友谊关系，以求得其谅解与援助。我们的文化站在一个地方除了成为文化娱乐中心，更成了民众运动的中心，每一个纪念会和每一次征募慰劳运动，大多都在文化站的主持与推动之下去进行的，在军民合作方面，尤为努力，它犹如军民之间的一座桥梁。这种文化站在鄂北战地设有二十四个，除樊城外，在襄樊以东襄花公路的有张家湾、双湾、东津湾、黄龙垱、七房岗、枣阳等六处；在襄樊以西沿老白公路一带者有太平店、南漳、老河口、谷城、孟家楼、盛家塘、石花街、草店、青山港、均县、孙家湾、土堰镇等十二处；在襄樊以南襄沙路一带则有当阳、荆门、钟祥、远安、宜城等五处。

文化队是流动的战地文化工作团体，用以排补文化站工作的不足，除了所至各地出版壁报油印小报散发宣传品书籍杂志报纸等文化食粮，和举行一般的宣传演剧工作以外，还沟通文化站与文工会和文化站与文化站之间的密切联系，协助当地机关团体建立经常性的战地文化工作，在必要时协助当地训练壮丁，办理农民补习班等工作。在文化站建立之初，常常是借助于文化队的宣传鼓动，尤其文化站的先遣部队，当其接近前线时，文化队更跑到战壕中去从事士兵的文化教育工作，把文化食粮输送到战壕中去，有时在敌我对峙没有战斗的时候，在战壕后面召开士兵联欢会，演剧慰劳前线战士。这是一支文化战士，曾像西班牙文化军一样的在前线开展文化工作。文化队的组织有队长一人，每队人数由十数人至二十人不等。我们一共组织了四个文化队，一队在襄樊随枣一带工作，这一队有二十四五个队员，是文化队的模范队，他们曾到前线去开展文化工作；一队更深入敌后，在第五战区豫鄂边区抗敌工作委员会之下工作，对豫鄂边区抗日游击根据地的建立和敌后文化工作的开展方面，有着极大的作用。以外，他们更把普遍在豫鄂边区的民间自卫迷信武装组织的“黄学会”经说服教育之后，改编为抗敌国卫队，成为豫鄂边区一支人民的有生抗日力量；一队在老河口一带工作，一队在均县一带工作，对这些文化落后区域的文化工作的开展，曾经有很大的努力。

军民俱乐部的组织，还没有更大的普遍，仅仅在樊城设立了一个，那是在从前民众教育馆的旧址，民众教育馆已经被敌机炸到均县去了，我们便在那里设立了一个军民俱乐部，作为战区中心的襄樊军民的文化娱乐中心。在军民俱乐部里布置了抗战环境，书报阅览室贴满了漫画和标语，设有乒乓球、羊〔？〕球、网球篮场、各种棋；经常发起各种比赛，有一次发起爬山比赛；每天都有抗敌讲座，讲演抗战知识和做时事报告；每星期日举行军民联欢会，演剧宣传；更常利用节日组织民众参加娱乐节目，如春节中的耍狮子等；并且举行几次战利品展览，进行献金征募寒衣等运动。通过了这些文化娱乐工作，来加强军民的抗战意识，和参加与援助战争的热情。有了军民俱乐部的设立，使襄樊的军民不但没有感到精神上的苦闷，反而靠着它得到了正当的娱乐，增加了抗敌救亡的知识。

文化队、文化站和军民俱乐部，这三个战地文化工作的该心基层的细胞组织，不仅仅担负起来开展战地文化教育工作的责任，而且也和战地民运工作密切配合起来，使战地文化工作不孤立在文化的圈子里面。可惜由于文工会的经费限制，不能更多的更普遍的在战地设立，以致还不能发生更大的效率。

七月十九日在马营

从“文工会”的合并到同志们的离散
——二年来战地化工作的经验与教训之八

从鄂东转进到襄樊以后，仅仅三四个月的功夫，我们的战地文化工作就有了飞跃的发展，在鄂北战区建立了新中国的新文化堡垒，每个角落都有着我们的同志在活跃。这个优良的成绩，不但引起战地军政的开明当局的钦佩与爱护，尤其引起全国文化界的重视，而被当作战地文化工作的模范区，都曾经给我们许多物资方面和精神方面的援助，更大大地鼓励了我们的工作热情。但是，在另一方面，也正因为我们的工作开展得太快了，我们的同志对于工作太努力了，我们的工作不但在表面上也有成绩，而且也在向深入的途径去发展，于是，引起了一些怀疑嫉妒破坏与攻击。他们说，这群文化人拿了很少的钱干得这样起劲，一定是另有作用；他们说，我们的文化站文化队作轨外的活动；他们说，我们的报纸是某某方面的机关报。所有这些诬陷，不但报告给战区最高当局，而且也报告到全国最高当局那里。但是，我们的目的是纯正的，我们的行动是正大的，我们是紧紧地把握住“抗日高于一切”的最高原则和统一团结的工作作风，在开展我们的战地文化工作，在给抗战建国事业多多贡献点力量，这是任何没有偏见没有作用的人所有目共见的，开明的战区当局也深深地了解我们，但是也受不了左右上下各方面对于我们的围攻，于是，就在把“文工会”合并到战区政治部的原则下，企图缓和这个波动，一方面“文工会”是取消了，另方面我们过去的那些工作还照样作下去。“文工会”的同志们，也为了求领导机关的统一，为了集中力量加强工作，发挥更大的工作效能和为了不忍把过去三四个月从血汗中培植起来的文化的果实轻轻抛弃，我们也是非常赞同战区当局这一处置。但是，我们有一个原则，就是我们还能继续工作下去，还能把战地文化工作继续开展下去。

就在这样的原则下，“第五战区文化工作委员会”在二十八年二月一日合并到政治部去了，我们的许多干部同志和战区政治部里面部份的同志合组了一个“设计委员会”作为策划战区政治文化工作的机关，另外许多同志参加了政治部各组工作，文化站文化队都调回襄樊改编集训后再分发工作，军民俱乐部和《鄂北日报》则仍继续工作，不过工作同志算是由政治部派出去的人了。

在合并的消息传出去以后，我们同志中当然有些受到刺激而苦闷着，但都经过我们的干部同志加以说服和解释，以使全体同志都能镇静安心工作。在合并的前夕，我们曾举行了一个全体大会，由钱俊瑞同志主席，检讨了过去四个月来文工会工作的优点与缺点，解释了合并到战区政治部的必要，并且讨论了今后的工作方式和工作作风，这里我们特别强调了紧紧把握住统一团结的工作作风。

从“文工会”合并以后，虽然还有部份的工作在继续支持，但重要中心工作的文化站文化队和各种训练班则都停止活动，无疑地这使鄂北战地文化工作受了相当的损失。以后，虽然经过我们全体同志的力争恢复工作，但始终没有结果，而整个的政治形势，也有某些逆转，我们在战地坚持工作在客观上已经不许可了。首先是参加第五战区干部训练团的政治教官同志，因某种关系而全体辞职转来襄樊，又无其他适当工作，就第一批离开战区；以后，当五月初鄂北大会战展开，战区中心移到均县，我们正和全鄂北的军政民同样庆祝鄂北大捷的时候，最终我们不得不含着眼泪离开工作七八个月并且已经有了很好成绩的鄂北战区。我们的同志，有的到豫皖战区去，有的到山西战区去，有的到重庆去，就这样离散了。鄂北战区的战地文化工作，没有在敌寇的摧毁下瓦解，反而因政治形势的逆转而自动的瓦解了，虽然，我仍不能说鄂北战区的文化工作并不能因为我们同志的离散而根本趋于没有，但所受的影响的确不少。

从这一个经验教训中，使我们深切地了解到没有进步的政治也就不能有开明的文化。现在各地战区都同样感到文化食粮的恐慌，迫切需要开展战地文化工作，但不给人民以抗日的言论出版结社等自由，不扶植协助战地文化工作的开展，是不能在战地建立起巩固的文化堡垒，是不能使战地文化工作有更大的开展的。但在另一方面，文化工作不能单单作政治的尾巴，而应该推动政治的方面团结与进步，应该使文化工作不但不受政治方面的某些逆转所影响，而且要用文化的武器，作为反对投降，反对分裂，反对倒退的一个有力的武器。这就需要使我们的文化工作，多下些实际功夫，不单单作些表面的工作，而要通过文化工作把团结进步抗战到底的思想，根深蒂固地散布在民间和部队中，使成为战地军政民的共同目标，推动战地加强团结，力求进步，并坚持抗战到底。这样作些实际工作，使其和政治运动的实践密切的联合起来，成为领导中华民族伟大斗争的一种巨力，才能够避免因为政治形势的某些逆转而把过去文化工作的成果完全毁灭了。

七月二十日在马营

〔国民党中央图书杂志审查委员会档案〕

9. 邓初民：抗战三年来中国政治史论①

（1940年10月25日）

一、政治概念的主导性

政治是社会的上层建筑而为某种社会形式所反映出来的一种带有强制力的作为或行动。所以任何一种政治行动总是代表着某种国家行动，或某种政治集团的行动的，例如政党或民众革命团体之类。因此，它的任何行动的表现，同时，就是一种力的表现，如果它不是国家的公权力的表现，就是某种政治集团或革命的群众力量的表现。惟其政治行动，是代表着某种国家行动或某种政治集团的行动的，所以它的行动决不是散漫的、偶然的、盲目的；而是有组织的、有计划的、有自觉性的。即针对着某种历史条件或国内外情势之具体状况，亦即针对着国内外环境及主客观力量，然后发生出来的一种行动。换言之，即任何政治行动，都具有它一定的政治立场、政治方针、政治路线、并完成其一定的政治任务。而且在其他任何社会现象部门中，例如经济、文化、教育、民众运动、党务领导、乃至军事及具体的炮火相见的"战争"，政治路线或政治任务，都是起决定作用的。即以上许多东西——经济、文化、教育、民运、党务、军事、战争，都需隶属于政治路线或政治任务，围绕在它的周围而追随着它的变化与演进。因此，政治、经济、文化等等，在某种具体情况下，虽同属于各种社会现象之一部门，即在各种社会现象的总体中，同占一个平列的分野，

① 此文系1940年12月4日国民党中央图书杂志审查委员会扣存的《时事类编》第59期送审稿。原稿右上侧批有"免登"等字。

例如政治与经济、文化等等，是同等的、平列的；但在一切政策、一切任务，都需以其政治的主体立场，政治的主导任务未解决的时候，则政治便高临在一切之上，在经济、文化等等之上，而成为主导的、决定的东西了。所以“战争也不外是以别种手段来进行的政治底继续。”对于战争问题造诣最深的军事家著作家之一的克尹塞维茨说：“如是我们就知道战争不仅是政治的行为，而且是真正的政治的工具，是政治关系的继续，是以他种手段来进行的政治关系。假如说战争还有它固有的东西，那就不过是和它手段底特质有关的东西而已。政治的方面和企图总要求和这个战争手段不发生矛盾，这在一般的情形下，是军事学的权利，在个别的场合，又是将帅的权利。这种要求决不是轻微的；但无论在个别场合，战争给予政治企图的影响是怎样大，而这种影响也只应认为是政治企图的某种简单的修正而已。为什么呢？因为政治企图是目的，战争只是手段，没有目的决不能想到手段。”（见所著战争论第一章什么是战争）所以政治的概念，在某种场合，它是带有组织性、计划性、总体性、综合性、包括性的独特概念。因此，政治与技术不同、政务与事务互异，政治必然有内在于它的政治立场、政治方针、政治路线、政治任务，政治不能与内在于它的政治立场、政治方针、政治路线、政治任务分离。离开了一定的政治立场、政治方针、政治路线、政治任务，政治是不可想像的。

二、提高政治水准之必需

政治的重要性，亦即政治的主体立场，政治的主导任务的重要性，要求我们培养提高一切人们的理论基础与政治水准。我们在社会活动的一切部门，例如经济、文化、军事、教育、财政各部门，尽管拟具有并执行着精密周详的经济政策、文化政策、军事政策、教育政策、财政政策等等；但是如果我们没有正确的理论领导，没有正确的政治立场、政治任务，作为理论的基础，即没有足够的政治认识，没有相当高度的政治水准，那么，我们一切精密周详的政策，都将失掉方向，都将失掉各种事业进展的正确性，因此，我们也就看不见我们各种事业进展的前途，而变成盲目的、机械的、没有任何政治领导的事务主义者或技术奴隶。

所以我们每一个人，即作为社会活动分子的任何人，都必需把握一个定则或抓牢一个真理。这个定则或真理，就是任何一个部门的工作者，他的政治水准愈高，则其任何一个部门的工作本身便愈高或愈有成效；反之，工作者的政治水准愈低，则在工作中便愈会发生错误和失败，而工作者的本身，也就是鼠目寸光的小人，只看见眼前利益的事务奴隶。因此，我们可以大胆的说，如果我们已经在理论上把所有工作部门的干部乃至所有社会活动分子造就得很好，又在政治的锻炼上把他们提高到应有的水准，即使他们能够在国内和国际环境中自由决定方向，自由解决政治领导问题而不犯事务主义的错误，那我们就有一切根据来接受一切政策的伟大收获了。

在一般情形下，社会活动分子的培养，青年干部的养成，通常都是按个别科学部门和技术部门来进行的，即按各个专门知识来进行的，这也是必要而合理的。没有什么必要使医学专家，同时又是物理专家或植物学专家；反之，也没有什么必要使后者，同时又是前者。可是有一个科学部门，则是所有一切科学部门中的人们，即各种专家的人们所必需了解的。这就是关于社会、社会发展规律、政治、政治发展规律、革命、革命发展规律、建设、建设发展规律的社会科学或政治科学。决不可把这样一个人当作真正的社会活动分子、真正的各种部门的工作者，这个人虽以社会活动分子、各种部门的工作者自命，而同时却以自己的专门知识为限，譬如说以数学、物理学、化学、电学或植物学为限，而除了自己的专门知识以外，再看不见其他什么东西，再不愿看见其他什么东西。真正的社会活动分子、各部门的工作者，不能只是他自己所偏嗜的科学部门的专家，他同时还应当是社会活动家——

政治家。他要积极注意于国家民族的命运，要注意社会发展的规律及其他各种社会现象发展的规律，并且要善于运用这些规律、善于把政治的主体立场、政治的主导任务与各种事业各种政策配合起来，起积极的领导作用，而自己也努力成为国家政治领导的积极参加者。这对于我们——正在从事于抵抗强敌力争独立自由的同胞们，格外需要得迫切，即提高政治的水准是今天我们正在抗战的同胞们所迫切需要的。

三、政治的主体立场及其主导任务决定于具体的历史条件

由于政治的主体立场和政治的主导任务，使政治水准的提高成为社会活动分子及各个部门工作者的必需。因之离开了政治立场与政治任务，就没有政治；同时，离开了具体的历史条件，亦即离开了国内外情况及主客观力量之分析与把握，也就没有政治立场与政治任务。我们在这里的任务，是要适应"抗战建国"伟大业迹之现实的迫切的要求，在政治战线上作一番史的研究。而政治战线上所表现的史学的研究方针，则在于科学的阐明抗战三年来政治历史发展的具体过程及其铁的规律，指出当前中国政治总的动向及内在于各种现实问题中之多样的复杂的矛盾并其应有的迂回曲折，提高政治实践的正确性，加强社会活动和政治实践的动力。

但在这里，我们必需着重的指出：抗战建国在中国政治实践的过程中，只是整个中国史的一个侧面，一个阶段，我们决不能把这一侧面，这一阶段的历史从整个中国史发展的过程中割断它而给予说明。同时，中国历史又只是整个世界历史的组成部分，我们也决不能把作为世界历史组成部分的中国史从整个世界史发展的过程中，孤立的抽出来而给予说明。因此，把握抗战建国与中国史整个发展过程之关联，把握中国史与世界史整个发展过程之关联，是发见抗战三年来中国政治具体过程及其规律，指出当前中

国政治动向，提高政治实践的正确性、加强政治实践的动力之主要的契机。

为把握抗战建国与中国史整个发展过程之关联，我们就不仅需要深切体会抗战三年来的政治演变过程，而且还需要深切体会几千年来中国史的演变过程，尤其是近百年来的痛苦经验与教训。数千年来的中国史，也一般的通过了一系列的历史阶段，即从原始的到古代的、封建的、近代的诸历史阶段，特别从一八四〇年鸦片战争起到目前抗战建国止，约一百年来的中国史，已把中国逐渐变成了历史发展过程中一种畸形阶段，即既不是典型的近代资本主义的社会构成，也不是典型的封建主义的社会构成，而是一个半殖民地半封建的社会形态。我国近百年历史之半殖民地经济的特征，表现在国际贸易的历年入超上面，表现在金融资本之畸形发展上面，表现在帝国主义之资本输入掌握了我国主脑经济（金融、财政、大产业）的命脉上面，表现在海口与都市经济的畸形繁荣以与内地和农村相对立上面。半封建经济的特征，表现在小生产、尤其是农民小生产占绝对优势与国民经济的相当自给性上面，也表现在农村经济的崩溃上面。由于抗战三年来广大土地之被沦陷，目前在沦陷区，可以说已完全殖民地化，然在非沦陷区，基本上却还是一个半殖民地社会，虽然政治上从战前半殖民地形式出现了独立自主的国家权力的雏形，而不论在沦陷区与非沦陷区，差不多都是封建制度占优势的社会，亦即半封建社会，虽然政治上从战前半势建形式踏上了统一团结之现代国家的途程，这便是近百年来中国史的具体显现，亦即具体的历史条件，这一具体的历史条件下，就规定了近百年来中国政治的主体立场与政治的主导任务。

这一政治的主体立场是什么？就是反帝国主义与反封建势力的民主革命（即资产阶级性的民主主义革命）；这一政治的主导任务是什么？就是完成反帝与反封建的民主革命。所以自一八四〇自鸦片战争以来，中经太平天国运动、中法战争、中日战争、戊戌政变、辛亥革命、五四运动、五卅运动、北伐战争、土地革命、"一二九"运动、直到目前的抗战建国，虽然有这许多个别的革命运动与相对独立的历史阶段，而且整整费去了一百年来的工夫，但从基本上说来，都是在实行着反帝反封建的民主革命，都是中国人民在不同的时间中与不同的程度上实行着反帝反封建的民主革命，为了完成反帝反封建的民主革命的任务，建立一个独立自由的民主共和国而斗争，亦即建立一个三民主义的民主共和国而斗争。

为把握中国史与世界史整个发展过程之关联，我们就不仅需要深切体会全部中国历史及由各种现实问题不断添加于中国历史的各种事变，而且还需要深切体会全部世界历史及各种现实问题不断添加于世界历史的各种事变，因为不如此，我们便不可能从世界革命史的总趋势中，指出中国革命史在这总趋势中所处的地位；同时，也不可能从民主革命的一般性中，指出民主革命的特殊性，尤其是当前中国民主革命之历史的特点。

世界史的全系列，我们不可能在这里逐一重温，虽然这对于我们也是必要的。仅就世界民主革命史的过程来讲，显然有着资本主义时代的民主革命与帝国主义时代民主革命之不同。由于世界民主革命史的这种不同，对于中国资产阶级民主革命的本质，便不能不有着新的规定。中国资产阶级性的民主革命，自从资本主义列强踏入帝国主义（即垂死的资本主义）阶段以来，尤其是自从一九一四年爆发第一次帝国主义世界大战与一九一七年俄国十月革命在地球六分之一的土地上建立了社会主义国家以来，便在民主革命的本质上，起了一个大的变化。即在帝国主义时代或俄国十月革命以前，中国的民主革命，是属于旧的资本主义时代的民主革命的范畴之内的，这是十七、十八、十九世纪上半叶欧美式的完全为资产阶级所领导的，以建立资本主义社会与资产阶级专政的国家为目的的革命。因此，中国的革命在那时虽不能就是英美资产阶级民主革命一个模型的再版，但在基本上它总是属于旧的世界资产阶级民主主义革命的一部分。在这以后——资本主义列强走入帝国主义阶段，尤其是俄国革命以后，中国的民主革命，便起了变化而属于一种新的资产阶级民主主义革命的范畴。这种新范畴的民主革命，是由各个革命阶级尤其是工农阶级共同参加领导，以在资产阶级性的民主革命的阶段上，建立非资本主义前途的新民主主义社会与建立各个革命阶级联合专政的国家为目的的革命，因此，中国的革命在目前，虽不可能就是社会主义的革命，而在革命的阵线上说，它已属于世界革命的社会主义革命之一部分了。有人曾经暗中设想，以为世界社会主义革命可以不与殖民地半殖民地民族解放运动直接联合起来而得到胜利，这是错误的，有人曾经暗中设想，以为民族问题和殖民地半殖民地问题，可以离开世界社会主义革命的阵线，可以不与世界革命势力直接联合起来而得到胜利，这自然也是错误的。因为当前的民族问题，是新的世界革命总问题的一部分，民族革命，民主革命的运动是世界革命运动的总同盟的一部分。

由此可知，我们处理任何问题：不应从抽象的原则出发，而应从历史的具体条件出发；对于帝国主义时代被压迫民族的民主革命运动，不应从一般的形式的民主观点去估量，而应从世界革命总清算中的实际结论上去估量；不应把中国民主革命史孤立的去估量，而应把它放在民主革命的世界史的范围内去估量；也就是说不能把中国史与世界史分开，而必需注意世界历史事变所给与于中国民主革命运动的新意义。新民主主义范畴的民主革命，这就是当前中国革命最本质的特点，亦即当前中国革命最现实的具体内容。

它的任务是要建立一种新的民主共和国，即一切反帝反封建的人们联合专政的民主共和国，也就是国父中山先生所蕲其实现的新的三民主义的共和国。这种新的三民主义共和国，一面与所谓旧的欧美式的资产阶级专政的资本主义的民主共和国不同。因为这是资本主义时代资产阶级的旧范畴的民主共和国，这种共和国已经在主观上不能想像，在客观上不能实现了。另一面也与最新式的苏联式的无产阶级专政的社会主义共和国相区别。因为这是最新的民主主义共和国，在一定的历史条件下，还不能适用于殖民地半殖民地国家之中。所以在一切革命的殖民地半殖民地国家，由于特殊的具体的历史条件，惟一可能的国家形式、还只能是新民主主义范畴的民主共和国——民族独立、民主自由、民生幸福的三民主义的民主共和国。关于这一点，黄松龄教授说得更透彻。试看他道：

"我们目前的革命是三民主义的革命，这是国人所公认了的；但是三民主义革命的历史特质在什么地方呢？自然还不是社会主义的革命，自然还是尚未超出资本主义性质的民主革命的范围之外。但与一般资本主义的民主革命不同，而是在世界帝国主义崩溃，社会主义国家成长这一时期的经济落后国家所特具的一种"民众的民主革命'，即是一种'民众资本主义性质的民主革命'，也即是中山先生所说的'全民革命'。所谓'民众资本主义性质的民主革命'，即是以解放工农小资产尤其以农民为中心的'单纯商品生产经济'使之脱离帝国主义和封建残余的束缚为其历史任务。这种革命的特质，在于'现实'是资本主义的，'前途'是非资本主义的。中山先生说：'民生主义是共产主义的实行，共产主义又是民生主义的理想'，正是精刻的说明了三民主义革命的这一历史意义。"（见所著：两条经济战线上的斗争，载中苏文化抗战三周年纪念特刊）

四、民主革命现阶段（即抗战建国现阶段）的新内容与新特点

近百年来中国具体的历史条件，规定了中国近百年来的革命性质，是反帝反封建的民主革命。民主革命的路线，便成为近百

年来中国政治的主体立场，成为贯串近百年中国政治发展过程及其规律的总路线，所以无论是太平天国运动也好、辛亥革命也好，乃至于正在恶争苦斗中的神圣伟大的抗战也好，都是由这一总的政治路线贯串着管领着。然而一切都是运动的、变化的，由于中国及世界各种现实问题不断以新的事变添加于中国历史，使得贯串中国近百年史的民主革命，在其前八十年代，即资本主义列强尚未踏入帝国主义阶段的时代，特别是俄国十月大革命以前，它是属于旧范畴的民主主义范畴；在这以后的二十年代，即约自俄国大革命到现在的二十年代，中国的民主革命，则属于新范畴的民主主义范畴了。这是由于我们前面的叙述可以断定的。实则不仅前八十年与后二十年有着不同的特点，即在民主革命整整百年的过程中，每一革命运动，都使整个历史阶段形成各不相同的小段落，小环节。很显然的，从太平天国运动，到中法之战、中日之战、戊戌政变、辛亥革命、五四运动、五卅运动、一九二五—二七的大革命、土地革命、"一二九"运动，都是各不相同的占领着历史上一个小段落或特殊环节，由特殊的具体的历史规律支配着。从民国二十六年"七七"抗战开始到现在，中国人民为自己民族的解放和独立，同时也为世界的正义与和平，反抗日帝国主义法西斯侵略者的英雄抗战已经进行了三年零几个月，自然在民主革命这一总的政治路线中，又由中国和世界各种现实问题之不断以新的事变参加于中国历史，而使民主革命又要添加许多新的内容或新的特点了。

中国此次对日抗战，不仅是中国民族解放战争史上规模最大的一次，例如较之一八四〇年鸦片战争，一八六〇年英法联军之役，一八九四年的中日战争；而且是全世界民族解放战争史上最伟大的一次，例如较之十八世纪的美国民族运动、较之十九世纪的德国、意大利、波兰等国的民族运动。尤其是在帝国主义时代法西斯统治直接侵略弱小民族国家和殖民地半殖民地的战争日益扩大、普遍、被侵略国为反对法西斯强盗侵略而进行的英勇斗争这一点上，"为争取中华民族解放和全人类自由的我们的抗战，是现阶段人类进步动力的一个主流。日本帝国主义的侵略，是企图用暴力去迫长其垂死命运的一种狂妄的反动运动，是临于剧变的世界现局中的一股逆流。表现在敌我两方的这种前进和落后，革命和反动的矛盾的斗争，是中日战争的基础，是现阶段东洋史变革过程的主导契机，体现了世界变革过程的总动向"。（见吕振羽教授著：伟大的历史时代与史学创作，载中苏文化抗战三周年纪念特刊）

以上是专就抗战这一伟大历史的意义说的。此外在抗战发动的五年前由日帝国主义所造成的事变，例如民国二十年——九三一年九月十八日，敌人武装占领我们东三省，民国二十一年——九三二年一月二十八日，敌人进攻上海和吴淞，民国二十二年——九三三年春，敌人占领热河，特别是民国二十四年——九三五年以后，实际上抢夺了河北和察哈尔，积极准备占领绥远、山东、山西、和福建。在武装占领区域内和实际占有区域内，实行公开的残酷的殖民地的强盗战争，疯狂的准备实现一九二七年敌酋田中奏折内所提的并吞全中国和独霸全世界的计划。所有这一切日贼在抗战发动前五年内造成的事变，引起了中国历史上极大的变动，即国内外情况的变更。

一、外部环境的变更。首先是由于日贼对中国不断的侵略，不仅破坏了一九二一年的华盛顿九国公约，而且造成对英美法在菲律宾群岛、新加坡、印度、安南、澳洲，以及整个远东利益的直接威胁，这就不能不引起日帝国主义与英美法之间为争取中国和争夺整个太平洋沿岸市场的斗争的剧烈化。这样，便把一般帝国主义与中国的矛盾，变为独特的日本帝国主义与中国的矛盾。使若干其他帝国主义与中国的矛盾，一时降为次要的地位，同时，它们与日贼的矛盾反而扩大和深刻化。

二、内部环境的变更。首先是由于日帝国主义的侵略直接威胁着中国民族的生存。在中国人民面前，简单明了的摆着两条路：或者抗日，那就还能生存；或者降日，那就只有死亡。这就不能不引起中国社会内部各阶级各党派各集团相互之间关系的变动，其结果也就不能不使他们趋向于减弱内争和停止内战，以便团结一切力量去反抗共同的生死仇敌——日帝国主义者。这样，中日两民族间的矛盾，——实际上只是中华民族与日本军阀财阀的矛盾——在政治上的比重，便降低了国内各阶级间的矛盾，使许多人都感到生死存亡悬于一发的危机，都不能不开始转变他们的政治观点与政治立场。

由于日本帝国主义在抗战发动前五年内造成的事变所引的这种国内外环境的变更，因而添加于中国民主革命史而形成的新内容与新特点，则是：

一、把一般反帝国主义的内容，变为单纯反日帝国主义的内容，且可能利用日帝国主义与其他帝国主义日益扩大，加深的矛盾，争取有力的外援，孤立敌人。

二、把一般反封建势力的内容，变为反汉奸敌探的内容，即除汉奸敌探以外，包容所有不愿做亡国奴的人们的抗日民族统一战线的内容，集中一切物力、财力、智力、人力，一致对敌。

这一新内容的民主革命任务之完成，即是抗战建国最后胜利之获得，亦即是把中国三民主义的民主革命进行到底，基于民主革命之新内容的要求，亦即基于抗战建国的现实的迫切的要求，我们必须着重的指出如下几点：

一、民主革命是中国近百年来革命的政治的总路线，总目标，虽在日贼疯狂侵略民族危机极端深刻的现在，抗战仍只是达到完成民主革命目的的手段，抗战只是手段性的东西，政治的民主才是目的性的东西。

二、抗战虽只是手段性的东西，但在今天，没有抗战——没有神圣的民族解放战争，就没有中华民族，没有中国，也就无从实现政治上的民主，即达到民主革命的目标，所以在这一点上，抗战反而占在主导的地位，一切政策与设施，都需以抗战作出发点。

三、抗战的胜利，民主革命的完成，决不是一句空话，决不是自然来到的，又有其必需的基本条件，而最基本的不可少的条件，则是内部的团结与政治上的进步。没有各政治集团的积极合作，没有政治上的民主化，抗战的胜利与民主革命的完成是不可想像的。在这里团结与民主，又成为抗战建国的出发点与大前提。

由此，便把"民主"、"抗战"、"团结"形成有机的联系着的三位一体。使得我们在现实的迫切的要求上，不仅要提出"抗战第一"的口号，同时还要提出"民主第一""团结第一"的口号。

其次，我国对日抗战发动时国际情况所加于中国历史上的事变也有许多特点：一、抗日战争的爆发是与一九三七年下半年开始的资本主义新的经济危机同时进行的。也就是说那个时候是在由于资本主义的经济危机与政治危机已经一天一天把世界拖进第二次帝国主义大战的时候。二、抗日战争的爆发是在帝国主义重新瓜分世界，不仅以殖民地半殖民地为对象，而且也以欧洲的一些弱小国家为对象（如对于西班牙、捷克、波兰等，现在连帝国主义的法国都已成了瓜分的对像。因此，在这些国家不能不重新展开反法西斯反侵略的民族解放战争（例如西班牙战争），而且随着法西斯主义之在个别国家中和在国际舞台上转为进攻，于是全世界反法西斯运动也日益增长，日益具有国际性，这对于中国抗战是有利的，这也就是说那个时候是在全世界被压迫民族与一切革命的民众反侵略反法西斯的高潮时候。三、抗日战争的爆发是在苏联完成了第二个五年计划并正在开始第三个五年计划的时候，也就是说是在苏联已经到了由社会主义过渡到共产主义而日益有力援助被压迫民族与一切革命人民反抗帝国主义战争打倒法西斯反动的时候。

最后、最基本的特点，则是由于中国对日战争的本质体现的，即它是由于帝国主义与殖民地半殖民地间这一根本矛盾爆发的自卫的、进步的、革命的、正义的战争，对侵略的、退步的、反动的、非正义的战争。进步的革命的战争，不论它在力量方面是如何不够，但它是走向上线的，它的军队的战斗力，及所有经济、政治、文化等全部势力都是从革命斗争的过程中强大起来生长出来的。革命本身自觉的创造性、牺牲性就是无比的战斗力；而反动的、非正义的战争，则与这个正相反，它是走向下线的。无论开始它的力量有多么大，但它必然由进攻、退守，走向溃败。这是历史运动的规律，过去许多革命与反革命的战争已把这种历史运动的铁的规律具体的表现出来了。

以上这些特点，说明中国抗战，亦即中国民主革命的现阶段，是处在一种极端复杂的国内和国际的环境中。这种环境说明中国抗战，有着战胜日贼的内部的和外部的有利条件，同时也说明在抗战中可能遇到许多严重的困难。在抗战三年来的战争洪炉中，旧的障碍进步的和分裂国家的残渣，虽是在淘汰着消灭着；新的帮助政治改进的和团结四万万五千万人民为一个统一力量的过程和民族自强的新生命，虽是在生长着活跃着。然而抗战建国的最后胜利，亦即民主革命的最后胜利，新的三民主义的民主共和国的实现，还是好像有一段长时间的距离，而在当前新的多变的国际国内情况急剧变革的环境之下（即在英法德大战展开法国迅速崩溃之后），中国的抗战，因而走到了它最困难艰苦的阶段。如何才能克服这种最严重的困难，坚持抗战，坚持团结，坚持进步，完成这种旧的消灭与新的生长的有利的过程，以完成“抗战必胜、建国必成”的伟大业迹，这就不仅需要深切体会一般中国史与世界史，不仅需要虚心接受近百年来中国民主革命，亦即中国民族解放运动的苦经验与苦教训，而且还需要虚心接受抗战三年来各方面的苦经验与苦教训，尤其是政治方面的苦经验与苦教训，把它切实运用到今后抗战与建国的工作中去，以加强民族力量的团结，促进政治上的进步，俾得坚持抗战到底，争取最后胜利的完成。

一九四〇年十月廿五日于重庆巴中

〔国民党中央图书杂志审查委员会档案〕

10．吕振羽：论抗战以来三民主义文化诸问题①

（1940年11月5日）

（一）

现代中国民族革命，由于在第一次帝国主义战争前和战争后，俄国十月革命前和革命后，民族具体环境——国内形势和国际关系——的巨大变化，引起了前后不同的革命内容。在以前，为旧的资本主义的民主革命；在以后，为革命三民主义的民主革命。作为民族革命一个构成部份的文化革命运动，也显示为"五四"运动以前和以后的两个内容不同的阶段。前一阶段，包括着洋务运动、戊戌运动、辛亥运动诸时期；后一阶段，也可分为：由一九一九年"五四"运动到一九二一年时期，一九二一年到一九二七年时期，一九二七到"七七"民族抗战时期，"七七"民族抗战以后时期。如果说抗日战争是现代中国民族民主革命的最高发展形势，则当前三民主义的民族新文化运动，便是现代中国民族文化革命的最高发展形势，是过去各时期文化运动的继承和发展。

所谓以"中学为体，西学为用"的洋务运动，在本质上并非一种革命运动，而是封建统治阶级的一种自救运动。在资本主义侵略和人民革命运动交迫的形势下，进步的封建官僚——曾、左、李、张等——企图输入一点资本主义血液，来延续中国封建主义

① 此文系1940年11月国民党中央图书杂志审查委员会扣存的《中苏文化》送审稿。

的生命。他们当时只看见资本主义的洋枪、大炮、火车、轮船、电报和军事科学、军事工业、交通工业等部门的技术科学，认为“修身、齐家、治国、平天下”的大道理，中国还比“西洋”优越。因此，洋务运动，一面是建铁路，设电报，开办矿务，创立招商局、机器局、造船厂、纺织厂……；一面是设立同文馆、外国语言文学学馆、电报学堂、武备学堂、水师学堂，翻译外国技艺书籍，派“满汉幼童”赴外国“习艺”，将士赴外国习陆海军事，……并派监督与留学生同往，教以中国圣贤之道、孔子之学。这是说，洋务运动在文化运动的出发点上，也是拥护封建文化的。

洋务运动虽失败了，但也有其成功的一个侧面，替戊戌运动开辟了道路。

戊戌运动一种由上而下的改良运动。在私营民族产业已经出现，国家官僚资本初步发展的基础上，进步官僚和知识分子，复感受屡次对外战争惨败后的亡国恐惧，和继续爆发的人民革命运动的胁迫，发动了这次运动。

以戊戌运动为标志的这时期文化运动，一面继续介绍了“西洋”自然科学（如所谓“天文、地理”，“声、光、化、电”，农学……），社会科学（如达尔文进化论，亚丹斯密经济学，穆勒形式论理学，孟德斯鸠社会论，以及各国民主革命史如泰西新史揽要，列国变通兴盛记，明治变政考等）；一面开报馆，立学会，兴学堂（首都立京师大学堂，改省会大书院为高等学堂，郡立书院为中学堂，州县书院为小学堂，外开特科学校，并提倡绅民兴学），废八股，试策论，并举经济特科，设立译书局……。而陈炽的“庸书”，康有为的“新学伪经考”，“孔子改制考”，“大同书”，谭嗣同的“仁学”，梁启超的“新民论”等，则为这时期文化运动的号角。

在这一方面，替辛亥革命作了大部分的思想准备工作，给“五四”运动开了科学和民主思想的运动的道路。另一方面，对封建文化却也表现了留恋妥协的倾向，并没有摆脱“中学为体，西学为用"的传统；特别表现在政治运动上之由上而下的改良主义，企图由改良运动的过程，把封建主义的中国推进到资本主义，这从谭嗣同的非君论、梁启超的新民论的理论来说，也是表现着实践和理论背离。梁启超到"五四"成为保守派，康有为后来成为反革命复辟派的首领，并非偶然。他们不知文化是社会意识形态的东西，文化革命要作为社会革命的一部分去完成；不知由旧社会旧文化到新社会新文化的转变，不是和平进化的过程，而是一种革命的过程；新文化不是被给予的东西，而是群众在革命实践过程中对文化方面提出的要求，通过创造作用的革命的胜利品。

在洋务运动——戊戌运动的过程中，私营民族产业资本和国家官僚资本企业，得到初步的发展，资本主义科学思想和民主思想得到初步传播而且得到部分的消化，不只由于外国资本主义经济、政治、文化的影响，基本上，还由于明末以来，中国社会内部已预备其狭隘的地盘，特别是"太平天国"革命所给予的积极作用。其所以不能像日本明治维新一样，形成一种由上而下的改革运动，达成"模仿""西洋文化"的全功，主要也正由于内在的条件不够，不能消溶先进资本主义文化的重要成果。

辛亥革命的发生，自身并没有展开一个作为思想准备的文化运动，只是在过去启蒙运动的基础上，抛弃其"维新"改良，"君主立宪"的思想因素。所以自兴中会的"中国日报"到同盟会的"民报"、"苏报"等，都是以宣传反满、革命、民主为基本立场，排击保皇党的改良主义。由兴中会到同盟会的宣言，也表现了这种内容。而当时所谓民主，也还是"国民""皆有参政权"，"公举之议员构成""议会"，"共举""大总统"的"欧美式"的民主。

"五四"运动，在文化运动上，是戊戌运动的继承和发展，较之戊戌运动有更丰富的内容，更积极的作用。它是中国现代史上破天荒的一次自发的群众革命运动，参加运动的不只有资产者、小商人、知识分子，而中国工人亦开始以英勇的姿态，充任运动的一个重要力量；它在“政治革命”的意义上，明确的提出反帝反封建的口号，是此后革命三民主义革命的序幕，是由旧民主主义到革命三民主义革命的划期标志；在文化革命的意义上，展开了反封建文化的“赛恩斯”和“德谟克拉西”思想运动，反封建文学的“白话”文学运动，并开始接触到科学社会主义的思想，给此后新兴社会科学运动布下种子。

“五四”运动所以表现这样革命的作用，所以和戊戌运动不同，基本上由于民族具体环境的变化。在第一次帝国主义战争期间，一面，民族轻工业产业资本获得相当发展，一面，苏联社会主义革命在地球六分之一的面积上获得成功，从帝国主义世界分裂了出来，民族轻工业产业资本的发展，主要由于辛亥革命打开了一条羊肠小道，次要由于欧战的机会。这不但提高了市民集团的自觉程度与政治要求，并强大了中国劳动人类。这改变了中国的国内形势，特别是社会阶层关系的构成和其力量的配比。从帝国主义世界分裂出来的苏俄（当时是苏俄）的存在，她高举着反帝的世界革命旗帜，她寄予东方弱小民族以无限同情和鼓励……这是从来没有过的新的世界形势。而战时日本帝国主义对中国的猛烈进攻和许多特权的掠夺，则威迫着中国民族生存与民族资本的命运；战后其他帝国主义势力重来，不只提高了英美日（特别是美日）在太平洋的矛盾，并以风卷残云的阵势打击着幼稚的中国民族资本。这一面给予中国民族以强有力的反帝“盟友”，一面却提起中国民族更强烈的反帝要求，这是当时的国际环境。

这种具体环境，提高了市民集团对资本主义经济、政治、文化的要求，加大了对资本主义文化成果的消纳力；特别又给了科学社会主义思想以成长的地盘，并提起中国人民学习苏俄革命经验的热忱，吸收社会主义文化成果的要求，予此后新兴社会科学发展以主观和客观的条件，及其在新文化运动上的地位。

但“五四”文化运动，在反封建文化的高潮中，部分自由主义者形成一种盲目反古的倾向，不知革命的发生是以社会的内在矛盾为基础，革命对旧的社会制度社会文化，是一种“扬弃”过程，而不是盲目的反对。这是他们主观上的错误。不过，说他们完全“抹煞”民族文化的传统，也是过分地夸大。从某一侧面说，他们也曾片面地从传统文化中觅取进步因素，例如对《水浒传》、《红楼梦》、《儒林外史》等章回体白话文学的研究，就表现了这一倾向。而他们忽视了民族文化的全部历史，不知从革命实践扬弃过程去处理文化遗产，却是事实。

“五四”文化运动中自由主义者的另一偏向，就是对资本主义文化的介绍，没有在中国的基础上，去吸收其精华，消化为民族的东西；而是不别好歹地生吞活咽，表现着对“西洋”资本主义文化的盲目信仰。但若把他们输入的资本主义文化成果，完全估量为所谓“移植”，也是不对的。事实上，“五四”所输入的资本主义文化进步的某些成果和其开始接触到的社会主义思想，却已在中国民族自己的园地里生根，开花、结实了——这自然由于中国社会内部有其生根成长的地盘；其无能一一经过民族自己的胃肠消化为民族的东西，也正是半殖民地启蒙运动过程中的特色。

“五四”运动在文化战线上也是社会各集团的联盟。后来自由主义者走向故纸堆中，与封建文化、帝国主义文化妥协，是和上述两种偏向有着本质地关联的。

在自由主义者走向与敌人妥协的另一面，自一九二一年中国民族革命的伟大领袖孙中山先生，也适应新的民族环境，形成其反帝反封建的新政纲。在文化战线上继承“五四”的传统，共同反对封建教育，反对封建文学，提倡反帝反封建的新文学，并以反帝反封建的思想去教育群众，训练军队。这并且和“二七”运动，“五四”运动，北伐战争的革命实践进程相配合。

此后，知识分子提出重新检讨革命的自我批判，因而展开了中国社会性质问题的讨论，展开了新兴社会科学运动。随着“九一八”日寇进攻沈阳，进占东三省，进占热河，进攻华北，……又推着新兴社会科学运动之深入的发展，推着文化运动与群众爱国运动，民族抗日运动更密切地结合。这到“一二九”运动的爆发后，一面公开提出了抗日民族统一团结的政治要求，一面发动新启蒙运动，在启发大众以抗日民族统一团结的思想，与民族新文化的创造任务上，提出了“大众化”、“科学化”的要求。

随着“七七”民族抗日革命战争展开后，在革命实践愈益深化的基础上，又对文化工作者提出了新要求。这是新启蒙运动自身的一步发展。

因之，新启蒙运动在原则上克服了过去文化运动的偏向和缺点，批判地继承民族文化的优良传统，吸收世界文化的进步成果来创造革命三民主义的民族新文化。它所要求的新文化的内容，是“大众化”、“科学化”的内容。

但中国民族，有近四千年文明的历史。在长的历史过程中，创造出光辉灿烂的民族文化，特别由于中国封建制时期的“久长”，其文化的成果获得人类封建文化史上的卓越地位。在这丰富的民族文化遗产中，那些东西是优良的传统？这不是可能凭常识去判断的，而要我们的文化战士，从全部民族文化史中进行科学地深入地探究，去发掘其优良因素。从而所谓批判地继承民族文化优良传统的问题，才有实践的内容。这是说，要把认识民族文化的研究过程和创造民族新文化的实践过程统一起来。但过去是优良的东西，却未必到现在也是优良的，未必能充作新文化的构成因素；到现在还有其积极作用的东西，也不能以其原有性质的东西，拿来物理地“凑合”，而是要经过改造，化学地成为新文化的构成因素。

中国民族虽有近四千年的文明的历史，是世界“文明古国”之一；而现代中国民族文化却相对地落后了——不只较苏联社会主义文化落后两个历史时代，比资本主义文化也落后了一个历史时代。因之，对于我们，苏联社会主义文化成果自然是进步的，而资本主义文化成果也是比较进步的。但无论社会主义文化或资本主义文化，都有其历史的过程，有其构成的体系，其中那些东西是适合中国民族革命要求的进步成果，也不是可能凭常识去判断的，同样要我们的文化战士，科学地深入地去认识两种文化的各自体系，不断吸取其进步成果。从而所谓批判地吸收世界文化进步成果的问题，才有实践的内容。这是说，要把认识世界文化的研究过程和创造民族新文化的实践过程统一起来。但文化虽没有国界，却是历史性的东西，所以即使是进步的成果，也未必都能适合我民族革命的要求，未必能为我们所消纳；同时，文化又有其民族特色，所以适合我民族革命要求的世界文化的进步成果，也不是贩运所能成功，而要通过消化的过程，转化为民族新文化的构成因素。我们是基于民族革命的现实要求上，去继承民族文化的优良传统，吸收世界文化的进步成果，与以批判地改造和消化，使之为民族革命服务，使之成为民族新文化的构成因素。因而对问题具有决定作用的，是民族革命的形势及为其服务的民族新文化的内容；而民族革命的形势及为其服务的民族新文化的内容，是为民族现实的具体环境所规定的。

（二）

民族革命的新形式与民族文化运动的新内容。

现代中国民族民主革命形势，是随同民族具体环境的变化而发展的。

从中国国内具体环境说，反帝反封建的民族革命（特别表现在反日反汉奸的民族抗日战争的革命形势中），不是旧的资产阶级民主革命的形式和内容，不是任何单一社会群的独立所能完成任务，而是需要革命的资产者、工人、农民、革命知识分子及其他小资产者——至少也需要其中的几个社会群——的“共同奋斗”，不仅需要共同来担负抗战任务，并需要共同来担负建国任务。这是和第一次世界大战前各国资产阶级民主革命的不同之点。

从中国国际具体环境说，帝国主义世界的历史已临到末日；中国社会再不能有帝国主义的前途。只要愿意中国民族革命达到成功，便不能不积极去获得社会主义苏联，西方人民，东方弱小民族的援助。这是说，要想革命成功，就不能不联合苏联及西方被压迫人民与东方被压迫民族。这是和第一次世界大战前各国资产阶级民主革命不同之点。

所以，今日中国民族革命的形式和内容，和“五四”运动以前是不同的。在“五四”以前，中国工人的力量还没成长起来，还没达到“自为”的阶段。在第一次世界大战前，整个世界都在帝国主义支配下，社会主义苏联还未出现，而资本——帝国主义又一般地不容许殖民地半殖民地的解放。那时中国革命便不能从世界上获得任何进步势力的有效援助，民族解放的道路异常狭隘，胜利的可能性异常微小(其他弱小民族也是一样)。因此说“五四”前的中国民族民主革命，是旧民主主义的革命，是资本主义世界革命的一个部分；反之，“五四”后的中国民族民主革命，是革命三民主义的革命。

旧民主主义革命所要创造的经济、政治和文化，只在符合资本者群的要求，是世界资本主义经济政治文化的一个部分；革命三民主义革命所要创造的社会，其经济是要符合各个革命的社会群共同利益的三民主义民生主义的经济，是“平均地权”，“节制资本”，不是“少数人所得而私”，所得“操纵国民生计”的经济，不是欧美式的资本主义经济，也不是原来的半殖民地半封建经济；其政治，是要符合各革命社会群平等权利的三民主义民权主义的政治，是“为一般平民所共有，非少数人所得而私”的“民权制度”，不是“为资产阶级所专有，适成为压迫平民之工具”的“民权制度”。(孙中山先生语）这是中国民族革命的现实形势所规定的，是此时此地中国民族具体环境所规定之唯一可能的民族出路。

革命三民主义的新文化，必然要和民生主义的经济，民权主义的政治相适应，要为三民主义的革命服务，为三民主义的新经济新政治服务，没有这种新的政治新的经济力量，新文化便无从发生。而民权主义政治民生主义经济，不是已完成的存在着的东西，更不是可能自发地成长的东西，现在还只有创造它的客观条件和主观力量，即革命各社会群的政治力量和革命的经济力量及其他客观环境；它的实现，是一个革命斗争的过程，是要从反帝国主义的政治和经济，反封建的政治和经济的胜利基础上去建立。因而革命三民主义的新文化，也不是已完成地存在的东西，更不是一种自发地成长的东西，现在还只有创造这种新文化之革命的主观力量与客观条件；其创造过程是一个革命的过程，是要从反帝国主义文化和封建文化的胜利基础上去实现。

在今日，帝国主义文化和封建文化是互相结托的。帝国主义文化不只直接对中国文化起统治作用，且在半殖民地园地里培植着买办文化——它在殖民地（沦陷区）里变种为卖国文化，如汪逆精卫他们的所谓文化。在今日的沦陷区，中国封建文化，便露骨地成为响应日寇皇道主义的所谓“新民”文化，即郑逆孝胥、王逆克敏、罗逆振玉等所提倡的汉奸文化。因为封建文化的本质，是在宣扬愚昧、迷信、武断、盲从，反对科学，是在维护专制，反对民主，所以在帝国主义统治殖民地半殖民地的要求上，在巩固落后的统治权的要求上，反成了保守主义的“宝贝”。

帝国主义文化封建文化及其变种，都是和三民主义的民族新文化不能并存的。

革命三民主义新文化，虽已成了革命工人，资产者，小资产者（包括农民、革命知识分子及其他小资产者）的共同要求，并已在社会文化运动上发生领导的作用，都还未获得社会文化上的统治地位，还正在革命的创造过程中。

要创造三民主义的民族新文化，就要彻底反对帝国主义文化，封建文化，及其变种的汉奸文化。

（三）

民族新文化与民族文化传统问题。

革命三民主义的民族新文化，一面要通过反封建文化的斗争过程中创造；但这不是把“民族固有文化”“抹煞”，而是“扬弃”旧文化。民族新文化并非凭空创造，而是从旧文化的母胎中产生出来，是中国民族文化发展过程中一种继起的历史形态——与社会经济发展过程相适应，所以说，我们要珍重民族文化遗产，批判地继承其优良传统。

但中国民族文化有些什么优良传统呢，这在今日，恐怕我们的革命家、政治家、军事家、哲学家、科学家、文学家、艺术家，大都还不能给予一个具体的回答，因而所谓继承民族文化遗产的问题，依旧不够有具体的实践内容，所以通过最进步的世界观，重新认识自己民族的历史，在今日有迫切的必要，要不然，我们的新文化就不能大步前进，就只能龟步式的慢行。

不错，中国民族在革命的优良传统上，一面有完成革命大业的“成汤革命”、“武王革命”和近代的辛亥革命、国民革命……，一面有无数次反压迫的农民及其他被压迫人民的革命战争，……在反抗侵略的优良传统上，有无数次抗御外侮的种族战争，有谢安、文天祥、岳飞、史可法、戚继光、袁崇焕……等惊天动地的民族英雄。在哲学上，不独有老子、孔子、庄子、孟子、荀子、淮南子、董仲舒、陈玄奘、周敦颐、陆象山、王阳明……等人著闻的观念论哲学，朱熹等的二元论哲学，而又有原始的辩证唯物论的八卦哲学，墨子的革命的经验主义哲学，王充、吕才、王夫之、戴震、颜元等人的唯物论哲学……。革命各流派的哲学体系中，都多少包含着辩证法的因素，观念论哲学的各流派中，如老庄学与宋代理学，虽没有构成黑格尔那样完密的体系，却都把握了辩证法的观点。在政治思想的优良传统上，有墨子的古代民主主义、鲍敬言的无政府（无君）主义、王夫之的进化论、黄梨洲的民主论、康有为的大同书……以及历代革命农民集团之政治经济的民主纲领（虽则这方面的文献多被湮没，我们只能从历代官家的记载中找着一点影子），在社会伦理上，有爱和平、重信义、刚毅坚忍、临难不苟、见危受命、视死如归的优良传统。在科学上，有火药术、造纸术、罗盘针等对人类文化的贡献，对天文历法、医学等都有所成就……。在封建时代的文学和艺术方面也都有惊人的成果……。同时，汉族以外，满蒙回蒙苗诸族，自已都有着优良的传统。

可是要把握民族文化传统的具体内容，便需要科学地认识中国民族社会发展史、哲学史、科学史、文学史、艺术史……。而二十年来，我们对本国史的重新认识，自陈恭禄的《中国近代史》，萧一山的《清代通史》，到王桐龄的《中国民族史》，邓之诚的“中华二千年史”，到商务印书馆的《中国文化史丛书》、……自胡适的《中国哲学史纲》（第一册）、梁启超的《断代思想史研究》，到李石岑的《中国哲学十讲》，到冯友兰的《中国哲学史》，到范寿康的《中国哲学史通论》，虽都有其一点一滴的积极作用，实际上他们并没有说明中国史，只说明了实验主义科学方法的失败。从一九二八年开端的新史学研究，在中国社会史部门是比较作出点成绩的，克服了各种各样的假科学的史学理论，较正确地占定了中国社会发展的诸阶段，创作了几部较正确的断代史（史前史，奴隶制度史，初期封建史，近世史），然却没有完成一部较正确的社会通史，把中国社会发展过程的具体面目系统地复现出来。在中国哲学史、及社会思想史部门，李季的《胡适批评》，叶青的《胡适哲学批评》，除去卢梭机械论去代替实验主义外，对中国古代哲学，并没有达到科学的结论。陶希圣在《中国政治思想史》中连史的唯物论的半截外衣也抛弃而回到实验主义去了；向林永的《中国哲学史纲要》，我已在他处批评过；日人林泽修二的《东洋哲学史》，关于中国哲学史的部分，由于其对中国社会史认识的错误与有意曲解，自不能达到科学的结论，而他又故意把哲学的阶级性颠倒混淆，把哲学思想发展过程、形式主义地把从所谓“停滞”、“倒退”、“循环”的观点去加以曲解，所以在他的东洋哲学史中，就偷偷地运入了法西斯侵略主义的私货。拙著《中国政治思想史》，我自己认为是较科学的研究，但究竟是达到几分之几的正确程度，只好待实践来裁判。在科学史部门，才开始一些零片的研究；用新的史学方法，去研究的科学通史，还未开端。在文学史部门，虽已有几部文学史，在作者的主观上，或系应用新的史学方法□在书些，但不是偏于公式主义，便为实验主义的文学论所蒙蔽。在艺术史的部门，我们的研究也还是零片的。因此，在今日现实要求我们革命的哲学家、科学家、文学家、艺术家……各从社会通史、哲学通史，科学通史，文学通史，艺术通史……的科学研究中，去抽取优良的进步因素来，去指出今日的实践动向来；要不然，许多实践的口号，就要成为空谈。

我们要认识的民族文化传统，不是从来所谓的道统，精神文明、王道主义，或进化主义的圈式；而是民族精神生活之现实发展过程——而所谓精神生活，不是和物质生活相对立，而是与之相适应的。道统观是封建文化的精神，进化主义是资本主义文化的精神；从道统观的观点上，所看见的民族文化，其所夸张的，坚持的，正是行将死灭的腐朽的东西，是妨害民族新生的东西，其所抛斥的，反而正是文化传统中所具有积极性的活力的因素；从进化主义观点上，对民族文化传统的看法，“橘逾淮为枳”，自始就带有买办主义的倾向，特别是在其堕落到今日，其所夸张的，只是符合买办主义的意识形态的东西，而对民族文化的传统中那些具有革命作用的积极因素，也抱着忽视和排拒的态度。因此，我们从最进步的世界观——最进步的科学方法出发，在从抛斥“道统”观，进化史观，及一切非科学假科学的歪曲的斗争中，去把握民族文化的传统，扬出其对民主革命有用的因素，抛弃其对民族革命有害的东西。

所谓民族文化的传统，从其全体性说，是丧失着现实意义的死亡了的或行将死亡的东西，是过时了的奴隶文化或封建文化的东西；还保持着现实性的积极作用的，只是其中的某些因素。所以说，传统文化的各种构成因素，有些在过去是优良的东西。如果不适合民族“抗战建国”的现实要求，便不再有其现实的意义，而应该抛弃；有现实性的积极作用的进步因素，也不是生吞活咽地继承，而是要经过批判地改造，变旧质为新质，才是有用的——除那在本质上就是发生在旧社会母胎内的三民主义革命的因素——因那为旧时代服务的文化，不管其何种因素，不经过改造，便不能为新时代服务。历史不会倒退，革命主义也不同于进化主义。

因此，我们不应说，中国有原始唯物辩证观的八卦哲学，有王充等人的唯物论，便要拒绝吸收现代最进步的世界观，有老庄、周、张等的辩证观社会论，便要抗拒黑格尔；有鲍敬言的无政府主义、康有为的大同书，便要拒绝现代科学社会主义的思想；有墨翟的“尚贤”论，黄梨洲的民主论，谭嗣同的非君论，便要拒绝现代最进步的民主主义；有孙武子的兵学，历代农民革命的游击战术，便要拒绝现代的游击战术；有诸葛亮的木牛流马，李皋的双轮战舰，有罗盘针、火药术……便要拒绝现代的机械、飞机、坦克、大炮、弹药；有吴敬梓、曹雪芹、施耐庵……的白话文学，便要拒绝高尔基、萧伯纳、罗曼罗兰、肖洛珂克……的现代文学；有杜甫、白居易……的诗，便要拒绝玛雅珂夫斯基、叶赛宁、白得奴衣、腓德曼的现代诗；有云冈石佛……，便要拒绝法意的现代塑雕和苏联的木刻……。因为那虽是中国民族文化的光辉成果，值得我们夸耀，但究竟是封建文化的东西，较之现代社会主义的乃至资本主义的哲学、科学、文学、艺术……却是落后的，已成为没有现实性的积极意义的东西——除去某些最积极的因素，经过批判地改造，还有其现实意义外，所以对于这一类民族文化遗产，我们只能说，中国民族有哲学、科学、文学、艺术……的优良传统精神，在批判地承袭优良传统的基础上，在现实的社会条件的基础上，有接受现代最进步的哲学、科学、文学、艺术……把它们一一改造，消化为民族的东西的高尚精神与伟大能力。我们能有孙中山，能有鲁迅……。他们批判地继承了民族文化的优良传统，吸收了世界文化的进步成果而又经过自己肠胃的消化，成就其卓越的革命思想。这正是中国民族的伟大创造力的优良传统精神的表现。这种传统的创造精神，在一定历史条件下，便能发挥其作用，创造出辉耀的成果。

因之，不能因为中国民族有丰富的文化遗产，便作为保守主义的借口；犹之人们已发现代替石器工具的金属工具的使用后，就不应再保守石器工具的使用。也不能因此就说，民族所要求的新的哲学、科学、文学、艺术……都要从民族自己的地盘里生长出来的东西，才合于历史的逻辑；犹之新石器末期的日本，自己虽则已具备发明金属工具的社会条件，但由于中国冶铁术的传入，便不必再由其自己去重新发明冶金术，也正因为当时日本社会具备着生产力革命的条件，他才能吸收中国的冶铁术成为其自己的东西。

反之，新文化的创造，主要不是决定于人们的主观意志，而是要决定于社会的物质条件，如果洋务运动的当时，中国社会内部没有新兴事业立足的根据，国营军事工业等是不能出现的，“西学”也是不能生根的；如果“五四”运动的当时，没有民族产业资本之相对发展的条件，则“民主”和“科学”运动，是无从想象的，不能发生力量的。如果“五四”以后，中国没有“自为”的新人类存在，则最进步的世界观以及新兴社会科学运动，也是无从想象的。

一部分人借助于这个口号去排演复古运动。不管复古主义采取何种姿态，本质上都是反对民族新文化创造的封建文化的复辟运动。如果历史不容倒退，复古主义的企图便没有实现的可能。不过对革命三民主义民族新文化的创造上，在民族“抗战建国”的神圣事业上，复古运动却能发挥其反动的作用，帮助敌人的作用。

一部分人把民族文化优良传统的批判继承、曲解为对民族文化优良传统的“保留”。他们以为既是所谓优良的因素，便无须经过科学地批判与改造的过程。但是旧的文化传统中的东西，不管是如何优良的因素，不经过批判改造的过程，依旧只能是旧文化本质的东西，封建文化的东西，是为旧社会或封建社会服务的。所以，这种见解，同样在拒绝民族新文化的创造，在怀疑“抗战建国”，在保守现状。这种见解，是从庸俗的进化主义的观点出发的。而在全民族遭受日寇狂暴侵略的当前，我们不战胜日寇，建设三民主义的新中国，便要为日寇所灭亡，并没有维持现状主义或渐进主义的中间道路。

一部分人根据“新质发生于旧质的胎内”的论点，以为民族旧文化的遗产，是创造民族新文化的基本因素或“中心源泉”。这是把文化自身作为一个连续性的独自的历史过程去把握，把它脱离社会经济政治发展的历史过程来考察。不知意识形态的东西，自身并不是一个独立的历史过程，而是适应在历史发展过程中的诸种生产方法的基础上生长起来的。所以说，创造民族新文化的“中心源泉”是现实生活。新文化的内容，是各别社会群的具体生活状况生活意识的反映，所以内容是多样性的。与新文化的内容相适应的新文化的表现形式，也是多样性的。同时，不管它是传统的或外来的，都要经过批判地改造，适合新的内容的要求，与新生的形式具有同等的现实性，才有其存在意义。这是说，在内容和形式之矛盾统一的基础上，后者要由前者来规定，不应为传统形式所拘泥而束缚内容的发展。

但这是否与民族历史的发展过程脱节呢？否。这里并没有忽视民族文化的传统。而且民族历史诸阶段之继起的发展过程，不是首尾倒置地从意识形态去把握，而在于决定社会面貌的各种生产方法之继起的过程。

然而不为大众所“习见常闻”的东西，能否为大众所接受呢？能的，只要是反映大众的现实生活，为大众所要求的经济，政治服务的文化，通过民族的特殊习性和大众惯用的语言作风去表现。也就是说，通过“民族气派民族作风”去表现，便能为大众所接受，所“喜见乐闻”。而所谓“习见常闻”的东西，正是属于旧的文化的东西，在其本质上且为有觉悟的大众所反对；若要为一般大众的“习见常闻”的东西所拘限，就非归结到保守旧文化不可。

又有些人认为新启蒙运动，在“关于孔子的问题”的课题中，在“留了与崇信孔子者合作的余地”。这也是错误的。在继承民族文化优良传统的要求下，即或对孔子思想的某些积极因素批判地继承，也要在于其能适合民族抗日革命战争的要求，在于其经过批判地改造而能成为民族新文化的构成因素，不在为着“与崇信孔子者合作”而“留了”“余地”。“与崇信孔子者合作”抗日的根据和“合作”的可能，在于大家都是中国人，同样怕作亡国奴。

还有一部分人，从另一极端上来处理民族文化遗产，又形成一种根本否认文化的传统性的错误倾向。他们以为传统的民族文化是奴隶制文化或封建文化，对现代中国民族生活的实践要求上，都是无用的赘疣，应该全部抛弃。这种意见看来似乎是很“左”的，实质上，却已陷入了观念论的泥沼，把新文化理解为凭空出现的东西。不知新文化和旧文化之相互交替的革命过程，是辩证法的扬弃的过程，不是形式主义的彼此孤立无缘。从这种见解出发的所谓新文化运动，究极上，也是取消新文化运动的另一化装，是文化革命的乌托邦主义。

在抗日民族革命战争的文化战线上，在保卫民族文化——创造民族新文化的实践任务上，纠正文化战线上的各种错误倾向，和各种错误倾向奋斗，是当前的紧急任务。但此不是为的要分裂文化战线，反而正是为的要加强团结；各种错误倾向是分裂文化战线的倾向，要加强团结，就不能不与那些起分裂作用的倾向奋斗。

各种错误倾向，是妨害革命三民主义的民族新文化运动开展的阴沟。因此，新文化运动也要从对各种错误倾向的奋斗中去展开自己的前途。

任这种错误倾向的发展，客观上必然会和帝国主义文化封建文化——甚至买办文化汉奸文化——发生因缘。因此，为着要争取“抗战建国”的民族解放事业的胜利，便不能不与各种错误倾向奋斗。

（四）

民族新文化与吸收世界文化进步成果问题。

革命三民主义的民族新文化，本质上又是反对法西斯主义文化的。国父孙中山先生曾指示我们，要“迎头赶上”，不再走欧美所走过的现成道路。这是说，我们的民族新文化，将不同于欧美日本资本主义的文化，是比他们进步的一种新型的文化，但也不能就是否定资本主义文化的社会主义文化，只是“迎头赶上”。这是我们处决这一矛盾问题的实践方针。

因之，资本主义文化的进步成果，特别在其启蒙时代所创造出的一些进步成果，如英国的古典经济学，德国的古典哲学，法国的空想社会主义，德美的自然科学，英美法资本主义初期的民主主义和自由思想，法意资本主义初期的文艺……其中能适合我们“抗战建国”要求的进步因素，仍应为我们所吸收。

自然，这里所谓吸收，不是把资本主义文化的进步成果“移植”过来，或把蟹行文译成方块字，假名译成汉字……，而要从民族民主革命的现实要求上，去选择其适合我们实践要求的进步因素，通过革命的改造，消化为民族自己的东西。

但这不是说，翻译的工作是不必要的，只是说，翻译或模写的工作，还只是介绍外国文化的起点，而我们对资本主义哲学、科学、文学、艺术……的介绍，也还是手工业的，片段的。在今日，系统地介绍，反而还有必要，这也不是说，我们只需要系统地介绍；特别重要的，还需我们革命的哲学家、科学家、文学家、艺术家……对其哲学、科学、文学、艺术……各个体系和其历史过程，与以科学地分析，批判地把握。从而所谓吸收其进步成果的口号，才有具体的实践内容。无可讳言，我们过去对这方面的工作，还十分不够。

这是说，若要运用它，须得把握它。

但是从保守主义的立场上去学习资本主义文化，其观点，其意义，其收获，和我们是完全不同的。例如说，美国求实主义的精神是值得学习的，而吸收到中国贪鄙者的意识里面，便变质为“贪小利而忘大义”的市侩主义。中央集权和地方分权的美国政治制度，（曾为革命三民主义所吸收，而成了民权主义一个构成原则）为中国半封建的统治者所掌握，一面便变质为袁世凯的专制主义，另一面又变质为民国以来的军阀割据主义。所以只有从民族民主革命的立场去看资本主义文化，才能发现其进步的因素，给它以批判地改造，使之成为民族新文化的构成因素，为三民主义革命服务。

另一方面，封建主义的反科学方法，也不能体系地认识资本主义的文化，只能看见其糟粕；实验主义的假科学方法，它不能认识资本主义文化的全体，只能认识其部分，不能认识其本质，只能看见其现象。只有最进步的科学方法，才能科学地分析资本主义文化的全部构造，予以本质地批判，从而才能扬出其中进步的积极的因素，废除其落后的反革命的因素及其垂死的躯体。

而所谓批判地吸收资本主义世界文化的进步成果，便不是贩运主义，也不是凭空“移植”，而是在中国社会内部革命的主观力量和客观条件的基础上去选择去消化。我们所以能吸取世界资本主义文化的某些进步成果，并可能消化为民族自己的东西，因为中国社会内部有其生根的地盘；我们所以不能消纳世界资本主义文化的全部进步成果，由于革命三民主义的经济政治，不同于资本主义的经济和政治。

二十年中发展起来的新哲学、新科学、新文学、新艺术……已成了民族民主革命的锐利无比的武器，特别在今日民族抗日革命战争中，发挥了最积极的作用。这是千真万确的事实。

二十年来，我们在这种最进步的世界观——最进步的科学方法的基础上，对民族过去历史的认识已达到盖然性的正确程度，特别重要的，我们已正确地认识了当前民族的具体环境和世界的具体环境，把握了中国和世界的动向，提高了民族的自信力和创造精神。在四年来的民族抗日革命战争中，我们能有正确的战略和策略——虽然没有全部采用——而又能获得部分地成功，正由于我们是运用最进步的世界观——最进步的科学方法去观察世界，分析现实；日寇在战略方面的失败，则由于日寇观察世界分析现实的方法是旧的资本主义的一套，由于在日寇方面是反革命的战争，不能运用最进步的科学方法。这也是千真万确的。

这自然不是说，我们只要有系统的介绍和研究；相反的，这正是从中国革命的基础上所提出的要求，所以问题的中心，三民主义革命所要创造的民族新文化，非把世界文化通过中国的具体环境和民族革命的现实要求来活用，通过民族肠胃的消化，便不能发挥其对中国革命服务的最积极作用，便不能成为民族新文化的构成因素。不理解其文化的全部构造，而欲吸收其适合现阶段中国民族要求的进步成果，便会蹈“洋务运动”的覆辙。

中国今日，从民族民主革命的客观要求上，从世界史的远大前途上，需要学习苏联革命的经验，吸取社会主义文化的成果；在民族的主观倾向上，全国进步的人们也都有慕爱苏联文化的愿望。因此，我们并已由朝野协力组织了沟通中苏文化的“中苏文化协会”。

事情却是十分明白的，如果我们需要革命三民主义的民族新文化，就不能不反对帝国主义文化和封建文化，就不能不吸收苏联社会主义文化的进步成果。

（五）

对吸收世界文化进步成果问题的两种偏向的批判。

在吸收世界文化进步成果这一课题下，从洋务运动以来，就有着两种主要的偏向，一是文化闭关主义的偏向，一是文化贩运主义的偏向。

贩运主义的偏向，最严重的，表现在自由主义者对资本主义文化之无条件地贩运。

首先在洋务运动时，进步的官僚，认为只须把“西洋”的自然科学贩运进来，给“天朝”封建主义糊上点“物质文明”的颜色，中国就会“富强”。

自洋务运动到“五四”运动以前的时期，已翻译了多种“西洋科学”的书籍；但多系（我只说多系）贩运式的介绍，没有通过中国民族的具体环境，把它活用起来。

自“五四”运动以后，自由主义者又翻译了资本主义的哲学、科学、文学、艺术等各种名著；但他们没有一一把它挪到中国来活用；相反地，他们模写的许多专著和课本，也多以（我也只说多以）欧美的社会生活社会历史为对象，与中国的社会历史及中国的人民的现实生活无关；而一二以中国历史中国社会为题材的研究，也多系牵强附会地模拟。例如就历史来说，他们所谓世界史，实际只是欧美史，并没有中国史或东洋史的地位；其所谓上古史，只是希腊罗马为主干的欧洲史，所谓中古史，只是封建主义的欧洲史，中国以及世界其他部分的“古代”和“中世”的历史是除外的。同样其所谓文学，大部分不但没有中国或东洋文学的地位，连人物、题材、作风、气派，也多是西洋化的东西……。数十年来学校教育的内容，也多受着文化贩运主义的支配。在课堂里教师所讲授的东西，不论科学、哲学、文学、艺术……多是无条件地把外国土壤里的东西，不知活用，不加消化，照样贩运过来，不管是否适合中国民族的土壤，更不问其对中国民族民主革命所起的作用是反是正（而且事实上还多是起着反作用的东西）；特别在大学里，还流行着一种所谓原文教本主义，如某国立大学的一位印度哲学教授，也采用美国“东方文库中的所谓‘原文教本’”，而佛学虽产生于印度，中国却是今日佛家学的事实上的祖国，美国市侩主义的所谓印度哲学，不过是中国佛学的糟粕，其教授却如此把源流颠倒。因之，学生在学校中所学习的便多系与自己民族历史社会生活无关的东西。从而形成教育和民族的现实要求相背离的现象。数十年来国家教育事业的失败，其“症结在此”。

自然，这不是说，数十年来，中国完全没有消化资本主义文化的成果，相反的，在中国社会民族资本等条件存在的根据上，却有着部分的东西消化成了国中的东西——不过所消化的，并非全是进步的东西；甚而有把某些有着相对进步性的东西，反消化成了有害的东西。

在新兴社会科学运动过程中，也没有完全克服这种偏向。这在一方面，表现为一部分人对于科学法则之公式主义的应用，例如对于中国社会史上的奴隶制或封建制的研究，便不管中国史的具体内容如何，却牵强附会地去迁就“古代”希腊罗马或“中世”日耳曼的公式；同时又以希腊罗马或日耳曼的纪年来概括全人类奴隶制或封建制的发生和没落的纪年……。又如苏联历史家，甚至日本史家对于中国社会史研究的结论，由于语言文学和生活传统的隔膜，每不及中国新史家自己的结论正确，而我们学术界的一些人士及一部分读者却宁肯信任马扎亚尔、沙发诺夫、波特卡诺夫（及至德国史家威特福格）、禁谷克己、早川二郎、佐野袈裟美……，而不愿信任中国自己的新史家。这也是受了这种偏向的传统影响。一方面则表现一部分人也以“西洋”文化为中心，例如对于一般认识史的理解和叙述，一些新哲学家，从不轻易涉及中国自己的东西，而只以欧洲的认识史为依据；他们一叙到世界史的奴隶制或封建制时代的哲学思想，便不外是苏格拉底、柏拉图、亚里士多德、席勒、奥古士丁、罗杰尔培根，而轻易不涉及八卦哲学或诸子和其以后的各派哲学……。这不但不易使中国读者感觉亲切，并可能使人们误解中国认识史的发展过程会与欧洲本质地不同。一部分新科学家，无论在社会科学或自然科学的各部门，都还没有把它和中国民族的历史与土壤相渗透，这无疑会减低理论的实践性。一部分新文学家，在文学作品中的用语气派和作风等方面，多不是中国大众自己的用语、气派和作风，多为他们所喜闻乐见的外国用语、气派和作风。一部分艺术家的作品，如绘画和雕刻等，也多表现为外国人物的模型，不是表现“民族气派民族作风”的作品。

但这也不是说，二十年来吸收的苏联社会主义文化成果，没有在中国民族的园地里生根、开花、结实，相反的它已经成了中国革命最精锐的武器，发挥着最积极的作用，它已为中国民族所掌握。所以，我们只是说，新文化工作者的努力还是不够，其中一部分人，并且还完全没有摆脱文化贩运主义的传统，我们还该加紧努力来克服过去的缺点。

其次，文化闭关主义，原来是发生在保守主义的地盘上，保守主义者主张文化闭关主义，是毫无见怪的。在现在，一部分社会科学者，由于其构成的解释了“新质发生于旧质的胎内”的原理，也陷入了这种偏向的错误。他们认为产生中国民族新文化的“中心源泉”在民族旧文化，因而便不得不过低去估计外来文化对中国民族新文化的影响作用。

这种错误见解的形成，第一，由于他们没能从历史的实践过程去认识。各民族文化的接触，即使完全没有相同的社会条件，也能相互影响而给予特殊色彩；特别是前进文化对落后文化的影响，如专制封建主义的中国隋唐文化，对日本“大化革新”和其奴隶制文化的影响，便是显例；如果落后民族的社会内部，已存在着接收先进文化的物质条件，便可能在一个革命的过程中，大量地吸收先进文化的成果适应自己民族的特殊条件予以改造，使成为自己民族的东西，如“西洋”资本主义文化对日本“明治维新”和其资本主义文化的影响，就是显例。

第二，由于他们忽视了此时此地中国民族的具体环境，不知把理论活用到这种具体环境里面，反而把原则公式化。革命三民主义的民族新文化产生的主要根据，是三民主义新经济新政治力量，新文化又随同新经济新政治力量的成长而成长；新文化在新经济新政治的主要根据上，一面批判地继承民族文化的优良传统，一面批判地吸收资本主义文化的进步成果，一面吸收社会主义的文化成果而加以消化，是民族具体环境和民族民主革命的客观形势所规定的。为新的经济新的政治服务的新文化，便不能等待其构成因素一一从中国社会内部来产生，只有（而又必然）从其可能发生的社会根据上，去吸收世界文化的进步成果，加以改造、消化，就能在自己民族的园地里生根、开花、结实。

另外有一种意见，主张我们对国外学术思想……的翻译介绍，应尽量采用民族固有的用语，自己没有的用语才从新创造。这是值得注意的。不错，过去许多意译的用语，大都转自日本，那对于中国大众的用语习惯上，是多少有些隔阂的。从而也就阻滞了民族文化之普遍与提高的进程，不过所谓民族固有的用语，应说是现实生活中的习惯用语——民族固有的用语和成了惯用的外来语；反之，在民族过去曾惯用，今日已为他种用语所代替了的用语，便只有考据上的意义了。例如“论衡”是中国过去的用语，今日已为“批判”或“批评”所代替；苜蓿、葡萄、石榴、胡麻、胡桃、胡荽、胡葱、胡蒜、豌豆、菠菜、胡萝卜、枣□、黄瓜、西瓜、无花果、皂荚、凤仙花、胡桐、仙米突、铁道、轮船、摩登……都不是中国民族原有的用语，或随同其实物的传入；或随同新现象发生与音义的讹传，今日都成了中国民族自己的用语了。

实际上，在用语方面，还有着待解决的严重问题，即在一方面，今日所谓惯用的语言，是官语主义的，并没有认真去解决地方语的差异性问题，把地方语一齐拿上文化的舞台，并使由差异到统一；在又一方面，今日所谓惯用的语言，是大汉族主义的，并没有认真应用国内其他民族的语言来写作，使各民族都有用自己语言写成的文化读物——并要能表现他们各自的气派和作风……。这两个问题不认真解决，革命三民主义的民族新文化运动，仍是跛脚的。

最后，所谓民族文化传统，在四千年来的历史过程中，已不断地吸收了外来文化的因素，如佛学来自印度，景教来自西欧，回教来自阿拉伯，音韵源于“西域胡书”(随书经籍志)，云冈石佛雕刻模自印度，源于希腊，壁画亦学自印度，胡角、胡琴、五弦笛传自西域……这一一都在中国社会内在的根据上生根、开花、结实，成了中国民族自己的东西。这一面历史的镜子，对于文化闭关主义者，应是很好的教育材料。

一九四〇.一一.五.重庆

〔国民党中央图书杂志审查委员会档案〕

11. 楼桐孙：民生主义在急剧实行中(？)①

(1940年11月26日)

一、何以有这个(？)——一个尴尬的题目

① 此文系1940年12月11日国民党中央图书杂志审查委员会扣存的《时事类编》送审稿。作者附语：“此稿写就写得长了些，但自己觉得都必须说呀！”但审查结果，仍被处以“免登”，并予扣留。

本文的题目“民生主义在急剧实行中”下面，何以附上这个（？）？是啊！这是笔者所应首先说明的。老实说，这不是一个题目。这是一位朋友说话中的一句话。笔者以为他这句话很乐观，但同时又似很愤慨，很勇敢，但同时又似很消极，很幽默，但同时又似很悲衰。……尤其当他说出这句话的时候，态度虽然很强毅，但是……但是很显然的，依笔者观察，他的心情却是非常之尴尬的。不是吗？我们当时说的是很广泛的：从粮食问题到了一般的物价问题；从物价问题到了一般的经济金融问题；甚至又从经济金融问题涉及他国的战时的财政或赋税问题：——总之，几乎完全是，同时亦不外是民生问题。我们说话的时间相当长久，可是这位朋友，从头至尾，翻来复去，总离不了一句“民生主义在急剧的实行中”。笔者当时听了，很有点儿不耐烦。可是事后想想，他那种尴尬的情调，不免使我亦尴尬起来了。不是吗？目前横梗在我们面前的民生情况，确实是一个尴尬的问题。举一个例：卢作孚氏不是我们的“全国粮食管理局局长”吗？卢氏是四川人。他对于四川粮食的情形，自然是格外熟悉。近来后方的粮价，数月之间，飞涨到每老斗五十余元。如果和去年同时期比较，大概涨到十五、六倍之多！这使一般人民，尤其是我们薪俸阶级的人，真真弄得怨声载道，日不聊生。对于这种情形，卢氏职责所在，当然是比我们任何人都要着急。于是卢氏应渝市临时参议会的邀请，不得不公开的说几句老实话了。他首先承认：“四川全省在前两年皆告丰收，一部分农村尚有余粮”。所以要平抑粮价，务必“先用力于排除粮食问题所有一切人为的原因，积极管理”。这是绝对正确的。无如卢氏心里明白，事实上“间有未能发挥（管理）效能之处，致未能立将全局控制！……”。（以上所引，具见十一月廿三日中央日报卢氏报告）末尾这两句话，岂不已充分表明卢氏中心尴尬的情况呢？

卢氏的尴尬，就是我们那位朋友的尴尬，亦即是我们大家心目中对于整个民生问题的尴尬！因此，所以笔者就把“民生主义在急剧实行中”这句尴尬的话，作一个尴尬的题目，写出些尴尬的心情来，让大家讨论讨论，共谋必要的解决。至于下文所述，是朋友的话多，而且事先并没有征取得朋友发表的同意。这是应该附带向那位朋友和读者道歉的。

二、后方民生的改善

——民生主义在急剧的实行。至少，后方的民生，确已改善多多了。国父尝说：“现在中国工人所受的最大痛苦，是由外国的经济压迫”（中国工人所受不平等条约之害）。“中国以农立国，而全国各阶级所受痛苦，以农民为尤甚”（国民党之主义）。农民和工人，确是中国历来最劳苦的大众。所以，国父提倡：“国民革命之运动，必恃全国农夫、工人之参加，然后可以决胜”（同上）。我们这次对倭抗战，是国民革命在完成前必经的阶段。而全国农工同胞，在种种方式下参加作战的忠烈事迹，报不绝书。农工同胞对于抗战，无论从那方面讲，可说都已尽了他们应尽的责任。所以大体来说，后方农工大众的生活得到若干的改善，是最公道不过的。抗战建国纲领不是早就规定要“改善人民生活”的吗？我觉得尤其在四川，这目的已相当达到了。四川人民向来是最勤的，但同时亦是最苦的。原因？军阀！鸦片！苛捐杂税不够，还得预纳几十年的钱粮！自国民政府来川后，这一切的一切，都已一笔勾销，川民负担锐减，自然好过得多了。政府西移，大量资金流入四川。政府和金融界又都积极办理农贷或小本贷款。人多了，需要劳力自然增多。于是劳工价格，不断的猛涨。“有钱赚钱，有力赚力”。收入方面，更形成空前的活跃。所以我说，至少，四川民众的生活，不是确已改善多多了吗？

四川是“首省”。

重庆又已做了“陪都”。

这真是“畿辅千里”之地。民生主义在这里一步步的展开，岂不是可以说民生主义已在急剧的实行了吗？

——很对！我说。本来现代人类，要提高文化水平，必须先提高生活水平。现在的四川同胞，方可算是从军阀的压迫下解放出来，受了革命的洗礼，开始享受到人的生活。所以农产品价格提高，工价提高，原则上，我都并不反对。可是少数军阀余孽、土豪劣绅，和各式大大小小的地主，一方面既然受到很大的利益，同时他还要运用战时的利得，起始对于××——，接着对于棉纱(去年上半年)，末了乃至于对粮食和各种日用必需品，都无一不囤积居奇，操纵市面。××即或还有行市，那于我们不相干。但是完全国产的纱布、粮食，弄到如此这般，由于"人为的原因"的跃涨，那我们薪俸阶级中的一部分公务员，只得束紧肚皮，睁着眼睛，饿死冻死了！合理的涨，与法币增多的数量，成为相当比例的涨，(虽然我们薪俸收入的法币，并不丝毫增多)那我们是没有话说的。可是现在四川的粮价，由于经济上连带的作用，因而一般的物价，实在涨得太不成话说了。一天天的涨，一小时一小时的涨，甚至在同一米市，同一小同，同一米贩，甲买四十六元一斗，乙买就要四十八元一斗，"没得少"，(这里我亲见的事实)这实在是无可宽恕的了。我们务得请求政府厉行粮食管理政策，以维持后方的民食……。

三、"政府"与政府中少数的"大官"

——政府！管理或什么统制！朋友显然带了讽刺的意味说。

——怎么？你敢不信任我们自己的政府吗？你赞成物资管理或经济统制的政策吗？休说战时，即在平时，各国都不是已在实行的吗？朋友，小心罢！关于这层，我是决不能通融含糊的！……

——先生放心！朋友说。不敢卖老，我的入党(国民党)和参加革命，老实说，并不在你之后，因之，我的拥护政府，赞成政府经济统制的政策，也不致在你之下。不过话说到这里，又得略略辨别一下才好。你看怎样。

——怎样辨别？我问。

——这个辨别很简单，不必侈谈学理。"政府"是"政府"，"人"是"人"。我拥护政府，信任政府，但对于政府中有少数的"人"，还是"重要的人"；是"大人物"咧，在下确实不敢恭维！很久以来，重庆就流行着两句话："前方吃紧，后方紧吃；前方有什么吃什么，后方吃什么，有什么"。因为"大人物"有的是飞机，有的是走动的，伺候的人。于他们，香港的往来，（经过香港，全世界任何其他地方的往来，都是一样，）直是夕发朝至，比我们来往一趟成都要快便得若干倍。他们的享受，你想有什么问题？这正是最近吴稚晖老先生所说的"及身和平者"或"一味享乐者"。……这虽然已是不很公平，但毕竟还只是享受上的小得，在他们是满不在意的小问题，（在战时，固然亦可以成为问题）我们亦不必多费口舌。但是他们的生活，那豪奢享乐的生活，可以泄漏出一点很重大的意义。就是他们的钱实在多！

——他们何得有那么多的钱呢？他们每月多少薪俸？多少公费？

——傻先生，朋友很不客气的说。他们的钱？有多少我不知道。怎样来的？穷小子更是莫测高深。不过，你先生亦别装傻了罢。国际腾说，道路传闻，对不住！我更不懂外国文，更没有外国朋友，所谓"国际腾说"，还不是得于"道路传闻"。谁不知道他们大腹便便，生财自有大道。据闻他们是有权有势的人。要法币？他们是"取之不尽"的。他们用自己信手可得的法币去大批的购买外汇，再用外汇或由外汇办进的外货，换成更多的法币……这样，他们之钱的多和来路的易，亦大概可想而知了。这样，周而复始，源源不绝，他们的利得也就实在可观了。马寅初先生说得不错，中国的"大贪污"，其误国之罪，远在奸商，汉奸之上。"吾人以千数百万同胞之死伤，数百万万财产之损失，希冀获得胜利以求民族之快快复兴，决不愿以如是巨大之牺牲来交换几个大财神。一个握财政之枢纽，一个执金融之牛耳，将吾人经济命脉，操在手中，此岂抗战之用意乎？（时事类编特刊第五十四期）马先生这话，想必不是道听途说，而其中人物确是“呼之欲动”的。这样法币自然是越来越多，外汇自然是越来越跌。固然，照理论讲，货币贬值，是可以刺激国内生产，鼓励对外输出的。无如，天晓得！中国的生产，除了农业，试问还有什么？那末，农业生产，因限于种种天然条件，是很不容易刺激的。

法币更越来越多，那末物价就自然要越来越贵。物价贵了，公私原有收入，原有预算，无形中打了一个很大的折扣，不能保持原有购买力。于是政府点金有术，不！点纸有术，又得增发法币了。法币越多，物价越贵，物价越贵，法币越多，这如果还不算是“通货膨胀”，但确确实实是一种“恶性循环”。这循环的开端，固然是由于抗战的急迫需要，可是正如马寅初先生所说：“有几位大官，乘国家之危急，挟政治上之势力，勾结一家或几家大银行，大做其生意，或大买其外汇”（同上），似乎也应负点儿责任罢？如果对他们毫无办法，而惟地方资本家的囤集团是问，那真叫“豺狼当道，安问狐狸？”不但失之不公，而且决难收效！你先生或者要问，这几位“及身和平者”或“一味享乐者”的“大官”，如此贪得无厌，到底是何居心？是啊！以我之愚，本也简直莫名其妙。我们的行政院副院长兼财政部长孔祥熙先生，到底是位理财大家，深明此中三昧！从前法皇路易十四说：“国家就是我”。这些“大官”似乎在说：“国家一切大产业就是我的”。穷小子不敢胡说。这是孔副院长说的。孔副院长最近播讲纪念国父与节储意义，他的结论是：“我们必须节约储蓄，发展实业，我们要拿整个国家的实业，当作自己的实业！”（十一月十三日益世报）这话，不问他的用意如何，就事论事，也足够明白了罢？……

四、“统制”与“做买卖”

——朋友，你怕误会了？我说。

——不！不！我没有误会。孔副院长是公忠体国，要大家“公尔忘私”的意思。我只是借用他这句“至理名言”，说那些“大官”的“私尔无公”而已。……

——好！算了罢。我只知道我们的最高领袖多少年来，宵旰勤劳，确是绝对的公忠谋国的。至于孔副院长那“要拿国家整个的实业，当作自己的实业”，究竟真意如何，自有事实证明，也用不着我来替他多嘴。但是你刚才所讲应当“辨别一下”，单就这样一个辨别吗？如果只是如此，你不怕人家怀疑你在替四川一般军阀余孽、土豪劣绅辨护卸责吗？……

——是的！还是一个重要的辨别。统筹管制，叫做统制。这原来是很好的。虽然我国产业落后，生产条件还并不够格，来说什么统制。但若办理得法，涓滴归公，当然也是能够截长补短，促进产业的繁荣的。我不懂外国文，但我在第二卷第八期“新军”里看过一篇止戈先生译的“德国人的战争观”。那里面写有一件故事，说德国在这次开战以前，（当然，开战以后，想必是更□了。）有一个中等家庭——休尔兹先生，他和他的小姐每月工作收入，共为四百三十个马克，除了一应捐税每月一百七十六个马克，实得二百五十四个马克。可是按照休尔兹太太最低限度的预算，每月必须有二百九十二个马克才够开销。照算每月不敷三十八马克。这够使主妇发愁。然而更发愁的，是休尔兹太太每日清晨上街采购家常必需品，总是十分困难，买不到东西，结果：她每到月底还有五十马克用不掉！据说，不但一家如此，而是家家如此的。这才叫统制——因为人民日常生活用品尚且如此，其他有关国防、军用和国家一切大规模的产业，那自然不必说了。

由此可见所谓统制，是必须由国家统制的，是公的。

先生，我们的统治怎样？其中最主要的，关系国家命脉的，当然是法币和外汇。如果我们拿上文所说那些“大官”发国难财的伟大故事，来和德国这中等家庭的渺小故事比照一下，就可想见我们的统制是怎样一回事了！小民不能买外汇，“大官”可以大买而特买——恕我胡说八道：听说去年有人在伦敦一次就买数百万磅！小民不能出口，“大官”可以大出而特出——一样的胡说八道？听说在不久以前有某太太把一百多箱的贵重价值，用外交护照带到美国！小民不能投机，“大官”可以大投而特投——还是胡说八道：听说近些时候，有人在某地买美汇损失几千万元，不知道是法币还是美元！

先生！这是统制吗？如果这些胡说八道，都是“事出有因”，那简直是一种独占的买卖啊！我赞成统制，但我决不能不反对这种买卖！岂但我反对？我想你如果天良未丧尽，亦必然要反对的。先生！是不是？

……

五、谣言！谣言！还是大家想出办法要紧！——“粮食公卖”

谣言！谣言！我的好朋友。你聪明一世，竟也会糊涂一时，受那些敌人和汉奸们的挑拨吗？够了！话亦说多了！当这国家危急，大敌当前的时候，我们大家还是要抱定信心，对于一切问题，都得从积极方面想想办法才好！

——谢谢！你这话很对。说到办法，马寅初先生最近所公开提议的那“对发国难财者开办临时财产税”当然也是一个。原来发国难财的人，就是“只顾少数人，甚至个人的权利，而不顾大多数民众的利益，就是自私自利，就是反革命。做了反革命的人，任他怎么大的学问，怎么大的才干，怎么大的权势，都要为国人共弃，绝对没有不灭亡的道理”(总裁言论卷一第二九页)。这种人，死且不足以蔽其辜。“钱从有处拿”。要他们缴纳些财产税算得什么？例如美国，目前正在大扩军，即已积极注意到有抑制各厂家各产业世界过分利润的必要，以免将来物价的暴涨。当“第三次文生案”的实施，政府于定货时即有限制造船业利润为八厘的规定。

七月一日罗斯福大总统又提议对于殷实产业的超过利润，应课以累进税。

这本是现代政府应有的职责。

不过，至少在中国财产税（即资本税）这个名目，还是一种破天荒的呼声。因为财务机构和社会经济的关系，不很易于实行；尤其即或实行，扩其量，亦收不了多少，于国家预算，建设事业，乃至目前这万分严重的物价问题——从另一方面讲，亦即是币值问题，都可说是与实际没有多大的补益……

——哦！那末照你的高见应该怎样呢？预算？财产税对于预算又有何不好？

——不是不好。是不够。你知道我们近年预算的情形吗？大体上，抗战前——民国二十六年——是十四万万；明年——民国三十年——依个人推想，恐怕至少非达七八十万万元不可。而收入呢？毋待讳言的，一定相差得很是可观！那不敷之数，单单靠些节约储蓄或财产税就能完全弥补吗？我想一定不见得。差得远！……

——那么，那么怎么办呢？我很着急的追问道。

——怎么办？办法是有的。唯一条件，只须我们最高当局有决心！革命的决心！蒋委员长是我们革命的唯一领袖。那样凶暴的一百多万的倭寇，我们尚且能够一打打了三年多，打得他走头无路。只须蒋委员长有决心，单就目前的物价问题而言，第一就要遵照国父遗教，实行粮食公卖！一纸命令，立刻将全国粮食宣布国有，再由国家酌定公价，分配给人民，一转移间，粮价可定，物价可平，法币价值可以维持，国家预算可以确立，为国家开发巨大的财源，则一切建设事业的经费，都不怕没有着落了。是的，这问题自然要比开征财产税更为广大，但同时亦更为彻底。我们是革命政府。抗战是革命。在内政上，对于民生问题，尤须革命！我们自己不革，将来必有人要代我们来革。那是很危险的！五六百元一担米，危险已逼到眼前！再不赶快设法，转眼就将化十元买不到一升米。你说米涨也好，法币跌也好，我不管，我不是经济专家。但我只凭常识判断：一面继续飞涨，一面继续惨跌，一涨一跌，双方各向相反的方向赛跑，国家预算是永远兜不起头来的！那却不是好玩的事！抗战也好，建国也好，财源不辟，预算不敷，建设不办，民生不安，一切都是不行的。穷则变，变则通。目前粮价物价的威胁，未始不是老天为我们逼开一条大路。这是革命的路！建国的路！此路一通，将来平均地权，节制资本，都可顺水推舟，民生问题亦就不难迎刃而解了。所以我开首就对你说，民生主义在急剧的实行中。

要实行民生主义，首先应该粮食公卖！——"民以食为天"。事到如今，实逼处此，这是天给我们的千载一时的机会。最近拉帝摩氏说得好，中国现在已是一个"可以完全自己负责的民族"。所谓自己负责，就是总裁所诏示我们的"自力更生"。要"更生"，必先得大家有饭吃。要有饭吃，必先得赶快实行粮食公卖。祖先有一份这样好的遗产留给我们。我们是决不要饿肚皮的。我们不是粮食不够。目前的问题，全在"人谋不臧"！据中央农业试验所统计：今年各省的平均收成，实与去年不相上下。去年后方十五省稻米生产，共计约七万万五千万市石。至本年十月新谷收获时止，共计消费至多不过七万万市石。故前今两年，共可存余约一万万市石。这一万万市石的粮食那里去了？何以粮价涨到了这个地步！……

——是的！是的！这应该是卢作孚氏所说由于"人为的原因"。

——对啦！"人为的原因"。"人为的原因"就得用人为的手段去对付：革命手段！拉帝摩并说："若不是英法宫廷愚暴的压迫，美国和法国的革命是不会爆发的"。他认为这是"历史变动中的一个基本定律"。我是相信这个定律的。所以我认为我国目前的情形，民生主义已在急剧的实行。至少，已有一个实行的“引信”(亦拉帝摩语)。

“引信”是粮价的绝对无理的暴涨。实行的第一步，就是要粮食公卖！详细办法，自然有待于粮食和立法的专家。

——立法？我赶快先把你的话记下来再说。

二十九年十一月廿六日于独石桥

〔国民党中央图书杂志审查委员会档案〕

12。徐迟：一幅今日世界的图画①

（1940年12月19日）

诗人但丁啊，你的神曲
分三部：地狱、净土、天堂。
这正是今日世界的图画，
我来带领你们，去世界旅行。

“地狱”：地狱是由大机器构成的，
地狱是由煤、油、电力构成的，
向地狱的门朝下走，悲苦的声音，
走进地狱的门便是成群结队的
死人、鬼魂，我看见通电流的机器
正在剥他们的皮，另外无数种机器
名字叫做机关枪、坦克车、大炮、飞机，
正在大量的杀人，想不到杀这末多。
我看见地狱里熊熊的大火和黑烟，

① 此稿系《文学月报》1940年12月19日第1卷第12期被扣送审稿。国民党中央图书杂志审查委员会认为：徐诗“有违审查标准乙项第五条之规定，应予免登”，并扣存。

我们人躺在宰牛羊一样的屠场里，
给巨大的铁链锁住，几把大剪刀
剪掉了他们的舌头，悲苦的声音。
他们是谁？你问我，为什么他们受苦？
工人、农民，没有犯罪，良善的灵魂，
还有失业的人与战争的难民，
他们要受苦，除非他们意识到
自己的阶级性，起来争取生命和自由，
你心肠软，列在东一堆西一堆死人堆里，
但你醒来时，我们已经到了另一个地方。

“净土”：很干净的土地，温柔的光线，
很舒服的房屋，很适宜的气候，
这里有生命的享受，美丽的梦，
这里有许多狗，还有高深的学问，
什么新发明都是这里的出品，
有财政学、国际公法等等专家，
甚至于有大政客、大将军、国家的元首，
他们是管理地狱的机器的工程师，
他们是管理地狱的电力的工程师，
他们都很努力，努力于自己的事业，
他们都很努力，保持净土的繁荣，
人数虽然不多，管理地狱是足够，
他们是努力着，据说努力着人类幸福，
他们还努力着，中日战争的和平，
英德战争的和平，暂时的彻底的和平。
他们都是有身分，有财产，有势力的，
但是他们并不是没有爸爸的，

所以现在他们到他们爸爸那儿去。

“天堂”：请看这是今日世界的天堂，
到底是天堂啊，满天星是金刚钻，
乐园里的夜莺唱着乐园的歌，
乐园里的花木开放宝石和夜明珠，
可是天堂里的神仙只有几个人，
天堂是静静的，黄金补的天，铺的地，
他们神仙，是今日世界的创造者，
他们的黄金指挥太阳和星座的移动。
但是最近这样幸福的神仙，也烦恼，
他们的黄金指挥了许多战争都成功，
可是他们在讨论，正在准备一个战争，
准备一个大规模的战争，这战争
是准备反对那大熊星所照耀着的人间，
在静静的天堂里用轻轻的声音，
这很少几个神仙讨论，准备，烦恼。

现在我们已经象诗人但丁一样，很快的
旅行了今日世界的地狱、净土、天堂。
但是我还要带领你们去旅行一个地方。

“人间”：这里没有地狱、没有净土，
滚他妈的天堂，这里是人间。
啊，人间也是大机器构成的，
人间也是煤，油，电力构成的。
这里，人是工程师，人是自己的主人，
机器，电，不，不剥削自己人类，

人间所以是干净，温暖，适宜，舒服的
人间，人人有工作，享受，美丽的梦，
这里的人民，专门努力世界的繁荣，
真正努力人类的幸福，永久的和平。
这里是人间，人间是这样好，
所以天堂里的神仙都妒他，气他，
所有他们准备着一个人间的屠杀。
要把人间再变为地狱，因为这个人间
本来是地狱，翻一个身成为人间的。

今日世界是这样一幅图画，
地狱净土天堂，但是还有人间。
地狱里的苦难的人起来翻身，
因为到了明日的世界，只有人间。

〔国民党中央图书杂志审查委员会档案〕

13．艾青：溃灭①

——欺骗：长诗《溃灭》代序

（1940年12月　日）

又一次庄严而又残酷的游戏
开始了。战争的火焰，
在喀尔巴阡山脉以北
维斯社拉河所流经的
初秋的广大的平原上延烧着；
卐字铁骑的蹄踏，

---

① 此诗稿系1940年12月31日国民党中央图书杂志审查委员会扣存的《中苏文化》第7卷第7--8期送审稿。稿面右上角批有“免登”字样。

带着急迫而沉重的声响
从波兰农民所耕植的田地上驰过……

在那疾风一样的行进里，
辛勤的手所耕耘的土地被蹂躏，
而虔诚的心所等待的庄稼也被摧残了；
火焰燃烧着宁静的森林，
炮弹击毁了和平的村庄，
无罪的人民，与无知的牲畜
哀号着，嗥叫着，奔跳着，流徙着——
无情的枪炮追赶在他们的后面。

以索还走廊为口实，
德意志的军队——像五个手指，
在希脱勒与戈林的指挥之下
向"欧罗巴的大仓库"（注一）进军，
——想用疯狂的冒险，
夺取侵略的资源。
于是西欧的两个"古老的堡垒"，（注二）
为了维持强硬的霸权
突然从破旧的炮眼里
扬起了暴怒的的炮火，
——德意志和波兰
英吉利和法兰西的千百万人民
被驱策着向火坑跃进……

不到一个月，华沙陷落了。
波兰的政府逃亡到法国。

日子一天天地过去，
战争在富有理智的思考下，
在政治与外交的进攻里，
持续着，而又沉寂着；
狞恶的阴谋，像鳄鱼似的
无声地向北方爬行……

严寒的十一月，
吹刮着风雪的十一月呀！
金元世界的哨兵(注三)
向列宁格勒射击；
为了避免被攻击的威胁，
英勇的红军
跨过了古老的资本主义的
第一道防线……(注四)

冒险家与阴谋者
被激怒了：狡黠的眼光，
夹带着妒恨与怨毒，
凝视着白皑皑的北方……

“马奇诺”在瞌睡，
西线在默契里相持着；
整个陈腐的世界，
都把不能消解的仇恨，
和不会懊悔的牺牲，
为了“反苏战争”而癫狂！

无数的军火，无数的药品，
和无数的法郎与美元，
无数的里拉(注五)与金磅，
用军舰装载着
驰进了波罗的海……
瑞典，挪威，丹麦，
在后面咬牙切齿，擦掌磨拳；
赫尔新基的港口
光临了意大利与美利坚的飞机，
与纨绔的年轻的飞行员；
和全身安装，带着雪橇的
英吉利与法兰西的“志愿兵”……
他们在一九三九年的冬季，
热衷于探访寒冷的旅行。

这是新的时髦啊——
艺术家画着雪地的哨岗，
贵妇人带起了尖顶的军帽；(注六)
他们用呼唤情人的声音，
呼唤着温柔的“芬兰”；
华盛顿，巴黎，伦敦，
举杯庆祝着她的胜利；
白卫军又成了新宠，
而曼纳林也成了英雄。
暴怒的风，从克隆斯达特(注七)
扫过了芬兰湾……
随着不可挽回的雪崩
科维斯特港(注八)陷落了……

炮火停止了喧闹，
红军开入了维堡，（注九）
列宁格勒得到屏障；
冰结的北国，封冻的北国，
在初春的阳光里解冻了。
两个毗连的国家，恢复了邦交。
这之间，韦尔斯带了大西洋西岸的
白宫的焦虑，披星戴月
奔走在罗马巴黎与伦敦，
转述了黄金之国的意旨，
想化学的地
使战争融解成另外的一种流液（注十）
四月，温暖的风
从英伦海峡吹送到北欧，
紧随着苏芬的和平，
联军在挪威的领海里，
密密地种植了水雷，
——仅仅一天，她们
就在澄碧的水里开花了！
卐字的军队不受抵抗地
由“第五纵队”率领着，
侵入了挪威与丹麦，
奥斯陆与哥本哈根（注十一）
在几个小时里沦陷；
紧接着的是恶性的，痉挛的，
彼此都想使对方倾覆的
海空大战……

五月的风，从波罗的海
夹带了血腥的气息，
和初夏的炎热混合一起，
旋流在弗朗德低温的平原——
悲哀的弗朗德平原啊！
已不知多少次遭受着创痛的经验……
坦克车在陆地上爬行，配合着
降落伞从空中带来的恐怖，
德意志的军队
向鹿特丹与乌得勒支（注十二）
切断了两个中立国的联络，（注十三）
阻挡英格兰部队的爬上陆地，
一面用主力从罗尔蒙特（注十四）
冲过了麦斯脱里乞垂肠地带，（注十五）
轰击列日（注十六）的炮台线……
威廉海密娜，（注十七）
把荷兰政府和钻戒，
放在她的手提袋里，
从湿露之都的海牙（注十八）
逃亡到伦敦。

卢森堡阿尔龙森林地带，
树木屏障着山谷间，
德意志的军队疾驰而过，
她们会合了
从南慕与第襄（注十九）南下的部队
侵入了法兰西境地，
（复述了一八七〇年九月的教训）

冲破了从色当到美齐(注廿)的
马奇诺延长线；
鞭挞着苟安与昏庸，
向西追赶拉翁与亚眠，
直到海岸上的亚贝威勒。(注廿一)

——为此迅速地切断了
在比利士的法军与本部的联络；
为此把联军围困在
弗朗特的战场上，
再在包围圈里
进行残酷的“大歼灭”。

“悲哀的比利士”投降了。
二十多万法军成了俘虏，
他们囚禁在无数的
通了电流的铁丝网里，
不可知的命运
颤慄在刀光下拖延着时日，
无助地想念着他们的家属，
——衰老的父母，劳苦的妻子，
和无邪的弟妹，哀号着的儿女……

英吉利的军队
在张惶下获取了新港(注廿二)
把它当做掩蔽撤退的屏障。
把水堰破坏，
挡住了在后面追赶着的敌人

拦阻了疾进着的装甲部队。

五月的末梢，
忧郁的雾，
迷漫着多维尔海峡……
败退的十万大军，
在敌机千架的压迫之下，
藉决水与夜的庇护，
跋涉过泥泞，
从悲哀的弗朗特战场
逃回到英格兰岛上。

六月开始，
德军扼住了联军的咽喉——
占领了邓寇尔克。（注廿三）到达了
"向海洋奔驰"（注廿四）的终极，
——为此割断了
两个古老的帝国的携手：
使海洋的归还到海洋；
使大陆的被围困在大陆上。

摇撼天地的法兰西北部的战争
迫使那维克（注廿五）陷落。挪皇哈康
一面叫军队投降，一面
坐了军舰逃亡到伦敦。
大英帝国在北极海上的
政治幻想被击碎了。

当战争的火延烧到
巴黎的门限时，墨索里尼
（希特勒的掠夺盟友）
宣布了参战——意大利的军队
从阿尔卑斯山向法境进攻，
——如此地，法西斯的铁钳
钳住了这“自由的法兰西”。

而法兰西北部的
空前的恶战展开了！
亘古未有的大屠杀啊，
人类的生命与文化的浩劫啊，
四百万的军队，
在绵延四百里的土地上肆拼着；
成千成万的飞机，机关枪，大炮与坦克
奔腾在山野与苍空；
每一农舍，成了炮台，
每一森林，成了陷阱；
千百万宁静的村庄，
在猛烈的炮火下被摧毁；
“恐怖”在血泊里狞笑着，
“死亡”用刀与火统治了世界。

美丽的巴黎被弃了。
德意志的军队，
整列在凯旋门的前面
欢呼着：“希脱勒万岁！”
法兰西的政府

向波尔多逃亡……(注廿六)

当在瞌睡着的"马奇诺"醒来时，
它已被围困在灼肉的火焰里面……

贝当(注廿七)求和，康边森林里
停着福煦将军的卧车，
历史才翻过了二十二年
今年，法兰西在她的
懦庸而又无耻的后裔手里，
必须要用耻辱的眼泪
拂拭掉祖先用血换取来的光荣。(注廿八)

一个国家的武装被解除了，
一个民族的命运被断送了，
从此之后，成千成万的爱自由的人民，
将匍匐在希脱勒的皮鞭之下，
受辱，劳役，饥饿，流血，死亡……
叹息着，呻吟着而不得翻身。

这是不公道的啊！
这不是战争啊！
法兰西的人民
不曾为自己安排这样坏的命运啊！
他们从不曾在莱茵河的东岸
去寻找决斗的敌人啊！
在慕尼黑签订条约的不是他们，
他们和希脱勒，墨索里尼没有来往，

他们没有和强盗做朋友，握手，
他们没有为了一个阴谋，
奔波在伦敦，罗马，与柏林之间！
他们不愿被人掠夺，
也从不掠夺人家的地方！
他们从来不愿为了自卫之外
而握起了刀枪！
——从凡尔赛分来的赃物(注廿九)
他们没有得到过一分啊！
这是不公道的！
这是欺骗，这不是战争！
这是张伯伦和希脱勒的赌博！
这是进攻苏联的阴谋的辛酸的教训！
这是达拉第、雷诺、拉伐尔的罪恶！
这是用任何血都洗不掉的罪恶！

他们将要复仇的——
法兰西的人民，公社的子孙！
他们将象一个人似的团结起来！
他们将不顾一切地奋起！
他们将为扑灭卖国贼而斗争！
他们将为反抗法西斯而斗争！
他们将坚持着：
"非到我们的代价压翻了天秤
决不罢休。"(注卅)

(注一) 波兰大平原。
(注二) 杜德语。
(注三) 指芬兰。

（注四） 指曼纳林防线。

（注五） 意大利币名。

（注六） 芬兰军帽。

（注七） 列宁格勒港港名。

（注八、九） 皆芬兰地名。

（注十） 指韦尔斯“和平旅行”，实际策动着“反苏”

（注十一） 奥斯陆为挪威首都，哥本哈哥为丹麦首都。

（注十二） 皆荷兰地名。

（注十三） 荷、比原为中立国，乃英、法利用为防止德军进攻之地带，此次德军复由此地带进攻联军。

（注十四、注十五） 皆荷兰地名。

（注十六） 比利士地名。

（注十七） 荷兰女皇。

（注十八） 荷兰首都。

（注十九） 南慕与第为比利士地名。

（注二十） 色当、美齐皆法国地名，一八七〇年普法之战德军曾突破色当与美齐。

（注廿一） 拉翁、亚眠、亚贝威勒皆法国地名。

（注廿二） 比利士地名。

（注廿三） 法港口。

（注廿四） “向海洋奔驰”德战略语。

（注廿五） 挪威港口，为进攻苏联之军略要地。

（注廿六） 法国西南部港口。

（注廿七） 法名将，第一次世界大战时凡尔登守卫者，此次法军大败后，由贝当组阁，向德屈膝求和。

（注廿八） 法求和后，与德代表在康边森林签停协定于福煦将军之卧车中，该地与该卧车乃一九一八年德军求和后与福煦将军签订停战协定之处。

（注廿九） 指凡尔塞和约法国所获之优越条件。

（注卅） 引自莎士比亚：哈孟雷特。

〔国民党中央图书杂志审查委员会档案〕

14. 伸民：华北总攻击战纪①

（1941年 月 日）

一、敌人的囚笼政策

三年来的华北敌后游击战争，在敌人魔手下先后建立了晋察冀、晋冀豫、冀西、冀中、鲁西北、晋西北、冀察热、察南、绥东、冀东大根据地，这十大根据地从敌人的长期扫荡巩固与扩大起来，以致敌人以战养战的阴谋遭受到惨痛的失败，十八个师团的兵力，已无法像以前那样来几次有规律性的疯狂扫荡，迫使它不得不拿出最后一条毒计——囚笼政策。

什么是囚笼政策呢？就是把全华北的铁道当作柱子，两翼的公路当作锁链，这些交通线上的碉堡便是锁住抗日根据地的锁子，这便是敌人现代装备的囚笼，这政策的主要企图是利用交通线把我们的根据地割裂成许多不相连的小块，进行分区扫荡，加上牛刀子战法来摧毁我们的根据地，同时凭藉线的统治向两翼发展，扩大面的占领，封锁我们，所以，这政策的灵魂便寄托在交通线上，他这政策确立以后，便赶修白晋铁路，拟修沧石、石德、济邯（注一）等铁道，以贯通平汉、津浦两大干线，横截冀南、冀中；并与其他分区割裂的公路组成蛛网状，除沿线建立许多小据点以外，又在各线间的交叉点上，建立了大据点，屯驻重兵，伴随这一政策便产生了新的破击战，自廿八年十月我们收复了邯长（注二）公路以后，使敌人感到斩断北晋路左臂的创痛。廿九年五月为了扯

---

① 此文系国民党中央图书杂志审查委员会1941年扣存的《国讯》第265期送审稿，送审时间未注明。

住敌人进攻鄂北的后腿，曾在晋冀两省展开广泛的交通战，这一时期敌后游击战争，已正式步入了新的阶段。

敌人为要掩饰它的新失败，为要延续它在华北军事上的野蛮统治，挽救它濒于死亡的命运，不惜在十八个师团的兵力以上，再加两个师团，整整凑足在华兵力的一半，以期实现他最野蛮最残酷的扫荡，解除后顾之忧，进而渡河，掠占西安，截断我西北国际交通线。

因此，在华北的敌人没比今天更疯狂和野心更大的时候，所以交通战也到了总爆发的顶点。

二、粉碎囚笼

八月廿日晚上的廿时，在敌人的甜梦中全华北的交通总攻击战总爆发了！

除去津浦路的济南、平汉路的安阳和同浦路的洪洞以南这一段以外，敌人依以为命的七大干线——北宁、津浦、平汉、同浦、平绥、正太、白晋和其他支线及公路网上，布满了八路军，决死队这一百零六个团的弟兄，爆破声和摧毁碉堡的机关枪声冲破了夜的恬静，不让敌人渡过这深夜的甜梦。

三、斩断敌人大动脉

在华北敌人所盘据的七大干线中，正太路是最短的一条，可是它是平汉、同蒲两路的纽带，是他进行经济的无厌掠夺的触手，是他晋冀两省军略的主要地带。

正太路上敌人的军事重心是有名的娘子关和平定境内的狮恼山，娘子关东俯瞰井陉煤矿；狮恼山北紧接着大量出产煤铁的阳泉，敌人在华北的煤荒铁荒，就全靠这一处解决，我们只就井陉一天的产煤量来说，也是六百万公斤这样一个惊人的数字，经过敌人将近三年的经营，产量比二十五年中德合办时要增加两倍半。在敌人以战养战的策略上占有多么重要的位置啊。

沿铁路两旁的爱护村伸展到三十里以外，乃至于据点也有在三十里以外的，敌人特别将正太中点的阳泉作为军事中心，指挥全线的××旅团司令部就在这儿。

为了给予敌人在华北军事上、经济上、政治上以制〔致〕命的打击，所以在全华北交通线上的五十五处的攻击重点中，这条线上便占了十二处，如计划地在总攻爆发的晚上截断了。

这次总攻不到一天的工夫，我们就把狮恼山和娘子关全部占领，尤其攻取娘子关我们并没有像敌人那样，用了两个师团以上的兵力，激战八昼夜还没有办法，而偷偷的从旧关绕道才夺得这里，我们这次是从最困难的正面磨河滩仰攻取得的，比起“大日本皇军”的战史，倒不会有逊色的遗憾了。

八月廿五日以后，战事焦点由井陉、娘子关转到狮恼山的争夺，因为山西面的桑掌桥在廿日晚上就被我彻底轰毁，桥边四个碉堡里的敌人被我全部歼灭，碉堡也被我们打平，如是困在阳泉核心的敌人的左翼被我斩断，而右翼的援军又阻于井陉之东，所以他想拼命争夺山头，造成犄角之势，以解孤军困厄的危险，每天以一大队的兵力，在二十多架飞机掩护之下，和我们反复冲杀，整整进行了五天的恶斗，狮恼山已成为我们扼制阳泉不可巅破的堡垒。

敌人在极度创痛之后，从同蒲路调集了八千多援兵企图反扑，但在榆次东南山地于九月二日至六日的战役中，白送了一千多条性命，狼狈地跑回同蒲线去。

这战争伴随敌人企图挽救正太路失败的颓局，疯狂地从各处调兵来援，竟在它空虚的后背又展开了，同蒲路与内长城交叉点上的阳方口，在八月三十日晚上被我收复，割断它太原大同间的联系，冀中也趁敌人集中到武安想反扑娘子关的机会，于八月廿三日至九月三日间，把沧石、石德、平汉、津浦各交通线，在十五万人民的努力破击下，造成了一千多条敌人不可飞越的深沟。

天津九月三日路透电：“廊坊附近一部路轨，二日夜被人破坏，今晨平津不通车，详情未悉，这便是冀东燃起剧烈战火的信号，九月六日至八日，我们向遵化、玉田、蓟县、密云、平谷猛攻，冀东的新根据地紧接着山海关雄瞰平津。

四、敌人的损失

第一阶段在九月十日结束，在这廿天的激战中，进行破击的二十多万民众，在风雨成天的袭击下(因适当北方的雨季)，忍受饥寒交迫(因为一般民众只带了三五天的食粮去，结果,有的地方竟延长到十多天)；而且敌机也出来轮番轰炸，可是,他们受了两天没有吃喝而依然作战的弟兄们的感召，忘掉了痛苦和危险，只有爱护祖国的热情充满了他们活跃的心，英勇不懈地进行活跃。

正太路上三分之二的铁轨被我们扛走或烧毁，找不出那里是路基，那里是隧道，只有一条条的深沟，一座座的新山，即使让敌人平安修复，至少也得半年功夫，何况它的物资来源减少，需量增多，幻想修筑的北晋铁路已在这种情形下迫使停工三个月了呢？何况其他六大干线还有亟待马上修复的四百多公里呢？

敌人苦心经营近薄三年的井陉新矿(东王舍)经我廿日至廿五日五昼夜的爆炸，所有电气装置，全部毁灭，据被俘之日工程师协乔市谈，仅机器损失，以战前价格计算，也在二千五百万元以上，加进其他设备各项，实不下三千万元之巨，这仅仅是它经济损失的一小部分，能够以最大数字代表出来的一小部分。

至于大小三百六十多次战斗中，敌我阵亡的比为一比五，伤员略相等，可是我中毒的官兵却在阵亡的一倍半，从这数字上可以看出今天的敌人是多么穷凶极恶啊！也许是它痛极时的报复吧?!

九月二十日以后，百团大战的第二阶段又从新展开了，正如新华日报九月廿七日所载：……在晋冀豫、晋西北、晋冀察、冀中、冀南各区，我百团精锐，再度奋百倍之忠勇，为扩大已得战果，贯彻预定目的，改变敌我形势，又向有利方向进击……敌人可悲的命运就从这里开始了。

敌人在紧缩力量，负隅死守和冒险突击的战略方针下，把许多小据点的兵力都集中起来，准备挨打，我们针对着他这一弱点，广泛确实地收复乡村，包围和攻取大城市；敌人在另一个方面又集结大兵力，想来一个趁虚进袭，深入根据地内部，进行拚命冒死的疯狂扫荡，以老虎摸蝇之势而来，管教它还是以“枉费气力”而去！进犯冀察晋的失败，就他已得的教训；近两天对晋冀豫的进扰，那里会得出第二个结论呢？

因此，第二期的战争焦点是广泛的克服小据点，收复乡村，孤立大据点，孤立大城市，晋中区的榆社便是在这样情形下，于九月二十五日光复了，他将是收复太原的前奏！

五、他已是深海中挣扎的泥牛

自这次战役的总反攻以后，敌人就处在绝对的被动劣势，他将不断地失去统治的乡村、据点、城市！我们的地区不断的扩大，有的相邻两块根据地渐渐地连成一块，例如晋冀察、晋冀豫，冀中和冀南等根据地的交通走廊，已紧迫完成的时候了，敌人的线一天一天缩成了点！所谓的囚笼政策，也成了敌寇脑海里一现的昙花！

如果要找一个正确而恰当的例子来比喻敌人在华北的命运的话，那么没有比“泥牛入海”这句古语更好了！

现在，破袭战在华北已进入第三阶段。

注一：沧石是沧州到石家庄；石德是石家庄到德县，济邯是济南到邯郸。

注二：邯长是从邯郸到长治的公路。

〔国民党中央图书杂志审查委员会档案〕

15. 穆欣：华北抗战的回顾与展望

（1941年1月　日）

一、过去获得辉煌的胜利

抗战中的华北，包括山东、河北、山西、绥远、察哈尔的全部与河南的北部，有近一万万的人口，一〇一，八九五平方公里的土地，水田面积一七，七四六，〇〇〇亩，旱地二九二，八六七，〇〇〇，〇〇〇亩，每年作物面积达三六八，八六七，〇〇〇亩，还有大量的丰富的宝藏埋在地下，因此华北向为敌寇垂涎三尺，战后用全部力量强化其在华北的统治。

华北的抗战经过，大抵可以划分三个阶段，第一个阶段由平津失陷到临汾与新乡陷落的时期，这时期的特点是作主力正规军的退却与游击战队的发展，第二阶段由一九三八年九月敌人对晋察冀扫荡起到去年(廿九年)××大战前，主要的是各根据地扫荡与反扫荡的斗争。而通过去年(廿九年)八月间起的××大战后，华北战局便进入了一个新的阶段。

我华北军民坚持四年多华北抗战中，创立了×××万坚决抗日的正规军与游击队，×××万的群众武装。在开始的三十三个月中，××军就打了九千六百二十五次的仗，去年(廿九年)××〔百团〕大战的五十三天中，就与敌人进行了一千八百二十四次战斗，消灭的敌伪，在前一个时期为日军十二万九千四百四十三名(俘一〇七四名)，伪军三万八千九百〇五名(俘二万四千九百五十三名，反正二万八千四百八十一名)。××〔百团〕大战中受伤日军一万〇六百四十五人(俘二百八十一名)，伪军三千一百五十五人(俘伪军一万八千四百〇七人，反正一千八百四十五人)。牵

---

① 此文系1941年1月17日国民党中央图书杂志审查委员会扣存的《国讯》294期送审稿。稿件右上方批有“免登”等字样。

制敌军九个至十个师团，十二个独立旅团与混成旅团，两个炮兵旅团，两个骑兵旅团。

我们英勇的军民，在和敌人的坚苦搏斗中，建立了大块小块的根据地，〔原稿“根据地”下三行被删去，字迹不清〕拥有七十万平方里以上的面积，将近七千万人口。这些根据地内建立了三民主义新中国的雏形。实现了民主政治，晋冀察的选举中，选民到场的往常在百分之八七·二五以上(平山等十七县平均数)，〔下一句15个字被抹去，字迹不清〕实行了新的抗战财政经济政策，开展了文化教育工作。

四年来华北一万万军民抗战的成果，值得我们庆幸与兴奋，而且加强了我们‘抗战必胜’的坚固信念。

但也唯其如此，便就引起敌寇更加无耻凶狠的阴谋。我们不轻视自己的成就，也不能没视敌寇的阴谋与行将到来正在到来的艰苦困难的局面。

二、华北抗战的现阶段

目前华北战局的特点，是战争的更加频繁，战役与战役之间的间隙大大的缩短了，敌寇对于根据地的扫荡，将更加轮番不断的连续进攻，而对于我之基本根据地——山岳地带，则采用了“烧光，杀光，抢光”的毁灭政策；另一方面，则拚命的开发华北的资源，企图实现其“现地自给”的自营自足政策，因此，敌寇也就把目前华北的局面，称为“为建设而作战”的时期。

军事方面，敌人的讨伐扫荡加紧了，并提出“把讨伐中心集中于×军及其所领导的游击队，而置重兵于山岳地带”的作战方针，为此目的敌人开始对交通的“强化”，他的口号“交通第一”“东亚新秩序由交通起”，一边由旧有道路两旁，各挖一丈七尺深的巨沟，同时则修新的铁道，已成的有山西太谷县白圭镇到晋城的白晋线，德州到石家庄的德石线，新乡到开封的新汴线，邯郸到济南的邯济线，与石家庄到大同计划兴工，同蒲、正太的改宽路轨的铁道线等。华北公路，共一百七十二条，长十二，三五七公里，敌人一边"整顿华北五大河"——永定河、南运河、北运河、大清河、子牙河，一边开凿新运河、动工的有引卫河入运河，计划中的有引滏阳河入运河等。……使用这些交通线来分划我根据地，缩小我占区，华北敌人大小据点已在两千个以上。

敌人的扫荡加多了，并且施行更加'彻底'的分区扫荡。晋西北汾阳一带的扫荡，达到空前的程度，打破时间与空间的规律性，一个小区内一月中大扫荡六次（每次至少三路），小扫荡达二十余次，此外还有武装便衣汉奸活动没有计算在内。去年（廿九年）冬季阜平十三区的搜索、破坏达七次以上，其他各区也在三、四次以上。同时这扫荡也空前惨酷，去年冬季扫荡中，河南涉县井店村一村被杀死二百十七人，山西兴县全县被害达两千多人，晋东昔阳的西谷村一村杀死二百七十六口，男九十一人，女一二八人，儿童五十七人，死绝者七十五户，提进城里的男二十人，女十五人，损失洋一万一千二百七十余元，粮食四百多担，烧房一百二十六间，拉牛七十五头，羊三百多只。河北平山八个区五十三个村被灾，伤亡六十六人，烧房三七九八间，抢走粮食一六八四石，牲口三十余头，农具一二，〇〇〇件，草柴蔬菜八〇，〇〇〇余斤。

在政治上敌人提出"东亚新秩序的建立由华北起"，把华北看成"国防上经济上日支强度结合"的特殊地带。强调反共，在北平成立"防共委员会"，在民众中组织各种"反共团"，实现"掌握民心""以华制华"的毒计。敌人一边利用汉奸王克敏、王揖唐之流袍笏登场，成立伪政权；同时并以"发还财产百分之四十九"为钓饵，引诱其他大地主大资产阶级投降。敌人尽力把华北拉向后退，帮助、利用各种封建的宗教团体，组织东亚青年会，少年团，以及新民会，妇人会等统治人民。

敌人在经济上的劫掠也加紧了。敌正拚命实施所谓'以战养战’‘一切取给于现地’的方针，敌人掠夺华北的主要机关是‘华北开发公司’，资本三万万五千万元，其下并有各样的小公司，分布华北各个大城市。一九三八年至一九四二年为第一个五年计划中，敌人计划投资为八七九，五二〇，〇〇〇元，而“第二个五年计划”中，与华中合计达一，四二〇，〇〇〇，〇〇〇元，目前华北铁路、海港、汽车、交通、钢铁、煤矿、电气、盐业中，敌投入资本共已达六八八，〇〇〇，〇〇〇元。敌人把主要力量使用在对煤、铁、棉花、食盐四大项的掠夺上。

为了套取我外汇，扰乱我金融，敌人在华北大量发行伪钞，伪‘中国联合储备银行’的钞票，据敌人自供已达九万万元以上，另外伪蒙疆银行已发行钞票八千五百万元，去年（廿九年）敌伪税收总额仅统税九八，〇六〇，〇〇〇元（天津庸报三十年一月一日），在华北到处充斥着仇货战前日货对华北进口仅占百分之二十五，而据去年（廿九年）上半年统计，日货进口值九六，八九七，〇〇〇美元，占百分之五十五，除棉花大米不计外，华北进口总值为一四四，〇〇〇，〇〇〇元，日货占百分之七十，全部三十二种进口货中，日货在华北进口有十五种，占数百分比在百分之九十与九十五之间。

为了经济上的目的，敌人大批移民到华北，‘日本居留民’战前在华北不过四三，一〇八名，一九四〇年即增至二二九，一六一名，与此成对比的是‘劳工输出’到伪满内蒙，据汉奸报公布，山东一地‘一九四〇年三月一个月中，十三万四千人，……年底可达一百三十六万人’。（《庸报》，二十九年五月）去年（廿九年）北平等十城市入伪满劳工为一，一六五，〇九二名。入满蒙的为一〇〇，〇〇〇至一三〇，〇〇〇人。（《庸报》三十年一月十五日）再据伪“华北劳动科学研究所”研究，每年“满州需劳工一三，〇〇〇，〇〇〇人，蒙疆需六〇〇，〇〇〇人，华中需四〇〇，〇〇〇人”，合计达二百四十万人之多。（山西《新民报》三十年二月一日)所以今年一月二月的两个月，即达“七万一百八十九人……，预料三四月间尤甚，可望流出劳工五十五万人云”。(北平《新民报晚刊》，三十年三月十三日)

敌人还注视文化上的麻醉毒化的实施。敌之□亚院下有文化部，为统一文化侵略的总机关，在华北联络部下，则设有文化局，为华北文化侵略的企图部分，在社会团体方面，则有所谓‘东亚文化协议会’，网罗了一些民族败类的‘名流学者’，如汤尔和，周作人之流，做其文化侵略的帮凶。敌人一边严禁各种抗日画报流行，办理新民学校，同时则提倡‘尊孔读经’，据去年十二月三十日天津庸报刊称：河北一省的私塾有一千五百人十七处，教师一千六百〇二人，学生有二万九千五百九十七名。

每个都市中都有大批娼妓寄生，用以语惑沦陷区的青年，消减抗日的思想。此外，最厉害的就是烟毒之害，华北有一千多家土烟馆，二百家土膏馆，据统计北平烟馆有三百〇五家，土膏店六十一家，天津烟铺一百九十三家，土膏店三十九家，济南烟馆一百四十家，土膏店二十八家，唐山烟馆一百一十三家，土膏店二十三家，青岛烟馆九十家，土膏店十八家……敌伪也用以麻醉青年，用时则从中收取渔利，大发其财。因为每家烟馆每月要向伪‘总税局’纳税五十元，土膏铺纳税，资本三千以下纳一百元，以上纳一百五十元，敌不时常借故将“没收三私土计二千三百五十两，定本星期六公卖”，(见汉奸报)并且烟价在热河每两卖不到两元，而在北平则在二十五元以上，敌人“统制运售”其利亦大可观。

从这些事实中，我们可以看见敌人在华北所施行的，不但只是军事方面的问题。这种及对敌人的斗争，需要我们在军事、政治、经济、文化各条战线上总动员起来。由于敌伪在各方面的‘强化’，我敌双方的斗争，也更趋于惨酷与尖锐了。

三、朝着更加艰困的局面发展

最近，敌人又在提倡什么"强化治安运动"。其内容据三月二十日山西汉奸新民报刊称：'……健全警备机关，充实警备力量，清查户口，厉行保甲制，确实组织自卫团，加紧训练民众，加强情报网，组织灭共班。民众方面对于地方政府军队加紧联络，坚强反共信念等……军民一体协力王道乐土之华北实现方期不远……'在太原这种方针已在实施，在汾阳'皇协军为警备队每村抽壮丁三人'，'组织自卫团，集中训练，五天一次，风雨不□'，加强保甲制度，村长兼保长，村副兼副保长，闾长兼甲长，民众一律配带身份证明书，夜间不准闭户，以便随时奸淫与清查。一个月中因闭门而杀者十一人。经济上，几十种苛捐杂税与强行勒索外，近又征户口税，每户四元八角五分，实行货物统制，取消零星市场，在据点内开'合作社'，资本各村每户强索三元，所有商号买卖均需经过'合作社'，以防'物资供给匪军'。文化教育上，不但加强新民小学的领导，而且组织'小教观摩团''巡回放映团'并调选优秀儿童赴日就学。'宣传品'一月就印了四五十种。

敌人加强了对汉奸的监视与领导，稍有，'不稳'，武力赴之。'晋中祁县敌，去年十一月起，将伪县长史占魁与伪秘书，新民人员，警备队长伪军等连续逮捕七次，共达一百二十余人，伪县长史占魁被敌枪决，其他处死者数十人……'（晋西三月三十日电）文水伪县长姜文佐，服毒自杀；五□县伪县长维持会等人被敌人'一网打尽'，汾阳三月份一个月中，伪村长因办事不力，被乱扣押生死不明者四十余人。对于伪军也开始这种措施，二月十七日的围剿乔日成都，便是明显的例子，这一方面说明了当汉奸的没有出路，同时也说了敌人'强化华北''强化治安''明朗华民'的决心与毒狠。

因此，今后华北局面的发展，将转向更加艰困的境地。可能来的困难，据杨××先生的估计，主要的将是：

第一，现有各根据地的连系，可能因敌人据点的加多，交通的增密，而被□断，各根据内部被割裂，形成各地区的单独支持局面，我根据地的相当缩小，敌占区相当扩大。

第二、一般地区，首先是平原，可能由根据地变为游击区域，大兵团难于活动。

第三、由于战争频繁，基本根据地常受敌之毁灭'扫荡'，财政经济的困难大增。

第四、因而影响到对抗日军队的供给，发生极大困窘。

第五、在若干地区内，党政军民的工作，受到摧残，由公开转入秘密。

我们华北抗日的军民，正在面向着、迎接着这些困难的局面，而且为了胜利克服行将到来的困难，华北抗战工作中的口号是'多做一分切实深入的工作，将来的困难即可减少一分'，为此目的目前一边继续努力巩固各个抗日根据地，把握抗日民族统一战线，战争长期性，战时性与过渡性的原则，正确规定与执行着各种政策，使落后的地区向先进的地区看齐，向平衡发展。在领导上，则都开始了更周密更细微的组织工作，深入下层，一滴一点的巩固坚持长期战争的坚实基础。

华北党政军民一齐动员着，准备和困难做顽强底斗争，而且每个人都具有坚强的胜利信念。

〔国民党中央图书杂志审查委员会档案〕

16．群众周刊社：三年来坚持大江南北敌后的英勇将士①

（1941年1月　日）

〔群众周刊编者按〕这篇东西所根据的材料是不完全的，但总

---

① 此件系1941年1月29日国民党中央图书杂志审查委员会扣存的《群众》周刊第6卷第2期送审稿。稿面上批有"免登"等字样。

可窥出三年来坚持大江南北敌后抗战的将士是怎样奋斗着，他们的战斗在整个民族解放斗争史上是写下了绝不能泯灭的光荣的一页，他是谁也瞒蔽不了的。他的前身是湘、鄂、赣、闽、粤、浙、皖、豫八省的游击队，在一九三七年十月国共两党关系南方和平问题的谈判得到完全成功而奉命集中苏皖前线与敌作战。其处境是异常困难艰苦的，官兵经常有饿着肚皮而作战者，或单衣赤足在冰天雪地中与敌苦斗。至于武器是远不及敌人的优越，补充来源全是仰给于夺取敌人的武器来武装自己，弹药、医药及其他军用物资也完全靠“自力更生”。作战地区，又是开展游击战争比较困难的平原地带，以及其他人为的许多困难，都是阻挠他发展更大的战斗力的枷锁。可是他在战争中壮大起来了，敌人屡次毒辣的阴谋灭他，总是遭到他相反的打击。请看吧！

——编　者

……他们战胜了而且正在战胜着一切困难，在千百万民众支持下，创造了三年来大江南北敌后抗战的奇绩：

在皖南：在军部直接领导下，以张运逸、谭震林同志领导之“×”支队及傅秋涛同志领导之第“×”团作为骨干，组成了皖南前线机动而又顽强的防御战。们们曾经以毫无重兵器的部队，担任过三个月沿青弋江至夫子缺百余里的阵地防御，他们以“进攻就是最好防御”的精神，常常主动的迎击敌人出击，并把敌人接二连三的大兵侵犯完全打退，光荣地完成了保卫国土的任务，未曾丧失过寸土尺地。

去年皖南冬季攻势中，新四军担负着确保繁（昌）南（陵）地区的任务，他们曾经在繁昌及繁昌以北地区迎头痛击过敌人连续的六次进犯。敌人每次进攻兵力在三千以上，并有飞机十余架配合作战，但每次都被×××打得落花流水的惨败退走。在冬季攻势不幸的全局失利中，惟繁昌、南陵屹然不为敌人所动摇。今年四月敌人以两万快速部队深入扫荡皖南时，×××以孤军奋斗的精神，经过七天七夜的血战，在父子谷、何家湾、梅冲、载家汇等地，把敌人截成数段，敌人死伤二千余，抛弃弹药军用品无算，狼狈的退出了皖南。在皖南，×××的胜利，粉碎了敌人侵占沿江之繁昌、南陵、青阳诸据点，以确保长江交通安全的企图，并使敌人不能从繁、南侵入一步，在这里×××已成为保卫皖南门户的铁的长城。

在苏南：陈毅同志领导之第×支队及张鼎丞、粟裕同志领导之第×支队，配合当地广大人民武装艰苦坚持了南京、镇江以南的平原地游击战。他们经常截断京沪铁路、江南铁路和京杭国道。他们高度发挥了夜战，火攻强袭的战术，袭占过句容、东湾、延陵、宝堰、白兔等重要据点；他们屡次在沿铁路公路线上之龙潭、东昌街、新丰车站、高资、吕城、奔牛等要地与敌作战。并常在这些地方伏击敌人的火车汽车，和歼灭敌人的轻出冒进的部队。他们经常在敌人铁路公路交通网重重封锁之中。与梅花桩堡垒密布的地区中发挥穿袭、奇袭、奔袭的特长，和灵活的配合游击战与运动战，以打破敌人陆空配合的分进合击和分区扫荡。就在这样艰苦坚持的三年斗争中，奠定了京、沪、杭这一三角地域的平原地游击战，至今南京城外，芜湖城下及京沪路上，依然不断随着×××的足迹飘扬着青天白日满地红的国旗。

在江北之苏皖边境，那里有徐海东、戴季英同志领导之第×支队；罗炳辉、郭述申同志领导之第×支队，管文蔚、叶飞同志领导之×纵队和孙仲德同志领导之××纵队，他们在江北指挥部的直接统率之下，迅速开辟了皖东平原及津浦路两侧的游击战争。他们曾经以最顽强的战斗收复过定远、来安、盱眙和田家庵。不时破坏津浦铁路，并阻止淮南铁路的打通，经过无数次战斗，打退过敌人对天长六合仪征等县游击区的进攻，并在这里创立起与皖东平原连成一片的游击根据地。北与八路军联系造成游击战争围困徐州、淮阴的形势，南与江南诸支队配合，造成夹江作战，威胁着南京和芜湖。

在苏鲁豫皖边境彭雪枫同志领导之第×支队经过数百次胜利战斗，创立了以涡阳为中心的抗战根据地，开展了永城、蒙城、亳县、复邑、鹿邑、砀山、曹县、肖县、睢县、太康、商丘等廿余县的游击战争。消灭了大批的伪军，肃清了汉奸和土匪，击溃与粉碎敌人屡次的进攻与扫荡，收复过永城、蒙城、拓城、肖县，以及涡阳等广大失地。现在×支队已成了雄踞淮上，控制陇海、津浦，屏障平汉铁路的一支强大铁流。

在豫鄂边境李先念同志领导之第×支队，开辟与坚持了信阳、确山、黄安、黄陂、黄冈、麻城、礼山、应山、云梦、孝感、应城等十余县的游击战争。他们经常在敌后破坏平汉铁路、豫鄂公路，游击队时常活跃到武汉三镇的近郊，使武汉三镇的敌人寝食难安，在鄂中每一次的大会战中，他们都曾经积极的破坏敌人的后方，截击敌人的辎重运输，阻挠敌人的兵力调动和转移，有力的配合了正规军在正面的作战。——袁国平为纪念"七七"三周年而作的"三年来坚持大江南北敌后抗战的×××"一文

……三年来与敌人的斗争约略分四个时期：

（一）第一时期，是从一九三八年×月×××开入江南至一九三九年初。在这个时期内，敌人气焰汹涌，势如破竹，直侵入我大江南北地区，不仅各城市被占领，甚至较大的乡镇亦被敌人侵占，此时的敌军，异常骄傲。在极混乱状态下横行霸道，无所不为。但是敌人兵力并不雄厚，数量比较亦少，占领地区又大。因此敌人不免有兵力不足之虞。所以我在这个时期内，乘敌人轻敌骄忽之隙，决定向敌采取积极攻势，打击当前的敌人。在此短短时间，共进行了二百多短战斗均获胜利，把敌人从乡村赶回了城

市，挫折了敌寇的骄横的锐气，稳定了当时江南的局面。

当时我在战术上主要的是采取伏击、夜袭，不断进击敌人。比如有名的上冈高资龙潭伏击战斗，夜袭南京麒麟门的战斗，均表现了我战术动作的敏捷机动，给予敌寇莫大的打击，在这个时期内是我×××开入江南所采取的以积极攻势奠定了初步胜利的基础。

（二）第二个时期，是从一九三九年初开始，至六月为止。敌人在前一个时期，吃了我的大亏，感觉受到严重的威胁，因此，决心要消灭驱逐我军，所以开始向我作数路会攻，以南京镇江芜湖作基点，用分进合击战术向我进攻，亦经过了几个月的残酷斗争。

在初期敌人的围攻很容易打破，因为敌人分进合击的兵力很薄弱，只要正确运用内线作战原则，选择适当时机，乘敌分进能击溃或消灭敌人一路，即可改变敌我形势，然后再给予其他各路敌人给予各个击破，如某次敌人三路围攻延陵，被我击溃了天王寺一路来敌，其余两路，亦均退去，以后，敌人采用更进一步的办法，在小小的区域内，以组织八路兵力，以至十几路，向一目标进攻，这虽然增加了我作战困难，可是经我军运用新的战术，亦均粉碎了敌人计划，例如敌人用了七路兵力向我桑园蒲会攻，我立即隐蔽，灵活的跳出内线的外翼，跳出敌人合击圈的外面，而抄袭敌人侧背，同样的打退与消灭了更多的敌人，使敌陷于惨败。

……

（三）第三个时期，是从去年（廿八年—编者）之六月开始至冬季止。敌人在这个时期内，得到第二期的经验，深切感到数路围歼，一鼓消灭我军，是不可能的。于是敌寇又采取了新的办法、更加紧增修畅通公路，建筑堡垒，以堡垒政策，加紧封锁，扩张据点，步步进逼，实行全面的占领。

但敌仍有一个不可克服的弱点——兵力不足与分散，即占领据点愈多，则兵力愈分散和不足。

当时，我军针对着敌人的弱点，决定大的堡垒不打，专攻小的堡垒……

在这样的坚决作战方针之下，曾攻破过东湾、延陵、直溪桥等据点，于是敌知以小的兵力，孤守据点有被我攻破与消灭的危险，因此敌寇不能不被迫的放弃西阳街南镇街茅麓等小据点，以加强兵力巩固大的据点，这样又使敌人被迫到困守点与线的被动形势，而敌人面的占领企图又告失败。

……

同时我亦提出了"破坏与作战并重"的口号，发动与配合了广大群众经常将几条大的公路——京杭国道、镇句、溧武等主要干线，实施破坏，京杭国道至今尚未完全修复，其次小的公路支线，挖毁者更不胜枚举。……

(四)第四个时期，是在冬季开始至目前（廿九年七月间—编者)止，主要的是敌人集中大的兵力向我根据地上指挥机关所在地区进行大规模的"扫荡"，企图消灭我指挥机关，使我失掉指挥领导的能力，或切断我部队与指挥部的联系。企图突然消灭我之主力。

自去年(廿八年)开始以来，已向我繁昌地区进行过六次大"扫荡"，在每次进攻中都集中一个联队左右兵力，以陆空配合，分几路向我繁昌进犯，但终于都被我英勇善战的×××无情的给予击退。特别表现在今年四月敌人向我皖南大举进攻的时候，避免了正面，抄袭我的左侧后方，而迂回南陵繁昌之背直趋三里店向青阳突进，虽然当时我繁昌×支队和指挥部联络被敌隔断，但仍能独立自主的机动作战，尤可称赞者，何家湾战斗的第×团，敌寇猛烈冲锋六次，它始终坚决的固守阵地，丝毫未曾动摇，激战至晚，敌乃全部溃下，随即乘胜追击廿余里，敌死伤枕藉，计毙敌四百余，我仅死伤十七。

同一时期我第×团在三里店以南之父子谷，侧击自东而西向青阳进犯之敌，与敌激战终日。毙敌五百余人，亦获得截击奏效之胜利。

并在俘获敌人文件中，得知敌人有退却企图，我立即将部队分散，以×为战斗单位，配备于敌军退却路上，待敌节节后退，我即处处截击，大战七天，敌军死伤极重，残敌狼狈窜去，我俘获截获军用品甚多，为敌寇在皖南之空前惨败，亦是我反“扫荡”战争中空前的辉煌胜利。

——邸华：“×××在江南如何作战”一文，见于廿九年柒月拾、拾壹两日之新华日报

总结三年来×××在大江南北敌后抗战的主要成绩是：

(一)与敌伪军大小战斗凡三千余次，伤毙敌伪官长约三万余人，缴获步枪两万多枝，轻重机枪一千余挺，迫击炮四十余门，破坏与获敌人汽车百余辆，火车十余列，打落敌人飞机一架，缴获弹药一千余万发及其他军用品无算。

(二)在上述（第一段——编者）游击区中彻底摧毁了敌伪政权，并在基本区域中恢复了广大的领土和政权，开辟了百余县的游击战争，争取了数千伪军的反正，震撼了大江南北的敌伪统治。并严重打击了敌人以战养战的政策。

(三)提高了敌后人民抗敌的情绪，并坚定了他们拥护政府，拥护领袖长期抗战到底的决心和信心。在游击区域中，广泛的组织起了工农商学妇女儿童的抗敌团体，将近三千万的民众已经在×××帮助之下组织起来了，积极参加敌后的游击战争，此外普遍的扶植了人民武装的建立与发展，如自卫队、义勇队、游击小组、游击队，正如雨后春笋一样繁殖起来。

(四)由于游击战争不断的胜利，及群众游击战争的广泛开

展，使敌人后方无法安定起来，敌人所视为生命线之京沪、津浦、平汉、陇海及长江等交通线均常遭受游击战争之严重威胁与阻挠而不能顺畅利用，因此逼迫着敌人不能不分散兵力来防御这些交通线，并抽出很大兵力来专门扫荡敌后的游击队，这样便钳制了将近十万的大兵于×××作战的区域，使敌人大大减弱了从正面举行战略进攻或敌后进攻的力量，这便有力的配合了全国作战。

……

三年来×××伟大的胜利，是经过无数次血的战争取得来的，在这里×××英勇的官兵们付了不少的血的代价，总计×××官兵在抗战中伤亡的共约一万二千余人，其中光荣牺牲的约占三分之一，以上的比率，重要干部伤亡的很多，据我们已经查明的光荣死者有支队参谋长吴发坚同志，团长邱金星同志，副团长吴琨同志，纵队司令鲁雨亭同志，挺进纵队政治部主任龙树林同志，支队政治部主任罗化成同志，团政治处主任肖国生、刘震英同志，纵队参谋长桂芳洲同志等。此外营连干部伤亡者更不可胜计，……

——袁国平：“三年来坚持大江南北敌后抗战的×××”一文

十一月八日（廿八年——编者），在我军战斗史上，将是一个富有历史意义的伟大日子。在这同一天内，我们在苏南和皖南前线，获得了两次光荣的胜利！在苏南前线，我们战无不胜的特团和良团健儿在敌人据点四面包围的延陵附近，不仅歼灭了进犯我军的百余敌人，而且在继续剧烈的战斗中，击溃了敌人三路援敌，在毙敌三百余名，伤敌七十余名，并活捉敌人三名的胜利战果下，安全而迅速的脱离了阵地，使敌人遭受了巨大的打击！……在皖南前线，在同一日子，日寇六百余人向我保障繁昌之良团一部，猛烈进攻，企图重新夺取繁昌，作为他进攻皖南的前进阵地。我良团健儿在优团兄弟有力的增援下，奋勇反攻，演成空前激烈的巷战，卒将敌人驱回老巢。不许其践踏繁昌城也，为皖南千百万民众阻挡了敌人的掠夺……

——录自“抗敌报”廿八年十一月十六日社论

继八日保卫繁昌城的伟大战斗胜利之后，我英勇支队健儿，又于十三日在繁昌西北获港东南汤口坝一带，迎击继续南侵之敌，展开了芜湖失守以后最大的血战，打击了敌人侵占繁昌的企图，获得了皖南抗战史上空前的胜利！这次血战，自十四日上午二时开始，一直继续到夜半，前后竟达一日一夜之久，击溃了进退失据而增援达一千二百余名之敌人，使他不得不抱头乱窜，溃不成军的狼狈逃回原地。这是一次敌我对垒，白刃肉搏，往反冲杀，冲锋与反冲锋达三次之多的猛烈硬战，这是一次灵活机动，猛打猛攻的运动战！……使敌伤亡四百余名，使敌酋川岛中佐死在我军手中；粉碎了敌人扫荡皖南的野心，屏障了皖南大后方的征屯重地……

——录自“抗敌报”廿八年十一月廿一日社论

廿一日与我英勇支队发生激战而进据繁昌的敌寇，因日来被我重重包围，并不时给予截击打击，已显得疲惫不堪，同时敌因粮尽弹绝，不能运输接济，尤为恐慌。到廿三日拂晓前，竟企图突出重围，我围城各部队当即分头痛击，向敌猛扑，敌不得不退入城内。可是敌还死不甘心，当天六点钟左右又向城外猛冲，企图突围，当被我两侧夹击，死伤大半，残敌狼狈异常，向马家坝逃窜，我遂立即派队向马家坝抄袭，敌又仓皇向横山三山等处分路逃窜。从此繁昌又被我收复，而人民亦重睹天日。是役共计血战三昼夜，我毙敌二百余名，获军用品甚多……

——见“抗敌报”廿八年十二月一日

横山桥、三山、荻港之敌，于八日十四日两次惨败后企图报复，集中芜湖、湾沚、荻港、三山、峨桥、横山桥、伏龙山、枯竹岭、坝埂头等处驻兵计约二千余人携大炮廿余门，轻重机枪百余挺，并携带三天干粮，又带五天作战的弹药，找我主力作战，企图消灭我一部，扫荡进攻皖南之门户——繁昌，廿一日晨，敌分五路进犯；……于七时许，我×营在红花山五里亭一线与敌接触。敌即由五里亭向繁城前进，抵城郊附近，又与我×营于峨山头附近接触，在另三山之敌，在马家坝、在新屋基之线，上午八时与我×营大小接触竟日，我×营一部，被敌四面攻击，因我战术之机动，不仅未受敌之打击，反予敌很大杀伤，……在晚上我×和×营各派一连，向西南门攻击，至二时，我×营仍派一连兵镇守峨山头。

廿二日，部队继续战斗，向困守城内之敌不断袭扰，于是战况就形成了对峙状态。这时完全有利于我之强攻，敌之企图大大失败，同时敌又感疲劳，至廿三日早上，敌已无法固守，不得不全部向松林口、马家坝撤退，我××两营及×营跟踪追击数里，至此战斗就宣告结束。

——见“抗敌报”廿八年十二月十一日之繁昌、九里战斗特辑

（一）驻芜湖之敌高品联队一千七百余，携炮四门，十四日进抵伏龙山。十五日分二路向繁城进犯，……进至繁城时，与我×营及×营之一部接触，……双方炮火声不绝于耳。

（二）顺安之敌二百余十四日经钟鸣黄浒配合驻荻港之石谷联队森木大队之一部三百余，炮十门，于十五日晨三时许，进犯到孙村附近之新门屋，当被我×营迫击，……使其遭受重大之损

失。

（三）矿山敌森木大队之另一部百余，配合伪军百余，由枯竹岭经马厂向马家坝进犯，当经我×营阻击，大小接触，直至午后六时许，敌才不支，向原路溃退。

（四）三山敌川岛警备大队七百余经松林口草山头，向繁昌城围攻，即与我守备部队发生激烈战斗。

（五）是役敌倾其全力，企图消灭我一部，大举扫荡我后方，其企图不仅未逞，反遭受我之杀伤。故于是日，经马家坝进犯之敌受阻，由顺安荻港矿山之敌于下午五时许经五里亭向矿山退回时，受我×营与×营一部之追击，同到水山时，又受精团打击，计两处敌伤亡百余，随向矿山溃退。仅一部固守城内。同日晚上我各路之扰击，特别我×营之一部于伏龙山峨桥敌据点附近之积极袭击固守据点之敌，我××两营之数度进抵城郊敌后扰袭，同时×营之于繁城西北附近之袭扰，敌恐慌万状，不敢固守，于十六日拂晓前，分途溃退，我分数路进击数里，时至中午，仍安然返防，并缴获无线电机一架，军火一箱，命令一纸，及其他军用品甚多，计敌伤亡三百余，我伤亡极微，此次战斗一天半，至敌全部退却，在我追击中随告结束。

——见“抗敌报”廿九年一月一日第四次繁昌战斗中的政治工作

屡次被我英勇支队击溃之进犯繁昌之敌，于廿一日晨（廿八年十二月——编者）八时复在三山重来，作五度之侵犯，经该支队优团一部在积谷大行冲等处予以严重打击，激战甚烈，终因我官兵英勇苦战，至下午三时，遂将来犯之敌击退至大小行冲松林口一带。次晨该敌再度向繁昌进攻，同时铁矿山之敌，亦增援五百余，于占领红花江后以一部进犯白马山，至山腰时，遭我猛烈截击，敌不支，向原路溃窜。时峨桥三山敌四百余名亦附重炮十余门来援，十二时繁昌曾一度为敌所占，我当即开始总攻击，敌炮火猛施，战况惨烈，赖我全体将士奋勇冲战，机动袭击，战至下午三时半，当将该敌击溃，残敌向横山桥一带窜退，此役血战二昼一夜，敌伤亡达百余，并夺获军用品甚多，正清查中，总计敌发炮在六百余发多，我亦壮烈牺牲廿余名云。

——见“抗敌报”廿八年十二月廿六日

十八日（廿九年一月——编者）芜湖敌千余分乘汽艇多艘，于午后一时在三山一带登陆，与横山桥一带敌四百余配合，于十九日晨向我镇守繁昌新兴街之民生部队一部（按敌已五次大规模进犯繁昌，均为我民生部队击溃）猛犯，我即展开部队，激烈之争夺战于是发生。直至目前仍在激烈之争夺中。（此役战争之激烈，是远超乎上五次，而我们的胜利也远大于上五次，除保卫了繁昌，无情的击溃了敌人及夺得许多战利品之外，并生擒敌军山本近男一名——编者）

——见“抗敌报”廿九年二月廿六日

父子岭战斗，是廿六日上午八时开始，一直到下午二时方把敌寇歼灭击溃，敌以三路大军，凭藉空军六架，炮八门，骑兵四百多，步兵千余之众进犯，我军仅以五百不到的步兵对抗它，若从军事上以兵力的单纯估计来看，我军显然不足以抵抗这支强大的犯寇，可是战斗的结果，不但我们在事实上已抗退了强敌，而且是很英勇痛快的歼斩了强敌。廿六日正午，为战斗最激烈的时间，敌飞机六架助战，除掷弹外，并自空中以机枪不断的在狭小战场扫射，其骑兵四处冲突，步炮兵则在骑兵之后，我军在这种情形之下，一方面要应付行动迅速的敌骑及正面的步兵，一面要对付空中的敌人，这使得我们不得不采取高速度的冲锋战来解决战斗，所以战斗一开始，我军便很繁捷的接近敌人，进行白刃肉搏，敌骑在东面把我们冲散了，我们立刻很迅速的在西面集合起来，答复敌人一个反冲锋，暴厉的敌骑，不断的被我们冲散杀伤。整个战斗，便都是在这种冲锋与反冲锋之中进行，我们可以说，象这样的战斗，在皖南的抗战史上，是没有过例子的。在过去的战斗中，我们有时候遇到敌机的轰炸，步炮的攻击，骑兵的突击，可是能够遇到这样四种兵种齐全的战斗的却没有。在皖南以外的战场。我们或遇到过，但那是在一个宽阔地带及我军在数量上绝对优势的情况下进行的，以兵器及兵力数量都处绝对劣势，在狭小山头而能够依靠英勇的战斗意志，终于把敌人歼灭的歼灭，击溃的击溃，父子岭的血战，恐怕是很少有例比的吧？……总计全个战斗，敌死伤在四百余，耗费了步弹五万余发，飞机弹百余枚，炮弹三百余，死伤马卅多匹，其他被我们缴获的东西还有地图、钢盔、子弹等。

——见“抗敌报”廿九年五月四日父子岭血战记

父子岭的血战，……在整个战斗中，我们看到了无数英勇牺牲的战争英雄的故事，……

一、二营四连五排战士共产党员史茶清，当在战斗最激烈的时候，子弹已尽，有六个敌人向他进行包围，他镇定的等着敌人偪近身边，将仅有的一颗手榴弹抽开引线，轰然一声，六个敌人和他同归于尽。

二、有一位机枪手，他身上中了六枪，子弹也尽，为了不使机枪落入敌手，终于扶伤把机枪携到一个山坳里收藏起来，没有被搜索的敌人发现，及战斗结束，把他找出来时，已是奄奄一息了。

三、五连一个班长，他的一班在数度冲杀中，牺牲得只剩下一半人数，一个同志倒了，他便跟着捡起一把枪，最后他一人背负了七根枪冲杀而出。

……

七、许多战士战死了，他们有的手里还紧握着手榴弹，引线开了一半，有的伏在机枪上，手指紧扣着扳机。有的则紧抱住步枪，犹作射击势。

八、一个战士被冲散，独自一人为廿余敌人所追迫，他一点也不慌忙的在山腰跟敌人周旋，结果很智勇的以四个手榴弹把廿余敌人炸死了廿一人，余几人惊悸四窜，他自己却安然的回来归队。(其他例子尚多，因篇幅关系，只可割爱——编者)

——同上

×××廿八年十二个月中和廿九年一、二、三、四、五、六、七共七个月的战绩统计于下：(其他月份因手边材料不全，故无法一并列入)

战斗次数共一一六七；

破坏次数共八六；

在收获方面：

各种枪机二二四三；

炮四门；

弹药九箱又七七六〇二发；

电线六四六九斤；

其他军用品无算

在爆破方面：

船只共十四艘；

煤矿一；

汽艇二；

飞机一；

桥梁共一一六座；

汽车共六五辆；

火车头四个，车厢廿三；
坦克车七辆；
装甲车一辆；
公路共一三六段又七六〇里又一〇〇米；
铁道共四八段又九十四里又二〇〇米；
电杆五四里又一四四二根；
电线共六一三里又七二三八斤又四段；

在俘虏方面：

日本官兵共三九名；
伪军共一五〇三名；

在敌我伤亡方面：

敌人伤亡共一七四七六名；
我方伤亡共五五七二名。

〔国民党中央图书杂志审查委员会档案〕

17. 田间：新土上的故事

——小叙事诗集①

（1941年2月　日）

回　　队

1

大包
　想到他的老家
　又睡不着觉。

---

① 此《小叙事诗集》，系1941年2月国民党中央图书杂志审查委员会扣留的《七月》月刊第6卷第3期送审稿。该会认为田诗是“歌颂国民政府系统以外之畸形的组织”的“反动言论”。“有违审查标准乙项第六条之规定，应予免登”。

“我怕打仗，
我怕过这种生活……”

2

这家伙！
这家伙
到底从队伍
　溜掉。

（天晓得呵！）

连村庄
都向他欢笑，
一切的人
　　都向他
　　欢笑……
　　“哟，你回来了！”

为了
大包
　是个战士，
那身上
像披满着
人类的
　光荣。

嘿！

连村庄
都向他欢笑，

一切的人
都向他
欢笑。

老婆
忙了一天
到晚上，
回家了。

——她工作在妇救会，
那么活跃！

实在呀
（好像
她没有乳房
她没有小脚）
那么活跃！

老婆
带着男人般的勇敢，
好快活地
走到门口。

她歌唱着，

划着
　洋火。

5

“你跑到外面搞些什么
　　坏货……”

大包
大包
　一看老婆就嫉妒。

6

这时候
屋子亮了啦。

坑上——
堆满着
　蓝色的
　大鞋。

　丝制服
　也在炕上
　摊开。

(大包
把真理
当作
　羞耻，

大包
把真理
当作
　无赖。）

大包
　伸起拳头，
　涨起面皮，
又来骂街。

这时候，
灯火红了啦。

7

无声地
无声地

老婆
剥开棒子。

老婆
煮好了棒子。

把棒子
捧给丈夫，

……

8

夜
　又滚开了。

晋察冀
还是
　明亮着。

老婆
　起得很早，
就预备
往妇救会跑。

“不许你出去！”

大包
　吆喝着。

大包
　吆喝着。

9

“许你抗日
不许我抗日吗？”

老婆走掉

10

老婆走掉。
她
　带着男人般的强硬，
　　把妇救会
　　当做家庭！

　　（用她曾经
　　爱过丈夫的热心
　　来做事情。）

1

大包
孤独了。
而且
无聊了。

12

连村庄
都向他疑问。
一切的人
　都向他
　疑问……

　——你要回队吗？

13

大包，

很痛苦。
大包
要发疯。

14

而老婆，
却高兴得要死。

像过着少女时候的日子，
抱着政府的奖旗
回到家里！

15

大包不敢随便说话，
显出可怜。
“我倒比不上我的老婆呢?!
……”

16

“老婆！
原谅我。

我
是犯了错误，
因为我偷偷地
跑出队伍。”……

17

大包回去了。
带着羞惭，
也带着兴奋，
回到了
正在等候着他的
　　　　队伍！

一杆枪和一个张义

“天气越冷，
仗打得越有劲！”
　　——战士张义说的。

啊，下大雪的天气！

枪声，
从雪上
响起，
响起……

好得很，
痛快得很，
红鼻子也
不淌鼻涕；

血却发热，
实在象战斗

一般可爱，
一般激烈。

天气起冷，
仗打得越有劲
哈，
　越有劲！

是第一个
打枪的，
　张义，
　道地的冀中人哩。

把大棉袄
翻过来，
我们底张义，
守住阵地。

张义
他哼着
　晋察冀！晋察冀！……。
手靠着枪机。

敌人
攻来了，
只有十来米达，
还不要紧。

呵，下大雪的好天气！
子弹
象雪片，
满山
满野。

张义这一班，
在对峙，
沉着地
向敌人射击。

总指挥呵，
要外面把敌人包围，
要里面的
马上撤退，

里面的
撤退，
　　张义搂住武器，
　　滚到雪里。

哈！
他把雪埋伏自己，
让敌人
从身上过去。

一杆枪
和一个张义，

好好地，
好好地。

枪声，
又从雪地上
响起，
响起……

他们为完成公粮而歌唱

晋察冀人民的良心，
完全响动在这红色的土壤上……

1

个别的
孩子，
还在场基上，
捶着荞麦。

一九三九年秋天底
晚上的风，
向大沙滩吹着。

2

那么多
农民，
那么多

农民，

团在一起，
在骚扰……

二黄说：
“我就有红枣。”

二黄大声地吵：
“公粮，公粮，
我底命你们要不要！”

3

别丢人了！

东湾，
要起模范。

4

大沙滩上：

驮子
结成队伍，
象浪潮。

麻包
装满小米，
装满大麦。

那么多
农民，
那么多
农民，
　　他们为完成公粮
　　而快乐。

5

二黄
还坐在石滚上，
保守沉默。

狭长的嘴
不断地咬着
　　烟管；
象做梦。

深深地想，
“怎么好？”

6

山里的月亮，
似乎
　　挂在山上。

　　半夜了

驮子

又结成队伍，
回到村庄。

那么多
农民，
那么多
农民，
　　他们为完成公粮
　　而歌唱！

7

二黄
　　爬在屋顶，
　　眼泪滴到红枣。

他在懊悔，
他为什么要吵闹！？

8

伟大的良心
战胜了
　　自私的
　　人；

二黄，
完全拿出他底面粉。

在白亮的

月夜，
跑出了村。
……

9

啊……
晋察冀
简直要站起来，
把他拥抱！

〔国民党中央图书杂志审查委员会档案〕

18. 林朗：记反法西斯民族代表大会①

（1941年11月15日）

东方各民族的优秀代表们在世界一座民城——延安举行反法西斯的盛大会议。

一九四一年十月二十六日，全延安市都带着无边的欢欣，迎接这个战斗日子的到来。突然和蔼的太阳投下了异样的光芒，尖锐的警钟的响声，振击着欢乐的空气，随后在空中遍处响起了沉重的啸鸣，我们能够清楚地看见那几群盘旋在高高的空际，于是全延安一切都寂然了。站在我旁边的一位菲律宾的青年说："这些银色的薄片，是法西斯的幽魂啊"！另一位泰国朋友扬起一双臂膀激动地嚷着："我们用国际的民族的大团结去粉碎它！"

一会儿声音从远处消失了，人们刚恢复原有的活跃，不久又重新送来了更沉重的响声，这样一直继续到下午，曾经不止一次有人发出怨言："这又是把消息预先广播出去了，当然敌人要捣蛋！"

① 此文稿系国民党中央图书杂志审查委员会扣存的《群众》周刊第7卷第2期送审稿。稿面右上角批有"免登"字样。

终于在晚霞辉照中恢复了可靠的平静。

来自国内各地和东方各国的代表们——日本、犹太、印度、荷兰、菲律宾、马来西亚、缅甸、泰国、安南、朝鲜、台湾、蒙、回、藏、夷、苗、满、汉等十八个民族一百三十余位贵宾，在沿途人山人海群众的欢呼声中走向庄丽辉煌的会场。全场内千名来自各机关团体学校的代表，报以雷动的掌声。

在首次大会上，通过以全世界反法西斯各主要国家的领袖为大会名誉主席团。第一个是主席团之一的阿里阿罕，以英语读开会词，十八集团军参谋长叶剑英以来宾资格讲话。我看到主席台上厚厚的一叠贺电——日本反战同盟、朝鲜义勇队、日本觉醒联盟、八路军、蒙古文化促进会，它们仿佛在桌上跳跃着，与大会呼吸一致的歌唱着。

这一次日本兄弟宣誓参加八路军，给人们以最深刻的印象。当台上司仪宣布这个项目的时候，会场人士经过最初一秒钟的惊讶继即起立欢呼，狂烈鼓掌，每个人都以最尖锐的目光，对日本弟兄投射着强烈的感情。一队日本弟兄和朱德总司令同时走上了讲台。日本弟兄精神奕奕的挺立着，向朱总司令致最〔高〕敬礼。我紧临在他们旁边，听到他们迫切的呼吸，看到他们眼里含着亮晶的泪珠，他们仿佛在看我，也仿佛在看会场的每一个人，他们那有表情的脸孔上，好象已向我们说了千言万语。我认识他们，我更认识他们的精神，我们每一个人，都被这种不分畛域的民族精神所融通了。我抬起手来想写字，而我底手在颤抖着。

一位日本弟兄的代表正到台前最突出的地方宣读参加八路军的申请书，会场静肃得大家几乎屏住了呼吸，每一个字都打进了听者的心。——“我们是日本士兵，在过去，我们曾经拿了枪和中国弟兄打过仗。但是，正当我们快要做日本帝国主义侵略战争的牺牲者时，正义的富于国际主义精神的八路军，拯救了我们的性命。在八路军友爱的热心的帮助和优待下，在几月或一年的过程中，使我们渐渐的认识真理，了解了这次战争的性质，我们从二十几年的欺骗和麻醉中觉醒过来，知道我们真正的敌人是法西斯军部。

我们抱着最大的喜悦和希望，参加八路军。愿意在英明的朱彭总副司令的领导下，为中国、日本和东方各民族人民的幸福战斗到底。——日本工农学校学生三十五人签名。一九四一年十月二十六日。”

朱总司令慈爱的站在他们面前，庄严地说：“我们八路军热诚的欢迎亲爱的日本弟兄参加反法西斯的八路军。八路军始终为了人类自由幸福平等而战争，八路军是人民的武装，也是为东亚各民族服务的一支军队，日本兄弟劳苦群众受着贫苦和压迫已经很久了，不知你们的要求和我们的目的是--致的，在共同消灭法西斯匪徒后，中日两国人民将会永久和平相处，共建人生的乐园，象一个大家庭一样亲密和友爱。

原清志是日本的唯一女代表，她频频向众含笑致意。

大会的第二天仍在紧张热烈的空气中进行着。各民族代表全体出席，旁听席上听众拥挤，朱德将军温文尔雅的坐在主席台上的长桌面前，戴着古色古香的老光眼镜，以汉族首席代表的资格作总报告，台下全体都静静地注意他说每一句话，时常响起热烈的掌声，表示拥护他的意见。他的报告共分九部份：第一部份缕述国际形势，特别着重于苏德战争的论见。他说今天苏联是为着拥护全人类利益而与穷凶极恶的德国法西斯作战，因之我们不仅仅希望苏联的胜利，而应积极援助苏联使她能够得到胜利，我们远东民族要以直接同远东日本法西斯斗争来援助苏联。第二部份为远东形势，特别对日本帝国主义的侵略作了透澈的分析与估计，并从历史的见地上提出引证，指出未来事件前进的方向。第三部份指出日本帝国主义的贫穷性，扼要地说明这个饿兽已经做了些什么，而且还要怎样做去。第四部份为日本帝国主义的侵略方法，从日本国家机构的特性上，从过去的真实史料上，来研讨这个问题。第五部份说明反法西斯民族统一战线的形成，他说首先日本国内要结成反法西斯军部、反对战争的广泛的人民阵线，同时把一切反对日本侵略的东方各国人民结成各民族的联合统一战线，这里面当应包括反对日本帝国主义的日本民族资产阶级与地主。第六部份——反法西斯势力的抬头。从内部来说，就是日本人民因四年来的对华作战，已疲惫不堪，所以他们厌战反战，从外部来说，现在东方各地打倒日本帝国主义的力量正在急速成长中。第七部份——反法西斯国际统一战线的成立。这个反法西斯的国际战线是在法西斯德国进攻苏联以及经过罗邱会谈，经过莫斯科的三国会议，与英、美、中、荷在马尼拉召开的军事会议而成立起来了。

朱将军这一篇洋洋洒洒的谈话，虽然用去了整整一天时间，可是全体代表们始终保持着亢奋的情绪，有好几位代表要求把这个报告印成小册子。

以后，第三四五天的中心议程是由十八个民族的首席代表分别作有关自己民族的专门报告。

日本代表森健具有健壮的军人风格，两颊暗藏着青色的胡根，他以平稳的语调把日本国内继续恶化的形势和日益高涨的日本人民斗争的消息做了有系统的说明，并表示他们自己反法西斯的坚强决心，希望同东方各民族战斗在一起。

日本女代表原清志谦虚地用中国话说："今天日本妇女依旧过着历史所遗留下来的压迫和奴役的生活，而且每况愈下了。在中日的四年战争中，她们年幼的失掉父母和兄弟，青春的失掉了丈夫和情人，年老的失掉了赡养自己的儿孙甚至还要当娼妓，受尽了一切痛苦。现在她们已经开始要反抗了"。在她的三十分钟的谈话中，始终保持温情的大和妇女所特有的态度，但语气却是极其坚决的。

泰国代表马纳年纪显得很轻，大眼睛、长睫毛，黑黑地健康的皮肤。他是出身于泰国的官宦之家，可是自己十分愿意旅历艰难困苦。他用不熟练的中国话发言："泰国目前正处在日本的侵略刀锋之下，日本骗子现在完全抛弃了昔日的虚伪友谊，过去的伪朋友，就是今日的真仇敌。"他以诚恳的态度向大会申述泰国人民的愿望："内部的——团结国内各小民族各阶级一致对日，联合居泰外侨，尤其是华侨，成立反法西斯的统一战线；外部的——联合东方各民族共同斗争，参加世界反法西斯阵线，援助英苏。"

犹太女代表叶华·叠桑柏格尔德健步地走上讲台，她双手按着桌边，炯炯的淡绿的眼光射着全场，她愤激地说："全世界二千万犹太民族都认识到希特勒就是犹太人的死敌，我们愿意坚决的斗争消灭这一批人类害虫。我是生长在德国的犹太人，当我们在中学的时候，任何一个德国同学都有欺凌和侮辱我们的权利，而这种权利是希特勒法律赋予他们的。"

此外还有黑黑的印度代表巴素，剽悍的蒙古代表武兰夫，朝鲜代表武亭，台湾代表蔡前、蔡列宾、何印，回、藏、苗、夷……代表的生动的报告。

中国共产党领袖毛泽东先生是最受欢迎的一位来宾。

三十日，他冒着霏雾的细雨突然到来。他精神饱满，神采奕奕，一句句铁一般有力的言辞，从他嘴里清晰地吐出来："……我想大会的主要目的就是团结，促进各民族的团结，共同打倒法西斯。现在中国就是以团结的武器，进行英勇的抗战。……延安是专讲团结的地方，这里有清真寺，有蒙古文化促进会，有民族学院，……这里能够举行反法西斯的民族大会。"接着他以贤明政治家的眼光，对今后局势予以阐述："今后这个国际性的反法西斯的战争，范围日渐扩大，时间还很长久，可是希特勒在英、美、苏的大团结中，是一只没有前途的困兽罢了。……我底看法，法西斯占地越多，危险也越大，我们可以参看历史的前例，如拿破仑、如马其顿王亚历山大，如蒙古的成吉思汗，现在只要我们团结，团结就是力量，我们团结愈紧，法西斯死亡愈快。……”历时一刻钟，毛泽东先生在大家起立欢呼声中结束了讲话，大家脸上现出满足的微笑，但又带着渴望的神情。

这个光辉的远东团结旗帜——东方各民族反法西斯代表大会，经过五天连续不懈的报告与讨论，大会内的提案审查，文电起草和章程起草三个委员会，都完成了艰巨的任务，这里有描写不尽的收获，第六天就进入胜利的结束阶段。

在代表大会上，产生了东方各民族反法西斯大同盟，这是一个永久的战斗性的组织，一直战斗到法西斯主义死亡，战斗到希特勒主义的阴影从地球上滚出去。

他们在激烈争辩和审慎考虑中，通过了这一有历史意义的联盟简章法案。

他们在相互了解和深切信任的空气中，以不记名投票的方式，选出这一反法西斯铁的整体的优秀成员——三十七名联盟执行委员。

这个伟大灯塔——延安，从反对日本法西斯的中国大西北的高原上，通过山川平原和海洋向远东各地射发着塔上的光芒，伟大的民族团结的光芒，在延安东方各民族反法西斯联盟的办公厅里制造着促使法西斯死亡的炸弹，呼唤着东方民族大团结的幸福的捷音，在这城里，在这大厅里，将与全东方各民族建立起血肉相关的战斗联系，让我们用最诚恳的祝辞，最实际的行动来赞助它的成功吧！

一九四一年十一月十五日

附录(一)　联盟简章

第一条——本联盟定名为延安东方各民族反法西斯联盟。

第二条——本联盟宗旨为：团结东方各民族的力量，建立巩固的反法西斯统一战线，援助中国、苏联及一切被德、意、日法西斯奴役压迫的民族国家，共同打倒法西斯强盗，为东方各民族的自由平等与解放而努力。

第三条——本联盟盟员分团体盟员与个人盟员二种。凡赞成本联盟宗旨的东方各民族团体或团体盟员外的个人，均得要求加盟，经联盟执委会批准后，得为本联盟盟员。

第四条——联盟代表大会为本联盟最高权力机关，每年开会一次，必要时得召开临时代表大会。由联盟代表大会选举执行委员三十七人；由执委会推选主席一人，秘书长一人及常务委员十三人。必要时得于常委会下设各部及委员会（由执委会斟酌情形决定之）。

第五条——本联盟经费由盟员所缴之会费及临时募捐充之。

第六条——本联盟会址设中国延安。

第七条——本简章之修改权属联盟代表大会，解释权属执委会。

附录（二） 执委名单

朱 德 林伯渠 吴玉章 高 岗 罗 迈 蔡 畅
冯文彬 阿里阿罕 巴 素 原清志 森 健 金茂岳
武兰夫 武 亭 蔡 前 梁金生 卜·一 常彦卿
郭戈奇 马寒冰 桑格拍尔德 马 纳 桑吉悦喜 默 罕
沙瓦吉益 贾拓夫 刘澜波 萧 三 俞光生 李延禄
朱宝庭 高克林 刘 春 李初黎 李介夫 柯庆施
赵通儒

〔国民党中央图书杂志审查委员会档案〕

19．艾青：哭泣的老妇①

——长诗《溃灭》中《受难的人民》之一段

（1941年12月　日）

玛拉可夫的街上，
破旧的小酒店的门前，
一群贫困的人们聚集着，
中间站着一个激动的女人——

她已衰老得变成佝偻，
象一株百年的老树；
她的手抖动在颈上，
像两条被风摇撼的枯枝；
撕裂的衣襟挂在她的肩上，
破烂里露出了干瘪的乳房；
她的眼睛滚着混浊的眼泪，
把她的脸愈洗愈脏；
她的嘴难看的裂开着——
弛张，歪斜，激烈地颤动，
嘴里发出难听的叫喊，
嘴角上流着一条白沫，

她拉扯着行人的衣襟不肯放松，
要每个人都倾听她的控诉，
她向世界控诉她的不平，

① 此诗稿，系1941年2月1日国民党中央图书杂志审查委员会扣存的《文学月报》第2卷第1期送审稿。稿面右上角批有“免登”二字。

用她因悲哀而颤抖的声音：

“他们都是我的儿子，
他们都是我用这奶养大的，
他们都是我的心，我的爱情，
他们都是我全部的慰安；

一个二十二岁，另一个二十四，
吃自己的面包，住自己的房子，
没有穿过人家的一根纱，
没有借过人家的一粒麦子；

他们不醉酒，不赌博，不打野鸡，
他们从来不吵架，不惹是非，
他们勤快地工作，节俭地过活，
玛拉可夫没有一个人不喜欢；

他们爱祖国象爱他们的母亲，
他们爱土地一如他们的生命，
假如法兰西真的闯进了敌人，
他们自然会被义愤送上前线；

但是人家打的是波兰啊！
这事与我们法兰西何关？
为了发财他们制造了战争，
把年轻的去送死，留下残废的和老人——

人们把他们从我的心里抢去，

让他们丢掉他们亲爱的母亲，
如今他们死在远方的那维克，
和盎格鲁撒克逊的海盗葬在一起……

公平的人们啊，
请把他们抬回来！
他们的母亲啊，
要看他们的尸体……

哦—哦—哦……

她实在哭得太悲伤，
听说她这个样子已一个星期，
眼泪已淹没了她的理性，
痛苦已把她的心烧成癫狂。

〔国民党中央图书杂志审查委员会档案〕

20．穆欣：北国报业巡礼①

——一年来的华北新闻界

（1942年12月3日）

一

经过一九四二年的苦斗，华北新闻专业已经建立了坚强的阵容。各个抗日根据地都设立了正规的印刷厂，出版一个以上的铅印报：新华日报华北版度过了它的三周年，山东"大众日报"，"晋察冀日报"，"晋绥边抗战日报"，"晋冀鲁豫日报"等，都已具备正

① 此件系1942年12月国民党中央图书杂志审查委员会扣存的《国讯》周刊第326期送审稿。稿面右侧批有"免登"等字样。

规报馆的规模。此外还有若干知名的地方报，如平西的“挺进报”，“冀南日报”，“冀中导报”；通俗报纸“大众报”；军队报纸“子弟兵”(晋察冀军区)，“战斗报”(晋西北军区)……各个较重要的县区里，则仍存在着极多的油印和石印印刷的小报纸，象游击兵团一样活动，配合着新闻界的这些主力兵团。

“反对党八股”的口号被提出后，各个地区的报纸都进行了检查，俾能使报纸的质量提高：加强其战斗性，与群众密切联系起来，“创造新的文风？”完成“报纸不仅是集体的宣传者和集体的鼓动者，而且是集体的组织者”的任务。他们非常苛刻的把这种对于报纸弱点的检查叫作“审判”。

各地当局为了引起工作人员对于报纸的注意和爱护，纷纷作了报纸工作的决定，例如晋西北关于抗战日报工作的决定是：责成各地“1．负责组织其所管地区内或部队内的通讯网……2．负责发动通讯员，以及凡有抗战日报的机关或个人，进行组织读报组工作，……3．负责供给抗战日报各种新闻材料或文章，……4．负责帮助抗战日报社各地办事处、分销处检查报纸输送和发行情况。……5．负责帮助抗战日报派往的记者了解情况，并供给必要材料，使其采访工作便利，必要时并帮助其解决工作上的其他困难。”还规定了一些具体进行的办法。

在晋冀鲁豫区，则由政府执行着去年新通过的“新闻政策”。这政策所确定的新闻工作的原则，是“确定新闻报导不仅是反映，更重要的是指导。其反映指导之原则就是抗日民族统一战线，新民主主义及建设根据地各种基本政策。同时应该配合每一时期的中心工作，制定宣传方案”。其中对于保障言论自由，保护，帮助，优待记者，均有详明规定。而且注意到新闻工作者的保健和优待他们家属的问题。

这样便影响到新闻工作者提高本身的注意，开始注意到业务学习，展开了对于新闻理论研究学习，以及对于目前在敌后方新闻工作实际经验的总结整理工作。这个时期华北出版的新闻刊物很多，在太行山区有"北方记者"和"通讯与记者"，"太岳记者"；冀鲁豫区有"青年记者"；晋冀察区有"通讯往来"，"通讯学习"，"部队通讯"；晋西北区有"通讯生活"，"新闻岗位"，"通讯岗位"等；此外还有"新闻通讯"，"战地报人"等发行着。虽然是比较散乱的，点滴的工作，这些刊物却在华北各地新闻工作中发挥了甚大的作用。

各报在检查了自己后进行"改版"，为了真能达到"指导工作"的目的，各报内容上的改进之快速是惊人的。有一位新闻记者写信说，报纸进步快，我们要不加倍努力，若干时间过后便会成了"落伍者"，这确实是华北报人一致的感触。——虽然敌寇"扫荡"频繁，但在技术上的改进也是令人吃惊的，北平西郊出版的"挺进报"，晋察冀日报，子弟兵报等，经常有铜版照片出现；就是冀中平原那样艰苦的战斗环境，冀中导报也是经常刊载铜版的。

二

一九四二年是华北敌后新闻事业突飞猛进的一年，也是新闻战线的朋友支付血汗最多，斗争最为尖锐，牺牲最大的一年。

敌寇使用一贯的狡计，出版伪报和我们斗争。他们特别弄了一副模糊不清的铅字，买到一些根据地内出产的土报纸，在天津伪装我方出版了一个小型的"建设报"，企图鱼目混珠；同时在各临近我区出版伪饰抗日的油印报，可是敌人的狡猾一下便被揭穿了，不但内容上"狗嘴里吐不出象牙"，就是在印刷上，我们的报纸并不是那副龌龊不洁的样子，而经常地使用良好的外国报纸印刷得很精美。他们那些日本化的中国文法，连日本特务机关也大摇其狗头的。

伪饰的汉奸报，获得不到任何的读者。敌寇便使用他们最下流，最无耻的卑污惯技，出版各种淫秽的小报。记者手边便有这样一张在北平出版的"和平版"，四开一小张中，便有八九幅春宫画，七八段淫污的描写，敌寇想以此“软化”我们的抗日军民，拖着他们“堕落”，但他这种奸计仍然无处可售，因为没有谁要看它，象那种伪装抗日的汉奸报一样没有读者。

在这种“竞争”失败后，敌寇便挟着深厚的怀恨，极力摧毁我们建立在敌人重重封锁中、枪林弹雨威迫下的报馆；对于非战斗单位的报馆进行突然的“奔袭”，用飞机进行狂乱的轰炸，以便“消灭”这些个文化堡垒。五月间敌寇包围太行山区的新华日报华北版，以其数万之众来专门“围剿”我们几个文化机关，这一次他们“胜利”了，华北版社长兼总编辑何云，英勇地死在自己的岗位上。他们报馆同时还牺牲了经理部秘书主任黄君珏，国际版编辑缪乙平，华北版编辑黄中坚等。不过敌人并不能“消灭”掉我们的报纸，在敌寇还没有退走之前，新华日报华北版便又照常的出版了，他们怀着对于鬼子的仇恨，以一当十的更加奋发工作着。

与何云等同时牺牲的，还有国际新闻社特派员高詠(他还是一位受人尊敬的青年诗人)，乔秋远。在太青山，有记者团的记者戈里(沈文林)在跟敌人搏斗中牺牲。此外抗日报总编辑石宾，解放日报总编辑杨松，也在今年先后病逝，如果不是日寇的封锁，他们的病是可以康复的，所以日寇也是间接杀害他们的刽子手。

常常收到后方同业们来信询问华北报人的生活，我们在这些祖国的土地上生活得很愉快，但也生活得非常艰苦，我们的生活是和“血”分不开的。一个报馆的行动无异于一个兵队，在山巅林野中和敌人的“扫荡”相周旋。有人看见运粮食需要打仗流血，把这形容做“血洗的军粮”。敌后的新闻记者，除了吃着“血洗的军粮”他们用的油墨、纸张、铅、以及日常文具，没有一件不是需要血洗的。因为敌寇实行“配给制”，严密封锁各抗日区，在多买一匣火柴便剁掉一个手指头，多买一尺土布便当地枪决的“法令”下，任何一个报馆，每年都会有一些采买人员牺牲在魔手中。

三

牺牲很快便能索回它必得的代价，因之敌寇的一切残酷暴行都不能阻止我们奋发坚定的心愿。经过一九四二年的苦斗，敌人的“蚕食”使我们的地区稍微缩小，报纸的读者层和发行网却向敌伪的心腹地带扩大。平西“挺进报”，一直有三百多份销到北平城里。冀中的一些报纸是经常销到天津市郊的。小型的“中国人报”，“正义报”，在北平，天津，太原，大同，汾阳……一切敌寇沿着铁道汽车路的重要城镇里飞舞着。

先我们曾发现敌寇特务机关重价收买我们的报纸，在岚县，岢岚、交城、文水……敌人均曾以三十元或五十元伪币买一张的高价收买过。离石的敌人曾迫一个被俘仍抗日村长用四十张抗战日报“赎”回他，结果送去了两张便得光身跑回来。当我们决定“对策”时，发现好多敌军和汉奸收买抗日报纸，只是用“特务机关”的名义，实际是买来“私下”阅读的。

晋西北我军于西坡战斗中，从敌山本曹长尸体中搜出一张抗战日报，并在他的日记中发现如下之文字：“三日，报纸买来了？花费了三块白洋，还是一张小小的，字迹已弄模糊了。下午由佐木，小路转到我的手中。意思大概读的懂。他说：再过两年，便可打败日本。他的艺术是厉害的，抑露内心已久的疑题已获解决，只希望这两年不会战死。……”接着他写：“佐木已拜认了干妈，谁知道这支那人届时是否可靠呢？”

服务于伪组织的人员，更其时刻打听着我们的报纸。有时出钱买，有时下令“黑狗子”(伪军)到处去抢抗日报纸。有一个时期，在柳林(晋西)等地据点中，大天白日也常发现抗日报纸及抗日传单，敌寇没有办法，断绝交通集合居民及伪组织人员，逐人逐户反复搜查，一个伪闾长被从身上搜出一张报纸来，被加“土八路”的罪名加以扣押，可是次日抗日报纸、传单照常到处飞着。岚县静乐等地的鬼子，也都正为抗日报纸到处出现的事情困惑着。

"我们在敌占区"，有一个刚逃出魔窟的知识青年告诉过我：“总是找着我们的报纸看，没办法才看伪报，但也为了看“反面”的消息。”他说，只要我们报纸上有一条好消息，便会通过“耳语运动”悄悄地传遍全城，全县。敌占区的人民为了防止敌寇的搜查，把重要的消息和文章剪成小块携带着。汾阳，阳曲，文水，徐沟等处城内的人民，组成严密的小组，按期到城外读报，回来向这些人报告。……

不管在我们悲痛的哀悼着牺牲的同志，还是在我们吃着粗糙的“血洗的军粮”，或被敌寇在山林里边追击着的时候，只要听见这些令人兴奋的消息，面孔总会呈现出一种骄傲愉快的光辉来。

一九四二．十二．三

〔国民党中央图书杂志审查委员会档案〕

21．沈雁冰：茅盾随笔三则①

（1943年3月　日）

（1）关于“新水浒”

——一部利用旧形式的长篇小说

（一）

利用旧形式的长篇小说，似乎还不多见，谷斯范先生的“新水浒”第一部“太湖游击队”因此是值得我们注意的。我读到他的作品，最初尚在一九三八年夏天，那时我在香港编“文艺阵地”屈轶兄寄了谷的短篇小说集来，并谓作者尚有利用旧形式的长篇在写作中，按日刊于“译报”；这长篇便是现在我们所见的“新水浒”第一部了。但短篇集却是新形式的，当时我从幸遇新友的喜悦心情读完，并写了一点读后感，在“文艺阵地”上发表。我现在还记

① 此件系国民党中央图书杂志审查委员会令扣的《茅盾随笔》中的三篇文稿。

得其中有一篇写青年徒步往延安求学的，虽系“想象工作”。但热情而富于诗意，充分闪烁着才能的光芒，给我很大的感动。于是我渴想读到他的连载于“译报”的长篇。

但后来我也就离开香港，连谷斯范先生的消息也得不到了，不但谷的消息，乃至内地文艺同志们的努力的劳绩，也不大容易看到了。我于是感到了“离群索居”的寂寞，感到自已学殖将要一天天荒芜了，时间稍久，自己意识到不复是文艺圈子里的人。但是谷斯范先生没有忘记我，从万里外的“江南”——安徽无为县的江边，将“新水浒”第一部的原稿给我寄了来了。这该是如何的喜悦呢？然而同时也感到惶恐，因为谷斯范先生盼望我读了以后，能就“通俗化的用语，结构，人物描写……”等具体问题，提出一些意见，作为他写第二部第三部时的参考。

从他的信中，我知道他于一九三八年十月间，离开了上海，干战地记者的工作，“新水浒”因此中缀，但终于在一个决心之下，争取机会，在去年(一九三九)二月间往浙西敌后跑了一趟，补充了一点材料，至七月，又往襄樊一带工作，又于战地小饭铺的豆油灯下，继续写作，十月，在襄江边的古城——老河口，整整写了一个月，才完成了“新水浒”的第一部——“太湖游击队”。这便是眼前这部长篇产生的过程。

(二)

“新水浒”第一部——“太湖游击队”，从这题名上，也就可以猜想到它的内容不外是描写江南敌后，太湖地区的游击战争的，但作为书中主要背景的，却是名写“双桥”的一个镇，介于嘉兴、吴兴之间，公路未通，水路则纵横交错，离开那三万六千顷的太湖，约有一站多路。作者告诉我们：当一九三七年十月，国军向西撤退，太湖东岸诸市镇一时陷于混乱状态。敌人兵力不敷分配，除在交通线上的重要据点驻有守备队外，余皆无力顾及，于是东自苏嘉铁路，西至京杭国道，这一带“鱼米之乡”，遂为游击队活动的大好场所。然而这些游击队，或为旧保安队的化身，或为土匪变相，民众工作不做，本身纪律不讲，它们象蝗虫似的，吃白了这里，便换到那里去，成为了真正的"游吃队"了。这种现象继续了一年光景，经过了惨痛的教训，方才由血腥的经验中产生了民众武力的真游击队，渐渐在敌人后方起了作用了。所以可以说，这部小说的主题，便是：游"吃"队如何变成真正的游击队。我们且看作者用了怎样的形象，来表现这个主题。他告诉我们：游击队之改造成功，是由于下列诸人物之共同努力：

（一）黄团附，曾在罗店作战，后来与团长一同带着不过一营的人，从苏嘉路撤退，暂驻双桥镇。他是他这一"团"的军官中最能认识游击战之重要的一个，他因团长的英雄主义太强，无法克服，所以讨了个差使，要去联络那出没于太湖内的"苏浙皖游击队"，后来他就是新生的"太湖游击队"的队长。此人心地光明，性格温和，办事谨慎，唯略嫌优柔寡断。

（二）徐明健，洋行买办的儿子，家庭的纠葛使他与父亲不和，在中学时代他是一个自暴自弃的花花公子，后因在恋爱问题上受了刺激，到北平进了大学，在几次爱国运动的浪潮中思想改变起来，"七七"以后参加了"孙殿英的游击队"，然后又回上海。那时沪战正剧，他那在浦东的家（父亲早已去世）空无一人，他再参加了一个队伍，后来大军西撤，他流落在嘉兴，几乎饿死，辗转又进了一个份子复杂的"应时而生"的游击队——那真是一支游"吃"队，头脑是贪污成性的旧公安分局长，干部是营混子以及莫明其妙的改行的店员，士兵则为各式各样的散兵游勇。徐明健在这游"吃"队中当一名秘书，算是做政治工作的，然而什么也不能做，他又缺乏政治经验，所以队伍中间虽然不乏想要真正抗日的份子，他也不能把他们组织起来，实现他的改造游"吃"队的理想。但是后来由于许多条件的配合，把那个队伍从贪污狡诈的赵章甫（大队长，本为某处公安分局长）手里转到黄团附手里以后，徐明健方才着手于士兵的政治教育工作。

（三）罗三爷，地主，“仗义疏财”的员外式的人物，办了个小小的农场；苏嘉沦陷后，他的“罗家庄”以自主的姿态苟安一时，也会办了个六七十壮丁，十几条破枪的自卫团，可是没有人在好好训练。罗三爷是抗日的，可是缺乏政治头脑，不知道如何积极的干；他的唯一表现就是不与镇上的伪组织维持会来往。然而他虽不理伪维持会，伪维持会却要理他，于是经过了一场官司以后这位“员外”也就下海干游击队了。他带着他的几十名壮丁，加入了新成立的“太湖游击队”，与黄团附徐明健共事了。

（四）胡林，木匠出身，好打不平的好汉，在一家老少被敌人杀害以后，他立定意志要投军报仇，然而没有门路，兵未当成，□□难民。其后经过了“义勇壮丁”□□□，进了那驻在双桥镇的中央军残部，后来成为“太湖游击队”的干部。

以上四人，只有胡林是民众中间产生的出色人物，他在难民收容所时据说是群众的领袖，但他之所以得“爱戴”，也无非因为他奋力过人，且“从不欺侮弱小”罢了；后来他的表现，似乎也仍是江湖上好汉那一套。作者借这四位来代表各阶层的进步势力，跟贪污分子，顽固分子，投机分子，作了斗争。胜利是落在进步势力这一边。

（三）

如上所述，“新水浒”主题之正确，是毫无疑问的，但是艺术形象颇嫌不够，则亦无庸讳言。所以然之故，在于那几位代表进步势力的人物的性格，实在太单纯了一点。黄团附，徐明健，罗三爷，胡林这四个人物，来自不同的阶层，他们在抗日这点上，是共同的，也因为要求抗日，这才要求进步，而摆在他们眼前最切要的求进步的课题是改造他们那游击队，这也是他们的共同之点！这都是作者已经给表现了的；可是在这些以外，他们一定也有些不同点，因为游击队既然占有了地区，行政上，经济上一些具体问题总得有个办法，这些办法是依照什么原则定了出来，并且如何取得他们中间的共同点，换言之，作者已经暗示了“太湖游击队”的改造经过将使一个敌后抗日根据地双桥出现，但是这个抗日政权的性质，方向，作者初无一语道及，作者并未使他书中的代表进步势力的人物在这上头（当然不是抽象的讨论，而是在各种具体问题上反映出来）表示了他们的同中之异，然后如何又从“异”中取得了共同点。

正因为作者忽略了这方面的表现，所以黄团附等四人的性格便显得太单纯了，而这太单纯是颇损害了作品的形象性的。而且也正因为性格的太单纯，又有害了人物的真实性；我们特别感到罗三爷，胡林两个人物太象了旧小说中的“员外”或“庄主”以及“七侠五义”一流的人物，其故亦不外乎此罢？因为我觉得不但罗三爷不该那样单纯，就是胡林也不会是那样单纯的。

倒是在反派人物方面，作者赋与了比较。

性格：最显明的例子，是那位“六师爷”，其次，就要□到王尔基与赵章甫了。这三个人物也是代表三个阶层的落后份子的，而赵章甫之由混迹于抗战阵营，经过了找人(进步势力)磨擦而失败，而终于投降敌人，做起什么“剿匪司令”来，正指出了顽固分子的必然的归结。

（四）

“新水浒”是一部利用旧形式的长篇小说，所以我们在这一点上再来说几句，也是需要的。

首先，在通俗化这点上，作者是做到了。用语，句法，结构，都是中国式的，没有欧化的气味。作者在这方面，似乎采取了两条战线的斗争；一面他力避欧化，一面他力避中国旧章回小说中惯用的滥调套语，这些滥调套语其实也已经不是现代活人的口语(或表现方式)了。我以为作者这一个方针是很对的。又在“字汇”方面，旧章回小说从来不避文言文的字汇，而且用的相当多，这些文言文的字汇，倘非滥调(那是没有生动的表现力的)，便不通俗，这本是旧章回小说最要不得的一面。现在“新水浒”对于文言文的字汇，也是极力避免了的。我以为作者这一个方针也很对。但这样一来，势非创新不可。字汇固可采自大众口头，句法则有待自制。作者在这上头，似乎贡献不多。这自然一则因为是草创之作，二则此书背景在太湖流域，属于所谓吴语区域，大众口语大抵有声无字，即使能摄采入文，于一般读者亦扦格难通，若使书中人物，都说北方话，当然亦是一个办法，然而对于“地方色彩”又有损了。所以作者使他的人物都用了夹有地方语的普通话(不是北方话)，但我尚觉得“吊吊我的胃口”之类的地方语，仍未必为一般读者所了解。中国方言之多，实为大众化途径上一个颇难处理的问题。虽然用于中国市民文艺发展的历史的传统之故，所有的旧章回小说几乎全用了北方话(这里说“几乎”，因为清末的章回小说已有夹用地方语的了)，而且教育南方人的“南腔北调”，但是象“上海花”一类小说内的“官人”如果不操“苏白”，大概会减少了不少的生动和真实吧？所以方言文学之应否发展，实在也是文艺向大众化进行中一个不能回避的问题。我以为方言文学的发展与大众化之推进，两者有其辩证的关系，而使矛盾统一的枢纽，即为新文字的普遍推广。因为惟使用新文字，方能使有声无字的方言写在纸上，惟有方言文学的发展乃能使各地方言交流融会，取精用宏，形成了未来新中国的全国性的新的“普通话”。而大众化的用语问题到那时也就解决了。这是一件艰巨的工作，然而不是不可能的工作！

至于在此时，方块字尚为一般阅读的工具，则多量使用夹有地方语的所谓普通语，自亦不失为一法。

（五）

“新水浒”的作者似乎又力避“回叙”与“心理描写”，这也是值得讨论的问题。一般地说来，“回叙”与“心理描写”，是与“通俗化"不相宜的，然而也未必尽然。问题在怎样使用。以"回叙"而论，书中人物在出场以前的经历，是可以用"回叙"的，不过不宜太长，而且要放在适当的地位，以免阻碍了故事的联系性。旧章回小说每将一个人物的"回叙"放在一章之首。其实"回叙"这手法，本属迁就理解力较低的读者的一种方法，而且也是小说技术发展尚在初阶段时一种简便的手法。文艺技术之发展，本与一般读者文化水准之高低，相应而相倚。文化水准较低的读者，其感觉纯，联想力差，高度的技巧不易领受；同样，文化水准较低的社会，自亦不易产生高度技巧的文艺作品（从外输入是例外）。就今日中国大众的文化水准而言，通俗作品中应用"回叙"，以便交代清楚，似乎还是需要的。但自然就"回叙"不宜太大，太大了会使读者迷路，遗失了故事发展的线索。

至于"心理描写"，通常是认为属于高度技巧的范畴的，然而即使是通俗的作品吧，完全没有心理描写，事实上亦未必如此。大众能够领受的旧小说，便是或多或少有些心理描写的；并且心理描写愈深刻的作品，愈为大众所喜爱。"三国演义"与"水浒"就是富有深刻的心理描写的。问题是在于你的心理描写是具有丰富的形象性的呢，或是只把抽象的概念来堆砌。搬弄一些抽象的词句，只能算是"心理的叙述"，不是描写；大众自然讨厌那样"心理的叙述。""新水浒"并不是完全没有心理描写，不过我总觉得还可以多些。

（六）

我对于"新水浒"的意见，具如上述。正如作者自称，这是"草创之作"，优点固有，缺点也还不免。然而我相信，无论如何，这本书在利用旧形式的实践过程中，将是一部值得纪念的作品；它的成功与失败之处，将是可宝贵的经验与借镜。也是因为这样想，我所以写出了我的意见，聊作有志于此道者的参考而已。

（2）谈所谓“可塑性”

在某些人心目中最可歆羡的远古，干脆不把治于人的奴隶们当作也有思想能力的，因此办法倒很简单、干脆剥夺了奴隶们求智的权利，不许他们用脑筋。

然而后来不行了。奴隶们毕竟是人，思想能力并不下于主子，僧正蔡师的一颗尽管垄断着知识的传授，但奴隶们从痛苦的生活经验中也积累了知识，而且发展出不利于主子的思想了。这事实被不得不承认，而且得了教训以后，主子们的方法就不能再象从前那样简单了，于是手段变换，从消极到积极，千方百计，总想把奴隶们的思想纳于“正轨”——使得他们不作有利于自己的思想，而以主子们所需要的“思想”为依归。古今中外的治人者群，为此“发明”了各种各样恩威并施，带哄带诈的手段，而为之优者，且“发明”了各种各样，天花乱坠的。关于所谓“人之品性”的理论。其中最出色的，便是把人性当作一张白纸，染上了什么颜色就变成什么。

不过事实上可悲者，中外古今这些专制魔王，终于不能保持万世之业，成了“而今安在哉”了。而有心“卫道”无力回天的老爷们亦只得一唱三欢，恨恨于“人心之不古”。

到了这世界变革前夜的今天，“邪说横流”。自然更不好办，“白纸论”也不能坚强其悍然惟我的自信了。于是乃有所谓“可塑论”。此一“理论”，就其把活人当作泥块，不妨随心塑捏这一点看来。大可媲美于“远古”之作风，然而还有他的现代化的一面，即凡已成形者，仍可打碎而照我的意思再塑再捏之，这是希特勒的心传，而据说也就是小胡子之所以横行于天下的秘诀。什么“集中营”与“劳动营”就是这一“理论”的实施。

（3）谈“人物描写”

有几位青年朋友在如何描写人物之范围内，提出了下面几个问题，当时我信口开河，说了一些，蒙林楚君笔录下来，给我再看一遍，老生常谈，了无精义，青年文创编者打算拿去发表，固拒不近人情，因志其原委如此。　　茅盾附志

第一个问题：创作先有主题呢？还是先有人物？

从主题的命义上讲起来，那它在人物之前就有了的。可是事实上，在创作的过程中，构思的过程中，也不一定那么呆板。譬如打算描写社会现象中的这么一种现象，这么一个方面，那么当然也包括我们对于这种现象的看法和见解，最初先有这个动机，才来写的。但反之，我们在构思过程或创作过程中。只想到主题，而没有想到人物，也是不会的，譬如写抗战开始时的现象，那么一定先有对这种现象的见解，看法，这种现象自然不会怎么抽象，一定会连带到人物，虽不明显，总先有了几成影子。进一步把和题有连带关系的人物，更详细的分析起来，那么人物的影子在作家的脑子里就更加明显起来。不过也有些例外，先有一个非常明显的人物在脑子里，再从这个人物的身上想出许多同情，再确定了主题。

所以在理论上讲起来，应该是主题在先。但实际上也不老是这样的。差不多在主题已经很成熟的时候，人物十之八九也已经有了，至少主要的人物已经有了七八成的样子。

第二个问题：重要人物与次要人物在描写上的比重怎样？

主要人物与次要人物的分别，有时候也很为难，作品中写得很多的人物，不一定是主要人物。有些事情在故事的发展中并不起主要的作用，同时那人物也就不是主要的了。次要的人物是写□□主要的人物而设□□他的创作是次要的。他有附属的性质，要是这样的话，他的创作当然要少，少到什么程度。要看个别情形，并没有一定的规则，写到已经够了的时候，当然就可以不再写了。

这个题目可以与下面一个问题连起来讲，（按下一个问题是“次要的人物是否为衬托主要的人物而设，有时此等人物出场一二次，是否不必要而成为浪费笔墨？”——记者）

我想次要的人物当然是为陪衬主要人物而设。一个故事当然是描写一个人的。但不能只有一个主人而没有佣人。譬如写一个有钱人家，当然要写到佣人。不过有时也不一定是拿来衬托的，它有一好象舞台上的小道具一样的作用，那么作家事先应该有一个布置。当然也有一些非常例外的，他们可以一下要，一下子又不要，譬如主人与客人在那儿谈天的时候，当差送茶来，这个当差可以连名字都没有，以后也不一定要出场。

我的意见，构思的时候应先有人物，然后想出故事来，不是先有故事再想出人物来。要使故事服从人物，不是使人物服从于故事。故事应该是一种有机的配合，拿掉一点，就会损伤到全体。故事与人物的配置，不能不是有机的，故事中不需要的人物，能省则最好省之。在故事发展中人物的描写也要顾到人与事的相称。在动手以前，作家应先有个布置。人物写得多或少，就可以此为标准。

第三个问题：有了创作动机后，如何收集整理材料？（即是说作家对于自己并不十分熟悉的人物，应如何去收集材料？）

这个问题应该反过来讲，不是先有创作的动机，再去收集材料，而是先来收集材料，然后在材料当中产生出创作的动机。

一个作家，在自己所熟悉的生活圈子以外一定也时常与另外各种生活有接触，在他的生活圈子的边缘与其他各种生活的边缘相接触之点，就是他的所谓“观察”。这种观察，或者是有意的，或者并不。但因为生活常和他接触到，不论有意无意，对于这种不同的生活，他总有印象，看法，到了某一时期，想把它作为写作的材料的意思，就自然会起来。但在此时，往往会发现，平日的见闻还不够，观察还不够深刻，那时就要有意的再去收集观察。

用什么方法？你如果是有意的话，可以特地找这班人去谈，或是可能的话，何可以到这个生活圈子里去混一下。譬如有些作家，要写妓女，要写大赌场，便曾经“经验”一下的。

还有一种普通方法就是写札记，不论是体验或观察或耳闻，觉得有意思，就把它记下来。这样一点一点集得很多的时候，也有大用。

另外一种方法就是多读记载事实的报章刊物。譬如走私，我没有走回私，但是走私大概的情形，报上也许有记载的，不过如果把这些材料来写的话，那还不够，还要找这里面的人去谈。

第四个问题：典型性格是阶级性的，为什么果戈里将同阶级的人写成许多不同的性格：

典型性格是阶级性的，这句话有点问题，为什么呢？因为在“阶级性”这个术语以外，我们知道还有一个术语，就是“个性”。某一阶级有其典型的性格，这是不错的，但不能说同一阶级的人物的性格就象一个模子里铸出来似的彼此完全相同。

同属地主阶级，除思想意识相同而外，个性不一定相同，风头主义浮而不实，或糊涂颟，心无定视。这样的人，这样的人并不是某一阶级的特产或专利品，由此又可知各阶级的人的性格也不是绝对不相同。

再拿“死魂灵”来说罢，果戈里在这书里写了许多地主的典型，为什么是“许多”呢，因为那些地主之性格，除了基本上之同外，尚有其个别的“异”，因此他们个个都□□□□□□□□□□□□□□□□□□某人物是个“典型的地主”，为什么？因为此人聚集了凡由地主阶级的社会经济关系及其生活环境所产生的思想意识和习惯癖性于一身，——他是集了地主阶级性格之大成，此所以果戈里在“死魂灵”里所写的地主阶级的人物，有许多不同的性格。

所谓“典型”，包括许多内容，主要还是意识一方面的，意识是有阶级性的，我们讲农民意识，就是说这种意识属于农民的，但我们不要弄错，地主阶级也有农民意识，手工业工人主要的意识是行会观念，但知识分子中也有行会观念，而且很浓厚。但是除这些阶级性而外，一个人还有其"个性"，没有个性的典型性格是不可思议的。

有些人一想"阶级性"就觉得这是由阶级的经济基础而来，而"存在又决定了意识"，所以甲阶级的人的思想意识中，就不会有乙阶级的成份。这也是不对的。

拿阿Q来说，究竟阿Q的思想意识，属于那一阶级呢？当然他主要的是农民的性格，他许多方面，都表现出农民的性格，但也有些意识，不是农民的，不是纯粹的农民的。这是中国另一阶级的意识影响到阿Q身上，譬如精神胜利，这不是中国农民大多数都如此，这是属于士大夫精神的。

从前的时代，奴隶的经济地位形成了奴隶意识，另一方面贵族的意识也在"教育"奴隶，当奴隶们不能摆脱贵族们的思想意识的时候，奴隶们是伏伏贴贴的，一旦，奴隶们不再受贵族的思想意识所笼罩了摆布了，这就是奴隶觉醒的时候，于是奴隶反抗了。历史上，凡统治阶级一定要对被统治阶级施行其"教育"，使被统治阶级的所思所□，都合于治者的利益和需要。被压迫阶级受长期"教育"的结果，其思想意识当然有统治阶级思想意识的成份，支配作品力量大的地方就是在于把统治阶级的意识在被压迫阶级中的影响，逐渐减少下去。

第五个问题：写作前要不要先有个大纲？

写作之前要不要大纲，这要看各人自己的习惯，或随他个人的高兴，并无定规，大概写比较长一点的东西，总有一个比较简略的大纲。也有人喜欢先来一个详细的大纲，那是个人的做法。

我曾经在一本小册子上说到巴尔扎克写作的习惯，但他这种习惯，也是自然形成。他欠了一身债，每天在过年三十似的。因他尚未成名以前，曾经想做一个出版商人，想把世界名著印成很好看的袖珍本，他担任编辑，人家出资本印，可是销路不好，亏了本，他欠了许多债，这笔债一直还到了翘辫子。后来他靠卖稿子度日，因为缺钱，老是先拿到钱定期交货。到期非交货不可，而出版商给他的期也不会长，于是他只好先将小说草率写成，先践了约，然后于排印时再加修改。他的原稿第一次排版的时候每行相距很宽，他校对时即就排样上增加修饰，往往多出原稿一倍。第二第三次改排，都如法泡制，一直到他自视满足时为止。可是出版商品一次排上，其余几次改排的工资都要他负担，所以所得，大□□□扣作出版工资了，他的债永远还不清。

巴尔扎克的第一次原稿，实际上只是一个大纲，西洋许多作家，写作时是有大纲的，巴尔扎克的习惯却最特别。

第六个问题：特别重要的人物，如何使他凸出来？

这个问题可以和下面的题目（写人物的方法主要可以归纳为几种？）连起来。

怎么使一个人物的形象凸出呢？这也可以用一句滑头的话来回答：你写得很好，他就凸出来了。如果把从前人写人物的方法来想想，来研究研究，也许可以得出一些方法的，大作家并没有定出方法来，但我们可以从作品当中找出一些方法，不过方法是无穷的，今天倘已有了九十九个，也许明天又多了一个，成为一百。写一个人物，主要不是拿作者的口气代替这个人物来说明不是说这个张三，他这个人怎样，他的习惯怎用，他有什么特点：而是要作者使这个人物在那里动，在那里行动，我想这是大家都知道的一个最主要的条件，那么用什么方法来写这个人物的行动呢？一个人物总该有一个目的，他要达到这个目的，自然要遇到许多困难，我们就要写他用什么方法来打破这些困难。不过他要遇到这些困难的时候，也不是一天老是记着这个目的，除了有目的的行动以外。还有一些无目的的行动，譬如一个人在抗战时期，除了做抗战工作以外。也要游玩，也要谈恋爱，或者上旧货摊去找找便宜货。我们写他有目的的行动，也要写他无目的的行动，这样，才可以描写出生动的人物来。

有的人同许多朋友来往的时候，脾气是很好的，在朋友面前对他太太的脾气也是很好的，但他一个人和太太在一起的时候脾气又很坏，这样的人，我们要写他的两面，才能写得有生气。

有些作家，在一个人物出场的时候，并不把这个人物的性格的各方面，一下子就写完。好比画一张一笔的面担。譬如说托尔斯太，他的人物出场时只使读者看见他的性格的一部份，故事发展，性格也慢慢的发展，到这部书写完，这个人物的性格方才完成。这正象一个人物在动，从远处朝我们走来，最后，我们只能看见此人穿的衣服是白或黑，其后乃见身材是长或胖，更近一点，我们就可以看见他是圆面或长脸，再近，那就连眉毛旁边有一个小黑点，他哭的时候，有什么特点等等都看清了。

写一个人物，有时常常拿此人的动作上的习惯反复强调起来，以为可把这人物凸出来，其实这不是很好的方法。写短篇的时候，反复应用这方法似乎还不怎样讨厌，倘写长篇，则反复应用之结果，将使满纸黑点，而无可取了。

第七个问题：心理描写与作家体验之关系怎样？

天下事情有两方面，不能看得太死，譬如生活经验是重要，但也不可以为除了自己实实在在“经验”过的范围以外，便一字也不能写，我们要知道“经验”之外，还有“想象”，有许多心理状态，作家是没有经验过的就要先想象。

体验是很重要的，但是没有想象也不行。不过所谓“想像”，也应该有生活的经验的基础。不是凭空来的。我们男人要写各种女人心理，当然不能去做一次女人再来写，所以这是靠“想象”，但倘使我们生在绝无女人的荒岛上，就无从“想象”，你没有做过贼，没有偷过东西，但和“偷”相似的心理总会有过的。所以也可以写偷的心理。写死都是骗人的，因为直到现在，还没有一个人死后复活起来证明谁写死写得不对。

没有类似的经验基础，要想象也难以想象。北方人有一生一世没有到过南方的。如果作者告诉他江浙一带河道之多。前门是河，后门又是河，甚至拿一个水桶可以在后门吊水，他是无论如何想象不来的。勉强要他"想象"一下出来，一定弄成不象，所以当然写作的人更有丰富的灵活经验，换俗话来说，就是走的多，交的朋友多，干过的职业多，但还更加一句：读的书多，大家都以为高尔基干过许多职业所以能写，却忘了高尔基以前读的书更多，因为书中有几千年来〔下残缺〕。

附录：国民党中央图书杂志审查委员会删扣《茅盾随笔》稿件的令文

（1）广西图书杂志审查处呈（2月12日）

广西省图书杂志审查处呈　元发字第一〇八号
民国卅二年二月十二日发

中央图书杂志审查委员会

案据桂林市王小涵呈审茅盾著之《茅盾随笔》一稿，核以该稿系以茅盾作品的散文杂感写作集订而成，内容多有暴露我游击队之弱点与强调异党组织进步之处，似不合抗战要求。理合备文连同该稿一并呈请复核，仍候指令祇遵。谨呈

计呈《茅盾随笔》原稿一束

广西省图书杂志审查处处长　李　文

（2）国民党中央图书杂志审查委员会第二科签呈（3月6日）

该稿经核，虽多语中带刺之处，但尚不十分显著。准关于《新

水浒》一篇，对谷斯范短篇小说集描写青年徒步往延安求学一篇，备致推许，殊有不妥。至其鼓吹新文字，并在游击队伍中，强分所谓进步势力与阶级属性，亦有不合。《谈人物描写》一篇，强调统治阶级利用教育为工具一段，亦有不妥，均应饬令删改，方可出版。此外，如《谈所谓可塑性》一篇，借题发挥，意有所指，有诋毁政府之嫌，应不准采用。拟将原稿发还，并指复桂处遵办。

亦彰兼代　三·六

（3）国民党中央图书杂志审查委员会指令（4月16日）

指令

令广西省图书杂志审查处

卅二年二月十二日元发字第一〇八号呈一件：为呈送《茅盾随笔》原稿一册请核示由。

呈件均悉。查该稿《关于新水浒》、《谈所谓可塑性》、《谈人物描写》等三篇，内容欠妥，应予扣存。余无大碍，准予发还，仰即知照。此令。

附发还《一九四三年试笔》原稿九份

主任委员　潘〇〇

〔国民党中央图书杂志审查委员会档案〕

22. 柳亚子：关于红拂传及其他

（1943年4月　日）

这几个月中，桂林市上平剧的空气热闹极了。有义不受辱间关万里从上海沦陷区脱险来归的金素琴；有坐镇漓江取威定霸以私生活整齐严肃负重名于世的金素秋。素琴是欧阳予倩先生的大弟子，素秋又是寿昌先生最契重的人物。听说最近寿昌先生的爱女玛丽小姐还拜在素秋的门下，从她学艺呢。双金两素，只差一个字，真是天生一对地配一双的好姐妹吧。

这样便忙死了我们拜金团的正副团长了。提起拜金团，那是在文化界赫赫有名半公开半秘密的组织。正团长是红学大师端木蕻良，副团长还是老牌作家太阳社遗老十五年前与蒋光慈、钱杏邨鼎足齐名称为三杰的孟超先生呢。现在，我们撇开孟超先生不提，专讲这位正团长吧。他看中了子贡先生联骑结驷历聘诸侯的风头大健了，便情丢掉魏武子孙金枝玉叶般贵重的门第，来冒牌一下。实在呢，他和《红楼梦》作者曹雪芹还有血统的关系哩！记得在半年以前，我做过一首仿娄东体的长歌，名字叫做《萧红曲》的，开首几句就讲着他的身世和造诣道："魏武人豪子桓劣，子健风流推第一；江山文藻三千年，又见红楼一支笔。红楼血脉谁贯通，科尔草原生悲风；黄沙大漠无穷际，善感缘情旷代逢。"这样，我们那位拜金团长的庐山真面，也就栩栩如生地写出在我的诗句中间了。

讲到拜金团，她是一种两栖动物；也可以比拟到很久以前欧洲的奥匈双立帝国。所拜的金，一方面指金素秋，一方面指金素琴，反正不是张天翼先生所讲的金鸭帝国就行了。这位团长先生因为崇拜金素琴，所以要我把她介绍和中国妇女界领袖廖夫人见面，又要廖夫人写画送给她；又因崇拜金素秋，所以大卖气力，替她编成了这很重要很精彩的剧本《红拂传》。

讲到《红拂传》，和我也曾有过一段小小的因缘。记得是今年的二月十六日那一天吧，嘉陵川菜馆老板徐寿轩和老板娘宿伯石请我们喝酒。同座的除拜金团的正副团长和予倩、寿昌、安娥、玛丽、郁风、空了、白风、黄尧、张龙、赵虎以外，还有榴园四大寇——大魔王熊佛西、二魔王叶仲寅、剧魔王小涵、画魔兼酒魔尹瘦石等辈。这一天喝得非常痛快，酒醉饭饱之后，赵虎拉起胡琴来，寿昌便仰天引吭，呜呜而歌。我生平郁伊善感，也说不出什么理由，一听丝竹之声，心中便有些酸酸儿不好过。于是，躲到后房，写了一首旧诗如下：

对酒当歌一惘然，

闲愁如梦梦如烟。
残山剩水浑无赖，
豪竹哀丝镇可怜。
尚有雄心回大宙，
忍拼沉醉送华年。
阮狂贾哭吾犹壮，
骚屑恩仇付逝川。

写完以后，偷偷地送给了寿昌。谁知他老先生更妙，索性把我这首诗谱入了什么西皮、二簧快板摇板之类中间去（因为我是外行，所以这一句话写得有莫明其妙）大唱起来。这时候正团长《红拂传》的计划虽然还没有公开宣布，但他听了我这首诗给寿昌一唱，却早已三月三的荠菜花生了心了。于是到了下一天，他便来看我，开口说道："柳先生，我把您这首诗弄到《红拂传》中去，作为虬髯客的出场引子，兴不兴呢？"我说："不兴！这首诗给虬髯客唱，不够豪旷，还是转送给李靖了吧。至于你要虬髯客的出场引子，我可以另写一首。弄得高兴，也许连红拂姑娘的一份都得了呢。"他自然很高兴的去了。这天晚上，我恰恰失眠，便在枕上悄悄地想好了两首诗，一首是虬髯客的：

热血心头烈炬然，
肯将容貌上凌烟？
黄农虞夏神龙渺，
曹马嬴刘腐鼠怜。
骏足美人聊快意，
彘肩斗酒入中年。
神皋逐鹿羞馀子，
瀛海茫茫待涉川！

这样，"道不行，乘桴浮于海"，把失败英雄的一腔心事，满腹牢骚，描写得还算不恶劣吧。另外一首，是红拂姑娘的：

金炉香烬刧灰然，
兰麝成尘琥珀烟。
辱井丽华终左计，
专房飞燕漫轻怜！
笔投耻续班昭史，
剑啸难忘越女年。
快马健儿同杀贼，
手提日月上山川！

末一句是直用南宋遗民郑所南《心史》内的成句，特此声明。中间两联，也许可以表示我个人对于妇女问题的意见了吧。在此，得添上一段插曲：讲到我的个性，非常强硬；我的脾气又非常燥急。所以，我自己对于朋友所开的支票，决不拖欠，只有先期支付。而朋友对我所开的支票，若是不能准期兑现，我便会找上门来，决不客气的。闲说休提，第二天一早醒来，想了一想，两首诗居然还留在脑膜中，一个字也没有溜走，非常高兴。于是，一起身便把它写了出来，一写好便叫我们的小工友萧功德先生，直送到正团长三多路十三号的团本部去。在我也算是巴结万分，卖力万分了。谁知道这诗送去时，团长早已公出；团本部的房东老太太，非但不肯收信，还把萧先生骂了一顿。这一来，就种下了我四月廿日早上大闹团本部的因子了。——野马放得太远，一笔收还。再来讲讲红拂传故事的本身意义吧！

《红拂传》的故事，当然所讲都是鬼话，明人不必细说。不过，在中国的说部和传说中间，好象有一种传说存在着：就是得天下的太祖高皇帝等等，并不是真正的绝代英雄。讲句老实话，这些独夫民贼，实在都是第二流的胚子罢了。而第一流的人物呢？象重瞳子和虬髯客之类，不是失败后慨然舍身殉义，大喊"天亡我非战之罪"；就是见机而作，宁愿在海外另辟新天地，不愿做圣祖神宗的元勋佐命，十足奴才。这一点，倒也大可以表现中国民族的国民性的。所以有人说，中国民族性最适宜于无政府主义；又有人说，中国民族性是富于革命性的。两句话都有道理，并且并不冲突。质言之，只是一刀两面看的意思吧了。《红拂传》故事的作者，似乎也有这个意思。不过，他是李唐的臣子，不能畅所欲言，只是隐隐约约的微露其意。他本意大概要想说：李密、窦建德、王世充、刘黑闼之流，果然都给李世民消灭掉了；魏徵、徐勣、秦琼、尉迟敬德之流（包括李靖在内），果然都给李世民收伏下了。但也还有消灭不掉和收伏不下的虬髯客；他宁愿飘洋过海，称霸扶馀，却不甘心做大唐天子的奴才，对主子们三跪九叩首呢。我想故事作者的本意，应该是如此的。但后来的人，不能读书得间，却以为圣天子洪福齐天，天生的领袖，没有人敢和他争长论短；把观棋的一局，大夸张了些，认为虬髯客真是服输忍气了。这样，自然非要等到一千年以后，让我们这位拜金团正团长，就是自称辽东公子而又别署楼内史的曹先生，再来把故事伐毛洗骨，画龙点睛一下不兴呢。

正团长没有把《红拂传》剧本的全编给我看。我呢？自从四月四日亡友林庚白先烈的太太林北丽女士来桂以后，我以保护人的资格，正忙于替她安排一切。一方面，又要整理庚白先烈的遗著，预备发起他的追悼大会，忙碌非凡。因为我认为庚白先烈，不但三十年十二月十九日在九龙殉义一役，不成功便成仁，是以对扬国父孙总理于地下而无愧。还有，他的政治主张，他的文学主张，在现代中国都是第一流人物；倘然天假之年，和我并驱中原，正未知鹿知谁乎？现在，碧血黄垆，能无人亡国瘁之恸呢？讲到北丽女士，她是南社旧人林寒碧先生和徐小淑女士的爱女，我以父执的地位，执行保护人的资格，自然是再合适也没有的了。这样，事情就非常忙；再加以喝酒、做诗、写信、会客这些日常生活，自然更搅得一塌糊涂，也不敢再向正团长去索阅原稿哩。不过，据他所讲，和我的主张可说是英雄所见略同。他也主张推崇虬髯客，压倒李世民。他说道士观棋的一幕，完全是刘文静和李世民的骗局。因为李世民很怕虬髯客，怕他来夺他的天下，所以刘文静不晓得到哪儿去找出一个野道士来，疑神疑鬼，故意摆下偷梁换柱之计。虬髯客呢？他也并不是真正棋子下输了发急逃走，更不是见了什么太原公子裼裘而来，震惊于他的风采，便忍为真命天子出世了。原来，李世民想独占天下，而虬髯客却主张天下为公，和一千年后国父孙总理的伟大是完全一样的。他只要把杀人不眨眼的魔王扬广打倒，什么人来做皇帝，在他是无所谓的，因为他并不希罕这个捞什子。可是他早先只知道李世民是少年英俊，可以作为革命的同志，所以想访找他。但见面以后，才认识了他的鹰隼鸟喙，窥破了他的狼心狗肺起来。本来，这位太原公子，是连嫡嫡亲亲的哥弟建成元吉都会一起杀掉，连生身的父亲都会强迫传位，连弟媳妇都会占据了作为自己的小老婆的。这种人真和"分我一杯羹"的泗上亭长刘邦一模一样，十足道地是独夫民贼的典型。换一句话说，也真正十足道地皇圣祖神宗的典型吧了。虬髯客本不是想和他争天下的人，但看了他这种鬼模样以后，知道要和他团结合作，是没有希望的了。那末，对他采取什么态度呢？对立吧，大敌当前，自相残杀，所杀的又只是中国人，未免有"所为何来"之感！服从吧，做李世民的奴才，在李靖和刘文静这班攀龙附凤的家伙是没有问题的，但是在有骨头有脑子的虬髯客却不成。如此，自然只有扬长而去的一法了。我没有看见团长整个的剧本，不能肯定他是不是完全同意于我这样的写法。不过，我想总是"虽不中不远矣"吧。

写到这里，本来也许还有些文章想写下去的。但是，昨天晚上，我的干女儿谢冰莹又从金城江到桂林来了。她是《从军日记》和《新从军日记》的作者，一切都用〔不〕着我再来介绍。不过，最近桂林市上，对于她的谣言很多，倒不妨趁此机会，让我来给她洗刷一下。她是二十九年的一月在老河口和贾伊箴君结婚的，贾是一个燕大化学系毕业的学生。结婚后，她去西安主编《黄河月刊》；贾则赴兰州任制革合作社工程师兼经理。三十年六月，她在西安生孩子；贾也到西安，任战干第四团教官兼制革厂工程师。卅一年八月，贾又调充军需署制革厂研究室主任。总之，贾是一个化学家，从事于生产工作的。今年三月十二日，她俩同时离开西安；贾到成都制革学校去教书，她则从成都、重庆来桂林，不日返湘，到家中一转，再来此间。下半年，贾已决定在成都的燕大教化学，她也预备去教国文。这样，我和他在上海分手以后的行踪，完全明白了。外间讲她在西安做反省院院长的谣言，我也当面问过她，她说真是天晓得呢。——第二次的野马到此地也就拉回来了。此后，关于《红拂传》本身的，再讲几句，就可以收场了吧。

《红拂传》主角，当然属于金素秋，她是扮红拂的。此外，第二个重要主角是虬髯客，由李紫贵来扮演。李靖在剧中是第三个主角，由吴枫担任。而李世民呢？则属于冬梅秀了。这些角的分配，都是团长告诉我的。其余，他没有告诉我，我也当然不能写出来。但刘文静一角，由丑角来起，鼻子上搽得白白的，大概也给历史上一般攀龙附凤之徒来一个不很小的讽刺吧。

完了。

三十二年四月廿六日于桂林

〔国民党中央图书杂志审查委员会档案〕

23. 臧克家：大雷后①

（1944年6月5日）

我把一副好心情，

---

① 此诗稿系1944年6月5日《青年知识》第1卷第1期送审稿。国民党中央图书杂志审查委员会认为：该诗"触犯禁载标准第十项第一条，应予免登。"

斗卿的静，炉火
烧在腮上的微红，
带给大雪后山野的苍茫
和刀片的风。

在雪的重压下，竹竿
向我求救，打着躬，
山头上压着肃穆，
白色里透一点青。

我打着呼啸，
轻轻地抡起手杖，
一圈一圈划着恬静，
一路清脆脚步
向进一座茅草小棚。
我知道，那里边永远烧着
一大堆炭火，
永远有一大堆人
围着火讲说神话，
挖炭夫，像原始人，
粗野，赤裸，向深黑的洞里
为人间取火。

什么也没有错。
错的是一个被摧残的病兵，
身上的创疤流着血，
脚上的冻疮流着血，
他的口是一个血窟窿，

一句一句向外涌。

从一个地狱里逃出来，
多少地狱在外边开着口，
身上一套单军装
门外三寸厚的雪！
没有一身便衣做个通行证，
没有去处，没有一文钱，没有一个朋友，
这个小草棚只留他一会儿，
这堆火，将使寒冷更加寒冷。

走出这间草棚子，
我成了另一个人，
眼前的风景大残酷，
我的眼泪是多么无耻！

〔国民党中央图书杂志审查委员会档案〕

24．田芜：桑槐琐话四则①

（1944年6月7日）

奸雄与笨伯

“望梅止渴”，是奸雄临急时所造出来的一个骗术，是据鞍挥鞭者对付徒步荷戈者的一种手腕。然而，这儿必须有两个先决的条件：奸雄在他的群众中间保持着相当高度的威信——这是一；这个骗术的应用是第一次的应用——这是二；要是不，骗术的有效范围便只能限于一些笨伯。

---

① 此文稿系1944年6月7日国民党中央图书杂志审查委员会扣存《青年知识》第1卷第1期送审稿。该会认为田文“触犯禁载标准第二项，应予免登”。

我们知道，止渴的要求是笨伯和非笨伯所同具的；但有了要求的心里，同时也就要有要求的智力和意志，才能真实地达其要求；智者不惑，这是奸雄们所对之而头痛的。可是，笨伯们究竟是缺少脑筋的，因此只好在幻想中挤出一点口水而已。

民口与民力

“防民之口，甚拉防川”，人民的喉舌，是统治者们所惧怕和没法抗拒的东西。然而最可惧怕的还不是“民口”，而是伏在民口背后的“民力”；民口的设法抗拒，也就是显示着民力的没法抗拒；而伟大的人民的喉舌后面，是一定会潜伏着伟大的人民的人民的力量的。

周厉王憎恨人家的毁谤，就利用卫巫去监视那些毁谤他的国人；虽然得到的成绩是：人莫敢言，道路以目，但结果国人们还是合起来把他流放了。——这证明民口的可惧怕而不可抗拒。

统治者们，寒心吗？当你们看见了民口和民力联结在一起的时候！？

屠　　狗

古代所谓“屠沽小辈”，多半是无赖的流氓；他们所屠的又都半是狗。这些人喜欢善狗，也喜欢屠狗，那条守住店门拚命地吠人或咬人的猛狗□□成为□□□□□□□□“狡兔死走狗烹”。一这是一句多么悲凉的话；然而其实是不够悲凉的，在必要屠必要烹的时候，就使狡兔未死，还是少不了屠和烹的惨遇的！

走狗们，寒心吗？当你们发现了你们的主子并不心疼你们的时候！

牙齿的反应

压迫者一贯拿疯话来恫吓被压迫者，麻醉被压迫者；但疯话所引起的反应并不随时随地都一样的。

在一个时候或情势下，疯话教听者吓得牙齿打战！

在另一个时候或情势下，疯话教听者痛恨得咬紧牙齿！

在另一个时候或情势下——那该是压迫者倒楣而被压迫者抬头的时候：疯话教听者都鄙薄得笑脱牙齿！

（国民党中央图书杂志审查委员会档案）

25．穆欣：铁镭打在敌人背后①

（1944年7月10日）

七年前的这个酷热的季节，北方的农民正指望着收获满仓的麦粮度着温饱的岁月，学生们离开学校在和平的村庄里过着他们的假期。可是芦沟桥的炮声震惊了这平静的祖国的土地，贪婪地矮强盗的铁蹄踏上故都的城堡，生与死的搏斗威逼着一万万华北的人民，它带给忠勇的人民以激愤地仇恨，带给无备的人们以恐怖地烦扰。一切，都给这突加其来的炮火轰乱了，抗拒、备战、逃亡、溃退、闹嚷……震颤着北方的原野。

我永远也忘不掉那些严峻紧张的日子，民族的血泪交织成牢固的记忆：公路上峰滂地塞满难民的行列，腐败的兵队从自己的防地上弃甲溃散，离乡背井的人民被炸死在“求生”的道路上，无助的妇孺成百的溺毙在混浊地黄河里。“战争”的魔牛撕裂了安谧地生活，职业的侵略者的进攻造成惶或而悲惨的景象。

“燕赵古寻慷慨悲歌之士……”，人民想起我们民族光辉的历史，想起我们以不屈服的忠勇的祖先，有血性的男儿便奋力举起武器。当那被害的寡妇还在丈夫的尸旁哭泣，被遗弃的孤儿望着燃烧的房舍嚎叫之际，人们踏过父母兄弟的尸体，记着姑嫂姐妹

---

① 此件系1945年1月国民党中央图书杂志审查委员会扣存的《国讯》第384期送审稿。该会认为：此稿“触犯禁载标第五项”，应予“免登”。

的屈辱，胸中满怀复仇的意念，组织起了游击的部队。敌人的后方成了爱国健儿自由驰骋的战场，沉重的铁锤敲打着敌人的脊背，战争清澈地洗净了混沌迷醉的意识，和平的人民都学会了战斗。

在人类悠久经由的历史上，七年只是一个短促的瞬间，但对敌后的人民说来，这是一段永不会忘的岁月。它给予人们以坚强的锻炼和沉重的考验，而使他们得到往常整个世纪所不能得到的东西。人们学会保卫自己的生命家园，同时懂得了反对法西斯匪徒和用双手建立自己幸福的生活。人民把反抗的火炬点燃起来，燃遍了北方的原野，从凄凉地西北的蒙古草原直到东方的海滨，把每一棵小树都变成一座堡垒，把青天白日满地红的国旗插在伪“满洲国”的城头上！

漫天地战火不息的燃烧了七个整年。在华北驻扎着十七个师团的敌人，还有数达四十余万的伪军，四万个钉子（据点和碉堡）星罗棋布地插满了各地，一万多公里的公路和一万一千多公里的封锁沟围绕着北方的山川，但是不管是匪徒们血腥地武器镇压，还是点线交错的封锁，以及小恩小惠的怀柔和利诱，乃在灭绝人性的“三光”政策，……都不能浇灭人民高擎着的抗日火把，挫败不了钢铁般结实的意志，阻挡不住神出鬼没的战斗。敌人的九十万大军变成了牢笼里的困兽。

七月的召唤给予战斗的人们比火更热烈的感情。儿子在父亲战死的岗位了持续着战斗，弟弟从哥哥的尸体上边拿起了枪便加入行进的部队。这样，武装的部队发展到四十七万，一手拿枪的民兵计达二百一十余万。长年进行的斗争不仅为了保卫自由的村庄，还向敌人索取被蹂躏的城镇，把敌人“挤”往阴黯窒息的角落。在从敌人手里死战夺回的三百三十三万平方里的土地上住着八千三百万呼喊着战斗的人民。七年以来打了七万四千多次仗，杀伤敌伪五十九万。在被炮火轰毁的废墟上建立了四百三十六个抗日民主的政权。无论敌人怎么样的残酷“扫荡”我们的解放区，人民的目标总是朝向"敌后的敌后"进击，在铁道上截断了敌人的"生命线"，在平津的郊野扼住敌人的咽喉。

人们在战斗中显出无比的英勇：晋察冀我军一个模范连，与包围它的一千五百个法西斯匪徒激战，战士们躲在院子里还击，伏卧在房顶上战斗，终于杀伤二十余敌后，从敌火的三层包围圈中冲出去。太原附近的敌占区里，三百余敌包围了下昔村，侦察员赵亮生、伊培凤被密集的炮火封住在窑洞里，他们利用窗台门坎同敌人激斗，一连打死了五个鬼子，伤了七个；牺牲时叫着"死也不当虏虏！""打倒日本鬼子！"，当援救他们的连队击退敌人时战士们在他们尸体前边脱去帽子默敬，老百姓围着用眼泪哀悼！在另一个村口上，民兵冯得成和两个敌人的前哨遭遇了，短兵相接，三个人就拉住打成一团。急中生智的冯得成，把敌人引到他刚埋的地雷上边去打，"轰"的一声响，两个鬼子的血肉横飞了，我们年青的民兵也壮烈与敌同归于尽。不久晋绥边区反"扫荡"时，敌人在翟家庄搜出三十几个老百姓，凶狠地斩断中年人的手指头，烧掉老汉们的胡须，用尽各种毒刑，想从他们口里得知我军一些情况。但是，异口同声的回答是"不知道"，并且说："落到你们手里，就由你们吧！杀了也要抗日的！"语云"大节垂千古，忠贞贯日月！"对于千千万万牺牲的敌后军民，他们都是当之无愧的啊！

人民在七年中所创造的史诗，真是写也写不完，数也数不清：山西太岳区有一个沁源县，全县八万人民没有一个投降汉奸的。一旦落在敌人的血手，人们朴素的心里便只涌现一个光亮的字"死"！为着自由的旗帜，为着个人的忠贞，为着民族的光荣，在河北平原的滹沱河畔，晋冀边境的太行山巅，北出塞外，东至海边，生龙活虎的健儿都用殷红的血水写下灿烂辉煌的诗篇。

如今敌后这块国土对于日本鬼子，已变成一片充满恐怖和叫嚷的海洋，盟机频繁的光临使静悄悄的都市接连掀起警报的哀鸣！开滦等矿，井里燃起冲天的火光！乌龟壳里的鬼子在杀气腾腾的深夜里心惊胆寒，逃避兵役的敌侨险的村野四处乱窜，地雷在敌人的脚下爆炸，手榴弹在碉堡门口飞啸……战火照亮不眠的黑夜，烽烟遮暗了晴朗的白天。败战主义的“瘟神”已经骚乱了整个敌的军队；不少日本军官用剖腹自杀来完成他们无言的“凯旋”，下士官把头埋在酒瓶与人的裤裆里排遣他们对战斗的“怕怖”，大太君”口头虽还强词夺理的狂吠着“胜利”，但在心里是雪亮的：日本法西斯面临着死亡。……我们已把恐怖的血液注入敌人的心脏，我们在晨光微曦黎明向着胜利前进！

最近敌寇进扰中原，攻犯湘桂，在它背后则已展开了剧烈地战斗，月来收复了肃宁、安新、清丰、武强、榆社、邱县，攻入保定、晋县、定襄、灵邱……这些痛打在敌人脑背上的铁锤，有力的配合着国军正面战场上的战斗。

七个织满艰辛和苦难的年头过去了，从手武装到牙齿的野兽已经遍体创伤、垂死的挣扎挽救不了它危殆的厄运，我们要以全民一体的团结捆住它在挣扎的手脚，我们要以开明的民主政治动员人民中间潜在的伟大力量，我们要胜利，我们要反攻！

（一九四四年七月十日兴县高家村）

〔国民党中央图书杂志审查委员会档案〕

26．邓初民：如何研究民主政治①

（1944年10月10日）

在一般方法论上，要求我们在研究任何一个问题时，第一对任何问题要作历史的考察，第二对任何问题要作具体的考察。

所谓历史的考察，就是在研究问题时，要把问题放在一个历

① 此文系国民党中央图书杂志审查委员会扣存的《现代妇女》第4卷第3期送审稿，该会“审查意见”认为，邓文“触犯禁载标准第一项第五条，应予免登”。

史范围之内，它是怎样产生的，怎样发展的，怎样没落的，同时还要注意这一问题与那一问题及其他许多问题的基本的历史的联系，而且它为什么刚刚产生在这一历史阶段之内，这就因为任何问题，都有他时间上的限制，决没有一个东西是超时间的，研究任何问题，要作历史的考察，研究民主政治，也要作民主的考察。

所谓具体的考察，就是在研究问题时，除了究明他的历史条件外，还要注意在同一历史阶段产生出来的同一东西，它们之间有如何不同的具体的特点，再把它的特点加以分析研究，而得出独具的与其他的东西不相混同的结论，这就因为任何问题，都有它空间上的限制，决没有一个东西是超空间的，研究任何问题，要作具体的考察，研究民主政治也要作具体的考察。

研究民主政治如果要作历史的考察，那首先就要明确的分清，古代的奴隶社会的民主政治，近代资本主义社会的民主政治，苏联社会主义社会的民主政治，从大体上说，奴隶社会的民主政治，只是奴隶主人的民主政治，对于大多数奴隶，则是专制政治，古代希腊罗马的历史，恰恰证明了这一事实。资本主义社会的民主政治，只是资本家的民主政治，对于大多数的工农民众，则是专制政治，近代（十八九世纪）英美德法的历史，恰恰证明了这一事实，社会主义社会的民主政治就不同了，它对于大多数工农民众，是民主政治，制度不立，则实质不存，至于有人（象钱穆先生之流）在中国历史上看见了有布衣卿相将相无种的一些偶然现象，就认为两千年来的中国政治，都是民主政治，是显然没有一点科学上的根据的。

研究民主政治，如果要作历史的考察，其次，就要明确的指出古代奴隶社会的民主政治，近代资本主义的民主政治，苏联社会主义的民主政治之间的基本的历史联系，譬如我们可以说近代资本主义社会的民主政治，是从古代奴隶社会和封建社会的民主政治发展出来的（中间还有一个封建社会的民主形式，近代是直接于封建社会的后续阶段为行文之便，前略而未论）苏联社会主义社会的民主政治，又是从近代资本主义社会的民主政治发展出来的，这就是它们的历史联系。

最后还要问古代奴隶社会的民主政治，近代资本主义社会的民主政治，社会主义社会的民主政治，它们各自是如何产生的、发展的、没落的，尤为历史的考察民主政治的方法论上的重要步骤，它们的产生、发展、没落，自然都要求之于它们各自不同的经济背景，以及由社会经济背景所反映出来的社会阶层力量对比，乃至社会意识及其社会生活其他各方面的变化。

研究民主政治，如果要作具体的考察，首先就要研究古代奴隶社会的民主政治，近代资本主义社会的民主政治，乃至富农，差不多都绝迹了，因而其政党、也只有代表无产阶级的利益的共产党一党存在（任何政党都是代表阶级利益的，阶级没有了，政党也消灭，多党制、一党制、不是决定于人们的主观愿望，而决定于实际存在的阶级客观情况）其社会意识形态，也只有为工农大多数服务的学术思想方能存在，从这些各自不同的具体情况，各自不同的社会经济基础、各自不同的阶级、政党利益、各自不同的社会意识形态——所产生出来各自不同的民主政治，自然是有他们各自不同的具体的特点，而不容丝毫相混，胡子头发一把抓的，所以古代奴隶社会民主政治，决不同于近代资本主义社会的民主政治和社会主义社会的民主政治，反之亦然，如果我们研究民主政治的人，不分青红皂白认甲作乙，以丙代丁，决无是处。

研究民主政治，如果要作具体的考察，其次就要把同一历史阶段的民主政治，还要作具体的分析，譬如在近代资本主义社会这一历史阶段内，显然有由于民族的特点，即国度的不同，而表现出不同的民主政治的类型，因此，同一资本主义社会历史阶段的民主政治，就可大体分为如下几种类型：一、英法是一种类型，二、英美是一种类型，三、德国人是一种类型。第一次世界大战后产生的土耳其更是一种类型，此外还可以分为先进国家如英法美德的类型，落后国家为殖民地半殖民地的类型。我们如同不能把近代的民主政治当作古代的民主政治一样，也是不能把英法两国的民主政治，当作其他民主国家的民主政治的，因为同一历史阶段的民主政治，有其一般性，同时也有其特殊性，我们不能单从其一般性来把握它，也不能单从其特殊性来把握它，辩证的把握问题，是一般与特殊的统一。

研究民主政治，如果要作具体的考察，最后还要注意同一历史阶段的小环节，譬如同一近代资本主义社会的历史阶段，由于工业资本主义与财政资本主义还有各自不同的历史上的小环节、小段落，把整个资本主义历史阶段分成垄断以前之资本主义的阶段与帝国主义阶段（亦即垄断资本主义阶段，或垂死的资本主义阶段）垄断以前的资本主义阶段的民主政治，是属于旧范畴的民主政治，帝国主义阶段的民主政治，是属于新范畴的民主政治，亦即新型的民主政治，新型的民主政治所不同于旧型的民主政治的区分点在那里？就在旧型的民主政治是资产阶级赶来革了封建贵族地主的命，掌握了政权以后，实行生产阶级一阶级的专政，尽管在法律条文上、形型上、规定了自由、平等、民主等权利，所谓资产阶级一阶级专政，就是在政治领导、或国家权力的行使上，是大体上或主要生产阶级一阶级来领导来行使的，正如国父中山先生所说："近世各国，所谓民权制度，往往为资产阶级所专有，成为压迫平民的工具"。至于新兴的民主政治，则为工农大众的抬头，资本主义内在矛盾的加深，经济的垄断所要求于政治的垄断（法西斯独裁）以期挽救经济危机于万一者，已成绝港断潢，此路不通，于是不能不转而乞灵于扩大的民主政治，把政治领导和国家权力的行使，由资产阶级一阶级所专有者，扩大为工农小生产阶级等等所分有，正如国父中山先生所说"若国民党之民权主义，则为一般平民所共有，非少数者所得而私也"一言以蔽之，旧型的民主政治，是生产阶级一阶级专政的民主路线，新型的民主政治，则是各阶级各党派的共同政权，此其一。再则旧型的民主政治，只有政治的民主，没有经济的民主，同时只有国内的民主，没有国际的民主；新型的民主政治则不然，它把民主的领域，从政治的民主，扩大到经济的民主，从国内的民主扩大到国际的民主。这就是说，一国人民，全国内不仅在政治上是平等的，在经济上也是平等的，而且只有获得了经济上的某种平等，才能获得政治上的某种平等，在这里形式的民主，渐渐走向实质的民主，在这里实质的民主还不能彻底，因为在这里民主政治虽然是新型的，但这依然是无产阶级性的。这就是说包括经济的民主的新型的民主政治，究竟没有走出资本主义的范围，不曾彻底反对私有财产制，所谓经济的民主一特征，只是意味着这种有限的意义。再则一个国家，对内是民主的，无论在形式上，在实际上，在政治上，在经济上，都有了某种平等，因而它对外，也要求在国际上的平等独立，即国际的平等，民族的平等，亦即国际的民主。国际的民主是用国内的民主换取的，这就是说，只有国内的民主，国内的平等建立了，才能有权力争得国际的民主，国际的平等在这里，国际的平等，或说国际的民主，也是有限的，因为在一国内还不曾取销经济私有制，则在全世界范围内也不能取销国家民族的界限以进于世界大同，所谓国际的民主一特征，也只是意味着这种有限的意义。旧型的民主政治，只有政治的民主，国内的民主，新型的民主政治，则把民主的领域，扩大至经济的民主，国际的民主，此其二。

一般方法论上的所谓历史的考察，具体的考察，二者当然不是各自不相干的，它是一物的两种看法，我们不仅要能用它来研究一般的民主政治，而且主要是要应用它来研究中国的民主政治。

中国的民主政治，在历史的考察上，当然不是古代奴隶社会的民主政治，也不是苏联社会主义社会的民主政治，它的历史范围，是和近代资本主义社会民主政治相当的。但他的范畴又不属于以前资本主义阶级的旧范畴，而是属于帝国主义时代的新范畴，即新型的民主政治，新型的民主政权，是革命的反法西斯反侵略的各阶级各党派的共同政权。其典型的范例，则有如欧洲新产生的——在火线的炮火之下新烧去的意大利、法兰西、南斯拉夫、希腊、捷克、波兰、罗马尼亚、保加利亚、芬兰、比利时各国的各阶级各党派联合组织的共同政权。

中国的民主政治，在具体的考察上，当然不是英法类型的民主政治，也不是美德、土耳其各国类型的民主政治，它的民主特点，是半殖民地半封建，因而它应属于帝国主义时代殖民地半殖民地的种种特征所组成，所必然要反映出来的一种特殊类型的民主政治，而且它处于抗战到了八年的一种具有的特殊的、非常的、多变的、复杂的条件之下，它的具体形态，也不免于是特殊的、非常的、多变的、复杂的。

毫无可疑，这一面是新型的民主政治，另一面是属于殖民地半殖民地落后民族的一种特殊类型的民主政治，然而它的一般理论根据应该是什么？它的具体形态又应该是什么呢？

前者（一般的理论根据）国父中山先生已经早规定出来了。其特征：一、他以为中国的民主政治，应该是完全以人民（各阶层民众的联盟）意志为依旧的民主政治，对国家大事，对各种政治问题，人民可以而且应当起决定作用。此以他历经指出："政府要做什么样的工夫，都要随人民的意愿，就是政府有了大权，一经发动做工夫之后，可以发生很大的力量，人民要停止它便停止它。"如"管理政府的方法很完全，政府就是有大力，人民只要把自己的意见在国民大会上发表，对政府加以攻击，便可推翻；对政府加以颂扬，便可巩固，""总而言之，要人民真正有管理政府之权，要政府的动作，随时受人民的指挥。"（民权主义第六讲）

二、他以为中国的民主政治，是要使大多数人民，真正能参与国家政治的管理，所以他说："要人民真正有直接管理政治之权。""要人民有充分的政权，可以直接去管理国家。""要用四万万人来做皇帝。"（民权主义第六讲）

三、他以为中国的民主政治，是人民用四种直接民权来实现人民对于国家的管理。他指出欧美资产阶级民权，只是一个选举权。这种选举权，也"往往为资产阶级所专有，适成为压迫平民之工具，"因此，他主张除选举权外，还应该用复决、罢免、创制三权来管理国政。所以他说："故对于人民之知识能力，政府当训导之，以行使其复决权。"（建国大纲第三条）

四、他的民主政治，也同时是有国际主义、民族平等的精神。他说："故对于国内之弱小民族，政府当扶植之，使之能自决自治，对于国外之侵略，政府当抵御之，并修改各种条约，以恢复吾国际地位，国家独立。"（建国大纲第四条）

五、他的民主政治，反映于经济方面的，是"平均地权，节制资本"。而其具体的设施，是："建设之首要在民主，故对于全国人民衣食住行四大需要，政府与人民协力，共谋农业之发展，以足民食，共谋织造之发展，以裕民衣，建筑大计划之各式房舍，以乐民居，修治道路运河以利民行。"（建国大纲第二条）

六、他不仅注意在政治上、宪法上，关于人民权利之保障。他说："实行普通选举制，废除以资产为标准之选举。""确定人民有集会、结社、言论、出版、居住、信仰之完全自由。"（国民党政纲对内政策）

后者（具体形态）的诸特征应如下：

一、中国民主政治的具体特征之一，是全民性的民主，是在全民族利益高于一切的原则下，全民族一致抗战建国的民主。试看日寇法西斯的炮火，把中华民族立即推进了一个"生"与"死"的十字街头。这时，工人、农民、小有产者、知识分子、地主、资产阶级、甚至半买办阶级，不管那一个阶级的要求、利益；这时，汉族、满族、蒙族、回族、藏族，甚至苗、徭等族，不管那一民族的要求、利益，这时，男的、女的、老的、少的，不管那一个人的要求、利益，这时，国民党、共产党、第三党、国社党、青年党、救国会、职业教育社，乡村自治派，不管那一个是那一派的要求、利益、都汇合起来，巨流似的汇合成一个总的河流，来反对共同的敌人——日寇法西斯，这是殖民地化的深刻民族危机的新历史阶段，新历史阶段要求全民性的民主政治。

二、中国民主政治具体特征之二，它在一国范围内，是全民性的，亦即抗日民族统一战线的全体表征，它在全世界范围内，是与各国人民和国际工农大众反法西斯、反侵略、反战争，争取民主保卫世界和平不可分的一部分，亦即全世界民主统一战线之一部分，因之，它不能不与世界民主之潮流相配合，而成为新型的民主政治之一形态，成为与战后的民主世界，如象法兰西、意大利等国的民主政治一形态。

三、其具体特征所要求于中国民主政治之最低限度的任务，则在于立刻采取一切具体办法，把抗战建国纲领全部、即刻见诸实施，尤在"于抗战期间不违犯三民主义最高原则及法令范围内，对于言论、出版、集会、结社，与以充分之保障。""发动全国民众，组织工农商学各职业团体，改善而充实之，使有钱者出钱，有力者出力，为争取民族生存之抗战而动员。"此外，则为国民参政会前后通过之"切实保障人民权利案"，"切实保障出版自由案"，"确利民主法治制度以奠定建国基础案"等等，即利与以切实执行。

四、其具体特征所要求于中国民主政治之最低限度的任务，尤在于使民主的施行能与抗战之具体要求密切配合，抗战到了八个年头，应该是要由于民主设施的发展来督促，导抗战力量的发展，好象在盟邦的苏、美、英一样，从艰苦的抗战过程中，把抗战的力量，新社会因素，包括各方面，例如政治、经济、军事、外交、文化、教育各方面改进因素的发展。这种本身自力方面不断的改进，才是抗战最后胜利的主要决定条件。不幸在今天，我们还没有做到这种自力更生的起码条件，使得我们不惟不能执行有计划的反攻，而且几乎难于抵住敌人的打击。而今天摆在我们面前的丝毫不容躲闪的钢一般的事实，却是敌人打来我们要能抵得住，一切抗战的具体要求，我们要能担负起来，这就要求我们在政治、经济、军事、外交、文化各方面有庶政一新的新政策，新机构、新人事，这就是要求如国父所说"要用四万万人来做皇帝。"

一九四四、十、十于陪都

〔国民党中央图书杂志审查委员会档案〕

27. 黎平：昆明通讯①

（1944年10月12日）

今天，中国是遭受了比以前更大而且更艰难的考验。正如此间"自由论坛"所说一样："需要每一个人苦心地思索，沉痛地努力"！

在这悲痛的日子里，双十节——革命的节日来到了，但是这里的人们是以多么沉重的心来纪念呀！他们在壁板上说："在这苦难重叠地到来时，我们怎么能够欢笑呢？于是，他们以沉痛的声音，从心里喊出了眼前极迫切的要求：

"取消党治"！

"团结一致"！

"要求政府立即实行民主政治"！

---

① 此稿系1944年《国讯》第379期送审稿。国民党中央图书杂志审查委员会认为：黎文"主张政府应立即召集国是会议，组织全民的新政府，触犯《出版法》第四章第二十一条第二目'意图颠覆国民政府或损害中华民国利益者'应予免登。"并予扣存。

……

这是昆明学术界的宪政研究会主持的双十节纪念会中的口号。

这天下午，有近万的民众聚在昆女中的操场，在恐怖的气氛中与紧张的情绪下，听取关于民主的讲述。首先，是民主战士闻一多先生宣布开会的目的，并以坚决有力的声调说出：“人民要依靠自己，为自己打算”！“人民是强壮健康的……要保卫自己”！人们都深深地感动。接着楚图南先生讲“身体自由与言论自由”，以会场所受到的威胁做例子，听众更有深切之感。吴晗先生讲“中苏关系”，说：“美国尚且要争取苏联，何况我们这么近的中国”。最后李公朴先生说：“改善士兵生活”。在雄壮的歌声中结束了大会。

不管某方面结队而来者怎样有计划地捣乱：用鞭炮做“炸弹”来恐吓听众，不管他们怎样怪声尖叫，打架……来扰乱秩序；但，大会是大众的力量支持下去。他们用自己的力量粉碎危害者的阴谋，镇压骚动。他们是热爱民主的，他们要保卫自己的自由！人们开始觉醒了，他们也感觉到自己力量的伟大。

现在，让我们看大会的宣言，那是以沉痛的语调开始，指出今日“国既不成国家，民更不是主人”，认为：以目下政府当眼前难关，“若再因循困守，必至国亡种灭”！主张今日彻底改革要图：首先，应由专权在位的国民党立即宣布结束党治，还政于民。……今日形势既有结束党治，还政于民的需要，而我国民亦有要求立即实行宪政，实现民主的权利”。“其次，今日政府应立即召集国是会议，组织全民政府。……对新成立的政府，我们认为应立即实现这些政策：（甲）绝对保障人民身体言论集会结社等等自由。（乙）立即释放汉奸以外的一切政治犯。（丙）立即彻底改善财政及经济政策，停止通货膨涨，且必须用毅然决然的手段使富有阶级依能力担负战费的责任，以便减轻平民的痛苦。（丁）必须彻底提高士兵的待遇，调整军事编制，并且普遍平均分配全国军队的装备与供养。……”“再其次，我们认定西南的川桂滇黔几省是今日全国家仅存的托命寄身根据地，我们必须尽全力保持，虽战到一兵一卒亦必死守不失……”

这是人民从痛苦的心坎发出的要求。这两年来的沉寂给中原与湘桂的炮火冲破了。他们是不顾一切的牺牲，拼着死命喊出了枪杀民族的生命与国家的出路的呼声。三卷二期的“自由论坛”的“政治的活路与死路”一文中便指出了：“今日中国的统一解放，最后胜利的获得，只有一条活路——民主与宪政的实践”！

青年学生从阴沉苦闷的深渊跑出来了。他们一致地要求民主与自由，认为：“只有民主才能挽救目前的危局”。学校里有许多壁报是在这一片声浪中获得了苏生与成长的气息。他们都说出了自己的话。他们认真地讨论民主问题，并以严肃的态度批评现实而求进步；以检讨自己，他们认为：“我们应该彻底改变”！

民主运动是成为奔泻千里的狂流在这里人们的心中冲荡，泛滥着。你只要听他们的声音吧！他们是怎样地向往着民主呀！他们又是如何地居幕自由呢?！可是，今天，他们声音却是如何地沉重呢？

一九四四、十、十二

〔国民党中央图书杂志审查委员会档案〕

28. 臧克家：侧起耳朵瞪着眼睛①

（1944年12月12日）

敌人，从几千里以外
奔突而来，
大火拦不住它，大水阻不住它，

---

① 此诗系1945年5月1日国民党中央图书杂志审查委员会扣存的《天下文章》第2卷第5期送审稿。

奔突而来，简直没□上一起障碍！
名城，一个一个被拔掉，
象拔掉朽□的牙齿，
土地，一天丢掉一百里，
比黑死病传染更快！
日月从沦亡的山河上
移走了光圈，
把人民搬在黑暗里——
一个地狱世界。
近了，敌人走在消息头前，
近了，战事令最乐观的人
也不能在安稳的睡觉。
如是，山城——这个臭水缸
被搀动了：
从柜台，从课堂，从工厂，
从办公室，从高高的宝座上，
人，一齐被掷在半空
茫然又惊惶！
他们，失掉了偶像，
也失掉了信心，
（因为以前太容易相信！）
在消息丛里迷乱，
在谣言的海里浮沈！
人人在依恋他可怜的现状，
平日抱怨它，今天，却有一种要永别的悲伤，
人人在计划着一个渺茫的未来，
未来的名子就叫“不堪设想！”
人人要脱开这生活的壳子，

不，是它不容人再在里面躲藏。
就这样，一看就叫人心碎的难民
也许就是自己的前身；
就这样，夜里的恶梦
也许会成了事实的影子；
就这样，人们活一天是十二小时。
号外的好消息
镇不住人心，
空头纸票
当不了现金，
人人在瞪着眼看——
看民众，
（真到了时候了，
让他们动起来吧！）
看军队，
（让他们吃饱穿暖，
明白为什么，为谁在打！）
看敌人，
（不让它随意来，
高了兴又自动退回！）
人人在侧起耳朵听——
听外交的动向，
听团结的消息，
听民主潮流的升涨。
"新生或是死亡"，
时机站在眼前立逼一个答案

三十三年十二月十二日

〔国民党中央图书杂志审查委员会档案〕

29．臧克家：神经病的特效药

（1944年　月　日）

一位新结识的朋友来谈天，说着说着谈到“病”的题目上来了，这位朋友，是当代威权的理学家，对于这个行的话题，谈得很劲。本来，处在这样一个〔非〕常的时代里，精神质生活处处给人刺激，每个人的心里都有点不正常，夸张一点说，人人都有几分的病，人人都或浓或淡的带点点疯狂心理。这还得算是“非常时代”中的“正常”的。他因一专家，所以“神经病”患者的亲友便常找到他，〔因〕此，他接触过许许多多的病人，和他们作谈，这些谈话都是很有意味的。除了少数的情形以外，大部分病态都有点相仿。譬〔如〕，怕见黑影，说黑影里伏着人要暗杀他的时候，三步两步一回头，仿佛有什么追随身后，叫他到屋子里去坐，他回答说：“你们坐牢。”这种情形，在一健全人看来也可笑，可是，病人的每个举动在他自己并□得可笑。正象一个痊愈了的病人所说的：“旅行在另一个世界里。”在这个世界里的人们，他们觉得自己一切都是正常的。从这个世界到另一个世界的道路，也就是病态演进的道路。我们要问：为什么一个人好好的会变成了疯狂□□□□□□□□呢？这，从病况上你可以得到解答。为什么他怕黑暗里的人要杀他？他为什么怕人跟他？他为什么怕坐牢？这种心里不会是病人平空想出来恐吓自己的，一定是先有事实，先有这种可能性，它才反影，积压在心头，一旦爆发了，就被人呼为“疯子”。这种“时代的疯子”太多了，天天在酝酿，发生，因为时代、环境，就是它最好的温床。

我问那位朋友，对于这种病可有什么特效药？他，摇了一摇头。他说：我对他们只开了单方一味：静肃。因为这些病人，不是什么营养不良，多吃滋养品就可以好起来，必须减少刺激，使神经平复，祛除心灵上的阴影将病根拔去。

“那么怎么才可以做到这样呢？”

“说来也十分简单，‘民主’就尽够了。”

说到这里，他茫茫然长吁了一口气，大家的情绪立刻黯淡了下来。

〔国民党中央图书杂志审查委员会档案〕

30. 陶行知：向民主求爱①

（1944年 月 日）

（一）

一位健康朴素美丽的姑娘，
住的是平房。
前门有老虎，
后门有豺狼，
接二连三
有人来拜访。

（二）

美丽的姑娘！我爱你。
你能爱我吗？美丽的姑娘。
你是怎样的爱我呢？请你讲。
我一天想你想到晚，
一晚想你想到大天亮。
但是你前门有老虎，
后门有豺狼。
我没有法子接近你，可爱的姑娘

① 此诗系1945年1月《中华论坛》送审稿。国民党中央图书杂志审查委员会审查结果，认为“触犯禁载标准”，处以“免登”，并予扣存。

我是想你，想你，想成相思病了还在想。
谢谢你，空想的朋友啊！
你只好在单思病中去求得安慰吧。
我不能奉陪你啦。

（三）

美丽的姑娘，我爱你。
你能爱我吗？美丽的姑娘。
你是怎么样的爱我啊，请你讲。
我一天祈祷到晚。
一晚祈祷到大天亮。
但是你门前有老虎，
后门有豺狼，
我没有法子接近你，可爱的姑娘。
我希望上帝派爱神，
爱箭射入你的心中央。
谢谢你，靠天的朋友啊。
你只好在祈祷中去求安慰吧。
爱人不会从天上落下来的啦。

（四）

美丽的姑娘！我爱你。
你能爱我吗？美丽的姑娘。
你是怎样的爱我啊？请你讲。
我一天谈你谈到晚，
一晚谈你谈到大天亮。
但是你前门有老虎，
后门有豺狼。

我没有法子接近你，美丽的姑娘。
我止好逢人便谈，
也许谈出个主张。
谢谢你，清谈的朋友啊！
你只好有〔在〕清谈中去求安慰吧。
爱人是谈不到手的啦。

（五）

美丽的姑娘！我爱你。
你能爱我吗？美丽的姑娘。
你是怎么样的爱我啊？请你讲。
我要追求你，亲近你。
我前门有老虎。
我打倒了前门的老虎。
我后门有豺狼。
我打倒了后门的豺狼。
我愿意蹈汤赴火，拿生命来换你的爱，
……
你来吧！勇敢的人是有福的。
不怕失掉生命的是会得到生命，
会得到比生命更宝贵的生命。
我属于你了。
也属于我。
我们拥抱。
我们舞蹈。
我们亲热。
我们相爱。
愿你和我联合起来：

征服西方法西斯，
也征服东方法西斯。
统治一切，
也统治我；
创造新中国，
也创造新世界。

〔国民党中央图书杂志审查委员会档案〕

13. 黄炎培：河殖蛇①

（1945年　月　日）

将军抗敌不好武，雅歌学祭春秋杜。
河上逍遥欲十霜，军中文教何洋洋。
一庠之大过于县，布粟力役征之遍。
偷取中州一夕安，金谷土木兴百端；
官符急借军符力，知有将军不知官。
草偃德风诸将士，棘门霸上归成市。
足食何先自隗始，人人胥宇来朝喜。
上有好者下甚焉，苞苴白日亦莫耻。
诒生有道乐生多，士也何心肯言死。
中州死士实最多，输丁第一遑论他。
红缨抡众河南北，南阳乡治善自饬。
彭别万家遍庙食，不善媚官善杀敌。
中原土风美且清，可怜人祸天灾并。
壬午暵乾癸未水，寒流甫散飞蝗起。

---

① 此诗系1945年3月1日国民党中央图书杂志审查委员会扣存的《宪政》第14期送审稿。该会认为：此诗“触犯禁载标准第八条”，即所谓“泄露战后及与作战有关之机密事项者”，“应予免登”，并将原稿扣留。

食草草尽土继之，不忍生人乃食死。
惨绝尘寰黄泛区，数百里地非人居。
菹蛇凶过人臂粗，攫取粮食逐客车。
散振人归亲语余：中枢迭令减徭赋，
将军威重征如故。“征粮”“征购”有常经，
“加购”“抢购”法无据；益之“委购”与“代购”，
征之名六实无数。灾黎敲扑日不遑，
无乎宁与汝皆亡。载道民谣吾耳熟，
五毒“水旱蝗敌汤”。中牟一夜敌偷渡，
长驱千里莫之御。斯时诸将震失措，
孑遗长踞苦遮住，将军跳免岂暇顾。
观音堂险集雄师，从容十骑陷何遽。
同仇大义匪敢忘，于橐于囊忍舍去。
亦有孤城南八雄，澧兰久弃嗟迟暮。
一时国论喧沸羹，将军归谢良屏营。
罪重恩深终许赎，黔山深处建牙纛。

〔国民党中央图书杂志审查委员会档案〕

32. 石啸冲：欧洲的民主运动现阶段[①]

（1945年1月25日）

（一）

德黑兰会议后的欧洲在政治上表现着最基本的特征，是在被纳粹德国蹂躏下的国家，普遍的建立了民主政权。在一九四四年间，欧洲成为一个最富于变化性的历史大舞台，一幕接连一幕紧

① 此文系1945年2月国民党中央图书杂志审查委员会扣存的《反攻》半月刊第17卷第2期送审稿。该会认为石文“对希腊内战语多偏袒，触犯禁载标准第四项，应予免登”。

张的演着，这样，就把欧洲的旧面貌，几乎完全改观了。

这一年来，在欧洲，法西斯的毒焰，逐渐消散；人民的力量，空前膨大；旧的反动政权，被代替了新型的民主政权；法西斯分子，都遭受了末日的裁判。新民主的洪流，正以雷霆万钧的冲击力，涤荡法西斯主义的浊流，创造着新民主的欧洲。

（二）

新民主的欧洲，是要由欧洲的民主力量来造成。欧洲人民的民主力量，正如横决的江潮，奔腾着的大海一样，不休止的走向创造新民主欧洲的道路。在创造着的新民主政权，一般的具有这样的共同特点：即全国联合阵线性质的联合政权：这种政权包括：各党各派、各阶层以及各民族的代表。各党派在民主合作的基调上，放弃了政争；各阶层（不管地主、资本家、农民、工人、小企业家以及各种自由职业者等）在大敌当前一致对外的前提下，缔订共同行动纲领；在各民族协同争取对法西斯胜利的要求上，团结一致。这样的联合政权的例子很多，如：

（1）法国的临时政府——它是由各党派（包括二十个政党）和各种民众团体的代表，经过民主程序所组成的。因为有着政治上的大团结，集中了反抗纳粹德国的力量。一九四四年六月，内地军光复了巴黎。全国人民在临时政府的民主号召下，普遍的动员起来，与德国占领者作战，解放了广大的沦陷区，恢复了法兰西的光荣，这决不是偶然的。

（2）南斯拉夫的联合政府：民族解放委员会是南斯拉夫的各党派各阶层的联合总体，它具备着新民主政权的性质，有着坚强的民主力量。南国流亡政府，在欧洲的民主潮流中，不得不与民族解放委员会合作，成立协定，承认改组政府，进行编制组织各党各派的联合政府的草案。现在虽以顽固的彼得国王反对，还不能立刻组成。但迟早一定要实现的。

(3）意大利波诺密的联合内阁：从莫索里尼的法西斯政权垮台后，意大利的民主政权一直在蜕变中。一九四四年九月，六大政党（社会党、基督教民主党、行动党、自由党、劳工民主党与共产党）发表了联合声明，指出：严防法西斯反动力量的复活，建立民主的意大利。[6]这个声明，等于各党的共同行动纲领。中经政潮，十二月十日，仍由波诺密组成了更进步些的联合内阁。阁员包括：基督教民主党三人、共产党四人、自由党五人、劳工民主党三人。共产党领袖陶格利亚特任副总理，基督教民主党领袖斯巴莱任外长。新内阁获得了多数党的支持，政潮于是告一段落。

（4）波兰临时政府：是一九四五年产生的新政府，它是波兰民族解放委员会改称的。这个民族解放委员会成立于一九四四年七月二十一日，是由十五个委员组成的。其中包括：波兰反法西斯的各民主党派，主要是波兰社会党、共产党、农民党、民主党等四大政党；同时包括全国（解放区与沦陷区）各阶层的代表。由著名的反法西斯战士摩拉克斯基任总理。内阁阁员计有：农民党五人，波兰社会党五人，共产党四人，民主党一人，无党派二人。当临时政府成立之日，波兰流亡政府发表声明指斥：民族解放委员会改称为临时政府是“非法行为”，但是代表波兰人民利益的波兰国民会议，却声明信任临时政府，说它是波兰唯一的合法政府。

（5）匈牙利临时政府：它是在一九四四年十二月下旬成立的。组成分子为：军人、社会民主党人、小农民党人、共产党人、超党派的名流学者，前议会议员以及全国的民主分子。临时政府成立的那天，发表声明：（一）动员匈牙利全部人力物力用以反抗纳粹德国；（二）废除全部“反民族法律”——如反犹太人的法律，便是其例；（三）保证民主权利与人民自由；（四）解散法西斯“箭十字团”的组织；（五）惩处卖国贼。

同时，由全国各党派及各民主团体的代表合开临时国民大会，进行国民大会的选举。二百三十个代表参加这次大会。这些代表都是由解放区各城市各乡村的民众，依据民主基础选出的。他们代表所有一切民主政党、职工会，城区和乡区的自治政府，地方民族委员会，农民协会，手工业联合会以及其他各种民众组织。

国民大会对临时政府所宣布的“与英美苏同盟国合作的”外交政策，和动员全民组织新军，组织武装游击队，对纳粹作战，以及摧毁希特勒走狗——查拉兹政权的一切措施，都表示热烈的拥护。当前，匈牙利正走向新民主政治的道路。

（6）罗马尼亚的民主阵线：当它脱离了轴心集团，安多尼斯哥的法西斯政权，便为民主阵线所替代。这个阵线是由社会民主党、国家自由党、农民党与共产党所组成的。一九四四年十月，他们提出了共同的政治行动纲领。主张：（一）坚持对纳粹德国作战，消灭国内法西斯残余；（二）释放一切反法西斯的政治犯；（三）撤销反犹太人的法律；（四）恢复人民的民主权利。

这一政治行动纲领，博得了全国人民的拥护。

（7）保加利亚的“爱国阵线”政府：当保加利亚摆脱纳粹德国的羁绊之后，国内政治发生着急剧的变化。由社会民主党、合作党、工人党、农民联合党、社会民主党与共和联盟所组成的“爱国阵线”，参加这个阵线的有知识分子和退伍军官。在大团结之下，组织了临时政府。它在四十八小时之内宣布：恢复人民的民主权利；废止新闻检查制度；人民有集会结社言论出版之绝对自由。

不久，又发布了“政治斗争纲领”，举其要者为：（1）坚决与纳粹德国作战，争取自由独立的民主的保加利亚；（2）根据“大西洋宪章”与英美苏等盟国合作；（3）废除德国所制定的违反保国民族利益的一切法律；解散所有法西斯的组织，并惩办法西斯罪犯。

（8）希腊的政治斗争：当希腊被德军占领之后，代表反动集团的乔拉考格尔将军便在德意主子指挥下成立了傀儡政府。原来政府的官僚政客相率逃亡海外，在伦敦成立流亡政府。而在受纳粹余毒的希腊人民，便于一九四一年发动游击战争，编成了人民解放军。一九四三年在解放区中建立了抵抗敌伪的民主政权，组成了“解放阵线”。它为了团结全国的抗敌力量，一九四四年五月在黎巴嫩开了一次会议，议决八项团结纲领，斥责反动的流亡政府，建立团结的希腊联合政府，以流亡政府总理巴本德里欧辞职为成立联合政府的前提条件。但巴本德里欧并未履行黎巴嫩的团结纲领，因此，成立联合政府之议，便告搁浅。又经过两个月的商榷，乃决议改组流亡政府，内阁包括共产党代表四人，其他两个重要抗战党派的代表各一人。政府改组之后，希腊的抗战力量加强了。英军登陆，希腊人民解放军攻克了首都雅典。这时巴本德里欧与英军司令斯考比将军一同回到希腊。人民解放军同英军比肩作战光复了希腊的全部国土。然而不到一个月，雅典发生了内战，英军帮助巴本德里欧对人民解放军作战，硬要解除民族解放军的武装，并准备把他们驱逐出雅典之外。这是非常不合理的事。希腊问题表面上是个局部的政治问题，但这问题的核心，只有一个，即“大西洋宪章”的精神与德黑兰路线，是否能在全世界范围内贯彻的问题。希腊的内部政治问题还在发展着，英国依然反对希腊人民解放军，普拉斯蒂拉斯内阁虽然成立，但不是政争的结束。美国国防院曾于本年一月十六日表明态度，对希腊内争问题的解决，要用民主的方式。英国的共产党与工党亦向政府呼吁：勿干涉希腊的解放运动，违反世界的民主大潮流。

（三）

我们根据上面所叙述的各解放国家政治发展的路线，是民主。民主的浪花，已成为不可拒抗的洪流。在民主大潮流之前，不进步的显然是日趋落伍，而反民主的那就会被淘汰了。从这些国家所建立新政权的过程看来，凡是能在民主基础上，并且运用民主方式，就能够团结国内的民主力量，成立联合政权。反之，民主力量就不能集中起来，联合政权便无法建立。

然而，在欧洲一般的说，民主浪花固然成为不可拒抗的洪流，可是在这洪流中，却有一股一股反民主的逆流，在洪流中兜圈子。那些反民主的蠢货们，从来是闭着眼睛不看事实；不敢正视人民的力量。他们妄想扭转民主潮流，让历史车轮倒退。但那又怎可能呢？我在“欧洲反法西斯的民主运动”一书中说过这样的话：

“欧洲人民的民主力量，现在正如横决的江潮，奔腾的大海，在洗涤着法西斯的毒焰，抉择自己的新道路，走向民主的欧洲道路。人民的力量，是决定的力量。欧洲人民的民主力量，是可以造成民主的欧洲。除了莫索里尼、希特勒以及许多疯子们敢于轻视人民的力量之外，有谁敢不重视它呢？莫索里尼及希特勒辈，已不能不挟其法西斯主义与纳粹主义走进坟墓了。反法西斯主义的欧洲人民，终归要胜利，终归要向新的民主世界走去。”

这是说明，欧洲人民的力量，正在成为新欧洲的决定因素，谁要忽视这个因素，迷恋过去的老套，谁就会被粉碎在无情的历史车轮之下。

欧洲在变着，全世界的和平人类，正严肃的注视着未来的民主的新欧洲。

一九四五年一月二十五日

〔国民党中央图书杂志审查委员会档案〕

33. 耿庸：石　在

（1945年3月11日）

石在，火种是不会灭的。

——鲁　迅

鲁迅说过，新月派是满意现状的，只不满意一种现状：不满意不满现状的现象。新月派虽然留下了美美丽丽的好些诗篇，但不幸自己竟已不存在了，自然，也不是连“精神”也毁灭了的，所以，不满意不满现状的现象之“精神”就被继承下来了，虽然这“精神”新月派其实也是继承前人们的。

“天下有道，庶人不议”，孔丘先生总算还是明眼的人，说破了庶人要“议”的道理。老百姓会要发发牢骚，不满现状，其并非始于今日，大可从这句话里领悟出来。孔丘先生所追求的，也就是“天下有道”，可惜不知什么缘故，不但没有追到，而且倒是适得其反的，于是议也还未议完，从使这中间有“圣主”秦始皇以雍正、乾隆努力排议，没有收到什么效果，还是已先灭亡了。黎东方教授之所以惋惜之圣者，是这缘故。其实，基督教的经典上说过一个真理的，说是“一颗种子不落地死了，便死了；落地死了，就会生出更多的果实来”，这是可以让“圣主”们意味一下焚书坑儒只有收到相反的效果的。可惜，那时候基督教还没有传进中国，但也没有什么可惜的，对进来许许久久，并且被当做最崇敬的宗教信仰之后，“圣主”们也还是不懂得的。做了“圣主”而还孜孜读书者，自古以来，原只是九牛一毛的稀少。

汤武“革命”，据说是“顺天应人”；宋江的旗帜竟也是“替天行道”，扯穿了，是实在只能剩下一分不宣之笑而已的。

世界上人们知道石块是可以砸□粉碎的，但世界上却唯有“圣主”才妄要把石块从人间给消灭。不仅汤武，无论宋江，是一致的。这就是圣主之所以要“圣主”一下的道理。

哀莫大于心死，心死毕竟是少有的，但却也浑浑噩噩的；仿佛不论“宇宙之大，苍蝇之微”都业已不知究竟了，犹如有一批除了跳舞之外，就想不出两条腿还有什么存在的意义的人一样。但其实只舞的人是连这一想都不会有的，大抵此等小姐、公子们都没有这样的闲暇；还需要不跳舞的人为之想出一个新□来：用他们柔光的腿给贫病的作家们捐募一点救济金，任跳舞的人自然还是只跳其舞的。可是，就在这中间，大抵也可以发现一点了：原来并不都是喜气洋洋的，还有呻吟的声音的。这声音竟然混在人间，虽然不一定觉得这是莫大的耻辱，嫌恶是不免的。千方百计使尽了，呻吟的声音都越有猖獗蔓延之势，无奈，就是诸葛亮就会伏在周瑜的灵，甚至还不妨带着庆贺的心情，却偏痛哭一场，如丧考妣。再呢，仿佛是被呻吟者的挣扎所感动了，或者也觉得呻吟者将不会永是呻吟者的缘故吧，想未雨绸缪了，便参加了痛苦挣扎的行列，一旦觉发这一来受上流“人”所不齿了，天哪，于是赶紧跳出火坑，并大吐其口沫，大“告文化人”，想用口水去唾灭旺火了。……

形形色色，猗欤盛哉，说不尽绝的。

因此，就在不是“人间净土”上，斗士就无有失去对手的空虚之感，但是，何尝没有值得慨叹的心境呢？积郁的憎恶，无奈的愤懑，失声的控诉，与夫弹铗徬徨的难熬，业已是雾茫下常有的情绪。且看一世纪以前福鲁贝尔的自剖：

我搜寻我可怜的脑子，任是什么也没有找见，我的心好象是一个阉人，有的只是欲望和痛苦。（一八四六年三月，致高英女士信中的话。）

脑子的空洞贫乏，阉人似的心“有的只是欲望和痛苦”，什么道理呢？用不着费心思索，有位论客解释得明明白白的了——

言论自由还不够广大，人民公意尚无从发挥，甚至一股人民还缺少发表意见的勇气……（一九四五年二月二十四日，大公报专栏。）

就是这几句话也业已说明了悲哀的根源，但也无须去相信，“一般人民还缺少发表意见的勇气”的胡扯，我们一下就可以看出这位论客只是在拿个人的胆怯来侮蔑人民的勇敢而已。有“敢怒而不敢言”的说法，敢怒，却就是一种深沉的意见了“十目所视，十手所指”的说法，“道之以目”也就不失其为意见，这并不是什么难懂的话。

虽然说是"人民的世纪"了，而世纪的人民泰半还在呻吟的忧□中，其不幸倒真的是"人民的公意尚无从发表"，闯将也得穿上笨重呆滞的甲胄的缘故。

但要以为"英雄无用武之地"是千古不易的玉律，是不必的，那只能是弱者聊以解嘲的觳觫，真的英雄，能从和将从"无用武之地"辟出坦荡荡的□幅的天下，因为他们敢于直面的人生，敢于正视淋漓的鲜血"。

三十四、三、十一

〔国民党中央图书杂志审查委员会档案〕

34．沙尘：农村片羽①

（1945年7月　日）

"出征军人的光荣"

一天，我和校工忙乱地走过县城里的市街。突然从拐弯的胡同里，传来一阵掀〔惊〕天动地的锣鼓声，喧嚣的、强烈的、讽刺的笑声，接踵而来。我用听觉所有的辨别能力，知道不〔过〕是变戏者们制造的气氛。停住脚，和校工呆在一家店铺门口，好奇地等候那些莫名其妙的声音的到来。市民有的走出市门，有的爬在柜台的上端。市街上的行人都纷纷乱乱的将头掉来掉去的，带着也是好奇的心情在静候着。

一幅蓝色的横招上，有"欢送出征军人"六个红纸剪贴的长经约有一尺的字。由两个镇丁模样的家伙，歪歪斜斜的竖着拐出胡同来。走在横抬后面的是两列执枪装上刺刀的兵士，在两列胡同似的兵士中间的是六位用朱红绸子在右手上扎着大球的青年。他们的双手，是用粗糙的棕绳捆绑着。刺刀在他们左右的视线下闪

---

① 此文系1945年7月23日国民党中央图书杂志审查委员会扣存的《国讯》第396期送审稿。该会认为此稿"触犯禁载标准第十项，应予免登。"

着光。锣鼓在愚笨的敲击者的手边，仍旧紧奏地发出声响。从青年们的脸庞上看，有天大撒谎的本事的宣传家们，也找不到愉悦的气氛的材料。

一个市民厌恶似地说："新任镇长是刚从重庆回来的……"。我立刻想起报上宣传的渝市欢送知识青年从军的故事……

卖壮丁的新发明

在南充，最近有一个卖壮丁的新发明。

当地一批曾经出身××军校告老归家的军人，联络那般四业无归以"混"字哲学处世的家伙，勾结了师管区的接兵的和当地的警察当局，干不费一文血本卖壮丁的生意。

他们，生活在城里所有的要道的茶馆里，发现有从乡下进城来的单身旅客走进茶馆时，从座席上站起一个人，上前去用旋阴险地打着招呼："你哥子从那里来？……贵姓……到城里有啥子事？……"他心满意足的获得这些材料，从容地走出茶馆。之后，另一个人，就去完成第二部工作。他带着全部做作迎上去说："×哥子好久不见了，怎么今日到这边来了呢？……"这种安排好的悲喜剧在进行着，旅人也只好莫名其妙的"唔"下去。接着是给旅客安排住宿问题。

夜间，警察局的查夜的警士，对这个旅客的检查，是十分严密的。即便有身份证者，他们会借说不合法的。恰在此刻，师管区的兵士来了，说是××县××乡逃来的壮丁，里应外合，这笔生意做完了。

二十世纪是科学竞争的世纪，原来咱们中国也有发明，才能挤入五强之一。不知这般"发明家"，得过什么奖没有？

儿童自编自导的演出

一群孩子，从林子里闹嚷嚷的跑出来，走在院落的走廊下，每个孩子的手上，紧紧地捏着一把青刚树的叶子。他们用破烂的板凳，布置一座简陋的舞台面。在乡长的办公室里，进行演出一幕这世纪的政治悲剧。

他们用青刚树叶，做唯一的小导具——法币，主题，由于法币的功能，十分明显和凸出。

开幕，乡长在办公室里，盘算着法币的数目，一个催缴壮丁的兵士走出场来。于是，乡长将保长叫了来。保长将乡长拉在旁边说："本保壮丁很困难，大家只愿出钱……。"乡长和兵士商量的结果，每名十五万。保长照付了款，兵士和乡长笑嘻嘻的散了。

剧的节奏是紧凑的。但他们不是在背诵文学作品。只是一种生活的感情的流露。

孩子们纯真的灵魂，在这世纪中了毒！人类的罪恶是遗臭万年的！

〔国民党中央图书杂志审查委员会档案〕

中華民國史檔案資料滙編

第三輯

財政（二）

中國第二歷史檔案館編

鳳凰出版傳媒集團　鳳凰出版社

〔二〕内外债

(一) 内 债

一、民国元年公债

1．熊希龄建议以田赋作抵发行公债二万万元致大总统等电①

（1912年10月28日）

袁大总统、国务院、财政部、鄂黎副总统、奉赵都督、吉陈都督、黑宋都督、天津冯都督、鲁周都督、晋阎都督、豫张都督、陕张都督、甘赵都督、新杨都督、蜀尹都督、胡护都督、皖柏都督、赣李都督、宁程都督、浙朱都督、闽孙都督、粤胡都督、桂陆都督、湘谭都督、滇蔡都督、黔唐都督均鉴：伦敦借款既不敷用，六国银团仍复把持，金融机关停滞不灵，各省银根吃紧，纸币价落。鄂、粤两省减折七、八，东三省汇银至沪，每千两仅兑五百六十两，湖南则每千汇水增至一百五十两。其故皆由纸币逾额，现款缺乏，以致贸易衰颓，市面货物无人过问，工商各界几濒死症。今若不从整顿金融下手，则商务日疲，税源日竭，国家财政亦终不可救药。希龄前在财政部任内，即拟定金融政策，中央设国家银行，各地方设省银行，并奖励民间广设国民银行，美之富强由斯道也。嗣以借款挫折，力未能及。今察时局，仍非此

① 此件系国务院1912年10月31日转交财政部的抄件。

不足救亡。惟内外银行同时并立，筹集资本，收回纸币，必须发行全国公债方有办法。查前南京政府八厘公债一万万元，以田赋及将来印【花】税作抵，年息八厘，还期六年，贸价发行，并无折扣，本不合于公债原理。又为经手者舞弊减售，致使信用跌落，中外皆不肯受，希龄到任后即议停止，以销额一千万元为度。现为中央、地方计，拟请就原案更正，改为国内五六厘公债，仍以田赋作抵，年息五六厘，还期四十年，发价九五，净价九扣，概照伦敦新款办法，中外人皆可承售。其总额二万万元，以一半为中央银行资本，以一半为各省银行资本，宜就地方繁简，拟分资本多少，名为整理金融公债，发行国家银行纸币，将各省旧抄〔钞〕收回。但因中央银行基础未定，信用未孚，时拟委托通商各埠之外国银行代理发行债票及按时付给本息等事。统计债额二万万元，应付年息一千一、二百万元，每年上下忙后，由各省于田赋项下分别两次汇解，各埠外国银行收存付利息，迨至第十一年起摊还本款，按年加付八百八、九十万元，合计本息约二千万元。以现在各省田赋收入总额五千一百三万二百十四两，合国币七千六百五十四万五千三百二十元，扣算各省筹抵此项公债本息亦不过七分之二，分任摊解，为数不多。此议能行，现〔既〕于伦敦合同不致冲突，广东美款抵押问题亦可从此解决。希龄现在此间与洋商议及江、浙两省筹拨地方公债、办理省银行之事，该洋商亟愿承售一百万磅。举此例推二万万元公债或可如愿，且有外国银行担保付息，信用亦必巩固。事关全国金融命脉，舍此别无起死回生之法，如荷公等赞成，即由财政部提院议决也。顷来沪上目击商艰，谨贡此策，是否有当，乞酌裁，并望电复。希龄叩。

〔北洋政府财政部档案〕

2. 熊希龄为元年公债抵押等事致周学熙函

（1912年12月5日）

敬启者：昨承示公债条款，其中重要处如抵押品、外国银行代理及支配，如省银行资本、收币钞币（币衍字）数目，均以敝前次通电办法不同，应请尊处详加审酌。盖抵押品以钱粮，因系内国公债，且系修改南京军需公债成案，必不致遭反对。我国财政支绌，借债事方兴未艾，不如将契税、印花税留备另抵，较为便利也。各省银行资本，若以公债分配，使有准备，一方面可以将纸币收回，一方面可令各省重视。此项公债应解钱粮之款，以备支付利息，亦不致有迟误也。至于外国银行代理发行、付息两事，又为此案之重要关键。盖中国银行成立日浅，信用未孚，非此不足以昭信用。而吸收租界内之华洋资本，条款中虽不能抛弃中国银行，亦须注明商埠各外国银行代理字样，以期投资之踊跃，否则此项内国债亦必付诸空谈也。此外各条款须请律师译成英文，附印票背，然后外人可以购用（并宜今〔合〕成镑价）。敝前曾托天津律师拟有底稿，交刘庚石存部，乞饬部员查阅。此举关系民国金融，前途至重且大。公为北方实业大家，当以金融为密切之关系，办理不厌求详。如尊意以敝言为然，尚可略参末议，使此案务得各党之通过，各省之实行，以达尊处交议之目的也。匆泐数行，肃复。

敬颂缉之先生日祺

熊希龄顿首

十二月五日

〔北洋政府财政部档案〕

3. 财政部关于举办元年公债缘由提案稿

（1912年12月23日）①

军兴以来，各省入不敷出，多无余力协济中央。中央政府迫不得已，致日恃外债以为挹注之谋，迁延以迄于今，大借款既尚待磋商，小借款又不敷展布。揆时度势，举凡中央银行以及各省之纸币零星之借款等，其应行整理之处又刻不容缓。夫以经费支绌之极如此，而庶事待理之亟如彼，则其势自不得不出于募集内债之一途。现拟举办民国六厘公债二万万元，而以五千万元拨充中国银行之资本，五千万元借换旧有零星借款，其余一万万元则以之整理各省之纸币。查各国中央银行大半系由商股创立，但我国近年一般商民对于投资事业殊不踊跃，而当此岁计不敷，国家又无兼顾之余力，若不特觅一种财源以为筹垫，则银行决无从著手，此为拨充中国银行资本计，不能不举债者一也。自光复以来，无大宗收入以为军饷、行政之需，而较巨借款，只六国银行团垫款及伦敦新借款二宗，当银行团垫付期间以外、伦敦新借款未成之时，零星筹借，寅吃卯粮，分之不见其多，合之已成巨数。其他南京政府以及前清政府所遗债项，有借自外商者，有筹之内国者，要皆迫不及待，克期清偿之款，万不能不设法清理，此为借换各项零星借款，不能不举债者二也。据前度支部去年调查各省纸币之数，约合银币九千六百万元。又据本年闽、粤、江、浙、湘、鄂、赣、滇、陕、奉等省报告，共和以后所发行之纸币约银币五千四百万元。虽其余诸省未经报告，然自去年起义以后，各

① 此系南京临时参议院议决通过日期。该项公债章程于民国二年（1913年）2月20日正式公布。

种旧纸币收回者为数不少，即现在发行之纸币亦有不能流通者，故新旧两项并计纸币总数要在一万五千万元内外。本部通盘筹划，必须按照发行纸币较多各省先行整理，以杜恐慌之渐。否则全国财政必生危险，而财政亦愈以紊乱矣。此为整理各省之纸币计，不能不举债者三也。总之，以上三者苟能次第举办，则既可使金融活泼，又可全国家信用，一举而数善备，诚莫有逾于此者矣。用拟章程条具如左方，是否有当，仍希公决。

民国元年六厘公债条例（略）

〔北洋政府财政部档案〕

4. 财政部为举办元年公债停止各地发行内债咨

(1913年1月4日)

为通咨事：照得各省自光复以来，政费军饷支出浩繁，欲求收支适合之谋，不得不出募集内债之计。然军兴至今，时逾一载，各地方自行募集公债者甚多，而报部有案者殊属寥寥。或以风气未开，募不足额，或以急于得款，强迫应募，权衡轻重，利不胜弊。查公债之发达，首在人民之信用，若地方人民昧于公债性质，而各该省长官勉强发行，非特债额永无募足之期，抑且债票永无信用之日。况内债与外债情形之利害虽异，而吾民之负担则同，即经该省议会之决议，尤须中央政府之核准。现在本部发行六厘公债，定额二万万元，业经参议院议决，不日公布施行，所得债款即为整理内外金融机关之用。若各省再假地方公债之名，同时发行小额债票，非特淆人耳目，且非统一财政要旨。所有各该省发行之地方公债，应即查明原案暨募债章程细则，迅速报部查核。其未经开募正议发行者，速即停止；即已经发行者亦应截数报告，克日停止发行，俾昭统一，而免流弊。除分行外，相应咨请贵都督民政长查照办理，并希见复施行。此咨。

中华民国二年一月初四日

〔北洋政府财政部档案〕

二、民国三年公债

1．财政部关于请核准公布三年公债条例呈暨大总统批令

（1914年8月3日）

（1）财政部呈

呈为拟具民国三年内国公债条例呈请核准公布施行事：窃维经国要道，首在制用，而上足以补助国家之财政，下足以调剂社会之金融，两利所在，莫如发行内国公债。惟我国募债风气甫开，民国元年六厘公债定额既巨，年限又长，际此民力未纾之日，欲求募集足额，几于俟河之清。为今之计，求收速效而树国信，莫如减少额数，缩短年限，另发一种六厘公债，以树之先声。本银偿还之指定必求确实，债票行用之范围尤求宽广。至应付利息，并援照上年善后借款保息办法，除由财政部预拨全年利息存公债局指定之外国银行外，每月再另筹八万元，交存公债局指定之外国银行，以示专款存储，不准挪用丝毫之意，如此则信用昭彰，募集较易。吾国地大物博，藏富于民。内债之风气一开，则金融贯注，上下交益。非独利权不至外溢，抑且此后整理庶政，待款孔殷，苟能一呼众应，不致求助于人，立国根本之大计无逾于此。相应拟具民国三年内国公债条例，呈请大总统察核。查此项公债条例应即交参政院代行立法院议决，呈请大总统批准公布。惟此

时该院适在休会期内，而此项公债计划已定，即应发行。拟请由大总统先以命令公布，一俟参政院代行立法院开会之时，再行提交追认，以示郑重，而免延误。是否有当，伏乞大总统钧鉴批示施行。谨呈

中华民国三年八月三日

民国三年内国公债条例（略）

（2）大总统批令

已另有令公布矣。俟参政院休会期满再行提交追认。此批。

中华民国三年八月三日

〔北洋政府财政部档案〕

2. 财政部关于设立内国公债局并拟定章程呈暨大总统批令

（1914年8月）

（1）财政部呈（8月3日）

呈为设立内国公债局拟具章程、勘定地点仰祈鉴核批准事：窃查筹备发行民国三年内国公债，业经本部拟具条例，呈请大总统察核批准公布在案。惟此项公债开办伊始，筹划宜周，非有综持一切讨论执行之机关指挥应付，则责任不专，事权不一，金融之消息因以不灵，国家之信用无以昭著，上下既多隔阂之忧，募集难收进行之效。拟设立内国公债局，组织董事会，参用华洋人员，关于董事会中推选总理一员，协理四员，主持局务。至对于发行债票办法，则取各国包卖成法，以收提纲挈领之效。对于经售债票人员，则酌拟奖励规条，以收群情鼓舞之功。其余各条，如稽查一切帐目，检验本息存款，无非昭示信用。俾吾国内债风气大开，销行日广，补益财政，实非浅鲜。兹本斯旨，拟具章程十四条另折缮呈，恭请钧鉴，伏候批准，即行分别知照遵办。再，

内国公债局地址，现查有西堂子胡同税务学堂旧址，地颇宽广，以为该局办公之用，尚属相宜。所有拟设内国公债局拟具章程、勘定地点各缘由，理合呈请大总统鉴核批准施行。谨呈
中华民国三年八月三日

内国公债局章程

第一条 政府为筹募内国公债起见，设立内国公债局，办理筹募内国公债事务。

第二条 本局派董事十六人，华洋员参用，由董事中推选总理一员，协理四员，常川到局办事。

第三条 本局董事以下列各员组织之：

一、财政部员一员，

二、交通部员一员，

三、税务处派税务司洋员二人，

四、中国银行总裁，

五、交通银行总理，

六、中法银行经理洋员，

七、保商银行经理洋员，

八、华商殷实银钱行号经理二员，

九、购票最多者六人（此六人之额华人最少应占半数）。

上列董事各员系以个人资格充任之。

第四条 本局办事员由总、协理派委，无定额。

第五条 本局董事应组织董事会，会议局务，其会议日期另定之。

第六条 本局总理综揽募债一切事宜，协理赞襄总理，分担募债事宜。

第七条 本局董事除于董事会列席会议局务外，并有稽查帐

目及检验还付本息存款之责。

第八条　本局办事各员禀承总、协理治事,其办事细则另定之。

第九条　本局联络国内中外各银行及资本家，以包卖及其他方法销售债票。

上项承包银行及资本家，本局得予以百分之六以内之经手佣费。

第十条　本局发行债票时，得酌量情形委托中国、交通总、分各行，联合交易所代卖债票。

第十一条　经售债票之人倘募有巨款，成绩昭著，得由财政部呈请大总统给予相当之奖章，以资奖励。

第十二条　本局所有应行规定募集、发行暨偿本付息以及登记帐目各项详细章程，应按照公债条例，随时拟订，报部核夺。

第十三条　本章程以呈奉大总统批准之日为施行之期。

第十四条　本章程所有未尽事宜，随时增改，呈请大总统批准施行。

(2) 大总统批令（8月4日）

据呈已悉。查阅所拟内国公债局章程均甚妥协，应行照准，务即刻日开办，以策进行，而维财政。此令。

民国三年八月四日

〔北洋政府财政部档案〕

3. 财政部等为劝募三年公债致各省将军、巡按使、财政厅密函稿

(1914年8月7日)

密启者：经国要道，首在制用，而上足以补助财政，下足以

调剂金融，莫如发行内国公债。顾前清昭信股票失败于前，南京八厘公债覆辙于后，推究其原，固由风气之未开，亦由信用之不著。国运肇新，财源顿竭，含垢忍辱，乞灵外人，姑无论稽核用途、干涉押品、担保利息种种之条件限制綦严，渐启监督财政之机。而折扣之损失、汇兑之亏耗、漏卮之溢，何可数计，论其失利，甚于丧权。普法之战，法偿德款较我庚子赔款尤巨，法募内债，一举清偿，热诚爱国，虽败犹荣。我国地大物博，藏富于民，而谓内债永远难举，长此求助于人，非独执政者之耻，抑我中华亿兆人民之奇辱。况今欧洲战事已开，风云日紧，市面停滞，汇兑不通，虽欲止渴，无鸩可饮。根本之策，全在各省节减支出，整顿收入，源源接济，巩固中央。但腹省秩序甫定，解款有限；边区兼筹防务，力仅自顾。欲缓急之可恃，必先事以绸缪。查民国元年六厘公债，额定二万万元，三十年还本，揆度情势，发行非易。极峰之意，减少额数为一千六百万元，缩短还本年限，十二年还清，三年以内付息，第四年起，用抽签法还本，九四折扣'分期募集。第一期购票者，除应付利息之外，加奖一年之息，是实交八八，并仿照善后借款保息办法，除由本部及交通部筹足全年利息九十六万元交存外国银行不准挪用外，仍按月另指的款八万元，交存外国银行，以备每届付息之用。应还本银，指定京汉铁路第四次抵押所余之每年二百八十万元内支付。第四年起，专款存储，其办法与付息同。并派肃政史、审计官各二员，稽查债款帐目，并检验还本付息之款。一面设立公债总局，组织董事会，推选总、协理，综持一切，志在必行。所有条例业奉明令公布，并已设立专局筹办。凡此计划，一方面补助财政，纾目前之急难；一方面推广信用，树内债之先声。此后庶政整理需款孔殷，苟能一呼众应，风气大开，则金融贯注，上下交益，立国大计，莫要于此。诸公尽抱忧时，安危与共，尚祈剀谕绅商，竭力应募，苟有成效，必加奖励。除公债条例暨公债局章程随函附送外，撮要布达，统祈察照，迅速施行，并盼惠复，顺颂勋祺。

财政部
公债局启

中华民国三年八月　日

〔北洋政府财政部档案〕

4. 袁世凯要求参政院代行追认三年公债条例咨

（1914年8月9日）

大总统为咨交事：查约法第五十七条载：为国际战争或勘〔戡〕定内乱及其他非常事变，大总统得为财政紧急处分等语。本大总统是以于中华民国三年八月三日制定民国三年内国公债条例一件，以教令发布。至此项条例之制定，其纲要可得而言。民国初建，经纬万端，最困难者莫如财政，政府采用标本兼治政策，曾一面筹借外债，以济临时之急需；一面整理租税，以增经常之岁入。盖必二者兼行并进，乃足以裕国库而活金融。若仅言治标，则为饮鸩止渴之计；若侈谈治本，又有缓不济急之嫌。权衡利害轻重之间，则以募集内国公债为最良办法。前此爱国公债、南京公债，虽曾举行募集，而一则继续前清，早经逾限；一则丛生弊窦，业已饬停。今为惩前毖后之谋，并筹利国便民之策，势不得不将募集内国公债条例制定公布，以昭示大信于国民，然此犹就常理言之也。至现在财政情形，尤属万分紧急。查世界金融向以巴黎、伦敦等处为中心，国际募债者往往于兹利市，其活动紧缩之情状辄足以左右世界经济而有余。今者奥、塞之战端既开，欧洲之风云日亟，将来国际金融之影响，或且演成内国财政之恐慌。万一收入有锐减之时，市面将有牵动之日，与其事后弥缝，噬脐莫及，何如绸缪未雨，可免飘摇。值兹事变非常，力图自保，则为国家命脉所关之财政，尤不可不通盘筹划，积极图维。且当此国库空虚、外资断绝之日，尤不能不大有望于痛痒相关、休戚与共之国民奋起直追、毁家纾难，以救目前之危险，而备将来之不虞。本大总统内审国情，外衡时势，以为现在补救财政之法，实无逾于募集内国公债一途，此所以万不获已而有民国三年内国公债条例之发布也。至以此项公债之性质而言，则属于定额偿还之一种，虽不若自由偿还之可收随时借换之益，然为保证国家信用起见，固亦舍此而莫由。是以本条例之规定，关于存储保息及付息各款，均由公债局指定之外国银行办理，以免有随意挪动之弊，此为保证国家之信用者一也。至其付息还本之日期及其场所，并执行之机关、的款之筹拨、先购之加奖、实收之数目，与夫将来此项债票之用途、损毁信用之处罚及还本付息时之检查、监视，均一一明白规定，庶应募者不致有徘徊观望之心，此为保证国家之信用者又一也。总之，本条例系为财政紧急处分而发，迫于时势，急不容缓。而参政院适在休会期中，不能不先行发布。惟事与参政院代行立法院职权有关，特依约法第五十七条之规定提出，业经发布之民国三年内国公债条例，请求参政院依照约法第六十七条之规定办理。相应咨交参政院代行追认可也。此咨

参政院

计咨交民国三年内国公债条例一件（略）

中华民国三年八月九日

〔北洋政府财政部档案〕

5. 财政部关于选定梁士诒安格联等为公债局总协理呈暨大总统批令

（1914年8月）

（1）财政部呈（8月12日）

呈为恭报内国公债局开局日期暨选定总协理衔名并发给关防仰祈钧鉴事：窃此次发行民国三年内国公债，业经本部于本年八月一日呈明大总统设立内国公债局为办事机关，组织董事会，参用华洋人员，并于董事会中推选总理一员、协理四员主持局务等情，暨缮呈内国公债局章程十四条。当奉批令：据呈已悉。所拟章程均甚妥协，应行照准，务即刻日开办，以策进行，而维财政。此批。等语。并奉大总统交令，指派本部次长张寿龄、交通部次长叶恭绰、税务处总税务司安格联、副税司包罗、中国银行总裁萨福懋、交通银行总理梁士诒、中法银行总理赛利尔、保商银行总理涂恩、商号范元澍、李湛阳等为内国公债局董事。即经分别转行遵照，业于八月十日开局，各华洋董事均经到会，公同推选，以交通银行总理梁士诒得票最多，推为内国公债局总理，中国银行总裁萨福懋、总税务司安格联、商号李湛阳、中法银行经理赛利尔为公债局协理。除以后进行事务应由该公债局总、协理督饬局员认真办理外，所有内国公债局开局日期及选定总、协理衔名，理合呈明备案。再，该公债局为办理内国公债总机关，事烦责重，非另发给关防，不足以资信守。并由本部代刊木质关防一颗，文曰：内国公债局之关防，先期发交该局收讫，于八月十日启用。合并陈明，伏乞大总统鉴核备案。谨呈

中华民国三年八月十二日

(2) 大总统批令（8 月15日）

呈悉。此批。

民国三年八月十五日

(3) 财政部呈（8 月19日）

呈为陈明公债局董事推定专员经理出纳公债款项仰祈钧鉴事：窃维此次举办内国公债，恭奉大总统制定条例，一切应付本息均另指定的款，并于公债条例内载明，偿本付息之款均交指定之外国银行存储等因。凡所以昭示大信于国民者，实已至为周洽。惟是偿还债款固贵准备于事前，而出纳款项尤贵得人以经理。现由公债局董事提议，推定公债局协理、总税务司安格联为经理专员，定名为会计协理，所有该局收存款项及预备偿本付息及支付存款，均由该员安格联经理，以专责成。一切关于公债款项出纳事务，除经总理签字外，仍均由安格联副署，业经公债局各董事一致赞同。本部复查，公债局协理、总税务司安格联，办理全国海关收入及偿还各国款项事务，措置咸宜，久为中外绅商之所信仰，此次被举为公债局会计协理，专司出纳债款，于公债信用裨益自多。理合开具缘由，缮呈具陈，伏乞大总统鉴核施行。谨呈

中华民国三年八月十九日

(4) 大总统批令（8 月22日）

据呈已悉。此批。

民国三年八月二十二日

〔北洋政府财政部档案〕

6．财政部关于追加三年公债额数并拟具条例呈

（1914年12月10日）

呈为民国三年内国公债应募逾额，拟请追加债额并拟具追加条例，呈请提交参政院代行立法院议决，以顺舆情，而昭国信，仰祈鉴核事：窃查此次民国三年内国公债，按照条例第一条，原定债额为一千六百万元，事属创举，筹办之初，原无把握。乃发行甫及两月，核计京内外应募债额数目已达二千四百万元，超过原额二分之一，且此项逾额债款人民应募已于十月内悉数交清。原拟按照定额退还债户，无如购票各户均不乐意，办理为难。正踌躇间，适据中国、交通两银行、敦谊堂、倡记等陆续禀称：此次举办内国公债，合计各处报解数目已逾原额，查各国募债成例，凡募债逾额之时，应将所余债款摊还各购票人，以符条例。惟我国内债风气尚未大开，加以此次发行公债，在商民只出于有募必应之热诚，并未计及过额摊还之变例，且应募之户，内地外隅，无远不有。倘援他国募债办法，遽将所余债额按成摊还，其势适足以阻国债之进行，而滋人民之疑惑。且债款摊还之际，尤恐各处经理人员辗转收付，别滋流弊，办理为难。本行等反复讨论，佥谓前项公债余收之款既同在第一期内募收，应即发以利益相同之债票，请由本部呈明大总统追加债额，增加条例，一面另筹相当抵押及加筹偿本付息的款，以补原条例第六、第七两条之所不及，并提交参政院代行立法院承认，以免向隅而餍众望等情前来。并续据各省经募机关函电，事同前因。本部复查该银行等所拟追加债额办法，实于维持国信之中，兼寓俯顺舆情之意，所陈各节，衡之法理，揆以事实，均无不合。本部拟准如所请，于原定债额一千六百万元之外，加额八百万元。查条例第六条所指京

汉铁路余利岁入二百八十余万元，已足敷二千四百万元分年还本之用。至按年还息，应由本部指定杀虎口、凤阳关岁入四十八万余元，为此项加额公债每年付息之的款。一面拟具追加条例四条，大旨以八百万元为三年内国公债追加定额，即在杀虎口、凤阳关岁入按月提出四万元，分存中国、交通两银行存储，以备届时付息之用。如此舆情大顺，国信聿昭，此后发行公债，人民亦不致有所观望。兹特缮具清单，呈请钧鉴，如蒙俯准，应请提交参政院代行立法院，克日议决施行。所有本部拟请追加民国三年内国公债债额，并拟具追加条例缘由，理合缮单具陈，伏乞大总统钧鉴批示施行。谨呈

中华民国三年十二月十日

民国三年内国公债追加条例

第一条　民国三年内国公债追加债额，以八百万元为限。

第二条　此项追加债额应先由财政部、交通部筹足一年利息四十八万元作为保息，并在杀虎口、凤阳关岁入四十八万余元项下，按月拨出四万元，交中国、交通两银行存储，以备每届付息之用。

第三条　此项追加债额应付本银，仍以京汉铁路余利岁入二百八十余万元为担保。

第四条　此项追加债额，除前三条应特别规定外，其余均照民国三年内国公债条例办理。

〔北洋政府财政部档案〕

三、民国四年公债

1. 财政部关于发行四年公债尽先商请五国银行团承办函

(1915年) ①

径启者：善后借款合同第十七款载：倘若中国政府欲以盐务收入为担保，再行借款或欲继续借款，以办理本合同第二款所译性质相同之事，则中国政府允银行照本合同第十三款所开，按债票面虚数提经手费百分之六为根据，自行酌量承办等语。现本部因整理财政上之必要，拟发行民国四年公债四千万元，并拟以盐务收入为担保。查中国盐税经本部竭力整顿以来，收数大增，上年全年盐税进款达五千七百余万元，除付所担保先后各项借款外，所余尚有二千五百八十余万元之谱。本部拟即在此项担保盈余盐款项下，每年提出一部分，约六百四十四万元，为此次公债本利平均之担保。兹拟定条款十条，现在有人愿意承办，本部按照善后借款合同第十七条所载，尽先商请贵银行团承办，务希信到二十一天内详晰答复，免误要需。此致

五国银行团代表、汇丰银行禧礼尔君

〔北洋政府财政部档案〕

2. 财政部关于发行四年公债要求各地电告认购债额密电

(1915年1月19日)

致各省将军、都统、巡按使、财政厅长电

堂密。国运肇新，财源未裕，万端建设，补苴为难。上年欧

① 原件系抄件。1915年系根据文意判定。

战发生，尤多险象，大总统奋其乾断，发行内债，事本创举。所幸内外一心，士民响义，二千四百万元之债额不三月而募集，财政既赖以维持，外人尤交口称羡，尽筹硕画，极佩贤劳。现在欧战了局无期，镑价奇昂，关税短绌，本年又为庚子赔款偿本之年，且前清瑞记洋款、元年三次奥款偿本到期，为数极巨，加以四年度到期之短期内外债逼索甚厉，不能不酌量应付。其收支不敷实情，前送四年分中央概算清册详载款目，计达冰案。而本部铣电所询增收新旧各税，或早指用途，断难挪动；或事属创始，收效尚迟。如此燃眉巨款，苟不预为筹备，必致失信外人，自侪埃及。主座忧思倍切，现于无可设法之中筹急，则治标之计，拟再发行内国公债二千四百万元，大致年息六厘，偿期八年，折扣九十，经手费另定，并以常关税收四百九十万元为担保，拟以四月开收，五月截止。惟民间财力盈虚不一，各省募债情形互殊，固不宜尽忠竭欢，亦未便困难退沮。诸公身任地方，见闻真切，驾轻就熟，定有把握。究竟对于四年公债实能募集若干，务望体察情形，通筹核计，克期电告，俾便支配。至内债风气萌芽方始，维持信用，本部之责。现在南京八厘公债下月抽签偿本，业经呈准举行，其三年内国公债，按照条例，除全年保息一百四十四万元均交安总税务司分存中外银行专款存储外，并自本月起，本部与交通部每月照拨十二万元交安总税司存储银行，为届时发息之用。凡此昭示信用，皆以鼓励人民，但兹事重大，众擎易举，端赖群公，敬布腹心，伫候明教。财政部。效。

〔北洋政府财政部档案〕

3. 财政部关于援案举办四年公债呈暨大总统批令

（1915年2月）

（1）财政部呈（2月　日）

呈为拟请援案举办四年内国公债以裕度支恭呈仰祈钧鉴事：窃维理财之道，经权不同，缓则以增加租税为常规，急则以募集公债为通例。上年欧战发生，财用骤匮，我大总统特颁内国公债条例十六条，不三月间而募集之数超过原额八百余万元，财政赖以维持，人民愈深信仰。新岁以来，欧陆战局尚无止期，应付借赔各款又值加额，为数更巨，益以本年到期之内外短期债款均须酌量应付。预计四年度国库出入概算，其收支不敷之数约达五千余万元，即使增收新旧各税以资弥补，或则事属创始，收效尚迟；或则用途已定，不便更改。当此窘急，苟不急为筹备，先事绸缪，不惟债款无著，失信外人，而待支各项，亦虑艰于挹注。再四思维，惟有拟请援照上年举办三年内国公债成例，再行募集四年内国公债二千四百万元，以补本年概算之缺，而遂内债发达之机。谨拟四年内国公债条例草案呈请裁夺，先行公布，俟代行立法院开会议再行交院追认。四年概算既有此项内债以资弥补，其余不敷之款容再设法筹划，以纾廑系。所有拟请援案举办四年内国公债缘由，谨缮呈具陈，伏乞大总统钧鉴，训示施行。谨呈

（2）大总统批令（2月9日）

呈悉。查阅所拟四年内国公债条例草案尚属妥协，应即照准。此批。

〔北洋政府财政部档案〕

4. 周学熙建议由中外银行包卖四年公债及储蓄票款致梁士诒密函稿

（1915年3月18日）①

燕荪② 先生阁下：密启者：本年中央概算不敷甚巨，其竭蹶情形以上半年为尤甚，所赖以挹注者，一为新筹办之四年公债，一为已发行之储蓄票。上年公债诸仗鼎力，得收巨效，渡此难关。此次继续发行为时太近，各省承募亦无把握，是以先后复电承认数目，尚不及定额之半。且其中如陕西省认募一百五十万元，律以已事，必难募足，余可类推。惟此款既列概算收入之内，现距四月收款之期甚近，殊深焦灼。我公任此艰巨，谅已胸有成竹。惟此中计划若何，目前进行方法，愿赐方针，俾释焦虑。鄙意各省募债形同弩末，此次中外银行如能包卖大宗，则余额无多，措置较易。否则九十之价，核与上年票价相去太远，恐各省承办为难，届时不免缺额。应否酌量变通，期收实效之处，并候卓裁。至储蓄票款，概算内亦列八百四十万元，部中提用之款截至现在为数甚微，而下月抽签之期即在目前。微闻此票虽已包出，销不甚畅，届时如不足额，未免为难。前闻余剩之票，中、交两行有全数承包之说，究竟能否实行，以及现在此票销售能否较前起色，我公见闻既确，并祈密示。弟受任伊始，值此难关，仰屋徬徨，焦愁莫释，深赖尽筹，终始赞助，俾免陨越，无任盼祷，专此布达。即颂日祺

周〇〇

〔北洋政府财政部档案〕

---

① 财政部次长张弧签署日期。

② 梁士诒，号燕荪，时任内国公债局局长。

5. 财政部等催收认募四年公债债款电①

（1915年4月8日）

福州巡按使、财政厅长鉴：四年公债前承认募一百五十万元，毅力热诚，良深嘉佩。此项公债条例四月一日已奉大总统明令公布，现届本月开始收款之期，谅早奋厉进行，俾与三年公债后先辉映。明知财力有限，续募非易，无如本年六月内应付洋赔各款数至五千余万元之多，其指抵之海关税入又受欧战影响，异常短绌，上月关税不及二百万两，抵付债赔各款不敷甚巨。值此外交奇险，尤宜力保信用，藉维大局。主座忧思倍切，周转挹注，全赖内债，迭奉面令开单呈报。此事尊处筹办已久，究竟前认数目能否酌加，募债计划如何着手，有无把握，务望切实见告，以便转呈。至新公债收款，现无第一、第二期限，应请电饬各分募机关，将已募之款迅速催收，已收之款赶紧起解。该厅收到此款立即转交中、交两行汇解本局核收，藉济要需，愈速愈妙。再，此次募债，除责成各省财政厅竭力筹募外，并由中国、交通两行联合汇丰银行代为发行，所有条款亦已签订，票价仍实收百分之九十，四月十二日开始挂号，五月十二【日】截止，分配债额定夺数目，是各省目前应注意者：(一)各分募机关所募债额实在数目，五月十二日以前必须确定电告，以便支配银行发售债额；(二)债票价格须一律实收九十，不可私自减让，转致因小害大，牵动全局。时迫款巨，

① 同日，财政部以相似内容电天津、济南、西安、兰州、安庆、南昌、长沙、成都、贵阳、南宁、齐齐哈尔、云南、武昌、吉林等地将军、巡按使及财政厅。

统希督饬各层迅速进行，早观成效，并盼电复。财政部、公债局。庚。

〔北洋政府财政部档案〕

四、民国五年公债

1. 财政部为遵照预算案拟具公债条例奏暨政事堂奉申令

（1916年3月）

（1）财政部奏（3月　日）

奏为遵照洪宪元年度预算案筹募六厘公债二千万元，谨拟条例草案恭折仰祈圣鉴事：窃查臣部编制洪宪元年度预算案内临时岁入门内列公债二千万元，前经参政院代行立法院议决，奉令公布在案。此项公债列入预算，原以补助国库，发达实业，意在必行。况欧战未停，商业滞塞，关税既绌，财源未充。臣部职掌度支，苟收支未能适合，不出之于加税，即出之于举债。与其举外债而利源外溢，何如举内债向藏富于民。查民国三、四两年内债发行，仰赖朝廷威信，均能募集逾额，一般人民既遂爱国之忱，又获储蓄之利，后先辉映，成效昭然。值此风气已开，岁计不足，权衡轻重，为因势利导之谋，拟即遵照预算案筹募内债二千万元，指定全国烟酒公卖收入为担保，利息周年六厘，折扣较前略增，偿期较前缩短，其他办法均照民国三、四两年内债成案办理，以冀人民应募踊跃，集款更为迅速。所拟此项公债条例草案，臣部为慎重内债起见，交由内国公债局董事会开会议决，该会华洋董事逐条讨论，一致赞成。兹谨缮具六厘公债条例草案，奏请睿裁，并请饬交参政院代行立法院议决，一俟奉令公布，即由臣部会同内国公债局筹募发行。总期早日集款，以裕收入，而俾国计。所有筹募洪宪元年六厘公债缘由，理合缮单恭折具陈，伏乞皇帝陛下

圣鉴训示。谨奏

（2）政事堂奉申令（3月10日）

政事堂奉申令，兹制定洪宪元年六厘内国公债条例，业经交由参政院议决同意，特依约法第二十条公布之。此令。

洪宪元年三月十日

国务卿　陆征祥

〔北洋政府财政部档案〕

2．财政部等胪列公债条例要点并派定各省应募债额密电

（1916年3月11日）

各省将军、都统、巡按使、财政厅长/分厅长鉴：堂密。查本部编制洪宪元年度预算案内，列有公债二千万元，现在此项公债条例业经参政院议决同意，奉令公布在案。兹再摘要电达：（一）年息六厘；（二）实收九五，如在六月底以前交款者，另加奖金一厘，每百元实收九十四元；（三）偿本自第二年起，每年抽签两次，分三年偿清；（四）指定全国烟酒公卖岁入为担保。至经手费，俟本局华洋董事会决定后另电奉达，并拟于四月一日开募收款，六月底截止。明知我国内债方始萌芽，一再而三，势成弩末。然值此欧战未停，关税短绌，一切政费、军饷暨应偿内外债款，为数甚巨。收支既未能适合，不出之于加税，即出之于举债。与其举外债而利源外溢，何如举内债而藏富于民，两害取轻，除续办内债外，更无善策。惟本年发行内债，办理较难，故偿还期限极短，冀合于一般人民心理，发行办法亦不得不稍事变更。现在中央官俸业已按成搭放公债，各省募集公债，其势不能不略参摊派办法，

以资提倡。本部、局一再会商，并参酌贵省目前情形暨三、四两年公债成数，所有贵省募数，拟派定　万元。诸公拥护中央，热诚昭著，值此帑藏支绌，一发千钧，务乞如额担任，深盼额外盈余，其额定之数，万难短少。应如何分派各县募集，并查照中央办法，酌量搭放官俸，以期易于足额之处，出自尊裁。除公债条例另行咨送外，特电布达，急盼电复。财政部、内国公债局。真。

洪宪元年三月十三日①

派定各省应募债额单

直隶	七十万元	山东	八十万元
河南	一百万元	奉天	三十万元
吉林	五十万元	黑龙江	二十万元
山西	八十万元	陕西	一百万元
安徽	四十万元	江苏	六十万元
福建	一百万元	浙江	八十万元
江西	六十万元	湖南	四十万元
湖北	一百万元	广东	一百万元
广西	三十万元	四川	五十万元
甘肃	三十万元	热河	五万元

〔北洋政府财政部档案〕

① 财政部补稿日期。

3．财政部关于改洪宪元年公债为民国五年公债咨呈

（1916年3月24日）

为咨呈事：案查洪宪元年六厘内国公债条例业奉申令公布在案。兹奉三月二十三日告令：前据大典筹备处奏请建元，现在承认帝位一案业已撤销，筹备亦经停办，所有洪宪年号即废止，仍以本年为中华民国五年，此令。等因。前项公债条例所冠洪宪元年字样，现不适用，拟请改为民国五年六厘内国公债，其余条例仍旧。是否有当，应请钧堂代奏，以便电咨各省，一体遵照。为此咨呈

政事堂

中华民国五年三月二十四日

〔北洋政府财政部档案〕

4．财政部关于五年公债募集结束并将公债局裁并本部呈暨大总统指令

（1917年5—8月）

（1）财政部呈（5月26日）

为陈报五年公债募集数目暨结束情形、并拟将内国公债局暂行裁并本部办理，祟呈仰祈钧鉴事：窃查上年三月间，本部发行民国五年内国公债，时值三、四两年内国公债畅募之后，又值政局变动，金融紧迫，人情恐惶，募集困难，倍逾平时。迭经一再展期，至上年十二月三十一日始，由本部通饬京外各募债机关一律停募。虽未足额，然核计收款数目，先后共募集债额七百七十五万五千一百二十元。审时度势，足额难期，不能不就此结束，

藉留余地。此项债款业经内国公债局陆续兑收，并经本部随时提拨应用，兹谨将京外各机关承募数目开列详表，呈请钧鉴备案。惟查此项五年公债与三、四两年内国公债，均由内国公债局经理发行。现在五年公债既经结束，本年度六厘善后公债，虽经拟具条例提交国会，尚未议决。本部为统一事权、节省经费起见，拟请将该局暂行裁撤，所有该局向管五年公债发票记帐以及三、四两年公债付息暨核销债票等各种事务，应由本部派员接收，并归本部办理。惟该局成立数载于兹，办理三、四两年内债颇著成绩，其平日办事得力各员司，并由本部酌量调用，以资熟手。至该局向设之董事会华洋各董事，本系名誉职，且所司职务系讨论公债进行办法，并主管保息事项，一时尚难裁并，拟请将该会移设本部照常进行，一俟三、四各年内债清偿以后，再行酌量裁撤，以维公债信用。再，查内国公债局系呈奉前大总统明令设立，历次发行债票票面均署有内国公债局字样，现在各项债票流通全国，此次该局裁并，深恐人民有所误会，并请特颁明令，以昭郑重，而释群疑。所有陈报五年公债募集数目暨结束情形，并请将内国公债局裁并本部办理各缘由，是否有当，理合呈请大总统鉴核批示施行。谨呈

中华民国六年五月二十六日

（2）大总统指令（8月30日）

呈悉。准如所拟办理。此令。

六年八月三十日

〔北洋政府财政部档案〕

五、民国七年六厘短期公债暨六厘公债

1. 国务院转发孙宝琦等呈请举办民七公债收回京钞致财政部公函

（1918年1月16日）

国务院公函　第九十九号

径启者：奉大总统发下税务处孙督办呈文一件，请举办民国七年内国公债，收回北京中国银行现行纸币等因。查北京纸币现正由贵部筹划抬高价格办法，兹经国务会议议定，将原呈交财政部一并核议。除函知孙督办外，相应抄录原文，函请贵部查照核议可也。此致

财政部

中华民国七年一月十六日

呈为中国银行纸币价格日落，谨条陈补救办法仰祈钧鉴事：窃查中国银行为国家金融机关，关系全国信用。近数月来，该银行纸币价格日落，以纸面所载之价与市面所用之价相较，约仅值十成之六。阴历年关伊迩，若跌落愈甚，恐人心浮动，难保无意外之虞。宝琦等惄焉忧之，思所以补救之法，以为莫善于举办民国七年内国公债，专为收回北京中国银行现行纸币，另发行新纸币，由财政部查明该银行已发行之纸币确数，定为举办七年公债额数。凡购七年公债者，概令以北京中国银行纸币交易，不加折扣，将来付息还本时均按十成银数算给，指定一、二宗国家入款以为担保，即将此层明白规定于七年公债条例内，以坚其信，则购者自必踊跃，如是则该银行北京已发行之纸币可以全数收回。此项纸币收回后，即令概行销毁，另发行新纸币，暂以一千万元为

限。近闻财政部已与外国银行团订借一千万元，为收回中国银行纸币之用。窃以为中国银行所发行之纸币，决非仅恃一千万元借款所能尽数收回，似不如将此一千万元移作新纸币之准备金，而专以七年公债收回已发行之纸币，并可酌用一、二洋员专司金库，纸币不得再行滥发，如是则该银行信用可以规复，其新发行之纸币亦可永远通用。至交通银行纸币较少，又有各路通用，倘先将中国银行旧纸币收回，交通【银行】纸币价格必可渐高，一面再由财政、交通二部设法兑现，不难就绪。宝琦等管见所及，理合具呈，伏乞鉴核，拟请批令，交国务会议妥筹施行。谨呈

大总统

税务督办　孙宝琦

税处会办　蔡廷干

〔北洋政府财政部档案〕

2．安格联为收回中交两行纸币等事致财政部条陈①

（1918年1月19日）

译安总税务司条陈

政府拟用赔款为担保，发行六厘公债短期债券，交中、交两行归还政府旧欠，以补充银行准备金。安格联拟请举办两事：其一，收回中、交两银行纸币，减缩其发行额；其二，京奉铁路因缺乏车辆，营业上大受障碍，收入不旺。现在亟须添置车辆。但自奉政府命令货、客车票均收纸币以来，纸币堆积至数百万元之多，不能兑现，以致不能添置车辆。兹悉俄国在美订购大批车辆已运至海参崴，因政变不能提货，安格联拟请收回京奉路积存纸

① 系财政部译件。

币，如数换给短期债券。此项收回之纸币应立即销毁，如此办理。在中、交两行，既可收回大宗纸币，京奉铁路又可添置车辆，扩充营业，增加收入，供政府应用，而中、交两行因收回纸币，京钞市价必可大涨矣。上陈各节，是否有当，伏候钧裁。

安格联谨呈

一九一八年一月十九日

〔北洋政府财政部档案〕

3. 财政部关于指定延期赔款发行短期公债归还中、交两行欠款呈①

(1918年1月25日)

呈为指定延期赔款，发行短期公债，归还中、交两行欠款，谨陈办法并录章程仰祈钧鉴事：窃查延期赔款一项，业经协约各国于上年十二月分开始交还，按照原约所定五年期限，核计延交总数约共银元六千余万元，如此大宗款项，自应妥筹适当用途，俾财政、经济两方均有裨益。兹查中国银行及交通银行自前年停兑以来，钞价日跌，市面动摇，倘非极力整顿，于国计民生大有妨碍。究其原因，实以政府积欠该两行之款太多，为今之计，急宜筹划归还，俾两行元气稍复，基金充足，则金融活动，钞价自高。惟前项延期赔款系按月分交，每次所交净数折合银元不过百万元左右，而政府积欠该两行款项则在八千万元以上，若以按期交付之赔款陆续拨还两行，冀以整理纸币，实属缓不济急。再四思维，惟有发行短期公债一项，藉以救济两行金融。公债总额定为四千八百万元，全数发交中、交两行，由其自行经募，所募集

① 系财政部抄存件。

之现款，即以归还两行垫欠各款。至公债本息，即指定每月延期赔款一百万元为基金，中以八十万元还本，以二十万元付息，并援照三、四两年公债办法，将此项公债基金按月拨交总税务司安格联存储备付。如此一转移间，在政府既可清理债务，在银行又可活动金融，一举而数善备，业经本部拟具章程，提交国务会议议决在案。此项公债虽归两行经募，仍不可无发行机关综持一切，并拟设立公债局，指派中国银行正、副总裁、交通银行总、协理，总税务司暨本部部员二人组织之，并推举总税务司主管会计。以上各节，事关重大。兹谨缮录短期公债章程，呈请钧览，如蒙允准，一俟奉到指令，即由本部分别进行。所有指定延期赔款发行短期公债归还中、交两行欠款缘由，是否有当，理合呈请大总统钧鉴训示施行。谨呈

大总统

中华民国七年一月二十五日

〔北洋政府财政部档案〕

4. 财政部关于整理京钞发行六厘公债并修正短期公债章程缘由呈

（1918年4月24日）

呈为整理中、交两行京钞、发行六厘公债，拟具条例并修正前次短期公债章程，请一律以教令公布、恭呈仰祈钧鉴事：窃查本部前曾指定延期赔款发行短期公债四千八百万元，归还中国、交通两银行一部分欠款，以期整理京钞，维持金融，业经拟具章程，呈奉大总统指令照准在案。迭经召集两行及商界重要人员，征集发行方法之意见，均以公债若不收卖京钞，则京钞仍无整理之望。若收卖京钞，而政府欠两行之款，截至上月底止，本息并计

已达九千三百万有奇，两行京钞之流通额及存款额数略相等，区区四千八百万公债收卖京钞，京钞仍不能完全整理。收卖结止之期，即钞价下落之日，徒使钞价骤涨骤落，中央银行拥挤提存，金融市场纷扰投机，殊非政府发行公债整理京钞之本意。故两行及商界均要求扩张债票额数，为根本整理之计划。筹商再四，意见相同。故拟再发行公债四千五百万元，名为民国七年六厘公债，以足九千三百万元之数。利息六厘，偿期二十年，前十年付息，后十年还本，指定前次委托总税务司经管之五十里外常关税为第二次担保，俟三、四年公债还本期满，即继续抽签，担保确实，本利付现。虽期限稍长，而付息偿本之信用，实与短期公债无异。其发行方法，拟将两种债票各按五成数目，搭配出售，概收两行京钞。例如以京钞百元承购债票，应得短期公债票暨六厘公债票各五十元，其余以此类推。两种公债，长短兼配，担保确实，且本息均付现金，人民必乐于购买。倘能全数售罄，则政府所欠两行之债务悉数清偿，两行所发行之京钞悉数收回，上而俾益国家之度支，下而活动社会之金融，根本目的，立时达到，此发行公债整理京钞之策一也。万一此项公债不能全数售罄，本部拟即将所余之两种公债票交存两行担保欠款，作为整理京钞准备金。查东西各国本有以证券为钞票准备之先例，其效用虽不能与现金相等，然人民知两行果有十足之有价证券存储库中，每届本利到期，既有现金收回，则其信用自与前此不同，此发行公债整理京钞之策二也。交存两行公债，所有到期本利一律抵还部欠，由部监督两行专款存储，一面陆续疏通汇兑，减少票额，及票价提高，现金充实，不难开始兑现，此发行公债整理京钞之策三也。以上皆为循序渐进之策，设两行更进一层，得有以债券融通现金之机会，则种种维持之法，不难同时举行，收效更速，此发行公债整理京钞之策四也。要之，此次发行两种公债，既为整理京钞、维持金融起见，自应照上开各种计划分别进行，京钞若能立时收回全数固为最善，即不然，亦可陆续收回全数，以期结束。至收回钞票拨还部欠，两行不再发行，无论如何票额必日见减少，票价必逐渐增高，此项公债发行之日，即整理京钞根本计划完全成立之期。且查以前部欠两行之款，均按月息七厘计算，将来此项债票若未售罄，予作担保，俾两行可作为整理京钞准备金，则部欠有抵之款，自与寻常欠款不同，应令按公债利率一律改按周息六厘计算，以昭公允。至部欠行款，历年均经审计院查核有案，现拟由部函知审计院检核一次，以期周密。如此一方消纳两行京钞，可以恢复银行之信用，一方整理政府积欠，可以减轻公家之担负，一举两得。业经本部拟具办法及公债条例，提交国务会议议决通过，谨缮录该公债条例，呈请钧鉴，请以教令公布，即由本部遵照办理。再，前次呈准之短期公债章程，本系直接抵销中、交两行欠款，故对于审计官检验本息款项通例未经加入，且票额仅定千元、万元两种。现既采用普通发行收卖钞票方法，与此次发行之六厘公债搭成发售，所有前定之短期公债章程，兹拟加入第十三条条文，其第八条条文亦应修改，追加百元、十元两种票额，以资分配，而便募集。除将修正短期公债章程另再缮录一分附呈钧鉴外，前项短期公债条例并请以教令公布，藉归一律，而昭慎重。所有整理中、交两行京钞，发行六厘公债并修正前次短期公债章程各缘由，是否有当，理合呈请大总统钧鉴训示施行。谨呈

大总统

中华民国七年四月二十四日

〔北洋政府财政部档案〕

5．财政部关于七年短期公债暨七年六厘公债办理结束情形呈

（1920年11月）

呈为呈报七年短期公债暨七年六厘公债办理结束情形并缮具清单恭呈仰祈钧鉴事：窃查民国七年四月间，本部为整理中、交两行京钞起见，发行七年短期公债四千八百万元暨七年六厘公债四千五百万元，曾经拟具条例，呈奉大总统教令公布施行在案。前项两种公债自七年五月一日由中、交两行开始募集，截至七年六月二十九日止，计由中国银行募集前项两种公债债额各一千二百四十万九千八百三十元，交通银行募集前项两种公债债额各九百七十五万零一百二十元，共计中、交两行经募债额四千四百三十一万九千九百元。所有收回中、交两行京钞共四千四百三十一万九千九百元，当由本部悉数分拨中、交两行，抵还该两行历年垫付本部各款。嗣因公债停售，钞价复跌，又经本部专案呈请，将两行售余七年债票全数提交公债局继续发行，并将每日所收中、交两行京钞，封存中、交两行，定期由公债局函请审计院审计官及京师总商会会长到局监视切毁，以为减少京钞根本计划。前项余存债票自七年十月十二日起，至八年十月四日止，由公债局售出七年短期公债暨七年六厘公债债额各一千三百二十四万三千五百二十元，所有收回中、交两行京钞二千六百四十八万七千零四十元，历经审计院及京师总商会派员会同公债局主管各员，分批全数切毁，登报通告各在案。兹查前项七年短期公债四千八百万元，先后两次共售出债额三千五百四十万三千四百七十元，所有余存未售债票，除历届还本中签债额四百六十二万四千四百八十元，并另案提出债票七百万元为本部向交通银行日金借款担

保品外，实存债额九十七万二千零五十元；又七年六厘公债四千五百万元，除先后两次共售出债额三千五百四十万三千四百七十元外，实存债额九百五十九万六千五百三十元，两共实存债额一千零五十六万八千五百八十元。兹因整理金融短期公债发行，前项七年公债自应停止发售，并将前项余存债票由部如数提回，以资应用，而便结束。所有七年短期公债暨七年六厘公债办理结束各缘由，理合缮具清单，呈请大总统钧鉴备案。谨呈
大总统

谨将七年公债发售及余存数目缮具清单，呈请钧鉴。

计开：

(甲)七年短期公债定额四千八百万元，

发售三千五百四十万三千四百七十元，

抵押七百万元，

余存债票各期还本中签四百六十二万四千四百八十元，

余存债额九十七万二千零五十元。

(乙)七年六厘公债定额四千五百万元，

发售三千五百四十万三千四百七十元，

余存债额九百五十九万六千五百三十元。

中华民国九年十一月　　日

〔北洋政府财政部档案〕

六、民国八年公债

1. 财政部为拟具八年短期公债条例请先公布再行追认呈

(1919年2月13日)

呈为举办民国八年短期公债拟具条例，呈请核准先行公布

事：窃自军兴以来，岁费骤增，各省解款，寥寥无几。本部所恃以为应付之具者，只有各项短期借款及关、盐两项余款，但随收随用，仍不敷甚巨。现值军事略定，和局渐成，一切善后及收束军队各事，在在均需巨款。欲加增租税，则缓不济急；欲专募外债，则难于协定。再四思维，欲求有利于国，无害于民，惟有出于募集内债之一法。爰拟举办民国八年短期公债肆千万元，以为补助岁计不足之用。明知内债一项，连年举办，民力有限，已成强弩之末。惟公债有普通发行暨特别发行两种，普通发行，用以搜集现款；特别发行，用以抵销债务。此次公债拟于普通发行之外，兼用特别发行方法，俾财务多一分周转，即多一分便利。所有公债利率定为七厘，偿清年限，定为五年，前一年付息，后四年还本，债票价格，每百元实收九十三元，并指定以每月应收盐务余款为公债担保，由本部按照公债还本付息数目，将该项盐余款项按月如数拨出，专款存储，以备每届还本付息之用。以上办法业由本部提交国务会议议决。兹谨将前项民国八年短期公债条例十四条，还本付息表一纸，一并恭呈钧览。如蒙俞允，即请大总统先以教令公布，一俟下届国会开会，再行提交追认，以示郑重。所有举办民国八年短期公债缘由，理合呈请大总统钧鉴批示施行。谨呈

大总统

民国八年短期公债条例（略）

中华民国八年二月十三日

〔北洋政府财政部档案〕

2. 吴鼎昌等关于南北和议代表争议发行八年公债电

(1919年2—3月)

(1) 吴鼎昌致龚心湛密电(2月24日)

急。北京。财政部龚总长鉴：荃密。本日会议，唐总代表提出八年公债一案，抗议颇为激切。业经审查会讨论，拟请政府暂缓发行。当将会议情形由桂老[①]电院，并请转达尊处。窃查此次会议能否平允告成，一个月之内必有端倪。能成即可商借善后借款，不能成或发公债，或另行设法，彼时均有词可措，似可忍耐须臾，以待进行。因国内公债一时难得现款，徒使彼方藉口，转为善后借款之障碍，非计之得者，故拟电政府。□之意，并不取消条例，只须复电：在和议期中暂缓举办，和议成否之局，不日即定，届时再办，即无异词。谨以桂老用意所在，密闻。希密察为荷。鼎昌。敬。

(2) 龚心湛复吴鼎昌密电稿(2月26日)

急。拟复吴达铨次长电。荃密。

上海汉口路德华银行大班住宅吴次长鉴：赞兄[②]回，转述雅意，至纫注存。顷奉敬电，只悉唐总代表对于八年公债一案提出抗议，桂老之意，主张缓办。辱承密示，不胜感荷。惟部中此次发行公债，实具不得已之苦衷。用道其详，以供讨论。溯自军兴以来，支款骤增，每月出入不敷，约在千余万元以上。此中困难，

---

① 朱启钤，字桂莘，时为南北和议北方总代表。

② 李思浩，字赞侯，时任财政部次长。

我兄与叔鲁总长[1]身亲其境，无待烦言。湛就职伊始，正迫年关，外则欧战告终，内则平和动议，外交之视线既已转移，外款之来源因之停止。腾挪乏术，罗掘俱空，殚智竭能，实穷应付。明知南北和议指日可成，此项公债原不妨暂缓举行。无如近数月中，各费浩繁，到期待发者既准备之毫无，积欠在先者更索价之迫切。关、盐两项余款，早经指定用途，且尚不敷分配。各省应解之款，又复相率截留。若不别筹挹注，权济目前，本月即属难关，何暇更谋善后。思维再四，非募内债，即借外债，舍此二端，实无他法。然外债诸多牵掣，协定为难，即使幸而有成，亦属缓不济急，举办国内公债，现状或可维持。至人民方面，认购悉听自由，绝不加以强迫扰累之事，更可无虞。总之，实逼处此，难缓须臾，初非有意于会议期间作此非常之举。我兄于部中艰窘情形，久经亲历，凡此所言，谅能鉴及。务乞切恳桂老与唐总代表及诸代表详细说明，曲予维持，实纫公谊。龚心〇。宥。

（3）龚心湛致朱启钤电稿（3月12日）

本部此次发行八年内国公债，本属万不得已之举。兹阅报载唐总代表通电一件，似于本部为难情形尚未深悉，且于事实亦有未符之处。用再详为申述，以明真相，而释群疑，幸垂察焉。溯自军兴以来，支款日增，收款日减，每月收入不敷，为数甚巨。处此风雨飘摇之际，开源节流，两无所施，仰屋徬徨，非举债无以应付。而各方索款，迫于燃眉，实有难缓须臾之势。用是议定发行内国公债，变通手续，先请大总统以教令公布，俟国会二次开会，再请追认。此本部万不获已之苦衷，当为邦人所共谅者也。综计目前用款，自以军费为大宗，虽经筹议裁减，然事未实行，每月饷需，势难停发。况大部军队，半在前防，接济稍疏，立虞

[1] 王克敏，字叔鲁，1917年12月至1918年3月期间任财政部总长。

哗变。唐总代表谓募巨债以充军实，责其破坏和平。然则停止募债，驯致军饷无出，试问前防军队，将何法羁縻，使之枵腹，以守纪律。倘因饷缺兵溃，糜烂地方，则破坏和平，恐本部又不能辞其责矣。至谓此项债票，已向银行抵押巨款，实系传闻之误。无论本国银行无力担承此项押款，外国银行则牵制甚多，更难协定。即云外人乐于承受，而债票尚未发行，何能预为作抵。衡情度理，不辨自明。且举募内债，本非咄嗟立办之事，民国三、四年间所行公债，皆累月经年，始获集事。以此例推，亦可概见。本部之意，亦惟就目前最急之需，量为支配，藉以腾挪，为周转一时之计，别无丝毫作用于其间。区区之愚，可质天日。总之，本部以维持现状为职责，同具爱民护国之心，断无黩武穷兵之理。惟盼会议早成，庶财政前途，或可徐图整理。倘会议日事延期，即财政日趋窘境，仅此救济目前之计，亦将有时而穷，百孔千疮，时时可裂，万一和平之曙光未睹，而国家之破产先形，恐亦非唐总代表所忍闻也。披沥直陈，即乞转达。龚〇〇。文。

附：唐绍仪通电

各省议会、商会、教育会、各团体、报馆均鉴：龚心湛近发行八年短期公债四千万元，以盐税余款作抵，向银行抵押巨款，以二千万为各省军费，以一千万归参战军用。查民国约法，凡关于各项有负担契约，须经国会议决。此项公债未经依法组织之国会通过，国民决不能承认者，此其一。南北对峙，国家主权已析之为二，和平会议乃本两方公意组织而成，统一精神所寄托者，佥有同情，则关于全国财政计划，自应由国会统筹。今乃以增加全国人民负担之案，遽由破碎不完之财部专制发行，国民决不能承认者，此其二。内外战争经已收束，和平会议方在进行，而复募集巨债以充军实，毁约弃法，黩武穷兵，破坏全国和平，违反人民公理，国民决不能承认者，此其三。兹将此条义敬告全国，须知八年公债，法律上决不发生效力，事实上尤不应发行，全国国民决不能承认，邦人君子，幸留意焉。

〔北洋政府财政部档案〕

3. 英法日俄公使反对以盐余担保发行民国八年公债与外交部来往照会

（1919年3—5月）

（1）日本公使小幡酉吉照会①（3月24日）

为照会事：本年二月二十三日，《政府公报》公布关于发行民国八年公债大总统令。该条例第五条云：以盐税余款充该公债偿还本利之担保。现由一千九百十三年订立善后借款合同当事者之一、横滨正金银行禀请本公使提出抗议。其理由谓：八年公债指定盐税收入为担保，有背前记借款合同条文，损伤银行所有之利益等因。查该银行提出之理由颇为正当，而其理由，即依据善后借款合同第十七款明文：

中国政府将来欲以盐税收入为担保，再发行公债，或为本合同第二条规定同类目的发行补充公债时，中国政府当与银行团以承受此等公债之选择权云云。

然则此次以盐务余款为国债担保，其结果不独违背上记条文，且恐损伤将来盐税收入担保之价值也。况关于本公债发行，财政总长致总税务司之函，业经登载本月八日《政府公报》，则谓：该公债必需足敷半年还本付息之现款，可由将来以盐税收入为担保之借款实收额提拨充用云云。本公使对于此种办法，欲于上记

① 日、英公使照会均为外交部1919年3月27日咨送财政部之抄件。

善后借款合同第十七款附加新奇条件，不能无异议。是以本公使对于近来贵国政府关于民国八年公债所执之措置，不得不提出抗议，应请贵国政府查照一千九百十三年善后借款合同之条文，即将八年公债撤消，并希从速见复。须至照会者。

（2）英国公使朱尔典照会（3月25日）

为照会事：二月二十三日，《政府公报》载有大总统令，公布民国八年短期公债条例，其中第五条内有指定在盐务余款项下作为应付本息之担保之词。其后经民国二年善后借款合同签字之本国汇丰银行，以指定该余款为此次债款之担保，与该项借款合同所载者有违，并损碍其利益，以故请为责问。本大臣对于该银行所陈，甚以为然，其故如下：查善后借款合同第十七款内载，倘若将来中国政府欲以盐务收入为担保，再行借款，或欲继续借款，以办理本合同第二款所译性质相同之事，则中国政府允银行自行酌量承办，等语。而此次业将盐务收入之余款，指定为该债款之担保，致与上引条文规定有违，而盐务进款将来作为担保之价值，遂为减少。此外三月八日《政府公报》载有财政部致总税务司之函，其中声明：将来如有另以盐税抵押借款时，当从此项借款收数项下提出足敷八年公债半年还本付息之现款云云。所声明者既于上引第十七款内加入新项条件，本大臣则不能不反对也。查以上各情，本大臣应行责问近来贵政府所行关于八年公债之各事，并请迅予取消，便符民国二年善后借款合同条件，即希早日见复为盼。须至照会者。

（3）外交部致英法日俄公使照会①（4月2日）

为照会事：接准来照节略称：八年公债以盐税余款充作付还本息

① 原件为抄件。

之担保，核与善后借款合同第十七款有违，并损害其利益。且财政部致税务司函中声明，将来如有另以盐税抵押借款时，当从此项借款收数项下，提出足敷八年公债半年还本付息之现款云云。既于上引第十七款内加入新项条件，本公使不能不加反对，等因。业经本部咨行财政部去后。兹准复称：此次举办八年公债，定为担保之盐税余款，系盐务收入除担保债务偿还本息以后所剩应行拨交中国政府之盈余，即善后借款合同第四款第二段所称之应拨归中国政府用以办理他项事宜之款，以之担保八年公债，实与善后借款合同不相违背，并于银行团所享利益无所损害。至善后借款合同第十七款所称，倘将来中国政府欲以盐务收入为担保再行借款，政府允银行团自行承办，等语。关于此节，政府早已虑及。是以本部前致总税务司函内声明，将来如另以盐务收入抵押借款，应从此项借款内提出足敷半年付还本息之款，以免此项公债妨及续借外债仍以盐款担保之信用。此种办法，不过于将来借入款项内添一支付公债之用途，并非于已往之善后借款合同第十七款增加条件也。总之，此次办理八年公债，纯为维持治安起见，即如中央直接发放之军、警、旗各饷以及前防军队饷需，均须设法接济，方免他虞。政府本拟按照民国二年善后借款合同第十七款，与银行团商议借款，但恐时机未至，银行团亦有为难。是以暂募短期公债，稍济急用。倘银团能于此时即与政府商议借款，并于合同未成立以前，每月先行垫款若干，则中国政府极所乐从，甚愿将八年公债随时截止也。等因。前来。相应据情照复合即复达贵公使查照可也。须至照会者。

（4）日本公使小幡酉吉照会①（5月3日）

八年公债以盐税余款指定充作付还本息之担保一事，接准四月二日来文，阅悉一切。查此项盐税之一部，现暂无须作为善后借款合同第十七款所指新借款之担保，正可拨归中国政府普通应用。兹若承认此项向未作为担保之款，可以作非向银行团借款之担保，则按该条款所付与银行团之权利显系具文，且查该合同可以知其重要必不可缺之点，内有指定该项借款之进款若何支用，且在该合同之附件关于用途开列甚详，并请查该合同第二款第七节，内载该项借款之进款系为中国政府与银行互相商允之他项行政费而用云云。兹欲使按照合同第十七款。中国政府允银行承办之新借款之用途，不与银行商酌而自行指定，并将该新借款之进款，或其一部，欲先指定为赎回各银行未能商订用途之借款，此项办法似与该条款之精神上完全不合。故本大臣对于所拟指定将来按善后借款合同第十七款所商订借款之进款为赎回八年公债之办法未能允行，合请贵政府即将此节取消也。再者，中国政府倘若急于需款，不能不立筹以供应所指之用途，则八年公债之担保可另指他项进款以充之，则中国政府将来欲用广义积极的方法以改良财政，仍有进款可为借款担保，而盐税余款现时可充中国政府普通之应用，或可将来按照借款合同作为借款之担保品。如此，则庶于中国政府有所裨益，且能免除此项争执问题也。应请贵政府酌量办理为盼。

〔北洋政府财政部档案〕

① 原件为抄件。英国公使、俄国使馆和法国公使于5月5日、7日分别以内容相似之照会和节略致外交部，从略。

4. 国务院、财政部拟发行国库流通券及扩充八年公债数额通电稿

（1919年5月17日）

上海合〔和〕会停顿情形，现在既成事实。本月十四日奉大总统召集两院议长、段督办及全体阁员等会议，佥谓维持治安，政府天职，应办事宜，均难刻缓，最要之点，尤在财政。近来财源枯涸，入少出多，每月支款不敷已达千万元以上。外债既无可借，但恃国内华商各行号设法筹挪，还期之促，利率之高，所指抵押品之严重，实为历来所未有。数月以来，忍痛支柱，亦已百孔千疮，非特不能再事通融，且应及时预备归款。以一钱不名之部库，当百端交迫之时机，即此每月不敷之款，倘竟无以应付，则危险立生，何堪设想。而金融如此紧急，市场不能周转，且恐酿起风潮，扰乱秩序。万不得已，拟发行一种国库流通券，酌拟最短时间，定期兑现，并予相当利息，以引起人民信用，各省区一律行使。公家得此，既可稍资挹注；市面得此，亦可藉以流通。又目前亏短既巨，八年度预算又短两万万元，拟将八年公债原额扩充酌发，各省区分投劝募，以资补助。援照民国元年临时参议院通过八厘公债案，以钱粮作抵。以上两策，实为今日应急之方，舍此别无善法。反复讨论，众议佥同。禀陈元首，亦以为然。谕即分电各省区军民长官，公同商酌。诸公体国忠诚，与同休戚。当此存亡危急之秋，定能协力扶持，以期度此难关。尊见如何，伫候明教，不胜企祷。国务院、财政部。

〔北洋政府财政部档案〕

5. 财政部为扩充八年公债债额改以全国田赋为担保咨呈

（1919年5月21日）

咨呈国务院文　第一百二十三号

为咨呈事：本年五月十八日，承准贵院公函，内开：八年公债修正条例请付公决一案，现经国务会议议决照办，函请查照办理等因。本部自应分别办理，以便进行。惟查上次举办八年短期公债，适值国会闭会期间内，先由本部呈请大总统以教令公布。现在国会业已开会，所有此次修正八年公债条例一案，应请呈明大总统查照约法第十九条第四项之规定，咨交国会议决，正式公布，以昭慎重，而符手续。相应拟具议案一件，咨呈贵院察核办理可也。此咨呈

国务院

中华民国八年五月廿一日

窃自前年军兴以来，国家多故，出款骤增，每月不敷军政各费，约在千余万元。本年二月曾经举办民国八年短期公债四千万元，值两院闭会，未及交议。发行以后，此项公债以九三收款，定价较高，与现时金融状况及商业情形未能吻合。且八年度预算，政府虽厉行核减支出，增加收入，然不敷之数仍有二万万元之多。即以前项八年短期公债充抵，计尚短至一万六千余万元，自非妥筹大宗收入，不能达收支适合之目的。惟当兹和局未定，各省财政均未复元，外债之来源既绝，解款之希望又难，焦思至再，惟有将前项八年短期公债原案详加修正，并扩充债额，展长年限，改换担保款项，另行颁布条例，俾此项公债可收圆满之效果。现拟将前项八年公债额数定为二万万元，分四期发行，每期发行五

千万元。前定短期公债之抵押品，原指盐务余款，但将来收束军事，办理善后，所需特别支出为数必巨，尚须留盐务收入，续向银团商订善后借款。现拟改以田赋收入，为此次八年公债之担保品。查民国元年八厘军需公债，曾指以钱粮作抵，经前临时参议院议决有案。该项八厘公债，现计已经还本十分之七，余本无几，移抵此次八年公债，尚属合宜。矧内债与外债不同，公债一项，本为政府对于国民之债务，以田赋担保，绝无妨碍。至前项公债，除以田赋担保外，仍一面实力整理税收，提备归还本息之用。其期限拟改为二十年，前五年付息，后十五年还本，俾易周转。又价格原定九三，但值此银根奇紧，息率飞涨之际，不能不稍予变通。现拟改为每百元实收九十元，以利推行。其已经发出之八年短期公债，即以此次公债如数收回。明知内债一项连年举办，已成弩末，现更扩充债额，能否推行尽利，殊无把握。惟揆察现时情势，舍募内债外别无良策，急则治标，当为国人所共谅也。合将前项八年公债修正条例另缮清摺，咨请贵会公决。

民国八年公债条例（略）

〔北洋政府财政部档案〕

6．林森等关于八年公债未经国会议决声明无效通电

（1919年9月19日）

各省督军、省长、省议会、教育会、商会、农会、工会、学生联合会、各学校、各公团、各报馆、北京各学校、商会、学生联合会、上海全国学生联合会、商业公团联合会、各会、各团体、各报馆均鉴：本年九月八日，北京非法政府以国会公布八年公债条例，定额二万万元，先发行五千万元，以田赋为担保品，并闻已向某国押款，每百元折抵三十元。查田赋为全国命脉，以此抵

借外债，直将全国土地断送靡遗，虽以亡清之残虐、袁氏之专横，犹不敢倒行逆施，至于此极。往者北庭利用外资，残民以逞，卖路卖矿，层见叠出，我国民不忍以地大物博之中国，沦为印度、朝鲜之续，曾出死力以相抗。今更丧心病狂，假内债之名，行外债之实，卖去人民生命所需之物，危险逾于路矿，惨毒及于子孙，亡国之祸，实迫眉睫，是可忍，孰不可忍。谨按约法第十九条第四项，国会有议决公债之召集及国库有负担契约之职权，该八年公债未经本会议决，当然不生效力。除电外交国切实声明无效外，所有北京非法政府之违法卖国公债，愿与国人共弃之，谨此宣言。参议院议长林森、众议院议长吴景濂、副议长褚辅成暨参、众两院议员同叩。皓。印。

〔外交部驻云南特派员公署档案〕

七、整理金融短期公债

1．财政部关于发行整理金融公债结束停兑京钞办法呈

（1920年9月19日）

呈为发行整理金融短期公债，结束停兑京钞并清理京钞借款，胪陈办法，拟具公债条例，恭呈仰祈钧鉴，请迅以明令公布事：窃自中、交钞券停兑以来，银行信用大减，金融周转不灵，通货缺乏，物价腾贵。商民受困本已甚巨，益以一般商民，竞以京钞为投机之具，不为正当放款，以致钞价不定，利率抬高，而商民之以钞券为收入者受害尤烈，此停兑京钞之害及于社会金融者如此。复查中央财政，近年以来无日不恃借债为生活，自外债停止，不得不求之内债。现计各银行号零星借款已达三、四千万，其中京钞借款有二千四百余万元之多。自齐就职以来清查旧账，京钞

借款一项利息既高，偿期又短，且有保价办法，亏耗甚巨，若不从速清理，受亏何所底止。且各次借款目前到期者已有一千五、六百万，间有转期四、五次或六、七次者。此次风潮之后，京中大小银行俱受影响，均有自顾不遑之势。故每日到部索债者必数十起，设不早为清理，不特有失国信，抑且牵动金融，所关非细。且国家收入所赖以挹注者，交通收入实为大宗。该部近数年来积收金钞共三千余万，不啻于无形之中收入减少一千余万。现在除已售成现洋外，尚存京钞二千余万，大半均以抵借现洋。此项现洋利息又年需百余万，倘对于积存之京钞无根本办法，匪特无形损失，年甚一年，即现洋押款纷纷到期，恐亦穷于应付，是停兑京钞之害及于国家财政者又如此。今者内阁成立，庶政刷新，不先整理停兑京钞，无以餍国人之望，澄财政之弊。自齐到任，即会同交通部督饬中、交两行详细考求，将彼此账目参合钩稽，立一根本整理之策，使财、交两部京钞宿债可以一清，从此收入有整理之望，中、交两行亦可将数年为世诟病之京钞一律扫除，庶国家财政、社会金融均受其利。查海关收入每年尚有盈钞，现拟以此为担保，发行整理金融短期公债六千万元。内提出二千四百万元，以一部分留充本部清理京钞押款之用，以一部分拨与交通部，赎回前项抵借现洋之京钞拨交本部，为清理京钞押款之需。其余债额三千六百万元，发交内国公债局克期发售，专收京钞，以四个月为期，逾期之后，无论公共机关或商业机关，不得再有前项京钞出入，并不准再有前项京钞行市。若持有京钞不愿购债票者，亦可分向中、交两行换立分年定期存单，利率、期限悉与公债相同。至公债发行以后，所收京钞应由内国公债局会同本部、审计院、京师总商会派员监视，一律切角销毁，并将每次切销数目送登政府公报，以昭大信。如此中、交两行停兑京钞既可肃清，本部京钞借款亦以整理，而交通收入可望增加，一举而数善咸备。

一面并由本部会同币制局督饬员司另订兑换券条例，以期确立银行信用，为改革弊（币）制之先声。以上办法，业经本部提交国务会议议决照办，除兑换券条例另行拟订呈请公布外，兹谨拟具整理金融短期公债条例十四条，呈请钧鉴。如蒙允准，应请即以教令公布，即由本部遵照分别办理。所有发行整理金融短期公债，结束停兑京钞办法各缘由，理合呈请大总统钧鉴训示施行。谨呈

大总统

财政总长　周自齐

〔北洋政府财政部档案〕

2．财政部抄送清理各银行京钞借款办法致中国、交通银行公函

（1920年10月1日）①

财政部公函　九年财字第二五七二号

（九年库行五五四号）

径启者：本部发行整理金融短期公债、结束京钞借款一案，业经本部暨内国公债局于今晨会同贵行副总裁陶经理暨交通中国银行商订发给债票，拨付京钞，取回押品，并找算保价计算利息及掣据换取支票各办法，均经议决照办。兹将关于贵行暨交通中国银行应行经办各条另开清单一纸，并由部造具各行借款条件及折算数目详表一纸，一并送请贵行查照办理，无任感荷。此致

中国交通银行

① 为库藏司抄付公债之日期。

清理各银行京钞借款办法

一、各行领京钞者，由两行按表列原额支付掣取收据，向部换取支票转账。

二、各行愿领债票者，由公债局按照表列原额及各行请求支配数目填具预约券，交由两行转发。其掣据换取支票办法与前条同，但收据仍填注京钞字样，各行愿分领京钞、债票两项者听。

三、各行借款保价如在到期之日市价以上，应由部找算现洋，应找给若干，由两行按表列数目先行宣告，各行连同应付利息开单送部，另行筹付。

四、各行借款利息无论已经到期或未经到期，其领债票者均结算至九月三十日止，领京钞者结至领钞之日止，已经到期之过期利息，统按原合同息率计算。

五、各行所领债票，应付六个月利息，应查照前议由两行先行垫付，并报告内国公债局转账。

六、各行具领债票或京钞，应将抵押品全数缴交两行转送本部核收，但各行或以找价利息尚未付清，须扣存一部分者，得由两行酌量原额比例准其扣存，仍随时商明本部办理。

〔北洋政府财政部档案〕

八、赈灾公债

1．内务、财政两部为发行赈灾公债拟具办法呈

（1920年11月13日）①

呈为发行赈灾公债拟具办法恭呈仰祈钧鉴事：窃查本年直、鲁、豫等省雨旸失时，亢旱成灾，筹办赈济，需款甚巨。曾经财

① 系发文日期。

政部拟具办法五条，请就各省区大宗税捐内可以酌量加征者，附征赈捐一成，专供本年赈灾之用，业于十一月四日呈奉大总统指令：呈悉，准如所拟办理，即由该部通行遵照等因。奉此。自应遵照办理。惟查上项加征赈捐，收解需时，而赈灾用款刻不容缓。兹经志潭、自齐会同筹商，拟先发行赈灾公债肆百万元。以三年为清偿之期，利率定为按年七厘，应付公债本息即以前项加征一成赈捐，岁收约肆百余万元为偿还的款，并酌量各省情形分别摊募，冀集巨款，俾赈务可以迅速进行，而灾民得以早沾实惠，以副我大总统轸念灾黎之至意。所有办法业经提交国务会议公同议决，除前项公债条例业于十一月十一日奉令公布外，所有发行赈灾公债缘由，理合呈请大总统鉴核备案。再，此呈由财政部主稿，会同内务部办理，合并陈明。谨呈

大总统

中华民国九年十一月　日

〔北洋政府内务部档案〕

2．督办赈务处等要求各常关迅将附征赈捐按数垫解通电

（1920年11月27日）①

某某常关监督鉴：查本年北地灾祲，赈济需款甚巨，曾经财政部呈准大总统于原有税捐附征一成作为赈捐，并以此项赈捐缓不济急，复经呈准先行募集赈灾公债四百万元，即以附征赈捐为偿本付息的款，由部通行查照在案。此项公债现定十二月一日开始发行，按照公债条例，应由中外各机关分摊购募。惟债款募齐尚须时日，而赈灾迫切，势难坐待。拟由部、处即向各银行分别借

① 系发文日期。

垫，以济急需。所有该关附征一成赈捐，比照八年份收数约可得洋（收数列表附后）元，仰由该监督先行按数设法垫解，汇交北京中、交总银行存储，所有该关垫解之款，即在按月应解赈捐内酌拨扣抵。现天时已届严冬，灾黎饥寒交迫，嗷嗷待哺，惨状不忍闻见。前项垫款务望勉力筹措，克日汇解，无任翘企。除分行外，合亟电令遵照，并盼速复。督办赈务处、内务部、财政部。

各海常关征收货物税附征一成赈捐预估收数简明表（略）

中华民国九年十一月　　日

〔北洋政府内务部档案〕

九、偿还内外短债八厘债券(九六公债)

1. 财政部与银行团商谈发行盐余公债有关文件

(1921年12月—1922年2月)

（1）财政部函（1921年12月30日）

径启者：查政府所欠中外短期债款以盐余作抵者约七千四百万元，归还无期，以致牵动金融，市面大紧，兼以旧历年关在即，政府支出新年需用之经费亦约需千数百万元，均属无著。现拟委托贵银团会同中国银团在中国市场发行短期银元公债九千万元，以盐税作抵，藉为归还从前盐余作抵各短期债款暨政府新年需用。兹特查照善后借款合同第十七款，征求贵银团同意，务请迅速开会决议，如荷同意，则此项公债条件暨募债方法另行商定。又华盛顿会议对于关税加征一案，可望抽至值百抽七五，如果成功，则所增加之关税，除还近年担保不确实各项外债外，其余即移作此

项短期公债之担保品，合并声明。此致
银团代表熙礼尔先生

财政部启

中华民国十年十二月三十日

（2）卢学溥与银行团代表会谈记录（12月31月）①

第一次银团会议记略

民国十年十二月三十一日，在汇丰银行会议盐税公债事，列席者：财政部卢次长、卫佥事，汇丰银行熙礼尔、阿伦，中英银公司梅尔思，美银团史蒂芬，汇理银行马肃，正金银行武内金平。发言如左：

熙礼尔：昨晚接奉部函，即于今晨召集银团会议，讨论一切。查发行盐税公债一事，关系重大，各代表详加研究，其中有各项重要问题须向中国政府询问，取得确切答复后方能进行。因此特邀贵次长出席，今承惠临，不胜感激，请先将此项公债原委详细示知。

卢次长：中国政府财政方面目前最急之务，莫如整理盐余短债及筹款过年二事。现在短期内外债以盐余作抵者约七千四百万元，数巨期迫，无法支配。近数月来，每届拨放盐余，各债权者纷纷争索，因钱少人多，不敷分配，各债权人既不能满意，政府又大感困难，银团方面亦苦不便，亟须筹议补救办法。至旧历年关转瞬即至，需款甚巨，至少须一千数百万元方能应付。因此提议指抵盐税发行九千万元公债，藉以清偿盐余短债暨募集现款为过年之用。至指抵盐税一层，系暂时过渡办法。现在华盛顿会议

---

① 财政部卫渤记录，1922年1月9日汇丰银行阿伦来函称："上年十二月三十一日会议记略，各银团代表均经披读一过，声称大致无误"云云。

中国代表提议海关加税一案，进行颇为顺利，一俟此案成立，则此项公债即可改用关税作抵，腾出盐余，充作政费，预料明年财政即可活动。惟目前财力支绌，非发行公债无以救急，务请贵银团玉成此举，以渡难关。

马肃：政府是否拟将公债九千万元全数募集现金？

卢次长：政府仅拟募集一千六百万元之现金为过年之用。至其余七千四百万元，即以债票径抵债务，不必募集现金。

梅尔思：但不知债权人愿收债票否？

卢次长：债权人必欢迎此项债票。因现用盐余作抵甚不稳固，此项债票担保确实，其利一也。倘将债票保存领取本息，固甚可靠；倘亟需现款，可将债票出押或出售，甚为活动，其利二也。债权人领取债票，即多得一副筹码，必甚欢迎。

马肃：发行公债事甚重大，不可造次从事，须确有把握，方可进行。卢次长所言募集一千六百万元现金为过年之用一节，现在市面甚紧，欲于短促时间内募集一千六百万元，不知确有把握否？

卢次长：确有把握。现在我国公债流通甚广，而市上良好债票仅有三年、四年、七短三种为外国银行、商号所欢迎，其他各项公债虽甚稳妥，但价值相差甚远。查七年短期公债已抽签八次，仅余十分之二。至三、四年公债明年拟抽签两次，转瞬均将清偿。市上良好债票日见其少，以致票价甚高，且不易购买，足见各方面需用良好债票甚多，确系求过于供。本次长前在公债司司长任内，办理公债几及十年，发行债票与各方面多所接洽，京、津、沪、汉等处欲购巨额债票之人素所熟悉，此项盐税公债一俟银团同意，即可招其承购。

阿伦：但旧历年关距今仅有二十余天，倘在市场售票，则印票发行手续繁重，万来不及，只可招商包卖，先给临时收据耳。

卢次长：本次长即拟如此办理，一俟银团同意，即与各处接洽，招商包卖，一面由贵银团等担任，设法销售。

武内：恐外国银行方面能销之数并不甚巨，应由中国政府方面设法销售。

卢次长：政府方面自当尽力为之。

阿伦：卢次长虽言确有把握，但总觉尚有疑问。倘在平时银根稍松宽假时日，俾得从容布置，则事尚可为。现在时间短促，又值年关银根最紧之时，恐购票不能踊跃。

卢次长：时间固甚短促，所望银团早表同意，即可着手接洽，招商包卖，必可成功。至现值年关，虽金融稍紧，但市场方面欢迎良好债票，确系求过于供。倘外间得悉此项公债由银团承办，以盐税作抵，并由稽核总所会办签字于债票之上，则购票者一定踊跃。

熙礼尔：购票踊跃与否，全视利益之是否优厚。此次公债之年限、利息、折扣、佣金、抽签次数各节均关重要，中国政府意思如何，请卢次长详细示知。

卢次长：政府之意，此项公债九千万元拟分八年还清，每年抽签两次，利息应为八厘，按九四发行。

武内：佣金几何？

卢次长：银行佣金拟按百分之一发给。

武内：银行佣金之外，尚有包卖人应得佣金。

卢次长：包卖佣金亦按百分之一发给。

武内：中国政府近年发行内债，其包卖佣金向有规定，其数甚为优厚，且常溢出定额。例如八折发行之票，政府实收仅六折耳。

卢次长：此层又当别论。政府实收多寡，视债票信用强弱而定，从前担保不确实之票，实收差异甚巨，但担保确实者，售价甚高。至包卖佣金，自一厘、二厘至六厘不等，亦视债票良否为标准。倘债票信用薄弱，难于销售，则不得不优给佣金，以广招徕。至此项公债以盐税作抵，由银团承办，信用甚好，故包卖佣金拟给一厘。

熙礼尔：一厘太少，值此金融枯竭之时，必须多给佣金，方易推销。

卢次长：政府之意，此项公债至少须实收百分之九十。

熙礼尔：九四发行恐亦过高。鄙意以为宜按九三发行，刊明于招帖之中，对外必须坚持九三之价格，不得变更。从前包卖人将佣金让给购票人，减低票价，以广招徕，此种办法有妨售票大局，此项陋习必须革除。至银行佣金，包卖佣金，另由政府发给，不得影响票价，以资划一。至包卖佣金应为二厘，倘按九三发行，扣银行佣金一厘，包卖佣金二厘，政府净收九十。

卢次长：如此亦好。

熙礼尔：销售问题已讨论多时，现应讨论其他困难问题。查承办善后借款之旧银行团已改组为新银团，德华、道胜退出，而加入美银团。从前新银团宣言不办政治借款，现在募债为过年之用，即系政治性质，既与宣言抵触，恐于进行前途不无困难也。

马肃：贵部函致银团，不知系指旧银团抑指新银团？

卢次长：指办理善后借款之旧银团。

熙礼尔：但旧银团业经改组为新银团，鄙同人只能以新银团资格与中国政府接洽，倘离去新银团名义，即不能办事。

卢次长：中国政府之意，此次发行盐税内国银债，应作为特别事件，由政府委托汇丰、汇理等银行会同华银团办理，请勿牵涉新银团，免生枝节。例如民国三年发行内债，曾由政府委托汇丰银行会同中国银行等办理发行事宜，并未牵涉银团问题。兹在中国市场发行内国银债事同一律，务请仿照办理，以免牵涉新银团问题。

熙礼尔：现在情形不同，不能办到。尊意欲撇开新银团而委令敝行等以私家银行名义办事，但事实上敝行等实不能从命。即以汇丰而论，汇丰为银团之一分子，倘蒙中国政府委办内债，汇丰因契约关系，断不能私自承办，必须会同新银团各行，以新银团名义办事。倘离去新银团，即不能办，事实如此，不得不然也。

卢次长：现在中国政府整理盐余短债、筹款过年二事不可不办，当为诸君所公认。适才熙总办言及新银团不办政治借款，则将此项公债交由新银团承办，在事实上亦为不可能之事，虽交新银团承办亦属无谓，务请鉴于特别情形，不必牵涉新银团，以利进行。至新银团之将来，则中国财政整理后，应行借重新银团举办之事方兴未艾，正不必拘拘于此项内国公债也。

熙礼尔：新银团虽曾宣言不办政治借款，但此项公债或可设法办理，非不可能之事，现在尽可交新银团办理。鄙同人今日均以新银团代表资格列席，此项公债倘不交新钱团承办，则无从进行。

史蒂芬：前内阁对于新银团宗旨多所怀疑，未予承认，实因不明其真相，致滋误会。现内阁对于新银团恐仍有误会，为双方利益起见，此项误会必须设法消除，此次委令新银团办理公债，系一绝好机会，卢次长言及将来委托代办之事正多，但必经此番解释真相后，方能举办将来之事也。

熙礼尔：现在请卢次长宣示中国政府是否愿将此项公债交由新银团承办，倘此层不解决，则不必再事讨论。

卢次长：此层关系重大，容向梁总理请示后再为答复。

卢次长用电话请示后答复云：梁总理云：昨日部函系根据善后借款合同第十七条致旧银团者，但该合同载明银团得将权利让渡与他人等语。今据声明已让渡与新银团等语。中国政府按照合同之规定，承认此项让渡，故愿将此项公债交由新银团办理。但新银团成立以来，屡经发表宣言文件，现在不得以承认让渡之事，而指谓中国政府已承认该项宣言文件。今应声明中国政府并未承认该项宣言文件。

熙礼尔：请指明不承认者为何项文件。

卢次长：该项宣言中有各项限制，为中国政府所不能容认者。但现时不大记忆，无从指明。

梅尔思：次长之意不承认各项宣言所载原则。

熙礼尔：政府之意，现在虽将此项公债交新银团承办，但不得因此而谓政府承认新银团各项宣言文件所载原则。

卢次长：即是此意。

熙礼尔：鄙意为办理此项公债起见，即此已足可认为满意。

史蒂芬：可认为满意。

马肃：对于部函，拟用新银团代表名义答复。

卢次长：可。

熙礼尔：新银团名义之讨论已告一段落，倘有他种事项，可继续讨论。

卢次长：梁总理嘱代达一语，现在年关迫近，倘售票赶办不及，政府不可无款，所有过年必需之款，拟请银行垫付。

熙礼尔：各外国银行现正筹款过年，值此金融枯竭之时，实无力垫款。

马肃：此事惟有招商包卖，规定分期交款办法，令其依限交款，先发临时收据。

史蒂芬：此项公债与盐余债权人甚有利益，应责令分担义务。所有一千六百万元现金债票，可按成摊给债权人，此为一举两得之事。

卢次长：债权人有无力购买现金债票者，有不愿购买者，未便勒令购买，似以自由募集为佳。

梅尔思：此亦实在情形，但不妨函请各债权人酌量认购，不愿者听，一面招商包卖。

卢次长：可以照办。

史蒂芬：此项函件及招贴文字，应妥为斟酌措词，务须动听，宜由银团会同政府拟稿。

卢次长：倘债权人、包卖人同时购票，以致溢额，应如何办理？

梅尔思：可按成摊给。

阿伦：还债之债票是否十足抵账？

卢次长：不能十足抵账。因指抵盐余为期，近则数月，远则一年。今公债期限为八年，此为期限上之吃亏。又各户利息少则一分，多则二分，今公债利息仅为八厘，此利息上之吃亏也。倘吃亏过巨，恐不愿换票，现拟亦按九三抵账，惟不给佣金。

马肃：但银行佣金仍须照给，不得因抵账而不给，应按全额九千万元给予佣金。

卢次长：可以照办。

熙礼尔：一千六百万元为过年之用，请将用途详细示知，以便对付西南及其他反对之人。

卢次长：用途均甚正当，当即开单。

史蒂芬：盐余短期外债数目若干，请开单示知，并将原用盐余作抵及追加作抵者分别列明，于星期二送下。

卢次长：可照办。

熙礼尔：现在南北尚未统一，窒碍甚多，请问新内阁政策如何？

卢次长：新内阁已筹定统一办法，并已开始接洽，不久即可观成。

熙礼尔：此为极佳之消息。

阿伦：盐税收入因各省干涉，致大受影响。迭经洋会办条陈整顿办法，迄今未曾实行，务请当局采择施行，以增收入。

卢次长：张总长已决意整顿盐务，此事必可办到。

武内：现在募债过年，此款用罄，以何为继？明年二、三月后是否仍须募债度日，抑另有计划？

卢次长：本次长到会之前，先与梁总理、张总长接洽，嘱代为说明：华盛顿会议中国代表提议关税加为七五，英、法、美、日均已同意，惟须俟评价手续办竣方能实行，或须一、二年后实行。在此一、二年期间，先办三成至五成之附加税，政府拟用附加税作抵，发行公债清偿盐余短债，现已提议于二月一日开征附加税。但年关需款迫不及待，故委托银团发行盐税公债，以应急需，一俟附加税成立，即用为此项公债之押品，腾出盐余，拨充政费，故明年政费不致无着。惟年关之款必须竭力张罗，此为最紧要之关键，过此以往，则财政大有活动气象矣。更有进者，短期内外债整理之后，尚有未指的款之长期外债，拟俟七五关税实行时筹定办法，俾整理财政之举可以全功告成。

熙礼尔：今日承卢次长将财政情形详细示知，甚为感激。容俟星期一开会再为一度讨论，即电询伦敦、纽约。

卢次长：请从速发电，早赐回音，并请于致纽约电内说明，盐税公债办成后，尚须续办附加税公债，整理短债，以免误会。再者，政府与银团间接洽之事甚多。如预备招贴、匀配包募、溢额等事，须设一共同机关会同办理，以期迅速。

马肃：内国公债局系专办公债之处，此项共同机关可附于局内。

卢次长：似可照办，俟再讨论。

阿伦：近年以来政府将盐余押借无数小债，抵押无度，致发生紊乱状况。稽核总所及银团方面均感不便，此后不可再蹈覆辙，请用部函声明，此后不再用盐余借债。

卢次长：政府早有此意，顷与张总长商议，决定此项公债发行之后，不再用盐余向其他各银行押借小款，所请用部函声明一节，自当照办。

散会时下午八钟

（3）熙礼尔函（1922年1月9日）

卢次长钧鉴：本日承示财政总长正式通知：关于盐税公债一事，必须于明日夜半之前取得银团确切之答复，过时不复，则取销对银团之提议，中国政府则按照事势之需要自由行动，等因。仆已通知各银团，兹应声明者：十二月三十一日会议之时，仆等已说明时间太短，难于如期取得各总行之决定，仆等已尽力设法催促进行。将各项情形综合观之，上项通知各节实不合情理，所有此项举动之责任，应由财政部担负，各代表并嘱声明：保留善后借款合同规定银团之各项权利。专此。敬颂勋绥。

熙礼尔　上

一九二二年一月九日

（4）卢学溥与武内金平谈话记录（2月11日）①

二月十一日，在正金银行会议日本债款事，列席者：卢次长、卫佥事暨正金、汇业、日本兴业、朝鲜各银行、中日实业公司、

① 原件有财政部次长卢学溥签："公债司存案，并呈总长阅核。溥。二月十一日 。

财政部总长张弧批："此件请张副总载再与武内一商，定一公妥方法。

兴亚公司、大仓洋行各代表，由武内金平代表发言。

武内：关于发行九千六百万盐余公债一案，日本债权团已与中国债权团迭次磋商办法，今有三事奉询，请贵次长答复，以便取决。第一事：日本债权收受盐余债券须附带条件，即万一将来此项债券本息不能照付时，所有各债款原合同均仍继续有效，各债权人如此保留原合同权利，不知财政部同意否？

卢次长：此系当然之事，如此办理甚为公允，可以同意。

武内：此层拟交换信件，以资确定。

卢次长：可照办。

武内：第二事：将来抽签还本，须比照日本债权数目，抽还日本应得之数。至公债基金分存中日两国银行，应计算中日两方比例数目，将日本方面应得之基金存入正金银行。①

卢次长：此事暂时不能答复，应俟由部先与中国债权团接洽后再定办法：大约抽签不能分别中日部分，只能照中国历届成案，用末尾数目方法，每次抽签倘有八签，则每百张债票必有八张。日商领取债票既为联号，其中签数目必与华商所得者相同，不必强为区别也。至基金问题，现在英、法反对盐余公债，其目标恐系在存放基金一事，或须察酌情形，由其分存若干，以缓和其攻击态度，亦未可知。此事尚须从长计议。

武内：第三事：日商债款均为日金，现将短期改为长期，换领银元债票，其收回本息须俟八年之久，此八年间金银涨落无常，日商不能冒此危险。拟请于日商应领债票上加盖戳记，载明还本付息一律以日金为本位等语。凡日商债款为日金八十四元者，换领百元票一张，还本付息均用日金，不用银元。如此办理，日金

---

① 此处有张弧眉批："存基金可比照债券额数分存，但应存该国某行，请其自行决定，通知中国债权团，

债款仍用日金归还，于中日两方均无盈亏可言，似最为公允。

卢次长：此事恐难照办。因发行一种公债,不能有两种货币。倘用银元，则一律应为银元，不可搀杂日金。再，基金数目必须确定，倘杂以日金，则金银涨落，其数目不能确定，恐基金管理人不肯负其责任。此事最好另筹他种救济方法，例如各日商收到债票本息后，将所收银元数目及原欠日金数目、应行找补数目开账呈部，如有不足，由部补给。再者，改用日金则在中国市场上不易流通。为日商计，亦以不改日金为便利也。①

武内：日商为避免兑换危险起见，必须改用日金。其急需现金者拟在日本市场出售，一经出售则向部找补一节，必生纠纷，总以债票改用日金为妥，务请照准。

卢次长：此次办理盐余公债，英、法反对于外，各政党反对于内，政府措置甚为棘手。倘改用日金，恐惹起误会，以为又办日本借款，多一反对资料，致愈难成立。本部不愿节外生枝，最好另筹救济办法，俾此案易于办理，于政府及债权方面双方均有利益。

武内：次长意思甚好，但日商实在担不起兑换风险，查债款既系日金，今仅要求仍用日金归还，其换领债票与华商债票式样相同，不必变更，只须盖一戳记，声明改按日金偿付本息而已，此事甚为正当，务请照准。

卢次长：请备函呈部，俟交司讨论后正式答复。

武内：今日即办函呈部，并拟托张副总裁代为说明。

散会时下午三钟

〔北洋政府财政部档案〕

① 此处有张弧眉批："此件可照交通部按'照准'盖一戳记"。

2. 财政部发行九六公债有关文电

（1922年2—3月）

（1）财政部呈（2月9日）

呈为发行八厘债券偿还内外短期借款，拟具条例恭呈仰祈钧鉴事：窃查本部呈拟整理盐余抵借短期各款，减轻国库担负一案，业于一月十九日奉大总统指令：呈悉。盐余为中央大宗收入，历年财政支绌，抵借款项日益增加，自应亟图整理。据呈清理内外短期借款、化散为整，以减轻国库担负各节，应准照办，仰即拟具办法，呈候核夺。嗣后不得再以盐余收入抵借内外债款，以崇国信，而裕度支。此令。等因。奉此。当即召集银团详细考求，筹一根本整理之策。佥以现在盐余所抵债款过多，每月坐扣无余，而库藏万绌，非求腾出盐余不可，欲求将来腾出盐余，非将此等短期债款偿还不可，欲还前项借款，舍发行债券以外实无他法。然欲发行债券，非妥筹确定基金，债权者不允收受。查华府会议对于我国关税切实值百抽五一案，业经通过，四个月内将物价评定，两个月后实行。是此项增加关税，统计六个月以后，每年均可多收银元贰千余万元。现拟以此项为担保，发行八厘债券玖千陆百万元，所有应付本息基金，第一年壹千贰百万元，第二年至第七年，每年贰千万元。此项本息基金，在关税尚未增加以前仍暂以盐余拨付，俟关税增收以后，即在关余项下开支，并将此项基金按月拨交盐余借款联合团所指定之银行专款储存，以备还本付息。倘海关增收税款万一不敷应拨之数，仍以盐余补充。所有发行债额玖千陆百万元，专以偿还指定盐余作抵之内外短期借款。如此办理，不特社会金融得以活动，且关税增收以后盐余可以腾出，以供政、军各费，实于国计民生，两有裨益。至偿还办法，亦与银行公同订立，按照公债票面，凡系中、交两行欠款，因系国家银行，毋庸扣除包卖各费用，即照条例第六条，实收九折抵还借款。其偿还外债及商业银行各款，则照实收之数外，每壹百元另给予包卖费用陆元，计按八四折发还，以示体恤，而昭公允。以上办法业经本部提交国务会议议决照办，兹谨拟具偿还内外短债八厘债券条例十四条，呈请钧鉴。如蒙允准，拟请以教令公布，即由本部遵照办理。再，此次偿还债款，专为维持国家信用，减轻利息起见，亟应慎重处置。本部并拟于发还债票之时，函请审计院并北京商会各派人员到部，公同证明办理，以期周妥。又，本部积欠盐余抵押短期债额，前经列单呈明，共计玖千陆百余万元。此次以债券偿付债款，既按九折及八四折发还，所有剩余尾欠之数，应俟筹定补还办法，另案呈请核夺，合并陈明。所有发行八厘债券偿还内外短期借款各缘由，理合呈请大总统钧鉴训示施行。谨呈

大总统

偿还内外短债八厘债券条例（略）

中华民国十一年二月二十一日①

(2) 财政部通电（2月9日）②

各巡阅使、各省督军、省长、都统、护军使、省议会、商会、教育会、农会、上海、山东工会、各报馆钧鉴：政府发行九千六百万元关余公债一案，在各省、各界未悉内容者，必以为政府无端募此巨种借款，即无野心，亦必有黑幕。不知此九千六百万之债券，乃以之归还内外各银行短期债款，而非今日始募新债，此

① 财政部补稿抄存日期。

② 本件系财政部抄存件，原署日期为2月15日。

应声明者一也。九千六百万元之债款自民国七年起至十年十一月止，早已由政府陆续借入，逐年用完，不过此等负债以前系与各银行订立于合同之内，局外人鲜知其详。今者政府取财政公开主义，已将从前所欠各债债权者字号、债额及订立合同日期逐日登载政府公报，俾众周知。又因此项内外短债利息太重，平均在月息二分左右，故一律易以八厘债券，以减轻国库之担负，而将旧合同收回保存。论其性质，实乃结束旧债，并非忽增新债，此应声明者二也。财政部历年所负此等债款由盐余项下为外国银行坐扣者，每月平均约在一百七、八十万元左右，仅仅足偿利息，永无还本之日，政府财政万劫不复。今以公债券偿还之每年所付之款，并不加于曩昔，而本利兼付，七年可以还清。故公债虽然发行，而于向来应在盐余项下支付之款仍无关系，此应声明者三也。此次偿还债款，即以公债券直接交付执行之时，由部函请审计院及商会派员来部协同办理。所有旧日所订合同均应证明确实，不能由财政部高下其手，仍取公开办法，此应声明者四也。以上四端，为政府此次发行公债之实情，并声明财政公开之宗旨，各界若尚有未能明晰情形者，务祈随时赐以缄询，或派人来部询问，本部无不开诚奉答，以释群疑。至以前用过九千六百万元借款用途，已由本部呈请大总统派员会同审核，并以奉闻。财政部。佳。

(3）财政部通告（2月15日)

为通告事：查本部历次指定盐余抵借内外债款，计共九千六百余万元，现拟发行偿还内外短债八厘债券九千六百万元，为付还前项债款之用。所有盐余指抵内外债款，业经本部详细列表，呈报大总统鉴核在案。兹将前项债表登报公布，俾众周知。

计开

盐余指拨内外短期借款表一份

盐余指拨内外短期借款表（十一年一月）

款　目	债　额	已还债额	现负债额	抵押品	订借日期
五族银行借款	银元二十五万元	无	银元二十五万元	无	十年十月一日订立合同
北京商业银行借款	法金三百五十万佛郎	无	法金三百五十万佛郎	中行股票三十万元印花税票五十万元	十年七月十三日订立合同
北京商业银行借款	银元八万元	银元四万元	银元四万元	元年公债整理债票四十万元	十年九月十四日订立合同
东陆银行借款	银元五十万元	银元四千元	银元四十九万六千元	无	十年九月十九日订立合同
中华储蓄银行借款	法金六百万佛郎	法金四百三十万佛郎	法金一百七十万佛郎	印花税票一百三十万元、元年公债旧票七十万元	十年一月二十日订立合同
新亨银行借款	银元十五万元	银元四万五千元	银元十万五千元	无	十年六月八日订立合同
新亨银行借款	银元二十万元	银元七千元	银元十九万三千元	无	十年六月十七日订立合同

新亨银行借款	银元十万元	无	银元十万元	无	十年八月二日订立合同
聚兴诚银行借款	银元二十万元	银元十万元	银元十万元	无	十年九月二十四日订立合同
泉通银行借款	银元二十万元	无	银元二十万元	无	十年八月二十一日订立合同
泉通银行借款	法金一百五十万佛郎	法金四十五万佛郎	法金一百零五万佛郎	元年公债整理债票十六万元	十年五月七日订立合同
明华银行借款	银元五十万元	无	银元五十万元	无	十年七月十四日订立合同
明华银行借款	规银七十万两	规银三十五万两	规银三十五万两	无	十年六月十三日订立合同
劝业银行借款	银元三十万元	银元九万四千元	银元二十万六千元	无	十年五月三日订立合同
元记公司借款	银元二百万元	银元一百万元	银元一百万元	中交两行存单	十年六月一日订立合同
勃利公司借款	银元二百万元	银元六十八万元	银元一百三十二万元	中交两行存单	十年六月一日订立合同
震义银行借款	义金一千二百万吕耳	无	义金一千二百万吕耳	印花税票三百万元	十年六月二十九日订立合同

续　表

华丰盛记借款	法金二百五十万佛郎	无	法金二百五十万佛郎	印花税票八十万元	十年七月二十一日订立合同
中交盐金劝业银行借款	银元二十五万元	银元二万四千四百三十七元九角	银元二十二万五千五百六十二元一角	电车官股股票二十五万元	十年九月日订立合同
华北法银行借款	法金二千三百万佛郎	法金九十八万四千一百八十二佛郎	法金二千二百零一万五千八百十八佛郎	库券三千二百万佛郎	十年八月一日订立合同
华法银行烟酒库券	银元三十六万元	银元三万元	银元三十三万元	烟酒库券	十年九月九日函准
通记借款	法金八百万佛郎	无	法金八百万佛郎	无	十年九月十二日订立合同
元记公司借款	银元一百万元	无	银元一百万元	中交两行存单	十年八月十五日订立合同
华法银行借款	法金五百五十万佛郎	无	法金五百五十万佛郎	边业银行官股股票七十万元广东官产	十年九月一日订立合同
和记公司借款	日金三十万元	无	日金三十万元	五年公债票六十万元	十年十月十五日订立合同
通商银行借款	银元五十万元	无	银元五十万元	三四年公债票九十六万五千元	十年一月八日订立合同

农商银行代借泰记款	法金一百五十万佛郎	无	法金一百五十五万佛郎	无	十年十一月十五日订立合同
四明 通商银行借款	银元一百五十万元	无	银元一百五十万元	无	十年九月十六日订立合同
劝业银行借款	银元五十万元	无	银元五十万元	无	十年九月十四日订立合同
劝业银行借款	日金四十万元	无	日金四十万元	整理元债四十六万三千九百六十元	十年十月二十八日订立合同
中华储蓄银行借款	银元六十万元	无	银元六十万元	无	十年十月八日订立合同
中华储蓄银行借款	银元十万元	无	银元十万元	无	十年九月十五日订立合同
上海浙江丝绸商业银行借款	银元十万元	无	银元十万元	元年公债整理债票四十万元	十年十月二十一日订立合同
保商银行借款	银元五十五万元	银元五千元	银元五十四万五千元	无	十年十月二十日订立合同
保商银行借款	法金二百四十万佛郎	法金一百八十四万二千佛郎	法金五十五万八千佛郎	无	十年三月五日订立合同
裕记借款	法金一千万佛郎	法金一百零一万四千佛郎	法金八百九十八万六千佛郎	无	十年十月二十日订立合同

续　表

洽记借款	日金四十万元	无	日金四十万元	无	十年十月二十日订立合同
大信银行借款	银元十万元	无	银元十万元	印花税票五十万元	十年十月二十八日订立合同
福利银公司借款	银元二十五万元	无	银元二十五万元	无	十年八月十六日订立合同
福利银号借款	银元五万元	无	银元五万元	无	十年八月十八日订立合同
劝业银行借款	银元一百二十万元	银元三十五万元	银元八十五万元	无	十年六月四日二十四日两次订立合同
边业银行借款	银元五十五万元	无	银元五十五万元	五年公债票三十万元、元年公债票七十万元	十年十月二十八日订立合同
通惠银行借款	银元四十五万元	无	银元四十五万元	无	十年十一月二十三日订立合同
保商银行借款	银元十五万元	无	银元十五万元	无	十年十一月二十五日订立合同
明华银行借款	法金二百万佛郎	无	法金二百万佛郎	无	十年十月十四日订立合同

华茂银号借款	银元二十七万六千元	无	银元二十七万六千元	金融公债票四十六万元	十年八月十一日订立合同
哈达忒公司借款	法金一千五百万佛郎	无	法金一千五百万佛郎	交行存单	十年八月十日订立合同
宝利公司借款	银元二十五万元	银元十五万元	银元十万元	金融公债票四十三万元	十年八月十五日订立合同
边业银行借款	银元八十万元	无	银元八十万元	无	十年十月二十九日订立合同
永大银行借款	法金一百万佛郎	无	法金一百万佛郎	无	十年十月十七日订立合同
华孚银行代借隆记款	法金六十五万佛郎	无	法金六十五万佛郎	元年公债整理债票二十万零八百八十元 三四五七年等零星债票共一万四千四百六十五元 印花税票五十万元	十年十一月一日订立合同
国华公司借款	银元三十六万元	无	银元三十六万元	中行官股股票三十万元、劝业银行股票二十万元	十年十一月日订立合同
新华银行代借日本东亚兴业会社借款	日金四百万元	无	日金四百万元	日金库券四百万元	九年三月一日订立合同

续　表

中交两行代借通商银行款	银元一百三十七万三千四百三十八元七角	银元九十九万零九百六十二元一角	银元三十八万二千四百七十六元六角	中交两行存单	十年二月中交两行代借通商款
劝业银行代借款	日金四十万元	无	日金四十万元	元年公债整理债票一百二十万元	十年九月十日订立合同
太平公司借款	银元二十万元	无	银元二十万元	中行官股股票二十五万元	十年八月十九日订立合同
华法银行借款	法金二百二十五万佛郎	无	法金二百二十五万佛郎	印花税票九十万元	十年十月十日订立合同
中交盐业劝业等银行借款	银元二十五万元	无	银元二十五万元	电车官股股票二十五万元	十年九月　日订立合同
农商劝业银行借款	银元四十万元	无	银元四十万元	印花税票一百万元	十年九月十五日订立合同
中、交两行垫款特种库券	银元四百八十万元	银元一百四十八万零九百七十四元八角	银元三百三十一万九千零二十五元二角	库券	十年一月三十日发行
盐业、金城银行代借华比款	法金三百万佛郎	无	法金三百万佛郎	法金库三百万佛郎	十年一月三十日订立合同
盐业银行借款	银元八十一万元	无	银元八十一万元	无	民国八九十三年垫款指定盐余拨还

银行公会代兑中法钞票垫款	银元二百零九万九千一百六十二元	银元十五万元	银元一百九十四万九千一百六十二元	无	十年九月七日银行公会函报
银行公会秋节垫款	银元二百万元	无	银元二百万元	无	十年九月十三日函借
懋业银行借款	美金四十五万元	无	美金四十五万元	元年公债整理债票一百八十六万元	九年九月二十日订立合同
大中银行借款	银元二十万三千元	无	银元二十万三千元	无	十年十二月九日订立合同
大中银行借款	银元五十万元	无	银元五十万元	无	十年十二月底函借
华北银行借款	法金一千二百万佛郎	无	法金一千二百万佛郎	印花税票四百万元	十年八月一日订立合同
大中银行借款	银元二十万二千元	无	银元二十万二千元	无	十一年一月函借
中交等六家银行华会经费借款	银元三十万元	无	银元三十万元	无	十年十月二十二日订立合同
中国银行垫付七年长债息	银元二百七十五万元	无	银元二百七十五万元	无	自七年第二期付息起陆续代垫之款
交通银行垫付七年长债息	银元二百五十万元	无	银元二百五十万元	无	自七年第二期付息起陆续代垫之款

续　表

中国银公司借款	银元一百万元	无	银元一百万元	支付命令	十年四月一日订立合同
教育准备金库券	银元二百万元	无	银元二百万元	库券	十年七月三十一日发行
亨达公司借款	银元四十万元	无	银元四十万元	中交两行存单	十年七月二十一日订立合同
新华、懋业银行借款	银元八十万元	无	银元八十万元	四年公债票八十二万五千五百元八年公债旧票三百万元	九年十月八日订立合同
天津交通银行借款	银元三十万元	无	银元三十万元	元年公债整理债票八十万元	九年十二月十六日订立合同
聚兴诚银行借款	银元三十万元	银元十八万元	银元十二万元	印花税票八十万元	十年六月二十日订立合同
聚兴诚银行借款	银元十万元	无	银元十万元	印花税票三十万元	十年十月二十九日订立合同
华孚银行借款	银元十万元	无	银元十万元	库券四十万元	十年十月三十日订立合同
农商银行借款	银元十万五千元	无	银元十万五千元*	无	十年十二月七日订立合同

中交等十二家银行警察厅借款	银元二十八万元	无	银元二十八万元	八年公债旧票二百万元	九年十一月警察厅函借
泉通银行借款	法金二百万佛郎	法金一百四十万佛郎	法金六十万佛郎	劝业银行股票二十万元 元年公债整理债票二十万元	十年一月二十五日订立合同
裕通银号借款	银元三十万元	银元十万元	银元二十万元	印花税票八十万元	十年八月二十日订立合同
中国实业银行借款	银元十八万元	无	银元十八万元	印花税票四十万元	十年十月一日订立合同（十一年一月七日补签）
中国实业银行借款	银元十二万元	无	银元十二万元	中国银行官股股票十五万元	十年十月一日订立合同（十一年一月七日补签）
天津中国实业银行借款	银元二十万元	银元五万元	银元十五万元	中国银行官股股票二十五万元	十年七月二十日订立合同
大业银行借款	银元十一万元	无	银元十一万元	中国银行官股股票十五万元	十年八月九日订立合同
大成银行借款	银元五万元	无	银元五万元	无	此款由交通银行代借即以抵拨十年八月份盐余不敷尾款之用

续　表

中行代借合记借款	银元四十三万六千四百十元	无	银元四十三万六千四百十元	元年公债旧票二百三十五万元 印花税票五十万元	十年七月十五日订立合同
中行代借义记借款	银元十七万五千三百六十元	无	银元十七万五千三百六十元	四年公债票三十万元	十年六月一日订立合同
劝业银行借款	银元二十万元	无	银元二十万元	无	十年八月十八日订立合同
边业银行借款	银元二十五万元	无	银元二十五万元	无	十年十月二十九日订立合同
兴记借款	银元三十五万元	无	银元三十五万元	七年长期债票一百万元	十年三月二十三日订立合同
汉口合记公司借款	银元五十万元	银元二十一万七千五百五十元	银元二十八万二千四百五十元	四年公债票七十六万一千零九十元	九年九月三十日订立合同
华孚银行代借隆记款	法金六十五万佛郎	无	法金六十五万佛郎	无	十年十月一日订立合同两件
新亨银行借款	银元一百三十二万九千六百元	无	银元一百三十二万九千六百元	库券二百四十万元	十年八月七日订立合同
大德通银号借款	银元二十万元	无	银元二十万元	中国银行官股股票二十五万元	十年八月十日订立合同

交通银行代借六银号款	银元四百十万元	银元一百七十九万七千七百六十一元八角八分	银元二百三十万二千二百三十八元一角二分	无	八年三月二十五日订立合同六件
交通银行借款	银元一百八十万元	无	银元一百八十万元	库券三百六十万元	十年一月五日订立合同
中国银行借款	银元一百九十六万二千元	无	银元一百九十六万二千元	库券三百六十万元	十年八月五日订立合同
大陆银行借款	银元十四万元	无	银元十四万元	金融公债票二十四万元	十年十二月二十一日订立合同
天津兴业银行借款	银元十四万元	无	银元十四万元	中国实业银行股票二十二万元	十年八月十日订立合同
天津兴业银行借款	银元九万元	无	本息银元十万元	中国实业银行股票十六万元	十年七月一日原订九万元嗣经核定将欠付该行两款利息加入改订十万元惟因押件实业银行股票过户问题尚未解决故合同迄未签订
金城银行借款	银元四十万元	银元二十五万元	银元十五万元	中行官股股票二十五万元	十年三月十三日订立合同

续　表

金城银行借款	银元二十四万六千元	无	银元二十四万六千元	无	此系历来部函该行垫付各项用途未还之款订由盐余项下拨还
中国银行借款	银元一百万元	无	银元一百万元	无	十年六月八日函借五十万元 七月二十七日函借十五万元 八月十八日函借三十五万元共一百万元
大通银行借款	银元四十万元	无	银元四十万元	无	十年十二月二十一日订立合同
振商银行借款	银元十七万元	无	银元十七万元	中行官股股票二十万元	十年三月十九日订立合同
交通银行丰乐公司押件欠款	银元六十九万元	无	银元六十九万元	无	丰乐公司借款六十万元系由本部借用交通银行七年长期债票二百万作抵该项押件嗣由丰乐处分抵还欠款所有原借交行债票应归本部承认折价讨还

中国银行代借慎记款	银元四十五万元	银元二十七万元	银元十八万元	烟酒署短期债券	九年六月十七日订立合同
四合公司借款	银元一百三十万元	无	银元一百三十万元	金融公债票百万元（系向中国银行暂借作抵）	十年七月十一日订立合同
中交两行垫付正金不敷款	银元二十三万元	无	银元二十三万元	无	十年十一月二十五日商借
中国银行垫付新疆协饷库券	银元二十七万九千元	无	银元二十七万九千元	无	十年二月十六日函借
中国银行垫付金城、农商、保商移转款	银元十六万五千元	无	银元十六万五千元	无	十年八月二十二日商垫保商十万元十年十月二十五日商垫金城五万元商垫农商一万五千元共十六万五千元
交通银行垫付金城移转款	银元五万元	无	银元五万元	无	十年十月二十五日商借
交通银行代付华北款	银元三十万元	无	银元三十万元	无	十年九月一日商借
交通银行代付华法支票	银元十二万元	无	银元十二万元	无	十年九月一日商借

续　表

交通银行顺记公司	银元十万元	无	本息银元十一万七千七百二十元	元年公债旧票一百万元	十年一月七日订立合同
江南造船所库券款汇丰代收	银元三十万元①	银元二十五万元	银元二十五万元	库　券	五年十月二十七日发行
清皇室库券款汇丰代收	银元一百三十三万元	银元五万元	银元一百二十八万元	库　券	九年五月三十一日发行
英商威克斯厂库券一年利息	银元一百二十万元	无	银元一百二十万元	无	十年九月二十二日函订
巴黎荷兰银行学款	法金五十万佛郎	无	法金五十万佛郎	无	十年三月订借
日本兴业等十一家银行水灾借款库券本息	日金七百零六万三千五百七十六元二十四钱	日金十五万五千四百八十八元三十七钱	日金六百九十万八千零八十七元八十七钱	库　券	六年十一月二十二日订立合同十年八月一日订立展期合同
汇业银行付息垫款	日金四百零四万七千五百元	日金五十八万元	日金三百四十六万七千五百元	无	十年一月十五日订立合同
中日实业公司付息垫款	日金二百二十三万一千八十三元五十五钱	日金一百四十三万一千零八十三元五十五钱	日金八十万元	库　券	九年六月三十日订立合同

① 原文如此，疑为五十万元之误。

中日实业公司代垫资金	日金六十二万五千元	日金四十二万五千元	日金二十万元	库　券	九年六月三十日订立合同
大仓洋行保商代借款	日金二百万元	日金七十四万元	日金一百二十六万元	库　券	九年十月二日订立合同
大仓洋行保商垫款期票款	日金二百四十五万七千一百三十四元七十八钱	无	日金二百四十五万七千一百三十四元七十八钱	期　票	十年三月十四日函订
朝鲜银行学款库券本息	日金八十一万九千二百四十八元十七钱	日金二万九千八百九十八元四十八钱	日金七十八万九千三百四十九元六十九钱	库　券	十年九月十日订立展期合同
日本兴业等银行付息垫款	日金五百三十七万六千一百六十七元	日金二十万四千三百六十四元	日金五百十七万一千七百九十三元	库　券	十年六月二十八日订立合同
道胜银行教育部借款	银元三十万元	无	银元三十万元	无	十年八月五日订借
道胜银行审计院借款	银元三十万元	银元十万元	银元二十万元	无	十年三月三十一日订借
日本兴亚公司借款	日金五百万元	日金四百二十万元	日金八十万元	库　券	五年九月九日订立合同
中日实业公司纺纱借款	日金三百六十四万七千四百五十三元零九钱	无	日金三百六十四万七千四百五十三元零九钱	无	九年三月一日订立合同十年十二月二十九日订立展期合同

续　表

中日实业公司造纸厂借款	日金二百三十一万零六百六十六元六十五钱	无	本息日金二百三十一万零六百六十六元六十五钱	造纸厂财产	五年十一月十一日订立合同十年十二月二十九日订立展期合同
道胜银行留法俭学生借款	银元十万元	无	银元十万元	无	十年十一月十五日函订
道胜银行欠款	银元三十万三千七百九十八元八角三分	银元五万元	银元二十五万三千七百九十八元八角三分	无	十年七月三十日函订
汇理银行借款	银元五万元	银元二万五千元	银元二万五千元	无	十年十月二十七日函借
道胜银行借款	银元三万零二百五十元	无	银元三万零二百五十元	无	十年十一月二十五日函借
日本汇业银行林矿借款利息	日金一百十五万二千五百零八元五十六钱	无	日金一百十五万二千五百零八元五十六钱	无	十年十一月十日订立合同
道胜银行借款	银元三万元	无	银元三万元	无	十年十二月五日函借
道胜银行借款	银元十万元	无	银元十万元	无	十年十一月十日函借
道胜银行保商期票款	行化九万六千六百五十六两二钱五分	无	行化九万六千六百五十六两二钱五分	期票	

续　表

汇理银行修筑津通马路借款	银元十万元	无	银元十万元	无	十年九月二十九日订借

共计银元一万零四百零六万一千五百八十二元九角

查上项应付内外债各款，共约银元一万零四百余万元。但内债项下，本月盐余尚可摊还一部分，再由本部另行筹付一部分，共约银元四百余万元。又外债各款，所有日本兴业银行水灾借款库券本息，日本兴业等银行付息垫款库券本息及朝鲜银行学款库券本息，以上三款内有库券利息，约合银元二百余万元，应于发行新债时扣除算回。又十年十二月及十一年一月分盐余项下摊还之外债，尚有一百数十万元，俟结账后亦应分别减除。是上项实在欠付内外债各款总数，结至十一年一月底止，约计银元九千六百万元左右。再，盐余作抵内债款内，尚有劝业银行官股股本一百万元，俟新债发行时，亦应并案办理。又盐余指抵外债款内，尚有中法实业银行期票，计法金五百万余佛郎，俟该行复业后，亦归入盐余抵押案内另行办理。合并声明。

〔北洋《政府公报》第二千一百三十九号　1922年2月15日〕

（4）卢学溥电（3月17日）

大总统睿鉴、国务总理、内务总长、外交总长、交通总长、司法总长、教育总长、农商总长、参谋总长、陆军总长、海军总长、财政总长、审计院院长、平政院院长钧鉴、审查内外短债委员会、银行公会、京师商务总会鉴：窃学溥因病辞职，南下养疴，中途阅报，载司法总长与国民财政大会对于财部有所攻讦。忝居次席，本可无言，心有难安，未便缄默，谨为我大总统缕晰陈之。财用匮乏，非自今始，民国三年以前，恃长短期外债；民国五年以前，恃内国公债；民国典〔六〕年以前，恃日本债，历史昭然。迨八年以后，则各债之路俱穷，于是内国各商业银行之借款如云而起，综计共数约在九千万元左右，超过各该银行原有资本数倍。袒政府者曰，重利盘剥；袒银行者曰，维持国家。试就前清昭信股票之已事，以证现在国民投资之心理，孰得孰失，为功为过，必有能辨之者。况自欧战以还，各大商埠利率之高出乎意外，犹忆拉门德氏在外交大楼宣言。银行贷款并非取之库中，全在市面吸收，然则各银行之投资政府，不有高利，从何吸收？再揣今日各银行之心理，恐已深悔铸错。试问银行余利是否纸上富贵，政府欠款还过现金几何。九六公债除应还外债暨财部留用者不计外，所余债票即使悉数照额面售现偿还，只及六成血本，而况未能。此后国家即有缓急，纵欲纾难，谁肯毁家。学溥窃谓：政府于此等事早宜立之标准，去其泰甚，并宜力顾信用，利用商民乐于投资之心理，以补救财政。不宜吹求事后，故意摧残，以自蹙其生机。至谓财政当局或与银行有勾串情事，应以有无确实证据为断，有则依法惩治，否则信口开河，妄为揣度，何能折服人心，此应声明者一。发行库券为财务特权，从前发行三次盐余库券，均未通过阁议。去年一切条件均照成案办理，且事前禀承揆座意旨以行，据称曾于阁议席上口头报告，身非阁员，不能妄证。但旧历年关，金融奇紧，既不能持军令以勒取民财，亦只可饵厚利以吸收现款，方事之殷，唇焦笔秃；废寝忘餐，始能于旬日之间凑集现款千万，以济国用，而渡难关。今者事过境迁，不以为功，而反以为罪，诚非始愿所及料，此应声明者二。上海四合、三德、华发各公司中行股票押款，并非学溥任内之事，但查原合同载明，押款到期不还，可不经财政部同意变卖押品。今者押款到期，数巨期迫，既不能商展，又无法清还，倾权人履行合同无法可以解免，在债权人只求借款本息有着，并不希望买此股票，是以再三商议，迭登公报，招商投标，以出价多者为合格。且议定两星期后如果无人投标，可再登报续展两星期，事取公开，有何弊病，此应声明者三。总之，职司出纳，易涉嫌疑；综核度支，每招怨谤。自来理财之官，如汉之宏羊，唐之刘晏，无一得保令名以没者。矧我国自丙辰以后，南北分离，军队大增，财源涸竭，收入则尽被截留，支出则临时告潮(？)。款无大小，到手辄尽，武力不能统一，黄金攘之虚牝，人民怨讟，无怪其然。此则历次财政当局罪无可逭，所宜引咎自责者。学溥忧患余生，饱经世变。前年鉴于时事日非，无财无政，力辞司长，离部经年，乃梁揆组阁，强畀次席，责以大义，动以私交，无可推辞，驰驱勉效。不意就职未久，政潮突起，财政整理，力绌心余，辜负圣明，中情惶悚。此后息影海滨，不再与闻国事，临电惶恐，不知所云。抑学溥更有陈者，近日国民财政大会其主动发起诸人，即为上年底财部已裁之财政金融讨论会会员，其姓名班班可考，此不特为非法机关，抑且有报复性质。值此财政奇困，此风一开，裁员减政，等之梦呓。合并陈明，统希垂察。卢学溥叩。霰。

〔北洋政府财政部档案〕

3. 孙传芳等直系军阀反对发行九六公债通电

（1922年1—2月）

（1）孙传芳通电（1月28日）

北京大总统、外交部颜总长、陆军部鲍总长暨各部总长，保定曹巡阅使、盛京张巡阅使、洛阳吴巡阅使、杭州卢督军、沈省长、福州李督军、南昌陈督军、杨省长、南京齐督军、王省长、济南田督军、开封赵督军、张省长、太原阎督军、蚌埠张督军、安庆许省长、吉林孙督军、齐齐哈尔吴督军、兰州陆督军、潘省长、迪化杨督军、西安冯督军、刘省长、武昌肖督军、刘省长、天津曹省长、广东陈总司令、重庆刘总司令、云南顾总司令、贵阳卢总司令、长沙赵总司令、张家口张都统、承德江〔汲〕都统、归化马都统、沙市刘护军使、海军蒋总司令、第一舰队杨司令、第二舰队杜司令、商民联合会、宁夏马护军使、各镇守使、各司令、各师旅长、各省省议会、教育会、商会、各报馆均鉴：查民国十稔以来，国家度支将以借债为生活，而主持财政者，亦莫不以借债为手段。盖以借债成，则回扣赢余，皆可饱私人囊橐。至用途之若何，不计也；抵押品之若何，不计也。于是主持财政者，迭为消长国家债务，则继长增高抵押品，亦一摘再摘，何曾稍有国家及民生之顾念。其如硕果之存者，亦只此盐余一项耳。夫盐余之在今日，其维系国家命脉与保持国家地位关系至巨。迭经吴巡阅使、刘、卢两总司令暨浙、苏、鄂省各军民长官通电陈述，至详且尽。即令财政急迫，用途正当，而环顾国情，外观趋势，尚不肯孤注一掷。况以偿还私串银行旧债，不惜折扣、高利，以冀挖肉补疮。人非大愚，吾知其必不为也。且张弧自入民国，即管财政，国家状况，当可洞悉，又何至丧心病狂若此。乃今则以九千六百万盐余公债之提议，始则以去津争，继则以去就争，其毅然决然求其发行者，断不缺为维持私人银行之利益。试思国家选举在即，凡垄断政权、植党贿收，而利用此公债以移花接木者，恐又在彼不在此也。传芳分属军人，怵目时局，爱国一念，未敢后人。倘因此公债发行，惹起国内祸变之相寻，或竟以抵押无物，致继掌财政者敢于盗国，皆足种亡国之因。千钧之悬于一发，频〔愿〕我邦人君子，急起直追，合力以争。传芳不敏，愿执鞭以从其后也。临电迫切，伫盼明教。长江上游总司令孙传芳叩。俭。印。

(2) 吴佩孚通电（2日19日）

千万火急。北京大总统钧鉴：颜总理、财政总长、各部院、盛京张巡阅使、保定曹巡阅使、杭州卢督军、各省军民长官、海军各司令、各省议会、各报馆均鉴：民国十稔，变乱相寻，火热水深，民不堪命。追原祸始，不外乎军阀肆虐与财阀垄断。军阀则涂炭生灵，财阀则吸取脂膏，其害乃甚于洪水猛兽，洪宪之帝制与安福之战祸尤其一明证。卢督军、沈省长有见于此，乃于寒日通电，主张财政公开，诚可谓切中时弊、救国之嘉谟也。夫财政公开，实为天经地义，征诸民意，询谋佥同。当局者应如何公诸全国，开诚相示，方足以副卢、沈两公之苦衷，而慰闾阎望治之殷。惟佩孚管见所及，敢贡一得之愚，与我邦人君子一商榷之。国家者，乃四万万公共之国家，非一二人私有之国家，政府为人民之代表，财政系庶政之权舆，所谓公开者，皆可公诸舆论，无不可告人之隐，非谓掩其不善而著其善也。经全国公同认可者，谓之公开；为全国深恶痛绝者，虽宣布亦不得谓之公开。必俟财政公开而后始能募债，非俟募债成立后而后始能公开。如不〔上〕年杪，不经阁议，猝尔发行一千四百万盐余借款，各省皆不悉此中底蕴。最近发行九千六百万盐余公债，事前不征各省同意，临时不顾全国反对而悍然行之，当局者反藉财政公开照标榜，以欺饰天下耳目。既公债之条例可以公开，则公债之用途亦当然公开。举行九千六百万公债而抵还七千余万借款，究竟此七千余万借款之用途与借款合同之全文是否皆可公开，何以不将三年来全国收入暨七千余万之用途一并公开后再募新债，而必待新债募成后始美其名曰公开。如谓挽救损失，何不先以盐余公债赎回胶济路权，而偏欲以之抵还银行债务。且此三十家之银行股东是否皆与当局有关，今之当局是否皆为银行股东？以服官为营业，以借债为生活，以回扣分肥为性命，是否皆可公开？如谓当局与银行无关，何以一千四百万债券，大中、东陆、交通等银行独擅其利乎？某当局伙开之东陆、大中等银行，历年均经营政府借款，现若如数归还，实不啻收回私债。更有银行与当局通同舞弊者，譬如借款百万，除利息、回扣、汇水等费外，实际借得五、六十万。又复巧立名目，所谓马克、法郎、日金、吕耳等等化名，返复折算，既得高利，又享中饱，归公者十不及五，银行与当局私囊累累，直接取之于政府，间接实剥削人民，未悉此种黑幕是否皆可公开。近畿军饷，阁议决定在盐余每月拨百万元，海军的款，每月仅指定十三万，尚不敷半数。既以盐余抵债，更以何者拨余。当局者不亟亟于有关治安之军饷，而独汲汲于债欠银行之旧债，何急其所缓，而缓其所急耶！当此军饷断绝，剜肉补疮者方正苦束手，而移花接木者乃别有会心。所谓天下虽瘠而吾貌则肥，噬脐〔肤〕灭鼻，吸尽苍赤膏血，剥床以膺〔肤〕，不顾切近灾凶。当局者夜气未亡，天良未泯，亦曾有动于中否？以上种种疑问，果能一一公开和盘托出，先经全国认可，然后再行募债，全国当然赞同。非然者，籍财政公开为名，以和缓取〔反〕对募债为实，竭泽而渔，以垄断全国金融而陷国家于万劫不复之域，窃恐清季州〔川〕路之覆辙，前途有不忍言者。懵傅曰：栋折榱崩，侨将压焉，心所谓危，□以告也。我各省袍泽暨全国人民是否均应要求当局财政公开，以释群疑，而明真象，尚希卓裁赐教为荷。吴佩孚。效。印。

(3) 肖耀南、刘承恩通电（2月22日）

北京大总统均鉴：颜总理、各部院，盛京张巡阅使，保定曹巡阅使，洛阳吴巡阅使，各省督军、省长、各法团、海陆军各司令、各报馆均鉴：国家不幸，权奸当国，不顾全国之民意，违抗世界之潮流，径行己私，希图破坏。总揆受其蒙蔽，阁员为所支持，其处心积虑，读〔？〕惟畿辅重地，从此陷于破产，酿成无政府之状态。而且全国人民之负担逐日加增，徒足饱巧官之贪囊而生计断绝，则有如财政当局近来拟发行九千六百万盐余公债是也。夫此项公债之发行，内而同僚反对，外而疆吏违言，稍知自爱，自当服从公理，中止进行。当局者乃置若罔闻，巧言饰辩，冀以一手掩尽天下人耳目，其心可诛，其迹可鄙也。夫立宪国家之通义，凡募集公债，必须预算全国之不敷，经国会之通过，始能发行。曩岁梁士诒借整理金融为名，擅自举行金融公债，已惹起全国之反响，损失中央之信用。继起之人经理财政，不思补偏救弊，减轻人民之负担，已属不称其职，乃师其故智而变本加厉，蔑视民权，此违反政治之原则，其不可者一。数月以来，各省军民长官，经卢督军之提倡，力主财政公开，以定国是，乃言犹在耳，而主持财政【者】而〔则〕藉公开之名，行垄断之实，视各省疆吏之言有如儿戏。京外感情有此一举，势必日趋于决裂。嗣后凡百政令必不能推行尽利，可以断言，此征诸各省近情，其不可者二。再则，京畿军警饷项，全恃盐余为周转，旧欠虽经抵押，而生机尚未尽绝，今以之悉数发行公债，是不啻置近畿军警各界于死地。所便者神奸大盗，一、二私人之银行，以无担保之借款，变为有担保之债权而已。知有私而不知有公，知有家而不知有国，丧心病狂，莫过于斯。将来根本一有动摇，而大乱相随，莫可收拾，此揆诸京畿治安，其不可者三。以上三端，皆事实上之彰明较著者也。人同此心，心同此理，凡我国人当知警惕。耀南等关于此项公债之举行，本不愿越职多言，对于财政部之意见，迭经以私人名义，一再忠告。讵意始则含糊答辩，继则坐视不理，而暗中进行，迄无觉悟，用敢披沥陈词，敬乞亮察赐教为感。肖耀南、刘承恩。养。印。

(4) 冯玉祥、刘镇华通电（3月13日）

大总统、颜总理、各部院，盛京张巡阅使，保定曹巡阅使，洛阳吴巡阅使，杭州卢督军、沈省长，福州李督军，南昌陈督军、杨省长，济南田督军，开封赵督军、张省长，南京齐督军、王省长，太原阎督军，蚌埠张督军，安庆许省长，吉林孙督军，齐齐哈尔吴督军，兰州陆督军、潘省长，迪化杨督军，武昌肖督军、刘省长，天津曹省长，张家口张都统，承德汲都统，归化马都统，龙华何护军使，宜昌孙总司令，各镇守使、各司令、各师旅长、各省议会，各报馆均鉴：盐余借款，殃民误国，口诛笔伐，遐迩同情。财长张弧如果稍有人心，外迫清议，内疚神明，自应请付司败〔？〕，以谢国人，否则力图自新，而谋晚盖〔节〕。玉祥、镇华虽云疾甚如仇，而为公义不为私憾，为全国不为个人，幸能竭忠告之，诚决不为过激之论。乃旬余以来，张弧不惟不痛涤前非，而反变本加厉。读吴巡使阳电，有不怒眦欲裂者岂情也哉。阳电对于阴谋事实既已抉发无遗，玉祥等反复思维，彼既对于疆吏质问、阁议责言、外人抗议、全国反对毫不顾忌，复挺而走险，进而为三折押款运沪盗卖及馈送、要挟、恫吓种种行为，若非立予罢斥，提交法庭，判定罪状，实不足以快海内之心，而褫神奸之魄。彼等于万目俱瞻之下，众口交责之时。而劫掠千数百万金钱以去。

后此三年中，近畿军饷、海军经费暨一切紧急政费、学费所赖以挹注者，提前攫取无余，将来继任之人，虽桑、孔复生，亦再无以善其后。其手段之惨酷，处心积虑之阴险狠实〔毒〕，无有过于此者。彼等盘踞把持一日，即国家命脉消耗亏折一日。应请我大总统立颁涣汗，交付法庭，正确裁判。一面遵照明令，由清理内外短债委员会详订办法，亟图整理，以救危亡，而清积弊。至互串同设之公债、库藏各员司，伙开朋分之大中各银号，为虎作伥，共同分肥，其入己赃款，须彻底清查，如数籍没，以资公用。既以褫奸人之魄，复不为已甚之行，当机立断，一发千钧，奔走呼号，声嘶力竭。否则反对愈烈，恶焰愈张，国计民生受害愈甚。彼辈益为轨外之行，吾党同负激成之罪。临电悚惶，伫候明示。冯玉祥、刘镇华。元。印。

〔北洋政府陆军部档案〕

十、民国十一年公债

1. 财政部关于以停付俄国赔款为抵发行十一年公债呈

(1922年9月　日)

呈为筹付中央紧急军政各费，发行八厘短期公债拟具条例恭呈仰祈钧鉴事：窃查中央近年以来，军政各费实赖关盐余款，以资挹注。自关余、盐余先后抵拨无存，而本部财政因之益见艰窘，加以秋节伊迩，需款尤急，倘不积极筹措，影响所及，实非浅鲜。再四思维，惟有发行公债，以济眉急。然欲发行公债，非妥筹确实基金，难期销行无疑。兹查有庚子赔款展缓期满之俄国部分赔款，每年计英金叁拾陆万伍千肆百肆拾伍镑零，业经呈准一律停付。现拟将此项停付赔款为担保，发行民国十一年八厘短期公债壹千万元，并拟将募集之款，匀配四个月近畿军警饷项及行政经费，所有保管基金事宜，拟照七年短期公债成案，委托总税务司办理，以昭信用。至包募该项公债经手费，仍照三、四年公债办法，以六厘为限。至该项公债本年九月至十一月利息，其交款在十月十五日以前者，拟按三个月计息预付，在十一月三十日以前者，拟按一个半月计息预付。以上办法业经本部提交国务会议议决照办，兹谨拟具条例十五条暨预付利息及募债经手费规则，呈请大总统察核。再，此项公债应先提交国会议决，惟现在适值休会期内，而秋节应付中央军政各费又迫不及待，拟请大总统先以教令公布，俟国会开会时再行提交追认，以免延误。是否有当，伏乞大总统钧鉴，批示施行。谨呈

大总统

民国十一年八厘短期公债条例（略）

中华民国十一年九月　　日

〔北洋政府财政部档案〕

2．财政部与中国银行签订包卖十一年公债全额合同

（1922年9月27日）

立合同财政部
中国银行。今财政部为划一民国十一年八厘短期公债发行价格起见，委托中国银行担任此项债票包卖事宜，中国银行愿照财政部所订之民国十一年八厘短期公债包卖办法担任包卖。此项债票全额壹千万元整，特立合同，规定办法如左：

一、中国银行担任包卖民国十一年八厘短期公债全额壹千万元整，由中国银行自由转包或分售，但须负其责任，财政部不得另包或直接间接出售。

二、财政部应将此项债票全数交存中国银行，此项债票未经

印成以前，于本合同成立三日内，应先将中西文预约券交与中国银行应用。

三、中国银行于十月五日以前,担任售出票面二百五十万元，十一月十五日以前，至少售出票面二百五十万元，十二月十五日以前，至少售出票面二百五十万元，余数最多二百五十万元，应尽十二年一月三十一日以前售出。但十二月一日以后售出之债票应如何扣息之处，当照财政部暨内国公债局通告办理。

四、中国银行售出债票随时报告财政部及内国公债局，一面列收财政部专户账册，听候财政部按照九月二十五日国务会议议决短期八厘公债分配四个月经常经费用途（自本年十月起至十二年一月止）清单，按月以支令支付，不得抵扣他项欠款。其售出债票之款未经支付以前，应按周息四厘计息。

五、中国银行如能依照第三条所订，分期将包卖债票全数售出，得享受经手费百分之六，其经手费即于交款时扣除。

六、前条经手费，中国银行应备具正式收据交部，此项经手费完全归中国银行应得之利益，除中国银行转包与其他银行或经纪人，得由中国银行酌定给予，经手费准其照给，仍应将正式收据保存备案外，无论何人一概不得在此经手费内支取分文。

七、债票发行价格应遵照公债条例为百分之九十,不得低减，包卖人所得之经手费不得私自让与买票人，致票价低落，有损债票信用。如查有上项情事，财政部得酌量从重议罚。

八、中国银行得自派人员及出广告分别招募，但一切办法不得与财政部所订办法有所抵触。

九、本合同所未订明者，均依照民国十一年公债条例办理。

十、以上各项办法，自本合同签押后即发生效力。

财政总长　罗文干

中国银行总裁　王克敏

中华民国十一年九月廿七日

〔北洋政府财政部档案〕

十一、民国十四年公债

1. 财政部指定以停付德国赔款为抵发行十四年公债呈

(1925年3月16日)

呈为筹付中央紧急政费暨使领经费、发行八厘公债拟具条例恭呈仰祈钧鉴事：窃查中央财政日趋枯竭，从前所恃以周转之关盐余款，殆已抵拨无余。目前紧急政费以及使领经费均告匮乏，若不亟事筹措，影响地方治安及国际体面，实非浅鲜。兹拟援照历届发行公债办法，妥筹基金，发行民国十四年八厘公债一千五百万元，期限十年，分作十九期偿付。前五期只付利息，自第六期起开始还本，息随本减，至第十九期止，全数还清。指定以停付德国赔款项下所有之款为担保，但须先尽原指定担保之三、四年公债、五年公债利息，暨德国赔款余额担保库券本息偿清以后，再优先接充。本公债还本付息基金，援照成案委托总税务司管理。惟查该项公债前五期应付利息共银元三百万元，因停付德国赔款项下所有之款不敷应用，另由本部预商承募银行先行如数垫出，交由总税务司专款存储，按期备付。以上办法业经本部提交国务会议议决照办。兹谨拟具条例十七条及募债经手费规则，呈请临时执政察核。再，此项公债应先提交国会议决，惟现在适值休会期内，而中央政费暨使领经费又迫不及待，拟请临时执政先以教令公布，俟将来国会开会时再行提交追认，以免延误。是否有当，伏乞钧鉴批示施行。谨呈

临时执政

民国十四年八厘公债条例（略）

承募民国十四年八厘公债经理费规则（略）

中华民国十四年三月十六日

〔北洋政府财政部档案〕

2．财政部与中国、交通等十家银行签订承募十四年公债全额合同

（1925年3月16日）

立合同财政部、中国银行等十银行。今因财政部发行十四年八厘公债票额面一千五百万元，以全额交由中国银行等十银行承募，特立合同，规定办法如左：

一、十银行公同承募民国十四年八厘公债，全额一千五百万元正，由每行担任一百五十万元，各负其责任。

二、财政部应将十四年八厘公债票于四月二十日以前全数印齐，在正式债票未经印成以前，于本合同成立五日内，将预约券交与十银行应用，一俟正式债票印就，即凭预约券换给正式债票。

三、此项公债一千五百万元按九折募集债款，除去六厘经手费及汇水二厘外，实交一千二百三十万元，十银行按照左列日期数目，分别拨交财政部及外交部：

三月十六日	交银元三百万元（此款拨交财政部）
三月二十三日	交银元二百五十万元（此款拨交财政部）
四月一日	交银元一百十万元（此款拨交外交部）
四月十五日	交银元一百八十五万元（此款拨交财政部）
五月一日	交银元一百万元（此款拨交外交部）
五月十五日	交银元一百八十五万元（此款拨交财政部）
六月一日	交银元一百万元（此款拨交外交部）

以上十银行无论在何处募集，所有应交之款均于北京交付。

四、十银行得自由招人分募，对于经纪人得酌给经手费，但须由十银行负其责任、所有发行价格不得低于百分之八十八。

五、十银行得出招募广告，并拟定发售办法。

六、以上各项办法，自本合同签押后发生效力。

财政部　李思浩
中国银行　张嘉璈
交通银行　钱永铭
盐业银行　朱邦献
金城银行　周作民
大陆银行　谈荔孙
懋业银行　沈化荣
汇业银行　李光启
中南银行　郑润田
新亨银行　倪光裕
北京商业银行　陈毓蓁

中华民国十四年三月十六日

〔北洋政府财政部档案〕

3．法英日美公使反对以海关收入作抵发行内债致外交部照会①

（1925年3月）

（1）法国公使照会（3月12日）

为照会事。关于中国政府拟发行内国新公债一千五百万元，以

① 此组文件为外交部致财政部咨文附件。

海关进项之一部分作抵，正在研究之中，有即欲施行之势。以北京报纸所发布论调，证之此事似有实现之趋向。故关于使用海关进项作为内国公债还本付息一节，已有屡次之抗议。兹应再行提出声明，并对于似此违章办法特提请中国政府严重注意，且已将本公使对此之意见照达总税务司，此次抗议理由叙列如左，请贵总长查阅。

（一）查海关进项中有停止用作还付庚子赔款某某部分及从前某某借款本息之款项，此种款项应即视作关余。故在一九二一年以前所定外国借款对于此类款项享有优先之权，自不能偏重内债而置此权于不顾。

（二）若不以之作为关余，中国政府竟可将所拟办法自由推行普遍，将来凡因现时债务消灭，或因庚子赔款以前、以后各借款还清所腾出之关余，中国政府亦竟可自由留为偿还内债本息之用，岂不令以中国普通进款作抵，各种尚悬之外债何以付其本息。

（三）况用为庚子赔款及各外债还本付息之进项，在总税务司管理之下，所有关余进款非经有关系各国之同意，不能发放。职此之故，如不先行得本公使同意，竟使用关余之一部分款项，本公使势必为之提出郑重抗议也，须至照会者。

（2）英国使馆节略（3月13日）

案查一九二三年十月十二日曾经美、法、英、日本四国公使备具节略达致贵部，关于中国政府在中国政府无担保之外国债务未行设法保障之时，而以关余用为整理中国内债担保之举动，向贵前总长提醒，以中国政府各外国债务，其中现并有未按日期交付者，系在按照现在所拟以关余为抵押品之各内债中数项未订立以前，已经由中国政府订立者，且按照此类外债合同之规定，中国政府承认，设不能如期付款或特别指明之抵押品至有失效之时，即在他处筹备，按期付还本息之款，并指明以上各外债对于后订之各内债，自然应有优先权利。等因。在案。本署大臣兹据报告，近有财政部现在复拟发行内国公债，而以前此指明庚子赔款德国项下现时拨充三、四两年公债还本付息用款之一部分海关收入为担保品之说。惟查凡海关收入款项，除用于还付各项旧借外债以及赔款本息外，均应认为关余，而此旧借之外债于关余款内固较新借内债概有优先取用之权，是以关余之款须于用以还付旧债之后，始得用于发行新借债款也。且一九一一年所发中国政府无条件担保之一项国际借款，贵政府果已于数星期之久未能按期付款，此乃应行提忆贵总长者。本署大臣并应对于在无担保或无充分担保中国政府之外债未能付款，或有不能付款之虞之时，发行任何以关税担保内国公债之举，声明抗议，即请将现时传闻拟发之关税担保内国公债予以停止进行，以昭公允，而崇国信为盼。

(3) 日本公使照会（3月14日）

为照会事。最近据本使所确闻，中国政府正在进行以关税收入为担保，发行一千五百万元内债之计划。查多数外债对于关余本有优先之地位，中国政府未按期偿还而有以关税收入充为内债之担保情事，则明为侵害上项外债之优先权，此节曾经日、英、美、法各国公使屡向贵国提及。若顷所闻果属事实，则殊为不当之措置，本使碍难默视，兹对于贵国政府所拟发行新公债一事，不得不促请切实反省。又，查关税收入至无须拨充一千九百〇一年以前所订之外债之偿还以及庚子赔款时，即应视全部为关余，而所有在一千九百二十一年以前所订之各外债，本有优先于内债，由该项关余拨还之一般权利，用请贵国政府一并加以切实注意为盼。相应照会贵总长查照为荷。

（4）美国公使来函（3月14日）

径启者：案查本公使现闻中国政府拟速发行内国新公债，以原抵还庚子赔款德国部分之海关税为一部分抵押品。其海关税除应偿还庚子以前以海关税务为抵押所借之债款，或偿付庚子赔款外所有海关税系中国政府总收入之一部分，如此业已指定为偿还到期未付各外债之抵押品，此系本公使迭向贵部所声明者也。因上述之所闻，以海关税为内债抵押品，该项内债发行之日期比较，系在以中国政府总收入为抵押品从前所欠各债款之后，本公使不能不再向贵总长提出抗议，相应出请贵总长查照为荷。顺颂台祺。

〔北洋政府财政部档案〕

4．外交、财政两部关于商讨答复四国公使照会来往咨

（1925年3—4月）

（1）外交部咨（3月31日）

外交部为咨复事。准咨开：查法、美、英、日四国公使对于中国政府此次发行内 海关进款之一部分作抵提出抗议，其根据之理由大概： 庚子赔款停止部分之款应即视作关余，既为关余，则在一九二一年以前所定外国借款，对于此款享有优先权，不能偏重内债，置此权于不顾；（二）若不以之作为关余，中国政府竟可将所拟办法自由推行普遍，将来凡因债务消灭所腾出之关余亦可留为偿还内债本息之用，岂不令以中国普通进款作抵，各种尚悬之外债何以付其本息；（三）所有关余进款非经有关系各国之同意不能发放。前项三种理由业经本部复核，均认为不能成立。查庚子赔款既以关税支出所有赔款中之一部分，无

论其为停付或为退还，均不能视为消灭，故在庚子赔款全部未还清以前，此种款项均应在关税支付，即如俄国退还之赔款亦在关税内支付。既为关税，则该抗议所根据之第一、第三理由当然不能成立。至将来债务消灭之后所腾出之款，自系关余，法使第二理由所开各节未免过虑，请酌核转复。等因。本部查上开各种理由，原可据以照复各使，惟德、奥赔款性质与俄款不同，前经政府拨充三、四年公债基金，各国并无异议，今以之继续充作本届新募公债还本付息之用，纯属照案办理，且该款亦非关税方面施行特殊办法所得增加之进款，是以外国借款对此既无应享优先权之可言，而中国政府于照案支配时，亦似无应征同意之必要。本部意见如此，事关对外，立言研究，不厌求详，相应再行咨请贵部查核。如荷赞同，或尚有其他意见加入，希即见复，以凭答复各该使可也。

此咨

财政总长

外交总长　沈瑞麟

中华民国十四年三月三十一日

（2）财政部咨稿（4月）①

为咨复事：准咨开：案查法、美、英、日四国公使对于中国政府以德国赔款充新内债基金提出抗议一案，前经本部迭与贵部咨商意见，旋于四月十四日备文分行驳复去后。兹又准英白代使来节略，以前此本部答复节略，不特将三月十三日日本代使节略内藉助于公允及国信之意置之不顾，且对于列举各项不能谓然之理由及陈述之事实，即所称：凡海关收入款项，除用于还付各项旧借外债以及赔款本息外，均应认为关余；而此旧借之外债于关余

① 原件未署日期，据文意判断为1925年4月以后形成。

款内，固较新借内债，拟有优先取用之权。等语。亦毫无理论之答辩。合行对于贵政府此举重提抗议。等因。究因如何驳复之处，相应抄录英使此次节略及本部前复四国公使文各一件，咨行贵部查照，核办见复。等因。到部。正核办间，复准贵部咨送美、日两国公使抗议，均同前因，请并案核办，前来。查英、美、日三国公使关于中国政府此次发行十四年内国公债，以海关进项之一部分作抵。对于贵部四月十四日驳复节略，认为不能满意，重提抗议。其根据之理由，大概以贵部驳复节略，对于以前抗议所提之海关收入款项，除用于还付各项旧借外债以及赔款本息外，均应认为关余，而此旧借之外债于关余款内，固较新借内债，概有优先取用之权一节，并无理论之答辩。关于此节，兹将本部答复意见叙述如下：

查庚子赔款，依照条约，应在关税项下拨付。而关税收入，除还付各项旧借外债及赔款全部应付本息外，尚有盈余者，方得认为关余。至此项旧借外债及赔款，在全部原订应还本息未还清以前，其应还本息总额中，如有一部分因特种情形而变更其付款目的时，此种应付变更目的之款，既在原订应还总额之内，对于认为关余之款，当然不生影响。本部此次所发行之十四年新公债，系以从前拨充三、四年公债利息基金之原有德国赔款继续担保，既与关余方面毫无出入，即与无条件担保之旧借外债毫无关系。英、美、日三使抗议所称各节，未免误会。相应咨请贵部查照，酌核转复可也。

此咨

外交部

〔北洋政府财政部档案〕

（二）库券及短期借垫款

一、定期有利库券

1. 财政部发行定期有利库券呈暨大总统指令

（1919年6月）

（1）财政部呈（6月4日）

呈为财政困难，金融奇紧，拟发行定期有利库券，以资周转，而纾眉急，缮具章程呈祈鉴核事：窃自军兴以来，政局靡定，出款骤增，中央每月不敷军政各费约千余万元，其各省请求中央接济之款及每月应还各项债款尚不在内。而本部所恃为确实收入者，只有每月盐余及烟酒官产等项收入，共约三、四百万元之谱，收支相抵，不敷甚巨。数月以来，虽曾举办八年公债，然开办伊始，究能得款若干，现时尚无切实把握。况值欧西外交棘手，南北和局未成，财政来源急切难望充裕，腾挪乏术，罗掘俱穷，自非别筹巨款，另谋挹注，不足以救眉急。查外洋各国于财政上遇有非常紧急之时，多于募集公债外，举办一种临时库券或各种手票，以代现金之用。近年山东、江西等省，均以省库艰窘，先后发行金库证券，为一时权宜之计，流通市面，周转金融，成效尚著。兹拟仿照办理，先发行定期有利国库券壹千万元，月息六厘，六个月后向中国、交通总分各银行及其他指定之银行、官钱局兑现。其库券分为伍元、壹元两种，到期后并准完纳钱粮厘税各项官款。一面由本部指定津浦货捐局收入全数暨各省矿税收入并所募八年公债专款，再于每月由银团放出之盐余项下指拨贰拾万元，统交中国、交通两银行专款存储，为兑现准备金之用，藉昭信用。上项办法业经本部提交国务会议议决照办，谨缮具章程，呈请鉴核。所有发行定期有利库券缘由是否有当，理合呈乞大总统钧鉴训示施行。谨呈

大总统

中华民国八年六月四日

定期有利国库券章程

一、政府为补助国库起见，发行定期有利国库券，以壹千万元为额。

二、此项库券自发行之日起六个月后兑现，由持券人向中国、交通总分等银行暨其他指定之银行、官钱局兑现通用现银元。

三、此项库券按月给予六厘利息，到期时由持券人连同本金一并兑取。

四、此项库券分为伍元、壹元两种。

五、此项库券到期后，除海关盐税外，得以缴纳国家一切租税。

六、此项库券为不记名证券，如有遗失、毁灭，概不挂失。

（2）总统指令（6月10日）

大总统指令第一千五百二十五号

令财政总长龚心湛

呈拟发行定期有利国库券缮具章程请鉴核由。

呈悉。准如所拟办理。此令。

中华民国八年六月十日

〔北洋政府财政部档案〕

二、盐余库券

1. 财政部为发行第一次盐余库券致交通银行函

(1920年6月3日)

径启者：本部现因需款孔亟，核定发行特种国库证券七十张，共合券面现银元三百五十万元，定期十个月，自发行之日起满三个月以后，分七个月平均摊还，并委托贵行为发行机关，经理偿本及预付利息事宜。所有该项库券每月应还本银，业经本部令知盐务稽核总所，自九月分起按月提拨现银元五十万元，交由上海贵分行汇京摊付。至该项券息核定按月一分五厘计算，即在库券发行时径由贵行预先清付。相应抄录发行特种库券办法，并将库券七十张。随函附达贵行查照办理，并见复可也。此致

交通银行总管理处

中华民国九年六月　　日

〔北洋政府财政部档案〕

2. 财政部为发行第二次盐余库券复中国、交通银行函

(1920年9月7日)

径复者：接准函开：日前钧部继续发行特种国库券三百五十万元，面嘱敝行等承认招集，并经钧部声明查照上次六月间交通银行承办时之原案办理。查原案办法条文第一、第二两条，经由交通银行商准钧部增改。如第一条：财政部发行特种库券定额为现银元三百五十万元，匀分七十张，每张现银元五万元，按照券额平价发行，概无折扣之下增入，但本部为鼓励应券〔募〕人起见，就票面数目，按每百元加给汇水一元三角，于交款时预先扣付等

字样。第二条内按照库券还本所列数目，按日预先扣付一句，改为按照十个月预先扣付。以上增改之处，均经钧部核准在案。此次钧部续发上项库券之发行办法条文，将上次增改之文漏未加入，于募集方面殊多窒碍。用特函陈，请查照原案，将办法条文更正，并以公函赐复，俾符原案，而资信守。等因。到部。查此次本部继续发行特种库券三百五十万元，来函请照上次六月间所办库券原案，将库券条文第一条之下，增入本部为鼓励应募人起见，就票面数目按每百元加给汇水一元三角，于交款时预先扣付等字样；又第二条内按照库券还本所列数目，按日预先扣付一句，改为按照十个月预先扣付，请将办法条文更正，并函复等情。到部。应准照办。惟查此项库券，本部业经印刷完竣，并盖印签字，势难注销另印。兹将前项特种库券七十张，每张现银元五万元，分交中国、交通行一百四十万元、二百十万元。至金城、盐业应交库券共一百万元，并经交通银行转交。除分函交通、中国行外，相应函达贵行查照办理，并希转达盐业、金城两行一体查照。此致

中国
交通 银行

附发行办法四分（略）

中华民国九年九月七日

〔北洋政府财政部档案〕

3. 财政部发行第三次盐余库券训令

（1920年12月17日）

财政部训令　第一千八百十七号

令盐务署署长

为训令事：本部现拟发行特种库券现银元肆百捌拾万元，自

明年一月分起，分十八个月平均摊还，委托中国、交通两银行经理，并指定自十年一月起至十年十二月止，每年于银行团放回盐余项下提取现银元贰拾叁万伍千贰百元，又自十一年一月起至十一年六月止，每月于银行团放回盐余项下提取现银元肆拾叁万伍千贰百元。此款按月交与上海中国、交通两银行，专为归还库券本息之用。仰即遵照办理，并将所拟数目，按月报部备案。此令。
中华民国九年十二月十七日

〔北洋政府财政部档案〕

4．财政部发行第四次盐余库券训令

（1921年1月24日）

财政部训令　第九十五号

令盐务稽核总所总会办

为令知事：本部现以旧历年关需款甚巨，拟发行特种库券三百五十万元，自民国十一年七月起至十一月止，每月付还七十万元；又以建设上海造币厂，同时发行前项库券三百五十万元，自民国十一年四月起至十三年五月止，每月付还七万元，委托中国、交通银行经理，均指定于银行团放还盐税余款项下，按月提取交与上海中国、交通银行，为归还前项借款之用。兹准该银行函称：前项库券共六百万元，自应代为经理，按期还本付息，应请大部令知稽核总所照办，并俟银行去函询问时予以承认。再，去年底发行库券四百八十万元，原指盐余担保，应请令知稽核总所一并备案。等语。自可照办。仰该总、会办按照前开年月起讫及还款数目，于盐税余款放回项下，按月在沪拨交上海中国、交通银行核收。所有归还办法，如中国、交通银行函询该所，须答复承认其上年底发行指定盐税归还之特种库券四百八十万元，并仰查照备案。以上各节，即日呈复为要，仍将拨过数目，随时报明本总长备案可也。此令。

中华民国十年一月廿四日

〔北洋政府财政部档案〕

5．财政部发行第五次盐余库券训令

（1922年1月11日）

财政部训令　第廿一号

令盐务稽核总所总会办

为令知事：本部现以旧历年关需款甚巨，拟援照旧案，发行特种库券壹千肆百万元，分十二个月，平均偿还，委托中国交通银行经理，并指定自十一年二月起至十二年九月止，每月于银行团放还盐税余款项下，尽先提取现银元柒拾万元，交与上海中国交通银行，为归还此款之用。仰该总、会办自十一年二月起，于盐税余款放回项下，按月在沪拨交上海中国交通银行银元各叁拾伍万元，至十二年九月为止，仍将拨过数目报明本总长备案可也。此令。

中华民国十一年一月十一日

〔北洋政府财政部档案〕

6. 小幡酉吉关于发行盐余库券必须优先考虑日本债权人利益致财政部函

（1922年1月17日）

译日本公使来函　十一年一月十七日

敬启者：前据贵部派员来馆面称，贵国政府拟以盐税余款为担保，发行国库证券银一千四百万元等因。查敝国人债权之以盐余为担保者，全额已至日金二十万圆以上，其大部分且系早经到期，而历来付款常形停滞，各债权人因之深感困难，料在洞鉴之中。故从前屡次转达贵部，请求特别关注，以期付款之实行。此次国库证券，假使按照理论，自应俟积欠敝国人之债款完全履行之后，方始发行，乃属正办。惟当此阴历年关伊迩，贵国政府财政异常艰窘，亦不能不深加考虑。故对于此次发行库券，只求以现在敝国人各债权优先之地位不受影响为条件。且因此等债权较之该库券款项既巨，兼已逾期，本立于优先之地位，应请贵部本诸每月当解放盐余时，对于敝国人债权拨付之款项，必不得少于付还该库券之款额之了解办理，自无异议，特此声明，祗候回柬。

〔北洋政府财政部档案〕

7. 齐燮元要求取消盐余库券秘密条件通电①

（1922年1月24日）

万急。北京大总统钧鉴：外交部颜总长、各部总长、京兆尹、

① 此件系国务院2月2日转发财政部之抄件

步军统领、警察总监、保定曹巡阅使、奉天张巡阅使、洛阳吴巡阅使、各省督军、省长、总司令、各护军使、各都统、各师长、旅长、海军总司令、各舰队司令、各省议会、省教育会、总商会、省农会、各报馆均鉴：迭据确报，梁士诒等以整理盐务为名，发行盐余国库券一千四百万元，勾结奸徒，蒙蔽元首，擅与稽核所洋员缔约签字。计押出盐余二十个月，并订有秘密条件，允废引岸，并先以缉私移归管辖等语。侧闻之余，不胜愤慨。查各国通例，当国库空虚之会，或振兴有利事业之时，得发行国库券，以资周转。此项计划，原与财政原理相符。仰维元首宵旰之忧勤。中央财政之枯竭，维持补救正恐无方。但令其中不致潜伏祸本，何敢稍持异议。第就此事详加研究，现时盐务究应如何整理，及盐余款项此时可否抵押，姑不深论。惟其密订之条件，实有种种之流弊，有不可不察者。请先以废引岸言，自来场运票贩各商，赖引岸以世其业，依附各商为活者，更不知凡几。从前屡议废除，皆以经制习惯，历久相沿，难以骤更，卒寝其议，今之财政当局视从前大吏信用如何，今之时会视从前情势如何，事前并无准备，而贸然更张，不惟以上多数商民立召破产，断绝生机，且使地方治安及社会金融皆受绝大影响，其不可一。废引岸既列条件，则将来改革手续及征收盐税，一切事权必永远操于外人，较以丁漕抵债，名异实同，为祸至烈。更进一步，舍抵押丁漕，更无他物，财政共管，势已岌岌，较之英印前事，尤可寒心，其不可二。引岸废则名为自由运销，实则将有大资本家扶持，其后一切垄断，甚于今日。事关民食，为患何可胜言。倘再以外资搀入，或径许外商营运，民命商权，一概断送，流弊所趋，伊于胡底，其不可三。此但就废引岸言也。至于缉私营伍，本一种地方特别军队，目下友邦驻军方请撤回，此项军权反以相授，主权何在，国际信用何存，其不可四。缉私营伍，有诘奸安良之责，与普通警察相辅而行，乃太阿之柄，持以授人，监视侦逻，惟外人之命是听，闾阎安所托命，其不可五。此五理由不惟关系盐务前途，实于国计民生，用人行政，皆有莫大关系。我大总统关怀民瘼，力顾主权，岂肯以一时苟且之图，丧国家根本之计。伏乞朝纲独断，即日严令梁士诒等迅将前项秘密条件取消，不容稍有含混，以苏民瘼，而保主权。并望朝野诸贤，一致坚持此议，或单衔吁请，或联合要求。为国家保此财权，即为同胞延其生命，时机一失，万劫不复，为民呼吁，急不择言。临电屏营，伏祈照鉴。齐燮元。敬。印。

〔北洋政府财政部档案〕

8．财政部为发行第六次盐余库券致中国银行函

（1922年7月24日）

径启者：案查本部前因需款甚急，商由贵行向内国银行团方面代借现洋六十万元一款，业由本部填发特别库券六纸，每纸十万元，共计六十万元，作为担保在案。兹准贵行来函，以前项库券交付各银行商垫现款，当此金融紧迫、营业收循〔缩〕之时，殊难办理。请将库券式样以及按月还本与预扣利息计算方法，均援照一四特种盐余库券一律办理，并令饬印刷局照印六十张，每张一万元，颁发过行，以便转给领收。等因。本部自应照办。惟预扣利息一层，查与原商办法未能相符，应请仍照月息二分，利随本减计算，以符原议。相应函达贵行查照允办，并希克日见复，本部以凭饬印库券早日发给，以资结束，是为至盼。此致

中国银行

中华民国十一年七月廿四日

〔北洋政府财政部档案〕

9．财政部为发行第七次盐余库券致中国银行函

（1923年5月22日）

径启者：查本部现以应发军警饷项需款甚急，业经核定发给特种国库证券六十万元，计共六十纸，每纸一万元，准自本年六月起至本年九月止，每月由盐余项下提取现银元十五万元，交由贵行按月摊还，以资清偿。除利息应按月息一分五厘计算，息随本减，业经一次预扣外，相应函达贵行查照接洽为荷。此致

中国银行

中华民国十二年五月　　日

〔北洋政府财政部档案〕

10．国务院议准发行第八次盐余库券致财政部公函

（1923年6月6日）①

国务院公函第一千六百六十二号

径启者：本日国务会议，经贵部提议内开：中央财政困难，目前已达极点，况值端节逼近，应付军政各费，尤属刻不容缓。若不积极筹备，关系地方治安，至为巨大。本部职司出纳，责无旁贷，再四思维，惟有仿照历届年节各关发行特券办法，赶发特种盐余库券七百万元，以济眉急。所有还本基金，查本部前次发行之特种库券一千四百万元，原订每月由盐余项下拨洋七十万元，作为归还此款之用。嗣以军政各费需款迫切，不得已将上项基金陆续挪用，以致偿本愆期，库券信用因之坠落。兹为兼筹并顾起

① 财政部收文时间。

见，拟自六月分起，仍按条例每月拨还七十万元，至民国十三年三月止，将余欠券本七百万元完全偿清。自民国十三年四月起，每月腾出盐余七十万元，移作此次发行特券基金之用。至此项特种库券，拟定期限二十个月，前十个月不还本，第十一个月起，每月匀还七十万元，委托中国、交通、盐业、金城等银行共同经理，按期照付，以昭信实。再，此项库券系继续前次库券办理，并不妨碍盐余作抵数目，合并声明。是否可行，理合缮具议案，提请公决。等因。当经议决照办在案。相应函达贵部查照办理可也。此致

财政部

中华民国十二年六月　　日

〔北洋政府财政部档案〕

三、烟酒库券

1．财政部为发行烟酒短期证券复美国公使柯兰函

（1920年6月22日）

复美国公使柯兰函　九年财字第一千五百八十三号

径复者：顷准贵公使来函，以风闻政府将发行一种库券，以烟酒税款归偿。查上年十一月二十六日政府与太平洋拓业公司订妥之借款合同第三款载：借款对于烟酒税款为抵押品有优先权；并载：此项合同所给予之专享权有效期内，此款不得再作他项借款之抵押品等语。此项专享权现在尚有效力，请求言明所拟发行之库券非全用烟酒税款为抵押品，惟仅用上年十一月二十六日所借之款及根据该合同专享权之他项借款应还之一部分后所余之烟酒税款为抵押品。等因。到部。查政府所拟发行之前项库券其抵

押品，自应在上年十一月二十六日太平洋拓业公司借款及根据该合同专享权之他项借款应还一部分之后所余之烟酒税款为抵押品。相应函复贵公使查照。此致

美国驻京公使柯兰

中华民国九年六月　　日

〔北洋政府财政部档案〕

2. 张寿龄为发行烟酒证券须先订明四项条件致周自齐函[①]

（1920年11月30日）

子廙总长均鉴：承嘱发行公债票事，已拟具条例并议案，请伯瑜[②]署长面商座右。鄙意应先订明者约有数端：一、债票签名须首列台衔，鄙人会同签字。二、还本数巨期迫，本署各省收入大半拨抵军饷，解交中央者甚属寥寥，万一失信，则全局隳坏，第二、第三两期亦不能发行，无异作茧自缚。况此次发行债票，系因贵部需款孔急，出此万不得已之举，在我公亦断无膜〔漠〕视之理。半年之后，即须还本，务须与贵部通力合作，不足之数，由贵部设法筹给，届时本署当将收入之数，按月开单送交贵部，以昭征信。三、办理公债时，除各省烟酒局长应负劝募责任外，财政厅必须同负责任。论事权，财政厅为重，则募债之数，亦应多于烟酒厅长承募之数。应如何划分劝募，务乞卓裁见示。四、抽签偿还时，中签各票应由各省财政厅付款，以昭郑重。届时本署将所有收入，全数解交贵部，与贵部应行筹足之数，并汇各省

---

① 张寿龄，字筱松，时任全国烟酒事务署督办；周自齐，字子廙，时署财政总长。

② 钱锦孙，字伯愚，时任全国烟酒事务署署长。

财政厅，以备付款之用。以上各条，务恳拨冗答复，以凭备案，昭示人民。是所拜祷，手此奉布。敬颂台安。

寿龄顿首　卅

〔北洋政府财政部档案〕

3．财政部烟酒事务署为发行烟酒库券密呈

（1924年10月13日）

呈为军用孔亟，筹款维艰，拟发行烟酒附加税特种库券六百万元以应急需，密呈仰祈钧鉴事：窃查本部提出国务会议，将烟酒税费一律附加二成，由部、署通行各局遵照，并饬令专款存储，按月专案报解中央备用一案，业经议决并呈报在案。惟此项附加税费实行以后，非经数月，不能有款报解，当兹军用紧迫之时，实属缓不济急。复经部、署会商，查照发行特种库券办法，将上项确实收入指作基金，先行核发烟酒附加税特种库券六百万元，俾可于最短期间募集大宗现款，庶于军务要需不致贻误。亦经拟具议案及条例办法等，提交国务会议议决照办各在案。是否可行，理合将上项烟酒附加税特种库券条例及办法各一件，恭折缮呈，伏祈鉴核批示祗遵。再，此项会呈系由财政部主稿，合并声明。谨密呈

大总统

附件(略)

中华民国十三年十月十三日

〔北洋政府财政部档案〕

4. 国务院关于停发烟酒库券及停收附税致财政部公函

（1924年11月19日）

国务院公函第一千五百六十八号

径启者：前由贵部会同全国烟酒事务署提议发行烟酒库券一案，业经本月十四日国务会议议决停发，在案。兹复经贵部会同全国烟酒事务署提议，关于此项附税似应一律停止，等因。现经国务会议议决照办。除分函外，相应抄录原件，函达贵部查照办理。此致

财政部

中华民国十三年十一月十九日

〔北洋政府财政部档案〕

四、民国十二年特种库券（使领库券）

1. 外交部关于以停付俄国庚款支付使领费用致国务会议说帖

（1923年 8 月23日）

查出使各项经费，前清时代向由关税项下拨付，民国以来始改由财政部按月拨汇。近年库帑支绌，以致此项经费未能按月筹付，积欠既逾一年，而驻外使领各馆因经费久乏，难为无米之炊，纷纷电部呼吁，并恳代呈大总统立予罢免归国，其穷迫情形概可想见。事关国家体面，如再不筹款接济，听其困守，必致贻笑友邦。本部复查出使各项经费，前经于民国十年十二月二十五日阁议议决，自新税则实行值百抽五之日起，按月由关税项下拨付，并依照提案先后之次序，列在九六公债之前，乃总税务司于此项

议案多所误会，不允在关余项下筹解。复经本部于本年三月二十七日提由阁议议决，分行转饬遵照原案办理，而总税务司迄未遵办。自应仍照原案办到，使费由关税项下拨解，方是根本办法。但为目前应急之计，惟有先向银行或他处商筹垫款，暂资维持，顾垫款须有抵押方易办到。查有上年停付俄国庚子赔款之一部分，可以拨作使费垫款之抵押品。但此项停付俄国赔款之一部分，已由财政部拨作十一年八厘公债还本付息基金。现拟以上项停付俄国赔款之一部分为抵押品，向银行或他处商垫使费，以五百万元为最多额，分期拨汇，该项垫款即为前项停付赔款之第二负担，列在十一年八厘公债之次，是否可行，敬候公决。

〔北洋政府财政部档案〕

2. 国务院为发行使领库券致财政部公函

（1923年9月24日）

国务院公函　第二千一百十六号

径启者：准贵部及外交部提出，拟以上年停付俄国赔款之一部分为抵押品，向银行或他处商垫出使各项经费，以五百万元为最多额，分期拨汇。该项垫款即为该项停付款之第二负担，列在十一年八厘公债之次，说帖一件。兹经国务会议议决照办。等因。除分函外，相应函答贵部查照办理可也。此致

财政部

中华民国十二年九月廿四日

〔北洋政府财政部档案〕

五、民国十三年特种库券（四二库券）

1. 财政部拟以部分停付德国庚款为抵发行特种库券密呈

（1924年9月26日）

呈为筹付近畿治安经费、拟发行民国十三年八厘特种库券密呈仰祈钧鉴事：查近月时局不靖，京师根本重地，治安经费亟须设法维持。惟财政枯窘已达极点，若不特别筹维，实属无可为计。案查历届需款紧急之时，俱皆发行特种库券以资救济。兹拟援照向例，发行民国十三年八厘特种库券肆百贰拾万元，自民国十四年起，每半年还本一次，至民国十六年为止。所有本息基金仿照十一年公债同样办理，委托总税务司保管，指定由庚子赔款停付德国部分赔款项下按月提拨银元拾肆万元，于每届还本付息前一个月分交中国、交通两银行存储备付，以利推行，而资挹注。除已提具议案经由国务会议议决外，所有发行民国十三年八厘特种库券各缘由是否可行，理合检同发行条例密呈请鉴核批示祇遵。谨密呈

大总统

中华民国十三年九月廿六日

发行民国十三年八厘特种库券条例

第一条　政府为筹付近畿治安经费起见，发行八厘特种库券四百二十万元，定名曰：民国十三年八厘特种库券。

第二条　此项库券利率定为周年八厘。

第三条　此项库券每年付息两次，上半年付息定为六月三十日，下半年付息定为十二月三十一日。

第四条　此项库券自民国十四年六月三十日起至民国十六年

十二月三十一日止，每半年还本一次，所有应还本金概按附表所载数目平均偿付。

第五条　此项库券之还本付息委托总税务司保管，按照十一年公债同样办理，所有还本付息基金，指定由庚子赔款停付德国部分赔款项下，除应付三年公债、四年特种公债、五年公债利息外之余款项下，按月提拨银元十四万元，由总税务司储存指定银行，于每届还本付息到期之前一个月分交中国、交通两银行备付，付讫后，在券面还本付息表年月日上加盖付讫戳记。

第六条　此项库券按照票面，每百元实收现银元九十四元。

第七条　此项库券概不记名。

第八条　此项库券票面定为二种如左：千元、万元。

第九条　此项库券由财政总长签名盖章，并加盖部印。

〔北洋政府财政部档案〕

2．安格联关于库券存储及提用须由总税务司会同财务总长签字致财政部函

（1924年10月1日）

总税务司署第八七五号函

敬启者：关于筹议发行以德国赔款余款作抵之国库券洋四百二十万元一事，总税务司得悉所有用此项国库券募集之款项，系专作今后三个月紧急行政经费及维持京畿治安之用。为顾全订约各方利益起见，应将募集之款择地存储，俾得保证该款专作上述用途之需。故此款全部须存储天津，至需用时，由总税务司会同财政总长签字提放，并请财政总长先将此款用途大概开单见示，迨至每次函嘱提款时，且请将该次之用途及数目逐项详晰开示总税务司。今将所拟之此项国库券发行条例以英文缮具七份，附请贵总

长鉴核签字后，除将一份留部备查外，将其余六份从速发还，俾总税务司得以分送各承募机关存查，并电嘱天津中国银行订立收集国库券募款之账目为荷。此致

财政部

安格联具

〔北洋政府财政部档案〕

3. 国务院奉准发行十三年库券条例案致财政部密函

（1924年10月7日）

国务院公函第不列号

密启者：奉大总统发下，贵部先后呈请筹付京畿治安经费，拟发行民国十三年德国庚子赔款余额担保库券条例一案，经于十月七日奉指令：呈悉。准如所拟办理。等因。奉此。相应函达贵部，遵照办理可也。此致

财政部

中华民国十三年十月七日

〔北洋政府财政部档案〕

六、民国十五年春节库券

1. 财政部为筹付政费发行春节特种库券拟具规则呈①

（1926年2月3日）

呈临时执政文

---

① 原件为财政部抄存件。

呈为筹付各项政费、发行十五年春节特种库券、拟具规则恭呈仰祈钧鉴事：窃查本部现因旧历年关转瞬即届，而各项政费待款甚亟，拟发行春节特种库券八百万元，年息八厘，前二年只付利息，自第三年起每半年还本付息一次，至第六年止全数清偿。前二年利息由本部专款拨付，自民国十七年起，以向由关余项下拨充之整理内债基金，年约二千四百万元，除照历届定案，由总税务司拨付各项公债应还本息外，所余之款为还本付息基金，交由总税务司保管。每届还本付息时，由总税务司交经理银行备付。惟此项库券总额八百万元，按照目下金融状况，恐难悉数销售。拟分两批办理，第一批先发六百万元，俟售罄后再发二百万元。业经本部拟具库券规则暨还本付息表，提请国务会议于二月二日议决照办。兹谨将上项库券规则暨还本付息表各抄一份，呈请鉴核。是否有当，伏乞批示施行。谨呈

临时执政

附呈十五年春节特种库券规则一份、还本付息表一份（略）

中华民国十五年二月三日

二月六日奉临时执政指令：呈悉。准如所拟办理。

〔北洋政府财政部档案〕

2．中国银行总管理处抄送各银行承购春节库券额数致财政部函

（1926年2月22日）

径启者：案奉大部财字第三六四号公函发下十五年春节特殊库券预约券十万元券三十张、五万元券七十张、一万元券一百五

十张，共计二百五十张，合券额八百万元。遐即按数点收。除将抵押项下预约券三百万元另案陈报外，所有余存预约券五百万元，当经分别转发各经募银行。兹将各该银行经募券额清单一纸、收据十纸，连同预约券存根六册（内尚余空白者四十四张，又作废者六张）一并备函，送请察核为荷。此致

财政部

中国银行总管理处启　二月二十二日

附件：

十五年份春节特种库券

中国银行承购	1，000，000·00
交通银行承购	1，000，000·00
盐业银行承购	600，000·00
金城银行承购	600，000·00
大陆银行承购	600，000·00
中南银行承购	600，000·00
新华银行承购	100，000·00
中国实业银行承购	150，000·00
北京商业银行承购	100，000·00
大宛农工银行承购	250，000·00
	5，000，000·00

〔北洋政府财政部档案〕

3．审计院查询春节库券不符规则等疑点咨

（1926年3月30日）

审计院为咨询事：案准贵部咨送十五年春节特种库券规则附还本付息表及呈临时执政文各件到院，当经依法审查，内有可疑之

点：(一)会计法第十条载：政府于岁计必要时得发行短期国库证券等语。循绎条文所谓短期者，应以年度为范围，方与岁计必要之义相贯彻。此项库券分六年清偿，显与公债无异，此不合会计法者一。(二)《修正审查国债支出规则》第二条声明：政府募集内债、外债及国库证券并其他各种债款，应先期报告审计院等语。此项库券并未准先期报告，此不合审查国债规则者一。(三)前项规则第三条声明：前条所列各种国债，应先将指定用途及分配数目报告审计院等语。此项库券并未将指定用途及分配数目先行报告，此不合审查国债规则者又其一。(四)前项规则第五条声明：凡由国债项下开支之款，应先将发款命令连同请款凭单送交审计院签字后再行发款等语。此项库券据政府公报所登，许前兼财长①任内收支清册支出项下，业将库券所入全数开支，并未将发款命令连同请款凭单先行送院签字，此不合审查国债规则者又其一。(五)尤可异者，该库券规则第四条声明：每年付息二次，附付息表列自十五年七月三十一日至十七年一月三十一日，计两年共四期，息洋一百二十八万元。复查许前兼财长任内收支清册，列新收该库券项下注有预扣二年利息字样，核与该库券规则亦不相符。该库券以八二折发行，核计损失似已不少，无端再增加预扣利息之亏耗，国家、人民均不堪任此担负。以上各节，本院均认为有疑义，款关国债出入，不得不慎益加慎。相应行文查询，务请查照，分别克日见复。此咨

财政总长

审计院院长　庄蕴宽

中华民国十五年三月三十日

〔北洋政府财政部档案〕

---

① 许世英，1926年1月18日兼署财政总长，2月15日请假离任。

七、奥国赔款担保二四库券

1. 财政部拟以停付奥国赔款为担保发行二四库券呈

（1926年12月15日）

呈为筹付各项政费发行奥国赔款担保二四库券呈请备案事：窃查中央财政枯竭，目下已达极点，各机关政费久未发放，现在阳历年关转瞬即届，自应积极筹措，藉维现状。兹查有停付奥国赔款，民国二十年以前每年英金叁万贰千余镑，约合银元叁拾贰万余元，民国二十一年以后每年英金肆万柒千余镑，约合银元肆拾柒万余元。此项奥款前经拨作三、四年公债还本之用，自民国十七年起可以腾出，现拟指定该项奥款为担保，发行新库券贰百肆拾万元，查照春节库券成案，按八二实收，年息八厘，其民国十六年应付利息先行预付，即在应收债款内如数扣除。惟本部前因秋节需款曾经指定奥款为担保，向北京中、交等银行借款伍拾万元，近复续借叁拾伍万元，前后合计银元捌拾伍万元。现在新库券还本付息基金既经指定奥款为担保，自应在发行新库券收款内照提捌拾伍万元归还前项借款，尚余之款悉数留备此次年关政费之用。除将新库券规则暨还本付息表另折缮呈外，所有发行奥国赔款担保二四库券缘由，理合呈请大总统钧鉴备案。谨呈

大总统

中华民国十五年十二月十五日

二四库券规则及还本付息表（略）

〔北洋政府财政部档案〕

八、银行短期借垫款

1．财政部与交通银行订定法金一万万佛郎借款合同①

（1914年2月13日）

立合同：财政部今与交通银行订定借款合同，条件如下：

一、交通银行特就所收外款借与财政部，其总数计壹万万佛郎，按原收九二扣交付。

二、此项借款期限八年，自民国三年二月十三日起，每半年还本实数壹千万佛郎，至第八年，民国十一年二月十二日全数还清。

三、此项借款订明周息陆厘，自交款之日起算，每半年付息壹次，第一、二、三年及第四年上半年，均按原本实数壹万万佛郎付息，自第四年下半年起应付之息，按原借数目除去已还之本递减计算。

四、此项借款按原收日期交付。

五、此项借款，原定按相当市价合成银两或银圆，在北京、天津、上海分期交付，是以交通银行交款于财政部时，亦按原定佛郎汇价核成银两或银圆交付。

六、此项借款仍以佛郎按实数偿还，由财政部以现银，在北京、天津、上海三处交给交通银行购买佛郎。其价值应由交通银行按照是日最合宜之价核算，每半年应付之息，亦照此办理。

七、此项借款关系交通银行偿还外款之信用，所订上开还本付息各办法，均须依期不误。所有民国元年三月以前，交通银行无论何项官商一切款项，财政部决不在此款内扣抵。

---

① 抄件。

八、此合同照缮两分，由财政总长、交通银行总理签字盖印，财政部、交通银行各执一分为凭。

中华民国三年二月十三日

财政总长　周自齐

交通银行总理　梁士诒

〔国民政府财政部档案〕

2．李景铭统计国内各银行垫款数目的报告①

（1923年3月9日）

兹将各银行垫款截止十一年十月十一日止结欠数目开列于下：

中国银行　结欠现洋二千七百九十四万八千三百十六元四角七分，

交通银行　结欠现洋二十五万六千八百九十七元五角三分，

盐业银行　结欠现洋一百十三万七千三百三十九元三角二分，

金城银行　结欠现洋十七万一千五百三十三元四角九分，

大宛农工银行　结欠现洋五万六千五百三十七元二角九分，

北京商业银行　结欠现洋一万七千二百六十一元八角九分，

永大银行　结欠现洋三万元四角，

聚兴诚银行　结欠现洋八万八千二百九十六元三角六分，

华孚银行　结欠现洋九万八千七百五十一元五角四分，

边业银行　结欠现洋八万六百五十元三角一分，

---

① 此件摘自全国财政讨论委员会委员李景铭呈报整理内外债计划书之附表二，原件系印件，日期为财政部收文时间。

保商银行　结欠现洋二万五千九百四十三元二角七分，

新华银行　结欠现洋十五万三千九百十九元七角七分，

新亨银行　结欠现洋七万六千二百七十元九角二分，

大中银行　结欠现洋六十七万一千二百三十五元五角六分，

中国实业银行　结欠现洋二百三十一元二角，

华北银行　结欠现洋一万三千三百九十元二角二分，

大陆银行　结欠现洋五万三千二百八十元九角一分，

平市官钱局　结欠现洋五十五万六千六百六十六元一角九分。

共计结欠现洋三千一百四十三万六千五百二十二元六角四分。

〔北洋政府财政部档案〕

3. 财政部欠各银行号短期借款一览表①

（1919年5月—1922年9月）

款目	原订债额	现负数	利率	订借日期	说明
中国银行借款	银元五百万元	银元五百万元	月息一分六	十年十月二十八日	此款订明以一年为期到期先付利息本金自第二年一月起分五期摊还
交通银行借款	银元五百万元	银元五百万元	月息一分六	十年十月二十五日	此款订明以十一个月为期并定自十一年五月起分五期还本届期并未照付
新华储蓄银行借款	银元四十万元	银元四十万元	月息一分八	十年四月一日	此款以五年为期
新华储蓄银行借款	银元十万元	银元十万元	月息一分八	十年四月七日	此款定明三个月期以内陆续拨还嗣经先后商展迄未拨还
盐业银行借款	银元七十二万元	银元二十一万零一百五十四元七角六分	月息一分七	十年三月二十五日	此款除陆续归还外尚欠如上数并未商定付款办法
盐业银行借款	银元四十五万元	银元二十六万四千零三十七元零六分	月息一分六	九年九月三十日	此款除陆续归还外尚欠如上数并未商定付款办法

① 摘自财政部公债司编印《财政部欠各项内外债款一览表》。

续 表

大宛农工银行借款	银元五十万元	银元四十八万元	月息一分	十年四月十五日	
保商银行借款	银元十三万一千一百八十三元五角	银元三万八千一百八十三元五角	月息一分八	十年八月十三日	此款定明二个月为期嗣除还过九万三千元外尚欠如上数迭经函商展缓
大德通银号借款	银元五万元	银元五万元		十年八月六日	
五族银行库券款	美金二万元	美金一万四千元	年息八厘	十年一月十七日核准过户	此系发给一和洋行库券两纸由部核准转移五族银行名下除还过美金六千元外余欠之数尚未照付
大中银行借款	银元七万元	银元七万元	月息一分七	十一年三月十六日	此系前绥西支队长李际春借款由本部承认付还
华孚银行借款	银元二十二万元	银元二十二万元	月息一分八	十年九月一日	此款原定以四个月为期嗣经迭次商展迄未拨还
华棘银行借款	银元十二万元	银元十二万元	月息一分八	十年十月二十一日	此款定明以三个月为期迭经商展尚未拨还
振商银行借款	银元九千九百六十八元九角七分	银元九千九百六十八元九角七分		十一年六月十一日	此款系十年八月七日银元十五万元借款结至十一年六月十日止所欠本息十万零二千五百七十四元六角一分以银元十七万元借款押品中行股票变价归还后下欠之数

上海四明银行借款	银元六十八万九千元	银元三十七万零五百零六元八角五分	月息一分	八年五月六日	此款原定六个月为期嗣除陆续拨还外尚欠如上数迄未商定付款办法
上海金城济东盐业银行第十师借款	规银十五万两	规银十五万两	月息一分	八年十一月十八日	此款原定五个月为期嗣经陆续商展迄未照付
上海金城盐业银行第十师借款	现洋十六万元	现洋十六万元	月息一分	九年四月	此款原定二个月为期嗣经陆续商展迄未照付
三德公司借款	银元五十万元	银元五十万元	月息一分八	十年六月三日	此款原定六个月为期
津浦铁路四省公司平政院借款	银元八万元	银元八万元	年息六厘	十年八月八日	此款定明六个月为期
华发公司借款	银元五十万元	银元五十万元	月息一分八	十年十二月一日	此款定期六个月为期
四合公司借款	银元九十万元	银元九十万元	月息一分八	十年七月十一日	此款定明六个月为期
大中银行借款	银元八十万元	银元八十万元		十年二月	此款系于十年二月订借两起共八十万元曾经抵还十万元下欠七十万元连同其他垫款二十万元结至上年十二月止共欠本息一百万零二千余元除以二十万二千余元另指盐余归还尚欠八十万元如上数

续表

劝业银行借款	银元一百二十万元	银元七万五千元	月息一分八	十年一月二十六日	此款除陆续归还不计外尚欠如上数并未商定付款办法
劝业银行借款	银元二万元	银元二万元		十一年三月三日	此款商定一个月为期并未拨还
裕通银号借款	银元二十万元	银元二十万元	月息一分八	十一年二月十八日	此款定明一个月为期并未照付
升顺公司借款	日金二十五万元	日金二十五万元	月息一分八	十年十月二十二日	此款定明三个月为期并未照付
升顺公司借款	银元一百零八万元	银元十四万四千四百七十一元四角	月息一分八	十年七、八月	此款定明六个月为期嗣除先后还过不计外尚欠如上数并未拨还
明华银行借款	法金二百五十万佛郎	法金二百五十万佛郎	月息一分七	十年十月九日	此款定明四个月为期嗣经商定自十一年十月起由盐余项下分十六个月拨还
上海福利公司借款	银元十万元	银元十万元	月息一分七	十年十月二十七日	此款定明四个月为期并未照付
元亨典借款	银元十五万元	银元三万元	月息一分八	十年十月十日	此款定明六个月按月由印花税项下拨还除已还不计外尚欠如上数
振业银行借款	银元三十五万元	银元三十五万元	月息一分八	十一年二月二十二日	此款定明三个月为期并未拨还

华孚 中原 永大银行教育部借款	银元二十八万元	银元二十八万元	月息一分八	十一年一月七日	此款定明三个月为期并未拨还
安利公司借款	银元四十万元	银元四十万元	月息一分八	十一年二月二十五日	此款定明两个月为期并未拨还
芦商借款	银元二十三万元	银元二十三万元	月息一分五	九年六月十九日	此款原定六个月为期并未拨还
扬子公司巩县兵工厂欠款	银元七万一千二百四十六元四角四分	银元二万五千六百二十三元二角二分	年息五厘六	八年八月二日	此款原定自八年十二月至十年六月分批归还除已还不计外尚欠如上数
扬子公司巩县兵工厂欠款	洋例银三千二百八十五两四钱二分	洋例银一千六百四十二两七钱二分	年息五厘六	八年八月二日	此款原定自八年十二月至十年六月分批归还除已还不计外尚欠如上数
汉口华商各银行借款	银元二十五万元	银元十八万元	月息一分六	十年十月一日	此款定自十一年一月起按月由武昌造币厂余利项下拨还一万元
楚兴公司湖北借款	银元六十万元	银元六十万元	月息一分五	九年十一月十八日	此款定明二十四个月为期以武昌新堤宜昌三关税收作抵该款在税收项下所还之款尚未据该省报告
鄂银团湖北借款	银元九十万元	银元九十万元	月息一分五	九年十一月十八日	此款定明二年为期以武昌新堤宜昌三关税收作抵该款已还之款尚未据该省报告

续 表

崇文门津浦货捐特种库券	银元六百万元	银元四百十万一千七百五十元	月息一分五	十年一月一日	此款定自十年一月起分四十个月拨还除十年分已清还又十一年一月付还九万八千二百五十元外尚欠如上数
特种烟酒库券	银元九十万元	银元三十六万元	月息一分五	十年二月	此券原定自十年四月起至十一年六月止按月摊还六万元嗣经商定提出三十六万归盐余项下拨还并已由烟酒署还过一部分不计外尚欠如上数
国华实业公司借款	现洋三万元	现洋三万元	月息一分八	十一年九月二十九日	以八厘债券二十万元作押并未商定还款办法
盐业银行借款	现洋八万元	现洋八万元	月息一分五	十一年九月	以八厘债券二十六万零一百元作押并未商定还款办法
大陆银行借款	现洋八万元	现洋八万元	月息一分八	十一年八月	以八厘债券五十万作押三个月为期
金城银行借款	现洋六万元	现洋六万元		十一年九月	此款并未商定还款办法
中国 交通 金城 大陆银行借款	现洋二十万元	现洋二十万元			此款本已列入盐余借款案内嗣因外交部一再咨商拨还现款经部核准移列于此惟尚未商定还款办法
银行公会八厘债券付息借款	现洋五十万元	现洋五十万元		十一年九月	

中华汇业银行八厘债券付息借款	现洋十五万元	现洋十五万元		十一年九月	以日金债券三十万元作抵
银行公会八厘债券付息借款	现洋十四万元	现洋十四万元		十一年九月	以日金债券二十九万五千二百元作抵
鄂路米厘公股	现洋一百十五万九千九百元	现洋一百十五万九千九百元		十一年八月	寄存本部作为湖北地方公共事业之不动基金每年由部发给六厘周息六万九千五百九十四元分两期拨付
上海造币厂借款特种库券	银元二百五十万元	银元一百三十一万元	年息九厘	十年三月	此券定自十年四月起至十三年五月止按月摊还七万元除已还不计外尚欠如上数
特种盐余库券	银元六十万元	银元四十万零八元	月息二分	十一年八月	此券定自十一年八月起至十二年一月止按月由盐余摊还十万元除已付不计外计欠如上数
特种盐余库券	银元一千四百万元	银元九百四十五万元	月息一分五	十一年二月	此券定自十一年二月起按月由盐余项下摊还七十万元除已付不计外计欠如上数
定期兑换券一二两批	银元四百万元	银元三百二十万元	月息一分		

续 表

共计	银元四千零二万九千六百零三元七角六分
	美金一万四千元按一八合银元二万五千二百元
	规银十五万两按一三七合银元二十万零五千五百元
	日金二十五万元按八六合银元二十一万五千元
	法金二百五十万佛郎按一六五合银元四十一万二千五百元
	洋例银一千六百四十二两七钱二分按一四五合银元二千三百八十一元九角四分
总计银元四千零八十九万零一百八十五元七角	

〔北洋政府财政部档案〕

4. 内国各银行垫款欠数表①

（1925年10月）

银行别	利率	截至本年六月止本息数(元)	自本年七月至十二月止息银数(元)	共数(元)	附计
中国银行	月息七厘	二二、七七七、七二三 四〇	九五六、六六四 三八	二三、七三四、三八七 七八	

① 摘自财政整理会1925年10月编印之《财政部经管无确实担保内债表》，标题为原编者所拟。

交通银行	月息七厘	二、五四七、九五七	五四	一〇七、〇一四	二二	二、六五四、九七一	七六	
盐业银行	五十万元以内月息七厘五十万元以外月息一分二厘	一、七九六、七六四	一五	九八、八〇五	八五	一、八九五、五七〇	〇〇	
金城银行	月息一分二厘	一七五、八二六	〇四	一〇、五四九	五六	一八六、三七五	六〇	
懋业银行	月息一分五厘	一七、四一七	四五	一、〇四五	〇五	一八、四六二	五〇	
汇业银行	月息一分四厘	一五五、二〇九	六七	九、三一二	五八	一六四、五二二	二五	
保商银行	月息一分二厘	二二九、六五五	六二	一三、七七九	三四	二四三、四三四	九六	
商业银行	月息一分二厘	一一、六三〇	一九	六九七	八一	一二、三二八	〇〇	
大宛农工银行	月息一分二厘	三四、二七六	二二	二、〇五六	五七	三六、三三二	七九	
新华储蓄银行	月息一分二厘	一〇〇、二八九	六六	六、〇一七	三八	一〇六、三〇七	〇四	
新亨银行	月息一分	七六、九五三	六四	四、六一七	二三	八一、五七〇	八六	
明华银行	月息一分五厘	二〇三、七七〇	六六	一二、二二六	二四	二一五、九九六	九〇	此款利率系照十年下期商定之数计算

续　表

大中银行	月息一分九厘	四九、四七二	三四	二、九六八	三四	五二、四四〇	六八	
华北银行	月息一分	五、三九四	三二	三、二三六	五九	八、六三〇	九一	
聚兴诚银行	月息一分二厘	九、三三二	三七	五五九	九四	九、八九二	三一	
平市官钱局	月息一分一厘	五八五、二二七	九四	三五、一一三	六八	六二〇、三四一	六二	
大陆银行	月息一分二厘	二三、〇六二	二〇	一、三八三	七三	二四、四四五	九三	
边业银行	月息一分二厘	一五五、七七八	二五	九、三四六	六九	一六五、一二四	九四	
华孚银行	月息九厘	九五、二四〇	三一	五、一四二	九八	一〇〇、三八三	二九	此款利率系照十年下期商定之数计算
永大银行	月息一分四厘	一、七七二	七七	一〇六	七七	一、八七九	一四	此款利率系照十年下期商定之数计算
总　　计		二九、〇五二、七五四	七四	一、二八〇、六四四	五二	三〇、三三三、三九九	二六	

财政部原单附注称：各银行代部垫款未经核准开给支令转账及特别借垫款项，应归入借款内另案结算，各款均未计入，合并注明，等语。

右列各款，截至本年六月止积欠本息数目，均属财政部清单所开。自本年七月至十二月止，则为本会所加列。计算之法，系比照银行借款结筹办法，月息一分以上减为一分，一分以下照原计，其自十三年一月起，财政部所算是否亦按结算办法，未据声明，无从考核，将来整理时自应另行查明核办。

又，本年七月以后财政部有还本付息时，当另行核算。

〔北洋政府财政部档案〕

（二）外　　债

一、克利斯浦借款

1. 刘玉麟探询与克利斯浦财团合办银行等情致财政部函[1]

（1912年10月15日）

敬启者：上月间贵部以合办中英商业银行事，属探询财团有无此议。经于二十三日电告情由，请为核示。嗣与该团磋商续借，拟即给予银行合办权，于十月八日奉核大总统命令：派麟妥商合同在案。兹据该财团交来草合同底稿一份，属为核定。麟查组织中外合资银行，兹事体大，如何而后不失利权，如何而后克臻完善，头绪繁赜，断非不谙计学，昧于银行性质如麟者所能商榷。因思日间该团代表人Mayot Barnee前赴北京经营实业，经麟绍介其修谒孟亭[2]总长。此次设立银行，自应由贵部与该代表人直接筹商办法，诚以贵部为综理财政之枢纽，一切手续又得就近请示大总统办理，较之麟蒙昧隔膜，实有难易之分，务恳鉴原，勿使贻误，受赐实多。至该草合同底稿有无流弊，应否驳议，请径向该代表人接洽。如承电示，以麟切近，委而分商诸该团，亦乐为相助。附印该合同底稿一纸，连同译文去函一并寄请察核。顺颂政祉。

刘玉麟谨启

附印件、译件又摊还本息清单一份（略）

---

① 刘玉麟，时任驻英公使。1912年 8 月30日曾代表北洋政府与克利斯浦财团签订一千万镑借款合同。

② 梁如浩，字孟亭，时任北洋政府外交总长。

民国元年十月十五日

〔北洋政府财政部档案〕

2. 六国银行团代表为盐税收入抵借克利斯浦借款与财政部来往函

(1912年10月)

(1) 银行团代表来函 (10月23日)

译六国资本团代表来函　十月二十三日

敬启者：本代表等曾效微劳，代贵政府陆续垫款，计二月廿八日一次，三月初九日一次，五月十七日一次，六月十二日一次，六月十八日一次，分期交清在案。现在本月十五日《政府公报》登有贵部将长芦盐款存放在麦加利银行，以备担保新近伦敦倍克立①借款之用一则，本代表等读悉之下，不能不为贵部一陈衷由。以上所述各垫款，虽从前盐税抵押不计外，以其余之盐税为其保证，职是之故，贵部即欲将盐政全部或一部分收入存于他银行，以备他借款之保证。此项保证理宜作第二着保证，而现反占优先保证，其结果必使本资本团之保证在欧美市面大受影响，此则贵部可理想而以为然者也。为此，本代表等提议贵部，必欲将盐款存放外国银行，以担保新债，贵部同时必须为归还垫款之预备，似不能不设法先存盐政收入于敝资本团之各银行，而后再思担保倍克立之新借款。因该借款对于盐政收入之担保一层，实为第二着，而非能占最优之权者也。是否有当，即祈速复为盼。专肃。即颂

总长台安

六国银行团各代表签字

---

① 此处英文原为Birch Crisp，即伯奇·克利斯浦，倍克立为其另一译音。

（2）财政部复函稿（10月29日）

敬启者：接奉本月二十三日来函读悉，前承厚谊，照发各批垫款。当时虽有以未抵盐税作保之说，惟此议发生系为进议大借款。嗣因大借款停议，贵银行团所垫之款不过规银一千三百余万两，断无以本国盐税全部收入（除已抵外）尽作该项垫款抵押之理。至此次酌提长芦盐税预存麦加利行，担保倍克立新借款利息，本部无非为维持信用起见，此款仅作为保息之用，与从前以盐税抵押各项借款之事，两不相妨。惟本部与贵银行团素敦睦谊，既据贵团请求，本部自应从长计议妥善办法，以维信用。再，历次所交垫款规元银数若干，计合镑数若干，以及起息日期，偿还日期，希再开示，以便与本部簿记核对，无任感荷之至。专复。即颂日祺。

财政部启

中华民国元年十月廿九日

〔北洋政府财政部档案〕

3．鲍恩士为了结借款事开列条件致周学熙函①

（1912年12月7日）

敬启者：兹因借款事宜极须切实了结，用特代表克利司波公司拟具左列各条，呈请贵国政府鉴核。

（二）② 查借款自开议日起迄至今日，克利司波君均以辅助及

---

① 此件系总统府转致财政部之英文译件。鲍恩士为克利斯浦财团代表，周学熙时任财政总长。

② 原文如此，缺第一条。

迁就贵国政府为主义，又为遵从贵国政府之意起见，曾极力与六国团调停办法。旋因汇丰银行所持宗旨难于接洽，遂归无效。克利司波君为中国时局起见，且六国团亦允于借款条件，减轻额外要求，贵国政府有意再与六国团开议借款，故贵国政府无论所拟何项办法，果于国家殊有大益，并于与敝团各经手业已商定，一切并无窒碍，克君当无异议，可于竭力遵办。惟贵国政府须知克君既与各经手商定发售债票办法，且借款合同各条载在发售债票章程内，职是之故，非有相当赔偿，则难将合同第十四条取消。克君本欲联合六国团，协办借款未交半数之债票，因不得汇丰银行赞同，以致不能成议。

（三）克君出头帮助贵国政府，系在时局危急之际，而贵国政府与六国团商议，能得比前较优之条件，亦因敝团之力，深信贵国政府不致忘却克君辅助之功。克君不为目前而为他日计，亦愿按后列各条办法相让权利，以期和平解决。贵国政府如于合同所载之抵押能切实声明断不违背，并付给克利司波公司英金十五万磅，克君则可将发售借款未交半数债票之权利，并合同第十四条立即取消。惟合同内其他条件均仍其旧，该款十五万磅可由克君在末次交款内扣除。

（四）为于贵国政府表明克君诚心辅助起见，一俟第三节所指办法议妥正式条件签押后，若贵国政府愿将明年二月十五号到期应交之款提前交付，克君必极力设法按照办理。

（五）第四节所指之款，除扣今年九月所交库债票之价，计五十二万磅，又扣十二万五千磅（即五百万磅按六个月五厘息、明年三月小票到期之息银）、再扣银行付息费，计三百十二磅十先令（每千磅扣二磅半）外，实净一百十三万四千六百八十七磅十先令。

（六）贵国政府如将该一百十三万四千六百八十七磅十先令之六个月期库债票交与克利司波公司，该公司当照市面最高之价发售，其预付之折扣算至一千九百十三年二月十五号止，折扣之耗由贵国政府承认。如能照此办法将该库债票售出，克君自当按照商家常例，将款于本年十二月三十一号以前交付，至明年二月十五号末次交款，则拨作赎收此项库债票之用。

（七）上文所述之办法，谅彼此均能满意。兹为迅将此事了结起见，特拟就字据草稿两纸，均已得克君之同意，且克君亦曾授权与恩士代其签押，谨将字据草稿送呈，敬乞察夺。克君嘱代呈明该两字据，切勿宣泄，须守机密。又，该两字据原极简明，其第一纸所载之九十八万四千六百八十七磅十先令内，扣除克君了结应得之十五万磅，实净之数也，用特附奉，敬请台安。

鲍恩士谨启

〔北洋政府财政部档案〕

4. 克利斯浦借款说明书①

（1927年5月）

案查克利斯浦借款，系成立于民国元年（即西历一千九百十二年）八月三十日，由中国驻英公使刘玉麟代表中国政府与英商克利斯浦公司代表资本团签订合同。借款总额为英金一千万镑，年息五厘，由公司发售债票，以发售债票之日为起算期，按八九扣交款，计应实交英金八百九十万镑。其交款日期如下：民国元年（即西历一千九百十二年）九月三十日以前交五十万镑，十月三十【一】日以前交一百五十万镑，十一月三十日以前交一百万镑，民国二年（即西历一千九百十三年）二月十五日以前交二百万镑，九月三十日交五百万镑。凡存于资本团所指定之银行未曾提用之款，

① 摘自《财政部经管有确实担保外债说明书》，标题为原编者所拟。

按年息三厘算回存息，以盐税收入为优先担保。此项盐税每年收入总数共计库平银四千七百五十一万两，除已经抵出每年二千四百万两外，其余计库平银二千三百五十一万两，全用作抵，以足敷按年应还本项借款之数为度。如盐税不敷，中国政府当另行筹款补足之。旋因该公司只发行债票英金五百万镑，以致前项英金一千万镑之债额并未交足。该借款以四十年为期，前十年只付利息，自第十一年起每年还本一次，在九月三十日举行，每年三月三十一日、九月三十日各付利息一次。经理银行办理还本付息事宜，应按每年经理之款取千分之二·五之经理费。至该借款用途，系充作拨还从前借款（按此项借款系用雷泡银行名义承借，总额为英金四十万镑）及整顿政务、兴办实业之需。自借款成立以后，所有各期应付本息，历经由盐务稽核总所备款照付。此项借款截至民国十七年六月三十日为止（此款所付本息并非按月匀付，故截至民国十七年六月三十日为止之欠付数目，只能实际截至民国十七年三月三十日为止，方与上半年付息一次及下半年各付本息一次之数目相符），尚欠纯本英金四百五十八万四千一百五十六镑，预计利息英金三百四十三万二千六百六十四镑，又经理费英金二万零零四十二镑零五零，统计本息及经理费英金八百零三万六千八百六十二镑零五零。

〔北洋政府财政部档案〕

二、善后大借款

1. 袁世凯承认善后借款四项条件致四国银行团代表函①

(1912年3月9日)

敬启者：顷接本日来函，得悉贵银行已得贵国政府允许，贵行照本月二号度支部代理首领致贵行之函，贷与中国临时政府款项，以应急需。并悉贵行即可交付上海秤银一百一十万两，取回度支部收条为据。至此次借款条件，余亦深悉，条件如左：

一、此次所借之上海秤【银】一百一十万两，应与二月二十八号在上海交与中国政府之二百万款项同一办理，兑换行价，应由银行于今日在上海定实。

二、此次所借之上海秤【银】一百一十万两，应由中国政府照上次二百万两借款之例，从速给发国库券，以为执据。此项库券以一千九百十二年三月九号为期，而其数目在经折扣后，当与银行所交之数相等，折扣率将来再行商定。国库券均以已经抵押或未经抵押盐课之余款抵押。

三、中国政府曾请四国银行接济三、四、五、六月及七、八月之用款，则中国将来实行此项借贷时，四国银行应有优先借贷权，仍以国库券为执据。至中国政府应如何给发国库券一层，届时再议。

四、今因四国银行资助中国之经济，并维持中国在外国之财政信用，中国政府将来实借已经提议之大债，明为建设及赎回国

---

① 为英文函件之译件，英文件发文者为“中华民国总统府”(Republic of China Office of the President)。原件上并有熊希龄批：“此函最先为银行团要求垄断之根据。”

库券之用时，如四国银行条件与别家银行相同，应先向四国银行商借。

以上条件余已承认，应请贵行从速照办。此复。

〔北洋政府财政部档案〕

2. 银行团关于重议借款及商订用途与熊希龄来往函

（1912年5月）

（1）银行团致财政部函稿(译文)（5月1日）

论及大总统及汇丰、德华、汇理、美国银行团各代表，于三月九日交换函件，关于中国借款一事，现奉英、法、德、美各国公使传知，已得中国政府答复，与比国借债问题，业经如愿解决，中国政府并认三月九日函件为有效。

本银行团因此奉各公使命，重议借款事。现正预备下文所开款项，以应目前急需。至中国六星期内所需之大宗款项暨六月十五日以后所需款项，俟得总行训条再议，或按国库债券垫付，或将中国建设费借款之债票发售。

关于此项一切办法，俄亚、正金两银行，各代表本国资本家，得中国政府同意加入，各占全数六分之一。

与日、俄银行家协议完结后，应将对于已交未交垫款之各项条件，订立正式合同，由中国政府与六国代表两方签押。现在本银行团已预备规银一百五十万两，于本月六日在上海交付，听中国支用。本月十日再备规银二百万两听支，由中央政府应任命之代表，发给收据正副二张。兑换金镑价目，按照交款日期，由上海各银行核之。

现经约定此项垫款总数，上海规银三百五十万两，须以国库金镑债券，按交银日金价照数填写。此项债券，关于抵押暨其他条件，俱仿照三月九日函件所指垫款，一律办理。

此项垫款系为南京、上海两处遣散军队之用，中国政府应迅速选派军官一人或数人，并由各使馆选派外国军官一人或数人，偕往南京或上海，会同地方军政府，监督发付饷银，遣散军队。

发饷及遣散兵队，俱由上条所指军官等亲临监视，并须呈交付饷清单。

前项暂时办法，系专为目前急需而设。至于下次支取垫款，财政部须开具清单，此款开消〔销〕何用，并即刻请银行选聘外国精通核算一人，为各银行代表，由银行支给薪水，隶于财政部。该部并选华洋帮手数人，助伊办理，由部支给薪水。但所选各员，须得核算人之同意。

核算之职，在支取垫款亲自签名，分期造册报告银行，并扶助财政部，改良核算办法。

陆军部应会同各该使馆所派武员，组织一委员会。所有遣散军队及发给军饷所需款项，拟由核算员承该委员会之命令办理。该委员会之经费，即由垫款内支付，并须遣派中外武员一人或一人以上，作为该会之代表，前往驻扎重兵各处，将支领军饷或拟行遣散之军队，报告该会。此等报告，应与北京陆军部所送该会之报告，互相核对。

遣散军队时，应先由委员会将该军队之人数及应付饷项，知照核算员，准伊签字支款，并须先期知照武员代表，予以发饷清单。

凡拟行遣散之军队，其承领饷项，缴还军械戎装，均须由武员代表监视。至于不拟遣散之军队，如其饷项由垫款内支出者，应由委员会订定相当章程，俾得按时发饷无误。

至于文官薪俸、行政经费，应先将所需款项之大略，先行刊登公报，再由理财部将详细说帖、付款清单，交与核算员，使其签字，支取应需款项。所有该项详细说帖及付款清单，亦须刊登公报。设有浪费或不实不尽之条目，一经核算员向财政部指出，财政总长应即查办。

垫款用项，前条未曾指明者，应由财政部与各银行商订特别条件，仍由核算员监督。

盐厘既属此项垫款及将来垫款之抵押，中政府须设法聘请外国专家，将管理征收办法从速改良。

以上条件，务祈中政府承认答复。

（2）熊希龄复函①（5月9日）

径启者：五月一号贵银行团面交节略，诵悉一切。昨经会晤贵银行团，因本国目前之急需，承允先付银陆百万两，甚谢，已将此款用途分别开单送览矣。

查节略内所论，选派外国军官监督遣散军队，及选聘精通核算之人为银行代表各节，虽征贵银行团协力扶助之至意，然其中困难情形颇觉甚多，昨已面达。兹将现在详细筹划此项用款之方法，为贵银行团详述如下：

遣散军队一节，本国大总统早已筹及，历开各级军事会议，今日又开高级军事会议，各国务员均已列席，议定正当稳妥之条件。按照此项会议条件切实进行，必能将各处应裁减之军队妥为遣散，不致有他项可虑之事。若选派外国军官会同遣散，按之目前华军情形，非徒无益，反多障碍，亦非贵银行团赞助本国之本意，另将会议所定条件附送察览。

至六月十五日至十月十五日四个月，每月需银壹千万两，为行政经费之用。本部当即会同各部切实预算，开出详细用项清单，

① 本件系抄件。

由国务院会议决定，再付参议院通过后，送贵银行团阅看接洽。照此办法，似极周密，且北京一方面关于行政经费及军饷之需向有定数，近来亦无甚悬殊。即南京各处将应裁军队遣散之后，则各种用款亦有一定之数，按照参议院临时约法，均应预算、决算，造具细册、详表，刊登公报，以示中外。且此项册表并仿东西各文明国最新式样，及严限用途项目不准通挪之一定章程，将来公布时，亦必赠送贵银行团一份，以备参考。如贵银行团对于此项公布账册中之借款所指用途、数目尚有怀疑之处，亦可向本部质询，本部当将关于此项册内所指借款用途之确实证据指告贵银行团，以释其疑，而昭公正。至于此后借款，兴办各种实业，自可援照成案办理，由各项主管人延聘外国专家，以为辅助。如修造铁路，则可聘用外国工程司及司账员；如整顿盐务，则可聘用外国顾问及制盐专家；办理银行，则可聘用外国银行专家为大班。以上各项，既均有外国专家身亲其中，一切收支账目均所目睹，当可昭信。总之，本国即向贵银行团借此巨款，必力筹确实可靠之办法，以保贵资本家债票之绝无危险。若知贵银行团所要求之件，全国人民必群起反对，既伤彼此之感情，且于事实亦多隔阂障碍之患。本总长前在东三省办理屯垦局务，即系四国银行团借款，彼此商定取款之时开具用途清单，交银行团代表人查照支付。本总长收款后均按照用途所指事项筹划办法，并未丝毫通挪。上年十月交代局务之时，余存之款，本总长并用正式公文陈明东省赵总督，声明此项余存之数，关系四国借款信用，无论财政如何困难，不得挪作他项。成案具在，贵银行团可向东省调查也。

今为此次借款计，似请贵银行团查照前清币制实业借款合同办法，最为稳妥。贵银行团既具协助之热心，本国尤愿交谊十分融洽，想贵银行对于此种办法，亦必深表同情也。至于盐税担保及改良盐务，本总长另拟有详细办法，俟后详商贵银行团可也。

此渤。顺候日祉。

熊希龄①

五月九号

〔北洋政府财政部档案〕

3. 财政部陈述与银行团商改垫款草案章程经过咨②

（1912年6月12日）

为咨请事：六月初四日，准国务院抄出参议院咨复大总统文，内开：六月初二日，准咨开：查国务员与银行团商议垫款一节，迭经国务员前赴贵院报告，并将该银行团来往函件暨开具垫款用途清单咨送贵院查照各在案。现在库藏支绌，业已竭蹶万分，而各省义赈之款、遣散军队之款与陆、旗各军饷需、中央行政经费，一切无从支付。长此宕延，百废不举，正恐源无自开即流，亦愈难节。揆时度势，非继续筹借，更无良策足以急救目前。惟垫款草章七条暨银行团致国务员函四条，关系重要，非得贵院同意，未便向银行团接续再商。相应抄录草章暨原函译文各一分，按照约法第十九条第四项提交贵院查照议决可也。等因。到院。经由本院于六月初三、初四两日开会提议，佥以垫款一事本院自可同意，惟垫款草章七条，应磋商者尚多，应由政府向该银行团极力磋商。以上各节，均经公众可决，为此咨请大总统查照办理可也。此咨。等因。准此。本总长当于初四日午后三时约集银行团在汇丰银行会议，抗争甚久，未能解决。复于初六日午后三时续开谈判，稍为就绪。敬将前后辩论情形，为贵院详晰陈之。查参议院咨文内

① 签名及日期为熊希龄亲笔。

② 此件系财政部抄存件。

有垫款草章七条，可磋商者尚多，应由政府向该银行团极力磋商等语。本总长当以初四日在参议院出席时所闻于各议员辩驳之词，以与银行团相磋商，并就草章中最重要者分为两端。一、第一条：在财政部外附近地方设立稽核处，各派核计员一人，实为各省疑为监督财政之点，因即详告银行团，请其将稽核处机关裁撤，以释国民之疑。该团等询问：若无稽核处核算员，何所附丽？本部长谓：该员等即在银行内办事，亦甚无所窒碍。该团等坚不肯允。初六日续开谈判，该团仍执前说。本部长以初四日参议院会议时，曾有议员主持附设部内，由部给薪雇用之说者，当即举以相商给薪雇用。该团不以为然，惟附设部内，勉强应允。遂与商议，将稽核处裁撤，并于部内，有设垫款股，以核算员专管垫款，所指之用途，不能出于垫款范围之外。俟呈咨大总统、国务院、参议院允准后再定。二、第五条：三联领饷清单，由中央政府委派高等军官及该地方海关税司会同签字，并须予该军官、税司以调查应需之便利一节，又为各省军民所反对重要之点。本部长当与该银行团等商请更改此条，该团谓：税司为中国延用之人，此条又声明由中央政府委派，贵国人有何疑虑？本总长答以军人脑筋简单，不知历史，见税司为外人，即不免有所疑虑。该银行团谓：税司并不亲至军营，即有调查，亦可用该关所属华员前往。再三争论，坚执不允。本部长遂谓：前清旧制，税关款项均由海关道台兼海关监督与税司一同签字，此事即可由中央选派高等华官为江海关监督，办理垫款事宜，其予该军官、税司以调查应需之便利一语，改为遇调查时，由该关督、税司委派该关所用华员办理。该团以海关监督系属旧制，允其添入。惟调查改用华员，只肯列于私订办法节略，不肯明载条中，因虑税司有此一条不负责任也。本部长遂述：海关委派华员调查一节，系由法使马大臣见大总统时所言及之件，既该银行团不肯照办，应由本部长陈明大总统请示再定。此磋商垫款草章之大概情形也。又查前次参议院质问拨款函内第三项，伦敦会议未决定以前，各省借债须向该团先行磋商，究竟伦敦会议之期应以何时为终止一节，本部长当即告以参议院质问之意，坚询伦敦会议何时为限，会议毕后，此条即应取销。该银行团等声称：伦敦会议终期虽不敢必然，两、三日内必有确电，此次迟缓，实抱欠忱。本部长谓：所以要求贵国订明伦敦会议期限者，因各处有伦敦资本家议决不借款之谣传，参议院以本国需款孔急，万一果如谣传所云，必须先行知照，以便我国与他银行另借款项，而免贻误要政也。该团等佥谓：必不致有迟误，拟俟两、三日后再行函催，以杜藉口推宕。至于垫款数目，虽经唐总理定为七千五百万两，本总长当与该银行团等声明，目前本国急需款项预估此数，现在各省来电，多允协济中央军饷，一俟汇到后，足敷按月开支经费之用。无论何时有款可恃，即将垫款股裁撤，该团等均经允诺。此磋商垫款信函所载之大概情形也。惟是垫款事宜，参议院虽以国家危急为前提，仍令国务员设法磋商，以救目前燃眉之急。然全国舆论所在，亦不能不兼听并顾。现在南方各省纷纷函电，均主毁约。本总长于会晤该团时，乃将国民反对情状一一传述，并以毁约为言。该银行团等谓：此次垫款均照前清时代铁路、币制各项借款，设立查账、司账等员成案办法，只求取信于外国资本家，并无政治上之野心。倘中国自能筹款，无须银行团垫借，即可将七条立时取销，实为银行团等所至愿。本总长观其所言，尚属真诚，用特一并详陈，恳由贵院速开国务会议，转呈大总统，咨交参议院议决，以定可否。如因磋商不合，力主毁约，其事非难。倘另有再加磋商之处，请即改派熟习外交之员，前与该团等切实商改，以免国人致疑本总长之文护前议也。相应咨请贵院查照办理。此咨。右咨

国务院

〔北洋政府财政部档案〕

4. 熊希龄为商议借款垫款条件致银行团函①

(1912年6月14日)

敬启者：奉读十三号复函，承询种种敬条，答于左：

一、来函云：伦敦资本家所允三星期垫款，电内明载视所押抵押品之管理法何如一节。查本国历来借款合同，均以抵押品为前提，乃经济上不易之原则，本部长于上月第一次会议时，即先询贵银行团对于此次垫款、借款，何以不先问抵押担保、偿还方法，而反及于撤兵等事，出乎经济问题之外。嗣后屡次会议，贵银行团始于〔终〕未尝提及抵押品详细办法，即两次拨款函件，亦只载明以盐厘作抵，并无涉及管理。直至本月十号，本部长请再垫六月分巨款时，贵银行团始询盐务抵押法，本部长当将改良之意宣告，贵银行团亦未言及管理，足见贵银行团深信本国之抵押品确实可为垫款、借款之担保也。管理盐法为本国自主之权，既经议及改良，本部自必有切实管理办法，无论何时，本总长均可将一切情形详答贵银行团之询问也。

一、上回礼拜四垫款未能如数交齐一节。查此次六百万垫款，始因磋商垫款章程，继因稽核员商榷改良清单式样，以致迁延时日，非本国之不急需此款也。至于六月分尚需巨款二千一百余万两，前星期即已将各项数目与贵银行团面商其数，并与唐总理所开六星期请垫三千五百万两之款相合，亦与三月九号第三条请接

---

① 此件为财政部抄存件，原件上有熊希龄批："此件最要，应与第廿二号六月十三日银行函参观"。

济三、四、五、六等月之意不相违背。良以本国习惯,最重节期,六月十九为本国阴历端午节，一切用款，如优待前清皇室费以及各署政费、南京、上海、烟台、甘肃等处兵费,均属刻不可缓,必须于六月十七以前预备六百万两，方足以应急需。十七以后距节期仅两日，若非早行知照，深虑或有迟误也。

一、本月十五日巴黎会议,是否本总长误会为会议结果一节。查本总长十二号函内所云十五以前须有准信，系因要求贵银行团于六月十七以前垫款六百万而言，非指巴黎会议之事。盖垫款为贵银行团屡次承允之件，而巴黎会议关系日、俄加入问题，始终未闻贵银行团指为垫款问题。本总长前函所指六月十五以前须有准信者，实因节期已近，不得不提前数日，以求答复也。至于另向他资本团筹借之意，实系本月十号与贵银行团会议时，当面商拟电致伦敦资本团，催促垫款，概照贵银行团代拟电稿之宗旨而行。总之，本总长自与贵银行团开议垫款以来,均承和衷商办,甚为感泐。此次实因端午节期所迫，甚盼望贵银行团按照前函所需二千一百余万两之数，于六月十七以前及十九以后至月底预备垫交，以应本国之急。盖因本国要需，全恃贵银行团所允垫款，如其未邀允诺，本国万不得已时，不得不另筹他款，想为贵银行团所原谅也。专此肃复。敬候回玉。

〔北洋政府财政部档案〕

5. 日、法公使与陆征祥等关于借款用途及聘用顾问的三次会谈记录①

(1912年12月—1913年1月)

(1) 第一次会谈 (1912年12月31日)

元年十二月三十一日上午十一时，日伊使偕翻译高尾亨、法康使偕翻译柏良材来部，陆周总长接见。

伊云：今日与法康使代表六国使团关于六国借款事来见。借款事已由周总长与各银团代表直接会商，将有成议。惟有两问题周总长以为有关外交，不便自行解决。故特行约同造访，以便解决此两问题，俾借款得有成议。此两问题之一系将因革命洋人所受损失之赔偿一款载入借款合同内，其他系财政管理问题，其聘用财政顾问等员，亦宜载入合同内。非先行解决此两问题，借款恐终无成。

陆总长答云：外间已纷传此次借款系有政治关系，今竟欲加入此两问题于借款合同内，岂非竟如所传。且赔偿受损乃另一问题，与借款无涉。聘用财政顾问等员，系财政总长分内应办之事，似宜仍由财政总长先行将借款定议。盖赔偿一事应行研究者甚多，非一、二日能收效者，岂不因此而误借款之进行乎？

康云：此次借款有政治关系无足讳者，本国政府要求先解决赔偿问题，方允借款，亦有先例。如前古巴革【命】后向法国借款，本国亦要求其解决赔偿问题，方允借之。以故此次借款合同，仍

① 本件系财政部抄存件。参加谈话者为日本驻华公使伊集院彦吉，法国驻华公使康德，外交总长陆征祥和财政总长周学熙。

宜加入赔偿洋人损失一条。

周总长云：前次借款会议中止，寻得法使、日使好意调停，故复能开议。本总长亦推诚布公，望借款之有成，庶不负诸公使维持之好意。今方冀借款之议可成，而乃横加一赔偿问题。此问题纯乎系外交性质，而与借款初无关系者，岂非使此会议复行中辍乎？

伊云：法公使刻所谓非先解决赔偿问题，则法政府不允借款，此论甚当。本大臣与法公使今日来意，实望赔偿问题之解决，而促借款会议之进行也。至管理财政一层，虽属财政总长分内之事，然因其不能由财政总长与银团所能解决，故特来贵部以议决之。

康云：更有进者，若不先将赔偿问题解决，恐将来借款债票亦不能在法京发售也。

周总长云：现在借款二千五百万镑，其用度均有限制，实无余款足以作赔偿损失之用。且赔偿问题非一、两日所能定，岂非反贻误借款之事。且赔偿问题实有二点：一系何者应赔偿，一系赔偿之数目若干。

康云：借款数目本可以加多，为今计何不多借二百万镑，特为赔偿损失之用，其详细待后日再议。

伊云：现在应定者系大纲，故所宜定者系允赔偿与否，其他详细事待异日。

康云：现宜先拨出一款为赔偿之用，何者应赔偿，及其数若干，日后再议。到时若不能解决，仍可付之公断，一如文尼苏依拉之先例。盖其详细解决尚需时日，若已拨有的款，则事一解决，其赔款即可交付。

陆总长云：法公使所言尚是，本国政府于应行赔偿者，本决意赔偿之。然所未决者，一系何者应赔偿，一系赔偿之数目若干，将来两造如有异议，据法公使所言，仍可付之公断也。

康云：此事尚须与各使团接洽，得其同意方可。

周总长云：加借二百万镑为赔款之用，尚须有公函方好照办。

康云：现已解决赔款问题，可更进而谈管理财政问题。

周总长云：其为难者系现在已多有谣言，谓财政受外人之监理，用人之权亦操之外人，以故若将聘用财政顾问等员载在借款合同内，更易引起国人之反对。本国政府对于聘用外人之有名望、有学问经验者相助为理，已久怀此意，各使署当表同情。但于借款合同内加入此条，则政府反觉为难也。或于合同之外另用私函，彼此秘密询问，亦无不可。

康云：借款条件原有管理财政一层，但须为中国政府承认，方允借款。但承认之法，或载在合同，或另行订定，原可通融。

周总长云：如能给一封信，询问聘用外人条件、薪数等事，当必明白答复。

伊云：当以今日所言各事，报告六国使团中各同僚。

周总长云：原议今日下午四时再与各银行团会议，但彼等未有使团复音，则不与本总长会议云云。

康云：大概到期当有复音与各银行团也。

（2）第二次会谈（1913年1月15日）

民国二年正月十五日下午六钟，法公使康德来新公所会见总长，谈借款事。

法公使云：今日初想无事不来烦渎，故未关照柏翻译。不意适才接到本国政府一电，关系甚大，故自来拜访贵总长，当知法国在借款上所处地位如何紧要。无法国资本家之认可，借款不能成功；无法国政府之认可，借款亦不能成功。一则为出资之人，一则有使中国债票流行于巴黎市上之权。中国政府当了然于此，尤当优视法人利益。不料今本公使所闻之事，殊难使法国政府满意，果其如此，借款上将又生阻力，不敢谓借款必因是而取消，将恐其不成耳，是中国政府所最宜注意者也。闻财政部已聘定顾问二人，一丹马〔麦〕人，一德人；一在盐税上办事，一在债款上办事。按之借款合同，中国政府须聘请顾问三人，今已去其二，而其中一人且与借款无关系，其所留以待法国者不亦薄乎？前者财政周总长曾面许，关于用人上法国当得相当利益，然对于他人之事已发表，而许于法国者尚无，何种举动，殊为失望。今将本国政府来电送上一阅，当知本国政府所主持之议矣。

电云："关于聘请顾问事，以理论应用出资国之人，以势论应按出资之多寡以定供给顾问之数，此两端宜主持"。

总长答：此事恐未为定，本总长尚无所闻。

法公使云：此事虽未为定局，恐已成为定议。

总长云：将来借款成后，本国政府聘用洋员处甚多，想财政总长当已虑及，不得谓现在法人已失利权。

法公使云：将来用人虽多，恐皆为属员一流。本公使欲使法人应聘重要位置，得直接发议办事，不仰人鼻息。譬如关税上法人无何等影响，其所定用人条件即与法人不利。前者本公使保荐一人于海关，因其人年逾二十三岁，与关章不符，未能收用。新关只收用二十三岁以内之人，不知法国人人有当兵义务，由二十一岁至二十三岁，正当兵之时，不能于此时入新关任事，而兵期满后又为关章所不许，欲使法人合此格，法国只可供给有残疾、不能当兵之人。

总长云：出款者有六国，以均势言，法国只得出一人为顾问。今聘丹、德人，不得即谓有反对法国利益处。

法公使答：若六国出资平等，固应一国一人，今已有一国请法国代其出资，是法国亦当多出一人。

总长云：不能出资之国可得闻其名乎？

法公使答：此节现不能相告，当俟诸异日。

总长云：贵政府既有此意，本总长当从速告知赵总理及周总长，请为注意。惟须声明，当日贵公使与周总长面谈时，对于聘请外人一节，但说明可用私函密询。盖本政府之意，实不欲他国干涉用人之权，务请注意。

法公使答云：虽如此说明，而事实上如至事后始行见告，必致生出种种窒碍。今奉政府命，特来告知。遂辞别。

(3) 第三次会谈（1月21日）

二年一月廿一日午十二时，日本伊使偕翻译高尾亨、法康使偕翻译柏良材来见，陆总长接见。

伊使云：前次会晤，关于赔偿问题及财政监理与顾问问题，彼此妥议，而使团亦甚满意。当日以财政部周总长须于下午四时与银行团会议，故本大臣与法公使将所议一切报告使团，转告银行团，并电达各该国政府在案。本以彼此已协商妥当，即可作准，若见诸笔墨，恐反生误会。日前将所议定各点备一节略，以便存案耳。乃贵部所答复者，竟尽翻前议。今日本大臣与法公使代表使团来见贵总长与财政总长，重申前议，以解决一切。今财政总长既因病不到，即请将所言各事转达周总长，大总统前亦请转陈一切。查对于前次所议赔偿因此次革命受损各洋人一事，贵部节略内所答复者，仅限于武汉战界内所受损伤者。然洋人之因此次革命受有损伤者何止武汉一隅，中国各处均有之，今立此限制，颇不以为公允。至于聘用财政顾问，本以合同一时难定，且不便以此事载在借款合同内，彼此乃商妥，以公函询问贵国政府有无其事，贵国亦以公函答复，乃贵部之节略，易公函为私函，使团亦不能表其同意。

总长答云：财政总长因偶尔违和，今日不能在座，贵大臣所言各节，当与周总长会商后再行答复。前此节略系会同财政总长办理，当无不当。赔款一事，当日所言略嫌范围过广，故不得不设为限制，故于节略内加入之。至聘用顾问一层，周总长当日系明言用私函，并非公函也。

伊使云：当日只言中国政府担任赔偿，其详细待后日再议，若议而不成付诸公断，即欲设为限制，亦应俟诸异日。私函一事，何能作准，各国政府殊不放心，故非用公函不可。当日周总长系明言，各公使用信询问贵国，政府亦用信答复，并请各公使秘不宣布而已。

陆总长云：关于聘用顾问一事，一般国民反对极力，各国政府诚不宜干预之。中国政府本允聘用财政顾问，但有鉴于前财政总长熊君之因此事受国民排击，故亦欲各国不干预之。用私函即所以避各国有干预我国用人行政之嫌耳。

总长又云：现有欲宣布者，请贵大臣注意，并请代达各公使。昨日总统府会议后，以银行团不能垫款，不能不停止会议，以待时机。贵大臣等好意出而调停，中国实深感之。中国亦开诚布公，停止各小借款，以与六国银行团商议借款，凡可迁就者无不迁就。今既议而无成，甚为可惜，中国需用巨款甚急，不能不另向他处筹借款项。今日贵大臣等所提议各款，系根据于借款条件。今借款既停议，则此次提议各件亦宜暂行搁置不议也。

伊使云：贵总长所言，当报告各公使再行奉复。但本大臣以为现在尚有商议之余地，若久行搁置，则前此所定数款恐因而动摇，根本动摇，将来更难收拾也云云。

〔北洋政府财政部档案〕

6. 英国使馆关于在借款条议中增加赔款及聘用顾问的节略

（1913年1月9日）

查于商办维新借款有关系之六国大臣，于上年十二月三十一日公请日本、法国两大臣作为代表，与中国政府所派之代表外交、财政两部总长面订各节，应由本大臣等缮写明晰，呈与贵总长，以便备案。

一、中国政府允认将改革时凡外人所受之损失公允赔偿，是以中国政府以为将该借款数目由二千五百万镑增至二千七百万镑，以所加之二百万镑，移备偿补以上所提之赔偿。其各要索者应否承认及赔款之数目多寡，均归各使馆与中国政府会同核定，倘有未能同意之处，应照仲裁办理。

二、聘用外人为顾问官及官员，并与其定立之合同。中国政府当表明聘用外人为顾问官及官员之意，以备整顿财政之紧要机关，其中专提及盐政及审计院，迨至其时，本六国大臣即行备文至外交部，请问所应聘之外人系属谁何，何等权限，其合同内有何条件。嗣由外交部将所拟聘外人之名及所拟之合同备文答复本六国大臣，言明该文系属秘密。本六国大臣已将以上各节陈请各本国政府，允准言明，俟奉到批准后方能定局。

〔北洋政府财政部档案〕

编者按：外交部于2月1日复六国公使函中称："以上办法两条，洵属妥协可行，即希查照为荷"。

7. 周学熙就善后借款谈判中止原委暨中央财政涸辙等情致各省都督、民政长密电

（1913年3月4日）

各省都督、民政长鉴：午密。自大借款问题发生以来，前后磋商将及一年。学熙莅官之始，正值谈判中止之时。窃见百端待理，库藏空虚，罗掘补苴，不可终日，舍借款外几无救急之方。惟六国团原开条件过严，必须自定范围，以为进行标准。当经国务会议拟定借款大纲，并经参议院同意。维时英使正有开单索价之举，俄库协约亦接踵发见，外交困难，不可名言。而小借款复为六国团所扼，多成画饼，即克立士卜亦不敢担承，续借来源尽绝，岁事将阑，适法使居间调停，始于十一月杪复行正式开议。两月之中，该团种种要求愈逼愈紧，降心忍性，委曲磋磨，舌敝唇焦，屡濒决裂。直至本年二月四日，所有合同条件大致议妥，尚不越原定范围，该团允即日签字垫款。不意事在垂成，外交界忽生枝节，法使从中梗议，竟致未能签定。现又迁延匝月，仍无成立确期。昨英使竟有指定洋员地位之请，原因复杂，变态万端，审势度时，即使稍加退让，恐亦未能遽定，此大借款经过困难之情形及目前中止之原委也。惟是临时政府成立以来，中央财政久成涸辙，凡百政费，每月待支者既巨且迫，直接收入涓滴毫无。赔洋各款，除以海关收入摊还外，上年旧欠尚有一千四百余万金，追呼迫切，势难再缓。若不设法筹还，祸机猝发，殆不忍言。风雨漂〔飘〕摇，沦胥可惧，兴思及此，骨竦神焦。学熙愧无活国之方，复鲜点金之术，支持危局，倏忽半年，力尽精疲，惶悚待罪。所望群贤，共体时艰，各抒伟略，救危亡于眉睫，苏喘息于须臾。嘉诲良谟，望云待泽，谨陈肝腑，伫盼德音。周学熙。支。

〔北洋政府财政部档案〕

蔡锷就大借款破裂建议节省政费以图自立密电①

（1913年3月21日）

国务院、财政部均鉴：中密。院庚电、部支电均敬悉。大借款破裂，系法使从中梗议，英使复开单追索赔洋各款。外人协以谋我，辣手毒心，令人发指。查洋款均有抵押，稍失信用，势必横加干涉。中央无涓滴收入，非各省分认摊还，不能解此危急。锷素以拥护中央为素志，岂有届此急劫，不为援救之理。惟滇著名瘠苦，向日政费夙恃外协，反正后支出倍繁，外源骤断，一切政费极力节缩，始克支持。至今二年度预算不敷甚巨，尚不知向何收去。所有滇省应解洋款，暂时实不敢冒昧担任。明知政府目下情形非困难至极，决不肯作此危词，无奈此间室如悬磬，实属力不从心，如有饰词，天日可表。时势至此，惟有痛哭。为今之计，欲图自立，非急从节省政费入手不可。改革以还，中央势成坐困，各省亦元气大伤，其于行政种种要需，相率借用外资，饮鸩止渴，势何可久。锷想此后行政，除陆海军关于国防，不能惜费外，其余一切不急之务以及官吏俸给，均宜力加裁减，务求岁出不超过岁入。其各机关之支配与夫薪额之规定，概以最瘠省分为标准，以节养现时财力。所有元年分积欠洋款一千四百余万，即与各国协商，一律改作借款，分年摊还。以后每月应还一百七十余万，即由各省所征盐觔加价与印花税两项，扫数报解中央，以作归还此项专款。惟政事须由中央统筹，又必恃以毅力。各都督公忠体国，值此时艰孔亟，必不忍徒顾地方，致陷国家于危险。敬恳主持办法，密电各省，早日协议，以定大计。此次借款不成，

---

① 本件系抄件。

不过一时之困难，未始非民国将来之福。多难兴邦，古有明训，不经险阻，何有坦途。诸公实图利之，敬抒管见，伫候卓裁。锷叩。马。印。

〔北洋政府财政部档案〕

9. 外交部秘书厅抄送张荫棠电陈美国退出银行团情形致财政部函

（1913年3月22日）

敬启者：顷收驻美代表来电二件，美总统宣布政见，美国已声明退出六国团事。兹照录送上，敬乞察阅是荷。此颂
台祺

外交部秘书厅启　廿二日

电二件计五纸

收驻美张代表电　三月二十一日收
十九日由美京发

外交部转国务院：美总统宣布新政策，照译如下：今政府闻前任执政时当约本国大银行数家，合团分任中国借款，约一百廿五兆金元，其意欲本国银行与他国银行分此借款，以为非此不足以表我对中国之睦谊。欲本国资本徐输入该大国，又欲于中国工商事业，凡涉及该国外交，美国亦得与他国同负政治责任云云。该银团当今政府莅任伊始，遣派代表请询今政府是否仍请该团分任中国借款。据称，今政府如仍执此政策，该团当仍照前与六国议定办法进行。今政府不欲为此请，盖该借款合同办法今政府殊不谓然，且该团已明言之矣。如今政府仍请其分借，即应负责任，此尤今政府所不欲者也。当细审该借款合同所约，几于〔干〕预及

中国行政自主权限，今政府自觉未便与闻。此种办法即少为牵涉及之，亦且不欲。该东方大国今方知自固其权力，方知对其国民所负责任，假如新政府仿行前任政策，且负责任，势或至以强迫手段干预该国财政，或且及其政治，此固何可。又查其合同，该国商募此款，不特以其腐旧之税课某项为抵，复允令外国代表主持管理。今政府如维持本国银行，使此事得成，其所负责任也总可晓，殊于我国政体宗旨大相背驰。总之，中国人民方知自治力，其事即非当代最伟大之举，在近时亦最警人。对于此种举动、希望，我美人实深表同情，是以美政府对于该东方伟大民国此后但于本国最古之宗旨不背，遇该民国无所镠辖之事，苟能臂助，匪特首肯，实所切愿。该民国未开富源，环球迨无其匹，辟以为中国人民用，为天下法，此固我美人所乐助力，且尽力为助者耳。至今政府对于本国人民责任，此后切愿与中华民国彼此共振最广大、最亲密之商务交际。我国商家、制造家、包工家、工程局向无银行资本以为后援，与他国工商未免相形见绌。此后今政府当随时提创维持立法，为之助力。统而论之，能为今政府之天职，中国振兴富强，此为美国人民最要大之利益。美国利益在洞开门户，洞开友睦互益之门户，美国所欲伫以入者，只此种门户而已。棠。十九日。

三月二十一日收驻美张代表来电

今日见外部，因美总统昨宣布政策，对于民国足征友谊，特先道谢，仍候电示正式转达。又，美团已声明退出六国团。又，前助银行、各报挟恨诋民国，竟谓新政府有害民国，美在远东商务，从此闭塞搁置等语。我政府对美政策如何，请迅速电示，俾得解释浮言。棠。二十日。

〔北洋政府财政部档案〕

10. 日、德、英使馆就受聘中国盐政顾问事致外交部函及节略①

(1913年4月)

(1) 日本公使函(4月24日)

敬启者:借款一事,现各国公使异常周旋,谅于日内似有成立之望。日前所谈东三省及他省聘用敝国人为盐务会办一节,当蒙邀允在国务会议妥商办法,未悉如何情形。因此事敝国政府视为要件,如有接奉电询,必须复报。即请早为示知大略,以备电询,而资进行,是为切盼。专此。顺颂勋祉。

(2) 德国使馆节略(4月25日)

四月二十五日接准来函附合同底稿两份,一系聘一德国人为中央盐政处顾问兼驻上海总稽查员,一系聘一德国人为审计处之外债室之室长兼洋稽核员。该两件合同德公使详加阅看,并将其满意之意布达中国政府。

第一合同第十三款内所云:按照本合同条款办理等语,应解释最宽博、最广远之意,自属当然。又按此合同第七款一节,如中国盐政委派顾问兼总稽查员前往中国内地,离任日久,致应设法暂委署理,则所需费用,自应由中国政府担认[任]。

(3) 英国使馆节略(4月25日)

按准四月二十四日来函,内有聘定盐务署英国顾问兼盐务稽核总所会办合同,均已阅悉。现将视为妥当之意,甚悦声明于贵政府。今当言明第十三款内有按本合同于同条件一语,应照最宽

---

① 此均为外交部转送财政部之抄件。

大、最完全解释。至第七款，贵政府如委派该员往内地办公，需时太久，则所聘代理之费，均由华政府筹给。

〔北洋政府财政部档案〕

11. 孙中山为善后借款条例损害全国铁路前途致外交部函①

(1913年5月20日)

中国铁路总公司公函

径启者：本公司自开办以来，以规划路线、商议借款为筹备之两大端，而此两大端均以本公司条例为根据。查本年四月一日《政府公报》"法律"第二号，"中国铁路总公司条例"第一条：所有全国各干线，总公司得全权筹办，但指定各干线时，须先协商政府，经其许可。又第七条：铁路总公司借款招股，不论华洋股款，均应遵照国家法律办理，即同享国家法律保护之利益。其关于借款须由政府担保者，应先将所拟合同报明政府批准各等语。自应遵照办理。除本公司规划路线总图业经函请交通部查照许可外，至借款一层，本公司与外国资本家商议者，业有数起，均经接洽多次，大约款少者可无须由政府担保，而款多者则须由政府担保，其条件虽未确定，然大端均不难达到。本公司之目的始因条例未经公布，故不能遽有成约。今条例公布未久，而五国银行团善后借款业经成立。查该借款合同第十七款第二项，中国政府又允本合同借款债票全行发售，并且按照招帖所开末次票价付清后六个月内，除一千九百十三年四月初十日以前已经签订之借款外，非先与银行商允，则不得发行他项政府借款或政府担保之借款等语。是本公司借款须由政府担保者，在本年四月初十日以前，既未经签订即受该项之限制，究竟此项票价付清之末项系何时期，付清

① 此件系外交部致财政部咨文中之抄件。

后之六个月应至何时截止，合同中未经定明，碍难悬揣。惟该项限制政府他项之借款及担保之借款，而票价付清期限之长短又未于合同详定，且该合同第十六款尚有一再展缓之明文，万一末次票价付清遥遥无期，则借款长此失其自由，于路事及其他实业皆有妨碍。况营业上之借款与政治上之借款，其性质迥然不同，其条件亦断难相比。今自五国银行团善后借款发表之后，其他银行及资本家与本公司正在磋商之借款均大受影响，盖一则因该合同第十六、第十七两款有压抑他款之权，一则因该合同八四实收之过于低落，又一则因该合同监督之严切，是以他银行及资本家对于本公司行当商就之条件，亦思反悔，将来欲望如从前铁路借款之优美，固已甚难，且恐有观望、延搁之弊，于本公司筹划路事之进行，实属所关甚巨。除分函报告外，应请贵部酌定办法，使全国铁路前途不致有所损害，实为幸甚。相应函请查照，希即酌夺见复可也。此颂

台祺

外交部

孙文

〔北洋政府财政部档案〕

12．善后借款说明书①

（1927年5月）

案查五国善后借款，系成立于民国二年（即西历一千九百十三年）四月二十六日，由财政部与英国汇丰银行、德国德华银行、法国东方汇理银行、俄国道胜银行、日本横滨正金银行签订合同。

---

① 摘自《财政部经管有确实担保外债说明书》，标题为原编者所拟。

借款总额为英金二千五百万镑，合德金五万一千一百二十五万马克，合法金六万三千一百二十五万佛郎，合俄金二万三千六百七十五万卢布，合日金二万四千四百九十万元，年息五厘，由银行发售债票，以发售债票之日为起算期，按八四扣交款，计实交债额英金二千一百万镑。其债券额面虽以英金为本位，但仍并列上开折合德金、法金、日金各项货币之数，并订定应交借款全数或几部分，或以金镑，或以承购此项债票之各该国货币，按照以上所定之比价交付中国政府，由银行自行酌定，附隶于预约券及正式债票之息票，应付之款应按照以上之比价，在各该国交付。借款未曾动用之部分，存于伦敦、柏林、巴黎、圣彼得堡或横滨银行者，按年息三厘算还存息。至存在中国之各该汇寄银行者，则按照各该银行流水账之息率付息，其多寡以后商定。其正式债票之拈阄收回，或赎回，或清还，均按以上办法办理。此项借款之担保，系指定盐务收入之全数，应较将来用上项盐务收入抵借之款独占优先权。倘将来海关收款，除已经指作担保之从前债务，或以后修改海关税则而裁去厘金，凡现存合同指定他项债务归该关税担保者，除应付各款项外，若仍有余款，即默认并商订该余款应尽先作为本借款之担保，用以偿还本利。因此而盐务收入所有盈余之款，应如数拨归中国政府，以办理他项事宜。中国政府承认将中国盐税征收办法整顿改良，并用洋员，以资襄助。即在北京设立盐务署，由财政总长管辖，署内设立稽核总所，由中国总办一员、洋会办一员主管。所有发给引票、汇编各项收入之报告及表册，均由该总会办专任监理。又在各产盐地方设立稽核分所，设经理华员一人，协理洋员一人，会同担负征收存储盐务收入之责任，华洋经、协理及稽核总所并各分所必需之华洋人员，其聘任、免任，由华洋总、会办会同定夺，由财政总长核准。借款期限四十七年，前十年只付利息，自第十一年起，每年递还总额千分之九又八三九七九四五，合英金二十四万五千九百九十四镑十七先令三本士，合德金五百零三万零五百九十四马克九十四分尼，合法金六百二十一万一千三百七十佛郎二十八生丁，合俄金二百三十二万九千五百七十一卢布三十五戈比，合日金二百四十万零九千七百六十五圆六十七钱。自订借之日起，十七年后三十二年以前，无论何时中国政府欲将所欠未到期之款或全数赎回，或照合同所附清单赎回其一部分。凡此项赎回之数，每百镑须加付二镑十先令。惟三十二年后赎回则无须加价，但每次拟另赎回若干，须于六个月前由中国政府函告银行，以便于招帖载明拈阄之日期多加号数。每年七月一日为抽签还本之期，每年一月一日及七月一日为付息之期，并定每年应付本息款项，须照附表所开数目匀分十二个月预先交付，以每月底为交付之期，由中国政府于期前十四日拨汇。在未届实行还本付息期以前，银行对于此项存款认缴二厘利息，银行经理还本付息各事，应按每年还本付息总数，由政府给予千分之二·五之经理费，此项经理费每半年交付一次。当该合同已经商定尚未签订之际，各该银行等又以书面表示，依合同所定各币比价还付本息，如遇该项息票、债票不在原发行之国付款，而在他国付款时，必须定有办法。因提出附加条件数项，要求政府认可，始能将合同签字。其条件为：(一)汇丰银行为办理上项不在原发行国付款而在他国付款之息票及债票之总经理处或清理所。(二)各团在其本国市场代他团将息票、债票付款，应即将原票寄交所属之银团，并应同时将此项息票、债票所付之款数通知该总经理处。(三)总经理处应将各团项下分别各列一账，凡遇接到上项通知书时，即将数目收入代理付款之银团账内，一面并如数付入该票原属银团之账。(四)应于每星期最后一日，由总经理处造具帐单，并将所有代付息票之款汇交代付之团，并向原发票之团索取此项代付之款。(五)应以中国政府名义立一账册，所有因汇划此项代付之款于兑换上所受之利益或损失，均应记入此账，并声明凡因汇划代付之款于兑换上所受之利益，应归财政部查收，若有损失，应由财政部付还。经政府一再考虑，予以认可，即将上项书件签字。政府与银行各存一分，以为合同附件。此外商定，又由盐税收入项下预拨银元七百万元，作为借款准备金。至该项借款用途，系充作归还中央及各省旧欠各项零星外债赔偿，各国因我国革命所受损失款项暨办理一切善后费及行政费之需。此项借款成立以后所有应付本息，均按照合同及还本付息表，将一年应付本息总数匀分为十二个月，由盐务稽核总所于盐税收入项下按月拨付。但自民国六年起，由总税务司在关税收入项下按月拨还稽核总所收账。我国对德绝交宣战，所有关于德发部分之善后借款债票与其他德发债票，一律停付。惟协约国及中立国人民所持上项善后借款债票，核定采用声明手续，证明所持之票确非敌人所有，仍旧照付。此种限制在中德邦交恢复以后亦即撤销。至俄发部分之善后借款债票，当俄国革命时代，曾被俄国新政府将圣彼得堡道胜银行所存善后借款未经执持预约券人换领之债票，悉数没收充公，并将其所充公之借票向众出售，亦不问执持预约券人之利益如何。财政部为维持正当持票人并顾全中国政府信用起见，当经与道胜银行商定办法，通告各国经理银行，在拨付善后借款俄国部分债票、息票之前，必须要求兑票人证明其债票确在民国六年十二月二十七日以前由银行所换给者，并须承认倘该票日后查出系属新俄政府没收重售之债票，愿负如数偿还之责，并经登报通告执行。嗣以前项办法尚多纠纷，经财政部再与道胜银行商定，于民国十一年十二月在中外各报发表通告，将从前原发俄国部分之善后借款债票，一律换给绿色新票，俟换发新票后，每届付息即凭新票支取，无庸再取证书及银行担保手续。其民国十二年一月一日到期之第十九号息票，即应凭所换新绿色债票支取。此外尚有俄发部分债票账内被俄新政府没收之现款，约英金八千四百二十余镑，并经政府提出中俄会议要求赔偿，尚未解决。此项借款截至民国十七年六月三十日为止，尚欠纯本英金二千三百六十四万零八百镑，预计利息英金二千四百二十三万一千二百十九镑，又经理费英金十一万九千六百八十镑零四八，统计本息及经理费英金四千七百九十九万一千六百九十九镑零四八。参看附表（略）

〔北洋政府财政部档案〕

三、同成铁路借款

1．财政、交通两部与法比公司商订同成铁路借款合同呈

（1913年7月20日）

财政总长
交通总长为呈请事：窃交通事业，铁路为先。吾国干路虽有京汉、津浦、粤汉、陇海数线，而西部大部之纵贯线，尚付缺如。以秦、晋、川、滇，上腴天府，隔阂壅闭，遗憾滋多。本部有鉴于此，发起同成铁路，急起直追，以图挽救。此路系由晋省大同至川省成都，筑造干线，北接张、绥，南联滇、蜀，藉以控引藩部，抚驭蒙旗。全路延长三千余里，连贯三省，实为内地行政用兵极占优胜之路。惟方今款项支绌，筹集为难，当以利用外资，以谋开拓各项新事业，已为今日舆论所公认。经提出借款修路案，由国务会议公决在案。因财政上关系，由财政部商同交通部，委托陇秦豫海铁路督办施肇曾与比法公司代表商订借款，磋商多次，始拟订五厘利英金壹千万镑之借款合同。所有内容，如发售债票，付还本息及工程材料各项条件，大致以陇海借款合同为底本，而

逐加讨论，最后结果颇有比较优胜之点。查此路由大同至蒲州一段，本归山西商办，经历七年，仅成榆次、北票村间轨路十五里，榆次、太谷间土工七十里。嗣遭变乱，金融停滞，商股无著，公司解体，山西省议会本有收归公家清理之议。惟举债既无能力，处理又无方法，以致债权丛集，交涉屡生，全路观成，不知何日。交通部对于此案补救维持，责无旁贷。且同蒲原议北接张、绥，南连洛、潼，本为秦、晋纵贯之要路。张绥路工本年十月可抵大同，同成路线起首工事，拟由大同、太原双方著手。现在洛潼既归国有，划入陇海经营，其蒲州终点以地势论，自当趋重潼关，与陇秦干路衔接，凿山通道，一切设施须有并进之谋，方收贯通之益。大率由潼西以达凤翔，利用并轨；由凤翔以达成都，则宜单线。分道互进，五年届满，陇蜀大通，虽西陲工事，颇极险艰，然大势所趋，全局所系，不能不作此满意之希望，极端之进取。假定为圆满之计划，此次借款既根据上项计划分别规定。如合同第四条第五项声明，同蒲铁路收归国有，并入此路之内。又第四项，在陇海路线内建筑平行之路，由督办及总工程司商明，陇海督办及总工程司务使两路均获便利云云。以免临事互有抵触。又第十八节声明，接展本路或建筑枝路，悉采取限制主义，得仍用华款自筑。又第八条，债票费用之折扣改为五厘半，则均系酌采浦信合同办法，较胜陇海合同。惟据该公司代表声称：此次合同条款屡经让步，现在欧洲银市尚欠融活，加以大局未经宁谧，外国资本团投资态度不免观望。本代表因本合同往复磋商，业经就绪，是以不惜多方迁就，以免储有现金之团体或因他种牵制，遽受解散之损害等语。此次借款，磋商多日，仍得兼采陇海、浦信办法，折衷订定，不背财政部当日发端之原意，实由于此。此项合同应请迅咨国会通过，以完手续。合将合同全文缮呈大总统鉴核施行。谨呈。

右　呈

大总统

财政总长　梁士诒代

交通总长　朱启钤

中华民国二年七月二十日

〔北洋政府财政部档案〕

四、瑞记洋行与奥国借款

1. 财政部抄送与瑞记洋行等订立借款购货合同致内务部公函

（1913年8月18日）

财政部公函　二年公字第二千六百八十八号

径启者：案查本部自民国元年起各项借款，间有附订合同，载明于若何期间中国政府如需用合同内所载物品时，各该行均有优先权，并规定达于若干金额，以资限制。此项合同既订立在先，不能不确实履行，以昭大信。相应抄录关于前项购物合同大略，函送贵部查照。嗣后如有需用购物合同内所载之各项物品时，即希尽向各该行购买，一面知照本部，以便登册计算，并通知各该管机关可也。除分函院部外，此致

内务部

附抄合同节略

中华民国二年八月十八日

西历一千九百十二年，与瑞记洋行订借英金四十五万镑，附立购物合同一件，以十年为期，须向奥国三公司购买枪炮子弹等件，其数可达英金四十五万镑。

西历一千九百十二年，与瑞记洋行订借英金三十万镑，附立

购物合同一件，以五年为期，须向奥国史高德厂订购价值英金三十万镑之军械。

西历一千九百十二年，与日商泰平组合订立军械欠价延期契约时，附立购物合同一件。该合同内开：民国将来制定正式枪炮及军用器具，倘民国不自造，托别国制造，其制造费如与别国相同，可托泰平组合制造，以定本契约之日起，叁年为限。惟制造品须与别国制造者精度相等，此条方为有效。

西历一千九百十三年，与奥国维也纳坡尔第候德厂订借英金三十万镑，同时订立三十万镑购钢合同一件。

西历一千九百十三年，与奥资本团订借英金二百万镑，应以七十九万三千八百镑交存该行，为购买鱼雷船之用。

西历一千九百十三年，与奥资本团订借英金一百二十万镑，应以八十七万三百四十二镑交存该行，为购买巡洋舰之用。

〔北洋政府内务部档案〕

2. 财政部关于奥国借款展期及取消原订购货合同咨呈①

（1922年11月14日）

查自前清宣统三年以至民国三年间，先后向奥银团借款六项，总额英金四百七十五万镑，系以崇文门商税及契税为担保品，统由瑞记洋行代表奥银团办理。内有借款三项，并订定以购买军舰及炮弹等项为条件，即在原借款项下扣留英金二百三十一万七千二百二十八镑，以六十二万三千九百五十一镑拨付第

① 原件为印件，无日期。查奥国借款因1917年对德、奥宣战后停止，1922年11月14日展期合同，未核准，至1925年9月22日修正，担保品商税交还，改为义国借款。

一批定款，其余一百六十九万三千二百七十七镑留作备付货款之用。该六项奥款原定利息周年六厘，还本付息在伦敦举行，所有历次应付利息之所得税，均归中政府担任，本金系分年匀还，大致自民国二年十二月起至十年十二月止，分期还清。惟各款还期先后不一，并非归总匀还，除截至民国四年六月止，各款应付利息及所得税，均经先后照案拨付外，其民国四年十二月到期之款，仅付利息及所得税，所有本金一百二十三万三千镑无力付还。当经商定展期，分五年拨还，于民国五年六月订定展期合同，并将利率改定为周年八厘，应付利息之所得税，仍由中政府负担。所有民国五年六月到期之各款利息及所得税亦经付讫。民国五年十二月前六项奥款又到期，应还本金一百四十五万三千五百镑，又展期款第一批到期应还本金二十五万镑，连同各项利息及所得税十二万六千三百十四镑有零，合共一百八十二万九千八百十四镑有零，又均未能照付，乃再与原经手借款之奥银团代表瑞记洋行磋商，允将前项应付各款总数内提出本金六万镑及利息、所得税等款十二万六千三百十四镑有零，共计十八万六千三百十四镑有零，由本部另发国库券分六批拨还，利率按月九厘，即周息一分零八毫，其余欠付本金一百六十四万三千五百镑，另行派员赴奥商议展期。值欧战剧烈，所派之员中道折回，遂未定有办法。而商定分批拨还之库券款，亦仅付过两批，计六万镑，所余十二万六千余镑，内有六万镑原系由本金项下提出，因未照还，故仍并入本金项下计算，至库券项下应尚欠付六万六千余镑。照此结算，计五年十二月欠付到期本金之数仍为一百七十万三千余镑，连同库券款，合共一百七十六万九千五百镑。民国六年六月又到期应付利息及所得税约十二万余镑，亦未定有偿还方法。及我国对德、奥宣战，遂将欠付奥款本息及所得税一律停付。嗣迭准驻英使馆来电：以敌国以外之各国票户纷来索款，无法应付，请汇款到英，以便核发等因。经部于民国六年十一月及七年一月、四月、八月先后筹汇六万镑，交由驻英使馆，作为核发敌国以外之各国票户应得款项之用。然汇款太少，不敷应付各票户，遂纷纷向各驻外使馆要索。同时，驻京各外使亦迭次来文交涉。本部遂藉口俟中国参战损失抵算完竣，方能照付等语，分别答复。及中奥邦交恢复，依《奥国和约》第二百四十八条规定：凡协商或参战国欠奥债务，应彼此结账抵销，其抵账所余之款，由债务国用现金交付。奥国既无欠我国债务，而对奥应索之战事损失偿款，因各国一律主张缓办，不但对于中立国人民所执之票无可推诿，即对于奥国人民所执之票亦不能不还。计各项奥款截至民国十年，均已陆续满期，仅本金一项，不计利息，已达四百三十二万镑之巨。上年曾由本部与继承瑞记洋行营业之安利洋行，并奥债团代表罗森塔、高许厉二人迭次磋议整理办法，因该代表提出条件太苛，本部未能允办。以后该洋行及代表等时时催办，愈逼愈紧，并准国务院、外交部迭次函称：义、法等国公使对于奥款案催速解决；最近又准外交部咨称：新修海关进口税则订于十二月一日实行，曾知照关系各国公使，请其允认。兹准驻义唐公使电称：义政府以清还奥国借款国库券作为条件等语。是奥款一事关于国际交涉既如是其重，而于增加关税复有障碍，自不能不速为解决。至于解决条件，自以于我国较有利益为前提，该代表等原提条件，过期利息依据国库券利率，月息九厘，即周息一分零八毫计算复利。查照各国银行通例，半年一结，所得税按一九一六年（民国五年）以后之英国税率（历次合同及证函均载明，所得税系比照英国税率计算）五、六先令计算，而对于取销因历次借款条件发生之购货合同内定金六十二万余镑，中政府必须抛弃，因所办军械及巡洋舰工程，平均已达百分之四十（呈出义外交部签字，经我国驻义使馆之证明书为凭），前项定金仅为百分之二十五，奥债团不进而要求赔偿，已属特别让步。至于展期条件、换发新债票，价格为百分之八十八，期限五年，利率按照一九一六年展期合同，周息八厘。该洋行及代表等对于所提出之条件坚持甚力，并称如部中不能照办，即当付还现款。经本部再四磋商，始允将过期利息依照一九一六年展期合同，周息八厘，复利按一年一结，所得税按四先令计算。惟复利半年一结与一年一结相较所生出之差数，及所得税四先令与五、六先令相较所生出之差数，共约三十万零二千余镑，由双方各半分担，但奥债团应行分担之十五万一千五百余镑内，由奥债团交出现款八万镑，归入部库应用，其余七万余镑由总欠债额内扣除。展期利率照上次展期合同，按周息八厘计算，期限延长至十年，换发新票，价格为百分之九十，该代表等并声明此为最后之让步。本部查该代表依原提条件所开账单，共欠债额约六百八十八万余镑（购货案内所存未动之一百六十九万余镑，已连同利息在总债额内扣抵），依最后条件所开账单，共欠债额约五百十九万余镑，前后比较，已减少一百六十九万余镑（约合银元一千三百余万元）。并准安利洋行缮具取消购货合同草案及展期合同草案前来，本部当以此案于事实上既难再行拖延，一再斟酌，分别准驳办法，函复该行去后。一面并将义厂（先为奥厂，现归义有）承造船只一事，电嘱驻义公使派员密查，以昭慎重。而安利洋行方面接到本部函复之后，亦曾来函声叙调停办法，本部正在详加考虑。适得驻义使馆电复，关于所报告之调查造船情形，竟与安利洋行呈验之证明文件不符，本部以事出两歧，即照录安利洋行原呈证明文件，咨行外交部转电驻义使馆明白查复，并函驳安利洋行去后，又以造船事既有问题，关于所得税一层，亦难保无别种情形。同时致电驻英使馆，嘱其派员严密查复。所有奥款展期一案，至此暂归停顿，嗣复据安利洋行来函声明：所送造船证书愿负责担保其真确无误，倘大部证明该证书有不确之处，敝行愿将定货价款加算利息，一并退还，仍希大部按照现已送部之取消购货合同及展期合同条件办理，等情。当由本部咨询外交部：此案应否俟驻义唐代表将证书查明确实后再行核办，倘认为此时可以先行办理，一俟贵部咨复，即由本部拟具议案，会同提交国务会议，等因。并将安利洋行原送各项草合同及照录本案节略两件，一并咨送查核去后。准复以安利洋行对于所送证书既愿完全负责担保无误，其改订合同主旨在减轻外债之负担，积年悬案亦可藉以解决。如由贵部先行办理，似于维持政府对外信用不无裨益，等因。本部以兹事重大，未便擅自决定，即将奥款展期及取消原订购货合同各办法，缮文咨呈国务总理核示施行。旋准国务院函复：关于奥国借款展期一案，应照最后磋商办法，速订展期合同，以资结束；关于奥国借款内购买货物一案，应照所拟办法，将该购货合同即予取消，并交陆、海两部查照，各等因。本部遂与安利洋行及奥债团代表先行签订合同。至于所得税一项情形较为复杂，从先〔前〕历经照付，倘将来驻英使馆查复，尚有别种情形，自应再向安利洋行及奥债团严重交涉，此为事实问题，且与以前所订各项合同均有关连，此本部办理奥国借款展期及取消购货合同之先后经过情形也。再，查此次所订展期合同内载明：奉大总统核准，经国务会议通过等语，外间不察，指为当轴违法。殊不知此种规定，完全系依照一九一六年即民国五年之旧展期合同，并继续前订六项奥款合同办理。盖两次展期合同均以前订六项奥款合同为基础，故此次展期合同有如是规定者，实行上实为引伸旧合同而设，即所以表示新合同与旧合同有同样之精神，复按原文不难明了。况查从前所订之六项奥款合同条文内，虽均有奉大总统核准、经国会或国务会议通过之规定，而此种手续当订立合同之时，亦并未一一实行。财政部此次办理本案，为格外慎重起见，特咨呈国务总理，俟复准之后方始照办。是就事实而论，既与成案相符；就手续而论，更觉较前完备。此层为各方面注意之点，合并郑重声明。

〔北洋政府财政部档案〕

五、导淮借款

1. 国务院准全国水利局函请饬禁在沿淮沿运垦荒致碍导淮借款密电

（1914年2月19日）

（1）国务院致倪嗣冲密电

安庆。倪民政长：院密。准全国水利局函略称：导淮借款之议，前与美使订约，以沿淮、沿运清理所得及涸出之地为担保。兹据凤阳县绅士报告：土人傅汝鉴在泗县、盱眙等处设局招垦，恐为外人藉口，致碍借款进行，请转电饬禁。等因。合亟电达，希即查照办理。国务院。皓。印。

（2）国务院致冯国璋密电

南京。冯都督：院密。前准虞电，拟将苇荡营照旧制归军事办理各节，当交财政部核议，尚未复到。兹据全国水利局函称：沿淮清理所得各地，前与美使订约，作为借款担保品。兹若遽议兴垦，恐美使有所藉口，足碍借款进行。请转贵都督，将兴垦之议停缓，即为开垦计，亦须俟农商部垦荒条例颁布后查照办理。等因。合亟电达。国务院。皓。印。

〔北洋政府财政部档案〕

2. 外交部就导淮借款事与驻美公使等来往电

（1914年3—5月）

（1）孙宝琦致驻美公使夏偕复电（3月19日）

导淮借款，美使云：政府已商允红十字会催订正合同，希速赴美开议。何日离德，盼复。琦。效。

（2）驻美代办容揆致外交部电（3月20日）

据美红十字会称：拟趁淮河未涨时，遣河师前赴中国察核水势，请通知贵政府，迅催驻外借债员来美议定借款，俾定行止。倘不即办，又须延误一年工程，等语。谨闻。揆。二十日。

（3）外交部复容揆电（3月21日）

二十日电悉，业经国务院电催夏使速赴任，商订正合同。外交部。廿一日。

（4）外交部致容揆电（3月23日）

导淮借款事，夏使四月四日可抵美，于议订合同不嫌迟否，希转询见复。外交部。二十三日。

（5）容揆复外交部电（3月24日）

二十三日电敬悉。遵询美外部与红十会。据称：导淮借款俟夏使抵美商议不以为迟，惟当预备合同草稿，以期速办。河师须于五月初起程，前往中国，俾免误时，等语。谨复。揆。廿四日。

（6）外交部致容揆电（3月26日）

华盛顿。中国使馆容代办：甲密。导淮借款，请即与赤十字会开拟条件，俟夏公使到，议定签字。外交部。宥。印。

（7）外交部致陈锦涛电（3月26日）

伦敦。中国使馆陈澜生：甲密。伦敦事重，一时必不能醒。导淮借款，美政府催议，已电容代办于夏使未到以前，先行开拟条件，望将水利局寄英函件速寄容代办，以资浃洽。财政部。宥。印。

（8）夏偕复致外交部电（4月18日）

外交部：甲。十八日电敬悉。导淮借款，晤红十字摄丸次。据云，美使函称：应请官工师复勘，曾集议拟设一会，以工师五人为会员，另以詹美生为顾问，复往查勘，该工究否可办，用款数目及河城收入均须切实查明。俟报告后，银行始肯承借，为时半载，用费美金十万，该会拟捐二万五千，余请中政府筹垫。当以复勘与草议不合，应将正合同速订，方副我政府盼望之意。迭与辩论，稍有转圆，已电纽，请银行来人集议，容再电闻。偕。十八日。

（9）夏偕复致外交部电（4月23日）

外交部：甲。淮工复勘事仍难转圆，银行以美国河工均设会勘报，此仅据詹氏言，难示信。又值战争，银根将紧，现红十字会拟分包工借款为二，以包工勘费，设〔该〕会捐一半，余由包工垫。如工师报称难办作罢，中国应还垫款，包工合同可先议，可否，乞示。偕。二十三日。

〔北洋政府财政部档案〕

3．张謇为导淮借款案致袁世凯孙宝琦电①

（1914年4—5月）

（1）张謇致袁世凯电（4月28日）

大总统钧鉴：治。连接局转外部交夏公使电原文，饬局抄呈。兹拟复夏使电，请钧览后即交国务院、外交部浃洽。此电即由外部译发，并酌告驻京美公使②。复夏电云：前后两电悉。借款定数二千万，本系设计最高之总额。其用数及抵还方法，必俟复勘后方能确定，是为一定程序。然草约包工，本因借款而连及，若划而为二，固与原议不符。设美止包工而委借款于他国，恐多障碍，有所未便。现本局电请荷兰工师为第一次之复勘，六月再由本局咨询工程师详细勘估。美政府如实有赞助中国之诚意，应商请查照草约核订。前电所称红会拟组织工程师会来华查勘，鄙意赞同，并盼速决。惟勘费美金十万元之说，鄙意借款成则全由中政府认，不成则中政府认酬美金二万五千。照草约似应自二月一号起，以六个月为限，美工师会之勘估与本局荷工师之勘估以互证，不致相妨，并希申明慎重此事用款之意。张謇。勘。等语。如钧意或院议有所异同，请改定径发，以稿见示。张謇。俭。印。

（2）张謇致孙宝琦电（5月1日）

水利局亘译送孙总理鉴：复夏使勘电，由极峰交院商发，计已浃洽。惟美红会组织工师会来华，工师仅五人，期仅六月，而勘费须中银廿万。除去由美至华船费及杂用，每人月俸约计需五

① 张謇时为全国水利局总裁。

② 外交部于4月30日将该电拍发给驻美公使夏偕复。

千元，为数过巨。借款如成，照此论俸亦殊难为继。謇勘电借款不成，中政府认酬美金二万五千之理由，系依前供给詹美生两次测查费之例。盖以是答友邦之盛意，请转陈极峰，酌告驻京美使，转知该会。謇。先。

〔北洋政府财政部档案〕

4. 全国水利局抄送导淮借款草议咨

（1914年9月11日）

全国水利局为咨送事：案查本局代表政府与美公使代表美国红十字会商订导淮借款草议，业于本年一月三十一日双方签字，其正式合同并经呈明大总统，令由驻美夏公使与美国红十字会在美协商。嗣准夏公使电称：美国红十字会商派工程师来华复勘淮工，所需勘费计美金拾万圆，先由该会代垫，如导淮借款成立，再行由借款项下拨还；万一借款不成，则勘费美金拾万元应由我政府与该会各认一半。其时正奉差勘淮，迭由外交部与夏公使往还电商妥协，呈明大总统在案。现在美工程师勘淮完竣，昨已到京，不日返美。此项导淮借款能否成立，正式合同如何缔订，俟该工程师返美后方有解决。且据该工程师等面称，施工计划尚须添设水准，分测流速，补测各支流之平面。如照所拟进行，则本局岁出经费，恐尚不免加增。事关财政，相应先行抄录导淮借款草议，咨送贵部，希即查照可也。此咨

财政部

计抄送导淮借款草议一份

全国水利局总裁张謇

中华民国三年九月十一日

导淮借款草议

一、中华民国政府，因美国红十字会已表示注重淮河流域之意，并念该机关或其代表，或其承续人，愿设法筹款兴办导淮工程。

二、故中华民国政府承认，允许美国红十字会或其代表，或其承续人，自本草议签字之日起一年之时期，以便筹集导淮借款。此项借款数目为美金二千万元（此项数目或增或减，须于测量完全告竣后查系必要者），用以疏导淮河流域内之河道，赅括淮河（自河南信扬〔阳〕州起，经息县、霍邱、凤台、怀远、五河、盱眙县境）、里运河、沂河、泗河、沭河（江苏省境内）、睢河、涡河、淝河、浍河、濉河、潼河、沱河（安徽省境内）、及洪泽湖，兼须待审核之入海与扬子江之出路。倘以上所载之河工开工后进行已有时日，原订借款显见不敷用以完工，届时由总工程师将需款数目完全审查后，呈由全国水利局总裁核定，即由总裁商请美国红十字会继续设法加增借款，其条件于加增借款时议订，期于双方满意。其加增之数目以能使本条件内规定之导淮工程完竣为准。

三、此项借款定名为中华民国政府美金借款，年息五厘，其担保品如下：

（甲）附件甲种所规定之河工区域内，凡系官地能有或目前所有之收入，以及将来因河工收效而可为中华民国加增之收入，赅括溢出田亩变价召租，及中华民国政府于河治受益之田亩所征收之河工特税，并因使用河工区域内运河而征收之通行税在内。

（乙）如前项中华民国所得收入及税课，于借款本利分年到期之时不敷抵还，中华民国政府允于分年本利到期之日，别筹他项收入，将应还本利全数归还。

四、债券发售之价，当由中华民国政府与美国红十字会，或其代表，或其承续人于此借款签字时，按照中国政府负有相同债务（如铁路工程）债券之最惠市价协同订定，其交付中华民国政府之券价，应为发售于公众之实数，但须扣出一准情合理之数目，为银行佣金、发售债券用费及印花税。

五、中国政府表明愿托美国红十字会延聘在美国著名重要河工有五年以上之经验，于职业上负有最高尚名誉之工程师为导淮总工程师，委令筹备工程上准确之计划，兼管理第二条内所载及附件甲所规定之河工区域内之一切河工。美国红十字会表明赞助中华民国之好意，提出一工程师，有以上所载中国政府所愿得之资格者，由中国政府委任。为显美国之公平，增中国之信用，凡系顾问工程师，代表全国水利局总裁奉命勘查导淮工程之进行，及第二条内所载并附件甲所规定之河工区域内之其他河工，当给以准情合理之利便，俾资勘查。与该顾问工程师勘查全国水利局所办各项工程所得之利便相同。

六、此项工程以百分法计利之包工承办，而被选承办之公司，应经中华民国政府与美国红十字会或其代表，或其承续人认可。所有零散包工承办公司，如因迅速工程计，必须包出，当以投标法办理，其零散包工之种类、性质，于最后合同内分晰载明。

七、如于导淮河工区域内有小段河工，因水利交通急须提前迅办之故，先需美金一、二百万元，美国红十字会或其代表，或其承续人，应以赞助中华民国之好意，允许于接到中国政府知会后，尽力设法，从迅筹得此项需用之垫款，其数即于大借款成立时，在内扣算。

八、至妥善经理出入款项，及中国政府与持有债券人双方之保障，一切办法当磋商决定，而载入最后之合同。凡系在借款内动拨之概数，必须先由总裁核定。但在此概数内支付之款，只凭总办、总工程师会同认可。

九、此草议经签字后，双方应速派全权委员开议，并商订一最后之合同，呈由其主裁之人核夺。倘草议内所载之期届满，彼此有一方面不能履行所订之合同，即应作废。

十、现订之草议，其汉、英文均详细校对，惟嗣后如有文词辩论之处，应以英文作为正义。

附件甲

淮河河工区域赅括以下所列之河道，以及按照总工程师所定最后计划，为办理全工必要之连带工程在内。

淮河（自河南信阳州起，经息县、霍邱、凤台、怀远、五河、盱眙县境)、睢河、涡河、淝河、浍河、濉河、潼河、沱河，越五河、盱眙县境至洪泽湖，又经清河、安东县境入海。

里运河自扬子江瓜州起，至清河县入运河。

沂河自齐村起，至窑湾入运河。

泗河（即不牢河）自蔺家坝至窑湾、徐唐之间入中运河。

沭河由大三汊口起，至周家口入六塘河（为前沭河)，至龙王庙转向北，至马家口入青伊湖(为后沭河)。

以第三条内所载之借款担保品，故河工区域并赅括以上河道所通之沟洫区域全境在内。

代中华民国政府　张　謇

大美国特派驻华全权公使代美国红十字会承受

中华民国三年一月三十日

在北京签字

西历一千九百十四年一月三十日

〔北洋政府财政部档案〕

六、四郑铁路借款

1. 交通部为修订四郑铁路借款与正金银行来往函①

(1915年11月)

(1)交通部复正金银行函稿

径复者：接准贵银行四年　月　日来函称云云，等因。查四郑铁路既由贵银行经手发行债票，办理所有豫约大纲规定之四郑以外各线，既由贵国政府致函外交部，称贵银行愿充此项资本家等因。将来本部自可按照豫约办法大纲，与贵银行商酌办理。相应函复查照可也。此复

正金银行

附正金银行信稿一件

敬启者：此次敝行与大部磋商四郑铁路借款合同案第二条第二项载有政府允由郑家屯起至洮南府之铁路、由开原起至海龙城之铁路、及由吉长铁路长春车站起贯越南满洲铁路至洮南府之铁路，亦应用银行承办，发售债票，进款建造，其详细条款，按照本合同条款日后再行协定。又该合同案第二十条载，倘将来政府筹划建造由洮南起至承德府城铁路，及由海龙府起至吉林省城铁路，如须用外国资本，则先尽与银行商办，等语。大部委员诸君均以前开条款既在借款修造铁路豫约之办法大纲言明，应由四郑铁路借款合同删除，极力主张，敝行亦当照办。惟查大纲所定各路借款，前经由日本政府指定敝行与贵国商议，一面由日本公使将此事知照贵国外交部在案。倘此时只将前开条款削除，而于其四郑以外之各路借款建造等事不设何等办法，则首尾不接，结束不完全。缘此，豫于削除该条款之前，特修芜函，奉达大部，凡关

---

① 此组文件均为交通部函送财政部之抄件。

于大纲所开四郑以外之各路借款建造一事，将来敝行自当随时揆度情形，按照前开条款办法，商与大部定议，以符大纲，而全要工。似此办法，想必为大部所谅。俯望迅赐复音，允为照办，以便结局，无任盼祷之至。敬呈

交通部

中华民国四年十一月　　日

大　　正四年十一月　　日

（2）交通部复正金银行函稿

径复者：接准贵银行四年　　月　　日来函称云云，等因。查贵银行所开各节，本部自可允照办理。惟浦信铁路现在尚未聘定总会计，并无此项合同，相应将聘用总工程司合同一件钞送备阅可也。此复

正金银行

附正金银行信稿一件

敬启者：此次将四郑铁路借款合同细目案，敝行与大部磋商会议几费三月，所有多数条款，现经双方同意。兹查该合同原案第十四条关于总会计聘用合同，及第十六条关于总工程司、行车总管、养路工程司聘用合同各条款内，均载有“与银行商定”五字，在敝行一面实系紧要，屡于会议详细说明，谅已在明鉴之中。而大部委员诸君，均藉以浦信无此规定为理由，迄今未能解决此项五字。敝行并非故意固执，敝行本愿拟照浦信铁路聘用合同一律办理，而在大部亦允照办，并将该合同抄示，则此问题似乎自可解决，所有与银行商定等语亦可删除。倘或浦信总会计聘用合同未经订立，则自应准据总工程司聘用合同办理。至于行车总管及养路工程司聘用合同，事同一律，亦应照浦信办理。倘或该铁路未订此等合同，将来浦信先订，四郑自当照浦信订定。如浦信未

订以前，四郑欲订此项合同时，可将与浦信情形相近之铁路聘用合同作为标准，秉公议定，此为两便。务祈大部允诺上开办法，并将前开合同一齐抄示，以便此项问题圆满了局。无任盼祷之至，特此布达，鹄候复音。敬呈

交通部

中华民国四年十一月　　日

大　　正四年十一月　　日

（3）交通部致正金银行函稿

径启者：查合同第十六条内开：政府简派督办一员，该督办常川驻在工所，并代表政府享有执行本合同范围内之事权等因。查四郑铁路现在甫经开办，当由交通部委派局长一员执行督办事宜。即希查照为荷。此致

正金银行

附正金银行来函稿一件

敬复者：顷接大部民国四年十一月　　日函开云云等语。敝行并无异议，相应函复大部查照可也。敬复

交通部

（4）交通部致正金银行函稿

径启者：查合同第十八条第一项称：所有本铁路进款，随时交银行收入本铁路项下等因。此条所称银行系指何处银行而言，即希示复为荷。此致

正金银行

附正金银行复函稿一件

敬复者：顷接大部民国四年十一月　　日来函，内开云云等语。现因四平街不设支行，所有铁路进款，唯有交与该处最相近

之支行，收入本铁路项下。倘将来敝行决定并蒙该管衙门允准在四平街设置支行，此项进款交该支行收入可也。敬复
交通部

（5）交通部致正金银行函稿

径启者：查合同第十八条第一项称：所有本铁路进款，随时交银行收入本铁路项下，不得稍涉迟延，酌视情形定为长存或短存，其利息随时会同银行酌定。等因。查东省本国货币尚未统一，所有铁路局与银行存款、付款应有一定之本位，并须确定换算方法。将来应如何办理之处，即希示复为荷。此致
正金银行

附正金银行来函稿一件

敬复者：顷接大部民国四年十一月　日来函，内开(云云)等语。敝行届时自当饬知四平街相近之支行总办与四郑铁路督办，商定本位及换算方法可也。敬复
交通部

（6）交通部复正金银行函稿

径复者：接准贵银行四年　月　日来函云云，等因。若将来遇有合同第二十四条事项，本部应按照来函所开各节办理。相应函复查照可也。此致
正金银行

附正金银行来函稿一件

敬启者：查四郑铁路借款合同第二十四条第一项、第二项内开(插入全文)等语。倘将来遇有实行前开二项所载之事，本合同内有关系之各条款必须更改，即指该合同内所有日本金币改为英镑。又在第七条第三项之在日本交还日币之数，改为在英国交还

英镑之数。又该条第四项之在日本实在存有日本金币，改为在英国实在存有英镑。第十条及第十二条之中国驻日公使，改为中国驻英公使。第十四条第一项之横滨改为伦敦等款。除此等事项之外，无庸更改。如在巴里〔黎〕及或纽约等处发售债票，亦应按照在英国发售债票之例，一律办理。相应函达大部，请为查照函复为荷。敬呈

〔北洋政府财政部档案〕

2. 财政、交通两部会同拟订四郑铁路借款合同暨附件草案呈

(1915年12月15日)

财政总长周
交通部长梁谨呈。为拟订四郑铁路借款合同暨附件草案开具清折仰祈圣鉴事：窃满蒙等处借款筑路事宜，曾于民国二年十月间与日使山座商订豫约办法大纲，经国务会议议决，由外交部照会日使在案。所订大纲三款，其第二款内开：借款细目俟大纲议定后，即由中国政府速与日本资本家协定等因。三年四月间，由日使介绍正金银行将借款合同草案送交到部，当时未即与议，嗣因欧战发生，该银行遂搁置不提。及本年六月，据正金银行代表小田切面称：拟由银行筹款，先筑四平街至郑家屯一段。及七月间提出修正合同草案，乃变更前议，主张发行债票日金五百万圆，并声明万一债票不能发行，则由银行借款修筑。本部以现在金融市面受各国战事影响，发行债票恐不能得相当之价格，仍拟照原议向银行借款办理。磋商再四，该代表始允借款，惟仍须先行另订四郑铁路正式合同，并声明将来预约大纲规定各线，均由银行承办借款。本部以既经借款系暂时之计，不必先订正式合同及其余各线之将来办法。彼此各有主张，迄难解决。于九月间开具说帖

上呈，并请饬下外交部决定方针。嗣接外交部说帖，内开：正金银行既愿先修四郑一段，则只能以四郑一段为限，与之先立合同，惟须以浦信铁路办法为标准，等因。本部照此宗旨，委派参事陆梦熊及程经世、陈斯锐等与该代表磋商细目，自九月二十二日起定期开议，已历二十余次之多。逐条讨论，凡应行修正各节，均经次第修改，计商定四郑铁路借款合同草案二十六条，大致与浦信条文尚无出入。又以现在发行债票时机不利，另订附件一件，仍照该代表初议，由银行借用规银三百四十万两，一俟四郑债票有发售之机会，即以债票进项偿还借款。此外关于详细节目有非正合同所能规定者，另用函件声明，以免误会，而利施行。所有拟订四郑铁路借款合同暨附件草案，是否有当，理合抄录各项草案，呈请鉴核批准，饬令学　、敦　会同与该代表正式签字，以结悬案。再，此案由交通部主稿，会同财政部办理，合并声明。谨呈。

中华民国四年十二月十五日

附件

中华民国政府（以下称为政府）与日本国横滨正金银行（以下称为银行）于中华民国四年　　月　　日即大正四年　　月　　日订立四郑铁路借款合同。兹为将该铁路迅速建造起见，特此商订附件，议定条款如左。至于本附件内未订条款，须照前开铁路借款合同所订办法办理。

一、现在因各国金融市面受欧洲战事影响，认为发售四郑铁路债票不利，政府与银行协商，向银行借规银三百四十万两，开始建造四郑铁路。

二、本借款之本息，应由四郑铁路借款合同第十三条第一项之发售债票进款尽先还清。

前项所开债票，政府与银行协商，认为有利时即行发售。

三、本借款专充为建造四郑铁路购办地段、车辆及一切应配物料，至经营行车之费，及于造路期内应付本借款利息之用。

四、本借款利息，政府在建造四郑铁路期内，由本借款在其造竣后，先由四郑铁路进款，次由政府以为合宜之别项进款，于到期十四日前交付。

五、本借款之本息，政府确保全还，若本借款及或四郑铁路进款不敷付还本利之数,由政府设法以别项款项补足,交付银行。

六、本借款在四郑铁路债票未发行以前，以现在及将来属该铁路所有一切动产、不动产及各项进款，作为头次抵押。

七、本借款在上海银行之四郑铁路项下收存，其现存之款，按银行常例给息，若督办欲一次提用银贰拾万两以上之数，应于用款前十日知照银行。

八、本借款随四郑铁路工程进行所需，可随时提用。惟须核照督办及总会计，向银行开具会同签字之发款凭单，并须将此款所用之工程性质及价值，另单声明缘由，方可交款。

中华民国四年　　月　　日财政总长

交通总长

大　　正四年　　月　　日横滨正金银行

附借据式样(略)

〔北洋政府财政部档案〕

七、芝加哥大陆银行借款

1. 赛利尔等反对以烟酒税抵借美款致陈锦涛函

(1916年11月24日)

(1) 赛利尔函

陈财政总长钧鉴：关于美国新借款问题，近今北京各报已屡经登载，并云该借款以烟酒税为第一次抵押品。惟查中国政府业已先将上项税源为一九一四年五厘实业金借款及钦渝库券第一次之偿还品，北京各该报不无传闻失实之处。兹以上项执券人名义，谨告贵政府设法阻止此项揑报，俾于国外信用不致受其破坏之影响也。专此。敬颂
钧绥。

中法实业银行赛利尔谨上
一九一六年十一月二十四日

（2）四国银行团代表函

陈财政总长钧鉴：敬启者：英、法、俄、日银团各代表，于本月二十日及二十二日迭上两函，质问传闻中政府与美国芝加哥大陆商业银行所订之五百万金元借款，与善后借款合同第十七条及近今与银行团提议之一千万镑续借款均有违反，应请贵总长迅速赐予说明是荷。现各报所载之该合同内容，自与敝代表等之意见相同，与善后借款合同第十七条相抵触。敝银团等职权攸关，对于上项所言借款合同之成立，不得不提出抗议，并已将仆等之行动知会各银团矣。专此。敬颂
钧绥

希礼尔
萨璧业
郭业尔
小田切
同签

一九一六年十一月二十四日

〔北洋政府财政部档案〕

2. 国务院转奉参议院议决向美借款订约经过函

(1916年11月28日)

国务院公函　第一千三百十六号

径启者：奉大总统发下参议院咨：在美国银行借款订约一案，业经院议可决文一件，相应抄送贵部查照可也。此致

财政部

中华民国五年十一月廿八日

参议院为咨达事：十一月二十二日准众议院咨开：本院十一月二十一日常会，准大总统临时提出美国银行借款一案，内载：据驻美公使顾维钧电称：美国银行借款正式合同共十一款，要旨如下：(一)借额美金五百万元，政府声明本借款为充实业之用，包括改良国内事业、巩固中、交两银行准备金，及其付款咬(原文如此)之用。(二)所发库券息票，均为中国政府直接债务，满三年还本，年息六厘，自本年十一月一日起，半【年】付息一次，政府如欲于一九一七年十一月一日以前赎回，除利息外，应加奖励一厘，此后三年期满以前赎回，七月加奖励半厘，每次利息均于期前十日由政府汇交银行存发，正式库券未印以前，政府出美金五百万元总库券一张。(三)本借款担保为政府烟酒公卖税，政府声明该税前此未作他项担保。故本借款在本息未清以前，对于此项担保应占优先权，如将来用以兜借他款，不得与本借款平权，或减损本借款之权利，政府愿以该税收入充付本借款本息，若收入不敷，愿从别种税源酌提补足。(四)库券公售价自九七外，加应退之息，私售价可由银行酌减，惟不得违背本合同第六款，至刊借执行库券及临时收条等费，政府担任，售券告白等费，银行

担任。如第一次公售价超过九七，盈余由银行与政府均分。（五）库券及息票均免纳一切赋税。（六）本借款每百元净交九一，外加应退之息，除第四款所载外，一切盈余均归银行，作为该行费用，银行于签订合同及签交临时总库券后五日内，收美金四百五十万元，拨归政府用账，外加应退之息。（七）库券息票遗失补发办法。（八）银行经手付利，政府给与所付息金百分之半厘经手，还本给一厘之四分之一。（九）如中国政府拟在美续借，允准银行优先承借，其条件、借额，届期另订，但此项优先权至续借满二千五百万元时为止，并由政府通告续借日起，限于六十日答复愿借与否，逾期则政府可任意另借。（十）政府签订本合同一切手续均与中国约章法律相符，亦不违背无论何种条件合同。（十一）本合同系由中国驻美公使，遵照财政部总长委托全权电文，代表政府签订，该电文业经政府照会驻京美使云云。等因。到院。特派财政总长陈锦涛出席说明，并要求依据议院法第二十七条暨第二八条办理。业经秘密开议，多数可决。查国会组织法第十三条：民国议会之议定，以两院之一致成之，相应移付贵院查照办理可也。等因。本院即于同月二十三日开秘密会议，由财政总长出席说明借款合同各节，当经院议，以众议院来咨未经叙入大总统正式提案之咨文，形式欠缺，未便遽行决议，由主席宣告散会。同日下午五时，又准众议院咨开：本月二十一日准大总统咨开：兹向美商借债，订立契约，依照约法第十九条，应由贵院议决，除由财政总长出席说明外，相应咨行贵院，依法办理可也，此咨。等因。除借款合同本院业于本月二十一日常会经多数可决咨行在案外，合行补咨，即请查照办理，等因。到院。即于同月二十四日再开秘密会议，仍由财政总长出席说明，要求依照议院法第二十八条办理。经院议可决，并由院议省略三读会之顺序，遂于同日续行第二、第三读会，节经院议可决，相应依照议院法第五十

六条之规定，咨达大总统查照施行。此咨
大总统

〔北洋政府财政部档案〕

3．外交部就美款抵押是否与法款担保抵触与财政部来往咨

(1916年11—12月)

（1）外交部咨（11月29日）

外交部为咨行事：本月二十三日，准法玛代使照称：本日北京各报载有中国政府与芝加哥大陆商务银行新定借款合同，内第三条载：以烟酒公卖进款作为借款担保，并声明该项进款前此未作他项担保，是以此次担保应享有优先权云云。查华政府与中法实业银行所定钦渝一百兆佛郎借款合同有一条云：此次垫款，其付息还本，以中国境内现征或将来可征之烟税作为担保。又华政府于一九一四年与中法实业银行所定修改浦口一百五十兆佛郎五厘借款合同，其附件内载明：其付息还本，以中央政府在扬子江以北各省所征及将来可征之酒税进款，作为优先担保，各等语。除知照驻京美使外，应将以上各节请转财政总长注意，并将财政总长对此表何意见示知，等因。应如何答复之处，相应咨行贵部查照见复，以凭转致可也。

此咨
财政总长

外交次长代理部务　夏诒霆

中华民国五年十一月二十九日

（2）财政部咨稿（12月5日）

咨外交部　第二千六百五十五号

为咨复事：准贵部咨开：(内容同上，略)等因。查中国政府向来所征之烟酒税，其性质不外生产税与通过税二种。至烟酒公卖费，系由中央在于各处特设公卖专局，并分置局栈。凡在市场上买卖烟酒，均由局栈代为经理，以示监督之意。其因此项事务征收之相当费用，即名为烟酒公卖费，去年年底始行创办，在浦口实业借款暨钦渝垫款之后，此项公卖费实行之后，其从前所有之烟酒税仍照收纳。两种性质，绝不相同，毫无抵触。法公使所询各节，未明此中真相，相应咨复贵部查照，并酌复法公使查照可也。此咨

外交总长

中华民国五年十二月五日

〔北洋政府财政部档案〕

4．芮恩施就美国借款不违背善后借款合同致财政部函

(1916年12月7日)

径启者：日前贵总长与本公使秘述英、法、俄、日银行团递抗议书、反对已商定之美国借款，谓违背善后借款合同第十七条，本公使已经知会本政府。兹准回函：以本政府之意见，大陆商业银行借款合同毫不违背他国银行与中政府所定之合同，本公使查此反对该美国借款之事，明显他人在中国所要求之优待权过于美国人所享之优待权，并且本公使不能允准此宽广解释善后借款第十七条之要求。贵总长亦切实声明，该美国借款之款项，作为巩固中央两银行之信用，并为充发达民国实业之用云云。贵总长所

声明之语，本公使颇为满意。查该款项应作为该项进步实业之用处，系紧要关系。如果作为政治上一概不进步实业之用，将来在美国再定借款即甚难。本公使现在与贵总长去函，非系拦阻该款之用处，不过要声明将该借款作为他项用处之危险。相应函请贵总长查照可也。此颂日祉。

附洋文一件(略)

芮恩施启

一千九百十六年
中华民国五年 十二月七日

〔北洋政府财政部档案〕

八、善后续借款

1. 希礼尔等反对中国向银行团以外自由借款致陈锦涛函

(1916年12月2日)

陈财政总长钧鉴：奉十一月三十日致希礼尔君大函，内开：钧意以为敝银团等既未能与德银行团联合进行，即不能履行善后借款合同第十七条所载之优先权，中政府自能选择相当者而自由借款。敝银团等对于钧意绝对不能赞同。银团之不能与德银行团联合进行，亦未能因此而偏废英、法、俄、日等国在合同内第十七条所载固有之权利。况仆等所争执之权利，并未损失于十一月十七日所奉钧函提议一千万镑之续借款时，仍援合同第十七款办理，是钧座已承认敝团等之权利仍继续有效。虽仆等于接奉该函二个月以前，已先行函告，所提议之续借款未能与德银行团共同进行，仅与四国银团商议。关于钧函之第二节所云，该借款用以巩固中国银行之信用，系属实业借款，故与善后借款合同第十七条不相关系，敝团等殊未能表示同意。以上各节，钧座定能烛察，敝团等对于新借款，仍不能改移十一月二十四日函中所持之宗旨也。专此。敬颂钧绥。

希礼尔
萨璧业
郭业尔 同签
小田切

一九一六年十二月二日

〔北洋政府财政部档案〕

2. 外交部抄送日本公使关于毋向四国以外各国资本家借款节略致财政部咨

(1917年1月16日)

外交部为咨行事：昨日本林公使为新大借款事来部，面交节略一件。除分咨呈国务院外，相应抄录该公使节略，咨行贵部查照可也。

此咨 附抄件

财政总长

外交总长 伍廷芳

中华民国六年一月十六日

照录日本林公使面交节略 六年一月十二日

新大借款之事，现在关系各国正拟准备伦敦会议，极力进行。而且帝国政府关于接济中国政府焦眉急需垫款之事，亦在筹划办理之中。望中国政府十分信赖关系各国之诚意，万毋向四国以外之各国资本家商议借款，以免权利冲突，为致纠葛交涉，是为至盼。

〔北洋政府财政部档案〕

3. 财政部按垫款合同抄送垫款用途清单致正金银行函

（1917年8月28日）

径启者：本月二十八日，中国政府与贵银行订日币壹千万元垫款合同，第五款内开：本国库券进款，专供七、八、九三个月行政经费之用，其详细用途另行开单函达银行，作为本合同之附件。等语。兹将此项垫款详细用途另开清单，随函送请贵银行查阅，即作为本合同第五款所开之附件可也。此致
银团代表正金银行
中华民国六年八月廿八日

垫款日金壹千万元，约计合银元六百五十万元，拟拨付本年七、八、九三个月行政经费之用。其用途列左：

计开

外交部：

出使经费五十七万三千八百十九元。

共计五十七万三千八百十九元。

内务部：

本部经费十万三千三百三十三元二角。

警察厅经费三十一万四千三十九元六角六分。

步军统领衙门经费十八万八千元。

共计六十万五千三百七十二元八角六分。

财政部：

本部经费五万二千七百三十七元。

附属局、厂、处、所经费五万元。

大总统府各项经费十六万八千元。

国务院各局、所经费十万二千元。

清室经费六十六万六千六百六十六元。

清史馆经费二万七千九百六十八元。

平政院经费二万七千二百十四元。

审计院经费八万四千一百三十八元。

八旗兵饷八十三万元。

共计二百万八千七百二十三元。

陆军部：

本部经费十四万元。

直辖各师、局、所等饷项二百万元。

共计二百十四万元。

海军部：

本部经费六万八千八百元。

各司令处及军舰学校经费三十万元。

共计三十六万八千八百元。

司法部：

本部经费五万四千元。

院、厅、监狱经费十五万元。

共计二十万四千元。

教育部：

本部经费八万元。

学校、局、馆经费三十万元。

共计三十八万元。

农商部：

本部经费十万元。

各场所经费六万元。

共计十六万元。

统共计六百四十四万七百十四元八角六分。

约合日币一千万元。

〔北洋政府财政部档案〕

4．财政部与正金银行订借善后续借款第一次垫款情形呈

（1917年9月7日）

呈为订借正金银行日币垫款一千万元，谨陈办理情形，附呈合同，仰祈钧鉴备案事：窃查财政与政治，息息相关。政治多一变迁，即财政受一影响。本年政变迭生，水灾屡见。外而税源短绌，解款无多；内而币价日低，现金枯竭。启超受任于军务未平之会，饷需紧要，库少余储。言兴内债，则连年举办，民力未苏；言增税收，则速效难期，曷纾眉急。仰屋筹思，自非吸收外资，不足以苏金融，而支危局。上年本部曾根据民国二年善后借款合同第十七款，向四国银团提议善后续借款，迄无成议。现正继续谈判，恐成立尚需时日。兹据日本财团代表，正金银行小田切迭次来部，磋商承办借款，计日币一千万元，作为善后续借款之一部分垫款。发行库券，偿期一年，周息七厘，并无折扣，惟给银行用费百分之一，仍以盐务收入为担保。提用借款手续，仍按照善后借款合同第十四款办理。当将议订草合同提经国务会议通过。该借款合同，已于八月二十八日双方签订，并咨由外交部照会日本公使在案。明知举借外债，本类饮鸩止渴之为，值此金贱银贵，尤似在所当已。但自上年中、交两行停止兑现以来，纸币充斥，现金缺乏，民生国计，受害非轻。国库能吸收一分现金，即银行加增一分实力。权衡利害，觉此项垫款，其救济财政者，为益虽浅，其活

动金融者，裨补良多。除将合同及附件恭缮一分，附呈钧览外，所有订借日本银团代表正金银行垫款日币一千万元缘由，理合呈明，谨乞大总统钧鉴备案，谨呈

大总统

中华民国六年九月初七日

〔北洋政府财政部档案〕

5. 财政部办理正金银行第二次垫款情形呈稿

（1918年1月19日）①

呈为订借正金银行第二次日币垫款壹千万元，谨陈办理情形附呈合同，仰祈钧鉴备案事：窃查上年政变迭生，金融奇紧，筹赈筹饷，需款浩繁。重以各省之解款愆期，库储之现金更缺，于是军政两费及其他种种临时特别要需，类皆取给于中、交两行，而尤以中国银行所垫之数为多。综计该行所垫本部各款截至现在，不下五千余万元。倘使长此延欠，不为设法归还，该行营业固受影响，而所出纸币，整备空虚，价格日低，影响于国计民生者，尤非浅鲜。上年九月间，本部曾向四国银团代表正金银行借款日金壹千万元，以为整理金融之计。然款项过少，杯水车薪，于事无济，收效甚微。克〇就任后，悉心筹度，以为欲救金融之大局，必先厚中行之信用；欲厚中行之信用，非筹借大宗现金，以归还该行垫欠各款不可。当即依据前案，续向四国银团代表正金银行订借日币壹千万元，发售库券，作为四国银团善后续借款之第二次垫款。声明所收之款，悉以归还中国银行旧欠，详细开单，列为借款合同之附件。偿期一年，周息七厘，并无折扣，惟另给该

① 发文时间。

银行用费一厘，担保品为盐务收入。提用借款手续，仍照五国善后借款合同第十四条办法办理。业将议定草合同，提经国务会议通过。该合同已于一月六日双方签订，并咨由外交部照会日本驻京公使各在案。事关借款，未敢壅于上闻。除将合同及附件恭缮一份，附呈钧览外，所有订借四国银团代表日本正金银行第二次垫款缘由，理合呈明，谨乞大总统钧鉴备案。谨呈

大总统

中华民国七年一月　　日

〔北洋政府财政部档案〕

6. 财政部订借正金银行第三次垫款情形呈

(1918年7月11日)

呈为订借正金银行第三次垫款日金一千万元，归还中国银行垫欠各款情形，谨录合同，陈请钧鉴事：窃查军兴以来，需款浩繁，金融奇紧。上年九月及本年一月，曾先后向四国银团代表正金银行，订借善后续借款之第一、第二两次垫款，各日金一千万元，迭经呈明大总统在案。惟是本部所欠中国银行垫借各款，前虽发行七年公债，归还大部分，而以库款支绌之故，数月以来，该行垫发政费，数又不少。当此金融紧急，钞价低落之时，倘不急筹归垫，不惟财力已匮，缓急难通，且其影响所及，必致牵动市面，妨害大局。不得已依据本年一月六日本部与正金双方交换公函，续向四国银团代表正金银行，订借日金一千万元，发售库券，作为四国银团善后续借款之第三次垫款。声明所收之款，悉归还中国银行旧欠，另开清单，列为借款合同之附件。偿期一年，周息七厘，并无折扣，另给该行手续费一厘，担保品为盐务收入。提用借款手续，仍照五国善后借款合同第十四条办法办理。该项合同依据第二次垫款英金二百万镑成案，前经国务会议通过，兹于七月五日双方签订，并咨由外交部照会日本驻京公使各在案。事关外债，除将该合同及附件恭缮一分，附呈钧览外，所有订借四国银团代表日本正金银行第三次垫款缘由，理合呈明，谨乞大总统钧鉴备案。谨呈

大总统

中华民国七年七月十一日

〔北洋政府财政部档案〕

7．财政部与正金银行订借垫款情形密呈稿

（1920年2月26日）①

呈为订借四国银团日银团代表正金银行日币玖百万元，谨将办理情形，并抄录合同，密呈仰祈钧鉴事：窃查年来大局未定，财政困难达于极点。以言开源，则民力有限，罗掘已穷；以言节流，则计授要需，遽难减省。欲求支持危局，总不出于借款之一途。上年本部迭向四国银团磋议借款，旋经银团允借英金伍百万镑垫款，所有条件大纲，迭经提出国务会议公同议决，通知外交部转复英、法、日、美四国公使在案。旧历年关，需款万急，所有本部应放一切军政各费，均无所出。苟无巨款以资接济，其于市面金融、地方治安，均有绝大关系。嗣向四国银团日银团代表正金银行商定，先行垫款日金玖百万元，作为日、美、英、法四国银团伍百万镑借款之垫款，发行库券，偿期六个月，周息八厘，并无折扣，惟给银行手续费伍毫。仍以盐务收入为担保。所有借款合同，业于二月十八日双方签订，并咨由外交部照会日本公使，一面补提国务会议公决各在案。事关债款，理合恭录合同，

① 发文时间。

呈请大总统钧鉴备案。谨呈

大总统

中华民国九年二月　　日

〔北洋政府财政部档案〕

九、交通银行两次日金借款

1. 交通银行总管理处与日本兴业银行等商订借款并抄录合同呈

(1917年1月22日)

交通银行总管理处为呈请备案事：窃本行数年以来，竭力图维，营业幸渐发达，内外均无亏欠。前因政府以财政困难，迭饬垫付军政经费，本行不揣棉薄，多方设法，以冀仰副国家维持全局之至意。自民国元年迄今，积欠至巨，但以库款往来既无间断，私家存款亦非少数，是以垫款虽多，尚可暂为支持。自奉令停兑以后，营业减色，现金缺乏，周转维艰，而各省分行及汇兑所数十处，有停兑者，有因地方情形不能停兑者，办法既极不一，处理乃益为难。本行迭次呈请发还欠款，盖实有不得已之苦衷。乃距今数月，迄无办法，且使国库款项照旧往来，则出纳之间亦可稍资周转，虽时经半载，独抱而〔向〕隅，加以官私存积多被提取。收入之缺乏如彼，支付之困难又如此，双方窘迫，应付俱穷。本行为信用计，为营业前途计，为股东血本计，不得不自行设法，以资维持。现与日本兴业银行等协议，确定暂借日本金伍百万元，约期三年，年利七厘五毫，十足交款，并无佣费，以行存国家有价证券为担保品，纯照商业借款性质办理，丝毫无损利权。此项合同经提交本行董事会通过，于一月二十日由本行总、协理与日本兴业银行总裁志立铁次郎代理，理事二宫基成正式签字，理合将中日文借款合同各抄录一分，呈请钧院鉴察备案，并恳行知财政交通部查照备案，及外交部援例照会日本驻京公使查照。至纫公谊。

此呈

国务院

附呈中日文借款合同各壹分

交通银行总管理处谨呈

中华民国六年一月廿二日

中华民国交通银行（下称甲）为整理业务起见，向日本国株式会社日本兴业银行株式会社、台湾银行及朝鲜银行三银行合组，以株式会社日本兴业银行为代表之银行团（下称乙）借款日金伍百万元，所有订立合同条件开列于左：

第一条　此项借款日本金伍百万元。

第二条　此项借款期限，自本合同签字之日起，算满叁年为限，即至中华民国九年一月十九日为满期。

第三条　此项借款利息按年柒厘伍分，即日金每壹百元按日金柒元伍拾钱核算付给。

第四条　此项借款利息第壹回付息，应以借款金额交付之日起，迄民国六年七月十九日为止，按日核算，先期交付，以后每年于七月二十日及一月二十日先期交付半年利息。

第五条　乙于收到本合同第十条所载担保品后，应将此项借款全部金额（除第一回应扣利息）在东京交付甲之代理人。

第六条　甲之代理人收到前条借款全部金额之时，可作为存款存入乙之银行，随时提用。

甲之代理人关于前项存款之条件及汇款方法，可在东京与乙协定。

第七条　此项借款全部实数交款，并无折扣及佣费。

第八条　此项借款将来还款付息，均在东京办理。

第九条　此项借款于期满前甲亦得全部偿还，惟须于三个月前豫行声明。

第十条　甲为担保还本付息起见，提供左列物件作为担保品：

一、陇秦豫海铁路借款债券，额面壹百叁拾万元；

二、中国政府国库债券，额面肆百万元；

三、中国政府对于交通银行债务证书，额面贰百肆拾贰万伍千陆百捌拾柒元陆角捌分。

第十一条　甲于前条担保品全部证券所载金额，应备具可以收领之委任状，在北京交乙收执。

乙于收到前条担保品时，应备具寄存证书交付与甲。

第十二条　甲如到期不能还本付息时，乙得将第十条所载之担保品随意处分，以充还本付息之用。

第十三条　甲于此项借款期内所需必要之资金，如须向外国借款时，应以合宜条件先向乙方商办。

第十四条　此项合同由甲呈明中国政府备案。

此项合同缮就汉文、日本文各二分，签名盖章，甲、乙各执一分为据。

中华民国六年一月二十日

大正六年一月二十日

交通银行总理　曹汝霖（印）

交通银行协理　任凤苞（印）

株式会社日本兴业银行总裁　志立铁次郎代理

理事　二宫基成（印）

〔交通银行档案〕

2. 曹汝霖关于交通银行向兴业银行等续借日金经过报告

（1917年10月18日）

民国六年十月十八日第七十次董事会议

总理报告本行此次续借日金二千万元一事。云：本行自上年停兑后，票价跌落，营业清减。欲求恢复原状之道，舍由政府拨还巨数欠款外，惟有订借巨数借款之一法。今年一月本行向日本台湾、朝鲜、兴业三银行订借日金五百万元之后，本有续向三银行订借日金贰千万元之意，三银行亦愿续借巨款，以助本行之发展，且已派有代表前来。不料行至中途，适值段内阁免职，于是折回。七月重行开议，又值复辟事起，遂再停止。迨后复辟事平，中央政府完全成立，此项借款遂得进行无阻，至九月二十八日而始告成功。窃谓此次借款于我行前途关系至巨，所订条件既无要求之点，又无他项附带条文，而交款之无折扣，无佣金，抵押品之不丧失权利，借款利息之不巨，而存款之计息极优，则皆于我行有莫大之利益。欧战以来，东西各国感金融之紧迫，借款利息日见增涨。即以日本而论，募债息率至少七厘五毫，回存利息至多三厘。我行前后两次借款，三银行原议计息八厘，盖彼既以七厘五之息借募而来，则借出息率自当略予增高，以期无损。厥后以得日本大藏大臣之援助，两次借款得仍以七厘五毫息率借给于我，回存之息复允六厘计算，但不于条件之内明为订定。盖无论何种借款，从无如此之优厚，免他人之援为口实也。今以此次借款利息计之，存借两抵，只差一厘五毫，在我行固殊属上算，而三银行则无利可求。但此种条件，匪惟我国自向外国借款以来无如此之便宜，即日本借出各款，恐亦无如此优厚者。然非彼政府诚意的援助，亦断不能做到如此地步也。或谓现在金价跌落，此次所借日金，将来偿还之时，金价一涨，即受巨亏。欧战以来，金价之跌乃意中事，此次借款限期三年，此三、四年金价断难恢复原状，且此次借款成立后，金价已长至八折，其增长之原因，系由北美与日本两国协议维持金价，颇有势力。此后金价当可占〔站〕住，不至再跌。至借款用途，系为维持票价及整理业务之用。维持之法，拟内外并进。内治之道，业经会同中行商请政府由财政、交通两部通饬各省，凡属中央直接收入各款，如烟酒、印花、铁路等项，概用中、交京票。又金库款项，亦与财政部及中行商定，约以十成之三归我行经理，内治之道大概如此。外治之道，即金汇兑是。其办法先将此次所借日金，以一部分存储日本，并于日本、朝鲜、台湾各银行商定互用互兑钞票条件，使外国汇款得以我行京钞交纳，我行京钞得以买卖外国汇兑。盖既有巨数日金为之准备，则京钞之行使，自不患其不利。即有持票来兑者，亦断不致兑至此数。既可增长我行信用，推广京钞用途，又复得汇兑之利益，外治之道大概如是。如此办法，一举数得，内外相维，京钞价格，自可日见增长，而营业自然发展矣。前此中行曾以京钞收买汇兑，颇见效果，不数日票价即长至八折以上，厥后因京钞汇兑，仅限于上海一隅。上海中行复因现金不足，不能常久支持，而京票价值仍复跌落，遂致失败。我行今采其法，而先厚其基金，扩其用途，范围既广，周转自如，自不至再蹈覆辙也。

〔交通银行档案〕

3. 财政部与交通银行订借日金壹千万圆合同①

(1918年1月26日)

立合同财政部/交通银行(下称财部/交行)。今因财政部特向交通银行在日金借款项下商借日金壹千万圆,双方议定条件如左:

第一条　此项借款金额为日金壹千万圆正。

第二条　此项借款还本,按照交行原订日金借款合同(下称原订合同),自本合同签订之日起,至民国九年九月二十八日为限。

第三条　此项借款利率,照原订合同按年息柒厘伍毫计息。

此项借款利息,除第一回应自本合同签订之日起至七月十五日止,按日计算先付外,此后每年于一月十五日及七月十五日,将后六个月息前期交由交行汇付。

第四条　此项借款,交行应于本合同签订之日,照收财部日金户账,财部得向交行陆续支用。

第五条　交行对于三银行之存款约定支用之数,计每日肆拾伍万元,如超过此数时,应先五日通知财部,对于交行每日可支叁拾万元,如超过此数时,应于五日前通知交行,以便交行通知三银行办理。

第六条　自本合同签订之日起,关于此项壹千万圆借款所需之电报及委托经理等费,应由财部担任。

第七条　此项借款按照原订合同第八条,得于前期偿还全部或其一部分,但须于三个月以前先行通知。

---

① 系印件。

第八条　交行因与三银行订立借款合同，曾向财部领取国库证券贰纸，共计贰千伍百万元，提交三银行为担保品，财部应备公函交与交行，声明前项国库证券贰千伍百万元内壹千贰百伍拾万元，作为财部此项借款壹千万元之担保品。

第九条　按照交行原订合同，系以三年为限，即民国九年九月二十七日为止。此项借款到期，财部应如数拨与交行，以便汇付。倘财部以库款支绌，不能如期偿还，而交行于借款期内收回财部积欠，达于折合日金壹千万元以上，财部得托交行随市代购日金垫还，关于垫款条件，届时另行协定。此项借款到期，万一财部不克偿还，交行所收积欠亦不及前数，实难垫付，而三银行须照原订合同处分担保品时，应由财部负其责任。

第十条　此项合同应缮两份，由财政总长、交行总理签字盖印，各执一份，以昭信守。

财 政 部　王克敏

交通银行　任凤苞

中华民国七年一月二十六日

〔交通银行档案〕

十、吉长铁路借款

1．财政、交通两部与日本改订吉长铁路借款合同呈稿①

（1917年10月13日）

呈为改订吉长铁路借款合同及附件，并借款细目合同，开具清折，仰祈签核事：查吉长铁路于前清光绪三十三年由外务部大臣与日本国公使议定，中国政府允将所需筑路款项之半数，向南

① 此件为交通部咨送财政部备案之抄稿，时间为交通部发文日期。

满洲铁路公司筹借。嗣于光绪三十四年订立借款续约，由南满公司借入日金二百十五万元。宣统元年，邮传部又与该公司订立借款细目，其余所需资本之半数，由部筹拨。开办以来，本国陆续交付之款及吉林官股八十余万元，实已超过半数以上。及民国四年中日交涉，日政府要求将该路完全委任日本管理，以九十九年为期。后经外交部磋议之结果，改为中国政府允以各路借款合同规定事项为标准，从根本上改订合同，载在中日新约第七条。旋由日政府拟具草案，提交外交部。外交部以铁路属本部主管，应归本部办理。遂于民国五年二月间，日本政府委托南满洲铁路公司派理事川上俊彦等来京，本部遂派定委员与之开议，此改订合同事所由归本部办理之情形也。当开议之始，日本委员要求以日政府提交外交部之草案作为根据。查此项草案，系采集各借款合同中最利于外人之点，并为一案，实难承认，当经拒绝。日本委员乃援据正太合同先例，提出委任代办之议，要求先行议决其主义，即以吉长一路委托南满洲铁路公司代理经营。本部以《中日新约》无此明文，据理辩驳，会议四、五次，彼谓如主义不能解决，只好移归外交机关办理。本部仍主前议，相持有日，几至决裂。嗣由外交部之调停于草拟合同条文之前，先就管理权、司法、行政、警察、课税等权，以及任用职员、减免运费、遵守章程等关于我国主权之重要事项开具大纲十款，由日本委员大体表示赞同。复经本部委员与之详细磋商五次，始行妥协，此本部先行商订大纲之情形也。大纲既定，于七月间本部拟具合同草案十九条，提交日本委员。此项草案系以各借款合同中普通之条款为标准，彼所提出之原草案中过于苛刻者酌量删除，自难得其同意。中间两方面委员会议十五次，至十一月始行就绪，此商订本合同草案之情形也。至借款总额，日本原案拟定日金五百万元，其实该路开办以来，实用之数已在七百万元以上，不过内中有一部分系填补营业亏损。日本委员不肯担任，再四商议，定为六百五十万元。除扣去依原合同已由公司交付政府之日金二百十五万元中未还之余额外，此次应收虚数四百五十一万一千二百五十元。查历来借款均有折扣，此次本部原拟坚持实足收款，以无先例可援，未能成议。继又要求照原合同九十三交款，日本委员则谓近来债票价格均在八折上下，九十三交付万难办到。经日本公使来部商请，反复陈说理由，无可如何，始照每百元实收九十一元半定议。此外如任用中国人、减免运费、货币换算方法、司法、行政、警察、课税等权，邮件运送方法等条项，未便于合同本文上详细规定者，另用往复函件声明，此商定金额折扣及各项附件之情形也。据以上情形，于民国五年十一月间提出国务会议议决后，咨送众议院议决。嗣众议院咨复政府，认定此案大体成立。惟查借款合同草案第一条第三项年限过长，拟交政府磋商修改，再行提交院议。第三条本路之指挥经理营业权，委托南满公司代行，未免失权过甚，拟请政府斟酌，切实磋商。又本合同内本第三条之目的生相互关系者，应请政府磋议第三条成立时注意改正。自第四条以后，除与第三条有关系之处，应请政府磋改外，余无异议等语。当于六年一月十六日提出秘密会议，多数可决，由国务院抄咨到部，本部自应查照办理。其时南满议约委员已回大连，一切交涉事宜移交驻京日本公使馆接办。本部因派员与议，并往返函商日使，对于修改草约一事坚不承认，最后得其来函，谓以不修改第三条为条件，年限一层可缩短十年，即将四十年改为三十年。至第三条及与第三条目的生相互关系各条，绝无修正之余地。等语。窃维吉长铁路修改合同，系根据民国四年《中日新约》，根本上不能打消。至第三条委托代办，似乎最关重要，未便允许。但开议之始，日本方面提出草案，苛刻万分，摘取历来借款合同中于我最不利益之条款，汇为一案，一切主权几乎尽失，双方谈判屡将决裂。嗣先拟大纲十款，比照正太铁路所订行车合同先例，将委托代办作为假定之一条，其余各条始肯逐渐让步，因之挽回主权不少，屈计交涉已一年有半。嗣汝到部，日使复连次催促，势难再延，自应从速解决。伏查此项合同，系修改原合同，且根据《中日新约》，并非新发生之合同可比。新约既未经国会通过，该合同亦似无提交国会之必要。惟前国务会议决既经议决交会，本部只可照办。现在国会尚未召集，本案未便久悬，遂于本年七月间提出国务会议议决，由本部商订。一面日本改派南满铁路理事龙居赖三等为委员来京商议结束，原订草案早经前交通总长任内商定，此次自无从再事商改，除四十年改为三十年及其余数条文字修正外，遂即定议。理合开具清折，呈请鉴核，如蒙批准，并请饬令启、汝与龙居理事会同签字。其借款细目合同，即系根据正合同所协定之详细办法，拟即委派交通部与议委员权量陆梦熊与龙居理事会同签字。所有改订吉长铁路借款合同及附件，并借款细目合同各缘由，是否有当，伏乞钧鉴训示施行。再，此案由交通部主稿．会同财政部办理，合并声明。谨呈

大总统

〔北洋政府财政部档案〕

十一、京畿水灾借款

1．熊希龄抄送与中日实业公司订立京畿水灾借款合同简章致梁启超函

（1917年11月5日）

公函第九六号

径启者：本处成立以来，筹助顺直各属查放冬赈办法及补助直省各县赶修堤埝决口等项，业经先后咨达贵部在案。此后关于

京畿水灾善后事宜需款浩繁，不得不预为筹及，而现在综核收支各款，不敷甚巨。前与贵总长面商与东京银行团代表中日实业公司商订借款，已荷同意。兹与该代表商定合同条件，似均可行。特将合同简章并本处收入支出清单一并送奉，敬请察核，并恳于明日提由国务会议议决，以便进行，实纫公谊。此致
财政部梁总长

附 合同简章一件
　 收支清单一件（略）

熊希龄

中华民国六年十一月五日

京畿水灾借款合同简章

中国政府（下文称甲）与东京银行团代表中日实业公司（下文称乙），订立借款条件如次：

一、乙借款与甲日金五百万元整，专为救济京畿水灾之用。

二、借款期限为一个年，如届时甲有展期之必要，得展期一次，以一个年为限。

三、本借款将来以发行京畿治水公债之款偿还之。发行此项公债如借用外款时，须通知乙与议，若此项公债不能成立，应另议偿还本借款方法。

四、本借款以临清、多伦厅、杀虎口三处常关之收入，年额约九十万元为担保。

五、利息按年息七厘计算。

六、手数料每百元之一元二角五分。

七、实收全数，不折不扣。

八、利息每半年交付一次，但须预将该半年利息先行存入经

理此次借款之银行。

〔北洋政府财政部档案〕

2．财政部准以临清等三常关收入抵借日款致熊希龄函稿

（1917年11月23日）

六年财字第一千六百六十五号

径启者：案查筹划京畿水灾救济资金，向日本株式会社日本兴业银行等借入日金五百万元合同，业已签字盖印。该合同第十条内载：甲、将临清、多伦厅、杀虎口三常关之收入，为支付本借款本利之担保，并将提供前项担保之事实，由甲备具公文以证明之，此项公文交由驻京日本公使转交与乙收存。等语。兹由本部备函证明：所有临清、多伦厅、杀虎口三常关之收入，准其提供此项借款之担保。相应函请贵督办查照转知可也。此致

督办水灾河工善后事宜处熊

财政部　启

中华民国六年十一月二十三日

〔北洋政府财政部档案〕

十二、电信借款

1．财政、交通两部与中华汇业银行订定电信借款合同密呈稿暨大总统指令①

（1918年5月）

（1）财政、交通部密呈稿（5月14日）

呈为订定电报改良扩充借款合同密呈钧鉴事：窃查我国幅员

① 此件系财政部抄存件。

广阔，电报为通信最要机关，亟宜改良扩充，以期敏捷。只以部款竭蹶，迁延至今。汝〇承乏交通，兼管财政，惟目下国帑空虚，正苦补苴无术，又值内忧外患，纷迭相乘。端赖消息灵通，庶可从容策划，是整理电报，尤为扼要之图。再四思维，惟有出于借款之一法。经与股分公司中华汇业银行总理陆宗舆、专务理事柿内常次郎往复磋商，议借日金贰千万元，为充有线电报改良及扩充资金之用。以五年为期、年息八厘，十足交款，并无回扣，提供中华民国政府全国有线电报之一切财产及其收入为担保，议定借款合同十二条。至承认担保各项以及提款、汇款、付息办法，并于借款期限内关于有线电报如须添用外国技师，可添用日本人；如须外国材料，价值相当，亦可添购日本料品，均另以附件往来声明，业经本年四月三十日双方签字。除分咨外，所有订定电报改良扩充借款合同缘由，理合抄录合同全文，恭呈大总统钧鉴，训示施行。再，此案系交通部主稿，会同财政部办理，合并陈明。

谨呈

大总统

兼署财政总长

交 通 总 长

中华民国七年五月十四日

中华民国政府（以下称甲）为充有线电报改良及扩充之资金起见，与股分公司中华汇业银行（以下称乙）订借日金贰千万元正，双方议定条款如左：

第一条　本借款金额为日金贰千万元正。

第二条　本借款期限自本合同签字之日起算，以五年为满限，即扣至中华民国十二年四月二十九日、大日本帝国大正十二年四月二十九日为止。但期限到后，仍得由双方协议续借。

第三条　本借款金年息八厘，即对于日金壹百元付息日金八元。

第四条　本借款金第一次之利息于本借款交款之日将自交款之日起至大正七年七月十四日止之部分，按日计算前付之，此后于每年一月十五日及七月十五日前付后六个月之部分。但最末期之付息，仍按日计算，前付其至合同满期之日为止之部分。

第五条　本借款金十足交款，并无回扣。

第六条　甲受领本借款金时，即交存于乙，俟有需要，随时提取，但存款利息及汇款之方法另定之。

第七条　本借款金之交款、偿还付息及其他一切之授受，于日本东京行之。

第八条　甲对于乙提供左列物件为本借款金付息本息之担保：

关于中华民国政府全国有线电报之一切财产及其收入。

第九条　乙对于甲承认其关于有线电报原有之左列借款合同：

一、光绪二十六年七月初十日中丹英会订沪沽水线合同，

二、光绪二十六年十二月二十一日中丹英会订烟沽付水线合同，

三、宣统三年四月初三日大东、大北两电报公司预付电费合同。

第十条　甲于本借款有效期间内，拟变更前条借款之约款，或拟借换时，预先与乙商议。

第十一条　甲于本借款有效期间内，关于有线电报拟由外国借款时，预先与乙商议。

第十二条　甲常将与本借款金六个月利息相当之金额，以银存乙，作为财政部之存款。

本合同共备中日文各二分，甲乙互执各一分。如关于本合同之解释有疑义时，以日文合同为准。

中华民国政府交通总长

中华民国政府财政总长

股分公司中华汇业银行总理

股分公司中华汇业银行专务理事

中　华　民　国　七年四月　日

大日本帝国〔大正〕七年四月　日

致汇业银行承认书（此稿由财政部封发）

中华民国政府承认左列各项：

一、股分公司中华汇业银行对于日本银行团代表股分公司日本兴业银行，提供中华民国七年四月三十日中华民国政府与股分公司中华汇业银行订定之中华民国政府改良及扩充有线电报借款合同为担保。

二、股分公司中华汇业银行对于日本银行团代表股分公司日本兴业银行，提供按照中华民国七年四月三十日中华民国政府与股分公司中华汇业银行订定之中华民国政府改良及扩充有线电报借款合同，民国政府提供于股分公司中华汇业银行之担保，即关于中华民国政府全国有线电报之一切财产及其收入为复担保。

中华民国政府交通总长兼署财政总长

股分公司中华汇业银行

总　　理　陆　宗　舆先生
专务理事　柿内常次郎先生　台照

中华民国七年四月　日

复中华汇业银行函（此稿由财政部封发）

径启者：接准贵银行民国七年四月三十日来函，所开各项均表同意，计开如左：

一、中华汇业银行对于依据合同第六条办理之中华民国政府存款，按照左列利率付息，但一次提取金五十万元以上时，应于三日前预先知照。

不满一个月提取之金额，年二厘

不满三个月提取之金额，年四厘

三个月以上存放之金额，年五厘

二、中华民国政府依据合同第六条存入中华汇业银行之存款，除中华民国政府于东京因付给在外国购买物品之代价，或因偿还外债所提用之金额，或因偿还中华汇业银行之债务所提用之金额外，应按照提取日之公平汇水行市，合成银元（北京通用银元），由北京中华汇业银行交付之。

三、中华民国政府如将合同第十二条之存款汇往东京付息时，应交由中华汇业银行承办。此致

股分公司中华汇业银行

总　理陆宗舆先生

专务理事　柿内常次郎先生

中华民国政府交通总长兼署财政总长

中华民国七年四月　日

复汇业银行函（此稿由交通部封发）

径启者：接准贵银行本日来函，所开各条于本借款期限内照允如左：

一、关于全国有线电报，将来如聘用外国人充技师时，应预向敝银行商议。

二、对于用本借款资金办理之全国有线电报改良及扩充之事业，如聘用外国人充技师时，希望聘用适当之日本人。

三、将来全国有线电报事业需用材料购买外国品时，如品质相同或较优，价格相同或较廉，则应购买日本品。

此致

股分公司中华汇业银行

总　　理　陆　宗　舆先生

专务理事　柿内常次郎先生

中华民国政府交通总长

中华民国七年四月　日

(2) 大总统指令（5月17日）

大总统指令第八百九十号

令兼署财政总长
　交　通　总　长曹汝霖

呈订定电报改良扩充借款合同由

呈悉。此令

中华民国七年五月十七日

国务总理

交通总长

〔北洋政府财政部档案〕

十三、吉会铁路借款

1. 财政、交通两部与日本兴业银行等订定吉会铁路借款预备合同呈①

(1918年6月24日)

呈为订定吉会铁路借款预备合同密呈钧鉴事：窃维我国由吉林达延吉南境及图们江以至会宁一带，物产丰富，非建造铁路，不足以利交通。查前清光绪三十三年间，我国与日本订定《新奉、吉长铁路协约》第三款乙项内载：嗣后吉长铁路添造枝路或再接展，其建造之事应归中国政府自办；如有不敷之款项，应向公司筹措。又宣统元年七月间，我国与日本订定《图们江中韩界务条款》第六款内载：中国政府将来将吉长铁路接展造至延吉南边界，在韩国会宁地方与韩国铁路连络，其一切办法，与吉长铁路一律办理。至应何时开办，由中国政府酌量情形，再与日本国政府商定。各等语。有此各项根据，是以日本方面对于此路投资，屡向我国提议，自上年吉长借款合同改订后，进行尤亟。我国顾全前约，其势自未便坚拒。现与日本股分公司日本兴业银行所代表之日本兴业银行、台湾银行及朝鲜银行商订吉会铁路借款预备合同，共十四条，以为正式借款合同之准备。此项预备合同成立时，由上列银行先垫日金壹千万圆，十足交款，并无回扣，年息七厘半，一面由我国拟定该路应需建筑及一切费用，由该三银行就议定金额代为发行同额之民国政府五厘金币公债，其公债期限为四十年，自发行之日起至第十一年开始还本，分年摊还。即以现在及将来本铁路所属之一切财产及其收入为担保。此外未及规定之条项，

① 此件为抄件，财政、交通二部同时亦会咨呈国务总理。

准照光绪三十三年十二月十日订定之津浦铁路借款合同协议决定。以上情形，经国务会议议决，并双方磋商就绪，于本年六月十八日将前项预备合同签字。除分咨外，理合抄录合同全文，恭呈大总统钧鉴，训示施行。再，此案系交通部主稿，会同财政部办理，合并陈明。谨呈
大总统

兼署财政总长
交 通 总 长

中华民国七年六月二十四日

〔北洋政府财政部档案〕

2. 上海总商会要求撤销吉会铁路及类似此项借款致国务院等电

（1921年5月30日）

国务院、财政部、交通部钧鉴：报载吉会铁路正式合同业已签订，工程、车务、会计主任均用日人等语。查吉会草约早经成立，惟尧〔草〕约内有依照津浦铁路合同一语，日人屡欲推翻成案，争执至今。吉长一路自改订合同后，已入南满代管范围，吉会再步其后尘，即为安奉南满第二，吉省无异完全断送。从前交通部尚知爱护路权，百计争持。兹乃变本加厉，尽徇所求，是明明因安福当国时所借一亿余之日款，本息无着，既欲将息作本，借新还旧，不得不为此迁就。先因制造乱源而借款，继因弥补前欠而加抵，迨至加重抵押，借到新款之后，又复作为制造乱源之用。如此循环不已，抵押将尽，祸乱益炽，复巢完卵，同此感觉，何尚不知自反。本会今敢代表公意，申明两事：一、从前未经国民公认允借款，不能以国民公共之财源抵押偿还；一、非待和平合

法之统一，以后无论用何名义之新借款，国民均不承认。本此两义，应请将吉会借款及类于此项之新借款一律撤销。上海总商会叩。卅。

〔北洋政府财政部档案〕

十四、吉黑两省林矿借款

1．曹汝霖、鲍贵卿等密商林矿借款来往函电

（1918年6—7月）

（1）曹汝霖密电稿（6月3日）

黑龙江鲍督军
吉林孟督军、郭省长 鉴：辅密。军兴以来，中央每月支出经常军饷、临时军费及政费、外债，数逾千万，而收入只盐余月约三百万元，各省专款、解款，大抵拨抵军需，解部甚少。霖兼任以来，前任积欠及每月应拨之款，共计不下三千余万，罗掘俱穷，赖电报借款日金二千万告成，得以渡此难关。该项借款虽十足交款，并无折佣，然金贱银贵，折合华币，每百仅得六五。转瞬两月，借款又罄。日来与日本方面续商借款，该政府顾念邻交，慨允再借日金三千万元，以吉、黑两省金矿、森林为担保，声明所有两省官办、商办之林矿，均仍旧办理，如须增加资本，亦可另行商借。日人以中国目下借款，诚属不得已之举，惟须预辟财源，以为将来偿还之计。吉、黑两省金矿、森林向称丰富，历来不尽力经营，致富藏于地，不易发展。故请中央于两省设立矿务局、林务局，以期统一行政，整理发达林矿之各种设备，并谋收入之增加。该两局准聘日本人襄赞改良之事，对于两省林矿事业，加以诱掖奖励，俾臻发达，以为此次借款之条件。揣其用意，无非

以〔以系衍字〕既以两省金矿、森林为担保，自应谋两省林矿之发达，以保债权之确实。担保仅属名义，既无直接经营之事，即无攘夺权利之嫌。即其要求设立直辖机关，林务已有专局，金矿向隶实业厅分设，似亦无碍聘员赞襄。苟权不旁落，亦足以收他山之助。霖肩此巨任，当此力图南北统一之时，既不能不谋一时救济财政之策，又不能不顾将来国家利益之源。所有条件，自当审慎周详，期无损于权利。目下吉、黑边防紧要，练兵筹饷，内外同属为难。此款若成，不独有裨大局，即于两省，亦不无利。赖业已陈明于揆座，并商得农部同意。惟事关地方，用特先行密商，尚祈俯察财政之困难，大局之危急，迅赐赞同，俾商进行，不独霖感激已也。再，此事现甫磋商，彼此严守秘密，并祈勿泄，免致破坏，尤为切祷。除电商吉黑督、省长督外，伫候电复。汝〇。江。

（2）鲍贵卿密电（6月5日）

财政部曹总长鉴：辅密。江电悉。军兴以来，中央财政奇绌，贵卿实所深知。执事筹计苦心，亦所共见。惟以林矿担保，聘用日人赞襄改良一节，直是干涉行政。若谓权不旁落，恐无此理。森林、金矿，为边省一线生机，每年省库收入百余万，军、政两费全恃此款，资以挹注。贵卿到任之初，外商迭以借款来相尝试，均经拒绝。命脉所在，实不能轻以假人。况日人觊觎夺矿夙切，勾结华商，冒名请领，平时早有所闻，久经严密取缔。若更授以参预之权，垄断把持，必致一网打尽。嗣后林矿两端，岂能复为我有！此事关系太巨，鄙意实未便轻率赞同。将来所订条件如果实行，地方必生激烈反对。清季因收路酿成川乱，遂致奇变，前车可鉴。现在边防多故，尤不能不审慎从事，高明谅以为然，如何，并祈教示。鲍贵卿。微。印。

（3）孟恩远、郭宗熙密电（6月7日）

财政部曹总长鉴：辅密。江电敬悉。时事艰难，财政支绌，募集外债，实具苦心。身臂相联，宁能漠视？奉电后正在筹议，适接鲍督军来电，于林矿担保借款，不表赞同。推论各端，亦实持之有故。吉省事同一律，傥遽轻诺，必若〔惹〕人民之反对，而来邻省之责言。且本省经济问题，年亏数百万元，全恃实业，以谋救济。深虑执炊无米，未敢竭泽而渔。满志踌躇，殊难遽决。尚冀从长计议，内外兼权。临电悚惶，统希亮察。所有边省为难情形，并盼代陈揆席为荷。恩远、宗熙。虞。印。

（4）孟恩远、郭宗熙密电（7月1日）

财政部曹总长鉴：中密。吉江两省林矿担借日款事，前准江电既〔暨〕揆席支电，经于虞日分别电复，计邀澄察。此事极守秘密，不图选□适集省垣，顷在省议会招集各团体自开大会，结果分投到署诘问。据云：闻自日本方面日内原将签字，如果属实，□与全【省】人氏〔民〕有直接利害关系。缘吉省从前饭〔放〕荒，在没有森林法、矿业条例以前，地上【地】下权利，中国历史上无甚分办〔辨〕。民国以来，虽经□有法律，而林矿执照均可请领，于地面之垦殖事业两不相妨。今若林矿移归外人，前各该区一日未经砍代〔伐〕开采，原人氏〔民〕之动作一日不能自由，所有之权，不啻剥夺，财产损失，誓死否认。群情愤激异常，拟径电中央及各省抗争，等情。恩远等答以日内并未接有文电，许为代询，渠等始允静候而散。窃以此事重大，妨害政权，既如前上虞电所云，舆情惶骇，尤恐激成巨变。切恳查照先今两电，从长计议，迅赐电示为祷。孟恩远、郭宗熙。东。印。

(5) 曹汝霖、田文烈密电[①]（7月5日）

虞、东电及揆座交下尊电钧悉。承示林矿借款窒碍各节，思深虑远，并顾兼筹，雒诵之余，曷胜佩仰。方今财政日窘，困难情形，执事早已洞悉。而借款之利弊，中央亦尝一再研求。兹就尊电所示，逐加详释，无非以本省税源、行政权限，以及官商利益、人民生计恐有损害。现在极力磋议，所有各项要点，均由借款之汇业银行特函声明，已可毋庸过虑。且汇业银行系按照中国法律组织成立，即与中国之银行无甚区别；主其事者，又系华人，断无困难之交涉。目前军需紧迫，待款孔殷，当将所议办法详陈揆座，业经国务会议议决签字，已派员趋前面述一切，并抄录合同函稿，赍呈所有经过情形，想一经鉴察，当可冰释。至议员集会诘问，亦不过上项诸问题，若明真相，当亦能释然也。先陈大概，惟希亮照。汝霖、文烈。歌。

(6) 曹汝霖、田文烈致鲍贵卿、孟恩远等函稿[②]（7月6—8日）

廷九督军
曙村督军阁下：严疆远镇，时企英猷，内外相维，尤资伟划。
侗伯省长

辰维勋高保障，福懋恢台，允符鄙颂。林矿借款一案，前承电示，指陈得失，备极周详。谋国公忠，同深佩仰。惟是时局艰危，度支告匮，实逼处此，舍借款别无救济之方。此中情形，当已早邀洞照。至借款之利弊，中央固已一再研求。〇等身当其冲，尤当慎益加慎，决不敢孟浪从事，贻误将来。特以单独借款，若不从

① 同日亦有致鲍贵卿相似内容之电。

② 此函于6日、8日分别发出。

实业上著想，即有政治借款之嫌。四国银行团必将闻而干涉，故一言借款，自不能不取实业名义。既取实业名义，又不能不有较成局面之担保品，以昭信用。此乃事势使然，无可如何者。此次日本顾念邦交，允为借款，关于各项要点，均已由借款之汇业银行特函郑重声明。如关于两省之金矿、森林，已得政府之核准，以官办或商办之方法经营事业者及其关系人既得之权力及利益，概尊重之，等语。是两省林矿不过为借款之担保品，不由日人直接经营。所有两省原办之林矿，均仍照旧办理。设立专局，权自我操，商民仍可自由领办，并无制限。聘用日人技师，亦不过襄赞改良，以期发达。于本省税源，行政权限，均无影响。且合同之外另函所声明者，亦已表明该两省现在从事经营之林矿事业及其关系人既得之权利及利益，决不侵害之宗旨，则该两省官商原办之利益，以及人民之依林矿为生计者，亦均无所妨碍。〇等反复讨论，似此项借款尚无流弊。自接尊电后，又复与银行磋议再四，当将办法详陈揆座，并经国务会议议决，始克定局。昨已电陈梗概，仍恐语焉不详，用再将经过情形及内容要点，奉达聪听，并将借款合同及函稿未尽之言，统由范君厚泽面达。借款合同及函稿亦均录副。寄交呈察阅。临颖不胜缕缕，手此敬颂勋绥，诸希朗照不宣。

曹田 启

(7) 孟恩远、郭宗熙密电（7月10日）

国务院钧鉴：财政部、农商部鉴：中密。前以吉、黑林矿借款事，民情愤激，会议抗捐、罢市等情，迭经电陈在案。顷又议拟监视林务、公卖、印花、官产各局处，恩远等百喻罔效。适奉曹、田两总长歌电，既函经派员到会，根据草合同及声明各节详为解释，仍饬警妥密侦防。不图仓卒，一时顷竟聚众三千余人，在省议会集会。立派参谋长王端林、副官长张树田驰往弹压。正评解间，其另一部分人民，一扑奔林务局长胡宗瀛及交涉署科长范厚澥等住宅，谓其有种种嫌疑，搜翻证据，并损毁物件；一麇投军、省两署。恩远等亲身开导。渠等力言损失权利，妨害生计，环泣不去，允为代达，久之始退。除加派军警保护林务等局处，仍派员分投演说解散外，洞察众意，持以和平，则任说罔听；操之过激，则恐生他虞。究竟此项草合同既〔暨〕声明各节有无磋议，再为增加条件之余地，或另有消弭妥法，立盼电示，余容续闻。孟恩远、郭宗熙。蒸。印。

（8）农商、财政两部密电（7月31日）

吉林孟督军、郭省长
黑龙江鲍督军 钧鉴：统密。林矿借款一案，吉、黑两省代表来京，均已接晤，当将内容明白示导。前次尊处电陈各节，中央本皆虑及，故于合同订定时，即审慎从事，似无损失主权之处，远承谆示，益佩尽筹。尊虑各端，又复与银行磋商，令其于注意要点，再加声明，以杜流弊，而免误会。俟商妥后，当另行详细函告。所有拟设林、矿两局之局长，系由我政府自由派充，执行职务。倘得熟谙两省林矿情形及地方众望交孚之员，认真办理，则权自我操，不特将来该两省林矿之事业，必益征〔加〕发展，即主权、利权种种之问题，亦断不至有所放弃。惟是此项人才，尊处有相当堪资任使之员，幸希物色，会同保荐数员电示，以备酌选任用。专此奉达，希鉴察。农商部、财政部。卅一。

〔北洋政府财政部档案〕

2. 吉、黑两省议会等反对林矿借款电

（1918年7月）

(1) 吉林省议会电（7月4日）

大总统、国务院、财政、农商两部鉴：近闻政府将吉、江林矿抵押日人，借款二千万元，两省人民闻信战惧。盖山林、矿产为人民生计之源，关系重大，妇孺皆知。一旦尽数抵押于日人之手，是不啻举我两省之土地而断送之也。况东省林矿界限未清，日人既允杂居，处处可以抵赖，加之条约实行，藉口保护森林，警察任意增添，鱼肉乡民，牵制行政。后此交涉之艰难不待智者而知矣。本会得此消息，已逾旬日，迭次请求军政长官代为挽回。而不肯通告全国、直电中央者，恐伤政府与吉、江人民之感情也。今则报纸纷传，绅民函恳，万众愤怨，势将暴动。本会为民代表，又难辞责。为是哀恳我政府诸公，勿徇目前之利，而贻无穷之忧。趁此草约未定，决然取消。内则国宝永存，外则民心不变，兴万利莫此为善。否则南北之战争未已，复起两省巨〔剧〕烈之风潮，贻误大局，岂可言状。事迫言直，俯祈原鉴示复，无任盼祷。吉林省议会同叩。支。

(2) 黑龙江省议会等电（7月16日）

大总统、国务院、外交部、财政部、农商部钧鉴：前闻政府将以吉、江两省林矿抵借日债，群情惶骇莫名。当与吉省协电力争，计邀钧察。顷闻草约告成，祸至无日，民气日益激昂。陈请建议，纷集省会，外属闻会蹶起，其势不可响迩。良以吉、江僻处穷边，精华悉在林矿。以林矿为抵押，即系以人民之生命财产为抵押，是以誓死抵抗，不约而同。在外人稔知吉、江之有林矿，

犹人身之有膏血，膏血既经吸涸，躯壳自难存在。其侵略野心蓄之已久，即竭力防御，犹恐蹈隙而投；乃竟开门揖盗，拱手让人，因几微小利，种灭亡之大患。政府固视两省人民如草芥，两省人民未必甘胜〔供〕政府之牺牲也。且查吉、江林矿，本属无尽之藏，政府如注意经营，转瞬欧战告终，木植、矿产必昂，其获利奚止万万。两省民气朴勇，前清开创中兴，率资其力，政府如善为附循，亦可为国家储平〔干〕城。以可富可强之地，而因少数之借款，取戈〔怀〕而予诸异族，我政府亦何至如是之愚。万乞取消前议，迅毁草约，以定大局，而维人心，吉、江幸甚，国家幸甚。倘仍强制执行，弃边民于不顾，卖国土而不恤，愚民愤激，恐别筹抵制下策，其为祸亦非本会等所敢知矣。除咨省长力爵〔为〕转请，暨驰电各省同胞，一致否认，务达废约目的并派代表入京面陈，如需款万急，拟即以政府主〔名〕义将两省林矿抵押作准备金，转商中、交两行，发行纸币若干，亦可补救眉急外，谨此电呈，不胜迫切待命之至。黑龙江省议会、商务会、教育会印。谏。

〔北洋政府财政部档案〕

3．农商、财政两部订定林矿借款经过情形呈稿

（1919年1月8日）

为呈报订定吉、黑两省金矿及森林借款合同情形，恭具会呈仰乞钧鉴事：窃查吉林、黑龙江金矿、森林蕴蓄至富甲于全国。人民拥自然之地利而不事开通，国家有莫大之税源而不知培养，货弃于地，殊非长策。加以东省铁路沿线一带，外人任意侵占，莫可钩稽，利权坐失，尤为可惜。文〇汝〇一再筹商，似应由政府设立专局，从事整顿入手。惟此项资金所需甚巨，因与中华汇业银

行转向日本国日本兴业银行、台湾银行、朝鲜银行提议借款日金三千万元，即以该两省之金矿及国有森林及关于该项林矿所出之政府收入为担保，议定年息七厘五毫，十足交款，并无回扣，且借款金一经偿清，该合同即行作废，此该合同之概要情形也。至其附带条件，不过由各该局酌聘日本技师，及希望将来改良或计划采金、森林各事业需要巨款时，可商借日款或组织中日合办公司两项。且技师仅系赞助局长，担任技术上之事务，所有采金、森林各局用人、行政，纯由局长主持，债权人方面不得丝毫干与。即借款或合办，亦须中国人有此希望，始可开始磋商；若无此意，他人亦无从相强。并迭经该银行附函声明：对于该两省现在从事经营之采金、森林各事业及其关系人既得之权利及利益决不侵害，且无垄断特别利益，阻碍地方人民生业之意等语。文○汝○往复商酌，认为尚无流弊，于上年七月三日订定草合同，八月二日订定正式合同，历于国务会议议决在案。惟因彼时该两省一部分绅民不免误会，纷纷反对。当由文○汝○并电达各该省督军、省长，剀切晓谕；一方面酌采该地方绅民之意见，妥慎办理。现始逐渐了解，不甚坚持，已据各该省长官电称可告结束有案。现在各该省采金、森林各局长，均已奉令任命，此案当可完全了结，自应会同呈报备案，以重要政。兹谨将该中、日文正式合同各一份及附件各六份，缮呈钧鉴，并沥陈经过各情形，伏乞鉴核，训示施行。

谨呈

大总统

中华民国八年一月八日

〔北洋政府财政部档案〕

十五、济顺、高徐及满蒙四铁路借款

1. 章宗祥抄送山东、满蒙铁路借款预备合同密函①

（1918年9月28日）

七年戊字第九七号

径密启者：准本月二十六日电开：兹委任执事与三银行签订山东铁路及满蒙铁路两项垫款预备合同之权，即希照办等语。业于本月二十八日由本使将济顺、高徐二铁路借款预备合同及满蒙四铁路借款预备合同与该三银行代表签字，除另行电达外，兹将该项借款预备合同两件，抄具中、日文各一份，函送察核密存为荷。此致

财政总长

交通总长

附件计开

济顺、高徐二铁路借款预备合同中、日文各一份。（略）

满蒙四铁路借款预备合同中、日文各一份。（略）

中华民国七年九月二十八日

〔北洋政府财政部档案〕

---

① 抄件。

2. 财政、交通两部为解决山东问题与日本订立借款筑路预备合同呈暨大总统指令

（1918年10月）

（1）财政、交通部密呈（10月25日）

交通部呈第四七号

呈为中日两国因解决山东问题并借款建筑铁路，抄录交换文件，密呈钧鉴事：窃我国与日本国关于山东交涉一案，经时数载，外部历次磋商，苦无圆满解决方法。查铁路事业比年因库款支绌，欧战未终，外资无法输入，以致停顿进行，日本资本家愿于此时以投资相商榷。交通部权衡再四，拟即以当年允许德国借款建造之济顺、高徐二线，转向日本借款兴筑，同时日本允将山东各悬案一律解决。经驻日本章公使与日本当局提议，其关于山东问题最重要者，如调回军队、撤废民政署两端，以及胶济铁路由中国组成巡警队保护，款归铁路支给，铁路从业员中应采用中国人，胶济铁路将来由中日合办各节，往复磋商，幸均就范。查济顺、高徐二线业于民国二年经外交部与德使交换文件，许其借款兴造，现在中德宣战，德约当然无效。此次改商日本同为借款兴筑，自与原案无异。藉此解决山东民政署各问题，并胶济铁路预约亦归中日合办，较之以前中德旧约更较圆满，自可准与商结。又，满蒙路线曾于民国二年十月五日，经外交部与日本公使换文预约，允借日款修筑，即由四平街经郑家屯至洮南，由开原起至海龙城，由长春之吉长车站至洮南。又洮南、承德间及海龙、吉林间等五线，除四平街至郑家屯一段已由日本正金银行借款修筑竣工外，其余均参酌前项预约办理，业经国务会议议决，由交通部电致驻日本章公使与日本外部以文书交换，并订立预备合同，俟将来兴

造时，再由交通部与日本资本家订立正式合同。兹准章公使将交换文件备函抄送前来。查近年政费浩繁、库款竭蹶，此项文件既经交换，自应酌量商垫，以策进行。经财政部商由交通部转向日本方面议定先行垫款，计日金四千万圆，藉以为进行之筹备。所有解决山东交涉各案，并借款建筑铁路及垫款情形，理合抄录交换文件，密呈大总统鉴核训示施行。再，此案系由交通部主稿，会同财政部办理，合并陈明。谨呈

大总统

兼署

财政总长

交通总长

中华民国七年十月二十五日

（2）大总统指令（10月30日）

大总统指令第一千八百三十二号

令兼署财政总长
交通总长曹汝霖

呈中日两国因解决山东问题并借款建筑铁路抄录交换条件请示由

呈悉。准如所拟办理。此令。

中华民国七年十月三十日

〔北洋政府财政部档案〕

3. 财政、交通两部订定办理山东、满蒙铁路借款预备合同呈

（1918年11月9日）①

财政交通部呈为订定山东及满蒙铁路借款预备合同抄录密呈钧鉴事：窃查关于解决山东问题并借款建筑山东及满蒙铁路一案，业将办理情形抄录交换文件，声明订立预备合同呈明在案。经与日本股分公司日本兴业银行所代表之股分公司、日本兴业银行股分公司、台湾银行及朝鲜银行商订济顺、高徐二铁路及满蒙四铁路借款预备合同各十四条，以为正式借款合同之准备。此项预备合同成立时，由上列三银行先垫日金各贰千万元，十足交款，并无回扣，年息八厘。一面由我国拟定各该路应需建筑及一切费用，由该三银行就议定金额，代为发行同额之民国政府金币公债。其公债期限均为四十年，自发行之日起，至第十一年开始还本，分年摊还，即以现在及将来各该铁路所属之一切财产及其收入为担保。此外未经规定之条项，由政府与银行协议决定之。以上情形，经国务会议议决，并双方磋商就绪，由财政总长委任驻日本章公使与该三银行签定该两项借款预备合同之权。兹准章公使函称：业于本年九月二十八日将该两项借款预备合同与该三银行代表签字，并抄具合同，请为察核前来。理合抄录该两项合同全文，恭呈大总统钧鉴训示施行。再，此案系交通部主稿，会同财政部办理，合并陈明。谨呈

大总统

〔北洋政府财政部档案〕

---

① 此件系交通部咨财政部之附件，日期为咨文时间。

4. 张謇反对签订山东铁路借款合同与交通部来往电

（1919年2月）

（1）张謇电（2月16日）

北京。大总统钧鉴：奉院复电，知欧议会宣布密约一节，已成过去事实。惟顷又见沪报载中日前订山东高徐、顺济两路草合同及胶济路合同不日须正式订约。此路地属山东，约图借款，必与此次欧会议题有关，又非国民公认之事，率尔而为正式续订。堕小幡乘便攫利之计，害已大矣。各国抑强扶弱，认机害更甚，是非中国永久之福，亦非政府目前之利，不知政府何所见，何所图，而乐为之也。南北和议将开矣，又何取多此一事，供人抨击，自贬信用。沪报所言确否，不可知。既有所闻，而见为大患，则不敢不尽野老之忠告。政府之人亦中国之一民也，徼天之幸，有此欧洲和平会议，予中国以假挈复苏之会，而必欲违天以丧之，殆非人理，度政府决不为此无策之策也，乞垂鉴。謇叩。谏。

（2）交通部复电稿（2月21日）

张季直先生鉴：国务院抄谏电一件敬悉。查高徐、顺济预定之路及胶济已成之路，目前并无订定正式合同之事，请勿过信谣传，特复。交通部。马。

〔北洋政府财政部档案〕

5. 财政部就满蒙等铁路借款未订正式合同等情复函稿

（1923年6月15日）①

复京师地方检察厅函　十二年财字第一五七七号

径复者：准贵厅来函：以关于本厅受理曹汝霖、陆宗舆等经

① 日期为发文时间。

手参战等借款一案，所有贵部前送各项合同内之满蒙、山东、吉会三项，均系先订预备合同，由日本垫款，并载明四个月或六个月后再订正式借款合同。究竟曾否如期换订正式合同，以及内容有无出入，本厅亟待调查，函请查复等因。查前项满蒙、山东、吉会三项预备合同，当时均系由交通部抄送本部备案之件，至以后是否换订正式合同，本部无案可稽。当即行查交通部去后。兹准交通部复称：查济顺、高徐二铁路借款预备合同及满蒙四铁路借款预备合同，自驻日章公使与日本兴业银行签订之后，该行并未向本部提议订立正式合同；至吉会铁路借款预备合同，虽经日本兴业银行向本部提议订立正式合同，因该行所提条件太苛，本部未允办理等因。相应函复贵厅查照。此致

京师地方检察厅

中华民国十二年六月　日

〔北洋政府财政部档案〕

6. 财政部就改订各路借款付息垫款情形提请国务会议公决案①

（1924年8月27日）

案查本部欠付日本兴业、台湾、朝鲜等三银行满蒙四铁路、济顺、高徐二铁路、吉会铁路借款暨第二次付息垫款各期应付利息，至本年六月三十日止，连同延滞利息，共达日金五百二十八万六千八百二十元五十一钱。当前项借垫各款分别到期时，迭据该行函请筹付现金，均以财政困难，未能照付。嗣又迭据该行函称：该行深体中国政府财政情形，且因该行上半期决算及整理账目关系，愿将上项欠付各款，仍照上年所订付息垫款办法，改订

① 原件为财政部抄存件。

第三次付息垫款合同，暂资结束，并准驻京日本公使馆函催办理各等因。本部以付还现款，财力既有未逮，当嘱该行先将利率减让，再行商议办理。旋据该行函陈日本金融紧迫情形，上年付息垫款之周息九厘五毫，实非高率，无可再让，务希予以同意。并拟送第三次付息垫款合同草案一份到部。本部详加复核，该行所陈不能减让利率各节，尚属实情。至原送合同草案内开各项欠付数目，计算尚属相符。其余条件，如限期二年及虚指担保等项，均与第二次所订付息借款合同成案无甚出入。应否准予照案办理，以纾财力之处，理合缮具议案，并抄录原送合同草案，提请公决。

附抄件（缺）

财政部

中华民国十三年八月二十七日

〔北洋政府财政部档案〕

十六、参战借款

1. 李思浩为查明参战借款案致徐树铮函稿

（1919年2月27日）

又铮吾兄惠鉴：敬启者：本部现准国务院咨：准督办参战事务处咨：众议院议员沙明远提出青岛交涉及其他中日交涉质问案内，第六项所云借款一节，本处向未经手。其因参战所借之二千万元，应由财政部拟答，即烦拟复送院。等因。查参战借款一事，其约并未存在本部。现在该项借款已交若干、未交若干，本部无案可稽。特抄录该质问书第六项原文，函达台端，即乞迅代查明示知，并将原订合同照录一份密送本部。至纫公谊。此致。即颂台祺。

李〇〇启

附：参战借款合同及附约①

参战借款合同

中华民国及日本帝国依据两国陆军协同防敌军事协定之宗旨，中华民国政府（以下略称为甲）为先编练得为完全协同动作之国防军队及参战所需各经费，特与日本帝国朝鲜银行所代表之日本帝国朝鲜银行股分公司、日本兴业银行及股分公司台湾银行共三银行（以下略称为乙），订立借款合同如左：

第一条　本借款金额为日币二千万元，以中华民国政府国库证券交乙承受。

第二条　前条国库证券之发行，其期限一年，按年行息七厘，以贴现之方法发行之外，加用费一厘，由该国库证券之金额内扣除，期满之日，得由当事者双方协定，照上列所定同一条件换给发行。

第三条　甲受领本借款金额时应即存乙，乙对此存款按年付息七厘。

第四条　前条存款，甲有提用必要时，乙应依另协定之手续，交付于指定之受取人。

第五条　本借款所需之国库证券制造费、印花税及其他杂费，归乙负担。

第六条　甲将来如有与本借款同一目的更欲借款时，应先向乙协议。

本合同应备中、日文各二份，甲乙各保存其一。合同如有疑义，依日文解释之。

中华民国特命全权公使章宗祥（印）

日本帝国朝鲜银行总裁美浓部俊吉（印）

中华民国七年九月二十八日

① 本件系财政部抄件。

日本帝国大正七年九月二十八日

附约

依照本日签字之中华民国政府参战借款合同第四条，本借款金应交付于直接主管国防军队机关所属之经理主任。

中华民国特命全权公使章宗祥
日本帝国朝鲜银行总裁美浓部俊吉

中华民国七年九月二十八日
日本帝国大正七年九月二十八日

径启者，中华民国七年九月二十八日签约之参战借款，中华民国政府以将来整理新税之收入作为偿还财源，特此声明。此致
朝鲜银行
股分公司日本兴业银行代表
股分公司台湾银行

朝鲜银行总裁　美浓部俊吉殿
中华民国特命全权公使　章宗祥

〔北洋政府财政部档案〕

2. 财政部就日本三行所提展期偿还参战借款条件提请国务会议公决案

（1920年10月16日）

案查民国七年九月二十八日，政府向日本朝鲜、兴业、台湾等三银行所订参战借款日金二千万元，曾于民国八年九月到期时商展，扣至本年九月，又已到期。前以款巨期迫，本部电委驻日庄代办再行商展一年。兹准该代办电称：如承诺下列条件，当允展期。查所开各条，除（一）中国发行库券二千万元，交付三银

行；（二）证券发行价格与额面价格同；（三）库券发行日期为本年九月二十六日；（四）偿还期限，自发行日起满一个年；（六）用费按年一厘；（七）明年五月三十一日以前商定证券偿还之计划。以上各节尚无重大关系，似可照行。惟第五条，年息七厘五毫，较前增加五毫；第八条，以盐、关余款为本息担保，颇有关系。应否照办，事关外债，理合提请公决。

中华民国九年十月十六日

〔北洋政府财政部档案〕

3. 财政部为以关盐余款担保展期偿还参战借款利息致朝鲜银行函稿

（1920年10月19日）①

九年财字第二千七百八十六号

径启者：本年九月二十六日本部应付参战借款利息库券日金壹百陆拾万元，业经本部托由中华汇业银行向贵行商定，另行换给库券，展期一年，以关、盐余款为担保，并预付一年利息日金拾叁万陆千元在案。前项库券日金壹百陆拾万元，本部应即按照此次商定办理，届期准在本部所收关余或盐余项下如数拨还。相应函达贵行查照，即以此函证明可也。此致

朝鲜银行

中华民国九年十月　日

〔北洋政府财政部档案〕

---

① 发文时间。

十七、烟酒借款

1. 财政部就拟具续借美款大纲与徐恩元来往函

（1919年9月）

（1）财政部密函（9月3日）

八年财字二千四百四十一号

密启者：民国五年冬间，政府曾向美国芝加高托辣斯银行订借美金五百万元，利息六厘，期限三年，以烟酒公卖为抵押。该合同内曾载明，此后可在美国续借美金二千五百万元。民国六年，该行代表艾博德君来华，曾与商议。嗣因所开条件未能接近，因之罢议。现在欧战告终，而中美邦交益形敦睦，彼邦人士均愿投资我国，以实行其亲善宗旨。时机已至，亟应赓续前议，商订二次借款。本部拟具办法大纲五条，提出国务会议。兹准国务院函开：拟借美款办法大纲五条，本日经国务会议议决，密达查照办理等因。到部。相应将原拟办法五条抄送查阅，并委任执事代表本部迅速赴美，按照议决借款办法大纲，与芝加高托辣斯银行切实磋商，期早成立。仍将商议情形随时电部核夺，是为至要。除咨呈国务院备案外，此致国务院参议徐恩元君

计抄件

拟借美款办法大纲

（一）借款额数：三千万美金，除扣还五百万芝加高旧款外，应得二千五百万实数，尚能多借则更好。

（二）借款抵押品：从前以烟酒税担保各借款本息，拟照从前善后借款盐税担保办法，于借款合同内声明，所有烟酒收入，除业已指定为从前担保债务未经清还者外，全数作为此次借款之

担保品。

（三）抵押品稽核权限：应照善后借款合同第五条办法办理，不得逾越第五款办法，以免国民反对。

（四）借款合同当交国会通过。至烟酒公卖法，应查照前定盐税法案办法，俟借款订定，稽核机关成立，再将公卖法编定，交国会通过。

（五）借款用途：补充行政经费。

中华民国八年九月三日

（2）徐恩元密函（9月4日）

敬密复者：顷奉钧函，委任恩元代表大部赴美，与芝加高托辣斯银行磋商借款事件，并抄录国务会议议决拟借美款办法大纲五条前来，奉此。恩元遵于本月七日由京启程赴美，俟抵美后与该银行磋商情形，随时电陈大部核夺。专此密复。敬颂钧绥。

徐恩元谨启　九月四日

〔北洋政府财政部档案〕

2．徐恩元等就续借美款用途及签订旧款展期合同与财政部来往文电

（1919年10月）

（1）徐恩元密电（10月10日）

北京。财政部公债司鉴：新密。二五事，外部拟星期二、星期三召集银行为最后商议，当局属开用途，元已口答为六个月内补助军政费用，每月约四百万元左右。其中以京畿一带警、军、旗饷、陆军部最急欠饷、皇室经费等居大部分。请将此每月四百【万元】左右试分配数正式飞电开示。元星期二回纽约。元。

十日。

(2) 财政部密电 (10月13日)

急。纽约中国领事馆转徐容光先生：新密。十日电悉。借款用途，假定每月四百万元，以六个月计，每月开支细数如下：一、京畿一带各军月饷约二百五十七万一千三百四十八元，警察饷费约三十万八千四百十五元，旗饷四十三万一千三百十三元，皇室经费三十一万五千四百九十三元。至积欠各处军饷，为数颇巨，兹拟将借款每月余数约三十七万三千四百余元，尽数补放陆军部最急欠饷。上开数目与前送美芮使单大致相符，希接洽速办。美外部会议情形如何，盼速见示。来电已呈靳总揆。又芝款下半年利息，已由纽约住友银行转电 The First National Bank of Boston, Chicago, 照解芝行兑收，并希转告艾博德君。财政部。中华民国八年十月十三日

(3) 容揆、徐恩元密电 (10月13日)

财政总长钧鉴：新密。芝款展期条件如下：数目五百五十万，烟酒公卖费作抵，六厘息，九三扣，二年期。政府以烟酒税作抵，续借二千五百万时，该行有六十四日之优先权，已于十一日会议允订。应由国务院、财政总长即日致电该行声明，十月十一日容揆、徐恩元与该行所订展期合同，并无与现行法律或宪法抵触情事。该电似仍请拍由本馆转交。再，五百五十万，九三扣，实收只五百十一万五千元，付去旧债五百万及六个月利息十五万，尚短三万五千元，乞速电汇，以维信用。容揆、徐恩元。十三日。中国公使馆。

（4）财政部咨呈（10月15日）

咨呈国务院　第二百四十一号

为密咨事：查民国五年十一月间，政府曾委托驻美顾公使代向美国芝加高银行订借美金五百万元，期限三年，应于本年十一月一日满期，本部前以此项借款为数甚巨，预料到期断难筹还，当即委托徐参议恩元于此次到美时，径与该行磋商展限。兹接徐参议电称：芝款展期条件如下（略）① 等语。查该参议与芝加高银行所订展期合同，核与前案相符，尚属妥协，应准照办。除复电由本部主稿，会同贵院电致芝加高银行声明，展期合同并无与现行法律或宪法抵触情事外，相应抄录会电底稿，咨呈贵院查照备案。为此咨呈

国务院

中华民国八年十月十五日

（5）徐恩元密电（10月21日）②

北京。财政部公债司鉴：新密。二五事会议结果，政府及银行均赞成立即协办。现正商议手续，大约三、四日内当可定局。此项借款经元声明系继续芝行，发生在新银团未成立前之事，以示划分界限，免致牵涉复杂问题也。昨日当局催取用途单甚急，且元行期亦促，故开送如下：京畿各项饷三十二万，公府经费四万，旗饷四十万，皇室经费二十五万，陆军部二百万，出使费二十万，还最急华商银行借款五十万，其他各部三十万，总共四百零一万。政府、银行对于此单颇为所动，可否即以此单为政府目前假定用途，乞速示。事在进行，合同条件未经确定以前，万乞

① 电文内容详见10月13日容揆、徐恩元致财政部密电。

② 日期为收文时间。

秘密，因破坏者已颇不乏人……

〔北洋政府财政部档案〕

3. 容揆等就续借美款条件纲要事与财政部来往电

（1919年10月）

（1）容揆密电（10月24日）

财政部鉴：新密。二十三日电敬悉。借款大纲及交款办法等曾由徐参议于二十日自纽约径电大部，兹恐该电未达，谨摘要重电如下：一、借款总额三千万元美金。二、以烟酒收入作抵，不敷时以盐税作附加抵押。三、期二年。四、利息周年六厘。五、用途：以五百万还芝行旧款，以一百万留作整理烟酒税用，自十一月一日起，每星期付一百万补军费，至交足一千万元时为止，余数交付办法另行商定。六、政府开始收款时，即将烟酒事务署仿照盐务署办法著手整理，聘用满意美人为稽核会办，其烟酒事务署仍用现官制。七、稽核用途：照善后大借款合同第十四条之规定办理。八、元因行期太促，已先签字，请飞电容代办会同签字。九、会办一席拟请聘芝行协理艾博德君充任。十、时期促，请速办云云。容揆。二十四日。

（2）财政部密电（10月27日）

华盛顿。中国公使容代办鉴：新密。二十四日电悉。此事徐参议二十日电，二十五始到。条件大纲尚妥，惟以盐余为附加抵押，如果列入合同，四国银团必根据善后借款合同第十七款第二项发生交涉，必多枝节。希速商芝行改以各省货物税，每年约千五百万元为附加抵押，此层解决以外，均可照办。并请执事代表政府会同签字，一面延聘艾博德君为烟酒署会办。再，徐参议目前已否由纽约起程，并希设法代告一切。财政部。二十七日。

（3）财政部密电（10月28日）

芝加高大陆商业银行转徐恩元先生鉴：新密。二十日电二十五始到，芝款条件经由国务会议通过，一切照办。已电驻美容代公使会签合同，并聘艾博德为烟酒署稽核所会办，将来待遇当与丁恩一律。惟以盐余为附加抵押，此层恐由四国银团根据善后借款合同第十七款第二项发生交涉。现拟改以各省货物税每年收入约一千五百万为附加抵押，刻已电令容代公使切商芝行，如果前途疑货物税各省不能直接解部，以为难恃，将来遇烟酒税不足抵还借款时，实际上仍可用盐余偿还，惟不能彰明较著，载入借款合同，发生其它阻力耳。希再婉商，俾可斡旋。……财政部。

〔北洋政府财政部档案〕

4．丁家立就政府以公函证明正式承认借款各条件事与靳云鹏等来往函①

（1919年10月—11月）

（1）丁家立函（10月31日）

径启者：准一九一九年十月十八日贵总理函，并附财政部十月十五日一函，内开：中国政府授予驻美容代使暨徐恩元君特权，签订某项借款合同及其附属合同，并经核准将该合同等签字后交付芝加高银行，收取该借款之实收数，以付还本年十一月一日到期之借款本息。当经正式委任中国驻华盛顿公使或代使签字及发

① 丁家立，美国公使馆代办；靳云鹏，代国务总理；李思浩，代理财政总长。

行与大陆商业银行所订原借款合同应发之库券及附带息票。所有本函承认之授予权，即订立合同及发行库券两事，均与中国宪法及法律相符合，并与各国所订条约亦无抵触。且本函所言之上项授予权，业经国务院核准，委任中国驻华盛顿代使及徐君恩元共同办理，等因。自接准该函后，本馆又续接关于该借款之各节如下：大陆商业银行与中国政府之上述代表于本年十月二十日签字，订立美金三千万元之借款合同，其一千万元已经募集，其余之二千万元，银行当立即设法招募，此项借款即替代十月十一日所设立之五百五十万美金借款。本借款所得之实收数，除以五百万元用以付还本年十一月一日到期之借款外，其余款用途应分配如下：组织烟酒事务署及此后由双方议定之各项用途一百万元，付还陆军部欠付各军军饷，以备最后之遣散，付还司法部欠各官吏薪俸余款，应拨付使馆经费、欠付警察经费、皇室优待费及收回所欠各银号短期欠款之用。本借款之担保品，除以前各借款业经以烟酒事务署税收为担保者尚未付清各款不计外，中国政府允将烟酒事务署下余税收全数为此次三千万元美金借款之担保，倘银行决议以上项担保为不敷之时，当再以盐务署放还或未放还中国政府之盐余为附加担保，是以凡依本合同所借之款，即由该项盐余直接偿付。本借款中国政府每百元实收九十一元，利息六厘，自一千九百十九年十一月一日起，两年为期。又准一千九百十九年十月十五日财政部函开：无论关于本合同之担保品或他项事件，此次中国政府委任该两代表所订合同，概与中国政府与别人或别国所订合同均不违反，且该合同等均经中国政府正式承认。等语。兹谨请贵总理以代理国务总理名义，用正式公函证明上开各节俱属确实，则本函所陈借款合同之各条件业由财政部正式承认备案一节，亦可藉以证明。再，贵总理复函上并请加盖财政部部印为荷。敬颂日祉。

驻京美国代理公使谨启

(2) 靳云鹏、李思浩函稿（11月3日）

致驻京美国代理公使函

径复者：本月三十一日，准贵代公使函开：(内容同上，略)等语。查上开各节，本总理暨本部长均表同意。惟来函开：烟酒税担保不敷时，当再以盐务署放还或未放还之中国政府盐余为附加担保品，此节与善后借款合同第十七条第二项有所抵触。本部拟改以各省货物税每年约一千五百万元为附加担保，免生其他枝节。此外各办法，本总理暨本部一律承认，均应照办。相应函复贵代公使查照备案。顺颂台祺。

中华民国八年十一月三日

〔北洋政府财政部档案〕

5．徐恩元等就芝加哥银行不同意以货税作抵借款事与财政部来往密电

(1919年10月—11月)

(1) 徐恩元密电（10月30日）

财政部公债司：新密。船正开驶，接芝行电开：据容代使电：奉政府电称：盐余附加押品，旧银团定必抗议，政府处于极恐慌地位，请改用货税。查盐余附加押品，业经敝行与各处商定，此节关系重要，政府即〔既〕反汗，敝行亦难承认。且现下银根奇紧，敝行只能先履行展期合同等语。仓猝生变，殊出意外，是否别有用意，尚难悬测。现正用无线电与芝行继续商议。此间银根确紧，且湖北国民大会等处迭电银行、外部，反抗借款。兹为借款成立起见，拟照原议先有盐余附押品，日后另图补救，详情容达。此后

芝行交涉请先与元接洽，以免歧误。通电由坎拿大太平洋轮船亚细业皇后号转。元。三十日。

(2) 容揆密电（10月30日）

财政部鉴：新密。奉二十七日电，遵即设法转达徐参议，一面向芝行婉切商改。兹据电复，大致谓：美国金融甚紧，英以债票尚难畅销、本行于此次借款业经昕夕设法，冀告成功。大纲于盐余作附加抵押一层既有为难，请将合同作罢，仍候贵国政府复示云云。除饬将合同暂缓作罢外，谨驰闻，乞裁示。容揆。三十日。

(3) 财政部电（11月3日）

华盛顿。中国公使容代办鉴：三十日电悉。芝款合同，千辛万苦，始克订立，断难作罢。妥善办法俟徐参议到京再行面商电告。财政部。三日。

〔北洋政府财政部档案〕

6．徐恩元就改向太平洋拓业公司借款与财政部来往密电

（1919年11月）

(1) 徐恩元密电（11月1日）

财政部公债司：新密。财政部长鉴：三十日电计达，昨日除电芝行外，并商施栋、韦耿、白鲁斯三君，彼可立即垫付美金五百万元，备候大部提用，以应急需。其余二千万元准于六个月内如数筹足，毋庸附加抵押，□聘美人兰庆为稽核，乞速电示，以便签订合同。盖恐俟之到京，难免有人阴图破坏也。至芝行方

面，现正电商，当能同意。复电请用无线电直达轮船，并拍由横滨领署转。元。十一月一日。

(2) 财政部密电稿（11月11日）①

真日接东电，已悉。施栋、韦耿、白鲁斯三君允立垫五百万济用，条件均照芝行合同，无庸附加抵押，甚善。本日提经国务会议通过，应准照办，即请代表本部签订合同。至聘兰庆为稽核会办，亦表同意。惟烟酒稽核所成立，应在二千万交足之后，方为正当，统希妥筹进行。再，芝行方面既经执事电商，谅表同意，不致另生枝节也。财政部。

〔北洋政府财政部档案〕

7. 财政部就与太平洋拓业公司签订借款合同致外交部密咨

（1919年11月26日）

咨外交部密文　第六千零二十一号

为密咨事：查政府近向美国纽约省法律组织成立之太平洋拓业公司订借美国通行美金五百五十万元，年息六厘，期限二年，以中国政府库券为凭，并以中国政府烟酒署税收全数为直接抵押品，其抵押权，在从前以烟酒抵押尚未清还各借款之次。所有借款合同，业于本年十一月二十六日由国务总理、财政总长会同该公司代表白鲁斯氏在北京签字。查该合同第十三款载，本合同用英文共订三分，其一分应由外交部送交驻京美国使馆备案等语。相应将该项借款正式签字合同一分、证明书一件，密送贵部查照，希即将该合同及证明书迅送美国使馆备案。此咨

① 发文日期。

外交部

中华民国八年十一月二十六日

〔北洋政府财政部档案〕

8. 外交部抄送法国公使抗议以烟酒税抵借美款照会致财政总长咨

(1919年12月24日)

外交部为咨行事：前准法柏使函称：报载中政府将以烟酒进款，向美资本团抵借款项。查中法实业银行对于烟酒公卖进款具有优先权，此项优先权应行保留等因。业经本部于十一月十二日咨达在案。兹又准该使来照抗议，并请将中政府新近与美银团代表所定借款合同及其性质如何，并中政府对于组织经理烟酒公卖持何种意见，正式达知。又称法政府对于此案必当极力维持等因。相应抄录原照，再行咨达贵部查照，从速核办见复，以凭转复可也。此咨

财政总长

附件

外交部长代理部务　陈箓

中华民国八年十二月二十四日

照录法柏使来照　八年十二月十六日

为照会事：本京各报登载中国政府与美国某资本团代表协商借款，以烟酒公卖进款为抵押品一事，本公使业于上月六日函请贵总长特别注意。盖中法实业银行对于此项进款享有优先权，该进款已作为浦口及钦渝两项借款初次之抵押品。为此，本国政府

特先声明，保留干涉之权，俾便维持中法银行之利益。上月六日函内业载明此情，请将此项保留转知财政总长，请其见复。然至今并未接有贵部何等复文，本公使不得已，再请贵总长务将中国政府新近与美国银行代表所定借款合同及其性质如何，并中国政府对于组织经理烟酒公卖持有何种意向，咸请正式达知本公使为要。

外间对于此事传说极盛，凡各报均经登载，但至今双方有关者毫未否认，是以本公使亟须将下列各节正式照请贵政府注意。

若只维持中法实业银行之权利，则不能认为满足，或将烟酒各税仅作与美国资本团代表所定借款之附属抵押品，亦不能认为可以满意。如照中国政府对于美国资本团所认之条件，其中准该资本团管理征收烟酒各税之处。查先时中国政府对于中法实业银行所认之件条〔条件〕，此项管理权只给与法国人，且此项法国人必须由中法实业银行所代表之资本团认可。如中国政府欲委第三位征收烟酒税，或此项征收之监督者，法国资本团既在先享有初次抵押品之权利，何能使此项权利听任享有第二次抵押品者，或监督、或执行。

法国资本团所享有之权利，更系经一九一四年实业借款合同所承认。该合同条款言明：中国政府不准于一九二四年六月三十日以前将该借款还本；该合同第六条第六款又云：中国政府施行还本之期，系发售债票之日期十年以后等语。由是观之，中国政府如于期限未满之前，有意将一九一四年借款持有债票人所享酒税之抵押品取消之，则在中法实业银行代表各持有债票之人未行允准之先，中国政府不能任意径行取消。

中法实业银行在华代表特向本公使确切声明：前项管理权若委他人，致法国人不得第一位置，法国资本团万万不能承认。该代表又云：如中国政府将该银行及本馆预先抗议置诸不理，兼且藐视银行之权，则不得已，势必取用激烈决断，该银行对中国政府施行约束，向来给与各项便利，此后则不能继续之矣。即如本年十二月三十一日期之时，中国政府尚不将所欠该银行之款照数完全清还，则该银行自当要求将抵押品即时过付，其明年一月、二月期满者亦如之。本公使最后尚当声明者，法国政府对于此案，既得有本馆详细报告，岂能将中法实业银行权利置之不顾，必当极力维持无疑矣。

〔北洋政府财政部档案〕

9. 丁家立就委派美人为烟酒事务署会办与李思浩来往函

（1919年12月30日）

（1）丁家立函（12月30日）

径启者：查改组全国烟酒事务署暨委派本国人员充当该署会办之延搁，本国资本家因之颇有疑虑。本署公使深恐将来本国资本家对于商议襄助上有重大之妨碍。现奉本国政府饬令，向中政府表明上述之意旨等语。本署公使特愿遵办，因依鄙见观之，如果中政府迅速办理，则于中国利益有所裨也。相应函请贵总长查照为荷。

此颂日祉。

丁家立启

一千九百十九年
中华民国八　年 十二月三十日

（2）李思浩函稿（12月30日）

径复者：顷准贵馆来函：以改组全国烟酒事务署暨委派贵国

人员充当该署会办之延搁，资本家颇有疑虑，函请查照等因。查关于烟酒借款事，应根据借款合同，聘请贵国人员充当稽核会办一节，现已办妥，照发聘函矣。此复。
即颂日祺。

李〇〇启

中华民国八年十二月三十日

〔北洋政府财政部档案〕

10. 中国烟酒联合会等反对烟酒借款致大总统等电

(1919年10月—1920年1月)

(1) 中国烟酒联合会电 (10月31日)

大总统、国务院、外交部、财政部、农商部钧鉴：烟酒借款，主权丧失，授人以柄，万民嗟怨，迭次争阻，早蒙洞察。近日各报纷载徐恩元在美活动，抵借巨款，草约已签，电达财政部等语。烟酒两揖〔业〕闻耗，惶急万状。当此和议未成，人民痛苦已深，忽乘间单独悬借垛(？)巨金，竟自主权傍落，置国计民生于不顾，两业生死，除誓不承认，特电呼吁，务乞俯念全国数千万人生计，迅予取销借约，以维商业，而保主权。中国烟酒联合会叩。世。

(2) 中国烟酒联合会电 (12月13日)

大总统、国务院、财政部、农商部钧鉴：烟酒借款一事，迭电呼吁，泪竭声嘶，未蒙亮察。顷报载此项借款现已成立，仿盐税抵押办法，用外人为稽核，全国震恐，罔知所措。查盐税借款，害国丧权，国民至今犹有余痛。然洋盐不能侵入，税权虽失，尚不至害及工商。吾国烟酒二业资以为生者数千万人，今外国烟酒已充斥吾国，倘复使外人握吾之财，而制吾之命，非犹国民生计将绝，国家财政亦将受监督于外人，埃及前车可为殷鉴。况近日关金低落，借入实用不及三分之一，将来偿还须逾三倍。膏竭髓尽，国何以存？此项借款，不啻将国家主权、人民生计断送外人，国民万难承认。务乞顾存国本，俯顺舆情，迅将该约取销，不胜迫切待命之至。中国全国烟酒联合会叩。元。

（3）上海总商会电（1920年1月6日）

大总统、国务院、财政部、农商部、全国烟酒事务署、参、众议院钧鉴：报载烟酒借款，辱国病民，莫此为甚，试略陈其害。国外烟酒已充斥国内，今因借款，以外人为会办，尚欲抑吾之吭，制吾之命，何求不得，其害一。产烟以皖、鲁、豫、鄂、闽、浙为多，产酒以顺、直、江、浙、川、晋为最，贫民赖以生活者数千万人。授稽核权于外人，垄断凭凌，势所必至，该两业穷苦小民生计既绝，难保不变生不测，其害二。现时金价极低，日后酪〔还〕款，损失何止加倍。饮鸩止渴，渴未止而命将不保，其害三。况国家主权从此断送，全国人民誓不承认，本会万难缄默，合亟电恳俯赐察核，迅予设法取消，伫候明示，以顺舆情，不胜急切待命之至。上海总商会。鱼。

〔北洋政府财政部档案〕

十八、赈灾借款

1．内务、财政两部请求银行团借款救济北方旱灾函

（1920年10月14日）

九年财字第二千七百十四号

径启者：本年敝国北五省旱灾之广，小民受困之深，实为近数十年所未有，其实在情形，早为中外人士所注意。论以治本之法。

固以兴水利、广种植为最要之举；而治标之法，则惟有赶办赈济，以救民命。况转瞬冬季，天寒气冷，无衣无食，哀我小民何以卒岁。兹事不独关系五省民命，抑且有关地方治安秩序。惟敝国历经事变，库款空虚，遇此大灾，决非零星小款所能济事。查民国六年直隶水灾，贵银行团曾以不分畛域，借给敝政府款项为办赈之用。彼时灾区尚小，用款不多。此次北五省旱灾，调查灾区有二百九十余县之广，较之民国六年京津水灾实加倍蓰。素仰贵银行团一视同仁，热心善举，应请贵银行团及贵团以外之各外国银行概借巨款，一切手续可查照民国六年水灾借款成案办理。惟敝政府所希望者数目较大，为数约在一千万元以外，期限较长，俾财力可以周转。此外如担保、利息各条件暨还款方法，统希贵银行团逐一开具节略，送由财政部核办。贵银行团热忱昭著，悯此灾黎，必能速表同意，务请即日商定办法，迅速见复，至深感祷，顺颂时祺。此致

汇丰银行四国银团代表阿伦君

〔北洋政府财政部档案〕

2．阿伦就借款应由新银行团承担与财政部等来往函

（1920年10—12月）

（1）阿伦来函（10月19日）

财政内务总长钧鉴：接奉十四日钧函，嘱由银团银行会同其他在华外国银行筹办赈务，借款银币壹千万元等因，敬悉一是。此次灾情奇重，代表等深为关怀，对于赈务，自当竭力协助。但英、法、日三银行团代表兹欲陈明者，新银团之成立，业由有关系各国使署，于本年九月二十八日正式通知中国政府在案，因此代

表等只能秉承新银团办理借款。此次钧座嘱办借款，应否由代表等电商新银团之处，恳请示知，以凭办理。至美银团已加入新银团，而俄银团不在新银团之列。此节亦已通知中国政府矣，此次借款应否电商新银团一节，恳即赐复为祷。专此。敬颂钧祺。

阿伦谨上

一九二〇年十月十九日

（2）财政部复函稿（10月30日）

复汇丰银行代表阿伦君函　九年财字第二千八百九十五号

径复者：前准贵代表来函：以本部与内务部所商赈务借款一事，极为关怀。惟新银团之成立，业经通知中国政府，此次办理借款，应否电商新银团，嘱即函复等因。查新银团内容如何，中国政府尚未明瞭。此次赈务借款，尊处应否电商新银团一节，系属银团内部之事，本部未便答复。此复

汇丰银行代表阿伦先生

中华民国九年十月　　日

（3）阿伦关于借款抵押的谈话（12月15日）

十二月十五日，汇丰银行阿伦声称：赈灾借款以海关附加税抵借四百万元，由四国银行承借，每行一百万元，应折合规银约合二百八十八万两，作为规银借款。此事办理程序如左：

（一）由外交部咨行财政部税务处，声明征收海关附加税，业经取得各国同意。

（二）由财政部税务处饬令总税务司，定期实行加征，以满足十二个月为限。

（三）由总税务司通知银团，谓业已奉到加征令文，并附送附加税预算表。

（四）政府通知银团，此项借款系由财政、内务两部会同商订。

（五）此项借款应由外交团推举人员，与政府派员会同监督拨用。

（六）总税务司应将所收附加税按期匀交四银行，偿还本借款。

〔北洋政府财政部档案〕

十九、烟酒续借款

1．财政部与艾博德洽商借款经过情形密呈

（1921年9月8日）

为密呈事：查民国八年十月十一日，政府与美国芝加高大陆银行所订之美金借款五百五十万元，本年十一月到期，计应付本息美金五百六十六万余元。又，民国八年十一月二十六日，政府与美商太平洋拓业公司所订之美金借款五百五十万元，本年十一月二十六日到期，计应付本息五百六十六万余元。两款合计，约值华币二千三百七十余万元。数巨期迫，届时万无付还之财力。惟是前项借款，系以全国烟酒收入为直接抵押，且合同载有派美人为烟酒稽核会办。合同成立以后，迄未实行职权，美使曾经迭次提出抗议，责我违背合同。该合同当时并由国务总理会同签字，是其性质迥与其他外债仅以库券等项作抵者完全不同。现在芝加高银行协理艾博德来华催还本息，情词迫切。揣其情形，绝非仅付利息、空言展期所能了结。窃维欧战告终，以后世界各国，其能握有经济势力者，厥惟美国。两项到期美款，倘竟毫无办法，而十一月初，适太平洋会议开幕，我国财政为列强所注意。芝加高公司及太平洋拓业公司其重要职员，均为美国金融界之中心人物，万一将我国所欠债务无法清理之实况尽情宣布，则万目俱瞻

之地，恐我国代表无词可藉。而近日外人盛倡之中国财政共管之说，必将形诸事实，其危险不堪思议者。是前项美款目前处置之方稍有不当，不惟关系财政信用，抑且牵动外交问题。本部职司财政，何敢当此重咎。因与艾博德一再商议，拟另借新款美金三千万元，先交美金一千五百万元，将前两项借款如数还清，利息八厘，限期十年，仍以烟酒收入及陕西、福建、河南、安徽四省货物税为直接抵押品，其余条件大致均与前两项借款原订合同相近。惟艾博德以前订太平洋拓业公司合同第十条规定之烟酒署稽核会办一职，虽经中国政府委任美人卫家立充任，但该员未能实行稽核职权，认为违背合同，有失信用。以后该稽核会办应与盐务署稽核会办之权限一律，不能稍逊。查烟酒署稽核会办一职，本为太平洋拓业公司合同上之所规定，此时重借新款，实行此项稽核手续，系根据从前已定之办法切实履行，断非空言所能搪塞。惟烟酒行政设有专署，目前借款之应付，将来稽核之施行，双方意见稍有龃龉，不特本部处于为难地位，即外交方面亦必发生不良影响。兹事重大，本部未敢擅专，谨将关于烟酒借款之经过情形及关系利害，披沥上陈，伏候大总统训示施行。谨呈

大总统

中华民国十年九月　　日

〔北洋政府财政部档案〕

2．国务院抄录北京银行公会反对烟酒续借款原呈致财政部公函

（1921年10月30日）

国务院公函第二千三百三十五号

迳启者：据北京银行公会呈称：烟酒续借款一案，关系綦重，

不可再行续借。其到期美债，应由政府商转期限等语。相应抄录原呈，函送贵部查核办理可也。此致

财政部

中华民国十年十月卅日

谨按烟酒续借款一案，利害关系綦重。就外债言之，除美债外，尚有钦渝垫款及中法实业借款；就内债言之，尚有五年公债及整理公债，均系指烟酒收入为担保。若此次再向美国续借款项，重加束缚，是以前指充内外债之担保忽无著落，不但政府顾此失彼，支绌益增，且必致国债价格暴落，引起恐慌，于国家信用所全者小，所失者大，此一不可也。现在外债到期未付者不独美债，尤不止一千一百万美金之数，必须通盘筹划，方能保持信用。若重甲轻乙，恐无益有损，稍知外交情形者，当能言之。故银行公会特附设外债整理研究会，引国民之注意，辅政府之进行。而环顾税源，烟酒实为大宗，岂可于通盘筹划未经成立之前，轻为一千一百万美金区区之数，再加束缚，自陷荆棘，此二不可也。且闻续借之款，除拨还本息及备充整理税收款项外，并无余存，无救于现在，而有损于将来。为目前救急计，亦属最下之策，此三不可也。要之，外债关系国际信用，政府及国民均应力求整理之方，克期进行，不可再事因循。惟通盘筹划未定以前到期美债，应由政府商转期限，并案整理，万不可再行续借，束缚税源。银行公会有见及此，不能不为政府切实陈之。谨略。

〔北洋政府财政部档案〕

3. 颜惠庆就烟酒续借款条件与舒尔曼的谈话纪录

（1921年11月9日）

外交部颜总长会晤美舒使问答纪要

十一月九日下午三时半

关青麟
芮德克在座。

烟酒借款事。

舒使云：借款事最近情形若何？

总长云：据阿勃脱君① 言，此事系在贵使及中政府之手，业于日昨表示不便进行矣。

舒使云：此事关于中国国家与银行两方面之问题，于本使个人何涉。惟阿君并未提及此事在本使之手。

芮参赞云：此事系属国家问题，贵国财政部业已声复，并拟将条件商改。

舒使云：该项复文，本使仅认为一种私人之意见。

总长云：若须由本总长声复，亦无不可。

舒使云：此种借款为中国政府与银行之事，以本使个人何能解决。

总长云：然则阿君之答复，于事实上仍无补益。

舒使云：吾人之意为切望中国立即允诺对于此番爽约意图挽救之策，一俟目下商订事件成立，应即维持信用，尚希酌量办理，幸毋为阿君之言所惑。

总长云：财政总长致贵使文，已由施使就近宣布。

---

① 即艾博德的另一音译。

舒使云：本使亦已电美，俾资接洽。

总长云：其条件业由阿君提出商榷，声言专待贵使解决。

舒使云：此事未免属于新奇，以本使个人何能解决？

总长云：所附带湖广债票一条，恐难办到，仅利息一项，即已一百二十万元，复加以两次借款之数，担负未免过巨。湖广债票之事，应俟中德两国账目清算后方能解决。倘中国能获山东铁路之一半，或一半以上，或不止以〔一〕半以上，则中国应得赔偿有着，一切即可迎刃而解。该种债票并非取销，不过暂为存账，改日核付耳。

舒使云：总之，阿勃脱君之意，无非急欲中国政府偿还该款而已。

〔北洋政府财政部档案〕

4. 外交、财政两部就烟酒借款条件中剔除湖广债券问题与施肇基来往电

（1921年11月）

外交部、财政部电（11月21日）

发驻美施公使电　十一月二十一日发　第3055号

烟酒借款事，芝加高银行所提条件，财政部已表同意。惟加入湖广债券，问题急切，碍难应允。中国政府声明：对于德发湖广债券，在原则上始终无不承认之意，一俟中德间赔款债务清算完结，即将各国人民执有上项债务之利息立时总付。希本此旨，切向美政府声明，请其速电美银行，劝令将湖广债券问题在条件内剔除，作为另案办理。如果受商，则其他条件即可克日签订，此案便可圆满解决。彼意如何，并盼速复。外交部、财政部。二十一日。

施肇基复电　（11月23日）

收驻美施公使电　十一月二十二日发
二十五日收第4701号

二十一日电悉。容参事往晤东方股长，据称：此事该行派代表爱博德在京全权办理，不惟政府无从干涉，即该行亦未便过问。但既承见商，自应相助。该行系新银行美团一部，当即电纽约摩根，请为婉劝之。基。二十三日。

〔北洋政府财政部档案〕

5. 冯玉祥等要求取消以四省货物税为借美款附加抵押条件电暨公债司签呈

（1922年2月10日）①

国务院、财政部钧鉴：承准敬电：芝加高借款，以四省货物税为附加抵押，纯系保证性质，此项合同业已届满，俟与该行开议筹还办法时，将前项附加抵押随时设法商办，总期于四省税务不会稍有妨碍等因。查债务上所称抵押，即系履行债务之一种目的物，倘负债者不能履行，即债权者从而干涉。以四省货物税作抵押，事前既不令四省闻知，事后乃以保证名词作为解释，岂知事实具在，掩而弥彰。至所谓开议筹还，随时设法，不令于四省税务有所妨碍，是直无取销附加条件之主张，而坐失亡羊补牢之机矣。合同既已届满，时会万不可失，续行开议，即当根本上打消附件，否则迁就依违，势必至多借款项永久抵押，皆在此设法商办、无妨税务中矣。四省命脉所在，断难依此牺牲。为此合词

① 财政部收文日期为2月18日。

呼吁，务希查照前电，迅速取消前项附加抵押条件，勿涉游移，以弭前失，而杜后患，四省幸甚，国家幸甚。陕西督军冯玉祥、省长刘镇华、安徽督军张文生、省长许世英、福建督军李厚基、河南督军赵倜、省长张凤台。蒸。印。

公债司签条：

查民国八年本部向芝加高大陆银行订借美金五百五十万元一款，该附合同内规定：以河南、安徽、福建、陕西四省货物税为附加抵押，迭准该四省督军、省长电请取销该附合同所载之条件等因。节经国务院会同本部复电解释在案，兹又准该四省督军、省长电称：承准敬电，前项借款以四省货物税为附加抵押，系保证性质，此项合同现已届满，俟与该行开议时，将前项附加抵押随时设法商办，不令四省税务稍有妨碍等因。查前项税务，四省命脉所在，断难依此牺牲，务希查照前电，迅速取消前项附加条件，勿涉游移等因。查所称敬电云云，当系国务院拍发之电，本部尚未准抄送有案。惟四省来电，对于此事仍坚持反对态度，应再如何酌复之处，理合呈候总次长批示祗遵。

公债司谨签

（原批） 容候双方商议时再说。二月二十二。

〔北洋政府财政部档案〕

附录：庚子赔款

各国庚子赔款说明书①

（1927年5月）

案查庚子赔款系于前清光绪二十六年，因我国北部诸省发生义和团事件，致召各国联军入京。事定以后，有关系各国以蒙受损害，要求我国承认赔偿，由前清政府钦命全权大臣庆亲王奕劻及大臣李鸿章等，与各国所派全权大臣于光绪二十七年七月二十五日会同订立辛丑和约。列名各国为德意志、奥地利、比利时、西班牙、美利坚、法兰西、英吉利、葡萄牙、义大利、日本、荷兰、俄罗斯、瑞典、挪威。按照辛丑和约所定，此项赔款总额为关平银四百五十兆两（即四万五千万两），即系中历光绪二十六年十一月初一日（即西历一千九百年十二月二十二日）所订条款内第六款所载之各国、各会、各人及中国人民之赔款总数。此项赔款按周年四厘行息，还本期限定为三十九年，总共本息关平银九万八千二百二十三万八千一百五十两。按照原订之附表清还，以西历一千九百零二年一月一日为付还本息之起期，西历一千九百四十年为付还本息之终期，每届一年付还本金一次。初次应付本金，定于西历一千九百零三年一月一日照付，利息自西历一千九百零一年七月一日起算，每届半年照付一次。惟中国国家亦可将所欠西历一千九百零一年十二月卅一日应付之首次利息，展在自西历一千九百零二年一月一日起于三年内付还。但此项展缓照付之息款，仍应按年四厘计息，每届六个月照付一次，以西历一千九百零二年七月一日为付还展期息款之第一期。至此项赔款每年应还本息，

① 摘自《财政部经管有确实担保外债说明书》。标题为原编者所拟。

系属分组规定，一组之内或为九年，或为四年、一年，其最长者达十六年，每组每年还数相同。至其还数大约以次增多，最后一组几较最初一组数增一倍。其担保此项赔款之财源规定如下：（一）新关各进款，俟前已作为担保之借款各本利付给之后之余剩者，又进口货税增至切实值百抽五，将所增之数加入之。（二）所有常关各进款，在各通商口岸之常关，均归新关管理。（三）所有盐政各项进款，除归还泰西借款一宗外，余剩一并归入。其各国支配之正本数目及当日合同所规定之每关平银一两折合各国货币之折合率，并将正本加入预计利息合成各国货币之总数，及各国应得赔款分年应还本息总数，查明分列二表于左。（见下页）

自辛丑和约成立以后，前清政府发给总保票（即总债券）一纸，又分保票（即分债券）若干纸，并按照和约中所载办法，将前项赔款应还本息在海关税款收入项下按期付给各国指定之经理银行（如英为汇丰、俄为道胜、德为德华等是）。其在前清时代，此项还付本息及收存各省解款并支付赔款事宜，俱系由沪海关道经理。所有每年应付前项赔款之本息，均系由各省照数担筹，解交沪海关道汇收，届期按照银两交付。至辛亥年十月，各省解款停止，洋赔各款将有不能照付之虞，经外务部与外交团成立税款归还外债办法八条，将总税务司所收关税，于每星期存入汇丰、道胜、德华三银行，以作归还洋赔各款之用。此项办法以中国政府复能偿还洋赔各款之时为止，故自辛亥年十月分起所有关税收存及支付洋赔各款事宜，均一律改由税务处委托总税务司完全负责处理。总税务司即将收入之关款分存于各国指定之银行，一届还本付息之期，即由总税务司与各该银行接洽划拨。所有革命军兴以后欠付之各国赔款，除由总税务司在积存关款内付给一部分外，并由善后借款内提出一部分，于民国二年悉数付清。至于各省照案应行摊解此项赔款情形，兹查明前清政府当时指派分担

甲（表）

国名	关平银正本数	每两关平银折合外国货币数
德意志	九〇、〇七〇、五一五．〇〇〇两	马克　三．〇五五
奥地利	四、〇〇二、九二〇．〇〇〇两	克勒尼三．五九五
比利时	八、四八四、三四五．〇〇〇两	佛郎　三．七五〇
西班牙	一三五、三一五．〇〇〇两	佛郎　三．七五〇
美利坚	三二、九三九、〇五五．〇〇〇两	美金　〇．七四二
法兰西	七〇、八七八、二四〇．〇〇〇两	佛郎　三．七五〇
英吉利	五〇、六二〇、五四五．〇〇〇两	金镑　〇．一五〇
葡萄牙	九二、二五〇．〇〇〇两	金镑　〇．一五〇
义大利	二六、六一七、〇〇五．〇〇〇两	佛郎　三．七五〇
日本	三四、七九三、一〇〇．〇〇〇两	日金　一．四〇七
荷兰	七八二、一〇〇．〇〇〇两	佛乐林一．七九六
俄罗斯	一三〇、三七一、一二〇．〇〇〇两	卢布　一．四一二
瑞典 挪威	六二、八二〇．〇〇〇两	金镑　〇．一五〇

各国货币正本数	各国货币本息总数
马克 二七五、一六五、四二三．三二五	马克 六〇〇、六一七、七二五．二二五
克勒尼 一四、三九四、〇九二．四〇〇	克勒尼 三一、四一八、七二五．九五七
佛郎 三一、八一六、二九三．七五〇	佛郎 六九、四四七、〇六一．一四八
佛郎 五〇七、四三一．二五〇	佛郎 一、一〇七、五九六．二五九
金元 二四、四四〇、七七八．八一〇	金元 五三、三四八、一四五．一六六
佛郎 二六五、七九三、四〇〇．〇〇〇	佛郎 五八〇、一六〇、九三五．五八四
镑 七、五九三、〇八一．七五〇	镑 一六、五七三、八一〇．一七四
镑 一三、八三七．五〇〇	镑 三〇、二〇三．七九六
佛郎 九九、八一三、七六八．七五〇	佛郎 二一七、八六八、六四七．九二三
圆 四八、九五三、八九一．七〇〇	圆 一〇六、八五四、一七七．八一一
佛乐林 一、四〇四、六五一．六〇〇	佛乐林 三、〇六六、〇〇五．二八九
卢布 一八四、〇八四、〇二一．四四〇	卢布 四〇一、八〇九、六六三．六七五
镑 九、四二三．〇〇〇	镑 二〇、五六八．〇七五

续表

杂费又称未列名各国	两 一四九、六七〇．〇〇〇	金镑　〇．一五〇
总计	两 四五〇、〇〇〇、〇〇〇．〇〇〇	

（乙）表

（按照辛丑条约，日本国应得赔款系付日金，俄国应得赔款款，均改用英金计算，故此表已修正开列。）

国名	自清光绪二十八年至宣统二年每年应付各国赔款本息数	自清宣统三年至民国三年每年应付各国赔款本息数
德意志（马克）	一一、五一三、八三八．五三〇	一二、一六七、九九八．四六三
奥地利（克勒尼）	六〇二、二九六．八〇六	六三六、五一六．三六一
比利时（佛郎）	一、三三一、二九九．七八五	一、四〇六、九三七．七二一
西班牙（佛郎）	二一、二三二．六一五	二二、四三八．九四八
美利坚（金元）	一、〇二二、六八三．六五四	一、〇八〇、七八七．五三二
法兰西（佛郎）	一一、一二一、六八二．〇三四	一一、七五三、五六一．五四四
英吉利（镑）	三一七、七一九．八五一	三三五、七七一．一三七

镑 二二、四五〇．五〇〇	镑 四九、〇〇三．七六七

系付俄金。嗣因西历一千九百零五年协定之结果。日、俄两国赔

民国四年应付各国赔款本息数	自民国五年至民国二十年每年应付各国赔款本息数	自民国二十一年至民国二十九年每年应付各国赔款本息数
一四、二三七、二四二、四四六	一四、九七一、三二二．六四八	二一、六一五、八六四．四二一
七四四、七五九．九三六	七八三、一六〇．一七六	一、一三〇、七四〇．七二三
一、六四六、一九六．二五〇	一、七三一、〇七五．〇五一	二、四九九、三五七．二三七
二六、二五四．八三一	二七、六〇八．五四五	三九、八六一、七一三
一、二六四、五八二．一八八	一、三二九、七八四．七五四	一、九一九、九六七．一〇〇
一三、七五二、三二七．九一二	一四、四六一、四〇五．六三八	二〇、八七九、六三六．九九八
三九二、八七一．一一二	四一三、一二七．七六七	五九六、四八一．二八七

续　表

葡萄牙（镑）	五七九．〇〇七	六一一．九〇三
义大利（佛郎）	四、一七六、五四〇．七九七	四、四一三、八三一．三九七
日本（镑）	二〇九、八一一．九四四（原系日金二、〇四八、三九四．〇〇八圆）	二二一、七三二．四三一（原系日金二、一六四、七七三．七二七圆）
荷兰（佛乐林）	五八、七七五．三〇五	六二、一一四．六二〇
俄罗斯（镑）	八一四、二三七．七四五（原系俄金七、七〇二、六八九．〇七〇卢布）	八六〇、四九八．七四七（原系俄金八、一四〇、三一八．一五〇卢布）
瑞典挪威（镑）	三九四．二九〇	四一六．六九二
杂费又称未列名各国（镑）	九三九．四〇四	九九二．七七六

七一五.九六一	七五二.八七六	一、〇八七.〇一六
五、一六四、四三〇.九三八	五、四三〇、七一一.八九二	七、八四〇、九五九.三二八
二五九、四三九.四一三 （原系日金二、五三二、九〇六.九九三圆）	二七二、八一六、二五五 （原系日金二、六六三、五〇五.〇九七圆）	三九三、八九七.〇〇七 （原系日金三、八四五、六一六.四七七圆）
七二、六七七.六一〇	七六、四二四.九〇八	一一〇、三四三.六五四
一、〇〇六、八三一.九二三 （原系俄金九、五二四、六二九.九九一卢布）	一、〇五八、七四四.七四一 （原系俄金一〇、〇一五、七二五.二五三卢布）	一、五二八、六三四.六六五 （原系俄金一四、四六〇、八八三.九三四卢布）
四八七.五五三	五一二.六九一	七四〇.二三二
一、一六一.六〇四	一、二二一.四九七	一、七六三.六一九

之数目，胪列于左：

直隶省每年摊解库平银八十五万八千两，

江苏省每年摊解库平银二百九十七万二千五百两，

安徽省每年摊解库平银一百二十五万七千两，

山东省每年摊解库平银九十九万三千两，

山西省每年摊解库平银一百十六万三千两，

河南省每年摊解库平银一百二十六万八千两，

陕西省每年摊解库平银七十万四千两，

甘肃省每年摊解库平银三十万两，

新疆省每年摊解库平银四十万两，

福建省每年摊解库平银九十九万两，

浙江省每年摊解库平银一百五十六万四千两，

江西省每年摊解库平银二百十六万六千两，

湖北省每年摊解库平银一百六十七万四千两，

湖南省每年摊解库平银一百万四千两，

四川省每年摊解库平银二百六十一万八千两，

广东省每年摊解库平银二百三十一万九千两，

广西省每年摊解库平银三十万两，

云南省每年摊解库平银三十万两，

贵州省每年摊解库平银二十万两。

按照以上所列，总计每年各省摊解赔款之数，共为库平银二千三百零五万零五百两。民国成立以后，虽经财政部通行各省，令将应解赔款照案解京，但终无效果。又查此项赔款和约，虽规定每年还本一次，付息二次，但实际上自前清光绪三十一年五月三十日（即西历一千九百零五年七月二日），外交团以此项赔款中国政府按照银两付还本息常生镑亏，提出交涉。因由外务部与各关系国成立改善付还赔款办法之换文，同时以关平银八百万两一次分付各国补偿，截至一千九百零五年一月一日以前，用银付还之亏损，并将每年应付本息总数改为按月匀交，另行算还中国政府四厘回头利息。此外又由外务部提出还款办法三端，听凭各国自由选择。所谓三端者，即将和约关平银依照各国金钱之价核定，由中国(一)或按伦敦市面银价付还，(二)或用金钱期票，(三)或用电汇票。旋经各国复文择定德、奥、比、法、英、荷、义、美等国，则按各该国货币择用电汇方法付款；日、俄两国，先择定用本国货币，后改按英金偿付，用电汇票付款；西班牙则先按伦敦市价用银付还，嗣择定改用金钱期票付款；葡萄牙、瑞典、挪威及杂费债权人，皆择用金钱期票。上项办法决定以后，所有付还赔款办法历经照此办理。民国六年（即西历一千九百十七年）我国参加对德宣战，比、法、英、美、义、日、葡、俄等八国对于我国均极表示好意，承认将各国应收之庚子赔款，自是年十二月一日起缓付五年，并免加算利息。其中惟俄国以特别情形，谨允缓付一部分。（按俄国部分应得庚子赔款，实占赔款总额百分之二十八又九七一三六，商定缓付之款，前项比例额内百分之十，其余百分之十八又九七一三六始仍照旧交付，终以俄国内乱增剧，亦归停付。）此项缓付之款，后商定列在民国二十九年（即西历一千九百四十年）以后，仍分五年归还（比国办法歧异，见后说明）。其清偿期限遂展至民国三十四年（即西历一千九百四十五年），自民国十一年(即西历一千九百二十二年)十一月三十日缓付五年期满之后，各国对于庚子赔款所取之态度渐已不能一致（内属于美国者早已有一部分退还）。又如德、奥两国部分，已因战争结果，归于消灭。兹就各国所占赔款现状，分国说明。以后其有对于原案业经加以变更之各国部分，并依其解决之先后，以次叙述，更将已经消灭或协定退还之各国部分，特为前列，俾醒眉目。

（一）德国部分

查德国部分庚子赔款，其应还总数为关平银九千零零七万零五百十五两，按每关平银一两折德金三马克零五五，再加入预计利息，共合成德金六万零零六十一万七千七百二十五马克二二五。在民国六年二月底以前，均系按表照付，截至民国六年二月底止，总共已还过本息德金一万八千四百万零三百二十六马克一五七。嗣因我国对德国绝交宣战，由我国政府于民国六年三月间，经国务会议议决，自民国六年三月分起暂行停付。迨欧战结束，中德协约于民国十年五月二十日告成，德国部分庚子赔款遂归消灭。但当民国六年三月间始议暂停拨付德国赔款之时，迭据总税务司安格联向财政部建议，以三、四年公债保息，原系大总统指令财政部妥筹的款，计每月应拨交备付本息银元二十四万元，自民国五年六月分起，至民国六年五月分止，政府分文未交，计短欠付息基金银元二百八十八万元。如不筹的款，势必将息款按月停付，请将按月停付德国赔款（其时每月应付德国赔款之数，约计规平银二十二万余两），拨充内国公债保息之用。经财政部于民国六年五月三十一月致函安总税务司，自民国六年八月分起，所有停付德国赔款，准其全数截留，作为内国公债保息之用。如遇政府能自行筹付时，前项办法立即取销。民国六年四、五、六、七个月之停付德国赔款，每月只准扣十二万元，拨付内债保息，余款拨解中国银行，收政府账。旋于民国八年一月间，安总税务司复致函财政部，声称前项扣留停付德国赔款全数，自开办迄今将及十七阅月，从前平均兑换银元之数，每月可得二十五万余元，尚足敷用。嗣以一九一八年下半年德金逐月跌减至民国七年十一月分，每月只能收银元十九万八千余元，十二月分跌至十七万余元，较原定保息之二十四万元减少至七万元之巨。上年二月，以五马克可兑换规平银一两，目下竟须九马克之多。其锐减情形，诚恐等于卢布，则公债保息势将无可设措。拟请于税收项下自一九一九年一月分起，按月提出二十四万元，以抵德国赔款，作为内国公债保息之用。经财政部函复照准，惟将来马克行情增涨时，仍应另定办法，以昭核实。相沿至今，遂成定案。此后继三、四年公债保息之款，而以停付德国赔款为担保者，尚有四年特种公债、五年公债及民国十三年四二库券、民国十四年八厘公债及银行公会治安借款等项。此项德国部分庚子赔款既已归于自然消灭，自与仍欠德国者有别。故本篇谨述其始末经过情形，不详其已〔以〕后之尚欠数目。

（二）奥国部分

查奥国部分庚子赔款，其应还总数为关平银四百万零零三千九百二十两，按每关平银一两折奥金三克勒尼五九五，再加入预计利息，共合成奥金三千一百四十一万八千七百二十五克勒尼九五七。在民国六年二月底以前，均系按月交付。嗣因我国对德国绝交宣战，奥国与德国虽属同盟，惟其应得庚子赔款，曾经我国政府于民国六年三月提出国务会议议决，仍旧照付。所有每月应付之款，仍继续交与德华银行代收。但总税务司虽将该项赔款自民国六年三月份起，至民国六年七月份止，按月拨交德华银行，而该行对于该款始终拒绝收受。其拒绝理由并未据该行声明，或恐为奥金逐渐跌落，虑受损失之故。于是由我国政府将该项逐月应付赔款收回另储，嗣并移入国库充用。至民国八年九月十日协商及参战各国（如美、英、德、义、日、比、中国、希腊、尼加拉瓜、巴拿马、波兰、葡萄牙、罗马尼亚国）与奥国间之和平条约成立，中奥两国恢复正式邦交，前项赔款遂归消灭。计截至民国六年二月底止，已付还奥国部分庚子赔款，共奥金九百六十二万五千一百八十三克勒尼五零六。嗣由总税务司安格联于民国八年十一月分起，未经财政部认可，自行将前项腾出之奥国部分庚子赔款，全数充作备付三、四年公债本息基金，及整理案内各项公债本息之用。同时并将该项赔款改合英金拨款，再以英金兑成银元，拨入公债基金账内。至其由奥金改合英金之折合率，既非准照拨款时之当日行市，试按辛丑和约中明定之比价，辗转折算较为近是，但仍小有出入。该办法财政部似已默认，至今照行。此项奥国部分庚子赔款，既已归于自然消灭，自与仍欠奥国者有别，故本篇谨述其始末经过情形，不详其以后之尚欠数目。

（三）俄国部分

查俄国部分庚子赔款，其应还总数为关平银一万三千零三十七万一千一百二十两，按每关平银一两折俄金一卢布四一二，再加入预计利息，共合成俄金四万零一百八十万九千六百六十三卢布六七五。当初原系以银两交付，自前清光绪三十一年五月三十日（即西历一千九百零五年七月二日）外务部与外交团成立换文后，所有俄国部分庚子赔款本息，即改用英金计算。当时交付英金之折合率，因第一次系按每俄金九卢布四六折合英金一镑计算，以后遂成定案，至今照行。故本说明书（乙）表中所列俄国部分庚子赔款分组本息总数，均按英金数目开列。在民国六年十一月底以前，前项赔款均系按表照付。旋因我国政府对德绝交宣战，协约各国对我国表示好意，允认将应得赔款自民国六年十二月一日起缓付五年，俄国亦为协约国之一，当然与协约诸国取一致办法，允一律缓付五年。但因有特别情形，不能全数缓付。该国应得赔款，原占各国应得赔款总额百分之二十八又九七一三六，即经双方议定，以前项百分之十为缓付部分，其余百分之十八又九七一三六仍须按月照付。此项缓付部分之款，曾经我国政府核准，拨充民国十一年公债、使领库券及教育库券各项本息基金。（参看附表（丙）（略））民国九年俄国内乱增剧，该国驻华公使已名存实无，复由我国外交部提出国务会议议决，自民国九年七月分起，所有应付俄国部分庚子赔款之一部分款（即未缓付之百分之十八又九七一三六部分）亦予停付，并同时知会俄使查照。此项停付部分之款曾经财政部核准，自民国十年十一月分起，悉数交由总税务司安格联，充作三、四、五年公债及七年长期公债本息基金之用（参看附表（丁）（略））。民国十三年俄国苏联政府成立，是年五月三十一日，由我国政府与俄国新派来华大使订立解决中俄悬案大纲协定。该协定第十一条内开：苏联政府允予抛弃俄国部分之庚子赔款。又该协定第五声明书第一项内开：苏联政府所抛弃之俄国部分庚子赔款，于该项赔款所担保之各种优先权债务偿清后，完全充作提倡中国教育款项之用，并由中俄两国于民国十三年十一月二十四日共同成立俄国庚子赔款委员会，管理分配退还赔款事宜（参看附录文件（甲）（乙）两项〔均略〕）。此项俄国部分庚子赔款，截至民国十七年六月三十日为止，尚欠纯本英金一千三百四十万零二千二百二十镑六九三。又预计利息英金四百零六万一千零九十八镑零七零，统计本息英金一千七百四十六万三千三百十八镑七六三。

（四）美国部分

查美国部分庚子赔款，其应还总数为关平银二千二百九十三万九千零五十五两，按每关平银一两折合美金零元七四二，再加入预计利息，共合成美金五千三百三十四万八千一百四十五元一六六。至前清宣统元年间（即西历一千九百零九年），即有一部分退还，指作北京清华学校经费。其退款手续，系由总税务司将应付赔款照交与美国驻华公使，再由美使将该款送与外交部，拨交清华学校应用。但自民国六年起，又改为总税务司将该款送与外交部，拨交清华学校应用，前后办法微有不同。此项退还赔款，每年多寡不一，最少数目为美金四十八万三千余元，最多数目为美金一百三十八万余元。至除退还以外之赔款，每年仍应付本息数目计为美金五十三万九千五百八十八元七角六分，此数直至清偿之期为止，并无变动。自民国六年十二月一日起，美国政府因与协约国取一致办法，允将该国应得赔款缓付五年，至民国十一年十一月底止满期。嗣于民国十二年之际，各国间有鼓吹退还赔款之倾向，美国政府复自动将美国部分应得庚子赔款，自民国六年十月一日起，连同缓付五年之款以善意全数退还（即每年所付本息美金五十三万九千五百八十八元七角六分之数）。但声明其用途须由美国大总统自由之处分，所有西历一千九百零八年七月十一日美国驻华公使通知中国政府所退还之一部分赔款开除在外（按此即系指充作清华学校经费之一部分）。此外另由中美两国政府合组一中华教育文化基金委员会，所有每年退还之美国赔款，即以该委员会为收管支配机关，每年由江海关税务司缮给美国公使支票一纸，美国公使收到前项支票后，即在支票上缮写交与中华教育文化基金委员会收领字样，送到该委员会查收。自民国十四年八月一日起，即照此办理。总计美国部分庚子赔款，第一次退还之本息数目为美金二千八百九十二万二千五百十九元三一二，计第二次退还之本息数目为美金一千二百五十四万五千四百三十八元六二六。（参看附表（戊）〔略〕）此项美国部分庚子赔款，截至民国十七年六月三十一日为止，尚欠纯本金一千九百三十一万七千一百六十六元零九六，又预计利息美金五百三十一万四千七百二十八元二四三，统计本息美金二千四百六十三万一千八百九十四元三三九。

（五）法国部分

查法国部分庚子赔款，其应还总数为关平银七千零八十七万八千二百四十两，按每关平银一两折法金三佛郎七五零，再加入预计利息，共合成法金五万八千零十六万零九百三十五佛郎五八四。在民国六年十一月以前，均系按月照付。自民国六年十二月一日起，法国政府因与协约国取一致办法，允将该国应得赔款缓付五年，至民国十一年十一月底止满期。惟当缓付期限将次届满时，在民国十一年六、七月间，适有中法实业银行决定复业之计划，法国政府拟将法国部分庚子赔款余额全数退还，但须将该款先行救济中法实业银行复业，并办理中法间教育事业之用。经于民国十一年六月二十四日，由法国驻华公使提出节略，交与我国外交部。讨论结果，遂以同年七月五日、九日及二十七日，与法国公使往返换文，商妥将法国部分庚子赔款余额充作改组中法实业银行及办理中法间教育经费之用，此为第一次协定。（参看附录文件(一)〔略〕）其时法国方面似已隐含有要求用金佛郎付款之意，适我国政府又因各国允认缓付赔款五年之期届满，拟再要求各国继续缓付二年，结果未能办到。而欧战以后，各国纸币与现货比价发生差异，佛郎一项比价尤极悬殊。法国驻华公使遂明白表示，要求将法国赔款改按金元交付(意即指美金)，比、义及西班牙等国相继为同样之要求。由财政部于民国十一年十二月十六日提出国务会议议决，仍以纸佛郎计算，经外交部驳复。法国公使对于以纸佛郎交付赔款办法坚不承认，并表示中国政府此项办法恐于十一年七月所签改组中法实业银行协定办法大受影响，且与辛丑和约第六款所载海关银两不符。彼此争执，阅时甚久。卒由我国政府于民国十二年二月九日，经特别国务会议议决，以法国部分庚子赔款有上年七月九日抛弃赔款，拨充发还远东存户存款五厘金券基金，办理中法间教育事业，代缴中国政府在中法实业银行未清股本及代偿中国政府短欠中法实业银行各债款之协定关系，应仍照案以金佛郎计算。等因。同日，由国务员〔院〕呈奉大总统批：可即由财政部咨行外交部转知法国公使。此案决定以后，国会议员异常反对，复由政府将此案提交国会讨论，经众议院否决以后，虽由法使迭次请求履行协定及以金佛郎付还赔款，仍无解决办法，遂成悬案。至民国十三年十二月间，政局嬗变，国会无形闭会。复准法国公使函催解决此案，并称：法国国会对于华盛顿会议提议对华各办法，如不将此案办结，均属无法议及。我国政府以此案久悬，亦属非计，经过国务会议多次讨论，于民国十四年四月二十日，与法国驻华公使成立解决法国部分庚子赔款协定。该项协定大致办法，系由法国政府承认，将自西历一千九百二十四年(即民国十三年)十二月一日起算之法国部分庚子赔款余额退还中国政府，作为中法两国有益事业之用。但由中国政府承认，将上项退还之庚子赔款余额全数按纯金等价折合美金，自西历一千九百二十四年十二月一日起，至西历一千九百四十七年(即民国三十六年)十二月三十一日，逐年垫借与中法实业银行，作为该行发行五厘美金公债之基金，中法实业银行即以此项美金债券，充作换回远东债权人所持之无利证券，办理中法间教育及慈善事业，代缴中国政府未缴清之股本，余额拨还中国政府所欠中法实业银行各项债券等四项用途。并由中法实业银行以收回远东债权人所持之无利证券，悉数一次交与中国政府，作为中国政府垫借赔款之担保，并按照和解办法，于管理公司经营中法实业银行各项利益拨还之。同时中国政府以中法管理公司之中国股本，至少应增法金一千万佛郎，及中国政府欠缴中法实业银行股本余额，应在重美金公债项下拨还二节，均关重要，特由外交部另向法国公使提出换文以昭郑重，此为第二次协定〕参看附录文件(二)(略)〉。查此项法国部分庚子赔款，其退还余额总数为法金三万九千一百五十八万一千五百二十九佛郎零五生丁，按每美金一元合法金五佛郎一八二六之纯金等价，折合美金应共为美金七千五百五十五万六千九百六十四元四五七。但查中法实业银行以此项退还赔款发行美金债券之总额，其所制表内开列之数为美金七千五百三十二万四千四百三十三元零八分，似系内中有一个月分之退还款项未曾抵发债券，只按二十三年（自民国十三年十二月一日起至民国三十六年十二月三十一日止，应有二十三个整年零一个月）之退还赔款余额发行债券，故数目较少。自第二次协定成立以后，中法工商银行（即中法实业银行管理公司所改之名称）方面对于协定条款多未能切实履行，并拒绝中国方面所派董事到行任事，虽经政府再三敦促，仍鲜实效。直至民国十六年八月八日，复由财政部与中法工商银行列款换文，此为第三次协定（参看附录文件（三）（略））。至此项法国部分庚子赔款截至民国十七年六月三十日为止，尚欠纯本美金四千零五十六万六千三百三十五元三八八，预计利息美金二千四百九十九万一千七百七十五元八三七，统计本息美金六千五百五十五万八千一百十一元二二五。

（六）比国部分

查比国部分庚子赔款，其应还总数为关平银八百四十八万四千三百五十四两，按每关平银一两折法金三佛郎七五零，再加入预计利息，共合成法金六千九百四十四万七千零六十一佛郎一四八。自民国六年十二月一日起，比国与协约各国取一致办法，允认将应得赔款缓付五年，截至民国十一年十一月底止。缓付五年之期届满，所有对于此项缓付五年内赔款之处置，比国政府向我国政府所提出之办法，则与其他各国并不一律，系将前项民国六年十二月起，至民国十一年十一月底止所有缓付之五年分赔款，按月随同自民国十一年十二月一日起，至民国十六年十一月底止之应付赔款一并照付。其结果即在此项缓付部分赔款未曾还清以前，中国政府逐月所付赔款改为双分，而赔款总偿清期，仍截至一千九百四十年（即民国二十九年）为止，并不延长。但查自民国十一年十二月分起应付该国赔款，至民国十四年八月间，尚存储海关，并未照付，其情形亦如法国要求以金佛郎付给赔款，故对于中国政府以纸佛郎交付之款拒绝收受。嗣因中法间赔款问题业经解决，中比间之赔款遂以继起。由中国政府与比国驻华公使几经磋商，乃于民国十四年九月五日，中比两国政府成立解决比国部分庚子赔款换文。该项换文大致办法，系由中国政府承认，将自民国十四年九月一日起至民国二十九年十二月底止（按此中有应补还民国六年十二月起至民国十一年十一月止之比国部分展缓五年之赔款及自民国十一年十二月分起至民国十四年八月底止之三十三个月存储海关之款，均应自民国十四年九月一日起，按每月赔款双分顺序偿还，故其赔款终了之期，仍为原来赔款终了之期，并无变动。）之比国部分庚子赔款余额本金法金二千九百零五万三千六百十一佛郎十五生丁，按照西历一千九百零五年所采用之电汇方法计算，由华比银行一次垫出，交付比国政府。中国政府应饬知总税务司，将自民国十四年九月一日起之关款，先行按月偿还华比银行垫款，垫款偿清后，即以总税务司按月所付之款交与中比委员会，充作中比间教育公益事业之用。（参看附录文件）（略）前项协定成立以后，总税务司每月所收之比国部分庚子赔款，均按月交与华比银行，先行拨还该行垫款。所有由中国政府改发之美金总债券，其数目为美金五百六十万五千九百九十一元四角二分（按此即系中国政府欠付比国赔款余额纯本之数），至分债券开列本息总数，则为美金九百零四万四千四百零二元六角八分（按此即系中国政府欠付比国赔款余额纯本加入预计利息之数），逐月所付本息款项，足敷将华比银行垫款偿清以后，即应悉数交与中比委员会保管支配。按华比银行垫款合同，其垫款总数为法金二千九百零五万三千六百十一佛郎十五生丁（即此项赔款当时所欠纯本之数），但合同规定系按九四扣交款，故华比银行记入中国政府之垫款账升为法金三千零九十万八千零九十六佛郎九十八生丁（该垫款仍系按纸佛郎计算）。前项应行偿还华比银行垫款，自民国十四年九月分起，截至民国十六年五月间，除业已将垫款本息完全还清外，计民国十六年五月分应付之月款尚余美金二万三千五百四十一元五角六分。按照原协定，垫款偿清以后所余之款，应即悉数交与中比委员会保管支配。中比两国政府为确定支配用途起见，特再由中比两国政府于民国十六年十二月间开始协商办法。结果将民国十六年五月分之余款，连同自民国十六年六月分起至民国十七年三月分止之十个月关款，听中国政府提回应用，并应于此项关款内留出美金十万元，用于遣回及周济需要之比国人。所有自民国十七年四月一日起至民国三十九年十二月三十一日止按月所收之关款，即作为发行美金债券之担保。此项美金债券之用途，系以百分之四十拨交陇海铁路，专充向比购买材料之用；以百分之三十五拨交其他中国国有铁路，亦充向比购买材料之用；以百分之二十五为中比间教育慈善事业之用。并将此项赔款偿清期限再展长十个月，原应截至民国二十九年（即西历一千九百四十年）十二月底为终了之期，经此次协定之后，改为截至民国三十年(即西历一千九百四十一年)十月底终了，此为第二次协定。(参看附录文件)(略)此项比国部分庚子赔款，截至民国十七年六月三十日为止，尚欠纯本美金四百九十四万四千九百五十一元八八四，又预计利息美金二百二十万六千六百八十九元四九六，统计本息美金七百十五万一千六百四十一元三八零。

（七）义国部分

查义国部分庚子赔款，其应还总数为关平银二千六百六十一万七千零零五两，按每关平银一两折法金三佛郎七五零，再加入预计利息，共合成法金二万一千七百八十六万八千六百四十七佛郎九二三。自民国六年十二月一日起，与协约国取一致办法，允认将应得赔款缓付五年（此项缓付之款，系列民国二十九年以后，仍分五年补还）。至民国十一年十一月底止，缓付之期届满，其时方有金纸佛郎之争议，久未解决。乃至法、比两国部分应得庚子赔款有相当解决办法以后，义国政府亦承诺参照解决比国赔款办法办理。民国十四年十月一日，中义两国成立解决庚子赔款协定，该项协定大致办法，系由中国政府承认将自民国十四年（即西历一千九百二十五年）一月分起，至民国三十七年（即西历一千九百四十八年）十二月分止（按此中含有补还民国六年十二月起至民国十一年十一月底止之义国部分展缓五年之赔款，及自民国十一年十二月起至民国十四年十二月底止之三十七个月，始由总税务司另行存储，继由此协定承认，交与中国政府先行支配之款在内，均自民国三十年一月分起顺序推展。故原应至民国二十九年十二月底终了者，改推至民国三十七年十二月底始能偿清）之义国部分庚子赔款，计法金九千一百十四万六千七百零四佛郎五十生丁。按照西历一千九百零五年所采用之电汇方法计算，由华义银行一次垫出，交与义国政府。中国政府应饬知总税务司　将自民国十四年一月分起之关款，先行按月偿还华义银行垫款，垫款偿清后，即以总税务司按月所付之款，交与中义委员会，充作中义间教育慈善公益工程之用。（参看附录文件）（略）前项协定成立以后，所有总税务司由关税项下收到之义国部分庚子赔款，均按月交与华义银行，先行拨还该行垫款。其由中国政府改发之美金总债券，其数目为美金一千七百五十八万七千零六十一元四角二分（按此即系中国政府欠付义国赔款余额纯本之数），至分债券开列本息总数，则为美金二千八百三十七万四千零十二元九角（按此即系中国政府所欠义国赔款余额纯本加入预计利息之数）。逐月所付本息款项，足敷将华义银行垫款偿清，以后即应悉数交与中义委员会保管支配。（按华义银行垫款合同，其垫款实数原为法金九千一百十四万六千七百零四佛郎五十生丁，但合同规定系以九折交款，故华义银行记入中国政府之垫款账升为法金一万零零二十六万一千三百七十四佛郎九十生丁。）此项义国部分庚子赔款，截至民国十七年六月三十日为止，尚欠纯本美金一千六百六十九万八千二百五十五元六七四，又预计利息美金九百零五万六千零七十二元一七六，统计本息美金二千五百七十五万四千三百二十七元八五零。……

（八）日本国部分

查日本国部分庚子赔款，其应还总数为关平银三千四百七十九万三千一百两，按每关平银一两折日金一圆四零七，再加入预计利息，共合成日金一万零六百八十五万四千一百七十七圆八一八。原系以银两交付，自前清光绪三十一年五月三十日（即西历一千九百零五年七月二日）外务部与外交团成立换文后，所有日本国部分庚子赔款即改用英金交付。当时交付英金之折合率，第一次系按每日金九圆七六三折合英金一镑计算，以后遂成定案，至今照行。故本说明书（乙）表中所列日本国部分庚子赔款分组本息总数，均按英金数目开列。民国十三年间，日本国方面曾有改用金元付款之请（按所称金元即指日本金元）。嗣经外交部根据前清光绪三十一年五月三十日换文驳复，并称法国方面之用金交付，因有中法实业银行复业关系，他国不得援以为例等语。故此项赔款至今仍用英金交付。自民国六年十二月一日起，与协约国取一致办法，允认将应得赔款缓付五年（此项缓付之款，系列在民国二十九年以后仍分五年补还）。至民国十二年十二月间，由驻日中国公使与日本方面派员开正式协议，处分日本部分庚子赔款用途，用以办理对华文化事业。当时议定大纲九项，决即照此实行，该项议决案即于民国十三年二月六日签字。但查此项赔款，当展缓五年将近期满之时，日本朝野意见即有拟议变更用途，改充对华文化事业用途之倾向。曾于民国十二年三月间，经日本国会通过，将庚款余额及解决山东悬案所得之库券及赔偿金，年约收入日金四百七十万元，一并移充对华文化事业之用途，并将上项收入款项另立一种特别会计，编制特别会计法，由日本国政府于大正十二年三月三十日以敕令公布。嗣又于民国十四年五月间，由我国外交部与驻京日本公使往来照会，指派中国委员十一人，会同与日本国政府选派之委员九人，组织中日文化事业总委员会，办理各项事宜。同时又设上海自然科学研究所，由中日两方各派出委员会同办理。（参看附录文件）（略）故此事在日本方面，虽已决定将该国部分庚子赔款变更用途，但并未有正式退还之声明，与英国办法大致相同，目前仍照旧按月付款。此项日本国部分庚子赔款，截至民国十七年六月三十日为止，尚欠纯本英金三百九十六万三千零六十七镑零一三，又预计利息英金一百九十万零九百四十四镑二一四，统计本息英金五百八十六万四千零十一镑二二七。

（九）英国部分

查英国部分庚子赔款，其应还总数为关平银五千零六十二万零五百四十五两，按每关平银一两折英金零镑一五零，再加入预计利息，共合成英金一千六百五十七万三千八百十镑一七四。自民国六年十二月一日起，与协约国取一致办法，允认将应得赔款缓付五年（此项缓付之款系列在民国二十九年以后仍分五年补还）。至民国十四年（即西历一千九百二十五年）六月三十日，英国政府颁布关于此项赔款用途全案文件，第一条第一项内开：所有一千九百二十二年十二月一日以后之中国赔款，不再归入国库，作为新基金，而应另拨入新项，名为中国赔款，并按本节之规定支配之，以用于教育或其他事业。即由外交总长全权主持，以互惠于英吉利及中华民国为标准，外交总长并得随时咨询本案所立之委员会，定其用途等语。（参看附录文件）（略）故此事在英国方面，虽已将该项赔款变更用途，作为互惠中英两国之教育或其他事业之用，但未有正式退还之声明。该咨询委员业由英国政府指派英国会员八人，中国会员三人组织成立。嗣更由该委员会遴选英国会员三人，偕中国会员三人，在华调查拟定该项赔款用途及分配数目，建议于英外长。查该项建议所拟分配数目，系按每年平均五十万镑计算，每年以三十五万镑供经常用途，其分配比例为：（一）农事教育及改良百分之三十；（二）科学研究百分之二十三；（三）医学及公共卫生百分之十七；（四）其他教育事业百分之三十。每年所余十五万镑，连同自一千九百二十二年十二月一日至一千九百二十六年十二月底止所收存未用之庚款作为基金，投于筑路或治河之用，或以之购买中国政府或其他政府上等债票，以期一千九百四十五年赔款满期后，基金利息足供经常之用。至管理该项庚款事宜，则拟由在华设立之董事会负责。董事华籍六人，英籍五人，由中国政府与英国政府商议，并得其同意后任命之。董事长由董事七人以上选举之，另以华董事三人，英董事二人组织一执行委员会。一千九百四十五年后可以华籍董事替代英籍董事。上述建议案尚未经英外长提出国会，故犹未成为法案。此项英国部分庚子赔款，截至民国十七年六月三十日为止，尚欠纯本英金六百万一千二百三十六镑一二三，又预计利息英金二百八十七万八千六百八十一镑四六九，统计本息英金八百八十七万九千九百十七镑六零二。

（十）荷兰国部分

查荷兰国部分庚子赔款，其应还总数为关平银七十八万二千一百两，按每关平银一两折荷金一佛乐林七九六，再加入预计利息，共合成荷金三百零六万六千零零五佛乐林二八九。当协约各国对德国宣战时，荷兰国并未加入协约方面。故八国允认缓付五年赔款之事，该国亦未与其列，所有应得赔款，仍照常拨付。民国十四年十一月间，荷兰国驻华公使奉到该国政府训令，照会我国外交部，表示善意，愿将荷兰国部分庚子赔款余额，全数用于利益中国为目的之事业，拟将该款专充筹划治理黄河水道之用，荷兰国政府可派一工程师，并附设监察委员会办理此事。（参看附录文件）（略）经国务会议议决，交由内务部、财政部会商核复。旋财政部以此事与水利局有关，应俟内务部与水利局拟定具体办法，再咨外交部查照办理。复经外交部召集主管各机关派员会议，并议设中荷委员会，由内务、财政、外交三部会同水利局及荷兰国政府各派一人组织之。此项办法尚未实行，复经督办黄河工程事宜处以该项赔款余额为数无多，拟先测量黄河及调查经费。此事由外交部与荷兰国驻华公使一再接洽，大致业已就绪。惟对于指派工程师及组织委员会各节，荷兰国驻华公使尚须请示政府办理。故此项赔款现在似尚未实行退还，按月仍由总税务司交与荷兰银行照收，以待解决。此项荷兰国部分庚子赔款，截至民国十七年六月三十日为止，尚欠纯本荷金九十六万零二百十二佛乐林六三九，又预计利息荷金三十万零零三百六十七佛乐林四二五，统计本息荷金一百二十六万零五百八十佛乐林零六四。

（十一）葡萄牙国部分

查葡萄牙国部分庚子赔款，其应还总数为关平银九万二千二百五十两，按每关平银一两折英金零镑一五零，再加入预计利息，共合成英金三万零二百零三镑七九六。自民国六年十二月一日起与协约国取一致办法，允认将应得赔款缓付五年（此项缓付之款，系列在民国二十九年以后，仍分五年补还）。民国十一年十一月底，缓付五年之期届满，至今仍按月照付。此项葡萄牙国部分庚子赔款，截至民国十七年六月三十日为止，尚欠纯本英金一万零九百三十六镑七七六，又预计利息英金五千二百四十五镑八一四，统计本息英金一万六千一百八十二镑五九零。

（十二）西班牙国部分

查西班牙国部分庚子赔款，其应还总数为关平银十三万五千三百十五两，按每关平银一两折法金三佛郎七五零，再加入预计利息，共合成法金一百十万零七千五百九十六佛郎二九五。当协约各国对德国宣战时，西班牙国并未加入协约国方面，故八国允认将赔款缓付五年之事，该国亦未与其列，其后亦无退还之提议，该款至今仍系按月照付。此项西班牙国部分庚子赔款，截至民国十七年六月三十日为止，并〔尚〕欠纯本法金三十四万六千八百七十七佛郎六六九，又预计利息法金十万零八千五百零七佛郎六四六，统计本息法金四十五万五千三百八十五佛郎三一五。

（十三）瑞典国部分 挪威国部分

查瑞典、挪威两国部分庚子赔款，其应还总数为关平银六万二千八百二十两，按每关平银一两折英金零镑一五零，再加入预计利息，共合成英金二万零五百六十八镑零七五。当协约各国对德国宣战时，瑞典、挪威两国并未加入协约国方面。故八国允认将赔款缓付五年之事，该两国亦未与其列，其后亦无退还之提议，该款至今仍系按月照付。此项瑞典、挪威两国部分庚子赔款，截至民国十七年六月三十日为止，尚欠纯本英金六千四百四十一镑二七四，又预计利息英金二千零十五镑三二一，统计本息英金八千四百五十六镑五零六。

〔北洋政府财政部档案〕

（四）统计与整理

1. 财政部关于发行库券分年清还短期外债密奏

（1915年12月24日）

财政部谨奏。为短期外债拟定分年清还，给发库券，谨将磋议情形缕晰密陈，并附细表恭折仰祈圣鉴事：窃查国家财政自辛亥改革以还，秩序全紊，债累山积。前清赔洋各款，尚有盐关收入足资抵还。而短期外债，款目尤繁。或订自前清，为购买船械之欠价；或订自民国，为零星挪借之小债。利率既高，期限早过，本利孳生，积纤成巨，综计数目至肆千余万元之多。整理方法，不外以新债易旧债，化短期为长期。是以臣部前曾向五国银团商议二次借款，冀将此项短债一举清还。旋因欧战发生，议遂中辍，而金融奇紧，中外相同。凡有债权之外人，催索频来，责言屡至。应之则财力不逮，拒之则信用有关。上年甚有应付稍迟，遽尔上渎宸聪，仰烦圣虑，臣部莫名焦急。幸而三、四两年内国公债募集足额，迭经酌提一部分，偿还此项短债本息，约在柒百万元左右，聊资补苴。本年五、六月间，复在提回赔偿损失余款项下，摊还银伍百叁拾余万元，八、九月间，又在整顿盐务余款项下，摊还银壹百玖拾余万元。结至现在止，短期外债尚欠银贰千陆百余万元，为数甚巨，且皆逾期之款。设非早为整理、切筹应付，内而失国家之信用，外则虑交涉之横生。再四筹维，只有给发库券、分年偿还之一法。查此项短期借款，以日商为最多，德商次之，英、俄、美、比各国又次之。日商如三井、三菱、川崎、泰平各公司、商厂，迭经臣部督饬员司再四磋商，并托正金银行经理小田切居中调停，现已议定分年偿还，自明年起分二年至五年不等，并将原有利息分别酌减，利随本付，各期应付本利发给国库证券，并经议定，以烟酒牌照税为该库券之担保品。此外英商如阿模士庄厂欠款贰拾万余镑，议定分四年偿还，德商如多尔孟德达生洋行、泰来洋行，均经商妥，给发库券。其还期标准，不外就欠款之多寡，定年限之远近。余如德商硕效船厂，拟分四年偿还，英商隆兴公司，拟分三年偿还，以及道胜、华比、德华各银行短款，拟分二年或三年不等，亦均商有头绪。惟德商礼和洋行欠款稍多，拟分五年。该行以欧战未停，藉口周转为难，对于分还办法稍持异议。臣部现正极力磋商，一面将应付该行利息按月照付，总期操纵得宜，使彼就范。如此办法，款目以分而见少，年限以久而易偿。在彼有此库券，不患周转之无方；在我负担平均，不虑财力之支绌。通筹预计，明后两年为数稍多，然能年筹捌百万元，已足应付一切，嗣后则逐年递减，更属措置裕如。臣部职掌度支，责无旁贷，此项分年清付之款，无论财力如何为难，总以先事预筹，到期确付，以期仰副陛下整理财政、聿昭国信之至意。除另缮短期外债分年清还细表一纸恭呈御览外，所有给发库券、分年偿还磋议情形，理合恭摺密陈，伏乞皇帝陛下圣鉴训示。再，此事关系外人交涉，原奏请勿发登公报，免生枝节，合并陈明，谨奏。
中华民国四年十二月二十四日

〔北洋政府财政部档案〕

2．财政部抄送欧战期间中央及各省订借日本债款详表复外交部函

（1919年3月5日）

径复者：准贵部函开：准本部陆总长自巴黎电称：外报载欧

战期内中国借日款二万七千余万，确否。究竟已用若干，未收到者若干，某项借款以某项为抵押，请详细开一清单电复。等因。函请查照，从速开单函复。等因。到部。查欧战期内，中国所借日本债款，就本部有案可稽者，由中央订借之款三十起，计日金二万一千六百九十八万七千一百六十四元十五钱，规元二十八万两，银元三十六万二千五百元；各省订借之款二十五起，计日金二千八百四十万元，银元二百万元，小洋四百十万元，港纸四十万元。兹特分开详表二分，所有债款名称、债额、用途、以及订借年月、担保品，各项均经详细填列，其有已经还清及已付过一部分各款，亦均依据最近报告，分别说明。相应检同原表二份，函送贵部查照办理可也。此致

外交部

附欧战期内中央及各省订借日本债款详表二份(见下页)

3. 财政部整理内国公债并确定本息基金办法呈暨大总统令

(1921年3月3日)

(1) 财政部呈

呈为整理内国公债确定本息基金，拟具办法，恭呈仰祈钧鉴事：查民国成立以来，政变纷乘，国家预算迄未实行，每年入不敷出，辄仰给于内国公债。自元年以迄九年，其发行总额已达三万一千伍百余万之巨。值此民生日蹙、公私交迫之秋，国民尚肯竭其汗血之资，以赴国家之急，其爱国热诚可以想见。果能因势利导，确树信用，则内债一项实足为国家救济缓急之资。惟查各项公债，七年短期有延期赔款确实指抵，三、四年公债，曾由本部指定常关收入暨德、俄停付赔款交与总税务司专款存储，以为偿本付息之基金，信用甚著，票价日高。此外各种内债抽签还本，(下转1170页)

欧战期内中央订借日本债款详表

债权者	债款名称	债额	订借年月	担保品	用途说明
正金银行	教育部借款	日金十万元	民国五年四月	无	此款系作接济留日学生经费之用
三菱公司	外交部借款	日金八万元	民国五年　月	无	此款系拨充使馆经费已还清
兴亚公司	借　款	日金五百万元	民国五年九月	无	此款系由本部收用
中日实业公司	财政部造纸厂借款	日金二百万元	民国五年十一月	造纸厂一切机器房产	此款系由本部收用
三菱公司	财政部借款	日金一百万元	民国六年七月	滦矿公司股票等	此款系拨充天津总司令饷项已还清
日银团	第一次垫款	日金一千万元	民国六年九月	国库证券	此款系由本部收用已还五百万元
正金银行	水灾借款	规元十万元	民国六年十月	盐税余款	此款系作救济灾区之用原共七十万两由七银团承借内有正金银行名下一部分计十万两该款业已还清
正金银行	教育部借款	日金十万元	民国六年十一月	无	此款系作接济留日学生经费之用

日银团	水灾借款	日金五百万元	民国六年十一月	临清、多伦厅、杀虎口三处常关收入年额约九十万元	此款系作救济直隶灾区之用
泰平公司	第一次军械欠款	日金一千七百十八万六千四百六十一元九二钱	民国六年十一月	国库证券	此款系陆军部订购军械延期交价
三菱银行	教育部借款	日金十万元	民国七年一月	无	此款系作接济留日学生经费之用，已还清
三井洋行	财政部印刷局借款	日金二百万元	民国七年一月	印刷局所有一切财产	此款内有一百万元由本部收用，其余一百万元印刷局偿还旧债
三井洋行	订购棉纱欠款	日金一百万元	民国七年一月	国库证券	此系督办京畿一带水灾河工善后事宜处订购棉纱欠价已还清
日银团	第二次垫款	日金一千万元	民国七年一月	国库证券	此款系由本部收用
正金银行	防疫借款	规元十八万两	民国七年一月	盐税余款	此款系拨充防疫经费原共七十二万两系由四银团承借内有正金银行名下一部分计十八万两该款业已还清

续 表

日银团	电信借款	日金二千万元	民国七年四月	全国有线电报之一切财产及其收入	此款由本部挪用一千五百万元其余五百万元由交通部收用
汇业银行	财政部借款	日金五十万元	民国七年六月	国库证券	此款系由本部收用已还清
日银团	吉会铁路垫款	日金一千万元	民国七年六月	国库证券	此款系由本部收用
朝鲜银行	教育部借款	日金十五万元	民国七年七月	无	此款系作接济留日学生经费之用
日银团	第三次垫款	日金一千万元	民国七年七月	国库证券	此款系由本部收用
泰平公司	第二次军械欠款	日金二千二百四十二万零七百零二元二十三钱	民国七年七月	国库证券	此系陆军部订购军械延期交价
日银团	吉黑两省金矿及森林借款	日金三千万元	民国七年八月	吉黑两省金矿森林及其收入	此款系由本部收用
朝鲜银行	教育部借款	日金十五万元	民国七年九月	无	此款系作接济留日学生经费之用
日银团	济顺高徐二铁路垫款	日金二千万元	民国七年九月	国库证券	此款系由本部收用

日银团	满蒙四铁路垫款	日金二千万元	民国七年九月	国库证券	此款系由本部收用
日银团	参战借款	日金二千万元	民国七年九月	国库证券	此款系拨充参战经费先交一部分数目未详
中日实业公司	电话借款	日金一千万元	民国七年十月	电话产业又国库证券日金五百万元	此款系由交通部收用
朝鲜银行	教育部借款	日金二十万元	民国七年十二月	无	此款系作接济留日学生经费之用
久原洋行	垫款	银元三十万元	民国七年十二月	无	此款系由本部收用
正金银行	遣送敌侨借款	银元六万二千五百元	民国八年一月	盐税余款	此款系拨充遣送敌侨经费原共五十万元由八银团承借内有正金银行名下一部分计六万二千五百元

以上共三十款计
日金二万一千六百九十八万七千一百六十四元十五钱
规元二十八万两
银元三十六万二千五百元

欧战期内各省订借日本债款详表

省分	债款名称	债　额	用　途	订借年月	担　保　品
直隶	朝鲜银行借款	日金一百万元	维持金融	民国七年五月	滦矿股息暨滦矿应缴直隶省兴办实业款项直豫京直火车货捐
同前	朝鲜银行借款	日金一百五十万元	维持金融	民国七年十一月	滦矿公司股分十万一千股
奉天	兴业银行借款	小洋一百六十万元（已还清）	补助政费	民国三年九月	省城新民辽阳安东四税局税款
同前	大仓洋行借款	日金一百五十万元	补助政费	民国三年十月	安东采木公司本溪煤铁公司中股抚顺煤矿税及报效金本溪煤矿税
同前	兴业银行借款	小洋二百五十万元（已还一部分）	补助政费	民国四年八月	省城、辽阳、安东、新民、海龙五税局税款
同前	朝鲜银行借款	日金一百万元	救济官银号	民国五年六月	本省电灯厂、电话局全部资产又开埠地之土地全部及设施道路并其他建筑物品
同前	朝鲜银行借款	日金二百万元	救济官银号	民国五年八月	本省契税酒税

吉林	濛江林业借款（日商森恪经理）	日金二百万元	筹办濛江森林	民国七年月	濛江县境内足供采伐之树木
陕西	实业借款（大仓洋行经理）	日金三百万元	办理铜元局纺纱局	民国七年六月	铜元局纺纱局及该两局所得之红利
山东	中日实业公司借款	日金一百五十万元（已还清）	调查实业资金	民国六年八月	本省货物税、牧畜税、屠宰税、牙税、契纸价及注册费
同前	中日实业公司借款	日金三百五十万元	偿还旧债余数用充调查实业之资金	民国七年九月	本省货物税、牧畜税、屠宰税、牙税、契纸价、注册费及财政厅发行之金库证券
湖北	古河公司借款	银元五十万元	铸造铜币购买材料	民国七年一月	本省糖捐及铸造铜币余利
同前	正金银行借款	日金五十万元 银元五十万元	振兴官办事业	民国七年三月	本省竹木捐及茶厘收入全数
江西	台湾银行借款	日金一百万元	补助地方金融	民国七年三月	江西币制公债票一百五十万元
同前	台湾银行借款	日金五十万元	兴修实业水利之补助	民国七年六月	江西币制公债票七十五万元
同前	台湾银行借款	日金三十万元	补助地方金融	民国七年八月	江西币制公债票六十万元

续　表

广东	台湾银行借款	日金八十万元（已还清）	偿还旧债	民国三年八月	小押税硝磺税
同前	台湾银行借款	港纸四十万元（已还清）	发放欠饷	民国四年七月	小押税硝磺税
同前	台湾银行借款	日金六十万元	水灾善后	民国四年十二月	本省烟草税牛皮捐屠捐
同前	台湾银行借款	日金八十万元（已还清）	发放欠饷	民国五年十二月	旧藩署及广府衙门两处官有土地并建筑物
同前	台湾银行借款	日金三百万元	供给士敏土厂资本并扣还旧债	民国六年三月	士敏土厂全部财产旧藩府两署大沙头东堤海关官地
同前	台湾银行借款	日金一百五十万元	广东中国银行复业	民国六年四月	广东中国银行所有省库债权内指定大洋一百五十万元并由部准月拨盐款五万元作为付还本息之用
同前	中华汇业银行借款	日金四十万元	军事用费	民国七年五月	民国元年六厘内国公债一百二十万元

福建	台湾银行借款	银元一百万元	军事用费	民国六年十二月	无
同前	中华汇业银行借款	日金二百万元	实业资金	民国七年十二月	本省契税及屠宰税又其他之杂捐杂税收入
	以上共二十五款计	小洋四百十万元 银元二百万元 日金二千八百四十万元 港纸四十万元			

〔北洋政府财政部档案〕

(上接1161页)不免时有愆期,以致信用日坠,价格日落。推厥原因,皆由基金不能确定之故。就本年应付各种内国公债本息数目而言,除七年短期与三、四年公债本息外,余如遵照公债条例按期偿本付息,即需三千九百七十万元之多,按之目前财政状况,必无力以办此。但若任意延搁,不为速筹办法,一旦措手不及,必至停付本利,直接丧失国家之信用,间接牵动社会之金融。盖近年以来,国内银行事业日形发达,而买卖有价证券为银行重要之营业。假令各项内债本息一朝停滞,全国金融必受恐慌。自齐审时度势,此种情形近在眉睫,若竟出此,何异政府对于国民宣告破产,而财政命脉、国家生机,从此断尽。此各项内债之不能不速筹整理办法,以维持国家之信用、社会之金融者也。但各项公债发行方法均有不同,有十足发行者,有低价发售者,有拨抵积欠经费者。元债、八债,市上价格仅及原定票面十分之二,若概照票面十足偿付本息,不特国家损失过重,而整理基金亦苦难于筹足。例如元年、八年两项公债,或则低价出售,或则抵发欠饷,核与三、四、五等年公债暨七年短期与金融公债等,按法定价格发行者,实不可同日而语。为今之计,若由政府另发六厘、七厘新债,即行开始抽签还本,折衷最高市价,厘定折扣,准其自由以旧易新。在一般执票之人,虽按之票面不无牺牲利益,而新债发行,抽签提早,票价自高,流转较易,其中得失自不待言,当亦人人所乐从。但其他公债为数尚巨,自非酌量基金情形及债额多寡,通盘筹算,一律整理,并将还本年限,量予规定,仍不足以资调剂,而固信用。况元、八两债既经整理,则票户利益不无牺牲,若不指定确实基金,与以永远之保障,则空言奚补,更无以对国民。自齐一再思维,中央固有之收入,不外关、盐余款及烟酒税费。兹定在盐余项下年拨银元一千四百万元,烟酒税费项下年拨银元一千万元,在烟酒税公卖费尚未整理收效及历年指定烟酒税费押借各款尚未清偿以前，咨商交通部先于交通事业余利项下，每月借拨数十万元，以足每年一千万元之数。此项基金并照三、四年、七年短期公债办法，由各该机关直接拨交总税务司安格联，会同银行专款存储，以资应付。嗣后常关收入及海关盈余，除扣抵七年短期公债、三、四年公债款项以外再有盈余，及三、四年公债还清以后所有各项财源，如停付德、俄赔款之类，均归入此次整理公债基金之内。但以后公债基金如足每年二千四百万元之数，则前指盐余及烟酒税费暨交通部借拨之款，即应依次减拨，俾纾财力，而期兼顾。抑自齐于此更不能不有所陈明者：此次整理公债，非为国家增加支出，实为国家减少支出，亦非竭国家仅有之收入，而用之不急之途。诚以不加整理，其每年应需偿本付息之来源，不外乎取之上列各项收入。与其临渴掘井，使公债不能坚其信用，何如未雨绸缪，为国家财政留一线生机。此应陈明者一。此次整理公债，其元年、八年两项之范围，系根据上年付息总表及实在售出额数而定，此外债票抵押各银行机关未经付息者为数尚巨，商民血本攸关，亦应续筹切实清理方法，总使债权有著，不失丝毫信用为依归。此应陈明者二。总之，公债一途为现今东西各国立国之命脉，致富之根基。我国萌芽方始，风气初开，果能整理得宜，则人民重视债票，乐于投资，利源既辟，何事不举。否则凡百设施，皆须仰给于外资，损失权利，何可胜计。此尤自齐所旦夕忧虑，不能不冒群疑、犯众难，毅然以整理自任者也。至各项详细办法，业经拟具议案，提交国务会议议决照办，如蒙允准，即请明发命令，责成本部会同内国公债局遵照办理。自此次办法确定以后，所有盐、关各款及烟酒税费各项中央直接收入，均应悉数报解。凡从前于前项收入内曾经指拨之款，由本部另行筹付，应请一并令下，各省不得再请截留挪用，以资巩固。除将整理办法及各项还本付息总表另折缮呈外，所有整理内国公债、确定本息基金缘由，理

合呈请大总统钧鉴，训示施行。谨呈

大总统

谨将酌拟整理内国公债办法开呈钧鉴

计开：

（一）八厘军需公债。原发行额共为七百三十七万一千一百五十元，除已抽还四百万元外，尚余三百三十七万一千一百五十元，原定每次抽还五分之一，尚余二次，每次应抽一百六十八万五千五百七十五元。此项公债利息较优，且已抽还本银三次，尚余两次，拟改自本年起分四年四次抽完。

（二）爱国公债。原发行额为一百六十四万六千七百九十元，除已抽还一百三十二万元外，尚余末次应还本银三十二万六千七百九十元。此项公债原以京钞计算，现京钞截止，拟改以七成现洋计算，即于本年内如数还清。

（三）元年公债。此项公债截至民国十年二月止，发行额为一万三千五百十八万五百七十元，其发行价格参差不一，南京赔偿损失一百八十余万元，当时虽系照额面发给，而目下市价已低至三折以下，收回烟土发行之一千二百七十余万元，市价亦在四折以下，其余发行者出售价格均在四折以内，且已领过利息二、三期，目下市价均已低至二折以内。兹拟另发六厘新债票，每旧元年债票百元得换新债票四十元，余可类推。其不愿者听，并自本年起，即行抽签还本，分十年还清。

（四）五年公债。原定债额二千万元，除已抽一次计一百二十四万二千四百十元外，尚余债额一千八百七十五万七千五百九十元。原定自民国六年起分三年六期抽完，现已误期五年，拟重定抽签还本期限，即自民国十五年后分三年六期抽签，因三、四年公债于民国十四年清还，即以三、四年公债所指拨之抵款转充五年公债还本付息之基金。

（五）七年长期公债。此项公债原定自民国十八年起抽签还本，其时五年公债已抽完，可继以三、四年公债抵款为七年长期抽签还本之基金，拟仍按照原条例办理，不必更动。

（六）八年七厘公债。此项公债原发行额为三千三百九十五万四千四百四十元，原定自第六年起，每年抽十五分之一，现在市价仅二、三折。兹拟另发七厘新债票，每旧八年公债百元，得换新债票四十元，余可类推，其不愿者听，并自本年起分十年偿清。

（七）整理金融公债。此项公债拟仍照原条例办理。

（八）指拨本息基金。此项本息基金，拟由盐余项下全年拨足一千四百万元，烟酒公卖项下全年拨足一千万元，惟在烟酒未整理以前，拟由交通部先于交通事业余利项下，每月借拨五十万元，以烟酒公卖整理后之收入抵还之，但交通部余利亦有用途时，须借款以资周转。此项借拨办法应由交通部与银行代表、烟酒事务署三面商定之。他如关余及常关收入，除扣抵七年短期、三、四年公债款项外，倘有盈余，及三、四年公债还清以后，所有各项财源，如停付德、奥、俄赔款及常关收入等项，均归入此次整理基金之内，届时基金充足，则前项应拨盐余及烟酒公卖收入，得酌量情形减拨。

（九）上项基金保管方法。此项基金处理保管均极重要，拟统仿照三、四年、七年短期公债办法，由各该机关直接拨交总税务司安格联，一面由内国公债局暨银行方面推举代表，与该总税务司会同办理，俾人民晓然于基金之确实。该总税务司收到各项基金应如数存入中国之银行，以资应付。银行方面应照三、四年办法，亦随时协济，以助进行。

（2）大总统令

近年财政艰难，全恃内债一项以为周转之资。溯自民国元年迄今发行内债已历八次，财政、金融，两有裨益。惟因大局未宁，国计益绌，以致内债信用不免同受影响，所关甚巨，自应亟图整理之法，以资补救。兹据财政部呈拟整理内国公债办法，业经国务会议决定，应即责成该部会同内国公债局督率总税务司安格联及中国、交通两银行，按照三、四年公债暨七年短期公债办法认真办理，期裨金融，而利推行。此令。

〔北洋政府财政部档案〕

4．财政部公布整理内外债委员会章程令①

（1921年11月16日）

财政部令　第二百三十七号

兹订定整理内外债委员会章程，特公布之。此令。

整理内外债委员会章程

第一条　本会以调制内外债款，筹备偿还方法，实行整理为宗旨。

第二条　本会附设于财政部内，会长由财政总长兼任，副会长由次长兼任，委员由参事、司长、厅长及各司会办兼任，其具有本会委员资格者由会长随时派充。

第三条　本会设委员长一人，就委员中由会长选派，专办本会事务。

第四条　本会分三股，该股事宜由会长指定一员主办。

第一股　掌理编制债额总单，筹备议案事项；

第二股　掌理筹备混成偿还事项；

① 此件系财政部总务厅机要科致泉币司文。

第三股　掌理筹备减债基金事项。

第五条　本部所有债款契约或副本、公债章程及应付清册，应由主管各厅、司检齐，送交本会汇核。本会对于上列文件有疑义时，对于有关系各厅、司，得调取卷宗或邀主管司员说明经过。

第六条　上列文件有应守秘密者，应由主管司、厅于移付时声明，以便特别保管。惟本会无论何项文件，非经会长允许，各员应负其责，不得对外发表。

第七条　本会各股得酌设办事员及雇员拟订稿件，保管卷宗，由委员长呈请会长选派。

第八条　本会为力图整理起见，得由会长聘请财政经济界才望卓著、经验宏富者为本会会员，于开大会时邀请列席，发表意见。

第九条　本章程自公布日施行。

中华民国十年十一月十六日

〔北洋政府财政部档案〕

财政部关于历年抵押暂借额外债票情形暨拟具善后办法呈

（1922年 3 月27日）

呈为呈报历年财政艰窘，抵押额外债票情形暨拟具善后办法，恭呈仰祈钧鉴事：窃查本部财政，自民国五年以后，收入顿减，支出陡增，收支相抵不敷甚巨。然犹得维持至今者，实藉零星借款，以资挹注。但商议借款，必须相当押品，始则抵押定额以内之债票，及其罗掘俱穷，不得不暂借额外之债票，藉资周转。查本部抵押额外债票始于民国五年，当时因赔偿招商局新裕船本等款五十一万余元，无法筹付，曾经国务会议议决，准给四年债票壹百万元，交由该局抵押现款。嗣后财政困难，较前尤甚，援例抵押者，均属不得已之举。截至现在，所有抵押额外债票，除收回不计外，尚余三年公债拾玖万陆千元，四年公债叁百贰拾柒万壹千伍百玖拾元，整理金融公债捌拾玖万元，计共债票肆百叁拾伍万柒千伍百玖拾元。此项额外债票，不在安总税务司经管基金范围以内，所有从前应付本息，概由中、交两行先行垫付，再由本部另款拨还。现在银根奇紧，库藏万绌，该项公债中签应付本银壹百肆拾伍万余元，银行既无力垫付，本部又无法另筹，以致受押各户有将前项债票少数出售情事。安总税务司为顾全个人信用起见，登报声明，凡不在发行债额以内之号码，不得在经管基金项下支付，固属正当办法。但本部责任攸关，对于此项债票自应统顾兼筹，以全信用。现在前项借款，除已列入此次偿还短债案内，应俟委员会审查完竣，设法偿还，将原押品收回注销外，其未列偿还短债以内暨少数已出售之债票无法收回者，亦应另筹基金，统交安总税务司保管，以备支付本息之用。除将抵押额外债票另单缮呈外，所有历年财政艰窘，抵押额外债票情形暨拟具善后办法各缘由，是否有当，理合呈请大总统鉴核施行。谨呈
大总统

〔北洋政府财政部档案〕

6．审计院为修订审查国债支出规则呈

（1922年5月26日）①

呈为本院修订审查国债支出规则，拟请签核公布事：窃本院为财政上之司法监督机关，应有确定之审计法规，以资依据。考

① 此件为印件，日期为“审查国债支出规则”教令公布时间。

各国审计制度，虽有事前监督与事后监督之别，而要视国情以为衡。大凡财政紊乱之国家，宜兼用事前监督；而财政已有统系之国家，可专用事后监督。然事前监督之程序极为繁重，惟交通便利之小国始能完全施行，故每次发款签字之制度仅行于比利时等较小之国家，且有责任支出之例外规定。而英国之事前监督，则仅对于财政部每三个月编制之各机关概算数行之。吾国财政紊乱，达于极点，欲防弊端，自以采用发款签字之事前监督为宜。然幅员辽阔，交通阻塞，财务、行政又乏统系，欲行无限制之事前监督，亦为事实所不能。查吾国创办审计时，适有大借款之关系，彼时制定之暂行审计法规，兼用事前监督。征之已往成绩，惟外债支出之签字及事后审查颇收效果。三年十月公布之审计法虽改用事后监督，但对于国债支出仍照旧章办理。查审计法第十七条：关于国债用途之审计程序，依特别规则行之。此项特别规则并未另行制定，仍依前审计处所定之"暂行审计国债用途规则"办理。施行以来，对于外债之审查尚无滞碍，关于内债之规定已与现在事实不符。查现时偿还内外短债委员会所审查之各种借款合同，均属临时借款性质，悉未包含于"暂行审计国债用途规则"之内，故本院不能于事前稽核此项临时借款。关系复杂，苟不严加审核，最易发生流弊。衡以吾国已往事实，本院审查国债实有扩充范围之必要。又查现时发行之短期国库券为数至多，而用途亦滥，亦应加入审查国债支出规则内，以便考核。蕴① 权衡学理，揆度事实，谨将"暂行审计国债用途规则"酌加修订，改为"审查国债支出规则"，缮单呈请钧座鉴核公布施行。谨呈

大总统

① 即庄蕴宽，时为审计院院长。

修正审查国债支出规则

第一条　审计院审查各种国债支出，依本规则行之。

第二条　政府募集公债，不论内债、外债，应由主管部将发行规则或借款合同等件，先期报告审计院。

政府发行国库证券及其他各种借款，均应按照前项规定办理。

第三条　前条所列各种国债，应由主管部先将指定之用途及分配数目报告审计院。

第四条　指定国债之用途临时如有变更者，应由主管部随时报告审计院。

第五条　凡由国债项下开支之款，应由主管部先期将发款命令连同请款凭单送交审计院签字后再行发款。

第六条　审计院稽核国债支出之发款命令及请款凭单，如有疑义或认为不正当者，得叙明理由送回主管部要求其答复。

前项之答复如仍认为有疑义或不正当者，审计院得拒绝签字。

第七条　审计院拒绝签字之款，若主管长官有不服者，可由财政总长提出国务会议，如议决发款须由财政总长及主管长官负完全之责任，同时仍将国务会议议决之事由，抄送审计院查核。

第八条　审计院对于主管部负责支出之款，仍将拒绝签字理由叙入审计报告书内，以备国会之议决。

第九条　每月由国债项下开支之款，应由主管部列表送审计院查对后刊登公报。

第十条　本规则自公布日施行。

第十一条　本规则如有未尽事宜，得由审计院长呈请增订施行。

〔北洋政府财政部档案〕

7. 宝道① 关于整理中国现负各债条陈

（1922年10月6日）

译财政部顾问宝道对于整理中国现负各债之条陈

对于下列各条，因无确实调查凭证，故现时实无详细整理方法。

（一）中国政府现负无担保品各项公债之性质及其总数，

（二）将来每年关余及盐余收入净数，

（三）中外有关系之经济团之意见及其志愿。

本说帖只论整理各项公债之大意，而对于整理之疑义略加注解。

说明："无担保债项"：鄙意系指中国政府所负各项到期未偿内外债务，或各项债务之无税收作担保者，或担保品虽有而其收入之款不敷按期还本付息者。此项债务为各项债款、垫款、国库券、期票、过期利息、欠薪、购货合同内之欠款及其他者皆是也。

整理：鄙意乃将前述各项借款、垫款、国库券、期票、欠薪等类之承受人归并于一种经济清理，计划发行一种大小数目面额之借票，将各项欠债换给新票。其还本付息，须指定一种税务作为担保。

（一）整理债务系专指外债而言，抑内债亦包括在内耶？其答辞：当然系内外各债须同时而言，其理由如左：

（甲）整理之目的在恢复中国信用，倘中国政府不将所负之

---

① 宝道（Padoux Georges）法国人，1914年来华，先后任北洋政府审计院、司法部、财政部顾问，一度兼华洋义赈会副会长。

债务，无论内外，备有担保品，或备款偿还，或按期偿还，则此种信用不能完全恢复，且中国政府对于债权人不能有内外之分。或有谓外债可靠而内债不可靠者，则政府之信用无论何一方面有所亏损，其全部必蒙其影响矣。中国政府当具远大之眼光，期望将来借款时无须再以某项税收作为担保。欲达到此项目的，其第一步在按期偿付政府各项债务是也。

（乙）内债为华人所有，华人借债于政府而不得政府之优待，其所享权利反在外债之下，如此待遇实不能令人民满意。鄙意中外债权人当受同等待遇，如使他国之债权人享有优美之担保品，而华人所有债票无充量担保品，此种办法不合理论之至。中国政府之债务业已渐趋正当办法，已将三年公债、四年公债及整理公债等等基金委诸总税务司办理矣。

（丙）中国将来之筹款，大半系藉重内债，而外债次之。近数年后，中国固宜借外债以备补充建筑及实业之用，但外洋资本已不敷供给，因欧洲现正在吸收美洲、英国及欧洲大陆之资本。自一九一八年以后，中国所借内债，实超过外债之数，其比例率正在增长之际。内债驾于外债之上，实为一种佳兆。因债权人之利益不致外溢，且内债以银元为单位，故政府不受汇兑及金元涨落之损失。内债之前途甚为紧要，理应特别注意，使内债信用稳固，以便政府将来发行新公债时，可得良好之条件也。

（二）中国无担保债务全部整理欤？抑一部分整理欤？

兹为中国信用起见，中国全部债务皆须有切实担保，必使中国债票或借款，无论中外人及是否住在中国之人，皆得视为一种稳妥投资。此种计划，并非谓现在中国各项无担保债务，皆须照此整顿也而言，亦并非谓从前担保品不敷之各项债务，经此整理即可谓担保充足也。例如以盐余担保发行之一千四百万国库券，不得视为一种稳妥之投资，盖以盐余作担保之债款过多之故也。

甚至盐余于每月拨放时，不敷分配各项债款之用。设如现以盐余作抵之各项短期借款，将其设法整理，变为长期借款，则一千四百万借款自能有充分之担保，并可照原来办法履行，无须再为整理矣。换言之，整理债务确非中国政府之最要目的，而其最要目的则在恢复中国信用。其办法即实行按期偿付各项借款也。化短期借款为长期借款，为整理债款之最要办法，但亦非惟一之计划也。他种计划亦可施用，只求能达到同样目的，即为善策。

（三）何项担保品可供整理之用？

整理之担保品只有二种：即关税与盐税是也。鄙人所谓之关税者，乃指总税务司所管之海关税及常关税，上海会议议决之值百抽五税及一九二二年二月六日华会九国条约所规定之百分之二·五增加税是也。鄙人现正搜罗报告，以备编辑一表，由一九二三年起，指明每年关税用途，至各该借款清偿之日止，及其他债务以此项收入作担保者。以此表与将来关税收入比较，减去应充担保之数，即可得其余数，专供整理债务之用。俟各项证据调查确实，即当送诸大部，以备参考。至于盐税总收入若干，净剩若干，近时实难揣测，因各地官吏截留盐款，时有所闻也。

（四）整理债务能否不增加担保品？

对于不增加担保品而整理各债一问题，目前不能断定，俟中国现负各债调查清楚及整理各债还本日期定妥后方能解决。倘各该借款之总额不多，及政府之债权人愿意收受三十年或三十五年之长期债票，此项长期债票自一九二八年或一九三零年开始还本，则关税及盐税二项收入或足敷供给该项整理之用；设或各项债款总额多出意料之外，债权人只愿收受十五年或二十年之长期债票，则关、盐二税收入不敷供给还本付息之用矣。鄙意除关、盐二税之外，或有其他计划可作担保整理债务之用，但民意对于政府允许外人管理他项税务，屡持反对态度，故政府对于保守之权，理应特别注意也。鄙意政府当取一种新计划，用一种税收，专充内国公债之担保品，其管理法由政府与华债权人代表组织之。其办法如左：

整理外债以关税为主要担保品，而以盐税为附加担保，例如善后借款是也。

整理内债当以左列各项为担保品，其还本付息由左列各项收入支付。

一、关税收入项下除偿还各项外债之余额，

二、盐税收入项下，除补充关税不敷偿还整理各项外债所余之额。

三、烟酒税、印花税，其管理及征收法，当由政府与华债权人之代表，即华银行团订立类似盐税办法之合同，政府与华银团非正式之议决后，由政府委任洋员充任烟酒税及印花税之会办，该洋员与华银团之关系，仿照盐务署洋会办对于外国银行团之关系办理，则此后不复再以新税收入抵押于外人。不过增加华债权人之担保，其办法与增加洋债权人之担保相似也。

（五）实行此项计划时接洽之方法。

中国政府不能强迫各债权人承受前述之整理办法，故必须预先与之接洽，凡久经延搁之债权人，必然欢迎此确实担保之新债券。所当接洽者，即每项各订定利率及还本之期限。凡以盐税、烟酒税、地契等税为担保之债权人，在接洽时当然较为棘手。彼等或将要求履行合同中订定之条件，要求将指定之担保品交与此类之债权人，难免无有坚持到底反对整理之计划者。外国债权人之由其驻华银行为代表者，对于远东近状较为熟悉，必愿援助中国政府接洽较易入手，但多数债权人为住居外国之经济机关或个人，与国内之外国银行毫无关系，政府当直接与此类债权人接洽，或请正当之中人代理。鄙意以为进行便利，计可由外交部或财政部与有关系之各该国公使接洽，直认中国目前无履行偿还债务之能力，愿与债权人协商一种稳善之整理计划，在充裕之时期内清偿各债。因此之故，要求列强与以友谊的援助，并征求其意见。窃料列强经此一番坦白诚实之要求，必能力与援助，劝令各该国人依从中国政府之意见也。既经彼方承认之后，即当与中外各银行及其他债权人正式接洽。整理各项外债需时甚久，政府必须设立一特别委员会，专司与有关系之各方面接洽之事。

（六）关于整理方法之诸要点。

一、中国政府所负之外债，其中一部分为银圆，一部分为外国货币，如美金、英镑、日金、法郎之类。各种外债应依原订货币换发新券，以免发生兑换损失之龃龉。例如英金借款，当发英金新券，美金借款当发美金新券，等等。政府应依照借款中各种货币，发行各种整理债券。

二、有数项债款在整理时，毋须换发新券。例如一九一四年订立之中法实业借款，利率五厘，以五十年为期。换发新券徒费手续，所应办者，即置原定之基金、利率及还本办法不动，而以关税及盐税作抵，为整理之法。

三、须整理之各项债务，其条件各不相同，有利率甚高而还本期限甚短者，有利率甚低而还本期限甚长者。当整理时，此层不可不先虑及，方可决定各债权人应以何种价格换得整理债券。其中有当依照票面计数者，亦有当许以折扣者。

四、积欠息金及分期摊还之本金，不论其原订合同中条件如何，均应以一律之利率发给新券。例如五厘借款之积欠息金，以及分期摊还百分之十五或二十之积欠期款，应换给同等利率之债券。外债可以七厘半之整理债券，照票面数换发，因善后借款在伦敦市面之价格与此相等也。

五、整理内国公债时，倘其中大部分必须延长还本期限，政府可酌量延长整理内国公债各债款之期限。例如元年公债、五年公债、七年公债以及在一九二一年由总税司担保之各项公债等。整理内国公债之期限短促，每年约需二千五百万元，为数甚巨，关税之负担已不轻矣。

六、整理计划中之要点，在于既经整理之各项债务，必须在关税、盐税、烟酒税、印花税以及各项担保之税款上，较之他项债务有绝对的优先权（现欠之外债不计外）。此即言政府在此次整顿事务完成之后，不得以指定之各项担保税款抵借他项债务，或移作别用。质言之，拨还现欠各外债之本息，以及整理各项债务之款项，必须由会办直接交付经理该项债务之各银行或他种机关，与善后借款、一八九五年借款、一八九六年借款、一八九八年借款、庚子赔款之办法同样办理也。

宝道谨上　一九二二年十月六日

〔北洋政府财政部档案〕

8．熊希龄拟以关盐余拨付公债基金及政费支出上总统书

（1923年3月17日）

大总统钧座：上年冬因内外公债问题曾呈管见，蒙交国务会议。现在时局日棘，财政益困，人心惊疑，不可终日，苟非将关、盐两余速行解决，公债及重要政费速谋支配，恐辇毂之下，发生变故，则国事有不堪言者。谨再胪陈，乞赐采择。

一、数月以来人民所呼吁者，厥惟维持内债基金问题。若无办法，必致血脉断绝，是以安总税务司有条陈维持之说。据其所列报者：

收入各款项下：

（一）上年底结存之款，洋银二百七十万元，

（二）民国十二年份预计关余全数银一千七百三十五万八千八百十三元，

共洋二千零零五万八千八百十三元。

应行支出项下：

整理案内各项公债应付本息

共洋二千四百二十八万四千五百三十一元。

以上入支两抵，预计亏短洋银四百二十二万五千七百十八元。

该总税务司之意，尚拟要求政府查照前定成案，拨付盐余一千四百万元以期弥补，并可筹付九六公债息款及次第拨付行政经费等因。业经由财政讨论委员会议决，函呈政府核夺在案。以龄之意，关余既不敷支，盐余亦难定拨。似不如商之安总税务司及内国银行团，将整理公债案内每年整理金融短期公债还本两次，洋九百六十余万元，改为只付一次，洋四百八十余万元，则安总税务司所称还债不敷之四百二十二万五千七百十八元，自无问题矣。至于九六公债每年息款七百五十余万元，除日本所持者，由正金银行按月扣留盐款作抵外，内国银团应付息者，年约四百余万元。目前亦可商之内国银团暂缓还本，先行付息，以维债价。查安总税务司说帖所称金价三先令，自系慎重起见，如其税收增加，或金价稍落，则所余者必较安总税务司预算之数为增。又说帖内有十二年加拨银三百二十八万八千元，备重修沪关关房之用。夫修建关房不必一时支出，尽可分年摊拨，拟于此中提充九六公债付息之款，商之安总税务司或亦可行也。

二、内国公债基金既可支付，不必希望盐余，则盐余仍可拨充行政经费之用。龄意京师目前所最紧用者四项：一、外交费，二、教育费，三、军警费，四、冯军费。此四项果有可靠之款，则国际无忧，治安足保矣。重要政费一有着落，人心自定，其余

政费另行从容设法筹付可也。今将调查每月盐余收支数目表列于下：

收入项下：

按照十一年收数，年可拨盐余四千二百【万】元。

支出项下：

一、一四库券银七十万元，

二、正金九六公债扣款银七十万元，

三、上海造币厂库券银七万元，

四、中行库券银十万元，

五、兑换券银二十万元，

六、海军饷银五十万元，

七、道胜银行银九万元，

八、汇理银行银一万四千五百元，

九、审计院银四万元，

十、明华银行银二万五千元，

十一、银行公会警厅借款银六万五千元，

每月共计二百四十八万四千五百元，

每年共计二千九百六十一万四千元。

照上项每年收入四千二百万元计算，收支两抵外，尚余银一千二百三十八万六千元。

今以此所余一千二百三十八万六千元之数，照所拟四项要政支配列下：

一、国务会议于盐余项下议决，新拨军警饷每月银二十万元；

二、国务会议于关余项下议决，新拨外交使费每月银二十万元；

三、国务会议于关余项下议决，新拨教育费每月银二十七万元；

四、国务会议于关余项下议决，新拨冯军费每月银三十万元。

合计四项要政每月款九十七万元，每年共需拨【关】盐余银一千一百六十四万元。

照上项余款一千二百三十八万六千元计算，收支两抵外，尚余银七十四万七千元。

政府果能照此确定，使盐务总稽核担任按月支付，则京师治安秩序必可无虞，内国银团与安总税务司亦必肯予力助，而后政府可专心另筹款项，以支付他项政费，不致日处纷扰惊皇之境。龄为此预计办法，亦非谓他项政费之可缓也。特以使费无着，则国体攸关，交涉或有贻误，国家受损无穷；教育费无着，则校长、教员日日索薪，未能安心教授，学潮将无已时；京师军警及冯军之饷无着，则人心皇皇〔惶惶〕，朝不保夕，肘腋时有隐患，根本不免动摇。

此四项既有确实可靠之款，足以巩固基础。而内国公债又有担保，金融稍松，则于他项政费随时设法，当亦不致束手。否则缓急轻重，无所分别，粥少僧多，人人均不得饱，终无弭此祸患矣。至于另筹他款支持其余政费办法，目前山穷水尽，罗掘皆空，实无可以担保借债之品。惟查有四年公债，年底本息还清，照整理公债定案，此项应归入整理案内办法。今为维持根本计，似可商之内国银行团及安总税务司发行公债，以十三年所余之四年公债关余款二、三百万元为担保品，则亦可以支持本年一切政费。但先决问题须有以下条件方能进行：一、宜将以前关于所担保之公债基金，确照财政讨论委员会议案批准，方得内国银行团之信用，债票乃能行销；二、宜使安总税务司所担保安者确能履行责任，此案方得该税务司之同意；三、须速行设立内外债研究机关，使各国使团不致再生枝节；四、外交、教育及近畿军警各饷，必照上项确定办法，方足得中外之同情。以上问题果能先决，则新公债或可以达目的也。中国历史，国家成立，恃有重心。汉高之关中，光武之河内，魏武之兖州，皆先以一隅为根据，而后可以恢宏远略。今既号称北京政府，当必首先谋北京之安宁秩序，乃可不负北京政府之名义。本若不固，远何能图？希龄年来从事救济事业，谢绝政治，无政党之兴味；不营产业，无购债之私图；家住津门,无危险之顾虑。只以都城为百余万人民身家性命所托，当此民穷财尽，万一发生不测，则以后赈济筹捐万分为难，不如弭患未然，尚可保此完善也。以此原因为最后之忠告,乞赐毅断，无任悬悬，专此肃陈。敬叩

钧安

筹办京师贫民生计事宜　熊希龄　三月十七日

〔北洋政府财政部档案〕

9．国务院准熊希龄等十四人为整理内外债委员会顾问公函

（1923年5月5日）

国务院公函第一千三百五十六号

径启者：准贵部提出整理内外债委员会拟聘熊希龄、孙宝琦、颜惠庆、周自齐、陈锦涛、汪大燮、张耀曾、张国淦、傅增湘、安格联、威尔敦、宝道、葛诺发、土屋桢二为顾问一案，兹经国务会议议决，由委员会聘请等因。相应函达贵部查照办理。此致

财政部

中华民国十二年五月五日

〔北洋政府财政部档案〕

10. 财政部关于拟具整理本部积欠内外债大纲提案

（1923年7月5日）

提交国务会议议案

案查整理内外债务事宜，业奉明令，设立委员会专司讨论整理办法在案。所有关于本部积欠内外债务，兹特拟具整理大纲，提请公决。再，此案如经通过，即由国务院送交该会详细规定办法，俾利进行，合并声明。

整理内外债大纲

查财政部所欠内外债总额，约共十七万二千七百四十余万元，此项内外债约可分为三种：

一、关、盐两税为担保者，计十二万九千七百零九万余元；

二、德、奥两国零星债款，计三千七百三十二万余元；

三、无确实抵押内外债，计三万九千三百余万元。

以上三项债务，其第一项所列者，系有确实担保之债，应付本息均能照付，自可无庸整理。第二项所列者，系德、奥两国零星债务，虽无确实担保，惟我国对于德、奥两国参战，所有该两国应行赔偿损失款项尚未清算，此项债务自应留抵赔偿，亦可无庸整理。目前对于债务之急需整理者，即第三项所列无确实抵押之三万九千三百余万元也。此项债务数目虽仅三万九千余万，而借款户数竟有数百起，债权者之国籍，除本国外，亦有七国之多。至其债额，有达数千万元者，有仅数万元者。其债款之担保，或以税收，或以产业，或用证券，或用期票，虽各不同，而不确实则一。所以到期本息无款可付，或临时罗掘，酌还一部；或另立合同，作为新借。以致债务愈积愈多，头绪愈变愈繁，长此拖延，不但信用丧失，财政受累，且恐发生外交及金融重大问题，势非设法整理不可。兹特拟具大纲四条如左：

一、还债基金，以附加二五关税为主要基金。

查偿还债款首重基金，倘无确实基金，虽规定偿还办法，势难望其实行。前项无确实担保债务之所以屡失信用者，即因无确实基金之故。现既设法整理，自不能再蹈前次覆辙。兹拟以关税附加二·五之新收入酌提一部分为主要基金，并于原担保品中择其较为可靠者为附加担保。

二、统一债务，内外债平均待遇，同一整理。

查前项内外债务，种类既繁，性质又异。现在从事整理，自应一律待遇，化零为整，同时整理，将内外各债现负数目切实计算，发行债票，分别抵偿。

三、债票货币，应与债权者协商规定。

查原借款货币不仅银元一种，有英金者，有美金者，有法金者，有日金者，将来发行债票偿还欠款，自不能仅限银元一种。且将来外国债权者承受前项债票，须在各该国市面发售，故偿还借款之债票应用何种货币，自非就各债权【者】协商不可。

四、债票利率及期限，就内外债情形协商规定。

查原借款利率多少不一，最高者月息一分八厘，最低者年息五厘。现在发行债票，似难强以为一。惟原借款系无确实担保利率，当然较高，现在发给有确实担保之债票，其利率较高者，自应分别核减。至还清年限，应视每年可拨基金数目之多寡而定。查原借款之期限长短不齐，有数年者，有数十年者，有将到期者，有已过期者，似不能一律发给同一期限之债票。但此项债票还清期限有先后长短之必要。此种情形自应由部详细考查，与债权者妥协商定。

〔北洋政府财政部档案〕

11．财政整理会整理内外债缘由及办理经过呈稿

（1924年3月29日）

呈大总统文

呈为陈报本会办理情形并谨抒管见恭呈仰祈钧鉴事：窃本会自上年九月间成立以后，即经遵照公布章程，将应行办理各事分途进行，并将进行程序略分三步：第一步为调查，第二步为审核，第三步为计划。所赖在会各员，不避烦难，精勤探讨。六阅月来，虽不敢谓有成绩，而棼丝在握，差亦略呈端绪。按照目前进行情形，已将入第三步时期。原拟尽六个月以内一律结束，无如审核手续异常繁重，尤以内外债务一门，重叠套搭，颇费钩稽，所有向债权、债务两方面调集之表件，或因路途窎远，往返需时；或因款目纷纭，查核匪易，迄今未能收齐，以致内外债务数目虽已略知梗概，尚难确定细数。然此种情形仅为手续问题，无论若何困难，必可设法促成其事。〇〇所昕夕焦思、一筹莫展者，厥为规定计划一事。处今日而言整理债务，必先筹有确实之基金，方足取信于人，著为定案。一方面更须兼筹并顾，必使经常各费完全有著，而后偿债、度日，两不相妨。〇〇感荷殊知，心所谓危，难安缄默，谨就本会研究所得，为钧座分晰陈之。我国财政紊乱，至今已达极点。以言收入，除中央权力所及各地外，大率皆省自为政，不特昔之专款，解款完全停止，即向归中央所有之各项收入，亦复难以足数；以言支出，则政军各费日益膨胀，国民担负之重，有加无已，实亦毋庸讳言。夫以日减之收入，供日增之支出，譬诸垂涸之源，取之者尚纷至沓来，其为危险，宁待言喻。伏读上年十一月二十九日明令，各部院经常政费以不超出八年度预算为度等因。仰见我大总统因时制用、救弊补偏之至意。查最

近年分中央各项税收，区分五项：一、海关税及五十里以内常关税，约收九千四百四十余万元；二、五十里以外及内地边陆各常关税，约收六百七十余万元；三、盐税，约收八千九百八十余万元；四、烟酒费税,约收一千五百余万元；五、印花税,约收三百二十余万元。以上五项税收，约共收额为二万零九百余万元。而内中除海关税及五十里以内常关税一项，历来尚无短收外，其五十里以外及内地边陆各常关税一项内，仅京师税务收入约二百余万元，向归中央收用，余均由各省截留，实解无多。以十一年分实解数为衡，约仅七十余万元。盐税一项，各省提用截留数目约三千零二十余万元，再除去经费一千零三十余万元，净得之数约四千九百三十余万元。烟酒税一项,净得之数不及收额十分之一，约一百四十余万元。印花税一项，净得之数亦止〔只〕十分之一，约三十余万元。因以上情形，其结果则号称二万零九百万元之收入，实际中央净得之数，约仅一万四千八百万元，此项净得之数尚须由关、盐两税项下提出约九千八百万元，作为有确实担保内外债务偿本付息之用,又须由盐税余款项下提拨约四千三百万元，逐月协济各省及应付特种债款、库券等项，是实在可以运用于政军各费之数，仅约七百万元。至于中央近年应行支出各项，据调查所得较为可供参考之数，计政费约五千八百余万元，军费约七千万元，与八年度支出一万三千余万元总数相较,尚无甚大出入。然以七百万元之收入而担负一万二千八百万元之支出，其竭蹶情形已可概见。即遵照上年十一月二十九日明令，将应行裁撤各机关经费一律删除，充其量亦仅能减少约五百四十万元，似仍无济于事。试观上列中央各项收入，数目不为不多,而实际净得之数，平均仅及应收数目十分之七，可以运用于政军各费之数又不及净得数目百分之五。乃支出总数竟超出可以运用之数至十七倍之巨，其现象已属可惊。而无确实担保之内外债务，尚不在内，此项债务目前急待整理。举其大概属于财政部者，照财政部民国十一年九月所编财政部欠各项内外债款一览表推算，本息约计五万三千六百余万元；属于交通部者，照交通部最近所编整理债务计划内开无力担负数目，约计一万八千七百余万元，共达七万二千三百余万元。如果按折扣发行债票，利率假定为五、六厘，则每年仅付利息亦须四、五千万元，摊还本金尚未计算在内。今度日之资已不敷一万二千一百万元之巨，安有余帑以充基金？目前纵可罗掘因应苟安旦夕，然此种现状，决难长久维持，终非从根本上通盘筹划，不足以树财政基础，而救危局。本会多方讨论，以为扼要之图，端在整顿收入，节省支出。首当设法使各省有充分之谅解，对于应归中央之各项收入，勿再截留提用，必须涓滴报解，以符定制。盖中央政府为全国施政之中枢，非赖各省协助，势将覆甑停炊，束手待毙，各省应具同舟共济之谊，未许稍存畛域。其次，当开辟税源，剔除积弊，庶几有利于国，无病于民，此犹就收入言之。若论支出，则普通政费固宜痛加削减，而全国军费竟占岁出总数十分之七，故对于整理军费一事，尤应从长计议。总期兵敷分配，款不虚糜。考东西各国预算，固多采用量出为入主义，然此种办法在政治发展之国家行之，或得其宜，若施之于现在之我国，实相径庭。欲求收支之岁保均衡，非暂用量入为出办法不为功。至于整理债务之基金一项，初以关税会议指日开成，预计二五附加税增收之数，每年约可得二千五百万元，如果将政军各费定有切实办法，则前项附加税收尚可酌量拨作整理债务基金，其不敷之数再行设法腾挪他项收入，以资补充。倘能办到，亦未始非财政前途之一线生机。乃此项会议召集无期，并此垂成之局，亦几一无把握。揆诸中央窘状则如此，旷观国际形势则又如彼，长此因循，诚有不堪设想之处。抑更有进者，交通事业为国家命脉，关系财政商务，至大且巨，整顿改良，洵为目前急要之务。查路、电、邮、航四政，原属特别会计，论理当有赢无绌。徒以政局不定，亏累重重，益之以非分之担负，驯至入不敷出，无以自存。倘能力予爬梳，划清界限，则岂仅交通部自负之债可以自行筹还，或尚能腾出余资，补充岁计。此外如关税会议之应如何设法促进，尤不能不特别注意。查二五附加税延迟实行一日，无确实担保之内外债务延迟整理一日，出入之间，所关匪细。以上所陈各节，非敢危词耸听，实以颠覆之祸，迫于眉睫，失此不图，噬脐何及？用特披沥上言，我大总统鉴空衡平，德威昭著，是宜速定大计，以固邦本。否则即由本会拟成具体整理计划，亦等于纸上空谈，无裨实际。〇〇轻材承乏，索尽智能，私计六月之期业已届满，所有应办诸事，尚难具体告成。上不能为钧座分忧，下无以慰国民期望。虽抚躬循省，弥切悚惶，而办事困难诸端，当亦早邀洞鉴。除俟完全结束再行详细陈报外，谨先将本会已制成之各项表件汇缮成册，恭呈钧览。所有陈报本会办理情形并谨抒管见缘由，理合呈请鉴核，无任屏营待命之至。谨呈

大总统

〔北洋政府财政部档案〕

12．财政整理会关于编印财政部无确实担保内债说明书①

（1925年10月）

财政部无确实抵押内债约分三大端：一、公债；二、借款；三、库券。

公债分两项：一、八厘债券（即九六公债）银元部分；二、

① 节选自民国十四年十月财政整理会编印的《财政部经管无确实担保内债表》。

元、八两年二次整理债券。

借款分三项：一、盐余借款；二、内国银行短期借款（即非盐余借款）；三、各银行垫款。

库券为特种兑换流通支付各券及普通各库券，均列为一类。

以上各债本息均算至十四年十二月三十一日止，惟八年第二次整理债券，系算至本年九月三十日，以此为第十次付息期也。

各债除各银行垫款至本年六月所欠本息系据财政部开单外，均由本会详加核算，每一债款，均有计算书可资查考。

八厘债券计算本息方法，系按民国十一年二月教令公布条例并十三年财政部与债权人协定盐余借款结算办法第八条办理（此项债券为正式发行，故用作抵押品之数未便剔出，将来整理时应另行核计）。

元、八两年二次整理债券计算本息方法，系按财政部十年三月三十日呈准办法并财政部公债司现开债券发行与抵押清单办理。

盐余借款、内国银行短期借款两项计算本息方法，系按照财政部与债权人协定结算办法办理，表后均已注明其大要，按期减少利率，月息减至一分，与外债同等整理为交换条件。

盐余借款、八厘债券存抵部分，在未冲抵部欠以前，仍属财政部所欠债额。惟八厘债券积欠本息已另表照列，故借款项下积欠本息暂将存抵之数剔除。

盐余借款、内国银行短期借款照结算办法计算本息，其方法颇为复杂，特将结算办法两种附列于后，以备参考。

垫款据财政部原单称未经核准开给支令转账者，均未计入，是后表所列垫款固已核准开给支令转账者也。此项债款不必待债权债务双方签字，数目已属确定。

库券如特种支付各券性质与公债同，兑换流通各券性质与钞票同，虽同列库券一类，特置于前行，以示区别。

各项库券计算本息之法，均按发行时原定条件及续订办法办理。

各表所列各债款，均以财政部先后开送为限。其未经送会者，自属无从列入（如借款内中华储蓄银行等六案，财政部现虽未送账单，前曾送过调查表，本会即据此以为计算）。

总计各债：八厘债券银元部分共欠本息银七千一百七十一万五千零二十六元四角；元、八两年二次整理债券共欠本息银一千六百零七万三千八百元；盐余借款积欠本息银四千四百一十一万二千三百八十八元五角三分；内国银行短期借款积欠本息银三千八百九十万零四千二百八十二元三角七分；各银行垫款积欠本息银三千零三十三万三千三百九十九元一角六分；库券积欠本息银五千九百一十一万四千三百八十四元一角六分，统共欠银二万六千零二十五万三千二百八十元零六角二分。

〔北洋政府财政部档案〕

13．财政整理会抄送整理内外债五项办法致财政部函

（1925年11月20日）①

财政整理会因关税特别会议关于附加税之用途，已决定以一部分整理内外债，此项债额、基金、利率及整理机关，均不能不先将大体规定，以为应付。特于十一月十八日召集会员及华洋顾问会议，议决五项如左：

一、债额。现合交通、财政两部所管内外债至十一万万元，为数过巨，实难着手整理。众议：交通之债，多为生利而起，现

① 财政部收文时间。

虽一时陷于无办法，绝非毫无担保者可比，总计归入此次整理之债额，可限于二万五千万元以内。财部之债亦可酌以一部分另设他法，如九六公债，可仍【照】原案归入旧关余，其余可核减或另办者，应酌量分别办理。要之，财、交两部归入整理案之债额，至多以八万万元为限。

一、基金。此次对于附加税预计数目，年约一万万余元，十分之三整理内外债，约三千万元，以为八万万元还本付息之基金，实属不敷。但以旧关余计之，三年后每年可余五、六百万元，六年后每年可余一千数百万元，自主后加税所入尚不在内，故以后不难，难在目前。众议：现时仍只有以三千万元作基金，以为发行新公债之计划。

一、利率。以岁入三千万元之数，整理八万万元之债，即以周息四厘计之，亦属不敷。似可酌设变通办法，或利率先小后大，或于还本时酌加成数，如一百元之债以一百零二元或三元归还是也。众议：利率须轻，自属定义，如何办法，仍俟实行整理时，由当事者与债权人双方协定为准。

一、整理机关。实行整理时，对内对外异常复杂繁难，非有负责任之专设机关，不易熔冶财、交两部之债为一炉。众议：仍应以财政整理会继续办理，但会章尚未规定及此，拟请由财政部具案，呈请明令责成该会力任其难，一面将会章酌量修改。

一、对于日本代表展缓债款本息三年之提议。众议：展缓三年，于国家名誉上、事实上均属有损无益，其议实难照行，但其意未尝不善，吾人只可敬表感谢之忱而已。

〔北洋政府财政部档案〕

14. 财政部经管各项内外债现负数目明细表①

(1925年12月31日)

财政部经管各项内外债款分类清册各项现负数目分列于左，计开

(甲) 有确实担保内国公债现负纯本数目表　银元二万四千二百五十一万零三百三十三元。

(乙) 有确实担保国库证券现负纯本数目表　银元二千四百零八万二千五百元。

(丙) 有确实担保外债现负纯本数目表　银元四万一千三百九十六万二千零十九元七角九分。

(丁) 有确实担保各国部分庚子赔款现负纯本数目表　银元三万九千六百五十一万八千七百八十六元五角三分。

以上属于有确实担保者计四宗，共银元十万零七千七百零七万三千六百三十九元三角二分。

(戊) 无确实担保内国公债现负本息总数表　银元一千九百十九万六千四百六十八元一角。

(己) 无确实担保国库证券现负本息总数表　银元四千二百二十万零九千零九十五元一角二分。

(庚) 无确实担保盐余案内各项借款现负本息总数表　银元四千五百六十八万八千三百三十二元二角九分。

(辛) 无确实担保内国银行号借款案内各项借款现负本息总数表　银元四千二百十六万七千九百三十三元九角一分。

---

① 摘自北洋政府财政部公债司编《财政部经管各项内外债款分类清册》，日期为统计截止时间。

（壬）无确实担保各银行垫款数目表□银元三千四百九十万零一千九百八十九元五角。

（癸）无确实担保外债现负本息总数表　银元三万五千四百零一万八千六百十一元五角五分。

以上属于无确实担保者计六宗，共银元五万三千八百十八万二千四百三十元四角七分。

统计现负银元十六万一千五百二十五万六千零六十九元七角九分。

〔北洋政府财政部档案〕

15．财政部关于外国银行经理中国各项债款应思患预防密呈

（1927年4月20日）

密呈大总统文

呈为外国银行经理中国各种款项，数巨责重，宜如何妥筹办法，以资应付，而维公帑，恭具密呈仰祈钧鉴事：窃查政府从前所借各项外债，大抵因担保品之关系，在各该合同上规定由外国银行一家或数家负责经理还本付息事宜，其中国政府每期应付之各项外债本息基金，即分别交与依照合同规定之经理银行收受。兹将依照合同经理此项外债之各外国银行（以现时存在之银行为限）及经理外债（以有确实担保之外债为限）详查开列于左。

一、汇丰银行经理外债。

（甲）英德借款之英国部分：

此项借款每年应交本息基金，计英金四十八万三千余镑。

（乙）英德续借款之英国部分：

此项借款每年应交本息基金，计英金四十一万八千余镑。

（丙）善后借款之英国部分：

此项借款每年应交本息基金，计英金二十九万九千余镑。

以上（甲）、（乙）、（丙）三项每年应交本息基金，总约英金一百二十万余镑。

此外尚有善后借债准备金七百万元，该行亦分存五分之一。

二、汇理银行经理外债。

（甲）善后借款之法国部分：

此项借款每年应交本息基金，计英金二十九万九千余镑。

以上一项约计英金二十九万九千余镑。此外尚有善后借款准备金七百万元，该行亦分存五分之一。

三、正金银行经理外债。

（甲）善后借款之日本国部分：

此项借款每年应交本息基金，计英金二十九万九千余镑。

以上一项约计英金二十九万九千余镑。此外尚有善后借款准备金七百万元，该行亦分存五分之一。

综观上列情形以汇丰银行经理之外债占最多数，汇理及正金两银行为数相同，均仅当汇丰银行经理外债数目百分之二十五分弱。此外尚有非经合同上之规定，而由政府临时便宜委托经理之款。兹更详查开列于左：

一、汇丰银行经理外债。

（甲）英德两次借款之德国部分，因原经理之德华银行倒闭，暂交代汇之款。

此项借款每年应交本息基金，计英金九十万一千余镑。

（乙）善后借款德国部分，因原经理之德华银行倒闭，核定匀分经理部分。

此项借款每年应交本息基金，计英金七万四千余镑。

（丙）俄法借款，因原经理之道胜银行倒闭，暂交代汇之款。

此项借款每年应交本息基金，计法金二千零八十 余 万 佛 郎

(此款实际以英金为标准),约合英金八十二万二千余镑。

(丁)善后借款俄国部分,因原经理之道胜银行倒闭,暂定匀分经理部分。

此项借款每年应交本息基金,计英金七万四千余镑。

(戊)善后借款德国部分,由道胜银行匀分部分,因道胜银行倒闭,暂定匀分经理部分。

此项借款每年应交本息基金,计英金二万四千余镑。

以上(甲)、(乙)、(丙)、(丁)、(戊)五项每年应交本息基金,总约英金一百八十九万五千余镑。此外尚有关税除还债外之余款,全数由该行经管。又盐税除还债外之余款,由该行经管之数,约占全额五分之二、三强。

二、汇理银行经理外债。

(甲)善后借款德国部分,因原经理之德华银行倒闭,核定匀分经理部分。

此项借款每年应交本息基金,计英金七万四千余镑。

(乙)善后借款俄国部分,因原经理之道胜银行倒闭,暂定匀分经理部分。

此项借款每年应交本息基金,计英金七万四千余镑。

(丙)善后借款德国部分,由道胜银行匀分部分,因道胜银行倒闭,暂定匀分经理部分。

此项借款每年应交本息基金,计英金二万四千余镑。

以上(甲)、(乙)、(丙)三项每年应交本息基金,总约英金十七万二千余镑。此外尚有盐税除还债外之余款,由该行经管之数约占全额五分之一.二五。

三、正金银行经理外债。

(甲)善后借款德国部分,因原经理之德华银行倒闭,核定匀分经理部分。

此项借款每年应交本息基金，计英金七万四千余镑。

（乙）善后借款俄国部分，因原经理之道胜银行倒闭，暂定匀分经理部分。

此项借款每年应交本息基金，计英金七万四千余镑。

（丙）善后借款德国部分，由道胜银行匀分部分，因道胜银行倒闭，暂定匀分经理部分。

此项借款每年应交本息基金，计英金二万四千余镑。

以上（甲）、（乙）、（丙）三项每年应交本息基金，总约英金十七万二千余镑。此外尚有盐税除还债外之余款，由该行经管之数，约占全额五分之一。二五。

上列临时便宜委托经理各款，合之由合同上规定经理各款，其关系之各外国银行，目前所负责任如后：

一、汇丰银行。每年经理外债，约共英金三百零九万五千余镑，约合国币三千四百零四万五千余元。

二、汇理银行。每年经理外债，约共英金四十七万一千余镑，约合国币五百十八万一千余元。

三、正金银行。每年经理外债，约共英金四十七万一千余镑，约合国币五百十八万一千余元。

除由合同上规定经理各款，系属契约行为无可变更外，其由政府临时便宜委托经理各款，既不受契约之拘束，饶有自由处置之余地。且此项外债之经理权，亦并非必须属诸外国银行，政府但能如期付款，则尽可委诸内国银行经理，于事实上当不致有何扞格。至于前项临时便宜委托经理各款，系以德华及道胜两银行相继倒闭为起因。今德华银行虽已复业，但政府尚未准其恢复战前经理外债资格，其从前由该行经理之英德两次借款德国部分，曾委托汇丰银行合并经理。又由该行经管之一部分盐税及善后借款还本付息事宜，亦经无条件交与汇丰、汇理、正金、道胜四银行匀分经管。外交部于民国八年五月间，照复英、法、日本三国公使，声明此项权利利益，应由中国自行组织之银团承受，未使分给四银团。在中国自行组织之银团未成立以前，自可暂存于四银团,现仍照此办理。惟道胜银行经管四分之一之盐税,及善后借款还本付息事宜，现已改订办法。又道胜银行经管之一部分盐税,自该行停业后，一时尚未定有善后办法，曾由稽核总所令将向交道胜银行经管盐税全数交存汇丰银行，作为悬记账,声明非有命令，不得动用。又因善后借款本息，不能不照合同按期汇付，一面致函汇丰、汇理、正金三银行嘱在该行所存盐款内,按月匀分,代道胜银行将应付善后借款本息，汇交伦敦，以备应用。又道胜银行代德华银行经管之善后借款一部分还本付息事宜，亦由汇丰、汇理、正金三银行匀分处理。经财政部提交国务会议议决,暂行照办,由财政部令饬稽核总所，向三银团声明，政府仍保留自由处分移转之特权。嗣又由稽核总所函嘱三银团，将每月匀分代道胜银行经汇之款，改在前项汇丰银行所存中国政府盐款悬记账内出账。倘汇丰银行所存盐款不敷时，则所差之数，即按数匀分，由三银团所存盐款账内出账。此则对于国务会议议决办法,已稍加以变更，或系出于事实上之需要而为之。此外尚有向归道胜银行经理之俄法借款一项，自该行倒闭后，总税务司曾呈明民国十五年十二月分应汇前项借款本息基金，因辛亥年外务部与外交团商定储存关税之三银行，现在只有汇丰一行，故预备交由汇丰银行汇付。彼时因经理问题尚未解决，财政部未作何种答复，总税务司遂照其所拟办法而行，以上叙述临时变更经理办法之各项外债，其详细数目已分别具列前段。就中仅汇丰银行一家，经理款数每年竟达国币三千余万元之巨，已足惊异。然实际上由该行垄断之款，犹不止此。查海关税收，依照辛亥年外务部与外交团协定办法，系归汇丰、德华、道胜三银行分任存放之责，现在德华、道胜两银行均已倒闭，于是全部关税存放事宜，已由汇丰银行一家独揽。此项关税虽随存随放，为期较暂，但每年出入总数均在国币一万万元以上，未可漠视。此外因经理款项事宜，连带发生之金银汇兑价格，亦在在受其操纵。总之，外国银行为中国政府经理外债及其他款项事宜，无论其为契约规定，或便宜委托之件，就事实上立论，于我国不但毫无利益，且随时均有发生意外损失之虞。此层在从前虽无其例，但近数年来，先有德华银行之倒闭，政府已受赖欠英德两次借款本息基金之损失，计英金三十六万余镑。又善后借款本息基金之损失，计英金十万余镑，交涉迄今，尚无结果。继遇道胜银行之倒闭，政府又受赖欠善后借款本息基金之损失，计英金六十余万镑。又其他赖欠经理款项正在清理，为数尚巨。姑无论该两行之倒闭原因，为公为私，以后假使中国政府与一有关系银行之国家，国交上发生变动，或银行本身发生不良影响，其结果均足以危及代中国政府所经理之款项。盖此种经理款项，大都以中国政府名义立帐，一旦出事，即可藉口图赖。其于经理外债，则对所代表之持票人，反若一无责任。故中国政府平日履行还付外债本息，虽已将该款交与经理银行，其责任尚难终了，往往因受经理银行倒闭之影响，有一款两付之损失，此实为目前财政上之一重大问题。本部执掌所关，心所谓危，未敢缄默。谨密陈各项事实，应如何思患预防，主权国信兼筹并顾之处，理合呈请钧座鉴核训示祗遵。谨呈

大总统

中华民国十六年四月廿日

〔北洋政府财政部档案〕

16. 交通部经管各项债款说明书①

(1927年4月)

第一章 交通债务总说

交通事业必须有充分之财力与通盘之筹划，始得确立基础，健全发达。而我国创办之初，适承甲午、庚子两役之后，库藏空虚，民力凋敝，大宗资金无从筹集。除京奉、京汉两路及电政初办时，曾由国库支拨少数官款外，其余多由借款办理，或取诸交通自身盈余，或辗转腾挪，以为应付，自始即居负债地位。其间关于电政之各借款，大都复被挪作他用，所用于电政方面者，殆属无几。故其创办之时，经济尤为竭蹶。路、电两项资金之匮乏既如上述，而一切兴修计划，又受外交之牵制，恒屈于不自由状态之下，枝节从事，不能根据我国政治经济之需要，以为综合统筹之施设。又各项借款条件偏苛，对于建筑、管理、购料各项，既束缚多端，而还本期限，复极迫促，借款总额，又率不敷，尤足以妨事业之进行及经济之运用。凡此种种，均为路、电不能健全发达之原因，而直接予其经济以不良之影响者也。且所有维持之费、扩充设备之需、还本付息之款，以及赎路之支出、购回水线之支出、商路收归国有之支出、附属营业资本之支出等，为数极巨。以幼稚之事业，任巨额之负担，遂致交通、财政失其调节之功，每处支绌之境，不能确立基础，跻于巩固。兼以民三以后，欧战猝起，已订合同之路，如宁湘、浦信、株钦等线，仅交垫款若干，未能发行债票。开办之后，又复中辍，一切工款以及历年总务等费，悉等虚掷。又如湖广一线，工未及半，用款已罄，既未能续发债票，又不得别

① 摘自财政整理会1927年4月编印《交通部经管各项债款说明书》，标题为原编者所拟。

筹资本，停工坐耗，损失不赀，而垫借各款本息，仍须按约履行，如期照付，其直接间接亏损之巨，殆难胜数。自是厥后，财力益蹙，然在民八以前对于内外各债以及一切料价，尚能勉强支撑，力维信用。不期近年以来，水旱兵灾，乘间迭出，无岁不有，影响营业，已非浅鲜。更加国计奇绌，挪垫多方，每年提用恒在二千二百万元以上，其军运记账及官电、军电欠费，每年亦在八、九百万元之谱。其特别移用，如以路、电名义抵借等款，尚不在内。而外债本金，复渐次到期，每年应还之款，日益增多，担负之重，远非前比。综上诸因，虽路、电两项盈余年有增加，然以之应付资本支出、债款本息以及政府提用各款，终属不敷甚巨。现查路、电两项每年进款约一万四千万元，除去营业用款七千万元，扩充资产及改良设备约三千八百万元外，尚余三千二百万元。而必须应付之借款本息，至少须四千万元（其余应付之积欠债款本息尚不在内），已属不敷八百万元。此外如政府提用之款，军运转账，官电、军电欠费，各省截留电报、电话各局收入等款，复达三千万元。故每年实不敷三千八百万元以上。此项不敷之数，均恃短期借款，以资周转，挪东补西，期短息重，辗转滚计，愈陷愈深。以是债累层积，逐年增高，截至十四年年底止，所负内外各债，总计已达六万四千九百余万元。至资产一项，电政尚无确实统计，据调查所得，约为五千五百余万元；路政资产依交部十二年份统计，为八万三千万余元；其株萍、广三、漳厦、川汉、同成、浦信、株钦、宁湘等路尚不在内。虽路、电资产之数超过负债甚巨，但此等国有资产既不能用以流转，又经各充借款担保，非有相当抵补之品，绝对无可挪移。其事实上之足为整理债务之基金者，仍惟路、电本身之盈余是赖。但以目下路、电财政状况而论，收支相抵不敷之巨，已如上述，其无整理财力自可想见。再就各债担保而言，除其中有少数借款以盐税作保者较为确实外，其以厘金作抵者，则因各省截用，早已名存实亡。此外大部分之债款，均系以路、电财产及其进款作抵，而各路线有已成者，有未成者，有尚未兴修者。未完成及未兴修之路，其担保之不足恃及本息之无法应付，固不待言；即已成之路，又大半因前述种种困难，致经济异常支绌，虽有担保而仍无应付能力。至于电政，则以各省扣款、欠款之故，陷于困迫，维持现状尚属不易，自更无余力偿还债款。故交通各债，其担保不确实，或虽有担保而仍无应付能力者，竟居多数，若不别图补救，设法整理，则继今以往所有内外各债，必将因互相牵制之故，而一律延欠，无法偿付。是以关税会议开会之时，本会曾根据该部提案，议定以其一部归入整理债务案中并案整理；另一部用保证办法，暂由关税保证；所余部分，则由该部以本身事业收入设法应付，其详另见整理债务计划编中。本编用意，在简述现负各债起借原因、用途及其积欠情形，皆根据交通部之报告，计截至民国十四年底止，内外债现负本息总数为六万四千九百余万元。具见左表，以下更分别章目，逐款说明焉。

交通债款总表

（甲）外债

款　　目	截至民国十四年底止共欠本息折合银元数		备考
路政债款	五二〇、九〇七、一二一元	五四	
电政债款	三九、六一六、五〇六	五五	
其他债款	一、四四四、一三七	二八	
合　　计	五六一、九六七、七六五	三七	

续　表

（乙）内债

款　目	截至民国十四年底止共欠本息折合银元数		
路政债款	七三、九八八、七八〇元	二六	
电政债款	一六二、〇一六	一二	
其他债款	一三、二〇七、八二五	五五	
合　计	八七、三五八、六二一	九三	
内外债统计约合银元六四九、三二六、三八七元三〇			

〔北洋政府财政部档案〕

17．财政部等关于清理外债付息还本办法呈

（1927年5月6日）

呈为外债付息还本办法亟宜设法清理，拟具意见会呈具陈仰祈钧鉴事：窃以吾国财政，近年困难已达极点。论其近因，则由于频年多事；论其远因，则由于整理无方。尔和等在官言官，其他姑且勿论，即就整理财政一事言之，其他整理部分亦且勿论，兹专就外债一种言之，真有亟宜设法清理之必要。查中国所借外债，其数至繁，其内容至复杂，其各个借约至参差不齐，其付息及还欠种种条件遂因而歧异。以是年复一年，不特绝无逐渐减轻之望，且日陷于亏损之中而不自知。求其绝大原因，则政府对于外债，但有支付之责，并无稽考之权。因此之故，亏损之大，厥有二端。其

一则在于平时仅听命于人，其二则在于遇事不能利用机会。例如外国国债，多由国库经理，其有由各银行经理者，其账目必集中于总行，俾令呈报中央国库。吾国以特种情形，政府与债权人非直接支付，不能不假手于外国银行，而银行又非用普通代理手续。凡到期支付息票及债票之数目，与夫合同期内或合同满后之汇价暨收支款项及有无结存之细账，概无一字呈报，甚至有已经支付并注销之息票及已中签还本债票，均不缴回政府。其他凡有可以入账或转账清算种种利益方法，仅由各该银行坐享其成，对于政府绝无丝毫通融之余地。政府但知欠款到期，筹备现金交付银行，任其处分而已。所谓平时仅听命于人者，结果损失之大，此其一也。又如欧战期内兵燹之余，凡城堡被袭，屋宇毁坏，商船沉没，查抄敌产，以及征发不返、迁徙流亡种种事实，以致债票自然消灭。及失票无法请求发给副券者，不知凡几。其后继之以俄国革命，是时破坏事项大致与欧战相同，而苏俄政府又将各银行、各会社、各个人之抵押品悉数收为国有。此中中国债票不在少数，而尤以一八九五年（清光绪二十一年）之俄法借款及一九一三年（民国二年）之善后借款债票为最多。暨苏俄政府将上项债票销售市场，而被收夺者又复同时请求补发。吾国政府一方须付款于被夺者，一方又须再付款于苏俄政府。于是我政府既不能于欧战及俄乱时期取得不必偿还之权利，且于俄国革命以后，又受一票重付之损害。所谓遇事不能利用机会者，结果损失之大，又其一也。以上两种损失，其数究有若干，并占中国一切公债之若干，成〔诚〕一时实难稽考。此外尚有因其他特别情况，永不向银行请付者，数目虽难断定，然可决其必有。总之，就事实而论，我政府每次交于各该银行还欠之款，超过于银行交于持票人之款，则可断言。尔和等反复思之，以为国家财政枯竭至此，而每年犹受此无形巨大之损失，若不亟图补救，真有陷于万劫不复之势。补救方法：第一步，应从银行报账入手。各经手银行对于已支、未支各票，当然有账可稽。第其未经呈报者，或由于合同漏未规定，或由于虽曾规定，而抗未遵行。但无论属于何种，皆违反银行代理支付之手续，迹不合之点，自当设法纠正。凡属各该银行已未支付各票，应令一律列表报账，其关于不公正之支付，尤应特别注意追查账目。况迭次变乱，事实具在，按时论事，本难盖藏此中机括，全视进行是否得法而已。第二步，应从采取时效法入手。所谓时效法者，即指定付款期限，在限内则为有效，逾限则未付之息票及未付之中签还本票，皆作无效是也。但外债合同向无时效之规定，此项办法势将引起法律问题。惟闻各经手银行内中，实适用各该地方之时效法律，即我国民律草案，亦定有利息时效及本金时效之明文。今宜根据各种法律酌定时效，为期不宜过长，然后分别某种借款，适用某种时效，先行通告，定期实行。其有持异议出而反对者，别以法律手续解决之，其中既有种种理由，度亦不难就范。就此两点论之，如果大致决定，账目既明了，时效既规定，则可依不正当利益之法条，向各该银行索还迭次已交之款，并停止将来不应交之款。此款出入甚大，实为财政命脉一大部分之绝大关系，似不宜轻轻放过。况所定办法，在外国为必然之手续，在吾国为正当之请求，尤应于此时机锐行新定政策，不可不察也。文幹忝任税务督办，凡关于关税保证之外债，辄尝注重研究。查有一八九五年之俄法借款及一九一三年之善后借款，皆由关税付偿，实为税务项下最大关系之两项外债，就此两项考其经过内容，已不免有上述各种情弊。由此以推其他，尚有盐税担保之外债，及财政、交通各部直接管理或经手息借之各种外债情形，自各有不同，度必有同样之损失，均应一律以新定政策著手清理。但兹事体大，头绪亦繁，尔和等既有所见，不容缄默，究应如何办理之处，谨合词略陈大概，伏乞鉴核，迅予施行，不胜大愿。

谨呈

大总统

财政总长

税务督办

〔北洋政府财政部档案〕

18．财政部公布关盐两税抵借外债审核委员会章程令

（1927年8月29日）

部令第七十四号　十六年八月廿九日

兹订定关盐两税抵借外债审核委员会章程，特公布之，此令。

关盐两税抵借外债审核委员会章程

第一条　本委员会办理左列事项：

一、关盐两税抵借之各项外债合同或契约之审查；

二、前项外债还本付息经过情形之调查；

三、前项外债各种收支账目及表件之核对；

四、前项外债在各国市场流通数额及价格涨落之统计；

五、前项外债保护持票人利益及维持政府信用之研究。

第二条　本委员会设委员长一人，副委员长一人，主持本委员会一切事务，设委员十二至十六人，承委员长、副委员长之命，佐理本委员会事务。

第三条　本委员会委员长及副委员长由财政总、次长兼任之。

第四条　本委员会设秘书长一人，副秘书长一人，秘书四人，承委员长、副委员长之命，办理机要文书及总务事宜。

第五条　本委员会分设三股办事，每股置股长一人，股员五人，办理各股事务。

第六条　秘书长、秘书由委员长遴派，其股长、股员由委员长就熟悉前项外债事务之得力人员遴选派充。

第七条　本委员会得聘请中外具有专门学识及经验人员为顾问。

第八条　本委员会得酌用事务员四人，雇员十二人，承办庶务及核算、缮写事宜。

第九条　本委员会办事细则另定之。

第十条　本章程如有未尽事宜，得随时修改之。

第十一条　本章程自公布之日施行。

〔北洋政府财政部档案〕

〔三〕赋 税

(一) 概　　况

1. 临时大总统交议各省国税厅官制草案咨

(1912年6月22日)

临时大总统为咨行事：据国务院呈称：财政部提议设立各省国税厅官制草案已经国务会议通过。查约法第四章第三十三条，临时大总统得制定官制，但须提交参议院议决等语，应请提交参议院议决等情前来。相应按照约法提交贵院，即希查照议决咨复可也。此咨

参议院

计咨送各省国税厅官制草案一件

中华民国元年六月二十二日

各省国税厅官制草案理由

按修正财政部官制修正草案第十条规定，财政部得设各省国税厅，其官制另定之。查各省军兴以后，各项租税征收事项，兴革靡常，利害互见，戎事方殷，未遑整理。应解各项京饷，多因截留，致亏部库。然京畿重地，关系紧要，饷糈无着，大局甚危。目前，虽恃垫款支撑，实非长治久安之计。且际此赶办预算，税项尤应划分，俾清界限，方便遵循。兹特提出国税厅官制草案，俟议决公布后，即行由部遴员荐任，分赴各省，一面整理税务，一面催收正款。既可收指臂相助之效，也可免内外隔阂之弊。

各省国税厅官制草案

第一条　各省设国税厅，直隶财政总长，掌监督及执行关于国税事务。

地方税之附加税得由国税厅代征之。

第二条　各省国税厅置职员如左：

厅长，荐任。秘书，委任。科长，委任。科员，委任。

第三条　各省国税厅厅长一人，承财政总长之指导、监督，于其管辖内管理关于国税事务。

第四条　厅长监督所属职员、委任官之进退，呈请财政总长行之。

第五条　各省国税厅秘书二人，承厅长之命，掌握机要。

第六条　各省国税厅科长三人，承厅长之命，总辖一科。

第七条　各省国税厅科员，承长官之命，分掌各科事务。前项科员大省至多不得逾三十人，中省以下不得逾二十人。

第八条　各省国税厅置左列各科：

正税科。杂税科。整理科。

第九条　正税科、杂税科掌事务如左：

一、监督事项；

二、征解事项；

三、违法征收之处分事项；

四、滞纳处分之诉愿事项。

第十条　整理科掌事务如左：

一、调查正杂各税之税源及其性质；

二、改良各税之征收方法；

三、分析国家税、地方税之性质及种类；

四、清查国有、民有地亩之变迁及实况；

五、施行各种新税之准备；

六、编制调查报告。

第十一条　各省国税厅厅长若有与地方行政相关系之事项，应会同地方长官行之。

第十二条　各省国税厅厅长关于主管事务，对于地方下级官吏有指挥监督之权。

第十三条　各省国税厅厅长得酌量地方情形，设置分厅管理征收事宜，或委托地方行政官，或自治团体代为征收。

前项情形应经财政总长许可。

国税分厅之管辖区域，以部令定之。

第十四条　本官制自公布日施行。

附则

第十五条　国税、地方税未划分以前，除盐税、关税设有专员外，所有正税、杂税及新行各税，并从前收解京饷、赔款、洋款等项，均归国税厅征解。

〔北洋政府司法部档案〕

2．大总统公布督征经征分征官额外增收奖励条例令

（1914年1月16日）

督征、经征、分征官额外增加奖励条例，三年一月十六日，大总统教令第五十五号公布。

第一条　各省督征官、经征官、分征官于各该省原有国税，除盐、关两税外，增加额外征收，报解左列各数者，得适用本条例奖励之规定。

第二条　奖励分项如左：

一、五百万元以上者，给一等金质双鹤章，支劳绩金年

五万元；

二、四百万元以上者，给二等金质双鹤章，支劳绩金年四万元；

三、三百万元以上者，给三等金质双鹤章，支劳绩金年三万元；

四、二百万元以上者，给四等金质双鹤章，支劳绩金年二万元；

五、一百万元以上者，给五等金质双鹤章，支劳绩金年一万元；

六、五十万元以上，给一等金质单鹤章，支劳绩金年五千元；

七、四十万元以上，给二等金质单鹤章，支劳绩金年四千元；

八、三十万元以上，给三等金质单鹤章，支劳绩金年三千元；

九、二十万元以上，给四等金质单鹤章，支劳绩金年二千元；

十、十万元以上，给五等金质单鹤章，支劳绩金年一千元。

第三条　双鹤章，凡督征官增收报解之数与右列数目相符者授之，经征官减一等。

第四条　单鹤章，凡分征官增收报解之数与右列数目相符者授之。其增收六万元以上者，得授五等金质单鹤章，劳绩金减三分之一。增收三万元以上者，授五等金质单鹤章，劳绩金减三分之二。增解一万元以上者，亦授五等金质单鹤章。增解未及一万元者，记名。

第五条　凡授右列勋章者，得以双、单鹤为冠服之饰。其详则另订之。

第六条　应支劳绩金丁增解足额之次年支之。其卸任者，前后任得各按所解成数分支之，其应得勋章择成数多者授之。

第七条　凡增解右列数目只一次者，准支劳绩金三年。

第八条　凡增解右列数目继续五年以上者，准支劳绩金十年。满十年后，减半给之终其身。

第九条　凡增解右列数目为继续五年以上者，身故后有父母待养及幼子未成立者，以该员应支半数恤其父母终身及幼子至二十五岁为止。其有父母而无幼子，或有幼子而无父母者，再就该员应支半数减半给之。

第十条　凡增加数目在六百万元以上者，由财政部专案另请加奖。

第十一条　本条例自公布日施行。

〔北洋政府财政部档案〕

3．大元帅关于非经中央核准不得擅加捐税致各省区令

（1927年6月30日）

大元帅令：

国家征收各项赋税杂捐向有定章。比年以来，各省区因受军事影响，地方官吏往往任意加征，名目繁多，闾阎疲于供亿，工商日见凋残，既非体恤民艰之道，亦违国家厘定税制本意。著由财政部会商各省区，将现行一切赋税杂捐，严加综核，分别厘正，酌量裁减。嗣后非经中央核准，各省区不得擅加捐税，以恤民隐，而重法度。此令。

陆海军大元帅之印

国务总理潘复　财政总长阎泽溥

中华民国十六年六月三十日

〔北洋《政府公报》1927年7月1日第4020号〕

4．财政部公布调查委员会章程令

（1912年7月16日）

财政部部令

兹订定本部调查委员会章程，特公布之。此令。

调查委员会章程

第一条 财政部设立调查委员会，掌调查各省财政收支之旧制及现状，以为整理财政之准备。

第二条 本会设调查委员若干人，分往各省调查或留会办事。

第三条 本会设事务员二人，管理来往文牍函电事宜。

第四条 本会应调查之事务如左：

一、调查旧制；

二、调查各省财政收支之现状；

三、调查各地金融实况；

四、商订预算章程格式；

五、调查各省现行税则及筹议划分整理税项方法。

第五条 本会凡有重要事件，得商请参事秘书及各司司长会同议决。

第六条 本会凡有应行付查及调卷各事，应由各司、处派员接洽。

第七条 调查委员所有来往文件，由留处办事之调查委员呈明总、次长办理。

第八条　凡调查所得各事件，由驻会办事之调查委员随时编辑或列入图表，每星期油印成册，分送总、次长及参事、秘书、各司司长各一份。

第九条　本章所有未尽事宜随时呈明总长增订。

〔北洋政府国务院档案〕

5．财政部公布税务征收检查处简章令

（1919年1月29日）

财政部令第四十二号

兹订定税务征收检查处简章，特公布之。此令。

税务征收检查处简章

第一条　本处以检查全国赋税征收真实情形为职务。

第二条　本处设主任一员，以赋税司司长兼充，处员无定额。总、次长于各司、处职员中遴选熟于征收情形者派委兼充。

第三条　检查事务分公文检查、实地检查两项：公文检查就各征收机关呈报之文件、表册、簿据等项；实地检查由总、次长派员赴各征收机关实行检查，或由赋税司长随时呈请遴派。

第四条　检查各征收机关呈报之文件、表册、簿记等项有疑义时，应详细开单请示办理。

第五条　实地检查后，如发见征收官吏有舞弊情事，应调查明确，检同证据，呈请总、次长察核，分别惩戒。其情事重大者，呈由总、次长呈请大总统核夺。

第六条　本处各员概不另支薪俸。惟派往各征收机关实地检查时，应照章给与旅费。

第七条　本章程自核准之日实行。其办事细则另订之。

中华民国八年一月二十九日

〔北洋政府财政部档案〕

6．财政部为派各省财政视察员名单呈暨大总统批

（1912年10月22日）

为派员视察各省财政，缮具清单，恭呈钧鉴事：窃维民国初创，百端待理，而命脉所在，尤以财政为亟。学熙到任之后，目睹库储支绌，罗掘俱穷，仰屋彷徨，莫名焦灼，业将中央困难情形电陈黎副总统暨各省都督在案。伏念前清季世，财源枯窘，挪移弥补，势已不支。光复以后，军队林立，饷项倍增。故财政益形竭蹶，各省既自顾不暇，中央遂无从挹注。数月以来，政费无出，债负累累，长此以往，破产之危，即在眉睫，分裂之祸，不堪设想。学熙忝膺斯职，责无旁贷。窃以为居今日而言财政，非从调查入手，是以本部设立财政调查委员会，业经遴派专员，钩稽档案，参考时势。一面划分行政经费，厘定预算范围，原欲以通内外之消息，权彼此之盈虚也。然而闭户造车，未必出门合辙，是又非派员周历各省，切实视察不可。今拟按省各派财政视察员，分途前往，专事考察财政事宜。若奉、直、湖广、两江、闽、粤等省，事务较繁，考察不易，拟酌派两员或三员，以资助理。至甘、新、贵州等省，现尚无相当之员，俟遴选得人，续行请派。本部此次宗旨，在欲周知各省财政为难情形，而中央困苦之忱，亦可与国人共相告语，破内外隔阂之弊，收气脉共贯之功，以期各出至诚，共筹国是，税项早为区别，岁入各有常、经，政费因此划分，财政不虞牵混。际兹百度维新，将财政根本问题从速解决，则可杜外人监督之口，亦以巩固民国新奠之基，此则学熙所日夕祷祝，深愿与各省都督，戮力同心，共支危局者也。抑学熙更有

请者，财政为全国之机枢，中央尤为各省之纲领。现在各项行政常费，每月至少以四百余万元计，丝毫无著，断无常恃外债以为生活之理。此后政费应如何筹措，国税应如何督催，自当责成派出各员与各省都督切实筹拟办法。时会不常，事机易逝，若能急起直追，力求统一，财政或有转机之一日。除将财政视察员名单，另行开呈钧鉴，伏候命下，由部饬遵外，合将派员视察各省财政缘由，呈明大总统察夺批准施行。谨呈。

谨将拟派各省视察员，开列清单，恭呈钧鉴：

计开：

直隶，陆定、冒广生。河南，胡翔林。湖北，陶德琨、黄绍第。湖南，刘颂虞、叶瑞棻。江西，李盛衔、黄序鹓。安徽，陈维彦、熊正琦。江宁、江苏、江北，贾士毅、单镇、夏翊宸。福建，方兆鳌、郑礼坚。浙江，邵羲。广东，张汝翘、伍宗珏。山东，王宗基、萧应椿。山西，袁永廉。东三省，栾守纲、邓邦述。陕西，薛登道。四川，蔡镇藩、陈光弼。云南，熊范舆。广西，汪德溥。

批：据呈。阅悉。自民国成立以来，内外上下，莫不以财力困难为忧。因财政困难，而政务停滞。因政务停滞，而理财计划益无从措手。政费饷需拮据于内，洋债赔款迫于外，民国前途至日陷于危境，言念及此，忧心如焚。该总长所请周历各省，切实考察财政事宜各节，诚为当务之急，开单各员，均尚妥洽，准即派令，分途前往，并著传令各该员，须知此次派遣实为财政整理之预备，即为全国存亡之关键。务将现在各省为难之情形，中央困苦之状况，以及税项之如何区分，岁入岁出之如何确定，与各省都督、民政长剀切熟商，筹拟办法，报部汇案，呈候核夺，是为至要。此批。

〔北洋《政府公报》1912年10月12日第174号〕

7. 财政部关于国地税未划分前请通电各省仍按原章征收捐税致国务院函

(1913年2月20日)

径启者：案查上年十月间，本部曾通电各省，在国税、地方税未划分以前，凡田赋、漕粮、盐课、关税、厘捐、契税、牙税、当税，向为国家收入者，其如何革除改良，应由中央提交院议公决施行等因在案。当时发此通电，实因浙省漕粮一案，中央与地方权限未清，致生种种轇轕。嗣经本部派遣视察员分赴各省与都督等协商，厘订国税、地方税草案，遂得多数赞同，始行提交院议。现在此案尚未通过，而苏省都督复电陈省会欲提漕粮为省有，闽省亦有划一粮价，变更田赋税率之说。诚恐各省对于现行税法，有以担负不均，制度不良，亟图整理者，无论其主张若何，以省议会而议国家税项，既嫌侵越权限，且淆乱人民观听，于统一前途不无窒碍。虽经本部迭次电驳，恐终无效，长此纷争，尤非了局，应请贵院再行通电各省都督、民政长暨省议会，一体查照。本部上年通电：凡征收各项税课，在前项税法未议决以前，仍照向章办理，不得率议变更。其国家税项应如何改良之处，亦须由本部通盘筹画，全国一致进行，以清权限，而重税法。相应函致贵院查照办理可也

〔国民党政府中央盐务机构档案〕

8.财政部赋税司1913年10月份工作报告

(1913年10月) ①

十月份财政部赋税司报告

本司因总、次长于上月内到任。又因姚司长视事未久，周司长到任未久，故月内办事无甚进步。

加税免厘为总统及政府极注意之事。略察外邦舆论，尚无昌言反对之事。唯经过外交上种种讨论，进行甚为迟滞，外交部从税务司之意见，以加税免厘为一事，修改税则实行值百抽五为一事，恐加税免厘之迟滞误及修改税则。故先提议修改税则，已得法国及葡萄牙等国回答，葡甚赞成，法仅言报告本国政府而已。至关税改良委员恐难尽此责任。

国务院交下新税十余种，日下起草将次完毕，不日可提交国会。至于何时议决，国会自有全权，内中拟择无弊而易办者先行筹办，如通行税，如营业税，如宅用地税，俟国会议决，即可推行。

各省国税厅成效尚未大见，江、赣、湘、粤、皖五省为乱后，经营之地，本月中不过处长到任而已。闽、浙、川、桂、滇、黔、鄂等省，均以乱事影响，循例之报告，亦不多见。新、甘、陕、晋、奉、吉、黑亦然。最难解者河南、直隶，近在肘腋，亦尚无成绩之可言，处长叠更与他省无少异焉。要之国税厅所以不著成效者：一因国家未举统一之实。二因成立未久。三因更换大频之故也。其各省报到征收数目如左（以报部有案者为限，皆留本省支国家经费，并非解部）：

---

① 原件有年无月。据文中提到左右翼征收局下月（即十一月）初一日开办验契句，故推定为十月。

一月份

山西　四十八万一千七百六十八元九角二分五厘

二月份

山西　三十七万八千五百九十元五角六分二厘

三月份

山西　三十一万九千七百九十九元七角五分七厘

四月份

山西　三十八万六千六十四元七角八分六厘

黑龙江　二千四百八元八角七分二厘

奉天　三十二万八百七十九元六角六分二厘

五月份

山西　二十一万八千二百九十二元四角一分六厘

陕西　六万七千五百五十六元八角七分七厘

四川　九十八万八千一百十四元六角七分二厘

奉天　二十六万七千六百九十七元一角一分三厘

黑龙江　十二万六千二十九元八角一分一厘

六月份

山西　二十三万八千二百八十六元九角三分三厘

陕西　二十九万八千六百七十五元一角三分七厘

贵州　三万三百七十四元五角四分九厘

四川　五十八万七千九百七十元九角五分七厘

奉天　三十四万九千八百五十八元九角七分（三月十七日至六月底止）。

七月份

山西　一万一千四百二十二元四角七分七厘

贵州　八万六千一百三十四元九分

河南　三十九万一千五百九十二元三角五分四厘（内含盐斤

加价一万七千三百八十五元五角三分三厘）

福建　八万六百八十二元

八月份

河南　三十三万六千二百四十四元六角二分（内含盐斤加价八百二元九角五厘）。

陕西　十六万三千四十九元一角四分八厘

福建　八万四千六百十一元

九月份

江苏　十六万五千六百八十六元二角一分九厘（至二十日止）

以上总计六百三十八万一千七百九十一元九角二分七厘

田赋为中国税入主要之种类。前清设一司尚目不暇给，今本司以一科掌之尚有余晷。因革命以后，各省自行改革，并不问中央也。现在最要者为调查各省情形亦不易办到。印花税为近来之良税，创办以来，京师以三月一日实行，外省则照章以奉到印花后一月为施行之期。然商民咸多观望，而收数未甚畅旺。其故盖因习惯未立，印花税又无强制力，前于各公署收发款项内搭发印花票，不久废除。京师经警察厅饬区按户喻晓，商务总会亦加劝谕，推行已甚顺手，各省国税厅亦照章办理。自开办以来，尚有收入，特洋商未尽通用，已函外交部请其照会领袖公使暨各公使饬洋商一律贴用。江苏沪宁铁路借款合同第七款内有日后中国国家所设各类税项，如印花等税，中国商务一律概行征收者，则铁路及铁路生意亦一律征收，或当不至无效耳。兹将自开办以来，印花税票发行数目暨印花税款收入数目开列于后，以备考核。

印花税收入数目清单

五月份

邮局　二百十二元零四分

六月份

邮　局　二百九十六元八角七分
搭　放　六千二百八十五元八角三分
共计六千五百八十二元七角

七月份

邮　局　一百五十七元四角五分
搭　放　三千三百三十一元四角四分
税　务　处　十九元一角二分
北京征收局　一百九十元
共计三千六百九十八元零一分

八月份

邮　局　二十四元零六分
搭　放　四千三百四十四元二角
税务处　四千三百四十四元二角
交通部　七十九元
共计四千四百六十六元三角八分

九月份

山西国税厅　七元七角七分
搭　放　七元八角
外　交　部　一百元
杀　虎　口　十二元
交　通　部　七十九元
庶　务　科　五元三角七分
代　售　一百三十三元四角六分
共计二百六十六元四角

十月份

邮　　局　六百十三元九角六分
山西国税厅　二十五元一角二分

山东国税厅　一百九十三元四角七分

搭　放　九百六十三元六角三分

中国银行　一百六十五元九角

代　售　二百九十七元一角二分

共计二千二百五十九元二角四分

以上统计一万七千四百八十四元七角七分

契税一项为中国一大岁入。其性质近于各国之登记税，然不能直改为登记税，先将前清契税章程舍短取长，前清买契收百分之九改为百分之六，典契百分之六改为百分之三，以期隐匿偷漏可以稍除，而中央收入亦不至锐减，定为契税法草案，提交两院议决，现已通过。众议院移送参议院初读付审查矣。其余如牙帖等税，现正通电各省调查情形习惯，拟为改良之预备矣。

验契创始于川省，将前清所有旧契一律查验收取一种手数料，立意颇善，然非税法案也。部中屡议屡辍，至今年六月间，始厉行之，改其名为划一契税办法，通电各省，切实施行。兹将各省开办日期列表于后，至收数多寡尚无报告也。

各省报告验契实行日期

省别	实行日期
顺天	
直隶	十一月一日
河南	九月一日
山东	八月一日
山西	九月一日
江苏	十月一日

省别	实行日期
安徽	八月一日
江西	
福建	九月一日
浙江	九月一日
湖南	八月十五日
湖北	九月一日
广东	
广西	十一月一日
四川	
陕西	八月一日
甘肃	
新疆	十一月十一日
云南	限各县文到十日内
贵州	九月十五日
奉天	九月一日
吉林	八月一日
黑龙江	九月一日
左右翼征收局	十一月一日

由部直辖之征收局崇文门，现拟改修税则，尚未就绪。左右两翼今年方合并为一，下月初一开办验契。张家口、杀虎口如故。塞北征收局新归部辖，有文到司称，整顿之法，甚为详密。今将八、

九两月收数列左：

七月份

北京商税局　六万七千一百六十九元九角八分五厘

张家口货物局　四千八百八十四元九角六分六厘

左右翼牲税局　一万一千七百八元二角八分五厘

杀虎口货物局　六千四百三十九元六角三分

塞北税厘局

印花税　三千七百零一元零一分

八月份

北京商业局　五万五千六百五十一元二角七分五厘

张家口货物局　六千四百八十元七角九分五厘

左右翼牲税局　六千七百九十三元一角

杀虎口货税局　七千七百二十四元九角四分六厘

塞北税厘局　四百六十六元三角八分

印花税　四千九百九十一元八角四分。

九月份

北京商税局　九万二千一百三十二元八角五分

左右翼牲税局　七千六百二十七元三角一分

杀虎口货物局　一万六千二十四元一角九分四厘

塞北税厘局

印花税　二百六十六元四角

京奉铁路局通关税课　四千九百十七元（七、八、九三月并报）

各常关改归部管，现不过任命监督，其他尚无可言，将来发达，亦无可望。盖诸关虽扼全国之要道，自铁路、轮船大通，情势大变，较紧要之地，已归海关兼管，今日之常关可谓强弩之末也。海关由税务司所掌管，间有海关监督，因微末之事与本司及税务处交换公文，月来收数已报到部者如左：

海　关　税

一月份　四百四十二万五千七百三十九元五角一分五厘

二月份　三百九十万八千九百四十六元一角二分五厘

三月份　五百八十一万七千八百一十五元八分二厘

四月份　五百七十一万一千五百七十八元一角四分五厘

五月份　五百三十一万九千七百九十八元一角一分三厘

六月份　五百三十二万四千二百四十六元二角一分三厘

七月份　四百七十五万二千三百四十五元七角九分四厘

八月份　三百八十一万七千六百七十一元三角七分三厘

九月份　一百八十四万八千五百九十五元五角三厘

以上各月收数有未报到各关在外，总计尚不止此数。

常　关　税

一月份　三十二万三千六百一十元七角八分五厘

二月份　三十万九千七百七十八元一角九分七厘

三月份　五十二万五千七百一十六元二角二分三厘

四月份　二十五万三千九百五十元七角九分三厘

五月份　三十七万五千七百四十一元八角五分三厘

六月份　二十四万二千二百八十四元五角二分六厘

七月份　三十五万六千六百十七元五角一分三厘

八月份　二十三万四千三百四十五元二角七分□厘

九月份　二十万六千九百八十二元八角六分□厘

以上各月收数有未报到各关在外，总计尚不止此数。

以上报告，本司自知疏略之处甚多，但望以后国家能统一，税收能加旺，各处报告能合规程，则亦本司所幸也。

〔北洋政府财政部档案〕

9. 财政部拟订整理旧税及筹办新税所章程呈暨大总统批

（1914年2月24日）

为呈请事：窃维国家收入，以租税为要图。税制不良，征收不善，则岁计永无足用之日。今财政困难，已臻极处，自宜迅即整顿租税为根本救治之计。本部总辖税政，原有赋税司之设，现当改革之初，计划筹措，自以暂行另设机关为宜。兹拟于本部附设整理旧税收及筹办新税所，择富于经验兼通学理之员为坐办及办事员，俾策进行。今将整理旧税所及筹办新税所章程各十三条，谨呈钧鉴，伏乞批准施行，实为公便。谨呈。

批：据呈，并章程均悉。准如所拟办理。此批。

中华民国三年二月二十四日

国务总理孙宝琦

财政总长周自齐

整顿旧税所章程

第一条　本所直隶于财政部，由财政部管辖整顿旧税一切事宜。

第二条　本所设坐办一员，承财政总长之指挥、监督，总办本所一切事务。办事员若干员，书记若干员，承坐办之指挥、监督，分担本所事务，其员额由财政总长以命令定之。

第三条　各办事员事务之分配，由坐办酌定，呈由财政总长核准行之。

第四条　本所职司整顿现有各种租税。其应办事务分为左列三项：

甲、调查

调查现在税目、税章、税则及现在收入数目，调查现在及最近数年间征收各税之办事方法，调查各税相沿积弊及税收赢仄之原因。

乙、计划

厘订税目、税章、税则，改正征收官吏之办事方法，厘定征收用各种簿记收据，筹定杜绝征收官吏不正行为之法，改良稽核税源之法，筹定扩充税源之法。

丙、实行

与各省财政长官协定实施改正之税章税则，解决临时发生关于收税之各种窒碍,考核收数之比较,定时或临时调查各省督征、经征、分征各官之勤惰，核定各省督征、经征、分征各官之考成。

第五条　执行第四条各种职务时，仍应会同本部主管局、司办理。惟其责任，仍由本所负之。

第六条　为执行第四条之职务，随时得派员分赴各省办理。其员额及期限由坐办禀承财政总长定之。

第七条　其有事关重要者，坐办认为应开会议讨论时，可定期由财政总长开本所全体或一部分之会议议决行之。

第八条　本所开全体会议时，由财政总长为议长，财政总长因事不能到会，得由议长派坐办代理之，开一部分之会议时，由坐办为议长。

第九条　本所开全体或一部分之会议时，主管局、司之关系员司，均应一律列席。

第十条　本所办事员应将经办各事每月报告一次，呈由坐办转呈财政总长查核。坐办亦应将所办各事每月呈报财政总长，由财政总长汇总核阅后转呈大总统鉴核。

第十一条　本所员司每六个月由财政总长甄别一次。其成绩良好及办理加增租税收入确有数目可稽者，坐办准经征官，办事员准分征官之例，比照奖励条例，由财政总长呈请大总统核奖。如成绩良好，关于该项曾经整理之租税，将来有加收之望，而现在尚难得有确数，或竟无数目可稽者，由财政总长存记，俟将来得有加收之确数时，再行汇总呈请核奖。

第十二条　本所员司每届六个月甄别，无成绩可考办事不力者，应由坐办呈由财政部查实惩处。

第十三条　本章程自批准之日施行。

筹办新税所章程

第一条　本所直隶于财政部，由财政总长管辖筹办新税一切事宜。

第二条　本所设坐办一员，承财政总长之指挥、监督，总办本所一切事务。办事员若干员，书记若干员，承坐办之指挥、监督，分担本所事务。其员额由财政总长以命令定之。

第三条　各办事员事务之分配，由坐办酌定，呈由财政总长核准行之。

第四条　本所职司筹办各种新税，其所办事项分为三项：

甲、调查

调查各种课税物件，调查将来征收之难易及收费之多寡，调查各处经济状况，调查课税后经济及社会上之各种关系，调查已办之新税现状。

乙、计划

规定税目、税章、总则，规划各省施行之先后，预计收入之多寡，划分各种租税区域，规定征收之手续，订定征收用各种簿记收据。

丙、实行

与各省财政长官协定税则、税章之实施，解决临时发生关于收税之各种窒碍，复核各省所拟施行细则，考核各省收数之比较，调查各省督征官、分征官之勤惰。

第五条　执行第四条各种职务时，仍应会同本部主管局、司办理。惟其责任，仍由本所负之。

第六条　为执行第四条之职务，随时得派员分赴各省办理。其员额及期限由坐办禀承财政总长定之。

第七条　其有事关重要者，坐办认为应开会议讨论时，可定期呈由财政总长开本所全体或一部分之会议议决行之。

第八条　本所开全体会议时，由财政总长为议长，财政总长因事不能到会，得由议长派坐办代理之，开一部分之会议时，由坐办为议长。

第九条　本所开全体或一部分之会议时，主管局、司之关系员、司，均应一律列席。

第十条　本所办事员应将经办各事每月报告一次，呈由坐办转呈财政总长查核，坐办亦应将所办各事每月呈报财政总长，由财政总长汇总核阅后转呈大总统鉴核。

第十一条　本所员、司、每六个月由财政总长甄别一次。其成绩良好及办理新增租税收入确有数目可稽者，坐办准经征官，办事员准分征官之例，比照奖励条例，由财政总长呈请大总统核奖。如成绩良好，关于该项租税将来有增收之望而现在尚难得有确数，或竟无数目可稽者，由财政总长存记，俟将来得有增收之确数时，再行汇总呈请核奖。

第十二条　本所员、司，每届六个月甄别，无成绩可考而办事不力者，应由坐办呈财政总长查实惩处。

第十三条　本章程自批准之日施行。

〔北洋《政府公报》1914年2月26日第648号〕

10. 财政部奉准取消国地税名目咨

(1914年6月7日)

财政部为咨行事：本部具呈请取销国税、地方税名目一案，奉大总统批令：准如所拟办理，即由该部通行遵照。等因。奉此。相应抄稿备文咨会贵部，请烦查照可也。再，前据黑龙江民政长呈停办自治，查报收入一案，曾经本部会同贵部核复，拟具令稿，尚未行知。现既将国税、地方税统收统支，前次令稿自不适用，应请取销。除咨行教育部查照外，相应咨请贵部查照可也。此咨内务部

计抄原呈

财政总长周自齐

财政总长周，谨呈。

呈为取销国税、地方税名目，以便支配，而利进行，仰祈鉴核事：窃维现在财政万绌，外债日多，险象百出，非将全国收入通盘筹画，综核盈虚，另定支配，则财政无挽救之方，国家有破产之厄。上年本部划分国税、地方税，原取分配出入，期于交济。乃行之一年，未收实效，实由我国情形与各国不同。各国人民纳税本重，而人民又皆知急于公益，地方税之多，出于习惯之自然。我国收入向以供军国之用为大宗，民间社会自收自支者，向无多数，而收法则亦未完全，耗国病民，上下交损。查各省所划地方税，有将田赋等正项拨入者，如因附加税不得过百分之三十分，竟将地丁、正耗及平余等合计作百三十分，而以三十分划入地方。有将向列奏销之数拨入者，如畜税等，前清会典皆列有收数，每年均办奏销，现乃划归地方之类是也。有将向供赔款之项拨入者，如陕西之加复差徭，四川之肉厘等类是也。当国用日增之际，而

向供军国之用者反少于前，无惑乎财政困难日甚一日，而地方税划分之后，所办自治、学堂、实业等，亦徒有其名，多归中饱，应请将国税、地方税名目取销。凡现在此两类收入均应解交各省主管财政官署，审度缓急，酌量支配。果系有益地方之举，亦自不令停辍，总以财政可裕，国基可固为主。所有取销国税、地方税名目，以便支配，而利进行缘由，是否有当，理合呈请大总统钧鉴，训示施行。谨呈。

〔北洋政府内务部档案〕

11．财政部为筹设杂税督理处酌拟章程呈暨大总统改为杂税整理处批

（1914年10月27日）

为本部筹设杂税督理处，酌拟章程，并选派总办，仰祈鉴核事：窃维民国成立，百政繁兴，裕财之方，新税固赖推行，而旧税仍须整理。惟整理旧税，尤宜择其大者，要者，次第以施。查烟酒本为奢侈之品，销途既广，集税较易。各省契税，本为岁入大宗。西北一带，牲畜向征巨税，只以税率纷歧，章制不一。故整顿颇有为难，兼之办事机关，各省互异，权限不清，虽迭经本部督促改良，进行仍觉迟缓。兹拟在部附设杂税督理处，以为统率之总枢，各省则于财政厅附设分处，酌派坐办，以期指臂相承，事权归一，于整理前，列各项税务，裨益良多。兹查山东财政厅长曲卓新，熟习税务，强毅有为，以之派充杂税督理处总办，实堪胜任，如蒙允准，即由本部转饬该总办，从速组织，以利进行。除章程另单开列外，所有筹设杂税督理处，酌拟章程，并选派总办缘由，是否有当，理合呈明大总统鉴核，批示遵行。谨呈。

批令：呈悉。督理名目，前经通令改正。所有该部拟设之杂

税督理处，应改为杂税整理处。至遴员派充总办，已有令照准。余均如拟办理。章程存。此批。

中华民国三年十月二十七日

国务卿徐世昌

谨将杂税督理处章程录呈钧鉴。

第一条　财政部内附设杂税督理处，掌督催办理左列各项税务事宜：

一、烟税；二、酒税；三、契税；四、牲畜税。

第二条　杂税督理处设总办一员，由财政总长遴员派充，并呈明大总统备案。

第三条　杂税督理处总办，承财政长官之命管理全处事宜。

第四条　杂税督理处设办事员分科办事，并得雇用书记员。其员额由总办详明财政长官核定。

第五条　各省得于财政厅内附设杂税督理分处，由财政厅长详请巡按使遴员派充坐办，仍由财政厅长总司其事。

第六条　财政厅长如查有熟悉各省税务人员，得呈明大总统发往该省委充坐办。

第七条　第一条所列各项税务，应如何改良征收，统由杂税督理处妥拟办法，详由财政总长呈候大总统核定。

第八条　本章程自大总统批准之日施行。

〔北洋《政府公报》1914年10月30日第893号〕

12．财政部请饬属催征烟酒印花验契等税致各省巡按使财政厅电

（1915年4月23日）

国家财政，中央计划，全赖外省实力奉行。譬如人身，四肢

不灵，安能健壮。本署总长，前道经苏省，印花税全未认真办理，即以江宁省会言，商户奉行者绝少，询之店家，并不识印花为何物者，一切收单，全未粘贴。省城如此，外县可知。一事如此，他事可知。苏省已然，他省恐亦不免。方今国势艰危，外债逼迫，推行新税，整理旧税，端赖各省厅长，振刷精神，力图进步。凡验契、税契、烟酒、印花、公债五项大宗为最要首，宜聚精会神，一致进行。对于商民，宜多方晓谕，派人分投劝导。对于征收官吏，宜时常派人密查、督催。至牌照、牙、当等税，亦是普通应办之事，并即核实稽征。其他各落地、牲畜、斗捐、茶、糖、油、屠宰、邮件、包裹等项，宜体察地方情形，拣定能办者，亦即着手举办。如实有窒碍者，可分别先后次第施行。总之，凡事持以决心，行以毅力，方克有效。若畏难苟安，狃于故常，则税收永无起色之日。要知操切，固恐殃民，因循亦实误国，尚望同心努力，共济艰难。自今日始，三个月后，果能税收大裕，定必从优褒奖。其疲玩不力者，惟有严行参办。望贵使分别电饬，赶速进行，实纫公谊。

即分别电饬各县知县及各征收机关，克日懔遵办理，勿得玩视。切切。财政部。漾。

〔国民党政府主计部档案〕

13. 财政部进款综核处奉准拟订简章先行试办付

（1915年6月12日）

东字第2734号　泉付第656号

进款综核处为移付事：本月七日奉部饬：由赋税、会计、库藏三司组织进款综核处，派于焌年为主任，并由三司各指定一、二员会同办理，专司考核各省应解中央各款，按照核定之数，先期勤事督催。届时严予计较，每旬开报，月终总结。等因。奉此。本处业于八日开始组织，所有办事简章，并经呈奉总、次长批：先行试办，相应付送一份，即希贵司查照办理可也。此付
泉币司

附简章一份

民国四年六月十二日

附简章

第一条　本处遵照部饬，会同赋税、会计、库藏三司，专司考核各省应解中央款项事宜。所有应办事务列左：

（一）关于解款之登记事项；

（二）关于解款之督催事项；

（三）关于解款之稽核事项；

（四）关于解款之报告事项。

第二条　本处设主任一人，承总、次长之命，会商赋税、会计、库藏三司司长办理本处一切事务。

第三条　本处设兼任员，无定额，帮同办理本处事务，由赋税、会计、库藏三司司长各于本司指定二、三人，经本处详请总、次长批准兼任，即于兼任员中，由主任商同司长指定数人专司文牍登记及文件收发事宜。

第四条　凡关于各省解款文电到部，先由秘书室分交本处登记后，再分各司核办。

第五条　凡关于解款稿件，仍由三司办理，送由本处会画，于发行后，抄送本处备案。本处对于京内外各机关应行文件，不得单独拟稿，以免两歧。

第六条　本处主任及专司本处事务之兼任员对于应办事项，应各负完全责任。

第七条　本处就范围内应办事宜办理，不得侵越权限。

第八条　各司处对于本处商办之事，应不分畛域协力进行。

第九条　本处主任及兼任各员，皆不得另支薪费。

第十条　本简章由总、次长批准之日实行，如有应行增减修改之处，得随时修正。

〔北洋政府财政部档案〕

14. 税务处为财政部设立检查征收机关拟订简章及派员分赴各省检查饬

（1915年10月12日）

税务处饬

为饬知事：财政部设立检查征收机关委员会一事，前经本处抄录原呈、简章通饬各关监督遵照。兹准该部咨开：查本会简章亟应派员分赴各省实地检查，以符本部整顿税收之本意。兹拟定直隶、山东、福建、浙江为一路，派委韩耀曾、陈廷铭前往。山西、陕西为一路，派委陈涛、胡承谏前往。河南、湖北、湖南为一路，派委刘侃、赵诒书前往。江苏、江西、安徽为一路，派委张赞巽、严端前往。检查各该省厘金、关税事宜。除分别咨饬外，咨行查照，饬知各该省海关监督，俟该员到省，妥为接洽等因前来。除分饬各该关监督遵照外，相应抄录原呈、简章饬知总税务司转饬各该关税务司遵照，一俟该员抵境时，接洽一切可也。此饬。

中华民国四年十月十二日

（附：原呈、简章）

呈为拟订检查征收机关委员会简章，恭呈钧鉴事：窃查各省征收赋税，自经本部叠次整顿，虽已日有起色。惟各省征税情形至为复杂，所有征收人员，其能洁己奉公者，固不乏人，而营私舞弊者，亦时所难免。从前察吏方法多在于各员牟利侵渔，被人举发以后，始行派员澈查。故贪墨未必尽惩，而税入先已受损，与其补救于事后，不若防范于事前。惟现在税法纷歧，各项员役，依其习惯，因缘为奸，弊之所在，情状万殊，非富有经验之员，不能穷其底蕴。兹拟由本部设立检查征收机关委员会，选派熟谙税务人员就事考察，随时分赴各征收机关实地检查。庶几风声所树，各征收官吏耳目一新，群知戒惧。其有贪庸不【称】职之员，即可依查出之实据，严加惩治，以儆效尤，徐图根本改良之法，而于目前之税收，似亦稍有裨益。谨拟订简章八条，缮单恭呈鉴核，如蒙允准，即由部遵照办理，以资进行。所有本部拟设检查征收机关委员会，并拟订简章各缘由，是否有当，理合呈请大总统钧鉴训示遵行。谨呈。

财政部检查征收机关委员会简章

一、本会特设于财政部内，以检查全国征收机关，洞悉税收真确情形为职务。

二、委员分常设及临时两项，由财政部在本部及他部院中选派熟悉征收人员组织之。其临时委员事竣，即销。

三、委员长以财政总长兼充之。

四、各委员得随时派赴各征收机关实地检查。其出发时由财政部给予部饬或护照，先以公文通知各省长官，并饬知各该征收机关一律查照。

五、各委员实地检查后，如发见征收官吏有营私舞弊情事，应报告于委员长分别惩戒。其事情重大者，应由委员长呈请大总统核夺。

六、实地检查方法，应俟本会成立后，各委员共同筹议，由委员长决定办理。

七、本会各员，凡系兼差，概不另支薪水。惟遇出发时，应照章给与旅费。

八、本章程以呈奉大总统批准之日施行。其办事细则另定之。

〔国民政府关务署重庆关档案〕

（二）田　　赋

1. 财政部为速筹整理田赋办法致各省都督等电

（1912年11月1日）

各省都督、民政长鉴：财政困难情形及整理要义，本部冬电暨国务院阳电前已缕晰叙述，谅均邀鉴。查全国收入大宗，以田赋、关税、盐课为最巨，而丁、漕两项尤为全国直接普及之税源，中央、地方行政悉赖为经常之供给。乃自光复以来，各省田赋征收，据报多未能如额。推原其故，或地方藉故截留，或官吏措不报解，甚至不因灾荒，竟言蠲免，藐玩法令，抗不遵完，积种种之原因，成滔滔之现状。现值下忙开征之际，若不速筹整顿，明定考成，再一因循，愈难收拾。本部以为整理田赋，惟慎择良吏，为正本探原之计，苟地方官吏得人，必可立收大效，况此项税源果已征收如额，不独行政经费可无竭蹶之虞，并可腾出他项收入，凑还赔款、债款。民国建设已将匝岁，似此最正当最整齐之收入，犹未能回复原状，其他财政机关必更紊乱，外人疑虑益复丛生，前债既失信用，后借必更要挟。年内为日无多，核计到期债款将达一万万元，若不急起自图，破产之危，即在眉睫。中央与各省谊同一体，疼痒相关，际此存亡一发之秋，心所谓危，何忍再事缄默。诸公皆手造民国之人，毅力热诚，夙所钦佩，荩筹所及，谅必不谋而合。尚祈查照阳电，于慎选良吏一端，更加注意，并严立征解期限，以定官吏考成。称事者优予奖励，溺职者立予撤惩，官方既肃，则弊习自除，正课不亏，则国信自立，此后整理一切财政，亦有轨辙可寻。扶颠救危，端在此举，敬陈愚虑，惟祈省察，并希将办理情形示复为祷。财政部。

〔国民党政府主计部档案〕

2. 财政部规复田赋旧额令

（1914年4月6日）

查前清各省征收钱粮多不足额，光绪中叶实征之数仅及七成。逮至季年，因洋赔摊款日益增加，各省每于正赋之外，附加若干，以为挹注，而于正额仍复多亏。民国成立以后，各省征收情形虽有变更，究多由旧。乃本部据各省国税厅所呈月报，核与前清收数，短绌更多。际此国计极艰，正额正供岂容再缺。为此，通令各省民政长、国税厅迅将该省应征田赋，查照前清旧额及向未完足成数，切实考核。其向完十成，而现在征不足额者，责令该县速筹复额。其向完不及十成者，责令该县于本年内，照旧收成数之外，多收一、二成，以能设法征至足额为止。此仅于正额内取盈，并非于旧章外多索。今日人民均知爱国，但使官吏实心劝督，亦决不至有意抗违。惟欲课事功，端资赏罚。前清考核钱粮功过之法已经废弃，各省报部所定考成之法亦复参差。当由本部参酌新旧法规，拟定划一章程，另行颁布。但现在关于此案，有两条办法必须相辅而行：一则将各县民国二年实征之数，与宣统二年实征之数及前清额征之数比较，盈绌若何，逐县列一简表，限一月内报部；一则计算征收官吏之考成，应将每县本年额征田赋之数，按上下忙开征之日起，至停征之日止，计日匀摊核算。使官吏在任一日，即有一日之考成，再辅之以计分数、计银数之法，庶更周密。至功过如何规定，除已有定章省分暂行仍旧外，其余各省亦先自定一暂行章程，以资考核，并报部备案。此皆因财政困难，至今已极，新税既尚待推行，外债亦无从再借。

如不将旧有大宗款项切实清厘，更何恃以立国。各民政长、国税厅本与中央同其休戚，必能善体此意，妥事施行，即将遵办情形迅速报部，并严饬所属各县，勿得因办理此事，藉端滋扰，致受重惩，是为至要。切切。此令。

〔国民党政府主计部档案〕

3. 政事堂为由财政部转请各省酌情缓办清丈片

(1915年4月5日)

政事堂交片第三十五号

交财政总长。本日国务卿奉谕，清理田赋，自是理财大经。惟办理未尽得宜，适足以扰民敛怨。去岁河南、福建、奉天、吉林等省，先后呈请办清丈事宜。嗣以河南办理，诸多弊窦，饬令缓办。其他办理清赋地方，每因从事丈量时，致聚众滋事。现在民生日迫，水旱频仍，深用轸念，若再纷扰，适滋隐患。除向办清赋、清丈之奉、吉、黑等省，并关于官产等项应仍照旧办理外，其余各省应由财政部转行现办清丈省分，体察情形，酌量从缓办理，以恤民艰等因。此交。

中华民国五年四月五日

〔北洋政府主计部档案〕

4. 大总统关于各省暂缓清丈及清查田亩申令

（1916年5月24日）

大总统申令

前以中国田赋不均，久多弊累，明令设全国经界局，于京师办理清丈，以资整顿。复由部呈拟调查田亩整顿赋额办法八条，先从近畿各地试办，以次推及各省，原不欲以利民之政转为厉民，嗣据河南官绅呈称，办理诸多弊窦，曾饬令缓办。其他各省举办清赋，地方间有因从事丈量，滋生事端，亦交令转行该省体察情形，酌量缓办。现在各处民生雕边，水旱洊臻，兵燹纷乘，闾阎重困，方拊循休养之不暇，若再于原安里井之从，因此举而稍有扰动，其何以保固邦本，康乂庶民。本大总统每一念及，为之寝馈不安，惄焉如捣。着内务、财政两部，即将近畿清丈及清查田亩各事宜暂行停止，各省有奉前令举办清丈、清厘田赋者，亦着一律从缓办理，并各转饬所属官吏，撰示宣布，以安人心，仍将遵办情形，详晰具复，用副中央体恤民艰之至意。此令。

中华民国五年五月二十四日

国 务 卿 段祺瑞

内务总长 王揖唐

财政总长 周自齐

〔国民党政府主计部档案〕

5. 晏才杰①：整理田赋理由书

(1915年) ②

窃案我国财政向以田赋为收入大宗，而制度之复杂，亦以田赋为最甚。在人民，则负担极不公平；在国家，则租税极不正确。盖自宋、明废隋、唐计口授田之制，而采用秦、汉之土地民有制度，阶级究未尽。除明代之皇庄及王公、勋戚等庄田皆不纳赋。其卫所军屯田地科征之等则，又与民田殊。一县之中，民田有民田之上、中、下则，屯田有屯田之上、中、下则，即同属民田复有优免、行差、寄庄之分，系以田主之身分定则，非专以壤地之肥硗定则。前清入关，民田之赋率沿明旧。其皇庄及王公、勋戚庄田，虽皆一律升科，卫所军屯田地，亦归并州县征收。然所定等则，各视当日特殊之情势，以为变通，往往轻重悬远。即如直隶一省，亩征银不及一厘者有之，亩征银多至七钱二分有奇者亦有之，而旗圈地亩，又成为特种情形。故清初赋役全书所规定，但可为国家征赋之标准，未可视为平均人民负担之标准。此因原先阶级之制，而不公平、不正确者一也。古者征米、麦、丝、绢等实物，明乃逐渐折银。维时银贵物贱，率米、麦一石折银二钱五分。清初之由本色改征折色者，亦系以此计算。嗣后米、麦每石折银一两，或一两有奇各不等，近则有每石折银四元至四元以上者矣。以银四元与银二钱五分较，其无形之加重十倍有余。此因改折之时代不同，而不公平、不正确者二也。旧制五尺为步，二百四十步为亩，每亩凡六千方尺。然各省田地多有小地、大地

---

① 晏才杰时为财政部佥事。

② 原件无日期。据文中载，"中央设立全国田赋总事务署"句，推定为1915年间。

之分，又有小地若干亩，折合大地一亩暨中地、下地若干亩，折合上地一亩者。难遽以亩征银、粮若干，断定其负担国税之轻重。余如东三省之以垧计、日计，云南夷之以段计者，复更仆难数。顷亩之多少，且无从知，更何自考定其税率。此因顷亩之制不定，而不公平、不正确者三也。前清承有明凋敝之后，定招民开垦之例。令自首报，并未将全国地亩实行清丈。故私垦无粮黑地，隐匿不报者，无省无之。咸、同之际，兵燹累年，额粮多从豁免。自光迄宣，民渐安居，土地亦日垦辟。而实征之数，不能恢复原额之数者，则以粮田之荒而复垦者，未及清查也。迩岁输课粮田负担日重，其无粮田地，则对于国家并无丝毫之负担，律以国民租税义务之旨，殊为未合。此因历年来兵乱之关系，而不公平、不正确者四也。地形之变易，古今不同，古以有水利而为上田者，今或水涸而为下田。古以被水淹而为下田者，今或水退而为上田。且因交通之关系，物价与为变迁，地价亦与为变迁。其上地得从轻征，而下地反课重赋者，几在在皆是。此因陵谷改变通塞判殊，而不公平、不正确者五也。有以上五种原因，故以中国之土地广博，国家之赋入依然短绌，而人民中之一小部分，又往往困于重征。对民为不仁，于法为疏漏，而在国家财政则为受重大之损失。今欲去此数弊，上裕国，而下利民，非从根本上切实整理不可。顾兹事体大，宜力求其不扰民居，而于民生有裨，不耗国帑，而于国课可增，自必扼要以图，而又行之以渐，庶乎经野远模，后效可期。查日本之改正地租，约分为三时期，其第二时期实当明治六、七年间，维时办法系由内务、大藏两省设立改正地租事务局，掌管其事。注重于经界之厘正，土地所有之处分，漏税地之处分，寺庙地之处分四端。其着手伊始，在于集各地方长、次官会议，于大藏省决定检地之方法。第一为清查丈量之事，先由人民分乡、分村自行实测，制为图表呈报，然后官吏加以复查。第二为尺度段亩之更正，其每步若干尺，每段每亩若干步，向之参差不齐者，至是始折衷之，俾归一律。二者既定，夫而后以地位之等级，定赋课之等则，皆有一定根据。而第三期之修正地价，增征地租，自能迎刃而解。今我国正当改造之初，其国度大，类日本明治初元。日本第二时期之办法，于我国实为相宜。爰拟整理田赋办法，先从清丈入手，其顷亩广袤，悉以每亩二百四十方步为准。各视其土壤之肥瘠，耕耘之难易，运输之便否及水旱有无损失，而酌定为若干则。凡各县清丈事宜，由县知事委员领之，并由省区长官委任该县公正士绅，按照部颁各项图表、单册程式，帮同办理，以期彼此耳目之亲切，而免宋、元方田之扰累。中央设立全国经界总事务署，由内务、财政两部领之，以便综全国田赋情形，为大量之观察，而立日后修改科则、平均负担之标准。果如此进行，田额既确，粮额亦清，赋目易于归并，赋则无难平均，于人民既可免重征之苦，于国课亦可望有巨额之增。或谓全国同时清丈，需费浩大。当此国库枯竭，支出繁多之时，何从筹此巨款。即令勉强开办，恐不免半途中止，徒使国与民两受其敝，不知现拟办法，系由人民自行清丈，中央但从而监督之，检察之而已。以本地之人清丈本地顷亩，其动支款项者率系本地之人，自无难就地筹款。且情形既熟，薪资尽可从轻，本地之负担亦不甚重。其县顷亩多者，殷富必多款，即无妨多筹。顷亩少者，需费亦少，款自可以少筹。伸缩之力甚富，反抗决无由生。国家虽有时派员检查，所费有限。而各县呈报既齐之后，中央从事于改订科则，必已大有把握。财政学原则，所谓以最少之劳费，收最大之效果者，计无有便于此矣。兹拟订整理田赋办法大纲十八条，全国经界事务署暂行编制十二条，各省经界事务行署暂行章程十条，各县经界事务处暂行章程十四条，整理全国经界经费概算及概算统计表八表，田地每步及每亩、每丘面积图式三纸，丈量及方格网图式二纸，田地呈报单及田单格式四纸，田地清册格式一纸。是否可行，谨候钧鉴。

谨拟整理田赋办法大纲十八条，缮呈钧鉴：

一、中央设立整理全国田赋总事务署，由财政部会同内务部督办其事。其事务署之编制另定之。

一、各省区各设立整理田赋事务行署，由该省区地方长官暨财政厅长领之，并委任该省区素有声望之公正士绅若干人合同办理。

各县各设立整理田赋事务处，由该县知事领之。并委任该县素有声望之公正士绅若干人会同办理。

一、凡各省区所辖各县，整理田赋进行之次序，首先清查，继以丈量。其清查丈量条例另定之。

一、凡清查测丈各省区，得同时并举。但每省区须先从首县及距会垣较近之县着手，俟首县及距会垣较近之县办理有绪，乃以次推及各县。

一、凡各县举行清查丈量时，应各就该县原有区域，划定为若干区。每区之中得再分为若干小区，皆仍沿用固有之名称（如某乡、某团、某集、某堡、某村、某里之类）。

一、凡各县所辖区域中，若有他县寄庄地亩时(即插花地)，应由该地亩坐落之区域清查丈量。

一、凡各县所辖区域中，若有旗圈地亩时应一律清查丈量。其应否分别升科，另案办理。

一、凡各省区已经清查丈量之县，除夹荒、私种、无粮黑地应即分别升科外。其向征银粮地亩，无论额征轻重若何，应俟该全省区清查丈量完毕后，始行酌改科则。其修改科则条例另定之。

一、凡各省区各县未垦荒地，应测丈地段广袤，并验明沃瘠情形，专案呈报。

一、凡无粮黑地，有在清查时能自投首者，以前概不追究。但责成该田主，自清查之本年起，按照该地方科征等则纳赋。其有意存蒙混，事后查出者，应将上十年欠赋追缴入官。若仍藉词反抗，即将该产提充国有。

一、凡各县所辖区域，于清查丈量完毕，报告到该县事务处时，该县事务处应分别复查。

凡各省区所辖各县，于清查丈量完毕，报告到该省区事务行署时，该省区事务行署应分别复查。

一、凡各省区事务行署，或各县事务处实地复查时，若与表册报告对照，每亩相差不过三十分之一者，（每亩二百四十方步，三十分之一即系八方步，谓相差在两方丈内外。）得免驳斥。

其市埠旁近，（指大商埠、大市镇而言）地价昂贵处所，若与表册报告对照，每亩相差不过六十分之一者，（即系四方步，谓相差在一方丈内外。）得免驳斥。

一、凡各县表册报告，一份呈该省区事务行署，一份转赍中央总事务署，一份存县。

一、凡各省区事务行署，接到各县表册报告后，应即汇总造具简明表册，并就各县情形加以说明，连同各县详请转赍之表册，呈送中央总事务署核办。

一、中央总事务署，收到各省区并各县表册报告时，应派员分赴各省区实地视察，以验明其壤地肥硗、岁获丰歉、物值贵贱之大较，而立改订科则之标准。

一、修改科则时，其向以垧计或以段计、石计者，自后皆应按亩分则科征。

一、中央总事务署暨各省事务行署，并各县事务处之经费，应列入预算作正开销。

其清查丈量所需经费，得由各省区按照该地方田赋情形，就正粮正银原额酌量抽收，但须经中央总事务署核准。其抽收整理经费暂行条例，另定之。

各省区抽收整理田赋经费，若有不敷时，得在他项税收酌筹拨济，但须经财政部核准。

一、全国清查丈量完毕时，应将各省区经历情形，并改良方法，公布于全国。

〔北洋政府财政部档案〕

6．财政部编：《1912—1918年各省区田赋情形汇编》稿

（1919年8月）

田赋

田赋一项，向为国家收入大宗，其制度之复杂，亦莫此为甚。揭要言之，在于名目之互岐，顷亩大小、科则轻重之相去悬远，与夫本色、折色之不划一，征收机关之不整顿，征收法规之不完备而已。民国成立以来，政府力图整理，已将田赋名称括以地丁、漕粮、租课三种。其征收机关，则县知事公署设总柜为总机关，四乡分设分柜，以科员或左理员董之，为分机关。从前胥役把持之弊渐次剔除，并通令各省区完纳丁课，概以银元计算，漕粮、兵米亦次第改征折色。惟陕西、甘肃、新疆及湖北等省，因有特别情形，现在间征本色，或仍征钱。至关于整理田赋法例，在中央则有征收田赋考成条例及勘报灾歉条例、调查田亩办法大纲。在各省区则有编审户粮、推收过割、滞纳处分等单行章程。关于清丈、清查事宜，已于民国三、四年间次第筹办。嗣因受时局之影响，奉令暂行停止。余如丈放官产、黑地升科仍由部令

饬各省区认真办理。黑龙江全省及江苏之宝山、昆山、南通等县，清丈亦仍照旧进行。广西清赋办法则以收益为标准，成绩均尚优美。热河、察哈尔、绥远蒙荒地田，清季即办理垦务，迨民国改设为特别区，陆续呈报升科。其奉、吉、黑三省及新疆，近年升科地亩尤为不少。察哈尔近复设置清赋处，从事清理。此中国近数年来整理田赋之大概情形也。据最近各省区报告财政厅按月造报省库现金收入计算书，内列四年份收数，除四川、奉天未据呈报外，共计七千一百七十二万零六百九十元七角八分；五年份收数，除广西、四川、绥远未据呈报外，共计七千三百七十三万五千五百三十一元；六年份收数，除湖南、四川、广东、广西、云南、绥远、川边各省区未报外，共七千二百五十九万余元；七年份收数，除安徽、湖南、福建、新疆、广东、广西、云南、贵州、四川、绥远、川边各省区未报外，共计五千九百三十七万余元；八年度田赋预算：计经常门八千六百八十四万五千三百八十八元，临时门三百七十万零三千三百九十九元，通共九千零五十四万八千七百八十七元。此中国田赋最近收入数之大概情形也。兹将各省区田赋最近状况逐项分述于左：

（一）民国元年以来各省区丁地改征银元情形

查前清旧制，地丁银以两、钱、分、厘计，漕粮、兵米以石、斗、升合计，草则以束计。顾名为征银，而折收钱文，或银钱并征，多少各不等。名为征粮征草，而折收银钱，或实收粮石草束，多少亦各不等。纷纭错杂，莫可究诘，胥吏恣为中饱，而国与民交受其病。改革以来，本部为整顿征收起见，已于元年通令各省，完纳丁课概以银元计算。各省漕米等项亦次第筹议改良方法，江浙两省首先改征折色，嗣各省亦次第改折。惟甘肃、新疆、川边等省区，因有特别情形，犹间征本色粮草。查地丁及租课改征银元数目，计京兆、直隶两省区地丁，统按正额，每两改征银元二元三角；八项旗租及各项杂租、河淤租统按正额，每两改征二元。山东省地丁及并卫地丁，每两正耗并计折征二元二角，租课亦随同地丁，每两折征二元二角。河南省丁地银，每两改征二元二角，小粮改征二元。山西省地丁正银，每两折征二元三角。江苏省地丁等银，每两折征一元八角。安徽省地丁、租课及赔款加捐等项，均按钱一千文征洋八角（银每两原系折钱若干未详）。江西省地丁及兵折、湖课、河课、渔课、芦课、新升课，并屯粮、丁银，每两折征二元二角，兵加每两折征二元，山钞税、鱼油税、商税、贾税、落地税、官山租、藕息，每两折征一元八角，官租、地租、救租每两折征一元七角，濠租惟永修一县系按二元折征，其余各县均按一元七角折征。湖租则南昌县每两折征一元七角，德安县每两折征一元八角。福建省地丁每两改征二元一角，其向征不及二元一角，各县均仍照旧。浙江省地丁银每两折价不同，平均约每两折征二元五角左右。四川省地丁正耗及租课向征库平银一两者折征一元六角。云南省地丁正杂及租课银，每两折征一元五角。贵州省地丁暨田租，按库平银每两折征一元五角。（此系据该省征收租税平色简章，又查该省征收地丁、秋粮科则一览表，地丁正银每两折合银元一元三角八分八厘至五元五角四分九厘各不等。）热河地丁、租课银每两折合一元七角。此京兆等十四省区丁课改征银元之情形也。又查米石改征银元数目，计京兆、直隶二省区屯粮统按正额每两改征二元三角。直隶之宣化等十县向征本色，屯粮悉改折色，每米一石折征银二两一钱，每豆一石折征银一两八钱，每谷一石折征银一两五分，仍照粮租改征银元新章，每银一两改征银元二元三角。山东省漕粮，每石正耗并计折征六元。河南省漕粮每石改征五元。山西省米豆改征折色，分甲、乙两等。甲等县（阳曲等二十九县）每米一石折征四元，豆一石折征二元四角。乙等县（岢岚等三十三县）每米一石折征三元，豆一石折征一元八角。江苏省漕粮，每石折征五元。安徽省漕折及赔款加捐等项，均按钱一千文征洋八角（米每石原系折钱若干未详）。江西省米折，每石折征二元九角。福建省粮米每石改征四元三角，其向征不及四元三角，各县均仍照旧。浙江省漕南抵补金，每石折征四元（查元、二两年每石折征三元，三年份起改征五元，五年电准每石减免一元，共征四元。）。其租课内玉环租谷每石折征九角九分，乐清升米每石折征五元，温岭租谷及南田升亩未竣，租谷每石折征一元一角。云南省秋粮正杂银，每两折征一元五角。又贵州省秋粮每石折合银元九角一分六厘至六元三角六分一厘各不等。（据该省征收地丁、秋粮科则一览表，八寨县系每石折合银元九角一分六厘，大塘县系每石折合银元六元三角六分一厘。）此京兆等十二省区米石改征银元之情形也。余如湖南省，则将地丁、屯漕、南折、秋米、采买等项并计，凡有漕粮之县，每额征地丁正银一两，收长平银二两四钱，即折收银元三元六角。有秋米或采买之县，每额征地丁正银一两，收长平银二两二钱，即收银元三元三角。无漕粮亦无秋米采买之县，每额征地丁正银一两，收长平银一两六钱。无地丁正银而有秋粮之县，每秋粮银一两，收长平银一两六钱。无地丁正银而有采买之县，照二谷一米计算，每米一石折作正银一两，收长平银一两六钱，均即折征银元二元四角。租课则每正银一两，向系收长平银一两六钱者，改征银元二元四角。向系收长平银一两一钱者，改征银元一元六角五分。其向无加耗者，每两改征银元一元五角。田租及新淤、芦课每钱一串，改征银元八角。广西省自四、五两年清赋以后，废止从前地丁、米折、租课、平余四项名目，概称正赋。每谷一百斤，征正赋银币一角。栽种杂粮之畲地，每出产杂粮一百斤，征正赋银币六分。奉天省自三年划一等则以后，上则地亩收大银元一角四分，中则地一角，下则地六分，沙碱地按照下则地减半亩，收大银元三分。吉林省自三年份起，不分银地、钱地，每垧改征大洋三角。四年议定每垧加征二角，共征五角。其长春、德惠、农安、长岭四县蒙地，于垧征大洋三角之内，以小洋二角拨归蒙旗，小洋一角解交国库，余作汉、蒙征租经费之用。黑龙江省地租，上等每垧征大银元五角，中等三角五分，下等二角。其未及清丈分等之处，暂按中等征收（查江省地租名为征收银元，实系折收江钱。），此湖南等五省改征银元之特别情形也。此外，未及改征银元省区：湖北则地丁银每两定价征钱三串文，漕米每石定价征钱六串文。其向征地丁不止三串，漕粮不止六串者，一律以三串、六串为正税，余为附税。陕西则地丁正银，每两随收耗羡银有一五、七五之分，各县收钱、收银情形互异，粮折计粳米每石折征银五两六钱，粟米暨小麦每石折征银四两二钱，豌豆每石折征银三两二钱。其凤翔等十县，无论粳米、粟米、小麦、豌豆，每粮一石统征银二两八钱。肤施等县兵粮种类不一，亦系每石皆折征银二两八钱，草每束折征银一分。甘肃则地丁向系征钱解银，现按正银一两连一五耗羡，并统入正项各款，共收银一两七钱（各县每两征钱若干未详）。粮草折价计粮每石折银九钱五分八厘（如循化县是）至一十四两（如伏羌县之米是）各不等。草每束折银七厘（如洮沙县是）至三钱六厘（如靖远县是）各不等。其边荒之狄道等十三县，粮石仍只折征四五成，余征本色。新疆则北路地粮均征本色，南路地粮本折兼征（粮每石、草每束折银若干未详）。其地租及园蔬等课有按亩收银者，亦有按亩科征粮草，随征耗羡及未收耗羡者，向不一律。绥远则地丁、租课均系银钱兼征。察哈尔则地丁征银，租课兼征银钱。川边则地粮除泸定一县外，关外各县，概征本色。其遇荒歉或他项情事详准折征者，红米每斗折征藏元四元，青稞、小麦、豌豆、玉麦每斗折征藏元二元，大麦每斗折征藏元一元二，咀莜麦、粟米、元根每斗折征藏元一元。至泸定折征官价稻谷、玉麦每斗折征钱五百四十文，莜麦每斗折征钱四百六十文，四季豆、燕麦每斗折征钱三百六十文，落花生每斗折征钱六百文。此现未改征银元之湖北等八省区征收银钱、藏元或征本色之情形也。又查河南丁糟改革案，该省有漕各县代表，以改折偏枯，坚请取消，由部令仰该财政厅邀集各该代表暨无漕各县士绅筹商变通平允办法呈部核办，现在尚未解决。湖北改正田赋正、附税办法议案，系将正税归国家。凡地丁暨屯饷租课银，每两改征正税银元二元三角一五，折收钱三串四百五十文。漕米暨屯饷米，每石改征正税银元四元五角一五，折收钱六串七百五十文，已交国务会议，尚未议决。其余业经改征，各省区因各地情形既不相同，办法自不一致，合并声明。

（一）民国四年以来筹办调查各省区田亩情形

查本部筹议调查田亩一案，于民国四年四月拟定办法八条，呈明前大总统，并函商各省妥议去后。嗣据各省陆续陈复，直隶、河南、山东、山西、江苏、浙江、湖北、湖南、福建、广东、广西、云南、贵州、安徽、陕西、甘肃等省，均极端赞成。惟条理节目间有异同，而仍不越部定之范围。江西举办清丈，四川则以正值兵荒，拟稍从缓。奉天、吉林、黑龙江三省，当时正实行清丈，热河已先从事清查。此外新疆、绥远、察哈尔因蒙边地旷人稀，碍难举办，均请暂从缓议。至各省复文与部议异同之点，即系以限期太促，经费无出为先决之问题。当经电致直隶、山东两省，遴派熟习田赋人员来部详加讨论。复经本部拟定修正办法大纲八条呈准封寄直隶、山东、河南、山西、陕西、甘肃、江苏、安徽、浙江、福建、江西、湖南、湖北、广东、广西、四川、云南、贵州等省巡按使暨京兆尹饬厅督饬各县切实筹办。嗣于五年五月二十四日奉前大总统申令，将清丈及清查田亩事宜暂行停止，复由本部通各省遵办各在案。惟广西一省，以部定调查田亩办法，仍系采用按亩征赋之制，诸多窒碍，曾经咨准改用收益课税法，以业主收获之谷物为赋课之标准，大致按每谷百斤征正赋银一角。从前丁米折耗、平余附加捐种种款目，皆包括在内。查该省于民国四年七月设立清赋局，至五年十月调查完毕，六年一月征收告竣，计得新赋二百四十七万余元，较往年实征数增加一百三十余万元，成绩尚属优美。此外如黑龙江暨江苏之宝山县等均已实行清丈，颇具成绩。又察哈尔于民国七年四月，咨请设置清理田赋处，当由部呈准办理。此民国四年以来，各省区调查田亩之大概情形也。

（一）民国四年以来各省区加征田赋附税情形

查民国四年，以中央预算不敷，通电河南等省暨归绥等区，仿照直隶、山东、濮阳河工亩捐办法征收附税，以资弥补。嗣据各省区先后报告，除奉天、吉林、黑龙江、浙江、甘肃、新疆等省暨归绥、热河、察哈尔、川边等区，均有特别情形碍难遵办外，其余河南、湖北、江苏、四川、湖南、山西、陕西、安徽、江西、福建、广东、广西、云南、贵州等省，连同直隶、山东两省，共派认七百八十八万余元。嗣广东减认五十六万元，广西、贵州、云南三省先认未办，应减去四十九万元。湖北改认由均赋款下征解，应减去二十八万余元。湖南、福建两省电准暂从缓办，应减去一百一十五万。实只认解五百四十万余元，为当时应解中央专款之数。五年，云南、贵州、四川、广东、广西、陕西、湖南等省迄未报解，其余各省除湖北一省外，亦均未能照额解足。六年上半年仍系继续列入专款，惟解者甚属寥寥。迨六年度起，始将各省田赋附税一项改列本省预算，而以烟酒税、矿税、牙税、契税等项与各省互换。故六、七两年度田赋附税仍归专款者，惟安徽一省而已。查此项附税以性质而论，似应划归地方。惟事关全国通案，且或系列入中央专款，或已改列本省预算，未便骤议变更，致多窒碍。故两年以来，直隶、山东、河南、安徽、江苏等省，或请停免，或请留充地方经费，内除江苏一省业准拨充治河专款，俟河工经费足数后，仍归入亩捐办理外，其余均经前后驳复各在案。此四年以来办理田赋附税之大概情形也。

（一）民国元年以来各省区升科地亩情形

查各省、区地亩升科约分官地升科及黑地升科两种。自民国元年至三年十二月底止，京兆、直隶两省区咨报升科地亩共二百十八顷有奇，应征银粮共四百八十余两，曾经汇案呈报各按科则依限启征在案。四年一月至十二月，京兆、直隶、新疆、察哈尔各省区咨报升科约计银九百三十余两，粮四百八十余石。五年以后各省区咨报升科地亩为数较多。兹将民国五年至八年各省区咨报升科亩数暨额征银粮数目列表如左(见下页)：

（一）民国五年至七年各省区蠲缓豁除钱粮情形

查勘报灾歉办法，前清旧例，规定綦严。民国三年，本部根据前清户部则例所定条文，择要采录，拟定条例，通行遵办。其要旨不外按照灾情，审定分数，分别蠲免缓征，以及严定期限，明定处分等项，行之数年，尚无窒碍。兹将民国五、六、七三年各省区蠲缓豁除钱粮数目，分别列表，以资查考(见下页)：

自民国五年至八年各省区报部升科亩数暨额征银粮数目总表

省区别	亩数	额征 银额	额征 粮额	额征 草额	摘要
直隶	58,420.447亩	4,059.2220元 45.9729两			
江苏	14,717.1890亩	249.3732两	84.0777石		
浙江	5,274.2864亩	86.6110两	27.7630石		
吉林	11,676.6200亩				征数已令该省查明补造
黑龙江	43,868,464.8100亩	951,336.6225元			
新疆	197,667.5210亩	11.9000两	3,032.42111石	369,409.000斤	
察哈尔	377,525.7130亩	5,400.9,231,095两			
热河	386.8520亩	10.4200元			内有二顷四十六亩八分五厘二毫，每亩应征若列，未据声明。
绥远	154,776.3900亩	3,755.6796元 1,896.5986两			
合计	44,688,909.8284亩	959,161.9441元 7,691.378809两	3,144.26181石	369,409.000斤	

再，右表系据各省区咨报关于官荒、黑地升科之案分别编列。其他屯田、卫田暨滩地、荡地等均未在内，合并声明。

民国五年各省区蠲缓豁除钱粮数目表

省区别	豁除数		蠲免数		缓征数	
			银	2,738两3308	银	61,438两7347
直隶	银	119两725	豆	0斗70382	豆	62石623191
					谷	132石9592
			银	29,831两28847	银	16,254两7749
河南	银	200两867	粮	3,121石0837	粮	17,015石77297
	米	37石1449	钱	2,125千975	钱	8,948千417
山东	无		银	99,139两5125	银	102,952两6504
			米	1,484石3968	米	895石7644
湖南	银	3,557两85294	银	32,881两980186	银	44,431两5766184
			银元	276,472元9758	银元	2,749元680
			银	7,627两94365	银	27,236两6564
京兆	无		粮	30石28453	粮	86石2507
			钱	34千490	钱	310千410
山西	银	123元862	银	161,277元991	银	353,477元995
陕西	银	118两266	银	11,350两903	银	157,716两182
	钱	132千863	钱	1千096		
甘肃	粮	80石2598勺	银	1,705两9916	银	5,714两3169
	草	1,614束964	粮	2,222石96562	粮	6,428石28234
			草	24,701束968	草	87,917束505
湖北	银	5,850两5675	银	3,237两129	银	72,094两234
	米	709石7396	米	874石3818	米	19,852石538

续表

浙江	银 809两527323 粮 121石9551	银 63,823两230502 米 5,120石2911	银 105,264两6193 米 81,948石5051
江西	银 1,473两7363 米 974石3974	银 45,780两973 米 36,581石8878	银 105,929两7485 米 75,719石58475
黑龙江	无	银元 2,511元248	银元 7,086元911
吉林	银元 8元495	银元 11,860元700	银元 6,997元1287
奉天	银元 1,263元881	银元 34,951元508	银元 66,483元977
热河	银 993两9721	银 1,188两32045 11元5519	银 1,059两23409
察哈尔	无	银 153两5831	银 271两4679
绥远	无	银 6,061两505688	银 7,857两411152 米 3,007石1364
四川	无	银 85两4351328 粮 4石19754	银 525两1213112 粮 54石55816
贵州	粮 1石5152	粮 1石1135	粮 1石609
江苏	银 128,851两6919 米 95,858石9517	银 43,403两81 米	银 216,881两482 米 91,118石8469
安徽	无	无	银元 950,149元598
川边	米 1石52	米 614石2917	无
新疆	无	银 5两3713 米 166石38498	无

续表

总共	钱 132千863	钱 2,161千561	钱 9,258千827
	粮 97,785石4837	粮 74,189石35249	粮 296,324石431201
	银 139,916两206063	银 358,051两3083788	银 925,628两2101716
	洋 1,396元238	洋 487,085元97799	洋 1,386,945元2897
	草 1,614束964	草 24,701束968	草 87,917束505

民国六年各省区蠲缓豁除钱粮数目表

省区别	豁除数	蠲免数	缓征数
直隶		钱 1,793千896	钱 4,359千040
	银 1,575两1572	粮 789石1128	粮 4,649石632
	米 20石9727	银 212,165两776	银 369,670两795
		洋 245元566	洋 2,083元949
		草 446束000	草 5,440束000
河南	银 490两619	银 41,865两8883	银 104,520两9559
	米 34石5752	米 7,114石6068	米 18,019石7633
		钱 437千458	钱 1,879千583
湖南	银 88两1438	银 16,778两45204	银 2,746两88277
	洋 118元767	洋 3,719元1742768	洋 4,784元6348352
山西	洋 919元392	洋 68,048元5196	洋 111,260元3764
		银 2钱67	银 2两402

续表

甘肃	银 320两761 粮 112石659 草 375束09	银 469两2677 粮 142石15705	银 430两1407 粮 127石07531
新疆	粮 67石860	银 650两5693185 粮 561石77943	银 6,053两2827705 粮 1,421石1331 草 25,394斤640
湖北	银 4两4742	银 8,772两7278 米 2,914石3741	银 171,441两0858 米 44,423石1915
浙江	银 623两078 米 121石9191	银 63,711两744 米 50,075石9767	银 72,486两728 米 56,160
江西	银 15两193725	银 32,350两2101 米 26,295石5988	银 57,107两5345 米 40,936石4212
黑龙江	无	洋 9,075元76	洋 22,466元781
吉林	银 871元525	银 11,350元196	银 9,619元396
奉天	银 30,753元159	银 30,753元159	银 201,158元047
热河	银 200两259145 洋 433元0084	银 1,436两34395905 洋 276元60455	银 9,020两73497995 洋 2,057元5498
绥远	无	银 4,358两7515989	银 2,789两502681 米 2,057石1364
四川	无	银 5元73	银 2元454
贵州	米 67石86	无	无

续表

江苏	银 122,125两2428 米 101,377石081	银 27,970两431 米 14,465石8558	银 226,864两29 米 97,855石1628
安徽	无	无	银 731,559元45
川边	粮 76两732	粮 118石864	粮 70石316
山东	无	银 21,666两385 米 4,648石3162 钱 2,231千354	银 223,043两49565 米 101,800石0856 钱 6,238千623
总共	粮 101,879石659 银 125,442两92887 洋 33,095元8514 草 375束09	粮 107,126石64168 银 432,196两81381645 洋 237,191元9114268 草 466束	粮 367,522石89531 银 1,246,177两83075145 洋 1,083,133元6380352 草 5,440束 草 25,394斤64

民国七年各省区蠲缓豁除钱粮数目表

省区别	豁除数	蠲免数	缓征数
直隶	银 200两9659	银 19,304两98 钱 146千205文 粮 89石8479 洋 31元742	银 106,888两821 钱 1,256千74文 粮 1,785石291 洋 1,132元427 草 133束000

续表：

浙　江	无	银 13,074两954 米 9,822石809	银 66,140两624 米 50,429石7082
湖　南	无	银 1,031两983196	银 572两362764
陕　西	银 19两452	无	无
新　疆	无	银 5,503两502 粮 122石46627 草 14,846斤58	银 49两9651 粮 48石52771 草 6,363斤18
奉　天	无	洋 2,867元463	无
热　河	银 31两84662	银 241两38249	银 229两14711
察哈尔	无	银 77两4664	银 33两1999
安　徽	无	无	洋 685,391元996
山　东	无	银 3,593两0136 米 796石6882 钱 146千205	银 145,520两8096 米 55,181石5509 钱 1,256千740
总　共	银 252两26452	米 10,831石81131 银 42,827两281686 洋 2,899元205 草 14,846斤58	米 107,445石07781 银 319,444两929474 洋 686,524元423 草 133束 6,363斤18

民国三年以来各省区田赋征收经费大概情形

查田赋征收经费一项，经本部于三年四月通咨各省筹办。京兆凡征收旧粮旧租由正款内提支百分之四，新升科由正款内提支百分之十。直隶省系由正款内提出百分之十。奉天省系正款大银元一元，附收经费大银元一角。吉林省系按百分之五于正款内开支。黑龙江省系按正额附收百分之三。山东省系由新增之四角地方附加税内挪移开支。河南征收经费，每年各县附征若干，开支若干，向均未据报部有案。八年五月，汴财政厅具折陈请援照直、鲁各省章程，将该省各县经费一概取消，另行规定。凡丁、漕数目多者，每元共给一角以内。丁、漕少数之各县，每元共给一角以外，按收数之多寡定征费之等差，经部令仰候此项附征及开支数目，分别查明呈复后，再行核办。山西省地丁正赋系于每正银一两折收二元四角，内划出一角作征收批解之费。米、豆收费，则甲等县米、豆每石于折征银元数目外，另加二角。乙等县米、豆每石于折征银元数目外，另加一角五分。江苏省各县向支定率，多者八厘，少者四厘，随正附收。安徽省系由平余项下划抵。江西省谓之手数料，地丁每两另加手数料银元七分，米折每石另加手数料银元五分。其设有乡征收分局者，地丁每两米折每石各加收乡局手数料银元二分，其屯粮、渔课、芦课、河课、新升课、钞课，每两另征手数料银元一角。福建省丁米每两酌收经费一角。浙江省地丁征收费照正税一元八角，带征百分之九（一角六分二厘），漕南抵补金每石附收征收费一角五分。湖北省先尽正附税捐各串串动支不敷之款，准由串票项下拨补，计串串捐系正数，每串钱加收二十支，串票捐每串一张，征钱七十文。湖南省粮串加息、催追等费，仍抵征收经费，由省库开支，准由各县附加地方行政经费，以不逾正额百分之十为限。陕西省随粮附收之大小平余等项，各县现仍照旧征收，自三年起，由划归国税百三十分之百，分大小平余内，每年提出田赋征收费若干，以不超过现在正赋总额百分之十为标准，视各县繁简，分别支配。甘肃省地丁及粮折、草折银，皆按每正银一两附收百分之五经费，库平银五分，以正项为限。四川省系于正额以外，附收百分之十。广东省各县征收费，向在所收平羡规费内自为开支。民国成立，化私为公。据该省五年度支出预算分表经常门内载，各县征收钱粮经费三十二万零五百零二元。广西省系于正款征存项下开支征收费一成。云南省系包括县公署办公经费内，并无另款开支。贵州省，仍照旧例开支百分之七。热河，据该区五年度岁出预算分表经常门，财政部所管第二款第三项征收田赋经费四千七百一十元，该项说明内载，查此项三年划归地方开支等语。川边各属粮税，以保正催收，各路以村长催收。凡村长催收粮税完毕后，照章每管一户给藏银八分，由粮税项下作正报销。其各属粮票册所需纸张工料费于征收完毕后，亦得作正报销，余如新疆一省、察哈尔、绥远两区，有无此项征收经费，均未据报部有案，此三年以来各省区田赋征收经费之大概情形也。

民国三年以来各省区报告征收田赋大概情形

查征收田赋考成条例，经本部于三年九月呈奉令准通行遵办在案。近年各省区征收田赋情形，计三年份已准造具报告表册咨送到部者为：京兆、直隶、奉天、吉林、黑龙江、山东、河南、山西、江苏、安徽、江西、浙江、福建、湖北、湖南、陕西、甘肃、新疆、贵州、热河等二十省区。其四川一省咨送表册尚未齐全，广东、广西、云南、绥远、察哈尔、川边等六省区均未准咨送到部。四年份已准造具报告表册咨送到部者为：京兆、直隶、奉天、黑龙江、山东、河南、山西、江苏、安徽、江西、福建、浙江、湖北、陕西、新疆、贵州、热河、川边等十八省区。其吉林、湖南、甘肃、四川、广东、广西、云南、绥远、察哈尔等九省区，均未准咨送到部。五年份已准造具报告表册咨送到部者为：京兆、直隶、山东、山西、江苏、安徽、江西、福建、浙江、湖北、陕西、热河等十二省区，其贵州一省则总册未到。奉天、吉林、黑龙江、河南、湖南、甘肃、新疆、四川、广东、广西、云南、绥远、察哈尔、川边等十四省区，均未准咨送到部。至六年份各省区报告表册，惟京兆、直隶、山东、山西、江苏、浙江等六省区准咨送到部，余均未准造送。兹将三、四、五等三年份已准咨送各省区田赋实征数暨已完未完分数，分别列举于左：

三年份各省田赋实应征数暨已完未完数：

京兆　本年实应征银一十九万三千八百零八两八钱二分八厘，钱一千二百四十五串，豆三百六十一石九斗六升九合。

已完银一十七万六千五百二十五两零八分六厘，钱八百五十四吊四百文，豆三百三十石四斗九升七合。

未完银一万七千二百八十三两七钱四分二厘，钱三百九十串零六百文，豆三十一石四斗七升二合。

已完九分以上，未完不及一分。

直隶　本年实应征银二百四十五万五千四百八十九两一钱九分六厘，粮八万七千七百四十三石三斗零六合，草九万二千六百八十五束。

已完银二百三十四万五千五百三十四两九钱四分八厘，粮八万零四百九十三石零四升四合九勺，草八万四千三百三十六束。

未完银十万零九千九百五十四两二钱四分八厘，粮七千二百五十石零二斗六升一合一勺，草八千三百四十九束。

已完九分以上，未完不及一分。

奉天　本年实应征银元三百六十九万六千三百六十九元五角

五分二厘。

已完银元三百二十七万一千零二十二元四角九分五厘。

未完银元四十二万五千三百四十七元零五分七厘。

已完八分以上，未完一分以上。

吉林　本年实应征银元一百零五万九千三百七十九元四角二分七厘六毫。

已完银元九十六万五千一百八十六元一角二分零七毫八丝二忽。

未完银元九万四千一百九十三元三角零六厘八毫一丝八忽。

已完九分以上，未完不及一分。

黑龙江　本年实应征银元九十七万零二百二十九元八角一分一厘。

已完银元五十六万一千二百八十八元五角六分一厘。

未完银元四十万零八千九百四十一元二角五分。

已完五分七厘八毫，未完四分二厘二毫。

山东　本年实应征银三百二十六万七千四百五十二两六钱九分五厘，米三十八万二千五百三十三石八斗九升八合。

已完银三百一十三万七千三百九十四两四钱九分八厘，米三十七万八千二百八十二石七斗零六合。

未完银一十三万零五十八两一钱九分七厘，米四千二百五十一石一斗九升二合。

已完九分以上，未完不及一分。

河南　本年实应征钱粮折合银元五百一十四万四千六百一十二元零八厘。

已完银四百六十九万四千三百五十五元零七分。

未完银四十五万零二百五十六元九角三分八厘。

已完九分一厘四毫，未完八厘六毫。

山西　本年应征银折合银元四百二十八万七千一百八十三元四角九分九厘。

已完银元四百一十七万一千九百三十一元三角五分七厘。

未完银元一十一万五千二百五十二元一角四分二厘。

已完九分七厘三毫，未完二厘七毫。

江苏　本年实应征银元一千一百九十六万二千三百零四元九角一分五厘。

已完银元一千零八万五千三百三十六元八角六分五厘。

未完银元一百八十七万六千九百六十八元零五分。

已完八分四厘四毫，未完一分五厘六毫。

安徽　本年实应征银元三百七十一万一千零七十元四角六分。

已完银元三百二十八万九千四百六十一元一角五分八厘。

未完银元四十二万一千六百零九元三角零二厘。

已完八分以上，未完一分以上。

江西　本年实应征银一百八十三万九千零五十一两二钱七分，米七十四万二千一百二十八石五斗二升六合。

已完银一百二十四万五千七百三十二两三钱九分九厘，米五十四万零七百零六石二斗七升五合五勺。

未完银五十九万三千三百一十八两八钱七分一厘，米二十万零一千四百二十二石二斗五升零五勺。

已完七分以上，未完二分以上。

福建　本年实应征银九十五万零一百零八两二钱零八厘，米八万四千零九十四石一斗一升二合。

已完银八十一万九千三百一十九两四钱八分一厘，米七万六千零五十三石九斗五升二合。

未完银一十三万零七百八十八两七钱二分七厘，米八千零四十石零一斗六升。

已完八分以上，未完一分以上。

浙江　本年实应征银元七百九十六万八千四百六十八元零八分五厘。

已完银元六百二十六万九千零二十七元二角六分三厘。

未完银元一百六十九万九千四百四十元零八角二分二厘。

已完七分以上，未完二分以上。

湖北　本年实应征折合银元二百二十六万四千二百四十九元五角零九厘，米二十一万九千一百五十八石七斗一升六合。

已完银一百六十四万四千五百四十二元四角零二厘，米一十四万二千零六十八石六斗七升六合。

未完银六十一万九千七百零七元一角零七厘，米七万七千零九十石零四升。

已完七分以上，未完二分以上。

湖南　本年实应征银元三百万零六百二十三元五角八分四厘。

已完银元二百八十二万六千七百一十八元九角四分六厘。

未完银元十七万三千九百零四元六角三分八厘。

已完九分以上，未完不及一分。

陕西　本年实应征银元二百七十七万九千二百六十元零九角六分九厘。

已完银元二百五十九万八千零六十三元八角二分九厘。

未完银元一十八万一千一百九十七元一角四分。

已完九分以上，未完不及一分。

甘肃　本年实应征银元四十万零八千五百九十六元二角五分三厘，粮三十八万八千一百三十三石七斗六升三合。

已完银元四十万零五千九百二十八元一角一分，粮三十六万三千六百七十石零二斗九升七合。

未完银元二千六百六十八元一角四分三厘，粮二万四千四百六十三石四斗六升六合。

已完九分六厘五毫，未完三厘五毫。

新疆　本年共征本色正耗粮一十五万九千三百九十八石六斗。又共征本色草一千一百零一万三千六百八十一斤。粮草各按时价估计，并合折色正耗粮、盐课、草捐、亩捐、租课等项计算，通共折合银元二百八十七万三千一百一十七元四角一分二厘。

已完九分以上，未完不及一分。

贵州　本年实应征银元八十一万一千二百零四元六角七分二厘。

已完银元七十万零五千七百五十八元八角七分三厘。

未完银元一十万零五千四百四十五元七角九分九厘。

已完八分七厘，未完一分三厘。

热河　本年实应征银元九万三千四百七十一元八角二分六厘。

已完银元八万二千八百八十四元二角四分九厘。

未完银元一万零五百八十七元五角一分七厘。

已完八分以上，未完一分以上。

四年份各省田赋实应征数暨已完未完数

京兆　本年实应征银二十三万八千四百两零八钱八分，钱一千一百五十五吊三百二十文，豆四百十六石三斗九升一合。

已完银二十万零九千九百四十二两零七分九厘，钱六百一十六吊零九十二文，豆三百七十九石九斗三升一合。

未完银二万八千四百五十八两八钱零一厘，钱五百三十九吊二百二十八文，豆三十六石四斗六升。

已完八分以上，未完一分以上。

直隶　本年实应征银元五百五十九万七千九百八十二元零四

厘，粮八万六千一百三十九石二斗六升五合。

已完银元五百三十六万四千九百零六元八角九分七厘，粮八万零一百一十四石五斗五升一合。

未完银二十三万三千零七十五元一角零七厘，粮六千零二十四石七斗一升四合。

已完九分以上，未完不及一分。

奉天　本年实应征银元三百三十万零一千四百九十三元零六分。

已完银元二百七十一万四千六百三十九元一角三分八厘。

未完银元五十八万六千八百五十三元九角二分二厘。

已完八分以上，未完一分以上。

黑龙江　本年实应征银元七十七万四千五百元零一角九分八厘。

已完银元二十九万三千八百二十元零六分二厘。

未完银元四十八万零六百八十元零一角三分六厘。

已完三分八厘，未完六分二厘。

山东　本年实应征银元九百四十二万四千五百零一元七角零八厘。

已完银元九百一十万零九千二百九十元四角六分七厘。

未完银元三十一万五千二百一十一元二角四分一厘。

已完九分六厘七毫，未完三厘三毫。

河南　本年实应征银元五百一十九万五千三百七十九元八角二分八厘。

已完银元四百七十八万六千九百九十五元八角零九厘。（内应除济源县地丁，灾前透完银八千零九元二角二分二厘，准其流抵。）

未完银元四十一万六千三百九十三元二角四分一厘。

已完九分二厘，未完八厘。

山西　本年实应征银元五百八十四万五千二百五十三元一角六分二厘。

已完银元五百六十万零八千一百八十四元六角九分五厘。

未完银元二十三万七千零六十八元四角六分七厘。

已完九分五厘九毫，未完四厘一毫。

江苏　本年实应征银元一千二百八十万零五千六百四十元零一角二分一厘。

已完银元一千零七十九万七千五百一十五元七角二分五厘。

未完银元二百万零八千一百二十四元三角九分六厘。

已完八分四厘三毫二丝，未完一分五厘六毫八丝。

安徽　本年实应征银元四百五十六万七千二百九十六元一角八分八厘。

已完银元四百一十三万六千五百二十元零九角三分六厘。

未完银元四十三万零七百七十五元二角五分二厘。

已完九分六毫，未完九厘四毫。

江西　本年实应征银元六百一十四万九千六百九十一元二角零八厘。

已完银元四百二十三万八千三百九十七元四角九分五厘。

未完银元一百九十一万一千二百九十三元七角一分三厘。

已完六分九厘六毫，未完三分四毫。

福建　本年实应征银九十五万零一百零八两二钱零八厘，米八万四千零九十四石一斗一升一合。

已完银八十一万六千零六十二两九钱八分八厘，米七万六千六百二十三石五斗七升九合。

未完银一十三万四千零四十五两二钱二分，米七千四百七十石五斗三升二合。

已完八分以上，未完一分以上。

浙江　本年实应征银元七百九十四万二千八百五十七元一角五分二厘。

已完银元六百三十五万八千三百一十八元五角五分二厘。

未完银元一百五十八万四千五百三十八元六角。

已完八分以上，未完一分以上。

湖北　本年实应征银元三百八十四万零七十九元零九分六厘。

已完银元二百七十六万六千七百九十三元二角六分六厘。

未完银元一百零七万三千二百八十五元八角三分。

已完七分以上，未完二分以上。

陕西　本年实应征银元二百七十六万三千二百二十八元四角七分八厘。

已完银元二百五十五万七千四百九十七元二角八分五厘。

未完银元二十万零五千七百三十一元一角九分三厘。

已完九分二厘六毫，未完七厘四毫。

新疆　本年实应征银元二百一十二万八千七百四十元三角四分六厘，粮一十五万五千零四石九斗一升八合四勺，草九百四十四万九千四百三十六斤。

已完银元二百一十二万七千零一十元四角八分八厘，粮一十五万一千四百七十四石六斗五升六合五勺，草九百四十一万八千七百二十一觔。

未完银元一千七百三十九元八角五分八厘，粮三千五百三十石零二斗六升一合九勺，草三万零七百一十五觔。

已完九分九厘一毫，未完九毫。

贵州　本年实应征银元九十二万六千九百八十一元五角六分。

已完银元七十六万一千二百七十元七角八分五厘。

未完银元一十六万五千七百一十元七角七分五厘。

已完八分二厘，未完一分八厘。

热河　本年实应征银元八万零五百二十八元一角九分。

已完银元七万一千三百二十九元五角九分四厘。

未完银元九千一百九十八元五角九分六厘。

已完八分八厘六毫，未完一分一厘四毫。

川边　本年实应征地粮二万八千九百三十七石八斗七升三合。

已完地粮二万六千零七十七石七斗七升四合（内应除各县增征地粮二百四十一石九斗三升六合）。

未完地粮三千一百零二石零三升五合。

已完八分以上，未完一分以上。

五年份各省田赋实应征数暨已完未完数

京兆　本年实应征银二十四万七千一百八十七两一钱八分一厘，钱一千一百十四千四百三十四文，豆四百三十七石零七升五合。

已完银二十一万八千九百九十三两四钱三分六厘七毫，钱四百五十六千二百八十文，豆三百六十二石六斗九升二合。

未完银二万八千一百九十三两七钱四分四厘三毫，钱六百五十八千一百五十四文，豆七十四石三斗八升三合。

已完八分以上，未完一分以上。

直隶　本年实应征银元五百八十万零四百三十二元八角零七厘，粮八万九千三百一十石八斗五升二合。

已完银元五百五十六万七千七百零八元五角八分四厘，粮八万二千八百零六石一斗七升五合。

未完银元二十三万二千七百二十四元二角二分三厘，粮六千五百零四石六斗七升七合。

已完九分以上，未完不及一分。

山东　本年实应征银元九百一十一万九千八百七十六元四角七分六厘。

已完银元八百八十一万五千七百二十六元零一分一厘。

未完银元三十万零四千一百五十元零四角六分五厘。

已完九分六厘二毫，未完三厘八毫。

山西　本年实应征银元五百四十六万五千四百二十三元七角五分六厘。

已完银元五百一十七万零五百五十六元二角九分七厘。

未完银元二十九万四千八百六十七元四角五分九厘。

已完九分四厘六毫，未完五厘四毫。

据册开：大同等十三县气候较迟，经征米豆旧例流入次年考成册内补造。该省六年分考成册，迄今尚未造报，是以该十三县经征米豆数目表内概未列入，合并声明。

江苏　本年实应征银元一千二百八十八万四千六百六十五元七角零二厘。

已完银元一千一百零七万二千一百九十二元六角零八厘。

未完银元一百八十一万二千四百七十三元零九分四厘。

已完八分以上，未完一分以上。

安徽　本年实应征银元四百三十万零六千三百四十二元二角六分九厘。

已完银元四百零五万五千一百六十八元九角四分九厘。

未完银元二十五万一千一百七十三元三角二分。

已完九分四厘二毫，未完五厘八毫。

江西　本年实应征银元六百二十二万六千六百九十七元三角五分二厘。

已完银元四百三十二万五千七百八十六元八角零九厘。

未完银元一百九十万零九百一十元零五角四分三厘。

已完七分，未完三分。

福建　本年实应征银九十五万零八十五两八钱四分二厘，米八万四千零八十七石四斗九升二合。

已完银八十三万零四十六两三钱九分三厘，米七万八千三百五十六石七斗九升五合。

未完银十二万零三十九两四钱四分九厘，米五千七百三十石六斗九升七合。

已完九分零三毫，未完九厘七毫。

浙江　本年实应征银元六百八十二万五千九百四十八元一角一分三厘。

已完银元五百三十三万三千九百二十九元三角六分。

未完银元一百四十九万二千零一十八元七角五分三厘。

已完七分以上，未完二分以上。

湖北　本年实应征银元三百八十三万九千零七十一元二角。

已完银元二百七十六万七千二百七十六元六角一分八厘。

未完银元一百零七万一千七百九十四元五角八分二厘。

已完七分以上，未完二分以上。

陕西　本年实应征银元四百零二万五千六百三十八元一角九分九厘。

已完银元三百四十万零五百六十七元二角九分八厘。

未完银元六十二万五千零七十元零九角零一厘。

已完八分以上，未完一分以上。

热河　本年实应征银元九万七千五百三十元三角四分八厘。

已完银元八万九千九百七十一元八角八分七厘。

未完银元七千五百五十八元四角六分一厘。

已完九分二厘三毫，未完七厘七毫。

(一)最近各省区田赋实收数目表一

【民国】四年份

江西　五百十五万二千九百四十四元一角五分二厘

云南　八十四万六千八百四十六元八角三分

贵州　六十万六千六百零九元九角七分五厘

山西　四百六十八万八千三百八十七元八角二分二厘

江苏　八百十四万二千四百五十四元九角四分九厘

　忙漕附税　八千九百三十三元三角五分三厘

京兆　三十二万二千零七十七元五角一分六厘

　租课　九万八千一百八十二元四角八分九厘

察哈尔　二十万三千五百六十五元一角六分九厘

浙江　七百三十二万五千三百八十二元六角六分五厘

广东　二百零五万五千八百十一元零九分

河南　五百十四万一千七百七十三元八角四分

陕西　田赋　一百九十七万七千五百二十一元四角八分九厘

　改折　三十四万七千二百八十六元三角零九厘

　田赋附加　二十八万八千零八十一元七角三分八厘

　仓粮折价　二十四万二千一百二十元六角零六厘

　粮草折价　十一万五千二百九十六元四角二分一厘

　兵粮　三百零九元九角七分五厘

共二百九十七万零六百十六元五角三分八厘

福建　二百八十九万三千六百五十九元二角二分一厘

　杂租　五千零三十七元五角六分

湖北　三百五十一万四千二百四十七元八角九分五厘

甘肃　一百零九万八千一百七十一元七角四分

湖南　三百十四万七千七百二十二元四角九分四厘

山东　九百九十八万六千五百七十一元一角二分六厘

安徽　三百四十一万九千七百九十一元三角零三厘

田赋附加　十六万八千九百七十五元二角七分

黑龙江　四十二万三千三百十六元二角三分一厘

杂课　一万三千三百九十元三角零七厘

直隶　五百九十一万六千七百四十六元零七分

新疆　七十八万六千八百零六元二角三分三厘

广西　一百二十七万一千五百七十八元

归绥　十一万三千七百六十四元

吉林　六十五万二千七百零六元（此系四年五月至十二月收数，其一月至四月收数未据造报。）

川边　一万零二百九十二元六角七分四厘（此系四年一月至九月收数。其十月至十二月收数未据造报。）

四川　三百二十五万五千三百二十七元（未据呈报，此系据四年下半年该省岁入概算数列入。）

奉天　一百四十六万二千八百三十五元（未据呈报，此系据四年下半年该省岁入概算数列入。）

热河　七万一千三百二十九元五角九分四厘

以上四年分各省区实收数，共七千一百七十二万零六百九十元七角八分。又未据造报之四川、奉天二省，四年下半年概算数共四百七十一万八千一百六十二元。

（一）最近各省区田赋实收数目表二

民国五年分各省区田赋实收数目表

京　兆	463,330元	各省数目，悉以元为断。

续表

直隶	5,567,708	
奉天	2,541,959	
吉林	925,055	
黑龙江	614,998	
山东	9,422,822	
山西	6,316,187	
河南	3,697,985	
江西	4,371,694	
湖南	2,282,315	
湖北	3,824,122	
江苏	9,978,309	
浙江	7,403,338	
福建	2,584,328	
安徽	5,166,207	
广东	1,201,866	
广西	1,248,000	
云南	944,213	未据呈报，此系据民国五年度该省岁入预算分表核定数列入。
贵州	631,754	
陕西	3,122,679	
甘肃	1,647,731	
新疆	705,551	房地亩捐、地价在内。
川边	56,404	

续表

察哈尔	144,389	
归绥	86,599	未据呈报，此系据民国五年度该区岁入预算分表核定数列入。
热河	120,587	
四川	6,866,911	未据呈报，此系民国五年度该省岁入预算分表核定数列入。

以上五年分各省区实收数统计七千三百七十三万五千五百三十一元。又未据呈报之广西、四川、归绥等省区预算核定数共八百二十万零一千五百一十元。

民国六年分各省区田赋实收数目表

察哈尔	172,829元
热河	105,881
江西	4,454,906
甘肃	1,911,243
山西	6,141,250
吉林	1,553,637
福建	3,002,601
湖北	3,276,044
山东	7,898,087
浙江	7,001,523
黑龙江	724,720
贵州	655,551

续表

陕　西	4,327,138
江　苏	9,322,681
京　兆	488,156
奉　天	3,167,016
河　南	6,319,794
新　疆	691,569
安　徽	5,041,359
直　隶	6,428,194

以上除湖南、四川、广东、广西、云南、绥远、川边各省区未报部外，共计七千二百五十九万四千一百七十八元。①

民国七年分各省区田赋实收数目表

京　兆	508,500元
直　隶	4,416,865元
热　河	53,963元
山　东	7,967,857元
黑龙江	1,372,128元
陕　西	2,399,299元
山　西	7,078,167元
吉　林	1,331,414元

① 应为 72,684,179元

续表

甘　　肃	2,035,832元
察哈尔	182,826元
河　　南	4,791,710.194元
江　　西	4,374,32.796元
湖　　北	2,574,380元
浙　　江	6,912,825.715元
奉　　天	3,722,707元
江　　苏	9,651,490元

以上除安徽、湖南、福建、新疆、广东、广西、云南、贵州、四川、绥远、川边各省区尚未报部外，共计五千九百三十七万四千二百九十九〔一〕元八角六分九厘。

再，以上各表所列数目，均根据各省金库收入报告，合并声明。

八年度全国田赋岁入预算总表（参见本辑1919年国家岁入预算总表）

〔北洋政府财政部档案〕

（三）关　　税

1．大总统公布国定关税条例令

（1917年12月25日）

大总统令：

兹制定国定关税条例公布之。此令。

中华民国六年十二月二十五日

国务总理王士珍
外交总长陆征祥
财政总长王克敏
农商总长田文烈

教令第二十八号

国定关税条例

第一条　凡外国货物运进中国通商各口岸，应按本条例所定税率征收进口税。但以条约协定者，从其协定。

第二条　关税税率，以从价定之。惟依从量、件数为便宜者，得适用从量税则。

第三条　课税价格，参照海关向来估价法定之。

第四条　进口之外国货物，除另有规定外，其课税定率如左：

一、奢侈品　课税值百之三十至值百之百。

二、无益品　课税值百之二十至值百之三十。

三、资用品　课税值百之十至值百之二十。

四、必要品　课税值百之五至值百之十。

税率表由财政、农商两部暨税务处根据本条所定各率合同厘订。

第五条　对于税率表中各种货物，如遇有加重课税之必要时，得以政府命令随时酌定公布之。

第六条　凡免税及禁止输入物品，均按现行办法办理。但政府得随时酌量增减之。

第七条　外国货物已完进口正税后，如转由华商运入内地销售，得依海关向章征收子口税。

第八条　本条例自公布后，得由财政部、税务处酌定施行细则及施行日期。

〔北洋政府国务院档案〕

2. 临时执政公布关税定率条例令

(1925年10月24日)

临时执政令：

临时参议院议决关税定率条例公布之。此令。

中华民国临时执政印

外交总长沈瑞麟　内务总长龚心湛

财政总长李思浩　陆军总长（缺）

海军总长林建章　司法总长杨庶堪

教育总长章士钊　农商总长（缺）

交通总长叶恭绰

中华民国十四年十月二十四日

关税定率条例

第一条　外国货品运进本国通商各口岸时，按照本条例所定课税办法，征收进口税。

第二条　进口税除烟酒及与国家专卖品同类者，另定规定外，其税率最高为值百抽四十，最低为值百抽七·五，税率表另定之。

第三条　从量税品价格之订定、换算或改正，以最近一年内之平均市价为标准。

第四条　从价税品之价格，依进口时当地之趸批市价定之。

第五条　进口税遇有以其本国某种货品，依互惠条件协定者，其税率从其协定。

第六条　本国货品在外国受有较他国货品不利益之待遇时，该外国之货品得以政府命令指定于税率表所列应收税项外，加征与其货品价格同额以下之进口税。

第七条　外国货品在外国受输出奖励金之待遇时，该项货品得以政府命令于税率表所列应收税额外，加征与其奖励金同类之进口税。

第八条　遇有外国货品故意贬价，经政府认为有扰动市场之虞时，得以命令于税率表所列应收税额外，加征与其正当价格相当之税金。

第九条　税率表中未经列明之货品，其税率应比照税率表中相类，或近之货品定之。

第十条　左列各项物品免征进口税：

一、游历本国之外国元首及其随带人员之物品；

二、驻在本国各国大使，或公使之自用品及大使馆或公使馆之公用品；

三、政府输入之枪炮、子弹、火药、爆发物及其他一切军械；

四、为救恤而购入，或寄赠之物品；

五、商品样本，但以合于作样本用者为限；

六、已输出之本国物品，在三年以内复输入而未变其性质及形状者；

七、由本国出港船舶所载之物品，因该船舶遇险而载回者。

第十一条　左列各项物品，在一年以内复出口者，免征进口税。但须于进口时，提缴与进口税相当之保证金：

一、为加工而输入之物品，经核准有案者；

二、为修理而输入之物品；

三、为研究学术而输入之物品；

四、为作试验品而输入之物品。

第十二条　左列各项物品不准进口：

一、食盐；

二、鸦片烟、吸鸦片烟用之器具、罂粟子、吗啡、金丹、红丸、白丸及含有吗啡、鸦片或高根之药丸等；

三、伪造、变造，或仿造之货币、纸币及其他有价证券；

四、有害公安，或败坏风俗之书籍、图画、雕刻及其他物品。

第十三条　左列各项物品，除由政府自行输入外，不准进口：

枪炮、子弹、火药、爆发物及其他一切军械。

第十四条　左列各项物品，非经政府特准，不得进口：

硝、绿酸钾、硫磺、粉白铅、盐酸、硝酸、硫酸、黄磷、工用炸药。

第十五条　左列各项物品，以相当数量为限，经政府核准注册之。医士、药商及化学家，依其用途考验联名具结后，报关查验相符，方准进口：

吗啡剂、高根及射药针、斯托魏、安洛因、司替尼、狄边、嚱渣、哈夕什、邦戈、堪尼、比司、印狄卡、鸦片酒精、鸦片剂、鸦片精、狄奥仁及其他各物品为鸦片、高根所制成者。

第十六条　本条例施行日期，另以命令公布之。

第十七条　民国六年十二月二十五日公布之国定税率条例，自本条例施行之日，即行废止。

〔北洋政府财政部档案〕

3．大总统关于海关进口货物附加税应由财政部会同税务处拟订保管方法令

（1927年1月12日）

大总统令：

海关进口货物附加税，业经令由财政部会同税务处，先行定期，分别征收，并著外交部迅催续开关税特别会议，将前次提议增抽之过渡税，商洽进行。所有此项附加税及将来增抽之过渡税，自应分别指充筹备裁厘、整理内外债、建设事业、紧要政费等项之用。著财政部会同主管各部、署，妥筹分配，并拟订切实保管方法，呈候核定施行。此令。

大总统印国务院摄行

国务总理
外交总长顾维钧　内务总长汤尔和

财政总长潘　复　陆军总长蒋雁行

海军总长杜锡珪　司法总长罗文干

教育总长任可澄　农商总长杨文恺

交通总长张志潭

中华民国十六年一月十二日

〔北洋《政府公报》1927年1月13日第3855号〕

4. 大总统公布海关附加税保管委员会条例令

(1927年2月24日)

大统总令：

兹制定海关附加税保管委员会条例公布之。此令。

大总统印　国务院摄行

国务总理顾维钧　财政总长汤尔和

中华民国十六年二月二十四日

教令第二号

海关附加税保管委员会条例

第一条　本会定名为海关附加税保管委员会。

第二条　本会保管海关现行之附加税及随后施行之过渡税。

第三条　本会以左列人员为委员：

财政总长；

审计院院长；

税务处督办；

大总统特派八人。

前项特派人员，以二年为任期。

第四条　本会设左列职员：

委员长一人，副委员长一人，由委员互推，呈请大总统特派之。

本会设秘书长一人，秘书四人，事务员十人。

第五条　本会关于支拨款项事宜，应以过半数之委员列席开会，三分之二以上之同意议决之。

第六条　第二条所列之税款，应由财政部会同税务处随时拨交本会保管之。

第七条　本会收到前项税款时，应即以本会名义存放于国库。但在国库未统一以前，得交由财政部指定代理国库银行及其他银行存放之。

第八条　本会为审核税款之数目遇必要时，得咨明主管机关调查其收入及拨付帐目。

第九条　关于税款之分配，应先由财政部制备预算咨送本会。

其关于建设事业经费者，应连同主管机关之计算书送交本会。

第十条　关于税款之支拨，应由财政部按照送会之预算填具支付命令，连同请款凭单送交本会核对签付。

第十一条　本会对于财政部支付命令，如有疑义时，应即通知财政部说明理由。

第十二条　本会签付款项经核对后，按照本会议决案，由委员长及委员二人之签字行之。

第十三条　前条签付之款项，由本会按月造具清册公布之。

第十四条　本会办事细则另定之。

第十五条　本条例自公布日施行。

〔北洋《政府公报》1927年2月25日第3896号〕

5. 大元帅关于各海关进口附加税严饬按月解交财政部部库令

（1927年6月30日）

大元帅令：

各海关进口附加税，前已次第开征，所有征起款项，间有经各省就近提解者，应由财政部清查确数，呈候察核。现值整理庶政，统一国库之时，并著该部严令责成各海关监督，饬将此项附税征存未解及以后续征之款，一律按月扫解部库，不得延逾挪动，以重公帑。此令。

陆海军大元帅之印

国务总理潘复　财政总长阎泽溥

中华民国十六年六月三十日

〔北洋《政府公报》1927年7月1日第4020号〕

6. 财政部公布关税筹议处简章令

（1925年9月23日）

财政部令

兹订定财政部关税筹议处简章，特公布之。此令。

财政部关税筹议处简章

第一条　本处为筹议关税机关，附设于财政部内。

第二条　本处处长一人，由总长兼领，副处长二人，由次长兼领，主持处中一切事务。

第三条　本处设主任委员五人，副主任及委员各若干人，分股分课办事。除由本部遴员兼充外，其有富于财政学识经验者，得由部长临时函聘，或委派。

第四条　本处应行筹议事项如左：

一、筹备加税裁厘事项；

二、筹拟国定税则事项；

三、关于关税会议涉及整理税制各事项。

本处于前列各项规定外，关于整理公债事宜，亦得一并筹议。

第五条　本处处长、委员暨本部各厅、司、处，均得随时提出议案，付处讨论。

第六条　本处办公时间，照本部办事通则办理。

第七条　本处会议分为常会与临时会二种。常会于每星期内举行两次，临时会由处长随时召集之。

〔北洋政府财政部档案〕

7. 财政部公布海关进口附加税征收章程令

（1927年2月1日）①

财政部令：

兹订定海关进口附加税征收章程，特公布之。此令。

海关进口附加税征收章程

第一条　海关进口附加税遵照大总统明令，于民国十六年二月一日起实行。

第二条　海关进口附加税属于普通品者，值百抽二·五。属

① 系该章程实行日期。

于奢侈品者，按照奢侈品表值百抽五。奢侈品表另行公布之。

第三条 附加税之应从量或从价征收者，其核算法概比照正税办理。

征收附加税处于核算应纳之附加税后，同时于正税单内注明应纳数目。

第四条 征收附加税处附设于海关内，以海关监督总司其事。每关并由财政部遴派专员一人，会同办理。其未设有监督之海关，由财政部会同该省省长派员办理。

第五条 征收附加税处办事人员，得由监督会商税务司酌派海关人员兼充，至多不得过四人。前项办事人员得酌给津贴。

第六条 附加税之征收，委托海关收税银行代收，应由货商连同正税赴该银行一并缴纳。其未纳清附加税者，海关不得放行。

第七条 商人赴海关报税之原报单，应由税务司随时转送征收附加税处查核。其有必要时，得由监督向税务司调阅，仍送还税务司存案。

第八条 征收附加税处，至少每一星期应将征存数目，分报财政部、税务处查核。

第九条 附加税款项应由海关收税银行分别妥为保存，听候财政部会同税务处，随时提交海关附加税保管委员会。

第十条 银行经收费得比照正税劳金扣支，于报解时列销。

第十一条 本章程自公布之日实行。

〔北洋政府财政部档案〕

8. 税务处抄送各关监督与税务司办事权限札

(1912年10月5日)

处字第三千六十七号

查自上年民军起义以来，各省关务暂由都督派员兼管。现在各关监督将次由中央任命，自应将监督与税司办事权限体察近时情形暂订各条，以资遵守。除咨国务院外，相应抄录条件札行总税务司通饬各关税务司遵照办理可也。此札。附抄件。

中华民国元年十月五日

各关监督与税务司办事权限

第一条　各海关税项，照阴历上年十二月十六日本处札文，暂由总税务司统辖，备拨洋债赔款之用。至各关用人，除帮办、供事、文案，仍应由税务司委派外，其书办一项，仍应由监督选派。惟书办名目，现不适用，应即改为录事。

第二条　除距新关五十里外之常关，归监督专管，所收税款由监督经解中央外，其距新关五十里内之常关，应照案归税务司兼管，所收税项暂与新关一律备拨洋债赔款。其一切用人办事，仍照旧会同监督办理。

第三条　所有新、常两关向由监督经发之单照，仍由监督照旧给发。

第四条　新、旧两关征收税项，按日分报监督查核。

〔国民党政府关务署重庆关档案〕

9．农商部为上海书业商会请取消中国自印图书抽收转口税案与税务处来往咨

（1915年6—7月）

（1）农商部咨（6月7日）

农商部为咨行事：据上海书业商会会董陆费逵等禀称：中国自印书籍图画向来自通商口岸运至通商口岸及转运内地者，一律免税。乃本年五月十三日，上海税务司函告同业谓，中国印刷之书运至内地者，须抽转口税值百之二·五等语。此项转口税想系近日新章，吾国正期教育之普及，恐因此遂受阻碍，即如教科图书一项，屡奉教育部批，以定价低廉为合格。今骤增转口税一项，在商家贩运，自顾成本，必转嫁于购读之人。至参考图书，需用既多，定价尤昂，内地学子，生计率少充裕，在国家所增之税，未必即成巨款，而人民因此观望，进步必见停滞，所得者少，所损实多。况住居通商口岸者，得享免税之利益，住居内地者，本因交通不便，运送维艰，购读图书，费重难致。今又独使间接负加税之义务，揆之事理，岂得为平。交通部于输运教育品颁有特别减价条例，铁路含营业性质，犹能予以间接之补助。况关税由国家直接征收，似不可不通筹全局，乞转咨税务处饬下税务司，所有中国自印图书抽取转口税一项，迅予查明取销等情到部。查图画书籍，于文明进化，至有关系。中国教育未臻普及，正赖定价低廉，藉以促其发达。若骤征关税，价值加昂，影响于营业者少，关系于文化者多。原禀所称各节，尚属实情，可否将中国自印图书免其抽取转口税，以维教育，相应咨请贵处核办见复可也。

此咨

税务处督办

农商总长

中华民国四年六月七日

（附原禀）

禀为中国自印书籍图书抽取转口税，有碍教育，恳请转咨饬查免抽事：窃查中国自印书籍图画向来自通商口岸运至通商口岸及转运内地者，一律免税。诚以图书推行之广，狭为文明进化之枢纽，与他种货物不同。况近来各省推广教育需用图书日繁，尤应设法使减轻成本，以示补助，此固各国之通例，亦吾国久经遵行者也。乃本年五月十三日，上海税务司函告同业谓，中国印刷之书运至内地者，须抽转口税值百之二·五等语。此项转口税想系近日新定章程，在税务司但求关税之旺收，不惜增税及于书籍。而吾国正期教育之普及，恐因此遂受阻碍，即如教科图书一项，屡奉教育部批，以定价低廉为合格。今骤增转口税一项，在商家贩运，自顾成本，必转嫁于购读之人。至参考图书，需用既多，定价尤昂，内地学子，生计率少充裕，在国家所增之税，未必即成巨款，而人民因此观望，进步必见停滞，所得者少，所损实多。况住居通商口岸者，得享免税之利益，住居内地者，本因交通不便，运送维艰，购读图书，费重难致。今又独使间接负加税之义务，揆之事理，岂得为平。交通部于输运教育品颁有特别减价条例，铁路含营业性质，犹能予以间接之补助。况关税由国家直接征收，似不可不通筹全局。为此，恳祈俯念教育重要，商业艰难，伏乞转咨税务处饬下税务司，所有中国自印图书抽取转口税一项，迅予查明取销，教育前途，不胜幸甚。谨禀

农商部总长

具禀人上海书业商会会董

陆费逵、 俞复、 印有模

中华民国四年五月

（2）税务处复咨（7月29日）

康字第二〇七三号

税务处为咨复事：据上海书业商会禀称：窃查中国书籍图画向来自通商口岸及转运内地，一律免税。乃本年五月十三日，上海税务司函告同业谓，中国印刷之书运至内地者，须抽转口税值百之二·五等语。此项转口税想系新章，在税司但求关税之旺收，而吾国正期教育之普及，恐因此遂受阻碍，恳饬税司迅予查明取销等情。并准教育、农商两部咨同前因，当经本处饬行总税务司，以中国自印之书籍图画与他种土货不同，应减轻成本，免碍畅销，速即遵照议复去后。兹据总税务司详称：查凡通商口岸各海关遇有往来内地之邮包，原应按照值百抽二·五征收子口半税一道，此项半税系为厘局代征之厘金，其款应拨交该管之厘金机关收纳。按此半税之规定，凡邮寄包裹由某通商口岸运往内地，或由内地运往某通商口岸者，如无完过厘金之凭据，无论包内所装或洋货，或土货，或应征应免之各货，其抵厘半税，均应一律征收。沪关前不照征，原非正当办法，此次该关税务司饬令照完抵厘半税，系职内应行之事。惟推广教育，本为切要之图。况该项图书曾经政府特准免其进出口税，是以在总税务司之意，以为前项应征之抵厘半税，如亦一并准予免征，似无不可，如蒙核准，即当通饬各关一体遵行，复请鉴核等情前来。查邮寄内地包裹，凡属免税之货，应征收子口半税一道，以抵厘金，此系向来办法。此次江海关税务司函令上海书业商会照完此项半税，系按照他项免税货物一律办理。惟推广教育，端赖图书为媒介，自应减轻成本，以助畅销。嗣后凡中国自印之图书由通商口岸运来内地，或由内地运往通商口岸者，所有值百抽二·五之转口税，概行免征，以资提倡。除分行外，相应咨复查照。此咨

农商总长

税务督办梁士诒

中华民国四年七月二十九日

〔北洋政府农商部档案〕

10. 中美比英等九国间关于议定修改中国关税税则条约

(1922年2月6日)

九国间关于中国关税税则之条约

美利坚合众国、比利时国、不列颠帝国、中华民国、法兰西国、意大利国、日本国、荷兰国及葡萄牙国，为增加中国政府收入起见，决议关于修改中国税则及联带事件，订立条约，为此简派全权——

美利坚合众国大总统派：国民许士、国民洛治、国民恩特华特、国民罗脱。

比利时国君主派：驻美大使卡德。

不列颠与爱尔兰暨海外属地君主印度皇帝派：枢密院总裁白尔福、海军大臣黎、驻美全权大使健特士。又加拿大属地代表前首相鲍腾。又澳大利亚属地代表国防部总长、上议院议员皮而斯。又纽丝纶属地代表大理院推事散而孟。又南非洲属地代表枢密院总裁白尔福。又印度属地代表印度院议员萨斯赤利。

中华民国大总统派驻美全权公使施肇基、驻英全权公使顾维钧、前司法总长王宠惠。

法兰西国大总统派理藩部总长沙拉脱、驻美全权大使尤赛龙。

意大利国君主派上议院议员司强曹、驻美全权大使利西、上议院议员阿而白丁尼。

日本国皇帝派海军总大臣加滕、驻美全权大使币原、外务省次官埴原。

荷兰国君主派全权公使白洛克兰、驻美代办蒲福。

葡萄牙国大总统派驻美全权公使阿尔戴、理藩局专门局长物司康赛雷斯。

各全权将所奉全权证书互相校阅，均属妥协。议定条款如左：

第一条　关于修改中国关税，依据中国与各国所订现行条约，使税率适合于切实按值百抽五。缔约国各国代表于一千九百二十二年二月四日，在华盛顿定有决议，作为本款附件。兹缔约国承认该项决议，并担任接受此项修改结果所定之税率，该税率宜从速实行。惟至早须在公布日起两个月后。

附件

参与本会议各国，即美利坚合众国、比利时国、不列颠帝国、中华民国、法兰西国、意大利国、日本国、荷兰国及葡萄牙国，为增加收入，以应中国政府之需要起见，协定：

一九一八年十二月十九日，上海修正税则委员会所采用之中国进口货海关税表，应立行修正，以期其税率适合于中国与各国所订商约中规定，切实值百抽五之数。

修正税则委员会应赶早在上海会集，即行将税则修正，并遵照末次修正之大纲办理。

此项委员会，应由上开各国代表及现在列席华府会议各国承认之政府曾与中国订有税则不得超过值百抽五之条约，而愿参与修正之任何其他各国代表组织之。

修正之进行应愈速愈妙，俾得自限制军备及太平洋远东问题会议采用本议决案之日起，四个月以内修正完竣。

修正之税则应及早发生效力，但至早亦不得逾修正税则委员会将该项修正税则公布后两个月之时期。

应请美国政府以华府会议召集人之资格，将本议决案之条款，转达于未列席华府会议，而曾参与一九一八年税则修正之各国。

第二条　由特别会议立即设法，以便从速筹备废除厘金，并履行一九〇二年九月五日中英商约第八款，一九〇三年十月八日中美条约第四款、第五款及一九〇三年十月八日中、日附加条约第一款所开之条件，以期征收各该条款内所规定之附加税。

特别会议应由签字本约各国之代表组织之。凡依据本约第八条之规定，情愿参与及赞成本约之政府，亦得列入组织本会议。惟须及时知照，俾所派代表得以加入讨论。该会议应于本条约实行后三个月内，在中国会集。其日期与地点，由中国政府决定之。

第三条　在裁撤厘金，切实履行第二条所载各条约中诸条款所定条件之前，第二条所称之特别会议，应考量所应用之过渡办法，并应准许对于应纳关税之进口货，得征收附加税。其实行日期、用途及条件，均由该特别会议议决之。

此项附加税应一律按值百抽二·五。惟某种奢侈品，据特别会议意见，能负较大之增加，尚不致有碍商务者，得将附加税总额增加之。惟不得逾按值百抽五。

第四条　中国进口货海关税表，按照第一条立即修改完竣，四年后应再行修正，俾能确保按值税率与第二条中特别会议所定者相符。

再行修正之后，为同一目的起见，应将中国进口货海关税表，每七年修改一次，以替代中国现行条约每十年修改之规定。

按照本条所行之修改，应遵照第二条所称特别会议规定之章程办理，以资迅速。

第五条　关于关税各项事件，缔约各国应有切实之平等待遇及机会均等。

第六条　中国海、陆各边界划一征收关税之原则，即予以承认第二条所载之特别会议应商定办法，俾该原则得以实行。凡遇因交换某种局部经济利益，曾许以关税上之特权，而此种特权应行取消者，特别会议得秉公调剂之。

同时，凡一切海关税率，因修改税则而增加者，与夫各项附加税，嗣后因本约而征收者，在中国海、陆边界，均应按值课以划一税率。

第七条　在第二条所载办法尚未实行以前，凡子口税应一律课以按值百抽二·五之税率。

第八条　凡未参与本约各国，如其政府已经缔约各国所承认，且与中国现行条约订有进出口货税则不得超过值百抽五之规定者，应请其加入本条约。因此美利坚合众国政府担任为必要之通告，并将所接答复知照缔约各国，任何国家之加入，自美政府接到该国通知时起发生效力。

第九条　凡缔约各国，从前与中国所订各条约之条款与本条约各规定有抵触者，除最惠国条款外，咸以本条约各条款为准。

第十条　本条约经各缔约国依各该国宪法上之手续批准后，从速将批准文件交存华盛顿，并自全部交到华盛顿之日起发生效力。该项批准文件笔录，由美国政府将正式证明之誊本送交其他缔约各国。

本条约英文、法文一律作准。其正本保存于美利坚合众国政府之档库，由该政府正式证明之誊本送交其他缔约各国。

兹将议定条约，由上列各全权代表签字，以昭信守。

一千九百二十二年二月六日订于华盛顿

许士印、洛治印、恩特
华特印、罗脱印、卡德

印、白尔福印、黎印、
健特士印、鲍腾印、皮
而斯印、散而孟印、白
尔福印、萨斯赤利印、
施肇基印、顾维钧印、
王宠惠印、沙拉脱印、
尤赛龙印、司强曹印、
利西印、阿而白丁尼印、
加藤印、币原印、埴原
印、白洛克印、蒲福印、
阿而戴印、物司康赛雷
斯印。

〔国民党政府关务署重庆关档案〕

11. 税务处关于太平洋会议九国间协定修改进口税则实行值百抽五案咨

（1922年9月29日）

税务处为咨行事：案查此次根据太平洋会议协定九国间关于中国关税税则之条约第一条修改进口税则至切实值百抽五，业经中国与有约各国，于本年二月间各派员赴沪从事修改在案。兹准上海修改进口税则委员会有电称：本日大会业将新修税则正式通过，各委对于实施手续，已愿声请各本国政府，允以十月一日为公布之期，并允于公布后两月，即十二月一日实行。惟货物在十二月一日以前起运来华者，仍照旧则征税等因。除电饬各关监督暨令行总税务司转电沿海、沿江及边境陆路各关税务司赶于十月一日揭示，俾众商知外，相应抄录电令文稿，咨行贵部查照备案

可也。此咨
司法总长

税务督办孙宝琦

〔国民党政府司法部档案〕

12．沈瑞麟为设立关税特别会议委员会拟订章程等呈暨临时执政指令

（1925年8月29日）

外交总长沈瑞麟呈临时执政，呈拟设立关税特别会议委员会，缮具章程请鉴核文(附章程)。

为关税会议开会在即，设立关税特别会议委员会，以专责成，缮具章程，仰祈钧鉴事：窃查关税特别会议，已定于本年十月二十六日召集。所有该会议应议事项，极为繁重，非特设委员会，提纲挈领积极进行，不足以昭郑重而专责成。经本部拟就关税特别会议委员会章程十一条，提出国务会议议决照办。谨将该章程缮具清折，呈请钧鉴。如蒙允准，恭候指令，即由部着手组织，以期早日成立。所有拟请设立关税特别会议委员会缘由，理合呈请执政鉴核训示遵行。谨呈。十四年八月二十九日已奉指令。

关税特别会议委员会章程

第一条　为办理关税特别会议起见，特设关税特别会议委员会。

第二条　本委员会以左列各员为委员：

（一）外交总长、财政总长、农商总长、交通总长、税务处督办、全国烟酒事务督办。

（二）外交、财政资望卓著之大员，由临时执政派充者

六人。

第三条　关税特别会议由临时执政于上列各委员中特派全权代表六人，分别担任议案，出席关税特别会议。

第四条　全权代表将会议情形向委员会随时报告接洽。

第五条　本委员会开会时，由外交总长主席，外交总长因事不能出席时，由委员会临时公推主席。

第六条　本委员会设高等顾问，经临时执政指定后，由本委员会聘任之。但其数不得过二十人。

第七条　高等顾问对于关税问题一切事项，得随时向委员会提出意见，并得向委员会出席说明。委员会对于关税问题，得随时谘询高等顾问之意见。

第八条　本委员会设秘书长一人，承主席暨全权代表之指挥，办理关税特别会议一切事务。秘书长由主席呈请临时执政派充。

本委员会设专门委员，由主席于有关系各部、署简荐职员中，分别商调派充，其数不得过二十人。本委员会设秘书，由秘书长呈请主席派充，其数不得过八人。

第九条　本委员会设总务处、会务处、议案处，承主席暨全权代表之指挥，襄助秘书长办理关税特别会议一切事务。每处各设处长一人，由主席派充之。

本委员会为办理事务起见，得派处员、办事员，由秘书长就有关系各机关荐委职员中，呈请主席派充。

第十条　本委员会各项细则，由委员会自定之。

第十一条　本章程自呈准日施行。

关税特别会议委员会章程增修条文

原第六条　本委员会设高等顾问，经临时执政指定后，由本委员会聘任之，但其数不得过二十人。

修正第六条　本委员会设高等顾问，经临时执政指定后，由本委员会聘任之，但其数不得过四十人。

增第八条　本委员会得设参议，由主席聘任，但其数不得过二十人。

原第八、九、十、十一各条，递改为第九、十、十一、十二条。

原第八条第三项　本委员会设专门委员，由主席于有关系各部、署简荐职员中，分别商调派充，其数不得过二十人。

修正第九条第三项　本委员会设专门委员，由主席于有关系各部、署简荐职员中，分别商调派充，其数不得过六十人。

原第九条第一项　本委员会设总务处、会务处、议案处，承主席暨全权代表之指挥，襄助秘书长办理关税特别会议一切事务。各处各设处长一人，由主席派充之。

修正第十条第一项　本委员会设总务处、会务处、议案处、交际处、庶务处，承主席暨全权代表之指挥，襄助秘书长办理关税特别会议一切事务。每处各设处长一人，由主席派充之。

〔北洋政府外交部档案〕

13．梁士诒密拟修正国定关税条例草案提案

（1925年9月25日）

会字第五号。极密。

中华民国国定关税条例修正草案理由书

我国设关课税，在初本采国定之制。明隆庆五年，外商报货，改定丈抽之例，按船之大小，以定税额，将洋船分为九等抽收。清雍、乾年间，户部明定海关课税则例，尤以粤海关为最详，遇有应增应减之处，迭经奏准施行，殆与今日列邦国定税制相同。迨至道光二十二年鸦片战争后，英国以战胜之余威，与我订立江

宁条约，明定进出口税为值百抽五，是为协定关税之滥觞。嗣后，我国与他国缔结商约，各国藉口最惠国条款，援照中英前例，均以值百抽五为率。虽经咸丰八年、光绪二十八年、民国七年及十一年四次修改税则，而值百抽五协定之率，亘八十年间迄未稍变。惟国民感于协定关税之苦，久而益甚。八年秋，巴黎会议，我国代表力请恢复关税自主权。十年冬，华会开议，顾代表复请关税自主渐进办法，虽会议结果，各国仅允二·五加税及裁厘加税两端，而顾代表曾于会中声明保留关税自主权，其意盖为预留恢复关税自主地步也。现查民国六年颁布中华民国国定关税条例，系采国定及协定税制规订，而进口税率、协定税制及修订税表手续，与夫证明货物原地诸端，尚多缺漏之处，自应量为修正，以策进行。原条例关于协定税制规定，以条约协定者从其协定，是最惠国条款，以及片面协定条款，均不受本条之限制，未免失之过宽。今国际平等之原则，既为列邦所公认，自应采用互惠协定税制改为与自国互惠协定税率之国运入之货，则从其协定。庶几从前商约所订最惠国条款，以及片面协定条款得以废止，期收国际利益彼此交换之效。此进口税制应改定者一。原条例内载，奢侈品课税值百抽三十至百，无益品课税值百抽二十至三十，资用品课税值百抽十至三十，必要品课税值百抽五至十。今日奢侈品与无益品性质不易区别，而初行国定税制之时，税率过高，外交益多障碍。今区分税类，务从简单，故改为奢侈品、普通品、必要品三种。各种税率，亦均酌减，庶于改进税制之中，仍寓简明易行之意。此进口税率应改订者二。烟酒与普通奢侈品不同，于条例内加订税率另订规定之语，以留后日重征之余地。至专卖制度，系本国行政主权而生，列邦基于行政上之必要，间有指定物品，创设专卖，其例甚多。吾国食盐略含专卖性质，此后关于专卖事业，尚多赓续举办之处。故于条例内加入专卖物品另行规定，不受本条例之拘束之文，以期适合现情。此烟酒及专卖品应加订定者三。税率之修正期间，因不宜过久，亦不宜过短。短则时常更改，商民无所适从，久则历时过长，物价将有剧变，只可折衷两者之间。原条例未定税率之修改时间，兹拟酌为补入，定为四年修正一次。其货价标准，并照各国通例，以最近六个月之平均市价为准。此修正税率时期应补者四。原条例未定货物原地证明办法，兹拟于海关进口货物添设制产原地证明书。凡能证明系与我国互惠协定税率之国所来之货，照协定税则征税。证明其他诸国所来之货，照国定税则征税。至前项货物，不论商人籍贯，专以货物产地为准，用符对物课税之原则。此货物证明书类应加订者五。

以上五端系修正原条例之要点。关税自主既系民意之所在，按约履行又为列邦所坚执。兹仿日本现制，以国定税制为原则，以互惠协定为例外，修订原定条例，藉作目前过渡之阶梯，既合国民之公意，复便交涉之商订，或亦兼权并顾之道也。

中华民国国定关税条例修正草案

第一章　总纲

第一条　凡货物运经通商各口岸，应按本条例征收进口税。

第二条　关税税率以从价定之。惟依从量件数等为便宜者，得适用从量税制。

第三条　课税价格以趸批市价为主，参照海关现在暨将来估价法规定之。

第二章　进口税

第四条　凡国外货物运进通商口岸时，按照进口税则征收。但与自国互惠协定税率之国运入之货，则从其协定。

第五条　进口税则，除另有规定外，其课税定率如左：

一、奢侈品　课税值百值二十五至五十；

二、普通品　课税值百抽十至二十五；

三、必要品　课税值百抽五至十。

烟酒系有害卫生之品，与普通奢侈品不同，其税率另定之。

第三章　税率表

第六条　进口税率表，由财政、农商两部暨税务处根据本条例所定各率会同厘订。

第七条　前条税率表每四年修正一次。货价标准，按照最近六个月之平均市价为准。

第四章　附则

第八条　凡免税及禁止输入物品，均按现行办法办理，但政府得随时酌量增减之。

第九条　各海关于进口货物添设制产原地证明书，不论商人之国籍，专以货物之制产原地为准。

第十条　现在及将来之专卖物品，另行规定，不受本条例之拘束。

本条例公布后，得由财政、农商两部会同税务处，酌定施行细则实行。

十四年九月二十五日草

〔北洋政府财政部档案〕

14．关税特别会议委员会关于会议经过概要电

（1926年5月11日）

发驻外各使馆、各省区军民长官、南京孙馨帅、太原阎百帅、奉天张雨帅、汉口吴玉帅电。

此次召集关税会议，原以收回税收，求济财政，发展经济为目的。查民国十年华盛顿会议，列邦仅对于普通进口货物加征值

百抽二·五之附加税，对于奢侈品加征较高之附加税，惟以值百抽五为限。核计此项收入每年不过三千万元，其用途与条件尚须与各国商定，而关于税权自主一层未克详加讨论。预计各项用途，上项三千万元不敷我分配之用。且我国经济苦于税权之束缚者已久，仅增高税率尚非根本之图。故会议之前，我国方面，即决定根据华会前议，提出关税自主。惟在自主之前，对内对外不能无所筹备。故又定以增加附加税为过渡之计，提高华会所定之附加税率，使收入能达一万万元以上。而其支配则斟酌华会时讨论情形与国内需要，拟以三成为裁厘准备金，三成为整理债务基金，三成为建设费用，其余一成供紧要政费，此原定之方针也。开会之初，我代表即将自主案与附加税案同时提出，各国代表鉴于我国主张之正大，已将自主一案承认，定于民国十八年一月一日实行，同时我国亦宣言将厘金裁尽。其附加税率及其用途支配办法，各国意见不同，迭经磋商，始有端绪。兹分为税率、裁厘、偿债等数大端约略言之。附加税率，我国原拟普通货物值百抽五，甲种奢侈品值百抽三十，乙种奢侈品值百抽二十，即普通品附加税率较之华会原议增加一倍，奢侈品附加税率增为四倍至六倍。各国以此项税率过高未肯赞同，经多次讨论，改定税率，重分货类，始有允将附加税增至七千余万元至九千万元之议，仍待正式决定。此项税率既超过华会税率范围，须俟各国批准，方能实行，至早亦待明春以后。在未准实行以前，如仍用值百抽五旧率，我国吃亏太甚，拟先暂行华会附加税率，俾税款可早日增加，此议增税率之情形也。裁厘之议，我国商民企望已久，只以事机错迕，迟延至今。兹由我国宣言于民国十八年一月一日以前裁尽，其抵补之款先在过渡期间附加税中筹措。各国代表因商务关系亦各具意见，迭经讨论，未有归宿。惟定期裁撤，本系我国自动宣言，将来应由中央与各省区通力合作，总期抵补确定，庶使裁撤可以实行。如何规定程序预为筹备，尤当通盘加以审度，此讨论裁厘之情形也。我国财、交两部积欠无确实担保内外债务至八、九万万元以上，其中外债居十分之六、七，各国对此最为重视。此次关税会议开会之后，迭与关系各国代表个人接洽，关于债额条件、期限、利率，彼此利害相反，主张歧异，舌敝唇焦，尚未确定办法。现拟先定大纲，再由财政整理会详商节目，此磋商整理债务之情形也。其他关款之存放，陆路边界税收之划一各项问题，亦皆在磋议之中。要之我国方面非有充裕之收入，不足敷各项用途之支配，故以增加税率为先决问题。在各方面则因商务及债务关系，必须将裁厘及偿债定有办法，乃肯决定税率。开会以来，接洽几无虚日，而争议纷纭，综其结果，只得概括之范围，尚少具体之决定。惟自主一层，既经定案，税收不受条约束缚，将来若为张弛，国民经济自有发展之希望，关税收入亦宽留增加之余地。至于过渡期内用途繁多，而附加税收入，即能决定加至九千万元，将来实收之数能否足额，未敢预定。就此数分配裁厘抵补、偿还债务，每年至少约各需三、四千万元。所余建设费及政费实属无几，不得不拮据支持，以待自主，届期另行支配，此又交涉困难之情形也。以上各端为本会开会以来经过情形之概要。综观开会形势，各国代表有鉴于国内频年不靖，军需浩繁，对于条件、用途，郑重迟回，久而不决。比者近畿发生战事，会议因之无形停顿，各国代表中且间有回国者，瞻念前途，殊深焦虑。夫以我国今日财政经济情形，关税能否增加，所系既属甚巨，而税权之收回，国际地位之增进，影响尤极重大。倘因应失机，即时乎不再。通力合作，端赖内外同心贯彻始终，实亦友邦之殷望。用将开会经过情形，撮要电陈，诸希鉴察。关税特别会议。真。

〔北洋政府财政部档案〕

15. 中华全国商会联合会请力争关税自主代电

(1926年6月11日)

京内外各部、院、各军民长官、各法团暨旅各国华侨商务会、各省事务所、商联合会、总商会均鉴：本会对于关税问题，于本年六月微日，公函关税特别会议委员会曰：径启者：本会评议会于六月四日开会，有陕西评议张继宗动议。近阅报载关会问题，(一)政府希望二五附加税；(二)放弃自主权；(三)将以二五之款抵借国债。似此办法，殊与本会向来主张相背，亟应函询关会当局，以明真象等因。当付讨论，佥以本会代表全国商民，对于关税问题根本主张，完全自主，过渡〔税〕加至十二·五，奢侈及消耗品加税三十至四十。叠经呈函各机关及通电表明各在案。果如报纸所载，殊失国人之望，即应据案函询办法，议决通过。相应备函奉询。即请查照，详悉见覆为荷等因公函去后。旋准江苏省商联会事务所东代电称：全国商会联合会鉴：顷上颜总理、顾总长一电文曰：报载关会行将结束，所得效果，仅对于华会议定之二五及五厘附加，定以实施日期及用途。果尔，是数年来国人所奔走呼号之国定关税，将受此次会议之束缚，而永无自主之望。丧权辱国，较金佛郎案为尤巨。我公乘时当国，且为关会主持之人，务请于开会时力争自主，以副全国人民之望。否则宁牺牲附加，保留再议，慎毋贪目前之利，饮鸩止渴也等语。查关会开议之初，遽以内政上之裁厘案向之提出，已早授人以交换之柄。而国定关税，即预种一无期实行之根，大错之铸，挽回已苦。无自今再就华会附加案，议定用途及实施日期，即行闭会，是恐前此片面协定之不确，而再予以特别保障，关税自主之希望，不意从此断送耶！务请一致协争，以免再误而澈主张，毋任盼祷。全国商会联合会江苏省事务所、南京总商会叩。东。等因。当于佳日提付本会关税问题临时大会，经众议决，根据本会自关会开幕之初原来主张，电请一致力争。查本会于昨年八月效日，分呈建议于外、农、财各部，对于关税，主张绝对自主，并主张加进口税为抵补裁厘之用。过渡税加七·五，奢侈消耗品税加至四十。未裁厘之先，所收加税之款，应另设公库保管，不能移作别用。且于昨年六、七月间，叠经分呈各部，并通告全国，表示主张，谅邀台察。本会为全国商界之最高法团，负责綦重，凡所举措，一以民意为归。今关税当局，若承认二·五为止，放弃自主权，岂非自杀。尚希一致力争，勿令国人多年所渴望者等于泡影，则国权幸甚，大局幸甚。中华全国商会联合会印。真。

〔北洋政府内务部档案〕

16．关税特别会议委员会关于会议经过情形纪略

（1926年6月16日）

会字第二百七十一号

关税特别会议于十四年十月二十六日开幕后，屡开全委员会、分委员会暨专门委员会，会议共计二十四次。关于无担保债务之整理问题，则曾在财政整理委员会迭开非正式谈判。关于附加税税率问题，其非正式谈判，则在税务处行之。中英专门委员又曾会谈两次，交换对于裁厘问题之意见。

中国代表团前已提出议事日程，以支配该会议之进行程序。此项日程计分三类：（甲）关于关税自主暨裁厘之问题；（乙）过渡计划即附加税、边界税率暨税则修正是也；（丙）关连事项，即出

产地证明书及关税存放是也。前经提议设立三委员会，以分别讨论，并解决以上三类问题。现在第一、第二股委员会正在办理该管事务，至第三股委员会，则尚待组织。

以上为略举端绪之言，兹再照中国议事日程之次序，撮叙关税特别会议之成绩。

一、关税自主

关税自主案系于十四年十一月十九日第二股委员会第四次会议通过，附有数种保留条件。兹录该议决案如左：

“现聚集于本会议之各国代表，议决通过下列关于关税自主所提之条款，以期将该条款连同嗣后协定之其他事项列入将在本会议签字之条约之内。除中国外，缔约各国，因此承认中国得享关税自主之权利，应允撤除中国前与各国分别订立之现行条约内之税则限制，并赞同于一九二九年一月一日实行中国关税定率条例。一面中华民国政府声明，与实行中国关税定率条例同时裁撤厘金。又声明裁撤厘金应于民国十八年一月一日（即一九二九年一月一日）切实施行。”

惟法、意两国代表知会中国代表团，谓法、意政府只能照下列条件赞同上项议案（法、意两方之条件）。（一）已纳关税之洋货，不得加征捐税；（二）各种条约互相维系；（三）裁厘应由双方承认其实行；（四）（意国单独提出）整理外债。

关于关税自主问题则有互惠税率问题，对于此项问题驻京日使馆与外交部于十五年一月二十日、一月二十七日先后换文两次。文内所列原则：（一）此互惠办法之施行系为缔约国双方之利益；（二）缔约国之某种特定货物，得享互惠税率之利益；（三）互惠协定期间之规定，必须能合乎缔约国两方面经济变迁情形之需要；（四）互惠协定，一俟中国关税定章实行，即行有效。

二、裁撤厘金

照中国代表团所拟并宣示之程序，中国政府已定自十四年十二月一日起着手筹备裁厘之计划。计自是日至十五年五月三十一日，定为调查时期，自十五年六月一日至同年十一月三十日，定为讨论及决定时期。又定于一九二七年一月一日裁撤各铁路货捐，同年三月一日裁撤常关（在通商口岸五十华里之外而在内地者）关税。同年七月一日裁撤厘金（即一切税捐、规费之有子口税性质者），俾至一九二八年二月之杪，厘金完全裁撤。

查中国每年厘金项下收入，约计银币七千万至一万万元之谱。中国代表团业已提议：应将所征洋货之过渡时期附加税，每年获收银币约一万万元，以其十分之三专供裁厘，俾三年期满，得积存银币约九千万元，以为裁厘之用。

英国代表团建议：货物征税应以关税及出厂税为限之原则，载入将来缔约之新条约内。又提议对于进口货及土货按照进口税三分之一，征收“特别抵补厘金税”，并立撤通商口岸周围一百华里内所有厘卡、税局，废止该区域内之一切货捐。此外，又提议发行新进出子口单及固有货物通过分配抵补厘金税于各省。其要旨即为如系进子口单，按照货物运到之地分配此税，如系出子口单，按照货物出产之地分配此税。英国此项提议固属切实可行，立即引人注意，而并堪详细考虑者也。

中国代表于十四年十二月十日第二股委员会第五次会议宣读两种声明书，其一为关于废止复进口半税之声明书，其二为关于征收外人捐税之声明书。中国了解此两种计划有连带关系，至此义是否又为其他各国代表团之了解，殊滋疑窦。但自是以后，此事又经中、英专门委员于十五年三月一日、二日开非正式谈判。当是时也，英国专门委员表示，英国政府对于外人居留地内中外人等，一律实行印花税及烟酒销场税之举，并不十分为难。盖中国专门委员业已表示，希望如此办理，俾中国政府能实行其所声明，废止复进口半税之意见耳。

但驻京法国公使于十四年十二月二十二日，照会外交部声明：一八五八年六月二十七日中法条约第四十款规定，凡不在中法条约内特载之义务，不能限在华法国人民以遵守。此项普通纳税之义务，并未经特载等语，以抗争中国关于征收外人捐税之声明。经外交部于十五年一月二十八日答称：征收外人捐税之权利系主权上所应有，不能以广泛失当之解释条约条文而剥夺中国此项权利云。

三、征收过渡期间与华会条约之附加税

其税率与用途及条件，中国原定计划，本拟于实行中国关税定率条例以前，征收一种过渡附加税，为寻常货物值百抽五。甲类奢侈品（即烟酒）值百抽三十；乙类奢侈品值百抽二十。计从该税项下所得收入，均达一万万元。

嗣经中外专门委员迭次非正式讨论之后，由中国专门委员制备一表，将进口货分为七类，具有七种异率之分等。附加税自值百抽二七·五至值百抽二·五，其平均率为百分之八·六四，预计每年此项收入近九千六百万元。英、美、日三国专门委员则另制一表，照该表所列七类货物（各项货物固已重行分类）之税率，系自值百抽二二·五至值百抽二·五，其平均率为百分之六·九一。按照各该国以切实值百抽五之税率计算，预计每年此项收入为九千万元左右。但照中国以实在值百抽四·三计算，此项收入每年不过约七千七百万元。至最近法使玛德送来照会一件，提议将七类货物改分两类。其第一类定为完纳值百抽一五之附加税，其第二类则完纳值百抽七·五之附加税。照该使计算，两类附加税项下之收入，可达一万零零七百万元。但中国专门委员计算，此数不过约八千万元。现悉用途与条件如能议妥，则英、美、日三

国合制之表，可望各方容纳耳。

至附加税收入之用途，中国代表团提出四项：（一）抵补裁厘；（二）整理无担保品及担保品不足之债务；（三）建设经费；（四）紧急行政经费。约计裁厘所需之数为七千万元至一万万元之谱，应行整理之债务为八万万元至十万万元之谱，至其他用途之款尚未确定。从大体言之，除或有人主张将建设经费列入行政费外，各国代表现已赞成中国上项提案。但一方英国代表团类似十分切望由建设费内提拨一种专款，名为铁路准备金，以担保如湖广等各铁路之债务。惟某某等方面反对此议，故对于此点尚未能意见一致。

由是而及于整理债务问题，现悉各原则之曾经提出讨论，而尚无表示容纳者如下：

（一）所有向公众募集之借款，以募价计算（日本保留）。

（二）所有其他之借款、债款等项，以票面价值计算。如：交款或交货按照契约办理。

（三）贸易债务应自欠债之日起，至一九二六年十二月三十一日止，加算每年六厘之复利（意、日保留）。

（四）所有其他借款、垫款等项，应自到期未偿之日起至一九二六年十二月三十一日止，加算每年六厘之单利（意、日保留）。

（五）每项债务之总数应由中国政府与该债权人立即开议，如主张不同，应付两边所协定之公断方式办理。

但仍有须待讨论之两问题：一为何种债务应列入整理案内。例如：要求内乱损失之赔偿应否列入是也。二如决定将外币之债款改换一式债票，则将发生兑换价问题。

关于征收附加税之条件问题，则其关键全在所谓保管银行与关税存放两问题。此两问题将于下另论之。

至论华会各约之附加税，则美国代表团于关税会议开始时（一九二五年十一月三日第一股委员会第二次开会）已提议值百抽二·五之附加税，可自一九二六年二月一日起征。奢侈品值百抽五之附加税，亦可不逾一九二六年七月一日起征。但中国代表团当时对于此议无法考虑而容纳之。盖恐似此办理，外间将以为本会议之召集，专为讨论华会条约所载各问题起见，而置关税自主之大问题于不问耳。

嗣至关税自主案通过以后，正在讨论税率用途之间，逆料已不复有启外间猜疑之地，中国代表团遂重提华会条约附加税问题。至此议案讨论中，所感困难可撮叙如左：

（一）中国提议载入九千万元之数，以为过渡附加税项下之每年入款，系超过华会条约之附加税，曾遭激烈反对而被打消。

（二）其能负担值百抽五附加税之货物，中国专门委员对于其分类迭为让步，而不用"奢侈品"名目。

（三）于讨论应否确定一新税则实行日期，不问是日期前已装货之问题时，中国争得一律以起卸日期适用于各种进口货之原则。惟提议本议案通过日期，距实行日期为时颇久耳。

（四）美国代表团提议，于本会议未协定支配与动用方法时，中国应担承不动用附加税之入款。经多方讨论后，始用"不作一切抵押"之字句。

（五）日本代表团提议，指定某某等保管银行，委以保管附加税项下入款事宜。嗣经容纳下列条款（名曰：日本但书），该提案始行打消。

（六）各难题几全打破后，日本代表团又拟将正在讨论之议案加一但书。即谓如届应行征收华会条约附加税之时，关于用途及条件问题尚未议妥，则其征收（即华会条约附加税之征收）应展期至该问题议妥之日为止。是项但书显然立即推翻该议案之真正用意，盖日本此举使该议案不能进行讨论。故有时曾恐其成为礁石，足以破坏关税会议者也。

四、边界税则（略）

五、税则修正与关税存放暨出产地证明书及其他事项（略）

一九二六年六月十六日

附件（略）

〔北洋政府财政部档案〕

17. 关税特别会议编：关税特别会议结果一览表

（1926年）

参观会字一〇九号及会字一二九号

（甲）条约类

（第一件）十三国间关于承认中国关税自主条约之提议条文。

（乙）议决案类

（第二件）关于过渡时期征收各项附加税之议决案。

（第三件）关于过渡时期修改进口税则之议决案。

（第四件）关于互惠税则协定之议决案。

（丙）互换照会类

（第五件）关于裁撤厘金之照会。

（第六件）关于中国海、陆各边自何日起征收划一税率问题之互换照会。

（第七件）关于征收进口货临时附加税较高于华会条约所规

定之互换照会。

（第八件）关于关款存放之互换照会。

（丁）声明书类

（第九件）实行关于征收进口税，以货物出产地为标准之原则声明书。

（第十件）关款存放问题声明书。

（第十一件）关于出口税则之声明书。

（第十二件）关于不出洋土货出口税及复口税声明书。

（第十三件）关于常关之声明书。

（第十四件）各项临时附加税用途声明书。

（第十五件）各项临时附加税条件声明书。

（甲）条约类

（第一件）

十三国间关于承认中国关税自主条约之提议条文

第一条　各缔约国（中国在外）兹承认中国享受关税自主之权利，议定解除各该国与中国间各项条约中之关税上束缚，并允许中国国定关税定率条例于一九二九年一月一日发生效力。

第二条　中国现与各国通商上订有约定税则者，凡现在及嗣后，在中国海陆边界所征之关税税率，应归划一。

第三条　自本条约施行后满三个月，中华民国政府应得自由照现在进口税值百抽五外，对于普通货征收值百抽五之临时进口附加税：甲种奢侈品（即烟酒）征收值百抽三十之临时进口附加税；乙种奢侈品征收值百抽二十之临时进口附加税，作为过渡办法，以替代一九二五年某月日本会议所通过之关于过渡时期内征收附加税之议决案，至关税自主实行时为止。

第四条　查中华民国政府准备依据各种货物除纳海关税及出厂税外，不得再纳他税之原则，并按照近代文明各国最良之惯例，以行使征税之权利。同时心目中并注意政府与国民社会上、经济上、财政上之种种需要。兹议定中华民国政府，对于凡在中国领土内任何部分之外国人民，即或在内地、或在通商口岸、或在该口岸之一部分内、或在中国其他各地，得酌量征收中华民国政府认为适宜之各种税捐。

第五条　查征收进口税应以货物出产地，而不以运货进口人国籍为标准。此项原则既经承认，兹议定中华民国政府应得自由厘订办法，俾该原则得以实行。

第六条　本条约之各项规定，应将中国与各缔约国间之各项条约、协定、公约、议定书、规条、章程等内各项规定之有抵触者，一律废止之。

第七条　为筹划办法，俾得合理的希望，本条约于签字后，得以早日实行起见，兹议定本条约应从速批准，无论如何不得迟于签字日起满六个月之期限。一俟缔约各国中有七国批准后，即发生效力，自中华民国政府接到最后的该项批准通知书之日起实行之。

（第二件）

关于过渡时期征收各项附加税之议决案

查一九二二年二月六日，华盛顿所订九国间关于中国关税税则之条约第三条规定：此次特别会议应准许对于应纳关税之进口货征收各项附加税。因此，此次特别会议依据此项规定，有权准许征收各项附加税，已无庸各关系国另有举动。

又查中华民国政府，业于一九二五年十月二十六日，本会议在北京举行第一次大会时，提议在未实行国定关税定率条例以前，除现行之值百抽五外，并应征收较高之各项附加税。而该项附加税，应于签字之日起满三个月征收。

又查兹经议定，凡欲征收高于华盛顿条约税率之附加税，应订立一新条约，由各该国政府批准之。

现参与此次特别会议各国代表议决，并赞同自本议决案通过之日起满三个月，中华民国政府应得自由对于一切纳税进口货征收值百抽二·五之附加税，对于本会议通过之奢侈品附表内之进口奢侈品征收值百抽五之附加税。但当谅解者，即各该项附加税，在参与会议各国间，应于中国各边划一征收之。

（乙）议决案类

（第三件）

关于过渡时期修改进口税则之议决案

参与此次特别会议各国代表，兹议决并赞同在中国实行关税自主以前，现行中国进口税则，应依据左列章程修改之。

（甲）在关税自主以前过渡时期，拟于前次修改（民国十一年即一九二二年）完竣满四年（即民国十五年一九二六年）修改一次。其修改时，应以中国所调查最近一年内之平均趸售市价为标准。此项市价扣除该货税率之数及百分之七之杂费，即为进口货完税价格。如遇有必要时，中国政府得以进口货价之指数表为参考。

（乙）现行进口税则期满前七个月，中国政府应将新税则草案通知本会议列席各国公使馆。各国对于此项草案有异议时，得于四个月内提出意见，请求订正。由中国政府所组织之税则审查会，尽一个月内决定，公布后二个月发生效力。

（丙）新税则公布以后，如在实行期限以内，有大宗货物因特别情形超过修改当时市价百分之二十以上者，应由中国政府征一补价税。俾此项货物所纳之税，确保过渡时期条约上所协定之按值税率。如商人不愿纳补价税时，可改按从价税缴纳。

（丁）如有大宗货物之市价，比较修改当时跌落至百分之二十以上，致切实税率超过过渡时期条约上所协定之数者，商人提出确实证据时，亦可改按从价税缴纳。

（戊）以上章程，应为关税自主前过渡时期适用之临时办法，至关税自主实行时为止。

（丙）互换照会类

（第四件）

关于互惠税则协定之议决案

参与特别会议各国代表，兹决定并赞同，倘中华民国政府在实行关税自主时，决定与参与特别会议各国之任何一国，或与他国议订一单独互惠税则协定，该协定应以左列各原则为标准：

（一）互惠税则协定所附列之税则，应以两缔约国之特种货物为限，由两方选择议定之。

（二）互惠税则协定，应于两方所议定之定期内施行之。

（三）互惠税则协定，应使两方同受利益。

（四）最惠国条款，不适用于互惠税则协定。

（第五件）

关于裁撤厘金之互换照会

一、外交部致参与特别会议十二国公使之照会

为照会事：关于裁撤厘金之宣言，中国代表团业于一九二五年十月二十六日，关税特别会议在北京举行第一次大会时，代表中华民国政府提出。旋于一九二五年十一月十九日，过渡办法委员会在北京第四次开会时，经参与该会议各国代表赞成。议决案内开："中华民国政府声明，裁撤厘金与中国国定关税定率条例同时施行，并声明于中华民国十八年一月一日，即一九二九年一月一日，将厘金切实裁妥等语。"相应照会贵公使查照可也。须至照会者。

二、十二国公使复外交部之照会

为照复事：准本日贵总长照会内开：关于裁撤厘金之宣言云云（照录照会原文）等因。该照会本公使业经阅悉矣，相应照复，即请查照可也。须至照复者。

（第六件）

关于中国海、陆各边，自何日起征收划一税率问题之互换照会。

一、外交部致英、法、日本各馆之照会

为照会事：查十三国间关于承认中国关税自主条约第二条规定："中国现与各国通商上订有约定税则者，凡现在及嗣后在中国海、陆边界所征之关税税率，应归划一"等语。兹本总长代表本国政府声明，该条规定应于关税特别会议闭会后满三个月之日起发生效力。相应照会贵公使查照可也。须至照会者。

二、英、法、日本各馆复外交部之照会

为照复事：准本日贵总长照会内开：查十三国间关于承认中国关税自主条约第二条规定云云（照录照会原文）等因。该照会本公使业经阅悉矣，相应照复，即请查照可也。须至照复者。

（第七件）

关于征收进口货临时附加税较高于华会条约所规定者之互换照会

一、外交部致参与特别会议十二国公使之照会

为照会事：查十三国间关于承认中国关税自主条约第三条规定（照录该条原文）等语。兹本总长代表本国政府声明，倘该条约至一九二六年九月三十日尚未发生效力时，中华民国政府应得自由按照该条约第三条所规定之各项税率公布一新的进口税则，并于公布后满三个月，在参与各国间，于所有各边界征收之，相应照会贵公使查照可也。须至照会者。

二、十二国公使复外交部之照会

为照复事：准本日贵总长照会内开：查十三国间关于承认中国关税自主条约第三条规定（照录照会原文）等因。该照会本公使业经阅悉矣，相应照复，即请查照可也。须至照复者。

（第八件）

关于关款存放之互换照会

一、外交部致有关系各国使馆之照会

为照会事：一九一二年一月三十日，前清政府与代表各债权国之领衔公使所定之关于建设国际银行委员会暨存放关款之协定及其后之修正条文，本总长代表本国政府声称：该项协定及其后之修正条文，应立即取消，相应照会贵总长查照可也。须至照会者。

二、有关系各国使馆复外交部之照会

为照复事：准本日贵总长照会内开：一九一二年一月三十日，前清政府与代表各债权国之领衔公使所定之关于建设国际银行委员会云云（照录照会原文）等因。该照会本公使业经阅悉矣，相应照复，即请查照可也。须至照复者。

（丁）声明书类

（第九件）

实行关于征收进口税，以货物出产地为标准之原则声明书。

中华民国政府为实行关于征收进口税，以货物出产地为标准之原则起见，兹特声明采用八条办法如左：

（一）凡受协定税率之利益者，须证明其进口货确为适用协定地域内所产出或制造之货品。

（二）进口货产出原地或制造原地之证明，以驻在各该地本国领事馆所出之证明书为准。但未经设有本国领事馆之处所，其当地各官署、商会或税关所出之证明书，得认为有效。

（三）制产原地证明书，须载明货品之名称、标记号码、件数、数量及产出或制造之地域。

（四）凡进口货与制产原地证明书所载不符者，其证明书应即作为无效。

（五）凡无制产原地证明书之货物，无论来自何国，一律按照普通税率所定，征收进口税。

（六）制产原地证明书，遇有不可抗力或其他不得已之事故而遗失者，得由货主声明理由，请求准予定期补缴。但其期限至多不得过四个月。

（七）前条所订补缴制产原地证明书之货品，于证明书呈经税关查验相符后，其已缴税金中超过协定税额之部分，即行发还。

（八）以上各条之办法施行日期，于六个月以前通告之。

（第十件）

关款存放问题声明书

为免除中华民国政府之债权人不必须之疑虑及巩固债票信用计，中华民国政府兹声明：

（一）中国各海关所收之进出口正税税收及通商口岸五十里以内之各常关税收、杂项等，仍由各地中国或交通银行收到后，解交上海中国国家银行及中国政府所指定之其他殷实银行收入中国政府海关收入帐及常关收入帐。由该银行等听受中国政府经由总税务司所发之命令，于现行以海关税及常关税作担保之外债赔款本息，应交代理银行之日，从收入帐上以还本付息所需之款，如数拨交。如有余款，除尽先拨付关余担保之内债基金外，听候中国政府拨用。不足时，由中国政府另行筹款补足。

（二）中国各海关所征收之附加税（奢侈品附加税在内），由各地中国或交通银行收到后，解交上海中国国家银行及中国政府所指定之其他殷实银行收入中国政府海关附加税收入帐。由该银行等听受中国政府经由临时关税附加税基金委员会所发之命令，按照其所定之用途、数目及先后次序，从附加税收入帐上拨付款项交与指定之机关。其该项机关支拨各项需款后，余剩之数，应悉数听候中国政府拨用。不足时，由中国政府另行筹款补足。

（第十一件）

关于出口税则之声明书

兹中华民国政府声明：在实行关税自主前，于特别会议闭会后三个月，中华民国政府将公布一新的出口税则，于中国各边，一律施行。

（第十二件）

关于不出洋土货出口税及复进口税声明书

兹中华民国政府声明：自特别会议闭会后三个月，对于不出洋土货，现行征收之复进口税，应即取消。嗣后对于土货自此一口岸运往彼一口岸者，不得征收出口税。但为防阻土货私运出洋起见，运货出口者，于第一次出口口岸，仍须缴纳该出口税，领取存票。俟该货复运进第二口岸时，得呈验存票，取回原缴银数。但此种办法，不适用于出口免税之土货。

（第十三件）

关于常关之声明书

兹中华民国政府声明：准备自一九二七年三月一日起，至是年六月三十日止，四个月内将常关税裁撤。此系指内地常关及通商口岸五十里外之常关而言。但须谅解者，即崇文门税局暨通商口岸五十里内常关，以及特别常关仍保留之。

（第十四件）

各项临时附加税用途声明书

兹中华民国政府声明：关于各项临时附加税之税收，中华民国政府决定，依照左列次序分配于下开之四项用途，即：

（一）抵补裁厘专款；

（二）整理无确实抵押内、外债；

（三）建设事业经费；

（四）紧要行政费。

（第十五件）

各项临时附加税条件声明书

兹中华民国政府声明：为保证各项临时附加税之税收，确系分配于中华民国政府关于用途声明书内所开之四项用途起见，中华民国政府决定组织一临时附加税基金委员会，以司接收、保管、稽核、支拨各项事宜。

〔北洋政府财政部档案〕

附：1912—1927年海常各关税收总数收支表

民　国　元　年

收入项下	关平银
宣统三年结存	3,434,479.271两
民国元年海关税全部收入	38,258,922.203两
民国元年常关税全部收入	2,545,016.318两
利息、汇换盈余及其他杂项收入	216,983.725两
合　计	44,455,401.517两

支出项下	关平银
照案提拨之海关经费①	4,818,270.655两
各关监督经费②	13,498.572两
银行手续费、汇费及汇换亏折	366,305.583两
疏浚江河及改良港口经费或垫款	65,000.000两
防疫及海港检疫经费	28,134.973两
拨交地方当局之地方捐钞及奉准按成提拨之税款③	320,821.439两

续表

其他杂项支出④	99,135,753两

外债及赔款	规平银	关平银
一八八六年七厘息银款	61,428.82两	55,142.567两
一八九四年七厘息银款	1,242,702.15两	1,115,531.553两
一八九五年汇丰六厘息金款⑤	3,493,184.31两	3,135,713.025两
一八九五年瑞记洋行六厘息金款⑥	1,158,207.52两	1,039,683.591两
一八九五年克萨借款⑦	650,08.022两	583,554.955两
一八九五年俄法借款⑧	8,003,40298 两	7,184,383.286两
一八九六年英德正借款⑨	8,433,178.32两	7,570,178.025两
一八九八年德续借款⑩	6,032,293.12两	5,414,984.847两
庚子赔款⑪	2,070,187.63两	1,858,337.190两
	支出总计	33,668,676.014两
	本年结存⑫	10,786,725.503两
	合　计	44,455,401.517两

元年关税收支表附注：

注：① 此款目计包括海关额定经费，常关税一成经费及其他奉准提拨之各关经费。所有嗣后各年关税收支表同一款目，均适用此注。

② 自民国二年四月一日起，关税内特提一数为关监督经费。自该日起，此款目内所示数目，计包括所有照章应拨，或事实上拨付之关监督经费在内。

③ 此款目内所包括之捐钞：计有九龙、拱北两关之百货厘金与台炮经费暨该两关加征之五成货厘与炮费；胶海关之进口税等二成；津海

常关之工关税；秦王岛关之奉天厘金；闽海常关之船牌照费等。

④ 此款目系包括各种杂项支出，如赔偿关员遭受盗匪抢掠之损失及焚毁充公烟土费用等。

⑤ 此数包括规平银一百八十三万一千六百六十五两四钱一分在内，系一九一一年十二月份到期之款，至民国元年始行偿付。

⑥ 此数包括规平银六十万八千八百九十七两九钱八分在内，系一九一一年十二月份到期之款，至民国元年始行偿付。

⑦ 此数包括规平银六万五千二百三十七两四钱九分在内，系一九一一年十二月份到期之款，至民国元年始行偿付。

⑧ 此数包括规平银一百九十一万零五百九十六两一钱六分在内，系一九一一年十二月份到期之款，至民国元年始行偿付。

⑨ 此数包括规平银一百三十二万四千九百零三两七钱一分在内，系一九一一年十一及十二月份到期之款，至民国元年始行偿付。

⑩ 此数并不包括厘金、协款规平银十五万二千两在内。

⑪ 此系一九一一年十月份到期之款，至民国元年始行偿付。

⑫ 每年年终结存数目，不仅包括上海债务帐内余款，举凡年终汇沪中途未到与各关税款帐内结存之数，亦均并计在内。所有嗣后各年关税收支表内结存数目，均适用此注。

民国二年

收入项下	关平银
民国元年结存	10,786,725.503两
民国二年海关税全部收入	41,576,321.757两
民国二年常关税全部收入	2,806,175.161两
利息、汇换盈余及其他杂项收入	286,247.561两
合计	55,455,469.982两

续表

支出项下	关平银
照案提拨之海关经费①	4,747,194.776两
各关监督经费②	403,848.923两
银行手续费、汇费及汇换亏折	331,094.386两
购置地产及修建关房	373.447两
疏浚江河及改良港口经费或垫款	60,000.000两
防疫及海港检疫经费	60,000.000两
拨交地方当局之地方捐钞及奉准按成提拨之税款③	408,186.877两

外债及赔款	规平银	关平银
一八八六年七厘息银款	61,376.00两	55,095.153两
一八九四年七厘息银款	76,300.00两	68,491.921两
一八九五年汇丰六厘息金款	1,684,777.15两	1,512,367.280两
一八九五年瑞记洋行六厘息金款	574,899.60两	516,067.863两
一八九五年克萨借款	570,770.50两	512,361.311两
一八九五年俄法借款	6,248,908.24两	5,609,432.890两
一八九六年英德正借款	7,156,307.32两	6,423,974.255两
一八九八年英德续借款④	4,571,749.23两	4,103,904.156两
庚子赔款⑤	31,224,755.23两	28,029,403.259两
	支出总计	52,841,796.497两

续表

本年结存	2,613,673.485两
合　　计	55,455,469.982两

二年关税收支表附注：

注：① 至③，参阅元年表注①至③。

④ 此数并不包括厘金、协款规平银一百五十九万一千九百五十三两三钱五分在内。

⑤ 此系一九一一年十一月份至民国元年四月份，又二年一月份至十一月份到期之款，至元年五月份至十二月份应付之数，计英金二百零三万二千镑，则于二年七月二十四由该年善后借款项下拨给。

民　国　三　年

收　入　项　下	关　平　银
民国二年结存	2,613,673.485两
民国三年海关税全部收入	37,222,361.055两
民国三年常关税全部收入	3,389,001.827两
利息、汇换盈余及其他杂项收入	440,295.467两
合　　计	43,665,331.834两

支　出　项　下	关　平　银
照案提拨之海关经费①	4,827,251.051两
各关监督经费②	472,808.752两
银行手续费、汇费及汇换亏折	350,601.270两
购置地产及修建关房	110,493.044两
疏浚江河及改良港口经费或垫款	60,000.000两

续表

防疫及海港检疫经费	62,652.106两
拨交地方当局之地方捐钞及奉准按成提拨之税款 ③	450,815.687两
其它杂项支出④	2,056.528两

外债及赔款	规平银	关平银
一八八六年七厘息银款	61,376.00两	55,095.153两
一八九四年七厘息银款	1,166,300.00两	1,046,947.935两
一八九五年汇丰六厘息金款	1,916,641.65两	1,720,504.174两
一八九五年瑞记洋行六厘息金款	33,728.24两	30,276.697两
一八九五年克萨借款	576,419.75两	517,432.451两
一八九五年俄法借款	6,805,849.58两	6,109,380.233两
一八九六年英德正借款	8,001,176.33两	7,182,384.497两
一八九八年英德续借款⑤	4,568,210.52两	4,100,727.576两
庚子赔款⑥	16,888,963.87两	15,160,649.794两
	支出总计	42,260,076.948两
	本年结存	1,405,254.886两
	合　计	43,665,331.834两

三年关税收支表附注：

注：① 至④，参阅元年表注①至④。

⑤ 此数并不包括厘金、协款规平银二百三十三万八千六百两在内。此项协款中有规平银一百九十七万二千八百两，系由盐厘项下拨付。

⑥ 此系民国二年十二月份到期赔款全部分及三年一月至十二月份

续表

到期赔款一部分付给之数。至其余三年一月至十二月份应偿之规平银九百八十六万八千一百七十二两四钱八分，则由盐税内拨助。

民国四年

收入项下	关平银
民国三年结存	1,405,254.886两
民国四年海关税全部收入	35,460,350.844两
民国四年常关税全部收入	3,784,570.319两
利息、汇换盈余及其他杂项收入	465,463.523两
合计	41,115,639.572两

支出项下	关平银
照案提拨之海关经费①	4,783,991.149两
各关监督经费②	449,296.867两
银行手续费、汇费及汇换亏折	311,347.733两
购置地产及修建关房	375,016.039两
疏浚江河及改良港口经费或垫款	65,000.000两
防疫及海港检疫经费	52,568.279两
拨交地方当局之地方捐钞及奉准按成提拨之税款③。	242,897.126两
其他杂项支出④	22,342.566两

续表

外债及赔款	规平银	关平银
一八八六年七厘息银款	61,376.00两	55,095.153两
一八九五年瑞记洋行六厘息金款	607,557.61两	545,383.851两
一八九五年克萨借款	600,938.13两	539,441.768两
一八九五年俄法借款	7,002,293.20两	6,303,674.327两
一八九六年英德正借款	8,354,619.86两	7,499,658.761两
一八九八年英德续借款⑤	5,988,844.70两	5,375,982.675两
庚子赔款⑥	12,288,221.16两	11,030,719.174两
	支出总计	37,652,415.468两
	本年结存	3,463,224.104两
	合　计	41,115,639.572两

四年关税收支表附注：

注：① 至④，参阅元年表注①至④。

⑤ 此数并不包括厘金、协款规平银一百二十七万四千四百七十二两五钱二分在内。

⑥ 此系民国四年一月至十二月份到期赔款一部分付给之数，其余应偿之规平银一千七百三十八万零五百四十八两，则由盐税内拨助。

民国五年

收入项下	关平银
民国四年结存	3,463,224.104两
民国五年海关税全部收入	36,506,285.011两
民国五年常关税全部收入	3,746,645.457两

续表

利息、汇换盈余及其他杂项收入	419,490.970两
合　　计	44,135,645.542两

支　出　项　下	关　平　银
照案提拨之海关经费①	4,915,007.583两
各关监督经费②	455,355.698两
银行手续费、汇费及汇换亏折	398,680.646两
购置地产及修建关房	310,926.615两
疏浚江河及改良港口经费或垫款	60,000.000两
防疫及海港检疫经费	36,127.040两
拨交地方当局之地方捐钞及奉准按成提拨之税款③	363,392.758两
其他杂项支出④	6,506.862两

外债及赔款	规　平　银	关　平　银
一八八六年七厘息银款	61,376.00两	55,095.153两
一八九五年俄法借款	5,982,332.63两	5,370,137.010两
一八九六年英德正借款	6,581,392.14两	5,907,892.405两
一八九八年英德续借款⑤	4,415,52.052两	3,963,662.945两
庚子赔款⑥	15,843,501.88两	14,222,174.039两
	支出总计	36,064,958.754两
	本年结存	8,070,686.788两

续表

合　　计	44,135,645.542两

五年关税收支表附注：

注：① 至④，参阅元年表注①至④。

⑤ 此数并不包括厘金、协款规平银一百三十二万五千四百五十七两六钱二分在内。

⑥ 此系民国五年一月至十二月份到期赔款一部分付给之数，其余应偿之规平银七百三十五万八千七百四十八两，则由盐税内拨助。

民　国　六　年

收入项下	关平银
民国五年结存	8,070,686.788两
民国六年海关税全部收入	37,042,287.006两
民国六年常关税全部收入	3,775,732.129两
利息、汇换盈余及其他杂项收入	459,994.920两
合　　计	49,348,700.843两

支出项下	关平银
照案提拨之海关经费①	4,857,059.570两
各关监督经费②	450,080.413两
银行手续费、汇费及汇换亏折	783,598.583两
购置地产及修建关房	220,247.702两
拨交政府抵补船钞三成之款项	324,000.000两
疏浚江河及改良港口经费或垫款	60,000.000两

续表

防疫及海港检疫经费	32,814.148两
拨交地方当局之地方捐钞及奉准按成提拨之税款③	424,087.719两
其他杂项支出④	4,044.984两

外债及赔款	规平银	关平银
一八八六年七厘息银款	13,828.82两	12,413.662两
一八九五年俄法借款	4,327,931.83两	3,885,037.550两
一八九六年英德正借款	5,037,466.28两	4,521,962.549两
一八九八年英德续借款⑤	2,611,500.65两	2,344,255.521两
民国二年善后借款⑥	2,956,069.34两	2,653,563.142两
庚子赔款⑦	17,330,691.03两	15,557,173.277两
关余内拨充政府行政经费之款	8,000,000.00两	7,181,328.545两
	支出总计	43,311,667.365两
	本年结存	6,037,033.478两
	合　计	49,348,700.843两

六年关税收支表附注：

注：① 至④，参阅元年表注①至④。

⑤ 此数并不包括厘金、协款规平银一百七十九万一千二百九十七两零一分在内。

⑥ 此仅系六年七月至十二月六批基金之数。

⑦ 此数内包括规平银七十万七千九百五十一两零三分，折合关平

续表

、银计六十三万五千五百零三两六钱一分八厘，系六年十二月份缓付之庚子赔款。

民　国　七　年

收　入　项　下	关　平　银
民国六年结存	6,037,033.478两
民国七年海关税全部收入	35,331,011.064两
民国七年常关税全部收入	3,974,035.336两
利息、汇换盈余及其他杂项收入	435,276.689两
合　计	45,777,356.567两

支　出　项　下	关　平　银
照案提拨之海关经费①	4,896,551.567两
各关监督经费②	442,789.333两
银行手续费、汇费及汇换亏折	445,082.138两
购置地产及修建关房	175,020.549两
拨交政府抵补船钞三成之款项	432,000.000两
疏浚江河及改良港口经费或垫款	916,630.808关
防疫及海港检疫经费	62,590.016两
拨助改良中国蚕桑会之经费	24,000.000两
拨交地方当局之地方捐钞及奉准按成提拨之税款③	372,815.778两
其他杂项支出④	5,094.239两

续表

外债及赔款	规平银	关平银
一八九五年俄法借款	3,398,506.28两	3,050,732.772两
一八九六年英德正借款	4,117,218.20两	3,695,887.074两
一八九八年英德续借款⑤	2,691,801.20两	2,416,338.600两
民国二年善后借款	5,317,222.87两	4,773,090.547两
庚子赔款⑥	14,432,819.92两	12,955,852.710两
关余内拨充政府行政经费之款	2,000,000.00两	1,795,332.136两
	支出总计	36,459,799.265两
	本年结存	9,317,557.302两
	合　计	45,777,356.567两

七年关税收支表附注：

注：① 至④，参阅元年表注①注至④。

⑤ 此数并不包括厘金、协款规平银八十九万二千零七十四两一钱四分在内。

⑥ 此数内包括规平银八百三十六万五千零十七两一钱四分，折合关平银计七百五十万八千九百九十二两零四分七厘，系七年一月至十二月份缓付之庚子赔款。

民国八年

收入项下	关平银
民国七年结存	9,317,557.302两
民国八年海关税全部收入	44,417,327.732两
民国八年常关税全部收入	4,493,708.303两

续表

利息、汇换盈余及其他杂项收入	289,771.188两
合　　计	58,518,364.525两
支 出 项 下	关 平 银
照案提拨之海关经费①	5,054,860.405两
各关监督经费②	447,490.667两
银行手续费、汇费及汇换亏折	666,439.480两
购置地产及修建关房	207,989.806两
拨交政府抵补船钞三成之款项	432,000.000两
疏浚江河及改良港口经费或垫款	2,185,417.451两
防疫及海港检疫经费	109,205.217两
修改税则委员会经费	30,474.084两
拨助改良中国蚕桑会之经费	48,000.000两
拨交地方当局之地方捐钞及奉准按成提拨之税款③	361,481.682两
其他杂项支出④	3,355.069两

外债及赔款	规 平 银	关 平 银
一八九五年俄法借款	3,850,008.22两	3,456,021.741两
一八九六年英德正借款	3,463,842.02两	3,109,373.447两
一八九八年英德续借款⑤	1,777,169.95两	1,595,305.162两
民国二年善后借款	4,534,297.80两	4,070,285.278两

续表

庚子赔款⑥	12,080,060.92两	10,843,860.790两
关余内拨交政府之款：		
归入各银行财政部户帐数目	16,150,730.71两	14,497,962.935两
拨交广东军政府数目⑦	2,438,010.00两	2,188,518.851两
垫付出席凡尔塞和平会议中国代表团之经费	296,840.96两	266,464.057两
拨充三、四年及七年短期公债之基金	5,342,733.66两	4,795,990.718两
拨充教育用途数目	215,078.00两	193,068.223两
拨交外交部使领经费数目	736,600.00两	662,118.492两
	支出总计	55,225,683.555两
	本年结存	3,292,680.970两
	合　　计	58,518,364.525两

八年关税收支表附注：

注：① 至④，参阅元年注①至④。

⑤ 此数并不包括厘金、协款规平银一百二十八万零八百四十两九钱五分在内。

⑥ 此数内包括规平银六百七十三万二千六百八十两五钱，折合关平银计六百零四万三千六百九十八两八钱三分三厘，系八年一月至十二月份缓付之庚子赔款。

⑦ 此处较民国八年摊给广东政府数目，计少规平银十万九千六百两。盖因八年全部关余内有规平银八十万两系年终余款，至次年始克发放，按广东政府应摊成数百分之一三・七折合，恰为此数。至九年关税收支表内关余项下所拨广东政府之款，则已将此数计入，合并注明。

续表

民国九年	
收入项下	关平银
民国八年结存	3,292,680.970两
民国九年海关税全部收入	47,823,735.259两
民国九年常关税全部收入	4,385,535.053两
利息、汇换盈余及其他杂项收入	373,575.965两
合计	55,875,527.247两

支出项下	关平银
照案提拨之海关经费①	6,292,538.761两
各关监督经费②	443,016.000两
银行手续费、汇费及汇换亏折	211,711.251两
购置地产及修建关房	201,929.432两
拨交政府抵补船钞三成之款项	432,000.000两
疏浚江河及改良港口经费或垫款	894,159.964两
防疫及海港检疫经费	77,558.918两
拨助改良中国蚕桑会之经费	48,000.000两
拨交地方当局之地方捐钞及奉准按成提拨之税款③	437,510.312两
其他杂项支出④	30,471.689两

续表

外债及赔款	规平银	关平银
一八九五年俄法借款	3,116,889.93两	2,797,926.329两
一八九六年英德正借款	3,329,533.12两	2,988,808.905两
一八九八年英德续借款⑤	1,328,339.60两	1,192,405.386两
民国二年善后借款	4,410,624.84两	3,959,268.258两
庚子赔款⑥	10,776,344.07两	9,673,558.411两
关余内拨交政府之款		
归入各银行财政部户帐数目	13,183,689.23两	11,834,550.476两
拨交广东军政府数目	657,600.00两	590,305.207两
拨充三、四年及七年短期公债之基金	5,262,460.77两	4,723,932.469两
拨充整理金融短期公债之基金	1,152,300.00两	1,034,380.610两
	支出总计	47,864,032.378两
	本年结存	8,011,494.869两
	合　计	55,875,527.247两

九年关税收支表附注：

注：① 至④，参阅元年表注①至④。

⑤ 此数并不包括厘金、协款规平银一百四十一万八千九百八十二两二钱在内。

⑥ 此数内包括规平银五百五十二万二千四百三十九两四钱二分，折合关平银计四百九十五万七千三百零六两四钱八分一厘，系九年一月至十二月份缓付之庚子赔款。

民 国 十 年

收入项下	关平银
民国九年结存	8,011,494.869两
民国十年海关税全部收入	52,371,785.180两
民国十年常关税全部收入	4,522,058.373两
利息、汇换盈余及其他杂项收入	305,526.037两
合 计	65,210,864.459两

支出项下	关平银
照案提拨之海关经费①	6,334,754.795两
各关监督经费②	449,704.533两
银行手续费、汇费及汇换亏折	302,030.000两
购置地产及修建关房	245,117.440两
拨交政府抵补船钞三成之款项	510,000.000两
疏浚江河及改良港口经费或垫款	1,462,319.749两
防疫及海港检疫经费	468,807.670两
拨助改良中国蚕桑会之经费及出席纽约万国丝业博览会津贴	65,953.321两
缉获烟土奖金	289,423.570两
拨交地方当局之地方捐钞及奉准按成提拨之税款③	531,856.042两
其他杂项支出④	71,049.470两

续表

外债及赔款	规平银	关平银
一八九五年俄法借款	6,312,514.45两	5,666,530.027两
一八九六年英德正借款	5,454,538.38两	4,896,354.022两
一八九八年英德续借款	4,712,419.24两	4,230,178.851两
民国二年善后借款	7,099,294.86两	6,372,796.104两
庚子赔款⑤	16,747,999.24两	15,034,110.628两
关余内拨交政府之款：		
拨交外交部使领经费数目	700,000.00两	628,366.248两
拨充三、四年公债之基金	2,580,688.86两	2,316,596.822两
拨充整理案内公债之基金	11,452,732.77两	10,280,729.596两
代政府付还之各银行小宗垫款	364,936.61两	327,591.212两
	支出总计	60,484,270.100两
	本年结存	4,726,594.359两
	合　　计	65,210,864.459两

十年关税收支表附注：

注：① 至④，参阅元年表注①至④。

⑤ 此数内包括规平银九百十三万五千七百二十二两五钱八分，折合关平银计八百二十万零八百二十八两一钱六分九厘，系十一年一月至十二月份缓付之庚子赔款。

民国十一年	
收入项下	关平银
民国十年结存	4,726,594.359两
民国十一年海关税全部收入	56,141,326.680两
民国十一年常关税全部收入	4,317,595.772两
利息、汇换盈余及其他杂项收入	276,649.991两
合计	65,462,166.802两

支出项下	关平银
照案提拨之海关经费①	6,457,042.634两
各关监督经费②	450,650.839两
银行手续费、汇费及汇换亏折	484,681.627两
购置地产及修建关房	747,489.056两
拨交政府抵补船钞三成之款项	619,200.000两
疏浚江河及改良港口经费或垫款	1,212,466.248两
防疫及海港检疫经费	167,953.480两
拨助改良中国蚕桑会之经费及出席纽约万国丝业博览会津贴	97,134.650两
缉获烟土奖金	60,143.530两
拨交地方当局之地方捐钞及奉准按成提拨之税款③	564,191.048两
修改税则委员会经费	116,320.072两
其他杂项支出④	20,579.105两

续表

外债及赔款	规平银	关平银
一八九五年俄法借款	5,303,495.79两	4,760,768.214两
一八九六年英德正借款	5,764,998.70两	5,175,043.716两
一八九八年英德续借款⑤	4,519,196.70两	4,056,729.533两
民国二年善后借款⑥	8,076,443.84两	7,249,949.587两
庚子赔款⑦	16,710,108.39两	15,000,097.298两
关余内拨交政府之款：		
拨交外交部使领经费数目	1,671,000.00两	1,500,000.000两
拨交教育部之北京高等教育及留学经费	181,175.00两	162,634.650两
拨交外交部之洋顾问薪金	86,400.00两	77,558.348两
拨助各委员会及各机关之经费⑧	71,418.68两	64,110.126两
维持首都治安及行政经费	941,937.50两	845,545.332两
拨充整理案内公债之基金	12,121,727.66两	10,881,263.609两
	支出总计	60,771,552.702两
	本年结存⑨	4,690,614.100两
	合　计	65,462,166.802两

十一年关税收支附注：

注：①至④，参阅元年表注①至④。

⑤ 此数并不包括厘金、协款规平银四十一万九千六百五十三两一钱六分在内。

⑥ 此数内有规平银五十九万九千一百四十一两二钱，系偿付息票汇换损失之款。

⑦ 此数内包括规平银八百五十四万五千零六十两四钱八分，折合关平银计七百六十七万零六百十两八钱四分四厘，系十一年一月至十一月份缓付之庚子赔款，至十一年十二月份应付之法、义、比三国赔款，则不在此数以内。所有此项拨存备付之该三国赔款，每年内即在结余项下滚存，以迄十四年金佛郎案解决为止。同时，十二年及十三年之赔款数目，亦均适用此注。

⑧ 此款目所包括者，计有督办接收威海卫事宜公所及法权讨论委员会，以后诸年中，则有财政整理会，经济讨论会及外交部关税特别会议筹备处等。

⑨ 此数包括规平银五十三万六千一百四十两二钱二分在内，系十一年十二月份按金计算备付法、义、比三国之庚子赔款（参阅本年表注⑦）。

民国十二年

收入项下	关平银
民国十一年结存	4,690,614.100两
民国十二年海关税全部收入	60,915,313.446两
民国十二年常关税全部收入	4,490,130.408两
利息、汇换盈余及其他杂项收入	398,713.326两
合计	70,494,771.280两

支出项下	关平银
照案提拨之海关经费①	6,502,770.496两
各关监督经费②	490,754.546两
银行手续费、汇费及汇换亏折	805,320.081两
购置地产及修建关房	2,413,120.996两

续表

拨交政府抵补船钞三成之款项	619,200.000两
疏浚江河及改良港口经费或垫款	1,012,830.464两
防疫及海港检疫经费	196,803.561两
拨助改良中国蚕桑会之经费	96,000.000两
拨交地方当局之地方捐钞及奉准按成提拨之税款③	685,270.156两
修改税则委员会经费	15,304.640两
其他杂项支出④	6,465.224两

外债及赔款	规平银	关平银
一八九五年俄法借款	6,708,020.57两	6,021,562.451两
一八九六年英德正借款	6,179,199.42两	5,546,857.648两
一八九八年英德续借款⑤	5,248,288.36两	4,711,210.377两
民国二年善后借款⑥	8,878,025.59两	7,969,502.325两
庚子赔款⑦	15,312,495.50两	13,745,507.630两
关余内拨交政府之款：		
拨交教育部之北京高等教育及留学经费	181,450.00两	162,881.508两
拨助各委员会及各机关之经费⑧	290,136.70两	260,445.871两
拨充整理案内公债之基金	10,506,814.00两	9,431,610.413两
	支出总计	60,693,418.387两
	本年结存⑨	9,801,352.893两

续表

合　　计	70,494,771,280两

十二年关税收支表附注：

注：① 至④，参阅元年表注①至④。

⑤ 此数并不包括厘金、协款规平银十四万两在内。

⑥ 此数内有规平银六万零四百八十二两四钱九分，系偿付息票汇换损失之款。

⑦ 此数并不包括十二年应付之法、义、比三国赔款在内（参阅十一年表注⑦）。

⑧ 参阅十一年表注⑧。

⑨ 此数包括规平银六百八十二万五千二百五十六两一钱六分在内，系十一年十二月份至十二年十二月份按金计算备付法、义、比三国之十三个月庚子赔款（参阅十一年表注⑨）。

民国十三年

收入项下	关平银
民国十二年结存	9,801,352.893两
民国十三年海关税全部收入	66,735,589.428两
民国十三年常关税全部收入	4,175,961.525两
利息、汇换盈余及其他杂项收入	359,049.494两
合　　计	81,071,944.340两
支出项下	**关平银**
照案提拨之海关经费①	6,477,656.030两
各关监督经费②	486,711.830两
银行手续费、汇费及汇换亏折	773,581.550两

续表

购置地产及修建关房	1,369,084.370两
拨交政府抵补船钞三成之款项	619,200.000两
疏浚江河及改良港口经费或垫款	946,115.691两
防疫及海港检疫经费	160,937.088两
拨助改良中国蚕桑会之经费	96,000.000两
拨交地方当局之地方捐钞及奉准按成提拨之税款③	800,353.014两
其他杂项支出④	61,077.898两

外债及赔款	规平银	关平银
一八九五年俄法借款	6,066,660.95两	5,445,835.682两
一八九六年英德正借款	5,901,246.86两	5,297,349.060两
一八九八年英德续借款⑤	5,000,808.92两	4,489,056.481两
民国二年善后借款⑥	9,254,870.91两	8,307,783.582两
庚子赔款⑦	14,833,872.26两	13,315,863.789两
关余内拨交政府之款:		
拨助各委员会及各机关之经费⑧	276,047.36两	247,798.349两
拨充整理案内公债之基金	16,333,812.11两	14,662,308.896两
	支出总计	63,556,713.316两
	本年结存⑨	17,515,231.024两
	合　　计	81,071,944.340两

十三年关税收支表附注：

注：① 至④，参阅元年表注①至④。

⑤ 此数并不包括厘金、协款规平银十万两在内。

⑥ 此数内有规平银九万六千九百七十一两八钱五分，系偿付息票汇换损失之款。

⑦ 此数并不包括十三年应付之法、义、比三国赔款在内（参阅十一年表注⑦）。

⑧ 参阅十一年表注⑧。

⑨ 此数包括规平银一千三百零五万零五百四十两八钱八分在内，系十一年十二月份至十三年十二月份按金计算备付法、义、比三国之二十五个月庚子赔款（参阅十一年表注⑨）。

民国十四年

收入项下	关平银
民国十三年结存	17,515,231.024两
民国十四年海关税全部收入	67,081,525.283两
民国十四年常关税全部收入	4,528,107.480两
利息、汇换盈余及其他杂项收入	611,560.496两
合计	89,736,424.283两

支出项下	关平银
照案提拨之海关经费①	6,549,214.001两
各关监督经费②	489,912.808两
银行手续费、汇费及汇换亏折	833,436.087两
购置地产及修建关房	1,015,099.949两

续表

拨交政府抵补船钞三成之款项	619,200.000两
疏浚江河及改良港口经费或垫款	1,125,538.600两
防疫及海港检疫经费	161,141.354两
拨助改良中国蚕桑会之经费	96,000.000两
拨助关税特别会议之经费	656,179.623两
拨交地方当局之地方捐钞及奉准按成提拨之税款③	709,308.978两
其他杂项支出：④	434,245.235两

外债及赔款	规平银	关平银
一八九五年俄法借款	5,395,627.21两	4,843,471.463两
一八九六年英德正借款	6,189,460.88两	5,556,069.013两
一八九八年英德续借款⑤	5,171,959.82两	4,642,692.837两
民国二年善后借款⑥	10,271,663.89两	9,220,524.138两
庚子赔款⑦	34,025,485.59两	30,543,523.869两
关余内拨交政府之款：		
拨助各委员会及各机关之经费⑧	391,192.75两	351,160.458两
拨助整理案内公债之基金	20,068,342.41两	18,014,670.026两
	支出总计	85,861,388.439两
	本年结存	3,875,035.844两
	合　计	89,736,424.283两

十四年关税收支表附注：

续表

注：① 至③，参阅元年表注①至③。

④ 此数内有规平银四十一万一千零七十七两零六分(按一一一、四折合，等于关平银三十六万九千零零九钱二分八厘)，系备付金佛郎赔款项下滚存之利息，于金佛郎解决时，交由政府支配。又关于赔偿关员遭受盗匪抢掠损失及焚毁充公烟土费用等，亦均包括于此数内。

⑤ 此数并不包括厘金、协款规平银十七万五千两在内。

⑥ 此数内有规平银八万六千二百八十一两七钱七分，系偿付息票汇换损失之款。又规平银五十六万四千八百九十七两九钱四分，则系付给盐务稽核总所，作为特别归还汇丰银行代垫善后借款德发息票第四期至第八期之息金。

⑦ 此数内有：(甲) 十一年十二月份至十三年十一月份，应付法国赔款计规平银七百五十四万一千六百十五两五钱七分；(乙) 十一年十二月份至十四年八月份，应付比国赔款计规平银二百五十二万四千四百三十一两三钱四分及 (丙) 十一年十二月份至十四年十二月份，应付义国赔款计规平银四百四十一万七千五百九十四两九钱五分，以上三佛郎赔款之规平银数目，均系根据美金折算，按照中国与各该国成立之特别协定，由中国政府自行提用。

⑧ 参阅十一年表注⑧

民　国　十　五　年

收入项下	关平银
民国十四年结存	3,875,035.844两
民国十五年海关税全部收入	74,985,502.417两
民国十五年常关税全部收入	4,298,092.745两
利息、汇换盈余及其他杂项收入	378,672.279两
合　　计	83,537,303.285两

续表

支出项下	关平银
照案提拨之海关经费①	7,487,008.994两
各关监督经费②	503,940.797两
银行手续费、汇费及汇换亏折	1,186,462.517两
购置地产及修建关房	1,308,358.148两
拨交政府抵补船钞三成之款项	619,200.000两
疏浚江河及改良港口经费或垫款	1,173,042.783两
防疫及海港检疫经费	158,276.070两
拨助改良中国蚕桑会之经费	96,000.000两
拨助关税特别会议之经费	201,640.484两
拨助编订货价委员会之经费	89,130.727两
拨交政府之维持首都治安及紧急行政经费	1,428,007.181两
拨交政府之财政部及各委员会经费③	216,295.897两
拨交地方当局之地方捐钞及奉准按成提拨之税款④	560,598.581两
其他杂项支出⑤	76,538.047两

外债及赔款	规平银	关平银
一八九五年俄法借款	5,726,636.07两	5,140,606.885两
一八九六年英德正借款	7,012,268.79两	6,294,675.754两
一八九八年英德续借款	5,958,487.49两	5,346,936.706两

续表

民国二年善后借款	10,933,500.66两	9,814,632.549两
庚子赔款	23,718,963.07两	21,291,708.321两
关余内拨交政府之款：		
拨助各委员会及各机关之经费⑥	265,985.05两	238,765.754两
拨充整理案内公债之基金	17,064,451.36两	15,318,178.959两
	支出总计	78,550,005.154两
	本年结存	4,987,298.131两
	合　计	83,537,303.285两

十五年关税收支表附注：

注：① 至②，参阅元年表注①至②。

③ 此款目并包括有修订法律馆、司法储材馆、中俄会议委员会及条约研究会等机关在内。

④ 参阅元年表注③

⑤ 参阅元年表注④

⑥ 参阅十一年表注⑧

民　国　十　六　年

收入项下	关平银
民国十五年结存	4,987,298.131两
备付伦敦汇丰银行德债帐中垫款所自内债基金帐重行提出之十五年税款（规平银三百零四万两）	2,728,904.847两
民国十六年海关税全部收入	65,750,266.157两
民国十六年常关税全部收入	3,606,990.830两

续表

利息、汇换盈余及其他杂项收入	550,772.917两
合　　　计	77,630,232.882两

支　出　项　下	关　平　银
照案提拨之海关经费①	8,366,172.143两
各关监督经费②	478,193.682两
银行手续费、汇费及汇换亏折	1,249,109.357两
购置地产及修建关房	695,408.107两
拨交政府抵补船钞三成之款项	619,200.000两
疏浚江河及改良港口经费或垫款	1,226,451.203两
防疫及海港检疫经费	178,242.662两
拨助改良中国蚕桑会之经费	96,000.000两
拨助关税特别会议之经费	29,582.585两
拨助编订货价委员会之经费	77,139.165两
拨交政府之维持首都治安及紧急行政经费	215,242.765两
拨交政府之财政部及各委员会经费③	625,015.431两
拨交地方当之局地方捐钞及奉准按成提拨之税款④	672,196.168两
其他杂项支出⑤	233,392.210两

外债及赔款	规　平　银	关　平　银
一八九五年俄法借款	5,872,493.26两	5,271,537.935两

续表

一八九六年英德正借款	7,585,943.48两	6,809,644.057两
一八九八年英德续借款	6,586,363.60两	5,912,355.117两
民国二年善后借款	12,328,030.40两	11,066,454.578两
庚子赔款	25,390,953.58两	22,792,597.469两
备付伦敦汇丰银行德债帐中垫款所购英金之款	3,012,884.71两	2,704,564.372两
关余内拨交政府之款：		
拨助各委员会及各机关之经费⑥	176,363.00两	158,315.081两
拨充整理案内公债之基金	1,500,000.00两	1,346,499.102两
	支出总计	70,823,313.189两
	本年结存	6,806,919.693两
	合　计	77,630,232.882两

十六年关税收支表附注：

注：① 及②，参阅元年表注①及②。

③ 参阅十五年表注③。

④ 参阅元年表注③

⑤ 此款目内所包括者，计有下列各数：长沙及沙市两地军事当局提拨之关平银三万五千五百三十二两九钱三分九厘；哈尔滨车站办理查验外人进口护照经费关平银九万四千三百三十六两零五分；武汉纷扰时垫付江汉关“海关经费帐”关平关（银）五万四千二百五十两（按此款后经拨还，并计入收方“利息、汇换盈余及其他杂项收入”项下）；退还九江亚细亚火油公司所纳进口税款关平银四万三千五百九十八两七钱九分六厘；及赔偿关员遭受盗匪抢掠损失暨焚毁充公烟土费用等关平银五千六百七十四两四钱二分五厘。

⑥ 参阅十一年表注⑧

〔国民党政府关务署重庆关档案〕

（四）盐　　税

1. 临时大总统交议盐务署官制草案等咨

（1912年11月10日）

临时大总统为咨行事：据国务总理呈称：盐务署官制案，业经国务会议决定，应请按照约法提交参议院议决，并将改革盐务计划书附送，以备参考等因。相应将原草案及改革盐务计划书，一并咨送贵院共同议决可也。此咨

参议院

附官制草案一册、计划书一本（原缺）。

赵秉钧

中华民国元年十一月初十日

附盐务署官制草案理由

盐务署官制草案理由

窃维盐务为国家收入大宗。自来谈盐务者，改良之策不一，端而收效之方，未一见议。就场征税，则格于事势；议实行专卖，则限于财力。卒至场灶未能清厘，产区未能划一，引界未能破除，贩私未能禁绝，是以税源无增加之望，而鹾纲无整理之期，数百年来几成秕政。当兹民国肇兴，盐务革新，适逢斯会。惟兹事体大，未可掭切图功，将来实行改革，或用场税制度，或采专卖政策，均应通盘筹划，确定统一办法，方能着手整理。而非得有学识经验专门人员不能提挈纲领，亦非予以相当职权不足以资统摄。

自应按照中央官制办理，明定职掌，审择用人，以一事权，而资整理。兹特编订盐务署官制若干条，并略述理由于后。

前清盐政，虽设有专院办理，而盐务大臣实以国务大臣资格行之，并非专属于度支部。现在官制，盐务署则直隶财政部，署长则受财政总长之监督，事务虽分，而政权仍合，责任专，而系统明，此其一。盐务事甚繁，要学识既必须兼重盐政，关系政策职权，亦不妨稍尊。故现在官制，署长以简任，直隶总长。厅长以荐任，秩同司长。视察、佥事、主事、技正、技士，各有级差，规模固较部、司为大。而佥事十二人，主事二十四人，技正一人，技士二人，以三厅分配，用人实较部、司为少，此其二。盐务之弊，由于立法之不善，亦由于用人之不当。从前督销差使，人皆视为利途，宠赂在所不惜，现在整理盐务，自应从各省入手，厘正名称，明令职掌，以专责成，以清积弊，此项官制，亟须严密规定，隶属于中央。兹已拟就各省盐务司官制，同时提出，俟议决后，即时实行，庶事权可一，而名实可副，此其三。以三各节，设立盐务署官制理由，大概具是，仍希公决。

盐务署官制草案

第一条　盐务署直隶于财政总长，掌理全国盐政事务。

第二条　盐务署置职员如左：

署长，简任。

厅长，荐任。

秘书，荐任。

视察，荐任。

佥事，荐任。

主事，委任。

技正，荐任。

技士，委任。

第三条　署长一人，受财政总长之监督，掌理全国盐政事务。

第四条　厅长每厅一人，承署长之命分掌各该厅事务。

第五条　秘书二人，承署长之命掌理机要事务。

第六条　视察六人，承署长之命随时分赴各处视察盐政事务。

第七条　佥事十二人，承长官之命分掌各该科事务。

第八条　主事二十四人，承长官之命助理各该科事务。

第九条　技正一人，承署长之命掌理关于技术事务。

第十条　技士二人，承长官之命助理关于技术事务。

第十一条　盐务署置左列各厅：

第一厅；

第二厅；

第三厅。

第十二条　第一厅主管通行、文牍、函电及统计调查，编纂会计暨不属他厅事务。

第十三条　第二厅主管两淮、两浙、闽、粤等处盐务事宜。

第十四条　第三厅主管奉、直、潞东、陕、甘等处盐务事宜，川、滇盐务附之。

第十五条　各厅所属事务得酌量分科以处理之。

第十六条　盐务署得酌设顾问作为名誉职。

第十七条　盐务署为缮写文件得酌用雇员。

第十八条　各省盐务官制另定之。

第十九条　本制自公布日施行。

盐务司官制草案

第一条　盐务司直隶于盐务署，统辖所属区域内产盐、运盐、销盐、缉私，一切事务。

第二条　盐务司置职员如左：

司长，荐任。

佥事，荐任。

主事，委任。

技正，荐任。

技士，委任。

第三条　司长一人，承盐务署长之指挥、监督，总理所属区域内盐务事宜。

第四条　佥事每科一人，承长官之命助理各该科事务。

第六条　技正一人，承司长之命掌理关于技术事务。

第七条　技士四人至八人，承长官之命助理关于技术事务。

第八条　盐务司置左列各科：

总务科；

榷运科；

场产科。

第九条　总务科职掌如左：

关于撰机文件，并编辑成案事项；

关于所属区域内盐务应兴应革事项；

关于编制统计及报告事项；

关于铨叙所属员司，并考成及督察事项；

关于管理经费，并各项收入、支解之预算、决算及会计事项；

关于管理库储及官物事项；

关于保管及收发各项文件，并署内一切庶务不属他科事项。

第十条　榷运科职掌如左：

关于商运官运及稽核销数事项；

关于稽征盐税及官运收入事项；

关于场地、荡地计科及蠲缓事项；

关于运商请愿批准及给发执据事项；

关于商欠及商借事项；

关于运商及售盐、盐栈、盐店等注册交费事项；

关于考查运道及运费，并盐价事项；

关于行盐区域内缉私事项；

关于其他一切榷运事项。

第十一条　场产科职掌如左：

关于整理场产事项；

关于考核制盐成法及发明新制事项；

关于检查盐质事项；

关于清理场盐，并考核场价事项；

关于场上建筑及保存事项；

关于产地缉私事项；

关于盐户注册事项；

关于其他一切场产事项。

第十二条　各科所属事务得酌量分课以处理之。

第十三条　盐务司为缮写文件得酌用雇员。

第十四条　产地各场设场务所专管场产一切事务。

第十五条　各盐务司所属行盐区域内得设榷运局，掌理榷运事务。

第十六条　场务所及榷运局应设员额及办事权限，别以官制定之。

第十七条　盐务司管辖区域，以教令定之。

第十八条　本制自公布日施行。

〔北洋政府司法部档案〕

2. 大元帅公布财政部盐务署官制等令

（1927年7月12日）

大元帅令

兹制定财政部盐务署官制、财政部烟酒署官制公布之①。此令。

陆海军大元帅之印

国务总理潘复　财政总长阎泽溥

中华民国十六年七月十二日

财政部盐务署官制

第一条　盐务署直隶于财政部，管理全国盐政事务。

第二条　盐务署置左列各厅、处：

总务厅　场产厅　运销厅　纂译处

第三条　总务厅掌事务如左：

一、调查考核本署所属职员之成绩事项，二、纪录职员进退各事项；三、本署所属经费及各项收入之预算、决算、会计事项；四、稽核所辖各官署之会计事项；五、收发及保存文件事项；六、典守印信事项；七、管理本署庶务及其他不属于各厅、处之事项。

第四条　场产厅掌事务如左：

一、关于建筑盐场仓栈事项；二、关于制造盐类事项；

① 财政部烟酒署官制略。

三、关于编练场警事项；四、关于缉私事项；五、其他关于场产一切事项。

第五条　运销厅掌事务如左：

一、关于各省区运盐事项；二、关于各省区销盐事项。

第六条　纂译处掌事务如左：

一、关于盐务例案之编辑事项；二、关于中外公文函牍之撰译事项；三、关于统计及报告之编制事项。

第七条　盐务署设职员如左：

督办，由财政总长兼任。署长，简任。参事，简任。厅长，简任。处长，简任。秘书，荐任。佥事，荐任。主事，委任。

第八条　督办掌管并监督全国盐务行政一切事务。

第九条　署长一人，承督办之命掌管本署事务，监督本署职员，并盐运使、榷运局长及其所属各职员。

第十条　参事二人，承长官之命审议本署事务。

第十一条　厅长三人，处长一人，承长官之命分掌各厅、处事务。

第十二条　秘书四人，承长官之命掌理机要事务。

第十三条　佥事十二人，承长官之命分理各厅、处事务。

第十四条　主事二十四人，承长官之命助理各厅、处事务。

第十五条　盐务署视事务之繁简，得酌设额外职员。其额数不得超过实职人员之总数。

第十六条　盐务署因缮写文件及其他事务，得酌用雇员。

第十七条　本官制自公布日施行

〔北洋《政府公报》1927年7月13日第4031号〕

3. 大元帅公布修正财政部盐务署官制令

（1927年8月30日）

大元帅令：

兹修正财政部盐务署官制公布之。此令。

陆海军大元帅之印

国务总理潘复　财政总长阎泽溥

中华民国十六年八月三十日

修正财政部盐务署官制

第三条第五款之后增加一款如左：

六、编制统计及调查报告事项。

第六款修正为第七款。

第七款修正为第八款。

第四条第四款删。

第五款修正为第四款。

第五条第二款之后增加二款如左：

三、关于各省区输出盐事项；

四、关于各销地缉私事项。

第六条第三款删。

〔北洋《政府公报》1927年8月31日第4080号〕

4. 财政部就暂改盐务筹备处为盐政处呈

(1913年9月)

为呈请事：案照盐务行政，綦为繁颐，且规划改革，尤关国计要图。前经在部设立盐务筹备处，原为专一职务，策励进行起见，第以制属权宜，组织稍从简单，致措施难形敏活。以根本计划论，自宜从速拟订盐务官制，提交国会议决，然后一切政策有所凭依。顾官制拟议，既贵周详，将来议院通过，尤需时日。现时刻难从缓，所有该处办法，亟应先行修改，藉以裨益临时。兹由总长督同盐务筹备处处长将该处职务，悉心审议，拟暂改盐务筹备处为盐政处，酌订暂行办事章程。于必要之职，量事增添，闲冗之员，概行裁并。宗旨所在，要使统系分明，则对外无虞扞格，职权完备，则治事易有规模，庶可暂资整理。谨缮具暂行章程八条，恭呈钧览。综计现拟办法，比较目前用人原额尚无增加，经费自不致有所出入。如蒙核准，除处长、副处长应请大总统简任外，其余各员，拟即由处长分别荐委，以符通制，并由部订定细则，俾利推行。至盐务各司、局办事章程，前此各自拟订，未归一律。嗣后并拟由部颁订暂行通则，庶几政系联贯，获收指臂相维之用。仍一面赶速拟订正式官制，交国务会议后，提院通过，以昭慎重，合并陈明。为此备文，呈请大总统鉴核指令施行。谨呈

大总统

计呈暂行章程一件（缺）

中华民国二年九月　　日

总长熊

盐务筹备处处长张

北盐股股长兼领奉直科事

南盐股股长兼领两淮科事差

署南盐股股长两淮科办事员李

〔北洋政府财政部档案〕

5. 财政部拟订盐务署官制请核准公布呈

（1914年5月11日）

为呈请事：民国二年九月三十日，本部以盐务筹备处事宜已竣，呈请改为盐务署，另定规章，详议官制等因。均蒙大总统令准在案。惟鹾政当刷新之际，职务既属殷繁，而税收为债约所关，权限尤须厘订。故本部先将稽核总、分所及盐务署顾问办事章程呈请批准在案。兹复经悉心讨论，拟具盐务署官制十六条，以重职务，而励进行。所有议订官制缘由，理合缮具清单，呈请大总统鉴核公布施行。谨呈。

中华民国三年五月十一日

附：盐务署官制章程

盐务署之稽核总、分所章程及盐务署内任用顾问章程业经公布外，所有盐务官制章程规定如下：

第一条　盐务署有监督全国盐务之权。

第二条　盐务署置职员如下：

督办，财政总长任之。

署长，简任。

参事，荐任。

厅长，荐任。

秘书，荐任。

佥事，荐任。

主事，委任。

第三条　督办（即财政总长）为管理全国盐务最高长官。

第四条　署长（除稽核总分所章程所规定外）应掌理全国一切盐务事宜。

第五条　参事二人，助理署长应办事宜。

第六条　厅长二人，承署长之命掌理各该厅事务。

第七条　秘书二人，承署长之命掌理机要事务。

第八条　佥事八人，主事二十人，承上官之命助理各处、厅事务。

第九条　盐务署置一处二厅如左：

一、总务处。

二、场产厅。

三、运销厅。

第十条　总务处主管调查、视察各盐运使、榷运局办事之成绩，及其以下各属官服、官资格计降、调遣事宜，及收发本署文牍、监用官印及其他无可隶属之文牍事务。

第十一条　场产厅主管关于建筑盐场仓栈、制造盐类及编练场警缉私各项文牍事务。

第十二条　运销厅主管关于各省运盐、销盐各项文牍事务。

第十三条　盐务署长就主管事务，依其职权，得发署令。

第十四条　盐务署长承督办之命，有考核及监督本署参事以下各官及盐运使、榷运局长，及其所属各官之权。

第十五条　盐务署为缮写文件及其他事务，得酌用副属雇员。

第十六条　本章程自公布日施行。

〔北洋政府不明全宗档案汇集〕

6. 财政部交议盐税法草案致国务院函

（1913年10月20日）

财政部公函　二年鹾字第二百九十号

径启者：窃维各国租税制度完全，税率划一，几经改革，始克臻此。我国税法紊乱，以盐务为最甚。征收手续既綦繁难，科则名称又极复杂，遂致官商不肖，因缘为奸，弊害丛生，莫可究诘。此种败坏之现状，虽由于盐法之未善，抑亦税制之不良有以致之也。今欲为根本上之改革，必先破除引岸。而破除引岸，非取全国税率而均一之，则无以扫除千百年之积弊，而树改革之基础。故斟酌进行之次第，而急先莫如均税。兹拟就盐税法共十三条，其理由分述于后。一、原因于税制之烦杂也。从前省自为政，各不相谋，课厘加价。一区域而名目繁多，正款、杂捐。一税项而彼此差异，积习既久，症结莫除。言改革者，顿觉百孔千疮，茫难下手。今欲就现在情形切实改革，而不先行均税，以为预备，则税法无整齐划一之观，将何以使新制推行而尽善乎。二、原因于税率之差异也。从前盐税重轻包斤，多寡至不齐一。例如百斤税率，最重者至五元而强，最轻者仅一元而弱。同是课税，而数额若是悬殊；同是国民，而负担若是歧异。吾国盐法之敝，受人訾议者悉由于是。今于新制实施之前，急以均税为先著，是国家行政之统一，人民纳税之公平，已略收改革之实效矣。其他盐税不均，则缉私官吏不能撤裁，场产制造不能整理，举凡旧制之存留，皆足为盐政刷新之障碍，以故拟定全国盐税每百斤为二元五角。惟各省税率相去悬远，非骤然可以通行，势不能不分别时期，划定区域，以为先后推行之次第。故拟划分全国为二大区，如奉天、吉林、黑龙江、直隶、河南、山东、山西、陕西、甘肃及安徽之皖北各省地方为第一区；其江苏、江西、浙江、福建、湖北、湖南、广东、广西、四川、云南、贵州、安徽之皖南各省地方为第二区。自民国三年一月一日始，七月一日以前，第一区各地方暂定每百斤税率为二元。而第二区各地方，仍照从前税则，以维现状。七月一日以后则并第二区，各地方一律通行。抑有言者，盐款为外债担保，税收不能短绌。兹定均税办法于税率整理之中，亦能保税源之确实。前本部提出盐斤加价案，原为治标之策，盖加价一律增收，而均税则轻者固有所增加，而重者则概为减少。似此改革进行，实为施行新制必经之阶级，与前加价案有别，并附表五纸，以备参考。是否有当，应请公决，咨交国会议决施行。

此致

国务院

盐税法草案

第一条　本法之规定，于盐法未施行以前适用之。

第二条　本法之规定，凡中国产盐、销盐各省均适用之。但蒙古、青海、新疆、西藏及各租借地认为特别地方者，不在此限。

第三条　全国产销各行省，暂划为第一、第二两区。前项之区域，第一区以奉天、直隶、山东、山西、甘肃、陕西、江苏之淮北各产地，吉林、黑龙江、河南、安徽之皖北各销地为限。第二区以江苏之淮南、两浙、福建、广东、四川、云南各产地，安徽之皖南、江西、湖北、湖南、广西、贵州各销地为限。

第四条　本法施行地内定税率，每百斤为二元五角。但在民国三年七月一日以前，除第二区暂照旧率征收外，第一区各地方，暂定每百斤为二元。

第五条　凡由特别地方之移入盐，除租借地另规定外，其税率仍适用第四条之规定。

第六条　第一区各地方，如借运第二区各地方之盐时，其税率仍照第二区课之。若第二区各地方，借运第一区者亦同。

第七条　凡盐税列入地丁者，应由命令免除之。

第八条　凡向产土盐各地方，除禁止外，仍适用本法之规定。

第九条　收税地点均在各产盐地方，一次收足，无论运至何处，不得再税，即从前出境、入境，通过、附加各税款，一概废止。但关于第五条各地方移入之盐，得于移入时，一次征收之。

第十条　课税衡量，当法定衡量未颁布以前，暂以司码秤十六两八钱为一斤，百斤为一担，十六担合英权一吨。

第十一条　盐之包装物，在定式未颁布以前，得按照各地实在重量计算，不得含混。

第十二条　盐之卤耗，应按照盐质之高下、气候之差异、运道之远近，另以命令定之。

第十三条　本法自民国三年一月一日为第一区施行期，七月一日为全国施行期。

第十四条　关于本法各施行细则，另以命令规定。

中华民国二年十月二十日

总长熊希龄（签字）

盐务署署长张

〔北洋政府财政部档案〕

7．财政部奉准公布盐务署稽核总分所章程令

（1914年2月9日）

财政部部令第三十八号

本部拟订盐务署稽核总所及分所并顾问办事各章程，呈奉大总统批：据呈及章程均悉。所有稽核总、分所章程，应即照准，由该部公布施行。至盐务署顾问章程，亦尚妥协。惟该署办事人员不止顾问一种，仍责该总长将盐务署官制章程迅速拟定呈核后，再行汇同颁布。等因。奉此。除前项顾问章程遵照大总统批词，俟盐务署官制拟定再行呈核汇颁外，兹先将盐务署内稽核总、分所章程公布之。此令。

附　盐务署稽核总、分所章程

盐务署稽核总所章程

第一条　本章程系按照中华民国二年，即一千九百十三年四月二十六日订立之中国政府善后借款合同第五款内所载各节，分别订定，所有盐务职官及所属各局、所均应遵守。

第二条　按善后借款合同第五款所载，稽核总所应成为盐务署无此不成立之一部分。

甲、应于稽核总所内设立中国总办一员、洋会办一员，盐务署长应兼任稽核总所总办，总所会办应兼任盐务署顾问。当会办请假，或因他故暂离职守时，应由副会办当总所会办及顾问之职；

乙、该华总办、洋会办专任监理发给引票，汇编各项收入之报告及表册各事；

丙、除总所华总办、洋会办及洋副会办由财政总长任用外，其余总分所华洋人员，其任免均须经华洋总、会办会同定夺，再呈由财政总长核准；

丁、中国政府盐务收入账内之款，必须有总、会办会同签字之凭据，方能提用；

戊、稽核总所审计所有一切盐款收支账目，以及凡为政府一切收买、存储、转运及销售盐斤之收支，并于呈报财政总长后，将该项收支按季造报颁布；

己、该总、会办有保护盐税担保之各债先后次序之职任。

第三条　稽核总所除上列之职任外，应监督分所经、协理，按照分所办事章程内所列各节，各尽其职。

第四条　凡总、会于行使以上所列之职务之时，应直接受财政总长之管辖。

第五条　凡总、会办所发出之命令，应以财政总长之名义行之，并同盖财政部印。稽核总所总办官印、洋会办官印，其发出时，并须经财政总长核准。

第六条　盐务署长兼总办与洋会办兼洋顾问，彼此有不同意之事，应呈由财政总长核夺。

第七条　该总、会办对于各稽核分所华洋经、协理及所属人员，有任免及管辖之权，但执行该权时须财政总长之核准。其任免人员之状令，亦须呈报财政总长。

第八条　各分所应用之盐务款目、登记收支之簿记、表册式样及应用之收条、引票、执照等件之式样，均由总所分别拟订，呈财政总长查阅。

第九条　各分所华洋经、协理之职务，由各分所办事章程规定之。所有该员之月薪、旅费，应由总所列表规定，非财政总长核准，不得增加。

第十条　凡总所文件，盐务署长得随时调阅，所有该署文件，该总、会办需用时，亦可查阅。

第十一条　总所所需员额，应由总、会办酌定，呈请财政总长核准。若无财政总长之准许，不得添派人员及加增薪津。在总长准许范围内，总、会办得有任免总所华洋职员之权，该权限须由财政总长允许，方能实行。所有任免各员，须呈报财政总长。

总所每月应有临时费用一款，于需用之时，由总、会办核准动支，其数目由财政总长按实需之数拟定。总所应将每年所需之经费于年度开始时编制预算，呈请财政总长查核，于每年度终编造全年实支数目亦如之。

第十二条　凡盐务署之事务，未曾载于以上所列，或将来修正之总、分所办事章程内者，由盐务署长及洋顾问之帮助办理之。凡盐务署长所发之命令，除刻于普通公事者外，均应抄送稽核总所。

盐务署稽核分所章程

第一条　各盐务稽核分所，均隶属于财政总长所管辖盐务署内之稽核总所，承总所华洋总、会办之指挥监督，办理各分所之职务。

第二条　按照善后借款合同第五款内所载，在各产盐地方设立稽核分所，内设华洋经、协理二人，其等级、职权均相平等，应尽职务如下：

甲、华洋经、协理须会同监理发给引票，或准单，准许纳税后运盐，以及在各稽核分所设立之处可征收一切盐税、盐课及各费，并监督他处之征收上列各税各费。凡该处收税之官，应由总、会办委任，该收税官关于所收税款，对于分所担负责任；

乙、凡在盐区征税后放盐，须以该分所华洋经、协理会同签字之单据，或以该分所印信为凭。其管理称盐及由仓坨放盐事务各员，应为分所属官华洋经、协理暨其所属之称盐及放盐之员，对于场仓放盐，须稽查是否有正式准单，是否照则完全纳课，是否只照允准之量数放出，并按时期向该分所所辖地点内之场坨察视。在该地点之内，如该处运司，或运署所属各局所之人员有违背章程之事，须呈报总所之总、会办。倘于巡查时，见有私制及向领有牌照之场坨私运等情，亦须一律呈报。

买盐、贮盐、运盐，并代政府售盐之地方，各分所对于此数者应尽之职务，由盐务署按各地情形规定办法。

丙、所有收入之款，应由分所华洋经、协理以中国政府盐务收入账名目存于国内各银行，或该银行所认可之存款处。其款项数目，应报告稽核总所，以备与稽核分所送呈之报告较对其放盐之数，并与银行送呈之报告较对其收款之数；

丁、盐款收支一切，须由分所华洋经、协理详细报告该处之盐运司，并北京总所；

戊、各分所之华洋经、协理及所员任免，由华总办及洋会办会同定夺，呈由财政总长核准施行。

第三条　各分所之员额，量事务繁简，随时核拟人数，经总所总、会办详细酌妥，呈由财政总长核定。

第四条　各分所若于第二条所指明各事有应行商酌之处，可开具说帖呈总所总、会办请示办法。该办法由总、会办决定。如事关重要者，则由总、会办征求财政总长之意见，遵照办理。

第五条　分所中若有与该地方盐运司因权限职务责任等事彼此争执时，应由盐务署长及总所总、会办呈请财政总长酌夺办理。

第六条　各分所应用之登记收支款目之簿记、表册式样及应用之收条、引票、执照等件之式样，均应遵照总所颁发之训令备办。

第七条　各分所一切费用，应于每年度开始以前编制预算呈送总所，以资限制。并由总所与盐务署之预算一并呈送财政部，以备核编。

第八条　凡分所对于盐务款目、引票额数及一切关于盐务之事，遇有应行查询时，得函请盐运司将所需文件照送查核，或商明盐运司派员到署调查。盐运司对于分所遇有应行查询事亦同。

附件

一、以上总、分所两章程所定各该职务，如有未尽事宜，或日后有应行更定者，应由总所总、会办及盐务署长将所抒意见陈明财政总长，以便将此章程增加修正。所改正之章程，再以财政总长之命令公布之。

二、以上总、分所两章程，自财政总长命令公布之日施行。

三、自本章程颁布以后，从前盐务筹备处所定之章程，概行取消。

中华民国三年二月九日

财政总长熊希龄

〔北洋政府不明全宗档案汇集〕

8. 财政部奉准公布盐务署顾问章程令

（1914年2月19日）

财政部部令第六十二号

本部前拟盐务署顾问办事章程呈请大总统量予变通，先行批准公布。奉批：据呈已悉。所请将盐务署顾问章程，先行批准，由部公布，应即照准。此批。等因。奉此。合行将盐务署顾问章程公布之。此令。

北京盐务署顾问办事章程

第一条　本章程系按照中华民国二年，即一千九百十三年四月二十六日订定之中国政府善后借款合同所载，中国政府承认，即将指定此项借款担保中国盐税征收之法，整顿改良，并用洋员，以资襄助一节，特定盐务署顾问办事章程。按照稽核总所章程所载，洋会办应作为盐务署顾问。当会办请假，或因他故暂离职守时，副会办应作为盐务署顾问。

第二条　顾问应有之职权如下：

一、盐务署整顿盐政及关于盐税暨运销各处盐觔办法，官运、商运、民运均包括在内。订定合同及发紧要命令时，于未决定实行以前，署长应与顾问商议所商事件，并各命令之旨意，须由署长与顾问面商，或笔谈决定。又盐务署关于盐务所发命令，若在稽核总所职务范围之外者，该命令一律钞送顾问检阅其所尤，当与顾问商确者为：

甲、运销各省各属盐觔之办法，并该办法需要之改良；

乙、盐税、盐课及关于盐务各项收款之收入及储存于中国政府盐务收入账之办法，并与此有相关之支款；

丙、凡为政府购盐、储盐、运盐、卖盐之办法，并司此职务之官员，与按照借款合同所任用之总、会办及各分所经理，二者彼此有关系之事。

二、财政总长，或盐务署长，可随时训令或嘱托该顾问筹画盐政改良办法。

三、凡盐务署开会讨论盐政问题时，顾问可出席讨论。

四、遇财政总长委赴各处调查盐务，顾问须遵照前往，认真调查办理，并于每处调查事竣后，须有详细报告一份。一呈财政总长察阅，一备盐务署员参考。

第三条　顾问与署长对于所商各事，有不同意者，须呈由财政总长核夺。

第四条　关于盐务所有紧要命令文件，均须交顾问检阅，需商确时，并可与署长商确。

第五条　顾问若需查看盐务署各项案卷文件及报告等件，得随时开条，由署长饬令管理此项事务员、司检交。

中华民国三年二月十九日

财政总长周自齐

〔北洋《政府公报》1914年2月20日第642号〕

9．盐务稽核总所抄送收解盐款暂行章程致盐务署函

（1914年5月21日）

第六三号

径启者：兹寄上总、会办所批准之收解盐款暂行章程：

第一条　无须解释，因多数区域已实行照章办理。

第二条　须俟各区域每月盐政经费订定，始能实行。非俟该区内所有局、所及缉私队之员司俸给表及办公费核准后，无从办理。

第三条　有一五国银行，或数五国银行之处，解款至解款银行可采用之。

（甲）盐款积存至五万元之数，则各该处之分所须饬收款银行移解于解款银行。

（乙）五国银行中现在指定为解款银行者，开列于左：

（一）牛庄，横滨正金银行；（二）天津，汇丰银行；

（三）济南府，德华银行；（四）汉口，华俄道胜银行；

（五）福州，汇丰银行；（六）广州，东方汇理银行。

各分所解款所用之银币，由总、会办指定，并直接知照该经、协理。如未得命令以前，可接续以现用之银币解款，倘盐课收入之币与解款之币不同，则该经、协理须饬收款银行，按该日最好之市价兑换。

（丙）于税款解至上海时，解款银行须函知分所，按何市价将此款兑换上海规元及所兑得上海规元之数，该经、协理须注意此项市价，如觉其太高，当由分所质问，并呈报总、会办。

第四条　无五国银行之处，经、协理须饬中国银行（即收款银行）将净款汇至上海分行，均匀拨交该处之五国银行。汇款之银价，由经、协理与中国银行商定之，若解款用银条，须与收款银行商定运解每千之定价。如经、协理饬中国银行解款至上海，须函请汇丰银行转知上海五国银行，此次拨解盐款合上海规元之数。关于无五国银行各处（河东、杭州、扬州、海州），以及四川省之解款，当随时分别令饬办理。目下请遵照下列之办法：

河东

总所已与中国银行订定，以库平银由运城解款至天津交该处中国分银行，须按最好之市价，将收到之盐款兑成行平拨付天津汇丰银行，俾均匀拨解与五国银行。现在须按下列日期解款：

五、六、七、八月内，每两月解款一次。由正月至四月，并由九月至十二月，每月一次。

杭州

盐款积存至五万元时，该经、协理须饬中国银行解至上海中国银行，即由上海中国银行将收到之款兑成上海规元，均匀拨解与五国银行。

扬州

盐款积存至五万元时，该经、协理须饬中国银行解至上海中国银行，即由上海中国银行将收到之款兑成上海规元，均匀拨解与五国银行。

海州及四川省解款，当另行令饬。

第三条与第四条之说明

（一）有一五国银行，或数五国银行之区域，乃指定为解款银行。无五国银行之处，则无解款银行，而盐款则由收款银行汇解至上海分行，均匀交付五国银行。

（二）由收款银行解款至解款银行，或由收款银行解款至上海分行（无五国银行之处），即系分所将中国政府之盐款解与总所之中国政府盐款项下，经、协理对于解款之责任，应监察及记录每次解款之银价及每次汇款之费用。

（三）净款系除去预备行将支用各经费所余之盐款，经、协理须存留敷用之款，以备支拨应用。

（四）收款银行对于收款之责任，系察看银色及其重量，倘税款之收入有因银色不佳、重量不足、假银伪票，以致损失者，收款银行须负其责。

（五）须有经、协理之命饬，始能解款。经、协理须用解款凭单，以行其职权（兹寄上凭单之格式一张）。此项凭单由总、会办颁发，单上盖有印信，编列号数，并装订成册。至于无五国银行之处，解款凭单，须加修改，迟日颁发，相应函达，希即查照，此颂公祺。

稽核总所启

中华民国三年五月二十一号

〔国民政府财政部盐务总局档案〕

10．盐务署抄送精盐纳税章程饬属遵行训令

（1921年11月5日）

盐务署训令第一千八百四号

令松江运副

据稽核总所拟精盐纳税章程，现经署、所会商核定，抄录付厅陈核等情前来。查此项精盐纳税章程，本署详加复核，尚属允当，应定于十一月十一日，一律实行。除通行外，合行刷印章程，

令仰该运副转饬所属精盐公司一体遵照，并出示布告商民，咸使周知。此令。

计发精盐纳税章程一份

中华民国十年十一月五日

财政总长兼盐务署督办高凌霨

拟订精盐纳税章程

第一条　凡中华民国国籍的人，欲制炼精盐，或再制盐者，均应分别遵照制盐特许条例及其施行细则办理，并领取证券为据。

第二条　凡领有证券者，所制炼之精盐，如系以卤制成者，应于制成精盐后起运时纳税。如以生盐再制者，应于购入生盐时预先纳税。

第三条　精盐之税，凡系以卤制成者，每担以二元五角为最低之率。其以生盐再制者，每担按二元五角之率减收一成（即每担二元二角五分）。惟对于下开第四条之盐，则此项每担二元二角五分之税率，仍应按二元五角计算，所有税款，一律缴纳现洋，均不得藉口消耗等事要求将所完精盐之税，或制炼精盐所用生盐所完之税减少。

第四条　于未将精盐放运税率较高之区域以前（即该区生盐之税率系在每担二元五角以外者），须将该区所行之税率与每担二元五角比较，相差之数，按担补足，并用现洋先行缴纳。惟以生盐再制者，仍准将应补之数减收一成。

第五条　所有本章程内之第二、三、四三条，由实行公布之日起，对于所有现在之制炼精盐，或再制盐者，皆适用之。

〔国民党政府财政部档案〕

11. 盐务署抄发核定实业用盐征税发放及管理章程训令

（1923年2月7日）

盐务署训令第一百六十五号

令两淮、两浙、山东、福建、河东、四川、东三省、云南、长芦盐运使，松江、川北、淮北、厦门运副，西岸、皖岸、湘岸、宜昌、鄂岸、花定、吉黑、晋北榷运局，口北蒙盐局：

查各省实业用盐，渐次发达，所有征税发放及管理办法，自应特定普通章程，以资遵守。兹经核定实业用盐之征税发放及管理章程七条，应即通令颁行，除由稽核总所分令各分所遵照外，合

运使
行令仰该运副遵照办理。此令。总所分行各分所原函，并抄发。
局长

中华民国十二年二月七日

核定实业用盐之征税发放及管理章程

第一条　凡业经批准立案之各公司，均准其按实业用盐之特别税率，每司马秤一担，缴税洋二角领用盐斤。

第二条　所有各公司均须经农商部批准，且担任遵照盐务机关征收盐税及派员监视工厂之定章办理。而经盐务机关先行查明确有充足资本及能力从事正当营业者，始得准予照此通融办理。

第三条　稽核总所总、会办得随时斟酌责令批准立案之公司，缴具银行保结，或其他认可之担保品，俾遇有舞弊情事时，得以没收。

第四条　盐务机关对于按实业用盐之特别税率缴税所收之盐，得照下开办法监视一切：

（甲）应由运使及分所分派委员驻于公司厂内稽查盐斤之收入及用途；

（乙）公司应在厂内设备住所，以便此项人员居住；

（丙）所有公司之账簿及制造方法，凡与使用盐斤有关者，均得由运使及分所，或所派之人员随时自由查验。

（丁）运使及分所对于该厂所用之盐，应按时编具报告，呈送总所察核。

第五条　所有呈请设立公司之人，均须将奉准通融办理后十二个月内所估计需用盐斤之数暨拟用盐斤之来源，分别陈明。至盐务机关对于制造方法及制造成本所需查悉之其他一切情形，亦应一并叙明若干。公允时期内尚未开始制造，或既经取得上开之各种权利，而不将所规定各节实行者，则应将此项通融办法取消。

第六条　不得准有专利年限，或专利地点。

第七条　盐务机关若见得宜将初次厘定每担二角之税率酌予增加，则得于一公允时期内通知后实行照办。

〔国民党政府中央盐务机构档案〕

12. 大总统公布制盐特许条例令

（1914年3月4日）

大总统令

兹制定制盐特许条例公布之。此令。

中华民国三年三月四日

国务总理孙宝琦

财政总长周自齐

教令第三十三号

制盐特许条例

第一条　凡为盐制造者，非经政府之特许，不得制盐。

第二条　盐制造者，分为五种如左：

甲、制盐者；

乙、采卤及试制者；

丙、采掘矿盐及含有盐质之矿物者；

丁、制造盐类之各种物质含有盐化钠四十分以上者；

戊、为精制盐或再制盐者。

第三条　关于前项之盐制造者，皆须提出呈请书于该管盐务官署，俟领有特许证券后始得制盐。盐制造者之权利有移转、继承，变更时亦须遵照本条办理。

第四条　盐制造者之呈请特许，须同时将应行呈验之契约及图式，并所制之盐质，附送该管盐务官署查核登记。

第五条　特许证券由财政部刷印，发交该管盐务官署转给。承领证券人，应缴费银四角。

第六条　盐制造者之特许证券遗失或污损，应取具同业者之保结，呈请该管盐务官署补给，并照章加倍缴费。

第七条　盐制造者停业时，应报明该管盐务官署注销登记，缴还特许证券。

前项停业者，如欲继续制盐，应照本条例第三条办理。

第八条　盐制造者之呈请书所载事项及特许登记号数，应揭载于制盐所及贮藏处，以备该管盐务官署之查验。

关于前项查验时，盐制造者不得违抗，或为虚伪之答辩。

第九条　盐制造者之呈请有犯左揭事项之一者，其呈请为无效。

一、制造方法不合者；

二、制盐、采卤地认为不适用者；

三、制盐地在管理或交通上认为不便利者；

四、限制其产额已逾定数者；

五、所有权不确定者；

六、呈请书所列事项不确实及不明了者。

第十条　盐制造者呈准特许后，如有违反本条例或其他各条例所规定者，由该管官署各按其所犯之事项处理之。

第十一条　违反本条例第三条第一项之规定者，处五十元以上千元以下之罚金，并没收其犯罪者之盐及盐产。

前项之盐如已出售或消费，应依其价格令其缴纳入官。

第十二条　违反本条例第三条第二项之规定者，处五十元以上五百元以下之罚金。

第十三条　违反本例第六条、第七条之规定者，处五元以上五十元以下之罚金。

第十四条　违反本条例第八条第二项之规定者，处五元以上百元以下之罚金，其刑法有正条者，则依刑法治罪。

第十五条　自本条例施行之日起，凡盐制造者，无论从前曾否在何官署领有执照，皆应准本条例办理。

第十六条　在本条例施行前，各省盐务官署关于取缔盐制造者之各项规章与本条例不抵触者，仍继续有效。

第十七条　本条例施行细则及书簿各式，以部令定之。

第十八条　本条例之施行期以部令定之。

〔财政部盐务总局档案〕

13. 大总统公布场知事任用暂行条例令

（1914年12月9日）

大总统申令：

兹制定场知事任用暂行条例公布之。此令。

中华民国三年十二月九日

国务卿徐世昌

教令第一百四十六号

场知事任用暂行条例

第一条　场知事非依本条例之规定，不得荐请任命。

第二条　有左列资格之一者，由盐运使出具保荐文详送盐务署考询，但至多不得过十六人。

一、在本国或外国大学，或专门学校修法律、政治、经之学三年以上，得有文凭，并确有盐务学识或经验者；济

二、在本国或外国专门以上各学校，或本国讲习所修法律、政治、经济之学一年半以上，得有证明书，并曾办盐务行政满三年以上者；

三、曾任盐大使以上官职，或州县以上官职满三年以上，办理盐务有成绩者；

四、曾有盐大使，或州县以上官职相当之资格，历办盐务行政满三年以上，确有成绩者；

五、现任场长，或其他办理盐务行政人员，经盐运使认为有盐务学识或经验者。

前项保荐之员，除文内开明履历加具切实考语外，其合于前项第一、二等款资格者，应检送其文凭证书，或著述，或成绩。合于第三、四等款资格者，须列其成绩。合于第五款资格者，应检送其著述，或列举其成绩。

第三条　虽具第二条第一、二、三、四、五等款资格，而有左列情事之一者，不得保荐：

一、曾受褫夺公权处分尚未复权，或褫职处分未满二年

者；

二、品行不端，曾受商民控诉查明属实者；

三、亏欠公款尚未缴清者；

四、侵蚀公款者；

五、年未满三十岁以上者；

六、年力衰弱不堪任事者。

第四条　盐运使保荐之员经盐务署考询及格后，将履历事实审查书汇造清册呈请大总统核准公布后，开单送觐呈请分发作为候补场知事，遇有缺出，由各该盐运使详请盐务署呈请大总统任命。

第五条　前条考询及格之员关于分发事项，准用县知事任用条例施行细则第一条至第十条之规定。

第六条　试验及格，或保荐核准分发之候补县知县，如有谙习场务者，得由盐运使于场知事缺出时，遴选借补，详请盐务署行查，铨叙局核准后，分别呈荐。但借补之员，以其分发省分在该盐运使所辖产盐区域者为限。

第七条　本条例自公布日施行。

〔北洋政府国务院档案〕

14. 盐务署拟定修正盐税条例函

(1915年10月8日)

丁会办① 鉴：此次修正盐税条例第二条规定每盐百斤课税三元，即拟将各处税率改为每担三元之意，正与执事用意相同。但因各处现行税率轻重不一，相差甚多，欲一旦概改为每担三元，

① 丁系丁恩，时为盐务稽核所会办。

恐难骤然办到，惟有逐渐进行之一法。故于第七条将三元税率之施行区域及日期，略留活动之余地，并非将现在轻重不一之税率作为永久规定也。俟此条例公布后，吾侪见得某处区域何时可行三元之税率，即可逐渐施行矣。

又条例第二条原定但渔盐不在此限一语，本为奖励渔业起见，政府现以工业用盐亦宜奖励（如最近议定制碱用盐免税之例）。故拟改为但工业渔业用盐不在此限。

再，此次修正条例，实有必要之处，因民国二年十二月所厘定之条例系由大总统以命令公布，今长芦、淮北及两浙之纲地，均为实行条例之区域。而现行税率已于例定税率二元五角之外，复有增加。若人民查政府违背条例多收盐税，政府虽有解释，亦必大费唇舌。故必须将条例修正，方可免违法之责。此修正案经总长核定后，尚须呈请大总统命令公布。兹将公布条文拟定如下，再请执事一阅。

盐税条例

第一条　中华民国产盐、销盐各地方，均适用本条例之规定。但新疆、蒙古、青海、西藏等认为有特别情形之地方，不在此限。

向产土盐各地方，除禁止外，适用本条例之规定。

第二条　每盐百斤课税三元，但工业、渔业用盐不在此限。

前项税率于前条有特别情形地方移入之盐适用之。

第三条　盐税于产盐地方征收之。

由第一条有特别情形地方移入之盐，于移入时征收之。

第四条　盐税除依本条例征收外，不得以他种名目征税。

第五条　课税衡量，每斤于法定库平十六两外，得加耗盐八钱。

第六条　盐斤课税时，得扣除包装物之重量计算。

第七条　本条例施行区域及日期，由盐务署定之。

十月八日

〔国民党政府中央盐务机构档案〕

15. 财政部拟订盐务署奖章条例与大总统来往文件

（1917年3—4月）

（1）陈锦涛呈（3月31日）

呈为酌拟盐务署奖章条例缮单仰祈钧鉴事：窃维用人之方，首资奖劝，奖章之设，以励贤能。兹查陆海军奖章令、警察官吏奖章条例，均经先后奉令颁行，而司法、教育、交通各部，均有奖章条例之规定。盐务署缉私员弁本具有军队及警察性质，其他人员，服务勤劳，著有成绩者，亦不可无鼓励之方。谨拟订盐务署奖章条例十条，缮具清单，恭呈钧览，如蒙允准，即由部署遵照办理。所有酌拟盐务署奖章条例缘由，理合具呈，谨乞钧鉴训示施行。谨呈

大总统

财政总长兼盐务署督办陈锦涛

中华民国六年三月三十一日

谨拟盐务署奖章条例缮具清单，恭呈钧鉴：

计开

第一条　凡盐务人员著有劳绩，或非盐务人员而协助盐务著有劳绩者，均得颁给奖章。

第二条　奖章分五等如左：

（一）金色奖章；

（二）红色奖章；

（三）黄色奖章；

（四）蓝色奖章；

（五）白色奖章。

第三条　一、二、三等奖章给予官员，四、五等奖章给予士兵。

第四条　各等奖章由盐务署按照各员劳绩核给，或由该管长官详叙事实呈请盐务署核给，汇案呈报大总统。

第五条　奖章佩带于上衣左襟。其受有勋章者，应佩于勋章之左，或其下；受有他项奖章者，依受领之先后佩带之。

第六条　已受奖章者，于更受上级奖章时，应将前受下级之奖章缴还。

第七条　已受奖章者，因犯罪或违反其他法令被褫夺奖章时，应将奖章缴还。

因犯罪或违反其他法令被停止佩带时亦同。但届停止期满时，仍应请求发还佩带。

第八条　已受奖章者，除被褫夺或停止外，得限于本人终身佩带之。

第九条　凡给予各种奖章者，均附与证书。

第十条　本条例自公布日施行。

（2）大总统指令（4月7日）

大总统指令第六百十五号

令财政总长兼盐务署督办陈锦涛呈，酌拟盐务署奖章条例缮单请鉴由。呈悉。准如所拟办理。此令。

中华民国六年四月七日

国务总理段祺瑞

财政总长陈锦涛

〔《北洋政府国务院档案》〕

16. 盐务署呈准公布修正盐税条例饬属遵办训令

（1918年3月9日）

训令第三零三号

本署修正盐税条例案，于民国七年三月二日呈奉大总统教令

运副
公布在案。合即印刷该项修正条例，令仰该运使通饬所属一体遵
局长
照。此令。

修正盐税条例

第一条　中华民国产盐、销盐各地方，均适用本条例之规定。但新疆、蒙古、青海、西藏等认为有特别情形之地方，不在此限。

向产土盐各地方，除禁止外，适用本条例之规定。

理由　原文第一条、第七条，今合并。

第二条　每盐百觔课税三元。但工业、渔业用盐，不在此限。

前项税率，于由前条有特别情形地方移入之盐适用之。

理由　原文第三条，盐税率每百觔二元五角。但民国四年一月一日以前，除第二区仍依旧率征收外，第一区各地方每觔先定为二元。又第四条，由有特别情形地方移入之盐，其税率适用第三〔条〕之规定，今删并。按改良盐法，以平均税率为要义，而欲维持财政，又必以保全现有税款为前提。按现编六年度预算，全国盐税收入，除杂收入为九千二百七十万元有奇，以全国销盐年额三千三百四十余万担，平均计算每百觔已在二元七角以上，若

仍按二元五角课税，则于税收必大有短绌。故改为每百觔课税三元，藉裕收入。至渔盐减税向有成例。今为奖励工业起见，对于工用之盐，自亦不能与食盐课同一之税。故本条特以工业、渔业用盐为例外，以补原文所未备。

第三条　盐税于产盐地方征收之。

由第一条有特别情形地方移入之盐，于移入时征收之。

理由　原文第八条，今酌改字句。

第四条　盐税除依本条例征收外，不得以他种名目征税。

理由　原文第八条第二项，今特立一条。

第五条　课税衡量每觔于法定库平十六两外，得加耗盐八钱。

理由　原文第九条，法定衡量未颁布以前，课税衡量以司马秤十六两八钱为一觔，百觔为一担，十六担合英权一吨。又第十一条，盐之卤耗，应照盐质之高下，气候之差异，运道之远近，以部令定之。是每觔于司马秤十六两八钱之外，另有卤耗也。嗣因重觔加耗，于税款损失甚巨，将卤耗名目革除，而每觔遂净重司马秤十六两八钱矣。惟此项课税衡量，原文规定限于法定衡量未颁布以前，现在权度法业已颁布，自应遵用库平制，以十六两为一觔。而卤耗名目，虽经革除，盐为卤质凝结而成，实际上究不能无所耗。故改定每觔以十六两为正盐，即以其余八钱作为耗盐，冀于国家税款无所出入，而法律习惯亦属均无扞格。

第六条　盐觔课税时，得扣除包装物之重量计算。

理由　原文第十条，盐之包装物在定式未颁布以前，得按照各地实在重量计算。查此项包装物各处习惯，有用席包者，有用麻袋者，种类不一，势难强以一种之定式。故本条酌行删改。

第七条　本条例施行区域及其日期，由盐务署定之。

理由　原文第二条，产盐、销盐各地方划为两区：第一区，奉天、直隶、山东、山西、甘肃、陕西、江苏之淮北各产盐地方，吉林、黑龙江、河南、安徽之皖北各销盐地方。第二区，江苏之淮南、两浙、福建、广东、四川、云南各产盐地方，安徽之皖南，江西、湖北、湖南、广西、贵州各销盐地方。第十二条，本条例自民国三年一月一日为第一区施行期，四年一月一日为全国施行期，至盐法施行之日废止。关于本条例规定施行之日期，如各该区内一部分，或数部分，有必不得已之事实，得由盐运使申请展期。但须有充分之理由，并经财政总长之批准，方可更改，每一地方不得展限二次以上，皆原条例施行区域及日期之规定。顾自条例公布以来，各区纷请展限，至今尚多未能实行，其中最困难之点，即在税率一条。现时各区课税旧率，每百觔重者至四元五角，轻者不及一元，二者相去悬殊。一旦条例施行，即须同时实行均税，重者轻之，则国家之损失太巨；轻者重之，则民生之负担维艰。以此种种困难，不得不出于展限之一途，而条例所定施行日期，遂等诸具文矣。故本草案改为施行区域及其日期，均由盐务署定之，则盐务署得就各地方征税情形，可加者加，可减者减，逐渐进行，庶无窒碍。

又按原文第五条规定借运盐税，第六条规定免除摊丁盐税。今查借运本非常有之事，摊丁盐税可以命令免除，亦无规定条例之必要。故此两条均删。

〔北洋政府不明全宗档案汇集〕

17. 军事财政两部会拟管理官硝条例呈暨大元帅指令

(1927年11月15日)

大元帅指令第四百五十六号

令军事总长何丰林

财政总长兼盐务署督办阎泽溥

呈会陈改组办理官硝厂办法，拟具管理官硝条例，缮单呈鉴由。

呈悉。准如所拟办理。此令。

陆海军大元帅之印

国务总理潘　复　军事总长何丰林

财政总长阎泽溥

中华民国十六年十一月十五日

管理官硝条例

第一条　全国官硝之制造及运售，由军事部会同财政部依本条例管理之。

第二条　为办理前条事务，于北京设官硝总局，隶属于军事部陆军署及财政部盐务署。

军事部及财政部应于京兆、直隶、山东、河南各省、区设官硝分局。其他产硝、行硝旺盛之地方，亦得酌量情形增设分局，承总局之指挥，管理官硝之制造、运售，并人民私制之查禁、巡缉事务。

各官硝分局管辖区域内，得酌设官硝分处，承分局之指挥，办理收受硝斤及收毁盐斤各事务。

第三条　官硝总局置总办一人，由军事部、财政部会同遴选，呈请简派。会办二人，由军事部陆军署、财政部盐务署，分别选派。

各官硝分局置局长一人，由官硝总局总办、会办呈请军事部陆军署及财政部盐务署会同委派。

各官硝分处置委员一人，由官硝总局总办、会办委派，并呈报军事部陆军署、财政部盐务署备案。

第四条　各局、处所收硝斤、盐斤数目，应按月报明总局，再由总局分呈军事部陆军署、财政部盐务署。其经费及营业之报告亦同。

第五条　各局、处收硝收盐之价目，以及售卖常硝、精硝之价目，应按月列表分呈备核，如有加减，应随时由总办、会办先期呈报军事部陆军署、财政部盐务署，俟两署核准令复后，始得实行。

第六条　售运硝斤，应用军事部陆军署发给之四联护照。

前项护照，得由官硝总局呈请军事部陆军署预发空白，俟填用后，以一联存局备查。其余两联，一呈军事部陆军署，一存财政部盐务署存案，正照用毕时，送军事部陆军署核销。

前项照费，应按照部章缴纳于军事部陆军署。

第七条　各局、处所收硝底盐斤，应随时随地妥为储藏，俟积有成数，由官硝总局呈请财政部盐务署派员监视倾弃，不得丝毫走漏，并一面呈报军事部陆军署备案。

第八条　官硝总局及各分局、分处经费，应由总局拟具预算呈请军事部陆军署、财政部盐务署会同核定。

第九条　官硝总局、各分局及分处章程及办事细则，另定之。

第十条　本条例自呈准日施行。

〔北洋《政府公报》1927年12月25日第4191号〕

18．大总统严禁私盐令

（1919年1月26日）

大总统令：

盐税为国家正供，岁额甚巨。近年官销渐畅，增益税源，颇著成效。惟是各省引地攸判，税则各殊，盐价亦随之而异。往往贸利之徒，私行夹带，藉便冲销。其在交通便利之区，运转既灵，走私尤易，亟应切实整顿，严杜弊端。著财政部盐务署督饬所属盐运使、榷运局及缉私统领等认真取缔。其铁路已通各处，并由交通部转饬路局随时侦察。凡载运盐斤未领盐务官署运照者，一律扣留，不得装运。所扣盐斤就近交由盐务官署，或地方官依法处置。如有假借名义私运盐斤情事，并应由各督军、省长饬属认真稽查，一经查出，无论是否军民，均著按律严惩，以整鹾纲，而肃国纪。此令。

中华民国八年一月二十六日

国务总理钱能训

财政总长龚心湛

交通总长曹汝霖

〔财政部盐务总局档案〕

19．梁士诒等为核定杨葆昂整顿潞纲盐务节略文件

（1913年11月）

（1）梁士诒函（11月17日）

总长钧鉴：现由大总统发下河东盐运使杨葆昂整顿潞纲盐务节略一扣，奉令交财政部等因。合将前项节略函送贵部，请烦查照。只颂

台祺

梁士诒。十七日。

计送节略一扣

整顿潞纲盐务节略

河东盐产之佳，久著经史。且萃于一池，晒本轻，而出盐

富，各纲盐场无过之者，所苦环境，皆山挠转，艰困为诸纲最；征税之重，复冠邻鹾，遂使销场日蹙，几居天然淘汰之列。民国肇建，兵蹂盗劫，陆运商贩，不敢携本。配盐已极困殆，益以各县议会不知商困，动以强力胁迫减价，损耗成本，尤难支持。坐是私盐蜂起，纲本动摇，危急甚于他省。运使莅任值破坏之后，晋商既困，陕岸官运，复为秦据，豫岸片引未封，民无服从之心，官无保护之力，秩序之乱，十倍今时。虽经宽猛并施，机关粗复，征课微有起色，而根本计划，尚未著著进行，实于全纲大计所益甚寡。谨将必须进行策划条列如后：

计开

一、整顿潞纲，必须先利运道。极险之路，无过豫岸，而销数乃占半额，亟须由安邑筑轻便铁道至茅津渡。一由黄河水运至铁桥南岸，装载京汉火车直达许州驻马店，经由襄、泌分销宛、叶；一由茅津渡河，装搭洛潼火车，出潼关入洛阳。

二、保护潞贩，必须顾彼子母，平其税价。盐为国家专利之一，无论其为课税制、专卖制，官专卖、商专卖，要必并其税额，母金运脚赢息，折中定价，方不背理财原理。运使前请加耗，实因邻税太轻，不敢质言减税。现在既经会议，拟将盐税趋于平均，则减税目的已达，但须确定卖价，呈请大总统明下命令，禁止县议会不得非理干涉，使商贩得以喘息经营。

三、陕岸官运，秦据一年，减课之盐，积存甚巨，极费争执。始将官岸得以收回，而军德未彰，颇闻宿盐，将灌民岸，必须呈请财政部荐设陕西榷运局长，与潞纲联为一气，方可调配，陕盐易于交涉。

四、三岸欠课，除官运外，所有商欠，初非本商历来办法，疲歇之户，必令新商纳欠，运盐顶商移转。一在顾全国课，一实隐含押保之义。但两年兵燹，不特逃商无力完缴，即的商亦已破家荡产，承运新商，运一斤之盐先完二斤之课，成本加倍，无裨国课，徒碍销盐。运使愚昧之见，似宜立限严催，果能催收齐全，自益国库。倘无著欠款，不如呈请豁免，或竟明改押柜之制，既昭宽大之恩，复利进行之路，实于潞纲明损实益，并请饬部核示遵行。

五、豫岸商贩，年余以来，不完税课，积盐销于陕洛，南阳乃见脱销。且南阳十二县，除叶县官运外，本无直接运盐之商，散贩趋利，半杂沙私，极损课款。现在匪踪遍地，潞盐销岸已为枭私巢穴之区，未免放弃引地，必须悉改官运，力厚盐佳，方可徐图发展，不能专顾近利，有碍销场，已由运使列入预算，派员举办。

六、官专卖之制，朝野佥议，实行发轫之初，以官收场盐为第一义。潞纲素号散贩，本为官民并运之纲，推行较易。惟历来场盐本已供过于求，中间积压，七纲益以新产，岁在五、六千名上下。若概归官收，则大池之盐，名数当在五万以上。姑按五万名平均定价，每名五十两，计合银二百五十万两。在平日，但收课税有入有支，而当官收之时，有支出而无收入，周转之际，尤须宽筹五十万两，方可济用。以运城僻陋之地，不特公债票不能通行，即纸币亦难招信任。因利乘便，惟有由运使循旧发给期帖，由稽核造报分所华洋经理逐一签字，方可周转灵通。第既悉数收盐，必须另筑仓廒，庶与料盐不至夹杂，巡逻、管理另定专司。此外，硝池、六小池、蒲富卤泊各私晒盐之地，不能无浇晒之人，或收，或禁，尤不能不预为筹议。如果一律收买，则盐质殊逊，大池势难重加制造，搀杂出卖，则损潞盐，仍宜认真禁晒，庶无窒碍。

以上六条，均关潞纲大计，应请大总统先饬部示，方可举办，理合呈明。

河东盐运使杨葆昂谨将主管本纲二年度预算奉令核减经费，有碍进行暨陕岸开办官运，奉军减课积盐，可否悉数收买，筹议办法，开具节略，呈请钧鉴：

计开

潞纲二年度预算，缉私机关经费，奉令全裁，饬拨运卫营酌驻巡缉。运卫营薪饷则令减去四万余元，在公家节省费用，果能无碍进行，运使断不肯稍持异议。无如事实与时势所限，有非运使力能遵办者，亦有不能已于言者。查运卫营原编三小营，内马队两哨，奉电毋庸续招，实止两营有半，统计官长、目兵不过八百余人，兵力本薄。盐务为财富所在，本纲僻处潞村，久为奸人侧目。当此大局尚未大定，已不可稍涉疏虞，况陕岸官运现方收回，派员设局极少，须拨一营随同前往运城，所余实止步队一营，马队半营。如再于此一营半中拨赴豫、晋驻缉，中隔千里，兵分力弛，主要机关不啻无人护卫，一旦有事，拱手让人，运使何敢负此责任。至于饷项本较他军为微，如再遵令减去四万余元，军心尤为不固，是运卫营再减去经费，实难奉行。况缉私机关解池，铺兵分铺巡查，各有汛地。盐场警察未设，正持巡务长督率铺兵认真巡缉，方免走漏场私，多收课项。运营军士操练步伐，乃预备战斗之兵，虽亦可备缉私，与铺兵性质大异，万不能代司铺兵之役。惟有恳请仍照运卫营原案预算，除马队减去两哨外，下余如数开支。至三所巡务长暨豫岸襄巩南缉私，均难即裁，已另呈请示。陕岸潞纲官运，渭北十九县先为秦军占据，经张士秀给予减课盐八百名，除运豫三十名外，下余七百七十名定有条约，行销渭北潞纲。主权不能统一，陕贩盐车往往为军人强迫改载，且亦时有灌销民岸，搀杂他盐之事，陕岸课税，大受影响。风闻该军并未受饷，于公家军纪不肃，交涉弥形困难。查渭北官运岁销潞盐约及三百名，秦军运到之盐仅销百余名，如听尽先销售，非再放弃两年引岸不可，若搀杂花卤，历时尤长。陕岸全局必致牵动，欲求进行尽利，最好悉数买回，代为销售。但查该处盐价并课税、运脚，成本压息，每名约计须银八百两上下。现计当有六百数十名，今按六百名计算，需款四十八万两。论公家计，利在于远大，与其损耗两年税课超过此数，实不如忍一时苦痛，即行买回，既可以济秦军之用，示惠于人，尤可顾全恒久之利。惟为款过巨，即按两年分交，亦须二十四万两。当此中央财力极困之际，能否承认收买，非运使所敢擅专，应请明示。倘允假事权，准其承买，拟先息借商款，与该军磋商，按季拨付六万两。第一期收回之盐，如届季末，业已销出，即可转付二期之银，中间转辗，营运约有现金八万两，当可周转如额。但此项积盐，质本不佳，又经积杂，如果出售，必须酌量认赔，遇有不能销出支付之际，仍须政府担任接济，方可放手办去。至预算册列，每年由河东官运新盐百名搭销，该军积盐二百名，现在该军尚未承认，并即声明。

提议奉、直、潞、东均税案。本议案大意在整理盐税，使奉、直、潞、东税则渐趋于平，分年递加，自于税源较有把握。但潞纲课收之绌，运道艰困。处其一，邻盐充斥；处其二，今既四省同加于潞纲，无畸轻畸重之害，极所赞成。第邻盐不尽官盐，加官盐税则，而不及私盐，其结果可使硝私加畅，官盐弥滞。本使之见，以为果议实行，则豫之小盐，晋之蒙盐、土盐，陕之花盐、卤盐，必须认真查缉，并须重抽税厘，方可免蹈前弊。是否有当，并请公决。

（2）财政部训令（11月29日）

财政部训令第九百三号

令河东盐运使

奉大总统发下该运使呈拟整顿潞纲盐务节略一扣。查节略内开，办法六条，均经本部详加复核，应训令该运使如左：

第一条　查安茅铁道所需建筑费用，应由该运使先行估价呈核。至潞盐改道直达驻马店一案，迭准汴督文电，均以防侵芦、淮各岸及短收加价为词，河南榷运局亦以诸多窒碍呈复。已令该局复议。据该局呈称，业由汴派员径赴河东与该运使妥商，应俟呈复到日，再行核办。

第二条　仰候汇归均税案办理。

第三条　秦边榷运局长，应专办潞岸以外盐务，俟本部遴员荐充后，再行饬知。

第四条　查潞、商、封新课时兼纳陈课，名虽顾全国税，实则大碍潞销，暗中减收，为数颇巨，亟宜设法变通，以期兼顾。惟查此项积欠约计二十余万，悉予豁免，亦非慎重。课款之道，应令每次封课一名，按现在办法减成带收旧欠，务使旧课有著，作为带征之款，而商力亦可稍纾。至应如何酌减成数，仰即详细核议，呈候饬遵。

第五条　查豫岸因运道梗塞，商运废弊，所请改为官运，应照准。

第六条　查筹款收益，本属根本改革办法。惟潞盐三场相连，环以禁场，比较淮、芦各处，场私尚少。现在库款奇绌，筹办官收，应先急其所急。河东收盐之举，应暂从缓议。至河东硝池，或收，或禁，应令妥筹办法，呈部核办。

右种办法，即仰该运使遵照办理如左。

中华民国二年十一月二十九日

〔国民党政府中央盐务机构档案〕

20. 财政部关于废除商盐意外损失由坨免税补运旧例的训令

（1914年5月12日）

财政部训令第九百九十六号

令长芦、两淮、福建、两广、四川、山东、东三省、两浙、河东各运司。

案查盐务署转据稽核总所付称：长芦分所函接运司来函云：商人振德呈称，由上年告运引盐二千一百八十一引，内淹没六十七包，已蒙前运司核准，来年由坨局补运等语。请分所发给准单，按数补运等因。按商人由坨运盐至各引岸，盐出坨后，如有意外之事，其责任应由商人自己担任。是否准如所请，即乞钧所函训等情前来。查补运旧例，虽已行之数百年，惟现值盐务改革之时，非亟行废除不足以昭公允。该商补运既在废除以前，应暂准补运六十七包，无庸纳税。除已函知分所外，应请转饬该省运司遵照。又查长芦、两淮、奉天三省，均有补运之例，而尤以两淮为最多，所有各该省补运旧例，应自本年五月十日以后，一律废除。除函知各该省分所外，希查照分别电饬各该运司出示通告等情。查商人运盐在途偶遭淹没例，准呈报查验属实，即予照章补运。原为体恤商艰起见，乃行之既久，商人恃有补运之例，雇船运送，恒多疏忽，甚或捏报失水，蒙混滋弊。现当盐务整理之际，亟宜破除旧例，以清弊窦，而增课款，既据该总所呈称前情，应即准如所请。自本年五月十日以后，所有各该省补运之例，一律废除。除分行外，合亟令仰该司遵照办理。此令。

中华民国三年五月十二日

〔财政部盐务总局档案〕

21. 财政部赋税司抄送郑权调查川边盐税紊乱情形报告书付

（1917年4月3日）

乙付字第一号　天字二九七号

财政部赋税司为移付事：准检查征收机关委员会付称：奉部长交下川边调查员郑权调查川边杂税情形报告书、意见书各一件，抄付查照办理等因。查该意见书内有关于贵署主管之件，相应节录原文移付贵署查照办理可也。此付

盐务署总务处

附钞件

民国六年四月三日

谨依调查所得，对于川边杂税捐等事项拟具条议，按照格式，另折缮陈：

一、盐税为国家收入之大宗。吾国办理盐税含有专卖性质，民间私买私卖，皆干例禁，所以能得巨大之入额也。川边惟盐井一县为产盐之区。前清边务大臣赵尔丰规定税则，每盐一驼征藏洋二元。民国三年，又有宁静县每一丁口年达十六岁以上者，每年征盐课当十铜元十六枚之规定。至西宁青海盐觔运入邓柯石渠等县者，则概无免税。其盐大率均系民贩，与他省所谓私盐无异，而泸定一县，又独有所谓落地盐税者，（见预算表〔原缺〕）微论与内地盐税办法大异，即川边境内，已自互异。如此，夫同为川边人民，宁静县有盐课之负担，泸定县有落地盐税之负担，而他县则皆无。有食盐井者，有盐税之担负，而食青海西宁之盐者，则又无有，殊与赋税必求平均普及之原则有所违反。员委愚以为似宜于西宁青海盐运入口之处，与盐井一例征收，或设官运局，由

局收买盐斤，酌量民力，加价发卖。至若盐课，或竟罢征，或取宁静课率，而减轻之，而更定各县普通纳课之办法，既可平均边民之负担，又可增加国库之收入，此亟宜整顿者一也（此事经与镇守使及财政分厅厅长谈及，均极称善，惟不以官运局办法为然也）。

〔国民党政府中央盐务机构档案〕

22. 国务院为黑督鲍贵卿拟整顿吉黑两省盐务办法公函

（1918年5月2日）

国务院公函第七百三十四号

径启者：准黑龙江鲍督军函陈整顿江省各项办法节略五件，除分函交议外，所有拟具整顿吉、黑盐务办法节略一件，应由贵署查核办理，相应抄录原件，函请贵署查照核议见复可也。此致

盐务署

中华民国七年五月二日

拟具整顿吉、黑盐务办法，敬呈鉴核：查关外三省食盐向系商民自由购运。嗣因吉林、黑龙江两省榛荒渐辟，食盐有加，而商力较薄，购运资本不敷，遂于前清光绪三十四年，由公家筹办官运，设局分销，本系一时权宜之计。乃年来各处盐局分设益多，画区甚严，此区之人，不准食彼区之盐，小民不知禁章，以为本省之盐随地可以购买。讵至运入本区，率被盐局扣留罚办，致倾家荡产者有之，民人感受痛苦，非言可喻。甚且稽核处设立后，各盐局率以例耗过少，因于售盐时克扣斤两，以资弥补。如每盐一斤，原定官秤十六两，各该盐局竟有短至十二两者。其不肖员司，并于规定盐价外，复托名运费，私行加价，以及扣皮搀沙，

嵌胆种种，弊窦滋多。查现在盐价每斤平均合钱帖一吊三、四百文，较前贵至四、五倍，小民以一吊三、四百文之血汗钱，购得区区杂质之盐，其痛苦又为何如乎重。以稽核处华洋稽核员年来以通行钱帖兑换亏折，令饬各盐局一律改收小洋，以便稽核。惟吉、黑金融枯涩，现货缺乏，使用钞帖，由来已久。迩来省垣及长春、哈尔滨等处，虽设有中国交通银行发行小洋纸币，而各属数千百里，势难遍及，即已通行小洋之省垣长春等处，市场交易仍以钞帖为本位。自各盐局奉令改收小洋，偏僻之乡，无从购得洋币，甚有迫而淡食者，间或盐局准予通融收受钞帖，又复贬抑市价，折扣甚巨，民人痛心疾首，众口一词。此外，种种虐民病商更仆难数。上年吉林之方正，黑龙江之巴彦、木兰、通河等县，抢盐风潮实基于此，若不改弦易辙，深恐一旦溃决，贻害地方非细。盖食盐为民生攸关，必须因地制宜，庶可推行尽利。奉、吉、黑本属一律，奉天商运、商销，数年来绝无风潮发现。吉、黑两省，比年屯垦，发展商力雄厚，自应援照奉天商运办法，以苏民困。其商运办法，即由两省总商会担任承领，设立运盐公司，每年包销引额，以稽核处成立后，民国四、五、六三年平均销数为标准，照奉天商运办法，在营口筑运，由两省总商会自由分运，本省界内交各县分会销售。似此一转移间，公家收入定额无亏，而食盐区域，一概破除。盐价由总商会规定呈报盐务署备案。公司以法定之币缴纳税课，亦便于稽核，而各地参差之币价，则由公司按照行市自由收受，尤于人民便利良多。且核与长芦、山东、口北、山西等处改办商运成案亦属相符。往岁国会曾经提议及此，政府亦表同意。后以国会解散，遂致中止，兹拟整顿盐务，实以改归商运为要图。至各局现存官盐，即由公司按照成本认购，由公司核定确数，分二期缴还，以资体恤，而示限制。复查征收赋税，一方为国家谋收入，一方为人民筹便利，此为东西各国财政学者之恒言。盐课一项，人民无论贫富，一律平均担负。绳之学理，本非良好税源，若更以行政手续限制牵掣，其间徒利员司之操纵，益增人民之疼苦，其为不便，何待烦言。欲裕国币，利民生，改官运为商运，实系整顿盐务之要素也。盐务隶属中央，本不应建议改革，但一经变更，利国福民，一举而数善备。用敢拟具改革办法，开成节略，敬祈鉴核。倘蒙俯准，则吉、黑两省同幸矣。谨略。

〔国民党政府盐务总局档案〕

23．巴尔穆陈述改革吉黑两省盐务办法转请饬遵函

（1919年10月13日）

敬肃者：尔穆前陈改革吉黑盐务办法，蒙我署长完全赞成，并令实行筹办在案。查此次改革办法，系根据两省督军省长说帖内开：吉黑两省，年来各处盐局，分设殆遍，划区甚严，小民购盐，率被扣罚。且各盐局克扣斤两，私行加价及扣皮搀沙，种种弊端，若不改弦易辙，贻害地方匪细。亟应改为商办，由两省商会担任承销等因。用特查照吉林方正县商会承领销盐办法，先将各盐局陆续裁撤，添设分仓，以便领运，为改归商办之第一步。惟各该局委员窟穴已久，视盐局为利薮，一旦裁撤，保无有暗中掣肘便其私图情事。为此函请署长鉴核，分咨东三省巡阅使并吉黑两省督军省长，饬各该地方官遵照，随事维持，以便次第改革，而免商民误会，实为公便，乞钧署鉴核施行。谨上
盐务署督办、署长

吉黑盐务稽核处洋员巴尔穆
八年十月十三日

〔财政部盐务总局档案〕

24. 杨庆潋关于调查各处盐务情形呈

（1920年11月3日）

增字第四一五五号

呈为呈报调查各处盐务情形恭折仰祈钧鉴事：窃于九月十六日奉钧署第一千三百三十二号训令内开：各省盐务正在筹议整理，所有长芦、山东、淮南、淮北、皖、西、鄂、湘四岸、两浙等处，亟须派员调查，以资进行。兹查有新任松江运副杨庆潋堪以派令前往。除分别行知外，合亟令仰该员，即便遵照，务将上开各处盐务情形，切实调查，限三个月办理完竣，具文呈报，藉凭考核。此令。等因。奉此。庆潋遵即束装出都，按照令开各处，挨次调查。现已办理完竣，除将各该省盐务制度另折录呈外，谨将调查所得，参以管见，为我督办署长缕晰陈之。一、长芦宜注重硝盐也。查长芦引地跨有直、豫、晋三省，除晋省另设有榷运局长外，直、豫两省地面，地多卤气，愚民括土淋硝，视为固有生计。从前袁大总统督直时，悬禁最严，至将产硝县分州县官改为运司请委，脱离藩、臬范围。又特设兴利局，俾人民停止淋硝者得入工厂肄习手工，以资糊口，而官硝局收硝之外，即将提出硝盐之多寡为功过，数者并举，而硝盐尚难尽绝，不过稍减而已。近则吏治废弛，地方官与盐务机关绝对不相援助，民权发达，禁止尤难。是以直省之冀州各属，河南内黄滑县、开封等数十州县遍地皆硝，岁产不下百余万石，是皆夺官税而病民食者也。庆潋愚见，以为法禁不若利诱之为愈，莫若将各地硝盐设法化验或收买，而使之变性运售通商各埠及外国工场作为工业或饲畜之用，或将产硝地质详细调查。其省费者，则开河以蓄淡，种树以拔卤，植棉以改良。其实难办理者，则蠲其田赋，圈作硝场。硝可售于外洋，盐则制成肥料，分途并进，使民乐于图，始易于观成。一隅既有成绩，全局不难廓清。长芦止此一病，此病既除，则岁销必且倍蓰，岁收可增三、四百，此应注意者一也。二、山东宜注意民运民销地点也。民运十八州县向皆摊丁代课。自稽核所有免于收课之举，而该处盐法始成一大变更，然设局收税以来，屡起风潮，多伤人命。丁固免矣，而税仍未收，公家赔累数十万元；官民感情，益难融洽。庆澂愚见，以为改革之举，不办则已，既办则必底于成。宜多调得力军队驻扎该地保护税局，征收各局，宜早日规复征收之法，宜一秉至公，勿存苛待人民之心，勿任翻译税官操切从事。初起，税额宜轻，布告尤宜详尽。若地方匪徒有藉端抗拒者，以戒严手续严拿务究，官吏有虐民者，亦加以重办，使人民知纳税为不可逃，而政府并无袒护劣员之意，则一劳而可以永逸。否则官匪相持，威信尽失，东岸若此，他岸效尤，将来抗税焚局之举，将不仅在民运各区，此宜注意者二也。三曰，淮南宜注重垦灶也。淮南放垦宗旨，意在以垦代煎，废煎停灶，然荏苒至今，垦务公司遍于各场，草荡半为熟地，而煎灶并不能实废。盖卤淡之地，虽划为公司所得，而海边新淤，岁有增涨，灶民移灶就淤，时有所闻，获利者在公司，而国家政策益不能贯彻，私煎私售较前愈盛，而缴坪之盐，则日见其少。庆澂愚见，宜责成各公司购荡必兼废灶。若有少数灶民无法安置者，则灶商责任应由公司完全担负，使公司尽购各灶，每一公司有灶若干，每灶出盐若干，必须颗粒归垣，不准私售匿报，违者罚公司补税。盖公司资本充足，不致贪小利而犯法。其机关近在海边，稽查较场知事为易。其各场灶首，大都串通舞弊，把持漏课，尤宜责成场知事切实考察。各场知事，又多半住处扬州，不到官署，亦宜认真甄别，徒法不能自行，得人方能致治，此宜注意者三也。四曰，淮北宜注重运道也。

板中临三场，出产盐斤向皆运销于皖北、豫南各省。前清末叶，屡议改革，迄无成功。自民国以来，取销票贩改为自由贸易，第一年销数尚佳，嗣后则渐形减色。推原其故，固由垣商习于奢侈，售盐得价，任意浪费，而灶粮晒本，无力照付。于是灶丁以私售为糊口，垣商知之不敢诘责，而实则交通阻滞，是其最大原因。盖淮北盐斤向须经过盐河六坝运至西坝分运各岸，而盐河两面皆高，中间洼下，旱潦既有不同，则坝之启开关系尤重，趁水赶运，困难万分。新近坝工失修，运道极梗，北盐如处瓮中，即有销场，从何发展。似宜速催陇海铁路将近海至西坝一段，提前兴修，俾运道早通，则不特盐易出场，即管理机关亦易于周密。至其他济南场各公司，其情形大概与淮北相同，但场圩较为完整，除大源一场腐败情形颇与临兴相等外，其余各场，尚易管理。且海运易通，商本颇厚，尤非淮北各场所能及。所惜者，以地方向无淡水，上中两级，人民不能居住该地，而场官则从未驻场，亦须俟铁路修成，地方繁盛，方能切实管理，此宜注意者四也。五曰，浙东宜注意廒板也。浙东除少数煎灶外，向用板晒，以余、岱两场产盐最盛，向例盐斤晒成，由廒商收买、存廒、完课、出运，廒有定商，板有定额，立法本极周妥。自场政废弛，海滨愚民，罔知鹾法，而劣绅私枭复从而鼓舞之。于是私板愈增愈多，余盐愈出愈旺，廒商无力多收则听其自然，而余盐私售，遂成习惯。庆澂愚见，似应先筹的款，多设官廒，将廒商无力收买之盐，概由官廒收储，然后取缔晒板。第一步，不准再添私板。第二步，每年购入零星晒板或可以不必晒盐为生者之板片，逐渐销除。一面饬地方官通行各木器铺，倘无官厅谕知而私代人民制板者，加以重罚。如此，则板有减而无增，管理自趋划一。盐有官廒为后盾，私售可以廓清，余、岱既治，推及各场，不难迎刃。至于杭、绍煎灶，温、台私场，或宜畅销晒盐，以使其自停；或宜稍用武力，以使之就范。是又在运使与地方官之尽职，此宜注意者五也。六曰，浙西宜注意水巡也。浙西销数，以苏五属为大宗。苏、常、镇三岸，尤苏五属之要地，该三岸地方繁盛，而销数最多。然镇江与两淮食岸，衣带相连，食岸税轻，不难侵灌。苏、常密迩太湖，内地私盐，朝发夕至，此内私之可虑也。苏、常、镇以吴淞为门户，崇、宝、沙各地私晒固多，而上海为四通八达之区，山东、两淮、闽南私盐在在可至。门户洞开，灌输尤易，此外私也。庆澂愚见，以为苏、常、镇三属，宜多派巡船，而沿海一带，宜多增炮舰，以炮舰缉外私，以巡船缉内私。一面须稍增淮南食岸税率，以泯此疆彼界之虞。严查余、岱私盐，以杜浙东侵灌之路，而松江、嘉兴所属各小场，必须逐渐停废。缉私统领，尤须慎为选择，俾绝私源，此宜注意者六。七曰，湘、鄂、皖、赣四岸，宜注意分局及秤放余斤也。四岸地方，虽各不同，而办法则实为一律。然比年以来，局长屡次更易，仓底迄未清盘，各分局领盐、解款向以积压放利为出息大宗，陈陈相因，任任交接，究竟各分局现存盐数及解缴银数，是否相符，从无清查之事。设一旦彻底盘仓，窃恐四岸各分局仓底亏耗欠款未交者为数必且甚巨。庆澂以为宜责成各榷运局长先择接近总局，或交通便利之处，将其分局裁撤，盐由总局径售，既省开支，又免压款，其地点较远者，令地方殷实商店包销，先款后盐，勿任拖欠。似此一经整理，局费节省极多，而公款商本，丝毫不缺。至余斤一节，各岸市秤不同，商盐入库之时，以十六两八钱司马秤计入，而售出之时，则按市秤作石。除鄂岸余斤每票溢出九十包归公以外，湘省则余斤最多，而官商勾通，互相隐匿。西皖则尚未厘剔。若能逐岸详查，一一比较计算，则每年可清出税款数亦非鲜，此宜注意者七也。综计庆澂此次周历各处，以期限迫促，道路窎远。故不能得其精详，而仅仅窥其大要，然以根本论之，则任官不若任商，治岸不若治灶。其他各项政治，固以立法为先，而盐政则任人尤重于立法。过于精核，则商民裹足，而税课难以增收；过于放任，则弊窦丛生，而库储必受影响。窃谓当此国家多事之秋，宜次第更张，而行之以渐；宜位置贤俊，而出之以公，则盐税所入，必且臻臻而日上也。是否有当，伏候钧裁。再，庆澂奉命调查，业经完竣，可否准予销去调查差使，即赴新任之处，并候批示祗遵。谨呈

盐务署督办周
署长潘

计呈清折一扣（略）

新任松江运副杨庆澂

中华民国九年十一月三日

〔国民党政府中央盐务机构〕

25. 国务院关于济南省议会不得擅自截留盐税以清权限公函

（1920年11月25日）

国务院公函第二千九百三十九号

径启者：接济南省议会电称，东省财政情状危急万分，旧欠新亏统计已达一千五、六百万之巨，破产之祸，昕夕堪虞。而追本寻源，实由垫支军费所致。是则东省所负之债，悉属中央移用之资，担任偿还，责无旁贷。况中央竭蹶，东省补疮剜肉，以代取求，东省困穷，中央岂能袖手旁观，略不补助。查东省本年盐税，衡诸常额增收八十余万元，拟请截留此款，以资救济，万恳迅予核准，以救危亡，迫切陈词，伏惟矜鉴等语。查盐税系属国家直接收入，兹由省会擅请截留，揆之该会职权，殊有未协，应由贵部酌量申告，以清权限，即希查照办理可也。此致

内务部
中华民国九年十一月廿五日

〔北洋政府内务部档案〕

26. 盐务署拟具整理盐务大纲呈暨大总统指令

（1922年1月19日）

盐务署　字第通一号

呈为整理盐务拟具大纲，恭呈仰祈钧鉴事：窃查盐税收入为国赋之大宗，近年以来，次第改良，日有起色。惟欲求根本之整理，必先将大纲办法，切实声明，方足以励进行，而祛疑阻。查各省行盐成例，民运商销情形不一，然刘晏一税之后，任其所之之法，至今治鹾者奉为箴规。以政策而言，除必要时间，仍须专商行引外，此后进行计划，要以自由贸易为归。庶场灶无积滞之忧，人民免食贵之苦。第事关改革，国计商情，必须兼顾。如果日后变更引制，亦必须先行给予公允之代价，足以偿还商人之所失，使无亏损之虞。而产运销三项营业，除中华民国人民外，绝对不许经营洋盐，不准入口条文，仍应永远共守，斯人无异言，乃顺而易举，此宜声明者一也。缉私营队，本为盐务官员所统率，用以管理各处仓坨，巡缉沿海盐区，并保护国家盐税，翼卫盐务办事人员局所而设。除税率轻重交界之区，土盐产生之处及洋盐入口地点，必须酌留缉队认真巡缉外，其余各营队，应由盐务署次第调归仓场、海滩及附近盐务机关驻扎，俾归实用，此宜声明者二也。盐税划一之宗旨，政府持之既久，盐税条例，久已颁行，徒以情势所隔，实施不无困难。然各地税率相去悬殊，实非便民之道，自应饬令盐务署署长及稽核总所总、会办察酌近来情形，拟具征收公平划一税则之方法。其宗旨以不至累民为主，呈请采用，颁诸全国，以便通行，庶不致空言无补，此应声明者三也。其余不急之费，浮冗之官，尤宜切实裁减，以节靡费。自此次宣布之后，使全国人民晓然于盐政，虽期改革，而宗旨首在便民，盐税勿尚繁奇，日后方能齐一。大纲既定，疑阻自消，整顿经营，易于措手。以上各端，若蒙允准，即由部署通行遵照。再，现在吉林、黑龙江两省，仍按官运成案办理。此次宣布政纲，虽重在自由贸易，而对于该两省官运办法，暂时无庸变更。但现行之制，原以济民运之穷，若日后商民人等，力能自办，自应一律纳税运盐，俾可自由竞卖，藉杜抬价病民之弊，合并随案附陈。所有整理盐务，拟具大纲缘由，是否有当，理合恭呈具陈，伏祈大总统钧鉴，训示施行。谨呈。

中华民国十一年一月十八日具呈，十九日奉指令：呈悉。所拟整顿盐务宣布大纲各节，尚臻妥协，应予照准。此令。

〔国民党政府中央盐务机构档案〕

27. 张天骥条陈整顿淮北盐务缉私办法与盐务署来往文件

(1927年12月)

(1) 张天骥呈(12月12日)

署长钧鉴：窃天骥猥以庸驽，荷承拔擢，冰竞自守，恐惧贻羞，经将整理情形迭呈在案。缉务积弊最深，无可讳饰。前人岂尽聋瞆，不为剔除，以利之所在，不能无欲。且和盘托出，即须改弦更张，得罪赚人，易招尤怨；因循苟且，荣位保身。有此数因，寒蝉缄口。天骥半生戎马，抑塞至今，幸遇。先折呈三事，用备采择施行，虽不能谓弊绝风清，要亦大病已去，小恙易除。

整躬率属，请从隗始，续有管见，随再敷陈。专肃敬叩钧安，尚希垂鉴。

淮北盐务缉私局长张天骥谨肃

十二月十二日

计呈清折一扣

清　折

一、严厉考订缉私局长比较，以专责成也。

查税收之盈绌，视销数之多寡为权衡；销数之多寡，以缉务之勤惰为消长。是以缉私认真，则销数多，而税收旺；缉私舞弊，则销数寡，而税收绌，此一定不易之理也。若由部署严订各缉私局长全年销数比较，分四季考核。譬如，由民国十七年一月份起至三月底止，查照上年春季销额为本年春季最低比较限额，只准有盈，倘短亏至百分之五者，即行惩处。部署以比较盈亏为奖惩张本，任职人员亦必咸知奋兴。淮南北缉务受军事影响，尚难比较，而其他各省间有规定，多亦视为具文。现当部长、署长厉行整理之际，岂容有军阀时代因人敷衍之弊，倘能雷厉风行，认真从事，而销数增加，税收所入年计，当在千万以外。且查江、浙各省统税、杂捐，任职人员均有额定比较，盐税亦国税收入一种，何不可查案照办。奖惩有分，勤惰自见。此请严厉考核缉私局长比较，以专责成者一也。

二、严禁缉私局长及队长侵吞兵额，以厚兵力也。

按淮北防区辽阔，旧制水陆五营，兵力为数不过二千余人，实不敷分布。私枭遍地，亦因兵单所致。乃从前缉私统领，每向各营长要索空额，每营多至三、四十名，并委派稽查调查，亦令营长补入兵额，统部之顾问、咨议，无不以兵额充抵。甚至使婆、婢女，亦食空粮。上行下效，营长以取诸连长，连长以取诸排长，层迭剥取，竟至有五百营兵，因此而不及半数者。兵少，既不敷防巡；克扣过甚，不足自养。势必相率舞弊，运私放私，盐务积弊之深，实种根于此。淮北如是，各处亦莫不如是。从前部署亦曾三令五申，谆谆严禁，徒令统领转行，故事何异与虎谋皮。现在拟由部署查取各省缉私局所辖之大中小各队长姓名及驻防地点，由署径行令饬各队，以后不许再有克扣兵额情事，倘大队长克扣，得由中队长直接揭报，部署局长，以次类推，虽小队长亦得照次揭陈。庶层层牵制，长官有所顾忌，倘查出克扣不直接举发者，并同严惩。此风一去，兵额既足，不啻添募，加倍营队，其缉务有不起色者乎。缉务起色，而税收有不畅旺者乎。此请严禁侵吞兵额，以厚兵力者二也。

三、广开举发各队运私放私情弊，以增税收也。

按销盐以人口核计，现在官销实数，尚不及十分之三，其余均食私销，当无疑义。惟枭匪奸商贩私，已难曲恕，而以岁靡巨额薪饷之缉私队，运私放私，知法犯法，罪实不容。从前虽严定专章，惩处至重，奈推行未能尽善，终不免视为承上转下文章。现拟由部署令行岸运各商，如侦知各该大中小队长有运私放私情弊，随时指陈密禀，一经查实，即严处该管局长，以失察之罪，或谓恐商人有诬捏之弊，须知岸运商本颇巨，诬告反坐，必不轻捏是非。一面仍分行各该大中小队长，随时报告该管局长，如小队长举发中队长运私放私，审实，即以小队长升补中队长，中队长举发大队长，审实，即升补大队长。各该队长果实运私放私，均以军法从事，使各有畏惧，自不敢轻于舞弊，上下认真，官销必旺，能挽回十分之三，则每年增加盐税收入，恐亦在三千万以外。此请广开举发各队运私放私情弊，以增收入者三也。

以上三事，系就缉务方面而言，倘能认真整顿，私运较少，官销自旺，相因而至，理有固然。而盐税裕增，确数虽难实计，要必年在数千万。至整理运销事宜，系运使、场官范围，兹不论及，为政不在多言，视实行如何。兹三事，倘各局长、队长实力奉行，必能于税收多所裨益，可断言也。天骥到差以来，考查成案，并接见岸运各商，博访周询，而缉务积弊大端，要亦不外乎上陈三事。药贵对症，大病已去，小恙易除。其余有应行整理之端及对于缉私得力官长，应如何特别奖励之处，续有管见，随时另陈。

(2)盐务署批(12月29日)

批第五七号

批准北盐务缉私局长张天骥

函禀一件，为条陈整顿盐务办法由。

函折均悉。所陈整顿缉私办法，尚有见地，除由本署酌发各局仿行外，并仰该局长从速整顿，以资模范。至以后对于缉私事项，如有所见，尽可随时胪陈，俾便采用。此批。

〔国民党政府中央盐务机构档案〕

28. 盐务稽核总所总视察处编：1913—1920年盐税收入统计表

(1933年10月)

以一千元为单位

区　　名	年				别			
	2	3	4	5	6	7	8	9
辽　　宁	728	5,570	5,304	5,359	6,585	6,475	8,092	7,803

续表

吉林	306	8,285	3,976	5,776	6,641	6,455	12,641	5,594
长芦	6,362	12,698	12,675	12,669	11,225	14,226	14,749	13,610
河东	649	2,157	3,964	2,271	3,683	3,677	3,173	2,707
口北	311	465	343	596	483	655	424	333
晋北	175	406	748	582	592	780	503	511
山东	1,757	4,193	3,009	2,613	3,207	2,910	3,620	4,154
淮北	2,062	4,939	3,243	6,594	4,392	5,992	7,268	7,670
扬州			7,250	6,938	5,166	6,657	7,043	10,693
松江	413	843	1,324	1,298	1,825	2,222	2,323	2,367
两浙	1,242	2,939	3,127	3,231	3,499	3,791	4,128	4,294
鄂岸	1,811	3,411	3,177	3,717	3,308	4,222	2,989	2,723
湘岸	438	7,857	4,732	5,012	6,566	2,181	6,183	4,334
皖岸	377	2,956	1,887	2,975	2,396	2,210	2,266	1,783
西岸	681	3,817	3,012	3,107	2,675	3,172	2,946	2,339
宜昌	272	2,749	3,051	2,835	2,619	1,956	1,291	1,309
河南								
福建	637	2,209	2,447	2,163	2,516	1,441	1,452	2,684
广东	3,341	7,155	8,353	7,261	9,130	8,102	6,695	6,481
云南		3,122	3,022	2,978	2,781	2,823	2,758	2,634
川南		6,247	8,007	8,398	8,162	8,969	9,004	10,462
川北				1,878	1,818	1,605	1,675	1,489
花定			180	114	439	256	937	461

续表

总计	21,562	81,018	82,831	88,365	89,708	90,777	102,160	96,435
指数	26.0	97.8	100.0	106.7	108.3	109.6	123.3	116.4

民国二年至民国九年税收统计表

说　　明

1. 表内所列系全国各区盐税之各年实收数目，包括东三省在内。惟蒙、藏、新疆、青海未经列入。

2. 表内数字均系根据稽核总所印行之盐款总帐。

编制者郭养刚　　校对者汪以鏻　　核定者曾仰丰

民国二十二年十月

盐务稽总所总视察处制

〔国民党政府财政部档案〕

29. 盐务稽核总所总视察处编：1921—1930年盐税收入统计表

（1932年5月）

以一千元为单位

区域	年别									
	10	11	12	13	14	15	16	17	18	19
1.辽宁	8,589	8,398	9,013	9,375	b 10,025	16,105	20,470	30,199	23,957	25,112
吉黑	b 7,945	b 7,403	b 7,888	b 8,321	b 9,121	b 12,344	b 13,235	b 12,714	b 12,764	b 12,764
2.长芦	14,600	15,663	17,169	13,884	14,184	10,799	8,247	6,901	d 8,272	d 10,294
3.河东	3,007	3,282	3,206	3,208	3,996	3,951	5,884	6,837	4,571	3,668
4.口北	b 360	b 389	b 402	b 390	b 526	340	506	558	564	868
5.晋北	544	641	797	759	769	780	510	510	715	628
6.山东	a 4,733	a 5,285	a 5,933	a 6,013	a 5,409	a 5,927	a 9,609	a 1,923	a 2,576	4,883

续表

7.淮　北	6,535	6,766	5,043	b 5,094	7,916	9,910	b 4,058	7,861	b 8,231	12,303
8.扬　州	13,014	12,560	12,071	12,064	14,372	13,017	16,264	13,415	13,392	14,585
9.松　江	2,390	2,451	2,508	2,528	2,249	2,491	2,482	2,709	6,214	6,848
10.两　浙	b 4,358	b 4,468	b 4,750	b 4,467	b 5,262	b 5,260	5,854	7,877	8,791	8,990
11.湖　北	2,052	1,618	2,110	2,139	3,186	5,186		7,798	8,992	10,076
12.湖　南	5,153	5,234	8,465	7,260	7,279	6,931	5,735	11,048	11,204	12,335
13.安　徽	1,287	1,060	1,076	1,081	1,106	1,103	676	1,838	2,491	2,668
14.江　西	1,438	1,670	2,017	2,929	3,707	1,262	5,552	7,927	8,707	6,498
15.宜　昌	2,287	1,590	979	886	1,505	1,713	1,505	1,834	3,043	2,713
16.河　南	1,367	1,367	1,367	1,367	1,322	2,426	700	2,249	1,687	1,094
17.福　建	2,769	2,969	2,957	1,953	2,113	2,112	e 2,393	e 2,393	c 4,924	3,448
18.广　东	10,180	10,499	5,851	6,704	7,663	e 7,820	e 7,820	e 7,820	12,360	9,296
19.云　南	b 2,718	b 2,569	b 1,679	b 1,431	b 1,157	b 828	b 734	b 584	b 226	b 1,261
20.川　南	9,348	10,492	10,049	10,720	8,577	9,838	12,245	10,122	10,272	7,600

续表

21.川　北	1,775	1,806	1,869	1,843	1,751	1,771	1,865	1,947	2,000	1,898
花　定	b 1,046	b 807	b 861	b 889	b 613	e 843	e 843	e 843	e 843	e 843
国内总数	107,495	109,007	109,060	105,305	113,808	122,757	130,452	147,907	156,796	160,673
国外总数		4	58	96	10	58	242	194	177	141
总　　数	107,495	109,011	109,118	105,401	113,818	122,815	130,694	148,101	156,973	160,814
国内价码指数	100.0	101.4	101.5	98.0	105.9	114.2	121.4	137.6	145.9	149.5

民国十年至十九年税收统计表

说　　明

1.此表系为汇列各区运销国内之各种盐税而编制者，包括东三省在内。惟将蒙、藏、青海、新疆除外。

2.表内所列数目，均系采自民国十九年之各区统计表。其中有记载不完全者，则用其他方法，或平均数目补足如下：

a.连同杂税在内；

b.总所盐款帐数目；

c.盐务年鉴数目；

d.地方当局所收附税约11,857,000元，未经列入；

e.民国十九年以前之八年平均数；

f.滇币依下列兑换率折合国币之数：

10	11	12	13	14	15	16	17	18	19
平	平	1.43	1.55	2.05	2.53	2.74	3.42	7.35	7.58

民国十七、十八两年，山东区税收所以锐减，系因当时日军侵占山东及津浦路上有军事行动所致。

4.各区所收附税，均经设法列入。惟尚有多区记载过形缺乏，仍待调查。

编制者郭养刚　　校对者周奉璋　　核定者曾仰丰

民国二十一年五月

盐务稽核总所总视察处制

〔国民党政府财政部档案〕

（五）厘　金

一、调查·积弊·加税裁厘案

1. 陈星庚关于调查苏皖两省征收货厘情形呈

（1914年11月9日）

督办、会办钧鉴：谨呈者：帮办前在苏垣以同行外交部陈佥事补查税垣税厘交涉守候部电，稽留数天。旋由苏至润，经过芜、皖等埠各驻五、六日，本月五号已由浔行抵赣垣。兹将续查各埠情形约略述之。自通商口岸租界与城厢多有牵混，洋货上岸藉口不纳厘捐，暗中略为挽回者，赖有华商认捐。询据苏城税所长叶增涛报称，苏城为通商口岸，并无子口单，到苏之货，或由沪地已认全税，即不再征。现在洋布及洋广货捐，由本境认税，数目仅一万四千九百四十元余，如洋糖、洋煤、洋颜料，亦有连同土货认捐者。至烟酒等项，苏属于改统捐时，仿照十成征收，未与百货同其减折，已寓消耗品加重之意云。是苏城之落地税，以限于口岸，几至绝无。又查苏盘门外，虽有日本租界，而商务寥落。近有日商将大宗硫磺运入内地，名为染料等用，究系多事之秋，正在严守中立，已由监督杨士晟与之严重交涉矣。此苏州调查情形也。至镇江后，即晤袁监督思永，藉悉京口自津浦、京汉通车，南北运货多改旧辙，加以运河淤塞，尤受影响。进口税既属寥寥，即外人请领联单，采运土货，数亦锐减。本年四月间有李姓民船载运白铁、灯罩、火柴等，持上海货税单，抗缴常税，经由关委员查明扣留。事隔八日，该船户复以同样货物，另在镇江新关，以镇东洋行出名，补领子口运单呈验。幸由关系属江北常关，同受海关监督管辖，乃得察出，函询税司，显系蒙混，遂将该商处罚。事后尚耸使镇东行禀诉日领，函询受罚理由，业经监督函复，此案现尚未结也。至内地税局，有丹徒总税所质问该所长郑鸿瑞，知此间洋货向无认捐，其进口如转运内地，照章征收货厘。至本埠虽有租界，而城厢内外俱称通商口岸，无落地税之可言。诘以外货入内地应征税捐界限，亦并无一定处所，盖放弃久矣。又有运北统捐局、所，向设江北，现移江南，专征运往江北油、烟、麻、末香、夏布五种土货，悉照江北厘金章程。此镇江调查情形也。至于芜湖一埠，华洋向来杂处，经晤该关监督张煜全，知该埠亦混，城厢租界称为通商口岸，洋货从未抽捐，须递东州里外之湾沚及隔江各卡，方始征抽货捐。本埠只有米捐局、瓷器统捐局及江苏驻米捐局三所。缘皖省商务米为大宗，全在芜湖出口也。到安庆后，即访财政厅长龚心湛，称本省迭经变乱，厘金大减。上年九月起至本年六月止，共收厘金、统捐、出口米捐加五种粮厘各项，不过八十七万余元。向章土货过卡，征收行厘一道。本年六、七月间，因整顿洋货落地税，外人以土货不收落地税为藉口，乃将土货应收米卡行厘改为落地厘金。凡领有子口税单之洋货，运到指销地点，缴销税单后，照抽落地厘金。地无厘卡，由县知事收解。已订简章，详请巡按使定期实行。至已完落地税，货物转运他处，照章不再征收厘税等语。查全皖局卡统计四十四处，俱袭清季弊政，所派局长几尽皖籍，大有举不避亲之风。银洋一元，市价千四百文左右，而厘局行用作八百十或九百文计算。商人完捐或仅制钱四、五百文者，悉禁纳钱，勒缴现洋一元，另以三、四百文找补之。推之应纳数千至数十百千，悉贬低价折洋完缴。商人既受巨亏，乃于填票时，允其以多报少，或以上次等货掉换填单，以沽私惠，而箝商口。近虽改订新章，顾有治法，而无治人，此风恐终难戢耳！此皖省调查大略也。除将到赣情形续行

报告外，先此陈明，谨请鉴察训示。再，帮办拟于十号回浔，即由汉皋赴鄂，循芦汉线至京。并闻，只敬

崇绥

帮办陈星庚谨呈

十一月九日

附安徽各厘卡、局、所委员衔、名、籍贯单（略）。

再，皖省官用物品往往设法免税。即如铜斤报关行运内地，屡在芜湖上岸，以芜湖为通商口岸，可以取巧不纳子口税，再以小兵轮运驳至皖，更可免常关税厘，而落地税更无论矣。芜湖船户恒以封船为苦，常有借采办军米为名封船至百数十号，将已装他货之船，一概起驳上岸，甚至关税全日无征，停办公事竟日。闻此项军米买卖，已赢至数十万金，承办委员亦数万金。且无论军米及百货，每由省中电饬该关监督立即放行，不知税司必由总税司转奉本处行令饬放，方始遵办。而省中群称监督失权，殊属无谓。又常关自税司经管以来，旧役早经遣散，陋规悉已归公，各省皆然，不独芜湖一埠，皖人不知化私为公，仍以陋规未革为言。至新关已责成税司，一切用人自应归其管辖。如关役舞弊，查有证据，原可由监督知照税司罚办，岂能只凭匿名揭帖之蜚辞，率请究治。省中不察，疑为该监督庇护，亦属误会。总之皖省当道多系皖籍，若非一气，则办事殊觉为难，此又情形之异于他省者也。肃此附陈，再敬勋绥。庚又谨启。

〔北洋政府税务处档案〕

2．龚庆云关于调查苏皖赣省税厘情形报告①

（1915年12月1日）

辛字十八号报告

总、次长钧鉴：上月二十日在阜宁上第四次报告，计日已由邮差递陈。二十八日早在阜邑附近查悉，该处为下河尾间，自南河东迁，东流各口淤塞，无海船进出货物。惟黄豆、杂粮，由西南出境，入则南来布匹杂货，以上各色为收捐大宗。现时粮价未平，商运亦少。午后至阜宁厘局。查该局正分局、卡十二处，员司三十余人，每月经费额支四百四十元。局长甘鸿猷于本年二月十一日到差，因上年地方先旱后涝，粮食空虚。本年麦收平平，出境无多，五、六、七月捐数不旺，至八、九、十三个月，照比额长收一、二、三成不等。检阅卷宗，按月报解清楚，十月以前，均有回批，十月解款有金库副收据在卷，回批未到该处，有淮关所辖之海关。旋至该关晤见关委郭家环，探悉按年比额一万七千余元，该委六月到差，每月收数，均敷比较。查盐埠关卡遇有货船过境，俱由包揽人报捐，客商不与员司直接，积习已久，丛弊亦多。本晚雇民船一只，二十九日早开往上海，游行约三十里，地名新河口，设有分关及阜局分卡，该口南北有河一道，名为盐河，为往来阜盐要道。东则庙湾为通海支河，仍出盐城，稍上向西，有口直达淮安，坝上即淮河，坝下水势淼漫，港汊纷歧。又行约四十里，至草堰地方，遇曹姓豆饼，问系自八滩油坊装米经过海河分关。据称，实付包揽人税钱七千五百文，检阅税票系淮字八千五百三十五号，载明豆饼二百七十担，税钱二两四钱三

① 龚庆云时为财政部检查委员会调查员。

分，钞银二钱，核与实付钱数不符。又查海河分卡，捐票系厘字二千三百五十六号，载明豆饼四百三十三石，捐银四元六角五分三厘，河捐九角三分一厘，印花四分。据称，实付银五元五角，核与票数相符。又行至夏家桥地方，遇有戚姓豆船，估载五十余石。问由新沟分关经过，实付税银二元五角，检验税票系淮字七千八百五十四号，载明黄豆二十七石，杂粮三石，捐银一两一钱四分，无钞。又称，在沙河分卡，实捐钱一千七百五十文。查票系厘字二千一百八十号，载明黄豆三十石，绿豆四石，捐银六角六分四厘，河捐银一角三分三厘，印花二分。关、卡两票捐税报数，均与实付钱数不符，问明亦由包揽经手。查贩商对于捐税大半包给船户，遇商务稍盛码头，又有地棍包揽。至落地捐税，又由行户承揽，先记账簿，按月结算，不需填票。此辈皆各关卡员司、扦役舞弊之媒，朋比分肥，侵蚀国帑，渔肉商民，真捐税之巨蠹。船户、行户与商一气，包揽之习不能骤去，而地棍素无职业，专事兜揽，挟术骗钱，此弊能除，而不除何也。时至昏黑，计行七十五里，至上岗地方，因河道不清，改搭小轮，夜十二钟抵盐城，住西门外招商旅馆。三十日早，在河岸上见有豆油两船约三百余篓，正在过秤下行。拦问系由海口拨来，客系王姓，据称，晋丰、盛和祥两行报税。索验税票，复称，存在行内。约候一时半，有两行商各执石碰口关票一纸前来检阅。一载豆油二百担，系十九日期。一载豆油一百二十担，系二十八日期。查石碰口距西门仅三、四里，既系十九拨载过关，何以至十日之久尚未起载。且该处尚有厘卡，亦查无捐票，颇滋疑窦。当雇小船赴石碰口，先到分关，有王副委接见，检查批算簿，十九、二十八两日俱有豆油过坝，拨载担数相符。二十九亦有过拨豆油二百担，索验票根，据王委称，大票均在城内，因局通海口，地方空阔之故。旋到厘卡问该两豆油船，是否报捐？据该卡杨司事称，行户对于新章港厘，归并厘金，误认为裁撤。开会集议，具禀财政厅，本局局长亦因此事赴省，事未议决。故各该船进口豆油，只记担数，尚未填给捐票。谈时分关程正委亦来，询悉该关正、副两委、司事、书扦、夫役计七、八人，月仅额支经费五十余元。现定比较每年六千余元，近月收数可敷比较，谈约一小时上船回寓，四钟进城至厘捐总局。该局长洪鉴，本年八月下旬到差，九、十两月收数较比额有盈无绌。检阅解款卷宗，九月奉有回批，十月有金库副收据在卷。调查该局进口，以豆油、咸鱼为大宗，多来自山东胶州，每年进口豆油约四万余篓，每篓一百八十斤，油船向停石硅口外，卖时另船拨入，回则载棉花出口，年约万担。木植进口则由岗门向报漕捐，每根筒木捐银一角一分，落地又捐洋一角。今改为厘捐，名异实同，岁丰收数亦属不少。其余布匹、杂货，则由淮河、里河过坝到盐。该处现合盐城、沙沟、新洋港三局为一局，年比只二万二千六百十九元，颇可增加比额。十二月一日早附小轮，至夜十二钟抵泰县，住北门蓉芳旅馆。理合将二十八日至本日沿途调查情形先行禀报，伏乞鉴察。敬请

钧安

委员龚庆云谨禀。十二月一日。

计呈沙河厘局副票一张，阜宁厘局逐月收数清折一扣（均略）。

〔北洋政府财政部档案〕

3．政事堂奉准简派田中玉等考察各省厘税等批令

（1916年1月16日）

内字第二十五号

特简考察厘税事宜田中玉、赵椿年奏遵赴各省考察厘税，缮

拟办法大纲①祈鉴由。政事堂奉批令：准如所拟办理。交财政部查核备案，并由政事堂分别行知遵照。此令。

附抄原呈

特简考察各省厘税事宜臣田中玉、臣赵椿年谨禀遵驰赴各省考察厘税，谨拟办法大纲，缮具清单，仰祈圣鉴事：窃于上年十二月十六日奉申令：前清抽收厘金，本非良税，原议海关加税之后，即实行裁厘。惟因各国商议加税，尚难一致，不得不暂仍旧制，俾济急需。然以各省征收厘税，弊端百出，屡经通令各省认真整顿，于任用厘税人员严加限制，遵照条例随时考核。乃近闻各省于厘金一项，仍未一律清厘，处处设卡，节节抽税，密如蛛网，沿途留难，或局员任便离差，玩视公务，或司巡藉端敲诈，不守定章，卒之增益国家收入数本无多，而影响于商务前途为害甚大。本大总统轸念商艰，疚心夙夜，除裁厘加税办法已饬主管各机关妥为筹备外，兹特简田中玉、赵椿年驰赴各该省考察利弊。凡系无关紧要之厘卡，分别裁撤归并，免致阻碍商务，虚糜公款。其经征员司，有舞弊营私情事，着即破除情面，从严究治，勿稍瞻徇。总期俟加税议订之后，裁厘便可实行，用副惠恤商民之意。此令。等因。奉此。自应敬谨遵办。臣等公同妥议，谨拟就考察大纲六则：一曰考察任务，一曰办事规则，一曰整顿计划，一曰分往省分，一曰临时编制，一曰临时经费。是否有当，理合逐条详细缮具清单，伏乞皇帝陛下圣鉴训示。再，此折系借用陆军部印信，合并陈明。谨奏。

〔北洋政府内务部档案〕

① 考察厘税办法大纲原缺。

4. 齐耀琳拟整顿江苏厘金办法咨呈

（1915年4月7日）

咨呈第四十四号

江苏巡按使公署为咨呈事：承准钧堂电开：奉大总统令：前闻江苏厘金弊窦甚多，经委肃政史前往该省实地调查。兹据呈称：各局卡员，半多贪劣，对于货物，以重为轻，以精为粗。或提成用分，然后给票，以多报少，名曰下票。或旺月所收，倍于淡月，乃竟混淆比较，不肯多解。或任司巡卖放，漫不加察。或由行商认捐，擅为减让。或局员任意离差，玩视公务。或用人不主公道，任意调动。种种情弊，均足为厘税收入之障碍。除严饬该省认真整顿外，查厘税为岁入大宗，江苏如此，他省恐亦不免有上项情弊。著该省巡按使、财政厅长，认真考察，严定比较，所有局卡，务择勤慎廉干之员，不得瞻徇情面，位置私人。总期贤能者得居要差，贪劣者立即罢斥。如有侵蚀公款者，严行追惩，毋稍宽纵。自此次申诫后，倘有前项情弊，一经查觉，定惟该财政厅长是问，该巡按使亦当同负责任等因。合亟电达，希即遵照办理等因。当经饬行财政厅遵办去后，兹据该厅长蒋懋熙详称：查厘金本非良税，既非如田赋之有疆界可循，又非如牙税、杂税之有花户可考，商人载货而来，报捐而去，仅瞬息间事。境过情迁，而欲求其弊之所在，极难得其真相。前清时有道员朱之榛者，督办厘税至数十年之久，经验之深，一时无匹，屡次整顿，而弊终不能绝。于是定严核比较之法，按季一小比，半年一统比，全年一总比，比较盈者奖之，比较亏者撤之。而所定各局、所办公经费，则微之又微。盖其考核之法，一是趋重于比较，经费之敷与不敷不问焉。经费不敷，于何取偿之不问焉。为局长者遇平淡之月，尽有出私囊以填比额者。前清时代比较之无亏短者在此，而积弊之深，以至于今，而不能尽绝者亦在此，几几乎有包办之性质矣。光复以后，苏属厘金，全行裁撤。嗣因军饷不继，连同宁属之南通、海门，改办货物税，宁属则仍沿通过税旧制，尽征尽解，比较几同虚设。不肖员司，先入私橐，后顾公家。扬军政分府所用之章家玉，于一年之内，囊括十余万元以去，骇人听闻。盖其时全省政权，四分五裂，有由军界委任者，有由地方绅士盘踞者，号令纷歧，莫此为甚，初不第章家玉一人也。至民国二年冬间，张升处长寿龄到任，方将管理权完全收还，行政统一，重定比额。宁属则加增十九万余元，合诸原有比额，计共一百七十万一千余元。苏属则加增至五十四万余元，合诸原有比额，计共三百四十二万九千余元。宁、苏两属，统计比额五百十三万五百余元，业于三年七月列表详部在案。懋熙上年二月初到任，适值上项增加比额实行之始。窃以整顿厘金，治本之法，莫如改办货物税。治标之法，莫如增额严比。当将新增比额，悉力坚持，痛加绳墨，有盈则留，有亏则撤，半年统比增额，居然办到，并以改厘为税，为整顿最要办法。惟改办之初，手续之繁难，固所不计。特〔待〕办理就绪，弊一清，一年之后，收数必有起色。而一年之内，原定比额全不适用。税收须防短绌，必预筹抵补，始可放手为之，即于三、四月间，筹定将苏属货物税改办产销进出并征，以并征所盈为改厘之预备。以七月一日为实行并征之期，即拟以四年一月一日为实行改厘之期。讵至七月间，并征风潮，迭次震撼，幸赖大部主持，各税所协力稽柱，克底于成。而欧洲战事，江北年荒，相逼而至，税厘骤绌，比额多亏。且中央又以宣三预算上之收数，责令懋熙恢复，则并征所盈者，又未能作改厘为税之抵补。加以中央调查之使，络绎于道，一切计划，不得不稍为停待，是以四年一月一日改厘之举，未能见诸事实。然自上年十一月起，宁属加比额银七万二千余元，而王肃政史暂加长江临时比较八万余元，尚不在内。苏属改办产销并征，收数当然增益，亦于十一月份起，再加比较六十七万八千余元。现除临时比较，计宁属一百七十七万三千余元，苏属四百十万七千余元，二共五百八十八万余元，连同奉准拨还津浦路厘三十万元，芜湖米厘暂缓规复捐章十八万元，统计合银六百三十六万余元。合之宣三预算，约超过七万余元。此上年筹改厘金未能果行，而二次加增比较之情形也。至全年收数，上年宁、苏两属，共收银五百万四千四百二十一元。按照三年分比额，应列银五百二十三万八千二百二十二元（苏属新加比较系十一月份起），除收数内有向无比额各捐银一万三千六百九十九元外，计亏二十四万七千五百元，约合四厘有奇，较元年分收数，计盈二百三十万余元。较二年分收数，计盈一百十九万余元，业于四年二月详部在案。际此年荒、欧战，而收数尚能及此，已非始愿所及，此上年增加收入之情形也。综观以上情形，按年递增，税收非无进步。然谓厘税丛弊之薮，经前清历任贤督抚、能司道数十年未能扫除净尽者，而懋熙欲于一年之内，廓清其积弊，诚有是大愿，恐亦无此事实。盖加一分比额，增一分收数，即剔除一分中饱，特弊去其太甚者耳。大抵厘金之弊，在捐例太密，折算太繁，头绪纷纭，改革非易。粤寇之变，江南粮台设卡抽饷，所收者谓南台捐。江北粮台设卡抽饷，所收者谓北台捐。继而漕督亦委员设局矣，所收者谓漕捐。徐州道又委员设局矣，所收者谓徐捐。此外，又有金扬二成，清淮四成等附捐名目。当其初各有系统，各定章程。迨至军事大定，政权统一，将各种捐款名目，悉沿其旧，仅集收于省库。有一局而收一种捐者，有一局而兼收数种捐者，有总局收甲种，而分局收乙种者，参互错综，条例复杂，税章之密如此。各种捐率，有收七成者，有收八成者，有收八四成者。又有进口收七成，出口收四成者。其初为恤商起见，行之已久，寖成习惯，载在旧章，折算之繁又如此。综合此繁密之税章、折算，欲定统一税则，以赅括全属，而又适合于现在之收数，顾此失彼，甲重乙轻，此所以相沿数十年，而莫由改革也。整顿之道，约分三策：仿照苏属改办货物税，是为上策。增加经费，归并局所，提奖金，严罚款，是为中策。增加比较，严行考核经费，局收悉仍其旧，是为下策。上策者何？苏属货物税章程，商人运货经过第一机关，完纳产、销两半税，给与税证。经过第二机关，复扦换单，层层箝制．单货相符，概不重征。第一机关如有减收、买放情弊，第二机关检出后，照章补罚。原检之稽征员，轻则记过，重则罚惩。商人于第一机关完税时，岂肯多缴税款，少写税票，以自取补罚之咎。税员纵极贪渎，亦不能以已报之税款，侵吞入已。宁属之通过税则不然，逢局纳税，遇卡收厘。第一机关完纳若干，经过第二、第三机关，按照来票纳税，甚或有增无减。商人惟利是趋，希图下卡少报税款起见，往往于上卡报税之时，央恳司扦以多报少，此减折下票之弊所由生也。惟宁属一律改为货物税，即使上下两卡尤有串通一气者，然断不能将经过第三、四、五机关勾串到底，全属朋分减折之弊，可不禁自绝。或谓宁、苏本属一省，改办货物税后，苏属完税之货，经过宁属，势必全行通照，税收必然短少。夫宁、苏各收一税，本非正当办法，特目前财政万窘，收数不能不顾。改章以后，经过一属者完一税，经过两属者完税，较之厘金逢卡纳捐，便益已多，财政稍纾。宁、苏改为一税，以预备通国收一产、销之基础，或谓厘金逢局纳税，收入较多，改办货物税，仅完一产一销，决不能抵原有之收数。殊不知苏属前清时代，亦办厘金。民国改章不及三年，而规定之比较，已回复宣三预算，此二层均可无虑。所虑者改办之始，原有之比较全不适用，局所之地点，重须更定。第一年中，究能收若干之税款，极难预计。当此财政奇绌之秋，总求增加收入，设有亏短，何从筹补。此则未敢冒昧从事者，必须筹有抵补之款，方可毅然行之。中策者何？宁属厘局经费，前清时本极菲薄，加之屡经核减预算，愈形式微。现计局长月俸，多者六十余元，少者十余元。稽征员多者十一、二元，少者五、六元。检巡多者四、五元，少者二、三元。谁无家室，谁无衣食，当此米珠薪桂，百物昂贵，区区薪给，何足赡其身家，是以整顿厘金，必从增加经费为入手。撙节计之，一等局长月薪二百元，二等一百八十元，三等一百六十元。一等稽征员月薪五十元，二等四十元，三等三十元。检巡则多者十六元，少者十二元。按照新增经费数目，即以之分别优瘠，加入比额，是名为优给薪费，实则仍提中饱。此外，偏僻小局，有可裁并者，尚拟酌量裁并，稍资挹注。薪费既定，而无奖惩，以激劝之，在局长之进身，不乏急公好义。若辈身充司巡，舍金钱外，更无目的，势必人人成为安静之吏，谁肯于三更风雨大江骇浪之中，奋不顾身，尽心稽察。奖励之法，凡比较外盈收之款，六成归公，四成给奖，按三个月一结，上季亏而下季盈者，通盘计算。上季盈而下季亏者，应将提赏之数，缴出补足本季比较。似此酌加薪津，优给奖金，而局长司巡人等，如再甘心作弊，自外生成，一经发觉，尽法惩治，自然人尽畏法，草偃风行矣。下策者何？再加比额，严行考核，准比较之盈绌，定局员之去留，而于税章经费，悉仍其旧。盖上策使之不能作弊，中策使之不敢作弊，下策则但求公家稍增收益而已。夫厘金，恶税也。商民受困数十年矣，非用雷霆万钧之力，推翻全案，改弦更张，永无澄清之日。懋熙愚见，拟请以中策为目前过渡计划。自四年度起，将税率之征钱者，改成洋码，裁去二四成附捐，每年尚可增四十万元之谱(宁属全年比较一百七十万余元内，除二四成附捐十万元，拟即先行裁去，实计一百六十七万余元。按一三折合，应合钱二百十七万余千文，以一千折收一元，全年可增四十万元)，另款存储，二年后，积存八十万元。然后将宁属厘金，决然改革，设有亏短，可资弥补。行之一年，即可将全年收数，定作比额，应增应减，便有确实之预算。裕国便商，永除弊薮，在此一举也。如蒙允准，再由懋熙草拟章程，编订预算，详请立案，定期开办。所有遵饬筹拟整顿厘金办法缘由，理合具文详请核咨。等情。据此。查宁属厘金积弊甚深，所拟整顿三策，自以上策改办产、销并征为最妥善。惟创行之始，亏短必巨，弥补无从，该厅长拟采取中策，改征洋码，增加局费，即以目前改征洋码之所余，补将来实行统税之不足，均属切实可行，自应照拟办理。除批饬草拟章程，编订预算，另详立案后，定期开办外，相应咨呈钧堂查照备案，见复施行。为此，咨呈

政事堂

江苏巡按使齐耀琳

中华民国四年四月七日

〔国民党政府主计部档案〕

5. 中华全国商会联合会为汉口总商会提出厘税积弊要求改良案呈

（1916年10月31日）

中华全国商会联合会为呈请事：窃本会于五年九月举行第二次大会。据湖北汉口总商会、老河口商会、黄石港商会提出厘税积弊要求改良案。本会审查报告内开，汉口为九省通衢，进出口货甲于全国，税之关系甚巨。若无完善办法，病国病民，不堪设想。民国元年征收税则，其取名虽分过境、销场，实则一道并征，其税率以货物估本计算，值百抽二。其局、所但在扼要之区，并不设立分卡。其复查指定汉口、沙市、沙洋三处，余局皆验票放

行。其通告则自正税外，一切杂捐，并不得再有丝毫妄取。其转运则由税票化为拨票照拨放行，商民称便。后因官吏但求比较之多,而员司遂作无穷之弊。于是查票者不止于查票,凡局皆有诬少讹多之权，分拨者不必皆分拨，是货皆受减成限期之苦，甚或小分卡既自由增设四稽察，又捧檄驻巡，而处处皆留难矣。旧规费既有例可援，新发明又无奇不有，而人人思中饱矣。适本省提议加值百抽二为值百抽二·五，商民公议，再加五厘,为值百抽三。但要求于平昔之积弊一举而空之，无奢望也。乃加税,业已实行,而积弊因之加甚。顾或者谓，多取之虐，直接虽在商家，间接仍在买主，不知诛求过，则成本必高，成本高，则取价将贵。又况一完进口，而不敢复问之洋货相逼而来乎。窃以税法最富注意之点：一曰，简以便民。税率既一道全完，则其全完之处，即在入口之第一局。凡就近有局者，以就近之局为入口第一局。其就近无局者，则以中道之局为入口第一局，并中道无局者，则以抵埠之局为入口第一局，此简于设局也。既在入口第一局完税，则以后经过各局，皆只查其有票无票，有票者，验票放行，无票者，查货纳税，此简于查票也。既须复查有票之货，则请循原章。凡由汉来者，在沙洋复查，由江来者，在沙市复查，不经过沙洋、沙市来者，在汉口复查，此简于复查也。凡皆以简而顺民心也。一曰，实以征信。既经一道全完后，则沿途各除指定复查者外，即不能尽假以复查之权，使得藉口于货票不符而任意留难。阳求其比较之加增，阴肆其饕餮之无已，则所以证实其一道全完之，并无遗虑者，此一事矣。又到埠之后，凡大票所有，皆许转入分拨，若止准八折，则过乎八折者，将奚置耶！若止限六月，则过乎六月者，又奚置耶！势不至另税不止也。而其实税项之增入有限，商民之不便实多，又何如一例分拨之名正言顺乎，则所以证实其一道全完之无虑者，又一事矣。凡皆以实而坚，民之信也。

三曰，严以杜弊。沙洋、沙市、汉口既为指定复查之区，甚勿取乎有名而无实也。货船一泊，自当随到随查，随查随放，其实在货票不符者，则当就其无票之货于征收正税之外，而严于罚之十倍、五倍勿惜也，此小惩大诫之一道也。至各局、司、巡人等，于并无不符之船任意留难，而惟利是视，此等私相授受之事，无论无人举发，即有冒险出首者，又每以事无实据之，语行护庇属下之心，而若辈之网上行私，愈不可止止矣。若明察暗访，果有其事，即置之重典，亦惩一儆百之一道也。凡此皆以严，而重民之财也。四曰，节以防滥。汉商乱后归来，百无一有，不暇自顾。首先承认值百抽二，继复请愿值百抽三，其笃于公家谊其厚也。惟其初议案，有地方行政各费，酌由此内提用之说，不得再抽杂捐。今议案尚存，而一切已不堪命。甚至街头挑贩，市口张摊，亦多所不免，在若辈腾价求偿，原无何等之损失。然日用为普济之物，即影响于民间，此尤不可不加意者也。因思惟简，而后可以清办法之源。惟实而后可以昭税则之用，惟严而后可以防歧出之流弊，惟节而后可以留有限之生机。率是道而行，税局之光，亦商界之福也。同人详细审查所有邀请改良货税各缘由，大致人民之苦乐，不在税率之轻重，而在税法之繁简，亟应筹定统一办法，以厚民生，而维国计。除预备实行裁厘加税外，欲救目前之急，惟有据情恳求政府雷厉风行，以资整顿，并将本案发交财政部咨行湖北省长饬令财政厅查照湖北民国元年税则及本案要求条件核夺施行等语。经大会公决，理合检同原提各案呈祈大部查核施行。除呈国务院、农商部外，谨呈

财政总长

会　长　　　　吕逵先

副会长杨木森　赖恩培

中华民国五年十月三十日

〔北洋政府财政部档案〕

6. 中华全国商会联合会为河南总商会请减免厘税归并厘卡案与财政部来往文件

（1916年11月）

（1）中华全国商会联合会呈(11月6日）

中华全国商会联合会为呈请事：窃本会于五年九月举行第二次大会,据河南总商会会长罗以炘、河南省城绫邦景文州及潢川县商会周家口代表提议减免厘税，归并厘卡案内开：查百货落地税之施行，创自前清。民国以来，继续征收河南之土货,如花生米、皮毛、棉花之类，出产有捐，销场有税，关津有税。外货如洋货、洋布、杂货之类，进口有税，关津有厘，入城落地复有税捐，层层剥削，已无负担之余地。豫省于本年一月，财政厅为河南特别改税率之举，将落地税增加一倍。当日商界全体恳免未准。又周家口百货厘金，旧有定章，按抽一串文，并有连三大票。至光绪二十六年，糖麻帮加二成；二十八年，合加三成。民国以来，陡加一倍，向完厘一串，今竟加到三串文，且征收并无大票。又汴绸一项，于五年九月经财政厅长出示，凡出门卖货者，城门上应照鲁山绸、南阳绸报税例，一律加税。每百斤货应报税五元七角五厘。前读公报大总统命令，凡各省苛细税则，应酌量减免。买丝每百斤原按三两九钱抽报，出门卖货到各售货地点，又有落地税，若出城门报税是重征矣。况鲁山绸、南阳绸进城报税，乃是落地税，与汴绸出城者不同，何能格外加添。以上三项，应请转呈政府分别减免，以苏商困。又查潢川县河口，地属旷野，前清末年，蒋往乌卡委陆宗鑫，朦禀上宪，于此地设一稽越卡房，经全体商民禀请裁撤。蒙李前宪详明，县境僻居豫省东南，不通火车，本处之商务既衰，过往之客商亦鲜，以致前后二百余年，即值川陕之氛、洪杨之变，急乱筹饷，亦未议及此地，诚于公家无利可收，于小贩徒滋扰累也。至县城商务，惟自湖北贩来零星京广杂货布匹来县出售，已报豫、鄂统捐等因。当蒙藩宪批示：暂行试办，计账放行，一面派委查勘情形，可否裁撤，再定去留等示。复经道委李令晋阶勘明，议定仍照蒋集总卡所禀，只宜在该河口添一稽查绕越之卡，每对簰粗货抽钱一串，细货抽钱二串，作该卡稽查经费，业已实行。迨至后，忽按货件抽厘，潢川全体以为事出例外，又同本城议董事会等呈请裁撤。蒙财政司批示，上年司、局会详整顿厘金案内，叙明县河口一卡专稽大埠口、台子头、仙庄集等处，在半途起旱盘运，万无苛扰。惟分卡愈多，商民愈形不便，应否酌量归并，以杜弊端，仰即查核详复，并行光县知照等因。是该河口一卡，特为稽查偷漏而设，虽未裁撤，并非征厘正供，亦非通商河道。况该卡潢川一处，凡潢川所出土产，均由潢川北方走火车而去，由南方运来零星货物，先报鄂、豫统捐，至潢川又纳警捐及地方公益各捐税，已至再至三，负担已属不支。乃该卡复变本加厉，任意横征，每对簰有抽收十串八串之多。哀我商民，其何以堪。且货簰到卡，百般刁难，报卡之费，全无定数，又无确实执照，仅由簰票上面注明卡钱若干，粘贴印花全不遵章试用，所抽收之款，从何考核，藉端勒讹，坑商肥己，已可概见。现值民国复活，大总统命令叠颁，除去一切苛税，以苏民困，人人皆知，处处欢庆，而该卡委肆意暴征如故。如常此任其勒讹，潢商恐靡有孑遗矣。应请转详农商部饬令河南财政厅将新添应裁之稽查分卡，仍照前蒋集总卡所禀，只宜在该河口稽查绕越，每对簰粗货抽钱一串，细货抽钱二串，作该分卡经费。如蒙格外体恤，将此卡仍归并蒋往乌，以杜弊端，而除勒讹，不胜感激之至等语。本会审查减免厘税归并厘卡，既为恤商要政，亦可以撙节糜费，剔除中饱，自应转呈政府分别核办。经

大会公决，理合呈祈大部查核施行。除呈农商部外，谨呈
财政总长

会　长吕逵先
副会长杨木森
　　　赖恩培

中华民国五年十一月六日

（2）财政部批（11月15日）

财政部批第一百九十七号

原具呈人中华商会联合会呈一件河南各商会请减免厘税归并厘卡由

据呈已悉。查原呈内开周家口百货厘金一节，前由该镇代表孙仕恩禀恳酌免，经本部令行河南财政厅查明呈复。以现时物价昂贵，较从前增涨数倍，则征收税率自应增加。该代表以前清光绪二十八年所定税率为言，事实自未尽当。且改订税率，事关通案，非独该局为然，应请无庸置议。至该局征收，但论船只货物总予大票，殊属笼统，俟行该局按货查验分填票据等情到部。当即据情批示该代表知照在案。兹查该会所呈，事同前情，应仍查照原议办理。至所称落地税增加一倍，鲁山绸、南阳绸出城门报税及潢川县河口稽越卡房任意横征各节，果否属实，仰候令行河南财政厅切实查明呈复到部，再行分别核办。除令行外，合亟批示知照。此批。

中华民国五年十一月十五日

〔北洋政府财政部档案〕

7. 财政部筹拟加税免厘进行手续及抵补方法案致国务院密呈

(1917年8月)

赋粮字第1152号

密。查加税免厘一事：民国肇幕以来，财政部与税务处迭经提议，只以兹事艰巨。一以海关税率为协定，一以厘金收入为外销，以故至今未能措施。值此子口三联两单盛行，各省厘金所受损失已属不赀，不图更张，为害将无底止。矧现在德、美断交，我国方谋与协约各国提携，加税免厘实为当务之亟。顾实行此议，首应预筹进行手续及抵补方法。兹拟分为两端，条列于左：

甲、筹拟加税之进行手续

一、宜与各国一同开议也。查加税之事，载在英、美、日、葡四国普通商约，今求便利起见，尽可特别提出，专以加税免厘与各国一同开议，其余通商各条，俟各国修改有期再议。否则或择其条件之最普通者（如存票抵税，推广关栈，保护牌号，内港行轮等款是。）订一约本，并案提出（提出时应详加研究），亦无不可。此当视外交者手腕如何，以为进行标准，倘有要求政治上及商务上利权者，可持英约第八款第十四节所载，各国不得明要求或暗要求之文以坚拒之。无论如何总以抱定四国商约范围以内之文为主义，且共同开议，本有先例，辛丑公约及长江通共章程皆是，时短事速，各国当难推诿。

一、宜先著手修改税则也。查壬寅所订通商进口税则律，以现时物价，贵贱悬殊，名为值百抽五，实则不过值百抽三之谱。故欲加税，必先以切实值百抽五为前提，乃不致蒙虚名而鲜实益。此事民国元年，业经部、处咨请外交部转向各国公使提议，已得英、美、德诸国之赞成。旋因欧战发生，议遂中寝。现在亟应并案提出，照近时市价，以切实值百抽五为首先著手办法，再按壬寅英约第八款所订进口税递加至值百抽十二·五，出口税抽七·五，以较近年收入四千万两左右，多加当在五千万两以上（增加详数，另案油印可查）。或有谓俄、法两国陆路通商条约订有减税明文，恐启抗议，不知当时所订此约与今时情形迥殊。昔时运输皆由人力车驼，今则改由铁路火车，难易既不相同，税则自应修改。届时如必不得已，或允于值百抽十二·五之后，另筹变通办法，以免阻碍，而期就范。

乙、筹拟免厘之抵补方法

一、宜于免厘前从事调查也。查壬寅英约第八款第八节订明裁厘后，得由中国举办销场税，以补厘金之所失。又美约附件，得征出产税以抵裁撤内地常关之税，是产、销两税照约已明认为当然应办之事。然而两税之散漫繁碎，其难办更有甚于厘金者。查光绪二十九年，商约大臣召集各省熟悉厘务人员在沪会议产、销两税一案。其时议行办法：有拟产税由牙行报纳，销税由铺户报纳，或认税者有拟两税一同设局，繁盛处派专员，简僻处派州县兼办者，有拟兼采认捐、坐贾捐之办法者，有拟将大宗之货设局抽收，细碎难稽之货由各业认税者，众议纷歧，莫衷一是。夫以各情形不同，即未便胶柱鼓瑟，强求一致。自非切实调查，不能推行无阻，应即明定期限，由各省区将货物名色、产销地点、进出口之数目、最近之市价，详细调查，列表送部，乃可定征收之方法，设适当之关局，厘划一之税则，以期确有把握，庶免窒碍难行。

一、实行两税，以资抵补也。前项加税之事，果能办到，岁入已有增加，益以产、销两税，则抵补更有盈余。确实数目，虽难预计，惟从各方面推算，约可得其大数。查出产税以豆、油、棉、茶、绸缎、皮毛、矿砂等货为大宗物品。民国元、二、三、四年分贸易册载，土货出洋价值平均数为三万八千余万两，内除丝觔价值八千余万两不计外（英约第八条第七节有不得逾值百抽五之限制），尚有三万万两。再减三分之一为二万万两（因总额内尚有非大宗货物者须除算不计）。而各项土货之行销内地者，当不止此两倍，兹姑以四万万两计之，合出口货值为六万万两，一五合洋九万万元，按普通值百抽二征收，可得洋一千八百万元。销场税以中国人口计之，平均贫富每人所需土货价值年以一元五角推算，四万万人，应为六万万元。按普通值百抽三征收，年可得洋一千八百万元，加以粮炭各税，全国销场所征总在千元（原文如此）。再按壬寅英约第八条第三节所载，得添设常关，所增较近年收数约可一倍，计有七、八百万元之多，合产、销、常关各种收入约五千万元以上，以补厘金之所失，定能有盈无绌也。所有筹拟各种办法，是否有当，敬候鉴核。

〔北洋政府财政部档案〕

8. 财政部筹议加税裁厘案致国务院呈

（1921年　月）

为筹议加税裁厘咨请会议事：窃维整理国家岁入，须自整理税制始，而整理税制，须自解决其根本问题始。中国税制之根本问题，原不止一端，举其要者论之，即加税裁厘是也。查加税裁厘，于今日之政治上有五大利益存焉。现值银根奇紧，百货停销，若能尽裁厘卡，蠲免国货出口之厘金，俾减轻成本，以奖励其输出，可藉以吸收外资，疏通内国之金融。其利一。厘卡既裁，则洋货行销内地，无留难之苦，洋商必乐增税以相偿。吾对于进口洋货，可援从前英、美成约，于现行正税值百抽五外，另加七两五钱，总计值百抽十二·五，俱在进口新关一并征收，并将上届所定税则，按现在时价重行核估，则海关进口增多之税，以之抵补厘，必绰有余裕。减轻本国商民极重之负担，于国家岁入，仍无丝毫之损失。其利二。厘金具通过税之性质，最足遏抑产业之发达，征诸世界各国，昔虽曾行此税，然亦仅取诸通过国境之外国货物，今且全行废止矣。吾国之厘卡，反重征土货，以阻其销路，实为恶税之尤。今毅然废止，则全国生产事业可期发达。其利三。吾国租税向无系统，每缘物起例，遇事加征，名目愈多，征税愈失其平，厘金其显著者也。使于此而更欲推行良税以调剂之，则课税重复，人民益不堪其担负。今能全废通过税，则不特固有之销场税、出产税可从事整理，即纯粹之营业税亦可期普及全国，恶税去而良税行，完全租税系统，始克成立。其利四。吾国内地市场萧条之故，由交通不便，而层层设卡，处处抽厘，实为交通上之唯一障碍物。今若全裁厘卡，则各地货物运输自由，内地僻陋之商场，亦可变为繁盛之区。其利五。加税裁厘之利，如上所述。欲获加税之利，必以裁厘为先决问题，固可毫无疑义矣。第常关亦征通过税，应否裁撤，则尚有待于研究。唯揆诸目前事实，常关似暂可缓裁，其理由有三：

一、裁撤厘卡之本旨，重在废止通过税。常关税既征通过税，本应同时裁撤，惟常关税亦国家大宗收入，按照英、美条约裁撤厘卡后，口岸常关税仍可照旧征收。在原议抵补此项收入之出产税、销场税，未克确有把握以前，常关税仍暂行照旧征收，以维持财政现状。

二、常关制度沿自前明，数百年来无大更改，将来统一征收机关时，或即将口岸常关改为出产税、销场税之征收机关时，则商民视为惯见之物，不致别生反抗。但须与新关脱离关系。

三、常关积弊，虽与厘局等，而事权较为统一，若一律暂照海关办法，则弊窦无难一扫而空。

是故为今日计，一面宜与外人交涉，订加税免厘之条约，以立永久计划。一面暂行仿照海关办法，改订常关征收章程，以维持现状，则进行有序，自不患滞碍难通，虽然加税裁厘大问题也。其问题之解决，虽不必有待于修正税则之期，然若能于修正税则时，同时办此交涉，尤可事半功倍。查税则十年一修，明年即届满期，急应绸缪未雨，方免临事周章。若值此绝好机会，不为完全之准备，万一交涉再归失败，微特保护关税政策鲜克实行，而加税裁厘亦必不能如愿以偿，恐吾国税制永无整理之望矣。本部有整理税制专责，谨参酌目前事实，预行条议办法大概，以为重与各国开议之准则：

甲、洋货进口办法　进口洋货税则，可援照从前英、美成约，与各国次第谈判，一律改为值百抽十二·五，均于进口海关一并完清。嗣后无论该洋货在华人之手，或在洋商之手，亦无论原件或分装，准其自由行销内地，全免重征并查验留难等事。

但左列三项不在此例：

一、米、麦、杂粮由外洋进口者，免税；

二、本国工厂自外国购入原料，宜特别减轻进口税率，或全行豁免；

三、与土货相类之洋货运销内地，须由进口海关请领凭单，以备查验。

乙、国货出口办法　出口国货须查照从前税率，在值百抽七·五以上者，一律核减。在值百抽七·五以下者，酌量增加。但此税率系合计内地各税及海关税而言，若由出产地经过各关署所完诸税，其总数超过值百抽七·五者，准其赴出口海关呈验收据，由海关照数退还。

但左列五项不在此例：

一、本国商人用机器仿造之洋式货物，若运出外洋贩卖，一律免税；

小注：查约章已载明机器仿造洋货，既完出厂税，则出口税概行豁免等语，故此条定能办到。

二、出口大宗货物，如茶、丝及江西磁器等类，宜酌量减轻出口税，以轻成本，而广销场；

三、织物原料，如棉花、麻、皮毛等类，宜重课出口税，以寓禁止输出之意。

四、凡本国特产为外国所必需之货物，宜酌量重征出口税。

小注：三、四两条为保护关税政策中应有之条件。但吾国关税尚属协定，恐事实上未易办到，姑列举以供外交之参考。

五、凡本国特有之美术品为外国人所赞赏者，如北京之景泰蓝、湖南之绣货等类，宜酌量减轻出口税，以广销路。

丙、外人在中国制造货物课税办法

一、外国人或中国人在中国通商口岸，以机器制成之各项货物，须照进口税之倍额征收其出厂税。但既完出厂税后，得免征其出口正税、出口加税。

按：华商用机器仿造洋货，本应减轻税率，以示鼓励。今反与洋商制造之物一律税者，因不如此，则洋商必不服。今对外人计，设一变通办法，征税时仍照洋商货物税则征收，每届年终，则将多征该商之税，作为补助奖励金返还该商，则洋商无所藉口，华商亦不致受亏。但补助奖励之全数，不必恰与厂数相等。兹议之本旨，系欲政府定为政策，暗示贴补之意，无庸预立一法，使外人见而有所藉口。

二、凡中国政府所特许减税、免税之大工厂，其所出物品，或减轻出厂税，或不征出厂税，洋商不得援以为例。

小注：查英约载明，湖北之汉阳大冶铁厂及中国现有免税各厂，嗣后设立之制造局、船澳等，不在出产税之例，故此条亦有可行之事实。

以上条议办法，不敢谓详尽无遗，然均系权衡学理，揆度事实，将来修改税则，重订系约之大旨，或不能出此范围以外，顾或谓前此洋药改为税厘并征，仅关系一国耳。彼时曾纪泽在英往复筹商时，阅年，始有成议，加税一事，须与各国次第谈判。在前清时曾与各国屡议未成，其困难实可想见。矧民国新造，交涉尤为棘手，今所拟讨之条件，其愿望竟如此之奢，恐外人不易就我范围。曰：兹事体大，交匪易，是诚然矣。然试回想从前提议此案，各国未能一致承诺者，非外人不肯加税，乃中国不肯全裁内地土货厘捐，有以启外人之疑耳。从理想上言之，吾自征收厘捐与外货何所关碍，不知内地厘卡犹存，土货抽厘如故。局员有稽查土货之职，即有稽留洋之权。甚至索贿放行，更较抽厘加毒。洋商有鉴前车，故空言未克取信。今吾果能尽撤内地厘卡，并土货之通过税亦蠲免之，则外国货物可畅销于我内地，并可由内地自由购运货物出口，于彼实有莫大利益。区区进口税之增加，仍可转嫁于吾国之购货人，彼亦何所吝而不吾与也。要之，除弊务铲其根株，立法须臻于完美，一时迁就之策，断难收榷陷廓清之效。所谓今日整理税制，须从加税裁厘著手者此也。事关重要，凡职掌外交、财政、实业、交通者，悉宜详究其利害。相应咨请贵院列案会议，议决后咨行外交部查照办理可也。此咨。

〔北洋政府财政部档案〕

9．安格联关于裁撤厘金案说帖

（1925年11月23日）

会字第一一四号

研究中国政府抵补裁厘之计划后，颇觉专门方面尚有数点未曾充分考虑。作者兹以中国代表团高等专门顾问之资格，请得略陈所见，藉资阐明。查中政府之计划，其主义系将货物经过内地各关、卡所负担之税转嫁之于外洋入口之货物，使其于入口登岸时负担之税焉。兹查厘金制度，即系对于一切通过之货物，无论其为外洋入口欲求零销于内地之外国货，或系中国由某口装运欲求销售于外国商场之中国货，或系中国普通商业经营上由此地运往彼地之中国货，均须一律征税。就实际言，此项计划系将关于中国出产品之厘金裁撤，即以其全部义务由中国人之用洋货者负担之。至于外国人之用中国货物者，是否分担此项义务之一部，则计划中并无表示。是种办法之理由，从广义经济政策观察，原不难与以说明。兹经顺便一谈，不欲多赘。

是项计划，除转嫁厘税之一点外，更包含另一问题，即由征税所得之收入，将于一限定期间内，由各省省库转而移入于中央国库是也。试观已往之历史，即可知此项税收之移转必将使国库、省库之冲突益增剧烈。前此关于持有子口单之贸易已经发现此种冲突，外人反对厘金亦即以此为根本原因。此项冲突，有如礁石，政府计划，或即因以破坏亦未可知。于此而又变本加厉，殊属非计，或有为之解者，谓此项指摘不过仅得其表。盖于过渡时期之大部分时期中，各省仍将依旧征收厘金也。然若以此为解答，更将惹起更重要之非难，即过渡时期中厘金而外，得复有外洋入口货之附加税，因是而贸易负担之税额必将益行增重也。

政府计划之成功，端赖各省之竭诚赞助。今姑假定各省之能竭诚赞助，且据该计划中之规定，将按照各省实际所裁之厘金，对于各省库如数抵补。故中央政府可以声辩，谓计划中并无使各省双重收税之意，是诚固然。但即使如是，而关税加征，瞬将商务上之双重征税，恐仍不能避免于此，遂立即发生一问题，即中国商人，如了解本计划所包涵之内容，是否能予以同意是也。作者深知中央政府实行此项计划，将大有赖于舆论。今乃于开幕之始，即自招舆论上之攻击，又安得谓为得计。且该计划之成功，又将赖该计划全部之实行，即有赖于该计划中之各部分，悉克互相凑合，各得其所是也。惟是该计划之财政基础，极鲜舒展之余地，只须中央政府对于增加之收入少获一部，该计划即将不免归于失败。

于此又立即发生一问题，即某某省分（例如广东政府支配下之各省），对于过渡时期中在各该省辖境内各口所增收之关税，能否听其离去本省是也。按诸近年经验，此等悬想决难实现。南方现正需款，殆将援例拒解，彼对于盐税收入业已全行自管，对于邮费增加，且谓非将该项邮费增加之收入留归自用,不允实行，趋势如何，自可概见。颇以为中央政府将只有两种办法：即或于过渡时期内将增收关税一节，暂行搁置，或者实行征收，即将增收款项之全部，或一部，即刻解交省库。至于舆论方面必将援助各省，良以商人亟愿避免两重之征税舆论，受其影响，自不得不为援助各省之主张也。

欲解决上述各端之困难，可将该计划稍予修改，修改维何，即将抵补各省之款项，自始即由征收机关径解省库，但必须俟调查各省需款情形后，方能如此办理，时期上当必稍有迟延耳。顾果能如此，修改即可使国库、省库之间不生冲突，并可将现在计划中所必然发生之双重征税，同时避免。盖欲各省之协助必当拨交各省省库之税款，于征收之日，即行的确指拨。且于过渡期间内，不得一方面厘金，仍照存在。一方面海关关税，又将同时增收也。

此外，关于抵补厘金事，尚有一、二点可资讨论，但以作者尚未详悉政府之意旨，现在仅能略予说明。各省债务指厘金为抵押者甚多，清偿此种债务时，其款究将何所出耶。查各省以厘金为担保发行公债，实际即系预期厘金之收入先事支用，此项公债必须偿还，欲偿还此项公债，则必于现在指抵之七千万元大有所损益。依据该计划，此项七千万元原系抵补。现在每年厘金之收入，且系仅足抵补现在每年厘金之收入在也。至于拟发行之厘金公债，若欲其具有价值，又必需于抵补现在各省厘金收入之款项外，更行年拨的款，以为偿还之需。此项款源究将何出，又该项公债究将发行若干，亦均未尝有何种表示也。

一九二五年十一月二十三日

〔北洋政府税务处档案〕

二、铁路货厘

1. 吉林国税厅筹备处关于酌定吉长铁路车站稽税章程呈

（1913年9月29日）

吉林国税厅筹备处呈为呈复事：案奉钧部第六百二十一号训令内开：准交通部函称：长春统税局拟在吉长铁路车站稽查货税一案。本年正月，准吉督咨送车站稽税章程，本部以此项章程原为路局、税局明定权限起见，当经分别签注。迭与吉督往复商改，其中最似近理而窒碍难行者，莫如无税单不能上车之条文。有此阻碍客货，将绕道而行不上火车。迭经与吉省函电磋商，亦无非为各守权限起见。当于五月二十九日，再咨复吉督，以稽税章程应再酌改。妥协去后，迄未据复。乃八月二十九日，据吉长路局电称，该税局已派员实行稽查。请示前来，本部复查此项章程，尚未经双方同意。若路、税两局权限不清，转难日久相安，两无所益。当即电致吉林行政公署，请饬暂缓实行，并查照前案，迅将稽税章程酌定咨复各在案。兹据复称，吉省正值划税，已函国税厅筹备处径复等语。查此案既划归国税厅筹备处，则该处系隶属贵部直辖，相应抄录吉督咨送稽税原章，并本部暨吉督往复签注各节送请查照，即希转令该处，迅将删改章程妥酌呈复，俟双方浃洽，再付实行等语。查稽税原章，并交通部暨吉督往复签注各节，究于税务、路政有无妨碍，仰该处长就近体察情形，迅将原章妥为酌定呈复，俟核定后，再付实行可也。此令。等因。附原章及签注各件到处。奉此。遵查前项稽税章程，原系由长春税局斟酌拟定，就整理税务一方面言之，即使实力奉行，犹恐未能尽善。惟铁路亦系营业性质，对于转运货物，深恐查察过严，商人或即绕道。故于原章无税单不能上车，以及派人随车查验各条，均不认可揆诸优待客商之例，似亦不为无因。兹经按照迭次修改各节，再为酌定。共计章程十条，大致均系查照路局所许可者，略为增损，推而行之，似于路政毫无妨碍。惟现值税务畅旺之时，长春税局亟待设法稽查，此项章程非经双方同意，不能实行。应请钧部迅赐函达交通部迅为解决，俾便遵守，而免贻误事机，实为公便。除将章程、附呈查核外，理合呈复钧部鉴核示遵。谨呈
财政总长

附呈章程一扣

中华民国二年九月二十九日。

处长甘鹏云

吉林国税厅筹备处，谨将酌定吉长铁路车站稽税章程，缮折呈请鉴核：

计开

第一条　于长春车站附近设稽税分卡一所，意在取便商民，严杜偷漏。（车站距长春税局较远，故于车站附近设卡，俾免周

折。其已经纳税者，本卡仅有查验之责，不再重征）。

第二条　凡装运火车货物，应先赴卡报验。如无税局凭票，概行照章补纳税厘。由火车卸货者，亦如之。

第三条　此项税卡设于上、下客货扼要地点，随时稽查。上货无票不准装车，下货无票不准出口。客商货物经查验装车后，一概不再行查验。

第四条　商民装运火车货物赴局报验，须距火车到站时间提前数钟。

第五条　报验时间及设卡性质，由税局先期酌拟简明布告、牌示通衢，务使商民共晓。

第六条　税卡员司姓名，由税局先期移知路局，告知站长及铁路巡警，俾得随时接洽。

第七条　平时路员与税员应互相维持，或遇有紧要不测之际，路员、站长应随时督饬路警协力保护。

第八条　查出漏税无票货物应扣留照章科罚。罚款以五成充赏，五成归公。

第九条　凡吉长路线所经沿途上、下货物，应由附近税卡随时稽查。

第十条　本章程未尽事宜，得由路局与税局协商增订。

〔北洋政府财政部档案〕

2．财政部为广东省国税厅筹备处请修改广九铁路货厘案致交通部公函

（1913年12月18日）

迳启者：准函开：广九路厘与省河厘捐轻重悬殊，有碍路局营业，请饬该省国税厅筹备处酌加修改，与省河一律抽收等因到

部。当经本部令行广东国税厅筹备处长调查实在情形，妥定改良办法，呈部核办去后。兹据该处长呈称：查广九火车货厘，系仿照鄂豫火车货捐章程及本省黄沙火车货厘办法。凡由火车运载之货，其为通行厘则所载者，照则加四分之一。其为厘则所未载者，值百抽二·五，均作一次统抽，行之有年。此项火车货厘原为杜绝绕越、补救厘税而设，无论为土货、洋货，无论已未完厘，均须照章完纳。其抽章办法与省河补抽厘迥然不同，即与各江行厘亦异，自不能以彼例此。原呈所拟由港附车运省洋货，如为省河补抽局向来免抽者，一律照免。此节与火车货厘定章大相背驰，且适启华商冒洋等弊，自难照办，即酌量轻减。然独减抽广九一路，则黄沙火车货厘局近在咫尺，抽则一轻一重，亦不足以昭平允。且以广九货厘，现时收数计之,每年约银三万一千七百余元。如改为值百抽一，每年约少银一万九千余元，于国税不无亏损，办理均属为难。惟原呈所陈，由香港来省之货，车运费重，轮运费轻，商民群趋轮运，亦属实在情形。能否量予变通，酌改广九火车货厘抽则，使路政、厘收两无妨碍，即经指令广九火车货厘局，会同省河补抽局，体察情形，妥筹复夺。嗣据该两局呈复，大致以省河补抽局设在广州通商口岸，抽收海口半厘。所有抽章悉照厘则折半抽收，厘则所未载者，估价值百抽一，抽数本属至轻。然抽正厘之外，另有带抽坐贾经费等项，合计比较，由火车输运一次，统纳值百抽二·五之数，反觉为重。缘火车之货，并无经费、坐贾、车捐之设，原为杜绝绕漏，是以抽章办法，均与补抽局不同，碍难比例。如改照补抽局厘则，一律而不抽坐贾经费等项，则商人惟利是图，定必群趋车运。即将来西北江货物，亦必由黄沙火车运载，补抽局即大受影响，统筹计划，实与国税不无亏损。总办等再四调查，往返磋商，综计补抽全章，与车厘比较，尤觉其重。此广九货厘抽收较之补抽厘率为轻之实在情形也。外界不知本，而齐其末，信乎率请改章，是知其所当然，不知其所以然。况本货厘局之设，原为开行广九火车以来，杜绝商贩乘车绕越东江厘厂之补救，是以新塘、石龙两厂每月收入比较，恒以广九厘收为比引。此盈彼绌，定为考成。若遽减收，不特远追补抽有坐贾经费为不及，且恐绕越更多，大碍新塘、石龙两厂之收入，实于通过税前途益受亏损。总办等职司所关，不敢避讳，璽于上闻等由呈复到处。查核该总办等所陈各节，均属实情。复经将广九货厘抽则未便改订，拟仍照旧则抽收各缘由，函商温总办核议见复，以凭呈复在案。兼处长到任后，准温总办复函，拟就省港直通各货厘则。如洋纱、匹头、火柴、洋糖、洋面等大宗货物，凡补抽局所免抽者，本路货厘亦请照免。又洋毡、洋灯、红毛镜、钟表等洋杂货，凡洋商运至省城补抽局免厘，本路固请照免。其有华商贩运者，除纳正税外，补抽局系值百抽一，本路货厘亦请援照办理。如有应抽台费等项者，饬由厘局照章抽收等由。正在核办间，复奉钧部号电开：广九路厘与省河厘捐，轻重悬殊，有妨路运一事，曾令该前处长酌拟办法呈核，事逾两月，未据呈复，该处长应迅遵前令办理，毋再迟延。等因。奉此。自应通盘筹画，从速定议。查省河补抽局对于由香港运省各项洋货，如系洋商货物，即在本口行销者，毋庸完纳厘金，华商仍照完厘，此惟省河补抽章程为然。若广九火车货厘，则专为补救厘税而设。凡由火车载运之货，华商固应照完，即货属洋商，如只完海关正税，未完子口半税者，亦一律抽收，与补抽章程迥别。况广九火车自九龙驶入华界，随处均属内地，即随在均可起卸，与轮运货物由香港直至省河通商口岸者，情形亦复不同，不能以彼例此。温总办所拟，由港运省洋货，补抽局向来免抽者，货厘亦请照免一节，不特与火车货厘定章不符，抑且畸重畸轻，适足启华商冒洋等弊，碍难照办。至抽则减轻，则货厘收入短绌，事本相因。惟所减者，只系由香港运省洋货一项，货厘之亏损，为数尚属无多。且各货之中，凡应抽坐厘台费者，仍照完纳，于各厂厘收亦不至大蒙影响，似可通融办理。拟将向由港直运至省，现改由广九铁路车运各项洋货原章货厘值百抽二·五者，改照洋关估价值百抽一。其向有坐厘台费者，亦由广九火车货厘局，一并照抽。此外，并非由港直至省城之洋、土各货，仍应照广九火车货厘局原章。凡为通行厘则所载者，照则加四分之一，厘则未载者，照值百抽二·五核抽。庶于维持路政之中，仍寓补救厘收之意。所有遵议酌减广九货厘抽则缘由，是否有当，理合呈复钧部察核指示祗遵。俟奉核定，再行饬令广九火车货厘局遵照办理等情前来。查所陈各节办法，于路政、厘收颇能兼筹并顾，似应照准。相应函知贵部，即希查核见复，以凭转饬遵照可也。此致
交通部

〔北洋政府财政部档案〕

3. 胡文藻为整顿鄂豫火车货捐办法与财政部往来文件

（1914年11月）

（1）胡文藻详（11月16日）

详为整顿鄂豫火车货捐办法，拟具章程并各项单据式样，垦祈察核事：窃查鄂豫火车捐局征收货捐方法，与水厘截然不同。水厘货船抵局，随报随验，随验随收，纵有弊端，觉察较易。而火车货捐并非商人直接完纳，概由转运公司代缴，事前既不报验、查验，以后又不即时给票。推寻其故，盖因征收方法向有蓝票记帐，红票完现，绿票免税之分，而大宗蓝票货物多与红票、绿票同车并运。故不得不由总、分各局互相稽查，并与各公司双方结

帐，分别剔除，始可完捐掣票，而弊端倚伏，即在其中，假欲一旦廓清，自以废除蓝票为上策。惟查蓝票一项，系因车站记帐而生，关系路政，在捐局只能循照车站成例，未能独立更张。厅长筹维至再，惟有就现行征收之法，为补偏救弊之方，对于公司并不责以繁难，对于该局俾得各陈实据，庶章制粗备而考核有资。谨拟具鄂豫火车征收局征收货捐章程二十八条暨各项单据式样，另折缮陈，仰祈钧部核准施行。所有整顿鄂豫火车货捐拟送章程缘由，理合备文详钧部俯赐察核，批示只遵。谨详

财政部

计赉章程一扣

湖北财政厅厅长胡文藻

中华民国三年十一月十六日

鄂豫火车征收局征收货捐章程

第一条　鄂豫火车征收局征收上、下车货捐，总、分各局均适用本章程之规定。

第二条　火车货捐捐率，仍照向章值百抽二·五征收。

第三条　火车上、下货物如有未经定入捐率者，应由总局随时估计时值，按则征收。并按月汇报本厅复核补列。

第四条　征收火车上、下货捐时，其除皮重量，无论蓝票记帐、红票完现，应照详准定率办理，不得自由增减。

第五条　火车货捐捐票用四联式，别为红票货捐、蓝票货捐两种。

第六条　总局及分局于火车上、下时，应照向章分派局员守候车站道傍，照抄车号及货色数量登入簿记。

第七条　总局及分局稽查货捐，应照向章分派局员赴各公司门首，监察上、下起卸，无论红票完现、蓝票记帐、绿票免捐，

均即时填入铅笔簿记。但上车、下车应分簿照填，不得并登一簿。

第八条　总局及分局应根据铅笔簿记，不论红票、蓝票、绿票货物，均分别上车、下车两种填写查票。上车查票知照下局，下车查票复知上局。

第九条　总局及分局无论接到起运地点查票与否，应根据铅笔簿记登入,下车查票。俟起运地点查票寄到,互相核对。如有数量不符，应由复查之局将少报货物，在下车查票内另行提出填入补捐查票，向运货之总公司，或分公司就近补捐，不得仍前寄往原查之局，致滋淆混。

第十条　总局及分局蓝票货捐，无论上车、下车，均应按旬根据查票赴各公司结算，立时签字，不准汇至月终，但完税期限得照第十三条办理。

第十一条　火车征收分局对于上车蓝票货捐,下车蓝票补捐，一律由分局经收，不得归总局结算，以清界限。

第十二条　分局转运分公司，应完上、下车货捐。倘至完税期限时，确系无款完纳，得收该分公司兑条解交总局，持赴该总公司兑取。但补捐款项不在此限。

第十三条　蓝票货捐无论总、分各局，既经按旬算明，所有甲月税款，限于乙月初五日前由各公司扫数交纳。

第十四条　记帐、完现两种，应由局员根据上车查票内所列货物，按日分登蓝票记帐、红票完现两簿，以凭核收捐款。其下车货物应行补捐者，即根据补捐查票，分别记帐完现，登入簿内。

第十五条　蓝票记帐簿，应俟捐款交到方能销号，仍不得与查票数目参差。

第十六条　豫省货物如由未设分局地方起运，抵埠下车，无论总、分各局，均应加盖（未设分局并无查票知照）红戳于下车查票之上，以凭钩核。

第十七条　总、分各局经收捐款暨补捐之款，应根据红票完现，蓝票记帐两簿，登入收捐总簿，并于月计栏内，分别红票、蓝票捐款各结一共数，再结一总共数，以便查考。

第十八条　子口免捐货物装车起运时，应由各公司将子口单同时呈验，并填写报单报明该单货物系由何日装入，何车运往何地，以凭划抵。如未呈验子口单及不填报单，或不将月、日、车号填写明白者，一概不准作抵，以杜弊滋。

第十九条　汴洛半税执照到局缴验时，应将货物数量、捐额登入半税簿，以资查考。

第二十条　各项免捐单照，如军米、赈米及南阳印石等类，应根据铅簿笔记，将月、日、车号、货色、数量，分别填列各项免税簿，并于摘要栏内叙明案由。本条及第十六条免捐货物，应于上车或下车查票内加盖（子口免捐或某项免捐）红戳。

第二十一条　分局应按月造具报册两份，详送总局，由总局汇造总册，随同各分局报册一份，详送本厅。

第二十二条　总、分各局存局之各项簿记、票根，应分别妥慎保存，于交替时列入移交，如有短缺，以舞弊论。

第二十三条　总局报解捐款，至迟不得逾次月二十日，违者照章惩戒。

第二十四条　红票货捐、蓝票货捐四联票，由财政厅印发填用。

第二十五条　上、下车号簿记、上车铅笔簿记三种，应每月更换一次，由厅定式发局照刊，送厅盖印后交由该局遵办，按月随同联票缴核赍厅。

第二十六条　上车查票、下车查票、补捐查票三种。由厅定式，发局照刊，送厅盖印后交由该局遵办，以一联分寄，一联存查，一联缴核。

第二十七条　红票完现簿、蓝票记帐簿、子口免捐簿、汴洛半税簿、各项免捐簿、收捐总簿六种，并分局册报、总局册报、公司报单式九种，由厅定式颁行。

第二十八条　本章程以奉财政部核准之次月一日为实行之期。

(2) 财政部批 (11月26日)

批湖北财政厅

据详已悉。所拟整顿鄂豫火车货捐章程，并各项单簿，尚属可行，应准试办。如有窒碍，随时更订报部核准施行,仰即遵照。此批。章程及单据存。

中华民国三年十一月二十六日

〔北洋政府财政部档案〕

4. 张寿镛为整顿鄂豫火车货捐办法与财政部往来文件

(1916年1—2月)

(1) 张寿镛详 (1月24日)

详为遵饬按照调查报告，整顿鄂豫火车货捐四条，分别办理情形，并饬妥拟取销蓝票办法，以除积弊而裕税收事：窃奉钧饬：据本部调查员报告，鄂豫火车货捐及转运公司实地调查情形，谨陈管见四条，伏乞钧鉴采择等情。查该员所陈报告四条，尚属扼要，应即查照切实办理，以资整顿。除分行外，合将原报告抄发该厅查照，并将办理情形详部查核等因。并发抄件到厅。奉此。遵查抄发调查员报告四条内，第一、第二两条为增加该局捐则之问题，第三条为减给公司津贴之问题，第四条则推言增加捐则、减给津贴以后之利弊结果。一增一减，于公诚属有裨。第鄂豫火车货捐，有关华洋贸易。当创办之初，经前鄂督张文襄几费磋商，始克议定照海关半税办法，按值百抽二·五收捐，循行至今无异。是值百抽二·五之定率，势难骤事变更，转致引起交涉。惟原估货本，与现时货价，已多不符。以今昔价格之变迁，求轻重适当之标准，亦属名正词顺。查核该前局长周行藻所送现行捐率印本，或系循旧办理，或系新估增入，虽未必如调查报告，概能增加数倍、一倍之多，要自不在少数。即如鄂省现行过境销场税率，当时系商会集合各帮商董议定，其估本之数，例言内亦声明系属从轻估计。该局捐率，虽仅载有收捐之数，并未兼载估本之数。而以同名之货物、同等之重量，与鄂省过境销场税率，原定值百抽二之税数相较，尚多不及。则其估本之轻而又轻，已可概见。惟货目繁多，市情纷歧，标准须求确实，调查不厌精详。应即责成该局长，按照现行捐率所载货目，分别门类，查明近二年最高、最抵〔低〕之市价，折中确估，以钱数为本位。其市价以洋计者，每元作一千四百文折算，市价以银计者，每两作二千文折算。昔有而今无者删之，昔无而今有者补之，仍照值百抽二·五推计应捐之数。并将现在收捐之数，对照记明，限一个月造具清册送厅。复加审查厘订，再行详部核定，颁布施行。至于转运公司报捐各货，原定八折实收，本为提倡起见。现在交通便利，风气大开，轨辙所经，商贾荟集，无俟公司招徕。即言津贴，公家得其人，公司竟得其二，亦属无此优例。长兹不便，殊于公款损失不少，应即自本年二月起，照调查员所拟办法，所有公司报运各货，概照捐则十足收捐。俟月底统计各该公司经报捐数，在所收捐款内，提给五厘津贴。如有匿报、偷漏情弊，仍分别扣罚取销，以明赏罚。津贴既减，则捐收必增，该局所征货捐，出自公司承运报捐者，什居八、九。兹姑以八成而计，则此八成之捐数，向以八折收者，今以九五折收，已可增出十分之一·五。该局现定全年比额，共四十七万串，就八成三十七万六千串之数，推加十分之一·五，应增比额五万六千四百串，即由该局照原定月比，按月摊加，列表详送备查。自二月份起，即照摊加额数核比，以重考成，柳厅长尤有进者，京汉一线，经历三省，绾南北之冲要，萃山海之物产，往来运输之货，何可胜计，果能认真稽征，收数奚止于此。其所以未能畅旺者，由于估本之轻，减折之重，固属两大原因，而根本之计，尤以取销蓝票记帐之积弊为最要。上年厅长抵任之始，即提议及此，以事实上有种种窒碍，迄今未克实行。前奉 钧 饬，据调查员报告，该局与公司通同舞弊朋分各节，虽言之凿凿，要亦无从发其隐秘。在该局长负经征之重任，当知顾全考成，爱惜名誉，未必有此行为。而司巡人等，贪利玩法，狼狈为奸，实所不免。蓝票积弊去之虽非易易，然有一事即有一事之弊，有一弊亦必有一防弊之法，事在人为，奚容畏难而苟安。究应如何设法取消，使运输稽征两臻便利，亦责成该局长会同稽查委员，熟察情形，妥拟办法，以期弊绝风清。上副钧部整饬榷政之至意。除饬该局长遵办外，理合具文详请钧部鉴核示遵。谨详

财政部

湖北财政厅厅长张寿镛

洪宪元年一月二十四日

（2）财政部批（2月9日）

笃字第二三九号

据详已悉。应准如所拟，切实办理。此令。

洪宪元年三月九日

〔北洋政府财政部档案〕

5. 鄂豫两省财政厅会同筹议整顿鄂豫火车货捐案与财政部往来文件

(1919年9月)

(1) 鄂豫省财政厅会呈(9月25日)

呈为会同筹议豫省议会议决整顿鄂豫火车货捐一案，谨将商定分办条款缮折具陈，仰祈鉴核示遵事：窃照厅长焯奉河南省长训令内开：准省议会咨开：据本会议员提议，百务之待理，莫先于财政，而财政之枢要，莫重于收税，征榷苟得其人，财政何致竭蹶。近查各处厘局类皆百弊丛生，尤以鄂豫货捐局为甚。鄂豫初仅汉口一局，嗣后沿铁轨所至，逐设分局。民国五年，当道以分局林立，稽率维艰，于豫许又改设总局，意在划清两省权限，以整顿税收也。然窥其内幕，仍属事权混淆，弊窦滋多，非特增加无能，而且逐见减收。查鄂豫税局每年以肆拾柒万比较，去岁报解，尚不足叁拾捌万之数，若不急起改良，影响前途，实非浅鲜。值此财政支绌之际，急应力加改革。一则挽吾豫税局完全之主权，不使受鄂省间接转折之损。一则增国家多数之收入，不使滋局中征多报少之弊。一转移间，则每年比较当可在百万以上，利权所关万不可视为缓图也。兹就其应革应挽之处，条举于左：一、票货宜注重稽核也。凡捐数无论多寡，有一捐必有一票，所以示信于商人，而报查于长官者，悉赖乎此。近来联票通行，意在杜弊，讵大头小尾，弊又丛生。至鄂豫一捐，尤于事理不适。盖由豫报捐赴汉口之货，无非零星细数，整车货物必至汉口报捐。而由汉来豫大帮货车，悉无捐票可计。汉口征收各局，非必尽属聋瞶，所以放任若此，其中弊窦可见。查系税局与转运公司互相狼狈，即如汉口来豫之整车货物，税局初不给票，转运公司每月，或数月向税局结帐一次后，始由该局任意填造捐票，免敷比较，所有盈余，鄂豫两局分入私囊，即此一端，累及财政已不在少数。嗣后务令鄂豫各局，无论何项物货，均须在起运地点报捐，一一填给税票，庶可随时察验，以昭实在。其有无票之货，税局与转运公司同处重罚，不稍宽假，亡羊补牢，犹未晚焉。一、鄂豫权限宜划清也。现在鄂省一局，所有豫省税款，悉解交于鄂省财政厅，由鄂厅拨给豫省，转折既多，权限甚不明了。嗣后应咨明办法，各解各款。凡系豫省税收，决不可再转鄂省一关。盖豫省洋价较鄂为低，辗转折扣，徒资亏耗。又有票捐钱、补底钱等名目，悉应取消。查票捐钱者，即每一捐票再于正捐外捐钱若干文。夫报捐必须给票，何用捐为？若补底钱，系鄂省九八用钱，故须补底。豫省十足钱文，无所用其补底洋价一层，尤应照市行用，禁止抑勒垄断情事，以免商人受困，维持本省财政，挽回自失利权，莫此为要。一、税票亦宜分清界限也。现在鄂、豫所用税票，无论豫运、鄂运，均用鄂省财政厅之税票，亦非平允办法。嗣后应将由豫起运各货，改用一种本省财政厅发给之票，庶界限既清，而事权划一矣。一、各路宜严设稽查也。联票防弊，行之已久，然弊仍不除，且滋甚焉。其故何在？稽查乏人耳。局局相关，谁肯揭短。是非分路，专设稽查，不足以清积弊。嗣后无论鄂豫、直豫、陇海、汴洛各捐局，所用税票，均由财政厅发给票式，制为甲、乙、丙、丁四联。甲联存根，丁联报查，其乙、丙两联，均填给报捐商人。丙联备稽查截收，乙联由止运局、所收存。如货车经过无稽查地点，将丙联亦一并交由止运局、所收存，会齐转交就近稽查处核转，并盖起运地名小戳，无则将起运税局严重处罚。至稽查设立地点，为须扼要。兹经悉心调查，统宜分设七处。曰汉口、曰顺德府、曰新乡县、曰徐州府、曰观音堂、曰漯河，即郾城。以郑州为总稽查处，各稽查每月将所收各局丙联税票，悉数缴送总稽查处，由总稽查汇送财政厅稽查对照，则斧凿相寻，针孔毕露，革弊之方，于斯为近。以上数端，急应兴革，管见所及，祈即公决等因。当经开厅讨论，佥谓该货捐局弊端百出，已非一日。以肆拾柒万之比较，去岁报解尚不及叁拾捌万之数，殊属骇人听闻。至划分权限，又为豫省权利所关，应由贵兼省长查照所开各节。一面咨部力争，划分权限。一面督饬财政厅速除积弊，以重榷政，而挽利权，业经多数可决，相应咨请贵兼省长查照可也。等因。准此。除咨复外，合亟令仰该厅妥筹具复核夺。等因。奉此。当以鄂、豫火车货捐办法未尽完善，易滋流弊，筹议改革，早在计划进行之中。惟此事有关鄂省，必须先行会商妥协，方能推行尽利，即经遴委现办陕灵阌卢征收局局长吴宝炜前往鄂省接洽，并一面呈请省长加委转咨，以昭郑重。厅长嵩儒于本年七月十六日，奉湖北省长训令，以准河南省长咨会派员赴鄂会商整顿鄂豫火车货捐一案。行厅转饬鄂局会同豫省派来吴委员宝炜，详细查明，从长计议，呈由该厅核明具复，以凭察夺转咨。等因。奉此。并准河南财政厅咨同前因。当经先后令行鄂局长段泉会议去后，旋据呈称：局长遵即会同吴委员宝炜，就豫省议会所议各条，详加讨论，佥以目前鄂豫火车货捐办法，其中诚不免有窒碍，缘事权不一，则兴利除弊，殊为掣肘，是不若划分之为愈。谨就划分办法，逐条详议如左：一、税款折中分收。查鄂豫火车货捐开办之初，系照海关半税合征分解，鄂得六成，豫得四成。嗣后改为平分，鄂省已属退让。现在既属分收，应不分出产、销场，各在起卸地点，征收一・二五之税。至鄂豫运行直省货物，各于起运地点征收全税。由直运销鄂豫两省货物，各于起卸地点征收全税。其起卸不出省界者，各收二・五全税，以符原案而昭平允。至税票一层，既经划分，自应鄂用鄂票，豫用豫票，以免淆混。一、设卡各守本境。货捐分征，向设之鄂豫分卡，如有移并增设，应由两厅单独主持。但不得涉及邻省，俾清界限。如有对外作用，仍宜一致进行。其于分征设卡，布告商民，晓谕公司之各种文件，有须联衔者，由两厅酌量情形，联衔行之。一、复查互相报告。分办以后，各查各货，红票互相截缴报查，一联按月呈厅汇咨查考，蓝票仍以报单为凭。如复查货数、货色与报单不符，应由两厅责成各局所辖分卡，随时登记更正。其报单式样应由两厅协定之，按月呈厅汇咨，以凭令饬各局查对。其原派驻豫、驻鄂之各稽查员，均应一律撤回，以清界限。一、催提各派委专员。货捐分征，在蓝票未经取销以前，蓝票公司应完税款，每月于汉口各总公司结帐，得由两局各派专员赴汉口各总公司催提。但结算帐目应以两局复查报单为凭，俾昭核实。一、经费不能再减。查鄂豫两局，每月开支经费计肆千肆百串文，内豫局支领壹千陆百零捌串贰百柒拾文。兹既分办，其豫局经费应向豫厅支领。鄂局于肆千肆百串之中，除去壹千陆百零捌串贰百柒拾文，尚应领贰千柒百玖拾壹串柒百叁拾文，万难再事核减，请仍照数发给。至鄂境新设各分卡，业经办理有年，其开支经费应请列入正款，勿须另文呈领，以省手续。以上会商划分权限各节，是否有当，理合具文呈请俯赐鉴核，准予施行等情前来。厅长嵩儒复查鄂豫火车货捐，统征分解，由来已久，本无庸遽议划分。惟蓝票、转运公司货票同行一节，为豫省议会提议整顿扼要主旨，厅长嵩儒深表赞同，即经面谕段局长，会同吴委员切实磋商，务期就绪为根本之解决。嗣据吴委员、段局长来署面称，迭次邀集蓝票转运各公司磋商货票同行办法，均以窒碍良多，迄未得其认可，是货票同行，急切未能办到。如仍循旧合办，而事权不一，整饬无方，仍于两省捐收，均无裨益。爰各提出分办条款，一再协商，双方始经承认。合将会商情形，复请裁夺施行等语。厅长嵩儒详核所拟分收捐款各办法，大致尚无差异，当即酌加增改，咨经厅长焯复加查核。鄂豫火车货捐蓝票记帐办法，流弊滋多，根本整顿，自以货票同行为唯一要义。惟既据称，此事经迭次磋商各转运公司，坚不认可，如操之过急，难保无别生枝节之虞。似应暂从缓议，仍责成该管局长随时设法相机办理，总以办到货票同行为旨归。目前治标之计，只有暂行依照商定分办之一法，以期权限分明，徐图补救。厅长等往复会商，意见相同，拟请作为定案，准予试办。除将该两局比较年额，应俟体察情形核实改订，另行具呈并分别呈复本省督军、省长外，所有会同筹议豫省议会议决整顿鄂豫火车货捐一案缘由，理合将商定分办条款，开具清折，连同改定单票式样各壹纸，一并备文呈请钧部鉴核令遵。谨呈

财政部

计呈鄂豫火车货捐分办条款清折壹扣

票单式样各壹纸（略）

湖北财政厅厅长王嵩儒

河南财政厅厅长郑　焯

中华民国八年九月二十五日

谨将商定鄂豫火车货捐分办条款，缮折陈请钧鉴：

计开

一、划定征收区域　鄂豫火车货捐，本起汉口，以迄郑州为征收区域界限。现拟分省办理，应将鄂豫征收区域及直豫征收区域现在已设局、卡各站地点，分别划定如左：

（甲）鄂省征收区域　以汉口到达广水为界限。

（乙）豫省征收区域　以信阳州到达郑州为界限。

（丙）直豫征收区域　以黄河北岸到达北京前门为界限。

一、税款明定分收　鄂豫火车货捐，原系合征分解，现议分省办理，应将税款分收办法列举于左：

（甲）鄂省行销豫省，豫省行销鄂省货物，各于起卸地点征收

半税。

（乙）鄂豫起卸货物，均不出本省辖境，各于起运地点征收全税。

（丙）由鄂豫火车货捐界内，运销直豫火车货捐界内货物，各于起运地点征收全税。

（丁）由直豫火车货捐界内，运销鄂豫火车货捐界内货物，各于卸载地点征收全税。

一、设卡各守本境　货捐分征，所有鄂豫两局向设之各卡，如有增设移并，应由两厅单独主持，但不得涉及邻省辖境，俾清界限。惟卡虽各设，款属分收，鄂豫仍属一系。如有对外作用，系属两省公共利益，还须一致进行。

一、捐票分别刊用　货捐分征，既有全税、半税之分，应由两厅各刊全税、半税四联捐票两种，发局分别填用，以醒眉目，而便查验。

一、复查互相报告　分办以后，各查各货，红票则由局互相截缴乙联，按月呈厅，汇咨查核。其蓝票未经取销以前，鄂豫两局向用之报单，应改为由厅印发，并制为三联式，以一联缴厅，一联存局，一联由原查局卡邮寄指运地点局卡，以便复查。如复查货数、货色与邮寄报单不符，应由指运地点局卡照货征收，并将原寄报单，按旬呈厅汇咨，以凭令饬原查局员知照。至两局所辖之汉口及黄河南岸地点，得各派稽查一员，留意复查，互相考证，以免公司有所弊混。

一、催提各派专员　货捐分征，在蓝票未经取销以前，所有蓝票公司应完捐款，每月于汉口各总公司结帐，得由两局各派专员赴汉口各总公司催提。但结算帐目，应以两局复查报单为凭，俾昭核实。

一、申串随正报解　鄂豫火车货捐申串，向系并作比较正额，随正报解。分办后应仍照收，俾免牵动预算。

一、票捐循旧抽收　鄂豫原系一线，现在虽经分办，而税票捐一项应仍循旧抽收，俾免畸轻畸重。

（2）财政部指令（10月7日）

财政部指令第五千六百二十七号

令湖北、河南财政厅厅长

呈附清折、票单式样会同筹议豫省议会议决整顿鄂豫火车货捐一案，谨将商定分办条款，缮折具陈，祈核示由。

呈暨清折、票单式样均悉。查鄂豫火车货捐，向系统征分解。兹该厅长等会商分办，系为整顿积弊起见。据折开分办条款，尚属妥协，应准暂行试办。至货、票同行，自是正当办法，仍仰该厅长等督饬该管局长随时相机办理，是为至要。此令。清折、票单式样存。

中华民国八年十月七日

〔北洋政府财政部档案〕

6. 财政部呈准津浦路厘派员设局专办取消寓征于运案与大总统往来文件

（1915年3月）

（1）财政部呈（3月24日）

署财政总长周学熙谨呈为遵议津浦路厘拟由部派员设局专办，毋庸寓征于运，并案议复，仰祈钧鉴事：前准政事堂交奉大总统谕：据直隶巡按使朱家宝等电呈请规复津浦路厘，开办南段货捐，并由交通部将应补路厘如数拨济等语。交财政、交通两部速核具复等因。正核办间，准主计局交农商、交通部呈遵批会商整饬国货办法，拟推广寓征于运，以谋商运发达，而助土货行销一案，奉大总统批令：呈悉。查裁撤厘金，畅销国货，以实行保育实业政策，为稍明时局者所共知。惟近年铁路弊端，时被指摘，是商货阻滞，其弊不尽系于厘捐。现在铁路营业尚未十分发达，遽请将各路厘局一律裁撤，深虑国库坐失，大宗进款无法弥补，仍应先就各铁路切实整顿，力求便商利民为振兴实业之助。所陈寓征于运办法交财政部核议具复。此批。并将原呈抄交到部。查津浦路厘，前于民国二年，经国务会议议决，将直、苏、鲁、皖四省厘局裁撤，由交通部饬路局于运费内拨补，其数目以运费百分之六为标准。复经四省会议，详准每年拨补八十万元，由本部函知交通部转饬路局，自九月一日实行，裁撤路厘之日起，按年照数拨给等因在案。嗣因交通部未能承认，致令四省函电交驰，声请规复，并将应补之款拨还。而交通部则谓四省八十万之数，以前未经承认，并谓津浦一路，年来运兵、转饷、办赈至数千起之多，每年亏折至五百余万两之巨，而核其六厘运费可以拨补四省者，自二年十月起至三年九月止，共只有七万九千余元。是较四省原议之数，不足十分之一，无论运载货票有无弊混，而于厘务岁入实属有妨。今四省已受其弊，而据农商、交通两部会呈各节，尚欲以津浦办法推及于各路，势必至于全国货厘不尽归于无著不止。夫载运有费，乃营业上之收入，而货物纳税为法律所应征，其不可混而为一也明矣。如以学理论，则厘金为通过税。何以他处运货均须照纳，而铁路独收运而免厘，且加税裁厘，至今尚无成说，而未裁之先，已自无形消灭，则税率亦虑终不可加。上年本部派员王得庚调查江苏厘务，即据面称，该路免厘以后，商人工于趋避，影响所及，已上至于湖北，而下达于浙江。现在财政如此其艰，国家大宗收入取之于商人者，除关税外，只有厘金一项，名为征之于货，而仍间接取之于用货之人，且铁路厘金均在上下载卸之时，一次抽足，亦未可指为病商之政。恭读批令，于路局之必须整顿厘金之不可骤裁，均已仰邀洞鉴。即寓征于运办法，学熙再三揆度，终觉窒碍难行。惟每年拨补八十万元之数，交通部与四省各执一词，如将该路由四省收回自办，或令交通部照数筹拨情形，均有为难。拟请将津浦一路寓征于运办法，即行取消，由本部择定地点派员前往设局征收，作为试办。俟一年期满后，再将应拨各该省数目核计分配，以资济用。如此办理，则各省之收入，既归有著，而国家之税款，亦可较增。所有请将津浦路厘改归部办，并案议复缘由，是否有当，伏乞大总统钧鉴训示。谨呈。

中华民国四年三月二十四日

（2）袁世凯批令（3月26日）

大总统批令：

财政部呈为遵议津浦路厘拟由部派员设局专办，毋庸寓征于运，并案议复，仰祈钧鉴由。

准如所拟办理，即由该部转行各该省巡按使遵照，并交交通部查照。此批。

中华民国四年三月二十六日

国务卿徐世昌

〔国民党政府主计部档案〕

7. 财政部等关于沪宁津浦铁路免重征已完进口洋货税案文件

（1917年8月）

（1）财政部指令（8月3日）

财政部指令第五千七百十一号

令津浦铁路商货统捐局

呈附清折，已完进口税之洋货，由海关发给免重征执照，经过津浦路线，本局应收捐款是否一并免征，请核示由。

呈暨清折均悉。此案前经咨请税务处查核去后，兹准复称：津浦铁路载运已完进口正税之洋货转口，前经本处核准，照由天津至营口铁路转运洋货，由海关发给免重征执照之办法办理。曾于上年五月十九日咨照贵部有案。此项已完正税转口洋货，照约不能再征税捐，而以前清光绪二十二年中日通商条约第十款所载，尤为详晰。是津浦货捐总局对于领有免重征执照之洋货，当然不能征收捐款。至此次金陵关监督抄送该货捐总局之沪宁、津浦铁路载运已完正税洋货，发给免重征执照暂行章程，系规各职分内应办事宜之一切手续，亦经本处核准，咨由交通部转令各该路局遵办在案。咨复查照等因前来。本部卷查津浦铁路载运已完进口正税之洋货转口，由税务处核准，照由天津至营口铁路转运洋货，由海关发给免重征执照之办法办理，曾于上年五月二十五日转令该总局查照在案。此项已完进口税转口洋货，持有海关发给免重征执照，经过津浦路线，该总局应予免收捐款。此令。

中华民国六年八月三日

财政总长梁启超

（2）津浦铁路商货统局训令

（8月7日）

训令总字第九十七号

令各分局

为训令事：前准金陵关监督函开，以准本关税司来函，沪宁、津浦铁路装运已完进口税之洋货，由海关发给免重征执照一事。兹接江海关税务司函知，定于本年六月一日实行。本关事同一律，应即同时举办，相应抄录章程，送请查照等因到局。当以此项已完进口税之洋货，既由金陵关规订发给免重征执照，经过津浦路线，本局应收捐款，是否一并免征，呈奉财政部指令：呈暨清折均悉云云，应予免收捐款。等因。奉此。卷查此案，上年五月间奉部饬知，曾经通饬在案。兹奉前因，除分行外，合亟抄录金陵关章程一份，令仰该局遵照，遇有此项已完进口正税转口赴通商口岸之洋货，持有免重征执照者，应即查验放行，并转令所属一体遵照。此令。

附抄件

中华民国六年八月七日

沪宁津浦铁路载运洋货发给免重征执照暂行章程

一、已完进口税之洋货，由火车复运出口往沪宁、津浦路线经过之通商口岸，该商得报请金陵关税务司发给免重征执照。

二、报请之方法如左：

（甲）请发免重征执照时，该商应缮具正副报单两纸，由铁路相当人员签押，并声明该货已入车站栈房候运。

（乙）正副报单两纸，均应听候金陵关大公事房批交查验。俟验明单货相符，正报单交还关署，副报单由车站厘局委员存留后，始由关发给免重征执照。

（丙）免重征执照。该商一经领到，即应担负责任，将该照连同货物达到指运之口岸。

三、已完进口税之洋货报运转口，如由沪宁路转津浦路，或由津浦路转沪宁路，应由金陵关派员查验其海关所发之总单免照，并他项单照，以及铁路局所发之货物运费单等，亦应由关一并察验。

四、货物达到指运之口岸，该商应即报请海关查验放行。

五、本章程定于六月一日实行。

再，此项系属暂行章程，得酌量情形随时修改。

〔北洋政府财政部津浦全路货商统捐总局档案〕

8．津浦铁路商货统捐局颁发商人报捐办法训令

（1918年3月）

总局训令第四十六号

令各分局、卡

案查商人运货报捐，原不限定件数、斤重，故往往一票有填至十数笔者。写票员司惮于详细注明，每多含混草率。稽核各分局、卡所缴丁、乙联单，有分注货名而不分注件数、斤量者，有分注件数、斤量而不分注各项捐数者，甚至有不分注货名，但以洋货几件、杂货几件笼统填写者。设不规定办法，殊不足以昭慎重而资遵守。兹由本局拟就商人报捐办法五条，油印颁发各分局、卡，仰各分局、卡长督饬所属员司，即日张贴实行，并将奉交日期呈报备核。除通令外，合行令仰该局、卡长遵照毋违。切切。此令。

商人报捐办法

一、商人运货，无论运往何地，赴局报捐，须一人一票，不得与他商之货合并填写。

一、同一商人之货，苟所运地点不同，即须按照所运地点，分别报捐填票。

一、虽同一商人之货，运至同一地点，而斤量太多，为一货车所不能装载者，当按照车数，分别报捐填票。

一、虽同一商人之货，运至同一地点，而货物名目太多，一票不能填写者，当酌量分别报捐填票。

一、商人所运货物，当照捐则名称分别报捐，不得以洋货、杂货等字样笼统填写。如系捐则所未载之货物，亦当分别货名，照估价办法办理。

中华民国七年三月　日

〔北洋政府财政部津浦全路货商统捐总局档案〕

9. 津浦铁路商货统捐局关于认真稽查漏捐训令

（1927年6月25日）

训令第一六二号

令各分局、卡（德局除外）

案查整顿捐收，首重稽查漏捐。本总局规定漏捐处罚则例及报解提契各办法，早经颁行遵办在案。乃近来各分局、卡捐收锐减。关于罚款一项，仅据德州分局尚能按月照案报解，足见稽查严密，办公认真。其余如局、卡久无此项呈报案件，虽系货运停滞，然商人唯利是图，难保绝无走漏情事。各该局、卡员司稽查不力，或故意隐蔽者，恐亦难免。亟应申令告诫。嗣后各局、卡对于稽征装卸货物，务宜督饬员勇格外勤慎。遇有偷漏等弊，应照章罚办，按月具报，不得稍有疏忽徇饰，以重捐务，而裕税收。除分令外，合行令仰该局、卡长，即便遵照办理，毋稍违误，致干察究。切切。此令。

〔北洋政府财政部津浦全路货商统捐总局档案〕

10. 江苏省财政厅详准设局征收开徐铁路苏省货捐案与财政部往来文件

(1916年 2—4月)

(1) 胡翔林详(2月16日)

外戊字第八五五五号

为详报事：本年一月二十九日奉大部饬开：查开徐铁路运货收捐办法一案，前据该厅详复，该路运货拟订统捐，收捐按照四、六互相分拨，以扣缴捐票为凭，请饬河南财政厅查照办理等情，当经饬行河南财政厅查照办理在案。兹准详称：案据郑县火车货捐局局长徐傅柏、洛阳火车货捐兼落地商捐局局长叶澄、开封火车货捐兼落地商捐、花生捐局局长章联祥会详，奉饬会议开徐火车货捐，两省分拨一案内称：查开徐通车后，商情日见趋向：以表面而论，开货固多于徐，究其实在，所有运徐之货，多系从前运汉之货，亦即汴、洛原有之捐。在徐沦豫，固占优胜，就豫论豫，并未生色。若必按成分拨，则不惟汴、洛原有捐额划入分拨之列，即鄂豫、直豫两局完纳之货，由开转徐，势必牵连，同受影响。盖徐只知运从豫境，交涉在豫，毋庸计及鄂与直也。况拨款以扣票为标准，此中尤有为难情形。如观音堂至徐州计共三十九站，现已设局者仅有八处。即使他日东路扩充，两省为经费起见，自不能逐站添设分局，中途卸货之票，势必有鞭长莫及之虞。再如转运整车货物，向来封锁，押运无人。其捐票非本客先日携去，即由号信径达，取之匪易，扣缴何能完全。将来两方面凭票划拨，核与根据数目参差，不免多一问题，此又势所必至者也。伏以事关两省财政，又值创议之初，若不审慎周详，他日进行诸多窒碍。职员等再四磋商，既然分拨不能两全，何若另筹办法。查鄂豫货捐原案，其宗旨以两省收二·五，各得其半，事同一律，拟请援照改为各半征收办法，以归简决。凡由徐境运汴、洛之货，在上货处收一·二五半税，至汴境第一局收一·二五半税。由汴、洛运徐境之货，在上货处收一·二五半税，至徐境第一局收一·二五半税。如此分征，各清各界，既免办事之手续紊乱，又为两省之财政持平。商人虽两地报捐，究未出二·五范围，会衔详请核示。等情。据此。查此案前奉钧部第三千三百七十八号饬，据江苏财政厅详复，开徐铁路运货收捐，拟订统捐分拨办法，照四、六互相分拨，以扣缴捐票为凭，按月划分，饬厅查照办理。当经饬行遵照在案。兹据前情，职厅查核，所陈分拨困难，系属实情。且分征办法较扣票划拨，亦觉简便易行。惟事关建设，未敢擅专。可否俯准照办，并由钧部转饬江苏财政厅办理等情前来。本部查豫省所拟各半分征办法，尚属持平，合行饬知该厅遵照，会商办理等因到厅。奉此。查开徐铁路运货收捐，前经饬委铜山县知事就近兼办。遇有由徐运开之货，按值百抽二·五税率收捐一道。其由开运徐者，凭票验放在案。现在改为开徐两处来往货物，各收一·二五半税，合共仍收二·五一税，于商家毫无出入，自应照此定案，由厅派员设局征收。除委员任用知事曹运鹏前往筹设具报，并分别咨饬外，相应具文详报，仰祈钧部鉴考。除详巡按使外，谨详

财政部

江苏财政厅厅长胡翔林

中华民国元年二月十六日①

（2）财政部批（4月25日）

笃字第七二六号

---

① 财政部收文时间系洪宪年号，民国元年系洪宪元年之误。

批江苏财政厅

据详已悉。仍将委员筹办情形，详报备案。此批。

中华民国五年四月二十五日

〔北洋政府财政部档案〕

11. 财政部为陇海铁路工程局条陈改良两路货捐统征分拨分道办法咨

（1919年5月17日）

财政部咨第二千五百七十七号

为咨行事：案查陇海铁路车路工程局长条陈改良货捐办法一案，前准咨送到部，当经本部就原陈各节，分别核议，咨复贵部查照在案。并声明原呈所称，统征分拨办法暨京汉、津浦分道办法，亟宜改良各节，应俟各该厅、局核议呈复，再行核定施行。一面由本部派员前往各该省会商各该厅、局，详细核议呈复去后。兹据复称：所拟统征分拨办法一节，查苏省火车货捐定章，沪宁铁路运货，在沪先完苏属货税一道，抵宁再完宁属货税一道，以苏宁两税并计，约合百分之五。曾与沪宁铁路管理局立有合同，至开徐铁路苏省境内货捐，由河南财政厅呈部核定。苏、豫两省共收二·五，各得一·二五半税。是沪宁、开徐已合百分之六·二五，津浦尚不在内。今若自沪运至开封之货，在沪完纳百分之二·五统税，归沪宁、津浦、陇海、京汉四路分派，核与原率相差悬殊，于各省收入大有关碍。即使苏省路捐统完百分之七·五，而分拨亦多困难。缘沪宁一路，既有江南、北之分，津浦路厘又系奉部派员专征，向来各归各收，税率轻重不一，改归统完，按款分拨，必致纠葛不清。且商民运货原系分段完捐，改在起运处并数总完，亦非商情所愿。凡由陇海路已税货物转入京汉，豫省不再收捐。盖因同是一省，所以此征彼免。自沪至开封往来之货物，地属四省，情形不同，本难援以为例。况上海起运者，以洋货居多数。洋货运销内地，无论车运、船运，只须在关完纳二·五子口半税，沿途一律验免，不再重征。商民锱铢必较，苟无别项原因，安肯舍轻就重。可见不由车运，非受货捐之影响。若仅减轻路厘为招徕之计，恐路运未必发达，而捐税收入必致巨亏。至于津浦货捐分段征收一节，查货捐值百抽五，为普通税率之标准。津浦货捐之所以分南北两段，每段仅征百分之二·五者，原为体恤商人，与以便利起见。本应全征百分之五，并非以百分之二·五为准，而加倍征收之也。再，南北两段路线长短不齐，津浦全路计程一千八百四十三里，而天津至韩庄一千一百四十三里，是为北段；韩庄至利国驿十五里有奇，为南北两段之中点；利国驿至浦口六百八十四里有零，是为南段。北比于南，增过半数，当时系以直、鲁与苏、皖之省界划分南北，并非以全路里数均分为两段也。今并两省为一段，而抽百分之二·五，较之从前直、鲁、苏、皖四省各自收捐之时，实多减少。若复斤斤以里数为计较，必以运货超过全路之半，收捐两道方为公平。无论征收区域只能为概括之规定，不能为枝节之区分。货捐非比运费，不能按里计较，既无南北两段之分，何有过半重征之理。纵使强为区别，经过路线之半，收捐百分之五，则自津南行不过韩庄，而至兖州以南之邹县、界河、滕县、官桥、临城等站者，实未超过北段。现仅抽收百分之二·五，而计其里数均在全路之半，九百二十里以外。若必科以两段之捐，商民岂肯遵从。尚有北段境内之兖济、临枣两支路，从天津起运，由兖州转至济宁，或由临城转至枣庄，均超过全路里数之半。倘从前议，亦必改照两段收捐，势难办到。再必以经过全路之半，九百二十里以外者为两段，不足九百二十里者为一段，则最近各站往来营运多则一、二百里，少或数十里之路线，至少须纳一道统捐。核与运行八、九百里仅征一道者，岂非又觉不平。总之，分段收捐，乃执简驭繁之道，若必按里计算，徒事纷更，仍未能处处平准，在商民反觉其烦重，此窃以为不可者也。惟是津浦全路往来商货，但求地方平静，车辆充足，可望日渐发达。近来各站存货山积，路局无车拨运。商人输出之运费、栈费、积货耗息之费，委弃站台风火、雨雪、意外损失之费，较之百分之二·五，或百分之五之统捐，有数倍于此者。商人投机贩运，自以速达无阻为贵，其营业发达与否，当不在区区捐税间也等情前来。本部复核所称各节，尚属实情。至京汉一路所征货捐，系由直、豫、鄂三省派员办理，尤不能不有分道之办法，自应一律仍旧办理，相应咨请贵部查照。此咨

交通总长

中华民国八年五月十七日

〔北洋政府财政部档案〕

附：(1) 财政部编：1916年各省区厘金及税捐实收数

五年份各省区厘金及税捐实收数	
京兆	49,533.007元
直隶	681,295.513元
奉天	4,169,733元
吉林	1,267,087.033元
黑龙江	537,087.274元
山东	227,888元
河南	615,553.689元
山西	623,504.773元
江苏	5,791,113元

续表：

安　徽	1,550,412元
江　西	2,651,936.511元
福　建	1,238,737.157元
浙　江	4,225元
湖　北	5,049,819.128元
湖　南	2,598,722.998元
陕　西	933,791.001元
甘　肃	995,806.863元
新　疆	391,079.876元
四　川	636,987.872元
广　东	2,545,568元
广　西	982,784.682元
云　南	398元
贵　州	525,561.424元
热　河	319,621.358元
察哈尔	250,894.837元
共　计	39,257,518.996元①

〔北洋政府财政部档案〕

① 应为34,639,141,996元

（2）财政部编：1917年各省区厘金税捐实收数

六年份各省区厘金税捐实收数		
直隶		461,152.437元
山东		187,103元
山西		597,578.464元
甘肃		994,738.199元
江苏		5,891,087元
浙江		4,246,798.651元
江西		2,615,684.004元
贵州		617,204.734元
奉天		4,588,673元
黑龙江		524,241.792元
察哈尔		213,917.412元
归绥		249,238.128元
热河		294,891元
陕西	一月至九月	584,063.866元
湖北	一月至九月	3,330,10.257 元
新疆	一月至六月	202,734.001元
湖南	一月至六月	1,613,559.682元
四川	一月至六月	245,819.946元
广东	一月至三月	803,012.28 元
广西	一月至三月	231,095.373元

续表：

吉　林	一月至三月	1,198,666.179元
河　南	一月分	38,106.106元

此外，安徽、福建、云南、川边京兆等省区，六年分厘税实收数均未据报，合并声明。

共　计	29,729,467.824元

〔北洋政府财政部档案〕

财政部编：1916—1918年长江五处厘金征收数目统计表

地　别	民国五年	民国六年	民国七年
陆　溪			
武　穴	3,737,376	9,085,442	13,522,777
湖　口			
安　庆	2,640	2,620	2,160
大　通	6,900	8,500	10,100
总　数	3,746,916	9,096,562	13,535,037
备　考	本表陆溪一处历年均无收入。湖口一处，尚未议定专章，既未开办，故无列收。 本表系关平银数，以两为单位。		

〔北洋政府财政部档案〕

（4）财政部赋税司编：1920—1922年各省区厘税比额及实收数表

省别	税名	税率	民国九年份		民国十年份		民国十一年份		平均每年收数	备考
			比较额	实收数	比较额	实收数	比较额	实收数		
直隶	统税	值百抽二·五	994,069	824,248	994,069	1,047,998	1,250,623	1,204,964	1,025,737	京汉火车货捐并计在内
山东	厘金	值百抽二	275,864	179,195	275,864	206,151	275,864	209,609	198,318	该省厘金分沿河、沿海两种税局征收。德县、济南另有落地税。
山西	统税	值百抽二	776,380	1,252,501	776,380	1,036,360	776,380	1,272,138	1,187,000	九年至十一年比额呈未据报，按照五年比额填列，又民国四年，另设落地税，值百抽一。
河南	统税	值百抽二·五	721,203	651,710	721,203	651,710	721,203	651,710	651,710	九年至十一年比额及收数均未报部，按照民国六年分数目填列。京汉火车货捐并计在内。
陕西	统捐	值百抽五	1,205,127	666,468	1,205,754	603,754	1,236,400	867,729	712,650	

续表

甘肃	统捐	值百抽五	870,641	471,781	870,641	422,312	870,641	496,950	463,681	民国三年，另设落地税，照统税减半征收。
新疆	统税	值百抽五	484,592	448,521	484,790	491,037	487,670	498,562	491,373	新省统税除迪化、哈密两局由厅委员征收外，局余其各均系包办征解，均照比额呈缴，不另开支经费。
江苏	货物税	值百抽二或一·五	5,993,340	6,124,038	5,573,322	5,519,733	6,327,565	5,166,576	5,603,449	
浙江	统税	值百抽五	3,811,679	4,216,856	3,811,678	3,600,678	3,811,678	3,812,630	3,876,721	
安徽	厘金	值百抽二	1,738,520	1,640,000	1,936,500	1,530,000	2,029,493	1,350,000	1,506,667	该省现征货物税，仍用厘金名目，其大宗货物，如磁器、纸张、茧丝、茶等已改办统捐，间有少数货物改征产销税。
福建	厘金	值百三或二	994,508	1,034,735	994,508	1,182,808	1,050,057	871,542	1,029,695	该省厘金分两起两验，逢起抽百分之三，逢验抽百分之二，抽足两起两验，验照放行。

续表

江西	统税	值百抽十	3,369,431	3,233,019	3,369,431	2,655,156	3,369,431	2,492,031	2,793,402	
湖南	厘金	值百抽二	2,352,456	1,693,027	2,352,456	1,910,437	2,352,456	2,047,275	1,883,581	
湖北	过境销场税	值百抽三	4,032,413	3,147,953	4,028,799	3,039,336	4,170,839	3,608,315	3,265,201	京汉火车货捐并计在内
广东	厘金	值百抽二	3,838,898	2,545,568	3,838,898	2,545,568	3,838,898	2,545,568	2,545,568	九年至十一年比额及收数均未报部，以前收数报至五年份为止，故收数照五年份填列，比额系于八年报部。
广西	统捐	值百抽五	1,633,071	1,291,796	1,633,071	1,291,769	1,633,071	1,291,796	1,291,796	据该省电称：十、十一两年，因战事财政破裂，无凭造报，仅填九年收数，故均按照九年份数份目填列。
四川	统捐	值百抽二·五	429,583	638,544	429,583	638,544	429,583	638,544	638,544	九年至十一年比额及收数均未报部，以前报至五年份为止，故均照五年份数目填列。

续表:

云 南	金 厘	值百抽五	535,948	1,442,656	535,948	1,185,805	535,948	1,618,353	1,415,6C5	比较额系五年份所订,以后未据报部。
贵 州	金 厘	值百抽五或七·五	737,480	882,226	737,480	651,708	737,480	629,066	721,000	同 上
奉 天	统 税	值百抽一、二、三。	3,893,739	4,587,680	3,893,739	3,700,427	3,893,739	4,493,232	4,260,447	奉省十年、十一年收数未报,暂将七、八两年收数列入,计比额5,393,739元,七年份收数5,842,442元,八年份收数6,971,989元,九年份收数7,252,973元。其中除产数、统税外,尚有烟酒、牲畜、矿税、帖税及票帖费、杂捐等项,并由征收局征收列计在内。本表系仅列统税数目,所有他项税捐,概行剔除。
吉 林	产销税	值百抽二	2,677,597	3,513,666	3,267,250	3,644,586	3,614,974	4,214,936	3,791,063	吉林省原报九年份比额4,577,597元,收数6,213,666元十年份比额5‘67,250元,收数6,1460,803元。十一收份比额6,514,974元,年数3,661,354元。其中除产销税外,尚有牲畜屠宰、牙当、木税、契税、

续表

									斗税、烧锅税营业、牌㴊税杂捐等项，并由征收局征收列计在内。本表仅列产销税数目，他项税捐，概行剔除。
黑龙江	产销税	值百抽五	2,338,149	3,270,201	2,338,149	3,572,809	2,338,149	3,620,355	3,487,788	黑省原报九年份收数4,570,201元，十年份收数4,347,301元，十一年份收数4,259,992元，其中产销税外，尚有牲畜、屠宰、木税、当税、斗税、渔业税等项，并由征收局征收，列计在内。本表仅列产销税数目，所有他项税捐，概行剔除。
归绥	厘捐		75,540	109,018	75,540	134,911	75,540	159,035	134,321	该区厘金向由塞北关征收，自九年七月始，由该关划归财厅经征。计九年下半年厘金25,482元，十年份厘金51,375元，十一年份厘金73,499元，又各局向来征收系属杂捐，如斗秤，车驼船捐等项，本表剔除不列，仅将皮毛、煤炭、甘草等捐数目列入。原报各捐比额276,768元，兹列比额75,540元。

续表：

察哈尔	厘　捐		56,270	47,402	56,270	28,860	56,270	71,513	49,258	该区所征厘金多属杂捐，如牲捐、车斗捐等项表均收项剔除不列，仅将茶一本数列入。计原报比额300,052元，九年收数267,743元，十年收数281,525元，十一年未据收齐，兹就茶厘一项数目填列表内。
热　河	货物税	值百抽四或一、二、三。	359,467	463,531	463,530	499,106	605,061	627,733	530,123	该区货物税含有出产、落地、过路税三项。
京　兆	火车货捐	值百抽二•五	31,062	47,827	13,062	49,950	31,062	43,730	47,169	京兆向无厘金，仅有京直货捐一项。所收之款，按京六直四分拨。
津浦货捐	火车货捐	值抽百五	1,421,519	1,401,998	1,421,519	925,176	1,421,519	998,060	1,108,411	
总　计			45,648,546	15,862,165	46,116,807	42,766,715	47,941,594	45,501,956	44,710,278	

一、本表数目以元为单位，根据各省、区最近呈报之数填列。

说明

一、河南、广东、四川等省，近年收数未据列报。奉天、广西两省，十年、十一年收数亦未造报，均暂以该省最后报部之收数列入，以便平均计算。至山西、浙江、云南、贵州四省，近年比额均未报部，暂以前数年比额列入。

一、奉天、吉林、黑龙江三省征收局征收各项税捐与各省专征厘税情形稍有区别，仅就所征产销税收数填列。其余税局兼征之烟酒、牲畜、屠宰、牙、当、矿税、木税、车斗捐等项，三省每年约共五百余万元，已由原报总数内概行剔除。又察、绥两区所征多属杂捐'本表仅将该区厘金一项收数列入。川边所征仅盐、、茶两厘，据报近年川乱，毫无收数，局、卡亦均裁撤。

一、京汉火车货捐收数全年约计八十余万元，系由直、豫、鄂三省暨京兆分别设局征收，已分列于各该省厘税总收数内。又江苏、江西、湖南、广东等省所征本省境内火车货捐收数，亦已列入该省厘税总数内。至津浦火车货捐，系归本部直辖办理，设局征收，故另列一栏。

〔北洋政府财政部档案〕

（六）印　花　税

1. 大总统公布印花税法令

（1912年10月20日）

印字第八八号

临时大总统令：

参议院咨：议决印花税法。本大总统按照约法第三十条公布之。此令。

中华民国元年十月二十日

大总统盖印

赵秉钧、周学熙署名

印花税法

第一条　凡财物成交，所有各种契约、簿据可用为凭证者，均须遵照本法贴用印花方为适法之凭证。

第二条　各种契约、簿据分为二类，税额如左：

第一类　十五种

发货票　价值银元十元以上，贴印花一分。

寄存货物文契之凭据　价值银元十元以上，贴印花一分。

租赁各种物件之凭据　价值银元十元以上，贴印花一分。

抵押货物字样　价值银元十元以上，贴印花一分。

承种地亩字样　价值银元十元以上，贴印花一分。

当票　价值银元十元以上，贴印花一分。

延聘或雇用人员之契约　价值银元十元以上，贴印花一分。

铺户所出各项货物凭单　价值银元十元以上，贴印花二分。

租赁及承顶各种铺底之凭据　价值银元十元以上，贴印花二分。

预定卖买货物之单据　价值银元十元以上，贴印花二分。

租赁土地房屋之字据　价值银元十元以上，贴印花二分。

各项包单　价值银元十元以上，贴印花二分。

银钱收据　价值银元十元以上，贴印花二分。

支取银钱货物之凭折　每个每年，贴印花二分。

各种贸易所用之帐簿　每册每年，贴印花二分。

第二类　十一种

提货单

各项承揽字据

保险单

各项保单

存款凭单

公司股票

汇票

期票

遗产及析产字据

借款字据

铺户或公司议订合资营业之合同

以上十一种，纸面银数十元以上未满一百元者，贴印花二分。百元以上未满五百元者，贴印花四分。五百元以上未满一千元者，贴印花一角。一千元以上未满五千元者，贴印花二角。五千元以上未满一万元者，贴印花五角。一万元以上未满五万元者，贴印花一元。五万元以上，贴印花一元五角。至此为止，不再加贴。

第三条　国家所用之契约、簿据不贴印花，但有营业性质之各种官业，仍依本法贴用。

第四条　契据应贴之印花，由立契据人于授受前贴用，加盖图章，或划押于印花票与纸面骑缝之间。如系合同，两造各缮一纸，依本法各贴印花、盖章、划押，然后交换收执。

第五条　帐簿、凭折应贴之印花，由立帐簿、凭折人于使用前贴在开首向写年分之处，将某年字样，半写于印花票面。再依第四条规定，加盖图章，或划押。每本每个以一年为限，如过一年仍旧接写，应再贴印花，作为新立帐簿、凭折。

第六条　应贴印花之契据、凭折，如不依本法贴用，或不盖章、划押者，对手人须即退还，责令照章办理。若任意收受该契据及凭折，于法庭上无合法凭证之效力。但对手人愿依本法第八条规定，补贴印花、盖章、划押者，不在此限。

第七条　应贴印花之帐簿，如不依本法贴、写、盖章、划押者，该帐簿于法庭上无合法凭证之效力。但立帐簿人愿依本法第八条规定，补贴印花、盖章、划押者，不在此限。

第八条　应贴印花之件，如不依本法贴用，或贴用时未曾盖章、划押者，按照应贴数目，罚贴印花百倍；如已贴印花、盖章、划押，而所贴不足定数者，照应补之数罚贴印花五十倍。

第九条　印花票种类如左：

（一）赭色　一分；（二）绿色　二分；（三）红色　一角；（四）紫色　五角；（五）蓝色　一元。

第十条　业经贴用之印花票，不准揭下再贴。违者照偷贴之数罚贴印花三百倍。

第十一条　伪造，或改造印花票者，按照刑律伪造纸币例处罚。

第十二条　印花由财政部颁发各省行用，各地方以奉到部发印花后三十日为本法施行之期。

京师施行本法时期，由财政部定之。

第十三条　财物成交在本法所定印花施行以前者，免贴印花，但遇有诉讼时，仍应按照第二条税额补贴印花。

〔北洋政府财政部档案〕

2. 大总统公布修正印花税法令

（1914年12月7日）

大总统申令：

参政院议决：修正印花税法。兹公布之。此令。

中华民国三年十二月七日

国务卿徐世昌

法律第二十号

修正印花税法

第六条　第二条第一类之契约、簿据不贴印花，或贴用时未盖章、划押者，处以二十元以下，十元以上之罚金。贴不足数者，处以十元以下，五元以上之罚金。

第二条第二类之契约、簿据不贴印花，或贴用时未盖章、划押者，处以二百元以下，二十元以上之罚金。贴不足数者，处以一百元以下，十元以上之罚金。

第七条　删。

第八条　删。

第九条　修正为第七条。

第十条　修正为第八条。照偷贴之数罚贴印花三百倍十二字，修正为处以一百元以下，二十元以上之罚金十五字。

第十一条　修正为第九条。

第十二条　修正为第十条。

第十三条　修正为第十一条。但遇有诉讼时，仍应按照第二条税额补贴印花十九字删。

〔北洋政府财政部档案〕

3. 大总统公布人事证凭贴用印花条例令

（1914年8月19日）

大总统申令：

兹制定关于人事证凭贴用印花条例公布之。此令。

中华民国三年八月十九日

国务卿徐世昌

教令第一百二十号

关于人事证凭贴用印花条例

第一条　关于人事证凭应依本条例贴用印花。其税额如左：

出洋护照　贴印花二元

国内游历护照　贴印花一元

免税单照　贴印花一元五角

普通官吏试验及第证书　贴印花一元

高等官吏试验及第证书　贴印花二元

中学校毕业证书　贴印花三角

专门学校以上各学校毕业证书　贴印花五角

中学校入学愿书　贴印花四分

专门学校以上各学校入学愿书　贴印花一角

前项之出洋护照，学生得减二分之一贴用印花。

第二条　前条之护照、单照、证书及愿书，应由请领护照、单照，或证书及具愿书者先缴税价，由发给之官署，或学校贴用后盖章发给。

第三条　婚书如不贴用印花，或不盖章画押者，于法庭上无合法凭证之力，但愿补贴印花盖章画押者，应依印花税法第八条办理。

第四条　本条例自公布日施行。

〔北洋政府财政部档案〕

4. 大总统公布修正人事证凭贴用印花条例申令

（1915年1月18日）

大总统申令：

兹修正关于人事证凭贴用印花条例公布之。此令。

中华民国四年一月十八日

国务卿徐世昌

教令第三号

修正关于人事证凭贴用印花条例

第一条　关于人事证凭应依本条例贴用印花。其税额如左：

出洋护照　贴印花二元

国内游历护照　贴印花一元

免税单照　贴印花一元五角

普通官吏试验合格证书　贴印花一元

高等官吏试验合格证书　贴印花二元

小学校毕业证书　贴印花三角

专门学校以上各学校毕业证书　贴印花五角

中学校入学愿书　贴印花四分

专门学校以上各学校入学愿书　贴印花一角

婚书　贴印花四角

前项之出洋护照学生得减二分之一贴用印花。

第二条　前条之护照、单照、证书及愿书，应由请领护照、单照，或证书及具愿书者先缴税价，由发给之官署，或学校贴用后盖章发给。

请领护照、单照，或证书及具愿书时，如不先缴税价请领印花者，处以二百元以下，二十元以上之罚金。

发给护照、单照、证书，或收受愿书之官署，或学校，如不征收税价贴用印花径行发给或收受者，该官署之长官，或学校校长，以违背职守义务论。

前项之学校，如系私立学校，处该校校长以第二项之罚金。

第三条　婚书应贴之印花，由两造主婚人各缮一纸，各依税额贴用印花，盖章画押，交换收执。

第四条　本条例自公布日施行。

〔北洋政府财政部档案〕

5. 国务院国务会议议决实行贴用印花税票细则致财政部函

（1912年11月27日）

径启者：准贵部函送拟订贴用印花税票细则请速予提议等因。兹于十一月二十五日，经国务会议议决：照办。相应函知贵部查照办理可也。

贴用印花税票细则

第一条　印花税法第二条列举各种之契约簿据，除照印花税法贴用印花税票外，应查照本细则办理。

第二条　国家所用之契约簿据，除公法上行为所用者外，其私法上行为之证明，仍应一律贴用。

前项私法上之行为，如任用人员非依官之形式者，买卖物件非供行政之需用者，均应照私法人一律办理。

第三条　有营业性质之各种官业，如航、路、邮、电各局、各银行及印刷局、造纸厂等，其契约簿据均应一律贴用印花。

第四条　凡行为契约系对于现已存在之物件者，例如包运货物之类，无论其契约用何名称，均应照印花税法第二条第一类第十二种贴用定率税票。其对于现未存在之物件之行为契约，例如承揽工程之类，亦无论用何名称，均应照印花税法第二条第二类第二种贴用累进税票。

第五条　凡契约有继续之性质，无确定之继续期间者，应依契面所载数目加十二倍计算贴用印花，如立约已逾一年，仍旧使用，应照印花税法第五条关于凭折之规定办理。

第六条　本细则如有应行增改之处，由财政部随时办理。

第七条　本细则自公布日施行。

〔北洋政府农商部档案〕

6．财政部为通告推行印花税给各省国税厅筹备处饬属张贴令

（1913年4月19日）

本部前定印花税法，业于中华民国元年十月由参议院议决，并经大总统公布。其施行细则亦由本部刊登政府公报各在案。查印

花法创自泰西，成效夙著。我国开办伊始，商民未及周知，或有不免观望之处。今再为晓谕商民起见，拟有文言俗语通告各一道，即将印花税之有利无弊及种种办法详细通告，务使家喻户晓，通行日多，庶于进行不无裨益，相应将文言俗语通告各二百张邮寄该处，仰即广为印刷分发各州县张贴示众。并就各省所设报刊刊登广告一年，俾得周知，以便推行无碍。此令。

〔北洋政府农商部档案〕

7．财政部关于海常关所开发货单等华洋商人均须贴用印花饬属遵办令

（1913年4月22日）

本部前定印花税法，业于中华民国元年十月由参议院议决施行，经大总统公布。其施行日期亦由本部议定。京师以三月一日为施行之期，各省俟税票到达后，一律开办各在案。查印花税法第二条第一类内所开发货单一项，第二类内所开提货单暨保险单二项，为各海关所属事件，无论华洋商人均须遵照本法贴用印花，方为适法之凭证，仰该监督转饬所属各海关、常关及外口局、卡等遵照本法办理，一体购用，以利推行。此令。

〔北洋政府农商部档案〕

8．外交部关于外商交易收据一律贴用印花饬

（1914年6月22日）

三年商字第二十号

为饬知事：准财政部咨称：查印花税法施行已久，成效尚未大著。良由华洋各商，未能一律遵章贴用，致使进行有碍。本部

向阅英文各报，近届应付全年报费，当以各项收据粘贴印花，方准核销，责令洋商贴用印花，始允付款。该洋商遵将收据贴用印花，足见洋商贴用印花，久成习惯。凡与交易收据，责令粘贴，未始不可。若能援此推行于税务，前途不无裨益。应请通饬所属各机关，凡遇交易，无论华洋各商，于出具收据时，应由受收据人，责令一律贴用，以重税务等因。相应饬知该交涉员遵照。此饬。

外交总长孙宝琦

右饬特派云南交涉员张翼枢准此。

中华民国三年六月二十二日

〔国民党政府外交部驻云南特派员公署档案〕

9. 财政部公布稽核印花税办法大纲令

(1914年12月21日)

财政部令第一百三十九号

兹订定稽核印花税办法大纲，特公布之。此令。

稽核印花税办法大纲

第一条　印花税处第二科科长之下，设总稽核一员，股员六员，分为三股办事。

第二条　总稽核掌管稽核全国印花税票、税款事宜。

第三条　各股按照左列之规定，掌管稽核事宜：第一股掌管稽核直隶、山东、山西、河南、奉天、吉林、黑龙江、京兆、归绥等省区内各分发行所及中、交两银行册报事宜。第二股掌管稽核湖北、湖南、江苏、安徽、江西、浙江、福建、广东、广西等省内各分发行所及新华银行、公估局册报事宜。第三股掌管稽核陕西、甘肃、新疆、云南、贵州、四川、热河、川边、察哈尔等省区内各分发行所及邮电两局册报事宜。盐务机关及各海关、常关征收局等，均以所在地之省份，分别归隶办理。

第四条　罚金及交代一切事项，应视各省之区域，分别归隶各该股办理。

第五条　各股应设备之帐簿如左：(一)印花税款分出纳簿；(二)印花税款分类簿；(三)印花税票分领销簿；(四)印花税票分类簿。簿式另行附列。

第六条　总稽核应设备之帐簿如左；(一)印花税款总出纳簿；(二)印花税款分股簿；(三)印花税票总领销簿；(四)印花税票分股簿。簿式另行附列。以上五、六两条所列之税款帐簿，应分设甲、乙两种。甲种帐簿登载印花税处开办以前（即截至民国五年十一月份止）各分发行所之册报，系指各发行所十一月份以前之册报。不论其册报所载税款系去年收入或系今年收入，均载于甲种帐簿内。乙种帐簿登载印花税处开办以后（即自五年十二月份以后）各分发行所之册报，系指各发行所十二月以后之册报。不论其册报所载税款系去年收入或系今年收入，均载于乙种帐簿内。

第七条　各股每日收到册报，核算相符，由承办员于册面签名，并盖核符戳记后，即分登于印花税款分出纳簿、印花税票领销簿转记于印花税款分类簿、印花税票分类簿。如册报繁多，一日不能核算完竣者，应以核竣之日为登记日期，仍于备考栏内注明册报到科日期。

第八条　各股每五日编制印花税款出纳表、印花税票领销表，呈总会办签阅后，送交总稽核复核转记于总簿内。

第九条　各股印花税款分出纳簿、印花税票领销簿，于每月月终结总一次，并根据分类簿编制印花税款差数对照表、印花税簿待销对照表各一份，送交总稽核核对有无错误。

第十条　总稽核每五日汇齐各股税款出纳表、税票领销表总数，登记于印花税款总出纳簿、印花税票总领销簿内，并转记于印花税款分股簿、印花税票分股簿内。

第十一条　总稽核所登载之印花税款总出纳簿、印花税票总领销簿，应于每月月终结总一次。编制印花税款总出纳表、印花税票总领销表各一份，连同各股分表一并送请科长签阅后，送由总会办呈明部长核阅。并根据分股簿编制印花税款差数对照表、印花税票待销对照表，以资考证。

第十二条　总稽核随时根据各股印花税款出纳表，另行填列印花税款月清出纳表，以便截清月份。此表自五年十二月份起填列，俟各分发行所册报到齐，全表列清后，即行送请科长签阅，送由总会办呈明部长核阅。五年十一月份以前应列之印花税款月清出纳表，随时补填，以清旧帐。

第十三条　本办法大纲所有未尽事宜随时修正，呈请部长核定施行。

附则

第十四条　总稽核关于国库收支印花税款事宜，应设备之帐簿如左：（一）收支日记簿；（二）收入分类簿；（三）支出分类簿；（四）银行往来簿。

第十五条　总稽核关于各机关报解印花税款事宜，应设备之补助帐簿如左：（一）各机关报解印花税款暂记簿；（二）报解印花税款分类簿。

第十六条　各股每日收到各分发行所所送之缴款收据登记后，即编列号数，送由总稽核分登于报解印花税款暂记簿、报解印花税款分类簿。

第十七条　总稽核每日收到总金库报告，或本处及库藏司提用税款报告，即分登于收支日记簿、收入分类簿，或支出分类簿。

第十八条　总稽核每十日根据收支日记簿汇编收支旬报，送请科长签阅，送由总会办呈明部长核阅，阅定后遵即照缮两份，以一份送库藏司备核，一份送会计司照填收支命令交库藏司转帐。

〔北洋政府财政部档案〕

10．财政部等呈准印花税法罚金执行规则饬属速办文件

（1915年1—2月）

（1）财政部咨（1月21日）

财政部为咨行事：本部具呈拟订印花税法罚金执行规则一案，于本年一月十四日奉大总统批令：准如所拟办理，即由部分行遵照。此批。等因。奉此。查前项罚金执行规则，先经本部咨由贵部核复查照拟订。现奉批准办理，自应克日执行，以维税法，而重职务。相应抄录原呈暨清单咨行贵部查照，饬行京师警察厅暨转饬各省警察官厅一体遵照办理，仍希将执行罚金各情形随时转咨本部查核可也。此咨

内务总长

计抄送原呈暨清单各一件

财政总长周自齐

中华民国四年一月廿一日

计抄送原呈暨清单各一件

呈为拟订印花税法罚金执行规则，缮单具陈，仰祈钧鉴事：窃查修正印花法第六、第八两条之规定，凡不贴印花之契约簿据，或贴用时未盖章画押及贴不足数，并印花票揭下再贴者，均应罚金，业经通饬遵行在案。惟前项法定罚则甫行颁布，所有一切执行事宜若不详加厘订，深恐无所率循。本部悉心酌核，窃以警察与商

民直接，情伪既易于周知，职权亦便于行使。且此项罚金只以漏税示儆，究与涉及刑事范围者稍有区别。其定期检查及巡官、长警纠发或人民告发时应处罚金，自应均由警察官厅办理。如于诉讼时发见者，并由审检厅及兼理司法之县知事依法处罚，以辅警察检查所不及。至收入罚金款项，除警察官厅准其留用四成补助公费，余仍转解财政部核收外，其审检厅及兼理司法县知事所处罚金，即系司法收入之一种，拟仍援照呈准司法收入暂作特别会计办法，由司法部另行稽核，以符通案。经与内务部、司法部往返咨商，意见相同，拟具印花税法罚金执行规则八条，如蒙允准，即由本部通行遵照，以维税法，而重职务。所有拟订印花税法罚金执行规则各缘由，理合缮单具呈，伏乞大总统钧鉴，训示遵行。谨呈。

民国四年一月十四日奉大总统批令：准如所拟办理，即由部分行遵照。此批。

印花税法罚金执行规则

第一条　应贴印花之契约、簿据，每届六个月，即每年六月及十二月，由警察官厅检查一次，但初次检查时，应于三个月以前出示晓谕，定期实行。

第二条　不依法贴用印花之契约、簿据，于警察官厅检查时发觉及巡官、长警平时纠发，或人民告发，应由警察官厅依照修正印花税法第六、第八两条处以相当之罚金。如于诉讼时发见者，由审检厅及兼理司法之县知事依法处罚。

第三条　罚金数目于法定范围以内，按照下列情形，分别处罚：

一、不贴印花，或贴用时未盖章、画押者，以应贴之数比例科断；

二、贴不足数者，以短贴之数比例科断；

三、揭下再贴者，以偷贴之数比例科断。

第四条　人民遵纳罚金时，由警察官厅、或审检厅及兼理司法之县知事填用三联单核收。以一联交给本人收执，一联存案，一联转缴财政部查核。

前项联单式样，由财政部定之。

第五条　警察官厅，或审检厅所处罚金，以二成补助各该官厅公费。其由巡官、长警纠发者，另以二成酬给巡警。由人民告发者，另以五成奖给原告发人。

第六条　警察官厅、或审检厅，于每月月终将所处罚金扣请补助公费及酬奖数目，开列清单，连同应缴联单报解县知事署，解由财政厅转解财政部核收。其由兼理司法之县知事所处罚金，即由该知事汇报转解。

前项解款，京师地方得径解财政部，各省省城得就近解交财政厅转解。

(2) 内务部咨（2月5日）

内务部为咨行事：准财政部咨开：本部具呈拟订印花税法罚金执行规则一案，于本年一月十四日奉批令：准如所拟办理，即由部分行遵照。此批。等因。奉此。查前项罚金执行规则，先经本部咨由贵部核复查照拟行。现奉批准办理，自应克日执行，以维税法，而重职务。抄录原呈暨清单，咨行查照，饬行京师警察厅暨各省警察官厅一体遵照办理，仍希将执行罚金各情形随时转咨本部查核等因到部。相应刷印原呈暨清单咨行贵巡按使、都统、参赞查照，转饬该厅迅速办理，并将执行罚金各情形随时报部，以凭咨复。此咨

各省巡按使、热河都统、绥远都统、察哈尔都统、塔尔巴哈台参

赞

计原呈暨清单（略）

内务总长

〔北洋政府财政部档案〕

11．蒙藏院财政部会同拟定京外寺庙有职各喇嘛札付度牒贴用印花规则呈暨大总统批令

（1915年8月12日）

呈为会同拟定蒙藏院发给京外寺庙有职各喇嘛札付、度牒贴用印花规则恭呈仰祈钧鉴事：查修正关于人事证凭贴用印花条例，业于本年一月十八日奉大总统教令公布施行。蒙藏院主管京外各寺庙之有职喇嘛例，于扎萨克喇嘛以下，至苏拉喇嘛发给札付，得木奇以下，至格苏勒发给度牒，核其性质，亦系证明其职务及身分，当然为人事证凭之一种。前经部、院往复咨商，自应于人事证凭例条内比较相当税价贴用印花，以归一律。惟因贴用印花缴纳税价之便利，以及其事实上特殊情形，向例领发札付度牒之手续，不得不量予变通，且蒙地风气未开，推行印花尤属创举，自非明定规则，不足以昭慎重。兹将喇嘛札付、度牒贴用印花规则，详加核拟，录呈钧鉴，如蒙批准，即由蒙藏院连同该规则通行各该管行政长官转知各蒙旗一体遵照。再，此呈系由蒙藏院主稿，会同财政部办理，合并陈明，谨乞大总统鉴核，训示遵行。谨呈。

民国四年八月十二日奉批令：准如所拟办理。即由该部、院通行遵照。规则存。此批。

蒙藏院发给京外寺庙有职各喇嘛札付度牒贴用印花规则

第一条　京外各寺庙喇嘛，由蒙藏院发给札付、度牒，证明其职务及身分，应比照关于人事证凭贴用印花条例第一条所列税额，贴用印花。

第二条　各喇嘛札付比照条例内普通官吏试验合格证书，贴印花一元。度牒比照专门堂校以上各学校毕业证书，贴印花五角。

第三条　京外各寺庙请领札付、度牒，其手续如左：

一、京城各寺庙，由京城喇嘛印务处详院请领。该印务处应先征缴印花税价，随文解缴，由院于颁发札付、度牒上贴用印花，加盖图章，饬发转给。

二、蒙旗各寺庙请领札付、度牒，由各该盟长札萨克每年分四期，即一、四、七、十等月汇总转由该管各行政长官咨院请领，并将应缴印花税价，一并咨送，由院于领发札付、度牒上贴用盖章，发交各该长官分别转给。

三、蒙古王公暨各呼图克图年班来京时，得用正式公文，于年直接赴院请领札付、度牒，但王公以兼盟长札萨克及喇嘛为呼图克图为限。其随缴印花税价及发交札付、度牒手续，均照本条第一项京城喇嘛印务处办理。

第四条　京外各寺庙喇嘛，自补缺及补钱粮之日起，统限半年内请领札付、度牒。其应给札付、度牒尚未请领者，自本规则呈准通行之日起，在京由喇嘛印务处，在外由各该长官通饬各庙，统限一年内补行请领。其补领一切手续，均照第三条各项办理。

第五条　请领札付、度牒，如不先缴印花税价随文送院，应将全案驳回，仍在京限一个月，在外限三个月，补缴税价，续行请领。

第六条　请领札付、度牒，除随缴第二条所定印花税价外，不得再有他项规费。如有需索措勒情事，准各该喇嘛指名禀由蒙藏院、或该管各长官查明惩办。

第七条　本规则施行前已领之札付、度牒，免贴印花。

第八条　本规则自呈奉大总统批准之日施行。

〔北洋政府财政部档案〕

12. 税务处关于外商贴用外国印花税票无效文件

（1916年3—5月）

（1）税务处饬（3月13日）

木字第一五一〇号

为通饬事：本年三月七日准财政部咨开：案查上年十一月间，据临清关监督详称，英领事于津海关所发英商仁记三联单照贴有英国印花税票，详请核示等情。当经咨行外交部照会英公使饬令该国领事，嗣后各关所发单照，经由领事署转发，不得贴用该国印花税票，并派本部参事项骧与英公使署参赞哈尔定直接交涉。旋于本年一月六日准哈参赞函称，朱公使已转谕总领事，嗣后不得再贴印花等语。自应通饬各关暨各财政厅一体查照。嗣后所属各局、卡，如发见洋商所持单照，其给领年月系在本年一月六日以后，仍有贴用外国印花税票情事，应即查照此次定案，声明作为无效等语前来。相应饬行该关监督遵照可也。此饬

税务督办梁士诒

右饬腾越关监督准此

洪宪元年三月十三日

（2）税务处饬（5月20日）

为饬行事：英商联单不得贴有外国印花税票一案。前经财政

部咨行外交部照会英公使饬令该国领事，嗣后各关所发单照，经由领事署转发，不得贴用该国印花税票，业由部、处分饬各财政厅暨各关一体查照。所属各局、卡如发见洋商所持单照，其给领年月系在本年一月六日以后，仍有贴用外国印花税票情事，应即查照此次定案，声明作为无效在案。现据江海关监督详称，近来内地县知事及各商会截缴英商所领土货报单应送海关之首联，凡在本年一月六日以后给领之件，大都贴有英国印花税票，沿途各卡，仍予放行。是皆由于定案，地方官厅未及普行所致。当即函电转致江苏财政厅分饬沿途局、卡遵饬稽查照办，一面并函英领，勿再贴用。顷接英总领事法磊斯函称：英商请领三联单不得贴用英国印花税票，昨日始奉驻京钦差大臣行知，应于昨日遵办。查本年一月六日以后，至昨日五月九日以先，各英商行家请领之单，已经贴用本署印花税票者，开单送请转知各关、各财政厅转饬各局卡，仍一律承认有效，查验放行等因。照案诚难予以通融。惟一月六日商定以后，驻使分行领事亦尚有数日，今英领于五月九日以前联单均贴印税，实由于奉文迟延所致。而奉文以后，即已照案不贴，此实误在使署行文过于稽延，而非领署故违可比。在我一方面，各省地方官厅，以及局、卡、商会，尚难遍悉，必欲照案办理，于事仍无实益，似不如量予变通，藉示曲体敦睦之意。是以函复该领，告以本署只能照案核办，既无擅专之权，分致展期亦无效力可言。兹特逾格通融，代为据情转详请示，理合详请察核，可否量予展期至五月九日为止，以后如再贴用，即作无效之处。如蒙允准，并请咨行各省一律知照，仍乞批示祗遵等情前来。查此案该总领事既以五月九日始奉英公使行知为词，自可准予通融展期至本年五月九日为止，如逾期再有贴用外国印花税票之单照，应即作为无效。相应饬行该关监督遵照可也。此饬。

税务督办

右饬江海关监督准此

中华民国五年五月二十日

〔北洋政府税务处档案〕

13. 财政部为拟订印花税处章程等与大总统来往文件

(1916年11月)

(1)财政部呈(11月2日)

呈为拟订印花税处章程仰祈钧鉴事：窃查我国印花税法于民国元年十月经前参议院议决公布，二年次第施行。其时创办伊始，事务尚简，暂在本部赋税司内附设印花税票总发行所总司其成。所有解释税法、拟订规则、稽核税款、制发税票等事，均由该所办理。综计收入，三年以前仅数十万元。自四年督饬各省广为劝导，实行检查，并经派员分往督查，是年售出票价已达三百六十余万元，成绩渐有可观。惟是税收既按年递有增加，事务亦因时愈形繁赜，且税款、税票、钩稽、保管，督促进行，在在均关紧要，与经管他项税务不同。现设之总发行所为本部赋税司附属之一小部分，设备未甚完善，各省又无专管机关，均收数不能十分畅旺。当经本部拟订印花税处章程十一条送交国务会议，原拟于本部内设一专处，于各省区酌设分处，以期指臂相维。嗣经会议，佥以部内改设印花税处，派委专员管理，较足以专责成，自应改拟章程督促进行。至各省应分别繁简，查明收税较旺者，先设分处，次第推广，由院咨复前来。兹特参酌议决情形，拟订印花税处章程七条，另单开列，如蒙俯准，即行由部遵照办理。再该处系暂设机关，应俟办有成效，再行拟订官制，提出国会议决，合并声明。所有拟订印花税处章程缘由，理合呈请鉴核训示施行，谨呈大总统。再印花税处章程第二条载,印花税处应设总办一人，由财政总长派充，呈报大总统备案等由。现在印花税务极待进行，查有本任赋税司司长参事上行走李景铭，堪以调充总办之职，拟即由部派充。饬令照章组织，从速办理，以重税务，合并陈明，伏乞钧鉴。

谨将印花税处章程录呈钧鉴：

第一条　财政部内附设印花税处，办理全国印花税事宜。各省酌量地方繁简，先就商务发达、税收较旺之处，酌设印花税分处，办理该处印花税事宜。其偏僻省分，随时体察情形，次第推扩。

第二条　印花税处应设总办一人，由财政总长派充，呈报大总统备案。

第三条　本处设会办一人，襄理处务，科长三人，科员十人到十四人，分任事务，均由财政总长派充，其分科职掌如左：

第一科　掌理关于解释法令、拟订章程规则暨办理印花税人员任免、奖惩事项。

第二科　掌理关于稽核税票、税款等册报，办理簿记暨核收提拨款项等事务。

第三科　掌理关于监制税票暨保管发行等事务。

以上各科为缮写文件暨整理档案得酌用雇员。

第四条　分处设处长一人，由财政总长派充。该分处应用科员及书记，应视税项发达之程度，由处长酌拟员额，呈部核定。

第五条　本处及分处职员，如果办理得力，确有成绩，由财政总长择尤，比照现行最优奖励章程办理。其办事不力者，即行撤换。

第六条　委托发行之各机关，由部酌定给与经费。其执行检查之巡警暨襄助之商会及自治机关各项人员劝导得力者，分别成绩给予勋章、奖章，由各分处长会同财政厅长，呈请省长条陈财政部核办。

第七条　本章程由大总统批准之日施行。

中华民国五年十一月二日

（2）大总统指令（11月6日）

中华民国五年十一月六日

大总统指令四百三十六号

呈陈明拟以本任赋税司司长李景铭调充印花税处总办由。呈悉。此令。

（3）大总统指令（11月6日）

大总统指令第四百三十七号

呈拟印花税处章程请核示由。呈悉。准如所拟办理。此令。

〔北洋政府财政部档案〕

14．农商部抄送公司股票贴用印花切实推行办法饬属遵办咨

（1917年5月31日）

农商部为咨行事：前准财政部咨开：查公司股票列入印花税法第二类，如有漏未贴用印花及贴不足数情事，本部现拟酌定期限，准由执持股票人补贴。至印花税法，于民国元年十月二十一日公布，除京师地面定于民国二年三月一日施行外，其他各省区一律展至民国二年七月一日作为施行之期。其在施行以前，各公司所发股票得免贴印花。兹拟就办法四条，咨请核复等因。并派员来部，会商一切。所送办法四条，经本部将贴用印花手续，略

事变通，以期推行便利，咨请财政部查核去后。兹准复称：业经查照来咨，通行遵照，应请贵部查照转饬各公司一体遵照办理，以重法令，而维税收。等因。并附公司股票贴用印花切实推行办法四条到部，相应钞录原办法咨请贵省长、都统、京兆尹查照，饬属行知各商会转达各公司一体遵照办理可也。此咨

各省省长

各都统

京兆尹

农商总长

中华民国六年五月三十一日

公司股票贴用印花切实推行办法

一、印花税法在京师地面原定民国二年三月一日施行，各省区应以民国二年七月一日为施行之期。在施行以后，各公司所发股票均应依税法第二类按累进率贴用印花。

二、关于股票贴用印花事宜，应由该管印花税分处，或未设印花税分处之财政厅委托行政及司法各机关，并商会、证券交易所。遇有公司股票交涉，注意查验是否依法贴用印花，分任执行印花税法之责，并得由该分处，或该厅预向公司询查及于开股东会时派员查验。

三、所属各公司应限令呈明股票数额、发行年月及已否贴用印花。其在该法施行后发给之股票，未经贴用印花者，姑宽既往，准其补贴，责成该公司董事领取印花，于最近之股东会开会时一律贴用。

四、现已发给之股票，倘在民国七年六月底以后，仍有发见未贴印花者，除该股票仍须如法补贴外，并对于该公司之董事，依照修正税法第六条严重处罚。

〔北洋政府农商部档案〕

15．陈锦涛拟令人民投递呈文贴用印花代行政手数料呈暨大总统指令

（1917年2月7日）

为人民投递呈文拟令贴用印花票以代行政手数料仰祈钧鉴事：查我国人民对于各官署呈请事外，除关于诉讼应征讼费向由司法官署制备印纸令其贴用外，其余行政各官署并无征收手数料之规定，而不肖胥役，留难需索之弊因之以生，殊非崇饬政体通达民情之意。窃以人民具呈有所请求，非主张其权利，即免除其捐害。苟明令少数之手数料令其担负，既无苛重之嫌，复免婪索之苦。现值推行印花之际，此项手数料拟即仿照诉讼贴用印纸办法，毋庸征取现款，即令贴用印花票以为替代，于手续亦甚简便。嗣后人民或团体向行政官署呈请事件内，而各部、院、署、局外，而督军、省长、道尹、县知事各公署，并一切内务、教育、实业、交通各机关，与夫税厘关卡及其他各团体，凡经投递呈文请求批示者，拟均令于呈文开首之处各贴印花一角，由收呈人员代为盖章。如不贴印花，或贴不足数者，概不受理。其由邮局寄递漏未贴用者，即将原呈退由邮局掷还。如收呈人员收受未贴印花之呈文未能觉察者，以违背职务论。当经本部拟具议案提交国务会议议决照办。准国务院函复前来。此系以代行政手数料不属于印花税法范围以内，俟奉批准后，即由本部通行遵照办理。所有人民投递呈文拟令贴用印花票缘由，理合呈请鉴核，训示施行。谨呈

大总统

中华民国六年二月七日，奉大总统指令第二百九号。呈悉。准如所拟办理。此令。

〔北洋政府财政部档案〕

16. 财政部关于租界内华人实行贴用印花办法训令

（1919年11月14日）

财政部训令第二千零六十六号

令外交部特派云南交涉员

案查租界内华人实行贴用印花一事，迭经本部拟具办法，咨由外交部照会各国驻京公使从速商定。现准外交部来咨，照录领衔英使照会，附开意见，本部完全予以承认，复将原拟办法，另行逐条订定。兹定于民国九年一月一日，所有各处租界，均按照本部此次订定办法，一律施行。由该交涉员与该处租界各国领事接洽办理。至自开商埠及通商口岸未经划定租界者，关于警察及司法本归我国管理，仍照印花税普通法令办理。除分别咨令外，合行印刷订定租界内华人实行贴用印花办法四条，并现行印花税法令摘要各十份，令行该交涉员遵照先行筹备，俟本部决定之施行日期，得外交团照复认可后，再行电知，以便实行。此令。

附件

中华民国八年十一月十四日

财政次长代理部务李思浩

订定租界内华人实行贴用印花办法

一、凡居住租界内之华人，应依照中华民国元年十月二十一日公布及三年十二月七日修正公布之印花税法。又四年一月十八日公布之关于人事证凭贴用印花条例所载各种契约、簿据及证凭贴用中华民国印花税票。

二、检查租界内华人应贴印花之契约、簿据及证凭，委托该管外国警察官执行。其检察时发见不贴印花之契约、簿据及证凭，得依照税法条例处以相当之罚金，随时交由该管领事代收。

前项罚金每届三个月结成总数，由领事馆代用中国政府名义，以一半捐助工部局经费，其余一半交由交涉员公署解归国库。

三、租界内华人契约、簿据及证凭，不贴印花，或对于所贴印花未盖章、划押，加以注销，遇诉讼时本不能认为合法之证据。兹为维持对手人利益起见，由会审公堂，或地方官衙门，或审判厅，但将出立契约、簿据及证凭之华人处以罚金，并令依法补贴印花及盖章、划押，而原立之契约、簿据及证凭，仍认为有效。

四、租界内发行印花税票，由中华邮务局在租界内办理，专任销售印花税票，不涉及他项之任务。如将来须在租界内添设发行印花之邮务分局，或特别机关，先与各国领事接洽后，再行照办。

现行印花税法令摘要

一、税额：

第一类：

发货票；寄存货物文契之凭据；租赁各种物件之凭据；抵押货物字样；承种地亩字样；当票；延聘或雇用人员之契约。

以上七种各贴印花一分。

铺户所出各项货物凭单；租赁及承顶各种铺底之凭据；预定卖买货物之单据；租赁土地房屋之字样；各项包单；银钱收据（兑换银钱单、年节帐单等均属此）。

以上六种，价值银元一元以上未满十元者，贴印花一分。十元以上贴印花二分。

支取银钱货物之凭折；各种贸易所用之帐簿。

以上二种，每个、册每年贴印花二分。

第二类：

提货单；各项承揽字据；保险单；各项保单；存款凭单；

公司股票；汇票；期票(庄票、划票、支票、向票等均属此)；遗产及析产字据；借款字据；铺户或公司议定合资营业之合同。

以上十一种,银元一元以上未满十元者,贴印花一分；十元以上未满一百元者,贴印花二分；百元以上未满五百元者,贴印花四分；五百元以上未满一千元者，贴印花一角；一千元以上未满五千元者,贴印花二角；五千元以上未满一万元者,贴印花五角；一万元以上未满五万元者贴印花一元；五万元以上贴印花一元五角。

出洋护照，贴印花二元(游学出洋者贴印花一元,侨工出洋者贴印花三角)。国内游历护照，贴印花一元。免税单照,贴印花一元五角。电气事业及铁路轮船执照,贴印花二元。新闻发电执照，贴印花一元五角。高等官吏试验合格证书，贴印花二元。普通官吏试验合格证书，贴印花一元。考准医士证书，贴印花一元。专门学校以上各学校毕业证书，贴印花五角。中学校毕业证书，贴印花三角。高等小学校毕业证书，贴印花二角。国民学校毕业证书，贴印花四分。留学证书，贴印花二角。检定小学教员证书，贴印花二角。受试验教员科目成绩证明书，贴印花一角。专门学校以上各学校入学愿书及转学证书、修业证书，贴印花一角。中学校入学愿书及转学证书、修业证书，贴印花四分。高等小学校入学愿书，贴印花三分。人民投递官署之呈文及申请书，贴印花一角。取得国籍之许可执照，贴印花二元。请入国籍志愿书及保证书，贴印花二角。婚书，贴印花四角。

二、贴用方法：

(甲)契据　立契据人于授受前贴用，如系合同，两造各缮一纸，各贴印花。

(乙)帐簿、凭折　立帐簿、凭折人于使用前，贴在开首，将某年字样半写于票面，每本、每个以一年为限。如仍旧接写，应再贴印花，作为新立帐簿凭折。

（丙）护照、单照、证书、愿书　先缴税价，由发给之官署或学校贴用。

（丁）呈文、申请书　人民于投递之时，在书面开首之处贴用印花。

（戊）婚书　两造主婚人各缮一纸，各贴印花。

以上（甲）（乙）（丙）（丁）（戊）等项贴用印花时，均加盖图章，或画押于印花票与纸面骑缝之间。

三、罚则：

（子）第一类契约、簿据，即发货票至帐簿共十五种　不贴印花，或未盖章、画押，罚金二十元以下，十元以上。贴不足数，罚金十元以下，五元以上。

（丑）第二类契约、簿据，即提货单至合同共十一种　不贴印花或未盖章、画押，罚金二百元以下，二十元以上。贴不足数，罚金一百元以下，十元以上。

（寅）护照、单照、证书、愿书　如不先缴税价请贴印花，罚金二百元以下，二十元以上。发给或收受之官署学校，如不征收税价贴用印花，该长官或校长以违背职守义务论。如系私立学校，该校长罚金二百元以下，二十元以上。

（卯）呈文、申请书　如不贴印花，或贴不足数者，官署概不受理。如收呈人员未能觉察，以违背职务论。

（辰）婚书　不贴印花，罚金二百元以下，二十元以上。贴不足数，罚金一百元以下，十元以上。

（巳）业经贴用之印花票揭下再贴　罚金一百元以下，二十元以上。

（午）伪造或改造印花　按照刑律，伪造纸币例罚办。

〔国民党政府外交部驻云南特派员公署档案〕

17. 财政部呈准更定印花税检查日期请饬属遵办并预期通告咨

（1920年9月23日）

咨第四千五百六十八号

财政部为咨行事：查本部呈请将印花税检查时期更定于每年五月及十一月两次举行，并饬京外认真办理一案，已于本年九月十六日奉大总统指令：准如所拟办理。交内务部通行遵照。此令。等因。奉此。除分行外，相应抄录原呈，咨行贵部查照，转饬京师警察厅暨各省警察机关遵照，迅将更定检查时期预期出示通告，以便届时实行检查，并希见复可也。此咨

内务总长

附件（原缺）

署财政总长周自齐

中华民国九年九月廿三日

〔北洋政府内务部档案〕

18. 外交部关于工人出国及留学经商等护照均贴印花训令

（1922年7月17日）

外交部训令

令特派云南交涉员张翼枢华人出洋护照向贴印花二元历经办理在案。本部兹为维护贫民生计起见，业已咨商财政部核准。嗣后工人出洋每照一律改收印花五角，以示体恤。其出洋、游历、留学、经商护照，均仍照旧办理。除通令外，合行令仰该交涉员

遵办，并出示布告人民一体知悉可也。此令。
中华民国十一年七月十七日

外交总长颜惠庆

〔外交部驻云南特派员公署档案〕

19．财政部为整理印花税务拟召开全国印花会议缘由呈

（1925年8月15日）

呈为整理印花税务拟召集全国会议以利进行事：查自民国八年间，本部因财政困难，商借款项，苦无押品，乃以印花税票从权作抵，然其时多用一元五角之大票，且案件綦严，无从私售。嗣各银行知大票用途甚狭，要求一分、二分小票作抵，然合同内亦规定，非得本部许可，不能自由处分，流弊尚少。最后本部借款屡次愆期，商家本息无着，故有再商借款，须订入逾期不还，准其自由处分之条件。其时权衡利害，深恐破坏税法，故宁忍痛茹苦，而不轻于滥抵。不意民国十二年春，财政枯竭愈甚，京外索领军政各费急如星火，无法应付，乃由阁议，决定饬发印花，由京外各机关自行抵押。本部虽设种种限制，然发给之数已达四千二百余万元，除纪念印花税票预约券七百万元业已设法取消外，尚有三千五百余万元之巨额，以致充斥市面，供过于求，有价之证券变为贱价之货物，私相贩卖，弊害丛生。前任财政总长王克敏，乃定整理之策，决以换用新票为根本解决之途。当经本部就一分、二分、一角三种印花，另定票式，即于钢板内分镌各省、区字样，以资识别，提出阁议决定后，即赶饬印制，定期实行。现在此项新票，业已备齐，定于九月一日以后，各省分期实行，一切手续自应力求完密。如委托发行机关应否统一，市面旧票应如何审查

来源，分别办理，以及解款问题，分处经费问题，租界内推行问题，均待各销区印花税处处长及兼管印花税之财政厅厅长共同讨论，务期切实可行。此外，关于税法一切事宜，亦应因时损益，斟酌修正，以备提交参政院议决施行。事体重大，因定于本年八月十五日在本部召集全国印花会议。当经电令各省、区遵行，并由部令派本部印花税处总办李景铭为会长，俟各省、区处长到齐，再令互推一员为副会长，俾得赞襄会务，以利进行。所有本部召集全国印花税会议缘由，理合呈请仰祈鉴核施行。谨呈
临时执政

〔北洋政府财政部档案〕

20. 李思浩报告全国印花税会议情形及拟订整理印花大纲呈暨临时执政指令

（1925年9月12日）

呈为陈明全国印花税会议情形，并拟具整理印花大纲恭呈仰祈钧鉴事：查本部前以整理印花税务，拟召集各省区印花税处处长及兼管印花税之财政厅厅长来京开全国印花税会议，共策进行，业经于本年八月八日呈报在案。窃自本部通电召集以后，各省、区处长及代表均于八月十五日齐集。十八日开成立大会，由思浩出席主持一切，督率本部职员共同讨论，并约同全国商会联合会正、副会长及北京总商会正、副会长参加列席，以期集思广益，无碍推行。所有各项问题，议定提交分股会议讨论，以期会务进行较为迅速。连朝讨论，约其大要，厥有两端：一曰，开源。无非以旧票废止。新票推行以后，税务可期起色。自应由各省、区商定实行新票之期及换回旧票之法，无论租界内外一体推行，统一发行机关，使领票有所统属。规定解款办法，使印费不致虚悬，并将

包销、派销各弊在会声明，设法防范。但期税源渐辟，不在急遽见功，此对于印花税务之开源办法也。一曰，节流。无论何种税务，以节省征收费用为要图。从前印花收入，每岁约在三百万元上下，而征收费用多至一百万零元，约当收入三分之一。固因提成补助县署，与实际征收费用不同。然际此财政困难之秋，自宜力加撙节。此次会议将经售改为百分之十，各省处经常费核减二成，会办之名额、薪费亦重新厘定，以示限制。每年节省之款均令解部，似可稍资挹注，此对于印花税务之节流办法也。此外，设置印花警察，以重检查，保障省区职员，以崇体制，均为切要之图。而修正印花税法，尤为根本问题，均经分股会议，逐案研究，斟酌妥善，拟具整理印花大纲十二条，于八月二十六日报告大会通过，由该会会长李景铭开单呈报，经思浩复核，所议各节，尚属可行，当即提交国务会议议决照办。自应据实陈明，如蒙允准，俟令下，即遵照实行，并由部咨令分别办理。除整理印花大纲另单开列外，所有陈明全国印花税会议情形，并拟具整理印花大纲缘由，是否有当，理合呈请鉴核训示遵行。谨呈。十四年九月十二日。已奉指令。谨将整理印花大纲十二条开呈钧鉴：

一、租界内华人贴用印花一事，应由有关系各省处长，按照民国八年所定办法，切实遵行。

查以上一项，已由商会联合会认为可行，该会议决照办。

二、各省、区自本年九月一日起，分期次第实行新票。

查以上一项，已由该会议定实行日期及各省、区所需票数。

三、各省、区以新票换回旧票，应酌量情形查明总数开单送部核办。其抵押之旧票，应向出抵之人，自行接洽办理。

四、印花税法修正后，咨请财政委员会查核，一面呈交参政院议决施行。其印花税施行细则，由部自行修正。

查以上一项，业经该会将修正印花税法草案，加以讨论，认为可行。

五、各省、区处长，得照请愿办法，由警厅调用警察，即定称为印花警察四人至六人，置巡长一人，执行检查。处罚事宜，另定专章办理。

查以上一项，已由部函请内务部警政司司长列席讨论，认为可行，专章另行会商。

六、经售费改为百分之十。

查以上一项所称经售费，向自百分之七起，至百分之二十不等。兹经该会议决，改为百分之十,以期一律。但有特别情形者，得另案报部核办。

七、各省、区处内经费，按照原定之数核减二成。其所减之二成，即留充该省区临时费，以后不再请支临时费用。

查各省、区原定经费，大省二千二百元，中省一千八百元，小省一千五百元。兹议定大省以一千七百六十元为经常费，以四百四十元为临时费，分别册报，以示限制，余类推。

八、各省、区处长拟请援照烟酒局成案，将处长改为简任职。

查所请改为简任职理由，系便于指挥监督各县知事起见。因现在之体制，不足以资督率也。

九、各省、区处内管理税款、税票之科长、科员,事关重要，不得无故更换。其有成绩卓著者，得由各该管处长随时呈部注册核奖。

十、向来由部直辖之代售机关，改由各省、区领票。其税款仍直接解部。

查原定办法，票由部领，款解金库。近以各省区陈请，发行机关不统一，推销稍有困难。故变通办法，如上所规定，多数通过。

十一、各省、区处长，按照左列各款，分期解部。

一、钢版费；二、印刷费；三、节省盈余；四、总处经费。

以上所列外，再除各省处经费，即为净余税款。如何分配留解，除有定案者外，由部咨商各该省、区长官后，饬令遵办。

十二、各省、区会办薪水，除民国五年开办时所派及上海主任又兼充科长者照旧办理外，余照直隶成案，每月改支夫马费一百元。前项夫马费在经费预算外开支。

查以上一项所省之费，统归节省盈余项下起解。

〔北洋政府财政部档案〕

（七）所　得　税

1. 大总统公布所得税条例令

（1914年1月11日）

大总统令：

兹制定所得税条例公布之。此令。

中华民国三年一月十一日

国务总理、财政总长熊希龄

教令第五十号

所得税条例

第一条　在民国内地有住所，或一年以上之居所者，依本条例负完纳所得税之义务。

第二条　在民国内地虽无住所，或一年以上之居所，而有财产，或营业，或公债、社债之利息等所得者，仅就其所得负纳税之义务。

第三条　所得税之定率如左：

第一种

一、法人之所得，千分之二十。

二、除国债外，公债及社债之利息，千分之十五。

第二种

不属于第一种之各种所得。五百元以下者免税。

超过五百元至二千元者，自五百一元起以上之额，课千分之五。

超过二千元至三千元者，自五百一元起至二千元之额，课千分之五。自二千一元起以上之额，课千分之十。

超过三千元至五千元者，自五百一元起至二千元之额，课千分之五。自二千一元起至三千元之额，课千分之十。自三千一元起以上之额，课千分之十五。

超过五千元至一万元者，自五百一元起至二千元之额，课千分之五。自二千一元起至三千元之额，课千分之十。自三千一元起至五千元之额，课千分之十五。自五千一元起以上之额，课千分之二十。

超过一万元至二万元者，自五百一元起至二千元之额，课千分之五。自二千一元起至三千元之额，课千分之十。自三千一元起至五千元之额，课千分之十五。自五千一元起至一万元之额，课千分之二十。自一万一元起以上之额，课千分之二十五。

超过二万元至三万元者，自五百一元起至二千元之额，课千分之五。自二千一元起至三千元之额，课千分之十。自三千一元起至五千元之额，课千分之十五。自五千一元起至一万元之额，课千分之二十。自一万一元起至二万元之额，课千分之二十五。自二万一元起以上之额，课千分之三十。

超过三万元至五万元者，自五百一元起至二千元之额，课千分之五。自二千一元起至三千元之额，课千分之十。自三千一元起至五千元之额，课千分之十五。自五千一元起至一万元之额，课千分之二十。自一万一元起至二万元之额，课千分之二十五。自二万一元起至三万元之额，课千分之三十。自三万一元起以上之额，课千分之三十五。

超过五万元至十万元者，自五百一元起至二千元之额，课千分之五。自二千一元起至三千元之额，课千分之十。自三千一元起至五千元之额，课千分之十五。自五千一元起至一万元之额，课千分之二十。自一万一元起至二万元之额，课千分之二十五。自二万一元起至三万元之额，课千分之三十。自三万一元起至五万元之额，课千分之三十五。自五万一元起以上之额，课千分之四十。

超过十万元至二十万元者，自五百一元起至二千元之额，课千分之五。自二千一元起至三千元之额，课千分之十。自三千一元起至五千元之额，课千分之十五。自五千一元起至一万元之额，课千分之二十。自一万一元起至二万元之额，课千分之二十五。自二万一元起至三万元之额，课千分之三十。自三万一元起至五万元之额，课千分之三十五。自五万一元起至十万元之额，课千分之四十。自十万一元起至二十万元之额，课千分之四十五。自二十万一元起以上之额，课千分之五十。自五十万元起，每增加至十万元，对于其增加额递增千分之五。

第四条　计算所得额之方法如左：

一、第一种第二项之所得，须由各事业年度总收入金额内减除本年度之支出金、前年度之赢余金、各种公课及保险金、责任预备金，以其余额为所得额。

二、第二条之财产所有者及营业者之法人，其计算所得额之方法，准用前款之规定。

三、第一种第二项之所得，以其利息之全数为所得额。

四、第二种之所得，须于一切收入之总额内减除由已课所得之法人分配之利益。第一种第二项之利息及经营各种事业所需之经费，并各种公课等，以其余额为所得额。议员岁费、官公吏之俸给、公费、年金及其他给予金，从事各业者之薪给，放款或存款之利息及由不课所得税之法人分配之利益，以其收入之全额为所得额。田地池沼之所得，依前三年间所得之平均额估计之。

第五条　左列各种所得免纳所得税：

一、军官在从军中所得之俸给；

二、美术或著作之所得；

三、教员之薪给；

四、旅费、学费及法定养赡费；

五、不以营利为目的之法人所得；

六、不属于营利事业之一时所得。

第六条　第一种第一项之所得，应由纳税义务者于每事业年度之末将其所得额，并损益计算书报告于主管官署。第一种第二项之所得，应由发行公债之地方团体，或发行社债之公司，于给付利息之前报告于主管官署。

第七条　第二种之所得，应由所得者，于每年二月预计全年之所得额报告于主管官署。二月以后新有所得之发生者，应随时以其预计全年所得额报告于主管官署。

第八条　第二条之财产所有者，或营业者之个人，准用第七条之规定。法人准用第六条第一项之规定。

第九条　第一种之所得额，主管官署本于各法人及发行公债之地方团体，或发行社债之公司报告调查决定之。

第十条　第二种之所得额，主管官署本于调查所得委员会之调查报告决定之。调查所得委员会闭会后，有新纳税义务者发生时，主管官署本于所得者之报告调查后决定之。

第十一条　主管官署每年就第二种所得者之报告，或虽未报告认为有纳第二种所得税之义务者，调查其人数及所得金额交调查所得委员会调查之。

第十二条　调查所得委员会之设置区域，以租税征收区域为准。

第十三条　调查所得委员会委员，由主管征收官选派之。

第十四条　地方殷实公正士商，前年度曾纳所得税并为第七条之报告者，有调查所得委员之资格。但有左列各款情事之一者，不在此限：

一、未成年者；二、褫夺公权尚未复权者；三、受破产之宣告确定后，尚未撤销者；四、有精神病者；五、受滞纳国税处分后，尚未经过一年者。

第十五条　调查所得委员，以四年为任期，每二年改派半数，仍派委者得连任，但以一期为限。

第十六条　调查所得委员之议事规程，以财政部部令定之。

第十七条　调查所得委员会调查完竣后，须报告于主管官署。

第十八条　主管官署认调查所得委员会之调查报告为不当时，得令再调查。再调查后，仍认其决议为不当，或自交令再调查之日起，七日以内尚不报告其决议者，主管官署自行决定之。

第十九条　主管官署决定第一种第一项及第二种之所得额后，须通知纳税义务者。纳税义务者接受前项通知后，有不服者，限三十日以内，叙明理由，请求主管官署审查之。

第二十条　主管官署遇有前条之请求时，须交审查委员会依其决议决定之。审查委员会以征收官吏及调查所得委员各半数组织之。审查委员会之所属区域及其他规则，以财政部部令定之。

第二十一条　纳税义务者对于前条之决定，仍不服时，得为行政诉愿或诉讼。但已届纳税之期，虽为前项之诉愿或诉讼，仍应依照决定之所得额先行纳税。

第二十二条　调查所得委员，得酌给旅费及公费。

第二十三条　第一种第一项之所得税，以各法人每事业年度终了后两个月以内为纳税之期。第一种第二项之所得税，由发行公债之地方团体，或发行社债之公司于给付利息之时，以率扣除，汇缴主管官署。

第二十四条　第二种之所得税，每年分两期完纳：第一期七月一日至七月三十一日。第二期翌年一月一日至一月三十一日。

第二十五条　第二种之所得额决定后，如有减额至五分之一以上者，得叙明事由，呈请主管官署更正。主管官署遇有前项之呈请者，须调查后决定之。

第二十六条　纳税义务者隐匿所得额，或为虚伪之报告时，经主管官署调查决定所得额时，不得有异议。

第二十七条　本条例施行时期及施行细则，以财政部部令定之。

〔北洋政府财政部档案〕

2．大总统准财政部拟征收所得税考成条例指令

（1921年1月19日）

大总统指令第一百十八号

令署财政总长周自齐

呈遵拟征收所得税考成条例缮单呈鉴由。

呈悉。准如所拟办理，即由该部转行遵照。此令。

中华民国十年一月十九日

征收所得税考成条例

第一章　总则

第一条　京外各省区征收所得税，概照本条例考核之。

第二条　议员岁费、官公使俸给年金及其他给予金、公债之利息，应由发款之机关扣缴所得税者，该机关之会计员应受本条例之考成。

第二章　考核时期

第三条　考核时期如左：

一、按结考核。按结考核于会计年度内每届三月行之。

二、按年考核。按年考核于会计年度届满时行之。

第四条　每届考核之期，征收官任事未及一月者，应免考核。

第五条　按年考核应并计四倍成绩，按结考核应并计上结成绩，但上年度各结之成绩不得并计。

第三章　比较额

第六条　京外各省区，应按国家岁入预算所列各该省区应征之所得税额，定为该省区比较额，并分为左之二种：一、按结比较额。二、按年比较额。前项比较应由财政厅（或所得税处）详定细数，列表报部，如有新增及除免之项，应于比较内声明，不准含糊隐匿。

第四章　督征官之考成

第七条　各省区财政厅长（或所得税处处长）、警察厅长、道尹，均为所得税之督征官。

第八条　督征所得税经年满考核总数增收者，由财政部查明，分别呈请奖励。

第九条　年满考核总额短收者，应于惩罚如左：短收一成者罚俸，罚俸之成数及月数由财政部酌夺办理。短收二成者降等，短收三成者休职或休职留办，短收四成以上免职。但有特别情形者，财政总长得查明核办。

第十条　督征官对于所属经征官有侵吞循隐浮收等弊未经觉察，经财政部查知或经告发者，由财政总长呈请惩处。

第十一条　关于警察厅长、道尹之奖惩，由财政部会同内务部办理。

第五章　经征官之考成

第十二条　各经征官按结考核，依照比较额增收者记功。以增收之成数为记功之次数，由该管督征官核明汇呈财政部备案。

第十三条　各经征官按年考核，增收成数尤多者，由该管督征官核明报部转呈特给奖励。

第十四条　各经征官按年比较额增收者，得在所增额中提出二成津贴出力人员，但警察厅、县知事，并得在比较额内提出所收税款一成补助其征收费。前项之规定，商会、农会代征所得税时准用之。

第十五条　经征官按结考核，比较额短收未及一成者，记过一次。短收一成以上者，由该管督征官斟酌情形，递加记过次数，或记大过。

第十六条　各经征官按年考核，比较额短收未及一成者，记大过一次，短收一成者罚俸，短收二成者降等，短收三成者休职或休职留办，短收四成以上者撤退。其罚款之成数及月数，得由该管督征官酌量办理。但前项收数如因特别事故致不能足额时，得由该管督征官将确实情形呈明财政部核办。

第十七条　各经征官前后两任之功过，应分别核办，不得牵算。

第十八条　各经征官所得功过次数，应准抵销。其记功或记过三次者，准抵大过或大功一次。

第十九条　各经征官如有侵吞隐匿情弊查有实据者，褫革官职，依法追缴。

第二十条　经征官如率之外浮收病民，或与商民串通舞弊减收查有实据者，褫革官职，依法追缴。

第二十一条　各经征官按月所收之款，由该管督征官就所属情形酌定限期，责令扫数清解。如有逾限，依左列日数分别惩处：五日以上者记过一次，十日以上者记大过一次，半月以上者记大过二次，一月以上者撤退。其因特别事故，或道路窎远不能按期清解者，不在此限。但须先行呈报督征官核准后，始可免于惩处。

第二十二条　关于县知事之奖惩，由财政部会同内务部办理。其承办扣缴所得税之各公署会计员，由财政部酌量情形咨明该管最高官署分别奖惩之。

第二十三条　各督征、经征官对于所属员司得自定考核章程，策励进行，但应将该章程呈部备案。

第二十四条　本条例自公布日施行。

〔北洋政府财政部档案〕

3. 大总统关于切实推行所得税施行税则令

（1920年9月15日）

大总统令：经国之谟，制用为要；利民之政，保育为先。现在民治日益发展，支出遂见繁多，而振兴教育、提倡实业，需款尤亟。自应启发税源，藉以孳培邦本。民国三年一月公布之所得税条例，前经准如财政部所请，于民国十年一月施行，税则既甚轻微，负担亦极平允，应即责成财政部严定考成及奖励办法，认真办理。其征收调查各事项，有关内务、农商各部者，并着各该部切实协助，各省区军民长官，尤应同力合作，督属推行。取之于民，用之于民。一俟收有成数，尽先拨作振兴教育，提倡实业之用。庶几款不虚糜，民沾实利，育才殖业，咸利赖之。此令。

中华民国九年九月十五日

国务总理靳云鹏

内务总长张志潭

财政总长周自齐

农商总长王乃斌

〔北洋政府内务部档案〕

4. 国务院准将所得税法草案改为所得税条例与财政部来往函

（1913年12月）

（1）国务院公函（12月24日）

财字第一千五百六十四号

径启者：准贵部提出所得税法草案，兹于十二月二十二日经国务会议议决，应即改为所得税条例，另定施行细则，一并呈请颁布，相应函知贵部查照办理可也。此致

财政总长熊希龄

中华民国二年十二月二十四日

（2）财政部复函（12月30日）

敬复者：准贵院财字第一五六四号函称，所得税法草案，兹于十二月二十二日经国务会议议决，即改为所得税条例，另定施行细则，一并呈请颁布等因。查所得税条例已遵照缮文呈请大总统公布。至于施行细则，向以部令公布，似无庸呈请大总统公布，相应函复，请烦查照可也。此致

国务总理

中华民国二年十二月三十日

〔北洋政府财政部档案〕

5．财政部开征所得税通告

（1920年9月30日）

财政部通告

大总统令：经国之谟，制用为要；利民之政，保育为先。现在民治日益发展，支出遂见繁多，而振兴教育，提倡实业，需款尤亟。自应启发税源，藉以孳培邦本。民国三年一月公布之所得税条例，前经准如财政部所请，于民国十年一月施行，税则既甚轻微，负担亦极平允，应即责成财政部严定考成及奖励办法，认真办理。其征收、调查各事项，有关内务、农商各部者，并着各该部切实协助，各省区军民长官尤应同力合作，督属推行。取之于民，用之于民。一俟收有成数，尽先拨作振兴教育，提倡实业之用。庶几款不虚糜，民沾实利，育才殖业，咸利赖之。此令。等因。奉此。查所得税制度，创自英国，东西各国均已次第施行，毫无流弊，即各国学者及政治家均认为良好之税源。我国所定税率，载在条例，不过千分之几，较各国初办税率，已差至倍蓰。若视其现行章程，则更有天渊之别。且对于少所得者，有免税之点；对于多所得者，有累进之条。此外，尚有对于特别之收入者，免其课税，尤足以济社会财产之平，深合于租税公平之原则。现在国家教育亟待振兴、实业亟待提倡。惟每年预算，两项经费，为数所短尚多，非另筹的款，不足以资应用。今奉明令，将此项收入尽先拨为教育、实业之用，将来教育、实业之发展所赖实多。谁无子女，而所得税即为其培养子弟之资；谁不治生，而所得税即为其奖助生产之用。国家取于民者，既若此其轻，而为民谋利益者，又若此其至。裕国便民，莫此为甚。本部现已严定章程，此项税入专款存储，并将教育、实业应拨成数划清，以杜挪用。

为此通告商民人等，其各仰体斯意，实力奉行无违。此告。

〔北洋政府财政部档案〕

6. 内务部为开征所得税请饬属遵办咨

(1920年11月6日)

内务部为咨行事：准财政部咨开：本年九月十五，奉大总统令：经国之谟，制用为要，利民之政，保育为先。现在民治日益发展，支出遂见繁多，而振兴教育，提倡实业，需款尤亟，自应启发税源，藉以孳培邦本。民国三年一月公布之所得税条例，前经准如财政部所请，于民国十年一月施行，税则既甚轻微，负担亦极平允，应即责成财政部严定考成及奖励办法，认真办理。其征收、调查各事项，有关内务、农商各部者，并着各该部切实协助，各省区军民长官尤应同力合作，督属推行，取之于民，用之于民。一俟收有成数，尽先拨作振兴教育，提倡实业之用。庶几款不虚糜，民沾实利，育才殖业，咸利赖之。此令。等因。奉此。本部当经分别咨行各省区军民长官，并令各财政厅长遵照办理在案。惟所得税创办伊始，商民人等关于该税定之轻微，征收之平允，用途之严正，范围之审慎，并无查账之纷扰，且不碍小贩、细民生计诸要端，尚未深悉，难免过虑。各省警察、教育、实业等厅长，或则亲民，或与有责，允宜协助财政厅长，广向士绅商会，剀切宣示，以释群疑，而启舆论，咨请照办等因到部。除分咨并令行京师警察厅、京兆尹，一体遵照办理外，相应咨请

贵 省长/都统 查照，饬属遵办。此咨

各 省长/都统

署内务总长

中华民国九年十一月　　日

〔北洋政府内务部档案〕

7. 财政部公布所得税先后征收税目令

（1921年1月6日）

部令第一号

兹订定所得税分别先后征收税目，特公布之。此令。

所得税分别先后征收税目

一、凡官公吏之俸给、公费、年金及其他受公家给予金之所得，先于民国十年一月起，按其全年所得额依率算税后，仍分别于其支领时扣收之。

二、凡依律注册之公司、银行、工厂，概照其在民国九年营业之损益计算书，依条例第三条第一种法人所得税率第二十三条纳税期限，于十年开征。

三、由官特许之商号、行栈，其在民国九年营业之所得，应由主管官署查定后，照前条办理。

四、银号、钱庄、金店、银楼无论资本多少，其在民国九年营业之所得，概令确实认报，由主管官署核定后，照前条办理。

五、普通商店资本约在二万元以上者，其在民国九年营业之所得，概令自行认报约数。即依法人税率及期限，于十年开征，暂免查账。以上五项先实行课税。

一、公债、社债之利息；

二、从事各业者之薪给；

三、存款、放款之利息；

四、由不课所得税之法人分配之利益。（已课所得税之公司股利，当然免其重征。）

以上四项暂缓课税。

一、田地、池沼之所得；

二、个人一般之所得。

以上二项从缓课税。

〔北洋政府财政部档案〕

8. 内务部总务厅会计科转印官俸所得减额退还税款办法公函

（1921年7月8日）

十年会字第七十九号

径启者：准财政部咨称：官俸所得税已订为按月征收，由各机关会计员于每月发放薪俸时照率扣解，业经咨请本部查照，并令行北京所得税处遵照转饬各在案。惟查所得税条例第二十五条内载，第二种之所得额决定后，如有减额至五分之一以上者，得叙明事由，呈请主管官署更正之规定。又施行细则第八条内载，所得税额应核减时，其既缴之税超过其应减之税额等语。现在各官署会计员按月扣缴之所得税，既系以全年所得为计算额之标准。若遇年中退职或发生事故，则实际所得较之预定数目不免差异，似应按照条例，所有减额至五分之一以上者，应予年终呈由主管官署查明更正，应还既缴税款，即行发还。兹经本部拟定官俸所得税处处长转行所属代征机关遵照办理外，相应检同油印官俸所得减额之退还税款办法一份，咨请查照，并请转行所属京内各机关一体知照等因到部。相应钞印官俸所得减额之退还税款办法函达查照可也。此致

警政司

附办法一件

中华民国十年七月八日

官俸所得减额之退还税款办法

(一)各官署官吏全年实领俸给数目，如比较各会计员原报之所得年额减额至五分之一以上，应于年终确定后，由该纳税人检齐原给税票，叙明事由，并将实领之数及应还既缴税款数目，详列清单，送由该管督征机关（北京所得税处或各省财政厅）调查更正之。

前项更正之请求，应以年终后两个月,即自次年一月一日起，至二月底为限。

(二)督征机关接受前项更正之请求，先行复核，并派员详加调查确定减额至五分之一以上时，其应还既缴税款，应即通告该纳税人定期具领。

(三)所得税额之更正，应由督征机关汇案呈由财政部在所解税款内作为一种支出，照章如数发给，或即令由该督征机关在征存税款项下批令转发。

(四)纳税人如转职其他机关，应将其得金额合并计算之。

(五)调查全年所得减额，如不及五分之一，或未检齐税票叙明事由及逾更正之期限者，应予驳回，但须将所缴税票给还。

(六)纳税人请求更正所得额时，所缴税票由督征机关先行出给收条交存。俟调查决定接到退款通知，即可径赴该督征机关领款，将前给收条缴还，并另出收据。其前送税票均存该督机关备查，由该管督征机关另发退还税款清单交纳税人收执。

(七)督征机关于办理减额改正案竣事后，应将领款人姓名、还款数目，汇登政府公报，以便周知。

〔北洋政府内务部档案〕

（八）验契与契税

1．临时大总统交议验契法草案咨

（1912年7月26日）

临时大总统为咨行事：据国务院呈称：验契法草案已经国务会议议决。查临时约法第四章第三十八条，临时大总统得提出法律案于参议院等语。应请按照约法提交参议院等情前来。相应按照约法提交贵院，即希查照议决咨复。此咨

参议院

计咨送验契法草案一件

中华民国元年七月二十六日

验契法草案理由

国家当非常事变之后，库藏告匮，筹款为急。求事易行，款易集，分配负担于富力较确之国民，限定程途，为临时筹集之方法。所谓有益于国，无害于民，则莫征收验契费若矣。夫验契费非税也，有办公费之性质，故与向章九分六分之法，两不相妨。验契费非永行者也，实一时济急之良策，故其效力不及于章程。颁布后所立契据验契费，非普及于全部国民也。惟有固定财产者，负缴纳义务。故与实业金融各界，无变动之影响。验契费本旨在筹措巨款，其结果在足以确定权利关系也。将来登记法施行，可为对照之根据，且得为已纳验费者，设免费之规定，俾与未验新契有所区别，以求跻于公平。夫征收验费理由正当，如上述矣。而其办理方法，施行程序，盖有不可不详慎审定者。一则截分新旧契之标点，亟宜判定也。以宣布共和为分点，诚不足为立论根

据，即以税契纸有盖用新旧印之分，亦非分别应验与否之确证。盖自起义以来，各地光复时有先后，地方长官持用新旧印极不一律。或税契在前而盖用新印，或税契在后而盖用旧印，或同时税契，以隔地之故，其印记有新旧之不同。若藉是以判契据新旧，即以定收费之标准，此极不平之事，岂民国所宜出此，则不若以本法公布日为断，较为直接而无弊。于是有本法第一条第二项之规定一则免费之规定，宜示区别也。凡房屋除以收益为目的外，其住房旧契价额过少者，国家体恤民艰，自应临时酌办。至于旧契目的物属之国有或公有者，或以省收支重复，或以奖励公共事业，当然可以免费。惟以收益为目的者，则与私人同一竞争，即不应特设免费之点。故有第四条之规定一则征费须防中饱，而费额急宜酌定也。验契另盖印信，附粘执照，此当然之程序，而取费则不能不另筹新法。惟以印花法行之，依契价多寡，分别粘用。凡各地由部领出印花，除缴还余纸外，应以承销金额全数解库，则官吏、胥役无舞弊之余地。契据向分典卖，权利自有重轻，一例〔律〕取费，本不足以昭公允。惟名义上以划一方法，计征收之便利，实际上以分配多寡，谋负担之均衡。如卖契、典契均照契价收验费百分之二，在法定验费额虽无不同，而已经出典之原卖契，则除去典价计算，已经转典之原典契，则除去转典之典价计算，故费额同，而其纳费之多寡不同。例如：甲有不动产之契价万元，本应缴纳验费二百元。设以六千元出典于乙，乙又以四千元转典于丙，就现存实在之利益计算，则甲、丙均四千元，乙二千元。在缴纳验费时，各以法定费额百分之二计算，则甲、丙各缴八十元，乙缴四十元。然犹虑乙、丙与甲以同一费额之故有不平之负担也。故甲于交纳验费八十元外，异时仍应分偿乙、丙所缴验费一百二十元之半额，非好为繁重之程序也。盖卖契与典契在法律保护之力有强弱之不同，即保护时期亦久暂各异，其费额本不应从同。特以承典人居资力优胜之地位，故稍重费额，以便国家之征取。出典人有不当利得之原因，故追偿半额，以为原物之赎还。此对于个人无重取之嫌，在国库无减收之弊，或以为既云费矣，似偏于过重，然此以寻常学理绳之也。势急如今日，与其以外债贯注重国家之负担，终累及于人民，毋宁直使国内有确定财源者受片时之痛苦，较为愈乎。况费额虽似重稍重，比之增加诸税，犹为单简而易推行，于是有第二、第三、第五、第六各条之规定，一则逾期未经呈验之旧契应如何加重及议罚也。立法不严，则条规等于具文。计虑不密，则狡黠缘以舞弊。故逾越期限，为本法最要之条文。凡逾期后，其自进而呈验者，按月加收验费定额十分之二。其不自进而呈验者，遇有关于旧契之诉讼，即应从重处罚。其额较自进呈验者加倍。其不自为呈验而自他告发者，则处罚如前。其持有未经呈验之旧契而秘为移转者，以理揆之。验费定额买卖双方本应分担补缴，但卖主多乏资力，且与目的物脱离关系，欲令补费为事实所难能，若买主则契约成立时，当然取得旧契。其不因未呈验而中止者，非故意，即过失，或以廉价胁买适合于不当利得之原则。令其代买主补缴验费，决非过酷之法文，此本法第十、第十一、第十二、第十三各条所以规定也。一则旧契有其他障碍，或以契抵押借款，或有产并无契据，或无契而有官给执照，或者契在验期未满以前因诉讼故尚难确定为权利者，宜如何分别办理，求适于平而抵其隙也。旧契有其他障碍者，如遗失及存置他处之类，遗失者可以请补，存置他处者可以收回，均以宽定其期限为是。以契抵押借款者，债务人虽不易收回，债权人非不可代办呈验。惟由债务人负担验费，为是无契而有官给执照者，有价则用通常验契之法，无价则用申告估价之法。有契在验期未满以前系于诉讼者，则于确定权利时为止，皆以照法定额收费为是，均无多问题也。惟有产无契，其原因所在，或以先占之效力取得权利，或于占有之土地建筑新居，或以分袭先业未能各执旧证，或以契据久失无法可以补填，遽令缴费，实无可呈验之契证，不令缴费，群冒为无契之声明。本法虽已施行，效力必归于薄弱计，惟令有产无契者，按照申告表式，将所在地估计价目等，逐一填注，由邻近不动产之所有者二人以上署名签押，以为保证，送呈验契处。由该处会同公正士民五人以上，调查明确，核定价目，填给证据，附粘执照，以证明其权利，照法收费，以均一其义务。斯无契者不至负担独轻，有契者不至隐匿不报。且不特不隐匿而已，并乐于呈验旧契，而惟恐后时也。盖不动产非可隐匿之物，其可隐匿者，不过契据耳。今不问契据有无，苟有不动产皆可据以索费。有契则于验契时取之，无契则于补给证据时取之，则何为而不呈验旧契也。且旧契价目常属低廉，若冒请补给证据，虽照最低市价估计，比诸旧价恒居多数，虽至愚必不出此，故有此办法。则本法施行之力乃强，国库收入之款尤巨，此本法第八、第十一两条之但书，第九、第十四、第十五各条所以规定也。

验契法草案

第一条　本法专为查验不动产旧契确定权利关系而设。其新契投税方法，仍暂照前清度支部整顿税契章程办理。

凡立契在本法公布前者为旧契，公布后者为新契。

第二条　凡旧契无论有无民国新印，均须呈验，另粘验契执照，并于骑缝加盖印信。

第三条　呈验旧契时，无论卖契、典契，均按照契价征收查验费百分之二。但已经出典之卖契，得除去典价计算，已经转典之原典契，得除去转典之典价计算。

承典人所交之查验费，出典人赎回时，应偿还其半数。

第四条　凡国有、公有不动产之旧契呈验时，免收查验费，但以收益为目的者不在此限。私有之房屋，除以收益为目的者外，其价目过低者免收查验费。

第五条　征收查验费，均以贴用印花方法行之。

贴用印花时，须由验契处于各印花与纸面骑缝之间加盖验契戳记。

第六条　印花由财政部颁发，空白验契执照由各省按照部令格式印发，不另收费。

第七条　验契事务，归向来经营管税契之官署，或局、所办理。

第八条　验契之期，自本法施行之日起，以六个月为限。但因有障碍，不能遵期呈验者，准其于限期内到验契处声明事由，酌予宽限。

第九条　凡抵押借款之旧契，应由债权人代办呈验。其查验费归债务人负担。

第十条　凡逾限呈验之旧契，每逾限一月，按照应缴查验费数目加收十分之二。其声明事由，酌予宽限者，限内免其加费，逾限一体照加。

第十一条　凡逾期未经呈验之旧契，遇有诉讼事件始行发觉者，应俟判决确定后，照第十条加倍处罚。但不动产在验契期限未满以前，因有诉讼纠葛未经判决，其所属者应俟判决确定后，按照第三条办理。

第十二条　凡逾期未经呈验之旧契，经检查官及利害关系人向验契处报告查实后，照第十条加倍处罚。

第十三条　本法施行后，凡买卖不动产，其旧契未经呈验者，买主除照第一条新契投税方法办理外，并须补交旧契查验费。

第十四条　凡不动产向无契据者，应按照申告表式逐一填注，并由邻近不动产之所有者二人以上署名签押，以为保证，送呈验契处，由该处会同公正士民五人以上，调查明确，核定价目，填给证据，并附粘执照。其限期及收费办法，准用本法之规定。

前项之公正士民，由该管行政长官会同地方自治会遴选之。

第十五条　凡无契据而有官给营业执照者，准用关于旧契各条之规定。执照上未注明价值者，其估价之法，照第十四条办理。

第十六条　凡已经呈验之契据，俟登记法施行后，依法请求登记时免收登记税。

第十七条　第四条第二项免收查验费，房屋之低额以财政部部令定之。

第十八条　本法施行期以财政部部令定之。

第十九条　验契办事细则，由各省行政长官以命令定之。

〔北洋政府司法部档案〕

2．大总统公布验契条例令

（1914年1月11日）

大总统令：

兹制定验契条例公布之。此令。

中华民国三年一月十一日

国务总理、财政总长熊希龄

验契条例

第一条　本条例专为查验不动产旧契，确定权利关系而设。其新契投税方法，仍应现行契税条例办理。

凡立契在本条例公布前者为旧契，公布后者为新契。

第二条　凡旧契除已经呈验交费外，均须一律呈验。

第三条　呈验旧契时，无论卖契、典契，每张均应交纳查验费一元，注册费一角。

第四条　凡国有、公有不动产之旧契，呈验时免收查验费。但以收益为目的者，不在此限。

凡房产价格在三十元以下者，只收注册费。

第五条　验契收费及注册事务归向来经管税契之官署，或局、所办理。

第六条　验契之期，自本条例施行之日起，以六个月为限。但因有障碍不能遵期呈验者，准其于限期内到验契处声明事由，酌予宽限。

第七条　凡抵押借款之旧契，应由债权人代办呈验，其查验费归债务人负担。

第八条　凡逾限呈验之旧契，每逾限一月，加倍征收查验费。

第九条　凡逾期未经呈验之旧契，遇有诉讼事件始行发觉者，应俟判决确定后，依第八条加倍处罚。但不动产在验契期限未满以前，因有诉讼纠葛，未经判决其所属者，应俟判决确定后，依第三条办理。

第十条　凡逾期未经呈验之旧契，经检查官及利害关系人向验契处报告查实后，依第八条加倍处罚。

第十一条　本条例施行后，凡买卖不动产，其旧契未经呈验者，买主除依第一条新契税投方法办理外，并须补缴旧契查验费。

第十二条　本条例施行前未税之白契，除照现行契税条例补税外，一律缴纳查验费。

第十三条　凡不动产向无契据者，应依申告表式逐一填注，由邻近不动产之所有者二人以上署名签押，以为保证，送呈验契处。由该处会同公正士民五人以上调查明确，核定价目，填给证据。其限期及收费办法，准用本条例之规定。

前项之公正士民，由该管行政长官会同地方自治会遴选之。

第十四条　凡无契据而有官给管业执照者，准用关于旧契各条之规定。执照上未注明价值者，其估价之法，依第十三条办理。

第十五条　凡已经呈验之契据，俟登记法施行后依法请求登记。缴纳登记税时，其前缴查验费额，得视为现款计算之。

第十六条　本条例施行期，以财政部部令定之。

第十七条　验契办事细则，由各地方行政长官以命令定之。

〔北洋政府财政部档案〕

3．财政部为办理验契酌拟保护办法呈暨大总统批令

（1914年8月6日）

为办理验契，酌拟保护办法，以杜弊端，仰祈钧鉴事：窃查此次办理验契原为保护人民财产起见，惟流弊甚多，不能不预为防范。闻各省往往有地非己有，漫填契纸，赴官投验，预为侵占地步。俟原主发见后，与之争执，而所持旧契，又未报验，不足作为证凭，以此提起诉讼，轇轕殊多，本拟由部通饬各省。嗣后持契报验，应由验契所先将契纸暂存，一面将契内所载契主暨田、房座落丈数，分别录出，张榜于各该区内，以一个月为限。限满如果无人争执，始准验契发回，此种办法，原极周妥。唯填榜手续既繁，而验契期间太缓，究于人民诸多未便。再三筹度，不能不变通办理。拟以验契所内所存注册底簿，凡属业户，均许随时到所查阅，遇有假冒等弊，准由原主告发，持契证明。如果属实，应

由地方官追销假契，作为无效，并按照新刑律规定侵占之罪，处以有期徒刑，似此严定办法，庶弊端可期杜绝，而人民财产得收保护之实益。所有办理验契，酌拟保护办法缘由，是否有当，理合呈请大总统鉴核批示遵行。谨呈。

批令：准如所拟办理，即由该部通行遵照。此批。

中华民国三年八月六日

国务卿徐世昌

〔北洋《政府公报》1914年8月9日第812号〕

4. 张鸣岐陈报办理桂省验契等税情形电

（1915年6月2日）

大总统钧鉴：堂密。承准政事堂沁电开：奉大总统谕，饬督催各县办理验契及印花税等因。查桂省验契，自开办迄今，收二百三十余万元，以边瘠小省，集此巨款，未敢云验尽要，亦所余无多。现仍督属赓续进行，总以投验净尽为主。文电交催，毫未松劲。印花税一项，尽力督办，约可收三十万元，前经报部有案，无论如何为难，总当求达此数。除分别奖惩以资策励外，谨先电陈，伏乞鉴核。鸣岐谨呈。冬。印。

〔国民党政府主计处档案〕

5. 齐耀琳陈报办理江苏省验契等税情形电

（1915年6月3日）

政事堂钧鉴：沁电奉谕敬悉。苏省验契自开办至本年四月止，已收过二百五十万元，本年预算五十万元，旋奉部电增五十万元。

虽迭经严饬各属明定功过，督促进行。惟目前情形已成弩末，能否集此巨数，实无把握。至印花税前因收数不旺，屡经登报广告开会集议，并饬厘局、税收代刊发票补贴，一面派员会县邀同商会挨户劝导，饬警定期分投检查，近始渐有起色。惟本省境内商务繁盛之处，率皆通商口岸，人民狃于习惯，工于趋避，办理诸多障碍。此外，一般人民对于贴用印花尚未发达，宜从劝导入手，未敢骤期速效。耀琳等明知财政支绌，自当实力奉行，断不敢以空言搪塞。惟为难情形，不得不缕晰陈明。除遵令严饬各县一体凛遵外，谨先电复。齐耀琳、胡翔林。江。印。

〔国民党政府主计处档案〕

6.大总统公布特区契税规则令

（1919年12月19日）

教令第二十四号

大总统令：兹制定特别区契税规则公布之。此令。

特别区契税规则

第一条　凡特别区内中国人，或外国人房地有过户时，均遵照本规则办理。

第二条　凡中国人得在特别区内典买中国人，或外国人之房地，其典买如系外国人房地，应偕同原主向交涉署呈请派员勘丈，俟核准方得过户，并须照契税条例向县署请领契纸完纳契税。如系中国人房地，得径向县署请领契纸完纳契税。

第三条　凡外国人在特别区内，得照自开商埠租建之例承租中国人，或外国人之房地。其承租时应偕同原主向交涉署呈请派员勘丈，核给租契，并须照租价百分之六完纳契税。

第四条　凡中国人，或外国人，在承受地亩上加盖房屋，除地亩已纳契税外，仍须将该房屋建筑费额呈明交涉署，或县署，另领契纸照建筑费百分之六完纳契税。

第五条　凡中国人，或外国人承受房地成约后六个月，以及加盖房屋竣工后六个月，如不完纳契税，或匿报产价者，均依契税条例第七条、第八条科罚。

本规则施行前成约及竣工者，须于本规则施行后三个月内完税，逾期科罚同。

第六条　交涉署及县署所收税款，应悉数解由财政厅专案解交财政部。

第七条　本规则自公布日施行。

中华民国八年十二月十九日

国务总理 靳云鹏

财政总长 李思浩

〔北洋政府国务院档案〕

7．政事堂请饬属推行及催征契税等密电

（1915年5月27日）

各省巡按使、财政厅长，密奉大总统谕：中央财政万绌，不得不推行新税，以救艰危，新税之中，尤恃验契、印花税为大宗收入。考核各省报告，验契实收之数，多者已至四、五百万，少者乃不及百数。印花税认定之数，多者不过三十万，少者乃仅数万，甚或边瘠之省，收入反多，财赋之区，收入反少，互相比例，事实显然。除饬财政部列表比较，严定劝惩，并派员分路前往考察外，着各省巡按使、财政厅长督饬各知事奋厉进行。于验契则认真督催，务以投验净尽为主，毋以目前收数自画；于印花税则

实力劝导检查，务以养成习惯，一律贴用为主，勿徒专事派销，并就地方之繁简，区域之大小，户口之多寡，分别等级，明定考成。各知事果有增收巨款，成绩卓著者，优予保奖。其因循敷衍，收数寥寥者，立予撤参，毋稍隐徇。财政为国家命脉，筹款全恃地方，但能全国一致进行，即就验契、印花税两项，不难增筹巨款。自此申令之后，如经部员考察各省县知事中，仍有疲玩敷衍，空言搪塞者，除指名详参外，该巡按使、财政厅厅长应同负责任，该巡按使等务各淬厉精神，共维危局，是所厚望等因。合亟电达。政事堂。沁印。

〔国民党政府财政部盐务总局档案〕

8.财政部为修正天津特别区契税规则缘由呈暨大元帅指令

（1927年11月17日）

为修正特别区契税规则恭呈仰祈钧鉴事：窃查本部前订特别区契税规则七条，经于民国八年十二月间呈奉教令公布在案。嗣因津埠领团对于该规则拟加修正，增入永租字样。据直隶交涉员先后电部，当经转商内务部，准复以津汉特别区，既依德奥和约之规定，完全恢复主权，则于该二区之地产移转办法，在我本有完全自主之权，将来规定外人租地办法，亦不能全据约开租界内之永租为例。此项规则本与租地办法相为表里，拟将该规则条文酌改等因。本部复查永租字样，按诸条约，毫无根据，该领团所请加入永租字样，未便照办。特将前订规则，酌加修正，并与外交、内务二部，往复咨商，意见相同。当经咨呈国务院交由法制局审核，并请提交国务会议议决在案。兹准国务院函开：修正特别区契税规则一案。现经国务会议议决照办。由财政部呈请指令公布等因到部。理合将该修正条文九条，缮具清单，呈请钧鉴，如蒙照准，即请明令公布施行，所有修正特别区契税规则缘由，是否有当，伏乞鉴核训示祇遵。谨呈大元帅。十六年十一月十七日，已奉指令。

谨将修正天津特别区契税规则，录呈钧鉴：

第一条　凡特别区内中国人，或外国人房地有过户时，均遵照本规则办理。

第二条　凡中国人在特别区内典买中国人或外国人之房地。其典买如系外国人房地，应由该原主呈由该管国领事函送交涉署，会同直隶津沽市政公署（以下简称市政公署）派员传同原主勘丈。俟核准后，方得过户，并须照卖价百分之六，或典价百分之三，向市政公署请领契纸，完纳契税。如系中国人房地，得经向市政公署请领契纸，完纳契税。

第三条　凡外国人在特别区内，承租中国人，或外国人之房地时，应订立租约，连同根契，呈由该管国领事函送交涉署，会同市政公署派员传同原主勘丈。俟核准后，方得过户，须照租价百分之六，向市政公署请领契纸，完纳契税，并由市政公署，另行注册，即在所缴契税内，照全价提出千分之五作为注册费。

第四条　第二、三两条内规定，应用契纸，一律由财政部制备，加盖部印颁发。市政公署转发，每张契纸费收洋一元。其契纸式样用三联式：一联交典买主，或租主收执管业，一联市政公署存根，一联缴部备查。

第五条　凡中国人，或外国人在承受地亩上加盖房屋，应将房屋建筑费额报明市政公署核定发给建筑执照，俟工程完竣后，仍须向市政公署另领契纸。除地亩已纳契税外，照建筑费百分之六，完纳契税。

第六条　凡中国人，或外国人，承受房地成约六个月，以及加盖房屋竣工六个月，如不完纳契税，或匿报产价者，均按应纳税额一倍科罚。在本规则施行前成约及竣工者，须于本规则施行后，三个月内向市政公署呈报核补契纸，每张收补契费十五两，契纸费一元，逾期科罚同。

第七条　凡完纳税款者，应由典卖人，或承租人报由市政公署核明应纳税款若干，给予凭单，载明数目，持向天津中国银行交纳现款，由该行给予收据。该投税人再持收据，向市政公署换取契纸，一面由中国银行立财政部契税专账，随时听候部令支拨，仍按月由市政公署将所收税款数目，报明财政部。

第八条　中国银行所存税款，除提出注册费外，应以一成分拨市政公署及交涉署作为补助经费，余款由中国银行悉数解交财政部。

第九条　本规则自公布日施行。

〔北洋《政府公报》，1927年11月18日，第4165号〕

附：财政部编：1915—1919年各省区契税收数表

民国四年至八年各省区契税收数表

省区别＼数别＼年别	四年	五年	六年	七年	八年	备考
京兆	398,545元	157,632元	107,714元	123,128元	150,773元	
直隶	1,323,685	1,110,459	826,979	1,037,996	1,184,269	
奉天	510,639	574,669	1,240,098	1,061,758	1,140,595	
吉林	354,274	599,013	419,294	421,257	288,803	

续表

黑龙江	111,610	162,362	124,709	150,314	169,694	
山　东	339,476	258,948	389,830	439,192	423,900	
河　南	883,547	834,683	1,050,162	884,963	1,250,982	
山　西	466,829	492,279	541,539	857,253	1,068,191	
江　苏	503,836	532,809	946,216	1,149,174	1,082,601	
安　徽	321,928	335,173	390,177	468,813	269,948	
江　西	207,958	165,566	264,898	315,876	217,611	八年分仅报至六月分止
福　建	248,065	192,326	323,379	240,217	74,439	
浙　江	566,154	488,325	494,946	597,222	431,548	八年分仅报至六月分止
湖　北	829,076	974,991	1,017,957	787,852	1,193,184	
湖　南	640,050	412,496	821,011	94,154	167,293	
陕　西	156,855	94,833	159,677	75,687	56,211	
甘　肃	50,460	42,863	44,762	39,983	58,798	
新　疆	30,327	32,542	306,201	31,385	39,973	
四　川	未报					
广　东	1,005,213	495,905	未　报			
广　西	43,002	未　报				
云　南	214,648	77,779	38,607	未　报		六年分仅报至六月分止
贵　州	699,155	287,731	240,312	180,248		
热　河	14,117	16,378	27,118	29,878	50,294	七年分仅报至七月分止
归　绥	41,252	8,344	14,818	21,638		
察哈尔	39,361	18,069	18,428	23,918	20,815	

续表

川　边	24,967	20,663	19,471	14,672	5,552	八年分仅报至九月分止
合　计	10,016,029	8,386,838	9,828,303	9,046,578	9,345,474	

〔北洋政府财政部档案〕

(九) 牙当税·矿税

一、牙 当 税

1. 财政部整顿牙税大纲

(1915年9月)

财政部整顿牙税大纲

(一) 无帖私开及前清旧帖未换新帖者，均勒令照章领帖。

(二) 各牙纪前清旧帖已换新帖未缴帖捐者，应于五年分一律按等则补缴帖捐。

(三) 各牙纪常年税则，应比较直隶现行税率切实加增。

(四) 牙帖营业年限，至多不得过十年。凡从前逾限之旧帖，概行取消，另行缴费领帖。

(五) 帖捐税率亦以直隶为适中数，其各省定章有超过者，悉仍其旧，不及者应比较加增。

(六) 领帖、换帖应按帖费百分之二征收手数料。

(七) 各县田地、房产之牙纪，应改名为官中。其缴捐、领帖等手续，悉照牙帖例办理。

(八) 各项帖捐年税，应专款存储，解济中央。

〔北洋政府财政部档案〕

2. 中华全国商会联合会请取消牙帖及登录凭证改办登录税案与农商部来往文件

(1916年11—12月)

(1) 中华全国商会呈 (11月10日)

收字第8198号

中华全国商会联合会为呈请事：窃本会于五年九月举行第二次大会。据京师茶业、绸业、布行、油、酒、醋、酱行各商会暨直隶正定、迁安、湖北汉口、吉林、浙江、山西、陕西、安徽各商会提出牙帖税案，经本会审查牙帖税则，本极轻微。其牙行代客买卖所得费资，皆为行用，并非缴官之税。惟经征官吏，于牙行巧取陋规，恒数倍于税额，此前清之秕政也。民国成立之初，半归消灭，民间方期休息，不意三、四年间，渐次回复，且变本加厉。如牙税稽征局及牙税专行、牙货公司之类，皆属前清所无。其所定税则，亦较前清极为加重，违法病商，至于此极，应呈请政府将牙纪专行、稽征牙税局等种种名目，一律撤消，实行商业注册，以符法理。一面将农商部商业注册条例提交国会议决，改为登录税法，公布实行，俾商人为合法之登记。所有各省现行之牙帖及登录凭证，一律取消作根本之解决。庶为利国福民之良税，经大会公决，理合检同各原案，呈祈大部查核施行。除呈财政部外，谨呈

农商总长

计呈原案十二件

会　长　吕逵先

杨木森

副会长

赖恩培假

中华民国五年十一月十日

（附原案四件，其余原缺）

牙帖税案，汉口总商会提议。

牙帖税捐，各省皆有，而办法不良者，厥惟湖北一省。其在前清时代，所订章程，按则纳捐，领帖开贸，有效期间，原以六十年为限。至年纳税额，上帖原系三两，中帖一两五钱，下帖八钱。迨入民国，改订新章，始尤改为三十年。现竟减为十年，期限既已愈减愈短，且有一年短期领帖之特例搀杂其间，致使商民营业无从遵循，而其年纳税额，又复迭有变更。民国四年以前，上帖纳税十六元，中帖十二元，下帖八元，已较前清为重。而前此财政厅饬行汉口专办牙帖委员传知各行帮，又须加增帖税数目，上帖定为六十元，中帖四十元，下帖二十元。各行帮以似此有加无已，担负过重，未敢承认。虽经敝会与财政厅迭次交涉，尚无通融之意，似非联合请愿财政部转饬该厅取消苛章，难安商业，此拟请提议者也。

续订牙帖章程案，浙江商会联合会事务所提议。

查原订牙帖简章，长期牙帖，十年一换。繁盛，上则每户捐银七百二十元，每年完纳税银十五元，中则每户捐银三百六十元，每年完纳税银十元五角，下则每户捐银一百八十元，每年完纳税银七元五角。偏僻，上则每户捐银三百六十元，每年完纳税银十元五角，中则每户捐银一百八十元，每年完纳税银七元五角，下则每户捐银一百二十元，每年完纳税银五元。年换牙帖捐率，比照长期牙帖分别等则完缴十分之一。季换牙帖捐率，比照年换牙帖分别等则完缴十分之四。至牙税每年不论长期、年换，一律照前列税章完纳。其季换牙帖，每年完纳四分之一，定章本极至当。

而续订牙帖章程，所有长期牙帖，繁盛，上则每户捐银八百元，每年完纳税银四十元，中则每户捐银五百元，每年完纳税银三十元，下则每户捐银二百五十元，每年完纳税银十五元。偏僻，上则每户捐银四百元，每年完纳税银二十元，中则每户捐银二百元，每年完纳税银十元，下则每户捐银一百二十元，每年完纳税银五元。年换牙帖捐率，比照长期牙帖分别等则加二成完缴十分之一。季换牙帖捐率，比照年换牙帖分别等则完缴四分之一。至牙税每年不论长期、年换，一律照前列税则完纳。其季换牙户，每季完纳四分之一，是续订章程比较原订章程牙帖捐银，有加至一成余者，有加至二成余者。至税率则竟有加至一倍余者，而五厘征收公费，又复随正数以俱加，虽完纳捐税为商民应尽之义务，然必须顾其力量如何，而使之得能担负。庶于征收之中，仍寓体恤之意。自续订牙帖章程实行以后，各牙行每为捐税所困，力难支撑，明知库藏支绌，加捐加税在公家固出万不得已。但于行业一方面，亦须兼筹并顾，竭泽而渔，究非恤商政策。此本案陈请提议之理由也。

牙帖税捐仍照民国元年改定税章办法案，安徽商务总会提议。

径启者：据全椒等县商会函称：以据各牙行商号呈称：毁家纾国，人民固有同情，调盈剂虚，国家亦宜斟酌。以故科捐定税，对于富商巨贾，多取或不为苛；而薄赋轻徭，施之小本经营，寡取乃定征体恤。重轻不失，铢两咸宜，善为国者，无论中外，胥此道也。不料袁政府当筹备帝制时，重加捐税，种种营业，举莫能逃。如屠宰、牲畜、营业、牙帖等诸税，则同时并举，有者加增，无者创始，累我小民生计穷戏！呼吁无门，个中事实，无庸为讳。然就事实以衡，惟牙帖捐税，例尤严酷。取消民国元年准予三十年营业之执照为十年，复加捐加税多至三、四倍不等。如清例捐，中则牙帖者银百两，税七钱五分，外摊还赔款五两。民国因之无异，只将准予营业限期改为三十年，良以中立营业，亦小本经营之一，不忍深苛也。乃前政府不恤商艰，骤加重税，改三则为四则，如前所谓中则者，现捐帖一张需银币四百元，岁税增至四拾元，即偏僻之区，准予减等捐帖，亦需二百元，岁税三十元。再，短期营业一年者，前例捐税洋三十元，今则改征九十元，如斯种种重税，是直使驽骀骐骥，同其担负。似此情形，不但穷乡僻壤，商力不胜，即大邑通都，亦不无竭蹶。今幸共和恢复，咸与维新，民释重负，商等倘仍缄默不言，此中困苦，局外无知，谁肯为将伯之助。为此，据情转请等情，相应函乞查照，代为分陈，乞予宽缓，以苏商困，不胜企祷之至等情到会。据此。查牙商系以人力营业，非同投资自运贸易可比。今新定章程，增加税额，较之民国元年改定牙章多至三、四倍，实属力难担负，近据各县行商，同声呼吁。敝会既稔知其困难情形，未便缄默，理合据情函请贵所查照，希即交付大会提议，汇案呈请将牙帖税捐，仍照民国元年改定税章办理，以恤商艰，除呈财政部暨安徽省长外，此致。

安徽省总商会请议案

牙帖捐　查短期行帖，现奉新章，改则为等，增加费额，按旧章中则只缴短期行帖费洋三十元，下则只缴洋二十元，牙行税均包括在内。今三等须缴短期帖捐洋六十元，而又加年税银币三十元，四等须缴洋四十元，而又加年税洋二十元，是较旧章增加两倍。伏思牙商系以人力营业，非同殷实之商投资自运贸易者可比。如帖捐过重，则朋充必多，甚至裹足不前，牙税亦因之锐减，于国于商两受其病，应请仍照民国元年改定税章办理，以恤牙商。

（2）农商部批（12月12日）

农商部批第2218号

原具呈人全国商会联合会

呈一件,呈请撤消各省现行之牙帖及登录凭证改办登录税由。

据呈各节，经咨财政部核夺。兹准复称：查登录税法，所包甚广，非但关于牙纪一项，各省现行之牙帖及登录凭证，应否取消之处，应俟议订登录税法时，再行酌量办理。等因。准此。合行批示，仰即遵照。此批。

中华民国五年十二月十二日

〔北洋政府农商部档案〕

附：财政部编：1915—1919年各省区牙税收数表

民国四年至八年各省区牙税收数表

省区别 \ 数别 \ 年别	四年	五年	六年	七年	八年	备　考
京　兆	49,021元	90,875元	106,265元	167,695元	158,879元	
直　隶	181,961	196,204	347,178	270,592	276,704	
奉　天	53,886	96,792	107,803	175,767	145,950	
吉　林	183,999	172,757	106,513	70,992	65.474	
黑龙江	无	26,002	15,905	17,329	23,344	
山　东	169,335	151,021	250,520	235,080	213,986	
河　南	168,731	177,163	342,994	464,415		

续表

山　西	10,045	8,942	11,926	29,792	43,675	
江　苏	350,764	471,941	428,259	415,577	137,745	
安　徽	80,711	139,048	127,383	91,284	71.796	七年收数仅报至十一月分止
江　西	83,400	29,898	89,644	84,583	18,280	
福　建	21,446	11,016	53,491	40,190		
浙　江	157,000	172,389	213,728	58,473	162,330	
湖　北	306,045	86,673	232,253	224,677	280,479	
湖　南	59,631	29,014	65,986	27,105	118,373	
陕　西	14,008	20,809	38,520	30,950	19,639	
甘　肃	13,675	22,608	8,320	4,901	7,199	
新　疆	10,660	7,133	6,497	5,917	5,128	
云　南	1,106	962	933	未报		
贵　州	3,257	2,409	8,539	8,825		六年分收数仅报至六月分止
热　河	237	141	361	736		七年分收数仅报至六月分止
归　绥	67	未报	917	1,563		
察哈尔	无	4,613	2,728	2,138	2,382	
合　计	1,918,985	1,918,410	2,566,663	2,428,581	1,751,363	

四川、广西收数未据报部，广东、川边向无牙税收入。

〔北洋政府财政部档案〕

财政部编：1915—1919年各省区当税收数表

民国四年至八年各省区当税收数表

年别 / 数别 / 省区别	四年	五年	六年	七年	八年	备考
京兆	4,645元	5,927元	6,550元	7,920元	7,215元	
直隶	17,403	19,500	24,220	22,062	26,004	
奉天	12,115	36,657	43,743	54,087	39,149	
吉林	11,671	9,981	10,910	12,095	17,898	
黑龙江	2,520	3,006	1,287	3,294	9,269	
山东	53,373	57,828	35,945	39,859	48,939	
河南	24,900	10,376	7,975	6,000	6,551	
山西	37,990	43,254	29,126	47,036	41,195	
江苏	19,077	572	5,288	25,333	16,495	
安徽	1,042	253	375	1,036	1,977	
江西			12,968	12,315	300	该省四、五两年当税收数与牙税一并列报无从分析。
福建	34,237	40,124	43,783	21,372		
浙江	32,523	27,050	31,816	28,426	26,876	
湖北	39,054	27,761	18,189	14,899	13,447	
湖南	39,851	3,066	21,639	19,317	1,531	
陕西	1,484	1,526	1,410	480	462	
甘肃	4,666		12,619	2,168	9,337	五年分收数已并列牙税表内
新疆	1,275	2,257	1,419	708		

续表

广　东	478,071	556,205	未报			
广　西	10,592					
云　南	2,533	2,608	615	未报		六年分收数仅报至六月分止
贵　州	3,257	2,409	1,010	1,215		
热　河	4,153	3,203	2,605	29,214		
归　绥	未报	未报	833	798		
察哈尔	1,609	604	1,159	1,234	712	
合　计	838,041	854,167	315,484	350,868	267,357	
说明	四川收数未据报部，川边向无当税收入。					

〔北洋政府财政部档案〕

二、矿　　税

1．大总统公布矿务监督署官制令

（1914年2月1日）

大总统令

兹制定矿务监督署官制公布之。此令。

中华民国三年二月一日

国务总理　熊希龄

农商总长　张　謇

教令第十七号

矿务监督署官制

第一条　矿务监督署隶农商部矿政局，掌理该管区内一切矿务。

第二条　矿务监督署之名称、位置及其管辖区域别，以部令定之。

第三条　矿务监督署分设两科如左：

一、矿政科；二、矿业科。

第四条　矿务监督署职员如左：

署长

佥事

技正

主事

技士

第五条　署长一人，承农商总长之命，受矿政局之指挥、监督总理署务、监督所属职员。

第六条　佥事一人，承署长之命分掌矿政科事务。

第七条　技正每署一人至四人，承署长之命分掌矿业科事务。

第八条　主事每署一人至四人，承长官之命分理矿政科事务。

第九条　技士每署二人至八人，承长官之命分理矿业科事务。

第十条　矿政科掌事务如左：

一、关于矿业监督事项；

二、关于矿业提倡奖励事项；

三、关于矿权特许及撤销事项；

四、关于矿税征收事项；

五、关于矿业诉愿及诉讼事项；

六、其他关于矿务行政一切事项。

第十一条　矿业科掌事务如左：

一、关于矿区勘定事项；

二、关于矿业调查事项；

三、关于地质、矿床调查事项；

四、关于矿业警察事项；

五、关于矿质化验事项；

六、其他关于矿业一切事项。

第十二条　矿务监督署职员定额，视各该署事务之繁简，别以部定定之。

第十三条　矿务监督署为缮写文件及其他特别事项，得酌用雇员。

第十四条　本官制自公布日施行。

〔北洋《政府公报》1914年2月2日第625号〕

2. 农商部公布修正矿务监督署分区规则饬

（1914年10月22日）

农商部饬第四百零七号

兹修正矿务监督署分区规则公布之。此饬。

农商总长张　謇

周家彦(代行)

中华民国三年十月二十二日

修正矿务监督署分区规则

第一条　矿务监督署之名称、位置及其管辖区域如左：

第一区　矿务监督署附设农商部内，管辖直隶、山东、山西、河南、察哈尔、归绥、附热河等省矿务；

第二区　矿务监督署设于奉天，管辖奉天、吉林、黑龙江等省矿务；

第三区　矿务监督署设于江宁，管辖安徽、江苏、浙江等省矿务；

第四区　矿务监督署设于长沙，管辖湖北、湖南、江西等省矿务；

第五区　矿务监督署设于长安，管辖陕西、甘肃、新疆等省矿务；

第六区　矿务监督署设于番禺，管辖广东、广西、福建等省矿务；

第七区　矿务监督署设于昆明，管辖云南、贵州等省矿务；

第八区　矿务监督署设于成都，管辖四川省矿务。

第二条　各区矿务监督署设置之次第，由农商总长按照该管区域内矿务之繁简，呈请大总统核定之。矿务监督署未成立以前，各该区矿务暂由原有行政官咨部核办。

第三条　蒙古、西藏、青海等处暂缓设置矿务监督署，所有矿务由该管行政官咨达农商部随时特派专员或饬知较近之矿务监督署核办。

第四条　本规则自公布日施行。

〔北洋《政府公报》1914年10月26日第889号〕

3. 财政部厘订各矿务公司认交统税暂行简章呈暨大总统指令

(1919年6月18日)

第三千一百三十五号

财政部为咨行事：本部具呈厘订各矿务公司认缴统税暂行简章一案，于本年六月八日奉大总统指令：呈悉。准如所拟办理。此令。等因。除分别咨令外，相应抄录原呈暨简章咨请查照。此咨。

农商总长

附原呈、简章一份。

呈为厘订各矿务公司认缴统税暂行简章，以便运销，而利矿业，恭呈仰祈钧鉴事：案准国务院发交财政委员会呈，议决各大工厂及矿务公司改征出产税办法，并附拟订税法大纲清折到部。查原呈内：本会委员张弧建议各大工厂及矿务公司先试行营业所得税一案。当经各委员详加讨论，佥以迩年各大工厂及矿务公司创立日多，徒以所出品物，经过关卡，留难需索，以致营业未能发达，坐失时机，殊为可惜。四年四月，河南福中公司呈准财政部每年报效政府国币十万元，按季分缴，作为运销煤炭在内地经过各处厘金、常关、杂捐之总额，由部印刷免税执照发给公司应用。在公司既免沿途稽滞之弊，在国家又得化散为整之款，用意良善。现为提倡实业起见，惟有根据福中公司成案，凡各大工厂及矿务公司，均得援案呈请缴纳出产税，自经部核准后，由部发给免税执照，沿途厘金、常关、杂捐等项，概不重征，以利运输，而裨实业，经众一致赞成。合将原拟税法大纲开具清折，呈请发交财政部查照，次第施行等因。当经本部咨商税务处去后，旋准咨复，今据总税务司复称：此次委员会议决办法，将现由海常各经征税项，挹注于其他方面，实危债赔各款付还之基础，难免发生困难问题。其矿务出产税一项，原不属于海关管辖，该会议决之税法，海关自不便有所异议。惟矿产所出沙料暨成品，亦应照完海、常关税。至若其他各大工厂一并照完出产税，而以其税款收入直接解部，海关损失之巨，更不待言。盖现有之各大工厂，奉准享有只完一正税之利益者，为数甚多。计其所完税款，亦属甚巨。况各大工厂于经过第一关时，征一正税之办法，业已行之有年，未便率行变更等语。查财政委员会议决缴纳出产税办法，既据总税务司声称，于海、常关税收情形及外交方面诸多窒碍，自未便轻易履行，咨复查照核办等因。本部查财政委员会呈拟各大工厂及矿务公司改征出产税办法，系为征收简便，以提倡实业起见，所拟税法大纲，亦尚妥协。惟各大工厂货物，分机器仿制洋货及土货二类，税务处咨：据总务司声称，各大工厂奉准享有只纳一正税之利益者，系指机器仿制洋货而言。该类货物系于经过第一关时征一出口正税，概免重征，核与财政委员会所拟办法大致相同，似可勿庸变更。土货一类，除监狱出品、教育用品及人工制造土布历经核准暂免税厘，仍纳海关正税外，余仍照旧章完纳厘税，于商人运销尚多不便，自应设法改良，以资提倡。惟关系各省税收，应俟详加讨论，另案办理。至各矿务公司缴纳出产税办法，总税务司既称海关不便有所异议，所有矿产所出沙料及成品，除照完海、常税外，其余厘税，应征应免，自可酌量核办。惟财政委员会所拟税法大纲，原系援照福中公司成案拟订。查福中公司及各矿务公司，按照矿业条例，均应缴纳矿区、矿产两税。此项税收既碍难停免，而该大纲所拟定之出产税名称，复与矿业条例中规定之矿产税相复，似应仍照福中公司原案改称统税。又税额计算方法，该大纲规定按各公司分纳厘金、常关之实数，作为每年应纳出产税之额，自系于提倡实业之中，仍寓核实税收之意。惟各公司运销矿产应缴税厘之多寡，以运销区域之远近为增减，核算、调查，手续稍繁，似应改为按照每吨市价百分之五计算，以归简易。又各公司完纳统税后应征应免各税厘，该大纲内仅载沿途厘金、常关、杂捐一律免征一语。查常关税向分五十里内、五十里外及内地、边陆四项，五十里内常关系归海关税务司兼管。又常关征收之船料，亦与赔款有关，均难核免。又京师崇文门落地税，除煤一项向系免征外，其余各矿仍应照征。综计应征之税，为矿区税、矿产税、海关出口正税、五十里内常关税及船料，并京师落地税事项；应免之税为厘金、距海关五十里外之常关税、内地及边陆各常关税并杂捐等项，似应详晰规定，以资遵守。又查中外合办各矿，如开滦、临城、抚顺、本溪湖等矿，所有应缴报效及税厘，均经订有合同，似应仍各查照合同办理。此外，尚有应行修改之处，当由本部拟具各矿务公司认缴统税暂行简章十四条，并检同财政委员会原呈及原拟税法大纲，咨呈国务院提交国务会议议决。嗣经农商部开具修正意见，于简章第四条所载应征之税内加入铁捐一项，又第九、第十二两条亦略加修正，复由本部分别签注送院去后，兹准国务院函复，此项修正条文业经国务会议议决照办等因。理合将议决各矿务公司认缴统税简章十四条，缮具清单，呈请钧鉴。如蒙允准，再由本部公布施行。所有厘订矿务公司认缴统税暂行简章缘由，是否有当，伏乞鉴核，训示祗遵。谨呈

大总统

八年六月八日奉大总统指令：呈悉。准如所拟办理。此令。

谨将各矿务公司认缴统税暂行简章录呈钧鉴。

第一条　各矿务公司为运销矿产便利起见，均得呈请财政部认缴统税。

第二条　各矿务公司认缴统税时，须将左列事项详细叙明，以备查考：

一、该矿所在地；

二、矿之种类；

三、最近三年产销额数及价值；

四、运销地区；

五、本年预估产销吨数及每吨价值。

第三条　财政部接到各矿务公司呈请认税文件，经派员核实查明后，再按该公司报运吨数核定应纳统税之额。其税额核定标准为每吨市价百分之五。

第四条　各矿务公司经奉准核定税额后，由财政部发给免纳税捐执照，除矿业条例及其关系诸法令所规定之矿区、矿产、铁捐等税，海关出口正税、五十里内常关税及船料，并京师落地税仍照章缴纳外，所有沿途厘金、距海关五十里外之常关税、内地及边陆各常关税并杂捐，均一律免征。

第五条　各矿务公司应领免纳税捐执照，如因道远不便由部请领者，得呈明财政部交由本省财政厅就近发给。其应纳应免各税捐，均照前条规定办理。

第六条　各矿务公司应纳统税税款，得分四季缴纳，但于请领执照时，须先缴纳全税额四分之一。如款未清缴，或到期迟延不缴，即将执照暂扣缓发。

第七条　各矿务公司应领免纳税捐执照，经呈奉部准交由本省财政厅就近发给者，其应纳统税税款，得按照前条规定，交由本省财政厅核收。财政厅收到前项税款，应另款存储，专案解部，并将收数及所发执照号数报部查核。

第八条　各矿务公司所填用免纳执照，除将第三联由公司存查，第二联发交运商，至运达指运地点缴由该管征收机关送部核对外，应将第一联存根呈缴财政部备查。

第九条　各矿务公司运销矿产，如有溢出原报产销额数，应如数加缴税款。倘有隐匿情事，一经查出，应由该征收机关按应缴税额三倍处罚。

第十条　各矿务公司领照后，如有代运他公司矿产及与原定矿产不符之品物，一经查出，应由该征收机关将原物扣留报部，按照该物件应缴税四倍处罚。

前项扣留之物件，于缴纳罚款后发还之。

第十一条　各矿务公司认缴统税定额，每届一年，由财政部更定一次。

第十二条　凡中外合办各矿务公司，在简章施行以前订有合同，于纳税办法另有规定，经中国政府核准者，仍照合同办理。

第十三条　本章程如有未尽事宜，或应须修改之处，得随时由财政部修正。

第十四条　本章程自呈准之日施行。

财政总长龚心湛

中华民国八年六月十八日

〔北洋政府农商部档案〕

4. 农商部抄发逾期不纳矿税及企图逃税处分布告饬属张贴训令

（1920年9月13日）

农商部训令第897号

令〇〇实业厅、（兼理矿务）财政厅。

查矿区税一项，本部视为促进矿业之要政，亟须切实征收。关于逾期不纳矿税及企图逃税之处分，矿业条例第四十六条及第一百二条，本有明白规定，诚恐矿商或未周知。除由部布告外，合行抄发布告原文，令仰该厅广为刊布。一面通令产矿县份各该知事体仰此意，张贴示谕，咸使周知。此令。

附一件

农商部布告第九号

为布告事：查矿业条例规定，矿税分为矿区税、矿产税二种。第四十六条第四项内开：逾期不纳矿税者，其矿产权应即取消等语。第一百二条内开：凡逃税，或企图逃税者，处以应纳税额三倍之罚金等语。盖矿业权者，既取得探采之矿权，自应尽其法定之义务。如有希图规避，自当严予取缔，条约规定，本极严明，乃关于矿区税一项，本部稽核各省区册报，未能如期完缴者颇多。查矿区税按亩计算，随面积为比例，分探采之等差。在实力进行者，但有相当产额，原不至有所困难，在虚占矿区者，因受税额负担，自益可力求开发，不特为法定税款之正宗，并寓有促进矿业之深意。当兹整饬矿政之际，自未便再任延玩，致条例等于具文。矿区渐多垄断，合行剀切布告，各矿商对于矿区税，务须依照矿例第七十九条所定税额，矿例施行细则第七十条所定时期及手续，切实缴纳各该管实业厅或兼理矿务财政厅核收转解。其有为缴纳便利起见者，亦可就近径缴本部，但须同时呈报厅署备案，以免歧误。须知纳税为矿商应尽之义务，而关于矿区税之征收尤为促进矿业之要政。嗣后如再有逾期不缴，或企图逃避者，本部惟有依据条例严重执行，分别取消处罚，以肃矿政。除已规定章程合行各厅切实办理依限催缴外，务仰周知遵照，勿得观者自误，特此布告。

〔北洋政府农商部档案〕

5．农商部呈准改矿区税由各监督署征解农商部转送财政部核收训令

（1921年1月）

农商部训令第97号

令川边财政厅

案查征收矿税简章第七条规定，矿区税由各监督署征收后解交财政厅核收等语。此项办法，征诸历年经验，窒碍殊多，经本部与财政部详加筹议，拟将条文改为矿区税，由各监督署征收后解交农商部查核转送财政部核收等语，业于去年七月十五日呈奉大总统指令：准如所拟办理等因。并由部订定征收矿区税章程十条，矿区税清册格式一种，正式公布各在案。兹抄发该项章程及清册格式各一件，仰遵照办理可也。此令。

附抄件（缺）

中华民国十年一月

〔国民党政府农商部档案〕

6．农矿部矿政司陈报历来矿区税办理情形及拟整顿方针呈暨农商总长批

（1922年9月）

为陈明历来矿区税办理困难情形暨此后整顿方针呈请鉴核事：窃矿区税一项，现已改归本部核收，自应力筹整顿，以裕收入。惟从前办理颇多困难，法令既几经变更，税收实大半偷漏。其手续又由实业厅径解财政厅，因循玩忽，久失稽核，自必澈求历来困难之原委，庶可得此后补救之方针，敬为钧座缕晰陈之。

查矿例第七十九条，规定第一类矿质采矿区，按年每亩纳银元三角，砂矿每十丈三角。第二类矿质采矿区则为一角五分，探矿区则各类均以五分计算。自矿例颁行后，关于第一类采矿区之税率，矿区较小之各商，尚不甚反对。矿区较大之公司则颇嫌其多。辄谓中国矿业程度尚属幼稚，重加担负，恐反窒发达之机，由本部于三年七月间呈请变通。嗣后各矿商所领采矿区，除实在开采之地，仍按例缴纳矿区税每亩三角，或一角五分外，其余未及开工地亩，概照探矿区年纳五分，奉大总统批令：照准。此项办法，骤视似若简章，实则矿业进行，皆在地腹，井下测量，每难完全，探采之分，极无定准，任矿商之自陈，既难免取巧而少报。由官厅为代测，又无此经费与人才。以致变通办法颁布后，各省多以实行困难纷纷呈部，或请仍照矿例原额增收，或请另筹变通善法。当时部议有二种办法：甲、原定三角者，一例〔律〕改为一角五分。原定一角五分者，一例〔律〕改为一角。乙、初领采矿区者，一律以二成作为实采区域，按亩三角，或一角五分，其余仍照探矿例纳税。嗣后每二年递增一成，作为实采区域，均经先后呈请大总统鉴核，最后奉批，俟各省矿业发达，再行呈俟酌核办理等因。嗣后各省或仍照矿例征收，或一任矿商拖欠，于是所谓变通办法，除少数矿区过大，或中外合办之公司，专案请求获沾其益外，遂在若存若废之列。上年本部准财政部咨，据直隶实业厅呈，以变通矿区税办法，实行殊多困难，不如径照矿例征收，所加有限，于矿业亦不致有所窒碍等因。本部亦以近来风气，矿商每以虚领矿区，为垄断投机之计，注册者领矿而不开，有志者反欲开而无矿。惟有认真征收区税，庶足以稍止垄断矿区之风，而实力开采者，产额愈多，负担愈轻，亦不致因此即致困难。是为便利税收，促进矿业计，皆以取消变通办法，实行矿例规定为便。因即提出国务会议通过，呈奉大总统指令照准，由部分行遵照。旋经山西省长及矿业联合会等先后以减轻负担为言，请仍照从前变通办法办理，均经本部剀切解释，驳复不准。近来如延吉天宝山银铜矿者，恃有外人关系，犹复哓哓不休，此犹在各省征收区税尚未认真办理之时。自经此次收归本部严令整顿以后，向之以逃漏为功者，必更以负担为苦，将来请求减免者，恐尚难免，此关于税例上之困难也。矿例施行细则第七十一条，矿业权者应于每年十二月、六月，预将下期六个月之矿区税，缴纳矿务监督署掣取收据，实际上矿商自行如期缴纳者为数甚少，势必待各厅之催缴。然默察外省风气，多数矿商，一经领照后，于官厅即不相闻问，于矿例规定应行呈报之开工日期、事务所地点、办事人姓名等项，大抵视为虚文，少肯奉行。一旦欲催缴矿税，或甚至无处通知，加之向来实业厅以税收非其专责，于矿区不甚注意，或且由厅令县，由县委区，辗转相推，徒延时日，此又关于征收手续上之困难也。矿例第四十六条，逾期不纳矿税，有应即取消矿业权之规定，此次新订章程，并已确定不得拖欠，或积欠过三分之一之限制，是矿商如果敢玩抗，本部原不难依法施行。惟此项规定，前清以来，即已有之，而迄今从未实行，积习相沿，矿商拖欠区税，殆成习惯。虽经本部训令各厅于催缴矿区税通知中，务将矿例第四十六条之处分明白声明，促其注意。然当整顿伊始，外间或不免仍怀观望，如果有大批矿商或重要矿商，逾期不缴，屡催不应者，将来办理恐亦不无困难，此又关于不纳矿税之处分有宜预为筹虑者也。

综上诸端，此项税款，欲其收入骤增，实尚待力筹整顿。窃以为此后进行方针，当如下列诸端：(一)税率不可轻易变更也。矿例所定三角及一角五分之税率，视前清矿章三钱及一钱五分之矿界年租有减无增，视日本矿业法之规定亦大致从同，可见证之中外经验，并非必不可行。况原其用意，虽外似加重矿商负担，实具有促进矿业之作用，辗转纷更，徒乱观听。嗣后关于各矿请求变通，似应力持矿例，概予驳复。（二）矿例关于呈报事务所地点、办事人姓名等项之规定，宜设法实行也。领照以后，官厅于矿商情形，不复过问，最为我国矿政之缺点。欲免此弊，必自实行上项规定始，正不徒为征收矿税已也。拟令布告各商速行设立事务所，遵章呈报。其矿商代表人住址，如有迁移，并应随时呈报，以资接洽。（三）宜利用履历保结，以为通知矿商之根据也。征收矿税，必行通知矿商，若通知不能投达，恐矿商又将以未接通知为辞，以自掩其逾期逃税之愆。惟矿商注册，例有保人于其所在，理应知悉。如不得矿商注册住址时，似可责任保人限期知照，即作为通知达到，庶取消矿权以后，矿商无可藉口。惟亦不可过重保人之责任，以免畏事者望而却步。（四）宜酌准各厅抽提征收经费，以资鼓励也。国家税款，原应全数报解，但经征机关，酌需经费，在所不免。新订章程定为百分之二，系为慎重起见，本属无多。此后各厅如有解款特多者，似应酌准加成抽提，以资鼓励。其征收款目，比较注册矿区遗漏过远者，将来似亦可体察情形，酌定标准，规定相当处分。此外，尚待考察各省奉行之情形，妥求随时补救之方法，苟能持以坚定矿区税款，虽暂时或难骤增，积渐必有起色，而同时亦可渐收取缔垄断促进矿业之效。所有办理矿区税情形暨进行办法，筹虑所及，是否有当，理合缕析陈明，伏乞鉴核训示。谨呈

总次长

司长　林司林大闾（签名）

照拟。速办。凌爵。①

〔北洋政府农商部档案〕

① 系时任农商部总长高凌爵亲批。

附：财政部编　1915—1919年各省矿税收数表

民国四年至八年各省区矿税收数表

省区别＼数别＼年别	四年	五年	六年	七年	八年	备考
京　兆	9,574元	13,706元	7,903元	10,540元	11,817元	
直　隶	426,124	460,069	445,001	240,759	141,008	
奉　天	41,048	183,835	215,498	418,513	56,877	
吉　林	2,420	2,654	1,050	351	4,891	
黑龙江	820,793	1,421,941	1,213,756	699,487	182,540	
山　东	53,960	10,781	68,713	70,264	89,471	
河　南	20,815	9,165	47,386	58,967	106,868	
山　西	3,083	1,802	107,921	126,029	129,983	
江　苏	421	2,516	5,787	6,640	16,476	
安　徽	1,803	3,835	12,201	20,792	32,137	
江　西	1,338	12,765	46,634	6,204	64,368	
福　建	341	681	1,080	1,162	1,624	
浙　江	410	497	1,871	1,263	2,803	
湖　北	3,153	2,413	2,365	2,393	3,645	
湖　南	80,090	184,346	141,703	67,778	9,856	
陕　西	7,382	1,280	1,254	545	301	
甘　肃	11,031	12,690	10,546	7,639	743	
新　疆	未报	未报	8,774	8,774	984	

续表

四川	40,121	12,718	未报			六年分收数仅报至六月分止
广东	1,382					
广西	14,292	未报	16,176	27,634		
云南	464,953	417,652	209,442	未报		
贵州	27,224	34,712	15,370	32,211		
热河	52,860	45,528	44,827	25,436		
归绥	无	806	770	12,726	9,492	
察哈尔	784	1,188	1,368	1,362	1,920	
川边	10,137	3,407	1,679	4,450	696	
合计	2,095,539	2,840,987	2,629,075	1,851,922	868,500	

〔北洋政府财政部档案〕

（十）烟酒特许牌照税与烟酒税

1. 大总统公布贩卖烟酒特许牌照税条例令

（1914年1月11日）

大总统令

兹制定贩卖烟酒特许牌照税条例公布之。此令。

中华民国三年一月十一日

国务总理 财政总长 熊希龄

教令第四十九号

贩卖烟酒特许牌照税条例

第一条　贩卖烟草或酒类之营业分为左之二种：

第一种　整卖营业　凡以烟草或酒类大宗批发与零卖商人者为整营卖业。

第二种　零卖营业　凡以贩卖烟草或酒类零星售至消费者为零星营业。其种类如左：

（一）甲种零售营业　开设一定之店肆，以零卖烟草或酒类为全部分，或大部分营业者；

（二）乙种零卖营业　开设一定之店肆，兼零卖烟草或酒类者；

（三）丙种零卖营业　无一定之店肆，于道旁或沿户零卖烟或酒类者。

第二条　欲为前条之营业者，须赴该管征收官署领取牌照。

前项之牌照，由财政部颁发，国税厅转给。

第三条　持有前条牌照者，每年依左列定额纳税：

整卖营业　四十元。

甲种零卖营业　十六元。

乙种零卖营业　八元。

丙种零卖营业　四元。

兼营整卖与零卖，或兼卖烟草与酒类者，须领取两种特许牌照，各依定额纳税。

第四条　前条之税额，每年分两期完纳：

第一期　一月一日至一月末日；

第二期　七月一日至七月末日。

新营业者，于领取特许牌照时，完纳其期之牌照税。

第五条　凡以贩卖烟酒营业者，须于店肆明记整卖或零卖字样，并特许牌照受领之年月日及其号数。但丙种零卖营业，得将以上事项标明于易见之处。

第六条　特许牌照不得转卖、让与或贷用。

第七条　特许牌照遗失或污损时，得叙明事由呈请征税官署补给。

依前项之规定补领或更换特许牌照者，须纳规费银二角。

第八条　营业者废业时，须特许牌照缴还该管征税官署转报国税厅将原领证书注销。

第九条　征税官署认为必要时，得检查贩卖烟酒营业者之牌照。

第十条　无特许牌照者为第一条之营业时，除依第三条之规定，缴足税额，并补领特许牌照外，处以左列之罚金：

（一）初犯者处以一期税额之三倍之罚金；

（二）累犯者处以全年税额之三倍之罚金。三犯以上者，不得复为第一条之营业。

前项之规定，于兼营整卖与零卖，或兼卖烟草与酒类，仅领取一种特许牌照者准用之。

第十一条　违反第五条之规定，或为虚伪之揭载及拒绝第九条之检验者，处以一元以上三十元以下罚金。

第十二条　违反第六条之规定者，处以二元以上五十元以下之罚金。

第十三条　本条例自公布日施行。

第十四条　本条例施行前，赋课征收之关于烟酒各税与本条例所定之税性质不同者，不因本条例施行失其效力。

第十五条　本条例施行前为第一条之营业者，自本条例施行之日起，须依第二条之规定领取特许牌照。

〔国民政府外交部驻云南特派员公署档案〕

2. 国务院改贩卖烟酒营业税法草案为贩卖烟酒特许牌照税暂行条例案公函

(1913年12月12日)

径启者：贩卖烟酒营业税法草案，兹于十二月九日经国务会议修正议决，并应改为贩卖烟酒特许牌照税暂行条例。除呈请公布外，相应检同议决原案，函送贵部查照可也。此致

财政总长

附草案一本

贩卖烟酒营业税法草案理由

烟酒俱奢侈品之性质，为消费物之大宗，各国均重课其税，以示寓禁于征之意。我国烟酒向有税捐，二年度预算，其额虽达

千万以上，而查其税率，尚甚轻微，大概每斤、每坛或每包，课钱四文至十六文，或银一钱六分不等。现在财政困难，此项嗜好消费之品，并非日用必须之物，依财政之原则，自应酌量加征，以裕国计。惟烟草与酒类各省课税向来不一，其法课于出产者有之，课于销场者亦有之。殆以各省习惯有所不同,办法因而歧异。今若仅加征，而不改良，恐以税法之杂乱，重致负担之不平。若即改弦而更张之，又恐以过渡之周折，而致收数之短亏。查各国烟酒课税方法，本不限定一种。今兹遽欲改良，加征烟酒税捐，既有困难之处，亟宜采用他种方法，以增目前之税源，而图逐渐以改善。其法维何？即本草案之贩卖烟酒营业税是。此项贩卖烟酒营业税，盖有三利：一、贩卖烟酒营业税，可无分中外货物，一律赋课也。我国关税条约，凡洋货输入内地，除关税外，不得重课其他赋税。故外国烟草及酒类行销内地，欲课以销场等税，非与外交团交涉不可。而贩卖营业税,系对于营业而课税,自不在条约之限内。中外既无偏颇，负担即归平允；二、贩卖烟酒营业税，可无须繁重手续，即能征收也。烟酒税课法，本有种种，即就生产课税法而言，或查定原料，或查定产物，苟非较及锱铢，即难免乎偷漏。而贩卖营业税，则由营业者自行呈请，领取营业证书，即于其时完纳税额，政府稽查较易,自不若查定之繁；三、贩卖烟酒营业税，可筹得大宗收入，以裨财政也。烟酒为社会嗜好之品，贩卖营业无处无之。今大自整卖营业，小至零卖营业，均分别轻重，课以年税。以营业之多，推税收之大，年额当在千万以上。其足补加征烟酒税捐之未逮，而裨益财政，岂浅鲜哉。

贩卖烟酒特许牌照税暂行条例略①

① 与前载“贩卖烟酒特许牌照税条例相同”，故从略。

3．财政部特设全国烟酒公卖局及派专员助理缘由呈

（1915年4月26日）

赋税第六号

署财政总长周学熙谨呈为本部特设全国烟酒公卖局，并请派专员以资助理，仰祈钧鉴事：窃查烟酒为消费品中之近于奢侈品，各国皆课重税，中国税率甚轻，收数又未大旺。现欲大加整顿，若仅凭一纸章程通行各省，决难收效，势非由部特设专局，注重公卖办法不可。京师酒类公卖局近经部饬财政分厅筹划，业已设局开办，亟须推广各省，烟酒两项并办，以节经费。兹拟在部中特设烟酒公卖局，由部长督饬办理，另请简任总办一员，俾得专意进行。其赋税司长可兼充会办，以资接洽。此外，任事各员，均由本部佥事、主事中分派，务期节省。外省则先派专员前往调查筹备，体察情形，酌定限期，拟订切实办法，再行设立专局，局长由部荐任，并著财政厅会同办理，似此内外衔接一气，庶可刻日收效。如蒙允行，查有卸署陕西巡按使、前任陕西财政厅长钮传善，精细干练，富于经验，堪充总办，恭候简命，即由本部督饬各该员遵照办理。所有本部特设全国烟酒公卖局，并请派专员以资助理各缘由，理合具呈，伏乞大总统钧鉴，训示遵行。谨呈。

中华民国四年四月二十六日

〔国民党政府主计部档案〕

4．财政部特设全国烟酒公卖局呈暨大总统批令

（1915年5月）

（1）财政部呈（5月6日）

呈为本部特设全国烟酒公卖局开办日期，仰祈钧鉴事：本年四月二十八日奉大总统策令：任命钮传善为全国烟酒公卖局总办。此令。等因。同日，又承准政事堂主计局钞交财政部呈为本部特设全国烟酒公卖局，并请派专员以资助理一案，奉大总统批令：钮传善已另有命令矣，余如所拟办理。此批。等因。奉此。遵即督饬该总办等分别筹议，即于本部内择定办公房屋，业于五月三日组织成立，开局办公。除饬将烟酒公卖章程妥为厘订及该局次第筹议情形随时呈报外，所有本部特设全国烟酒公卖局开办日期，理合呈报。伏乞大总统钧鉴施行。谨呈。

中华民国四年五月六日

(2) 大总统批令(5月8日)

大总统批令：

财政部呈：本部特设全国烟酒公卖局开办日期，请钧鉴由。呈悉。此批。

中华民国四年五月八日

国务卿徐世昌

〔国民党政府主计处档案〕

5. 财政部拟订全国烟酒公卖局暂行章程及全国烟酒公卖暂行简章与大总统来往文件

(1915年5月)

(1) 周学熙呈(5月26日)

财政总长周学熙谨呈为拟订全国烟酒公卖局暨全国烟酒公卖各暂行章程，缮具清单，仰祈钧鉴事：窃查本部特设全国烟酒公卖局业将组织情形暨开办日期呈报钧复在案。自应督饬该局将关于烟酒公卖之各项章程妥速厘订，以便早日施行。惟我国烟酒公卖既无成法之可循，而烟酒情形各省又未尽一致。当兹筹办之始，思虑稍有未周，窒碍即因之而起。迭经本部再三研究，目前烟酒公卖宗旨，只能定为官督商销，而其办法，尤应以利便商民为要。至本部特设全国烟酒公卖局，既为提纲挈领之总枢，亟应明定职掌，分科办事，庶内外衔接一气，而于烟酒公卖事务，俾可次第进行。兹拟订全国烟酒公卖暂行简章二十一条，拟请先行试办，将来如有窒碍，再当随时修正，呈明办理。如蒙核准，即由部转饬遵照，切实奉行。所有拟订全国烟酒公卖局暨全国烟酒公卖各暂行章程缘由，理合缮单呈明，伏乞大总统钧鉴训示。谨呈。

中华民国四年五月二十六日

全国烟酒公卖局暂行章程

第一章　职　员

第一条　全国烟酒公卖局附设于财政部，管理全国烟酒公卖事务。

第二条　全国烟酒公卖局由财政总、次长督率办理，局内置职员如左：

总办一员；会办一员；文牍主任二员；科长三员；科员至多不得过六员；办事员无定额；录事无定额。

第二章　权　限

第三条　总办承财政总、次长之命令，掌理本局一切事务。

第四条　会办协同总办助理本局一切事务。

第五条　文牍主任员受总、会办之指挥，办理文牍事务。

第六条　科长受总、会办之指挥，办理本科事务。

第七条　科员、办事员承长官之命令，办理本科事务。

第八条　录事承局员之命令，缮写文件，经理档案。

第三章　职　　掌

第九条　文牍处置文牍主任员二人，办事员若干人，掌理事务如左：

关于本局机要文电事项；关于布告、公函书籍之编撰事项；关于公文之收发、分科事项；关于参考书籍、图表之保存事项；关于档案事项；关于录事之监督考核事项。

第十条　各科置科长一人，科员一人至二人。

第一科掌理事务如左：关于制订及核定法规事项；关于考核各省公卖局成绩事项；关于稽查各省公卖情形事项；关于各省公卖局经费、预算、决算之核定事项；关于征收款项之稽核事项；关于编制统计表册事项；关于调查报告事项。其他不属于第二、三科事项。

第十一条　第二科掌理关于烟草公卖及税捐事项。

第十二条　第三科掌理关于酒类公卖及税捐事项。

第四章　附　　则

第十三条　文章程自奉大总统批准后施行。

第十四条　本章程施行后，如有窒碍之处，得随时修正，呈请大总统核定。

全国烟酒公卖暂行简章

第一条　政府整顿全国烟酒，规定公卖办法，以实行官督商销为宗旨。

第二条　全国烟酒公卖法未颁布以前，烟酒公卖事务暂行按照本章程办理。

第三条　凡本国制销之烟酒均应遵照本章程办理。

第四条　各省设烟酒公卖局，酌量烟酒产销情形，划分区域，设置分局。名曰：某省第几区烟酒公卖分局。

第五条　公卖分局于所管区域内，分别地点组织烟酒公卖分栈，招商承办，由局酌取押款，给予执照，经理公卖事务。

第六条　凡商民买卖烟酒均应由公卖分栈代为经理。

第七条　已设公卖局地方，应将原有之烟酒各项税厘、牌照税及地方公益捐等，暂由公卖局代收分拨。

第八条　公卖局应酌量商情，给予公卖分栈以相当之经费。

第九条　公卖分局每月于所辖区域内，先期规定烟酒公卖价格，陈报各该省局核定后，通告各分栈遵照施行。

第十条　烟酒销售应由公卖局核计其成本、利益及各税厘捐等项外，体察产销情形，酌量加收十分之一以上至十分之五，定为公卖价格随时公布之。

第十一条　凡分栈发售烟酒，如有私自增减公卖价格者，应由分局处以相当之罚。

第十二条　各省公卖局征收款项，就近缴存各该省支金库，并按月列表报部，听候核拨。

第十三条　商民如私卖烟酒，当照另订稽查专章从严惩罚。

第十四条　家酿自食者，经公卖局许可给照，每家每年以百斤为限，仍照章征收公卖费。无照者一律严禁。

第十五条　公卖局检查方法，以制定之印照、簿据、单票证明之，不另收费。

印照上标明分量，由公卖局印制，发给公卖分栈，派员查验粘贴。

簿据、单票由公卖局制定式样，发给公卖分栈遵用。

第十六条　各省原有之税厘，均暂照各省核定之数征收。

第十七条　凡商店贩卖烟类、酒类，均须于包裹及盛储器具上分别贴用公卖局印照，方准出售，以便稽查。如查有印照与货数不符者，应照另章罚办。

第十八条　凡在本省运销，经甲区公卖局检定贴有印照者，如运至乙区时勿庸再贴。其运至他省销场，仍应由该处公卖局检定价格，加贴印照。

第十九条　稽查私销、私运等事项，各该地方官应帮同局员按照专章办理，同负责任。

第十二条　本章程施行细则，由各省局体察地方情形，详细规定，详请本部核定施行。

第二十一条　本章程如有未尽事宜，得随时修正，呈准施行。

（2）大总统批令（5月30日）

大总统批令：

财政部呈为拟订全国烟酒公卖局暨全国烟酒公卖各暂行章程缮单祈鉴由。准如所拟，先行试办，即由该部转行知照。章程存。此批。

中华民国四年五月三十日

国务卿徐世昌

〔国民党政府主计部档案〕

6．各省烟酒公卖局暂行章程①

（1915年5月30日）

第一章　省局及分局之组织

第一条　各省设置烟酒公卖局，直隶财政部，管理烟酒公卖，并代征烟酒之各项税捐事务。名曰：某省烟酒公卖局。

第二条　各省烟酒公卖局置局长一人，局员三人至五人，司

① 系烟酒公卖局拟订，财政部呈奉大总统公布。

事四人至八人，巡丁至多不得过十人，在此限内随时详部核定。

第三条　各省财政厅长会同烟酒公卖局办理烟酒公卖并税捐等事务，应同负完全责任。

第四条　各省烟酒公卖局应酌量烟酒产销之情形划分区域，设置分局。名曰：某省第几区烟酒公卖分局。

第五条　各省烟酒公卖局，查有烟酒产销较少之区域，应无庸设置分局，得派监察员管理该区域烟酒公卖事务。

第六条　分局置委员一人，司事四人至六人，巡丁至多不得过八人，在此限内随时由省局酌定，报部查核。

监察员办事处置司事二人，巡丁至多不得过四人，在此限内随时由省局酌定，报部查核。

第二章　权限及职掌

第七条　省局局长承财政部之命令，管理本省之烟酒公卖及代征烟酒之各项税捐事务，仍应受中央特派监督、财政长官之监督。

第八条　省局局长有委用、撤换分局及监察员之权。

第九条　省局局长关于主管事务，得有发布局饬、督率县知事及征收局局长之权，并随时派员巡视、考察各分局、分栈之成绩。

第十条　分局委员及监察员承主管省局之命令，管理本区域内之烟酒公卖事务，并代征烟酒之各项税捐。

第十一条　省局直辖之区域，由省局按照烟酒公卖分栈暂行章程，招商组织分栈。分局直辖之区域，由分局招商组织分栈，详报省局核定之。

第十二条　分栈承主管公卖局之监督指挥，经理本区域内烟酒公卖事务。

第十三条　分局所辖分栈之经理人如有变更时，应由分局声明理由，详请省局更换之。

第十四条　分局所辖之分栈，省局如认为有改组之必要时，得随时撤销，饬令分局另行招商组织之。

第十五条　分局应将所辖区域烟酒产销之情形及市价涨跌之状态，按月分别列表附以说明，详由省局报部备查。

第十六条　分局应将分栈缴存之公卖费及所征之烟酒税捐等款，须每半月解交省局一次，不得逾延。

前项之规定，交通不便之地方，得由省局酌量情形变通办理。

第十七条　省局每月征存之款项，除将烟酒税捐各款遵照部令核定之数划拨该省财政厅外，应按月解交金库存储，并一面报部听候核拨。

第十八条　省局每月应将本局及所辖各分局局员薪俸及局用公费，按照部分逐日造具预算、决算，详报核定施行。

第三章　附　　则

第十九条　本章程京兆、热河、归绥、察哈尔等特别行政区均适用之。

第二十条　各省烟酒公卖局每半年由财政部考核成绩，如办事得力、收数确有成效者，得呈请大总统给奖，或由部酌与奖金。办理不力者，亦照章惩处。

第二十一条　本章程施行细则，应由各省省局拟订，详部核准施行。

第二十二条　本章程如未尽事宜，应由财政部随时酌量修正公布施行。

第二十三条　本章程自各省省局成立之日施行。

〔北洋政府财政部档案〕

7. 各省烟酒公卖局稽查章程①

（1915年5月30日）

第一章　稽征手续

第一条　各省烟酒公卖局关于烟酒公卖事务稽查之手续，依本章程执行之。

第二条　各省局所辖之各分局，每月应造具收入、支出各计算书，连同各项单据详送省局备核。

第三条　烟酒公卖印照及各项单据，应由省局加盖局印，编列号码，发给各分局应用。

前项印照、单据，应按照号码依次应用，不得紊乱次序。每月已发若干，应分别列表，连同票根详报省局备核。

第四条　洋元、银两、铜币等之换算，各分局以收款当日之市价为标准。

前项市价应由各分局按旬详报省局。

第五条　分局或分栈一切收支款项，均应按日登录簿记，以备稽核。

第六条　省局对于分局或分栈、支栈等，除照章稽查外，如认为有必要时，得依局章第九条派员巡视、考查，并有调阅各项案卷、帐记、单据之权。

第七条　分局于所辖区域内，各烟酒商店营业之状态、产销数目之多寡、市价之涨跌等事项，应随时详报省局。

第八条　分局应派司事随时前往分栈视察公卖事务。省局直辖之分栈，则由省局派员监视。

---

① 系烟酒公卖局拟订，财政部呈奉大总统公布。

第九条　分栈或支栈于所辖区域内，如有不受检查，或私自营业之烟酒商店，得随时密报主管公卖局派员前往查办。

第十条　分局于所辖区域内，得派巡丁缉查私烟、私酒，或商由该管县知事加派警察帮同办理，并准乡镇团首邻近举发。但必有私烟、私酒之实据，妄报者反坐。

第十一条　凡巡丁及乡镇团首查获私烟、私酒，应报明主管局所，听候核办，不得私自处理。并由局将所获烟酒变价，一半充公，一半充赏。

第二章　罚　　则

第十二条　省局对于分局之惩罚，以左列方法行之。

(一)记过;(二)罚薪;(三)撤差。

第十三条　分局委员关于制订之簿记、表单，倘不遵定式办理，或各项报告未能按期详报者，应记过一次。记过三次者，罚薪一月。

第十四条　分局委员经征款项，如无特别理由逾期未解者，罚薪一月。

第十五条　分局委员如有与分栈、支栈串同舞弊，或将所征款项蒙蔽、侵蚀等情事，经省局查明属实，一面撤差，一面详报本部送交法庭按律惩办。

第十六条　省局或分局对于分栈、支栈、烟酒商店等之惩罚，以左列方法行之。

(一)罚款;(二)取消经理人之资格;(三)停止营业;(四)没收押款。

第十七条　分栈或支栈代征公卖费，如有不照定章私自增减其定额者，应按增减额加三倍处罚。

第十八条　分栈或支栈，如有与烟酒商店串同舞弊及其他妨碍公卖种种行为等情事，经主管公卖局查明属实，应照公卖分栈章程第二十条，取销经理人之资格。前项情节较重者，详请省局没收其押数。

第十九条　凡烟酒商店，如有贩运，或制造私酒、私烟，经主管公卖局发见后，应将货物没收，并得酌量情形加倍处罚。处罚三次以上，仍再违犯者，应由省局饬知地方官勒令停止其烟酒营业。

第三章　附　　则

第二十条　省局直辖之分栈，关于稽查之手续，由省局直接执行之。

第二十一条　监察员办事处，关于报告省局及稽查分栈等事项，按照本章程分局应行之职务办理。

第二十二条　本章程如有未尽事宜，由财政部随时酌量修正公布施行。

第二十三条　本章程施行细则，由各省省局拟订，详请财政部核准施行。

〔北洋政府财政部档案〕

8．财政部公布烟酒行政评议会章程令

（1917年9月19日）

财政部令第二百八号

兹订定烟酒行政评议会章程，特公布之。此令。

烟酒行政评议会章程

第一条　财政部全国烟酒公卖局设立烟酒行政评议会，以研究烟酒税法之整理、制造之改良、专卖之准备、关税之修订暨其他一切关于烟酒事宜。

第二条　本会会长由本部总长兼领，副会长以次长及烟酒公卖局总办兼领之。

第三条　本会会员分为会员及专任会员两种，均以烟酒上有专门学识经验者任之，由总长分别函聘，或委派。

第四条　本会设事务员二人，掌管本会一切事务，由会长于烟酒公卖局职员内指派兼充。本会设速记生二人，纪录议论。

第五条　本会会长、会员，本局及各省区办理烟酒事务人员，均得随时提出意见书付会研究。

第六条　本会会期分常会、临时会二种。常会每星期一次，临时会无定期，均由会长酌定，先期通告。

第七条　本会开会时，会长为主席。会长因事未能莅会时，副会长代理。

第八条　凡遇紧急特别事件，须即解决施行，或范围极小事件，毋须经众讨论者，均由会长指定专任会员办理。

第九条　本会议决事件，由总、次长核定，分别施行。

第十条　本会应议事件及开议日时，均记载于议事日程，并将议案先期印刷，分送各会员。

第十一条　本章程未尽事宜，得随时更改。其议事细则，由本会自定之。

第十二条　本章程自公布日施行。

〔北洋政府财政部档案〕

9．全国烟酒事务署有关附设机制酒类征收处及裁撤经过咨

（1926年8月—1927年4月）

1．全国烟酒事务署咨（1926年8月10日）

全国烟酒事务署为咨行事：查本署议定附设机制酒类征税处征收全国机制酒类贩卖税各节，业经咨达贵部在案。现该处已于八月三号在本署内附设成立，即委本署参事陶毅兼充该处总办办理一切稽征事宜。至京兆征税处亦已饬令该员兼领，从速组织，克日开征。兹据该员呈报京兆征税处，已定期于八月十一号成立，开始办公，相应咨请贵部查照。此咨

内务部

督办张英

中华民国十五年八月十日

2. 全国烟酒事务署咨（1927年4月19日）

全国烟酒事务署为咨行事：查本署前经附设机制酒类征税处，并分别咨行在案。现在体察情形，尚无设立之必要，应即裁撤。所有该处经管事务，分别并入本署各厅、科办理，以免骈枝。至京兆及各省区已成立，或附设之机制酒类征税系属经征机关，自应仍旧设置。除分别令咨外，相应咨行查照。此咨

内务部

督办董士恩

中华民国十六年四月十九日

〔北洋政府内务部档案〕

10. 财政部等为奉天日商三林东亚公司抗交烟酒税交涉案文电

（1915年8—11月）

（1）奉天财政厅等电①（8月9、11日）

① 系抄件，并注“原电在公卖局”。

附烟字第九号

财政部钧鉴：税密。奉省英美烟公司运售烟卷，经议定照章完税。因日商三林、东亚等公司狡抗，英、美亦复观望，经抄案钧部前杂税整理处在案。又日商开设烧锅，往往藉口附属地运酒不税，叠经交涉，迄未就范，与公卖前途，大有关系，应请在协议杂居纳税案内，设法维持，以免阻碍。董元亮、余恭厚① 。真。佳印。

（2）财政部咨（8 月14日）

为咨行事：据奉天财政厅厅长、烟酒公卖筹备处会电称，奉省英美烟公司运售烟卷，经议定照章完税，因日商三林、东亚等公司狡抗，英、美亦复观望，经抄案函钧部前杂税整理处在案。又日商开设烧锅，往往藉口附属地运酒不税，迭经交涉，迄未就范，与公卖前途，大有关系，应请在协议杂居纳税案内，设法维持，以免阻碍等情前来。查英美烟公司运售烟卷既经议定照章完税，日商自不能独异，致为该公司藉口。且此次中日条约既有服从课税之规定，尤应查照定章，一律纳税，方昭公允。至铁路附属地，从前虽有特别情形，现在既许日人南满杂居，设杂居于内地之日人所办烧锅之业愿纳酒税，杂居于附属地之日人不纳酒税，同是日本人，而办理两歧，亦非公平之道。以上两事请于与日使接洽课税时，另文声明，请其承认。庶将来于办理烟酒两税及公卖事宜，方能得中外一律之道。相应咨请贵部查照办理，并希见复可也。

此咨

外交部

中华民国四年八月十四日

---

① 董元亮、余恭厚时分任奉天财政厅长与奉天烟酒公卖筹备处长。

(3) 财政部咨（9月6日）①

为咨行事：查日商三林、东亚两公司在奉天开设纸烟制造厂延不纳税一案，前于八月十四日曾咨请贵部与日使声明，请其承认照章纳税在案。查此案之关键，第一须以条约为据；第二须以成例为凭照。马关条约本允日本人民在通商埠内从事各项工艺制造。唯曾经声明，应纳税饷，另订公立文凭，互换遵守。该文凭第三款即载日本政府允准中国政府任便酌量课机器制造货物税饷，但其税饷不得比中国臣民加多，或有殊异等语。是机器制造货物应课税项于约章上已有明白规定，毫无疑义。此以条约言之，三林、东亚公司不能不纳税之理由也。奉天纸烟公司除日本三林、东亚两公司以外，原有英美烟公司。其纳税办法曾经议定每百斤抽税四钱五分，不得援不再重征之例，遵行已久。嗣又议改为值百抽五，全免税厘，而该公司以为不便，最后于宣统三年八月议定纳税办法八条，又续订四条。其大要由奉运至三省商埠，在出厂时每百斤一次纳税银一两，运至东三省以外，每百斤完税四钱五分，亦经英使承认转饬遵办。日本三林、东亚两公司与英美烟公司事同一律，未便歧异。此以成例言之，三林、东亚公司不能不纳税之理由也。乃该公司开办伊始，即由奉天交涉司与日领接洽请其转饬照办。始则以未奉政府训令为辞，继则以英美烟公司因每百斤四钱五分与值百抽五两议争执未定，有所藉口。现在英美烟公司纳税办法八条及续订四条议定已久，日本三林、东亚两公司自应仿照办理，以昭公允。兹由本部向税务处咨取原订办法八条，并向奉天财政厅电查续订办法四条，连同英美烟公司起运单照格式，一并咨请贵部照会日本公使请其承认仿照办理，饬行

① 系发文日期。

奉天日本领事转饬三林、东亚两公司一体遵行。是为至盼，并希见复可也。此咨

外交部

附英美烟公司原订纳税办法八条，续订四条，并单照式。(八条与单照式原缺)

中华民国四年九月四日

附四条

一、英美烟草公司纳税须缴足色现宝银两。

一、该公司所造烟草，在奉天省城内外销售者，亦应纳税领照。

一、嗣后该公司出运烟草，可径赴省城税捐局报明，由局派员查验，税款即按次解缴税局，专照亦即由税局直接发给，以期简捷。

一、该公司除制造厂外，尚有栈房二处。一在城外，一在城内，专为存储已税烟草而设，此后准其随便搬运，不加禁止。但须将件数开一清单，盖用公司戳记，令搬运人收执，以备税局查验。惟不得运回制造厂，以免与未税烟草两相牵混。

(4) 财政部咨 (11月3日)

为咨行事：查日商三林、东亚两公司在奉天开设纸烟制造厂延不纳税一案，经本部于八月十四日咨请贵部与日使声明，请其承认照章纳税。嗣并检齐英美烟公司原订纳税办法八条，又续订四条及起运单照格式，于九月六日一并咨请贵部照会日本公使，请其承认仿照办理，迄今未据咨复，未知已否与日使接洽，相应咨请贵部将办理情形查明见复，以便转咨该省遵照可也。此咨

外交部

中华民国四年十一月三日

（5）外交部咨（11月11日）

四年商字第八〇一号　京戊字第五九〇八号

外交部为咨复事：准本月四日咨开：查日商三林、东亚两公司在奉天开设纸烟制造厂延不纳税一案，迭经咨请照会日使，请其承认照章纳税，希将办理情形查复。等因。查此事前准八月十四及九月六日两次来咨，当以奉省纸烟纳税办法，既由英美烟公司认定在前，日商事同一律，自未可听其藉词延抗。应先由特派奉天交涉员就近与日领商办，请其转饬三林、东亚两公司照英美公司成例，一体遵行。当经饬行该特派员遵照办理在案。究竟交涉情形如何，现尚未据呈复到部。除再饬催呈报再行核复外，准咨前因，相应先行咨复贵部查照。此咨

财政总长

外交总长陆徵祥

中华民国四年十一月十一日

（6）外交部咨（11月20日）

四年商字第八二三号　京戊字第六三一一号

外交部为咨行事：案查日商三林、东亚两公司在奉省开设纸烟制造厂延不纳税一案，迭经本部饬知奉天交涉员就近与日领商办，并先行咨复贵部在案。兹准该交涉员详称，此案交涉，历经数载。前奉钧饬，遵即照会日领。嗣与会晤提及，亦允查案后再行商办，一俟得复，再行详报等因前来。除俟该交涉员续详到部再行咨达外，相应咨复贵部查照可也。此咨

财政总长

外交总长陆徵祥

中华民国四年十一月二十日

〔北洋政府财政部档案〕

11. 财政部赋税司第一科为与英使争议外烟外酒运销来华征税办法案付

（1921年6月29日）

第一科为移付事：准全国烟酒事务署函送关于外洋烟酒运销来华征税办法一案会咨稿抄件，请查照备案等因前来。除将原件存科备案外，相应照录会咨稿一份，付送贵科查照备案可也。此付

第三科

附抄件

民国十年六月二十九日

照录会咨外交部　第 一千一百七十三 / 九百六十六 号

为会咨事：案准贵部咨开：查民国四年六月间，全国烟酒公卖局暂行章程公布以后，经驻京领衔英朱使照请解释，当经本部咨准财政部七月二十日咨复内称：本部特设烟酒公卖，现在仅就本国自行制销之烟酒，派员分途前往调查筹办。所有外洋运华行销以及外人在华制造者，自应另订办法。一俟筹议定夺，再行咨请查核转照，应先行咨明查照转复等因。当经本部照复英使查照。五年五月，又以热河烟酒公卖局征收英、美烟公司公卖费一案，英使照会抗议。经本部咨准贵署复称：公卖办法本以土烟、土酒为范围。其余烟、余酒，无论在洋商、华商之手，均应另订办法等因。又经本部照复英使各在案。嗣后以各省征收税项涉及公卖费范围，屡发生交涉案件。而英使以英美烟公司之故，争执尤力。其所持理由，则根据四年七月财政部所称，运销来华及在华制造另订办法一语，以为违反我案。近来各省援照税务处核准，洋烟

运销内地仍应纳税抽厘之案，间或推广解释，以公卖费纳入税厘范围。于是英使抗议益力，并指征收税厘为违反四年七月复文。牵连愈多，纠葛愈甚，长此不已，终非正当办法。本署体察情形，惟有查照原案，将外洋运销来华及外人在华制造之烟酒，由贵署会同财政部筹议办法，迅速另订办法，以期根本解决，请查核见复。等因。准此。查民国四年筹办公卖之初，以烟酒一项系消耗之品，各国无不从重课税，我国自应另议加征办法，故当时本部有关于外洋烟酒另订办法之声明。嗣后各商在华购运土烟，制造烟卷，踵起经营，日胜一日。其成本既较舶来品为轻，而烟料原质皆属中国土货，自不能以外人制造，遂认为外烟。各局办理此案，如奉天中俄烟草公司、日商东亚公司，均经照章纳费，即英商联合烟草公司，亦由该局与之交涉，于九年三月二十五日、四月二十七日，先后照章缴纳在案。盖外人在内地设厂制造，所有成本费用皆属较轻，负担区区之公卖费，在商人并不为重。而英使以有前项声明之故，遂藉辞抗议，叠次争持。大咨拟查照原案订定办法，以期根本解决，自是切要之图。现经部署再三斟酌，商定办法，拟嗣后洋商在华制造烟酒，仍照税务处核定运入内地销售，逢关纳税，遇卡抽厘。于已达指销地点以后，应纳销场税一道，不再征收公卖费款。至进口烟酒，本部曾于六年十月提商修改通商税则案内，咨请贵部将进口各项烟酒另行规定，暂按值百抽二十征收，并案转商使团在案。应请贵部查照前案，一并提议。如以事关进口税则，此时不便单独提议，或即照外人在华制造烟酒办法。凡由外洋来华销售烟酒，除照章完纳正半各税外，亦令缴纳销场税一道，不再征费。如荷赞同，即请根据上项办法与使团切实磋商，并希见复，以便饬遵。此咨

外交总长

函外交部关税特别会议筹备处第三四〇号
咨全国烟酒事务署第三四九号

径启者/为咨复事：案准全国烟酒事务署/贵署第二三四九号咨开：

查洋烟、洋酒征税一事，前于民国四年开办公卖时，曾由贵部向领袖公使声明，以本国烟酒为限，外烟外酒应另订办法，嗣后亦未订定。兹特由署拟定洋烟、洋酒征收销场税条例草案八条，并理由书① 一件，拟于特别关税会议开会时专案提出公决，以便实行。惟此事于财政、外交均有关系，如有卓见，即请分别签注咨复过署，俾臻完密等因。并附拟订征收销场税条例及理由书各一件到部。查洋烟、洋酒现征税捐，较之本国烟酒现征税费，负担素轻。烟酒事务署/贵署拟提议酌加，本部极表赞同。惟查销场税办法，按之马凯商约只能征收于不出洋之土货，其舶来品与出洋土货及土货之在租界内销售者，均不能征收销场税，此项名称似拟另行斟酌。又查华府会议关于进口奢侈物品，虽曾允我可以加重税率，然以百分之十为限。而马凯条约第三节内，有凡民船出入通商口岸装载之货，所纳税项不得少于轮船装载同类之货所纳进口正税，以及加税之总数等语。原条例规定，运销洋烟、洋酒，除海关、崇文门及出厂二·五等项税捐外，销场税征收百分之五十，分四期递加，自为慎重税收起见，但与华府会议百分之十之制限，相差甚巨，即较之本国烟酒现在最高税率（百分之三十）为数亦多，恐提交关税特别会议时不无争议。本部意见，所有加征税率，似宜与本国烟酒现征之税率一致，目下不可过高。至此项税收性质属于内地税项，似可毋庸提交关税会议，将来由外交部另案商办

① 洋烟、洋酒征收销场税条例草案及理由书原缺。

较为妥洽。以上所拟各节，是否有当。除咨复外，相应函请查照
相应咨行贵署查酌办理可也。

此咨

外交部关税会议筹备处

全国烟酒事务督办

〔北洋政府财政部档案〕

12．财政部就烟酒税捐改归各省区烟酒事务局经征呈暨大元帅指令

（1927年7月28日）

大元帅指令第八十一号

令财政总长阎泽溥

呈拟将各省区财政厅经征之烟酒税捐划归烟酒事务局经征，以一事权由。

呈悉。从前各省区财政厅代征烟酒税捐办法，既不一致，事任亦多纷歧，亟宜重加厘订，俾归划一。现经有明令统一财权，该部请将此项税捐，一律划归各省区烟酒事务局经征，以一事权，而专责成，自应准如所拟办理。仰即令行各该局长，认真整顿，严杜中饱，以重税收，而裕库储，是为至要。此令。

陆、海军大元帅之印

国务总理潘　复　财政总长阎泽溥

中华民国十六年七月二十八日

〔北洋《政府公报》1927年7月29日第4047号〕

（十一）官产官地

一、章则、条例

1. 财政部为修正清查官产处章程呈暨大总统批

（1914年3月6日）

为呈请事：窃维国家岁入，除租税外，官产亦几为一大宗。当此财政困难之秋，自应设法清查，以资整顿。去岁曾经本部呈请设立清查官产处在案。惟机关既系附设，办事员多属兼差，办理数月，稍具规模。迄今事务日繁，亟应随时改组，以期进步，就旧有清查官产处章程重行修正，特派参事李士熙总办其事，责有攸归，进行较迅。查中国官有土地及其他各种收益，官产散处各省，不知凡几，苟清查得有确数，随时估价出售，人民既得恒产，国家亦藉增收入，国计民生，两受其利。此项收入之多寡，全视各处办理为转移。前读大总统公布奖励条例，为各省办理征收人员而设，此项清查官产事宜与各种岁收情形相同。故本章程第十三条规定，如其收入数目确有可稽者，得比照奖励条例，以策进行，而资鼓励。合将修正清查官产处章程呈请钧鉴，伏乞批示遵行。谨呈。

批：据呈并章程均悉。应准如拟办理。此批。

中华民国三年三月六日

国务总理孙宝琦

财政总长周自齐

清查官产处章程

第一条　本处直隶于财政部，由财政总长管辖清查官产一切事宜。

第二条　本处设总办一员，承财政总、次长之指挥监督，总办本处一切事宜。评议员若干，助理本处事务。办事员若干员，书记若干员，承总办之指挥监督，分掌本处事务。其员额由财政总长以命令定之。

第三条　本处办事员之分配，由总办酌定，呈由财政总、次长核准行之。

第四条　本处所掌之事务如左：

一、调查各处官有土地及其他收益官有财产；

二、处分各处官有土地及其他收益官有财产；

三、调查一切官有财产之收益及其用途；

四、关于全国官有财产之编制；

五、关于其他一切官有财产事项。

第五条　执行第四条各种之事务时，仍应会同本部主管局、司办理。惟其责任仍由本处负之。

第六条　为执行第四条之职务，除委任各行政机关办理外，随时得派员分赴各省办理，其员额及期限由总办禀承财政总长定之。

第七条　其有事关重要者，总办认为应开会议讨论时，可定期呈由财政总长开本处全体会，或一部分之会议议决行之。

第八条　本处开全体会议时，由财政总长为议长，财政总长因有事故不能到会时，得由财政总长委嘱总办代理之。开一部分之会议时，由总办为议长。

第九条　本处开全体或一部分之会议时，主管局之关系各员均应一律列席。

第十条　本处办事员应将经办各事每月汇成报告，呈由总办呈财政总长查核后转呈大总统鉴核。

第十一条　本处员司及各省办理清查官产人员，其有成绩良好及办理清查官产收入确有数目可稽者，得由总办汇案，呈由财政总长转呈大总统按照督征官、分征官奖励条例办理。

第十二条　本处员司如无成绩可考而办事不力者，应由总办呈由财政总长、次长查实更换之。

第十三条　本章程自批准之日施行。

〔北洋政府财政部档案〕

2. 财政部为设立官产验照处拟订官产验照暂行简章呈暨大元帅指令

（1927年12月1日）

为设立官产验照处，办理官产验照暂行简章，恭呈仰祈钧鉴事：窃查京外各机关标卖官产，年来不下数千百万，册报多付阙如，官厅无复统计。甚至同一产地，省勘县放，甲领乙争，纠葛滋多，流弊日甚。遂令人民之权利保障末由，国家之土田升科莫定，而承买官产者因之疑虑横生，致有持照自向税契机关陈情投税者。本部现拟设立官产验照处，凡领有本部官产执照或其他机关执照者，均须一律持向本部验照，略举其利，厥有数端。本部前发执照，系交由各官产处填给。其承领人之名姓及标卖之价格，与夫产地之坐落、面积，均未具报。其他各部署变卖官产，亦多散漫无稽。今令一律验照，部中得以便于稽核，他日办理统计，不难按图索骥，其利一。办理验照，必须详记产地之丈尺四至，既免侵占之弊，自无重领之嫌，人民之所有权，藉此日臻巩固，即各省区按限升科，亦不至漫无稽考，其利二。凡承领官产者，均属有力之户，且其价额较普通置产为廉。今令其验照缴费，按照契税三分减一输纳（即百元征税四元），即准免纳契税，取费有限，于人民并无苛扰，而集腋成裘，于国家收入，亦可补助，其利三。至此项官产验照处拟设于本部，其办事人员，即就主管员司酌派兼充，藉节糜费。当经本部咨呈国务院请交国务会议议决在案。兹准国务院函开：贵部提议设立官产验照处，拟具办理官产验照暂行简章请公决一案。现经国务会议议决：照办。钞录条文函达查照呈明办理等因到部。理合将该简章条文十三条，缮具清单，呈请钧鉴。如蒙照准，即请明令公布施行。所有设立官产验照处拟具办理官产验照暂行简章缘由，是否有当，伏乞鉴核训示祗遵。谨呈大元帅。十六年十二月一日，已奉指令。

谨将财政部办理官产验照暂行简章录呈钧鉴：

第一条　本简章以确定承领人之权利为主旨。凡承买、承置、承垦、承租各项官产，均应照本简章持原领执照赴部呈验。

第二条　官产验照处附设于财政部内。

第三条　应行呈验执照之官产如左：

一、关于部署所属官产；

二、关于京外官营各产；

三、关于各项旗产；

四、关于清室内务府所属官产；

五、关于其他官荒各产。

以上各省官产系以已承买、承置、承垦、承租者为范围。

第四条　凡承买、承置、承垦、承租以上各产领有执照者，均限于三个月以内呈部报验，并缴验照费。

第五条　验照费规定如左：

一、凡承买、承置、承垦者，依产价缴纳百分之四；

二、凡承租者，依所租年限之总租额缴纳百分之二。

（例如租期十年，年租百元，即总租额一千元，应纳费二十元。）

第六条　凡呈请验照者，应具申请书，将产地之坐落、四至、亩数或间数，以及价额或租额，并承领、承租人之姓名、籍贯，连同原领执照呈报本部，经查验后，即予登册存案。

申请书式另订之。

第七条　凡呈请验照者，如系领有本部执照者，应加盖本部验讫戳记，以资证明。如系其他各机关所发执照，应加给本部查验执照，但须另缴纸费，每张银元五角。

第八条　如有逾第四条之期限，不依本简章呈请查验者，除纳定率之费额外，应处以应纳费一倍至三倍之罚金。

第九条　凡经缴过验照费者，一律免纳契税。

第十条　凡经缴过契税者，仍应呈报验照，但得免缴验照费，每张另征手续费银元一元。

第十一条　凡承领第三条各项官产者，无论已未缴过照册费，均应呈报验照费，不得将照费扣抵。

第十二条　官产验照处办事细则另订之。

第十三条　本简章自呈准之日施行。

〔北洋《政府公报》1927年12月12日第4179号〕

3. 财政部拟定官产处分条例呈暨大总统批令

（1914年8月1日）

财政总长周谨呈为谨拟官产处分条例缮单仰祈钧鉴事：窃维官产收益本税外之财源，整理得宜，实裕国之良策，本部职司出纳，早已视为要图。爰于本年二月间就原设之清查官产处重加组织，修正章程，呈蒙批准遵办在案。数月以来，悉心筹划，督促进行，虽事属草创，障碍殊多，而逐渐推行，规模已具。查原定章程，本分调查、处分两种办法。现在先就官产较富之热河、江苏、广东诸省，由部特派专员会同清查，以期早日集事，其余各省则责成该行政长官依限填报，并饬拟具办法送部，或应由部派员，或归本省经理随时酌定。计已详报到部者十有余起，所列官产数目多者可值千余万元，少亦不下数百万元。其中并附变卖、租田、垦荒各种办法，详请核夺者亦复不少。至派员清查之广东、热河、江苏等省，热河荒价一项约可得数百万元。现既陆续召变，收数日增。广东官产种类尤繁，前据该省报称，就现在所查得者约有一千余万，其业经售出之数已达百万有奇，现正由清查专员设局举办，必须日有起色。江苏则上海、崇明等县，或丈放城地，或清理沙田，迭据详报，均可得数百万元，亦既并骛兼营，不难克期奏效。此外，如奉天王产、庄缺、旗地等项，吉林随缺津贴、晒纲、贡山站地等项，均可各筹二千余万元。湖北、武汉一带，马湖、青山官地及各项建筑物，广东、江苏等处沙田，为数亦在千余万，或数百万以上，是各省官产所在林立，清查事宜亦已办有端倪。从此实力整顿，次第经营，与给照、注册各事相辅而行，不独为临时收入之大宗，抑且为田赋清厘之张本。惟是各省虽然着手，而办法尚鲜依据，不为之妥定规则，俾便率循，诚恐措置纷歧，特由部拟定官产处分条例，别为变卖、租田、垦荒三种办法，凡二十条。关于变卖、租佃事项，悉属本部职掌范围，拟均由部主持，以昭统一。其垦荒一项，查与内务、农商两部互相关系，应于条例中规定会同办理，用资接洽。至处分后所得之款，应令专储候拨，别为专条，庶便稽核，而重库帑。此项条例系参照列国成宪，准诸我帮旧习，斟酌至再，不厌求详，以期有益于国，无害于民，以仰副大总统利国福民之至意。谨缮清单，恭呈鉴核，如蒙批准，即由部通饬各省遵照办理，实于整理官产前途裨益匪浅。所有拟具官产处分条例缘由，理合具陈，伏乞大总统鉴核训示施行。谨呈。

八月初一日，奉大总统批令：财政部呈拟官产处分条例缮单祈鉴由。呈悉。准如所拟办理。条例存。此批。

官产处分条例

第一章　总　　则

第一条　凡非私有、公有财产，均属官产。其与国库收入有关系者，得由财政部处分之。

第二条　处分官产照财政部清查官产章程执行之。

第三条　处分之方法如左：

一、变卖；二、租佃；三、垦荒。

关于第三项之处分，除台营各地外，会同内务、农商两部办理。

第四条　凡变卖、租佃、垦荒，一律由财政部颁发执照。

第五条　凡承买、承租、承垦者于领照时，应纳照费及注册费。其金额由财政部定之。

第六条　凡变卖、租佃、垦荒，均应详细注册。其册式由财政部制定颁行。

第七条　处分官产所得款项，应另款存储，听候财政部指拨。

第二章　变　　卖

第八条　凡官产经调查确实可以变卖者，依照邻近土地或建筑物之价格为标准，分别等级，酌定价值，报明财政部核准，以投标法行之，动产照时价估计。

第九条　各省滩荡等地召领时，有原定地价过低者，自本条例施行后，应查照第八条之规定一面审查地质，照时价酌定办理。

第十条　变卖官有土地时，有二人以上投标同价者，准原佃先行承买。

第十一条　凡变卖官有土地，应酌给原佃垦费，其金额由财政部核定之。

第三章　租　　佃

第十二条　官产租佃参照本条例第八条、第九条规定办理。

第十三条　民国以前承租之官产，自本条例公布后，应换领新照，并缴照费、注册费。其有民国部照或各省官厅印照者，仍一律换领新照，只缴注册费，换领部照期限由财政部定之。

第十四条　承租执照不得转相顶替，如有不愿承租者，应将执照缴销。

第十五条　承租人应缴纳保证金，其金额由财政部核定之。但有特别情形者，得酌量减免。

第十六条　承租期限不得逾十年，期满得酌量情形准其续租，缴纳时期另定之。

第四章　垦　　荒

第十七条　凡官荒应设法招垦，其荒价及升科年限应分别酌定，陈由财政、内务、农商三部核定之。

第十八条　以前私垦之官荒，自本条例施行后，应补缴荒价照章升科。

第五章　附　　则

第十九条　本条例自呈奉批准之日施行。

第二十条　本条例施行细则，由各省主管官署酌量拟订，财政部核定之。

〔北洋政府财政部档案〕

（二）各省区山荒滩荡·屯田余田·旗产旗地

1. 财政部清查滩荡地议定租率酌增放垦升科办法通令

（1914年4月6日）

为通令事：照得田赋出于土地，综核全国土地、田地、山荡，各有担任正项银漕。其各省沿海地方及江河流域，内地湖荡、淀泊潴水之区，往往积淤成地，或官为经划招佃领垦承租，或民间先已占耕后乃从而征税。此项租税如芦课、苇租、河租、滩粮皆是，名色不一，等则迥殊。语其大要，则征少数之租，以广招徕，悬升科之议，以待成熟，固无不同也。本部现议清理前项地亩，大致分为四种办法：第一种为承租多年，早经成熟尚未升科之地，应即先行清查，严立期限饬令升科，积淤所成，地质肥沃，应比照附近上则田亩，酌量办理。第二种为虽经领垦承租，尚未成熟，应视领垦年期之远近及该处地质之肥硗，并现行租率之轻重，分别定限办理升科。第三种为并未承租，而现为人民占耕之地。其已成熟者，应责令先交领价，给予执照，准其营业，即从本年起升科领价，应较普通酌量增加升科，仍照附近上则办理。其未成熟者，但令先交领价，仍予限若干年升科。第四种为淤滩已成，而公家经划、人民占耕皆所未及之地，尤应切实查丈，招佃领垦。其他出水新淤现时未堪种植者，亦应查明沿岸丈尺存记，作为公产，民间不得先行认领，以免占取居奇，向来望影升科名色，应行禁革。倘或江湖要害处所，及陂塘渟潴与水利有关，仍不得以一时殖产增赋之小利，而贻他日壅塞溃决之大害。但民人久已占耕，而以水利关系仍应开浚为辞，藉口延不升科，或并租税，务从轻减。各省间亦有此情形，又当切实为之厘剔，毋使稍有朦混影射等弊。本部为清厘土地，辅助正赋起见，令在必行。仰该民政长严饬所司，查照前开事理认真遵办，仍将清查情形，随时具报。此令。

〔国民党政府主计部档案〕

2. 张锡銮等关于查勘奉天龙岗山荒订章设局丈放封禁余地案文件

(1912年12月)

（1）张锡銮咨(12月6日)

奉天都督张为咨明事：案据度支司呈称，案查前奉前宪台札，以准奉天临时省议会提议，划清永陵、龙岗界址，丈放封禁余地一案，表决通过。咨请照议办理，饬司遴派妥员，会同旗民各地方官暨自治团体，切实履勘明确，绘图呈候核夺。又奉札，据兴京、通化、柳河全体自治会呈请开放龙岗山荒，以拓殖山林，行司转饬该委员查照各等因。当经本司派委前旗务处总办金守梁，前往兴京会同勘办，并另派补用府王守国藩佐领世福随同办理。旋据金守梁等电禀，勘明龙岗官山余地情形。又经本司呈蒙前宪台批准，设局丈放，俾资开垦，即委金守梁总理其事。嗣据禀陈筹议丈放办法、章程、清折、草图，复经本司核明，另行开单呈送前宪台查核。一面电饬金守，迅将金厂岭、新开岭等处可否开放各理由，详细声叙具报核办各在案。兹据金守复称，窃职奉委查勘龙岗，何者可开放、何者不可开放，今请分别言之。查兴京、永陵以启运山为主峰，东接长白绵延千里，皆为龙岗。此次省会所请开放之处，系在兴京、通化、柳河界内，周围不过二百余里。金厂岭距陵百数十里，新开岭距陵四十余里，均在陵东松子官山，即居金、新两岭之间。烟筒山为永陵照山，相距较近，均系禁山。考当年封禁之由，系为郑重陵寝起见，所以禁樵采，而杜刨垦，划界址而便守获，不必尽由风脉之旧说也。省会据兴、通、柳三属议请开放之由：一、以清查丈放可以筹款、辟地、开垦，可以安民，议请开丈，是曰兴利。一以官员查山向多骚扰，林深山密，久为盗薮，议请开放，是曰去害。有此二端，既兴地方，大有裨益，自不可不提前赶办，实行开放，以顺舆情。然后徐议妥善办法，孰应归之前清皇室财产，孰应归之国有山林。俟普律勘查，通盘筹议，再为划定，期于皇产、国产两无妨碍。惟其间亦有不能不分别办理者，如金厂岭迤东至邯郸坡，长约七、八十里，地居边外，距陵甚远。其初本非禁山，同治年间始由京都奏请封禁，足见与陵禁无关，此决可一律开放者也。新开岭迤东至金厂岭，长约百余里，原无封禁明文，且此岭距陵已有四十余里之遥，亦无关于陵禁，与金厂岭情事相同，此亦可援案开放者也。又新、金两岭中间，即系松子官山，其森林为最繁盛，树木深密，多属成材。惟岁采松子，例备贡祭，现拟择其松子茂盛者，酌留数处，仍按年采取松子，以备祭用。其余一律采伐运销，此亦可分别开放者也。又马尔礅岭与永陵远隔数山，闻从前原系封留备用，并非因陵山而示禁。虽可耕之地无多，既称有人愿垦，不妨准其报领，此亦可同时开放者也。至烟筒山正对永陵，称为照山，相距甚近，自无遽请开放之理。惟查山坡前后，现在已有私垦，查禁既虑扰民，坐视亦非正办。且此外陵山周围私垦之事所在皆有，窃意不妨变通办理，择其可垦之处，即准民间租种，明定额租，按年照纳，仍归修理陵寝及津贴守护官兵当差之用，俟将来考察情势，剔归另案核办，此不可开放而可另议变通者也。抑职更有言者，自新开岭起越金厂岭，以至邯郸坡东西延长及二百里，虽议一律开放，而龙岗正脉，崇山峻岭，人迹罕到，其势不能开放。

且究系龙岗正脉理应重视，拟仍照旧封护，划定界址，改设封椿，责成所属地方官就近保护，不必再由守陵官兵查管，并将派员查山。旧例永远取销，以免烦扰等情。并拟丈放山荒暨采运森林各办法，开折呈送前来本署司。查此次派员查勘兴京、龙岗官山，划清余地界址，设局丈放，原为保护陵脉，便民垦植起见。既据金守勘明，金厂岭、新开岭两处可以开放，并松子官山森林可以采运，于陵禁均无关碍，自应饬令从速开办，收价放领，分别升科，以兴地利而裕课赋。现经本司将金守先后拟呈各办法、章程，逐细复核酌量增删，另行规定章程十三条，开具清折呈送宪台核定转呈大总统暨分咨京内务部查核分行备案。除照抄章程照会丈放总局查照办理外，理合将章程、清折呈请鉴核。等情。据此。本都督复核所拟章程尚属允协，除批示照办并分别呈咨外，相应抄录章程咨明贵部，请烦查照。此咨。

计咨送章程清折一扣。右咨

内务部

中华民国元年十二月初六日，即壬子年十月二十八日。

今将丈放兴京、龙岗官山余地规定章程十三条计开：

一、宗旨　查兴京、龙岗官山久经封禁，其正脉外，余地甚多，废弃可惜。此次先行派员勘明，将禁山以外余地，实与陵寝毫无关碍者始准丈放，系以保护陵脉，便民垦植为宗旨。

一、划界　此次丈放官山余地，系由陵东相距四十余里之新开岭起，又自此岭迤东越金厂至邯郸坡止，东西延长及二百里，南北宽约一、二里至十余里不等。新开岭与金厂岭至邯郸坡，约共得可垦余地一千数百方，均与陵禁无关，现经划定界址，一律绳丈，以便放领。

一、设局　总局设于兴京，定名曰：兴京官山余地丈放总局。总办丈放一切事宜，并与新开岭、金厂岭两处各分设行局。新开岭名新行局，金厂岭名金行局，专办丈地、拨段等事。

一、丈放　此项余地系照先丈后放办法，先派监绳员书将所有地段全数绳丈，分别等则编列字号，一俟编丈完竣，即行拨放。凡领地各户须先赴局报明挂号，将地价等项银两分等缴齐，再行挨号拨领，不得任意拣择，指段请领，越号请放。并不准包揽大段，以杜弊端。至山荒内如有各项矿质发现，无论地段放给何人，其采掘权仍属诸国家。将来或官办、商办应照矿章办理，各户不得争执。

一、地价　查官山余地均系荒段，应查照历次放荒成案暨当地情形，酌定地价，分为三则。以二百四十亩为一方，上地每方收价银二百四十两，中地每方收价银一百六十两，下地每方收价银八十两，其有不堪耕种只能作为樵采牧养者，不分等则，每亩概收银一钱，仍照章每地价银一两加收经费银一钱五分，以资办公。又上、中两则地，每亩收照费工本银五分。下则减半，每亩收照费银二分五厘。至不堪耕种之地，每亩收照费银一分。所有地价及经照费等项银两，均按库平核收，以符向章。

一、树价　凡地内如有树林者，应于地价外加收树价。以树之多寡酌分三等，上等每方收树价库平银十五两，中等十两，下等五两，均与地价同缴，仍加收一五经费，以照一律。惟树随地放领地者，不得以地段不合及领地不领树，藉词退换，以杜取巧。

一、发照　查历次放荒成案，大照用奉天都督衔，盖用奉天省印。丈单用度支司衔，盖用度支司印，统由司刷印颁发填用。此次事同一律，自应援照办理。凡领地者将地价及经费银两交齐，先由丈放局掣给收据，俟地段拨领时再行填明。丈单粘连大照，发给收执，并饬将照费银两遵章呈缴。其有树随地放者，另由局刷印树价清单，随同单照，一并填给，免交单费，以示体恤。

一、升科　查该处均系山荒，土质硗薄，其课赋等则，自应从轻核定，不分正耗。上地每亩征银四分，中地三分，下地二分。其不堪耕种之地，每亩征银一分。惟所放荒地既甚瘠薄，若照历办垦章三年后升科，各地产仍不免苦累，应援照丈放蒙旗荒地办法，自报领之年起至第六年升科，以恤民艰。将来新升粮银，归兴京府按年征收造报。

一、采木　查新开岭迤东至金厂岭，中间即松子官山，其森林为最繁盛，与金厂岭、新开岭两处不同，大者如旺晴等九处，次者如头道沟等二十三处均系大段，树木深密，多属成材。此外，小段山林各处皆有，不可胜数。惟岁采松子例备贡祭，现拟将林子头、黄带子沟二处仍留采取松子，以备祭用外，其余一律采伐运销。至地段如何开放，须俟森林办理就绪，再行查酌办理。但此项松子官山林木大小不一，若招商承办，势必将大小树株全数砍伐，无遗大者。固应采伐小者未免可惜，自应仍归官办。先由丈放局兼理其事，随时估价饬商领买、采伐、运销，并于树价外加收一五经费。俟将来丈放完竣，总局裁撤，即将采木事宜另行派员设局专办，并兼理丈放未尽事宜。如催收尾欠、造报部册之类，所需局用，在于树价项下，加收之一五经费内开支。其详细办法应由丈放总局勘明另拟，呈送核定饬办。

一、移桩　查新开岭迤东官山余地，既已一律开放，应于此岭东西划清界址、分设桩牌。其龙岗正脉有查明应照旧封留者，并应改设封桩以清界限。均俟丈放完竣后再由该局分别妥拟，呈候核饬办理。

一、拨款　查龙岗禁山向归永陵守护官兵查管，今既将余地丈放，自应酌量拨补，拟由所收地价项下酌拨若干成，作为修理陵寝及津贴官兵之用。将来该地升科后，或按年在于所征课赋内酌量提拨之处，亦应俟丈放完竣，再行酌核办理。

一、局费　该局经收地价及照费银两，均应随时解交度支司核收，不准动用。所有局用员书薪水、车价等项银两，在于加收一五经费内开支，余款照数解司备充公用。

一、劝惩　此次丈放官山余地，在事员书果能勤慎办公，迅速蒇事，应准照章择尤奖叙。倘有浮收需索等情，查出从严究法。

以上各条系属开办章程，如有未尽事宜或应行变通之处，再行拟议呈咨。

（2）内务部复咨(12月16日)①

为咨复事：准咨开，前准奉天临时省议会议决，划清永陵、龙岗界址，丈放封禁余地一案。经饬度支司遴员会同旗民各地方官暨自治团体，切实履勘，划清地界，并拟订章程十三条，设局丈放，请查照备案等因。查咨称各节章程各条，尚属允协。至该山全境放地与禁地之界限，仍应绘具图说送部备查。其丈放地段亩数及各领户，亦应分别造册随时咨部。除将原咨并章程备案外，相应咨复贵都督查照办理可也。此咨

奉天都督

（3）国务院公函(12月16日)

元年内字第六十六号

径启者：奉大总统发下奉天都督张锡銮呈报丈放兴京、龙岗官山余地规定章程，请饬立案等语。除分致各部外，相应抄录呈批，并清折一扣，送由贵部查照备案可也。此致

内务总长

〔北洋政府内务部档案〕

① 系拟稿日期。

3. 张元奇拟订试办海城县丈放山荒章程与内务部来往咨

(1915年9—11月)

(1)张元奇咨(9月19日)

奉天巡按使公署为咨陈事：案据奉天财政厅长董元亮、官地清丈局长孙葆晋、副局长金梁会详，据海城县知事廷瑞详称：窃查中日新约，土地有租赁之条，南满城杂居之地。当此准备期间，若不审慎筹维，转瞬实行，对于官有之不动产，是必强租谋占，种种交涉，在在堪虞。而惟山场，尤为注重；而惟海城，尤为紧急。知事职责所在，凡有管见，敢不据实上陈。查县城东南一带，多属荒山，连邱接谷，实居本县全境之半。其稍为平垣，堪可耕作者，虽均有人报领，而沙石、土草，一片荒场，尚觉废弃甚巨。此项山场耕种，固不可行，如加以人工栽树、养蚕，以及畜牧等事，均无不可。惟如按照官地清丈局章程收价丈放，民间限于收益之难，是必不肯报领。知事拟将此项山场，一概免价丈放，限期升科，不但此后国家之课赋可资增收，即将来交涉之发生亦可减少。倘如仍前废弃，新约一经实行，日人无不觊觎之理。再加以无知愚民，勾串租典，意外交涉，是必因之起而愈繁。前者辽沈道尹招集二十二县会议之际，已曾提议及此，虽经列入议案，诚恐发表为迟。查准备期间，只有月余，若不提前处置，是必终成画饼。知事因保护领土，预杜交涉起见，是以不揣冒昧，草拟章程送请查核。如蒙允准，即祈通饬各县速即一体仿办，务使野无旷山，境无闲土。庶外民无插足之地，交涉无可起之由。理合连同章程具文详请鉴核，速予批示遵行。等情。据此。查奉省东南一带，山荒甚多，如能一律勘放，实为筹款大宗，本局早拟筹办。唯以员司不敷分布，现方统盘筹划，极力进行，该县自应提前办理。然此项山荒，如不分生熟，一律免价，非特无此办法，亦恐疏弊难防。且辽沈、盖复各县山荒，近已报请价领者，日见其多，该县亦未便任其独异，致碍进行。当经往返咨商，并将该县所拟简章修改，定为试办山荒章程十四条，先行派员试办。一面仍俟统筹全局，另定办法，再行详核，理合详请鉴核，转咨施行。再，此稿系官地清丈局主稿，合并声明。等情。据此，本巡按使复查无异，除详批准并分咨外，相应抄录章程，咨请贵部查照施行。为此，咨陈

内务总长

计咨送试办山荒章程

奉天巡按使张元奇

中华民国四年九月十九日

奉天全省官地清丈局拟订丈放山荒章程

第一条　奉省各县山荒向多废弃，本局成立之后，报领者众，亟应另订章程，一律丈放，准民价领，以裕收入。

第二条　山荒应区别为生熟两种。业经私垦成田，或柞木较多，宜于养蚕者为熟荒。将来可期垦熟成田，或可栽种树木者为生荒。概准民间报领。

第三条　山荒、生、熟各分三则收价。唯山地土性瘠薄，未便与平原等视，拟援清丈章程第二十条，其斥卤碱片暨山坡沙石之地，照下则减半收价，仍予以次递减。熟地，上则每亩收价大银元一元五角，中则每亩收价大银元一元，下则每亩收价大银元五角。生荒，上则每亩收价大银元七角五分，中则每亩收价大银元五角，下则每亩收价大银元二角五分。

第四条　山荒不论生熟及等则之高下，每亩均收注册费大银

元二角，照费大银元一角。

第五条　山荒内如遇石多土少，不堪耕种，只能作为收养者，准予免价归领，仍收册照费。

第六条　从前报领山场，有请领剪照或斧照者，此次大放。凡已领有剪照、斧照之户，统限于一个月内（自此项章程公布之日起算）将原照缴局验明，由局派员复丈，现地与原照果能相符，即准交价承领，换给部照，原照撤销。倘原户逾期不报，或不愿交价，一概撤出另放。

第七条　所有山荒归首报者价领，并准其自行指段。唯领有剪报、斧照者，应尽原领户交价。业已私垦成熟者，应尽原垦户交价，不得以首报争执。

第八条　山荒一经首报，由局派员勘丈，查明实无轇轕情节，并取具乡正副切结，方准交价领照。

第九条　山荒内如有各种矿苗发现，应赴财政厅报明领照勘采，已交地价册照费，概不退还。

第十条　山荒内如有多数森林关系林区者，应归林务局核办，概不丈放。

第十一条　山荒已垦熟者，应于价领后，当年升科，未垦熟者，应于价领垦熟后，第五年升科，均按下则减半纳赋。如作牧场樵采之区向不垦种者，应准免课。

第十二条　报领之生、熟、山荒，由局派委各监绳员顺途勘丈。凡本章程内所未赅载者，悉以清丈章程办理。

第十三条　本章程如有不适用之处，得随时详请修正，以免窒碍。

第十四条　本章程自详奉呈准之日施行。

（2）内务部复咨（11月22日）

内务部为咨行事：前准咨称：据奉天财政厅、官地清丈局会详：据海城县知事廷瑞详拟丈放山荒章程请批示遵行等情。查此项山荒，如不分生熟，一律免价，非特无此办法，亦恐流弊难防。且辽沈、盖复各县山荒，近已报请价领者，日见其多，该县亦未便独异。当将简章修改，定为试办山荒章程十四条，先行派员试办。一面仍俟统筹全局，另定办法，再行详核等情，抄录章程咨请查照施行等因到部。查所拟试办山荒章程，系为招徕领户起见，似属可行。当经本部咨商财政部查核酌复去后。兹准复称：查核试办山荒章程十四条，尚属妥协，应作先行试办等因前来。相应咨复贵巡按使查照转饬办理可也。此咨

奉天巡按使

〔北洋政府内务部档案〕

4．段芝贵等关于奉天省增订清查各王公带地投充地亩章程案文件

（1915年12月—1916年3月）

（1）段芝贵咨（1915年12月21日）

奉天巡按使公署为咨行事：案查前承准政事堂封寄国务卿面奉上谕，有人报告，奉天各县田地，在前清时有民人自垦官荒，报归王府纳租承种者，名为带地投充。近闻肃亲王府委员拟将此项田地偷卖，窃恐民间失业，激成事变等语。著交奉天巡按使迅速查办，以保民业，而防流弊。原呈抄给阅看等因。遵此封寄，计抄原呈等因。承准此，正在核办间，复准贵部电同前因，并称，肃王府所有田产应由官厅持平处理，不能听该王府自由处分。行奉饬县，将该王府所有圈租地亩、坐落数目，一律清查，并传知该地经理庄头及该府所派管事人等，切实询明，以凭解决。一面将

带地投充地亩详晰查明，妥订办法等因。当经前巡按使饬行官地清丈局查核办理。嗣据清丈局以肃亲王府庄地散在各属，有无多寡，无从得知。必须依据该府图册，前往按段清查，方足以杜弊混，而便稽核。详请咨部转咨宗人府，调取该王府庄地图册发局，以便饬员彻底查勘等情。复经本兼巡按使咨请贵部查照核办各在案。兹据清丈局局长金鼎等详称：遵查奉省带地投充之案，不独肃王府一处，其余各王公府地亩在在有之。前订清丈王公庄地章程，并未议及，系属疏漏，自应由局另行增订，以期妥协。兹拟增订查丈各王公府带地投充地亩章程十四条，理合详请呈咨立案。等情。据此。查核所拟章程，于王公庄佃各方面兼筹并顾，尚无偏枯，似可照办。除呈报暨分咨外，相应抄同章程咨请贵部查照立案见复施行。再，肃王府庄地，应俟贵部调取图册咨送到奉，再由官地清丈局派员会县一律清查，另行呈咨，合并声明。此咨
内务总长

计送章程一份

镇安上将军督理奉天军务兼署奉天巡按使段芝贵

中华民国四年十二月二十一日

增订清查各王公府带地投充地亩章程

今将增订各王公府带地投充地亩章程缮具清单咨送查核。

第一条　查王公各府庄地向有带地投充一项，今为丈放租售，免致偏枯起见，特增订章程俾资遵守。

第二条　王公各府自本章程宣布之日起，对于带地投充之地，收租权仍应照旧，只许售租，不许售地。

第三条　王公各府售租价则由局规定。售租价则之规定如左：

一、向有一定租价者，准按每亩租价参酌当地情形，议定售价。应以原租二十倍以上，至百倍为限。

二、向无一定租价者，应照当地情形分别等则，议定售价。

唯不得过丈放王公庄地章程第四条所规定之数。

三、或虽有一定租价，而租额轻重，按之地质肥瘠未能适合，或有特别之地，不适用上、中、下三等定价者，均由各绳员于查勘时，参酌当地情形，酌中定拟。

第四条　各府带地投充之地，自本章程宣布之日起，由局一律划出另办。并准各庄佃自行来局首报，首报期限，查照丈放王公庄地章程第三条之规定办理。

第五条　此项带地投充之地，援从前丈放锦属官庄成案，以领有前清国初发给龙票、龙牌，或别有证据，确系带地投充者为限。否则仍照本局原定丈放王公庄地章程办理。

第六条　此项带地投充之地，由局清丈后，照从前丈放锦属官庄成案原额免价，归庄佃承领。唯每亩仍照章收册照费，浮多地先尽庄佃报领，按则收价归公，价格照本局丈放王公庄地章程第四条办理。如庄佃无力价领，准具禀结撤地另放。其有换段隐匿情弊，一经查出，撤地另放，并从重惩办。

第七条　各府售租应先尽原庄佃承受，如原庄佃无力留买，准予另行别售。其地仍归原庄佃承种，买主只准按照原额收租，唯国课应由原庄佃自行赴地方官交纳。

第八条　售租契纸定为四联。正契一联，交买主收执；存根一联，留局备案；一联咨送财政厅；一联发交该管县，分别存查。其款式应由局预拟，咨送财政厅详部核定颁用。

第九条　此项地租无论原庄佃或他人承买，均应领用官契，按照民地买契税率一例投税。

第十条　此项售租契纸每张应缴大洋五角，由卖主、买主各半分任，并由买主向承办登记衙门照章登记。如有不领官契，私自立契成交与不照章登记者，一经查出，除换给官契照章税契补行登记外，仍照应纳税额十倍罚金。

第十一条　此项带地投充之地，非经报局查丈以后，不得私行典售。

第十二条　本章程有未经规定者，得援照丈放王公庄地章程及丈放官地普通章程办理。

第十三条　本章程如有未尽事宜，得随时增修、删改，详请核咨备案。

第十四条　本章程自呈准日施行。

（2）内务、财政两部会呈(1916年2月)

内务总长臣朱、财政总长臣周谨奏为遵议奉天省增订清查各王公府带地投充地亩章程，恭折仰祈圣鉴事：窃承准政事堂钞交兼署奉天巡按使段芝贵奏请清丈各王公庄地增订带地投充地亩章程一案，奉批令交内务、财政两部会同核议具复，单并发，此令。等因。奉此。遵查前清各王公府带地投充地亩，坐落奉天各属，所在多有。其间纠葛情形，较之普通王公地产，清查尤为困难。该省前订清丈王公庄地章程，有未能一律适用之处，自应另行增订章程，以凭办理。复查原订章程各条，大致尚属妥协。惟第三条第三项规定售租价则内称：租额轻重，按之地质肥瘠未能适合，或有特别之地不适用上、中、下三等定价者，均由各绳员于查勘时，参酌当地情形酌中定拟等语。似属毫无限制，拟于该项下增加详请巡按使核准，咨部备案一语，以资考核。至带地投充地亩不独奉天一省有之，其散在京兆、直隶、热河等处地方者，亦复不少。此项章程规定如蒙批准，拟即由部分行京兆等处遵照参酌办理，俾归一致。所有遵议奉天省增订清查各王公府带地投充地亩章程缘由，是否有当，理合恭折具陈，伏乞皇帝陛下圣鉴训示。再，此案系内务部主稿，会同财政部办理，合并声明。谨奏。
洪宪元年二月

(3) 内务部咨(3月14)

内务部为咨行事：案准奉天省长咨称，奉省改订丈放奉省王公庄地章程一案，抄录呈稿，检同章程，请查核备案等因。并准国务院抄交指令：呈悉。交内务、财政两部查核办理等因到部。查奉省此次改订丈放王公庄地章程，较之四年间该省所订王公庄地查丈章程、宗旨办法，多有不同。详核此项章程，颇有应行讨论之处，经本部就各条加以签注。事关两部主管，相应将签注各条抄单咨行贵部查核见复，以凭办理。此咨

财政总长

计抄单一件

内务部签注奉省改订丈放王公庄地章程

第二条　行政会议之上，应添奉省二字，余仿此。

第五条　第四条既云须亲自来局接洽，或派亲信府员办理。本条又云，如有商请交丈庄地等事公函，似嫌抵触。应改为如用公函并领款云云。

第七条　拨归国有之下，应添由局定价放领六字。

第八条　查四年奉省所订王公庄地查丈章程第二条内载，各王公府如有不愿丈放者，亦应声请本局派员清查、划分正浮，正额归府，浮多归国等语。本条无论祭田、庄地，一概不许各王公声请自留云云。与原章宗旨办法迥不相同，究于推行上有无窒碍，应由局详细声明。

中华民国十年十月四日

〔北洋政府内务部档案〕

5．张作霖等关于改订丈放奉天省王公庄地章程案文件

（1921年9月—1922年7月）

（1）张作霖咨（1921年9月8日）

呈改订丈放奉省王公庄地章程一案，除将原呈并章程咨呈国务院呈递，并分咨财政【部】外，相应抄录原呈，检同章程咨行贵部，请烦查核备案。此咨

内务总长

计抄送呈文一件，章程一本。

东三省巡阅使、奉天督军兼省长张作霖

奉天财政厅厅长王永江代

中华民国十年九月八日

（附原呈）

呈为改订丈放奉省王公庄地章程，缮具清折恭呈仰祈钧鉴事：窃查奉省丈放王公庄地，业于民国四年拟具章程八条，呈奉批令，交部查核办理并准内务、财政两部核准咨复，令行官地清丈局遵办在案。惟前订章程施行既久，时异事迁，核诸现办情形，未能适合。迩来各王公庄地限期清丈，各府请丈之案，日渐增多。庄佃争领，府佃纠葛不清等事，较前尤繁。自应将原定章程另行修改，以期适用，而便遵循。兹经特开行政会议，研究妥善办法。令由官地清丈局局长王镜寰等改订章程二十一条呈送前来。逐细复核，尚属完密、周详，应予照办。除分咨内务、财政两部查照外，理合将改订丈放王公庄地章程缮折具呈，伏乞大总统钧鉴训示施行。谨呈

大总统

奉天全省官地清丈局改订丈放王公庄地章程

第一条　凡坐落奉省各县属各项王公庄地，均应依照本章程交局丈放。

第二条　各王公府坐落各县属之庄地，除已交局有案勘丈不计外，如未交册请丈者，应遵照行政会议决定办法，于本章程奉令核准之日起算，六个月限内，将册交局清丈，逾限无效。

第三条　各王公府对于未勘丈之庄地，如有证据不完备之处，由局随时查核明确，遵照行政会议决定办法，酌减地价。

第四条　各王公府清丈庄地免收勘丈经费，须亲自来局接洽或派亲信、府员办理。至以前委托代表垫款包办一切办法，一律禁止。

第五条　各王公府对于本局，如有商请交丈庄地等事公函，并领款、印领，均须由原请丈地之各王公亲自署名、签章、盖用府印，方为有效。如印章两歧或不完备者，概作无效。

第六条　各王公府请丈庄地，须将老年地册并收租帐簿，送局核定后，由局派员到段勘丈。并由府派府员领段，或派庄头指领。

第七条　各项庄地经绳员勘丈后，比较请丈地册原额亩数，归府得价。如丈有浮多之地，尽数拨归国有。

第八条　各王公府庄地经局派绳员勘丈后，即由绳员填明丈单，放归庄佃承领，无论祭田、庄地，一概不许各王公府声请自留，以杜争端。

第九条　各王公府庄地经绳员勘丈后，查明承种之户，庄种归庄承领，佃种归佃承领。

第十条　上条所指佃领之地，须先尽原佃户承领。如原佃户已将地转押或转兑他户者，由绳员至段之日起，预限十五日，由原佃备价赎回，逾期即放归现佃户承领，原佃不得争执。但现佃接种满十年者，原佃不得抽赎。

第十一条　无庄佃之地，或原有庄佃而绝嗣未转与他佃之地，即按现时实值价格放与现种之户承领。

第十二条　各项庄地应由绳员到段勘丈时，妥慎查勘土质，酌定上、中、下三则。如地势实有沙石不堪者，应取领段之府员或庄头同意，酌定减则，均须于丈单内注明。

第十三条　各王公府如有坐落县城内之街基、房基、地亩，应由绳员查勘情形随时呈局，另行核定等则、价值。

第十四条　各绳员丈明庄地，应造具图、册、表等件，呈局核定后，由局另派专员催收地价。不准王公府自行派员私收价款，以杜流弊。

第十五条　各项庄地，上则每亩收地价大洋八元；中则每亩收地价大洋六元；下则每亩收地价大洋四元；减则每亩收地价大洋二元。如册据不完备者，遵照行政会议决定办法，按则每亩减收地价大洋二元。俟地价缴清，一律填给部照，但减则应由绳员专案呈请核夺。

第十六条　丈明放领之地，由绳员于填放丈单时，不分等则，每亩地应向各户收册照费，奉一、二大洋一角五分。如丈单当时因事未能放出者，则由催款员于收价时查明补收。

第十七条　所收庄地、基地价款，以二成拨归国有，以八成收归各王公名下。存款帐簿专储备领浮多地价，尽数拨归国有。

第十八条　按月催收各项庄基地八成价款，应先扣拨浮多地价，余数方准给领。如各王公请领地价时，须遵照本章程第五条所载，备具正式印领来局取保请领。至未经收入者，不得要求预领，亦不准赴各县收价处私自截留。

第十九条　各王公府请丈之地，如原现佃各户，持有府给确实卖出证据者，须于丈地时，由绳员呈局核定。按照证据内所载之款额，照数抵交八成府价，仅收归国二成之款，以昭平允。

第二十条　本章程自呈奉省长核定之日施行。

第二十一条　本章程施行之日，原定丈放王公庄地之八条简章，即行废止。

（2）内务、财政两部会咨（10月28日）

内务、财政部为咨行事：承准国务院抄交大总统指令，兼署奉天省长张作霖呈改订丈放奉省王公庄地章程，缮单呈鉴由。奉指令呈悉，交内务、财政两部查核办理。此令。等因。奉此。并准贵省长咨送原呈暨章程到部，当经本部等会同详细复核，查改订章程，大致妥协。惟各条文内，行政会议之上，应一律增奉省二字。第五条各王公府对于本局，如有商请丈放庄地等事公函云云。查第四条内载，各王公请丈庄地，须亲自来局接洽，或派亲信府员办理等语。两条对照，文义上稍嫌抵触。本条应改为：各王公府对于本局商请交丈庄地，如用公函云云，以免误会。第七条拨归国有之下，应增由局定价放领六字。第八条各王公庄地经局派绳员勘丈后，即由绳员填明丈单，放归庄佃承领。无论祭田、庄地，一概不许各王公府声请自留，以杜争端云云。查四年间，奉省所订王公庄地查丈章程内载明，各王公府如有不愿丈放者，亦应声请派员清查，划分正浮。正额归府，浮多归国等语。本条无论祭田、庄田，一概不许各王公府声请自留，较之旧章，宗旨、办法迥乎不同。究于推行上有无窒碍，应由清丈局详细声复。第二十条呈奉省长之下，应添咨部二字，以昭详慎。案关清查民地，考虑自不厌求详。相应咨行贵省长查照见复可也。此咨

奉天省长

中华民国十年十月二十八日

（3）张作霖复咨（12月23日）

奉天省长公署为咨行事：案查前准贵部暨财政部咨，以前送改订奉天丈放王公庄地章程内，有应行修改各条，应即分别更正。其第八条祭田、庄地不准各王公自留，有无窒碍，并应饬令清丈局详细声复等因。当经令局遵照在案。兹据该局复称：遵查部咨，对于行政会议冠以奉省二字及第五条、第二十条分别增删，或系增补缺遗，或为删除抵触，均已遵照更正。惟第七条拨归国有之下，饬增由局定价放领六字，实属窒碍难行。缘丈放王公庄地，以维持庄佃不失原业为要义。而王公各地有无浮多，又须一律丈竣，始能明了。若先丈之段，得照原价措缴。后丈之段，即皆另定价格，非特不平而争。且无力之佃，因未享同价之利益，亦难免失业而叹。核与维持之义，隐有冲突，拟请仍照原价，一律放领，以免歧异。并将条文如丈有浮多之地，改为如丈有浮多，其价亦照额地办理，以资明晰。至无论祭田、庄地，一概不准自留，较之旧章实属不同。此中原因：一、以丈放王公各地含有吸收王产，实行国家划一田赋主义，非第廓清田野而已。一、以王公私产经年愈久，轇轕愈深，准其自留，反启讼争之渐。且自清丈以来，迭经查明各王府举一切庄地、祭田，尽向民佃私行售卖者，不一而足。若仍准自留，不过徒有其名，终不免藉端居奇、高抬价格，甚至增租夺佃，苦累佃民。由前之说，已不能准其自留，致碍统一政策。由后之说，更不能不一律丈放，藉以消弭后患。职局本历年经验之所得，是以有此条之改订。况查此项改订章程自施行以来，已由各府纷纷请丈，尚无何种窒碍。奉令前因，理合呈请鉴核，转咨施行等情。复核无异，除指令并分行外，相应咨行贵部，请烦核复施行。此咨

内务总长

东三省巡阅使奉天督军兼省长张作霖

奉天财政厅厅长王永江代

中华民国十年十二月二十三日

(4) 内务、财政两部会复咨(1922年1月23日)

内务、财政部为咨复事：查贵省长呈改订丈放王公庄地章程一案，前经本部等会同复核，并提出应行修正各条，会咨查照在案。兹准咨开：令据清丈局复称，部咨行政会议冠以奉省二字及第五条、第二十条分别增删，均已遵照更正。惟第七条增由局定价放领六字，实属窒碍难行。拟请仍照原价一律放领，以免岐异。已将条文如丈有浮多之地，改为如丈有浮多，其价亦照额地办理，以资明晰。至无论祭田、庄地，一概不准自留，较之旧章，实属不同。此项改订章程，自施行以来，尚无何种窒碍等情。据情咨请核复等因到部。查此项章程，既经查照部咨分别修正，并据清丈局声复施行以来，尚无窒碍，自应准予照办。除由部备案外，相应会同咨复贵省长查照。此咨

奉天省长

中华民国十一年一月二十三日

(5) 张作霖致内务部咨(5月9日)

奉天省长公署为咨行事：案据奉天官地清丈局局长王镜寰呈称，案查职局改订丈放王公庄地章程，自呈准施行后，均能推行无阻。惟第十九条按照证据内所载之款额，照数抵交八成府价一节，在职局原定意义本为化除府佃纠葛，以昭公允起见。惟文义稍有罅漏，以致王公各府往往以从前卖价，较现丈之地，有绌无盈。援照此项章程请求照数划抵，以期追加原价。经局详细查核地价低昂，本因时而异，原无追加之理。况既由府自发卖据，注明所卖四至或亩数，即以最低之价售出。多数之地亦系出于情愿，

不应反悔，其理至明。职局谨本此旨，拟将原章第十九条自由绳员呈局核定以下，改为按照证据内所载之四至或亩数，概免缴纳八成府价，仅收归国二成之款。但无四至、亩数，仅有款额者，得照款额抵交府价，以昭平允。如此改定，既杜各府觊觎之心，且免佃民争抗之举，即丈放章程益臻完备，俾有裨于推行也。除分行各王公府，并通令各绳及各催价处一体知照外，理合呈请鉴核备案等情。除指令并分行外，相应咨行贵部，请烦查核备案。此咨

内务总长

东三省巡阅使奉天督军兼省长张作霖

奉天财政厅厅长王永江代

中华民国十一年五月九日

（6）内务、财政会复咨（9月28日）

内务、财政部为咨复事：案准咨开：据奉天官地清丈局呈称：查改订丈放王公庄地章程自呈准施行后，均能推行无阻。惟第十九条，按照证据内所载之款额，照数抵交八成府价一节。在原定意义本为化除府佃纠葛，以昭公允起见。惟文义稍有罅漏，以致王公各府往往以从前卖价较现丈之地有绌无盈，援照此项章程，请求照数划抵，以期追加原价。经局详细查核，地价低昂，本因时而异，原无追加之理。况既由府自发卖据，注明所卖四至或亩数，即以最低之价售出多数之地，亦系出于情愿，不应反悔，其理至明。局本此旨，拟将原章第十九条自由绳员呈局核定以下，改为按照证据内载之四至或亩数，概免缴纳八成府价，仅收归国二成之款。但无四至、亩数，仅有款额者，得照款额抵交府价，以昭平允。如此改定，既杜各府觊觎之心，且免佃民争抗之举，即丈放章程益臻完备，裨于推行。除分行各王公府，并通令各绳及

各催价处知照外，呈请鉴核备案等情，咨请查核备案等因到部。查此项章程既准咨，据该局呈称，第十儿条文义稍有罅漏，重行修改系为杜绝争端，便于推行起见，自应照准改订，俾臻完善。除由部备案外，相应会同咨复贵省长查照。此咨

奉天省长

中华民国十一年七月

〔北洋政府内务部档案〕

6．财政部抄送贵州省十卫屯田缴价给照章程等咨

（1915年6月9日）

财政部为咨行事：上年会同核议贵州请将清查屯田，仍照旧章办理，免滋苗民疑惧一案。奉批令：呈悉。即由各该部转行贵州巡按使查照办理。此批。等因。当经咨行查照去后，兹准该巡使咨陈清理屯田章程与部章间有不同之原因，并拟请暂照旧章办理及以此项补价归还商欠，并令移购公债各等因。抄粘清理屯田办事简章、执照、表式等件，并将省章与部颁条例不同之点，分别声注，咨请查核到部。业经本部将办事简章略加签注，以及官产补价未便归还商欠及移购公债各理由咨复在案。查原案系两部会核，相应将巡按使及本部来往文稿抄录，咨行贵部查核见复可也。此咨

内务总长

附抄件

财政总长周学熙

中华民国四年六月九日

贵州省十卫屯田缴价给照章程

谨将清理十卫屯田缴价给照章程开陈钧鉴：

计开

第一条　本省十卫屯田、余田，先尽现在承种完纳粮租之户缴价领照，永远管业，并准日后自由典卖。

附属于屯卫之园林、房基、山塘、空地、废署，准照本章程规定办理。

说明：贵州屯卫，始于前清雍、乾年间，戡定苗疆，散军归农，以充公逆绝田，分授屯军领种，计凯里八寨，清江、丹江、台拱、古州、松桃、黄施共设十卫。额设屯军九千三百余名，每军一户，给上田六亩、中田八亩、下田十亩。上田每亩纳粮一斗，中田八升，下田六升。授余之田则为余田，由卫弁招游军督耕纳租。嗣经通饬加二征收，以迄于今，虽其间不无承顶、雇替诸弊，然究属国有产业。现在开放改归民有，并先尽承种者，缴价管业，于国于民，两有裨益。

第二条　凡十卫屯田、余田，已遵章缴价给照改归民有者，即为民田。除删去屯军名目暨免征调外，所有从前盗卖、私售、估占、雇替之弊，一律免予追究。

说明：查寓兵于农，分田设卫，历代称为良策。无事则分班操练，药弹给自公家，有事则奉调从征，军饷皆由自备。各卫屯军，虽于解饷，获犯杳不相涉，而于匪乱边警，尚资调遣，远事不足征。即如清光绪年间粤匪滋乱，榕城报警，各卫应东道征调，尚有出重价遣人代替，而军饷则由本军户供给，所在多有。现既缴价改为民田，自应免征调之役，以示体恤。

第三条　各卫屯、余田改归民有，缴价之等差，约分三类如左：

（甲）现系原军承垦、承种者，照估定价值八折缴价；

（乙）本非军丁，或同系甲乙军丁，于承顶时曾出过顶价、垦价者，照估定价值九折缴价；

（丙）军丁逃亡故绝，他人私占佔种者，照估定价值十成缴价。

第四条　各卫屯、余田，此次缴价，应分田地等级。参照每年收益之多寡及邻近地亩之时价为标准。

（一）某等田每年收谷一挑，准邻近现时地价值价银　两，照前条甲类应缴价银　两。

（二）某等田每年收谷一挑，准邻近现时地价值价银　两，照前条乙类应缴价银　两。

（三）某等田每年收谷一挑，准邻近现时地价值价银　两，照前条丙类应缴价银　两。

说明：查本省山峦重叠，所有田土，要皆依山傍岭，斜角丘段，水浅土薄，工多获少，难于清丈。且各卫田亩，从前授军时，虽分别上、中、下三等及亩数分配各军，惟时移势殊，未尽可凭。此次缴价，并应兼采收益及地价之法暨现在承种者，以别等差，较为平允。惟各卫田地、等级、缴价、等差，以及现时地价，卫各不同，难以列举。故本条以某等田概括，不能豫填缴价确数，应俟清查时逐卫、逐堡调查列表，再按照田地等级分别缴价等差。

第五条　各卫屯田、余田缴价给照，应由现在承种之户，接到清查员发给申请书后，于限期内填报。或交清查员，或自赴所管之县投递。前项申请书，由财政厅制定，另详清查屯田章程内。

第六条　凡缴纳田价银两，概收库色库平银，并依习惯，以两计算。若有以银元缴纳者，应以一元五角伸合库平银一两。

第七条　凡各卫屯田、余田应缴价值，于调查清晰后，按照第四条标准等差核定公布，分三期缴纳。自愿一期缴纳者听。

第一期三个月，自核定价值公布之日起算，应缴十分之四；

第二期二个月，应缴十分之三；第三期一个月，应缴十分之三。

以上正限分三期，统共六个月，将估定价值全数缴齐。

第八条　凡逾前项三期正限，承种屯田、余田之户，未具申请书，延不缴价领照，或已具申请书，尚未将价缴清者，所有屯田、余田，一律收归国有。屯军则征调巡防，粮租则改订科则，其从前私相顶替，仍治以侵盗官产之罪。

第九条　凡在三期正限内缴价领照者，所有历年积欠粮租，准予豁免。并由各县知事体察情形，若缴价期间适值上忙，得由县知事详财政厅转详财政部酌量减缓本年粮租。

第十条　凡未缴价收归国有屯田、余田，由县知事按照清查图册，另行招佃承种，按年征收粮租,或照时价另用投标法招买，随时详财政厅转详财政部核夺施行。

第十一条　凡年久荒芜屯田、余田,由县知事查照清查图册，出示招该处农民承垦。依国有荒地承垦条例之规定，每亩缴保证金五角，发给承垦执照，酌定垦复年限，俟限满后，仍照本章程缴价给照，改归民有，只征粮不征役。但近年抛荒勿庸开垦者，不得援以为例。

第十二条　凡既经缴价屯田、余田，应于价收清时，给予该承买人永远管业执照。

前项执照，由财政厅向财政部请领分发各县备用。

第十三条　凡承买人请领执照，除缴纳田价外,每执照一张，应缴照费银元一元，注册费一角，此外别无丝毫费用。

第十四条　各县知事填给执照，应查照执照各栏，将承买此项屯田、余田人姓名、住址及田地亩数、四至坐落地名、缴价银数，详细逐一填载，并于价值数目上加盖印章，不得遗漏。

第十五条　各县知事填给执照,日后业户等将此业移转典卖，此项执照与民间印契相同，立契典卖时，应将执照随契揭交，不得遗失及隐匿不交。

第十六条　执照如有遗失，准管业人照原照开明字号，邀同邻近保人赴县禀请补给。由县知事查明不虚，并出示插牌招认，以三个月为限。如无人承认，由县详财政厅核准立案，另给新照注册，仍另缴照费一元，注册费一角。

第十七条　凡缴价给照，应由县知事登记簿册，此项簿册格式，由财政厅制印发给。其登记法另详专则。

第十八条　关于办理清查屯田、余田，缴价、给照、登记、编审事宜所需经费，准由缴价内提百分之五，以三成为清查经费，一成为各县经费，一成为财政厅办公费。此外，不得另立名目，需索规费。

第十九条　发给执照所收照费一元，注册费一角，除留县五角为缮写编审及关于屯田缴价给照一切费用外，其余六角，由各县按月另文另款解财政厅，为印刷章程、告示及制印表式、册簿、工本缮写工资费用。

第二十条　各县知事经收此项缴价银两，应按月专款、专册解交财政厅，另款存储，报部候拨。上月之款，限下月上旬连同印照缴验册簿汇解，不得迟延。

第二十一条　各县知事办理屯田、余田缴价给照事项，如能依限办竣，将田价如数催解清楚，得依额外增加奖励条例之规定，按照所解之数，由财政厅详巡按使咨陈财政部转呈大总统奖励。

第二十二条　各县知事办理屯田、余田缴价事宜，如限期届满，毫无成绩，依照知事惩戒条例第六条之规定，由财政厅详巡按使予以惩戒。

第二十三条　各县知事办理屯田、余田缴价事宜，任听员书，需索规费，蒙蔽欺隐，或欲见好屯军民户，以及短额，或延抗者，依照知事惩戒条例第八条之规定，由财政厅核其情节轻重详请巡按使分别惩戒。

第二十四条　本章程系规定各卫屯田、余田缴价给照办法，所有清查十卫屯田、余田章程，以及改屯为民纳粮章程，另以专章订之。

第二十五条　本章程系参酌本省情形办法，并查取江西屯田缴价通则拟订，以奉部核准公布之日实行。

贵州省清查十卫屯余田章程

谨将清查十卫屯余田章程开陈钧鉴：

计开

第一条　凡本省各卫屯田、余田及附属于屯卫之园林、房基、山塘、空地、废署，关于清查估价各事项，悉依照本章程办理。

第二条　清查各卫屯、余田产、体察本省情形，得特派专员办理。其名称如左。

（一）督办员一员；（二）事务员二员。

第三条　前项人员，得由财政厅遴选妥员详请巡按使委充，并详财政部查核备案。

第四条　清查员造缮报告、周历、卫堡，得招募书记及卫兵。但书记不得逾二人，卫兵不得逾二十名。

第五条　清查各卫屯、余田，先从调查入手，应行注意事项如左：

（一）屯、余田所在地名；（二）现在承种军民姓名；（三）田地等级；（四）田地亩数或丘数；（五）每年收益及纳粮租；（六）有无附属园林、房基、山塘、空地、废署及已、未垦之山土；（七）已否出顶，顶主姓名及顶价数目；（八）时价若干。

第六条　清查各卫屯、余田，应分别某县、某卫、某堡，依照前条注意事项详填调查表，并附说调查大概情形，详由财政厅转详巡按使查核。

前项调查表式，由厅制印发给填报。

第七条　清查各卫屯、余田，应测定路线，每卫按堡、按亩，逐户挨查清理。其期限以设堡之繁简、田土之多寡为准，多者限两个月，少者限一个月。但有特别原因，得由督办员详请酌予展限。

第八条　督办员将各卫屯、余田调查详报后，应一面散给通告书，并附发缴价申请书，交现在耕种屯、余田各户照式填报。

前项申请书式，由厅制印交督办员转发。

第九条　清查屯、余田，应依照本省屯、余田缴价给照章程第三、四条之规定，按户分别等差，估定价值，详细列表，详财政厅转详巡按使核准施行。其估价列册应注重事项如左：

（一）屯、余田地名；（二）承买人之分类及姓名；（三）田之等级；（四）田之亩数或丘数；（五）每年收益数；（六）估定价值；（七）备考声明有无特别情事。

第十条　估价清册批准后，由财政厅饬交督办员宣布，并责成书后查催各户，将旧照粘同申请书缴交督办员给予收条。

第十一条　督办员收齐各户申请书及旧照后，应另造估价清册，于原册内加入申请年、月、日及附缴旧照张数，并缴价时期三栏移交该管县知事。照册内所定期限，催缴产价，并一面分详备案。

第十二条　关于估价办法，督办员应遵照屯田缴价章程规定办理，勿得受人嘱托，故为轻重。倘被人举发查实，应依法议处。估定详准后，因有特别事实，非由县知事、督办员会同详请核准，不得变更。

第十三条　凡逾限未具申请书各户，督办员应分别声注于册内，并开单移交，由县知事责成屯差，勒限督催。倘再逾限不报，即由县知事查照缴价章程第八、第十各条办理。

第十四条　督办员每清理一卫屯、余田，将册籍办竣移交后，即继续清理二卫。所有屯田、余田缴价给照事宜，悉由县知事照章办理。

第十五条　清查屯、余田应需经常、临时经费，准由屯田缴价提百之五内，按照缴价给价章程第十八条所定分配开支。督办员支领款项，应依审计手续，按月拟具预算书，详财政厅转详巡按使核准支付。

第十六条　本章程办事细则，应由清查员查酌各卫情形拟订，详请核夺施行。

第十七条　本章程由财政厅详准，以清查员出发之日实行。

〔北洋政府内务部档案〕

7．财政部请核议绥远变通土默特旗岁租划归该旗及带征官租办法案奏

（1915年12月22日）

财政总长臣周学熙谨奏为复核绥远变通土默特岁租、官租一案，拟请准予照办，仰祈圣鉴事：案准政事堂机要局片交署绥远都统督办垦务潘矩楹呈，筹拟变通土默特旗蒙租全数划给该旗，并拟带征官租办法一案，奉批令呈悉：交财政部核议具复等因。当以该都统拟请带征官租上地每顷三元，中地每顷二元，下地每顷一元，较诸原有之二成岁租有无盈亏？其官滩、牧厂、绝户余地，拟收官租，较定章全数归公之额相差几何？又卖租地应收租资全数归公一节，比较他种拟收官租办法，盈绌奚若，均未声叙。拟请先由该都统列表送部，再行核办。呈奉批令呈悉：即由该部咨行该都统查照办理。此批。等因。遵经咨行去后。兹准该都统

咨称，饬据查明原呈所指三项，查二成岁租每顷约收制钱一千三百五十七文，带征官租每顷平均收银币二元，以现在市价计之，合二千六百四十文。除提取二成拨充土默特全旗办公津贴及筹办贫蒙生计之用外，比较每顷约盈七百五十五文。官滩、牧厂、绝户余地，拟加收官租，其原有岁租，仍由公家收入，并无相差之额。卖租地租资全数归公外，仍收官租，俾与其他各无所轻重，国家收益与官滩、牧厂、绝户余地相同。要而言之，拟收官租办法，在公家约多收数万元，在该旗则利益普沾，在种地汉民每亩每岁仅增二十余文之担负，即合官租、岁租并计，每顷岁纳不足八元，亦无民力不逮之虞等因，列表咨陈前来。复查该都统前请带征官租免提二成岁租各节，既据查明，比较原有收入有盈无绌，民力亦无不逮之虞，自可准照该都统原呈办理，以裕岁收。所有复核绥远变通土默特官租、岁租一案缘由，是否有当，理合具折，伏乞皇帝陛下圣鉴，训示遵行。谨奏。

中华民国四年十二月二十二日

〔国民党政府中央盐务机构档案〕

8. 张锡元等关于察区清查各属漏价蒙报升科地亩遵章补价章程案文件

(1922年9—11月)

(1) 察哈尔都统署咨 (8月26日)

察哈尔都统署为咨达事：案据察区实业厅长兼垦务总办龙骧呈称：窃查本区办理清丈系遵大总统批准，内务、财政、农商三部核复察哈尔清丈章程办理。所有各县暨各旗群未经缴价、领照、注册私垦地亩，必须经清丈以后，原垦、原领缴价、领照、管业，再行升科，是为历行成案，十载以来，国与民交受其利。乃自近年举行清赋，微闻各属土豪地棍，有因缘取巧，往往以未经清丈，未经缴价、领照、管业地亩，径向各该县、局朦报清赋，希图倖免地价。甚有冒指数十顷或百余顷大段生熟官地，朦请清赋，据为已有，亦有甲户以乙户私垦官地朦报清赋，藉图侵占者。而各该管县知事、招垦设治局长，第顾考成，漫不加察，遽予照准，因致地价损失，正供无着，且经界不正，民业莫安。此等流弊，若非及时清理，将来为害愈深。况本区垦款，除应劈蒙旗各费外，每年负担军饷、政费四十余万。在八年以前按期解拨，从不愆期，支应有余，绝无亏欠。近年以来，垦款收入较前顿减，所有应解各军军饷、牧政经费及应劈蒙旗各款，共计积欠已达二十余万元。值兹财政奇艰，自非遵章切实整理，不足以维官产而济要需。现经厅长遵照定章，体察现情，拟订清查各属漏价蒙报升科遵章补缴地价章程十三条，并附调查表式，拟请呈报大总统，并分咨内务、财政、农商三部查照备案暨通令八县三局切实办理。仍刷印章程布告所属周知，一体遵守，以清积弊，而裕财源。所拟是否有当，理合具文呈请鉴核，转赐呈咨通令施行。再，此后应如何预防漏价蒙报之弊，应由厅长会同财政厅长妥筹办理，另案呈核，合并陈明，并附送章程、表式。等情。据此。查察区垦款积欠应发恤蒙各款及欠发军饷共达二十余万元，该厅长所拟清查各属漏价蒙报升科地亩补价办法，自系遵照现行清丈章程，整理官有地价，剔除积弊，接济要需起见，除呈报大总统并分别咨令外，相应检同章程表式各一份，咨达贵部，请烦查照备案。此咨

内务部

计咨送章程、表式各一份（原缺）

察哈尔都统张锡元

中华民国十一年八月二十六日

察哈尔清查各属漏漏价蒙报升科地亩遵章补价章程

第一条　本区遵照现行清丈章程，为整理官有地价起见，特订定清查漏价朦报升科照章补缴地价一览表式，应由各该管县知事、招垦设治局长，检取清赋底册与各属承垦登记簿及部照照根，详细核对。凡未缴价领照，未经登载承垦登记簿者，遵照表式所开各节，分别地户姓名、座落地点、地亩数目、四至等则，并应缴荒价数目及蒙报清赋月日，逐项按表详细填明。各限文到十日内呈报实业厅禀报都统公署。

第二条　由各县知事、招垦设治局长，切实清查。自开办清赋之日起，所有漏价蒙报升科地亩，一律按照清赋底册，挨户发给请领证书，并缴价通知书。此项证书、通知书由实业厅颁发，加盖县印及招垦设治局关防，编号填用。其请领证书，由各该地户签押后，仍由各县局收回存查。

第三条　原垦、原领限三个月内补缴地价，填发部照，仍令管业，登载承垦登记簿，汇报实业厅转呈都统公署查核。

第四条　此次清缴蒙报升科漏缴地价，即以各该县局清赋等则为凭。如各该县局清赋系按上则，即按上则收价，中则即按中则收价，下则即按下则收价。其有未定等则之清赋地亩，应由各县知事、招垦设治局长，考核该处土质，酌定等则收价，以期公允，而昭核实。

第五条　此次按照清赋底册所开户口、座落地点、地亩数目挨户发给证书、通知书，责令补缴地价，应免清丈，以示体恤，而免纷扰。

第六条　各该地户如有呈请地亩短少情事，即由各该管县知事、招垦设治局长，实地清丈，核减地价并地租。如丈有盈余地亩，除照纳漏价蒙报升科应交地价外，余地仍应交纳地价，领照承粮。

第七条　收回请领证书发出缴价通知书后，如有地户一再逾期延不交价，得由各该管县知事、招垦设治局长体察情形，遵照本区清丈章程第二章第五条之规定，另招他人承领，以儆刁奸。

第八条　各地户地价未缴清以前，虽经垦种，仍属官产，并未取得地主之权，应即禁止该地买卖、租典，并停止过户、税契，违者以盗卖官产论。各该管县知事、招垦设治局长私予核准者，亦应科以应得之处分。

第九条　此次清查私垦余地与开放生荒不同，所有带征学费应即免收，并免收丈费。但收正价、火耗、照册费等款，悉载部照以内，以昭大信，照外不准另索分厘，违者准其指名控告，查实严惩。但因事故或各地户呈请必须清丈者，仍应带征丈费，并列入部照以内，以符定章。

第十条　此次清查漏价蒙报升科地亩，如查实从前各属官吏有勾通得贿情事，无论在差、离任，一律依法严惩。

第十一条　自此次规定后，凡有呈报清赋者，各该管县知事、招垦设置局长，应先令呈验部照。如系漏价蒙请者，三十顷以内，应令先缴地价领照管业，一面令其升科，仍候汇案清丈。如逾三十顷以外大段地亩，应即立时清丈，遵章收价，发照管业，再行升科。

第十二条　此次清查漏价朦报升科地亩，各该管县知事、招垦设治局长，如有奉行不力，或漫不加察，不遵章办理者，由实业厅长兼垦务总办查明情节，呈请都统查核。轻者记过、罚薪，重者撤任。

第十三条　本章程由都统公署呈报大总统，并分咨内务、财政、农商三部查核备案，如有未尽事宜，由实业厅长兼垦务总办随时增改，呈请都统公署核定，转咨主管各部查核。

(2) 农商部咨（9月14日）

第一六一六号

农商部为咨行事：准察哈尔都统咨送察区清查各属漏价升科地亩遵章补价章程并表式，请查照备案等因。正核办间，并准国务院交大总统指令：呈悉。交内务、财政、农商三部查核办理。此令。等因。奉此。查察区所订清查漏价朦报升科地亩补价办法，大致尚无不合。案关三部主管，除文令均准咨交不另抄送外，相应咨请贵部查核见复，以凭会同办理。此咨

内务总长

署农商总长卢　信

中华民国十一年九月十四日

(3) 财政部咨（11月18日）

第四二〇二号

财政部为咨复事：案准贵部咨开，关于查核察哈尔都统呈报拟订清查各属漏价蒙报升科地亩补价办法一案，业经详加查核，事属可行，相应咨商办理等因前来。查此案本部前承准国务院交察哈尔都统张锡元呈报拟订清查各属漏价朦报升科地亩补价办法，缮具章程，呈请鉴核一案。奉大总统指令：呈悉。交内务、财政、农商三部查核办理。此令。等因。奉此。并准该都统咨送章程、表式到部。当经本部详加查核，所拟各条尚属妥适可行。正拟咨商间，准咨前因，并准农商部咨同前因，自应会同具文咨呈国务院，并咨行察哈尔都统查照，准予备案。兹由本部拟具咨呈、咨复文稿各一件，除录稿咨商农商部外，相应将会稿二件咨请贵部查核。如荷赞同，即希签画咨还，以凭缮发。此咨

内务总长

计会稿二件（略）

署财政总长罗文干

中华民国十一年十一月十八日

（4）内务部咨（11月28日）

内务部为咨行事：准咨开：关于会核察哈尔都统拟订清查各属漏价朦报升科地亩补价办法一案，业经详加查核，所拟各条，尚属妥适可行，拟具咨呈、咨复文稿各一件，咨请签画送还等因到部。查此案前准国务院交奉指令，并准察哈尔都统咨送章程、表式到部。当经本部遵照咨商贵部暨农商部会核见复。嗣准农商部咨称，尚无不合等因各在案。准咨前因，相应将原稿签画咨送贵部查照缮发可也。此咨

财政总长

计送还咨呈、咨复原稿各一件（略）

中华民国十一年十一月二十八日

〔北洋政府内务部档案〕

9. 李景林关于拟订直隶省旗圈售租等章程请备案咨

（1925年10月16日）

直隶省长公署为咨行事：案据直隶财政厅呈称，案查前奉钧署训令，以全省旗产官地清丈局应即裁撤，所有旗产事务仍归该厅办理。并奉另文饬发省议会拟订处分八旗旗租章程，令即核议具复各等因。奉此。当将清丈局文卷接收具报，一面将各项旗地应如何办理，审慎考查，拟就旗圈售租章程十四条、处分八项旗租章程十五条，并拟于本厅征榷科附设清理旗产事宜总处，令旗产所在各县署附设分处，遴委员司克期举办。应需经费，即在旗圈

售租项下，酌提百分之十，旗租缴价项下，酌提百分之五，均以五成归县，五成解厅，以资办公，并拟征收凭照费二角，以一角为解部专款，一角留省库备用等情。呈请核示在案，兹奉指令内开：呈暨清折均悉。查所拟旗圈售租及处分八项旗租各章程，大致尚合，间有应行修改者，已由本署分条更正，另册开列。各章程大体与上年省会议决条文，查无抵触，应准先予施行，一俟省会开会，再行咨请追认。至请在该厅征榷科附设清理旗产事务总处，令旗产所在各县署附设分处，应需经费拟在旗圈售租项下酌提百分之十，旗租缴价项下酌提百分之五，均以五成归县，五成解厅，并拟将凭照费一角为解部专款各节办法，均属可行。惟兹事体大，具有旗产繁杂各县，应派委会同清理者，则归县五成之办公费，应令知事与委员酌量分配，以资办公。仰速查照册列更正条，将该二项章程缮折各二分，呈候核办。一面将应行设置事宜，妥速筹备勿违。清折存。此令。等因。奉此。遵即分别办理，所有奉准核定各章程，自应送请转咨内务、财政部查核备案。除将各章程刷印成本分别咨令遵办外，理合呈送钧署鉴核，俯赐转咨备案，实为公便。等情。据此。除指令并分咨财政部查核外，相应检同原件，咨请贵部查核备案，至纫公谊。此咨

内务总长

计送章程各一份

兼署直隶省长李景林

中华民国十四年十月十六日

直隶省旗圈售租章程

第一条　凡本省所属旗圈地亩，除清室私产照旧征租外，其余王公府第暨其他普通旗租圈地，向来只许售租，不许售地者，一律由财政厅呈请咨照宗人府通知，并分令各县出布告，限令租

主售租，佃户留地。

第二条　旗圈售租价格，一律按现年租十倍出售。如有租额过重，超出一元以上者，统以一元为额。其不及一元者，仍照原租额计算。如十倍原租尤不及一元，统作一元计。

但遇有特殊情形，佃户所交留买租价超过租主原租年额十倍者，其浮多之数，概归国库收入。

第三条　旗圈售租，以原佃留买为原则，但其地如别有庄头管领已演成增租夺佃之事实者，该管庄头如证明实系原佃。仍令其居原佃之地位。若庄头并无原佃资格，即以现佃代原佃。

第四条　各租主奉到售租通知后，应开具地亩坐落处所暨佃户花名、承种亩数、收纳租额，连同最近三年租账，并其他各项证据，于三个月内陈报财政厅，或所在县公署。如逾限不报，取销其租权，所有应得售租价额，全数充公。

第五条　各佃户奉到售租布告后，应开具地亩坐落处所暨租主姓名、承种亩数、缴纳租额，并其他各项证据，于三个月内陈报县公署，如逾限不报，取消佃权，得由第三者报县请领。

第六条　售租价款由县公署经收，除酌提一成作为办公经费外；另提一成作为在事出力人员奖金，其余悉交原租主具状承领。惟所售租价，有第二条但书所列情形者，应依该但书之规定办理。

第七条　原佃缴价时，应附缴领地凭照费，每亩大洋二角，领取凭照。俟租地交割清楚，即以此照换领官契纸，投税升科。

第八条　此项售租契税，应按照民地买契税率，一律投税，并同时升科。每亩科则定为三分，统自售租之次年起征。

第九条　本章程未成立以前，凡原佃留买旗租，无论交割已清、未清，其税契、升科各办法，应悉照本章程之规定办理。

第十条　售租契纸由财政厅制备，盖印发县应用，定为四联。一联交原佃收执，一联留县存根，二联截送财政厅，分别存案暨转呈财政部。

第十一条　此项官发契纸，应照普通纸价之例，每张缴大洋五角，附缴注册费大洋一角，由买主负担。如有不领官契纸，私自立契成立者，一经查出，除换给官契纸照章税契升科外，并处以税额十倍之罚金。

第十二条　各县圈地情形复杂，遇有重大纠葛发生，得由财政厅随时派员会同县知事专案清理。

第十三条　本章程自公布实行之日起，所有从前关于旗圈售租及旗地清丈各条文，一律废止。

第十四条　本章程未尽事宜及或有窒碍之处，由财政厅随时修改呈请省长核准施行。

中华民国十四年十月　　日

附章程

直隶省处分八项旗租章程

第一条　凡本省所属之存道、庄头、屯庄、另案、三次、四次、奴典、[illegible]产等八项旗租，由财政厅督饬各县处分之。

第二条　处分方法：一、售租；二、增租。

第三条　承受前条处分之人，以原租户为限。

第四条　处分时，应由县署先将规定章程及施行手续布告各村，并按征收花册传谕各租户遵照。

第五条　售租价格定为原租额五倍，价银一次缴清。收价定率，按原额每银一两，折收银元二元，如有奇零不及一元者，照本地市价折收铜元。

第六条　缴价期间，自本章程公布之日起，以六个月为限。逾限不缴者，依本章程第十条之规定办理。

第七条　各租户于期限内，遵章缴清价银者，由县署调验原契，另给承买印契，以凭管业。其原契已税者，仅收契纸价、注册费。未税者，并令照契税率补税。查无契据者，正式立契投税，一律注册升科，当年即改为民粮地。

第八条　旗租升科暂照租仔地粮额，每亩定为三分。其原租不及三分者，暂照原租额升科。嗣后应增、应减归入均赋案核办。

第九条　前项旗租、经租户缴价升科后，所有节年欠租，候呈请省长转呈中央政府，概予豁除。

第十条　缴价期满，经县署最后之催告，原租户仍不承缴者，应比照原租额加征十分之五，历年欠租，仍旧催征。增租后，并更名为官地租，革除某项旗租字样，以正名实。

第十一条　逾限增租后，各租户始声请缴价者，其应缴价格，如在逾限三月以内，照原租额加一倍交纳。逾限半年以内，照原租额加二倍交纳。半年以外，悉照增租后之租额加三倍交纳。以示区别，而杜取巧。

第十二条　缴价期间内，各租户应完本年下忙租款，仍应照常征收。

第十三条　处分前项旗租，事属创举，在事各员，均应妥慎将事，要以上可利国，下不扰民为主旨。凡办理适当，卓著成绩者，准予特别请奖。倘措置失宜，致滋事端者，查明立予究惩。

第十四条　本章程自公布之日施行。

第十五条　本章程如有未尽事宜，得随时增删修改，呈请提交省议会核定之。

〔北洋政府内务部档案〕

10. 薛笃弼关于请准清室内务府坐落京兆各县收租地亩处分办法案文件

（1925年10—11月）

（1）薛笃弼呈（10月21日）

呈为呈请事：据京兆财政厅厅长曹寿麟呈称，为遵令谨拟清室内务府坐落京兆各县收租地亩处分办法请赐分别呈咨核复令遵事：窃奉钧署训令，以处理清室地亩一案，饬即迅拟议办法呈候查核。等因。奉此。伏查京兆所属旗产地亩，前经拟具清理简章，呈奉财政部、钧署先后令准，并由钧署呈报内务部备案各在案。凡属清室地亩，原章概未列入，而各县承种旗地佃户，多有将清室内务府地亩误报情事。各知事调查核办，本已极感困难；且同属旗地，办理各异，原佃尤不免觖望，清理前途，因之深受影响。迭据各该县知事确定办法，并准清室办事处派员接洽，请求将清室内务府各项地亩一并清理。正在核办间，奉令前因暨准清室办事处函恳赞同前议前来。遵经拟具清室内务府坐落京兆各县收租地亩处分办法，是否有当，理合缮折呈送，俯赐分别呈咨内务、财政两部，迅予核复令知，俾便遵照办理。等情。据此。查清理清室旗产，正在积极进行之际，该厅长所拟办法，尚属妥协。除指令并咨呈财政部核复外，理合检同原送清折，一并据情呈钧部鉴核，迅予照准，以便进行，仍乞示遵。谨呈

内务总长

计呈送清折一扣

京兆尹薛笃弼

中华民国十四年十月二十一日

谨拟清室内务府坐落京兆各县收租地亩处分办法，开折恭呈

钩鉴

计开

第一条　清室内务府坐落京兆各县收租地亩，无论向归自征，或由县代征，均依京兆旗产地亩清理简章第一条及第三条之规定，一律由佃户缴费留置。

第二条　佃户留置此项地亩遵缴之证书费，应按其所缴总数提四成五拨付清室，充一切清理费用。

第三条　清理旗产地亩案内各种章则暨一切办法，除本办法已有特别规定者外，余均适用之。

第四条　本办法自呈准之日施行。

(2) 内务部复财政部咨（11月）

内务部为咨行事：案据京兆尹呈称，据财政厅厅长呈称：查京兆所属旗产地亩，前经拟具清理简章呈奉财政部令准，并呈报内务部备案各在案。凡属清室地亩，原章概未列入，而各县承种旗地佃户，多有将清室内务府地亩误报情事。各知事调查核办，原佃尤不免觖望，清理前途，因之深受影响。迭据各该县知事呈请确定办法，并准清室办事处派员接洽，请求将清室内务府各项地亩一并清理暨准清室办事处函恳赞同前议前来。遵经拟具清室内务府坐落京兆各县收租地亩处分办法，呈送分别呈咨，迅予核复令知，俾便遵照办理等语。查该厅长所拟办法，尚属妥协。检同清折，呈请鉴核，迅予照准，以便进行等情，并准清室办事处咨达，拟将所属清室地亩坐落京兆地方者，亦拟参照旗产留置简章函托京兆尹办理等因前来。正核办间，准贵部来咨，以京兆财政厅所拟清室内务府收租地亩处分办法第一、第三两条内叙，均依京兆旗产地亩清理之规定暨适用该案内各种章则办法各节，尚属可行。其第二条所定提证书费总数四成五拨付清室充一切清理费用一节，似亦公允。咨请核复，以凭咨复饬遵等因到部。查京兆旗产清理简章，业经本部与贵部详细会核，准其试办，并会同呈明有案。此次京兆财政厅所拟清室前内务府收租地亩处分办法，大致尚属妥协，并由清室办事处咨明函托京兆尹办理，自可一并准其试办，相应咨复贵部查照可也。此致

财政总长

中华民国十四年十一月

〔北洋政府内务部档案〕

11. 内务财政两部会同修正京兆旗产地亩清理简章等呈暨临时执政指令

(1925年11月10日)

为陈报会核京兆旗产地亩清理简章暨补充规则准其先行试办情形仰祈钧鉴事：窃据京兆尹文称，京兆财政，积靡甚巨，所可资为整理救济者，惟有旗地升科一项，饬由财政厅拟具简章，著手进行，请予核复等因。当以来文所称，本属实在情形。惟兹事体大，不厌求详，且旗产地亩由来已久，一旦变更旧贯，尤当斟酌尽善，以期无损于地户，而有益于公家，即经本部等详细会商，并就原拟简章，逐一查核。其中或文字尚须引伸，或办法宜从宽缓，随时知照修正。嗣据京兆旗产王公代表载泮、椿寿等暨京兆各团体代表王执中、朱迈、陶润波等，先后呈诉简章不当等情，并准钧府秘书厅以奉执政批示，当顺民情，不宜强制等因。抄交到部。当即行知京兆尹转令财政厅遵照。兹迭据京兆尹复称，进行以来，对于地方士绅意见，无不酌量容纳，并随时调查舆论，以求真正民情。简章修正后，各项误会可一律免除，既奉执政批谕，自应遵照，随时体察情形，和平办理。现租主方面，各王公

旗产代表屡次赴厅接洽，对于清理办法，无不根本赞成。而佃户方面，以章则划一，产权确定，亦皆踊跃乐从。部示应行修正各条，已遵照逐加修正。复由财政厅拟具清理旗地补充规则，商准王公等，函复赞同送请鉴核前来。复经本部等会同查核，原拟简章，业经修正，于租主、佃户两方面尚能并顾兼筹。其补充规则，亦尚明白妥协。既据一再声称，各方面误会渐已解除，自可准其先行试办。惟嗣后推行情形，仍应由京兆财政厅随时体察，务宜和平处理，以副执政注重民情之至意。除复知京兆尹准其试办外，理合将京兆旗产地亩清理简章及补充规则，缮具清单，呈请鉴核施行。再，此呈系内务部主稿，会同财政部办理，合并声明。谨呈。

中华民国十四年十一月十日奉临时执政指令：呈悉。准如所拟办理。此令。内务总长龚心湛、财政总长李思浩。

谨将京兆所送京兆旗产地亩清理简章暨补充规则，缮具清单，恭呈

钧鉴

计开

京兆旗产地亩清理简章

第一条　京兆各项旗产地亩，凡租权、佃权分立，而无完全所有权者，无论租主已未投报升科，应依本简章之规定，一律由佃户留置。

第二条　佃户留置前项旗产地亩，除仍发给部照外，应由财政厅制备留置证书，印发各县转给收执，概不另行立契投税。

第三条　佃户于留置时，应遵缴左列各节：

一、证书费，按亩计算共分五等：

（子）每亩原租在铜元十枚以下者一元；

（丑）二十枚以下者一元五角；

（寅）四十枚以下者二元；

（卯）六十枚以下者三元；

（辰）超过六十枚者，照原租额之十五倍。

二、部照费，每亩一律二角。

三、注册费，每亩一律三分。

第四条　佃户交租，如系以粮米交纳，或按银价交纳者，其留置时应缴之证书费，得由县知事酌中拟议，呈请财政厅核定之。

第五条　留置后应即升科，每亩粮银一分五厘，统自十六年起征。

第六条　财政厅应布告各租主，开具地亩坐落处所暨佃户花名、承种亩数、缴纳租额，连同最近三年租账，并其他各项证据，于两个月内陈报，不收报费。如逾限不报，取销其租权，所有应得售租价额全数充公。

第七条　财政厅应令行各县公署布告各佃户开具地亩坐落处所暨承种亩数、缴纳租额，并其他各项证据，于两个月内就近向各县陈报，不收报费。如逾限不报，取销其佃权，得由第三者报县请领。

第八条　财政厅及各县公署关于此项地亩如有租册可凭者，得令知各县，或由县公署径行查传庄头承催暨佃户，令即照章办理。

其由县径行查传办理者，应呈报财政厅补查。

第九条　本简章所收之证书费、照册费，除支付左列各款外，其余之款，以五成解部，五成留厅，供京兆庶政整理扩充之用。

一、租主应得售租价额，照原租十倍；

二、财政厅办公费及奖金百分之一；

三、各县办公费及奖金百分之四；

四、地方公益基金百分之五。

第十条　佃户具报时，如查有隐匿，或经人告发复查属实者，得由县署按其匿报亩数，征收应缴之证书费及册照费，并按照应缴之证书费加二倍处罚。

第十一条　本简章公布以后，如有租主与佃户自行接洽留置不领官发证书者，一经查出，或经人告发复查属实者，除换给证书，责由留置原佃照本简章缴纳证书费及照册费外，并加征证书费二倍，以示惩罚。

第十二条　前两条罚缴之证书费，以十分之五给告发人作为奖金。如有告发人所告不实，得处以二百元以下，十元以上之罚金。

第十三条　本简章自呈准之日施行。

京兆旗产地亩清理简章补充规则

第一条　简章所称之租主，即俗所谓旗地地主。佃户，即俗所谓老佃户。

第二条　旗地租项向以京钱、东钱、老钱、通钱缴纳者，应依市价分别申合铜元，由佃户按其申合铜元数目，依简章第三条规定缴费。但已改以铜元，或银元及现银交租者，仍照新租货币计算办理。

第三条　简章第九条第一款所称原租十倍，应就佃户按亩缴费之租额实数累算付给。如地主所得十倍租额不满一元者，并应按亩拨补大洋一角。

第四条　作简章第四条处分之地亩，其拨付售租价额，应少于十倍之数。

第五条　地主呈报之收租数目，虽无册账可凭，但呈报后佃户并不否认者，应由佃户依地主呈报之租额，按亩缴费，照章付给售租价额。所报亩数不同者，亦照此办理。

第六条　依第八条处分之地亩，仍应照章付给各该地主应得之售租价额。

第七条　凡旧有王公园寝，以石桩树界为限，应由各该府报厅呈领部照，遵章升科，即为完全民地。但界内如有别项纠纷，仍归各府负责处理。

第八条　各府向为打扫及看守坟茔设置之祭田，应赴厅、县呈明，买回佃权，照章投税，领照升科，不得归佃户留置。但地主自愿出售者，不在此限。其祭田本无老佃权者，应由地主赴厅、县呈明，照章领照升科，以凭管业。

第九条　旗产各地主之坟地，不得由佃户留置。但如尚未升科者，应由各该本主赴厅、县呈明，缴费领照，遵章升科，以维产权。

第十条　凡价买旗产地亩，如已照章立契、投税升科纳粮，并能证明其所付买租价额实已超过现在原租十倍之数，除遵章报明外，暂缓办理留置，另案清理。

第十一条　凡地主与佃户有增租夺佃之特约地亩，另行办理。

第十二条　本规则自呈准之日施行。

〔北洋政府内务部档案〕

附：财政部编1915—1916年分各省区官业收入实收数表

各省区民国四、五年分官业收入实收数表

省区别	四年实收数	五年实收数	备　考
直　隶	277,836元		
奉　天		872,533元	

续表：

黑龙江	881,554	853,087	四年分内有地价592,266
山东	81		
江苏	285,092		
广东	100,347		
云南	215,020	380,338	
贵州		180,743	
河南		16,913	
总计	1,759,930	2,303,614	

〔北洋政府财政部档案〕

（十二）中央与地方杂税杂捐

1.全国商会联合会为各省请停征杂捐案与农商部来往文件

（1914年4—6月）

（1）全国商会联合会呈（4月9日）

全国商会联合会呈为陈明苛细杂捐，本非正税，自治停办，断难承认，环求咨商内务财政部迅赐通电各省民政长，一律取消，并不得改换名目，以恤商艰事：窃维民国肇兴，百废具举，独对于商人之厘金、关税，迄未改良。商人受累既深，其所以忍痛须臾，不即呈请者，因思国家正在裁厘加税过渡时间，自应静候改组，必有撤除障碍之一日。讵知各省杂税紊乱无章，利未见而害已生，不能不急切为大部陈之。溯自改革以来，惟我商民首当其害，损失生命财产奚止数千百万。上年各省商会调和两院意见，赣乱发生，通电各省反对，是我商民牺牲金钱，维持地方，反对暴逆，拥护中央，已见于事实者，自问爱戴于国家也，弥厚而仰望于国家也尤深。商民即不自陈其苦，况政府亦应哀矜而体恤之。既设国税厅于各省，凡各省之苛细杂捐亦宜早为规定，何可听凭各省自为风气，扰累商民。查有吉林、奉天、浙江、湖南等省，自货物厘金改归国税之后，竟将自治经费改变名称，纳入省公署为裨补行政之用。本年三月间，各省商会呈明大部开全国商会联合会于上海，据各省商会提议关于苛派杂捐者甚多。从前货物厘金向无国有省有之分。民国成立，厘金提归国有，复又责成商民于货物上担承省有之捐，揆诸国体商情，均属无此办法。本年二月四日公布大总统第六百二十七号停办自治命令，有从前各该会擅行苛派琐细杂捐诸凡不正当之收入，并著各该县知事详晰查报，内务部酌量核定等谕，仰见大总统俯念商民疾苦。凡自治会苛派杂捐及不正当之收入，均须呈部核办，即使捐非苛细收入正当者，亦应静候内务部饬遵，使我全国商民有所标准。而不料浙江民政长发布通告，加征附捐，规定统一章程，定名曰：货物附加税。比照管业附加税例，按照统捐局税率百分之二十委托各统捐局带征，按月汇数呈解本公署核收。其旧有附捐，除自治特别捐照旧办理外，其余各项自治附捐，于此案施行之日，应即一律取消。前已将拟订征收货物税附加税暂行章程呈部立案。三月十六日奉财政部指令，以暂行章程尚属妥洽，应准照办等因。又查财政部批答浙省指令内开：现在地方自治，既经缓办，此项所收附税，应另款存储，以弥补国税之不及，俟将来地方制度厘订后，再行拨归地方备用。开办以后，每月附收若干，应报部备案等因。查另款存储，弥补国税之不及，与浙省原意裨补政治之用，主张又属不同。可见此案，先由浙省所请，继为部令所批，既不肯放松商民，又不肯留归省用，亦不便提归国有，成此上下不贯通之政策。既曰弥补国税之不及，又曰留为将来地方之拨用，可见财政部本无此议，而为该省所请求，发生此毫不完备之税法。况浙省自治，向无附捐，尤不应借取消自治之名，突加附税二成，加重商民担负，此民国人民所不敢承认者也。从前各督抚凡变更厘金征收方法，莫不奏明交部核准而后会同地方绅董协议，始可施行。今则各省紊乱不一，如附加税、货物附加税、公益捐、兵差费、地方捐，种种名目，无一非是大总统命令内所谓苛细烦琐不正当之收入。要知自治经费为保护地方人民财产计，本视商民力量之所及，议定酌征，顾全公益，并非捐税性质，亦未一律征抽。现在自治既经停办，断无存在经费之理由，尤难以商民乐输之款，改编为国家之税。谨将各省捐税更变不一各缘由，据实具文呈请鉴核，伏祈大部俯念各省苛细杂捐本非正税，自治停办，当然蠲除，准予咨商内务、财政部迅赐通电各省民政长，除货物税，即向有之厘金，自治特别捐，即房捐、警捐二项，仍照旧办理外，其余各项苛细杂捐，不论已否报部，一律停止撤消，俾纾商困，而免纷扰，统祈核准施行莫名。盼切。再，此时各省商会奉到财政部通函，预先筹议产、销两税，弥补将来加免两抵之不足，无非循归一致，易于整理。然欲全国统计，不稍歧异，非将杂捐廓清，断难一致进行，合并附陈。谨呈

农商部

中华民国三年四月九日

（2）农商部批（5月21日）

农商部批第678号

原具呈人全国商会联合会

前据呈请咨商内务、财政两部通电各省民政长，一律撤销各项苛细杂捐一节，当经本部据情函达内务部、财政部查核办理去后，兹准财政部复称：查各省自治经费收入甚为复杂，曾经本部通令各省国税厅调查汇报在案，一俟册报汇齐，即当分别支配。至浙江征收货物附加税暂行章程，既经本部核准，自应照办。总之各省商民素明大义，值兹国家政费与地方政费均形竭蹶之际，谅均乐输捐款，顾全公益。其已经报部及未经报部之各项杂税杂捐，悉为维持政费必要之收入，万难遽行停止。至各项苛细陋规，现值整理税务之际，自应通饬各征收机关严行革除，以纾民困。该商会所请通电各省停止各项杂捐之处，碍难照准等因。合行批示，仰即遵照。此批。

(3) 全国商会联合会呈（6月3日）

全国商会联合会总事务所为呈请事：五月廿四〔一〕号奉批：前据呈请咨商内务、财政两部通电各省民政长一律撤销各项苛细杂捐一节，当经本部据情函达内务部、财政部查核去后，兹准财政部复称：查各省自治经费收入甚为复杂，曾经本部通令各省国税厅调查汇报在案，一俟册报汇齐，即当分别支配。至浙江征收货物附加税暂行章程，既经本部核准，自应照办。总之各省商民素明大义，值兹国家政费与地方政费均形竭蹶之际，谅均乐输捐款，顾全公益。其已经报部及未经报部之各项杂税杂捐，悉为维持政费必要之收入，万难遽行停止。至各项苛细陋规，现值整理税务之际，自应通饬各征收机关严行革除，以纾民困。该商会所请通电各省停止各项杂捐之处，碍难照准等因。合行批示，仰即遵照。此批。等因。查本会请求取消杂捐系指不正当之收入而言，而于行政必要之收入何敢妄求停止。本会大会期内，据各省代表建议，自货物厘金改归国税之后，竟将自治经费纳入省公署为裨补行政之用，扰累商民，莫此为甚。伏读本年二月四日大总统公布停办自治命令，有苛派琐细杂捐诸凡不正当之收入，并著各该县知事详晰查报，内务部酌量核定等谕。可见此项杂捐，当然蠲免，而尤以统核地方政费之权属之内务部。此次大部批示，仅准财政部咨复本会，因各省冀望甚殷，未敢即时宣布，合再呈请大部转咨内务部迅予核办，以顺商情，实为公便。谨呈

农商部

中华民国三年六月三日

(4) 农商部批（6月30日）

农商部批第813号

前据全国商会联合会总事务所呈请取消杂捐等情，当经本部

据情分咨财政、内务部核办去后，兹准财政部复称：查自治机关虽经奉令停办，而地方公益事项，如学堂、工业之类，仍留继续进行，即所需经费，未能悉数停支。且现在各项捐税已归统收统支，并无国家地方之分，经本部呈明大总统批准通行有案。商会以维持商务、研究营业之发达为天职，不应干预捐税，所请应毋庸议等因。合行批示遵照。此批。

〔北洋政府农商部档案〕

附：（1）1915—1916年分各省区杂税杂捐实收数表

各省区民国四、五年分杂税杂捐实收数表

省区别	四年实收数	五年实收数	备考
京兆	33,874元	42,993元	
直隶	304,477		内渔业税79,038，杂税23,835，百货捐134,722，杂捐66,882
奉天		303,661	
吉林	200,037	703,047	四年分有烧锅课58,086
黑龙江	52,675	171,884	
山东	74,151	90,202	五年分内有牲畜〔捐〕2,684
山西	123,543	167,300	
河南	42,367	1,619,198	
江西	845,267	620,149	
湖南	729,046	318,414	
湖北	1,950,603	1,870,078	
江苏	112,048		

续表

浙　江	1,089,101	1,005,075	
福　建	607,378	776,934	
安　徽	609,941	649,382	
广　东	2,999,487	3,212,448	
广　西	674,341	590,844	
贵　州	368,961	467,204	
陕　西	262,055	217,983	
甘　肃	279,573	164,037	
新　疆	83,569	81,407	
川　边	7,996	10,844	
察哈尔	208,863	169,219	
绥　远	240,522		
热　河		71,072	
总　计①	12,038,751	13,223,375	

〔北洋政府财政部档案〕

① 四年实收总计应为11,899,875元，五年实收总计应为13,323,375元。

（2）1915—1916年各省区杂收入、临时收入、特别收入实收数表

各省区民国四、五年份杂收入暨临时收入、特别入收实收数表

省区别	四年实收数			五年实收数			备考
	杂收入	临时收入	特别收入	杂收入	临时收入	特别收入	
京兆	211,064元			149,863元			
直隶	894,286	5,634,398元					杂收入内计报效71,849，杂收入822,437。
奉天				1,549,101			
吉林	422,647			393,099			
黑龙江	415,731			39,246			四年份内有杂费22,326，地方收入11,458。
山东	1,817,701			232,233			
山西	115,403			362,110			四年份内有易换益款2,415，五年份内有官产收益24,290。
河南	193,768			345,925		1,227,669	特别收入内计挪借各款627,665，特别收入600,004。
江西	323,948			871,566			
湖南	155,946	1,097,121		94,403			临时收入内有官业收入洋642,470在内

续表

湖北	705,334			360,943			
江苏	9,075			390,365			
浙江	2,065,209		11,042	593,732		1,840,062	
福建	792,420			399,193			
安徽	606,357			412,710			
广东	173,958			492,448			
云南	327,539			165,958			
贵州	3,807			31,197			
陕西	49,957			1,406,986		74,323	特别收入系挪借各款
甘肃	700,803			475,869			
新疆	2,233,492			2,112,864		350,403	杂收入内有条金变价，四年份236,682，五年份54,475。特别收入系中央协款裁兵经费
川边	746			3,003			
察哈尔	71,948			102,683			
热河				31,504			
小计	12,291,139	6,731,519	11,042	11,017,001		3,492,457	

续表

总　计	19,033,690①	14,509,458	

〔北洋政府财政部档案〕

（3）1915—1916年各省区杂款暨特别杂款实收数表

各省区民国四、五年份杂款暨特别杂款实收数表

省区别	四年实收数		五年实收数		备　考
	杂　款	特别杂款	杂　款	特别杂款	
京　兆	22,888元			271,779元	杂款内计官款生息120，三年度概算盈余2,086，杂款20,682。特别杂款内计专款183,459，特别收入88,320
直　隶		3,350,063元			
黑龙江				1,309,756	内计借款1,303,590，赔款6,166。
山　东				967,270	该款系定额归还
山　西	137,122				

① 应为19,033,700元。

续表

江　苏		33,671		1,135,642	如杂款、借拨各款等项
广　东		4,557,275			
绥　远		246,406			
小　计	160,010	8,187,415		3,684,447	
总　计	8,347,425		3,684,447		

〔北洋政府财政部档案〕

2. 朱启钤为改订戏捐车捐章程请备案咨

（1915年4月28日）

督办京都市政公所为咨行事：据工巡捐局先后详称，戏捐、车捐、乐户、妓女捐，历遵前民政部核定章程，征收有年。惟是历时已久，月异日新，前项章程间有与现在情形发生窒碍者，若不酌予修改，稽核殊多困难。兹经参酌旧章，体察现情，改订戏捐章程九条，车捐章程三十条，乐户捐征收细则十七条，妓女捐征收细则十一条，先后详请核准前来。经本公所逐条细核，均与旧章大纲相同，按诸现在情形尚属适当。至乐户、妓女捐征收细则，前曾函送贵部警政司复核，并准函复，均属妥协可行等因在案。所有前项戏捐、车捐章程及乐户、妓女捐征收细则，除由本公所先后核定批饬该局施行外，相应将前项改订章程、规则各抄录一分，咨请贵部查照备案可也。此咨

内务部

计抄章程及征收细则一册①

督办朱启钤

中华民国四年四月二十八日

京都市政公所核定京都市工巡捐局戏捐章程

第一条　凡开场演剧，或男女清唱及电影技术等，无论昼夜，均应一体纳缴公益捐款，定名戏捐。

第二条　戏园等第及按次纳捐数目，分左列之四种：

（一）壹等戏园每次捐银元陆元；

（二）贰等戏园每次捐银元叁元；

①乐户捐及妓女捐征收细则原缺。

（三）叁等戏园每次捐银元壹元半（小洋、铜元照市折算大洋）。

（四）肆等戏棚每次捐银元壹元。

第三条　凡演唱或售技，分日夜为两次，分别等级，按次照章纳缴戏捐，停演免征。

第四条　新式舞台，可容客座在二千左右及警察厅划地特许本国人及外国人卖技者，纳一等捐。

第五条　旧式戏园，四面楼厢，可容客座在一千左右及新剧团占会馆戏台，或辟场唱演者，纳二等捐。

第六条　凡无楼厢，或仅有一、二面楼厢之戏园，可容客座在五百以内者，纳三等捐。

第七条　支架席棚开场演唱者，纳四等捐。

第八条　经警察厅特许专为地方公益，或因济振灾荒特别筹款，纯粹义务性质者，概予免缴。

第九条　清茶馆带数人弹唱者，归铺捐内规定。

京都市工巡捐局车捐章程

第一条　凡在京都市及由京营界外进城行动各项车辆，除定有专条特许及应行暂行免捐者外，均应纳缴捐款。

第二条　应行征捐车辆，分自用、营业两项及车类捐率，分别列表于左：

捐率 车类	自用					营业		备考
	月捐	季捐	一次交半年捐	一次交全年捐	年捐	日捐	月捐	
汽车	银元四元	银元十二元	银元二十二元	银元四十四元			银元四元	自用车辆，除敞棚车外，一次交半年捐者，减收

续表

马车	银元二元	银元六元	银元十一元	银元二十二元			银元二元	半月捐款，一次交全年捐者，减收一月捐款，以示优异，营业车辆不得援例。
轿车	铜元六十枚	铜元一百八十枚	铜元三百三十枚	铜元六百六十枚			铜元六十枚	
人力车	铜元四十枚	铜元一百二十枚	铜元二百二十枚	铜元四百四十枚			铜元四十枚	
货车							铜元一百枚	每加一套，递加铜元一百枚。
手车					银元一元		铜元六十枚	营业手车，每加一人、一驴、一马者，各加铜元六十枚。自用营业敞车及自用手车，均不准加套。
敞棚车	铜元四十枚				银元二元		铜元四十枚	
京营界外入城车辆						铜元枚四		每加一套，递加铜元四枚。

第三条　新报捐各项车辆，无论自用、营业，均须先赴本管警察区署报明辆数。营业者，并须加具铺保，领取凭单，持赴收捐处，按照上列数目纳缴捐款，换领执照。

第四条　凡个人以车辆营业者，应附入车厂或取具殷实铺保，方准营业。

第五条　官商包月车辆，准于包月期内暂归自用车辆办理。

第六条　各项车辆应缴纳月捐者，于每月应缴纳季捐与年捐者，于每季、每半年或每周年之首月，按照左列规定日期，分别赴区纳捐。

人力车、手车每月一日至八日；轿车、敞棚车每月九日至十四日；马车、汽车、货车每月十五日至二十日。

第七条　各项车辆纳捐后，所领之执照，自用者，应交车夫携带。营业者，应将所领执照之正张粘贴指定之处。铺户年捐车则钉牌照，以便随时查验。应粘钉之处，分列于后：

马车、汽车、人力车粘贴车之后箱外正中；货车、轿车、敞棚车粘贴车之右辕外侧；（年捐敞车则改钉牌照）手车粘贴车之前脸横梁上。（年捐者则改钉牌照）

第八条　凡新报捐之汽车、马车、轿车、人力车四种，除纳捐领照外，仍须在本管区署购钉警察厅制定许可牌照。其牌照式样分左列之二种：

（一）自用车，椭圆形；（二）营业车，长方形。

第九条　自用车辆赴区纳捐时，应缴还上次捐照。营业车辆应缴还上月捐照之附张，以凭换给新照。

第十条　车辆如迁移或易主，应即赴本管区署收捐处报明，以便查改捐册。

第十一条　各项车辆如废置不用，须遵照第六条所定捐期内，赴本管区署收捐处报明原由，缴还执照，或执照之附张及所钉之许可牌照，以凭注销，方可止捐。否则，仍认为应捐之车，照常征收。

第十二条　自用及营业敞棚车，除常川运货应纳货车捐外，其他或有偶尔运货者，准其赴就近各城门补交日捐。惟不得逾单套之限。

第十三条　营业货车如偶尔加套者，亦准按套如十二条补交日捐，共计不得逾四套之限。

第十四条　各种车辆遗失执照，准其声明原由，查照原号补给。但铺户年捐及自用年捐车辆，须缴照费铜元十五枚。

第十五条　各项铺户自置送货车辆，须在车上书明字号，并持验本铺铺捐执照，方准报上年捐（四郊地面，不在此限）。

第十六条　铺户年捐车辆每年上捐一次，不得比照自用车辆一次上全年捐例，可以周年计算。

第十七条　京营界外各项乡车，除入城营业一月以上者，照常取保纳缴月捐外，所有每日入城者，按照套数纳缴日捐。

第十八条　乡车出城时，应将原领捐照之附张缴还该城门发照处，以为已经领照之证。

第十九条　乡车进城领照时，原应次日出城，即无庸请领出城照。倘因事迟延次日不能出城者，应于进城时预领出城捐照，以凭第三日出城。（照上注明某日出城，逾期作废。）

第二十条　进城乡车在城内多日未及预领捐照者，于出外行动时，或出城之日，应赴就近城门发照处缴换原领执照之附张，补领本日捐照。

第二十一条　四乡车辆有进城修理，或经查验确认无营业行为者，另行填给凭单，免收捐款，但于出城时须将凭单缴销。

第二十二条　乡车入城如系官车，应由该管官署给予特别证据，并于车上悬挂旗号，查验放行，免收捐款，否则照常征捐。

第二十三条　特许免捐及应暂行免捐各项车辆，分别列表于左：

自用车	官公用车	营业车	备考
醇亲王府车			查照优待条件，特许免捐。
各国驻京公使署车			查照各国通例，一律特许免捐。
	各国驻京军队军用专车		援照各国军舰免捐例，享有特权，一概特许免捐。
	土车		关于地方自治或慈善事业，应行免捐。
	运水车		
脚踏车	脚踏车	脚踏车	官用者应行免捐，自用及营业者暂行免捐。

续表

运水车		运水车 推菜手车 推粪手车 推煤手车 推黄土手车 售卖食物果品小手车	此种车辆非小贩藉资糊口，即自家偶尔运水使用，并无直接营业性质，暂行一律免捐。

第二十四条　特许免捐之府、署军队车辆数目，应由各该管区、署切实查明，由局发给特制圆式免捐牌照钉于车上，以防假冒。

第二十五条　应行免捐及暂行免捐车辆，除脚踏车外，均应赴本管区、署陈明，听候示期烙盖免捐火印，以示区别。

第二十六条　各项应行征捐车辆，有左列情形之一者，除饬照章更正及补缴正捐外，依后开各款分别处罚：

（一）未经纳捐而在街市行动者；

（二）虽经纳捐而逾应纳捐期，未接续纳捐者；

（三）非居住京营界内，而在京营界内纳捐者；

（四）迁移不报者（如本城内车辆迁移京营界及甲区移至乙区者）；

（五）冒纳自用车捐而营业者；

（六）两车合上一捐者。

具上列情形之一，均罚加缴一个月捐款。

（七）营业车借用铺户捐照，冒上年捐者。

具上列情形，该铺户、车户各罚加缴一个月捐款。

（八）自用车辆已纳捐，而不携带捐照者；

（九）营业车已纳捐，而不粘贴捐照者；

具上列情形之一，均罚加缴半个月捐款。

（十）铺户年捐车辆已纳捐，而不钉牌照者。

具上列情形，罚加缴半年捐款。

（十一）铺户年捐车辆私自加套者；

（十二）营业货车套数不符者；

（十三）京营界外入城乡车，不在各城门缴纳日捐者。

具上列情形之一，均按套罚加缴应捐之捐数一倍。

（十四）日捐乡车在城内多日，未补领日捐执照而有营业行为者。

具上列情形，按日、按套罚加缴应捐之捐数一倍。

（十五）自用及营业敞棚车，未加纳日捐而径自拉运货物者（如敞棚车只准坐人及拉运粪土）；

（十六）自用及营业敞棚车，径自加套拉运货物者。

具上列情形之一，依照货车按套罚加缴捐数一倍。

（十七）报失之车复经发现，不上捐而自用，或营业者。

具上列情形，查照报失销捐之日起，罚加缴应捐之捐数一倍。

（十八）各项车辆所用执照或牌照，与原车不符，希图蒙混者。

具上列情形，除查明更正后，按照所蒙混之捐款加缴一倍。（如人力车照移用于马车者，即按马车捐款处罚，余类推。）

（十九）私造执照或牌照，希图假冒者。

具上列情形，除将原车充公外，仍将购用及制造原人送交司法官厅按律治罪。

第二十七条　营业车夫有拐乘客遗物潜逃，或不照章纳捐，即责成该车厂或铺保将原人交出，否则，即责令直接赔偿。

第二十八条　应罚而不遵缴罚款，即将车辆扣留，给予凭单勒限饬缴。俟罚款缴清后，凭单领取原车。

第二十九条　虽经扣车勒限，而仍不缴罚款延至一月以上者，将车变价充公。

第三十条　本章程自奉核准之日施行。

〔北洋政府内务部档案〕

3. 财政部改京师卷烟吸户捐归财政部署管理呈暨大元帅指令

（1927年7月28日）

大元帅指令第八十二号

令财政总长阎泽溥

呈遵令拟将京师卷烟吸户捐局由本部署管理，俾一度支，而专责成由。

呈悉。京师卷烟吸户捐，从前由警察厅征收，原属一时权宜办法。该部所请将此项捐款归部署直接收管，俾一度支，而专责成，应准如所拟，由部署接管，继续征收。著严饬局员，切实稽征，认真整顿，总期事集而人不扰，以重税收，而裕库储。是为至要。此令。

陆海军大元帅之印

国务总理潘　复　财政总长阎泽溥

中华民国十六年七月二十八日

〔北洋《政府公报》1927年7月29日第4047号〕

4. 财政部为加征京师卷烟吸户捐百分之十补助军费咨

(1927年8月19日)

财政部烟酒署为咨行事：查京师卷烟吸户捐加征百分之十作为补助军费一案，曾经前全国烟酒事务署咨行京师警察厅转饬遵办。嗣因此项捐务由部呈准划归本部署管理，复经本部烟署酒令饬京师卷烟吸户捐局迅速筹备，定期加征在案。兹定于本年九月一日实行开征。除令饬该局布告各商民届期一体遵缴，并分别函咨外，相应咨请贵部查照。此咨

内务部

财政总长阎泽溥

中华民国十六年八月十九日

〔北洋政府内务部档案〕

5. 军事部等为京师总商会请缓办全国奢侈特品用户捐文件

(1927年12月—1928年?月)

(1) 军事部咨 (1927年12月)

为咨行事：案据京师总商会会长王文典呈称：窃奉财政部函开：本部现因军需浩繁，库储奇绌，呈请筹办全国奢侈特品用户捐，业奉大元帅批准照办在案。查此项捐类，多数属之奢侈，与平民生计无关，兼可提倡节俭，其属之特品者大半皆非土产，且与苛细杂捐不同。所定捐率自百分之五、百分之十，分别征收，在商民所输有限，而公家补助良多。本部轸念商艰，何忍创办新捐，

重加负担。第以军事紧迫，设非筹款维持，于地方治安恐有影响，用是权衡至再，不得不毅然举办为一时救济之方。按东西洋各国，遇军兴之时，加重税捐，商民为爱国计，无不争先乐输。近日南方一带，各项捐税层出不穷，课额极为烦苛，以彼例，此轻重瞭然。凡我商民，当能共喻斯旨，踊跃输将也。贵会关怀大局，谅具同情，宏济艰难，端资协助。除出示通告外，相应函达，希即查照，并劝谕各商一体遵办，勿生误会，俾利进行，实纫公谊。等因。奉此。又准京兆全区奢侈特品用户捐总局函开前因。窃查京师年来百业凋疲已达极点，各商号闭门歇业，日有所闻，纵或勉强营业，然累日不进分文者十之三、四，不敷开支者十之六、七，此种情形皆得之于会内各行商董纷纷报告，断非虚语。各铺店虽外表金碧辉煌，一如故昔，而内容枯窘，均至不堪言状。兹因奢侈品税，期在必行，聆悉之余，惊魂失措。各商董咸以为商民纳税，虽系固定之义务，但居目今情况之下，实属无法应命，在表面纵非取之商，然直接先由商家贴票垫付若干，日久擦损，或因特种关系粘贴遗失，所存货物经久不克出脱，则商家现款之损失为数至巨，此直接之损害也。货价增高，则货品滞销，营业本不发达，加此更形窘迫，此间接之损害也。以上仅就商界言之。至于居民，则无论贫富，均受其害，富者不过受加价影响，贫者于工作于运输，均感减少之苦。至于甘草为普通之药材，棉花为必需之常品，燃煤油者悉属贫民，用纸张者动关文化，乃一律加以特税，尤与奢侈之原旨相违。谓所以戒奢，所以示俭，不知于奢于俭，均不关连。敝会忝居商界总枢，兹于本月之十五日大会，经各商董全体请愿，敝会未敢壅于上闻，特恳恩准缓办，为商民待命，伏思我总长视民如瘼，凡商民之痛苦，莫不轸念于怀。且京师地方有特种之崇文门落地税，比较他省商民之负担极重，百货到京已无流转之余地，不若他省商货出入可以自由毫无亏损也。

又查洪杨之乱，发现厘金六十余年，商民疾首，中外反对，十里一卡，念里一局，受损害也直接在于商民，间接在于国家。今奢侈特品捐与厘金相较，害乃数倍，商民动辄纳税，其痛苦料可想见。况京师与他处情形之不同，特准于京师一区对于奢侈特品用户捐予以缓办，以维地方，而慰舆望，不胜屏营待命之至等情。查此案应由贵部主管，相应咨请查酌办理可也。此咨

财政部

中华民国十六年十二月　　日

（2）财政部批（1928年？月）

财政部批第一四六号

原具呈人京师总商会会　长王文典
副会长陈恩权

呈一件，恳求体恤商困，缓行奢侈特品用户捐，以维地方，而洽舆情由。

据呈，并奉大元帅暨国务总理先后发交该商会各原呈，均悉。本部近因战事吃紧，军饷急于星火，迫不得已，暂行筹办此项奢侈特品用户捐，藉资挹注，业经本部及该京兆总局迭次剀切布告各在案。凡稍明事理之人，自当仰体时艰，应无弗协力同心助成斯举。今阅来呈，犹多误会之点，兹更为我商民人等缕晰释之。按所称直接损害各节，该商民鳃鳃顾虑者要在垫款。现该总局对于商号各货，先发印花，暂不收款，并定两种变通办法：甲、承领印花后，即行实贴者准以九五折纳捐，予以特别利益，俾弥补擦伤遗失种种之亏损；乙、承领印花后，并准其出售时，始行贴用，得以从缓缴款。经久不脱之货有何关系，至新来之货，倘系大宗，而捐纳又系巨款，亦准另订分期完纳手续，体恤商艰，可谓无微不至，尚何直接损害之有。按又称间接损害各节，是专恐

货价增高，销路停滞，试问近年物价与前清相较，奚止增加数倍，何以买者自买，商肆之林立，且日异而月增，可见于销路毫无影响，复何间接损害之有。更按所举货物，各种棉花并不收捐，纸张亦仅收上等纸类，其中国普通纸类并在豁免之列。甘草系口外出产大宗，为制卷烟者所必需，仅规定在察哈尔等区域内征收之煤油一项，南方各省特设专局，每箱课税至一元之多，比较本规则捐率增加两倍以上，似亦不致重累吾民。况本部此次对于民力商情，实已再三审度，并经声明，一俟海关实行自主，或战事平定时，该项用户捐即便停办。事关内政，胡涉外交。且东西洋各国，往往当军事孔亟之秋，增重税捐，视若固然，则兹事尤应为中外人士所共谅。本部嗟兴仰屋，真有万弗获已之苦衷。现在开征，业经定期，事在必行。该商会为商界总枢，各商董尤为商界领袖，热诚救国，定同此心，须知饷糈所关，固军心而靖内乱，胥于是乎赖务更切实劝导商界同人，一体遵照，勿再意存观望，贻误军需，是为至要。切切。此批。

〔北洋政府军事部档案〕

6. 财政内政两部会拟试办奢侈特品用户捐办法及施行日期缘由呈

（1928年2月17日）

呈为遵令会拟奢侈特品捐务办法及施行日期恭呈仰祈钧鉴事：案于十六年十二月十三日奉训令内开：前据财政部呈请筹办奢侈特品用户捐，业经指令准其先行试办，俟海关加税实行增加时，即行停止。兹据京师总商会呈称：商民力难担负，恳请收回成命等情。现在财政困难，凡属相当税源，固应亟筹开辟，而商民疾苦所在，亦当曲加体恤。关于物品范围及施行时期，着派沈瑞麟、莫德惠会同财政部悉心考察，妥拟办法，呈候核夺，务于整兴税收之中，仍寓顾念商艰之意，是为至要。原呈并发。此令。等因。奉此。窃查此项奢侈特品用户捐，完全于货物出售时，取诸用户，在商号不过为政府代理征收，与普通加税不同，无论中外商人，咸当共喻此旨。乃一闻纳税，便以为增加负担，以致上烦荩虑。遵经会同内务总长沈、农工总长莫，迭次集议，仰体训示，就物品范围内，悉心研究，将原定品目，参照关税会议乙种奢侈品修正表切实核减，并将原定分级捐率一律减为百分之五。征收手续，原定各就物品粘贴印花，现拟援照普通印花办法，一律改就发票粘贴，务期商民两便，简单易行，并经召集商会会长暨各行商董剀切开导。原定一月一日开征，今已展缓过旧历年关，体恤下情，实已无微不至。现在直隶、山东、察哈尔各省区局长到差三月以上，筹备开办。各该省军民长官，尊崇我大元帅命令，无不力予协助。京兆首区，若再迁延，实于中央威信攸关。所有会拟办法各项，俟奉指令，即便分饬各省区局，一律定期三月一日开征。至征收手续，既经规定于货物出售时在发票上粘贴印花，且此项用户捐与普通落地税性质完全大不相同。京兆区总局，原在各城门设立稽征所，其组织办法，自应变更。惟京师地面辽阔，为商人缴捐及稽查利便起见，拟就内外城商务之繁简，择要酌设稽征所，俾节浮縻。如遇稽查事项，由捐局职员随时会同警察区署办理，总使事不烦扰，而商民纳一分捐款，国家即得一分收入，风清弊绝，涓滴归公，一扫向来税务积习，庶有以副我大元帅整兴税源，轸念民艰，双方兼顾之盛意。所有遵令核拟奢侈特品用户捐办法及施行日期各缘由，理合会同呈复，是否有当，敬候训示祗遵。再此呈系财政部主稿合并陈明，统祈鉴核。谨呈

大元帅

中华民国十七年二月十七日

〔北洋政府内务部档案〕

7. 陶家瑶为豫岸各商请裁免官署季规及公益捐详

(1914年2月3日)

详为豫岸各商禀请裁免官署季规据情特恳鉴核示遵事：案据纲总邹廷廉等禀称：窃查各商认地行盐对于地方官向有季规名目，相沿已久，因循未革。迨光复以后，百度维新，兴利除弊，各商对于此项陋规，茹苦多年。首先呈蒙前运使批准，所有直豫官署一切陋规均应裁革，通饬各县遵照在案。嗣后直省各县，一律实行，而豫省除祥符、鄢陵等处遵办外，其余各县照旧追呼。推厥原因：盖由于豫省将陋规交款独改为公益捐名目。于是煌煌令饬，迫促呈交，急如星火。殊不知税法改革，今非昔比。查盐税条例第八条第二项内载，除依本条例征收外，不得另以他种名目征收等语。今若强缴公益捐，是明明以他种名目征收，实与盐税条文大相抵触。况各商每遇各省水旱赈捐，临时善举，罔不努力担荷，是各商对于地方未尝不勉尽义务。惟此名为公益捐，实则陋规之变象，且与盐税条例相违反，势难遵照呈交。商等为恪遵条例，剔除弊端起见，理合据实陈明，伏乞鉴核，转详盐务署将此项公益捐批准裁革，并咨请河南巡按使通饬芦岸各县知事查照，实为公便。等情。据此。本使查此项规费，经张前升司通饬直豫各县，一律革除。嗣据豫岸各商，以河南各县将各种规费改为公益捐，仍复按季催缴。禀请转咨各属将改充公益捐名目取消。旋准函复，以此项公益捐前已列入预算抵作各县地方官行政经费，报部有案，未便删除等因比。比经转饬该商等一体知照各在案。兹复据禀前情，除批候转详外，理合据情详钧署鉴核批示饬遵。谨详
盐务署

长芦盐运使陶家瑶

民国四年二月三日

〔国民党政府主计处档案〕

8．广东国民会议议员冯英拔等为请停征牌捐电文

（1916年1月）

(1)冯英拔等电(1月4日)

分送政事堂、财政部、内务部、平政院、肃政史、参政院、粤东新馆鉴：粤省拟开牌捐，先后由籍绅邓华熙、商会叶舜琴等全体电请禁止各在案。细阅此次牌示，指定麻雀牌、骨牌、纸牌为名，实系任由变相作赌。虽无番摊明文，其害比番摊尤烈。东粤士民，奔走骇汗。谓以少数之饷糈，网各赌之大利，不独贻害全粤，实亦暗耗饷源。查从前番摊承饷岁几六百余万，今竟以四十万元蒙浑总承，即潮州分厂一隅，闻出饷几及此数，其中情形，谅亦难逃洞鉴。伏维使人民涤荡瑕秽，咸与维新。何忍令圣朝开基忠厚，方数奸商，巧立赌名，祸我全粤。议员等代表民意，痛甚切肤，用敢凯切上陈，伏乞代奏，请旨勒令停办，为粤省留一分元气，即为中央收一线人心，不胜迫切待命之至。广东国民会议议员冯英拔、许炳榛、周延劢、司徒颖、李兼善、陈鸿铨、郑勋、梁志文叩。支。

(2) 伍廷芳等电(1月17日)

政事堂、财政部、粤东会馆同乡诸公鉴：顷接粤省各公团电称，粤省准开牌捐，虽指定麻雀牌为名，实即番摊变相。闻用东南西北，或公侯将相等牌，以代一、二、三、四，乱政害俗，较

前尤酷等语。查番摊各赌，迭奉明令严禁在案。且粤省盗风素炽，倘复以赌增盗，贻害全粤，后患何堪。乞电粤省将军、巡按使，将牌捐严行禁止，嗣后不得另立名目，藉图影射，以除赌害，全粤幸甚。上海广肇公所伍廷芳、陈维翰、谭国忠、梁应绵等叩。筱。

洪宪元年一月十七日

〔北洋政府财政部档案〕

9. 广州城茶居饼行等要求取消茗捐电文

（1916年1—4月）

（1）广州城茶居饼行等电（1月12日）

政事堂、财政部、农工商部、税务处梁督办转同乡京官鉴：前电谅呈。昨茗捐公司奉示：五日开办。舆论哗然，茶、厘、屠、糕、粉各行纷纷集议维持，商会及粤绅杨鼎亦以商业凋残，分禀请罢。旋龙将军闻报，群情汹汹，即传谕敝行照常卖茶，候饬厅准免，颂声载道。惟迄今未奉厅示，闻该公司极力钻弄，以图死灰复燃，殊切忧惧。伏思茶之正税，尚准于减期维土货，况敝行坐厘甫加，又复起捐，而苛抽病商，理所必然，广迭征剥，能不困绝。查此项承抽，历经官厅及财政部批驳有案。矧苛细杂捐迭奉上令通饬严禁，即印花良税，亦蒙曲予通融，此等恶税，岂能强以负担。且自欧战影响，益以水火两灾，民困极矣。现逢新国肇基，宜加抚恤，藉安民生，讵可创设苛捐，致滋怨叹。该棍承捐，只顾其私，罔计大局，苟任瞒准，受害难堪，迫得联叩代禀，乞电粤省大吏，迅饬宣布取消，仍恳赐回批示祇遵。广州城茶居饼行商民谭顺暨全体一百一十三家盖章同叩。

（2）佛山茶居姑苏行等电(1月13日）

政事堂、财政部、税务处梁督办转同乡京官钧鉴：品茗捐一月五日强硬开抽，全行难堪苛累，迫束手歇业，西家及买客均属苦力，怨声载道，省佛骚然。龙上将军洞悉商艰，再三传谕，允任取消。敝行遵即开市，正在颂声雷动，讵财政厅一面出示，志在必抽，各行商场异常诧异。敝行确有不堪再剥苦衷，略陈前电，渎乞迅饬省吏，立将苛抽作罢，以维生计，而广皇仁，遑迫待命。佛山茶居姑苏行东西家陈佐区标等联章，共五十二店同叩。元月十三。

（3）广州茶居饼行谭顺等电(4月8日）

政事堂呈大总统、财政部钧鉴：窃前奸商请承办茗捐，经前严厅长核驳。旋据赴财政部禀承，亦以各省均无成例批斥，现有狡棍麦季莹，又拟承办，殊深骇异。惟茶为必需品，与米食同，且征收厘税甚重，故前清时两次斥驳。况坐厘甫加，又行印花税，商力已疲，若再加捐，摧残商业。乞赐迅电粤省大吏，援案取销，迫切待命。茶居饼行谭顺等全体叩。庚。

〔北洋政府国务院档案〕

10．福建永安商会等为请速撤闽境驻军任意设卡征税电文

（1921年11月）

(1)永安商会等电(11月26日)

北京。农商部总长、陆军部总长钧鉴：窃维国家设卡抽厘，原有定制，断不能随意设立，挖掘一隅。况竭一邑脂膏，亦无补于国家收入。永安不幸，民国七年，地方为粤军占领，设厘卡于

永安入口之处，地名莘口，征收税厘，专抽永安一邑进出货物。不知永安一山隅小邑，地瘠民贫。军兴以来，四乡居民无衣无食者，无处蔑有。生灵涂炭，遍地哀鸿。似此额外苛征，何能担负。惟地居战线之冲，民处枪弹之下，烽烟正急，告诉无门。自地方交防以来，战事告终，接管防务各长官，爱国爱民，兴利除弊诸要政，次第并举，严禁烟赌，剿灭匪徒，地方渐有安宁之象。而莘口厘卡尚兀然特立，虽谓征收照旧，而民力疲敝，担负维艰。况莘口仅为永安一邑出入门户，非设卡之地。而吾闽前为粤军占领各地所设厘卡，又经省议会提议撤销有案。礼等忝居人民代表机关，叠据各界哀求，不得不冒昧请命。伏冀格外垂怜，准予所请，迅将该卡撤销，永民幸甚。永安商会会长王国礼、副会长周庭玉、民团团总刘朝榜、商团团长赖德炜、农会会长李为梁、教育会会长陈本姚、劝学所所长聂湘英、商新昌洋行经理萧烈章、县立第一学校校长邓秉文、县立第二学校校长陈旭新叩。寝。印。

(2) 福建省议会电(11月29日)

北京。分送陆军部、财政部长钧鉴：陆军第二十四混成旅，驻闽上游，归部直辖，饷由部给，断无任令自由抽捐之理。上年粤军在闽滥设百货捐局，商民交困。当时处野蛮军队之下，固无可知何。又长汀、连城两县纸捐局，粤军议而未办，接防后并悍然励行。去岁本会议决，一律撤销，本届再催，省长复咨，以该旅直接部辖为词。中央视闽为中华国土，视闽民为中华国民，自不当与征服地一例。恳请钧部俯念闽民兵燹余生，迅电令王旅长将所有临时百货捐局一律撤销，以一省政，而苏闽民，并请电复，不胜企祷。福建省议会叩。艳。印。

〔北洋政府内务部档案〕